KB041746

사해행위
취소소송과 실무

최한신

박영사

사해행위취소소송이 활성화된 것이 1995년 정도라고 할 것입니다. 올해가 2024년이니 햇수로는 30년이 됩니다. 한 세대가 지났다고 할 것입니다. 2001년 부터 변호사 생활을 시작하였고 IMF시절을 거치면서 연수원을 나오고 바로 1년 차 변호사 생활을 시작하면서 운 좋게 서울보증보험 주식회사 사건을 하면서 사해행위취소소송을 시작하였습니다. 2001년 2월 초에 쓴 첫 번째 상고사건도 사해행위취소 사건이었는데 이 건이 파기환송이 되었을 뿐만 아니라 중요 민사소송법 판례로서 판결이 나온 해의 중요 사건으로 선정이 되었습니다. 피보전채권의 변경은 소의 변경이 아니라 공격방법의 변경이라는 것이었습니다. 또한 2001년 2월에 처음 증인신문을 하였는데 그 사건 역시 사해행위취소사건이었습니다. 아버지가 딸에게 전세권을 이전해 준 사건이었습니다. 처음 신문하는 것이라 풋내기 변호사로서 하나하나 세밀하게 물었더니 채무자인 아버님이 속이 터졌던지 "그래 내가 했다. 했어"라고 하여 "어퓨 굿맨(A Few Good Man)"의 데미 무어와 톰 크루즈가 장군 역할로 나온 잭 니콜슨을 마지막으로 증인으로 신청하여 그의 성질을 건드리면서 신문하였고 이에 잭 니콜슨이 자백하는 식과 비슷한 경험이 있습니다.

그런 변호사 생활의 시작으로 지금까지 사해행위취소소송은 계속적으로 변호사로서 해 온 일이 되었습니다. 2004년에 개업을 하면서 얇은 책으로 사해행위취소와 특별한정승인에 관한 책을 썼고, 다시 2008년에는 "변호사의 입장에서 본 사해행위취소실무 Ⅰ"을 출간하였는데 그 내용은 사해행위의 요건사실이 되는 부분과 각 법률행위에 따른 특별한 부분까지만 언급하였고 2013년에 "변호사 입장에서 본 사해행위취소실무 Ⅱ"을 출간하였습니다. 이 두 번째 책은 나머지 취소되는 각 법률행위에 따른 특별한 부분, 선의 항변이나 다른 항변들, 원상회복의 방법, 그리고 판결 이후 채권자들간의 다툼이나 배당등에 대하여도 언급을 하였습니다. 첫 번째 책은 2016년에 증보하였지만 이는 회생과 파산절차가 진행됨에 따른 사해행위취소의 처리 부분이나 비면책채권이 인정될 것인지에 관한 부분만을 추가하였을 뿐이었습니다.

이번에 박영사를 통하여 출간하는 이 책은 어찌 보면, 2010년 이후로 새롭게 나온 사해행위취소 판례에 관한 내용만을 언급하고 있습니다. 즉 "시즌 2"라고 할 것입니다. 기존 책과 책의 순서는 거의 비슷합니다. 왜냐하면, 사해행위취소소송을 실제로 하는 입장에서는 가장 중요한 부분이 바로 사해행위취소의 법적 성질입니다. 이 부분을 항상 고려해야만 합니다. 이를 고려함은 청구취지에서 반영되고 사후 배당 등에서도 반영이 된다고 할 것입니다. 소송을 제기하는 상황에서 관할과 소가산정에 따른 인지 그리고 원상회복방법에 따라 보전처분을 가처분할 것인지 가압류할 것인지도 고민해야 합니다.

소를 제기하는 입장에서만이 아니라 수익자인 피고 측에서는 가장 먼저 제척기간 도과 여부를 검토하는 것이 가장 효과적인 방법이기 때문에 제척기간 문제를 검토하였습니다. 이 경우 각 사건마다 도과 여부가 달라지기 때문에 판례마다 찾아볼 필요가 있다고 할 것입니다. 그리고 파산과 회생절차에 따른 사해행위취소의 운명부분도 이 책에서도 언급하였습니다.

본안으로 들어가서는 요건사실별로 장을 나누어서 검토를 하였습니다. 피보전채권의 선재성, 채무초과의 사실, 채무자의 사해의사, 그리고 채권자를 해하는 법률행위의 존재를 언급하였습니다. 가장 많은 부분을 차지하는 부분은 채권자를 해하는 법률행의 존재부분입니다. 이는 각 법률행위마다 판례 등이 정치하게 이론을 전개하고 있고 각 행위마다 사해행위가 인정될 것인지가 차이가 나기 때문입니다.

그리고 원상회복의 방법은 간략하게 정리하였습니다. 이는 이미 앞선 책에서 언급을 하였고 각 법률행위마다 검토를 하면서 그 원상회복방법을 어느 정도 판례를 통하여 알 수 있기 때문입니다. 오히려 최근에 중요시되는 부분이 사해행위취소소송 이후의 문제를 상당한 분량으로 언급을 하였습니다.

그리고 나서 피고들의 항변이라고 할 수 있는 수익자의 선의항변과 다른 항변들을 검토하고 나서 마지막으로 기타 검토할 것과 서식란을 추가하였습니다. 총 12장으로 구성되어 있습니다. 수익자의 선의항변은 판결문 상에서는 원상회복에 앞서 검토하는 것이 맞기에 순서상으로 앞서 언급되는 것이 적절하다고 할 것인데 이를 뒤쪽으로 제외시켰던 것은 사해행위취소의 인정여부와 그에 따른 원상회복 그리고 소송 이후 채권자들이나 채무자들의 대처방법 등을 일괄적으로 정리하는 것이 좋을 것 같아서 이를 정리하고 나서 항변은 나중에 언급하는 방법을 취하였습니다.

이제 사해행위취소송이 실제 활용된 지 30년 정도가 되면서 채권자에게는 가장 효과적인 채권회수의 방법으로 자리가 잡았다고 할 것입니다. 그럼에도 불구하고 법리의 어려운 점과 사건마다의 특수성으로 인하여 소송은 날로날로 어려워지고 있다고 할 것입니다. 전원합의체 판결도 몇 건이 나왔을 뿐만 아니라 조문 2개로 그 많은 다양한 법률행위에 대한 판단을 해야 하기 때문에 파기환송도 매우 많은 소송이라고 할 것입니다.

이 책은 어떤 이론적인 책이기보다는 실무가로서 소송을 하거나 당한 입장에서 대법원은 어떤 판결을 하였는지를 볼 수 있는 자료라고 할 것입니다. 대법원 판결문과 그 사건의 하급심 판결문을 통하여 법원이 어떻게 판단한 것인지를 관련 소송을 계속적으로 해온 전문가로서 이를 같이 나누는 것이라고 생각합니다. 거기에 저자의 작은 생각을 덧붙인 글이라고 생각하며, 이 책을 보는 독자분들에게 큰 도움이 되길 바라며, 책을 출간하는 데 선뜻 동의해 준 박영사에게 감사를 드리며 시간이 걸리는 편집작업을 열심히 해주신 박영사의 장유나 차장에게 감사를 전합니다. 가족과 양가 부모님과 형제자매들에게도 감사를 전하며, 평생 늘 보호하시고 바라보시며 사랑해주시는 하나님과 예수님 그리고 성령님께 영광을 돌립니다.

2024. 3.
최한신

Ⅲ

제척기간 ▶ 25

IV

파산과 회생절차에 따른 사해행위취소의 운명 ▶ 85

V

피보전채권의 선재성 ▶ 117

VII

채무자의 사해의사 ▶ 247

VIII

채권자를 해하는 법률행위의 존재 ▶ 303

IX

원상회복의 방법 ▶ 549

X

사해행위취소소송 이후의 문제 ▶ 579

XI

수익자의 선의항변 ▸ 753

XII

기타 검토할 것과 서식 ▶ 891

XIII

맺음말 ▶ 913

I

사해행위취소의 법적성질

I

사해행위취소의 법적성질

1. 법조문의 검토

우리 민법 채권자취소권이라고 하여 2개의 조문을 규정하고 있습니다.

"제406조(채권자취소권)

① 채무자가 채권자를 해함을 알고 재산권을 목적으로 한 법률행위를 한 때에는 채권자는 그 취소 및 원상회복을 법원에 청구할 수 있다. 그러나 그 행위로 인하여 이익을 받은 자나 전득한 자가 그 행위 또는 전득당시에 채권자를 해함을 알지 못한 경우에는 그러하지 아니하다.

② 전항의 소는 채권자가 취소원인을 안 날로부터 1년, 법률행위있은 날로부터 5년내에 제기하여야 한다.

제407조(채권자취소의 효력)

전조의 규정에 의한 취소와 원상회복은 모든 채권자의 이익을 위하여 그 효력이 있다."

민법 제407조에서 채권자취소의 효력이라는 제목을 가지고 규정하고 있으나 이는 공동담보로 회복된 재산에 대하여 모든 채권자의 이익을 위하여 효력이 있다는 것이고 사해행위취소의 본질적으로 효력에 대하여는 판례와 학설에 맡겨져 있습니다.

2. 형성의 소와 이행의 소의 병합설

우리 대법원이나 다수설은 사해행위취소의 소는 형성의 소이며, 원상회복의 소는 이행의 소이고 이 둘이 병합되어 있다고 보고 있습니다.

"① 채권자의 사해행위취소 및 원상회복청구가 인정되면, 수익자 또는 전득자는 원상회복으로서 사해행위의 목적물을 채무자에게 반환할 의무를 지게 되고, 원물반환이 불가능하거나 현저히 곤란한 경우에는 원상회복의무의 이행으로서 사해행위 목적물의 가액상당을 배상하여야 하는데, 원래 채권자와 아무런 채권·채무관계가 없었던 수익자가 채권자취소에 의하여 원상회복의무를 부담하는 것은 형평의 견지에서 법이 특별히 인정한 것인바(대법원 1998. 5. 15. 선고 97다58316 판결 등 참조), 가액배상청구권자인 원고는 수익자이자 회생채무자인 △△의료재단과 사이에 회생절차개시 전에 어떠한 채권·채무의 법률관계가 있었던 것이 아니다.
② **가액배상청구권은 원칙적으로 형성의 소인 채권자취소의 소의 승소판결이 확정되어야 비로소 성립한다고 할 것이다.**"[1]

"**사해행위취소소송은 형성의 소로서 그 판결이 확정됨으로써 비로소 권리변동의 효력이 발생하나, 민법 제406조 제1항은** 채권자가 사해행위의 **취소와 원상회복을 법원에 청구할 수 있다고 규정함으로써** 사해행위취소청구에는 그 취소판결이 미확정인 상태에서도 그 취소의 효력을 전제로 하는 원상회복청구를 병합하여 제기할 수 있도록 허용하고 있다"[2]

3. 취소의 효력의 시적범위 - 장래적으로 취소된다.

형성의 소는 그 판결이 확정이 됨으로써 비로소 권리변동의 효력이 발생합니다. 그렇기 때문에 민법총칙상의 취소와는 다릅니다. 민법총칙상의 취소는 소

---

1) 서울고등법원 2017. 12. 5. 선고 2016나2014957 판결 [사해행위취소]
2) 대법원 2019. 3. 14. 선고 2018다277785, 277792 판결 [근저당권말소·사해행위취소등]

급하여 법률관계가 소멸되지만 사해행위취소의 소의 취소의 효력은 장래적으로만 효력이 미칠뿐입니다.

가. 지연손해금의 발생시기 – 확정판결 다음날부터 민법상 연 5%의 지연손해금만 청구할 수 있음(소송촉진등에관한특례법 소정의 연 12% 적용불가합니다).

나. 건물 등을 인도받아 그동안 임대료를 받은 부분이 있다고 이는 반환할 필요가 없음

> "채권자취소권은 채무자가 채권자를 해함을 알면서 일반재산을 감소시키는 행위를 한 경우에 그 행위를 취소하여 채무자의 재산을 원상회복시킴으로써 채무자의 책임재산을 보전하기 위하여 인정된 권리로서, 사해행위의 취소 및 원상회복은 책임재산의 보전을 위하여 필요한 범위 내로 한정되어야 하므로 원래의 책임재산을 초과하는 부분까지 원상회복의 범위에 포함된다고 볼 수 없다. 따라서 부동산에 관한 법률행위가 사해행위에 해당하여 민법 제406조 제1항에 의하여 취소된 경우에 수익자 또는 전득자가 사해행위 이후 그 부동산을 직접 사용하거나 제3자에게 임대하였다고 하더라도, 당초 채권자의 공동담보를 이루는 채무자의 책임재산은 당해 부동산이었을 뿐 수익자 또는 전득자가 그 부동산을 사용함으로써 얻은 사용이익이나 임차인으로부터 받은 임료상당액까지 채무자의 책임재산이었다고 볼 수 없으므로 수익자 등이 원상회복으로서 당해 부동산을 반환하는 이외에 그 사용이익이나 임료상당액을 반환해야 하는 것은 아니다."[3]

대법원은 책임재산이 아니라는 식으로 판단하였으나 취소의 효력이 확정시 이후부터라는 점을 보면 동일한 결과가 발생한다고 할 것입니다.

---

3) 대법원 2008. 12. 11. 선고 2007다69162 판결 [임대료반환]

다. 공동담보로서 회복된 재산에 참가할 채권자의 범위

"채권자취소권은 채무자가 채권자를 해함을 알면서 자기의 일반재산을 감소시키는 행위를 한 경우에 그 행위를 취소하여 채무자의 재산을 원상회복시킴으로써 모든 채권자를 위하여 채무자의 책임재산을 보전하는 권리이나, 사해행위 이후에 채권을 취득한 채권자는 채권의 취득 당시에 사해행위취소에 의하여 회복되는 재산을 채권자의 공동담보로 파악하지 아니한 자로서 민법 제407조에 정한 사해행위취소와 원상회복의 효력을 받는 채권자에 포함되지 아니한다."[4]

"사해행위의 취소는 채권자와 수익자의 관계에서 상대적으로 채무자와 수익자 사이의 법률행위를 무효로 하는 데에 그치고, 채무자와 수익자 사이의 법률관계에는 영향을 미치지 아니하므로, 채무자와 수익자 사이의 부동산매매계약이 사해행위로 취소되고 그에 따른 원상회복으로 수익자 명의의 소유권이전등기가 말소되어 채무자의 등기명의가 회복되더라도, 그 부동산은 취소채권자나 민법 제407조에 따라 사해행위의 취소와 원상회복의 효력을 받는 채권자와 수익자 사이에서 채무자의 책임재산으로 취급될 뿐, 채무자가 직접 그 부동산을 취득하여 권리자로 되는 것은 아니다(대법원 2015. 11. 17. 선고 2012다2743 판결 참조). 따라서 채무자가 사해행위의 취소로 그 등기명의를 회복한 부동산을 제3자에게 처분하더라도 이는 무권리자의 처분에 불과하여 효력이 없다(대법원 2017. 3. 9. 선고 2015다217980 판결 참조). 또한 사해행위 이후에 채권을 취득한 채권자는 채권의 취득 당시에 사해행위취소에 의하여 회복되는 재산을 채권자의 공동담보로 파악하지 아니한 자로서 민법 제407조가 정한 사해행위취소와 원상회복의 효력을 받는 채권자에 포함되지 아니한다(대법원 2009. 6. 23. 선고 2009다18502 판결 참조).[5]

"민법 제406조에 의한 채권자취소와 원상회복은 모든 채권자의 이익을 위하여 그 효력이 있는 것인바, 채무자가 다수의 채권자들 중 1인(수익자)에게 담보를 제공하거나 대물변제를 한 것이 다른 채권자들에 대한 사해행위가 되어 채

---

4) 대법원 2009. 6. 23. 선고 2009다18502 판결 [배당이의]
5) 대법원 2017. 9. 21. 선고 2016다8923 판결 [배당이의]

권자들 중 1인의 사해행위 취소소송 제기에 의하여 그 취소와 원상회복이 확정
된 경우에, 사해행위의 상대방인 수익자는 그의 채권이 사해행위 당시에 그대로
존재하고 있었거나 또는 사해행위가 취소되면서 그의 채권이 부활하게 되는 결
과 본래의 채권자로서의 지위를 회복하게 되는 것이므로, 다른 채권자들과 함께
민법 제407조에 의하여 그 취소 및 원상회복의 효력을 받게 되는 채권자에 포
함된다고 할 것이고, 따라서 취소소송을 제기한 채권자 등이 원상회복된 채무자
의 재산에 대한 강제집행을 신청하여 그 절차가 개시되면 수익자인 채권자도 그
집행권원을 갖추어 강제집행절차에서 배당을 요구할 권리가 있다."

　　일부 대물변제하면서 지급한 나머지 금액이 있는 경우에 기존 채권으로는
배당에 참가가 가능하나 부동산을 취득하면서 지급한 나머지 금액에 대하여는
배당에 참가할 수가 없습니다.

"사해행위취소의 상대방으로서 그 취소로 인하여 비로소 부당이득반환채권 또는 담보
책임추급권, 손해배상채권 등을 취득한 수익자는 사해행위 이후에 채권을 취득한 채권
자라고 보아야 한다. 즉, 사해행위취소의 효력은 채권자와 수익자 사이에서만 미치고
채무자에게는 미치지 아니하여 사해행위취소판결이 확정되었다 하더라도 채무자와 수
익자 사이에는 여전히 부동산의 소유자는 수익자이어서, 수익자는 자신 소유의 부동산
이 채무자의 책임 재산으로 취급됨에 따라 발생한 손해에 대하여 원인 없이 이득을 보
는 채무자에게 부당이득반환청구 또는 담보책임으로 물을 수밖에 없고, 당해 부동산을
취득하면서 교부한 급부물의 반환을 청구할 수는 없으므로, 위 부당이득반환채권 등은
사해행위 이후에 발생한 채권으로 보아야 한다.

[3] 대여금 채권자 갑이 채무자 을과 을 소유 아파트에 관한 매매계약을 체결하면서,
계약금은 기존 대여금 채권으로, 중도금은 아파트에 설정된 근저당권 피담보채무와 아
파트에 살고 있는 임차인에 대한 임차보증금 반환채무의 인수로 갈음하기로 하고, 나머
지 잔금만을 지급하여 아파트를 매수하였다가, 매매계약에 관한 사해행위 취소판결 확
정 직전 을에게서 위 대여금 채권 등을 원인채권으로 하는 약속어음을 교부받아 공정
증서를 작성한 다음 사해행위취소로 원상회복된 아파트의 경매절차에서 배당요구를 한
사안에서, 약속어음의 원인채권 중 기존 대여금 부분은 대물변제로 소멸하였다가 부활
한 채권으로서 배당요구를 할 수 있으나, 나머지 부분은 사해행위 이후 취득한 채권으

로서 배당요구를 할 수 없다"[6]

4. 취소 효력의 인적 범위 – 상대적 취소

사해행위취소의 효력은 채권자와 수익자 또는 전득자 사이에서만 취소의 효력이 있습니다. 그래서 채무자와 수익자 사이의 법률관계에도 미치지 않습니다. 또한 제3자의 관계에도 미치지 않습니다.

가. 부동산의 소유자는 채무자의 관계에서는 여전히 수익자라고 할 것입니다.

이런 점을 앞의 서울고등법원 2011. 3. 29. 선고 2010나107578 판결이 언급하고 있습니다.

나. 채무자가 공동담보로 회복된 부동산을 처분한 경우에 이는 무효입니다.

대법원 2017. 9. 21. 선고 2016다8923 판결(앞에서 언급한 판결)에서 인용한 두 개의 판례에 의하여 채무자가 이를 취득하는 권리자가 아니고 이를 채무자가 처분한 경우에 이는 무효라고 한 것입니다.

다. 수익자의 채권자들에게 대항할 수가 없음

부동산을 수익자가 사해행위취소로 이를 취득하였는데 거기에 수익자의 채권자가 가압류를 하거나 또는 근저당권이 설정된 경우에 사후 사해행위취소로 법률행위가 취소가 되더라도 상대적 효력 때문에 대항을 할 수가 없습니다. 근저당권자가 악의의 전득자라고 한다면 전득자를 피고로 넣어 그 취소의 효력을 미칠 수 있지만 만약 전득자에 대하여는 패소를 하게 되면 역시 그 취소의 효력

---

6) 서울고등법원 2011. 3. 29. 선고 2010나107578 판결: 확정 [배당이의]

은 전득자에게 미치지 않게 됩니다.

1) 가액배상청구의 필요성

제3자에게 효력이 미치지 않기 때문에 만약 원물반환으로 말소등기청구를 구할 경우에 집행불능이 되어버립니다.

"채권자의 사해행위취소 및 원상회복청구가 인정되면, 수익자는 원상회복으로서 사해행위의 목적물을 채무자에게 반환할 의무를 지게 되고, 만일 **원물반환이 불가능하거나 현저히 곤란한 경우에는 원상회복의무의 이행으로서 사해행위 목적물의 가액 상당을 배상하여야 하는바**, 여기에서 원물반환이 불가능하거나 현저히 곤란한 경우라 함은 원물반환이 단순히 절대적, 물리적으로 불능인 경우가 아니라 사회생활상의 경험법칙 또는 거래상의 관념에 비추어 그 이행의 실현을 기대할 수 없는 경우를 말하는 것이므로, 사해행위 후 그 목적물에 관하여 제3자가 저당권이나 지상권 등의 권리를 취득한 경우에는 수익자가 목적물을 저당권 등의 제한이 없는 상태로 회복하여 이전하여 줄 수 있다는 등의 특별한 사정이 없는 한 채권자는 수익자를 상대로 원물반환 대신 그 가액 상당의 배상을 구할 수도 있다고 할 것이나, 그렇다고 하여 *채권자가 스스로 위험이나 불이익을 감수하면서 원물반환을 구하는 것까지 허용되지 아니하는 것으로 볼 것은 아니고, 그 경우 채권자는 원상회복 방법으로 가액배상 대신 수익자 명의의 등기의 말소를 구하거나 수익자를 상대로 채무자 앞으로 직접 소유권이전등기절차를 이행할 것을 구할 수 있다.*"[7]

진정명의회복을 원인으로 소유권이전등기청구를 하는 것과 같이 소유권이전등기를 구할 수도 있습니다. 그러나, 이 경우 수익자 측의 근저당권이나 가압류를 안고 이전받은 상황이 됩니다. 소유권말소등기를 구할 경우 근저당권이나 가압류가 말소되기까지는 집행불능의 판결이 되는 것입니다.

2) 배당의 문제

가액배상청구한 경우 선순위 수익자의 근저당권보다 후순위로 배당받고 수

---

7) 대법원 2001. 2. 9. 선고 2000다57139 판결 [사해행위취소등]

익자의 일반채권자의 지위에서 배당을 받게 됩니다.

3) 원상회복 재청구가 불가능함

집행불능의 판결을 받고 나서 다시 가액배상청구가 가능한지에 관하여 대법원은 불가능하다고 판시하였습니다.

> "채권자의 사해행위취소 및 원상회복청구가 인정되면, 수익자는 원상회복으로서 사해행위의 목적물을 채무자에게 반환할 의무를 진다. 만일 원물반환이 불가능하거나 현저히 곤란한 경우에는 원상회복의무 이행으로서 사해행위 목적물의 가액 상당을 배상하여야 하는데, 여기서 원물반환이 불가능하거나 현저히 곤란한 경우는 원물반환이 단순히 절대적, 물리적으로 불가능한 경우가 아니라 사회생활상 경험법칙 또는 거래 관념에 비추어 채권자가 수익자나 전득자로부터 이행의 실현을 기대할 수 없는 경우를 말한다. 따라서 사해행위로 부동산 소유권이 이전된 후 그 부동산에 관하여 제3자가 저당권이나 지상권 등의 권리를 취득한 경우에는 수익자가 부동산을 저당권 등의 제한이 없는 상태로 회복하여 채무자에게 이전하여 줄 수 있다는 등의 특별한 사정이 없는 한 채권자는 수익자를 상대로 원물반환 대신 가액 상당의 배상을 구할 수 있지만, 그렇다고 하여 채권자가 스스로 위험이나 불이익을 감수하면서 원물반환을 구하는 것까지 허용되지 않는 것은 아니다. 채권자는 원상회복 방법으로 가액배상 대신 수익자 명의 등기의 말소를 구하거나 수익자를 상대로 채무자 앞으로 직접 소유권이전등기절차를 이행할 것을 구할 수도 있다. 이 경우 원상회복청구권은 사실심변론종결 당시 채권자의 선택에 따라 원물반환과 가액배상 중 어느 하나로 확정된다. 채권자가 일단 사해행위취소 및 원상회복으로서 수익자 명의 등기의 말소를 청구하여 승소판결이 확정되었다면, 어떠한 사유로 수익자 명의 등기를 말소하는 것이 불가능하게 되었다고 하더라도 다시 수익자를 상대로 원상회복청구권을 행사하여 가액배상을 청구하거나 원물반환으로서 채무자 앞으로 직접 소유권이전등기절차를 이행할 것을 청구할 수는 없으므로, 그러한 청구는 권리보호의 이익이 없어 허용되지 않는다."[8]

이 판례에서 인용한 대법원 2006. 12. 7. 선고 2004다54978 판결(공2007상, 115)이 최초의 판례이고 전소송에서 사해행위 이후에 근저당권이 설정되어 있었

---

8) 대법원 2018. 12. 28. 선고 2017다265815 판결 [소유권이전등기]

는데 소유권말소등기를 구하였고, 집행불능 상태에서 그 근저당권에 기하여 경매신청이 되었기 때문에 가액배상을 다시 구하였으나 위와 같은 판결을 선고하였습니다(수임사건).

4) 피고 적격

형성의 소는 법에 규정된 피고에게만 소를 제기할 수가 있고 다른 사람에게 소를 제기할 경우에는 각하사유입니다.

사해행위취소의 효력은 상대적 효력인데 이는 채권자와 수익자 또는 전득자 사이에서만 효력이 있기 때문에 피고 역시도 수익자 또는 전득자입니다. 그러므로 채무자를 상대로 하여 사해행위취소소송을 제기하면 바로 각하 사유입니다. 이 경우에 잘못하면 사후에 수익자나 전득자를 상대로 취소소송을 제척기간 도과로 못하여 매우 큰 낭패를 볼 수 있습니다.

전득행위가 있는 경우 피고를 수익자와 전득자 두 사람으로 할 수 있고, 전득자만을 할 수도 있습니다. 가능하면 두 사람 다 피고로 하는 것이 필요합니다.

5) 취소하는 법률행위

역시 법률행위는 채무자와 수익자 간의 법률행위만을 취소할 수 있고, 수익자와 전득자 간의 법률행위는 전득행위는 취소할 수가 없기 때문에 이의 취소를 구할 경우에도 역시 형성의 소에 따라서 취소할 수 없는 법률행위로 각하사유라고 할 것입니다.

"나. 사해행위취소 청구 부분
[별지 ⑴ 목록 순번 1 기재 부동산에 관한 부분]
⑴ 피고 1에 대한 청구
제1심 공동피고 소외 1과 피고 1 사이에 2011. 10. 26. 별지 ⑴ 목록 순번 1 기재 부동산(이하 '이 사건 1 부동산'이라 한다)에 관하여 체결한 증여계약을 취소한다. 주위적으로, 피고 1은 제1심 공동피고 소외 1에게 이 사건 1 부동산에 관하여 인천지방법원 북인천등기소 2011. 10. 27. 접수 제73981호로 마친 소유권이전등기의 말소등기절차를 이행하라. 예비적으로 피고 1은 원고에게 89,000,000원 및 이에 대하여 이 판결

확정일 다음날부터 다 갚는 날까지 연 5%의 비율로 계산한 금원을 지급하라.

(2) 피고 현대성우오토모티브코리아 주식회사에 대한 청구

㈎ 주위적으로, 피고 1에게 이 사건 1 부동산에 관하여 인천지방법원 북인천등기소 2011. 11. 4. 접수 제76246호로 마친 근저당권설정등기의 말소등기절차를 이행하라.

㈏ 예비적으로, 피고 1과 피고 현대성우오토모티브코리아 주식회사 사이에 2011. 11. 4. 이 사건 1 부동산에 관하여 체결한 근저당권설정계약은 이를 취소한다. 피고 현대성우오토모티브코리아 주식회사는 피고 1에게 이 사건 1 부동산에 관하여 인천지방법원 북인천등기소 2011. 11. 4. 접수 제76246호로 마친 근저당권설정등기의 말소등기절차를 이행하라.

[별지 (1) 목록 순번 2 내지 5 기재 각 부동산에 관한 부분]

피고 1과 피고 현대성우오토모티브코리아 주식회사 사이에 2011. 11. 4. 별지 (1) 목록 순번 2 내지 5 기재 각 부동산(이하 '이 사건 2 내지 5 부동산'이라 한다)에 관하여 체결한 근저당권설정계약은 이를 취소한다. 피고 현대성우오토모티브코리아 주식회사는 피고 1에게 이 사건 2 내지 5 부동산에 관하여 인천지방법원 북인천등기소 2011. 11. 4. 접수 제76246호로 마친 각 근저당권설정등기의 각 말소등기절차를 이행하라."[9]

"채권자가 사해행위의 취소로서 수익자를 상대로 채무자와의 법률행위의 취소를 구함과 아울러 *전득자를 상대로도 전득행위의 취소를 구함에 있어서*, 전득자의 악의는 전득행위 당시 채무자와 수익자 사이의 법률행위가 채권자를 해한다는 사실, 즉 사해행위의 객관적 요건을 구비하였다는 것에 대한 인식을 의미한다. 한편 사해행위취소소송에서 채무자의 악의의 점에 대하여는 취소를 주장하는 채권자에게 증명책임이 있으나 수익자 또는 전득자가 악의라는 점에 관하여는 증명책임이 채권자에게 있는 것이 아니고 수익자 또는 전득자 자신에게 선의라는 사실을 증명할 책임이 있으며, 채무자의 재산처분행위가 사해행위에 해당할 경우에 사해행위 또는 전득행위 당시 수익자 또는 전득자가 선의였음을 인정함에 있어서는 객관적이고도 납득할 만한 증거자료 등에 의하여야 하고, 채무자나 수익자의 일방적인 진술이나 제3자의 추측에 불과한 진술 등에만 터 잡아 사해행위 또는 전득행위 당시 수익자 또는 전득자가 선의였다고 선뜻 단정하여서는 아니 된다.[10]

9) 서울중앙지방법원 2014. 11. 20. 선고 2013나44224 판결 [구상금]
10) 대법원 2015. 6. 11. 선고 2014다237192 판결 [구상금]

"따라서 피고 1, 2가 선의인 이상 원고는 위 피고들에 대하여는 이 사건 계약의 취소를 구할 수 없다 할 것이다.

그러나 채권자 취소권에 있어서 채무자와 수익자 사이에서 이루어진 사해행위에 대한 취소는 절대적인 취소가 아니라 채권자와 악의의 수익자 또는 악의의 전득자에 대한 관계에 있어서만 상대적으로 취소의 효력이 생기는 것이고, **악의로 추정되는 전득자인 피고 퓨쳐에셋매니지먼트가 자신이 선의임에 관하여 아무런 주장, 입증을 하지 아니하고 있는 이상 채무자인 대경휠터 및 소외 1과 수익자인 피고 1, 2 사이의 이 사건 계약은 채권자인 원고와 악의의 전득자인 피고 퓨쳐에셋매니지먼트에 대한 관계에 있어서는 사해행위에 해당하므로 이를 취소하고, 그 원상회복으로 피고 퓨쳐에셋매니지먼트는 채무자들인 대경휠터 및 소외 1에게 이 사건 각 근저당권설정등기 및 가등기를 말소할 의무가 있다.**"[11]

"1. 청구취지

가. 피고 주식회사 ○○스틸(이하 '피고 ○○스틸'이라 한다)은 원고에게 1,517,549,200원 및 그중 1,056,242,304원에 대하여 2016. 1. 29.부터 다 갚는 날까지 연 16.14%의 비율로 계산한 돈을 지급하라(원고는 이 법원에서 이 부분 청구취지를 감축하였다).

나. 피고 ○○스틸, 피고 2는 연대하여 원고에게 363,931,371원 및 그중 229,608,358원에 대하여 2015. 11. 30.부터 2015. 12. 11.까지 연 14.42%, 그 다음 날부터 다 갚는 날까지 연 15%의 비율로 계산한 돈을 지급하라.

다. 1) 의료법인 △△의료재단과 피고 ○○스틸 사이에 별지1 부동산목록 기재 각 부동산에 관하여 2012. 6. 12. 체결된 매매계약을 취소한다.

2) 피고 회생회사 의료법인 △△의료재단의 관리인 피고 2의 소송수계인 관리인 소외인(이하 '피고 회생회사 △△의료재단의 관리인 소외인'이라 한다)은 피고 ○○스틸에게 별지1 부동산목록 기재 각 부동산에 관하여 진정한 등기명의 회복을 원인으로 한 소유권이전등기절차를 이행하라(원고는 이 법원에서 이 부분 청구취지를 당초의 말소등기청구에서 위와 같이 이전등기청구로 교환적으로 변경하였다).

라. 피고 4는 피고 ○○스틸에게 별지1 부동산목록 기재 각 부동산에 관하여 대전지방법원 천안지원 2013. 4. 11. 접수 제33465호로 마친 소유권이전청구권가등기의 말소

---

11) 서울고등법원 2010. 9. 14. 선고 2010나7401 판결 [구상금등]

등기절차를 이행하라.

마. 피고 5는 피고 ○○스틸에게

1) 별지1 부동산목록 제1, 2항 기재 각 부동산에 관하여 대전지방법원 천안지원 2012. 11. 21. 접수 제115715호로 마친 근저당권설정등기의 말소등기절차를 이행하고,

2) 별지1 부동산목록 제3 내지 13항 기재 각 부동산에 관하여 위 천안지원 2012. 11. 21. 접수 제115701호로 마친 근저당권설정등기의 말소등기절차를 이행하라."

"라. 피고 ○○스틸의 의료법인 △△의료재단에 대한 별지1 부동산목록 기재 각 부동산의 처분 등

1) 피고 ○○스틸(채무자 지은이삽입)은 2012. 6. 12. 의료법인 △△의료재단(이하 '△△의료재단'이라 한다)(수익자 지은이삽입)과 사이에 △△의료재단에 별지1 부동산목록 기재 각 부동산(이하 '이 사건 각 부동산'이라 한다)을 매매대금 90억 원(계약금 2억 원은 계약 시, 잔금 88억 원은 2012. 8. 10. 각 지급)으로 정하여 매도하는 내용의 계약(이하 '이 사건 매매계약'(사해행위 지은이삽입)이라 한다)을 체결하고, 2012. 8. 31. △△의료재단에게 위 매매계약을 원인으로 하여 그중 별지1 부동산목록 제1, 2항 기재 각 부동산(이하 '제1, 2 부동산'이라 한다)에 관하여 대전지방법원 천안지원 접수 제87055호로, 같은 목록 제3 내지 13항 기재 각 부동산(이하 '제3 내지 13 부동산'이라 한다)에 관하여 위 천안지원 접수 제87056호로 각 소유권이전등기(이하 통틀어 '이 사건 소유권이전등기'라 한다)를 마쳐주었다.

2) 피고 ○○스틸의 대표이사인 피고 2는 2012. 11. 7. △△의료재단의 대표자인 이사로 취임하고 같은 달 9. 대표권을 가진 이사로 등기되었고, 피고 4는 2013. 1. 25. △△의료재단의 이사로 등기되었다.

3) △△의료재단은 2013. 11. 5. 회생절차개시결정(의정부지방법원 2013회합23호)을 받았고, 피고 2가 관리인으로 선임되었으나 회생절차가 폐지되었다. △△의료재단은 2015. 3. 13. 회생절차개시결정(의정부지방법원 2015회합1001호)을 다시 받았고, 피고 2가 관리인으로 선임되었다가, 이 법원에 이르러 소외인이 새로운 관리인으로 선임되어 이 사건 소송수계를 하였으며, 현재 회생절차 진행 중이다.

마. △△의료재단의 피고 5, 피고 4에 대한 처분

1) △△의료재단은 2012. 11. 20. 피고 5(전득자 지은이 삽입)와 사이에 이 사건 각 부동산에 관한 근저당권추가설정계약을 체결하고, 2012. 11. 21. 피고 5에게 그중 제1, 2 부동산에 관하여 대전지방법원 천안지원 접수 제115715호로, 제3 내지 13 부동산에 관하여 위 천안지원 접수 제115701호로 각 근저당권설정등기(이하 통틀어 '이

사건 근저당권설정등기'(전득행위 지은이 삽입)라 한다)를 마쳐주었다.

2) △△의료재단은 2013. 3. 20. 피고 4(전득자 지은이 삽입)와 사이에 이 사건 각 부동산에 관한 매매예약을 체결하고, 2013. 4. 11. 피고 4에게 위 매매예약을 원인으로 대전지방법원 천안지원 접수 제33465호로 소유권이전청구권가등기(이하 '이 사건 가등기(전득행위 지인이 삽입)'라 한다)를 마쳐주었다."[12]

서울고등법원 판결의 1심 청구취지를 보면, 의료재단법인과 피고 4, 5간의 법률행위취소를 취소하는 청구취지는 없습니다. 단순히 가등기나 근저당권의 각 말소등기절차이행만을 구하고 있습니다. 이는 서울고등법원 2010. 9. 14. 선고 2010나7401 판결에서 "채무자인 대경휠터 및 소외 1과 수익자인 피고 1, 2 사이의 이 사건 계약은 채권자인 원고와 악의의 전득자인 피고 퓨쳐에셋매니지먼트에 대한 관계에 있어서는 사해행위에 해당하므로 이를 취소하고, 그 원상회복으로 피고 퓨쳐에셋매니지먼트는 채무자들인 대경휠터 및 소외 1에게 이 사건 각 근저당권설정등기 및 가등기를 말소할 의무가 있다."라고만 언급하고 있지 피고 퓨쳐에셋매니지먼트와 피고 1, 2간의 전득행위를 취소해야 한다는 내용은 없습니다.

그런데 대법원 2015. 6. 11. 선고 2014다237192 판결에서는 "전득자를 상대로 전득행위의 취소를 구한다"는 말이 언급되어 있고 실제로 그 원심의 판결문을 보면, 전득행위의 취소를 구하고 있습니다. 그러나, 이는 잘못된 것입니다. 이는 채무자의 법률행위가 아니기 때문에 각하사유인데도 불구하고 법원이 전혀 이를 고려하지 아니한 잘못이 있는 것이 아닌가라는 생각이 듭니다.

5. 채무자의 공동담보로서의 회복된 재산

이는 취소의 효력은 채권자와 수익자나 전득자 간에 미치지만 그로 인해 회복된 재산은 전체 채권자들을 위해 공동담보로서 회복됩니다. 그렇기 때문에 취소채권자에게 우선권은 없습니다. 이에 대하여는 별도로 자세히 언급하겠습니다.

---

12) 서울고등법원 2017. 12. 5. 선고 2016나2014957 판결 [사해행위취소]

6. 소결

사해행위취소소송이 어려운 이유는 법리적으로 어렵기 때문입니다. 원고 측은 법리적으로 매우 뛰어나야 합니다. 특히 취소의 효력에 관한 부분을 잘못 알고 있으면 큰 실수를 할 수가 있습니다. 그렇기 때문에 이에 대하여 철저히 파악하여야 할 것입니다.

II

관할, 보전처분 및 인지 등

II

관할, 보전처분 및 인지 등

1. 관할

가. 서설

소송을 함에 있어서 잘 아시겠지만 어느 법원에 소를 제기할 것인지는 매우 중요한 문제입니다. 실제적으로 지방을 가보면 피고의 주소지인 보통재판적이 있는 곳에 소를 제기하게 되면 피고에게 유리한 판단을 이루어지는 것이 아닌가 하는 생각이 들 때가 종종 있는 것도 사실입니다.

나. 일반적 관할

피고의 주소지에 보통재판적이 있기 때문에 피고의 주소지로 소를 제기할 수 있습니다.

다. 가액배상을 구하는 경우

가액배상을 구하는 경우에는 원고에게 이 가액배상금을 지급하는 것이 되기 때문에 원상회복 이행의 소송이 지참채무인지에 따라서 원고의 주소지에 소를 제기할 수 있다고 할 것입니다. 그래서 관할을 위해서도 가액배상으로 청구를 하는 경우가 있습니다.

라. 부동산소송의 경우

대부분 사해행위취소소송의 판례들을 보면 매매 등 부동산을 처분한 경우에 많이 발생하였습니다. 이런 경우 소를 어디에 제기할 것인지 문제가 될 수 있습니다.

> "[1] 채권자가 사해행위의 취소와 함께 수익자 또는 전득자로부터 책임재산의 회복을 구하는 사해행위취소의 소를 제기한 경우 그 취소의 효과는 채권자와 수익자 또는 전득자 사이의 관계에서만 생기는 것이므로, 수익자 또는 전득자가 사해행위의 취소로 인한 원상회복 또는 이에 갈음하는 가액배상을 하여야 할 의무를 부담한다고 하더라도 이는 채권자에 대한 관계에서 생기는 법률효과에 불과하고 채무자와 사이에서 그 취소로 인한 법률관계가 형성되는 것은 아닐 뿐만 아니라, 이 경우 채권자의 주된 목적은 사해행위의 취소 그 자체보다는 일탈한 책임재산의 회복에 있는 것이므로, 사해행위취소의 소에 있어서의 의무이행지는 '취소의 대상인 법률행위의 의무이행지'가 아니라 '취소로 인하여 형성되는 법률관계에 있어서의 의무이행지'라고 보아야 한다.
> [2] 부동산등기의 신청에 협조할 의무의 이행지는 성질상 등기지의 특별재판적에 관한 민사소송법 제19조에 규정된 '등기할 공무소 소재지'라고 할 것이므로, 원고가 사해행위취소의 소의 채권자라고 하더라도 사해행위취소에 따른 원상회복으로서의 소유권이전등기 말소등기의무의 이행지는 그 등기관서 소재지라고 볼 것이지, 원고의 주소지를 그 의무이행지로 볼 수는 없다."1)

원고는 회사이고 자신의 주소지인 포항지원에 소를 제기하였는데 채무자는 고성에 있는 부동산을 피고인 대한주택건설 주식회사(인천 본점)에게 매도하고 이전해 주었던 것입니다. 1심법원은 이에 따라서 부동산소재지인 속초지원으로

---

1) 대법원 2002. 5. 10.자 2002마1156 결정 [이송]

관할 이송을 하였습니다. 결국 원고 피고 모두 매우 곤란한 곳에서 소송을 하게 되는 상황이 발생하였습니다. 원고가 처음부터 인천에 소를 제기하는 것이 더 현명했을 수도 있습니다.

2. 보전처분

가. 서설

사해행위취소소송의 경우 원상회복의 종류에 따라서 가처분이나 가압류 등을 하여야 하기 때문에 소를 처음 시작할 때 이를 잘 파악해야만 유효적절한 보전처분을 할 수 있습니다.

나. 원물반환의 경우

부동산의 이전의 경우에 사해행위를 하는 법률행위와 동시에 또는 그 후에 근저당권등이 말소된 것이 없다고 한다면 이런 경우에는 소유권처분금지가처분을 하면 될 것입니다. 피보전권리는 사해행위취소에 의한 원물반환청구권을 기록하면 됩니다.

다. 가액배상의 경우

부동산이 이전이 되면서 근저당권이 말소되거나 그 이후에 기존의 근저당권이 말소된 경우 또는 수익자가 새로운 근저당권을 말소하였거나 수익자의 채권자가 가압류 등을 한 경우에는 원칙적으로 가액배상청구를 하는 것이 옳기 때문에 이런 경우에는 그 당해 부동산에 사해행위취소에 의한 가액배상청구권을 피보전권리로 하여 부동산가압류결정을 받아야 할 것입니다.

만약 기존 채무자의 가압류채권자가 있었는데 이것이 말소된 경우에는 이것을 수익자가 변제하였다고 하더라도 이는 채권자평등주의에 의하여 공제될 대상이 아니기 때문에 이런 경우에는 가액배상청구가 아니라 원물반환청구가 가능합니다.

그러나, 채무자의 압류채권이 말소되거나 법정물권인 임차권(주택임차권, 상가임차권)이 사해행위와 동시에 또는 그 이후에 말소가 되었다고 하면서 이런 경우에는 가액배상청구를 하여야 하기 때문에 부동산가압류신청을 하여야 합니다.

라. 근저당권의 경우

근저당권설정계약이 사해행위취소의 법률행위인 경우에는 그 시기에 따라서 보전처분이 달라집니다. 만약 경매 전이라고 한다면 근저당권처분금지가처분을 신청하면 됩니다.

만약 경매가 진행되고 있다고 한다면 배당금지급청구권은 추심 및 지급정지와 처분금지 가처분을 동시에 하는 것이 필요할 수 있습니다.

배당이 될 경우에는 배당이의를 제기하고 배당이의 소송을 제기하는 것이 가장 현명한 방법입니다.

배당이 이루어졌는데 아직 배당금을 찾아가지 않았고 배당이의도 하지 아니한 경우에는 위에서 말한 배당금지급청구권에 대한 추심 및 지급정지와 처분금지가처분을 하고 나서 원상회복으로는 부당이득반환청구를 구하면 됩니다. 이는 그 배당금지급청구권을 채무자에게 양도하고 대한민국에게 양도통지하라는 형식을 취하면 됩니다.

만약 배당금을 수익자가 찾아갔다고 한다면 이런 경우에는 배당금 상당의 금원을 지급청구할 수 있다고 할 것입니다. 그리고 확정판결 다음날부터 다 갚는 날까지 연 5%의 비율에 의한 지연손해금을 구할 수 있습니다. 이런 경우에는 수익자의 일반 재산에 가압류를 할 수밖에 없습니다.

마. 종류물의 경우

주식을 양도해 준 경우에 있어서 이런 종류물을 원물반환이 불가능한 경우가 드물다고 할 것입니다. 그렇기 때문에 이런 경우에는 주식 자체의 반환을 구하여야 할 것입니다. 그 주식을 특정하여 이를 원고에게 지급하라는 형식이 될 것입니다. 그런데 이를 이행하지 아니할 수가 있습니다. 이런 경우에는 대상판결, 즉 그 주식 가치에 대응하는 금원 지급을 청구할 수 있다고 할 것입니다. 주식이 어디에 있는지 모르기 때문에 대상청구에 따른 수익자의 일반재산에 가압류를 할 수 있다고 할 것입니다.

바. 채권양도의 경우

채권을 양도하여 양도통지한 경우, 즉 아직 양수금을 지급하지 아니한 경우에는 추심 및 지급정지 및 처분금지가처분 결정을 받아야 할 것입니다. 그리고 이런 경우 원상회복은 수익자는 다시 채무자에게 채권양도를 하고 양도통지하라는 의사표시를 구하는 청구취지를 구하여야 합니다. 왜냐하면 채권양도 자체가 유효하기 때문에 그 유효한 행위를 취소하였다고 하더라도 채무자(양도채무를 부담하는 자, 채권가압류의 제3채무자와 지위에 있는 자)에게는 취소의 효력이 미치지 않습니다.

만약 채권양도의 채무자가 이에 대하여 공탁을 해버렸다고 한다면, 이제 권리는 그 공탁금지급청구권으로 바뀐다고 할 것입니다. 이런 경우에는 공탁금을 찾아가지 못하도록 추심 및 지급정지 및 처분금지가처분 신청을 하여야 합니다. 그리고 원상회복으로는 그 청구권을 원고에게 양도하고 양도통지하라는 형식을 취하여야 할 것입니다. 이 경우에 채무자에게 양도하고 양도통지하라는 형식이 아닌 것은 이미 공탁으로 채권양도의 채무자는 변제를 하였다고 할 것이기 때문에 이 공탁금에 대하여는 채무자가 어떠한 권리도 없습니다. 그 공탁에는 채무자는 관여할 수도 없습니다. 근저당권의 경우에는 소유자가 채무자이기 때문에 채무자의 전체 채권자들에게 취소된 배당금이 공동담보로 회복된다는 의미가 있어 추가배당이 이루어져야 하지만 채권양도의 경우에 피공탁자는 양수인이 될 것이기 때문에 특별한 사정이 없는 한 사해행위취소의 채무자는 이 공탁에 어떤 권리도 없게 됩니다.

이미 수익자인 양수인이 양수금을 수령하였다고 한다면 가액배상을 청구하는 것이기 때문에 당연히 수익자의 일반 재산에 대하여 가압류 등을 하여야 할 것입니다.

3. 인지

가. 사해행위취소소송만 하는 경우

피보전채권의 소송과 사해행위취소를 병합할 수도 있지만 이와는 전혀 별개로 사해행위취소소송만 제기하는 경우에는 소가를 산정을 아래와 같이 합니다.

사해행위취소소송의 소가를 산정하는 방식은 2단계를 거칩니다.

먼저 취소의 소송과 이행의 소송의 소가를 각각 산정합니다. 여기에서 둘 중 큰 것이 소가가 됩니다.

이렇게 큰 소가와 원고의 피보전채권을 비교합니다. 그래서 적은 것을 선정합니다. 이는 결국 소송의 목적이 원고의 피보전채권을 회수하기 위한 것이기 때문에 피보전채권을 넘어서는 소가를 부담시키지 않기 위한 방법입니다.

나. 피보전채권소송과 병합소송을 하는 경우

이런 경우에는 피보전채권소송의 소가에 따른 인지만 납부하고 별도로 사해행위취소소송의 소가에 따른 인지는 납부하지 않습니다. 사해행위취소소송은 피보전채권을 회수하기 위한 수단의 소송이기 때문에 흡수되어 버립니다.

다. 사후 소송비용에서의 문제

만약 사해행위취소의 피고가 패소한 경우에 피보전채권소송과 병합해서 소가 제기된 경우에 수익자나 전득자는 인지대의 피고 숫자대로 나누어서 분담시킬 수 있습니다. 이 경우 위 나항과 같이 주장하여 사해행위취소를 위한 인지대는 납부한 적이 없기 때문에 인지를 부담하게 하는 것은 위법하다고 주장한다면 받아들일 것입니다. 실제로 지은이가 이와 같은 주장을 하여 인지는 제외시킨 적이 있습니다.

Ⅲ

제척기간

III

제척기간

1. 제척기간의 내용

민법은 제406조 제2항에 이를 언급하고 있습니다.

"전항의 소는 채권자가 취소원인을 안 날로부터 1년, 법률행위 있은 날로부터 5년내에 제기하여야 한다."

채권자는 취소의 원인을 안 날로부터 1년이라고 하고 있는데 이를 흔히 단기제척기간이라고 합니다. 그리고 법률행위 있은 날로부터 5년을 장기제척기간이라고 하고 있습니다.

여기에서 나오는 문제들이 있는데 가장 쟁점이 되는 것은 단기제척기간입니다. 그렇지만 다른 쟁점도 있기 때문에 이에 대하여 언급하고 단기제척기간을 나중에 검토합니다.

2. 소로써 구해야 함

가. 법조문의 검토

민법은 "전항의 소는"이라는 말과 "제기하여야 한다"라고 되어 있습니다.

여기에서 나오는 문제점이 있습니다.

나. 공격방법이나 방어방법으로는 불가

소를 제기하여야 하기 때문에 단순히 공격방법이나 방어방법으로 이를 구사할 수는 없습니다. 공격방법이 아니라 수익자를 상대로 하는 기존의 소라고 한다면 사해행위취소소송을 병합하여야 하고, 반면 수익자가 피고였다고 한다면 피고는 원고를 상대로 하여 반소로 사해행위취소소송을 제기하여야 합니다. 만약 공격방어방법으로 사용하였다가 1년이 지나면 그때에는 소를 제기할 수가 없게 됩니다.

"채무자가 채권자를 해함을 알고 재산권을 목적으로 한 법률행위를 한 때에는, 채권자는 그 사해행위의 취소를 법원에 소를 제기하는 방법으로 청구할 수 있을 뿐, 소송상의 공격 또는 방어방법으로는 주장할 수 없는 것이다(당원 1978.6.13. 선고 78다404 판결 참조).
기록에 의하면, 원고들은 주위적 청구로 이 사건 각 부동산에 관하여 피고들의 명의로 경료된 소유권이전청구권의 보전을 위한 각 가등기와 그 가등기에 기하여 경료된 각 소유권이전등기의 말소등기절차의 이행을 청구하면서, 위 각 가등기와 본등기의 원인이 된 피고들과 위 회사 사이의 법률행위가 원고들에 대한 관계에서 사해행위에 해당하여 1990.5.21.자 준비서면의 송달로 위 사해행위를 취소하는 바이므로, 피고들은 원상회복의 의무로서 위 각 가등기와 본등기를 말소할 의무가 있는 것이라고 주장하였음을 알 수 있는바(기록 686장 참조), 원고들의 이와 같은 주장은 사해행위의 취소를 단순한 소송상의 공격방법으로 주장하는 것에 지나지 아니함이 분명하므로, 같은 취지로 판단한 원심판결에 소론과 같이 채권자취소권의 행사방법에 관한 법리를 오해한 위법이 있다고 볼 수 없을 뿐만 아니라, 이와 같은 경우에 법원이 소론과 같이 원고들에게 사해행위의 취소를 소구하는 것인지의 여부를 석명하여야 할 의무가 있다고도 볼 수 없으므로, 논지도 모두 이유가 없다."[1]

---

1) 대법원 1993. 1. 26. 선고 92다11008 판결 [가등기및본등기말소]

"채권자가 전득자를 상대로 민법 제406조 제1항에 의한 채권자취소권을 행사하기 위해서는, 같은 조 제2항에서 정한 기간 안에 채무자와 수익자 사이의 사해행위의 취소를 소송상 공격방법의 주장이 아닌 법원에 소를 제기하는 방법으로 청구하여야 하는 것이고, 비록 채권자가 수익자를 상대로 사해행위의 취소를 구하는 소를 이미 제기하여 채무자와 수익자 사이의 법률행위를 취소하는 내용의 판결을 선고받아 확정되었더라도 그 판결의 효력은 그 소송의 피고가 아닌 전득자에게는 미칠 수 없는 것이므로, 채권자가 그 소송과는 별도로 전득자에 대하여 채권자취소권을 행사하여 원상회복을 구하기 위해서는 위에서 본 법리에 따라 민법 제406조 제2항에서 정한 기간 안에 전득자에 대한 관계에 있어서 채무자와 수익자 사이의 사해행위를 취소하는 청구를 하지 않으면 아니 된다.
그런데 앞서 본 바와 같이 원고가 1998. 6.경 소외인 2를 상대로 사해행위취소 소송을 제기하였으므로 원고는 늦어도 그 무렵에는 소외인 1이 원고를 해함을 알면서 소외인 2에게 이 사건 건물을 매도하였음을 알고 있었다고 할 것이고, 그로부터 1년이 경과한 후인 2002. 3. 25.에 제기된 이 사건 소는 민법 제406조 제2항 소정의 제소기간이 도과된 후에 제기된 것이어서 부적법하다고 할 것이다.
그럼에도 불구하고, 원심은 수익자를 상대로 사해행위취소의 소를 제기하여 승소판결을 받은 후 전득자를 상대로 원상회복의 청구를 하는 경우에는 민법 제406조 제2항이 적용되지 않는다고 보아 피고의 제척기간 도과의 항변을 배척하였으니, 원심판결에는 사해행위취소의 소의 제척기간에 관한 법리를 오해한 위법이 있고, 이러한 위법은 판결의 결과에 영향을 미쳤음이 분명하다."2)

이 소송의 사건명이 "가등기말소"인 점이 중요합니다. 아마 원고는 채무자와 수익자의 사해행위의 취소를 구하지도 않고 그냥 전득행위인 가등기말소를 구하였을 것입니다. 그렇기 때문에 판결요지에서는 "전득자에 대하여 채권자취소권을 행사하여 원상회복을 구하기 위해서는 위에서 본 법리에 따라 민법 제406조 제2항에서 정한 기간 안에 *전득자에 대한 관계에 있어서 채무자와 수익자 사이의 사해행위를 취소하는 청구를 하지 않으면 아니 된다.*"라는 말을 언급한 것으로 보입니다.

---

2) 대법원 2005. 6. 9. 선고 2004다17535 판결 [가등기말소]

"사해행위취소소송은 형성의 소로서 그 판결이 확정됨으로써 비로소 권리변동의 효력
이 발생하나, 민법 제406조 제1항은 채권자가 사해행위의 취소와 원상회복을 법원에
청구할 수 있다고 규정함으로써 사해행위취소청구에는 그 취소판결이 미확정인 상태에
서도 그 취소의 효력을 전제로 하는 원상회복청구를 병합하여 제기할 수 있도록 허용
하고 있다. 또한 원고가 매매계약 등 법률행위에 기하여 소유권을 취득하였음을 전제로
피고를 상대로 일정한 청구를 할 때, 피고는 원고의 소유권 취득의 원인이 된 법률행위
가 사해행위로서 취소되어야 한다고 다투면서, 동시에 반소로써 그 소유권 취득의 원인
이 된 법률행위가 사해행위임을 이유로 법률행위의 취소와 원상회복으로 원고의 소유
권이전등기의 말소절차 등의 이행을 구하는 것도 가능하다. 위와 같이 원고의 본소 청
구에 대하여 피고가 본소 청구를 다투면서 사해행위의 취소 및 원상회복을 구하는 반
소를 적법하게 제기한 경우, 사해행위의 취소 여부는 반소의 청구원인임과 동시에 본소
청구에 대한 방어방법이자, 본소 청구 인용 여부의 선결문제가 될 수 있다. 그 경우 법
원이 반소 청구가 이유 있다고 판단하여, 사해행위의 취소 및 원상회복을 명하는 판결
을 선고하는 경우, 비록 반소 청구에 대한 판결이 확정되지 않았다고 하더라도, 원고의
소유권 취득의 원인이 된 법률행위가 취소되었음을 전제로 원고의 본소 청구를 심리하
여 판단할 수 있다고 봄이 타당하다. 그때에는 반소 사해행위취소 판결의 확정을 기다
리지 않고, 반소 사해행위취소 판결을 이유로 원고의 본소 청구를 기각할 수 있다. 본
소와 반소가 같은 소송절차 내에서 함께 심리, 판단되는 이상, 반소 사해행위취소 판결
의 확정 여부가 본소 청구 판단 시 불확실한 상황이라고 보기 어렵고, 그로 인해 원고
에게 소송상 지나친 부담을 지운다거나, 원고의 소송상 지위가 불안정해진다고 볼 수도
없다. 오히려 이로써 반소 사해행위취소소송의 심리를 무위로 만들지 않고, 소송경제를
도모하며, 본소 청구에 대한 판결과 반소 청구에 대한 판결의 모순 저촉을 피할 수 있
다."3)

다. 전항의 소는 무엇을 의미하는가?

전항은 제1항입니다. 그런데 사해행위취소 소와 원상회복의 소를 같이 언
급하고 있어서 문제가 될 수 있습니다. 제척기간은 당연히 형성의 소와 관계가
있고 이행의 소와 관계된 것은 소멸시효입니다. 그렇기 때문에 사해행위취소를

---

3) 대법원 2019. 3. 14. 선고 2018다277785, 277792 판결 [근저당권말소 · 사해행위취소등]

의미하는 것을 알 수 있습니다. 그래서 사해행위취소의 소와 원상회복의 소를 별개로 제기할 수 있고 제척기간은 사해행위취소에만 문제가 될 뿐입니다.

> "채권자가 민법 제406조 제1항에 따라 사해행위의 취소와 원상회복을 청구함에 있어 사해행위의 취소만을 먼저 청구한 다음 원상회복을 나중에 청구할 수 있으며, 이 경우 사해행위 취소 청구가 민법 제406조 제2항에 정하여진 기간 안에 제기되었다면 원상 회복의 청구는 그 기간이 지난 뒤에도 할 수 있다.
> 원심이 같은 취지에서, 원고들이 이 사건 부동산에 관하여 피고와 소외 1 사이에 체결된 근저당권설정계약과 매매계약의 취소 및 피고 명의로 경료된 소유권이전등기의 말소를 청구하여 제1심에서 승소한 뒤, 원심에서 사해행위의 취소에 따른 원상회복으로서 근저당권설정등기의 말소 청구를 추가하는 경우, 그 추가 청구 부분에 대하여는 민법 제406조 제2항이 적용되지 아니한다고 판단한 것은 옳고, 거기에 상고이유의 주장과 같은 법리오해 등의 잘못이 없다. 따라서 이 부분 상고이유도 받아들이지 아니한다."4)

3. 장기제척기간

가. 법률행위가 있는 날로부터 5년 안에 제기해야 함

장기제척기간의 경우에 문제되는 것은 실제 법률행위와 등기부상 법률행위의 차이점입니다. 지금은 매매계약서를 신고해야 하기 때문에 소급작성하는 경우가 드물지만 예전에는 법무사들이 등기신청서를 만드는 날로부터 1개월 앞서서 매매계약일을 정하기 때문에 등기원인과 접수 시가 1개월이나 1개월 1일 차이가 나는 경우가 있었습니다.

또한 당연히 초일불산입이라고 할 것입니다. 즉 법률행위가 있는 날은 포함되지 않는다고 보아야 할 것입니다.

---

4) 대법원 2001. 9. 4. 선고 2001다14108 판결 [소유권말소등기]

나. 상속분할협의시의 경우

문제는 상속협의분할의 경우입니다. 왜냐하면 상속분할협의는 상속시점으로 상속이 법률적으로 포괄승계되는 것이기 때문에 상속협의분할서를 작성한 시점이 아니라 피상속인의 상속개시시점을 등기원인으로 기재하기 때문입니다.

접수시점으로는 5년이 되지 않았는데 상속개시, 즉 등기원인은 5년이 지난 경우에 소를 제기하고 등기소에 등기신청 시 접수할 서류의 문서송부촉탁을 하면 됩니다. 실제적으로 상속분할협의서에는 반드시 상속인들의 인감증명서가 첨부되어야 하기 때문에 충분히 5년의 문제는 넘길 수 있습니다. 실제적으로 이에 의하여 승소판결을 여러 차례 받았습니다.

다. 가등기의 경우

가등기와 본등기가 있는 경우에 당연히 가등기시점이 법률행위가 있는 날의 기산점이 됩니다.

"[1] 사해행위취소의 소는 법률행위 있은 날로부터 5년 내에 제기하여야 하고, 이는 제소기간이므로 법원은 그 기간의 준수 여부에 관하여 직권으로 조사하여 그 기간이 도과된 후에 제기된 사해행위취소의 소는 부적법한 것으로 각하하여야 하므로 그 기간 준수 여부에 대하여 의심이 있는 경우에는 법원이 필요한 정도에 따라 직권으로 증거조사를 할 수 있으나, 법원에 현출된 모든 소송자료를 통하여 살펴보았을 때 그 기간이 도과되었다고 의심할 만한 사정이 발견되지 않는 경우까지 법원이 직권으로 추가적인 증거조사를 하여 기간 준수 여부를 확인하여야 할 의무는 없다.
[2] 사해행위취소의 소에 있어 제소기간의 기준이 되는 '법률행위 있는 날'이라 함은 사해행위에 해당하는 법률행위가 실제로 이루어진 날을 의미한다.
[3] 가등기권자가 가등기에 기한 본등기의 절차에 의하지 아니하고 별도의 소유권이전등기를 경료받은 경우에 있어서는, 특별한 사정이 없는 한 가등기권자가 재차 가등기에 기한 본등기를 청구할 수 있는 것이므로 그 별도의 소유권이전등기를 가등기에 기한 본등기와 동일하게 볼 수는 없다고 할 것이고, 따라서 그 별도의 소유권이전등기의 원

인된 법률행위가 사해행위로서 취소되는 이상, 그 원상회복으로서 그 이전등기는 말소되어야 하는 것이고, 장차 그 가등기가 혼동의 법리에 의하여 부활되는지의 여부나 그와 같이 부활되는 가등기에 기하여 그 이전등기의 명의인이 다시 본등기를 경료할 수 있는지의 여부 등에 의하여 달리 볼 것은 아니다."

"기록에 의하면, 소외 1은 1995. 6. 14.경에 이르러 피고와의 사이에서 이 사건 부동산 중 2/3 지분을 피고에게 이전등기해 주기로 합의하고 같은 날 그 이전등기를 경료함에 있어서는 등기의 원인 및 일자를 1992. 1. 5.자 매매로 기재하였던 사실을 인정할 수 있으므로 위 소외 1과 피고 사이에서 위 이전등기의 원인이 된 법률행위가 실제로 있었던 날은 1995. 6. 14.이라고 할 것인데, 이 사건 소는 그로부터 5년 내임이 역수상 명백한 1999. 7. 24.에 제기되었음이 기록상 명백하므로 이 사건 소는 제소기간 내에 제소된 것이라고 할 것이다.

원심이, 위 이전등기일인 1995. 6. 14.을 '이 사건 처분일'이라고 하면서도 '1992. 1. 5.자 매매계약'을 취소한다고 한 것은, 위와 같은 취지에서 실제로 매매계약이 있었던 날과 그것이 매매계약서에 계약일자로 표시된 날이 서로 다르다는 것을 나타낸 것일 뿐 위 1992. 1. 5.을 법률행위가 있은 날로 본 취지가 아님이 분명하다고 할 것이므로 원심이 이 사건 소가 적법하다고 본 조치는 옳고, 거기에 상고이유의 주장과 같은 제소기간 또는 소송요건에 관한 법리오해나 심리미진 등의 위법이 있다고 볼 수 없다."[5]

실제 처분일은 1995. 6. 14.이라고 하면서 청구취지에서는 등기원인으로 서로 간에 신고한 1992. 1. 5.을 기재한 것임을 알 수 있습니다. 위 상속분할협의의 경우에도 이렇게 실제로 행위한 것과 등기원인이 다른 경우에 따로 언급한 경우가 있습니다. 아마 이 사건의 경우 두 사람 간에 가등기가 별도로 있음에도 불구하고 그 가등기매매예약일을 매매일로 하여 별도로 소유권이전등기를 한 것으로 보입니다.

라. 가등기가 이전된 경우

매매예약가등기가 채무자와 수익자 간에 설정되었는데 수익자가 이를 제3

---

5) 대법원 2002. 7. 26. 선고 2001다73138, 73145 판결 [사해행위취소·사해행위취소등]

자에 가등기권리를 양도하고 그 제3자는 바로 본등기를 경료하는 경우에 문제
가 발생하게 됩니다. 피고를 누구로 할 것인지도 문제가 될 수 있습니다.

"[1] 사해행위인 매매예약에 기하여 수익자 앞으로 가등기를 마친 후 전득자 앞으로 가
등기 이전의 부기등기를 마치고 나아가 가등기에 기한 본등기까지 마쳤다 하더라도, 위
부기등기는 사해행위인 매매예약에 기초한 수익자의 권리의 이전을 나타내는 것으로서
부기등기에 의하여 수익자로서의 지위가 소멸하지는 아니하며, 채권자는 수익자를 상
대로 사해행위인 매매예약의 취소를 청구할 수 있다. 그리고 설령 부기등기의 결과 가
등기 및 본등기에 대한 말소청구소송에서 수익자의 피고적격이 부정되는 등의 사유로
인하여 수익자의 원물반환의무인 가등기말소의무의 이행이 불가능하게 된다 하더라도
달리 볼 수 없으며, 특별한 사정이 없는 한 수익자는 가등기 및 본등기에 의하여 발생
된 채권자들의 공동담보 부족에 관하여 원상회복의무로서 가액을 배상할 의무를 진다.
[2] 등기명의인의 경정등기는 명의인의 동일성이 인정되는 범위를 벗어나면 허용되지
아니한다. 그렇지만 등기명의인의 동일성 유무가 명백하지 아니하여 경정등기 신청이
받아들여진 결과 명의인의 동일성이 인정되지 않는 위법한 경정등기가 마쳐졌다 하더
라도, 그것이 일단 마쳐져서 경정 후의 명의인의 권리관계를 표상하는 결과에 이르렀고
그 등기가 실체관계에도 부합하는 것이라면 등기는 유효하다. 이러한 경우에 경정등기
의 효력은 소급하지 않고 경정 후 명의인의 권리취득을 공시할 뿐이므로, 경정 전의 등
기 역시 원인무효의 등기가 아닌 이상 경정 전 당시의 등기명의인의 권리관계를 표상
하는 등기로서 유효하고, 경정 전에 실제로 존재하였던 경정 전 등기명의인의 권리관계
가 소급적으로 소멸하거나 존재하지 않았던 것으로 되지도 아니한다.
[3] 채권자가 채무자의 부동산에 관한 사해행위를 이유로 수익자를 상대로 사해행위의
취소 및 원상회복을 구하는 소송을 제기한 후 소송계속 중에 사해행위가 해제 또는 해
지되고 채권자가 사해행위의 취소에 의해 복귀를 구하는 재산이 벌써 채무자에게 복귀
한 경우에는, 특별한 사정이 없는 한 사해행위취소소송의 목적은 이미 실현되어 더 이
상 소에 의해 확보할 권리보호의 이익이 없어진다. 그리고 이러한 법리는 사해행위취소
소송이 제기되기 전에 사해행위의 취소에 의해 복귀를 구하는 재산이 채무자에게 복귀
한 경우에도 마찬가지로 타당하다."6)

---

6) 대법원 2015. 5. 21. 선고 2012다952 전원합의체판결 [사해행위취소]

이 전원합의체가 나온 것은 대법원 2005. 3. 24. 선고 2004다70079 판결을
일부 변경시킨 것입니다. 그 판례의 내용은 이렇습니다.

"가등기 이전에 의한 부기등기는 기존의 가등기에 의한 권리의 승계관계를
등기부상에 명시하는 것 뿐으로 그 등기에 의하여 새로운 권리가 생기는 것이
아닌 만큼 가등기가 원인무효의 경우 가등기의 말소등기청구는 양수인만을 상
대로 하면 족하고, 양도인은 그 말소등기청구에 있어서의 피고적격이 없다고 할
것이다(대법원 1994. 10. 21. 선고 94다17109 판결 등 참조). 위와 같은 법리에 비추
어 보면, 사해행위에 기하여 가등기가 경료되었고, 그 후 그 가등기에 기한 본등
기가 경료된 이 사건에 있어서, 가등기 말소등기청구권의 상대방이 될 수 없고,
본등기의 명의인도 피고 박○○이 채권자에 대하여 가액배상의무를 부담한다고
볼 수 없으므로, 같은 취지의 원심의 판단은 정당한 것으로 수긍이 가고, 원심판
결에 상고이유로 주장하는 바와 같이 가액배상의 의무의 주체 및 사해행위취소
의 법리를 오해하는 등의 위법이 있다고 할 수 없다"라고 판시하였습니다.

이 사건의 내용은 채무자가 수익자인 피고 박○○에게 가등기를 경료해 주
었습니다. 그리고 다시 소외 김○○에게 다시 피고 이○○에게 가등기가 이전
이 되었습니다. 이에 원고는 채무자와 수익자 피고 박○○ 사이의 매매예약을
일부취소를 구하고 피고 박○○와 피고 이○○는 부진정연대채무로 인하여 각
자 가액배상을 구한 사안이었습니다. 사해행위취소부분은 승소판결을 하면서 피
고 박○○에 대한 가액배상판결에 대하여 기각판결을 하였습니다. 이에 대하여
지은이는 이미 문제를 제기하였습니다.

그런데 여기에서 매우 의문이 드는 것이 있습니다. 판례에 따르면 사해행위
취소의 원상회복의무는 가등기권리를 양수하는 사람이 부담하여야 한다는 것을
알 수 있습니다. 그렇다고 한다면 "사해행위취소의 수익자의 지위도 변경되는
가?"입니다. 즉 대법원 94다17109 판례에 따라서 양도인은 피고적격도 없기 때
문에 사해행위취소의 경우도 사해행위취소의 청구취지나 주문에서 "피고 이○
○와 소외 안○○ 사이의 별지 목록 기재 부동산에 관하여 1997. 10. 1.에 체결
된 매매예약은 취소한다"라고 하여 양도인의 경우는 사해행위취소의 피고적격
도 없고 양수인만이 수익자가 되고 원상회복의무를 부담하는 자가 되어야 하는
가라는 문제가 발생합니다. 만약 이와 같이 보았다고 한다면, 대법원은 분명 이

를 언급하였을 것입니다. 왜냐하면 피고적격의 문제로 이는 직권조사사항이라고 할 것이기 때문에 이럴 경우에는 직권으로 판단하여 파기환송을 하거나 자판을 하였을 것이기 때문입니다. 이 대법원 판결의 취지는 수익자의 지위까지 변동을 인정한 것은 아니라고 할 것입니다. 왜냐하면, 가등기권리를 이전받은 사람은 여전히 전득자의 위치에 있을 뿐이기 때문입니다. 다만 부기등기라는 특별한 문제가 발생하기 때문에 그 원상회복의 의무를 부담하는 것은 양수인이라는 것이며 가액 배상시의 경우도 역시 양수인만 부담하면 된다는 것입니다. 즉 "사해행위취소의 취소소송에서는 양수인은 전득자의 위치에 해당되는데, 원상회복의 부분에서는 수익자의 위치에 있게 되는 야누스가 되어버리는 것입니다"라고 지은이의 저서에서 일찍이 이를 문제 삼았습니다.

수익자의 지위 문제를 언급하였는데 위 대법원 판례에서는 명시적으로 수익자의 지위가 소멸되는 것은 아니라고 하면서 대법원 2004다70079 판례를 변경하였습니다. 그 변경부분을 보면,

"이와 달리 사해행위인 매매예약에 의하여 마친 가등기를 부기등기에 의하여 이전하고 그 가등기에 기한 본등기를 마친 경우에, <u>그 가등기에 의한 권리의 양도인은 가등기말소등기청구 소송의 상대방이 될 수 없고 본등기의 명의인도 아니므로 가액배상의무를 부담하지 않는다는 취지</u>의 대법원 2005. 3. 24. 선고 2004다70079 판결 등은 이 판결의 견해에 배치되는 범위 안에서 이를 변경하기로 한다."라고 하였습니다. 수익자의 지위도 변경되는가?라는 의문에 대하여 지은이가 이를 언급하지 아니한 것을 보면, 그렇게 볼 수는 없다고 하였는데 대법원 판례에서는 이에 대하여 수익자인 최초 가등기권자의 수익자의 지위를 명시적으로 언급하고 있습니다. 그리고 가등기권자의 양수인은 전득자의 지위에 있다고 보아야 한다는 지은이의 주장과 같이 수익자인 최초 가등기권자가 가등기권을 양도하였다고 한다면 수익자로서 가액배상의무를 부담하는 것입니다. 만약 양수인이 전득 당시에 악의라고 한다면 당연히 양수인은 이에 대하여 의무를 부담할 것입니다.

대법원 2004다70079 판례는 수익행위와 전득행위를 구별하지 못한 점이 있습니다. 즉 가등기설정행위는 수익행위이고 가등기권을 이전하는 것은 전득행위입니다. 그렇기 때문에 사해행위여부는 가등기설정행위의 원인인 매매예약시

의 시점에서 채무초과인지 채무자가 사해의사가 있었는지 수익자가 선의인지를 파악하여야 합니다. 그리고 양수인에게 이 책임도 물으려면 양수인은 전득자의 위치에 있기 때문에 전득행위에 채무자와 수익자의 매매예약에 의하여 가등기 설정이 채권자를 해하는 행위인지를 파악하여야 합니다. 기존 대법원 2004다 70079 판례에 의하면 양도인인 수익자가 악의이며 양수인인 가등기를 이전받은 사람은 전득자의 지위에 있으면서도 자신의 전득 당시의 선의를 항변으로 주장도 할 수 없다는 결론에 이르게 되어버린다고 할 것입니다. 그러므로 이 판례는 매우 문제가 있었다고 할 것이기 때문에 처음부터 공보불게재 판결로 분류되었고 2번째 사해행위취소 전원합의체 판결에 의하여 일부가 파기된 것으로 보입니다. 이 판결의 항소심에서 채무자와 양수인 간의 법률행위인 매매예약을 취소한다고 하였는데 이 역시도 문제가 있다고 할 것입니다. 이렇게 원고가 구하였다고 한다면 사실 이는 잘못된 청구취지였던 것입니다. 만약 원고가 이와 같이 구하였고 제척기간 1년이나 5년이 지나서 채무자와 수익자 피고 박○○ 사이의 취소할 수 있고 채무자와 양수인 전득자 이○○ 사이의 매매예약을 취소할 수 없다고 하여 각하를 하였다고 한다면 원고에게 오히려 피해를 주는 판결이 되었다고 할 것입니다. 다만 이렇게 하는 것이 옳다고 할 것입니다. 원고가 소송을 잘못한 책임이 있다고 할 것이기 때문입니다. 법원이 법리적으로 판단하지 않음으로써 발생한 문제라고 보입니다.

　　대법원 판결의 항소심의 주문을 보면, 다음과 같습니다.

"【주 문】

1. 제1심판결을 취소한다.

2. 원고의 피고 1, 파산자 주식회사 보은종합목재의 소송수계인 파산관재인 피고 4에 대한 소 중 별지 목록 기재 제1, 6, 8, 10부동산에 관한 매매예약취소 및 원상회복청구 부분과 별지 목록 기재 각 부동산에 관한 근저당권설정계약취소 및 원상회복청구 부분 및 원고의 피고 2, 피고 3, 피고 5에 대한 소를 각 각하한다.

3. 원고의 피고 1, 파산자 주식회사 보은종합목재의 소송수계인 파산관재인 피고 4에 대한 나머지 청구를 각 기각한다.

4. 소송총비용은 원고가 부담한다.

【청구취지 및 항소취지】

1. 청구취지

피고 1 및 주식회사 보은종합목재와 소외 1 사이에 별지 목록 기재 각 부동산에 관하여 2006. 8. 31. 체결된 매매예약을 94,455,354원의 한도 내에서 취소한다.

주식회사 보은종합목재와 소외 1 사이에 별지 목록 기재 각 부동산에 관하여 2006. 8. 31. 체결된 근저당권설정계약을 94,455,354원의 한도 내에서 취소한다.

피고 1, 피고 2, 피고 3, 피고 5 및 주식회사 보은종합목재와 소외 1 사이에 별지 목록 기재 각 부동산에 관하여 2006. 8. 31. 체결된 근저당권설정계약을 94,455,354원의 한도 내에서 취소한다.

피고들은 각자 원고에게 94,455,354원과 이에 대하여 제1심판결 확정일 다음날부터 다 갚는 날까지 연 5%의 비율로 계산한 돈을 지급하라.

2. 항소취지

제1심판결을 취소한다. 원고의 청구를 기각한다."[7]

"3) 이 사건 제2 내지 5, 7, 9, 11 내지 16부동산에 관한 청구

가등기의 이전에 의한 부기등기는 기존의 가등기에 의한 권리의 승계관계를 등기부상에 명시하는 것일 뿐이므로 그 등기에 의하여 새로운 권리가 생기는 것이 아닌 만큼 가등기가 원인무효인 경우 가등기의 말소등기청구는 양수인만을 상대로 하면 족하고, 양도인은 그 말소등기청구에 있어서의 피고적격이 없다는 법리에 비추어 보면, 사해행위에 기하여 가등기가 마쳐졌고, 그 후 가등기권리이전의 부기등기가 마쳐진 후 그 가등기에 기한 본등기가 마쳐진 사건에 있어서, 가등기말소등기청구의 상대방이 될 수 없고 본등기 명의인도 아닌 가등기권리양도인이 채권자에 대하여 가액배상의무를 부담한다고 볼 수 없다(대법원 2005. 3. 24. 선고 2004다70079 판결 참조).

위 인정 사실에 따르면, 이 사건 제2 내지 5, 7, 9, 11 내지 16부동산에 관하여 소외 1과 피고 1 및 보은종합목재 사이에 2006. 8. 31. 체결된 매매예약에 따라 지분이전청구권가등기가 마쳐진 후 피고 1 및 보은종합목재가 제3자에게 가등기권리를 양도함에 따라 가등기권리이전의 부기등기가 마쳐졌고 최종적으로 위 가등기권리를 양수한 자가 그 가등기에 기한 본등기를 마쳤는바, 원고의 주장대로 소외 1과 피고 1 및 보은

---

7) 서울서부지방법원 2011. 11. 24. 선고 2011나7929 판결 [사해행위취소]

> 종합목재 사이의 이 사건 제2 내지 5, 7, 9, 11 내지 16부동산에 관한 매매예약이 사해행위라고 하더라도, 피고 1 및 보은종합목재는 가등기말소등기청구의 상대방이 될 수 없고 본등기 명의인도 아니어서 원고에 대하여 가액배상의무를 부담하지 않으므로, 피고 1, 파산관재인에 대하여 원고가 주장하는 가액배상액 94,455,354원을 지급받기 위해 위 매매예약을 위 가액배상액의 한도로 취소하고 그 금액을 구하는 원고의 이 부분 청구는 이유 없다."[8]

이 부분에 대하여 원심은 사해행위취소 부분에 대하여는 각하하지 않았습니다. 그냥 기각을 하였습니다. 사해행위여부도 사실 판단하지 아니하였습니다. 단순히 가액배상판결이 안 되니깐 사해행위취소도 안 된다고 판시한 것입니다. 매우 이해가 되지 않는 판결입니다. 대법원 2004다70079 판결의 원심인 서울북부지방법원의 판결은 사해행위는 인정된다고 하면서도 원상회복으로 양도인에 대한 가액배상을 기각한 경우이기 때문에 이 서울서부지방법원의 판결과는 차이가 있습니다.

> "1) 이 사건 제1, 8, 10부동산에 관한 청구
> 피고 1은 이 부분의 소가 소외 1과 피고 1 사이의 매매예약이 존재하지 않아 피고적격이 없어 부적법하다고 항변하므로, 피고 1의 본안 전 항변 및 직권으로 피고 파산관재인에 대한 이 부분 소의 적법 여부에 관하여 살펴본다.
> 채무자와 법률행위를 한 수익자 및 그 전득자가 사해행위취소소송의 피고적격이 있고, 등기명의인의 동일성 유무가 명백하지 아니하여 경정등기 신청이 받아들여진 결과 명의인의 동일성이 인정되지 않는 위법한 경정등기가 마쳐졌다 하더라도, 그것이 일단 마쳐져서 경정 후 명의자의 권리관계를 표상하는 결과에 이르렀고 그 등기가 실체관계에도 부합하는 것이라면 그 등기는 유효하다(대법원 1996. 4. 12. 선고 95다2135 판결).
> 위 인정 사실에 따르면, 소외 1 소유이던 이 사건 제1, 8, 10부동산에 관하여 2006. 9. 13. 마쳐진 2006. 8. 31.자 매매예약을 원인으로 한 보은종합목재 명의의 지분이전청구권가등기는 2006. 9. 13. 착오를 원인으로 가등기권리자를 피고 1 및 보은종합목

---

8) 서울서부지방법원 2011. 11. 24. 선고 2011나7929 판결 [사해행위취소]

> 재로 경정하는 부기등기가 마쳐지고, 2006. 9. 21. 다시 착오를 원인으로 가등기권리
> 자를 이 사건 제1부동산의 경우 소외 2로, 이 사건 제8부동산의 경우 소외 3으로, 이
> 사건 제10부동산의 경우 소외 4, 소외 5로 각 경정하는 부기등기가 마쳐졌으므로, 이
> 러한 유효한 경정등기에 따라 이 사건 제1, 8, 10부동산에 관한 소외 1과 피고 1 및
> 보은종합목재 사이의 매매예약은 존재하지 아니하여 피고 1, 파산관재인은 사해행위취
> 소소송의 피고적격이 없다.
> 따라서 원고의 피고 1, 파산관재인에 대한 소 중 이 사건 제1, 8, 10부동산에 관한 매
> 매예약취소 및 원상회복청구 부분은 부적법하다."9)

　　이 부분은 대법원 판결요지 2와 관련된 부분인데 대법원은 이 부분도 파기
환송을 하였습니다.

> "나. 원심판결 이유와 적법하게 채택한 증거들에 의하면, ① 소외 1 소유인 별지 목록
> 기재 제1 부동산에 관하여, 2006. 9. 13. 이 사건 매매예약을 원인으로 한 채권자인
> 보은종합목재 명의의 소유권이전청구권가등기가 마쳐졌다가 2006. 9. 18. 등기관이
> 착오발견을 이유로 직권으로 그 가등기권자를 채권자인 피고 1 및 보은종합목재로 경
> 정하는 부기등기가 마쳐졌고, 이어서 2006. 9. 21. 신청착오를 원인으로 그 가등기권
> 자를 그 수분양자인 소외 2로 경정하는 부기등기가 마쳐진 다음 2007. 2. 7. 위 가등
> 기에 기초한 소외 2 명의의 본등기가 마쳐진 사실, ② 소외 1 소유인 별지 목록 기재
> 제8, 10 부동산에 관하여도 위와 같은 경위로 보은종합목재 명의의 소유권이전청구권
> 가등기와 그 가등기권자를 피고 1 및 보은종합목재로 직권으로 경정하는 부기등기가
> 마쳐진 후, 2006. 9. 21. 각 신청착오를 원인으로 하여 별지 목록 기재 제8 부동산에
> 관하여는 그 가등기권자를 그 수분양자인 소외 3으로 경정하는 부기등기가, 별지 목록
> 기재 제10 부동산에 관하여는 그 가등기권자를 그 수분양자인 소외 4·소외 5로 경정
> 하는 부기등기가 각 마쳐진 다음 2007. 2. 6. 위 각 가등기에 기초하여 소외 3 및 소
> 외 4·소외 5 명의의 각 본등기가 마쳐진 사실을 알 수 있다.
> 다. 위와 같은 사실관계를 앞서 본 법리에 비추어 살펴보면, 위 각 부동산에 관한 피고
> 1 및 보은종합목재 명의의 소유권이전청구권가등기에 기초하여 그 가등기권자를 각 수

---

9) 서울서부지방법원 2011. 11. 24. 선고 2011나7929 판결 [사해행위취소]

분양자로 경정하는 경정등기 및 그에 기초한 각 수분양자 명의의 본등기는 명의인의 동일성을 벗어나는 경정등기 및 이에 기초한 본등기이지만 경정 후의 등기명의인인 각 수분양자의 실체관계에 부합하는 등기로서 유효하고, 한편 이러한 각 경정등기는 그 효력이 소급하지 않고 그에 앞서 체결된 이 사건 매매예약 및 그에 따른 소유권이전청구권가등기의 존부 및 효력에 영향을 미치지 않는다.

따라서 위 각 부동산에 관하여 채무자인 소외 1과 이 사건 매매예약을 체결하고 그 소유권이전청구권가등기를 마친 피고 1 및 보은종합목재는 위와 같은 위법한 경정등기에 불구하고 이 사건 매매예약에 관한 사해행위취소 채권자인 원고에 대하여 여전히 수익자의 지위에 있다 할 것이므로, 다른 사정이 없는 한 원고는 피고 1 및 보은종합목재를 상대로 위 각 부동산에 관한 이 사건 매매예약에 대하여 사해행위취소 및 그에 따른 원상회복을 청구할 수 있다.

라. 그럼에도 이와 달리 원심은 위 각 부동산에 관하여 가등기권리자를 각 수분양자로 경정하는 실체관계에 부합하는 유효한 경정등기가 마쳐짐에 따라 그에 앞서 이루어진 위 각 부동산에 관한 이 사건 매매예약은 존재하지 아니하게 된다고 잘못 판단하여, 그 부존재를 이유로 피고 1 및 파산자 보은종합목재의 소송수계인 파산관재인 피고 4에게 사해행위취소소송의 피고적격이 없다고 판단하였다.

따라서 이러한 원심판결에는 등기명의인의 경정등기에 관한 법리를 오해하여 판결에 영향을 미친 위법이 있다."10)

전원합의체 판결인데 반대의견도 없이 전원일체의 결의에 의하여 대법원 2004다70079 판결을 원상회복부분 가액배상을 청구할 수 없다는 부분은 파기하면서 수익자의 지위에 관한 부분은 양수인에게 넘어가는 것이 아님을 명시적으로 밝혔다는 점에서 잘못된 판례를 바로 잡았다고 할 것입니다. 그리고 등기명의가 경정된 경우에 있어서 피고를 누구로 할 것인가도 매우 중요한 문제입니다. 사실 제척기간의 문제보다는 피고 적격의 문제였지만 여기에서 이를 다루었습니다.

---

10) 대법원 2015. 5. 21. 선고 2012다952 전원합의체판결 [사해행위취소]

마. 가등기와 본등기의 제척기간의 문제

매매예약이 사해행위이고 가등기가 설정된 경우에 가등기처분금지가처분을 하더라도 본등기를 경료하는 것을 막을 수는 없습니다. 매매예약을 사해행위로 하여 취소소송을 하고 있는데 그 매매예약으로부터 5년이 지난 시점에 본등기를 경료해 버리면 어떻게 될까요?

"채무자 소유의 부동산에 관하여 수익자 명의로 **소유권이전 청구권의 보전을 위한 가등기가 마쳐졌다가 그 가등기에 기한 소유권이전의 본등기가 마쳐진 경우, 가등기의 등기원인인 법률행위와 본등기의 등기원인인 법률행위가 명백히 다른 것이 아닌 한 가등기의 등기원인인 법률행위를 제쳐놓고 본등기의 등기원인인 법률행위만이 취소의 대상이 되는 사해행위라고 볼 것은 아니므로, 가등기의 등기원인인 법률행위가 있은 날이 언제인지와 관계없이 본등기가 마쳐진 날로부터 사해행위 취소의 소의 제척기간이 진행된다고 볼 수는 없다**(대법원 1991. 11. 8. 선고 91다14079 판결, 대법원 1993. 1. 26. 선고 92다11008 판결 등 참조).
따라서 **가등기 및 본등기의 원인행위에 대한 사해행위 취소 등 청구의 제척기간의 기산일은 가등기의 원인행위가 사해행위임을 안 때라고 할 것인바, 가등기의 원인행위가 사해행위임을 채권자가 안 때부터 1년 내에 가등기의 원인행위에 대하여 취소의 소를 제기하였다면 본등기의 원인행위에 대한 취소 청구는 그 원인행위에 대한 제척기간이 경과한 후 하더라도 적법하다**."11)

단기제척기간에 관한 문제이지만 장기제척기간에서도 그대로 적용된다고 할 것입니다.

"피고가 주식회사 우신개발(아래에서는 '우신개발'이라고만 한다) 소유의 판시 각 부동산에 관하여 2001. 9. 25. 같은 일자 매매예약을 원인으로 한 각 소유권이전청구권 가등기를 마치고 그 중 일부 부동산에 관하여 2001. 11. 1. 및 2002. 4. 16. 각 가등기

---

11) 대법원 2006. 12. 21. 선고 2004다24960 판결 [사해행위취소등]

에 기한 본등기를 마친 사실, 원고는 2002. 6. 3. 위 각 가등기의 원인행위에 대한 사해행위 취소 등 소를 제기한 다음 2003. 5. 14. 청구취지변경 신청서로서 위 각 본등기의 원인행위에 대한 사해행위 취소 청구를 한 사실을 인정하였다."12)

소제기 1년이 거의 다 되어 청구취지를 변경했습니다. 소제기 전에 이미 본등기를 경료가 되었을 것이고 아마 가처분이 이런 것에 의하여 2003. 5. 14.에는 본등기 부분은 1년 제척기간이 도과되었을 것입니다. 원고는 대한민국이었습니다. 사실 변호사가 소송을 하면 본등기를 놓칠 염려는 없다고 보입니다. 소송수행자들이 소송을 하다보니 이런 일이 발생한 것 같습니다. 그렇기 때문에 이 판례가 실제로 의미가 있는 경우는 서설에서 언급한 것처럼 장기 5년의 제척기간이 도과하여 본등기가 경료된 경우라고 할 것입니다. 다른 판단이 나올 수도 있지 않을까라는 생각도 해 보지만 쉽지는 않을 것 같습니다.

바. 집행채권의 양도예약시의 사해행위시점은 양도예약시로 파악해야 함

"2. 원심에서 이 사건 채권양도가 사해행위로서 취소되어야 한다는 원고의 청구에 대하여, 피고는 이 사건 약정은 에스와이가 현재와 장래의 매출채권을 피고에 대하여 현재 또는 장래 부담하게 될 채무에 대한 담보로 제공하는 내용의 근담보권 설정계약이고 그 담보의 실행으로 채권이 양도되었지만, 처분행위는 담보제공 약정 당시에 이루어진 것이므로 이 사건에서는 이 사건 약정 당시인 2008. 1. 15.을 기준으로 사해행위 여부를 판단하여야 한다고 주장하였다. 이에 대하여 원심은 그 판시와 같은 이유로 피고에게 현실적으로 채권양도가 이루어진 시점은 2008. 1. 15.이 아닌 2008. 4. 10.이고, 나아가 피고에게 양도될 채권의 내역이 확정된 시점도 이 사건 채권양도가 이루어진 2008. 4. 10.로서, 그 이전인 2008. 1. 15. 당시에는 영업양도의 협상 과정에서 파악된 에스와이의 2008. 1. 7. 기준 매출채권 현황을 참작하여 장차 이를 차용금 채무의 담보로 제공하기로 하는 협의가 있었던 것은 사실이나, 아직 계약의 목적물이 구체적으로 확정되지 않은 채 별도의 담보제공 절차를 거칠 것을 예정하고 있었던 상황에 불과

---

12) 대법원 2006. 12. 21. 선고 2004다24960 판결 [사해행위취소등]

하여 이 단계에서 매출채권의 처분에 관한 법률행위가 확정적으로 성립된 것으로 보기 어려우며, 따라서 에스와이의 처분행위는 이 사건 채권양도가 이루어진 2008. 4. 10.에 비로소 이루어진 것으로 보아야 하는데, 이 사건 소는 그로부터 5년이 도과하기 이전인 2013. 4. 9. 제기되었다는 이유로 피고의 위 본안전항변을 배척하였다.

3. 그러나 원심의 위와 같은 판단은 다음의 이유로 수긍하기 어렵다.

가. 채무자가 자신의 채무를 담보하기 위하여 현재 보유하고 있거나 장래에 보유하게 될 채권을 일괄하여 채권자에게 양도하기로 하는 예약은 이른바 집합채권의 양도예약에 해당한다. 집합채권의 양도예약은 당사자의 계약 내용이 장차 선택권과 예약완결권의 행사로 채권양도의 효력이 발생하는 경우에 그 채권이 다른 채무의 변제를 위한 담보로 양도될 것을 예정하고 있는지 아니면 다른 채무의 변제에 갈음하여 양도될 것을 예정하고 있는지에 따라 집합채권의 양도담보의 예약 또는 대물변제의 예약으로서의 성질을 가질 수 있고, 그 계약 내용이 명백하지 아니한 경우에는 일반적인 채권양도에서와 마찬가지로 특별한 사정이 없는 한 채무변제를 위한 담보로 양도되는 것을 예정하고 있는 양도담보의 예약으로 추정된다(대법원 2003. 9. 5. 선고 2002다40456 판결 참조). 그리고 이와 같은 집합채권의 양도담보의 예약이 체결된 다음 예약완결권의 행사에 기하여 채권이 양도된 경우 사해행위 여부는 양도담보 예약 시를 기준으로 판단하여야 한다(대법원 2010. 12. 23. 선고 2010다69766 판결 참조).

나. 앞서 본 사실관계를 위 법리에 비추어 살펴보면, 우선 피고와 에스와이가 2008. 1. 15. 5억 원에 관하여 금전소비대차계약을 체결하고 이후로도 추가로 돈을 대여할 것을 전제로 한 이 사건 약정은 그 문언에 비추어 볼 때 '매출채권 관련 자산 일체'를 현재와 장래의 대여금에 대한 담보로 제공하거나 제공하겠다는 의미임이 분명하다. 당시 에스와이는 재정상태의 악화로 상장폐지의 위기에 직면해 있었고 피고로부터 자금을 차용하여 기존 채무의 변제에 사용함으로써 상장폐지를 막고자 하였으므로 피고에게 매출채권을 담보로 제공하고 금원을 차용하려는 의사가 있었다고 보이고, 피고로서도 그러한 에스와이에게 거액의 돈을 빌려주고 이를 회수할 담보수단을 사전에 확보해 두는 것이 중요하였을 것이므로, 이 사건 약정 당시 피고와 에스와이 사이에 매출채권을 담보로 제공한다는 의사는 확정적이었다고 봄이 상당하다. 따라서 이 사건 약정이 단지 협상 과정의 협의에 불과하고 확정적인 의사합치가 된 것으로 보기 어렵다고 한 원심의 판단은 약정 문언 및 당사자의 의사에 부합한다고 보기 어렵다.

그런데 이 사건 약정에 의하면, 매출채권 관련 자산 일체를 담보로 제공한다고 되어 있고, 에스와이가 대여원리금을 변제하지 못하거나 기한의 이익을 상실하면 피고가 담보물을 임의 처분하여 원리금 변제에 충당할 수 있도록 정하고 있으며, 이 사건 약정 당시 에스와이의 매출채권 내역이 기재된 2008. 1. 7.자 채권회수계획서를 제시받기도 하였으나, 다른 한편 이 사건 약정은 '적법한 절차를 통하여' 매출채권을 담보로 제공할 것을 예정하고 있고, 위 채권회수계획서만으로는 담보목적물인 매출채권, 특히 장래채권이 완전히 특정되었다고 보기 어려우며, 담보목적물이 매출채권이라는 점에서 에스와이가 기한의 이익을 상실하더라도 피고가 이를 임의로 처분하기 위해서는 그 전제로서 채권양도 사실의 통지 등 채권양도의 대항요건을 갖추어야 한다는 점 등에 비추어, 이 사건 약정은 에스와이가 피고에 대한 차용금 채무를 담보하기 위하여 현재 보유하고 있거나 장래에 보유하게 될 매출채권을 일괄하여 채권자에게 양도하기로 하는 예약, 즉 집합채권의 양도예약에 해당한다고 볼 여지가 있고, 집합채권의 양도예약은 특별한 사정이 없는 한 채무변제를 위한 담보로 양도되는 것을 예정하고 있는 양도담보의 예약으로 추정된다. 이 사건 약정을 그와 같이 보면, 이 사건 채권양도는 피고의 예약완결권 행사에 따른 후속 절차에 지나지 아니하므로, 이 사건에서 사해행위 요건의 구비 여부는 양도담보의 예약을 체결한 때, 즉 이 사건 약정 당시인 2008. 1. 15.를 기준으로 판단하여야 한다고 할 것이다."[13]

집합채권의 양도예약은 특별한 사정이 없는 한 양도담보 예약이며 이 경우 사해행위는 양도담보 예약시점으로 볼 것이고 채권양도는 예약완결권 행사에 따른 후속 절차에 지나지 아니하므로 장기제척기간도과 여부는 양도담보 예약을 한 2008. 1. 15.을 기준으로 하여야 합니다. 결국 제척기간이 도과되었다고 할 것입니다.

사. 수익자와 전득자의 제척기간

제척기간은 전득자가 있는 경우에 신중을 기하여야 합니다.

"채권자가 전득자를 상대로 하여 사해행위의 취소와 함께 책임재산의 회복을 구하는

13) 대법원 2016. 7. 14. 선고 2014다233268 판결 [사해행위취소]

사해행위취소의 소를 제기한 경우에 그 취소의 효과는 채권자와 전득자 사이의 상대적인 관계에서만 생기는 것이고 채무자 또는 채무자와 수익자 사이의 법률관계에는 미치지 않는 것이므로(대법원 1988. 2. 23. 선고 87다카1989 판결, 대법원 2002. 5. 10. 자 2002마1156 결정 등 참조), 이 경우 취소의 대상이 되는 사해행위는 채무자와 수익자 사이에서 행하여진 법률행위에 국한되고, 수익자와 전득자 사이의 법률행위는 취소의 대상이 되지 않는다고 할 것이다."14)

"채권자가 전득자를 상대로 민법 제406조 제1항에 의한 채권자취소권을 행사하기 위해서는, 같은 조 제2항에서 정한 기간 안에 채무자와 수익자 사이의 사해행위의 취소를 소송상 공격방법의 주장이 아닌 법원에 소를 제기하는 방법으로 청구하여야 하는 것이고, 비록 채권자가 수익자를 상대로 사해행위의 취소를 구하는 소를 이미 제기하여 채무자와 수익자 사이의 법률행위를 취소하는 내용의 판결을 선고받아 확정되었더라도 그 판결의 효력은 그 소송의 피고가 아닌 전득자에게는 미칠 수 없는 것이므로, 채권자가 그 소송과는 별도로 전득자에 대하여 채권자취소권을 행사하여 원상회복을 구하기 위해서는 위에서 본 법리에 따라 민법 제406조 제2항에서 정한 기간 안에 전득자에 대한 관계에 있어서 채무자와 수익자 사이의 사해행위를 취소하는 청구를 하지 않으면 아니 된다."15)

기준은 사해행위를 기준으로 합니다. 취소의 법률행위이기 때문입니다. 장기의 경우 사해행위가 5년이 지났으면, 전득행위가 5년이 지나지 않았다고 하더라도 각하됩니다.

단기제척기간도 동일합니다. 취소의 법률행위에 대하여 취소의 원인을 안 날로 1년이 지났다고 한다면 전득자가 전득행위를 한 것이 소제기시까지 1년이 안 되었다고 하더라도 역시나 각하사유가 됩니다. 위 판례는 앞에서 본 판결입니다.

---

14) 대법원 2004. 8. 30. 선고 2004다21923 판결 [사해행위취소]
15) 대법원 2005. 6. 9. 선고 2004다17535 판결 [가등기말소]

4. 단기제척기간의 경우

가. 취소의 원인을 알았다는 의미

취소의 원인을 안 날로부터 1년안에 소를 제기하여야 합니다. 수익자의 악의는 전혀 고려되지 않습니다.

> "채권자취소권의 행사에 있어서 제척기간의 기산점인 채권자가 '취소원인을 안 날'은 채권자가 채권자취소권의 요건을 안 날, 즉 채무자가 채권자를 해함을 알면서 사해행위를 하였다는 사실을 알게 된 날을 의미하고, 채권자가 취소원인을 알았다고 하기 위하여는 단순히 채무자가 재산의 처분행위를 하였다는 사실을 아는 것만으로는 부족하고 구체적인 사해행위의 존재를 알고 나아가 채무자에게 사해의 의사가 있었다는 사실까지 알 것을 요하며, 사해행위의 객관적 사실을 알았다고 하여 취소의 원인을 알았다고 추정할 수는 없다.16)

> "나아가 채권자가 수익자나 전득자의 악의까지 알아야 하는 것은 아니다."17)

채무자의 사해의사는 추정이 됩니다. 채무초과상태에서 처분행위를 하면 그것으로 사해의사는 추정이 되기 때문에 취소의 원인을 안 날로부터 1년 안에 제척기간이 도과되었다고 판단함에 있어 가장 중요한 것은 바로 채무초과를 원고가 알았다는 것이고 이는 피고에게 입증책임이 있다고 할 것입니다.

나. 채권자대위권에 의한 채권자취소소송을 하는 경우

대위소송의 원고인 채권자가 아니라 채무자를 기준으로 하여 제척기간도과 여부를 판단합니다.

---

16) 대법원 2006. 7. 4. 선고 2004다61280 판결 [사해행위취소등]
17) 대법원 2005. 6. 9. 선고 2004다17535 판결 [가등기말소]

> "채권자취소권도 채권자가 채무자를 대위하여 행사하는 것이 가능하다고 할 것인바, 민법 제404조 소정의 채권자대위권은 채권자가 자신의 채권을 보전하기 위하여 채무자의 권리를 자신의 이름으로 행사할 수 있는 권리라 할 것이므로, **채권자가 채무자의 채권자취소권을 대위행사하는 경우, 제소기간은 대위의 목적으로 되는 권리의 채권자인 채무자를 기준으로 하여 그 준수 여부를 가려야 할 것이고, 따라서 채무자가 취소원인을 안 날로부터 1년, 법률행위가 있은 날로부터 5년 내라면 채권자취소의 소를 제기할 수 있다고 할 것이다.**"18)

다. 채권자취소소송이 부인의 소로 변경되었을 때 제척기간 준수는 누구를 기준으로 판단할 것인가? 어떻게 판단할 것인가?

취소채권자가 사해행위취소소송을 제기하고 있는 상황에서 채무자가 파산을 한 경우에 파산관재인이 소송을 수계하고 부인의 소로 이를 청구취지를 변경하는데 이 경우 제척기간은 누구를 기준으로 한 것인지가 문제가 됩니다. 또는 무엇을 기준으로 판단할 것인가도 문제가 됩니다.

> "구 채무자 회생 및 파산에 관한 법률(2013. 5. 28. 법률 제11828호로 개정되기 전의 것, 이하 '채무자회생법'이라고 한다) 제405조 전문은 "부인권은 파산선고가 있은 날부터 2년이 경과한 때에는 행사할 수 없다."고 규정하면서, 같은 법 제396조 제1항은 **"부인권은 소, 부인의 청구 또는 항변의 방법으로 파산관재인이 행사한다."**고 규정하고 있다.
> 한편 채무자회생법 제406조 제1항은 "민법 제406조(채권자취소권)의 규정에 의하여 파산채권자가 제기한 소송이 파산선고 당시 법원에 계속되어 있는 때에는 그 소송절차는 수계 또는 파산절차의 종료에 이르기까지 중단된다."고 규정하면서, **채무자회생법 제406조 제2항에 의하여 준용되는 같은 법 제347조 제1항 전문은 "파산재단에 속하는 재산에 관하여 파산선고 당시 법원에 계속되어 있는 소송은 파산관재인 또는 상대방이 이를 수계할 수 있다."고 규정하고 있다.**

---

18) 대법원 2001. 12. 27. 선고 2000다73049 판결 [사해행위취소등]

위와 같이 채무자회생법은 파산채권자가 제기한 채권자취소소송이 파산채무자에 대한 파산선고 당시 법원에 계속되어 있는 때에 그 소송절차가 중단된다고 규정하고 있는데, 이는 채권자취소소송이 파산선고를 받은 파산채무자를 당사자로 하는 것은 아니지만 그 소송 결과가 파산재단의 증감에 직접적인 영향을 미칠 수 있을 뿐만 아니라, 파산채권자는 파산절차에 의하지 아니하고는 개별적인 권리행사가 금지되는 점(채무자회생법 제424조 참조) 등을 고려하여, 파산채권자가 파산채무자에 대한 파산선고 이후에는 채권자취소권을 행사할 수 없도록 하기 위한 것이다.

그 대신 채무자회생법은 파산관재인이 파산채무자에 대한 파산선고 이후 파산채권자가 제기한 채권자취소소송을 수계할 수 있다고 규정하여, 파산채권자의 채권자취소권이라는 개별적인 권리행사를 파산채권자 전체의 공동의 이익을 위하여 직무를 행하는 파산관재인의 부인권 행사라는 파산재단의 증식의 형태로 흡수시킴으로써, 파산채무자의 재산을 공정하게 환가·배당하는 것을 목적으로 하는 파산절차에서의 통일적인 처리를 꾀하고 있다. 이는 부인권이 파산채무자가 파산채권자를 해함을 알고 한 행위를 부인하고 파산채무자로부터 일탈된 재산의 원상회복을 구할 수 있는 권리라는 점에서 채권자취소권과 동일한 목적을 가지고 있기 때문이다.

위와 같이 파산채권자가 제기한 채권자취소소송의 중단 및 파산관재인의 소송수계를 규정한 채무자회생법의 규정 취지 등에 비추어 보면, 파산채권자가 파산채무자에 대한 파산선고 이전에 적법하게 제기한 채권자취소소송을 파산관재인이 수계하면, 파산채권자가 제기한 채권자취소소송의 소송상 효과는 파산관재인에게 그대로 승계되므로, 파산관재인이 채권자취소소송을 수계한 후 이를 승계한 한도에서 청구변경의 방법으로 부인권 행사를 한 경우, 특별한 사정이 없는 한, 그 제척기간의 준수 여부는 중단 전 채권자취소소송이 법원에 처음 계속된 때를 기준으로 판단하여야 한다."[19]

"가. 동도의 파산관재인인 원고는 이 사건 채권자취소소송을 수계한 후 파산채권자인 채권자 은행이 행사한 채권자취소권의 범위 내에서 그 대상이 된 행위를 부인하고 파산재단에 원상회복을 구하는 등으로 수계한 이 사건 채권자취소소송과 동일한 취지로 청구를 변경하였다. 그렇다면 원고가 이 사건 채권자취소소송을 수계한 후 이를 승계한 한도에서 부인권 행사를 한 것이므로, 원고의 위 부인권 행사는 중단 전 채권자취소소

---

19) 대법원 2016. 7. 29. 선고 2015다33656 판결 [사해행위취소]

송이 법원에 처음 계속된 때를 기준으로 할 때 그 제척기간을 준수하였다고 봄이 타당하다.

따라서 원고가 동도에 대한 파산선고가 있은 날부터 2년이 경과한 때에 위와 같이 청구변경을 하였다고 하더라도, 원고의 부인의 소가 제척기간의 경과로 부적법하다고 볼 수 없다.

나. 그런데도 원심은 이와 달리, 원고가 이 사건 채권자취소소송을 수계하여 2014. 11. 11. 부인의 소로 청구를 변경하는 서면을 제출하였고, 그 시점이 동도에 대한 파산선고가 있은 날인 2012. 7. 31.부터 2년이 경과한 때이므로, 원고의 부인의 소는 부인권 행사의 제척기간을 경과한 것으로서 부적법하다고 판단하였다. 이러한 원심의 판단에는 파산관재인의 채권자취소소송의 수계와 부인권 행사의 제척기간 준수 시점 등에 관한 법리를 오해하여 판결에 영향을 미친 잘못이 있다. 이를 지적하는 상고이유 주장은 이유 있다."[20]

원심법원은 파산선고 시점을 기준으로 제척기간을 판단하였는데 사해행위 취소가 제기되고 사후에 부인의 소로 변경된 경우에는 사해행위취소소송이 제기될 당시 취소채권자가 제척기간을 준수하였다고 한다면 이를 승계하는 파산 선고시점과 부인의 소로 변경된 시점을 소제기시점으로 볼 것이 아니라고 판단한 것입니다. 만약 취소채권자가 단기제척기간도과를 하였다고 한다면 부인의 소도 각하가 될 것입니다.

라. 단기제척기간 도과된 경우

1) 과거 판례의 검토

대법원 2001다11239 판례 재산상태를 조사한 경우임 - 농업협동중앙회
대법원 2005다19859 판례 재산상태조사 - 기술보증기금
대법원 2003다47218 판례 강제집행면탈죄로 고소 - 개인
대법원 2005다64422 판례 재산조사 무자력 판단 + 가압류신청 - 파산관

---

20) 대법원 2016. 7. 29. 선고 2015다33656 판결 [사해행위취소]

재인 매매예약임

대법원 2004다17535 판례 전득자상대 가등기말소만 구한 사례

대법원 2004다66490 판례 재산조사로 채무초과 + 가압류 + 일부부동산 가등기경료 - 전주농업협동조합 경매진행과정에서 채무자와 수익자들 관계 알게 됨

대법원 92다11008 판례 가등기와 본등기말소만 구함 + 예비적으로 매매예약 계약 취소를 추가한 사건 - 소제기 1년이 지난 사건임

대법원 96다2606, 2613 판례 원고 제3자이의의 소제기 + 피고 반소로 사해행위취소소송 제기 - 피고는 원고에게 대하여 처분금지가처분신청과 건물철거청구소송도 구하였음 - 92년 가처분 철거소송 반소는 94년에 제기 피고는 가압류신청도 하였고 이때 재산조사한 것으로 판단

대법원 2000다3262 판례 재산조사 대위지급 이후 95. 2. 23.경 소제기는 97. 8. 11. 장모 사위 관계 94. 10. 21. 부도남 - 신용보증기금 사해행위취소를 하지 않았던 시기에 있다가 좀 지나 사해행위취소제기하였던 과도기적 사례

대법원 99다2515 판례 유일한 재산 매매예약가등기 재산조사 + 가압류신청 96. 7, 15, 소제기 97. 7. 26. - 신용보증기금

대법원 91다14079 판례 - 종합소득세 고지하자 4일 후 같은날 매매예약으로 가등기 경료 87. 9. 24. 체납처분 89. 4. 20. 본등기 경료 89. 9. 5.에 소제기 - 대한민국

2) 추징금 재판의 경우

국세채권과 동일하게 보아 민법상의 제척기간이 준수되어야 합니다.

"추징금 재판은 민사집행법에서 정한 집행절차 또는 국세징수법에 따른 국세체납처분의 예에 따라 집행할 수 있고(형사소송법 제477조 제3항, 제4항), 추징금 납부의무자가 납부를 피하기 위하여 한 재산의 처분 기타 재산권을 목적으로 한 법률행위에 대하여는 사해행위취소 및 원상회복청구를 할 수 있는데(국세징수법 제25조), 이와 같은 국세징수법 제25조에 의한 사해행위취소의 소도 민법 제406조 제2항에서 정한 제소기간

내에 제기되어야 한다.

민법 제406조 제2항에서 정한 채권자가 '취소원인을 안 날'이란 단순히 채무자의 법률행위가 있었다는 사실을 아는 것만으로는 부족하고, 그 법률행위가 채권자를 불리하게 하는 행위라는 것, 즉 그 행위에 의하여 채권의 공동담보에 부족이 생기거나 이미 부족상태에 있는 공동담보가 한층 더 부족하게 되어 채권을 완전하게 만족시킬 수 없게 된다는 것까지 알아야 한다. 채무자가 유일한 재산인 부동산을 처분하였다는 사실을 채권자가 알았다면 특별한 사정이 없는 한 채무자의 사해의사도 채권자가 알았다고 봄이 타당하다. 채무자의 법률행위가 통정허위표시인 경우에도 채권자취소권의 대상이 됨은 마찬가지이다.

위와 같은 법리는, 사해행위 당시에 이미 채권 성립의 기초가 되는 법률관계가 발생되어 있고, 가까운 장래에 그 법률관계에 터 잡아 채권이 성립되리라는 점에 대한 고도의 개연성이 있으며, 실제로 가까운 장래에 그 개연성이 현실화되어 채권이 성립되는 등 예외적으로 그 채권을 채권자취소권의 피보전채권으로 인정하는 경우에도 동일하게 적용된다. 따라서 그 단기 제척기간의 기산일 역시 채권자취소권의 피보전채권이 성립하는 시점과 관계없이 '채권자가 취소원인을 안 날'이라고 보아야 하고, 이는 채권자취소권의 피보전채권이 피고인에 대하여 추징을 명한 형사판결이 확정됨으로써 비로소 현실적으로 성립하게 되는 경우에도 마찬가지이다."

"소외인의 관세법 위반의 범행 및 공소의 제기에 따라 추징을 포함한 유죄 취지의 제1심판결이 2019. 1. 8. 선고된 이후로 원고가 추징보전명령을 청구한 2019. 1. 28. 무렵에는 소외인이 사실상 유일한 재산인 이 사건 부동산을 배우자인 피고에게 증여하여 이 사건 추징금 채권의 회수가 어려워지는 등 채권자의 공동담보에 부족이 생길 수 있음을 원고가 알았던 것으로 볼 수 있어, 민법 제406조 제2항에서 정한 채권자가 '취소원인을 안 날'에 해당한다. 그렇다면 위 추징금채권이 그 이후인 2019. 5. 2. 현실적으로 성립되었더라도 2019. 1. 28.부터는 채권자취소권의 단기 제척기간이 진행된다고 보아야 할 것이지, 추징을 명한 형사판결이 확정됨으로써 추징금채권이 현실적으로 성립될 때까지 제척기간이 진행하지 않는다고 볼 수는 없다. 따라서 그로부터 1년의 제척기간이 도과된 후에 제기된 이 사건 소 중 주위적 청구 부분이 부적법하다고 본 원심의 판단은, 그 판시에 일부 부적절한 부분이 있지만 결론에 있어서 정당하고, 거기에 상고이유 주장과 같이 채권자취소권의 단기 제척기간의 기산일에 관한 법리를 오해하여 판결에 영향을 미친 잘못이 없다."21)

"① 소외인에 대한 1심 판결은 2019. 1. 8. 선고되었고(징역 6월에 집행유예 2년, 보호관찰 및 120시간의 사회봉사명령, 추징금 142,880,300원), 1심 판결 선고 이후 원고는 이 사건 추징보전 청구를 한 점, ② 원고는 위 추징보전 청구사건에서 이 사건 부동산이 증여를 원인으로 피고에게 소유권이 이전되었으나 실질적으로 소외인 소유의 재산이라고 주장하였고, 부산지방법원에서는 이러한 원고의 주장을 받아들여 2019. 2. 15. 이 사건 부동산에 대하여 추징보전결정을 한 점, ③ 이 사건 추징보전결정에 따라 이 사건 부동산에 2019. 2. 21. 가압류 등기가 마쳐진 점 등에 비추어 보면, 원고는 늦어도 이 사건 추징보전결정이 있을 무렵 소외인이 피고에게 이 사건 부동산을 증여하여 이 사건 추징금 채권의 회수가 어려워지는 등 채권자의 공동담보에 부족이 생길 수 있다는 것을 알고 있었다고 봄이 상당하고, 이 사건 소는 그로부터 1년의 제척기간이 도과된 이후인 2020. 2. 24. 제기되었으므로 부적법하다."22)

부동산실명법위반의 명의신탁이고 무효라고 주장하며 대한민국은 예비적 청구를 하였으나 증거가 없다고 하여 기각을 하였습니다.

3) 가등기 본등기 장기제척기간도과

"원심은 이 사건 사해행위취소의 소가 5년의 제척기간이 지난 후에 제기된 것으로서 부적법하다는 피고의 본안전항변을 다음과 같은 이유로 받아들였다. 이 사건 매매예약이 채무담보를 위하여 이루어졌다고 인정할 증거는 없다. 가등기에 기하여 본등기가 경료된 경우 가등기의 원인인 법률행위와 본등기의 원인인 법률행위가 명백히 다른 것이 아닌 한 사해행위 요건의 구비 여부는 가등기의 원인된 법률행위 당시를 기준으로 판단하여야 하는데, 이 사건 소유권이전등기가 이 사건 가등기에 기하여 마쳐졌고, 이 사건 가등기의 등기원인인 법률행위와 이 사건 소유권이전등기의 등기원인인 법률행위가 다르다고 할 만한 사정도 없으므로, 이 사건 소의 제척기간은 이 사건 매매예약일부터

---

21) 대법원 2022. 5. 26. 선고 2021다288020 판결 [사해행위취소]
22) 부산지방법원서부지원 2020. 12. 16. 선고 2020가단102837 판결 [사해행위취소]

진행된다. 이 사건 소는 이 사건 매매예약일인 2012. 5. 16.부터 5년이 지난 2017. 6. 9. 제기되었으므로, 제척기간이 지난 후에 제기되어 부적법하다."23)

4) 예금보험공사가 원고인 경우

"채권자취소권의 행사에서 제척기간의 기산점인 '채권자가 취소원인을 안 날'은 채권자가 채권자취소권의 요건을 안 날, 즉 채무자가 채권자를 해함을 알면서 사해행위를 하였다는 사실을 알게 된 날을 말한다. 이때 채권자가 취소원인을 알았다고 하기 위해서는 단순히 채무자가 재산의 처분행위를 하였다는 사실을 아는 것만으로는 부족하며, 구체적인 사해행위의 존재를 알고 나아가 채무자에게 사해의 의사가 있었다는 사실까지 알 것을 요한다. 한편 **예금보험공사 등이 채무자에 대한 채권을 피보전채권으로 하여 채무자의 법률행위를 대상으로 채권자취소권을 행사하는 경우**, 제척기간의 기산점과 관련하여 예금보험공사 등이 취소원인을 알았는지는 **특별한 사정이 없는 한 피보전채권의 추심 및 보전 등에 관한 업무를 담당하는 직원의 인식을 기준으로 판단하여야** 하므로, 담당직원이 채무자의 재산 처분행위 사실뿐만 아니라 구체적인 사해행위의 존재와 채무자에게 사해의 의사가 있었다는 사실까지 인식하였다면 이로써 예금보험공사 등도 그 시점에 취소원인을 알았다고 볼 수 있다. 이러한 법리는 예금보험공사가 파산관재인으로서 대리인을 선임하였다 하더라도 피보전채권의 추심 및 보전에 관하여 직접 조사하여 법적조치를 지시하는 경우에는 마찬가지로 적용된다."24)

"마. 원고는 2012. 9. 14. 우리은행으로부터 소외 1 및 피고에 관한 금융거래정보를 제공받았다. 이후 원고의 재산조사실 검사역 소외 2는 2012. 10. 12.부터 2012. 10. 17.까지의 조사기간 동안 소외 1의 재산에 관하여 조사를 하였고, 원고는 위 조사기간 중인 2012. 10. 12. 현대증권에 피고에 대한 금융거래정보를 요구하여 2012. 10. 15. 이를 제공받았고, 원고의 재산조사실 역시 2012. 10. 16. 현대증권에 소외 1에 대한 2010. 1. 1.부터 2012. 10. 16.까지의 금융거래정보를 요구하여 같은 날 이를 제공받

---

23) 대법원 2021. 5. 27. 선고 2020다295885 판결 [사해행위취소]
24) 대법원 2018. 7. 20. 선고 2018다222747 판결 [사해행위취소]

았다.

바. 이와 같은 재산조사결과에 따라, 원고의 재산조사실은 2012. 11. 6. 파산자 프라임상호저축은행 파산관재인 대리인을 수신자로 하여 '소외 1이 2011. 6. 9. 피고에게 이 사건 부동산을 증여함으로써 부동산을 은닉하였으므로 필요한 법적 조치를 취하여 주시기 바란다'는 내용의 '부실관련자 발견재산(은닉부동산) 내역 송부'라는 공문을 원고의 사장 명의로 발송하는 한편, 2012. 11. 7. 파산자 프라임상호저축은행 파산관재인 대리인을 수신자로 하여 '2011. 1. 23.부터 2011. 9. 25.까지의 기간 중 이 사건 제1 송금이 이루어졌는데, 위 자금흐름은 금전의 사해행위로 추정된다'는 내용의 '자금흐름 조사 결과 통보'라는 공문을 원고의 사장 명의로 발송하였다.

사. 원고는 2013. 4. 24. 피고를 상대로 이 사건 부동산에 관한 증여계약 및 이 사건 제1 금원에 관한 증여계약을 각 취소하고, 그 원상회복을 구하는 이 사건 소를 제기하였다.

아. 원고의 재산조사실은 2013. 12. 16. 파산자 프라임상호저축은행 파산관재인 대리인을 수신자로 하여 사해행위가 의심되는 거래내역을 추가로 작성하여 '부실관련자 발견재산(사해의심) 통보'라는 공문을 원고의 사장 명의로 발송하였는데, 위 거래내역 중에는 이 사건 제2 금원에 관한 송금내역이 포함되어 있다.

자. 원고는 2014. 12. 8. 제1심법원에 이 사건 제2 금원에 관한 각 증여계약을 취소하고 그 원상회복을 구하는 취지의 청구취지변경신청서를 제출하였다.

3. 가. 이러한 사실관계에서 알 수 있는 다음과 같은 사정들을 앞서 본 법리에 비추어 살펴보면, 원고는 늦어도 이 사건 소가 제기된 2013. 4. 24. 무렵에는 이 사건 제2 금원에 관한 처분행위로 인하여 이미 부족상태에 있는 채무자 소외 1의 공동담보가 한층 더 부족하게 되어 채권을 완전하게 만족시킬 수 없게 되었고 나아가 소외 1에게 사해의 의사가 있었다는 사실을 알고 있었다고 보는 것이 타당하다.

(1) 원고의 재산조사실 소속 검사역 소외 2는 2012. 10. 12.부터 2012. 10. 17.까지 소외 1의 재산상황을 조사한 바 있고, 위 조사기간 중인 2012. 10. 16. 현대증권으로부터 소외 1에 관한 금융거래정보를 제공받은 이상, 그 무렵 원고는 이미 소외 1이 피고에게 이 사건 제2 금원을 송금한 것을 알았음이 분명하다.

(2) 원고는 2011. 6. 9. 체결된 이 사건 부동산에 관한 증여계약이 채권의 공동담보에 부족이 생기게 하는 사해행위에 해당한다고 보아 2013. 4. 24. 그 취소 및 원상회복을 구하는 이 사건 소를 제기하였다. 이 사건 제2 금원에 관한 각 증여계약이 그로부터 약 1개월이 경과한 시점에 체결된 점을 고려하면, 원고는 늦어도 위 소가 제기될 무렵에는 이 사건 제2 금원이 송금됨으로써 이미 부족상태에 있는 채무자 소외 1의 공동담보가

한층 더 부족하게 된다는 점을 알고 있었다고 보인다.

(3) 2011. 7. 중순 무렵 이미 채무초과상태에 있었던 소외 1이 그 소유의 현금 중 8,000만 원이 넘는 이 사건 제2 금원을 배우자인 피고에게 송금하였으므로 소외 1의 사해의 의사는 추정된다고 할 것이다. 원고는 이 사건 소가 제기될 당시 채무자인 소외 1이 그 소유의 현금 중 상당 부분을 처분하였고 이러한 처분 당시 소외 1이 채무초과 상태에 있었다는 점을 알고 있었던 이상, 그 무렵 소외 1의 사해의사를 알고 있었다고 보는 것이 상당하다.

(4) 소외 1은 이 사건 제2 금원에 관한 송금이 이루어지기 수개월 전인 2011. 1. 23., 2011. 2. 22. 이 사건 증여목록 순번 제1, 2항 기재와 같이 한 달에 한 번씩 피고에게 9,000,000원을 송금하고, 2011. 3. 24. 이 사건 증여목록 순번 제3항 기재와 같이 9,500,000원을 송금한 적이 있는데, 원고는 이러한 송금행위가 모두 증여계약에 따른 것으로 사해행위에 해당한다고 주장하면서 2013. 4. 24. 이 사건 소를 제기하였다. 이와 비교하여 불과 10일 남짓한 기간 동안에 7회에 걸쳐 합계 85,920,156원에 이르는 이 사건 제2 금원이 송금된 점을 고려하면, 원고가 이 사건 소제기 당시에 이 사건 제2 금원의 송금이 급여 내지 생활비의 전달 등을 위한 송금으로 오인하고 있었다고 볼 여지는 없다.

(5) 나아가 2013. 12. 16. 작성된 '부실관련자 발견재산(사해의심) 통보'라는 공문은 원고의 재산조사실에서 작성한 공문일 뿐만 아니라, 원고의 재산조사실에서는 그보다 약 4개월 전인 2013. 8. 19. 무렵 '부실관련자에 대한 특별재산조사 실시통보'라는 공문을 작성한 적도 있으므로, 원고가 2013. 12. 16. 위 공문을 다른 제3자로부터 받았다거나 위 공문을 수령함으로써 비로소 이 사건 제2 금원에 관한 송금행위가 사해행위에 해당한다는 점을 알았다고 보기도 어렵다.

나. 그럼에도 원심은 이와 달리 그 판시와 같은 이유만으로 원고가 2013. 12. 16.에 이르러 이 사건 제2 금원에 관한 증여계약이 사해행위라는 점을 알았다고 판단함으로써, 이 부분 소가 1년의 제척기간이 지난 후인 2014. 12. 8. 추가로 제기되어 부적법하다는 피고의 본안전항변을 배척하였다.

이러한 원심의 판단에는 사해행위 취소소송에서의 제척기간 기산일이나 사해의 의사에 관한 법리를 오해하거나 논리와 경험의 법칙을 위반하여 자유심증주의의 한계를 벗어남으로써 판결에 영향을 미친 잘못이 있다. 이 점을 지적하는 상고이유 주장은 이유 있다."25)

---

25) 대법원 2018. 7. 20. 선고 2018다222747 판결 [사해행위취소]

매우 신랄하게 원심의 판단을 문제 삼고 있음을 알 수 있습니다. 반대증거가 있는데 이는 전혀 고려도 하지 않고 자신의 판단에 유리한 것만 취사선택하여 판결한 것임을 이유를 보면 금방 알 수 있습니다. 변명의 여지가 없다고 할 것입니다.

5) 고소 1년 후 소제기사건

"원심은, 예비적 청구인 사해행위취소 청구의 소가 원고가 피고, 소외 2 등을 공정증서 원본불실기재죄 및 동행사죄, 강제집행면탈죄로 고소한 2012. 2. 7.부터 민법 제406조에서 정한 1년의 제척기간이 지나서 제기되어 부적법하다고 판단하였다.
원심판결 이유를 관련 법리에 비추어 살펴보면, 원심의 판단은 정당하다. 원심판결에 상고이유 주장과 같이 논리와 경험의 법칙에 반하여 자유심증주의의 한계를 벗어나거나 사해행위의 제척기간에 관한 법리를 오해한 잘못이 없다."[26]

2012. 2. 7.에 고소하였고 청구이의소송은 대법원 2014다87595 판결이라고 한다면 적어도 2013. 2. 8. 이후에 소를 제기였거나 아니면 청구이의로 소를 제기하였다가 사후에 예비적 청구취지로 추가하였는데 그때는 이미 1년 지났을 가능성이 있었을 것으로 보입니다. 소송이 매우 빠르게 진행된 것으로 볼 수 있습니다. 2012년에 1심이었는데 2014년에 대법원 상고를 했다고 한다면 그래도 상당히 빠르게 진행되었다고 할 수 있습니다. 변호사가 충분히 이를 고려하지 아니한 것이 아닌가 하는 생각이 듭니다. 항소심 사건은 2013년도 사건번호가 부여되어 있습니다.

6) 부양료청구권에 기한 사해행위취소소송

구체적이고 독립한 재산적 권리가 성립되지 아니한 피보전채권이 있는 경우에 사해행위라고 하는 법률행위가 있는 경우 단기제척기간의 기산점을 무엇으로 정할 것인지 고민이 된다고 할 것입니다.

---

26) 대법원 2017. 8. 18. 선고 2014다87595 판결 [청구이의등]

"1. 민법 제974조, 제975조에 의하여 부양의 의무 있는 사람이 여러 사람인 경우에 그중 부양의무를 이행한 1인이 다른 부양의무자에 대하여 이미 지출한 과거 부양료의 지급을 구하는 권리는 당사자의 협의 또는 가정법원의 심판 확정에 의하여 비로소 구체적이고 독립한 재산적 권리로 성립하게 되지만, 그러한 부양료청구권의 침해를 이유로 채권자취소권을 행사하는 경우의 제척기간은 부양료청구권이 구체적인 권리로서 성립한 시기가 아니라 민법 제406조 제2항이 정한 '취소원인을 안 날' 또는 '법률행위가 있은 날'로부터 진행한다고 할 것이다.

2. 가. 원심판결 이유에 의하면, 원심은, ① 원고들은 원심판시 이 사건 각 부동산에 관하여 각 처분금지가처분을 최종적으로 받은 2009. 6. 10.에는 원심판시 이 사건 증여계약이 원고들을 해하는 사해행위에 해당함을 알았다고 할 것인바, 원고들은 그로부터 1년의 제척기간이 지난 후인 2012. 8. 6. 이 사건 소를 제기하였으므로 원고들의 주위적 청구는 부적법하다고 판단한 다음, ② 이 사건에서 채권자취소권의 피보전권리가 되는 원고들의 소외인에 대한 부양료청구권은 그에 관한 법원의 심판이 확정되어야만 비로소 구체적인 권리로서 행사할 수 있으므로 원고들이 소외인을 상대로 제기한 부양료 사건에서의 제1심 심판(이하 '이 사건 심판'이라 한다)이 확정된 2012. 5. 24.을 제척기간의 기산점으로 삼아야 한다는 원고들의 주장에 대하여, 이 사건 심판이 이루어진 2011. 5. 31.에는 원고들의 부양료청구권이 구체적인 청구권으로서의 내용과 실질을 갖추어 독립한 재산적 권리로서의 성질을 가지게 되었다고 할 것인데, 원고들은 그로부터 1년의 제척기간이 지난 후에 이 사건 소를 제기하였으므로 원고들의 주위적 청구가 부적법하다는 결론에는 변함이 없다고 판단하였다."27)

대법원은 원심의 결론에는 변함이 없지만 논리 전개를 잘못한 것이라고 하면서 심판이 이루어진 2011. 5. 31.을 기산점으로 볼 것이 아니라 취소의 원인을 안 날이기 때문에 가처분을 신청을 하여 이 결정이 난 시점에는 최종적으로 취소의 원인을 알았다고 해야 한다고 하였습니다.

---

27) 대법원 2015. 1. 29. 선고 2013다79870 판결 [사해행위취소]

7) 2번째로 근저당권양수받은 전득자를 상대로 한 소송의 단기제척기간

"가. 채권자가 전득자를 상대로 민법 제406조 제1항에 의한 채권자취소권을 행사하기 위하여는 같은 조 제2항에서 정한 기간 안에 채무자와 수익자 사이의 사해행위취소를 법원에 소를 제기하는 방법으로 청구하여야 하는 것이고, 채권자가 수익자를 상대로 사해행위취소를 구하는 소를 제기하여 채무자와 수익자 사이의 법률행위를 취소하는 내용의 판결이 선고되어 확정되었더라도 그 판결의 효력은 그 소송의 피고가 아닌 전득자에게는 미치지 아니하므로, 채권자가 전득자에 대하여 채권자취소권을 행사하여 원상회복을 구하기 위하여는 민법 제406조 제2항에서 정한 기간 안에 별도로 전득자에 대한 관계에서 채무자와 수익자 사이의 사해행위를 취소하는 청구를 하여야 한다(대법원 2005. 6. 9. 선고 2004다17535 판결 등 참조). 이는 기존 전득자 명의의 등기가 말소된 후 다시 새로운 전득자 명의의 등기가 경료되어 새로운 전득자에 대한 관계에서 채무자와 수익자 사이의 사해행위를 취소하는 청구를 하는 경우에도 마찬가지이다.

나. 원심판결 이유와 적법하게 채택된 증거들에 의하면 다음과 같은 사실을 알 수 있다.

① 소외 3, 4가 2009. 8. 10. 광주지방법원 2009가합8781호로 소외 1을 상대로 소외 2와 소외 1 사이의 근저당권에 관한 양도양수계약이 사해행위에 해당한다고 주장하며 사해행위취소소송을 제기하여 2009. 10. 8. 광주지방법원으로부터 "소외 1과 소외 2 사이에 이 사건 부동산 등에 관하여 2009. 5. 23. 체결된 계약양도계약을 취소한다. 소외 1은 소외 2에게 이 사건 부동산에 관하여 마친 근저당권이전등기의 말소등기절차를 이행하라"는 취지의 판결이 선고되었고, 2010. 6. 28. 확정되었다.

② 위 판결의 집행으로 2010. 9. 14. 소외 1 명의의 위 근저당권이전등기가 말소되었다.

③ 이와 같이 근저당권이전등기가 말소되자 소외 2는 2010. 9. 29. 다시 피고에게 근저당권부채권 중 3,350,000,000원 부분을 양도하는 계약을 체결하고, 광주지방법원 나주등기소 2010. 9. 29. 접수 제25649호로 근저당권일부이전등기를 마쳐 주었다.

④ 한편 원고는 위 판결이 확정되기 전인 2010. 1. 28. 광주지방법원 2010가합1007호로 소외 1을 상대로 삼한지와 소외 2 사이의 이 사건 근저당권설정계약이 사해행위에 해당한다고 주장하며 사해행위취소 등의 소를 제기하였고, 2010. 11. 18. "삼한지와 소외 2 사이에 이 사건 부동산에 관하여 체결된 이 사건 근저당권설정계약을 취소한다. 소외 1은 삼한지에게 이 사건 부동산에 관하여 마친 이 사건 근저당권설정등기의 말소등기절차를 이행하라"는 판결이 선고되어 2011. 1. 6. 확정되었다.

다. 위 인정 사실을 앞서 본 법리에 비추어 보면, 원고가 2010. 1. 28. 소외 1을 상대

로 채무자 삼한지와 수익자 소외 2 사이의 근저당권설정계약이 사해행위에 해당한다고
주장하며 사해행위취소소송을 제기하였으므로, 원고는 늦어도 그 무렵에는 채무자 삼
한지가 원고를 해함을 알면서 수익자 소외 2에게 근저당권을 설정하였음을 알고 있었
다고 할 것이고, 따라서 이 사건 소의 제척기간은 늦어도 2010. 1. 28.부터는 진행한
다고 할 것인바, 그로부터도 1년이 경과한 후인 2011. 9. 20. 새로운 전득자인 피고에
대하여 제기된 이 사건 소는 민법 제406조 제2항에서 정한 제소기간이 도과한 후에
제기된 것으로서 부적법하다.
그럼에도 원심은 그 판시와 같은 이유로 이 사건 소가 적법하다고 판단하였는바, 이는
사해행위취소의 소의 제척기간에 관한 법리를 오해하여 판단을 그르친 것이다."28)

원고는 2010. 1. 28. 이 사건 근저당권설정계약를 사해행위라고 취소를 구
하였습니다. 그런데 그 근저당권은 이미 제3자에게 이전이 되어 있었던 것입니
다. 그런데 소외 1을 피고로 넣지 않고 소를 제기한 것입니다. 무엇보다 근저당
권처분금지가처분을 하지 아니한 것으로 보입니다. 그리고 계속적으로 근저당권
이 어떻게 되는 것인지에 대하여 전혀 검토를 하지 아니한 것으로 보입니다. 일
반적으로 근저당권이 설정되고 제3자에게 양도가 되었는데 그것이 사해행위라
고 한다면 소외 3, 4도 근저당권처분금지가처분을 해 두었을 가능성이 큽니다.
이런 경우에는 소외 1도 피고로 넣었어야 할 것이고, 가처분을 해두었어야 할
것입니다. 가처분을 해두었다고 한다면 수익자인 소외 2가 다시 피고에게 근저
당권을 설정해 주는 것을 막았을 수 있었을 것입니다. 근저당권의 경우는 이런
문제가 발생할 수도 있을 뿐만 아니라 가장 까다롭기 때문에 주의를 해야 합니
다. 소외 2에게 소송을 제기하여 승소하였으나 집행을 할 수가 없게 되었습니
다. 가액배상은 구할 수 없습니다. 다만, 전보배상을 청구할 수는 있지 않을까
생각됩니다.

---

28) 대법원 2014. 2. 13. 선고 2012다204013 판결 [근저당권말소]

8) 은행의 가압류신청 시에 설정된 근저당권의 경우

"[1] 채권자취소권 행사에서 제척기간의 기산점인 채권자가 '취소원인을 안 날'은 채권자가 채권자취소권의 요건을 안 날, 즉 채무자가 채권자를 해함을 알면서 사해행위를 하였다는 사실을 알게 된 날을 의미하므로, 단순히 채무자가 재산의 처분행위를 하였다는 사실을 아는 것만으로는 부족하고, 그 법률행위가 채권자를 해하는 행위라는 것 즉, 그에 의하여 채권의 공동담보에 부족이 생기거나 이미 부족상태에 있는 공동담보가 한층 더 부족하게 되어 채권을 완전하게 만족시킬 수 없게 되었으며 나아가 채무자에게 사해의 의사가 있었다는 사실까지 알 것을 요한다고 할 것이나, 그렇다고 하여 채권자가 수익자나 전득자의 악의까지 알아야 하는 것은 아니다. 또 채권자가 채무자의 재산상태를 조사한 결과 자신의 채권 총액과 비교하여 채무자 소유 부동산 가액이 그에 미치지 못하는 것을 이미 파악하고 있었던 상태에서 채무자의 재산에 대하여 가압류를 하는 과정에서 그 중 일부 부동산에 관하여 제3자 명의의 근저당권설정등기가 마쳐진 사실을 확인하였다면, 다른 특별한 사정이 없는 한 채권자는 가압류 무렵에는 채무자가 채권자를 해함을 알면서 사해행위를 한 사실을 알았다고 봄이 타당하다.

[2] 채권자인 갑 은행이 채무자인 을 주식회사가 소유한 모든 부동산에 관하여 가압류등기를 경료하면서 그 신청서 등에 '채권자가 알아본 바에 의하면 채무자는 타에도 많은 채무를 부담하고 있으므로 가압류부동산이라도 시급히 가압류하여 두지 않으면 나중에 승소판결을 받더라도 집행이 불능될 우려가 있다'는 취지의 기재 등을 하였는데, 위 가압류등기 시점에 가압류부동산에는 20여 일 전 마쳐진 병 명의의 근저당권설정등기를 비롯하여 제3자 명의의 근저당권설정등기 등이 이미 마쳐져 있었던 사안에서, 신용사업을 주된 목적으로 하는 갑 은행으로서는 을 회사에 대한 재산상태를 조사한 결과 위 가압류부동산이 을 회사의 유일한 재산이라는 것과 그 부동산에 제3자 명의로 마쳐진 근저당권의 피담보채무를 확인함으로써 가압류부동산의 공동담보로서 순자산 가치가 자신의 채권액에 미달됨을 능히 알 수 있었다고 보아야 하고, 가압류 과정에 병 명의의 근저당권설정등기가 마쳐진 사실도 알게 되었다고 보아야 하므로, 다른 특별한 사정이 없는 한 갑 은행은 가압류 무렵 병 명의의 근저당권설정등기가 마쳐짐으로써 이미 부족상태에 있는 공동담보가 한층 더 부족하게 되어 채권을 완전하게 만족시킬 수 없게 되었다는 사정을 인식할 수 있게 되었고, 또한 을 회사의 사해의사도 마찬가지로 알게 되었다고 보아야 하므로 갑 은행이 제기한 사해행위취소의 소는 제척기간을 도과한 것으로 부적법함에도, 이와 달리 제척기간 도과의 항변을 배척한 원심판결에는

> 법리오해의 위법이 있다고 한 사례."29)

　　피고 측 변호사가 원고의 가압류신청서류를 문서송부촉탁하여 그 신청서에
이 사건 근저당권의 존재를 언급한 것을 밝힌 점이 큰 부분이었습니다. 또한 거
기에 가압류하기 바로 20여일 전에 설정된 피고의 근저당권만이 아니라 다른 병
명의의 근저당권이 설정되어 있었던 점을 보면, 채무자의 사해의사도 충분히 알
수 있었다고 할 것입니다.

　　1심은 제척기간항변을 이유없다고 하였고 다만 선의부분은 받아들인 것 같
습니다. 항소심인 서울고등법원은 1심은 인용하면서 제척기간은 그대로 인용하
면서 선의항변부분은 배척하여 1심을 취소시킨 사건입니다. 원고는 신한은행이
었습니다. 법률행위는 2008. 9. 24.자 근저당권설정계약입니다. 그런데 "원고가
리더디앤씨의 사해행위를 알았다고 볼 수 있는 2008. 10. 17. 무렵부터 1년이
경과한 2010. 3. 10.에 제기된 이 사건 부동산에 관한 원고의 사해행위취소의 소
는 제척기간을 도과한 것으로서 부적법하다"라고 대법원은 판단하였습니다.

　　가압류신청서에 기재된 내용을 정확히 인용하면 다음과 같습니다.

　　"원고가 이 사건 가압류신청 당시 제출하였던 가압류신청서의 신청원인에
는 '채권자인 원고가 알아본 바에 의하면 채무자인 리더디앤씨는 타에도 많은
채무를 부담하고 있으므로, 이 사건 가압류부동산이라도 시급히 가압류하여 두
지 아니하면 나중에 승소판결을 받더라도 집행이 불능될 우려가 있다'는 취지로
기재되어 있었고, 아울러 위 가압류신청서와 함께 제출된 가압류신청진술서의
'보전의 필요성' 항목에는 '채무자인 리더디앤씨의 유일한 재산인 이 사건 가압
류부동산을 매각할 우려가 매우 크므로 시급히 가압류신청에 이르렀다'는 취지
로 기재되어 있었던 사실 등을 알 수 있다."

　　형식적으로 가압류신청시에 쓰는 내용이 사해행위취소소송에서는 결국 취
소의 원인을 알았다고 볼 수 있는 자료가 되었음을 알 수 있습니다.

---

29) 대법원 2012. 1. 12. 선고 2011다82384 판결 [대여금등]

9) 소결

단기제척기간이 도과되었다는 판단을 받기 위해서는 피고 측이 상당한 자료를 제출하여야 합니다. 이에는 가압류신청서류, 재산조사자료, 그리고 법률행위 당시의 상황, 원고가 어떤 위치에 있는 자인지, 즉 개인인지 금융기관인지 대한민국등인지 또한 각종 신용보증기금 등인지 이런 원고 업무가 무엇인지에 따라 재산조사 등을 하였는지 그런 절차를 하는 것인지를 등을 법원이 고려를 한다는 것을 알 수 있습니다.

원고 측은 제척기간도과 문제를 넘어서기 위해서는 수익자와 전득자를 모두 피고로 넣어 소송을 제기하는 것도 필요합니다. 또한 취소의 원인을 알았다고 한다면 가능하면 피보전채권에 관한 판결이 나기 전에라도 바로 소송을 제기하여야 합니다. 그리고 근저당권의 경우 경매신청하고 나서 배당이의 소송을 하면서 사해행위취소소송을 제기해서는 아니 됩니다. 채권을 회수하기 위해서는 무조건 소송을 제기하여야 합니다. 제척기간 문제는 가장 원고 측에 아킬레스건이기 때문입니다.

마. 단기제척기간 도과되지 않은 것으로 본 경우

1) 과거의 사례들

대법원 99다53704 판례 채무자의 추가적 채무부담하고 있는지를 소송 중에 비로소 알았다고 본 경우 - 1심에서 채무초과가 아니라고 기각까지 되었음 - 신용보증기금 사채업자에 대한 연대보증채무가 부동산 2필지의 시가보다 더 많았음 - 부부관계

대법원 2002다23857 판례 제1부동산 1999. 6. 20. 등기부열람, 2000. 12. 8. 소를 제기 - 수개의 재산처분행위를 처분기회가 동일하거나 관련되어 있음을 엿볼 자료가 없다고 하여 파기환송을 시킨 사건임 - 이렇게 수개의 부동산을 여러 차례 나누어서 각자 처분한 경우 가장 먼저 처분한 경우에는 채무초과가 아닐 가능성이 큼 - 대한민국 / 1심 원고패소, 2심 원고승소, 3심 파기환송, 파기환송

심 항소기각으로 확정된 사건입니다.

대법원 2000다44348 판례 근저당권이 사해행위이고, 원고는 가압류신청을 하였는데 가압류 당시에 다른 재산을 조사한 적이 없어 채무초과를 원고가 알았다고 볼 자료가 없었던 사건 – 개인

대법원 2001다33734 판례 1994. 1.경 한국강관 부도난 직후 이 사건 대지의 증여를 알고 있었다고 증언하고 재산이동현황을 조사하였다는 증인의 증언을 다른 증언의 증언으로 배척해 버린 사건임, 이 사건 주택에 대하여 나라종금은 경매에 참가하지 아니하였음 – 파산자 나라종합금융 주식회사의 공동파산관재인 / 아쉬운 사건임 이 사건 주택에 다른 채권자가 가압류를 하였다는 것은 쉽게 알 수 있는 재산이었고 나라종금이 가압류를 하지 아니한 것은 가압류를 하더라도 큰 이익이 없다고 보았을 가능성이 크기 때문입니다. 대지와 주택의 소유권이 달라지는 경우 법정지상권이 발생하는 등의 경우라고 한다면 주택만 경매하는 경우에 이미 근저당권자들만 배당받을 수 있기에 가압류를 포기하였을 수도 있었음

대법원 2000다15265 판례 가압류 당시에 근저당권이 있었던 경우, 재산조사 및 관리상황표의 기재만으로는 이 사건 부동산이 유일한 부동산인지 근저당권설정계약이 체결되어 있었는지 알았다고 인정하기에 부족하다고 판단 – 신용보증기금 1997. 6. 21. 가압류신청, 1998. 8. 3.에 소제기를 한 사건임

대법원 88다카26475 판례 손해배상청구소송 당시에 이 사건 가등기가 경료된 것을 알고 있었다고 하더라도 그것만으로 취소의 원인을 알았다고 보기 어렵다. 증인 2명의 증언도 배척한 사건임 원고가 개인이고 여성인데 피고의 사고로 남편과 아들이 사망한 사건이었음 – 1심 마산지방법원 진주지원은 각하판결을 한 것으로 보임 1985. 5. 8. 사고 1985. 11. 4. 소제기, 1987. 4. 28. 사해행위취소 소제기

대법원 2003다40286 판례 98. 6. 30. 법률행위, 1999. 12. 31. 소제기, 신협조합이사장이 대출채무를 면제해 주어 배임행위를 한 사건, 이사장 물려주면서 채무면제를 요구한 사건 – 파산관재인 예금보험공사

대법원 2003다19435 판례 원고가 신용금고의 사해행위취소를 원인으로 한 가처분등기가 경료된 사실을 알았다는 것만으로 취소의 원인을 알았다고 보기

어렵다고 함, 피고의 주소와 채무자의 주소가 같은 곳으로 등재되어 있었다고
달리 볼 것도 아니라고 함 - 대한민국

　　대법원 74다2114 판례 1971. 11. 1.자 등기부등본발급 11. 2.에 가압류신청,
1972. 11. 8.에 소를 제기함 피고는 채무자의 내연의 부였습니다. 1971. 10. 1.자
가등기경료, 1972. 8. 14.에 본등기경료. 1970. 5. 14.부터 지연손해금도 변제하
지 않고 있음 - 1년 하고 불과 며칠 지나서 소를 제기한 사건임

　　대법원 2004다71201 판례 199. 8. 5. 가등기경료. 2000. 10. 4. 신한은행 가
처분등기경료, 1999. 8. 5. 사해행위취소소송을 신한은행의 제기함, 이런 것을
원고가 알았다는 아무런 자료가 없음 법률행위 알고 있었다고 할 수도 없음 -
파산자 삼양종합금융 주식회사의 파산관재인

2) 가등기를 유용한 사례

"나. 원심은 다음과 같은 이유로 소외 1과 소외 2의 종전 매매예약이 아니라 소외 1과
피고들의 새로운 매매계약을 기준으로 사해행위 요건과 제척기간을 판단하였다.
소외 1과 소외 2의 매매예약에서 매매예약 완결일자를 2004. 8. 30.로 하고 별도 의
사표시 없이 매매가 완결된 것으로 정하였다. 소외 2 명의의 가등기는 그 원인인 소유
권이전등기청구권이 매매예약 완결일인 2004. 8. 30.부터 10년이 지나 소멸시효가 완
성되었으므로 말소되어야 한다.
소외 1은 피고들과 새로 매매계약을 체결하면서 말소되어야 할 가등기를 유용하기로
합의하고 가등기를 기초로 하여 본등기를 해주었다.
이와 같이 본등기의 원인인 소외 1과 피고들의 매매계약은 가등기의 원인인 소외 1과
소외 2의 매매예약과 다르다.
다. 원심판결 이유를 위에서 본 법리에 비추어 살펴보면, 원심판결은 정당하고 상고이
유 주장과 같이 논리와 경험의 법칙에 반하여 자유심증주의의 한계를 벗어나거나 사해
행위의 판단 기준 등에 관한 법리를 오해한 잘못이 없다."

"[1] 가등기에 기하여 본등기가 마쳐진 경우 가등기의 원인인 법률행위와 본등기의 원
인인 법률행위가 다르지 않다면 사해행위 요건의 구비 여부는 가등기의 원인인 법률행

위를 기준으로 하여 판단해야 한다. 그러나 가등기와 본등기의 원인인 법률행위가 다르다면 사해행위 요건의 구비 여부는 본등기의 원인인 법률행위를 기준으로 판단해야 하고 제척기간의 기산일도 본등기의 원인인 법률행위가 사해행위임을 안 때라고 보아야 한다.

[2] 채무자가 유일한 재산인 부동산에 관하여 가등기의 효력이 소멸한 상태에서 새로 매매계약을 체결하고 말소되어야 할 가등기를 기초로 하여 본등기를 한 행위는 가등기의 원인인 법률행위와 별개로 일반채권자의 공동담보를 감소시키는 것으로 특별한 사정이 없는 한 채권자취소권의 대상인 사해행위이고, 이때 본등기의 원인인 새로운 매매계약을 기준으로 사해행위 여부나 제척기간의 준수 여부를 판단해야 한다."30)

가등기를 유용하였다는 것은 그 부동산에 가압류나 압류 등이 많이 있었다는 것이 보여지는 경우입니다. 이런 경우에는 당연히 유용한 수익자는 선의일 가능성도 매우 낮다고 할 것입니다.

"원심은 제1, 2 부동산에 관한 가압류와 압류의 피보전채권액이 피고들이 지급한 매매대금보다 많고, 일반적인 매매 방식이 아니라 가등기를 유용한 사실 등에 비추어 선의의 수익자라는 피고들의 주장을 받아들이지 않았다.

원심판결 이유를 기록에 비추어 살펴보면, 원심판결에 상고이유 주장과 같이 논리와 경험의 법칙에 반하여 자유심증주의의 한계를 벗어나거나 수익자의 선의와 증명책임 등에 관한 법리를 오해한 잘못이 없다."

그렇다고 한다면 본등기야 수익자들의 등기이지 말소할 의무가 있다고 하지만 가등기의 경우에도 수익자들이 이를 말소할 의무가 있다고 할 것인지 문제가 될 것입니다.

"원심은 다음과 같은 이유로 원고가 소외 1을 대위하여 가등기의 말소를 청구할 수 있다고 판단하였다. 소외 1과 피고들이 말소되어야 할 가등기를 유용하기로 한 합의는 매매계약의 이행방법을 합의한 것에 불과하여 사해행위로 취소되는 매매계약에 포함되고, 매매계약이 취소됨에 따라 그 합의도 취소되었다고 보아야 한다. 따라서 피고들은

---

30) 대법원 2021. 9. 30. 선고 2019다266409 판결 [가등기말소]

가등기를 유용하기로 한 합의를 이유로 가등기 말소 청구에 대항할 수 없다.
원심판결 이유를 기록에 비추어 살펴보면, 원심판결에 상고이유 주장과 같이 논리와 경험의 법칙에 반하여 자유심증주의의 한계를 벗어나거나 법률행위 해석 등에 관한 법리를 오해한 잘못이 없다."[31]

"제주시 (주소 생략) 임야 145686㎡ 중 44070분의 250 지분에 관하여, 소외 1(생년월일 생략)과 피고 1 사이에 2016. 1. 14. 체결한 매매계약을 취소하고, 피고 1은 소외 1에게 제주지방법원 2004. 3. 16. 접수 제21469호로 마친 소유권이전청구권 가등기의 말소등기절차 및 같은 법원 2016. 2. 5. 접수 제16146호로 마친 소유권이전등기의 말소등기절차를 각 이행하라.
서귀포시 (주소 2 생략) 임야 6615㎡에 관하여, 위 소외 1과 피고 2 사이에 2015. 9. 11. 체결한 매매계약을 취소하고, 피고 2는 소외 1에게 제주지방법원 서귀포등기소 2004. 3. 16. 접수 제11411호로 마친 소유권이전청구권 가등기의 말소등기절차 및 같은 등기소 2015. 9. 16. 접수 제56360호로 마친 소유권이전등기의 말소등기절차를 각 이행하라."[32]

가등기 역시도 이미 가등기권리이전이 되어 명의자는 피고들이었을 것입니다. 이는 사해행위취소의 효력이 원상회복으로 이의 말소를 구한 것이 아니라고 할 것입니다. 채무자를 대위하여 이의 말소를 구하고 있습니다. 그런데 문제는 사해행위취소의 효력은 채무자와 수익자 사이에서만 취소됩니다. 그렇다고 한다면 이는 부동산은 원상회복이 된다고 하더라도 소외 1 채무자의 소유는 아니기 때문에 소외 1 채무자에게 어떤 권리가 있어서 피고들에게 이의 말소를 구할 수 있을까요? 가등기의 유용의 합의가 이해관계인이 있기 때문에 무효입니다. 소유권이전등기청구권은 소멸시효가 완성이 되었기 때문에 원고는 소외 1이 소유권에 기한 방해배제청구권에 기하여 피고들에게 가등기말소청구권을 행사할 수 있다고 할 것입니다.

---

31) 대법원 2021. 9. 30. 선고 2019다266409 판결 [가등기말소]
32) 제주지방법원 2019. 8. 14. 선고 2018나14281 판결 [가등기말소]

이 경우 유용합의를 피고들이 주장하더라도 유용합의는 그냥 무효가 아니라 사해행위로 취소되었기 때문에 이 항변을 받아들인다고 하는 것이 아니라 이해관계인이 있기 때문에 유용합의가 무효라고 할 것입니다. 그 무효의 가등기에 기하여 본등기를 경료하였기 때문에 결국 본등기 역시도 취소되는 행위인 것과는 별개로 무효의 본등기라고 할 것입니다.

"이 사건 부동산들에 대한 매매계약은 사해행위에 해당하므로 취소하고, 이 경우 주문 기재 소유권이전등기는 모두 등기 원인이 없어 무효이므로, 말소되어야 한다.
다만, 가등기 자체는 매매계약과 무관한 별개의 매매예약에 의하여 설정된 것이므로, 매매계약이 취소되었다는 이유로 말소되지는 아니한다. 다만, 가등기의 등기 원인인 소외 2의 소유권이전등기청구권의 소멸시효가 경과하였으므로, 위 가등기 또한 등기 원인이 없는 무효의 가등기에 해당하게 되고, 이 경우 원고는 소외 1을 대위하여 위 가등기의 말소를 청구할 수 있다. 이에 대하여 피고가 가등기 유용의 합의 항변을 하지만, 가등기 유용의 합의를 통한 매매는 사해행위에 해당하여 취소되었음은 앞서 본 바와 같으므로, 이 부분 피고의 항변은 받아들일 수 없다."[33]

항소심은 모두 1심을 인용하면서 이 부분은 달리 표현을 하였습니다.

"『이에 대하여 피고 2는 가등기 유용합의를 내세워 소외 1의 가등기말소청구에 대항할 수 있으므로, 원고로서는 소외 1을 대위하여 가등기의 말소를 청구할 수 없다고 주장하고, 피고 1은 가등기 유용의 합의는 소외 2의 가등기를 피고 1에게 이전하는 별도의 계약이므로 사해행위로 취소할 수 없다는 취지로 다툰다. 그러나 앞서 본 사실에 의하면, 소외 1과 피고들 사이의 가등기 유용의 합의는 소외 1과 피고들 사이에 체결된 각 매매계약의 이행방법, 즉 등기이전의 방편을 합의한 것에 불과하므로 사해행위로 취소되는 매매계약에 포함된다고 할 것이고, 따라서 매매계약에 취소됨에 따라 위 가등기 유용의 합의도 취소되었다고 보아야 한다. 따라서 피고들의 위 주장은 모두 받아들일 수 없다.』"[34]

33) 제주지방법원 2018. 11. 29. 선고 2017가단52193 판결 [가등기말소]
34) 제주지방법원 2019. 8. 14. 선고 2018나14281 판결 [가등기말소]

그러나 이 항소심 판단은 1심의 판단보다 더 잘못된 판단으로 보입니다. 대법원은 이에 대하여 항소심 판단만 언급하고는 대법원 자체의 판단은 하지 아니하였습니다. 그러나, 논리적으로 보면 문제가 있는 판단들이라고 할 것입니다.

이 판례는 매우 재미있는 판례이고 알아두어야 할 판례라고 할 것입니다.

3) 수익자 전득자를 상대로 소를 제기한 경우 - 수익자에 대한 소장각하됨

"[1] 채권자가 수익자와 전득자를 공동피고로 삼아 채권자취소의 소를 제기하면서 청구취지로 '채무자와 수익자 사이의 사해행위취소 청구'를 구하는 취지임을 명시한 경우 전득자에 대한 관계에서 채무자와 수익자 사이의 사해행위를 취소하면서 채권자취소권을 행사한 것으로 보아야 한다. 사해행위 취소를 구하는 취지를 수익자에 대한 청구취지와 전득자에 대한 청구취지로 분리하여 각각 기재하지 않았다고 하더라도 취소를 구하는 취지가 수익자에 대한 청구에 한정된 것이라고 볼 수는 없다.

[2] 채권자 갑이 채무자 을 주식회사, 수익자 병, 전득자 정, 전득자 무 주식회사를 상대로 사해행위취소의 소를 제기하면서, 청구취지로 '을 회사와 병, 병과 정 사이의 각 매매계약, 정과 무 회사 사이의 신탁계약을 취소하고, 이에 따라 이루어진 1, 2, 3차 소유권이전등기의 말소등기절차를 이행하라.'고 청구하였고, 그 후 주소보정명령 불이행으로 병에 대한 소장각하명령이 내려져 확정되었는데, 제1심에서 정과 무 회사에 대한 사해행위취소 청구 부분이 각하되자, 갑이 항소한 후 항소심에서 '을 회사와 병 사이의 매매계약을 취소하고, 정과 무 회사는 각각 2, 3차 소유권이전등기의 말소등기절차를 이행하라.'고 항소취지를 변경한 사안에서, 위 소제기의 내용에 비추어 보면, 소장 기재 청구취지에 전득자들인 정과 무 회사에 대한 관계에서 채무자인 을 회사와 수익자인 병 사이의 매매계약 취소를 구하는 청구가 포함되어 있다고 보아야 하고, 병에 대한 소장이 각하되었다고 이를 달리 볼 수 없으며, 위 항소취지 변경은 종전 청구취지 범위에서 을 회사와 병 사이의 매매계약 취소를 구하는 부분을 유지하고 나머지 계약들의 취소를 구하는 부분을 취하한 것으로 볼 수 있고, 항소심에서 청구취지를 변경한 때에 비로소 정과 무 회사를 상대로 을 회사와 병 사이의 매매계약 취소를 구하는 소를 제기하였다고 보기 어려운데도, 이와 달리 보아 갑의 정과 무 회사에 대한 소 중 을 회사와 병 사이의 매매계약 취소를 구하는 부분은 제척기간을 지나 제기된 것으로 부적법하다고 판단한 원심판결에 사해행위 취소소송의 제척기간 기산일에 관한 법리오해 등의 잘못이 있다고 한 사례."[35]

---

35) 대법원 2021. 2. 4. 선고 2018다271909 판결 [사해행위취소]

먼저 원고가 소송을 잘못한 것임을 알 수 있습니다. 시해행위는 바로 을과 병사이의 매매계약일 뿐이고, 나머지 병과 정간의 매매계약이나 정과 무간의 신탁계약은 전득행위입니다. 이는 취소를 구할 수 없는 행위입니다.

"1. 청구취지
소외 3과 주식회사 두호산업개발(이하 '두호산업개발'이라고 한다) 사이에 영주시 (이하 생략) 전 843㎡(이하 '이 사건 토지'라고 한다)에 관하여 2015. 7. 2. 체결된 매매계약 (이하 '이 사건 매매계약'이라고 한다)을 취소한다. 피고 1은 소외 3에게 이 사건 토지에 관하여 대구지방법원 안동지원 영주등기소 2015. 10. 20. 접수 제20585호로 마친 소유권이전등기의 말소등기절차를 이행하고, 피고 케이비부동산신탁 주식회사(이하 '피고 신탁회사'라고 한다)는 피고 1에게 이 사건 토지에 관하여 위 영주등기소 2015. 11. 30. 접수 제23863호로 마친 소유권이전등기의 말소등기절차를 이행하라(원고는 이 법원에서 피고 1을 상대로 한 '피고 1과 소외 3 사이에 이 사건 토지에 관하여 2015. 10. 16. 체결된 매매계약을 취소한다'는 항소취지와 피고 신탁회사를 상대로 한 '피고 신탁회사와 피고 1 사이에 이 사건 토지에 관하여 2015. 11. 30. 체결된 신탁계약을 취소한다'는 항소취지를 '소외 3과 두호산업개발 사이에 이 사건 토지에 관하여 2015. 7. 2. 체결된 이 사건 매매계약을 취소한다'는 항소취지로 변경하였는바, 이는 취소의 대상인 법률행위가 달라 소송물을 달리한다고 보아야 하고, 결국 원고는 이 법원에서 피고 1을 상대로 소외 3과 2015. 10. 16. 체결한 위 매매계약의 취소를 구하는 청구와 피고 신탁회사를 상대로 피고 1과 2015. 11. 30. 체결한 위 신탁계약의 취소를 구하는 청구를 이 사건 매매계약의 취소를 구하는 청구로 각각 교환적으로 변경한 것으로 봄이 타당하고, 이 법원에서 제기한 이 사건 매매계약 취소청구 부분은 아래와 같이 항소취지에서 제외함이 타당하다)."
"제1심판결 중 피고들에 대한 원고 패소 부분을 취소한다. 피고 1은 소외 3에게 이 사건 토지에 관하여 위 영주등기소 2015. 10. 20. 접수 제20585호로 마친 소유권이전등기의 말소등기절차를 이행하고, 피고 신탁회사는 피고 1에게 이 사건 토지에 관하여 위 영주등기소 2015. 11. 30. 접수 제23863호로 마친 소유권이전등기의 말소등기절차를 이행하라(제1심 공동피고였던 두호산업개발에 대한 제1심 원고 일부 승소판결에 대하여 원고와 두호산업개발 모두 항소하지 아니하여 제1심판결 중 두호산업개발에 대한 부분은 그대로 확정되었다)"
"가. 원고는 두호산업개발에 2011. 9. 23.에 1억 원, 2012. 1. 20.에 9,570만 원,

2012. 12. 14.에 2억 5,000만 원을 각각 대여하였고, **두호산업개발**은 2014. 8. 30. 원고에게 '6억 원을 2014. 10. 30.까지 변제하겠다'는 내용의 현금보관증을 작성하여 교부하였다.

나. **소외 2**는 2014. 3. 25. 이 사건 토지에 관하여 '2014. 3. 24. 매매'를 원인으로 한 소유권이전등기를 마쳤고, 2014. 6. 2. 소외 1에게 '2014. 6. 2. 매매예약'을 원인으로 한 소유권이전청구권가등기를 마쳐주었다.

다. **소외 1**은 2014. 6. 12. 두호산업개발에 이 사건 토지에 관하여 위 가등기 이전의 부기등기를 마쳐주었고, 소외 2는 2014. 7. 9. 두호산업개발에 이 사건 토지에 관하여 '2014. 7. 8. 매매'를 원인으로 하여 위 가등기에 기한 소유권이전의 본등기를 마쳐주었다.

라. **두호산업개발(을)**은 2015. 7. 8. 소외 3(병)에게 이 사건 토지에 관하여 이 사건 매매계약을 원인으로 한 소유권이전등기를 마쳐주었고, 소외 3은 2015. 10. 20. 피고 1 (정)에게 이 사건 토지에 관하여 '2015. 10. 16. 매매'를 원인으로 한 소유권이전등기를 마쳐주었으며, 피고 1은 2015. 11. 30. 피고 신탁회사(무)에 이 사건 토지에 관하여 '2015. 11. 30. 신탁'을 원인으로 한 소유권이전등기를 마쳐주었다."[36]

　　수익자에 대한 소장이 각하되어 결국 전득자들에 대하여만 소송을 하게 된 셈이 되었습니다. 아마 전득행위인 매매계약과 신탁계약에 대하여는 각하 판결이 났을 것입니다. 그렇지만 두호산업개발과 소외 3(병 수익자)간의 사해행위에 대하여 승소판결을 받았을 것입니다. 이에 대하여 피고들은 채무자와 수익자의 사해행위취소에 대하여 자신들에게 영향이 있음에도 불구하고 자신들에 대하여 각하판결이 났을 것이기 때문에 항소하지 않고 부대항소도 하지 아니한 것으로 보입니다. 더욱 항소심에서는 각하 판결을 했으면 더 좋았을 것입니다. 그런데 대법원은 파기환송을 하였습니다. 어찌 보면 당연한 것입니다. 항소심은 너무나 형식 논리적으로 판단을 하였다고 할 것입니다. 파기환송심에서는 어떻게 된 것인지 궁금하여 찾아보니 원고 일부승소입니다. 피고 1(정)은 패소하였고 피고 2 (무 케이비부동산신탁)는 승소판결을 받았습니다. 피고 1은 상고하였으나 인지를 보정하지 않아 상고장각하명령이 되었습니다.

---

36) 대구지방법원 2018. 9. 5. 선고 2018나300126 판결 [사해행위취소]

　　원고는 개인이었는데 이럴 것이면 피고 1에 대하여 가액배상을 구했어야 할 것입니다. 사건진행내역을 보니 청구취지 및 청구원인 변경신청서가 제출된 것으로 보아서 케이비신탁주식회사에 패소할 것을 예상하고 가액배상으로 구한 것이 아닌가라는 생각이 듭니다. 피고들은 부대항소는 하지 아니하였습니다. 을과 병 간의 사해행위는 누가보더라도 사해행위가 아니었나 생각합니다. 병은 개인이었습니다.

　　실제로 소송을 하다보면 전득자로서 구하였는데 이를 생각하지 못하고 판단하는 판사님들이 있습니다.

4) 배당이의와 사해행위취소를 같이 진행하는 경우

"원고는, 주식회사 유니통(이하 '유니통'이라 한다)과 피고 사이에 체결된 이 사건 근저당권설정계약이 사해행위에 해당하고 피고는 악의의 수익자라고 주장하면서, 피고를 상대로 채권자취소권을 행사하여 위 근저당권설정계약을 취소하고, 원상회복으로 부산지방법원 동부지원 2016타경795, 1019(중복) 부동산임의경매 사건에 관하여 위 법원이 2016. 11. 30. 작성한 배당표(이하 '이 사건 배당표'라 한다)를 경정할 것을 구하였다. 이에 대하여 원심은 제1심판결을 인용하여, 사해행위취소청구의 소는 채권자가 취소원인을 안 날로부터 1년 내에 제기하여야 하고, 이러한 제척기간의 기산점인 채권자가 '취소원인을 안 날'이라 함은 채권자가 채권자취소권의 요건을 안 날, 즉 채무자가 채권자를 해함을 알면서 사해행위를 하였다는 사실을 알게 된 날을 의미하는바, 원고는 2016. 12. 6. 제1심법원에 피고를 상대로 이 사건 배당이의의 소를 제기하여 이 사건 근저당권설정계약이 사해행위에 해당한다고 주장하면서 그 취소를 구하지 아니한 채 원상회복만을 구하였다가, 2018. 5. 14.에 이르러서야 제1심법원에 청구취지 변경신청을 하면서 비로소 채권자취소권을 행사하여 이 사건 근저당권설정계약의 취소 및 이에 따른 이 사건 배당표 경정청구의 소를 제기하였으므로, 이 사건 소는 원고가 그 취소원인을 안 날로 보아야 하는 2016. 12. 6.로부터 1년의 제척기간이 도과한 2018. 5. 14.에 제기된 것이어서 부적법하다고 판단하였다.

2. 대법원의 판단

원심의 판단은 다음 이유에서 수긍하기 어렵다.

가. 기록에 의하면, 원고는 2016. 12. 6. 이 사건 소를 제기하면서 소장의 청구취지로 이 사건 배당표 경정청구만을 기재하였지만, 청구원인에서는 피고가 유니통과 체결한

이 사건 근저당권설정계약이 사해행위에 해당하기 때문에 배당표가 경정되어야 한다고 기재한 사실, 그 후 원고와 피고는 변론과정에서 이 사건 근저당권설정계약의 사해행위 해당 여부를 주된 쟁점으로 하여 다툰 사실, 그러던 중 제1심은 2017. 12. 20. 변론을 종결하였다가 2018. 1. 29. 원고에게 '사해행위취소는 재판상 행사하여야 하므로, 취소 부분(취소한다면 그 범위)을 청구취지에 추가할지를 검토한 서면을 제출하기 바란다'는 내용의 석명준비명령을 함과 동시에 변론재개결정을 한 사실, 그 후 원고는 2018. 5. 14. 청구취지 변경신청서를 제출하면서 사해행위취소를 그 청구취지에 기재한 사실을 알 수 있다.

나. 위와 같은 사실관계를 종합하면, 원고가 이 사건 소장의 청구취지에 이 사건 배당표 경정청구만을 기재한 것은 소송물을 사해행위취소소송에서의 원상회복청구에 한정하고자 한 것이 아니라 착오로 사해행위취소청구 부분을 누락한 것으로 봄이 상당하고, 원고의 위와 같은 청구취지 변경은 청구취지의 보충 내지는 정정으로 볼 수 있을지언정 이를 가리켜 새로운 소의 제기라고 볼 수는 없다.

다. 그런데도 원심은 이와 달리 원고가 2018. 5. 14. 청구취지 변경신청서를 제출함으로써 비로소 사해행위취소청구의 소를 제기한 것으로 보아 이 사건 소가 부적법하다고 판단하고 위 소를 각하한 제1심판결을 그대로 유지하였다. 원심의 이러한 판단에는 소장의 청구취지나 청구취지의 변경, 새로운 소의 제기 및 사해행위취소권에 관한 법리를 오해하고 필요한 심리를 다하지 아니하여 판결에 영향을 미친 잘못이 있다."[37)]

　　이 대법원 판례는 도저히 받아들일 수 없습니다. 이는 민사소송법의 근간을 흔드는 판결입니다. 실체법상이 아니라 소송법상의 착오라는 것은 불가능합니다. 공격방법으로 사해행위취소소송을 제기할 수 없는 것인데 명백히 청구취지를 구하지 아니한 것이 명백하기 때문에 이는 당연히 각하되어야 합니다.

　　더욱 직권으로 판단하였습니다. 그러면서

　　"원심판결을 파기한다. 제1심판결을 취소하고, 사건을 부산지방법원 동부지원에 환송한다."

　　'항소심판결을 파기한다. 제1심판결을 취소하고 동부지원으로 환송한다'라고 되어 있습니다. 원심은 부산지방법원입니다.

---

37) 대법원 2019. 10. 31. 선고 2019다215746 판결 [배당이의]

이런 식의 대법원 판결이 있다니 도저히 믿기지 않습니다. 원고가 상고이유로 주장도 하지 아니한 것을 직권으로 판단하여 파기자판을 하고 환송하였습니다. 문제는 1심 판사는 무슨 잘못을 했다는 것인지 도저히 이해가 되지 않습니다. 이는 1심 변호사가 누구인지 모르겠지만 소송을 잘못한 변호사 구제해 주는 것밖에 안 됩니다.

5) 대한민국 조세채권의 경우

"가. 채권자취소권의 행사에 있어서 제척기간의 기산점인 채권자가 "취소원인을 안 날"이라고 함은 채무자가 채권자를 해함을 알면서 사해행위를 하였다는 사실을 알게 된 날을 의미한다. 이는 단순히 채무자가 재산의 처분행위를 한 사실을 아는 것만으로는 부족하고, 구체적인 사해행위의 존재를 알고 나아가 채무자에게 사해의 의사가 있었다는 사실까지 알아야 한다(대법원 2009. 3. 26. 선고 2007다63102 판결 참조).

그런데 국가가 조세채권을 피보전채권으로 하여 체납자의 법률행위를 대상으로 채권자취소권을 행사할 때에, **제척기간의 기산점과 관련하여 국가가 취소원인을 알았는지 여부는 특별한 사정이 없는 한 조세채권의 추심 및 보전 등에 관한 업무를 담당하는 세무공무원의 인식을 기준으로 판단하여야 하고, 체납자의 재산 처분에 관한 등기ㆍ등록 업무를 담당하는 다른 공무원의 인식을 기준으로 판단하여서는 아니 된다. 따라서 위와 같은 세무공무원이 체납자의 재산 처분행위 사실뿐만 아니라 구체적인 사해행위의 존재와 체납자에게 사해의 의사가 있었다는 사실까지 인식할 때 이로써 국가도 그 시점에 취소원인을 알았다고 볼 수 있다.**

나. 원심은, 조세채권의 추심 및 보전 등에 관한 업무를 담당하는 세무공무원이 이 사건 민원이 접수된 2013. 3. 15.까지는 이 사건 양도 사실을 알지 못하였고, 위 민원의 타당성 판단을 위한 상당한 기간이 경과한 시점에 채무자인 주식회사 씨엔씨엔터프라이즈(이하 '씨엔씨엔터프라이즈'라고 한다)가 원고를 해함을 알면서 사해행위를 하였다는 사실을 알았으며, 원고의 이 사건 소는 그 날부터 1년이 경과하기 전인 2014. 3. 14. 제기되어 제척기간을 도과하지 않았다고 판단하면서, 특허청 공무원이 이 사건 양도를 안 시점에 원고도 씨엔씨엔터프라이즈의 사해행위 및 사해의사의 존재를 알았다고 보아야 한다는 피고의 주장을 배척하였다.

다. 앞에서 본 법리와 기록에 비추어 살펴보면, 원심의 위와 같은 판단에 상고이유 주장과 같이 채권자취소권의 제척기간에 관한 법리를 오해하거나 논리와 경험의 법칙을 위반하여 사실을 오인한 잘못이 없다."[38]

일응은 민원접수시점과 소제기시점이 1년 안이기 때문에 문제는 없다고 보입니다. 만약 소유권이전등기의 관한 경우라고 한다면 어떨까요? 지적재산권 양도행위이니 특허청에 접수가 됩니다. 소유권이전등기는 어떻게 되나요? 등기소에 접수가 되는 사해행위가 안 될까요? 당연히 세무서가 알지 않나요? 이 사건의 경우 법률행위는 2010. 10. 26.이었습니다. 그렇다고 한다면 2년 5개월이 지나서 소를 제기하였습니다. 지적재산권이 처분이 되면 당연히 이에 따른 세금이 부과될 것인데 이를 세무서가 몰랐다는 식의 대법원 판결들을 보면, 너무나 대한민국만을 위한 판결들이 많습니다. 어느 곳보다 가장 많은 정보를 알면서도 가장 폐쇄적인 국세청이기 때문에 다 알면서도 개인정보 등을 위하여 전혀 공개하지 않고 있는 것이 너무나 많습니다. 자신들이 늦게 소를 제기한 것임에도 법원에서 이렇게 편을 들어주니 참으로 이해가 되지 않습니다. 피고는 1심부터 대법원까지 모두 패소를 했습니다. 왜 이렇게 패소하면서도 항소하고 상고하겠습니까? 도저히 이해가 되지 않기 때문입니다.

"위 기초사실에서 본 바와 같이 원고는 이 사건 양도계약이 체결되기 전인 2010. 10. 25.경 소외 회사에 대하여 본세 합계 431,684,590원의 조세채권을 가지고 있었다. 한편 채권자취소권에 의하여 보호될 수 있는 채권은 원칙적으로 사해행위라고 볼 수 있는 행위가 행하여지기 전에 발생된 것임을 요하지만, 그 사해행위 당시에 이미 채권성립의 기초가 되는 법률관계가 발생되어 있고, 가까운 장래에 그 법률관계에 터잡아 채권이 성립되리라는 점에 대한 고도의 개연성이 있으며, 실제로 가까운 장래에 그 개연성이 현실화되어 채권이 성립된 경우에는, 그 채권도 채권자취소권의 피보전채권이 될 수 있는바(대법원 2012. 2. 23. 선고 2011다76426 판결 등 참조), 이 사건 양도계약 당시 별지 순번 19 기재 증권거래세 부분도 이미 그 조세채권이 성립은 되어 있었을 뿐만 아니라 별지 해당 부분 기재와 같이 실제로 가까운 장래에 납세고지가 이루

---

38) 대법원 2017. 6. 15. 선고 2015다247707 판결 [사해행위취소]

어져 채권의 발생이 현실화된 이상 그 증권거래세 채권도 피보전채권에 포함된다. 그리고 국세징수법이 규정하는 가산금과 중가산금은 국세가 납부기한까지 납부되지 않은 경우 미납분에 관한 지연이자의 의미로 부과되는 부대세의 일종으로서 과세권자의 확정절차 없이 국세를 납부기한까지 납부하지 아니하면 그 법에 의하여 당연히 발생하고 그 액수도 확정되므로, 본세가 채권자취소권의 피보전채권으로 인정되는 이상 이에 대한 사해행위 이후 사실심변론종결시까지 발생한 가산금과 중가산금도 역시 피보전채권에 포함된다고 봄이 타당하여(대법원 2014. 4. 10. 선고 2013다217764 판결 등 참조), 원고가 이 사건에서 주장하는 별지 조세채권 목록 중 '가산금'란 기재 각 금액도 모두 피보전채권에 포함된다.

나. 사해행위와 사해의사

1) 채무자가 자기의 유일한 재산인 부동산을 매각하여 소비하기 쉬운 금전으로 바꾸는 행위로 그 매각이 일부 채권자에 대한 정당한 변제에 충당하기 위하여 상당한 가격으로 이루어졌다던가 하는 특별한 사정이 없는 한 항상 채권자에 대하여 사해행위가 된다고 볼 것이므로 채무자의 사해의 의사는 추정되고, 이러한 법리는 유일한 재산이 지적재산권인 경우에도 마찬가지이다(대법원 2009. 5. 14. 선고 2008다84458 판결, 대법원 2005. 7. 22. 선고 2004다43909 판결 등 참조).

2) 그런데 앞서 본 사실관계와 갑 제5, 14호증, 을 제10, 13, 14호증의 각 기재, 이 법원의 기술신용보증기금 서울기술평가센터에 대한 사실조회 결과에 변론 전체의 취지를 종합하여 인정할 수 있는 다음과 같은 사실 또는 사정을 고려하여 보면, 이 사건 양도계약은 소외 회사가 일부 채권자(기술신용보증기금)에 대한 '정당한' 채무 변제에 충당하기 위하여 한 것이라기보다는 원고에 대하여 거액의 조세채무를 부담하고 있는 등 채무초과 상태에서 피고 및 기술신용보증기금과 통모하여 조세채권자로 우선변제권이 있는 원고를 비롯한 다른 채권자들을 배제하고 기술신용보증기금의 채무만 일부 변제하려는 부정한 의도 아래 체결한 것으로서 사해행위에 해당한다고 봄이 타당하고(이는 이 사건 지적재산권의 양도대금이 상당한 가격이라거나 이 사건 지적재산권의 양도대금이 실제로 기술신용보증기금에 대한 기존채무의 변제를 위하여 사용된 사정을 참작하더라도 달리 볼 수 없다. 위 대법원 2004다43909 판결과 대법원 2005. 4. 29. 선고 2005다6808 판결 등 참조), 소외 회사와 피고는 모두 당시 그 계약이 원고 등 다른 채권자를 해하는 것임을 능히 인식하고 있었다고 인정된다."[39]

---

39) 서울고등법원 2015. 10. 22. 선고 2014나2046387 판결 [사해행위취소]

아니 유일한 재산인 지적재산권이 이전이 되었는데 조세채권이 4억 원 이상이나 있었는데 이를 알지 못하였다는 것이 말이 되는가 말입니다. 당연히 양도에 따라서 양도소득세를 납부합니다. 더욱 양도계약 체결하기 전 날에 이미 4억 3천만 원의 채권이 있었는데 회사의 유일한 재산인 지적재산권 거의 전부가 양도되었고 그에 따라서 세금등이 부과되었을 것인데 2년 5개월 동안 몰랐고 민원제기해서야 알았다는 것은 너무나 형식논리라고 할 것입니다.

6) 한국산업은행이 가압류할 당시 근저당권이 존재한 경우

"채권자취소권의 행사에 있어서 제척기간의 기산점인 채권자가 '취소원인을 안 날'은 채권자가 채권자취소권의 요건을 안 날, 즉 채무자가 채권자를 해함을 알면서 사해행위를 하였다는 사실을 알게 된 날을 의미하고, 채권자가 취소원인을 알았다고 하기 위하여는 단순히 채무자가 재산의 처분행위를 하였다는 사실을 아는 것만으로는 부족하고 구체적인 사해행위의 존재를 알고 나아가 채무자에게 사해의 의사가 있었다는 사실까지 알 것을 요하며, 사해행위의 객관적 사실을 알았다고 하여 취소의 원인을 알았다고 추정할 수는 없다(대법원 2006. 7. 4. 선고 2004다61280 판결 등 참조).
같은 취지에서 원심이, 원고가 이 사건 각 부동산에 관하여 가압류신청을 할 당시 이 사건 각 근저당권설정등기가 마쳐진 사실을 알고 있었던 것으로는 보이나, 그것만으로 곧 당시 소외인이 채무초과상태에 있었는지 여부 및 소외인에게 사해의사가 있었다는 사실까지 알았다고 단정하기는 어렵다고 보아, 이 사건 사해행위취소의 소가 제척기간을 도과하여 제기되었다는 피고의 본안전항변을 배척한 것은 수긍할 수 있고, 거기에 주장하는 바와 같은 사해행위취소소송의 제척기간에 관한 법리오해의 위법은 없다."[40]

원고는 한국산업은행이었습니다. 은행이 가압류 신청할 당시에 이미 근저당권이 존재하였다고 한다면 앞에서 본 사건과 같이 도과가 되었다고 볼 수 있을 것인데도 불구하고 다른 판단을 했습니다. 산업은행은 탈퇴하고 승계참가인 유동화전문회사가 들어왔고, 피고는 포스코였습니다. 결국 사해행위가 아니라는 이유로 파기환송이 되었지만 입증의 문제가 있겠지만 전문적인 은행들이 가압류를 할 때에는 이미 재산조사를 한 상황에서 가압류를 한다고 보아야 할 것입

40) 대법원 2012. 2. 23. 선고 2011다88832 판결 [보증채무이행등]

니다. 그리고 거기에서 얼마 배당을 받을 것인지도 이미 산출을 합니다. 채권을
양도한다는 것도 아마 다 계산을 하고 나서 양도하는 것이 이익이라고 생각했기
때문일 것입니다. 근저당권 시점도 이미 회사가 어려워졌을 시점입니다. 그리고
포스코이니 그 금액도 어머어마하게 클 것이고, 가압류로 근저당권설정시점과
차이가 많이 나지 않을 것입니다. 채무자회사에 47억 원을 대출해 주었고 기한
이익상실은 2009. 1. 22.이었습니다. 5억 원, 2억 원이 설정되었습니다.

> "철강원자재의 주요 구매처인 피고가 물품공급한도를 60억 원에서 35억 원으로 축소
> 함에 따라 주요 판매처인 자동차부품 제조업체에 대한 월 매출액이 기존의 20억 원에
> 서 2~3억 원 정도로 급감하였으며 주식회사 양보 등의 거래처 부도에 따라 매출채권
> 의 회수가 부진하자 정상적인 경영이 어렵게 된 데에다가, 피고에 대한 외상거래액의
> 누적으로 2008. 11.경부터 2009. 1.까지는 피고가 원자재공급을 중단한 사실, 이에
> 세븐스타의 2대주주이자 이사인 소외인이 피고에게 이 사건 각 근저당권을 설정하여
> 주고서야 다시 세븐스타가 피고로부터 원자재를 공급받게 된 사실 등을 알 수 있다."[41]

2억 원 근저당권설정한 부동산을 경매하여 포스코에게 배당된 금액은
20,842,730원이었습니다. 신규차입에 의한 근저당권의 경우 예외적으로 회사로
서 채권은 선택방법으로 부득이한 조치하였던 경우라고 판단하기 전에 제척기
간 문제를 정확히 파악하는 것이 훨씬 옳다고 봅니다. 2009. 1.까지 원자재공급
을 중단한 것을 보면, 근저당권설정행위는 2000. 1. 22. 기한이익상실 통지하기
전이고 가압류는 그 뒷일 것입니다. 그런데 2008. 11. 2009. 1.까지 원자재
중단하고 나서 근저당권설정하고 나서 다시 공급받았다고 하니 2009. 12월
사이에 근저당권을 설정받았을 것으로 보입니다. 그런데도 1년 제척기간이 도과
되지 않았다고 하니 이를 누가 받아들이겠습니까? 왜 이렇게 인색한 것인지 모
르겠습니다. 개인도 아니고 국책은행인 한국산업은행이 이와 같은 행위를 하였
다고 한다면 당연히 금방 알 수 있었던 것입니다. 대법원 2012. 1. 12. 선고
2011다82384 판결과 한 달 차이인데 왜 이렇게 극명하게 달라지는 것일까요?

---

41) 대법원 2012. 2. 23. 선고 2011다88832 판결 [보증채무이행등]

변호사의 능력이라고 할 수 있지만 조금은 재판부의 성향이 많이 좌우된다고 할 것입니다. 대법원 2011다82384 판례의 원심도 제척기간이 도과되지 않았다고 하였다가 파기환송을 당하였으니 그 당시 서울고등법원의 분위기를 알 수 있습니다.

7) 형사1심 무죄 등이 난 경우 - 손해배상사건

"채권자취소권 행사에 있어서 제척기간의 기산점인 채권자가 '취소원인을 안 날'이라 함은 채권자가 채권자취소권의 요건을 안 날, 즉 채무자가 채권자를 해함을 알면서 사해행위를 하였다는 사실을 알게 된 날을 의미한다고 할 것이므로, 단순히 채무자가 재산의 처분행위를 하였다는 사실을 아는 것만으로는 부족하고, 그 법률행위가 채권자를 해하는 행위라는 것, 즉 그에 의하여 채권의 공동담보에 부족이 생기거나 이미 부족상태에 있는 공동담보가 한층 더 부족하게 되어 채권을 완전하게 만족시킬 수 없게 되었으며 나아가 채무자에게 사해의 의사가 있었다는 사실까지 알 것을 요한다(대법원 2003. 7. 11. 선고 2003다19435 판결 참조).

이 사건 사해행위취소소송이 원고가 취소원인을 안 날로부터 1년 이내에 제기되었는지 여부가 다투어지고 있는 이 사건에서 원심은 제1심판결을 인용하여, 관련 형사소송의 제1심에서 소외 1의 이 사건 불법행위에 관한 공소사실 부분에 대하여 무죄판결이 선고된 상황에서 원심 별지 목록 3 기재 부동산(이하 원심 별지 목록 1, 2, 3, 4, 기재 부동산을 각각 이 사건 1, 2, 3, 4 부동산이라 한다)에 대한 소유권을 적법하게 취득하였다는 피고 2의 회신 내용에 대하여 원고가 이의를 제기하기 어려웠을 것으로 보이는 점, 위 형사소송의 제1심에서 소외 1에 대한 위 공소사실 부분에 대하여 무죄판결이 선고된 이상 원고가 소외 1에 대한 이 사건 불법행위에 기한 손해배상채권의 존재 여부를 명확하게 판단하기는 어려웠을 것으로 보일 뿐만 아니라 소외 1의 사해의사를 알았다고 보기는 더욱 어려운 점, 원고와 소외 1 사이에 이 사건 불법행위에 따른 손해배상책임 유무에 관하여 민사소송이 계속 중이었으나 그 손해배상책임의 부담 여부가 아직 확정되지 아니한 상황에서, 설령 원고가 소외 1 소유의 부동산에 관한 일부 처분행위가 있었음을 알았다고 하더라도, 원고가 이를 사해행위에 해당하는 것으로 인식하기는 어려운 것으로 보이는 점 등 그 판시와 같은 사정들에 비추어 보면, 원고가 피고들 명의의 이 사건 각 소유권이전등기 및 근저당권설정등기가 마쳐진 후 이 사건 4 부동산에 관하여 가압류를 하거나 피고 2에 대하여 가처분 예고안내문을 보낸 사실만으로는 그 무렵 이 사건 각 등기가 원고에 대하여 사해행위가 된다는 점을 알았다고 인정하기에 부족하고, 오히려 원고는 이 사건 3, 4 부동산의 처분행위에 관하여는 관련 형사소송의 항소심에서 소외 1에 대한 위 공소사실 부분에 대하여 유죄판결이 선고된 2006. 7. 26.경, 이 사건 1, 2 부동산의 처분행위에 관하여는 원고가 위 부동산들에 대하여 각 사해행위취소로 인한 말소등기청구권을 보전하기 위한 처분금지가처분신청을 한 2006. 9. 4.경 및 2006. 9. 29.경에 소외 1의 각 사해행위 및 사해의사를 알게 되었다고 봄이 상당하다고 판단하였다.

앞서 본 법리와 기록에 비추어 보면, 원심의 위와 같은 판단은 정당한 것으로 수긍할 수 있고, 거기에 주장하는 바와 같은 채권자취소소송의 제척기간에 관한 법리오해나 채증법칙 위반의 위법이 없다."[42]

원고는 당연히 파산자 주식회사 김천상호저축은행의 파산관재인 예금보험공사입니다. 법원이 2중 잣대를 들이밀고 있는 것이 확실히 보입니다. 앞에서 본 부양료청구의 경우 심판청구하기 전에 "취소의 원인을 안 날"을 기준으로 하여야 한다고 판시하였는데 왜 이 사건에서는 이런 말도 안 되는 이유를 들어 취소의 원인을 알았다고 볼 수 없다고 하는 것인지 말이 되지 않습니다. 소제기를 해 놓고 기다리면 되는 것입니다. 더욱 공문까지 발송을 했는데 말입니다. 이런 위험성이 있으니 취소의 원인을 안 날로부터 1년 안에 소를 제기해 놓으면 되는 일입니다. 왜 수익자는 어떤 사건인가에 따라서 제척기간이 고무줄처럼 변동이 되어야 하는지 이해가 되지 않습니다.

사해행위취소는 원칙적으로 예외적으로 인정되는 제도입니다. 그렇기 때문에 단기제척기간을 두고 있습니다. 이 단기제척기간을 원고의 성격에 따라서 법원이 자율적으로 변동시키고 있는 것을 보면, 법원의 신뢰성을 떨어뜨립니다. 그래서 지은이는 꼭 원고가 누구인지를 밝힙니다. 그를 통하여 법원이 손을 안으로 굽는 행위를 알 수 있기 때문입니다.

---

42) 대법원 2011. 12. 22. 선고 2010다11408 판결 [사해행위취소]

8) 대물변제예약을 원인으로 한 가처분기입등기로는 법률행위를 확정할 수 없었던 사건

"원심판결 이유에 의하면, 원심은 판시 사실에 의하여 인정되는 사정, 즉 원고가 이 사건 각 부동산에 관한 근저당권 처분금지가처분 등기를 마칠 무렵인 2006. 7. 25.경 이 사건 각 부동산의 등기부 등본을 발급받아 그 기재 내용을 확인하는 과정에서 피고 1 명의의 부동산 처분금지가처분 등기가 이미 마쳐진 사실 및 그 피보전권리가 대물변제계약에 기한 소유권이전등기청구권이라는 사실을 알았을 것으로 보이는 점, 원고가 피고 1 등을 상대로 제기하였던 구상금 등 청구소송(이하 '종전 소송'이라고 한다)에서, 원고는 소외인이 원고에 대한 구상금 채무를 면탈할 의도로 대물변제계약을 체결하고 피고 1 명의의 처분금지가처분 등기를 마쳐 준 것이라는 취지의 주장을 한 바가 있는 점 등에 비추어 보면, 원고는 위 근저당권 처분금지가처분 등기를 마칠 무렵인 2006. 7. 25.경 또는 적어도 종전 소송에서 승소판결을 선고받을 무렵인 2006. 12. 28.경에는 소외인 및 피고 1에게 사해의 의사가 있었고 그에 기하여 양자 사이에 이 사건 대물변제계약이 체결되었음을 알았다고 봄이 상당하므로, 그로부터 1년이 지난 2009. 4. 22.에 이르러서야 제기된 이 사건 소는 사해행위 취소소송의 제척기간이 경과한 후에 제기된 것으로서 부적법하다고 판단하였다.

그러나 원심의 위 판단은 다음과 같은 이유로 수긍하기 어렵다.

채권자취소권의 행사에 있어서 제척기간의 기산점인 채권자가 '취소원인을 안 날'이라 함은 채무자가 채권자를 해함을 알면서 사해행위를 하였다는 사실을 알게 된 날을 의미하는데, 이는 단순히 채무자가 재산의 처분행위를 한 사실을 아는 것만으로는 부족하고, 구체적인 사해행위의 존재를 알고 나아가 채무자에게 사해의 의사가 있었다는 사실까지 알 것을 요하며, 이때 그 제척기간의 도과에 관한 입증책임은 채권자취소소송의 상대방에게 있다(대법원 2000. 9. 29. 선고 2000다3262 판결, 대법원 2009. 3. 26. 선고 2007다63102 판결 등 참조). 또한 채무자의 재산처분행위가 사해행위가 되는지 여부는 처분행위 당시를 기준으로 판단하여야 한다(대법원 2002. 11. 8. 선고 2002다41589 판결, 대법원 2009. 6. 23. 선고 2009다549 판결 등 참조).

위 법리와 원심이 들고 있는 사정에 비추어 보면, 원고로서는 이 사건 각 부동산의 등기부 등본 기재 내용을 확인한 2006. 7. 25.경 또는 종전 소송에서 사해행위 관련 주장을 한 후 그 판결이 선고된 2006. 12. 28.경에는 이 사건 각 부동산에 관하여 소외인과 피고 1 사이에서 이미 대물변제계약이 체결되었던 사실 자체는 추측할 수 있었을

것이나, 구체적인 대물변제계약 체결일까지 알 수 있었다고 볼 자료가 없는 이상(피고 1이 2009. 1. 13. 이 사건 각 부동산에 관하여 '2006. 1. 2. 대물변제'를 원인으로 소유권이전등기를 경료하기 전까지는 이 사건 대물변제계약의 체결일이 등기부에 기재되지 않았다), 이 사건 대물변제계약이 사해행위에 해당하는지 여부, 즉 그 계약 체결 당시 채무자인 소외인의 재산 및 채무상태에 비추어 채권자를 해하는 사해행위에 해당하는 것인지 여부를 원고가 위 각 시점에서 알 수 있었다고 보기는 어렵다 할 것이다. 그럼에도 원심은 판시와 같은 사정만을 들어, 원고가 2006. 7. 25.경 또는 2006. 12. 28.경에는 사해행위에 해당하는 이 사건 대물변제계약이 체결되었음을 알 수 있었다는 전제 하에, 이 사건 소가 제척기간을 도과하여 제기된 것이라고 판단하였으니, 위와 같은 원심판단에는 사해행위 취소소송에서의 제척기간 기산일에 관한 법리를 오해하여 판결 결과에 영향을 미친 위법이 있다 할 것이다."[43]

법률행위시점을 최소한 알아야 그 시점에 채무초과를 파악할 수 있고 그에 따라서 취소의 원인을 파악할 수 있을 것입니다. 단순히 처분금지가처분의 원인이 대물변제계약이라고만 되어 있는 가처분 기입등기만으로는 법률행위시점을 알 수는 없었을 것입니다. 이런 경우 사실 종전소송에서 슬그머니 대물변제계약서를 제출해 버리는 것도 좋았을 것입니다. 소송을 하다보면 이것을 깜박하고 소송을 제기하지 않고 지나갈 것이기 때문입니다. 왜냐하면 원고 변호사가 이를 신용보증기금이 알려주지 않고 소송을 구상금 소송만 계속 할 수도 있기 때문입니다.

9) 기자회견 재무구조개선약정에 따라 주식증여를 하고 회생절차나 담보권 실행 과정에서 확인했다고 하는데도 제척기간이 도과되지 않았다는 사건

"채권자취소권의 행사에 있어서 제척기간의 기산점인 채권자가 "취소원인을 안 날"이라 함은 채무자가 채권자를 해함을 알면서 사해행위를 하였다는 사실을 알게 된 날을 의미한다. 이는 단순히 채무자가 재산의 처분행위를 한 사실을 아는 것만으로는 부족하고, 구체적인 사해행위의 존재를 알고 나아가 채무자에게 사해의 의사가 있었다는 사실까지 알 것을 요한다(대법원 2000. 9. 29. 선고 2000다3262 판결 참조). 한편 그 제

---

43) 대법원 2011. 1. 13. 선고 2010다71684 판결 [사해행위취소]

척기간의 도과에 관한 입증책임은 채권자취소소송의 상대방에게 있다.

원심에서 피고는 원고가 다음과 같은 이유로 늦어도 2000. 3. 23.경에는 이 사건 증여의 취소원인을 알고 있었다고 할 것이므로 2003. 9. 16.에 제기된 이 사건 소는 제척기간의 도과로 부적법하다고 주장하였다. 즉, 파산 전 나라종합금융 주식회사(이하 '나라종합금융'이라 한다)가 1998. 2. 26.자 재무구조개선약정 및 소외 2의 1998. 6. 15.자 기자회견시부터 이미 이 사건 주식이 피고에게 증여될 것이라는 점을 알고 있었고, 뿐만 아니라 그 후 회사정리절차 및 한일은행이 주도한 거래은행협의회를 통해서는 물론이고 소외 2가 추가로 제공한 충무로 소재 부동산에 대한 담보권의 실행과정에서 재차 이 사건 주식의 증여사실을 확인한 바 있다는 것이다.

이에 대하여 원심은 위 재무구조개선약정 당시 나라종합금융이 그러한 약정이 체결된 사실을 알았다고 볼 증거가 없고, 나아가 그러한 약정이 체결되었다거나 소외 2가 위 기자회견을 한 것만으로 이 사건 주식에 대한 증여계약이 체결되었다고 볼 수 없고, 나라종합금융이 소외 2로부터 이 사건 주식 외의 다른 담보를 제공받았다 하여 소외 2가 이 사건 주식을 한일합섬에게 증여한 사실을 알 수 있었다고 당연히 인정할 수 있는 것은 아니고, 한일합섬에 대한 회사정리절차에서 한국신용정보가 작성한 조사보고서가 법원에 비치되어 이해관계인의 열람에 제공되었다거나 한일합섬에 대한 정리계획이 인가되었다는 사실만으로 나라종합금융이 그 무렵 이 사건 증여계약이 체결된 사실을 알았다고 볼 수 없으며, 피고가 제출한 증거 및 원심 증인 소외 3의 증언만으로는 피고의 주장 사실을 인정하기에 부족하고, 달리 이를 인정할 증거가 없다고 판단하였다.

원심이 인정한 사실에 의하면, 사해행위취소의 대상인 이 사건 증여계약은 1998. 9. 22. 체결되었다는 것이므로 그 이전에 재무구조개선약정이나 기자회견이 있었던 때에 나라종합금융이 이 사건 증여계약의 존재를 알 수는 없는 것이다. 또 기록에 의하면 회사정리절차에서 한국신용정보가 작성한 조사보고서 및 한일합섬이 작성한 정리계획안에 이 사건 증여계약의 당사자, 일시, 목적물 등 계약의 구체적인 내용이 기재되어 있지도 않으므로 나라종합금융이 그 조사보고서 또는 정리계획안을 통해 이 사건 증여계약의 구체적인 내용을 알았다고 인정할 수도 없다고 할 것이다.

같은 취지의 원심판단은 정당하고, 거기에 상고이유의 주장과 같은 제척기간 및 그 입증방법에 대한 법리오해 내지 채증법칙 위반 또는 심리미진으로 인한 사실오인 및 석명의무 위반의 위법이 있다고 할 수 없다."[44]

---

44) 대법원 2009. 3. 26. 선고 2007다63102 판결 [사해행위취소]

증인의 증언을 배척해 버리고 나와 있는 기록이나 역수상의 문제로 이를 해결해 버렸습니다. 당연히 원고는 파산자 나라종합금융 주식회사의 파산관재인 예금보험공사입니다. 공적자금이 투입이 되면 가능하면 제척기간 도과는 눈감아 주자는 자세입니다. 여기에서 대법원도 배척하지 못한 것은 "<u>그 후 회사정리절차 및 한일은행이 주도한 거래은행협의회를 통해서는 물론이고 소외 2가 추가로 제공한 충무로 소재 부동산에 대한 담보권의 실행과정에서 재차 이 사건 주식의 증여사실을 확인한 바 있다</u>"는 부분입니다. 그런 기자회견과 재무구조약정이 있었고 거래은행협의회를 통해서는 물론이고 소외 2가 추가로 제공한 담보권 실행과정에서 증여사실을 확인하였다는 것입니다. 그렇다고 한다면 충분히 알았다고 보아야 합니다. 그렇기 때문에 법원이 눈감아 준 것이라고 해야 할 것입니다.

10) 소결

대법원에서 제척기간이 도과되지 아니하였다고 판단한 사례들을 이를 받아들일 수 있는 사안도 있지만 많은 경우가 의아하다고 할 것입니다. 그런데 원고가 대부분 이상하게도 국가기관이나 공적기관 또는 국책은행입니다. 공무원인 법관이 손이 안으로 굽는다는 의심을 주지 않기 위해서는 이런 기관들의 사해행위에 대하여 더욱 강하게 제척기간을 엄격하게 해야 합니다. 즉 단기제척기간을 고무줄처럼 늘려서는 아니 됩니다. 오히려 내부적인 규칙이나 업무지침이 있을 것입니다. 이를 하지 않고 늦게 소를 제기하는 경우가 매우 많을 것입니다. 이런 행위에 대하여 법원에 단죄를 해야할 것이고 이를 은근슬쩍 넘어가서 봐주어서는 아니 됩니다. 그들은 국가나 공적기관으로 국민의 세금으로 월급을 받는 자들입니다. 피고는 그냥 개인이거나 기업으로 전혀 정보를 가지고 있지 못한 존재들입니다.

IV

파산과 회생절차에 따른 사해행위취소의 운명

IV

파산과 회생절차에 따른 사해행위취소의 운명

1. 서로의 상충성과 공통성

사해행위취소소송은 어떤 특정 채권자가 자신의 채권을 회수하기 위하여 집행재산을 확보하는 소송이라고 할 것입니다. 그에 반하여 파산절차나 회생절차는 전체 채권자를 위하여 파산관재인이나 회생관리인을 세워서 법원이 감독하면서 진행하면서 파산자나 회생채무자를 회복을 도모하는 절차입니다.

그러나 두 절차 모두 채권을 회수하기 위한 수단이라는 점에서는 비슷한 점이 있습니다. 그래서 파산절차등에 부인권을 규정하여 이에 따라 사해행위취소뿐만 아니라 더 폭넓게 집행할 재산을 회수할 수 있는 제도를 규정하고 있습니다. 이를 소로서 구하면 부인의 소라고 합니다.

2. 법의 규정

채무자 회생 및 파산에 관한 법률(이하 채무자회생법이라 함)에는 여러 규정을 두고 있습니다.

"제347조(파산재단에 속하는 재산에 관한 소송수계) ① **파산재단에 속하는 재산에 관하여 파산선고 당시 법원에 계속되어 있는 소송은 파산관재인 또는 상대**

방이 이를 수계할 수 있다. 제335조제1항의 규정에 의하여 파산관재인이 채무를 이행하는 경우에 상대방이 가지는 청구권에 관한 소송의 경우에도 또한 같다."

"제406조(채권자취소소송 등의 중단) ① 「민법」 제406조제1항이나 「신탁법」 제8조에 따라 파산채권자가 제기한 소송이 파산선고 당시 법원에 계속되어 있는 때에는 그 소송절차는 수계 또는 파산절차의 종료에 이르기까지 중단된다. <개정 2013. 5. 28.>

② 제347조의 규정은 제1항의 경우에 관하여 준용한다."

"제584조(부인권) ① 제3편제3장제2절(부인권)은 개인회생절차에 관하여 준용한다.

② 부인권은 채무자가 행사한다.

③ 법원은 채권자 또는 회생위원의 신청에 의하거나 직권으로 채무자에게 부인권의 행사를 명할 수 있다.

④ 회생위원은 부인권의 행사에 참가할 수 있다.

⑤ 부인권은 개인회생절차개시결정이 있은 날부터 1년이 경과한 때에는 행사할 수 없다. 제391조 각호의 행위를 한 날부터 5년이 경과한 때에도 같다."

"제2절 부인권

제391조(부인할 수 있는 행위) 파산관재인은 파산재단을 위하여 다음 각호의 어느 하나에 해당하는 행위를 부인할 수 있다.

1. 채무자가 파산채권자를 해하는 것을 알고 한 행위. 다만, 이로 인하여 이익을 받은 자가 그 행위 당시 파산채권자를 해하게 되는 사실을 알지 못한 경우에는 그러하지 아니하다.

2. 채무자가 지급정지 또는 파산신청이 있은 후에 한 파산채권자를 해하는 행위와 담보의 제공 또는 채무소멸에 관한 행위. 다만, 이로 인하여 이익을 받은 자가 그 행위 당시 지급정지 또는 파산신청이 있은 것을 알고 있은 때에 한한다.

3. 채무자가 지급정지나 파산신청이 있은 후 또는 그 전 60일 이내에 한 담보의 제공 또는 채무소멸에 관한 행위로서 채무자의 의무에 속하지 아니하거나 그 방법 또는 시기가 채무자의 의무에 속하지 아니하는 것. 다만, 채권자가 그 행위 당시 지급정지나 파산신청이 있은 것 또는 파산채권자를 해하게 되는 사실을 알지 못한 경우를 제외한다.

4. 채무자가 지급정지 또는 파산신청이 있은 후 또는 그 전 6월 이내에 한 무상행위 및 이와 동일시할 수 있는 유상행위

제392조(특수관계인을 상대방으로 한 행위에 대한 특칙) ① 제391조제2호 단서의 규정을 적용하는 경우 이익을 받는 자가 채무자와 대통령령이 정하는 범위의 특수관계에 있는 자(이하 이 조에서 "특수관계인"이라 한다)인 때에는 그 특수관계인이 행위 당시 지급정지 또는 파산신청이 있은 것을 알고 있었던 것으로 추정한다.

② 제391조제3호의 규정을 적용하는 경우 특수관계인을 상대방으로 하는 행위에 대하여는 같은 호 본문에 규정된 "60일"을 "1년"으로 하고, 같은 호 단서를 적용하는 경우에는 그 특수관계인이 그 행위 당시 지급정지 또는 파산신청이 있은 것과 파산채권자를 해하는 사실을 알고 있었던 것으로 추정한다.

③ 제391조제4호의 규정을 적용하는 경우 특수관계인을 상대방으로 하는 행위인 때에는 같은 호에 규정된 "6월"을 "1년"으로 한다.

제393조(어음지급의 예외) ① 제391조의 규정은 채무자로부터 어음의 지급을 받은 자가 그 지급을 받지 아니하면 채무자의 1인 또는 여럿에 대한 어음상의 권리를 상실하게 되었을 경우에는 적용하지 아니한다.

② 제1항의 경우 최종의 상환의무자 또는 어음의 발행을 위탁한 자가 그 발행 당시에 지급정지 또는 파산신청이 있었음을 알았거나 또는 과실로 인하여 이를 알지 못한 때에는 파산관재인은 그로 하여금 채무자가 지급한 금액을 상환하게 할 수 있다.

제394조(권리변동의 성립요건 또는 대항요건의 부인) ① 지급정지 또는 파산신청이 있은 후에 권리의 설정·이전 또는 변경의 효력을 생기게 하는 등기 또는 등록이 행하여진 경우 그 등기 또는 등록이 그 원인인 채무부담행위가 있은 날부터 15일을 경과한 후에 지급정지 또는 파산신청이 있음을 알고 행한 것인 때에는 이를 부인할 수 있다. 다만, 가등기 또는 가등록을 한 후 이에 의하여 본등기 또는 본등록을 한 때에는 그러하지 아니하다.

② 지급정지 또는 파산신청이 있은 후에 권리의 설정·이전 또는 변경을 제3자에게 대항하기 위하여 필요한 행위를 한 경우 그 행위가 권리의 설정·이전 또는 변경이 있은 날부터 15일을 경과한 후에 지급정지 또는 파산신청이 있음을 알고 행한 것인 때에도 제1항과 같다.

제395조(집행행위의 부인) 부인권은 부인하고자 하는 행위에 관하여 집행력 있는 집행권원이 있는 때 또는 그 행위가 집행행위에 의한 것인 때에도 행사할 수 있다.

제396조(부인권의 행사방법) ① 부인권은 소, 부인의 청구 또는 항변의 방법으로 파산관재인이 행사한다.

② 법원은 파산채권자의 신청에 의하거나 직권으로 파산관재인에게 부인권의 행사를 명할 수 있다.

③ 제1항의 소와 부인의 청구사건은 파산계속법원의 관할에 전속한다. <개정 2016. 12. 27.>

④ 제106조 및 제107조의 규정은 제1항의 규정에 의한 부인의 청구에 관하여 준용한다.

제397조(부인권행사의 효과) ① 부인권의 행사는 파산재단을 원상으로 회복시킨다.

② 제391조제4호의 규정에 의한 행위가 부인된 경우 상대방이 그 행위 당시 선의인 때에는 이익이 현존하는 한도 안에서 상환하면 된다.

제398조(상대방의 지위) ① 채무자의 행위가 부인된 경우 그가 받은 반대급부가 파산재단 중에 현존하는 때에는 상대방은 그 반환을 청구할 수 있으며, 반대급부로 인하여 생긴 이익이 현존하는 때에는 그 이익의 한도 안에서 재단채권자로서 그 권리를 행사할 수 있다.

② 채무자의 행위가 부인된 경우 반대급부로 인하여 생긴 이익이 현존하지 아니하는 때에는 상대방은 그 가액의 상환에 관하여 파산채권자로서 권리를 행사할 수 있다. 반대급부의 가액이 현존하는 이익보다 큰 경우 그 차액에 관하여도 또한 같다.

제399조(상대방의 채권의 회복) 채무자의 행위가 부인된 경우 상대방이 그가 받은 급부를 반환하거나 그 가액을 상환한 때에는 상대방의 채권은 원상으로 회복된다.

제400조(상속재산의 파산의 경우의 부인권) 제391조·제392조·제393조·제398조 및 제399조의 규정은 상속재산에 대하여 파산선고가 있은 경우 피상속인·상속인·상속재산관리인 및 유언집행자가 상속재산에 관하여 한 행위에 관하여 준

용한다.

제401조(유증을 받은 자에 대한 변제 등의 부인) 상속재산에 대하여 파산선고가 있은 경우 유증을 받은 자에 대한 변제 그 밖의 채무의 소멸에 관한 행위가 그 채권에 우선하는 채권을 가진 파산채권자를 해하는 때에는 이를 부인할 수 있다.

제402조(부인의 상대방에 대한 변제) 상속재산에 대하여 파산선고가 있은 경우 피상속인·상속인·상속재산관리인 및 유언집행자가 상속재산에 관하여 한 행위가 부인된 때에는 상속채권자에게 변제한 후 부인된 행위의 상대방에게 그 권리의 가액에 따라 잔여재산을 분배하여야 한다.

제403조(전득자에 대한 부인권) ① 다음 각호의 어느 하나에 해당하는 때에는 전득자(轉得者)에 대하여도 부인권을 행사할 수 있다.

1. 전득자가 전득 당시 각각 그 전자(前者)에 대한 부인의 원인이 있음을 안 때

2. 전득자가 제392조의 규정에 의한 특수관계인인 때. 다만, 전득 당시 각각 그 전자(前者)에 대한 부인의 원인이 있음을 알지 못한 때에는 그러하지 아니하다.

3. 전득자가 무상행위 또는 이와 동일시할 수 있는 유상행위로 인하여 전득한 경우 각각 그 전자(前者)에 대하여 부인의 원인이 있는 때

② 제397조제2항의 규정은 제1항제3호의 규정에 의하여 부인권이 행사된 경우에 관하여 준용한다.

제404조(지급정지를 안 것을 이유로 하는 부인의 제한) 파산선고가 있은 날부터 1년 전에 한 행위는 지급정지의 사실을 안 것을 이유로 하여 부인할 수 없다.

제405조(부인권행사의 기간) **부인권은 파산선고가 있은 날부터 2년이 경과한 때에는 행사할 수 없다. 제391조 각호의 행위를 한 날부터 10년이 경과한 때에도 또한 같다.**

제406조(채권자취소소송 등의 중단) ① 「민법」 제406조제1항이나 「신탁법」 제8조에 따라 파산채권자가 제기한 소송이 파산선고 당시 법원에 계속되어 있는 때에는 그 소송절차는 수계 또는 파산절차의 종료에 이르기까지 중단된다. <개정 2013. 5. 28.>

② 제347조의 규정은 제1항의 경우에 관하여 준용한다.

제406조의2(신탁행위의 부인에 관한 특칙) 위탁자인 채무자에 대하여 파산이

선고된 경우 해당 채무자가 「신탁법」에 따라 한 신탁행위의 부인에 관하여는 제
113조의2를 준용한다. 이 경우 "제100조제1항"은 "제391조"로, "채무자의 재산"
은 "파산재단"으로, "공익채권자"는 "재단채권자"로 각각 본다."

　　이런 규정이 있지만 법은 전부를 다 규정할 수 없기 때문에 결국 그 간격은
판례가 이를 보충해 준다고 할 것입니다. 대법원은 계속적으로 이에 관한 판례
들을 내놓고 있습니다.

3. 회생절차와 사해행위취소와의 관계

가. 회생절차개시결정 이후 사해행위취소의 소를 제기한 경우

　　개시결정 이후에 소를 제기한 경우는 각하사유가 됩니다.

> "채무자 회생 및 파산에 관한 법률 제584조, 제347조 제1항, 제406조에 의하면, 개인
> 회생절차 개시결정이 내려진 후에는 채무자가 부인권을 행사하고, 법원은 채권자 또는
> 회생위원의 신청에 의하거나 직권으로 채무자에게 부인권의 행사를 명할 수 있으며, 개
> 인회생채권자가 제기한 채권자취소소송이 개인회생절차 개시결정 당시에 계속되어 있
> 는 때에는 그 소송절차는 수계 또는 개인회생절차의 종료에 이르기까지 중단된다. 이러
> 한 규정 취지와 집단적 채무처리절차인 개인회생절차의 성격, 부인권의 목적 등에 비추
> 어 보면, 개인회생절차 개시결정이 내려진 후에는 채무자가 총채권자에 대한 평등변제
> 를 목적으로 하는 부인권을 행사하여야 하고, 개인회생채권자목록에 기재된 개인회생
> 채권을 변제받거나 변제를 요구하는 일체의 행위를 할 수 없는 개인회생채권자가 개별
> 적 강제집행을 전제로 하여 개개의 채권에 대한 책임재산의 보전을 목적으로 하는 채
> 권자취소소송을 제기할 수는 없다."

　　이 판결의 원심판결의 이유를 언급하면서 2008. 2. 19. 개시결정을 받고, 원
고채권이 채권자목록에 기재되어 있고, 현재까지 회생절차가 폐지되지 않고 있
고, 취소소송은 2009. 1. 5.에 제기되었기 때문에 소는 부적법하다고 판시하고
있으면 원심의 판단이 정당하다고 하였습니다.

나. 간과하고 판결을 선고한 경우

사해행위취소소송 제기 후에 개시결정이 난 경우에는 당연히 소송이 중단되고 소송수계절차를 거쳐야 하는데 이를 거치지 않고 판결이 선고된 경우입니다.

> "채무자 회생 및 파산에 관한 법률 제584조 제1항, 제406조 제1항에 의하면, 개인회생채권자가 제기한 **채권자취소소송이 개인회생절차 개시결정 당시 법원에 계속되어 있는 때에는 그 소송절차는 수계 또는 개인회생절차의 종료에 이르기까지 중단된다.** 채권자취소소송의 계속 중 채무자에 대하여 개인회생절차 개시결정이 있었는데, 법원이 그 개인회생절차 **개시결정사실을 알고도 채무자의 소송수계가 이루어지지 아니한 상태 그대로 소송절차를 진행하여 판결을 선고하였다면, 그 판결은 채무자의 개인회생절차 개시결정으로 소송절차를 수계할 채무자가 법률상 소송행위를 할 수 없는 상태에서 심리되어 선고된 것이므로 여기에는 마치 대리인에 의하여 적법하게 대리되지 아니하였던 경우와 마찬가지의 위법이 있다.**"

적법하게 대리인이 없는 경우에 상고재심설에 의하여 상고하거나 재심을 할 수 있습니다. 1심에서부터 문제가 되었는데 1심으로 보내지 않고 원심으로 보냈습니다.

다. 비면책채권 - 한정적 열거주의

> "[1] 채무자 회생 및 파산에 관한 법률 제251조 본문은 회생계획인가의 결정이 있는 때에는 회생계획이나 이 법의 규정에 의하여 인정된 권리를 제외하고는 **채무자는 모든 회생채권과 회생담보권에 관하여 그 책임을 면한다**고 규정하고 있다. 그런데 채무자 회생 및 파산에 관한 법률 제140조 제1항, 제251조 단서는 **회생절차개시 전의 벌금·과료·형사소송비용·추징금 및 과태료의 청구권은 회생계획인가의 결정이 있더라도 면책되지 않는다**고 규정하고 있는바, 이는 **회생계획인가의 결정에 따른 회생채권 등의 면책에 대한 예외를 정한 것으로서 그에 해당하는 청구권은 한정적으로 열거된 것으로 보아야 하고, 위 규정에 열거되지 않은 과징금의 청구권은 회생계획인가의 결정이 있더

라도 면책되지 않는 청구권에 해당한다고 볼 수 없다.

[2] 채무자에 대한 회생절차개시 전에 과징금 부과의 대상인 행정상의 의무위반행위 자체가 성립하고 있으면, 그 부과처분이 회생절차개시 후에 있는 경우라도 그 과징금 청구권은 회생채권이 되고, 장차 부과처분에 의하여 구체적으로 정하여질 과징금 청구권이 회생채권으로 신고되지 않은 채 회생계획인가결정이 된 경우에는 채무자 회생 및 파산에 관한 법률 제251조 본문에 따라 그 과징금 청구권에 관하여 면책의 효력이 생겨 행정청이 더 이상 과징금 부과권을 행사할 수 없다. 따라서 그 과징금 청구권에 관하여 회생계획인가결정 후에 한 부과처분은 부과권이 소멸된 뒤에 한 부과처분이어서 위법하다."1)

원고는 일반개인이 아니라 "인정건설 주식회사의 관리인 소외인의 소송수계인 인정건설 주식회사"입니다. 이는 인정건설 주식회사 회생신청을 하였고 관리인이 있었는데 회생에서 벗어난 것으로 보입니다. 그러니 당연히 이에 대하여 다툼이 있을 수 있는 것입니다.

4. 파산절차와 사해행위취소소송

가. 서설

파산절차에서는 회생절차와는 조금 다른 양상입니다. 가장 쟁점이 되는 것은 비면책채권이 되는지 여부입니다.

사해행위취소소송 중에 파산절차가 있으면 대부분의 경우 파산관재인이 소송절차를 수계하여 부인의 소로 판결을 받았습니다. 파산관재인이 소송수계를 하지 아니하면 파산과 면책절차까지 기다립니다. 그러면 파산채권은 비면책채권이 되고, 비면책채권으로는 어떤 집행행위를 할 수 없어 사해행위취소소송은 각하가 될 것입니다.

이런 점보다는 오히려 파산채권자목록에 없는데 일응은 면책의 효과가 일어납니다. 그래서 비면책채권이 되는지 여부가 더 중요합니다. 사해행위취소소

---

1) 대법원 2013. 6. 27. 선고 2013두5159 판결 [과징금부과처분취소]

송을 하고 있는데 비면책채권이 되면 사해행위취소소송을 할 수 있을 뿐만 아니라 비면책채권이기 때문에 다른 집행행위를 할 수도 있기 때문에 매우 유리해집니다.

나. 채권자목록에 있는 채권자의 소송에서 채무자가 파산선고를 받고 면책까지 받은 경우

"채권자취소권은 채무자의 책임재산을 보전하기 위한 제도로서 채무자에 대하여 채권을 행사할 수 있음이 전제되어야 할 것인바, 채무자 회생 및 파산에 관한 법률 제566조 본문은 "면책을 받은 채무자는 파산절차에 의한 배당을 제외하고는 파산채권자에 대한 채무의 전부에 관하여 그 책임이 면제된다."고 규정하고 있고, 다만 그 단서에서 들고 있는 일정한 채무의 경우에만 책임이 면제되지 아니한다는 예외규정을 두고 있으므로, 채무자가 파산절차에서 면책결정을 받은 때에는 파산채권을 피보전채권으로 하여 채권자취소권을 행사하는 것은 그 채권이 위 법률 제566조 단서의 예외사유에 해당하지 않는 한 허용되지 않는다."[2]

원고인 신용보증기금은 당연히 파산채권자에 들어가 있었고 면책결정에 대하여 취소신청까지 하였습니다. 파산관재인이 왜 이 소송을 수계하지 않은 것인지 이해가 되지 않습니다. 가액배상금 3천여만 원을 구하고 있기에 적지 않은 금액이었는데 말입니다. 1심은 아마 각하 판결을 하였을 것입니다. 항소심은 항소기각을 대법원은 상고기각판결을 한 사건입니다.

다. 특히 7호의 경우 비면책채권이 된 경우의 사해행위취소소송

1) 악의로 채권자명부에 기재하지 아니한 경우 - 비면책으로 본 경우

"[1] 채무자 회생 및 파산에 관한 법률 제566조 제7호에서 말하는 '채무자가 악의로

---

2) 대법원 2008. 6. 26. 선고 2008다25978 판결 [사해행위취소]

채권자목록에 기재하지 아니한 청구권'이라고 함은 채무자가 면책결정 이전에 파산채권자에 대한 채무의 존재 사실을 알면서도 이를 채권자목록에 기재하지 않은 경우를 뜻하므로, 채무자가 채무의 존재 사실을 알지 못한 때에는 비록 그와 같이 알지 못한 데에 과실이 있더라도 위 법조항에 정한 비면책채권에 해당하지 아니하지만, 이와 달리 채무자가 채무의 존재를 알고 있었다면 과실로 채권자목록에 이를 기재하지 못하였다고 하더라도 위 법조항에서 정하는 비면책채권에 해당한다. 이와 같이 채권자목록에 기재하지 아니한 청구권을 면책대상에서 제외한 이유는, 채권자목록에 기재되지 아니한 채권자가 있을 경우 그 채권자로서는 면책절차 내에서 면책신청에 대한 이의 등을 신청할 기회를 박탈당하게 될 뿐만 아니라 그에 따라 위 법 제564조에서 정한 면책불허가사유에 대한 객관적 검증도 없이 면책이 허가, 확정되면 원칙적으로 채무자가 채무를 변제할 책임에서 벗어나게 되므로, 위와 같은 절차 참여의 기회를 갖지 못한 채 불이익을 받게 되는 채권자를 보호하기 위한 것이다. 따라서 사실과 맞지 아니하는 채권자목록의 작성에 관한 채무자의 악의 여부는 위에서 본 위 법 제566조 제7호의 규정 취지를 충분히 감안하여, 누락된 채권의 내역과 채무자와의 견련성, 그 채권자와 채무자의 관계, 누락의 경위에 관한 채무자의 소명과 객관적 자료와의 부합 여부 등 여러 사정을 종합하여 판단하여야 하고, 단순히 채무자가 제출한 자료만으로는 면책불허가 사유가 보이지 않는다는 등의 점만을 들어 채무자의 선의를 쉽게 인정하여서는 아니된다.

[2] 채권자목록에 누락된 을의 구상금채권이 채무자 회생 및 파산에 관한 법률 제566조 제7호의 비면책채권에 해당하지 아니한다고 한 원심에 대하여, 제반 사정에 비추어 보면 갑이 과실로 채권자목록에 을에 대한 구상금채무를 기재하지 아니하였다고 볼 수는 있을지언정, 갑이 을의 구상금채권의 존재를 알지 못하였다고 인정할 수 있는 근거가 되는 사정이라 할 수 없다는 등의 이유를 들어 원심판결을 파기한 사례."[3]

　　이 판례는 이와 관련된 선도적인 판례로서 이 판례가 나온 뒤로 비면책채권이 많아지게 되었습니다. 중요한 것은 사건명이 사해행위취소입니다. 수익자나 채무자가 사해행위취소소송이 제기된 것을 몰랐을까요? 그렇다고 한다면 특별한 사정이 없는 한 소제기된 것을 파산관재인에게 채무자가 알렸을 가능성이 매우 큽니다. 그런데 알리지 않았고 파산면책까지 되었기 때문에 파산관재인은 당연히 부인의 소로 소송을 수계하지도 못했을 것입니다. 채무자인 파산자는 이

---

3) 대법원 2010. 10. 14. 선고 2010다49083 판결 [사해행위취소]

를 철저하게 파산법원에 비밀로 하였을 가능성이 큽니다. 자신의 재산을 회피시킬 행위를 숨겼다는 것일 수 있습니다. 다만 파산절차나 면책절차는 1－2년안에 끝나지만 사해행위취소소송은 5년안에 제기할 수 있기 때문에 파산면책절차가 모두 끝나고 나서 취소채권자가 소송을 제기하는 수도 충분히 있습니다.

2) 악의로 채권자명부에 기재하지 아니한 경우 － 면책인정

"구 파산법(2005. 3. 31. 법률 제7428호로 폐지되기 전의 것) 제349조 제6호에서 말하는 '파산자가 악의로 채권자명부에 기재하지 아니한 청구권'이라 함은 파산자가 면책결정 이전에 채권의 존재 사실을 알면서도 이를 채권자명부에 기재하지 않은 경우를 뜻하므로, 채권자명부에 기재하지 않은 데에 과실이 있는지 여부를 불문하고 파산자가 채권의 존재 사실을 알지 못한 때에는 여기에 해당하지 아니한다.

기록에 의하면, 피고들은 피고 2 소유의 아파트에 대한 임의경매절차에서 원고의 근저당권 피담보채권 상당액 등에 대한 배당이 실시된 후 파산신청 당시 제출한 채권자명부에서 원고에 대한 신용카드이용대금채무는 그대로 남겨두면서도 이 사건 대출채권은 위 배당에 의하여 모두 변제완료된 것으로 생각하여 이와 관련된 항목은 삭제하는 내용의 보정서를 파산법원에 제출하였고, 면책신청을 하면서 제출한 채권자명부에도 위 신용카드이용대금채무는 기재하면서 이 사건 대출채권은 기재하지 않았음을 알 수 있고, 여기에다 피고들에게 면책불허가사유가 있다고 할 수 없는 이 사건에서 피고들이 이 사건 대출채권의 존재를 알면서 채권자명부에 이를 기재하지 않을 이유가 없는 점 등을 종합하여 보면, 피고들이 이 사건 대출채권의 존재를 알지 못한 데에 과실이 있을지언정 이를 알면서 채권자명부에 기재하지 않았다고 볼 수는 없다 할 것이고, 이는 피고들이 면책결정 전에 이 사건 소장 부본을 송달받았다고 하더라도 달리 보기 어렵다. 비록 원심판결의 이유에 일부 부적절한 설시가 있으나, 원심이 같은 취지에서 이 사건 채권이 구 파산법 제349조 제6호의 비면책채권에 해당하지 않는다고 판단한 것은 정당하다."

채권의 존재는 알고 있었으나 그 사이 경매로 인하여 모두 변제된 것으로 알아 채권이 없다고 생각할 수 있었던 여러 사정이 있었다고 보았습니다. 그렇기 때문에 이런 사건에서는 결국 면책불허가사유를 밝혀서 이런 불허가사유를 가지기 위해 이런 내용을 알거나 파고들 채권자는 채권자명부에 기재하지 않았다는 식의 주장을 해야 합니다.

3) 총채권의 60%해당 채권자 제외 그리고 부동산도 누락시킨 경우

"원심결정 이유에 의하면 원심은, 채권자가 신청외 주식회사의 채권자에 대한 구상금채무를 연대보증한 채무자를 상대로 2001. 11. 21. 채무원금 945,855,606원 및 그 지연손해금의 지급을 명하는 확정판결을 받아 그에 기하여 2008. 10. 2. 채무자가 6/15 지분을 가진 순천시 (동, 지번, 지목 및 면적 1 생략)에 대한 그 판시 주거환경개선사업지구의 편입에 따른 보상금채권의 압류 및 추심명령을 받았는데, 그 사이에 채무자가 2008. 6. 18. 파산선고에 이어 2008. 10. 9. 면책허가결정을 받아 같은 달 24일 위 결정이 확정된 사실을 인정한 다음, 위 파산 및 면책절차에서 채무자가 제출한 채권자목록에 채권자에 대한 위 연대보증채무가 누락되긴 하였지만, 채무자에게 면책불허가 사유가 없는 이 사건에서 채무자가 위 연대보증채무의 존재를 알면서 채권자목록에 기재하지 아니할 이유가 없고, 위 채권자목록에는 역시 신청외 주식회사를 주채무자로 하는 연대보증채무인 주식회사 정리금융공사, 신용보증기금, 주식회사 밀양상호저축은행에 대한 합계 3,205,032,102원의 채무를 기재하였으므로 채권자와 명칭이 비슷한 신용보증기금에 대한 연대보증채무 외에 채권자에 대한 연대보증채무가 따로 존재함을 알지 못하였다는 채무자의 주장에 설득력이 있다 할 것이어서, 채무자가 이 사건 연대보증채무의 존재 사실을 알지 못한 데에 과실이 있을언정 이를 알면서 채권자목록에서 누락하였다고 볼 수는 없어 법 제566조 제7호의 비면책채권에 해당하지 아니하고, 그러므로 이 사건 면책허가결정으로 집행력을 상실한 채권에 기한 이 사건 압류 및 추심명령의 신청은 이유 없다고 판단하였다.

그러나 채권자가 제출한 채무자의 위 파산 및 면책신청 관련서류 등 기록에 의하면, 채무자는 이 사건 연대보증채무의 주채무자인 신청외 주식회사의 대표이사로서 회사 운영과정에서 채권자와 사이에 수차에 걸쳐 연대보증계약을 체결한 실질적 이해당사자인 사실, 채무자가 파산 및 면책신청 절차에서 제출한 채권자목록에는 신용보증기금 등 총 5인의 채권자에 대한 원금 합계 16억 40,270,969원의 채무를 신고하였는데, 거기에 이 사건 연대보증채무의 잔여 원금을 포함하면 누락된 채권액은 전체 파산채권액의 약 60%에 이르는 사실, 채무자는 함께 제출한 재산목록의 기재에 있어서도 순천시 (동, 지번, 지목 및 면적 2 생략) 보유 부동산으로 신고하였을 뿐, 이 사건 압류 및 추심명령신청의 계기가 된 위 (동, 지번, 지목 및 면적 1 생략) 토지는 물론 역시 채무자 소유인 위 (동, 지번, 지목 및 면적 3 생략), (동, 지번, 지목 및 면적 4 생략), (동, 지번, 지목 및 면적 5 생략)도 모두 신고하지 아니한 사실, 반면 위 각 토지의 등기부등본에는 채권자와 위 신용보증기금을 비롯한 다수 채권자들 명의의 각 가압류가 1996년부터 2005년까지 계속되어 있어 채무자가 신청에 앞서 이를 확인함에 어려움이 없어 보이는 사실 등을 알 수 있는바, 앞서 본 법리에 비추어 보면, 위와 같은 사정 하에서 채무자가 이 사건 파산 및 면책신청 당시 주된 이해당사자인 채권자에 대한 거액의 연대보증채무를 알지 못하였다고 볼 수는 없다 할 것이고, 나아가 채권자목록의 허위 작성뿐만 아니라 그 소유 토지 다수를 재산목록에서 누락하는 등 법 제564조 제1항 제1, 3호의 면책불허가사유가 있었던 채무자의 입장에서 주된 이해당사자인 채권자의 관여 없이 진행된 파산 및 면책절차 진행의 결과 면책허가결정을 받아 그 채무변제의 책임을 면하게 된 이상, 이 사건 연대보증채무의 존재를 알면서 채권자목록에 기재하지 아니할 이유가 없었다고 단정할 수도 없다 할 것이다.

그럼에도 불구하고 원심이 그 설시와 같은 사정만을 들어 위 채권자목록에 누락된 이 사건 연대보증채무가 법 제566조 제7호의 비면책채무에 해당하지 아니한다고 단정하고, 그 점에 관하여 직접 이해당사자인 채권자에게 아무런 반대 소명의 기회도 주지 아니한 채 채권자의 압류 및 추심명령의 신청을 배척한 것은 법 제566조 제7호에 관한 법리를 오해하고 그에 필요한 심리를 제대로 하지 아니하여 재판결과에 영향을 미친 위법이 있다 할 것이다."[4]

이 판결을 보면, 정확히 원심의 문제점을 지적하고 있어 두 판결내용은 극과 극으로 차이가 남을 알 수 있습니다. 더욱 채무자가 대표이사였던 점을 보면 더욱 그러합니다.

4) 한 명의 채권자에게 가진 여러 채권 중 하나만 기재를 하지 아니한 경우

"나. 1) 원심은, 피고 2가 이 사건 채권의 존재 사실을 알고 있었음에도 이를 채권자목록에 기재하지 않았다는 이유로 이 사건 채권이 채무자회생법 제566조 제7호에서 정한 비면책채권에 해당한다고 판단하였다.

2) 그러나 위와 같은 원심의 판단은 다음과 같은 점에서 그대로 수긍하기 어렵다.

가) 원심판결 이유와 기록에 의하면 다음의 사실을 알 수 있다.

---

4) 대법원 2009. 3. 30.자 2009마225 결정 [채권압류및추심명령]

> (1) 피고 2는 2011. 5. 20. 광주지방법원 2011하단1724호, 2011하면1726호로 파산 및 면책을 신청하였다.
>
> (2) 당시 원고는 **피고 2에 대하여 이 사건 채권 외에도 소외 1에 대한 대출금에 관한 보증채권, 소외 2에 대한 대출금에 관한 보증채권 등을 보유하고 있었는바, 피고 2는 채권자목록에 원고가 24,324,656원 상당의 채권을 가지고 있다고 기재하였다.**
>
> (3) 법원은 2012. 6. 1. 피고 2에 대하여 파산을 선고하고, 면책신청에 대한 이의신청 기간을 지정하는 결정을 한 다음, 그 결정을 공고하는 한편 **채권자목록에 기재되어 있는 채권자들에게 송달하였는데, 원고는 2012. 6. 8. 이를 수령하였다.**
>
> (4) 원고는 법원이 정한 **이의신청기간 내에 이의를 신청하지 않았으며,** 법원은 2012. 7. 20. 면책을 허가하였다. 면책허가결정은 그 무렵 확정되었다.
>
> 나) 위와 같은 사실관계를 앞서 본 법리에 비추어 살펴보면, **피고 2가 원고가 보유하고 있던 이 사건 채권을 채권자목록에 기재하지 않았다고 하더라도 원고가 보유하고 있던 다른 채권을 채권자목록에 기재하였기 때문에 법원은 원고에게 파산선고 및 면책신청에 대한 이의신청기간을 지정하는 결정을 송달하였고, 그로 인해 원고는 피고 2에 대하여 파산선고가 있음을 알고 있었다고 봄이 상당하다.** 따라서 이 사건 채권은 면책채권에 해당한다.
>
> 다. 그런데도 원심은 피고 2가 이 사건 채권의 존재 사실을 알고 있었음에도 이를 채권 자목록에 기재하지 않았다는 이유만으로 이 사건 채권이 비면책채권에 해당한다고 판단하였다. 이러한 원심의 판단에는 채무자회생법 제566조 제7호에서 정한 비면책채권에 관한 법리를 오해한 나머지 판결에 영향을 미친 잘못이 있다. 이 점을 지적하는 취지의 상고이유 주장은 이유 있다."5)

　　선도적 판례에서 보면, 그 채권자에게 면책결정에 대한 취소신청 등을 할 수 있는 방어권을 주었기 때문에 특별히 문제가 되지 않는다고 할 것으로 올바른 판단이라고 보입니다. 즉 채권자별로 보아야지 채권마다로 볼 필요는 없다고 할 것입니다.

---

5) 대법원 2019. 11. 15. 선고 2019다256167, 256174 판결 [양수금·양수금]

5) 원본채권은 기재하고 부수채권은 기재하지 아니한 경우 부수채권의 면책여부

"채무자 회생 및 파산에 관한 법률 제8조, 제558조 제1항, 제2항, 제562조 제1항 본
문, 제566조 제7호의 내용과 취지에 비추어 보면, 채무자가 면책신청의 채권자목록에
파산채권자 및 파산채권의 원본 내역을 기재하여 제출하면 채권자는 면책절차에 참여
할 수 있는 기회가 보장되므로, 채무자가 채권자목록에 원본 채권만을 기재하고 이자
등 그에 부수하는 채권을 따로 기재하지 않았더라도, 부수채권이 채무자가 악의로 채권
자목록에 기재하지 아니한 비면책채권에 해당하지 아니한다."

"다만 원심이 인정한 위 사실관계에 의하면, 피고는 이 사건 대여금채권의 담보로 이
사건 부동산에 대한 임대차보증금반환채권을 양도받았다는 것이므로 이는 위 임대차보
증금반환채권에 양도담보를 설정한 것과 같다고 할 수 있고, 이 사건 화해권고결정 제2
항의 이자지급채무 등의 불이행으로 제3항의 부동산 인도의무는 그 발생 요건이 충족
되어 원고의 파산 및 면책신청 이전에 이미 확정적으로 성립하였을 가능성이 있다. 그
경우에는 이 사건 화해권고결정 제3항의 부동산인도의무의 강제이행을 위한 집행은 별
제권자의 권리행사에 준하여 허용되어야 할 것이므로, 위 면책결정이 있었다고 해서 이
사건 화해권고결정의 결정조항 전부에 대하여 집행배제를 구할 수 있는지는 전제되는
사실관계를 더 심리하여 판단해야 할 것이라는 점을 지적해 둔다.
5. 이에 원심판결을 파기하고, 사건을 다시 심리·판단하도록 원심법원에 환송하기로
하여, 주문과 같이 판결한다."[6]

어찌 보면 이는 당연한 것이라고 할 것입니다. 가장 중요한 것은 절차보장
권이 인정되는지 여부가 문제가 되기 때문입니다. 청구이의 사건입니다. 원고가
파산자입니다. 그런데 왜 하급심 재판부가 이런식으로 판단을 할까를 보면, 대
법원 판결을 취지를 너무나 생각없이 적용한다는 것을 알 수 있습니다. 절차보
장권이라는 면에서 이것이 보장되었는지 아닌지가 가장 쟁점입니다. 위의 두 사
건 모두 이런 점에서 보면, 조금 법조인으로서는 의아한 하급심 판결들이 나온
것으로 생각할 수밖에 없습니다.

---

6) 대법원 2016. 4. 29. 선고 2015다71177 판결 [청구이의]

6) 채권자목록에 누락됨과 압류추심명령의 관계

"채권압류 및 추심명령에 대한 즉시항고는 집행력 있는 정본의 유무와 그 송달 여부, 집행개시요건의 존부, 집행장애사유의 존부 등과 같이 채권압류 및 추심명령을 할 때 집행법원이 조사하여 준수할 사항에 관한 흠을 이유로 할 수 있을 뿐이고, 집행채권의 소멸 등과 같은 실체상의 사유는 이에 대한 적법한 항고이유가 되지 아니한다.
그런데 채무자 회생 및 파산에 관한 법률에 의한 면책결정이 확정되어 채무자의 채무를 변제할 책임이 면제되었다고 하더라도, 이는 면책된 채무에 관한 집행권원의 효력을 당연히 상실시키는 사유는 되지 아니하고 다만 청구이의의 소를 통하여 그 집행권원의 집행력을 배제시킬 수 있는 실체상의 사유에 불과하다. 또한 면책결정의 확정은 면책된 채무에 관한 집행력 있는 집행권원 정본에 기하여 그 확정 후 비로소 개시된 강제집행의 집행장애사유가 되는 것도 아니다.
따라서 채무자 회생 및 파산에 관한 법률에 의한 면책결정이 확정되어 채무자의 채무를 변제할 책임이 면제되었다는 것은 면책된 채무에 관한 집행력 있는 집행권원 정본에 기하여 그 확정 후 신청되어 발령된 채권압류 및 추심명령에 대한 적법한 항고이유가 되지 아니한다(대법원 2013. 9. 16.자 2013마1438 결정 참조).
2. 원심은, 채권자가 서울중앙지방법원 2005차53998 양수금 사건의 집행력 있는 지급명령 정본에 기하여 2013. 9. 10. 수원지방법원 성남지원 사법보좌관으로부터 채무자가 제3채무자들에 대하여 가지는 채권에 관하여 이 사건 채권압류 및 추심명령을 받은 사실, 이에 대하여 채무자가 즉시항고를 제기하자 제1심법원은 2013. 10. 29. 사법보좌관의 위 처분을 인가하는 제1심결정을 한 사실, 한편 채무자 1은 수원지방법원 2012하단6549호 및 2012하면6549호로, 채무자 2는 수원지방법원 2012하단6548호 및 2012하면6548호로 각 파산선고 및 면책을 신청하여 2013. 5. 14. 파산선고를 받고 2013. 8. 12. 채권자목록에 이 사건 채권압류 및 추심명령의 집행채권이 누락된 채 면책결정을 받았으며, 위 각 면책결정은 2013. 8. 27. 확정된 사실을 인정한 다음, 그 판시와 같은 사정 등을 종합하여 보면 채무자들이 위 면책 당시 이 사건 집행채권의 존재를 알고 있었다고 보기 어려우므로 이 사건 집행채권은 비면책채권에 해당한다고 할 수 없고, 따라서 위 각 면책결정의 확정으로 채무자들의 이 사건 집행채권에 관한 책임이 면제되었다는 이유로 채무자들의 항고를 받아들여 제1심결정을 취소하고 이 사건 채권압류 및 추심명령 신청을 기각하는 결정을 하였다."[7]

---

7) 대법원 2014. 2. 13.자 2013마2429 결정 [채권압류및추심명령]

이는 면책인지 비면책인지와 관계없이 압류 추심명령의 즉시항고의 항고사유의 제한에 따른 것이기 때문에 아무런 전혀 다른 차원의 문제라고 할 것입니다. 다만 원심의 판단에는 의문이 있습니다. 비면책채권이라고 하였는데 양수금 청구이기 때문에 채무자들이 양도인들을 채권자목록에 기재를 하였는지는 매우 중요한 쟁점이 될 것입니다.

7) 대표이사의 어머니, 구상금 판결, 사해행위채무자로서 판결까지 받고는 대출은행의 채무를 채권자목록에 넣고는 대위변제한 신용보증기금은 채권자목록에서 뺀 사건

"원심이 인용한 제1심판결 이유에 의하면, 원심은 그 채택증거들을 종합하여, 원고는 주식회사 나라다미트(이하 '소외 회사'라고 한다)와의 사이에 3회에 걸쳐 신용보증약정을 체결하고, 소외 1, 소외 2, 소외 3, 피고 2가 소외 회사의 원고에 대한 위 각 신용보증약정에 따른 채무를 연대보증한 사실, 소외 회사는 원고로부터 발급받은 신용보증서를 국민은행, 신한은행에 제공하고 위 은행으로부터 기업운전자금을 대출받았다가 이를 상환하지 못하였고, 원고가 2006. 2. 24. 국민은행에게 348,624,122원을, 2006. 5. 4. 신한은행에게 36,774,108원을 각 대위변제한 사실, 이에 원고가 2006. 6. 12. 서울중앙지방법원 2006가합49661호로 위 구상금채권의 연대보증인인 소외 2 등을 상대로 위 구상금의 지급을 구하는 소송을 제기하여 2007. 2. 7. 승소판결을 받아 그 판결이 확정된 사실, 그런데 소외 2는 2005. 11. 9. 자신의 유일한 재산인 이 사건 부동산을 동생인 피고 1에게 소유권이전등기를 마쳐주었고, 2007. 1. 25. 서울중앙지방법원 2007하단3751(2007하면3757)호로 파산 및 면책신청을 함에 있어 채권자목록에 원고의 구상금채권을 기재하지 않고 마치 국민은행 및 신한은행의 소외 회사에 대한 대출금 채권을 연대보증하여 그 보증채무금을 변제하지 못하고 있는 것처럼 기재하였고, 2007. 6. 1. 파산선고를 받은 데 이어 2007. 7. 27. 면책결정을 받아 그 무렵 위 결정이 확정된 사실을 인정하였다.

원심은 위 각 인정 사실을 토대로, 소외 2가 원고의 채권을 채권자목록에 기재하지 아니함으로 인하여 원고가 소외 2의 파산 및 면책절차에 참여할 기회를 갖지 못한 것은 사실이나, 소외 2에게 별다른 면책불허가사유가 없는 이 사건에서 소외 2가 악의로 원고에 대한 구상금채무를 기재하지 않은 채 위 은행들에 대한 채무로 기재하였다고 볼 만한 별다른 이유를 발견하기 어렵고 그와 같이 기재한 것이 채무자에게 특별한 이익이 있다고 보기도 어려운 점 등에 비추어 소외 2가 원고의 채권을 고의로 채권자목록에서 누락하였다고 보기에 부족하므로, 원고의 구상금채권은 법 제566조 제7호의 비면책채권에 해당하지 아니하고, 따라서 이를 피보전채권으로 하여 사해행위취소권을 행사할 수 없다고 판단하였다.

그러나 기록에 의하면, 소외 2는 소외 회사의 대표이사인 소외 3의 어머니로서 소외 회사의 법인등기부에 이사로 등재되어 있고, 남편인 소외 1, 자녀들인 소외 3, 피고 2와 함께 소외 회사의 원고에 대한 구상금채무를 연대보증한 사실, 그런데 소외 2가 이 사건 부동산을 동생인 피고 1에게 소유권이전등기를 마치기 전날인 2005. 11. 8. 소외 1이 그 소유의 서울 동작구 사당동 소재 주택을 사위 소외 4에게 처분한 사실, 이에 원고는 서울중앙지방법원 2006가합49661호로 소외 회사, 소외 1, 소외 2, 소외 3, 피고 2를 상대로 위 구상금의 지급을, 소외 4 등을 상대로 사해행위취소를 구하는 소송을 제기하였고, 소외 2는 2006. 6. 19. 위 민사소송의 소장부본(이하 '이 사건 소장부본'이라 한다)을 송달받았을 뿐 아니라, 그 이후에도 위 민사소송 진행 과정에서 원고의 준비서면, 변론기일 또는 판결선고기일통지서 등을 수회 송달받았으며, 이 사건 파산·면책신청서 접수 직후에는 소외 1의 사당동 주택 처분행위가 사해행위에 해당한다는 판결정본까지 송달받은 사실, 또한 소외 2의 파산·면책사건 기록에는 원고의 ○○○로 지점장이 2006. 11. 3. 발행한 채무잔액 확인서가 첨부되어 있고, 위 확인서에 기재된 구상원금과 손해금이 소외 2가 채권자목록에 기재한 국민은행, 신한은행에 대한 채무원금과 지연이자의 금액이 일치하고 있는 사실을 알 수 있다.

위와 같은 소외 2의 소외 회사에서의 지위, 소외 1, 소외 3과의 신분관계, 이 사건 소장 부본의 내용 등과 아울러, 위 민사소송에서 변론기일통지서 등을 수회 송달받은 점, 소외 2는 원고로부터 채무잔액 확인서를 발급받아 이를 토대로 이 사건 파산·면책신청서를 작성한 것으로 보이는 점 등에 비추어, 소외 2는 적어도 이 사건 파산·면책신청서 작성 이전에 원고에 대한 구상금채무의 존재를 알게 되었다고 봄이 상당하다.

위에서 본 바와 같이 원심이 설시한 사정들은 소외 2가 과실로 채권자목록에 원고에 대한 구상금채무를 기재하지 아니하였다고 볼만한 근거가 될 수는 있을지언정, 소외 2가 원고의 구상금채권의 존재를 알지 못하였다고 인정할 수 있는 근거가 되는 사정이라고는 할 수 없으므로, 원고의 구상금채권을 법 제566조 제7호의 비면책채권에 해당하지 아니한다고 단정할 수는 없다.

뿐만 아니라 원심은 소외 2가 위와 같이 원고에 대한 구상금채무를 기재하지 아니한 채 국민은행 및 신한은행에 대한 채무를 기재한 것이 채무자인 소외 2에게 특별한 이익이 있다고 보기 어렵다고 판단하였으나, 소외 2의 파산 및 면책 신청 당시 위 은행들의 채권은 이미 원고의 대위변제로 소멸되어 이들이 채권자로서 면책절차에 적극적으로 참여할 가능성이 희박한 반면에, 원고는 소외 2의 파산 및 면책 신청 이전에 소외 2와 연대하여 구상금채무를 부담하는 소외 1의 소외 4에 대한 재산처분행위가 사해행위임을 주장하여 사해행위 취소소송까지 제기한 바 있는 점에 미루어 볼 때, 원고가 채권자로 면책절차에 참여하여 그 사이 소외 2의 이 사건 부동산 처분행위까지 알게 될 경우에는 원고로서는 이를 이유로 면책신청에 대한 이의를 제기하는 등의 조치를 취할 것으로 충분히 예상되고, 이러한 사정은 면책 여부의 결정에 있어서 소외 2에게 불리하게 작용할 수 있는 점에 비추어, 원심의 판단과 같이 채권자를 원고가 아닌 위 은행들로 기재한 것이 소외 2에게 면책에서 특별한 이익이 될 수 없다고 단정하기도 어렵다."[8]

라. 악의로 가한 불법행위로 인한 손해배상청구권

"[1] 구 파산법(2005. 3. 31. 법률 제7428호로 제정된 채무자 회생 및 파산에 관한 법률 부칙 제2조로 폐지) 제349조 단서 제3호에서 '파산자가 악의로 가한 불법행위로 인한 손해배상청구권'을 비면책채권으로 규정하고 있는바, 이는 파산자의 채무가 사회적으로 비난받을 만한 행위로 인한 경우까지 면책결정에 의하여 그 채무에 관한 책임을 면제하는 것은 정의의 관념에 반하는 결과가 된다는 점을 고려한 것이다.
[2] 상법 제682조는 손해가 제3자의 행위로 인하여 생긴 경우에 보험금액을 지급한 보험자는 그 지급한 금액의 한도에서 그 제3자에 대한 보험계약자 또는 피보험자의 권리를 취득한다고 규정하고 있는바, 이 경우 피보험자 등의 제3자에 대한 권리는 동일성을 잃지 않고 그대로 보험자에게 이전되는 것이므로, 피보험자 등이 취득하는 채권이 구 파산법 제349조 단서 제3호에서 정한 비면책채권에 해당하는지 여부는 피보험자 등이 제3자에 대하여 가지는 채권 자체를 기준으로 판단하여야 한다."[9]

이 사건은 지은이가 의견서를 받아서 직접 수행한 사건입니다. 1, 2심 판사들은 아무리 주장해도 이를 받아 들여주지 않았습니다. 이는 너무나 쉬운 법리

---

8) 대법원 2010. 10. 14. 선고 2010다49083 판결 [사해행위취소]
9) 대법원 2009. 5. 28. 선고 2009다3470 판결 [구상금]

인데 말입니다. 상고심은 다른 변호사가 수행하였지만 이는 당연한 것이기 때문에 파기환송이 되었습니다.

신원보증보험계약건이었습니다. 보험계약자가 업무상 횡령과 배임을 한 사건이었습니다. 그러나 악의로 가한 불법행위로 인한 손해배상채권이었던 것입니다. 사해행위취소소송은 아니지만 이런 구상금 채권으로 사해행위취소소송을 제기하였다고 한다면 당연히 이는 피보전채권의 존부와 소송요건에서 중요한 쟁점이 되었을 것입니다.

마. 중대한 과실로 타인의 생명 또는 신체를 침해한 불법행위

1) 편도1차로 길에서 눈길에 미끄러져 중앙선 침범하여 난 사망사고

"[1] '채무자가 중대한 과실로 타인의 생명 또는 신체를 침해한 불법행위로 인하여 발생한 손해배상'을 비면책채권의 하나로 규정한 채무자 회생 및 파산에 관한 법률 제566조 제4호에서 규정하는 '중대한 과실'이란, 채무자가 어떠한 행위를 함에 있어서 조금만 주의를 기울였다면 생명 또는 신체 침해의 결과가 발생하리라는 것을 쉽게 예견할 수 있음에도 그러한 행위를 만연히 계속하거나 조금만 주의를 기울여 어떠한 행위를 하였더라면 생명 또는 신체 침해의 결과를 쉽게 회피할 수 있음에도 그러한 행위를 하지 않는 등 일반인에게 요구되는 주의의무에 현저히 위반하는 것을 말한다.
[2] 중앙선이 설치된 편도 1차로의 국도를 주행하던 승용차가 눈길에 미끄러지면서 중앙선을 넘어가 반대차로에서 제설작업중이던 피해자를 충격하여 사망에 이르게 한 사안에서, 교통사고 발생 당시의 상황 등 여러 사정에 비추어 가해자가 약간의 주의만으로도 손쉽게 피해자의 생명 또는 신체 침해의 결과를 예견할 수 있는 경우임에도 주의의무에 현저히 위반하여 위 교통사고를 야기하였다고 보기 어렵다는 이유로, 그로 인한 손해배상채권이 채무자 회생 및 파산에 관한 법률 제566조 제4호에 정한 **비면책채권에 해당하지 않는다고 한 사례.**"10)

판결이 이미 있고 이에 대하여 채무자가 파산면책을 받고 나서 청구이의소송을 제기했던 것으로 보입니다.

---

10) 대법원 2010. 3. 25. 선고 2009다91330 판결 [청구이의]

2) 벌점 누적으로 인한 무면허운전자가 졸음운전으로 주차된 차량 추돌 상해 사건의 경우

"[3] 벌점 누적으로 운전면허가 취소된 자가 차량을 운전하고 가던 중 졸음운전으로 진행방향 우측 도로변에 주차되어 있던 차량의 뒷부분을 들이받아 동승한 피해자에게 상해를 입힌 사안에서, 벌점 누적으로 운전면허가 취소된 것이라면 도로교통법상의 무면허운전이 위 사고의 직접 원인으로 작용하였다고 보기 어렵고 전방주시를 태만히 한 상태에서 졸음운전을 하였다는 점만으로 주의의무를 현저히 위반하는 중대한 과실이 있다고 어렵다는 이유로, 그로 인한 손해배상채권이 채무자 회생 및 파산에 관한 법률 제566조 제4호에 정한 비면책채권에 해당하지 않는다고 한 사례."11)

충분히 판단할 수 있고 중대한 과실이라고 보기는 어렵다고 할 것입니다.

바. 비면책채권인지여부를 다투는 소송의 방법

"파산채무자에 대한 면책결정의 확정에도 불구하고 어떠한 채권이 비면책채권에 해당하는지 여부 등이 다투어지는 경우에 채무자는 면책확인의 소를 제기함으로써 권리 또는 법률상 지위에 현존하는 불안·위험을 제거할 수 있다. 그러나 면책된 채무에 관한 집행권원을 가지고 있는 채권자에 대한 관계에서 채무자는 청구이의의 소를 제기하여 면책의 효력에 기한 집행력의 배제를 구하는 것이 법률상 지위에 현존하는 불안·위험을 제거하는 유효적절한 수단이 된다. 따라서 이러한 경우에도 면책확인을 구하는 것은 분쟁의 종국적인 해결 방법이 아니므로 확인의 이익이 없어 부적법하다."12)

이는 위의 판례들을 보면, 사건명이 "청구이의"가 여러 건이 보이는 것을 알 수 있습니다. 집행판결이 있는 경우에는 확인의 소의 보충성으로 청구이의소송을 제기하는 것이 옳습니다. 다만 집행판결이 없는 경우에는 면책확인의 소가

---

11) 대법원 2010. 5. 13. 선고 2010다3353 판결 [청구이의]
12) 대법원 2017. 10. 12. 선고 2017다17771 판결 [면책효력확인]

맞을 것입니다. 사해행위취소소송이나 구상금 소송같이 채권자가 적극적으로 소송을 한 경우에는 그 소송에서 다투면 될 것입니다. 사해행위취소소송의 경우에 면책채권이라고 하여 판결이유에 판단을 받아 사해행위취소의 소가 각하되었다고 하더라도 집행판결의 집행력을 배척시키는 것은 아니기 때문에 이런 경우에 청구이의의 소를 별도로 제기할 필요성은 여전히 있을 수 있습니다.

또한 이렇게 면책확인의 소가 들어온 경우 법원에서는 청구이의의 소로 변경하도록 하고 청구이의의 소는 전속관할이기 때문에 원래 집행판결을 한 법원에 이송하는 경우가 종종 있습니다.

5. 수익자나 전득자가 회생절차를 개시한 경우

가. 환취권의 기초가 됨 – 관리인을 상대로 소제기 가능

> "사해행위취소권은 사해행위로 이루어진 채무자의 재산처분행위를 취소하고 사해행위에 의해 일탈된 채무자의 책임재산을 수익자 또는 전득자로부터 채무자에게 복귀시키기 위한 것이므로 환취권의 기초가 될 수 있다. 수익자 또는 전득자에 대하여 회생절차가 개시된 경우 채무자의 채권자가 사해행위의 취소와 함께 회생채무자로부터 사해행위의 목적인 재산 그 자체의 반환을 청구하는 것은 환취권의 행사에 해당하여 회생절차개시의 영향을 받지 아니한다. 따라서 채무자의 채권자는 사해행위의 수익자 또는 전득자에 대하여 회생절차가 개시되더라도 관리인을 상대로 사해행위의 취소 및 그에 따른 원물반환을 구하는 사해행위취소의 소를 제기할 수 있다."[13]

그렇기 때문에 수익자나 전득자의 회생절차에 회생채권자로 신고할 필요도 없다고 할 것입니다. 가액배상청구권은 공익채권이 됩니다.

---

13) 대법원 2014. 9. 4. 선고 2014다36771 판결 [구상금등]

나. 가액배상청구권은 공익채권이 됨

"나아가 수익자 또는 전득자가 사해행위취소로 인한 원상회복으로서 가액배상을 하여야 함에도, 수익자 또는 전득자에 대한 회생절차개시 후 회생재단이 가액배상액 상당을 그대로 보유하는 것은 취소채권자에 대한 관계에서 법률상의 원인 없이 이익을 얻는 것이 되므로 이를 부당이득으로 반환할 의무가 있고, 이는 수익자 또는 전득자의 취소채권자에 대한 가액배상의무와 마찬가지로 사해행위의 취소를 명하는 판결이 확정된 때에 비로소 성립한다고 보아야 한다. 따라서 설령 사해행위 자체는 수익자 또는 전득자에 대한 회생절차개시 이전에 있었더라도, 이 경우의 사해행위취소에 기한 가액배상청구권은 채무자회생법 제179조 제1항 제6호의 '부당이득으로 인하여 회생절차개시 이후 채무자에 대하여 생긴 청구권'인 공익채권에 해당한다.

[2] 근저당권이 설정되어 있는 부동산에 관하여 사해행위가 이루어진 후 근저당권이 말소되어 그 부동산의 가액에서 근저당권 피담보채무액을 공제한 나머지 금액의 한도에서 사해행위를 취소하고 가액의 배상을 명하는 경우 그 가액의 산정은 사실심변론종결 시를 기준으로 하여야 하고, 이 경우 사해행위가 있은 후 그 부동산에 관한 권리를 취득한 전득자에 대하여는 사실심변론종결 시의 부동산 가액에서 말소된 근저당권 피담보채무액을 공제한 금액과 사실심변론종결 시를 기준으로 한 취소채권자의 채권액 중 적은 금액의 한도 내에서 그가 취득한 이익에 대해서만 가액배상을 명할 수 있다."[14]

가액배상채권은 공익채권이 되는 것은 사해행위취소의 소가 형성의 소이기 때문에 확정시에 비로서 권리가 발생하기 때문입니다.

6. 회생인가결정에 의하여 취소채권자의 채권이 변동된 경우의 사해행위취소시 가액배상판결금액

"다. 피보전채권의 범위에 관한 상고이유에 대하여
1) 회생계획인가의 결정이 있는 때에는 회생채권자 등의 권리는 회생계획에 따라 실체

---

14) 대법원 2019. 4. 11. 선고 2018다203715 판결 [사해행위취소]

적으로 변경되고 회생계획인가결정의 효력은 회생절차가 폐지되더라도 영향을 받지 않는다[채무자 회생 및 파산에 관한 법률(이하 '채무자회생법'이라고 한다) 제252조 제1항, 제288조 제4항]. 따라서 **회생계획인가결정이 있으면 회생채권자 등의 권리는 회생계획의 조항에 따라 채무의 전부 또는 일부의 면제효과가 생긴다**(대법원 2020. 12. 10. 선고 2016다254467, 254474 판결 참조). 한편 재정적 어려움으로 파탄에 직면해 있는 채무자에 대하여 채권자 등 다수의 이해관계인의 법률관계를 조정하여 채무자 또는 그 사업의 효율적인 회생을 도모하려는 회생절차의 목적(채무자회생법 제1조 참조), 당사자의 의사와 무관하게 법률의 규정에 의해 채무면제 효과가 발생하는 회생계획인가결정의 효력(채무자회생법 제252조 제1항 참조) 등에 비추어 볼 때, 회생채권자인 원고가 회생채권신고액수를 기준으로 사해행위취소 및 가액배상을 청구한 사건에서는 피고가 명시적으로 주장하지 않았더라도 위와 같이 채무자에 대하여 회생절차가 개시되어 원고를 포함한 회생채권자들의 권리변경내역이 담긴 회생계획인가결정문 등이 제출되었다면, 원심으로서는 원고의 원래 채권액이 회생계획인가결정에 따라 일부 면제되었는지, 피고가 이를 주장하는지 등에 관하여 석명권을 행사하여야 한다.

2) 원심은, 저당권이 설정되어 있는 부동산에 관하여 사해행위가 이루어진 후 변제 등에 의하여 저당권설정등기가 말소된 경우 그 부동산의 가액에서 저당권의 피담보채권액을 공제한 잔액의 한도에서 사해행위를 취소하고 가액배상을 명할 수 있을 뿐이라는 대법원 1998. 2. 13. 선고 97다6711 판결의 법리, 사해행위 후 그 목적물에 관하여 제3자가 저당권 등의 권리를 취득한 경우에는 특별한 사정이 없는 한 채권자는 수익자를 상대로 원물반환 대신 그 가액배상을 구할 수도 있다는 대법원 2001. 2. 9. 선고 2000다57139 판결 등의 법리를 원용한 다음, 이 사건 매매계약 체결 후 이 사건 각 부동산에 설정되어 있던 기존 근저당권이 말소되는 한편, 푸른새마을금고 등을 근저당권자로 한 새로운 근저당권이 설정된 사실을 들어 원고 1이 피고를 상대로 사해행위취소에 따른 원상회복으로 가액배상을 구할 수 있다고 판단하였다. 나아가 원심은 그 변론종결일 기준 이 사건 각 부동산 등의 공동담보가액 중 피고의 소유 지분 8/10에 상응하는 가액은 576,705,600원이고, 원고 1의 소외 1에 대한 피보전채권액이 266,597,544원인 사실을 인정한 후, 위 공동담보가액보다 적은 피보전채권액의 한도 내에서 원고 1이 구하는 263,110,719원의 범위 내에서 이 사건 매매계약을 사해행위로 취소하고, 가액배상으로 피고는 원고 1에게 263,110,719원 및 그 지연손해금을 지급할 것을 명하였다.

3) 그러나 원심판결 이유와 기록에 의하여 알 수 있는 다음과 같은 사정을 앞서 본 법

리에 비추어 살펴보면, 원심의 위와 같은 판단은 그대로 수긍하기 어렵다.

가) 소외 1은 2013. 2. 20. 청주지방법원 2013회단2호로 회생절차개시신청을 하였고, 위 법원은 2013. 4. 25. 회생절차개시결정을 한 후 2014. 4. 29. 회생계획인가결정(이하 '이 사건 회생계획인가결정'이라고 한다)을 하였다.

나) 이 사건 회생계획인가결정에서 회생채권 중 상거래채무에 관하여 원금 및 개시 전 이자의 60%를 인가시점에 면제하고 40%를 현금 변제하며, 개시 후 이자는 면제하는 것으로 권리변경이 이루어졌다. 그에 따라 원고 1의 확정된 채권액 155,469,875원 중 60%인 93,281,925원은 면제되고, 나머지 40%인 62,187,950원이 변제할 채권액으로 권리변경이 이루어졌다.

다) 이후 위 법원은 2016. 2. 15. 소외 1이 회생담보권자 중 일부에게 매각대금을 변제하는 것을 거부하였다는 등의 이유로 위 회생절차를 폐지하였다.

라) 위와 같은 사실관계에 의하면, 이 사건 회생계획인가결정에 따른 권리변동에 의해 원고 1의 소외 1에 대한 피보전채권은 62,187,950원의 범위 내에서만 인정되고, 이를 넘는 부분은 면제된 것으로 봄이 타당하다.

마) 한편 피고는 원심에서 회생계획인가결정문(을 제4호증)을 증거로 제출하고 위 나)항 기재와 같은 사정을 언급하면서 원고 1의 채권의 권리변경이 이루어진 사실을 주장하였는바, 위 주장에는 원고 1의 피보전채권이 일부 면제되었다는 취지가 포함되어 있다고 해석할 수 있고, 원심으로서는 피고에 대하여 석명권을 행사하여 위 주장의 취지가 무엇인지를 분명히 함으로써 피고 주장의 내용을 명확하게 할 필요가 있었다.

4) 그럼에도 원심은 원고 1의 소외 1에 대한 피보전채권액이 266,597,544원임을 전제로 위 한도 내에서 원고 1이 구하는 263,110,719원의 범위 내에서 이 사건 매매계약을 사해행위로 취소하고 그 가액배상을 명하였다. 이러한 원심의 판단에는 채권자취소권에서의 피보전채권의 범위에 관한 법리를 오해하거나 석명권 행사를 게을리하여 필요한 심리를 다하지 아니함으로써 판결에 영향을 미친 잘못이 있다. 이를 지적하는 피고의 상고이유 주장은 이유 있다."15)

　　이 사건의 경우 회생인가결정이 있었는데 회생담보권자 중 일부의 거부로 회생이 폐지된 경우이기 때문에 사해행위취소소송에 소송수계가 이루어지지 않았거나 이루어졌다가 다시 취소채권자가 소송수계를 한 사건일 수 있습니다. 그

---

15) 대법원 2021. 10. 28. 선고 2019다200096 판결 [사해행위취소]

렇기 때문에 취소채권자가 계속 소송을 진행하였던 사건입니다. 그런데 피보전 채권을 어떻게 볼 것인지가 문제입니다. 대법원은 회생인가결정에 의하여 채권 이 변경이 되었고 나머지는 면제가 되었기 때문에 그 회생인가결정에서 정한 금 액만 원고가 구할 수 있다고 하였습니다. 또한 피고가 이런 자료를 일부 제출하 였다고 한다면 법원은 석명권을 행사하였어야 하는데 하지 아니한 위법이 있다 고 하여 파기환송을 시킨 사건입니다. 수익자로서는 앉아서 돈을 번 사건입니 다. 이것이 옳은 것인지 이런 것을 악용할 여지가 충분히 있는데 이를 그대로 둘 것인지도 문제라고 할 것입니다.

7. 부적법한 사해행위취소와 이를 수계한 부인의 소의 적법성 여부 와 이송한 법원의 문제

"[1] 채무자가 채권자에 대한 사해행위를 한 경우에 채권자는 민법 제406조에 따라 채 권자취소권을 행사할 수 있다. 그러나 채무자에 대한 파산선고 후에는 파산관재인이 파 산재단을 위하여 부인권을 행사할 수 있다(채무자 회생 및 파산에 관한 법률 제391조, 제396조). 파산절차가 채무를 채권자들에게 평등하고 공정하게 변제하기 위한 집단적 ·포괄적 채무처리절차라는 점을 고려하여 파산선고 후에는 파산채권자가 아닌 파산관 재인으로 하여금 부인권을 행사하도록 한 것이다. 따라서 **파산선고 후에는 파산관재인 이 총 채권자에 대한 평등변제를 목적으로 하는 부인권을 행사하여야 하고, 파산절차에 의하지 않고는 파산채권을 행사할 수 없는 파산채권자가 개별적 강제집행을 전제로 개 별 채권에 대한 책임재산을 보전하기 위한 채권자취소의 소를 제기할 수 없다.**
[2] **파산채권자가 파산선고 후에 제기한 채권자취소의 소가 부적법**하더라도 **파산관재 인은 이러한 소송을 수계한 다음 청구변경의 방법으로 부인권을 행사할 수 있다**고 보 아야 한다. 이 경우 **법원은 파산관재인이 수계한 소송이 부적법한 것이었다는 이유만으 로 소송수계 후 교환적으로 변경된 부인의 소마저 부적법하다고 볼 것은 아니다.**
[3] **부인의 소는 파산계속법원의 관할에 전속한다**[채무자 회생 및 파산에 관한 법률(이 하 '채무자회생법'이라 한다) 제396조 제3항, 제1항(2016. 12. 27. 법률 제14472호로 개정되기 전에는 '파산계속법원'이 아닌 '파산법원'이었다)]. 따라서 **채권자취소소송이 계속 중인 법원이 파산계속법원이 아니라면 그 법원은 관할법원인 파산계속법원에 사 건을 이송하여야 한다.** 파산채권자가 제기한 채권자취소소송이 항소심에 계속된 후에

는 파산관재인이 소송을 수계하여 부인권을 행사하더라도 채무자회생법 제396조 제3항이 적용되지 않고 항소심법원이 소송을 심리·판단할 권한을 계속 가진다. 그러나 제1심법원에 계속 중이던 채권자취소소송을 파산관재인이 수계하여 부인의 소로 변경한 경우에는 채무자회생법 제396조 제3항이 적용된다."16)

파산선고 후 제기한 사해행위취소의 소는 부적법하여 각하되어야 합니다. 다만 이를 수계한 부인의 소는 부적법하다고 볼 수 없습니다. 이 경우에 부인의 소는 파산계속법원에 전속관할이 있기 때문에 이송을 해야 하는데 1심인 경우에는 파산계속법원에 이송을 하여야 하지만 항소심에 수계를 한 경우에는 당해 항소심법원이 소송을 심리판단하면 된다는 것입니다.

8. 가액배상판결의 사해행위취소확정 이후에 채무자의 회생계획인가 결정에 따라 변제의무를 완료한 경우 수익자의 청구이의는 가능함

"[1] 채무자 회생 및 파산에 관한 법률(이하 '채무자회생법'이라고 한다) 제252조 제1항은, "회생계획인가의 결정이 있은 때에는 회생채권자·회생담보권자·주주·지분권자의 권리는 회생계획에 따라 변경된다."라고 규정하고 있다. 여기서 권리변경이란 회생계획인가의 결정에 의하여 회생채권자 등의 권리가 회생계획의 내용대로 실체적으로 변경되는 것을 말한다. 이는 단지 채무와 구별되는 책임만의 변경을 뜻하는 것이 아니므로, 회생계획 등에 의하여 인정되지 아니한 회생채권과 회생담보권에 대한 채무자회생법 제251조의 면책과는 성질이 다르다. 따라서 회생계획인가의 결정이 있으면 회생채권자 등의 권리는 회생계획에 따라 변경되어 채무의 전부 또는 일부의 면제효과가 생기고, 기한을 유예한 경우에는 그에 따라 채무의 기한이 연장되며, 회생채권이나 회생담보권을 출자전환하는 경우에는 그 권리는 인가결정 시 또는 회생계획에서 정하는 시점에 소멸한다.
[2] 채권자취소권은 채무자의 사해행위를 채권자와 수익자 또는 전득자 사이에서 상대적으로 취소하고 채무자의 책임재산에서 일탈한 재산을 회복하여 채권자의 강제집행이

가능하도록 하는 것을 본질로 하는 권리이므로, 채권자취소권에 의하여 책임재산을 보전할 필요성이 없어지면 채권자취소권은 소멸한다. 따라서 채권자취소소송에서 피보전채권의 존재가 인정되어 사해행위 취소 및 원상회복을 명하는 판결이 확정되었다고 하더라도, 그에 기하여 재산이나 가액의 회복을 마치기 전에 피보전채권이 소멸하여 채권자가 더 이상 채무자의 책임재산에 대하여 강제집행을 할 수 없게 되었다면, 이는 위 판결의 집행력을 배제하는 적법한 청구이의 이유가 된다.

[3] 신용보증기금이 갑에 대한 구상금채권을 피보전채권으로 하여 갑이 체결한 부동산 증여계약의 수익자인 을 등을 상대로 채권자취소소송을 제기하여 가액배상금을 지급하기로 하는 내용의 화해권고결정이 확정되었는데, 그 후 갑에 대하여 개시된 회생절차에서 신용보증기금의 구상금채권에 관한 회생채권 중 일부는 면제하고, 나머지는 현금으로 변제하는 내용의 회생계획 인가결정이 이루어졌으며, 이에 따라 갑이 회생계획에서 정한 변제의무를 완료한 후에 을 등이 화해권고결정에 기한 강제집행의 불허를 구한 사안에서, 회생계획 인가결정이 이루어짐에 따라 구상금채권에 관한 회생채권이 회생계획에 따라 실체적으로 변경되어, 구상금채권에 관한 회생채권 중 회생계획에서 면제하기로 한 부분은 회생계획 인가결정 시점에, 현금으로 변제하기로 한 나머지 부분은 그 이후의 변제에 의하여 각 확정적으로 소멸하였으므로, 사해행위취소로 인한 가액배상금 지급에 관한 화해권고결정의 전제가 된 신용보증기금의 피보전채권 역시 소멸하였는데도, 화해권고결정의 집행력 배제를 구할 청구이의 사유가 존재하지 않는다고 본 원심판단에 법리오해 등의 위법이 있다고 한 사례."[17]

이 판례로 수익자는 변제를 하지 않고 이에 대한 버티기를 할 수 있는 새로운 탈출로를 만들었다고 할 것입니다. 이 경우 취소채권자는 회생법원에 수익자의 이 부분에 대하여 신고를 하는 것이 좋습니다. 왜냐하면 이는 회생재단에 넣어져야 할 채무이기 때문입니다. 그로 인하여 채무자의 변제계획에 반영이 되도록 하는 것이 좋을 것입니다. 아니면 수익자와 빨리 합의를 하여 일부라도 채권을 회수하는 방법이 필요할 것입니다.

---

17) 대법원 2017. 10. 26. 선고 2015다224469 판결 [청구이의]

9. 소결

　　회생절차와 파산절차의 과정에 따라서 사해행위취소소송의 적법·부적법 여부가 나누어지고, 또한 이의 수계절차와 간과하여 판결한 경우의 문제, 비면책권이 되는 경우는 어떤 것인지 등을 검토하여 보았습니다. 거기에 더하여 수익자나 전득자가 회생절차에 들어간 경우에 환취권이나 공익채권이 되어 그 회생절차에서 회생채권이 아닌 특별한 대우를 받는다는 것도 알게 되었습니다. 또한 수익자가 가액배상금을 갚지 않고 있는 사이에 채무자가 회생신청을 하여 변제계획에 따라 완료를 한 경우에 청구이의를 할 수 있다고 하였습니다. 그렇다고 한다면 채무자가 파산을 하고 파산면책을 받는 경우에도 동일한 결과가 나올 수 있다고 보입니다. 이런 경우에 취소채권자는 자신의 권리를 보호받을 방법을 강구하여야 할 것입니다. 또한 파산면책을 받은 채권자는 면책확인의 소를 통하여 면책을 확인받을 수 있으나 채권자가 집행권원이 있는 경우에는 청구이의를 통하여 판결을 받아야 할 것입니다. 15－20년동안 파산면책과 회생절차에 관한 판결들이 쌓이면서 어느 정도 파악이 되고 있지만 제7호사유의 경우는 계속적으로 다투어질 것으로 보입니다. 이는 채권자로서는 채권행사를 할 수 있냐 없냐 하는 문제이기 때문에 매우 중대한 문제가 될 것입니다.

V

V

피보전채권의 선재성

1. 사해행위취소의 요건

사해행위취소소송을 하기 위해서는 피보전채권이 존재하여야 하며, 채무자의 채무초과, 채무자의 사해의사. 그리고 사해행위인 법률행위가 있어야 할 것입니다.

채무자의 채무초과가 인정되면, 채무자의 사해의사는 추정이 된다고 할 것이다. 법률행위는 특별하지 않는 한 등기부등에 의해서 인정이 되는 것이기 때문에 문제가 되지 않고 다만 그 법률행위의 종류에 따라서 사해행위가 인정되는지 여부와 원상회복의 방법들이 달라집니다.

가장 많이 다투어지는 것이 바로 피보전채권의 존재와 채무초과입니다. 단순히 피보전채권의 존재하는 것이 아니라 채권자를 해한다는 것은 채권자의 채권 자체가 사해행위보다 먼저 존재하였어야 한다는 의미입니다. 이런 점에서 대법원은 예외를 인정하여 이를 넓히고 있다고 할 것입니다.

2. 피보전채권의 선재성의 의미와 예외

가. 피보전채권의 존재할 것 - 선재성

사해행위취소라는 말이 채권자를 해하는 채무자의 행위를 취소한다는 말입니다. 그렇기 때문에 논리적으로 채무자의 행위인 사해행위 이전에 채권자의 채권이 존재하여야 합니다. 이미 채권이 존재하는 경우에는 문제가 없지만 문제는 당연히 채권이 발생하기 바로 전에 사해행위를 통하여 재산을 도피시키거나 특정 채권자에게만 우선권 있는 권리를 부여하는 것이 문제가 됩니다. 그래서 대법원은 이 피보전채권의 존재하여야 한다는 요건을 완화하여 3가지 요건이 충족되면 피보전채권의 선재성이 인정된다고 판시하였습니다.

나. 피보전채권의 선재성 완화 요건들

대법원은 95년 말경에 사해행위취소의 피보전채권의 선재성에 관한 완화판례를 최초로 언급하여 그동안 사해행위취소소송이 사문화되었던 것을 활성화시키도록 하였고, 이는 97년에 있던 구제금융시에 많은 채무자들이 재산을 회피시킴으로서 채권자를 해하려고 했던 상황에 선재적으로 대응할 수 있도록 함으로써 어찌보면 대법원은 매우 선견지명이 있던 판례를 시의적절한 시기에 만들어 냈다고 할 것입니다.

> "채권자취소권에 의하여 보호될 수 있는 채권은 원칙적으로 사해행위라고 볼 수 있는 행위가 행하여지기 전에 발생된 것임을 요하지만, 그 사해행위 당시에 이미 채권 성립의 기초가 되는 법률관계가 발생되어 있고, 가까운 장래에 그 법률관계에 기하여 채권이 성립되리라는 점에 대한 고도의 개연성이 있으며, 실제로 가까운 장래에 그 개연성이 현실화되어 채권이 성립된 경우에는, 그 채권도 채권자취소권의 피보전채권이 될 수 있다."[1]

---

1) 대법원 1995. 11. 28. 선고 95다27905 판결 [사해행위취소등]

세 가지 요건은 ① 사해행위 당시 채권성립의 기초가 되는 법률관계가 발생하였을 것 ② 가까운 장래에 그 법률관계에 기하여 채권이 성립되리라는 점에 대한 고도의 개연성이 있을 것 ③ 실제로 가까운 장래에 그 개연성이 현실화되어 채권이 성립될 것을 요하고 있습니다. 이를 줄여서 채권성립의 기초가 되는 법률관계의 존재, 고도의 개연성, 가까운 장래에 현실적으로 채권이 발생할 것이라고 이야기합니다.

이렇게 대법원은 예외적인 요건을 설시하면서도 판결이유에서는 피고의 상고가 이유가 있다고 하면서 파기환송을 하였던 사건입니다.

"그러나 관련 증거들을 종합하여 보면, 위 소외 1은 1991. 8. 16. 제일은행과 사이에 여신한도를 금 200,000,000원, 대출기한을 1992. 6. 30.로 한 여신한도거래 약정을 체결하고 거래처인 소외 주식회사 삼화로부터 받은 약속어음을 위 제일은행에게 제시하고 이를 현금으로 할인하는 어음할인거래를 하게 되었는데, 위 대출기한에 이르러 어음할인거래 잔액이 금 191,288,000원에 이르자 위 여신한도거래 약정을 다시 1년간 갱신하기로 약정한 사실, 원고는 제일은행이 위 소외 1에게 위 주식회사 삼화 발행의 어음만을 할인하여 줄 것을 조건으로 원심이 인정한 바와 같은 내용의 신용보증을 하였다가, 제일은행이 위와 같이 여신한도거래 약정을 1년간 갱신하게 되자 원고도 종전의 신용보증을 종전과 같은 조건으로 갱신하게 되었고, 다만 위 갱신 당시의 어음할인거래 잔액 금 191,288,000원을 보증금액 금 200,000,000원에 포함시켜 신용보증을 하였던 사실, 그런데 위 소외 1은 1992. 5.경 위 주식회사 삼화 발행의 액면 금 50,000,000원의 약속어음 1매와 액면 금 40,000,000원의 약속어음 1매를 제일은행으로부터 할인한 사실이 있었는데, 제일은행은 위 약속어음들이 만기인 1992. 10. 6. 부도처리되자 위 소외 1에게 위 부도된 어음금 합계 금 90,000,000원을 즉시 변제할 것을 요구한 사실, 이에 위 소외 1은 금 40,000,000원은 스스로 마련하고 나머지 금 50,000,000원은 제일은행으로부터 일반대출을 받아 변제하기로 계획을 세우고 그에 대하여 원고의 동의를 받은 다음, 1992. 11. 5. 원고로부터 종전의 신용보증과는 별도로 보증금액을 금 50,000,000원으로 한 새로운 신용보증서를 발급받아 제일은행에 제출하고 제일은행으로부터 금 50,000,000원을 일반 자금으로 대출받은 후 그 대출금 50,000,000원에다가 자기가 마련한 금 40,000,000원을 합하여 제일은행에게 위 금 90,000,000원을 변제한 사실, 그 후 위 금 200,000,000원의 신용보증의 대상이 된 제일은행과의 한도거래 약정은 대출기한 종료시까지 거래잔액을 남기지 아니하고 종료되었고, 단지 위 금 50,000,000원의 일반대출금만이 변제되지 아니하여 원고가 이를 대위변제하게 되었던 사실 등을 인정할 수 있으므로, 원고가 제일은행에 대위변제하여 위 소외 1에 대하여 갖게 된 위 일반대출 원리금 상당의 **구상금 채권은 그 보증인인 위 소외 2가 피고와 사이에 이 사건 부동산에 관하여 위 매매예약을 체결할 때까지 발생하지 아니하였음은 물론, 그 구상금 채권 발생의 전제가 되는 신용보증약정조차 체결되지 아니하였음이 명백**할 뿐만 아니라, 기록에 의하면 원고는 위 소외 2가 이 사건 부동산에 관하여 가등기를 경료한 사실을 확인한 후에 위 금 50,000,000원의 일반대출금 채무에 대하여 신용보증을 하였음을 알 수 있는바, 그렇다면 원고는 위 가등기가 경료되어 있는 상태에서의 위 소외 2의 재산을 담보로 하여 위 소외 2를 연대보증인으로 삼았다고 할 것이므로, 위 소외 2와 피고 사이에 매매예약이 그 후에 체결된 신용보증약정에 의하여 발생한 구상금 채권에 대하여 사해행위가 될 수 없음은 명백하다고 할 것이다."[2]

위 연대보증인이며 사해행위취소의 채무자인 소외 2는 <u>1992. 8. 21.</u> 자기 소유인 이 사건 부동산에 관하여 그의 처남인 피고와 사이에 매매예약을 체결하고 같은 달 28. 피고 앞으로 가등기를 경료하였습니다. 그런데 5천만 원에 대하여 신용보증계약은 <u>1992. 11. 5.</u>이었음을 알 수 있습니다.

이 사건의 경우는 채권성립의 기초가 되는 법률관계도 사해행위당시에는 없었다는 것을 알 수 있습니다. 원고는 기술신용보증기금이었습니다. 이와 같이 원심이 파악한 것은 아마 매형과 처남 간의 매매예약이었기 때문에 무리하게 판결을 한 것이 아닌가라는 생각도 해 봅니다.

다. 채권성립의 기초가 되는 법률관계가 발생하였을 것

1) 논의의 요지

현실적으로 소송에서 이런 경우는 매우 드물다고 할 것입니다. 그러나 분명

---

2) 대법원 1995. 11. 28. 선고 95다27905 판결 [사해행위취소등]

하게 문제가 되는 경우가 발생합니다. 또한 "채권성립의 기초가 되는 법률관계"
라는 것을 어디까지 보아야 할 것인지도 문제가 됩니다.

2) 준법률관계나 사실관계도 포함됨

대출이나 보증서를 발급하는 데에는 서류를 준비하여 대출은행 등에 이를
제출하면 심사를 하고 나서 대출계약이 체결되거나 보증서가 발급됩니다. 이렇
게 되면 심사서류를 위하여 제출된 서류의 날짜와 이 서류를 기준으로 심사통과
하여 대출이 나오는 데에는 어느 정도의 시간이 있게 됩니다. 이 기간에 자신의
부동산을 이전하여 버린다면 이런 경우에도 채권성립의 기초가 되는 법률관계
가 발생한 것으로 볼 수 있는지가 문제됩니다.

"이렇게 볼 때 여기에서의 '채권성립의 기초가 되는 법률관계'는 당사자 사이의 약정에
의한 법률관계에 한정되는 것이 아니고, 채권성립의 개연성이 있는 준법률관계나 사실
관계 등을 널리 포함하는 것으로 보아야 할 것이며, 따라서 당사자 사이에 채권 발생을
목적으로 하는 계약의 교섭이 상당히 진행되어 그 계약체결의 개연성이 고도로 높아진
단계도 여기에 포함되는 것으로 보아야 한다."[3]

"피고의 동생인 소외 1은 원고 은행 사천지점과 대출거래를 하던 중 1998. 6. 중순경
까지의 총 대출금에 대한 담보가 부족한 상태에서 원고 은행의 대출담당자에게 금
2,000만 원의 추가대출을 요청하는 의사를 표시하였는데 위 대출담당자로부터 자력이
있는 연대보증인을 세울 것을 요구받고는 자신의 어머니인 소외 2를 연대보증인으로
세우기로 하고, 1998. 6. 20. 소외 2와 동행하면서 소외 2 소유의 이 사건 부동산의
등기부등본, 소외 2의 인감증명서, 지방세세목별과세증명원을 발급받은 후 원고 은행
사천지점을 찾아가 차용신청서를 작성하면서 위 발급받은 서류들을 제출하였고, 원고
은행은 위 서류들을 검토하여 소외 1에 대한 대출을 결정함에 따라 1998. 6. 25. 대출
금 2,000만 원을 소외 1의 통장으로 입금시킨 사실, 소외 2는 1998. 6. 23. 자신이
유일하게 소유하고 있던 이 사건 부동산에 관하여 자신의 큰아들인 피고에게 1998. 6.

---

3) 대법원 2002. 11. 8. 선고 2002다42957 판결 [사해행위취소등]

12.자 증여를 원인으로 하여 그 판시 소유권이전등기를 마쳐 준 사실, 한편 위 대출에 관한 차용신청서 및 여신거래약정서상의 일자란에는 모두 대출실행일인 1998. 6. 25. 이 스탬프로 찍혀 있고 그 중 여신거래약정서의 연대보증인란에는 소외 2의 자필서명 이 기재되어 있는 사실, 소외 1은 1998. 11. 1.부터 위 대출금에 대한 이자를 연체한 사실을 인정하고, 나아가 위 인정 사실 등에 근거하여 이 사건 증여의 일자는 등기부상 으로는 1998. 6. 12.로 되어 있으나 실제 이 사건 증여계약 일자는 소유권이전등기시 인 1998. 6. 23.이라는 사실을 인정하였다."4)

1998. 6. 20. 서류제출, 1998. 6. 23.에 소유권 이전. 1998. 6. 25. 대출실행, 1998. 11. 1.에 이자연체를 하였습니다. 채권성립의 기초가 되는 법률관계에 준 법률관계나 사실관계가 포함된다고 하여 역시 여기에도 계약체결의 고도의 개 연성을 언급하고 있습니다. 이는 충분히 가능한 논리라고 할 것입니다.

그런데 1998. 6. 25. 대출이 되고 1998. 11. 1.에 이자연체가 되었다고 한다 면 4개월 이상 동안 이자연체는 없었는데도 고도의 개연성도 있고 가까운 시점 에 현실적으로 채권이 발생하였다고 본 것인지가 문제가 될 수 있습니다. 그런 데 문제는 원고가 보증기관이 아니라 은행이었습니다. 이미 채권은 발생한 것입 니다. 은행과 보증기관을 구분할 필요가 있는지 잘 모르겠습니다. 은행의 대출 금원을 보증기관이 보증한 것이기 때문에 당연히 채권의 발생한 것으로 동일하 게 보아야 한다고 지은이는 생각합니다.

3) 신용카드계약체결과 실제 사용한 시점의 문제 - 장롱카드를 사해행위 이후에 사용한 경우

신용카드는 카드회사와 이용자 간에 계속적 계약이라고 할 것입니다. 이 경 에 카드사용발급은 매우 오래 전에 하였지만 카드사용하여 카드사용금원을 지 급할 시점은 실제 사용한 시점일 것입니다. 이런 경우에 사해행위가 있는 경우 에 어떻게 판단하여야 하는지가 문제된 사건이 있었습니다.

---

4) 대법원 2002. 11. 8. 선고 2002다42957 판결 [사해행위취소등]

"[2] 신용카드가입계약은 신용카드의 발행 및 관리, 신용카드의 이용과 관련된 대금의 결제에 관한 기본적 사항을 포함하고 있기는 하나 그에 기하여 신용카드업자의 채권이 바로 성립되는 것은 아니고, 신용카드를 발행받은 신용카드회원이 신용카드를 사용하여 신용카드가맹점으로부터 물품을 구매하거나 용역을 제공받음으로써 성립하는 신용카드매출채권을 신용카드가맹점이 신용카드업자에게 양도하거나, 신용카드업자로부터 자금의 융통을 받는 별개의 법률관계에 의하여 비로소 채권이 성립하는 것이므로, 단순히 신용카드가입계약만을 가리켜 여기에서 말하는 '채권성립의 기초가 되는 법률관계'에 해당한다고 할 수는 없다.

[3] 채무자가 채권자와 신용카드가입계약을 체결하고 신용카드를 발급받았으나 자신의 유일한 부동산을 매도한 후에 비로소 신용카드를 사용하기 시작하여 신용카드대금을 연체하게 된 경우, 그 신용카드대금채권은 사해행위 이후에 발생한 채권에 불과하여 사해행위의 피보전채권이 될 수 없다고 한 사례."5)

1997. 6. 1.에 신용카드가입계약체결, 2003. 4. 4.에 매매계약체결, 2003. 5.경 대금납부연체, 2003. 9.경 신용불량사실을 통보하였습니다. 대법원은 2003. 4. 25.경부터 신용카드를 사용하였고 2003. 4. 4. 이전에는 전혀 신용카드를 사용하지 않았기 때문에 사해행위의 피보전채권이 될 수 없다고 판단하였습니다. 만약 신용카드를 계속 사용하다가 2003. 5.경 대금부터 결제하지 않았다면 원심 판단이 옳았을 것입니다. 파기환송된 사건입니다.

4) 신용보증서를 계속 연장하여 발급한 사건 – 부동산을 바로 처분하고 나서 보증서 연장하고 바로 폐업한 사건

"(1) 전략. 여기서 채권이 성립되리라는 점에 대한 고도의 개연성은 채권자와 채무자 사이의 기초적 법률관계의 내용, 채무자의 재산 상태 및 그 변화 내용, 일반적으로 그와 같은 상태에서 채권이 발생하는 빈도 및 이에 대한 일반인의 인식의 정도, 채무자의 재산처분행위와 채권 발생과의 시간적 간격 등 여러 사정을 종합하여 객관적으로 판단하여야 한다(대법원 2012. 2. 23. 선고 2011다76426 판결, 대법원 2013. 1. 16. 선고 2010다43870 판결 참조).

---

5) 대법원 2004. 11. 12. 선고 2004다40955 판결 [사해행위취소]

(2) 원심판결 이유 및 기록에 의하면, 원고가 2016. 2. 2.자 준비서면을 통하여, 이 사건 신용보증약정은 원고가 2009. 3. 16. 강남종합건설과 체결한 기존 신용보증약정과 연속된 약정으로서 기존 신용보증약정의 보증기한을 연장하기 위하여 체결되었으므로 위 매매예약 및 각 매매계약 당시 이미 구상금채권 성립의 기초가 되는 법률관계가 발생되어 있었다고 주장하면서 관련 증거를 제출하였고, 2017. 3. 31.자 준비서면을 통해서도 같은 주장을 한 사실을 알 수 있다. 그렇다면 원심으로서는 이 사건 신용보증약정과 위 기존 신용보증약정 사이에 동일성이 있어 위 매매예약 또는 각 매매계약 당시 이미 구상금채권 성립의 기초가 되는 법률관계가 발생되어 있었다고 볼 수 있는지와, 가까운 장래에 그 법률관계에 기하여 구상금채권이 성립되리라는 점에 대한 고도의 개연성이 있었다고 볼 수 있는지를 심리한 후 이 사건 구상금채권이 채권자취소권의 피보전채권이 될 수 있는지를 판단하였어야 한다.

그런데도 위와 같은 사정을 심리하지 아니한 채 그 판시와 같은 이유만으로 원고의 청구를 배척한 원심판결에는 채권자취소권의 피보전채권에 대한 법리를 오해하여 필요한 심리를 다하지 아니한 잘못이 있다."[6]

"전략 ① 원고가 2014. 3. 14. 강남종합건설 주식회사(이하 '강남종합건설'이라 한다)와 강남종합건설의 주식회사 국민은행에 대한 대출금채무를 보증하는 내용의 이 사건 신용보증약정을 체결한 사실, ② 강남종합건설이 2014. 5. 15. 폐업함으로써 원고가 이 사건 신용보증약정에 따라 강남종합건설에 대한 사전구상권을 취득하였고, 2014. 6. 25. 위 은행에 강남종합건설의 대출원리금을 변제한 사실, ③ 강남종합건설이 피고 1과 원심판결 별지 목록 제1항 기재 부동산에 관하여 2013. 4. 22. 매매예약을, 2014. 5. 30. 매매계약을, 피고 2와 2014. 3. 7. 같은 목록 제2항 기재 부동산에 관하여 매매계약을, 피고 3과 2014. 2. 20. 같은 목록 제3항 기재 부동산에 관하여 매매계약을, 피고 4와 2014. 1. 20. 같은 목록 제5항 기재 부동산에 관하여 매매계약을, 피고 5와 2014. 1. 20. 같은 목록 제6, 7항 기재 각 부동산에 관하여 매매계약을 각 체결한 사실, ④ 위 각 계약 체결 당시 강남종합건설의 적극재산이 약 20억 원, 소극재산이 약 38억 원인 사실을 인정한 후, 후략"[7]

---

6) 대법원 2018. 3. 27. 선고 2017다287730 판결 [구상금및사해행위취소]
7) 대법원 2018. 3. 27. 선고 2017다287730 판결 [구상금및사해행위취소]

　　1항기재 부동산은 2013. 4. 22. 매매예약이니 이는 고도의 개연성이 없다고 보이고, 나머지 2014. 1. 20.에서 2014. 3. 7.에 이루어진 2－5항의 경우는 채권 성립의 기초가 되는 법률관계도 인정될 것이고, 또한 고도의 개연성도 있다고 보입니다. 부동산을 다 팔고 신용보증서 연장하여 발급받고 나서 한두 달 이자 내고 나서 폐업신고를 한 사건으로 처음부터 계획적으로 이런 행위를 한 것임을 알 수 있다고 할 것입니다.

　5) 연장하는 신용보증약정 전에 특허권을 대물변제로 이전한 경우

> "기술신용보증기금이 갑 주식회사와 기존 신용보증약정의 기한을 수차 연장하다가 최종적으로 연장한 기한이 만료되기 직전에 종전 보증서를 회수하고 새로운 신용보증약정을 체결하였는데, 그로부터 수개월 후 신용보증사고가 발생하자 대위변제를 한 다음 구상금채권을 피보전채권으로 하여 새로운 신용보증약정 체결 전 갑 회사에게서 특허권을 양도받은 을 주식회사를 상대로 사해행위취소 등을 구한 사안에서, 특허권 양도계약 당시 이미 기금과 갑 회사 사이에 기존 신용보증약정이 체결되어 있었을 뿐만 아니라 새로운 신용보증약정은 기존 신용보증약정과 동일성을 유지하면서 보증기한만 연장하여 체결된 것이어서 구상금채권 성립의 기초가 되는 법률관계가 발생되어 있었고, 특허권을 양도한 때부터 수개월 후 신용보증사고가 발생한 점, 을 회사는 갑 회사에 대여한 돈을 변제받지 못할 형편에 이르자 특허권을 넘겨받은 점 등 여러 사정에 비추어 가까운 장래에 구상금채권이 발생할 고도의 개연성이 있었음을 인정할 수 있으므로, 구상금채권이 사해행위취소의 피보전채권이 된다고 본 원심판단을 정당하다고 한 사례."[8]

　　2009. 2. 12.에 특허권 양도계약, 2009. 4. 2.에 신용보증계약체결, 2009. 11. 4.에 이자연체로 신용보증사고발생, 2010. 2. 18.에 대위변제한 사건이었습니다.

　　이 판례는 채권성립의 기초가 되는 법률관계에 관한 존부에 관한 판단기준을 제시한 선도적 판례라고 할 것입니다. 5개월 정도의 기간의 간극이 있지만 고도의 개연성도 있다고 하였고, 대물변제로 이 특허권을 양도받은 것이 큰 영향을 차지한 것으로 보입니다. 당연히 특허권을 양도하면 사업자체를 하기가 쉽

---

8) 대법원 2012. 2. 23. 선고 2011다76426 판결 [사해행위취소등]

지 않다는 점에서 보면, 충분히 이해가 될 수 있습니다. 특허권을 넘기고 나서 이자만 5개월정도 지급한 것으로 보입니다.

또한 이 판례는 뒤에 볼 고도의 개연성에 관한 부분에 관하여도 선도적인 판례라고 할 것입니다. 일반적으로 이런 경우에 고도의 개연성이 없다고 보았던 것과 비교하여 보면 매우 진보하면서 실제 현실적인 면을 고려하였다고 할 것입니다.

6) 계속적 물품거래의 경우 채권성립의 기초가 있다고 할 것인지 여부

일반적으로 물품공급은 계속적으로 이루어집니다. 그런데 그와 같이 공급을 하는 사이에 사해행위가 있는 경우에 채권성립의 기초가 있다고 볼 수 있는지가 문제가 될 수 있습니다.

"1) 계속적인 물품공급계약에서 대상이 되는 물품의 구체적인 수량, 거래단가, 거래시기 등에 관하여까지 구체적으로 미리 정하고 있다거나, 일정한 한도에서 공급자가 외상으로 물품을 공급할 의무를 규정하고 있지 않은 이상, 계속적 물품공급계약 그 자체에 기하여 거래당사자의 채권이 바로 성립하지는 아니하며, 주문자가 상대방에게 구체적으로 물품의 공급을 의뢰하고 그에 따라 상대방이 물품을 공급하는 별개의 법률관계가 성립하여야만 채권이 성립한다. 따라서 특별한 사정이 없는 한 사해행위 당시 계속적인 물품거래관계가 존재하였다는 사정만으로 채권성립의 기초가 되는 법률관계가 발생하여 있었다고 할 수 없다.
2) 그러므로 원고가 이 사건 매매계약이 체결되기 전부터 타임텍과 물품공급거래를 계속하여 왔다고 하더라도 이 사건 매매계약이 체결된 후 비로소 타임텍으로부터 구체적인 물품의 공급을 의뢰받아 물품을 공급하였다면, 그에 따른 물품대금채권은 사해행위 이후에 발생한 채권에 불과하므로, 다른 사정이 없는 한 이는 채권자취소권의 피보전채권이 된다고 단정할 수 없다.
마. 앞에서 본 사실관계에 의하면, 원고의 물품대금채권에는 이 사건 매매계약이 체결된 후에 물품공급이 이행된 거래로 발생한 채권이 포함되어 있음이 명백하므로, 원심으로는 계속적 물품공급계약의 내용, 물품공급의 원인이 되는 법률관계가 성립한 시기를 비롯한 구체적인 거래 경위 및 내용 등에 관하여 구체적으로 심리하여 이 사건 매매계약 체결 당시 그 채권성립의 기초가 되는 법률관계가 발생하여 있었는지에 관하여 심

리·판단하였어야 한다.

바. 그럼에도 원심은 이와 달리 위와 같은 사정에 관하여 구체적으로 심리하지 아니한 채 그 판시와 같은 사정만을 이유로 이 사건 매매계약 당시 채권성립의 기초가 되는 법률관계가 성립하였다고 단정하여, 원고의 물품대금채권 134,361,618원이 모두 채권자취소권의 피보전채권이 된다고 판단하였으니, 이러한 원심의 판단에는 채권자취소권에 의하여 보호될 수 있는 피보전채권의 존부 및 범위에 관한 법리를 오해하고 필요한 심리를 다하지 아니함으로써 판결에 영향을 미친 위법이 있다. 이를 지적하는 상고이유 주장은 이유 있다."[9]

대법원은 원칙적으로 계속적 물품공급거래라고 하더라도 그것으로 채권성립의 기초가 되는 법률관계가 있다고 볼 수 없다고 하였습니다. 다만, 예외적으로 거래수량, 거래단가, 거래시기 등에 대하여 구체적으로 미리 정하고 있거나, 공급자가 일정한 한도 내에서 외상으로 물품을 공급할 의무가 있는 경우에 한하여 인정된다고 파기환송하면서 이를 심리판단하도록 하였습니다. 이 사건 매매계약은 계속적 물품공급이라고 보기보다는 어떤 물품공급을 하기로 하는데 다만 이를 나누어서 납품하는 경우라고 할 것입니다.

7) 물품공급 또는 임가공거래를 계속한 경우 - 양도 이후 발생된 채권

"(2) 원고 1, 원고 4, 원고 5가 이 사건 양도계약이 체결되기 전부터 볼케노코리아와 물품공급거래 내지 임가공거래를 계속하여 왔다고 하더라도 이 사건 양도계약이 체결된 후 비로소 볼케노코리아로부터 구체적인 물품의 공급 내지 임가공을 의뢰받고 볼케노코리아에 물품을 공급하고 임가공작업을 이행하였다면, 그에 따른 물품대금채권 내지 임가공대금채권은 사해행위 이후에 발생한 채권에 불과하므로 다른 사정이 없는 한 채권자취소권의 피보전채권이 된다고 단정할 수 없다.

(3) 앞에서 본 사실관계에 의하면, 원고 1, 원고 4, 원고 5의 물품대금채권 내지 임가공대금채권에는 이 사건 양도계약이 체결된 후에 물품의 공급 내지 임가공작업이 이행된 거래에 관한 것이 일부 포함되어 있음이 분명하므로, 원심으로서는 위와 같은 공급 내지 임가공작업의 원인이 되는 법률관계가 성립한 시기를 비롯한 거래 경위 및 내용

---

9) 대법원 2017. 11. 29. 선고 2017다241819 판결 [사해행위취소]

등에 관하여 구체적으로 심리하여 이 사건 양도계약 체결 당시 그 채권성립의 기초가 되는 법률관계가 발생하여 있었는지에 관하여 판단하였어야 한다.

바. 그럼에도 원심은 이와 달리 위와 같은 사정에 관하여 구체적으로 심리·판단하지 아니한 채 원고 1, 원고 4, 원고 5와 볼케노코리아 사이에 계속적인 물품거래관계 등이 존재하였다는 사정만을 이유로 들어 이 사건 양도계약 당시 채권성립의 기초가 되는 법률관계가 발생하여 있었다고 단정하고, 그 잘못된 전제에서 원고 1, 원고 4, 원고 5 의 물품대금채권 내지 임가공대금채권 모두가 채권자취소권의 피보전채권이 될 수 있다고 판단하였다."[10]

이 판례의 경우 계속적 물품공급거래나 임가공 거래가 있었던 경우입니다. 그런데 일정 부분은 명백히 양도 이후에 발생된 것이기 때문에 이 부분은 채권 성립의 기초가 되는 법률관계가 없을 가능성이 크다고 보았습니다. 다만 그렇다고 한다면 예외적으로 전체가 하나의 물품공급거래와 같이 볼 수 있고 단지 나누어서 분할 공급하는 경우도 있을 수 있기 때문에 이를 심리판단하여야 하므로 전체를 파가환송하였던 사건입니다.

8) 석유화학제품 계속적으로 공급한 경우

"가. 원고는 2014. 10. 25. 이한소재 주식회사(이하 '이한소재'라 한다)와 석유화학제품을 공급하는 물품공급계약을 체결하였다.

나. 위 물품공급계약은 공급할 물품의 구체적인 수량이나 단가, 거래 시기 등을 구체적으로 정하고 있지 않고, 물품대금은 물품 공급 후 익월 말일까지 지급하도록 정하고 있을 뿐 일정한 한도에서 외상으로 물품을 공급할 의무를 규정하고 있지 않다.

다. 이한소재는 2018. 4. 24. 피고에게 이 사건 부동산을 매도하는 계약(이하 '이 사건 매매계약'이라 한다)을 체결하고, 2018. 6. 28. 피고 앞으로 소유권이전등기를 마쳤다.

라. 원고는 2018. 5. 이전 공급한 물품의 대금은 모두 변제받았으나, 2018. 5. 공급한 물품대금 중 일부 6,372,000원, 2018. 6. 공급한 물품대금 26,741,000원, 합계 33,113,000원을 변제받지 못하였다.

---

10) 대법원 2017. 9. 21. 선고 2015다53841 판결 [물품대금등]

마. 원고는 이 사건 매매계약이 원고의 위 물품대금채권을 해하는 사해행위라고 주장하면서, 이 사건 소송을 제기하였다.

3. 위 사실관계를 앞서 본 법리에 비추어 보면, 원고가 이 사건 매매계약이 체결되기 전부터 채무자 이한소재와 물품공급거래를 계속하여 왔더라도 **이 사건 매매계약이 체결된 후 이한소재로부터 구체적인 물품 공급을 의뢰받아 공급한 물품에 대한 대금채권은 사해행위 이후에 발생한 채권에 불과하므로, 다른 사정이 없는 한 채권자취소권의 피보전채권이 된다고 보기 어렵다.**

그럼에도 원심은 판시와 같은 이유로 원고의 물품대금채권이 채권자취소권의 피보전채권이 된다고 판단하였다. 원심의 판단에는 채권자취소권의 피보전채권에 관한 법리를 오해하여 **판결에 영향을 미친 잘못이 있다.**"[11]

아마 채무자는 주유소였을 것으로 보입니다. 이미 이런 판례가 여러 건 나왔는데도 불구하고 2022년까지 이런 판례가 나왔다는 것은 매우 의아하다고 할 것입니다. 원심은 청주지방법원이었습니다. 사해행위 당시에는 채무가 없었던 경우입니다. 대법원은 이 공급계약 자체가 예외적인 경우가 아니라는 것을 어느 정도 판결이유에 명시하고 있다고 보입니다. 계약의 내용을 언급하고 있는 점을 보면 이를 알 수 있습니다.

9) 양도소득세의 발생일과 채권성립의 기초가 되는 법률관계(소극재산)

"(2) 토지나 건물의 양도에 따른 양도소득세와 지방소득세는 과세표준이 되는 금액이 발생한 달, 즉 양도로 양도차익이 발생한 토지나 건물의 양도일이 속하는 달의 말일에 소득세를 납부할 의무가 성립한다(대법원 2020. 4. 29. 선고 2019다298451 판결 등 참조). 여기에서 양도는 대가적 수입을 수반하는 유상양도를 가리키고 소득세법 제98조, 같은 법 시행령 제162조에 따르면 양도시기는 대금을 청산하기 전에 소유권이전등기를 하는 경우 등 예외적인 경우를 제외하고는 대금이 모두 지급된 날을 가리킨다(대법원 1993. 2. 9. 선고 92누17525 판결, 대법원 1993. 3. 23. 선고 91누4980 판결 등 참조).

---

11) 대법원 2023. 3. 16. 선고 2022다272046 판결 [사해행위취소]

사해행위로 주장되는 토지나 건물의 양도 자체에 대한 양도소득세와 지방소득세 채무는 통상적으로 토지나 건물의 양도에 대한 대금이 모두 지급된 이후에 비로소 성립하므로 사해행위로 주장하는 행위 당시에는 아직 발생하지 않는다. 양도소득세와 지방소득세 채무 성립의 기초가 되는 법률관계가 사해행위로 주장되는 행위 당시 이미 성립되었다거나 이에 기초하여 이러한 채무가 성립할 고도의 개연성이 있다고 볼 수도 없다. 토지나 건물에 관하여 소득세법에 따른 양도가 이루어지지 않았을 때에는 양도소득세와 지방소득세 채무 성립의 기초가 되는 법률관계가 존재한다고 보기 어렵고, 토지나 건물의 양도에 관한 계약 등의 교섭이 진행되는 경우라 하더라도 이는 양도소득세와 지방소득세 채무를 성립시키기 위한 교섭이라고 볼 수 없어서 채무 성립의 개연성 있는 준법률관계나 사실관계 등에 해당한다고 볼 수 없다. 따라서 사해행위로 주장되는 토지나 건물의 양도 자체에 대한 양도소득세와 지방소득세 채무는 사해행위로 주장되는 행위 당시의 채무초과상태를 판단할 때 소극재산으로 고려할 수는 없다.

나. 사실관계

원심판결 이유와 기록에 따르면 다음 사실을 알 수 있다.

(1) 소외인은 아산시 (주소 1 생략) 잡종지 1139㎡, 위 지상 적벽돌조 슬래브지붕 단층 주유소와 사무실 142㎡, (주소 2 생략) 전 255㎡(이하 위 각 부동산을 합하여 '이 사건 부동산'이라 한다)를 소유하였다.

(2) 소외인은 2017. 5. 10. 채권자인 피고 1에게 이 사건 부동산을 8억 원에 매도하는 매매계약(이하 '이 사건 매매계약'이라 한다)을 체결하고, 2017. 5. 19. 이 사건 부동산에 관하여 소유권이전등기를 해주었다.

(3) 이 사건 매매계약 당시 소외인은 이 사건 부동산(시가 합계 520,270,000원 상당)을 포함하여 합계 813,843,000원 상당의 적극재산과 채권자가 원고인 구상금채무 등 합계 795,143,427원 상당의 소극재산이 있었다.

(4) 이 사건 부동산의 양도로 발생한 양도소득세 채무는 177,521,730원, 지방소득세 채무는 본세와 2018. 5. 14.경까지의 가산금을 합하여 21,202,070원이다(이하 위 양도소득세 채무와 지방소득세 본세와 가산금 채무를 합하여 '이 사건 조세채무'라 한다).

다. 이 사건에 대한 판단

이러한 사정을 위에서 본 법리에 비추어 살펴본다. 이 사건 조세채무는 사해행위에 해당하는지 문제 되는 이 사건 매매계약 당시 아직 발생하지 않았다. 소외인과 피고 1이 이 사건 매매계약을 체결하기 위한 교섭을 하고 있었더라도 이 사건 조세채무 발생의 기초가 되는 법률관계가 형성되어 이에 기초하여 이 사건 조세채무가 성립할 고도의 개연성이 있었다고 볼 수도 없다. 이 사건 조세채무는 소외인의 이 사건 부동산의 처분 당시 채무초과상태에 있었는지를 판단할 때 소극재산에 포함해서는 안 된다.
그런데도 원심은 이 사건 조세채무를 이 사건 매매계약 당시 소외인의 소극재산에 포함하였고 이를 근거로 이 사건 매매계약이 사해행위에 해당한다고 보았다. 원심판결에는 사해행위에 관한 법리를 오해하여 판결에 영향을 미친 잘못이 있다. 이를 지적하는 상고이유 주장은 정당하다.”12)

이 사건의 원고는 신용보증기금입니다. 문제가 된 것은 피보전채권의 선재성에서 채권성립의 기초가 되는 법률관계가 존재하는지가 아니라 바로 채무초과와 관계된 것입니다. 문제가 되는 사해행위의 부동산을 처분하였을 때에 그 부동산의 양도소득세와 지방세 등이 채무자의 채무에 포함될 수 있는지에 관한 것입니다. 이는 채무초과에 있어서 채무에 포함시킬 수 있는 채무의 경우도 채권성립의 기초가 되는 법률관계가 있는지를 검토해야 한다는 점에서 매우 의미가 있는 판례입니다.

만약 앞의 판례와 달리 이 사건의 경우에 양도소득세를 납부하지 아니하였다고 하여 대한민국이 피고 1을 상대로 양도소득세를 피보전채권으로 하여 사해행위취소소송을 제기하였을 때에 이 판례에 따라서 보면 채권성립의 기초가 없었다고 할 수 있다고 볼 수도 있을 것입니다. 앞의 판례는 이와는 사안이 조금 다릅니다.

10) 매매예약가등기가 경료된 경우의 양도소득세와 지방세의 채권성립의 기초가 되는 법률관계 인정(소극재산)

“ 2) 한편 채권자취소권 행사의 요건인 채무자의 무자력 여부를 판단함에 있어서 그 대상이 되는 소극재산은 원칙적으로 사해행위라고 볼 수 있는 행위가 행하여지기 전에 발생된 것임을 요하지만, 사해행위 당시에 이미 채무 성립의 기초가 되는 법률관계가 성립되어 있고, 가까운 장래에 그 법률관계에 기하여 채무가 성립되리라는 점에 대한

고도의 개연성이 있으며, 실제로 가까운 장래에 개연성이 현실화되어 채무가 성립된 경우에는 그 채무도 채무자의 소극재산에 포함시켜야 한다(대법원 2011. 1. 13. 선고 2010다68084 판결 참조).

나. 원심판결 이유와 기록에 의하면, 다음과 같은 사실을 알 수 있다.

1) 2015. 2. 6. 소외 1 소유의 세종특별자치시 (주소 3 생략) 목장용지 740㎡(이하 '이 사건 제1부동산'이라 한다)에 관하여 임의경매절차가 개시되었고, 위 임의경매절차에서 2016. 1. 12. 위 부동산이 매각되어, 같은 날 위 부동산에 관하여 매각을 원인으로 한 소유권이전등기가 마쳐졌다.

2) 2013. 4. 26. 소외 1 소유의 세종특별자치시 (주소 4 생략) 목장용지 767㎡(이하 '이 사건 제2부동산'이라 한다)에 관하여 2013. 4. 6. 매매예약을 원인으로 한 가등기가 마쳐졌고, 소외 1은 2016. 4. 20. 위 부동산을 가등기권자에게 매도하여, 다음 날 위 부동산에 관하여 위 가등기에 기초하여 위 매매를 원인으로 한 소유권이전등기가 마쳐졌다.

3) 이후 소외 1은 이 사건 제1, 2부동산의 양도에 따른 양도소득세 및 지방소득세로, 이 사건 제1부동산에 관하여는 합계 30,827,150원(= 양도소득세 30,082,950원 + 지방소득세 744,200원)을, 이 사건 제2부동산에 관하여는 합계 190,151,940원(= 양도소득세 172,865,400원 + 지방소득세 17,286,540원)을 각 결정·고지받았다.

다. 위 사실관계를 앞서 본 법리에 비추어 살펴본다.

1) 토지의 양도에 따른 양도소득세 및 지방소득세의 성립시기는 토지의 양도일이 속하는 달의 말일로 보아야 하므로, 이 사건 제1부동산의 경우에는 2016. 1. 31., 이 사건 제2부동산의 경우에는 2016. 4. 30. 각 양도소득세 및 지방소득세 채무가 성립한다.

2) 위 각 조세채무가 소외 1의 소극재산에 포함되는지 여부를 살펴본다.

가) 이 사건 제1부동산의 양도에 따른 양도소득세 및 지방소득세 채무는 2016. 4. 20. 이루어진 이 사건 매매예약 이전에 이미 성립된 채무에 해당하므로 소외 1의 소극재산에 포함하여야 한다.

나) 이 사건 제2부동산의 양도에 따른 양도소득세 및 지방소득세 채무는 이 사건 매매예약 이후에 성립된 채무이다. 그러나 위 부동산에 관하여 이 사건 매매예약 이전인 2013. 4. 6. 매매예약을 원인으로 한 가등기가 마쳐져 있었고 이 사건 매매예약과 같은 날 가등기권자에게 매도가 이루어지는 등 이미 채무 성립의 기초가 되는 법률관계가 성립되어 있었으며, 가까운 장래에 양도소득세 및 지방소득세 채무가 성립되리라는 점에 대한 고도의 개연성이 있었고, 실제로 양도소득세 및 지방소득세 채무가 성립되어

이를 결정·고지받았으므로, 위 각 조세채무 역시 소극재산에 포함된다고 볼 여지가 있다. 그렇다면 원심은 소외 1의 무자력 여부를 판단함에 있어 위 사정에 관하여 심리하여, 위 조세채무가 소극재산에 포함되는지 여부를 판단하였어야 한다.
라. 그럼에도 원심은 이 사건 제1, 2부동산에 관한 소외 1의 양도소득세 및 지방소득세 채무의 성립시기를 과세기간이 끝나는 때인 2016. 12. 31.이라고 보아, 위 각 조세채무를 소극재산에 포함하지 않은 채 소외 1이 이 사건 매매예약 당시 채무초과 상태였는지 여부를 판단하였다. 이러한 원심의 판단에는 양도소득세와 지방소득세 납부의무의 성립시기 및 소극재산의 산정방법에 관한 법리를 오해하였거나 그에 관하여 필요한 심리를 다하지 않아 판결에 영향을 미친 위법이 있다. 이점을 지적하는 취지의 상고이유는 이유 있다."[13]

이 판결 역시 채무초과시의 소극재산에 양도소득세가 포함될 것인지에 관한 판결인데 제1부동산의 경우는 당연히 인정되고 제2부동산 역시 예외적으로 인정될 여지가 크다고 하였습니다. 원고는 광주중앙신협협동조합이었습니다.

11) 소결

대법원의 사례를 검토하여 보면, 2010년이 지나면서 계속적 물품공급계약에 의한 경우와 신용보증서등이 새로 발급되는 경우에 관한 판례들이 정립되어 계속적 물품공급계약의 경우는 원칙적으로 부정하고 있고, 예외적인 경우에만 채권성립의 기초가 되는 법률관계가 존재한다고 판시하였습니다. 그에 반하여 신용보증서의 경우 새로 발급되는 경우에 있어서 "동일성 기준"에 의하여 실제로는 신용보증서를 연장하는 경우도 있지만 기존 신용보증서를 종료시키고 실제적으로는 그대로 연장하는 식으로 새로 발급하는 경우가 있습니다. 이런 경우에는 동일성 기준을 고려하여 같은 경우에는 채권성립의 기초가 되는 법률관계가 있다고 보아야 한다고 판시하였습니다. 이는 사실 너무나 당연한 것입니다. 보증서를 새로 발급하지만 실제로는 기존 보증서를 연장하는 식입니다. 즉 보증서를 새로 발급하여 대출된 돈으로 기존 보증서의 대출금을 갚는 형식입니다. 이런 경우에는 사실 채무가 줄어든 것이 아니라 그대로 있고 회사의 편의를 위

---

13) 대법원 2020. 4. 29. 선고 2019다298451 판결 [사해행위취소]

하여 보증기관이 대환보증이라는 형식으로 보증서를 교체해 주는 경우라고 할 것입니다.

라. 고도의 개연성 존부

1) 가장 쟁점이 되는 사안

사해행위취소의 피보전채권에서 가장 쟁점이 되는 사안이 바로 고도의 개연성입니다. 이미 대출금이나 보증서를 발급받은 상황에서 부도가 날 것이 예상이 되자 부동산 등을 처분하고 나서 보증사고나 이자연체 등을 하는 경우입니다. 그런데 지금까지 법원이 매우 이상한 2가지 방향으로 갔습니다. 은행권으로 경우는 대출금이 이자연체가 없다고 하더라도 사해행위 당시에 채무초과이며 사후에 이자연체가 되었다고 하더라도 이는 고도의 개연성을 전혀 고려하지 않았습니다. 당연할 것입니다. 왜냐하면 이미 대출금으로 채무가 발생한 것이기 때문입니다.

그런데 문제는 대출은행기관에 보증서를 발행준 경우입니다. 당연히 채무자는 대출금이 있습니다, 그런데 사해행위를 하고 나서 몇 개월 이자를 납부하고 보증사고를 일으킵니다. 이런 경우에는 채권성립의 기초가 되는 법률관계는 있다고 하면서 고도의 개연성을 까다롭게 검토합니다. 그러면서 그 당시의 이자연체 등을 검토합니다. 그러나, 보증기관의 경우 은행에 연체가 있으면 그에 따라서 거의 100% 보증한도로 지급해야 합니다. 그렇기 때문에 보증기관의 구상금채권과 은행의 대출금 채권을 구별할 필요는 전혀 없다고 할 것입니다. 이런 점을 전혀 고려하지 않고 도식적으로 사해행위에 다른 채무 등의 연체가 있었는지 그 당해 채무의 이자연체 등이 있었는지를 요구하는 판례는 태도에 대하여는 문제가 있었다고 할 것입니다.

그로 인하여 무익한 논쟁은 아닐지라도 사실 보면, 이해가 되지 않는 논쟁이 계속되었습니다.

2) 구체적 기준을 제시한 대법원 판례의 검토 - 대물변제로 특허권 양도한 사안

이런 점에서 대법원이 고도의 개연성 판단에 관한 구체적 기준을 제시하였다는 점에서는 매우 고무적이라고 할 것입니다.

"2. 피보전채권 성립의 고도의 개연성 등에 관한 상고이유에 대하여

채권자취소권에 의하여 보호될 수 있는 채권이 성립되리라는 점에 대한 고도의 개연성은 채권자와 채무자 사이의 기초적 법률관계의 내용, 채무자의 재산상태 및 그 변화내용, 일반적으로 그와 같은 상태에서 채권이 발생하는 빈도 및 이에 대한 일반인의 인식정도 등 여러 가지 사정을 종합하여 객관적으로 판단하여야 할 것이다(대법원 2002. 12. 6. 선고 2001다70788 판결 등 참조).

원심은, 아이엔이 이 사건 각 특허권을 양도한 때로부터 수개월 후에 신용보증사고가 발생한 점, 피고 메트라인은 아이엔에게 합계 6억 5,000만 원이 넘는 돈을 대여한 뒤 이를 변제받지 못할 형편에 이르자 이 사건 각 특허권을 넘겨받은 점, 이 사건 각 특허권에 관한 양도계약 당시 아이엔의 이사인 소외 1은 피고 메트라인의 이사로 등재되어 있었을 뿐만 아니라, 아이엔의 서울사무소는 피고 메트라인의 본점과 동일한 소재지인 점, 아이엔의 사내이사인 소외 2가 피고 주식회사 애플그린의 감사로 등재되어 있었던 점 등 제반 사정들을 종합적으로 고려할 때 사해행위 당시 곧 구상금채권이 발생하리라는 고도의 개연성이 있었음을 인정할 수 있다고 판단하였다.

위 법리와 기록에 비추어 살펴보면, 원심의 이러한 판단은 정당한 것으로 수긍할 수 있고, 거기에 사해행위에 관한 법리오해, 자유심증주의 위반 및 심리미진 등의 위법이 있다고 할 수 없다."[14]

위 대법원 판례는 위에서 본 판례로 원고가 기술신용보증기금 사건입니다. 채권성립의 기초가 되는 법률관계가 인정되는지에 관한 판례검토에서 보았던 것입니다. 그런데 더 중요한 것은 고도의 개연성에 관한 판단입니다. 대법원은 대법원 2001다7088 판례를 언급하고 있으나 이 판례는 공보불게재 판결입니다.

사안을 보면, 특허권을 대물변제로 넘긴 사안이고, 이자연체는 특허권 양도

---

14) 대법원 2012. 2. 23. 선고 2011다76426 판결 [사해행위취소등]

로부터 6개월 이후에나 있습니다. 두 회사는 서로 간에 이사나 감사를 같이 하고 있는 점에서 별개의 회사라고 보기 어렵고 본점 주소지나 서울사무소지가 동일하여 별개의 회사라고 보기 어렵습니다. 이런 점까지 모두 고려한 것입니다. 즉 이미 특허권을 넘겼다고 한다면 사업을 하지 않겠다는 의사일 것입니다. 그런데 회사를 계속 운영하는 것처럼 속이고 이자만 몇 개월만 내고는 부도를 내어서 고도의 개연성 문제를 벗어나려는 악의적 행동이 많습니다. 이를 대법원이 알고 이 판례를 통하여 그간 이자 연체 등이 너무나 매몰되어 있던 고도의 개연성 문제를 합리적으로 판단하게 되었다고 할 것입니다.

3) 양도소득세와 가산세의 채권성립의 기초가 발생한 것인지 여부

"원심이 인정한 사실관계에 따르더라도, **소외 1이 피고에게 이 사건 증여계약을 하기 직전에 자신의 소유였던 이 사건 부동산을 소외 2에게 양도함으로써 이 사건 양도소득세에 따른 소득세법 제115조 소정의 신고불성실 및 납부불성실 가산세 채권**(이하 '이 사건 가산세 채권'이라 한다)의 발생의 기초가 되는 법률관계가 이미 성립되어 있다고 볼 수 있고, 이 사건 증여계약 후에 소외 1에게 별다른 재산이 없었던 점, 소외 1이 이 사건 양도소득과세표준 예정신고는 물론 확정신고 및 확정신고 자진납부 절차 등을 전혀 이행하지 아니한 점 등에 비추어, **소외 1이 양도소득세과세표준 확정신고 및 확정신고 자진납부를 하지 아니함으로써 가까운 장래에 이 사건 가산세 채권이 성립되리라는 점에 대한 고도의 개연성이 있었을 뿐만 아니라, 실제로 가까운 장래에 그 개연성이 현실화되어 이 사건 가산세 채권이 성립하였다고 볼 수 있으므로, 이 사건 가산세 채권도 원심이 인정한 이 사건 본세 채권과 함께 채권자취소권의 피보전채권이 될 수 있다** 할 것이다.
그럼에도 불구하고, 원심은 가까운 장래에 이 사건 가산세 채권이 확정되리라는 점에 대한 **고도의 개연성이 없다는 이유로 이 사건 가산세 채권이 채권자취소권의 피보전채권이 될 수 없다고 판단**하였으니, 결국 원심판결에는 채권자취소권의 피보전채권에 관한 법리를 오해하여 판결 결과에 영향을 미친 위법이 있고, 이를 지적 하는 상고이유의 주장은 이유 있다."[15]

---

15) 대법원 2007. 6. 29. 선고 2006다66753 판결 [사해행위취소]

양도소득세의 경우는 고도의 개연성이 있다고 하였지만 가산세에 대하여는 고도의 개연성이 없다고 하였습니다. 부동산을 처분하고 나서 바로 피고에게 이 사건 증여를 하였던 사건입니다. 이 사건의 나의사건검색을 보면, 1심의 피고들은 모두 형제간으로 보입니다. 모두 "음○화"로 되어 있습니다. 1심은 원고 전부 승소였고, 항소심은 한 명만 항소를 하였고, 일부승소판결이 났습니다. 파기환송이 되어 원고 대한민국이 전부 승소한 사건입니다. 그냥 이런 내용을 모르면 전혀 별개의 개인에게 증여가 있었다고 한다면 나와 관계없이 직전에 부동산을 처분하였는데 그 부동산의 양도소득세에 대한 가산세까지 부담시키는 경우는 가혹할 수가 있습니다. 왜냐하면 사해행위이후에 채무자가 양도소득세를 납부할 것인지 신고하지 않아 가산세까지 부담할 것인지를 사해행위 당시에 어떻게 알 수 있습니까? 그러나 이 사건의 경우는 자매간으로 보이는 3명이 피고인 것을 보아 알았다고 볼 가능성이 매우 컸을 것이고 아마 이는 아버지가 딸들에게 부동산을 처분하거나 증여를 한 것이 아닌가 하는 생각이 듭니다.

4) 손해배상채권의 고도의 개연성 – 충청방송 주식명의신탁사건

"나. 1) 채권자취소권에 의하여 보호될 수 있는 채권은 원칙적으로 사해행위라고 볼 수 있는 행위가 행하여지기 전에 발생된 것임을 요하지만 그 사해행위 당시에 이미 채권 성립의 기초가 되는 법률관계가 발생되어 있고 가까운 장래에 그 법률관계에 터 잡아 채권이 성립되리라는 점에 대한 고도의 개연성이 있으며, 실제로 가까운 장래에 그 개연성이 현실화되어 채권이 성립된 경우에는 그 채권도 채권자취소권의 피보전채권이 될 수 있다(대법원 2005. 8. 19. 선고 2004다53173 판결 등 참조).
2) 원고가 채무자들에게 이 사건 주식을 명의신탁하였음을 전제로 한 원고의 채무자들에 대한 손해배상채권의 존재 및 그 범위는 앞서 본 대법원 확정판결에 의해 밝혀지게 되었다.
3) 이와 같은 원고의 손해배상채권은 위 확정판결에서 인정된 바와 같이 손해가 현실적으로 발생한 2013. 4. 5.에야 성립하였으므로 원고가 사해행위라 주장하는 이 사건 각 계약 체결 당시(2011. 5.경부터 같은 해 8.경까지)에는 존재하지 아니하였으나, 그 당시에는 이미 2006. 9. 5.경의 근질권설정계약에 따른 법률관계가 존재하였다. 이러한 근질권의 설정은, 원고와의 이 사건 주식에 관한 명의신탁약정을 정면으로 위반한

> 위법행위로서, 향후 원고의 채무자들에 대한 손해배상채권이 성립하는 데에 기초가 되었다.
>
> 4) 근질권자인 에이티넘파트너스는 근질권설정계약의 내용을 이루는 유질계약에 터 잡아 근질권을 실행함으로써 이 사건 주식의 소유권을 취득할 수 있었으므로, 채무자들이 가까운 장래에 이 사건 주식의 소유권 상실 등으로 원고에게 손해배상채무를 부담하게 되리라는 고도의 개연성도 있었다.
>
> 5) 실제로 유질약정에 기한 근질권의 실행으로 이 사건 주식의 소유권이 2013. 4. 5. 자로 에이티넘파트너스에 이전됨으로써 채무자들이 원고에 대하여 손해배상채무를 부담하리라는 개연성이 현실화되었다.
>
> 6) 따라서 이 사건 주식이 채무자들에게 명의신탁되었음을 전제로 한 원고의 손해배상채권은 이 사건 채권자취소권의 피보전채권이 될 수 있다고 봄이 타당하다.
>
> 다. 그런데도 원심은 이 사건 주식이 명의신탁되었다고 볼 수 없음을 전제로 원고의 채무자들에 대한 손해배상채권을 피보전채권으로 하는 사해행위취소의 주장을 배척하였다. 원심의 이러한 판단에는 논리와 경험의 법칙을 위반하여 자유심증주의의 한계를 벗어나거나 채권자취소권의 피보전채권 등에 관한 법리를 오해하는 등으로 판결에 영향을 미친 잘못이 있다. 이를 지적하는 상고이유 주장은 이유 있다."[16]

손해배상의 확정판결에 따라 손해가 현실적으로 발생한 날은 2013. 4. 5.입니다. 그 판결은 1심은 서울남부지법 2015. 6. 4. 선고 2013가합12755 판결이고 항소심은 서울고법 2016. 4. 29. 선고 2015나20119 판결이었고 상고심은 대법원 2019. 11. 28. 선고 2016다22868 판결이었습니다. 이로써 위 항소심판결은 그대로 확정되었습니다.

대법원 매우 강한 어조로 파기환송을 하였습니다. 대법원이 "논리와 경험의 법칙을 위반하여 자유심증주의의 한계를 벗어나거나 채권자취소권의 피보전채권 등에 관한 법리를 오해하는 등으로 판결에 영향을 미친 잘못이 있다"라고 한 것을 보면 알 수 있습니다. 대법원은 사실 판결문을 다시 작성하였습니다. 그런데 여기에서 사해행위의 내용이 무엇인지는 알 수가 없습니다. 그러나 "이 사건 각 계약 체결 당시(2011. 5.경부터 같은 해 8.경까지)"라고 하여 사해행위의 시점을

---

16) 대법원 2019. 12. 13. 선고 2017다208294 판결 [사해행위취소]

알려줍니다. 그렇다고 한다면, 2011. 5.−8.이 사해행위시점이라고 하는데 <u>2013.</u>
<u>4. 5.에 현실적으로 성립하</u>였습니다. 시점이 거의 2년에 가깝습니다. 그런데 주
식명의신탁으로 이미 존재하였던 것으로 보이고, <u>2006. 9. 5.에 근질권을 설정함</u>
으로서 손해배상채권의 성립의 기초가 되는 법률관계가 발생하였다고 보고 있
습니다. 그리고 이 근질권이 유질계약으로서 이를 실행함으로써 언제든지 질권
자가 이를 취득하고 그로 인하여 원고들의 주식의 소유권을 상실할 수 있는 고
도의 개연성도 있었다고 하였습니다. 이를 보면, 그리고 주식은 2013. 4. 5.에 질
권자에게 소유권이 이전이 되었습니다.

　　이 판례를 보면, 고도의 개연성이 사해행위시점과의 기간의 멀고 가까움과
는 전혀 관계가 없는 것을 알 수 있습니다. 또한 가까운 장래에 현실적으로 채
권이 성립하였다는 것 역시 시간의 거리의 문제와는 관계가 없는 것을 알 수 있습
니다. 실제로 그 고도의 개연성 즉 언제든지 주식의 소유권이 상실될 수 있는 가
능성이 더 중요한 것이고 실제 현실적으로 채권이 발생한 시점 역시도 그리 큰 문
제는 아니라고 할 것입니다. 원고가 가지는 채권은 매우 큽니다. "10,325,280,000
원 및 이에 대한 지연손해금"으로 원금만 100억 원 넘는 큰 금액이었음을 알 수
있습니다.

5) 손해배상채권의 피보전채권의 인정여부

"1. 채권자취소권 행사는 채무 이행을 구하는 것이 아니라 총채권자를 위하여 채무자의
자력 감소를 방지하고, 일탈된 채무자의 책임재산을 회수하여 채권의 실효성을 확보하는
데 목적이 있으므로, 피보전채권이 사해행위 이전에 성립되어 있는 이상 그 액수나 범위
가 구체적으로 확정되지 않은 경우라고 하더라도 채권자취소권의 피보전채권이 된다.
2. 원심판결 이유에 의하면, 원심은 원고의 피보전채권인 제2손해배상채권이 원고와
채무자 소외 1 사이의 수원지방법원 2014가합69736호 사건(이하 '관련 사건'이라 한
다)의 판결이 선고된 2015. 10. 16.에서야 비로소 구체화된 점, 원고의 손해도 이 사
건 증여계약일인 2012. 2. 27. 이후에 발생한 점에 비추어, 이 사건 증여계약 당시 제
2손해배상채권은 발생하지 않았고, 위 채권의 성립의 기초가 되는 소외 1의 불법행위
가 있었다고 하더라도 그로 인하여 가까운 장래에 위 채권이 성립되리라는 고도의 개
연성이 있었다고 보기 어렵다고 판단하였다.

3. 그러나 이와 같은 원심의 판단은 아래와 같은 이유로 수긍하기 어렵다.

기록에 의하면, 제2손해배상채권은 소외 1이 원고의 예금인출 요청을 거부하여 원고가 소외 2에게 지급해야 할 전부금을 지급하지 못하게 됨에 따라 원고가 추가로 부담하게 된 지연손해금 상당의 손해인 사실, 소외 1은 2010. 8.경부터 예금인출 요청을 거부하여 원고는 소외 2에게 화해권고결정에서 정한 지급일까지 전부금 5억 원을 지급하지 못하게 되었고, 5억 원에 대하여 2010. 11. 1.부터 연 20%의 지연손해금을 부담하게 된 사실, 소외 2는 2012. 10. 5. 원고의 공탁금출급청구권에 대하여 압류추심명령을 받은 후 2014. 10. 6. 공탁금 690,983,600원을 회수하였는데, 위 금원에는 2010. 11. 1.부터 2012. 9. 28.까지의 위 5억 원에 대한 지연손해금 190,983,600원이 포함된 사실, 관련 사건에서도 위 예금인출 거부의 불법행위로 인한 원고의 손해액이 위 지연손해금 상당액인 190,983,600원이나 소외 1의 책임을 그중 60%로 제한한 사실이 인정된다.

위 인정 사실에 의하면, 소외 1의 예금인출 거부로 인하여 원고는 소외 2에게 2010. 11. 1.부터 지연손해금을 부담하게 되는 현실적인 손해를 입었고, 관련 사건이나 소외 2의 원고에 대한 강제집행에 의해 비로소 발생한 손해는 아니므로, 제2손해배상채권은 2010. 11. 1.부터 성립되었다. 그러므로 비록 이 사건 증여계약 당시인 2012. 2. 27.에 제2손해배상채권의 구체적 액수나 범위가 확정되지 않았고 그 이후 관련 사건에서 정해졌다고 하더라도 제2손해배상채권은 이 사건 증여계약 이전에 이미 성립되었다고 보아야 하고, 이 사건 채권자취소권의 피보전채권이 된다.

그럼에도 불구하고 원심이 제2손해배상채권이 이 사건 증여계약 이후에 성립되어 채권자취소권의 피보전채권이 될 수 없다는 이유로 원고의 청구를 배척한 것은 채권자취소권의 피보전채권에 관한 법리를 오해하여 판결에 영향을 미친 위법이 있고, 이를 지적하는 상고이유 주장은 이유 있다."[17]

사해행위인 증여일자가 2012. 2. 27.이고 요금인출거부는 2010. 8.경부터입니다. 화해권고결정에 따른 5억 원을 지급한 기일은 2010. 10. 31.까지로 보이고 그 다음날인 2010. 11. 1.부터 연 20%의 지연손해금을 부담하게 된 것으로 보입니다. 결국 이로 인한 지연손해금 190,983,600원이니 거의 2년동안 갚지 못한 것임을 알 수 있고, 이에 대하여 채무자의 책임은 60%로 제한된 것으로 보입니

17) 대법원 2018. 6. 28. 선고 2016다1045 판결 [사해행위취소]

다. 그 금액은 114,590,160원입니다. 이 판례는 고도의 개연성도 문제이지만 사실은 채권성립의 기초가 되는 법률관계가 있었는지가 더 문제였습니다. 대법원은 이것이 인정된다고 하였습니다. 그래서 2010. 11. 1.에 손해배상채권은 성립되었다고 보았습니다. 2010. 11. 1.부터 2012. 9. 28.까지 발생한 이자이고 2012. 2. 27.에 사해행위인 증여행위가 있었으니 2012. 2. 27. 이후에 발생한 이자부분에 대하여는 다르게 볼 것은 아니라고 할 것입니다. 당연히 고도의 개연성도 있다고 할 것입니다. 원심은 채권성립의 기초가 되는 법률관계가 있다고 하더라도 고도의 개연성이 인정될 수 없다고 하였지만 대법원은 2010. 11. 1.에 채권이 성립되었다고 하였습니다. 그렇기 때문에 사실 피보전채권의 선재성의 예외를 적용할 사안도 아닌 것입니다. 완전히 원심과 다른 관점에서 판단을 한 것입니다.

　　이런 점에서 충청방송 주식명의신탁사건과 비교하여 볼 필요가 있다고 할 것입니다.

6) 기망에 의한 취소의 제척기간이 도과되었고 의사표시 이전에 근저당권설정된 경우 – 고도의 개연성 없음

"채권자취소권에 의하여 보호될 수 있는 채권은 원칙적으로 사해행위라고 볼 수 있는 행위가 행하여지기 전에 발생된 것임을 요하지만, 그 사해행위 당시에 이미 채권성립의 기초가 되는 법률관계가 발생되어 있고, 가까운 장래에 그 법률관계에 기하여 채권이 성립되리라는 점에 대한 고도의 개연성이 있으며, 실제로 가까운 장래에 그 개연성이 현실화되어 채권이 성립된 경우에는, 그 채권도 채권자취소권의 피보전채권이 될 수 있다. 그리고 채권자취소권 행사의 요건인 채무자의 무자력 여부를 판단함에 있어서 그 대상이 되는 소극재산도 원칙적으로 사해행위라고 볼 수 있는 행위가 행하여지기 전에 발생된 것임을 요하지만, 그 사해행위 당시에 이미 채무 성립의 기초가 되는 법률관계가 있고, 가까운 장래에 그 법률관계에 기하여 채무가 성립되리라는 점에 대한 고도의 개연성이 있으며, 실제로 가까운 장래에 그 개연성이 현실화되어 채무가 성립된 경우에는 그 채무도 채무자의 소극재산에 포함시켜야 할 것이다(대법원 2011. 1. 13. 선고 2010다68084 판결 참조).
다만 여기서 채무자의 재산처분행위 이후에 발생한 채권이나 채무와 관련하여 채권자취소권을 인정하기 위한 요건으로서의 '고도의 개연성'은 단순히 향후 채권이나 채무가 성립할 가능성이 있는 정도에 그쳐서는 안 되고, 적어도 채무자의 사해의사를 추단할 수 있는 객관적 사정이 존재하여 일반적으로 누구라도 그 채권이나 채무의 성립을 예견할 수 있을 정도에 이르렀다고 볼 만한 상태에서 채무자의 재산처분행위가 이루어졌어야 하며, 구체적으로 이러한 고도의 개연성이 있는지 여부는 채권자와 채무자 사이의 기초적 법률관계의 내용, 채무자의 재산 상태 및 그 변화 내용, 일반적으로 그와 같은 상태에서 채권 또는 채무가 발생하는 빈도 및 이에 대한 일반인의 인식 정도, 채무자의 재산처분행위와 채권 또는 채무 발생과의 시간적 간격 등 여러 가지 사정을 종합하여 객관적으로 판단하여야 한다(대법원 2013. 2. 14. 선고 2012다83100 판결 등 참조).

2. 원심판결 이유에 의하면, 원심은, 원고가 소외인과 사이에 1994. 6. 27. 제1매매계약을 체결한 후 1995. 1. 25.까지 매매대금으로 합계 37억 원을 지급하였고, 1998. 4. 11. 제2매매계약을 체결하면서 소외인에게 계약금 5억 원을 지급한 사실, 그 후 2007. 11. 27. 원고가 소외인에게 위 각 매매계약의 해제 통지를 하였고, 2008. 12. 2.에는 제1매매계약에 관한 취소의 의사표시를 한 사실, 한편 소외인은 피고 2에게는 2008. 1. 17.과 2008. 11. 13.에, 피고 1에게는 2008. 1. 18.에 각각 그 소유의 부동산에 관하여 근저당권을 설정해 준 사실 등을 인정한 다음, 원고의 소외인에 대한 위 각 매매계약의 해제 또는 취소로 인한 42억 원(제1매매계약에 의한 37억 원과 제2매매계약에 의한 5억 원의 합계액)의 매매대금 반환채권 전액이 채권자취소권의 피보전채권이 되고 또 소외인의 위 반환채무가 그의 소극재산에 해당한다고 판단하여, 원고의 이 사건 사해행위 취소 및 원상회복청구를 전부 인용하였다.

3. 그러나 소외인의 원고에 대한 제1매매계약과 관련한 37억 원 반환채권이 채권자취소권의 피보전채권이 되고 또 소외인의 위 금액 반환채무를 그의 무자력 여부를 판단할 때 소극재산으로 산정하여야 한다는 원심의 판단은 다음의 이유로 수긍할 수 없다.

가. 원심판결 이유와 기록에 의하면 다음의 사실을 알 수 있다.

(1) 원고는 전문유통단지를 조성할 목적으로 1994. 6. 27. 소외인과 사이에 소외인과 그 형제자매 등의 소유이던 부산 강서구 명지동 소재 20필지의 토지에 관한 제1매매계약을 체결하고 계약금 5억 원을 지급한 이래 1995. 1. 25.까지 합계 37억 원을 지급하였다. 그리고 원고는 1998. 4. 11. 다시 소외인과 사이에 같은 동 소재 6필지의 토지에 관하여 제2매매계약을 체결하고 계약금 5억 원을 지급하였다.

(2) 원고는 전문유통단지 조성사업을 진행하지 아니한 채 제1매매계약상의 잔금지급기일을 1997. 7. 31.경까지 3차례에 걸쳐 연장하였으나, 소외인에게 잔금을 지급하지는 아니하였다.

(3) 그러다가 2003. 10.경 위 매매목적 토지들을 포함한 일대의 토지가 부산진해경제 자유구역으로 지정되었고, 원고는 2007. 11. 19.에 이르러 부산진해경제자유구역청장 에게 서면으로 위 각 토지에서 전문유통단지 조성을 위한 건축행위가 가능한지 여부에 대하여 질의를 하였으나, 같은 달 21일 건축행위가 불가능하다는 공문을 받게 되자, 2007. 11. 27. 소외인에게 위 각 매매계약을 해제한다고 통지하였다.

(4) 그 후 원고는 부산지방법원 2008가합9269호로 소외인을 상대로 계약해제를 원인 으로 하여 계약금 등의 반환을 구하는 소송을 제기하였고, 그 소송 진행 중인 2008. 12. 2. 소외인이 다른 토지 소유자들인 형제자매 등으로부터 제1매매계약체결에 관한 위임을 받은 사실이 없음에도 위임을 받은 것처럼 원고를 기망하였으므로 제1매매계약 을 취소한다는 주장을 추가하였다. 위 소송에서 법원은 2009. 2. 12. 제1매매계약과 관련하여서는 원고의 2007. 11. 27.자 해제통지에 따른 매매계약해제 주장을 배척하 는 한편, 기망을 이유로 한 2008. 12. 2.자 취소권 행사에 따라 적법하게 매매계약이 취소되었다고 판단하고, 제2매매계약과 관련하여서는 2007. 11. 27.자 해제통지에 따 라 매매계약이 적법하게 해제되었다고 판단하여, 제1매매계약의 매매대금 37억 원과 제2매매계약의 계약금 5억 원 전부의 반환을 명하는 판결을 선고하였다.

(5) 한편 소외인은 피고 2로부터 2007. 5. 7.경부터 2008. 1. 22.경까지 11억 5,000 만 원을 차용하고 위 피고에게 2008. 1. 17. 그 소유의 부동산에 관하여 채권최고액 15억 원의 근저당권을 설정하여 주었고, 2008. 11. 13. 그 소유의 부동산에 관하여 다시 채권최고액 5억 원의 근저당권을 설정하여 주었다. 또한 소외인은 피고 1에게 2008. 1. 18. 그 소유의 부동산에 관하여 채권최고액 12억 원의 근저당권을 설정하여 주고 2008. 1. 23. 위 피고로부터 10억 원을 차용하였다.

나. 이러한 사실관계를 앞서 본 법리에 비추어 살펴보면, 비록 제1매매계약과 관련하여 원고가 2007. 11. 27. 소외인에게 계약 해제의 의사표시를 하였다고 하더라도 법원의 소송절차에서 그 해제 주장이 받아들여지지 아니하였으므로 계약 해제를 원인으로 한 37억 원의 반환채권은 인정될 수 없고, 원고가 위 소송 진행 중인 2008. 12. 2. 소외 인의 기망을 이유로 계약 취소의 의사표시를 하였으나, 제1매매계약이 체결된 때는 1994. 6. 27.이고 원고가 소외인에게 37억 원을 지급한 것은 1995. 1. 25.까지이므로 그 무렵부터 10년의 제척기간 내에만 원고가 취소권을 행사할 수 있는 것인데, 소외인 이 피고들에게 근저당권을 설정하여 준 때는 그로부터 10년이 경과한 후이고 원고가 취소권을 행사하기 전인 2008. 1. 17.부터 2008. 11. 13.까지이므로, 설사 법원이 위 소송에서 2009. 2. 12. 원고의 취소권 행사를 받아들여 매매대금 반환채권을 인정하였

> 다고 하더라도 그러한 법원의 판결이 선고되기 전인 이 사건 근저당권 설정 당시에 제
> 1매매계약의 취소로 인한 매매대금 반환채권이 발생하리라는 고도의 개연성이 있었다
> 고 할 수는 없다고 봄이 상당하다."[18]

　　매우 재미있는 판결입니다. 취소의 의사표시는 10년의 제척기간이 있는데
이것이 도과되었고, 그 의사표시는 근저당권설정 이후라고 하고 있습니다. 취소
의 의사표시가 소급효가 있는 것과는 별개로 고도의 개연성은 전혀 별개의 부분
입니다. 다만 이 경우에 37억 원의 금액이 피보전채권이 되는지와 소극재산에
포함될 수 있는 여부를 동시에 판단하였습니다. 법원은 피보전채권도 될 수 없
고, 소극재산에 포함될 수도 없다고 본 것으로 보입니다.

7) 약정에 따른 손해배상청구권의 피보전채권의 고도의 개연성

> "원심판결 이유에 의하면, 원심은 그 채택 증거에 의하여 피보전채권인 이 사건 약정에
> 따른 손해배상청구권은 이 사건 매매예약 체결일인 2009. 4. 2.에는 아직 발생되지 않
> 았으나, 소외 1이 원고와 이 사건 약정을 체결함으로써 채권 성립의 기초가 되는 법률
> 관계가 이미 발생되어 있었고, 소외 2가 2009. 3. 2. 이후 대출금채무를 변제하지 않
> 아 소외 1이 2009. 4. 21.부터 위 대출금채무를 변제함으로써 원고의 소외 1에 대한
> 손해배상채권이 가까운 장래에 발생할 것이라는 점에 대한 고도의 개연성이 있었으며,
> 실제로 그 개연성이 현실화되었으므로, 원고의 소외 1에 대한 이 사건 약정에 따른 손
> 해배상청구권은 채권자취소권의 피보전채권이 될 수 있다고 판단하였다.
> 앞서 본 관련 법리와 기록에 비추어 보면, 원심의 위와 같은 판단은 정당하고, 거기에
> 상고이유로 주장하는 바와 같이 채권자취소권의 피보전채권에 관한 법리오해의 위법이
> 없다."[19]

　　약정에 따른 손해배상청구권이 피보전채권으로서 인정될 수 있는지에 관한
문제였습니다. 사해행위는 <u>매매예약이고 2009. 4. 2.에 있었습니다.</u> 소외 1과 원

---

18) 대법원 2013. 12. 26. 선고 2012다41915 판결 [근저당권설정등기말소등]
19) 대법원 2013. 4. 26. 선고 2013다5855 판결 [가등기말소]

고가 약정을 체결한 것입니다. <u>소외 2가 2009. 3. 2. 이후 대출금을 변제하지 않</u>
<u>았다</u>고 합니다. 소외 2가 대출금을 변제하지 않고 한 달이 지난 시점인 2009. 4.
2.에 매매예약이 성립된 것을 알 수 있습니다. 그로 인하여 <u>소외 1이 2009. 4.</u>
<u>21.부터 대출금을 변제함으로써</u> 원고의 소외 1에 대한 손해배상청구권이 가까운
장래에 발생할 고도의 개연성이 있었다고 합니다. 이를 보면, 원고가 소외 2가
대출금을 변제하지 못하면 소외 1은 원고에게 손해배상을 해 주겠다고 약정한
것입니다. 이런 상황에서 소외 1은 자신의 부동산을 피고에게 매매예약과 가등
기를 경료해 놓은 것으로 보입니다. 약정을 체결하였으니 채권성립의 기초가 되
는 법률관계는 존재하였습니다. 그러나 2009. 4. 2.에는 아직 손해배상채권은 발
생하지는 아니한 것으로 보입니다. 그리고 그 이후에 발생한 것으로 보입니다.
대법원은 고도의 개연성이 있다고 한 원심의 판결이 옳다고 하였습니다.

8) 청주위니아 사건 - 신용보증기금도 사해행위이후에 보증계약을 연장해 준 사건

"2. 원심은, 그 채택 증거에 의하여 <u>원고가 주식회사 청주위니아(이하 '청주위니아'라</u>
<u>한다)와 사이에 2005. 10. 27. 청주위니아가 중소기업은행으로부터 대출을 받는 데 대</u>
<u>한 신용보증으로 보증금액을 1억 7,000만 원, 보증기한을 2006. 10. 26.까지로 정하</u>
<u>여 신용보증계약(이하 '이 사건 제1신용보증계약'이라 한다)을 체결한 것을 시작으로,</u>
<u>2008. 1. 28. 청주위니아가 국민은행으로부터 대출을 받는 데 대한 신용보증으로 보증</u>
<u>금액을 5,600만 원, 보증기한을 2013. 1. 25.까지로 정하여 신용보증계약(이하 '이 사</u>
<u>건 제4신용보증계약'이라 한다)을 체결한 것까지 총 4건의 신용보증계약(이하 '이 사건</u>
<u>각 신용보증계약'이라 한다)을 체결하였고, 청주위니아의 대표이사 소외 1이 위 각 신</u>
용보증계약에 따른 청주위니아의 원고에 대한 채무에 대하여 **연대보증한 사실**, 원고가
위 각 신용보증계약에 따라 청주위니아에 4건의 신용보증서를 발급하여 주었고, 청주
위니아가 국민은행과 중소기업은행에 이를 제출하고 위 은행들로부터 합계 5억 6,000
만 원을 대출받은 사실, 한편 <u>소외 1은 2003. 12. 1. 소외 2로부터 청주시 상당구 용</u>
<u>암동 (지번 생략) 지상 건물 중 1층 부분을 보증금 1억 원, 차임 월 160만 원으로 정하</u>
여 임차하였고, 청주위니아는 이를 주사무소로 사용한 사실, 청주위니아는 피고로부터
2006. 9. 2.부터 2007. 4. 2.까지 합계 9,000만 원을 차용한 다음 2009. 2. 4. 피고
에게 그 차용원리금 합계 1억 620만 원을 2009. 6. 4.까지 변제하기로 약정하였고,

소외 1이 이에 대하여 연대보증한 사실, 그 후 소외 1이 2009. 4. 2. 피고의 요구에 따라 위 임대차보증금 반환채권(이하 '이 사건 임대차보증금 반환채권'이라 한다)을 피고에게 양도하는 계약(이하 '이 사건 채권양도계약'이라 한다)을 체결한 사실, 청주위니아는 2010. 1.경부터 위 대출금의 이자 지급을 연체하여 2010. 1. 29. 신용보증사고가 발생하였고, 이에 원고가 이 사건 각 신용보증계약에 따라 2010. 4. 28. 국민은행에 225,140,557원, 2010. 6. 14. 중소기업은행에 165,803,583원 등 합계 390,944,140원을 대위변제한 사실 등 그 판시와 같은 사실을 인정한 다음, 이 사건 각 신용보증계약에 기한 원고의 소외 1에 대한 구상금 채권은 소외 1과 피고 사이에 이 사건 채권양도계약이 체결된 2009. 4. 2. 이후에 발생한 것이기는 하지만, 위 구상금 채권 발생의 기초가 되는 이 사건 각 신용보증계약이 이 사건 채권양도계약에 앞서 이미 성립되어 있었고, 청주위니아가 2008년경부터 영업 및 재정상태에 어려움을 겪으면서 법인세 신고 내용상 2008년도에는 253,541,660원의 당기순손실이 발생하고 2009년도에는 567,299,137원의 당기순손실이 발생한 점에 비추어 보면, 가까운 장래에 이 사건 각 신용보증계약에 기하여 원고가 청주위니아의 대출원리금 채무를 대위변제하고 구상권을 취득하리라는 점에 대한 고도의 개연성이 있었으므로, 원고의 위 구상금 채권은 채권자취소권의 피보전채권이 될 수 있다고 판단하였다.

3. 그러나 원심의 이러한 판단은 다음과 같은 이유에서 그대로 수긍하기 어렵다.

원심판결 이유 및 원심이 적법하게 채택한 증거에 의하여 알 수 있는 다음과 같은 사정, 즉 청주위니아는 4건의 대출금 이자를 2009. 10. 28. 내지 2010. 1. 13.까지는 정상적으로 납부하였고, 이 사건 채권양도계약이 체결된 때부터 약 10개월이 지난 2010. 1. 29.에야 비로소 이 사건 제4신용보증계약에 기한 보증사고가 발생하였으며, 그로부터 다시 약 3개월이 지난 2010. 4. 28. 원고가 이 사건 각 신용보증계약에 따라 국민은행에 대위변제를 하고 구상금 채권을 취득한 점, 한편 원고도 이 사건 채권양도계약이 체결된 이후인 2009. 10. 23. 청주위니아의 요청에 따라 이 사건 제1신용보증계약의 보증기한을 1년 더 연장하여 주기까지 한 점 등의 사정을 앞서 든 법리에 비추어 보면, 비록 이 사건 채권양도계약 체결 당시 채권 성립의 기초가 되는 법률관계는 성립되어 있었다고 하더라도 원심 판시와 같은 사정만으로 가까운 장래에 그 법률관계에 기하여 채권이 성립되리라는 점에 대한 고도의 개연성이 있었다고 단정하기 어렵다. 그럼에도 불구하고 원심은 그 판시와 같은 이유만으로 원고의 소외 1에 대한 위 구상금 채권이 채권자취소권의 피보전채권이 될 수 있다고 판단하였으니, 이러한 원심판결에는 채권자취소권의 피보전채권에 관한 법리를 오해한 위법이 있고, 이는 판결 결과에 영향을 미쳤음이 분명하다. 이 점에 관한 상고이유 주장에는 정당한 이유가 있다."[20]

　　원심은 사해행위가 2009. 4. 2.인데 이자는 2009. 10. 28. 내지 2010. 1. 3. 까지는 정상적으로 납부하였지만 2008년도 253,541,660원의 당기순손실이 발생했고 2009년도에는 567,299,137원의 당기순손실이 발생한 점을 강조하였습니다. 그러나 대법원은 이자연체가 사해행위 시점부터 10개월이 지나서 발생하였을 뿐만 아니라 원고 스스로도 2009. 10. 23.에 신용보증계약을 1년 연장해 주었다는 것은 가장 큰 타격이었을 것으로 보았습니다. 원고 스스로도 연장을 해주었다고 한다면 원고 스스로도 2009. 10. 23.에 가까운 시기에 채권이 발생할 것이라는 고도의 개연성이 없다고 본 것이 아닌가라는 점을 강조하고 있습니다. 그렇다고 하면 그로부터 7개월 전인 2009. 4. 2.에는 더욱 고도의 개연성이 있다고 볼 수 없는 것이 아닌가라는 생각을 해 볼 수 있습니다. 이는 이미 대법원이 오래 전 판례에서도 취한 판단 방법입니다. 대법원 2005다8286, 8293 판례에서는 이와 비슷한 언급을 하였습니다. 대법원은 "더구나 이 사건 매매예약 체결 이후인 2001. 12. 7. 원고가 유○○과 별도의 신용보증계약을 체결한 점을 감안하면 더욱 그러하다"라고 하면서 고도의 개연성이 없다고 판시하였습니다.

9) 길천주식회사의 2건 근저당권설정해 준 사건 - 6개월 마지노선

"원심은, 채무자 소외 1이 2006. 2. 13. 피고 1과 사이에, 같은 해 6. 30. 피고 두루약품 주식회사(이하 '피고 두루약품'이라고만 한다)와 사이에 이 사건 각 근저당권설정계약을 체결할 당시에는 원고의 길천 주식회사에 대한 사전구상금 채권이 아직 발생하지 않았으나, 이 사건 신용보증사고가 발생하기 전에 이미 그 기초가 되는 법률관계인 신용보증약정이 체결되어 있었고 이를 소외 1이 연대보증하기로 약정한 점, 위 각 근저당권설정계약을 체결한 지 2개월 내지 6개월 정도 지난 2006. 8. 26. 실제로 신용보증사고가 발생함으로써 가까운 장래에 원고의 사전구상권이 발생할 것이라는 점에 대한 고도의 개연성이 있었던 점 등을 종합하면, 원고의 소외 1에 대한 사전구상금 채권은

---

20) 대법원 2013. 2. 14. 선고 2012다83100 판결 [사해행위취소]

> 피고들에 대한 채권자취소권의 피보전채권이 될 수 있다고 판단하였다.
> 위 법리와 기록에 비추어 살펴보면, 원심의 판단은 정당하고, 거기에 상고이유로 주장하는 바와 같은 채권자취소권의 피보전채권에 관한 법리오해나 심리미진 등의 위법이 없다."21)

2006. 8. 26.에 신용보증사고가 발생했는데, 사해행위는 2006. 2. 13. 근저당권설정, 2006. 6. 30. 근저당권설정계약이었습니다. 2개월과 6개월입니다. 부산고법은 2006. 2. 13.자 근저당권설정계약에 대하여 1심은 원고청구기각한 것을 취소하고 원고승소판결을 하였고, 피고 두루약품 주식회사의 건은 1심도 원고승소판결을 하였고 피고 두루약품의 항소를 기각하였습니다. 이에 대하여 피고들 모두 항소를 하였습니다. 피고 1의 상고는 기각하였고, 피고 두루약품의 고도의 개연성부분은 이유가 없다고 하면서 다른 이유로 일부 파기환송을 하였습니다.

일반적으로 법원에서 가까운 시점이 채권이 발생할 고도의 개연성을 검토할 때에 인정하는 마지노선 기간이 6개월 정도인데 이 판례는 이를 정확히 보여주고 있습니다.

10) 씨앤아이기계공업 사건 – 사해행위이후 80여일만에 기한이익상실 110만 원에 부도 170일만에 폐업처리된 경우

> "원심판결 이유에 의하면, 원심은 그 채택 증거를 종합하여 판시와 같은 사실을 인정한 다음, 소외 1이 자신이 소유하던 이 사건 아파트를 피고들에게 매도할 당시인 2009. 4. 24.에 원고의 소외 1에 대한 구상금채권이 현실적으로 발생하지는 않았다고 할 것이나, 판시 증거에 의하면 씨앤아이기계공업 주식회사(이하 '씨앤아이'라고 한다)는 2009. 4. 1.부터 부가가치세인 국세를 체납하고 있었고, 2009. 7. 16.에는 삼성카드 주식회사에 리스료를 연체하고 있었으며, 2009. 7. 17.에는 농업협동조합중앙회에 대한 대출금이자를 연체하여 기한의 이익을 상실하였고, 그 직후인 2009. 8. 10.에는 액

21) 대법원 2012. 1. 12. 선고 2010다64792 판결 [사해행위취소등]

면금 155,355,000원의 약속어음을 결제하지 못하여 부도를 낸 끝에 2009. 10. 5. 폐업처리된 사실을 인정할 수 있는데, 소외 1이 씨앤아이의 원고에 대한 장래의 구상금채무를 연대보증하는 것 등을 내용으로 하는 이 사건 신용보증약정은 2008. 3. 17. 체결되어 채권자취소권에 의하여 보호될 수 있는 채권성립의 기초가 되는 법률관계가 이미 발생되어 있었고, 이 사건 매매계약 당시에는 씨앤아이는 국세를 체납하고 있었을 뿐 아니라 이 사건 매매계약이 체결되고 소유권이전등기가 마쳐진 때부터 약 80일가량 후인 2009. 7. 17. 씨앤아이가 기한의 이익을 상실하는 신용보증사고가 발생하였으며, 씨앤아이가 2009. 8. 10. 액면금 155,355,000원의 약속어음을 결제하지 못하여 부도를 낸 끝에 2009. 10. 5. 폐업처리됨으로써 가까운 장래에 원고의 대위변제로 인한 구상금채권이 현실화될 고도의 개연성이 있었고, 원고가 2009. 11. 20. 씨앤아이를 대위하여 농업협동조합중앙회에 대출원리금을 변제함으로써 구상금채권이 실제로 발생하는 등 그 개연성이 현실화되었으므로, 원고의 소외 1에 대한 구상금채권은 채권자취소권의 피보전채권이 된다고 판단하였다.

관련 법리와 기록에 비추어 살펴보면, 원심의 위와 같은 조치는 정당한 것으로 수긍할 수 있고, 거기에 상고이유로 주장하는 바와 같이 사해행위취소의 피보전채권에 관한 법리를 오해하거나 논리와 경험의 법칙을 위반하고 자유심증주의의 한계를 벗어난 위법이 없다. 이 부분 상고이유의 주장은 이유 없다."[22]

이 사건 대출 건의 이자연체는 사해행위 시점과 80일간의 차이가 있습니다. 2달 20일정도입니다. 그리고 다른 채무들이 곧바로 발생하고 바로 2009. 7. 17.에 기한의 이익상실이 되고 2009. 8. 10.에 부도가 나고 2009. 10. 5.에 폐업처리가 된 것을 보면, 충분히 고도의 개연성이 있다고 판시하였고 옳다고 볼 것입니다. 이자 연체만으로 파악할 것은 아닙니다.

11) 매매예약체결하고 나서 바로 물품대금지급지체하거나 도급공사가 중단된 경우

"원심판결 이유와 기록에 의하면, 이 사건 사해행위취소의 피보전채권인 원고의 소외 1에 대한 구상금채권은 원고가 보험금을 지급한 2008. 12. 26. 및 2009. 1. 23. 발생

---

22) 대법원 2011. 11. 10. 선고 2011다53614 판결 [구상금등]

하였으므로, 원고가 사행행위로서 취소를 구하는 이 사건 매매예약 체결일인 2008. 7. 22.에는 아직 발생하지 아니하였으나, 그 당시에는 이미 위 구상금채권 성립의 기초가 되는 각 이행보증보험에 따른 법률관계가 존재하고 있었고, 소외 회사가 2008년 7월 경부터 애경레지콘 주식회사(이하 '애경레지콘'이라 한다)에 대한 물품대금의 지급을 지 체하고, 2008. 8. 1. 신동아건설 주식회사(이하 '신동아건설'이라 한다)로부터 도급받은 공사가 중단되었으므로, 소외 회사의 원고에 대한 각 이행보증보험에 따른 채무를 연대 보증한 소외 1은 가까운 장래에 원고에게 구상금채무를 부담하게 되리라는 점에 대한 고도의 개연성이 있었으며, 실제로 신동아건설 및 애경레지콘의 청구에 따라 원고가 보 험금을 지급함으로써 그 개연성이 현실화되었으므로, 원고의 소외 1에 대한 구상금채 권은 이 사건 채권자취소권의 피보전채권이 될 수 있다.
같은 취지의 원심 판단은 정당하다.
원심판결에는 채권자취소권의 피보전채권에 관한 법리오해 등의 위법이 없다."[23]

　　　원고는 서울보증보험사건이며 지은이가 직접 수행한 사건입니다. 신용보증 기금과 기술보증기금은 대부분이 은행권 대출금에 대한 지급보증이기 때문에 사실 그 발생일자가, 즉 연체이자가 명확히 나옵니다. 그에 반하여 서울보증보 험은 이행보증보험과 같은 경우는 피보험자와 보험계약자의 법률적 문제가 있 고 나서 보험금을 지급청구를 하는 것이기 때문에 시간적인 간극이 있습니다. 그렇기 때문에 이런 경우에 당연히 보험금청구시점으로 볼 것이 아니라 보험계 약자와 피보험자 간의 분쟁의 시점을 기준으로 해야 할 것입니다.
　　　사해행위는 2008. 7. 22.인데 애경레지콘에 2008. 7.경부터 물품대금의 지 급을 지체하였고. 2008. 8. 1.에 신동아건설과 공사도급이 중단되었으니 보험금 을 지급한 2008. 12. 26.이나 2009. 1. 23.로 볼 것이 아니라 이 시점으로 보고 고도의 개연성이 가까운 시점에 현실적으로 채권이 발생하였다고 보아야 할 것 입니다. 보험금지급한 시점과 사해행위시점을 보면, 5개월이나 6개월 차이로 6 개월 마지노선 안이라고 할 것입니다. 이 판례는 이 점보다는 다른 부분에서 중 요한 의미가 있는 판례였습니다.

---

23) 대법원 2011. 1. 13. 선고 2010다68084 판결 [구상금등]

12) 전세권설정계약과 영업전부를 무상양도한 경우 – 10억 원이 넘는 대출금 부담하고 있는 상황

"원심판결 이유와 기록에 의하면, 이 사건 사해행위취소의 피보전채권인 원고의 소외 1에 대한 구상금채권은 원고가 신용보증채무를 이행한 2005. 4. 29. 발생하였으므로 원고가 사해행위로서 취소를 구하는 이 사건 전세권설정계약 체결일인 2004. 10. 29.에는 아직 발생되지 아니하였으나, 이 사건 전세권설정계약 당시 소외 1이 이 사건 신용보증계약의 당사자의 지위에 있었고 주채무자로서 중소기업은행에 대하여 신용보증의 대상인 대출금채무를 부담하고 있었던 이상 원고의 구상금채권 성립의 기초가 되는 법률관계는 이미 발생되어 있었다고 볼 것인데, 보증사고를 일으키지는 아니하였다고 하더라도 소외 1이 이미 중소기업은행에 대하여 신용보증의 대상이 되는 10억 원도 넘는 대출금채무를 부담하고 있는 상태에서 이를 변제할 아무런 방도를 강구하지 아니한 채 피고 회사에게 이 사건 전세권설정계약과 아울러 ○○산업의 영업 전부를 무상양도하기로 결정하였음에 비추어 이 사건 전세권설정계약 당시에는 가까운 장래에 신용보증사고 및 구상금채권이 발생할 고도의 개연성이 있었다고 볼 것이고, 실제로 소외 1이 ○○산업을 폐업한 뒤 중소기업은행에게 대출금을 제때 변제하지 못하여 2005. 3. 26. 이 사건 신용보증사고를 일으키고 보증인인 원고가 2005. 4. 29. 중소기업은행에 보증채무를 이행하고 소외 1에 대한 구상금채권을 취득함으로써 그 개연성이 현실화되었으므로, 원고의 소외 1에 대한 구상금채권은 채권자취소권의 피보전채권이 될 수 있다고 할 것이다.
같은 취지의 원심 판단은 정당하고, 거기에 채권자취소권의 피보전채권에 관한 채증법칙 위반, 심리미진, 법리오해 등의 위법이 없다."[24]

원고는 신용보증기금이었습니다. 이 판례의 중요성은 채무자의 채무액수를 고도의 개연성 판단에 고려하였다는 점입니다. 이와 같이 한 이유는 사해행위는 2004. 10. 29.이고 보증사고는 2005. 3. 26.입니다. 5개월 정도의 차이가 납니다. 그렇기 때문에 마지노선 안이긴 한데 다른 자료는 없었던 것으로 보입니다. 문제는 전세권설정계약을 체결하고 ○○산업의 영업전부를 무상양도하였고 먼저 회사를 폐업하고 나서 대출금을 변제하지 못한 것으로 보입니다. 이처럼 자신의

24) 대법원 2010. 7. 15. 선고 2007다21245 판결 [사해행위취소등]

공장이나 권리를 전부 넘겨버린다는 것은 그것으로 사업을 하지 않겠다는 것을 보여준 것이나 마찬가지입니다. 이자를 몇 개월 더 추가로 납부한 것은 전혀 문제가 되지 않는다고 할 것입니다.

13) 은행이 자신의 채권에 대한 이자를 연체하자 근저당권을 설정받았고 50일 이후에 사전구상권이 발생한 사건

"원심판결 이유에 의하면, 원심은, 원고가 소외 1에 대한 채권으로 주장하는 것은 소외 2 주식회사와의 2007. 4. 6.자 신용보증약정상 연대보증채권이라고 할 것인데, 이 사건 근저당권설정계약 당시에는 소외 2 주식회사와의 신용보증약정조차 체결되지 않은 상태였을 뿐만 아니라, 나아가 2007. 4. 6.자 신용보증약정 체결의 개연성이 고도로 높아진 단계에 있었다는 점에 대하여 원고의 아무런 주장·입증도 없다는 이유로 원고의 이 사건 청구를 배척한 제1심판결을 그대로 유지하였다.

한편, 원심은 가정적 판단으로, 원고의 소외 1에 대한 피보전채권의 성립의 기초가 되는 법률관계를 소외 2 주식회사와의 2006. 4. 5.자 신용보증약정에 따른 소외 1과의 연대보증약정으로 보더라도 원고가 제출한 증거들만으로는 그로부터 가까운 장래에 위 연대보증약정에 기하여 원고의 소외 1에 대한 구상금채권이 성립하리라는 점에 고도의 개연성이 있다고 보기에 부족하고 달리 이를 인정할 증거가 없을 뿐만 아니라, 원고의 소외 1에 대한 구상금채권이 실제로 성립한 시기 또한 위 연대보증약정일로부터 무려 2년이 지난 뒤여서 가까운 장래에 그 개연성이 현실화되었다고도 볼 수 없으므로, 원고의 주장은 어느 모로 보나 이유 없다고 판단하였다.

2. 대법원의 판단

가. 채권자취소권에 의하여 보호될 수 있는 채권은 원칙적으로 사해행위라고 볼 수 있는 행위가 행하여지기 전에 발생한 것임을 요하지만, 그 사해행위 당시에 이미 채권 성립의 기초가 되는 법률관계가 발생하여 있고, 가까운 장래에 그 법률관계에 기하여 채권이 성립하리라는 점에 대한 고도의 개연성이 있으며, 실제로 가까운 장래에 그 개연성이 현실화되어 채권이 성립한 경우에는, 그 채권도 채권자취소권의 피보전채권이 될 수 있다(대법원 1995. 11. 28. 선고 95다27905 판결, 대법원 2007. 5. 31. 선고 2006다48588 판결 등 참조).

나. 원심이 인용한 제1심판결 이유 및 기록에 의하면 다음의 각 사실을 알 수 있다.

① 원고는 2006. 4. 5. 소외 2 주식회사와 위 회사가 보성농업협동조합(이하 '보성농

협'이라 한다)에 대하여 부담하는 물품대금채무의 지급을 보증하는 내용의 신용보증약정(이하 '구 신용보증약정'이라 한다)을 체결하였고, 2007. 4. 6. 다시 소외 2 주식회사와 보증원금 3억 원, 보증기간 2008. 4. 5.로 하여 보성농협에 대한 물품대금채무의 지급을 보증하는 내용의 신용보증약정(이하 '갱신 신용보증약정'이라 한다)을 체결하였고, 소외 2 주식회사 대표이사인 소외 1은 위 각 신용보증약정에 따라 소외 2 주식회사가 원고에게 부담하는 채무를 각 연대보증하였다.

② 위 갱신 신용보증약정에 따른 보증대상은 2006. 4. 5.(구 보증일자)부터 2007. 4. 4.(구 어음지급기일)까지와 2007. 4. 7. 이후부터 어음지급기일 이전까지의 각 물품대금채무이다.

③ 원고는 2008. 4. 15. 보증원금 3억 원을 보성농협에 대위변제하였는데, 그 금액 중 상당 부분이 구 신용보증약정에 따른 보증기간 동안에 발생한 물품대금채무이다.

④ 위 각 신용보증의 약정서 제6조 제1항 제4호는 '전국은행연합회의 신용정보관리규약에 따른 연체ㆍ대위변제ㆍ대지급ㆍ부도정보, 금융질서문란정보, 공공기록정보의 등록사유가 발생한 때'를 사전구상권 발생 사유로 규정하고 있다.

⑤ 소외 2 주식회사는 피고로부터 2006. 3. 9. 대출받은 3억 원의 이자를 2007. 3. 7.부터 2007. 6. 4.까지, 2006. 3. 31. 대출받은 4억 원의 이자를 2007. 7. 29.부터 2007. 8. 13.까지, 2006. 4. 20. 대출받은 3억 원의 이자를 2007. 4. 4.부터 2007. 9. 3.까지 각 연체하였고, 그 후로도 몇 차례 더 연체하였다.

⑥ 피고는 2007. 3. 12. 소외 1 소유의 이 사건 부동산에 관하여 채권최고액 3억 원의 근저당권설정계약을 체결하고, 같은 날 근저당권설정등기까지 마쳤다.

⑦ 소외 2 주식회사는 이자 지급을 연체해 오다가 국세도 체납하여 2007. 5. 2. 신용보증사고(공공기록정보의 등록 사유)가 발생하였다.

⑧ 원고는 소외 2 주식회사가 보증기간이 경과하도록 보성농협에 대한 물품대금을 지급하지 아니하자 2008. 4. 15. 보증원금인 3억 원을 보성농협에게 대위변제하였다.

다. 앞서 본 법리에 위와 같은 사실들을 비추어 보면, 이 사건 각 신용보증약정의 기초적 법률관계는 동일하다고 할 것이므로, 이 사건 근저당권설정계약 체결 당시 이미 원고의 소외 1에 대한 구상금채권의 성립의 기초가 되는 원고와 소외 2 주식회사 사이의 구 신용보증약정 및 소외 1의 연대보증계약이 성립하여 있었고, 소외 2 주식회사는 위 근저당권설정계약 체결 직전 무렵부터 피고에 대한 대출금의 이자조차 지급하기 어려울 정도로 자금사정이 악화되어 위 근저당권설정계약 체결일로부터 가까운 장래에 원고의 구상금채권이 발생할 것이라는 점에 대한 고도의 개연성이 있었고, 실제로 이 사

> 건 근저당권설정계약 체결일로부터 약 50일이 경과한 2007. 5. 2. 국세체납으로 인한 신용보증사고가 발생하여 원고가 소외 1에 대한 사전구상권을 취득하였고, 그 후 소외 2 주식회사의 물품대금채무를 대위변제하여 구상금채권이 성립하였다고 할 것이다."25)

　　원고는 신용보증기금이고 피고는 중소기업은행이었습니다. 이미 대출금에 대한 이자를 연체하자 근저당권을 설정받은 것을 알 수 있고 그 이후에도 이 대출금에 연체가 된 것을 알 수 있습니다. 원심은 채권성립의 기초가 있는 법률관계가 없다고 하였고 가사 있다고 하더라도 고도의 개연성이 없다고 하였으나 대법원은 2건의 보증이 동일성이 충족되고 발생된 금액 대분이 구 신용보증계약에 기한 물품대금이었다고 하면서 채권성립의 기초가 되는 법률관계도 있고 고도의 개연성도 있다고 하였습니다. 사해행위는 2007. 3. 12.인데 보증사고 발생은 2007. 5. 2.의 사전구상권이라고 하고 있습니다. 불과 50일 정도밖에 차이가 나지 않습니다. 그렇기 때문에 이 판례는 정당하게 판단하였다고 할 것입니다.

14) 지방자치단체의 취득세의 피보전채권성립시기 - 사해신탁

> "1. 채권자취소권에 의하여 보호될 수 있는 채권은 원칙적으로 사해행위라고 볼 수 있는 행위가 행하여지기 전에 발생된 것임을 요하지만 그 사해행위 당시에 이미 채권 성립의 기초가 되는 법률관계가 발생되어 있고, 가까운 장래에 그 법률관계에 터잡아 채권이 성립되리라는 점에 대한 고도의 개연성이 있으며, 실제로 가까운 장래에 그 개연성이 현실화되어 채권이 성립된 경우에는 그 채권도 채권자취소권의 피보전채권이 될 수 있다(대법원 2001. 3. 23. 선고 2000다37821 판결 등 참조).
> 지방세법 제29조 제1항 제1호에 의하면, 취득세 납세의무는 취득세 과세물건을 취득하는 때에 성립하고, 지방세법 시행령 제73조 제4항에 의하면, 건축허가를 받아 건축하는 건축물에 있어서는 사용승인서 교부일(사용승인서 교부일 이전에 사실상 사용하거나 임시사용승인을 받은 경우에는 그 사실상의 사용일 또는 임시사용승인일)을 취득일로 본다고 규정하고 있는바, 원심이 인정한 사실관계에 의하면, 소외 회사는 이 사건 상가의 신축공사를 완료하고 2004. 8. 13. 사용승인을 받은 사실, 소외 회사는 2004.

---

25) 대법원 2010. 4. 29. 선고 2009다80705 판결 [사해행위취소]

9. 10. 이 사건 상가에 대한 취득세 및 농어촌특별세를 신고하고 납부기한을 2004. 9. 12.까지로 하는 고지서를 발급받았으나 소외 회사는 위 취득세 및 농어촌특별세를 납부하지 않은 사실을 알 수 있으므로, 늦어도 소외 회사가 이 사건 상가에 대하여 사용승인을 받은 2004. 8. 13. 당시에는 위 취득세 및 농어촌특별세 채권은 채권자취소권의 피보전채권이 될 수 있다고 할 것이다.

2. 당사자 사이에 일련의 약정과 그 이행으로 최종적인 법률행위를 한 경우, 일련의 약정과 최종적인 법률행위를 동일한 법률행위로 평가할 수 없다면, 일련의 약정과는 별도로 최종적인 법률행위에 대하여 사해행위의 성립 여부를 판단하여야 하고, 이때 동일한 법률행위로 평가할 수 있는지는 당사자가 같은지 여부, 일련의 약정에서 최종적인 법률행위의 내용이 특정되어 있거나 특정할 수 있는 방법과 기준이 정해져 있는지 여부, 조건 없이 최종적인 법률행위가 예정되어 있는지 여부 등을 종합하여 판단하여야 한다.

원심판결 이유와 기록에 의하면, 소외 회사는 2003. 3.경부터 이 사건 상가의 신축·분양 사업을 시행하면서, 농업협동조합중앙회(이하 '농협'이라고 한다)로부터 90억 원을 한도로 대출을 받기로 하였고, 같은 무렵 농협 및 시공사인 주식회사 ○○종합건설과 사이에 사업약정서를 체결하였는데 동 사업약정서 제17조 제2항에서, '소외 회사는 건물 보존등기시 대출원리금 및 공사대금 미지급금이 잔존하는 경우 보존등기함과 동시에 담보신탁(또는 처분신탁)을 경료키로 한다'고 약정한 사실, 소외 회사는 2003. 3. 27. 피고와의 사이에 이 사건 상가부지가 될 토지에 대하여 부동산관리신탁계약(이하 '이 사건 제1차 신탁계약'이라고 한다)을 체결하고 2003. 3. 31. 위 토지에 관해 '2003. 3. 27. 신탁'을 원인으로 피고 앞으로 신탁등기를 마친 사실, 소외 회사는 2004. 5. 17. 피고와의 사이에 이 사건 제1차 신탁계약을 변경하여, '이 사건 상가 신축건물의 보존등기시까지 소외 회사의 농협에 대한 채무가 완제되지 않았을 경우, 보존등기와 동시에 미분양물건에 대한 담보신탁계약을 체결하기로 한다'는 약정을 한 사실, 소외 회사는 앞서 본 바와 같이 이 사건 상가에 대하여 2004. 8. 13. 사용승인을 받은 다음 2004. 9. 10. 피고와의 사이에 이 사건 상가 신축건물 61개 점포 전부에 대하여 부동산담보신탁계약(이하 '이 사건 제2차 신탁계약'이라고 한다)을 체결하고, 같은 날 61개 점포 전부에 대하여 '2004. 9. 10. 신탁'을 원인으로 피고 앞으로 신탁등기를 마친 사실을 알 수 있는바, 위 2003. 3.경 체결한 사업약정서는 소외 회사와 농협, 주식회사 ○○종합건설 사이에 체결된 것으로서 피고는 그 당사자가 아니고, 이 사건 제1차 신탁계약은 이 사건 상가부지가 될 토지에 대한 부동산관리신탁에 지나지 않으며, 2004. 5. 17.자 변경약정과 위 사업약정서 제17조 제2항은 '이 사건 상가 신축건물의 보존등기시까지 소외 회사의 농협에 대한 채무가 완제되지 않았을 경우'라는 조건부로 담보신탁계약을 체결할 의무를 부과하는 약정에 불과하여 향후 체결할 담보신탁계약의 신탁재산, 신탁기간, 수익자 등 그 구체적인 내용에 관하여 전혀 정함이 없으므로, 이 사건 제2차 신탁계약과 종전의 일련의 위와 같은 약정은 동일한 법률행위라고 볼 수 없다.

따라서 채권자취소권의 피보전채권이 될 수 있는 요건을 갖추었는지 여부를 비롯하여 사해의사 등 사해행위에 대한 판단은 종전의 일련의 약정과는 별도로 이 사건 상가 신축건물 61개 점포에 대한 신탁등기의 원인이 된 법률행위인 이 사건 제2차 신탁계약 당시를 기준으로 판단하여야 할 것이다."[26]

　　대법원은 이 사건 제2차 신탁계약과 제1차 신탁계약을 별개라고 보았고, 이 사건 제3차 신탁계약은 2004. 9. 10.이고 이 사건 건물의 사용승인시점은 2004. 8. 13.입니다. 이렇기 때문에 2004. 8. 13.에 이미 화성시의 취득세 채권은 성립되고 발생된 것입니다. 그렇기 때문에 2004. 9. 10.을 기준으로 하여 채무초과, 사해의사 등을 파악하여야 할 것입니다. 이 판례는 일련의 법률행위가 이루어진 경우에 어떤 시점을 기준으로 사해행위를 판단한 것인가에 관한 기준을 제시하였다는 점에서 의미가 크다고 할 것입니다.

　　1심은 원고인 화성시가 승소하였으나 항소심은 취소되어 피고가 승소하였고 대법원은 파기환송을 하였으며 파기환송심은 항소기각 판결을 하였고, 다시 상고가 되었고, 다시 파기환송이 되었고 제2차 파기환송심은 원고의 소를 각하하였고 3차 상고심은 심리불속행기각으로 결론이 난 사건입니다. 2차 대법원 판결인 대법원 2010다15325 판례는 공개가 되어 있지 않고 있습니다. 원고가 항소심에서 각하판결을 당한 것을 보면, 2차 신탁계약을 사해행위취소로 넣은 것은 1년이나 5년의 제척기간 도과되었을 수 있다고 보입니다. 2004. 9. 10.에 계약이 있고 이 판결이 2009. 11. 12.에 선고되었으니 5년이 넘었던 것으로 보이기 때문에 제척기간 5년을 넘겼을 수도 있다는 생각이 듭니다. 아니면 피고가 자진하여 신탁계약을 해지하고 부동산을 돌려놓았을 수도 있고 말입니다.

---

26) 대법원 2009. 11. 12. 선고 2009다53437 판결 [사해신탁취소]

15) 어음채권추심의뢰한 경우 추심금 지급의무의 발생시기

"채권자취소권에 의하여 보호될 수 있는 채권은 원칙적으로 사해행위라고 볼 수 있는 행위가 행하여지기 전에 발생된 것임을 요하고, 다만 그 사해행위 당시에 이미 채권 성립의 기초가 되는 법률관계가 발생되어 있고, 가까운 장래에 그 법률관계에 기하여 채권이 성립되리라는 점에 대한 고도의 개연성이 있으며, 실제로 가까운 장래에 그 개연성이 현실화되어 채권이 성립된 경우에는 그 채권도 채권자취소권의 피보전채권이 될 수 있다 할 것인바(대법원 1999. 4. 27. 선고 98다56690 판결 등 참조), **어음채권의 추심을 의뢰받은 수임인이 위임인에 대하여 부담하는 추심금의 지급의무는 현실적으로 제3채무자로부터 이를 지급받은 경우에 구체적으로 발생하는 것일 뿐이므로**(대법원 1963. 9. 26. 선고 63다423 판결, 대법원 2005. 9. 28. 선고 2003다61931 판결 등 참조), **추심의 의뢰 혹은 제3채무자에 대한 청구(지급제시)의 사실만으로는 채권자취소권의 피보전채권이 될 수 있는 구체적 권리가 발생한 것으로 볼 수 없다 할 것이다.** 위 법리와 원심의 인정사실에 비추어 보면, **원고와의 추심위임약정에 따라 원고로부터 이 사건 정리채권을 양도받은 소외인이 위 정리채권을 변제기에 추심하여 원고에게 지급하여야 하는 채무는 소외인과 피고 사이의 위 정리채권 양도행위에 대한 채권자취소권의 피보전채권이 될 수 없다 할 것이니, 위 추심행위 이전의 추상적인 추심금지급청구권을 피보전권리로 하는 원고의 이 사건 채권자취소권의 행사는 받아들일 수 없다** 할 것이다."[27]

"채권자취소권에 의하여 보호될 수 있는 채권은 원칙적으로 사해행위라고 볼 수 있는 행위가 행하여지기 전에 발생된 것임을 요하나, 그 사해행위 당시에 이미 채권성립의 기초가 되는 법률관계가 발생되어 있고, 가까운 장래에 그 법률관계에 기하여 채권이 성립되리라는 점에 대한 고도의 개연성이 있으며, 실제로 가까운 장래에 그 개연성이 현실화되어 채권이 성립된 경우에는, 그 채권도 채권자취소권의 피보전채권이 될 수 있지만, 추심위임을 해지하여 소외 1에 대하여 이 사건 정리채권에 대한 양도청구권을 가지고 있는 원고가 소외 1에 대하여 이 사건 정리채권 양도에 따른 이 사건 정리채권의 가액 상당의 손해배상청구권을 가진다 하여도 이러한 손해배상청구권은 위 양도행위

---

27) 대법원 2009. 9. 24. 선고 2009다37107 판결 [사해행위취소]

> 자체에 의해 발생한 손해배상청구권이므로 위 양도행위에 대한 사해행위취소권을 행사
> 할 수 있는 피보전채권에 해당한다고 할 수 없다.
> 또한 채권자취소권을 특정물에 대한 양도청구권을 보전하기 위하여 행사하는 것은 허
> 용되지 아니하여 이 사건 정리채권에 대한 양도청구권의 보전을 위하여 위 양도행위에
> 대하여 채권자취소권을 행사할 수는 없으므로(대법원 1999. 4. 27. 선고 98다56690
> 판결 등 참조), 원고의 예비적 청구에 관한 주장도 받아들일 수 없다."28)

원심은 서울고등법원은 추심위임을 해지함으로 이 사건 정리채권에 대한
양도청구권을 가진다고 주장하고 이 채권 상당의 손해배상채무를 주장하였는데
양도행위 자체에 의해 발생하는 손해배상채권이기 때문에 피보전채권이 될 수
없다고 하였고 또한 정리채권에 대한 양도청구권 보전을 위한 사해행위취소는
원고의 채권이 특정물채권이기 때문에 안 된다고 기각을 하였습니다.

그에 반해 대법원은 추심의뢰를 받은 수임인이 위임에게 부담하는 추심금
지급의무는 제3자로부터 지급을 받은 경우에 발생한다고 하여 이유가 없다고
하였습니다. 원고가 소외 1에게 약속어음을 교부하면서 추심의뢰를 하고 배서까
지 해 주었는데 지급거절이 되고 발행인 회사로부터 받은 12장 10억 원의 약속
어음 채권이었는데 이 발행회사는 정리회사가 되었고 결국 소외 1이 신고를 하
고 정리채권이 되었습니다. 그런데 소외 1이 피고에게 이 채권 중 5억 원을 양
도하고 양도통지를 해 버린 것입니다.

16) 소결

1995년부터 2009년 초반까지의 고도의 개연성과 그 이후의 고도의 개연성
을 보면 전반기의 고도의 개연성은 주로 이자연체와 보증사고시점과 사해행위
시점의 간격이 얼마나 되는지가 문제가 되었다고 한다면, 이후에는 고도의 개연
성에 관한 판단에 있어서 구체적인 기준을 제시하고 그에 따라서 채권 자체의
고도의 개연성에 중점을 두어 이것이 언제 현실적으로 발생하였는지보다, 즉 보
증사고나 손해배상채권의 발생시점보다는 그 행위 시점에 채권발생의 고도의

---

28) 서울고등법원 2009. 4. 23. 선고 2007나82310 판결 [사해행위취소]

개연성에 무게를 두고 판단하였다는 점에서 2010년 이후의 대법원 판례는 진일
보하였다고 할 것입니다.

"채권자취소권에 의하여 보호될 수 있는 채권이 성립되리라는 점에 대한
고도의 개연성은 <u>채권자와 채무자 사이의 기초적 법률관계의 내용, 채무자의 재</u>
<u>산상태 및 그 변화내용, 일반적으로 그와 같은 상태에서 채권이 발생하는 빈도</u>
<u>및 이에 대한 일반인의 인식 정도 등 여러 가지 사정을 종합하여 객관적으로 판</u>
<u>단하여야 할 것</u>이다(대법원 2002. 12. 6. 선고 2001다70788 판결 등 참조)."

이 부분에 대하여 소송을 수행하는 수행하는 자들은 열심히 입증을 하고
주장을 하여 판사의 마음을 얻어야 할 것입니다.

마. 가까운 장래에 그 개연성이 현실화되어 채권이 성립할 것

1) 거의 문제가 되지 않음

실제적으로 고도의 개연성이 인정되는 경우에는 현실적으로 성립하였는지
여부는 문제가 되지 않습니다. 문제는 법원이 고도의 개연성을 검토하면서 가까
운 시점에 현실적으로 발생하였는지를 하나의 중요한 요소로 검토하고 있는데
이는 문제가 있다고 할 것입니다. 왜냐하면 고도의 개연성과 가까운 시점에 현
실적으로 채권이 발생하는 문제는 다른 문제이기 때문입니다.

2) 2년이 지나 현실화되어 채권성립한 사건 - 충청방송 주식명의신탁사건

"갑 등이 을 주식회사에 자신들이 보유하고 있던 병 주식회사의 주식을 양도하고 그 이
행을 담보하기 위해 근질권을 설정하여 주었고, 을 회사는 근질권설정계약에 포함된 유
질계약에 터 잡아 근질권을 실행하여 위 주식의 소유권을 취득하였는데, 정이 위 주식
이 자신으로부터 명의신탁되었음을 전제로 갑 등을 상대로 손해배상을 구하는 소를 제
기하여 정의 손해배상채권을 인정하는 판결이 선고·확정되었고, 정이 위 손해배상채권
을 피보전채권으로 하여 갑 등이 무 등과 체결한 부동산 증여계약 등이 사해행위에 해
당한다는 이유로 그 취소를 구한 사안에서, 정의 손해배상채권은 위 증여계약 등의 체
결 당시에는 존재하지 아니하였으나, 당시에 이미 정의 손해배상채권 성립의 기초가 되

는 근질권설정계약에 따른 법률관계가 존재하였고, 을 회사의 근질권 실행으로 갑 등이 가까운 장래에 주식의 소유권 상실 등으로 정에게 손해배상채무를 부담하게 되리라는 고도의 개연성도 있었으며, 실제로 그 개연성이 현실화되었으므로, 위 주식이 갑 등에게 명의신탁되었음을 전제로 한 정의 손해배상채권은 채권자취소권의 피보전채권이 될 수 있다고 봄이 타당한데도, 이와 달리 본 원심판단에 법리오해 등의 잘못이 있다고 한 사례"29)

이 판례는 이미 앞에서 본 판례입니다.

사해행위는 2011. 5.경부터 같은 해 8.경까지의 여러 건의 계약입니다. 그런데 주식소유권을 상실한 시기는 2013. 4. 5.입니다. 2년 1개월이나 1년 9개월 정도 차이가 나더라도 이는 문제가 안 되었습니다. 가까운 시점에 현실적으로 채권이 성립된다는 점은 이런 점에서 큰 의미가 없다고 할 수 있습니다.

3) 담보물권자의 피보전채권의 범위시 판단에도 피보전채권의 선재성의 예외 기준이 적용됨 - 신진테크사건

"2) 한편 채권자취소권에 의하여 보호될 수 있는 채권은 원칙적으로 사해행위라고 볼 수 있는 행위가 행하여지기 전에 발생된 것임을 요하지만, 그 사해행위 당시에 이미 채권 성립의 기초가 되는 법률관계가 발생되어 있고, 가까운 장래에 그 법률관계에 기하여 채권이 성립되리라는 점에 대한 고도의 개연성이 있으며, 실제로 가까운 장래에 그 개연성이 현실화되어 채권이 성립된 경우에는, 그 채권도 채권자취소권의 피보전채권이 될 수 있다(대법원 1995. 11. 28. 선고 95다27905 판결 등 참조).
이러한 법리는 물적 담보권자가 채권자취소권을 행사할 수 있는 피보전채권의 범위를 정하는 경우에도 마찬가지로 적용된다. 이에 따라 취소채권자가 채무자 소유의 부동산에 관하여 근저당권을 설정하였는데 사해행위 당시 채무자에 대하여 근로기준법 제38조 제2항 제1호, 제1항, 「근로자퇴직급여 보장법」 제12조 제2항, 제1항에 따라 최우선변제권을 갖는 임금채권이 이미 성립되어 있고, 임금채권자가 우선변제권 있는 임금채권에 기하여 취소채권자의 담보물에 관하여 압류나 가압류 등기를 마치는 등 가까운

---

29) 대법원 2019. 12. 13. 선고 2017다208294 판결 [사해행위취소]

장래에 우선변제권을 행사하리라는 점에 대한 고도의 개연성이 있으며, 실제로 가까운 장래에 임금채권자가 그 담보물에 관하여 우선변제권을 행사하여 그 개연성이 현실화된 경우에는, 사해행위 당시 담보물로부터 우선변제를 받을 수 없는 일반채권이 발생할 고도의 개연성이 가까운 장래에 현실화된 것이므로 그 일반채권도 채권자취소권을 행사할 수 있는 피보전채권이 될 수 있다. 이러한 경우 취소채권자가 '담보물로부터 우선변제받을 금액'은 사해행위 당시를 기준으로 담보물의 가액에서 우선변제권 있는 임금채권액을 먼저 공제한 다음 산정하여야 하고, 취소채권자는 그 채권액에서 위와 같이 산정된 '담보물로부터 우선변제받을 금액'을 공제한 나머지 채권액에 대하여만 채권자취소권이 인정된다.

나. 원심판결 이유와 적법하게 채택된 증거에 의하면, 다음과 같은 사실을 알 수 있다.

1) 신진테크 주식회사(이하 '신진테크'라고 한다)는 2012. 8. 30. 한국산업은행으로부터 3,860,000,000원을 대출(이하 '이 사건 대출채권'이라고 한다)받으면서 이를 담보하기 위하여 이 사건 공장에 관하여 채권최고액 5,000,000,000원, 채무자 신진테크, 근저당권자 한국산업은행의 제1순위 근저당권을 설정하였다.

2) 신진테크는 2012. 11. 26.경 채무초과상태에서, 엘지디스플레이 주식회사 등 6개 거래업체에 대한 이 사건 매출채권을 피고에게 양도하기로 하는 내용의 이 사건 채권양도계약을 체결하고, 2012. 12. 3.경 6개 거래업체에 채권양도를 통지하였다. 이후 피고는 이 사건 매출채권 중 희성전자 주식회사, 주식회사 엘엔에프에 대한 부분의 변제를 수령하였다.

3) 한국산업은행은 2013. 6. 28. 원고에게 이 사건 대출채권을 양도하고, 2013. 7. 15.경 신진테크에 위 대출채권 양도를 통지하였다.

4) 이 사건 채권양도계약 체결 당시 이 사건 대출채권액은 3,884,727,265원이고 이 사건 공장의 시가는 3,878,220,250원이며, 신진테크를 퇴직한 근로자들의 최종 3개월분 임금 내지 최종 3년간의 퇴직금 합계액은 24,584,070원(이하 '이 사건 임금채권'이라고 한다)이다.

5) 이 사건 채권양도계약 체결 당시 신진테크의 적극재산으로는 이 사건 매출채권 외에는 이 사건 공장이 유일하였다. 신진테크를 대신하여 이 사건 임금채권을 체당금으로 지급한 근로복지공단은 이 사건 채권양도계약 체결 이후 진행된 이 사건 공장에 관한 임의경매절차(대구지방법원 김천지원 2013타경4646호)에서 이 사건 임금채권 24,584,070원을 우선배당받았다.

다. 이러한 사실관계를 앞서 본 법리에 비추어 살펴본다.

이 사건 채권양도계약 체결 당시 채무자인 신진테크의 임금채권자들이 우선변제권 있는 이 사건 임금채권을 갖고 있었고, 당시 신진테크의 적극재산은 이 사건 매출채권과 공장 외에는 존재하지 아니하였고, 신진테크가 임금을 체불할 정도로 경영상황이 좋지 않은 상황에서 자신들이 근무하는 공장 건물에 관하여 경매절차가 개시될 경우 그러한 상황을 곧바로 알 수 있는 임금채권자들이 그 경매절차에 참여하여 우선변제권을 행사하는 것은 명백하다고 볼 수 있다. 나아가 실제로 이 사건 채권양도계약 체결 후인 2013. 6. 21. 이 사건 공장에 관한 임의경매절차가 개시되었고, 이 사건 사해행위 취소소송 계속 중인 2014. 2. 21. 임금채권자들을 대위하는 근로복지공단이 그 임의경매절차에서 이 사건 임금채권 상당액인 24,584,070원을 우선배당받았다. 이러한 사정에 비추어 보면 사해행위인 이 사건 채권양도계약 체결 당시 채무자인 신진테크의 임금채권자들이 이 사건 공장에 관하여 이 사건 임금채권에 기하여 우선변제권을 행사하리라는 점에 대한 고도의 개연성이 있다고 볼 수 있고, 그 개연성이 사해행위 가까운 장래에 그대로 현실화되었으므로, 원고가 담보물인 이 사건 공장으로부터 우선변제받을 금액을 산정함에 있어 이 사건 공장의 시가에서 우선변제권이 있는 이 사건 임금채권 상당액을 먼저 공제하여야 한다.
원심이 같은 취지에서 원고의 피보전채권 범위를 정함에 있어 이 사건 임금채권액 상당을 고려한 것은 정당하고, 거기에 상고이유 주장과 같이 물적 담보권자의 채권자취소권의 피보전채권 범위에 관한 법리를 오해한 잘못이 없다."[30]

이 판례의 피보전채권의 선재성의 문제가 아니라 피보전채권을 얼마나 인정할 것인가에 관한 문제이나, 피보전채권의 범위에 관하여도 동일하게 피보전채권의 선재성의 예외이론을 적용하고 있습니다. 사해행위의 시점은 2012. 11. 26.이었습니다. 그리고 2013. 6. 21.에 임의경매개시결정이 있었고, 2014. 2. 21.에 최우선 최종 3개월분과 최종 3년치 퇴직금을 대위변제한 근로복지공단이 경매에서 이를 배당받았습니다. 그렇다고 한다면 근로복지공단은 분명 임의경매신청하고 나서 배당요구종기전에 배당요구를 하였을 것입니다. 임금채권자들이 배당요구를 하였다는 내용은 없고 서울고등법원 판결을 보면 근로복지공단이 배당요구한 것으로 판결이유에 나오고 있습니다. 그렇다고 한다면 근로자들이 이

---

30) 대법원 2021. 11. 25. 선고 2016다263355 판결 [사해행위취소]

미 그 전에 근로복지공단에 체당금을 신청하여 받아간 것임을 알 수 있습니다. 2013. 9. 21.경으로 배당요구종기를 정한 것으로 보면, 사해행위시점과 차이는 길면 10개월이고 짧으면 7개월정도일 것입니다. 체당금 금액이 24,584,070원으로 많지 않다는 점에서 보면, 체당금 시정하기 불과 1개월정도의 금원만 청구한 것이 아닌가하는 생각이 듭니다.

원고가 승소한 금액은 40,820,925원이고 피고가 가져가는 금액은 3억 6천만 원 정도가 되어 소송비용의 90%는 원고가 나머지는 피고가 부담하도록 하였습니다. 1심에서 원고는 전부 패소를 하였고 항소심에서 일부 원고가 승소하였으며, 대법원은 쌍방이 상고를 한 사건입니다.

원고의 상고이유에 대한 판단을 보면, 이렇습니다.

> "원심은 판시와 같은 이유로 **원고가 채권자취소권을 행사할 수 있는 피보전채권의 범위를 정함에 있어 이 사건 임금채권만을 고려하고, 그 밖에 원고가 주장한 이 사건 채권양도계약 이후 신진테크를 퇴직한 근로자들의 최종 3개월분 임금 및 최종 3년간의 퇴직금채권 등은 그 최우선변제권의 범위를 확정할 수 없다는 등의 이유로 피보전채권의 범위를 정함에 있어 감안하지 않았다.**
> 원심판결 이유를 관련 법리와 적법하게 채택된 증거에 비추어 살펴보면, 원심의 판단에 상고이유 주장과 같이 논리와 경험의 법칙을 위반하여 자유심증주의의 한계를 벗어나 사실을 오인하거나 채권자취소권의 피보전채권 범위에 관한 법리를 오해한 잘못이 없다."[31]

원고는 패소한 금액 전부를 상고한 것으로 보입니다. 채권양도계약 이후에 퇴사한 근로자들의 최종 3개월분 임금 및 최종 3년간 퇴직금채권도 우선변제권에서 공제되어야 한다고 주장하였지만 범위를 확정할 수 없다고 하여 이를 고려하지 아니하였으니 상고하였을 것으로 보입니다. 문제는 변호사 비용 등을 고려하여 보면, 결국 원고가 가져갈 수 있는 금액은 거의 없게 된다는 점입니다.

이는 근저당권자인데도 불구하고 사해행위당시의 부동산 가액의 담보가 보

---

31) 대법원 2021. 11. 25. 선고 2016다263355 판결 [사해행위취소]

전이 되면 취소채권자인 일반채권자의 지위에 있지 않다는 법리로 오해하여 무리하게 소송을 제기한 것이 아닌가라는 생각을 해 봅니다.

"이 사건 채권양도계약 체결 당시 이 사건 대출금채권액은 3,884,727,265원[원금 38억 6,000만 원에 원, 피고의 추가적 합의에 따른 2012. 10. 31.부터 2012. 11. 26.까지 27일간의 연 8.66%의 이자 27,727,265원(= 38억 6,000만 원 × 8.66% × 27/365, 원 미만 버림. 이하 같다)을 더한 금액이다]인데, 이 사건 공장으로부터 우선 변제받을 수 있는 금액은 이 사건 공장의 가액 3,878,220,250원에서 위 임금채권액 합계 24,584,070원을 공제한 3,853,636,180원이므로, 이 사건 채권양도계약 체결 당시 원고가 일반 채권자로서 보유하는 채권액은 31,091,085원(= 3,884,727,265원 - 3,853,636,180원)이고, 이는 변제충당 후 남은 원금에 해당한다. 한편 원, 피고 사이의 추가적 합의에 따른 2012. 10. 31.부터 2012. 11. 26.까지의 이자율이 연 8.66%인 사실은 앞서 본 바와 같고, 특별한 사정이 없는 한 이후에도 위 이자율이 그대로 적용될 것으로 추인되므로, 그 다음날인 2012. 11. 27.부터 당심 변론종결일인 2016. 7. 7.까지 3년 224일 동안의 지연손해금은 9,729,840원[= 31,091,085원 × 8.66% × (3 + 224/365)]이다. 따라서 원고는 40,820,925원(= 31,091,085원 + 9,729,840원)의 범위 내에서 채권자취소권을 행사할 수 있다."[32]

일반채권자로서 보호받은 채권의 원금은 31,091,085원이었고 변론종결시까지 이자를 구할 수 있기 때문에 그때까지의 이자가 9,729,840원이어서 위 40,820,925원이 나온 것을 알 수 있습니다. 아마 채권을 양수한 원고는 배당에서 자신의 채권을 전부 회수하지 못하였을 것입니다. 그렇기 때문에 이렇게 무리한 소송을 하였을 것입니다. 적어도 4억 원 이상은 받지 못하였을 것입니다. 그러니 피고가 회수한 금액 전부를 달라고 한 것으로 보입니다.

"제1심판결을 다음과 같이 변경한다. 피고와 신진테크 주식회사(이하 '신진테크'라 한다) 사이에 별지 목록 기재 각 채권에 관하여 2012. 11. 26. 체결된 채권양도계약을

---

32) 서울고등법원 2016. 9. 29. 선고 2015나2069011 판결 [사해행위취소]

취소한다. 피고는 신진테크에게 별지 목록 제3항 기재 채권을 양도하고, 주식회사 원우정밀(이하 '원우정밀'이라 한다)에게 위 채권양도의 통지를 하라. 피고는 신진테크에게, 레이젠 주식회사(이하 '레이젠'이라 한다)가 2013. 1. 13. 대구지방법원 김천지원 2013금제21호로 공탁한 116,093,998원에 대한, 동양산업 주식회사(이하 '동양산업'이라 한다)가 2013. 10. 1. 위 김천지원 2013금제1084호로 공탁한 86,577,138원에 대한 각 공탁금출급청구권을 양도하고, 대한민국(소관: 대구지방법원 김천지원 공탁공무원)에게 위 채권을 각 양도하였다는 취지의 통지를 하라. 피고는 원고에게 153,945,002원 및 이에 대하여 이 판결 확정일 다음날부터 다 갚는 날까지 연 5%의 비율로 계산한 돈을 지급하라."[33]

이를 합하면, 356,616,138원입니다. 이 중에 40,820,925원을 승소하였으니 속이 아플 것입니다. 거기에 소송비용까지 고려하면 결국 거의 회수하지 못할 것으로 보입니다.

4) 재산분할협의시 - 피보전채권의 선재성의 예외조건 원용

"나. 채권자취소권에 의하여 보호되는 채권은 원칙적으로 사해행위라고 볼 수 있는 행위가 있기 전에 발생된 것이어야 하지만 사해행위 당시에 이미 채권 성립의 기초가 되는 법률관계가 발생되어 있고, 가까운 장래에 그 법률관계에 터 잡아 채권이 성립되리라는 점에 대한 고도의 개연성이 있으며, 실제로 가까운 장래에 그 개연성이 현실화되어 채권이 성립된 경우에는 그 채권도 채권자취소권의 피보전채권이 될 수 있고, 이는 부부의 이혼으로 인한 협의재산분할이 사해행위취소의 대상으로 된 경우에도 같다(대법원 2001. 2. 9. 선고 2000다63516 판결 등 참조). 따라서 재산분할 협의 당시에 이미 채무 성립의 기초가 되는 법률관계가 발생되어 있고 가까운 장래에 그 법률관계에 터 잡아 채무가 성립되리라는 점에 대한 고도의 개연성이 있으며, 실제로 가까운 장래에 그 개연성이 현실화되어 채무가 성립되었고, 그 채무가 부부 공동재산의 형성·유지에 수반한 것으로 인정될 때에는 이를 채무자의 무자력 여부를 판단함에 있어 고려하여야 할 뿐만 아니라 재산분할의 대상으로도 삼아 재산분할의 상당성을 판단하여야 할 것이다.

---

33) 서울고등법원 2016. 9. 29. 선고 2015나2069011 판결 [사해행위취소]

원심이, 1997. 12. 31. 과세기간 만료로 추상적 납세의무가 성립하고 1998. 6. 1. 소외 1의 양도소득세 자진신고로 구체적 조세채무로 확정된 이 사건 양도소득세 채무와, 1997. 1. 4. 과다한 양도대금 수령으로 인하여 추상적 납세의무가 성립하고 1999. 8. 16. 강남세무서장의 부과처분으로 구체적 조세채무로 확정된 이 사건 증여세 채무를 고려하여 이 사건 재산분할 당시의 소외 1의 무자력 여부를 판단하는 한편, 위 각 조세채무를 재산분할의 대상이 되는 소극재산으로 삼은 것은 위 법리에 따른 것으로 정당하고, 거기에 상고이유에서 주장하는 바와 같은 재산분할의 대상으로 되는 채무에 관한 법리오해의 위법은 없다."34)

피보전채권의 선재성의 예외조건이 재산분할시의 소극재산의 고려시에도 그대로 적용되며 또는 이는 재산분할의 대상으로도 삼아 재산분할 상당성에도 적용된다고 하고 있습니다. 이 이론이 계속적으로 여러 요건들에 계속적으로 확장이 되고 있는 것을 판례를 검토하면서 볼 수 있었는데 다른 분야에도 이를 적용한 매우 선례적 의미가 있는 판례라고 보입니다.

5) 소결

판례를 검토해 보면, "가까운 장래에 그 개연성이 현실화되어 채권이 성립할 것"이 판례에서 문제된 적은 거의 없습니다. 고도의 개연성이 있다고 한다면 그 시점이 언제인지 관계없이 채권의 성립되는 경우이기 때문에 그러합니다. 고도의 개연성을 검토하면서 가까운 장래에 그 개연성이 현실화되어 채권이 성립할 것을 하나의 중요한 지표로 삼고 있는 판단은 옳지 않다는 것을 알 수 있습니다.

바. 결론

피보전채권의 선재성의 예외에 관한 많은 판례들이 2010년대에도 계속 나오고 있음을 알 수 있습니다. 그런데, 여기에서 중요한 점은 이 피보전채권의 선

---

34) 대법원 2006. 9. 14. 선고 2005다74900 판결 [사해행위취소]

재성의 예외라는 3개의 요건이 단순히 피보전채권의 선재성의 예외에만 그치고 있는 것이 아니라 대법원이 이 기준을 여러 부분에 확장하고 있다는 것입니다. 먼저 사해행위가 재산분할인 경우에 재산분할시의 소극재산의 판단에도 이 기준을 적용하고 만약 그와 같이 소극재산에 포함되게 된 경우에는 이 소극재산이 재산분할의 대상이 되어 재산분할의 상당성을 판단하는데 사용된다는 것입니다.

또한 위와 비슷하게 채무자의 채무초과의 판단 시에 채무자의 소극재산 판단에 있어 어떤 채무가 사해행위 시의 채무에 포함될 것인가에 관한 부분에서도 이 기준을 그대로 적용하고 있는 것을 알 수 있습니다.

또한 채권자의 피보전채권의 범위에 있어서도 이 기준을 적용하여 피보전채권으로 포섭할지를 결정하고 있습니다. 이는 우선변제권이 있는 채권자의 채권보다 더 우선순위의 채권이 있는 경우에 취소채권자의 우선권이 있는 채권이 얼마나 되는지에 필요하고 이 우선권이 있는 채권을 제외한 나머지 일반채권의 위치에 있는 채권만이 사해행위취소의 피보전채권이 되기 때문입니다.

사. 과거 판례들의 경우 - 고도의 개연성 판례들임

대법원 2000다64048 판례 부정 - 삼창식품 사례 - 이 회사의 재정상태 등을 알 수 있는 아무런 자료가 없었음

대법원 95다14503 판례 부정 - 칠강섬유 사례 - 대표이사 처에게 증여 - 재정상태 등을 인정할 아무런 자료가 없었음

대법원 2000다17346 판례 부정 - 청공산업기계 사례 - 재정상태 등을 인정할 아무런 자료가 없었음

대법원 97다34334 판례 긍정 - 부국금속 사례 - 연대보증인 채무자 아버지에게 증여 - 거래처 연쇄부도사실 - 파기환송

대법원 2000다37821 판례 긍정 - 창천종합건설 사례 - 실질적 대표자 매매예약한 사례 - 조세채권 - 형제간 사해행위 - 파기환송

대법원 2005다30641 긍정 - 한국공영 사례 - 포괄담보계약건 - 파기환송

대법원 2005다8286, 8293 판례 부정 - 병합된 사건 - 채권이 3건인데 1건은 기초가 되는 법률관계가 형성되지 않았음, 1건은 고도의 개연성도 없음(사해

행위라는 법률행위 이후에 신용보증계약까지 체결됨), 1건은 행위시점부터 1년 8개월 이후에 발생한 경우에 피보전채권이 되기는 어려울 것이라고 함 - 파기환송

대법원 2001다81870 긍정 - 신익기업 사례 - 신규대출이 대환이 아니라 경개라고 하더라도 피보전채권이 인정되며 고도의 개연성이 있다고 함 - 상고기각

대법원 2000다63516 판례 긍정 - 한일엔지니어링 사례 - 대표이사의 처남이 부장으로 있었고 이혼한 사건 - 파기환송

3. 우선변제권이 있는 채권자의 일반채권자로서 사해행위취소소송을 할 수 있는지 여부

가. 사해행위취소의 피보전채권의 특징 - 일반채권자의 지위가 필요

사해행위취소제도는 채권자평등주의에 반하는 것을 조정하기 위하여 만들어진 제도라고 할 것입니다. 그렇기 때문에 채권자평등주의에 다른 경우는 여기에서 배제가 됩니다. 즉 원칙적으로 우선변제권이 있는 근저당권자가 사후에 배당을 적게 받음으로써 받지 못한 채권을 가지고 사해행위취소소송을 제기할 수는 없을 것입니다. 다만 사해행위 당시에 여러 가지를 고려해 보았더니 우선변제권이 있다고 하더라도 그 채권 중에 일부는 우선변제를 받을 수 없다고 한다면 보호받지 못한 금액은 결국 일반채권자의 위치에 있기 때문에 이것을 가지고 사해행위취소소송을 제기할 수 있을 것입니다.

결국 이 부분에 대한 논의는 우선변제권이 있는 채권자가 사해행위 당시에 일반채권자로서 인정될 수 있기 위해서 어떤 점을 검토해야 하는지에 관한 부분입니다.

나. 우선변제권이 인정되는 경우의 일반채권을 산정한 판례들

1) 한국산업은행이 신진테크로부터 근저당권을 설정받은 사건

"[1] 주채무자 또는 제3자 소유의 부동산에 관하여 **채권자 앞으로 근저당권이 설정되어**

있고, 부동산의 가액 및 채권최고액이 당해 채무액을 초과하여 채무 전액에 대하여 채권자에게 우선변제권이 확보되어 있다면 그 범위 내에서는 채무자의 재산처분 행위가 채권자를 해하지 아니하므로, 채무자가 비록 재산을 처분하는 법률행위를 하더라도 채권자에 대하여 사해행위가 성립하지 않고, 채무액이 부동산의 가액 및 채권최고액을 초과하는 경우에는 '그 담보물로부터 우선변제받을 금액'을 공제한 나머지 채권액에 대하여만 채권자취소권이 인정된다. 이때 취소채권자가 '담보물로부터 우선변제받을 금액'은 *사해행위 당시를 기준으로* 담보물의 가액에서 취소채권자에 앞서는 선순위 담보물권자가 변제받을 금액을 먼저 공제한 다음 산정하여야 한다.

[2] 채권자취소권에 의하여 보호될 수 있는 채권은 원칙적으로 사해행위라고 볼 수 있는 행위가 행하여지기 전에 발생된 것임을 요하지만, 사해행위 당시에 이미 채권 성립의 기초가 되는 법률관계가 발생되어 있고, 가까운 장래에 그 법률관계에 기하여 채권이 성립되리라는 점에 대한 고도의 개연성이 있으며, 실제로 가까운 장래에 그 개연성이 현실화되어 채권이 성립된 경우에는, 그 채권도 채권자취소권의 피보전채권이 될 수 있다.

이러한 법리는 물적 담보권자가 채권자취소권을 행사할 수 있는 피보전채권의 범위를 정하는 경우에도 마찬가지로 적용된다. 이에 따라 취소채권자가 채무자 소유의 부동산에 관하여 근저당권을 설정하였는데 *사해행위 당시* 채무자에 대하여 근로기준법 제38조 제2항 제1호, 제1항, 근로자퇴직급여 보장법 제12조 제2항, 제1항에 따라 최우선변제권을 갖는 임금채권이 이미 성립되어 있고, 임금채권자가 우선변제권 있는 임금채권에 기하여 취소채권자의 담보물에 관하여 압류나 가압류 등기를 마치는 등 가까운 장래에 우선변제권을 행사하리라는 점에 대한 고도의 개연성이 있으며, 실제로 가까운 장래에 임금채권자가 그 담보물에 관하여 우선변제권을 행사하여 그 개연성이 현실화된 경우에는, *사해행위 당시* 담보물로부터 우선변제를 받을 수 없는 일반채권이 발생할 고도의 개연성이 가까운 장래에 현실화된 것이므로 그 일반채권도 채권자취소권을 행사할 수 있는 피보전채권이 될 수 있다. 이러한 경우 취소채권자가 '담보물로부터 우선변제받을 금액'은 사해행위 당시를 기준으로 담보물의 가액에서 우선변제권 있는 임금채권액을 먼저 공제한 다음 산정하여야 하고, 취소채권자는 그 채권액에서 위와 같이 산정된 '담보물로부터 우선변제받을 금액'을 공제한 나머지 채권액에 대하여만 채권자취소권이 인정된다."35)

---

35) 대법원 2021. 11. 25. 선고 2016다263355 판결 [사해행위취소]

이 판례는 이미 앞의 고도의 개연성에 검토된 판례입니다. 판결요지를 인용합니다. 그러나, 판결요지를 보면서 중요한 점을 충분히 이해할 수가 있습니다. 항상 평가 시는 사해행위 시점입니다. 부동산가액과 근저당권의 채권최고액을 고려하여 누가 큰지를 고려합니다. 부동산가액이 크면 근저당권은 전부 보호를 받을 것입니다. 그러나, 이 근저당권보다 우선한 선순위 채권들이 있는 경우에는 이를 고려를 하여야 합니다. 즉 실제로 사해행위 당시의 근저당권으로 보호받을 수 있는 금액을 산출하면서 공제될 금액을 파악하는 것입니다.

부동산가액 - 선순위 최우선 임금채권 - 근저당권보다 우선 법정기일이 발생한 조세채권 - (채권채권고액한도)

2) 리더스종합건설 사례 -사해행위이후에 근저당권을 설정받은 경우

"따라서 채무자가 채권자를 해하는 처분행위를 하였더라도, 그 후에 채권자가 채무자 또는 제3자 소유의 부동산을 담보로 제공받아 우선변제권을 취득하였고 사해행위취소소송의 사실심변론종결 시에 그 부동산의 가액 및 채권최고액이 당해 채무액을 초과하여 채무 전액에 대하여 채권자에게 우선변제권이 확보됨에 따라 그 처분행위로 인하여 채권자를 해하지 않게 되었다면, 채권자취소권에 의하여 책임재산을 보전할 필요성이 없으므로 채권자취소권은 소멸하고, 그 채무액이 부동산의 가액 및 채권최고액을 초과하는 경우에는 그 담보물로부터 우선변제받을 금액을 공제한 나머지 채권액에 대하여만 채권자취소권이 인정된다.

2. 원심판결과 원심이 일부 인용한 제1심판결 이유 및 적법하게 채택된 증거들을 종합하여 보면 아래와 같은 사실들을 알 수 있다.

가. 제1심 공동피고 1, 2(이하 '제1심 공동피고 1 등'이라 한다)은 2010. 4. 15. 리더스종합건설 주식회사(이하 '리더스종합건설'이라 한다)의 원고에 대한 철근대금채무를 연대보증하고, 2010. 6. 3. 어머니인 피고와 사이에 그들의 재산이었던 원심 판시 이 사건 부동산에 관하여 증여계약을 체결하였다.

나. 리더스종합건설은 2010. 3. 4. 천안신용협동조합(이하 '소외 조합'이라 한다)에 그 소유의 보령시 (주소 생략) 지상 건물 중 17개 상가에 관하여 채권최고액 1,339,000,000원인 1순위 근저당권을 설정해주었고, 위 증여계약 후인 2010. 8. 2. 원고에게 위 17개 상가 중 6개 상가에 관하여 채권최고액 400,000,000원인 2순위 근저당권을 설정해주었다.

다. 소외 조합의 신청으로 2011. 7. 26. 위 17개 상가에 대한 부동산임의경매절차가 개시되었는데, 위 경매절차에서의 감정평가에 의하면 위 17개 상가의 가액 합계는 2,108,000,000원이고, 원고가 2순위 근저당권인 위 6개 상가의 가액 합계는 539,000,000원이다.

3. 위 사실을 앞서 본 법리에 비추어 보면, 위 증여계약이 사행행위에 해당한다고 인정되더라도, 이 사건 원심 변론종결 시에 원고가 위 6개 상가로부터 선순위 근저당권자인 리더스종합건설에 이어 우선변제받을 금액이 위 변론종결 시의 원고의 채권액을 초과한다면 원고의 채권액 전부에 대해 우선변제권이 확보되므로 위 증여계약에 대한 원고의 채권자취소권은 소멸하고, 원고의 채권액 중 위 우선변제받을 금액을 공제한 나머지 금액이 있다면 그 금액에 대하여만 채권자취소권이 인정된다. 따라서 원심으로서는 위 변론종결 시를 기준으로 소외 조합의 위 근저당권에 관한 피담보채무액을 확인하여 리더스종합건설이 위 6개 상가로부터 원고에 앞서 우선변제받을 금액이 얼마인지를 산정한 다음, 그 금액을 위 6개 상가의 가액에서 공제하여 원고가 2순위 근저당권자로서 우선변제받을 금액이 위 변론종결 시의 원고의 채권액을 초과하는지 여부를 가려보았어야 한다.

그럼에도 이와 달리 원심은, 일단 사행행위가 성립한 이상 그 후 채권자가 채무자 등으로부터 근저당권을 설정받아 우선변제권이 발생하였더라도 채권자취소권에 영향이 없다고 잘못 판단하여, 위와 같은 사정들에 관하여 나아가 살피지 아니한 채 위 증여계약에 대한 채권자취소권이 인정된다고 판단하였다.

따라서 이러한 원심의 판단에는 사행행위취소소송에서의 사행성 및 그 판단 기준시기에 관한 법리를 오해하여 필요한 심리를 다하지 아니함으로써 판결에 영향을 미친 위법이 있다. 이를 지적하는 취지의 상고이유 주장은 이유 있다."[36]

이 판례는 근저당권을 설정받고 나서 사행행위가 있는 경우에는 일반채권자로서의 지위를 사해행위시점에 의하여 판단을 하게 되어 있습니다.

그러나 사해행위 이후에 채권자가 우선변제권이 있는 근저당권을 설정받은 경우에는 취소소송의 사실심변론종결일을 기준으로 하여 우선변제권과 취소채권자의 채권을 비교하여 담보가 되지 않는 부분에 한하여 일반채권자로서 사해행위취소소송을 제기할 수 있다고 할 것입니다.

---

36) 대법원 2014. 7. 10. 선고 2013다50763 판결 [물품대금]

두 판례는 비교하는 것이 좋습니다. 근저당권설정 시점이 사해행위 전후인 가에 따라서 일반채권자의 지위를 사해행위시점에서 판단한 것인지 사실심변론 종결일로 볼 것인지가 달라지기 때문입니다.

3) 금다우산업 사건 – 담보받은 토지 위에 법정지상권 건물이 있거나 법정지상권 이 없다고 하더라도 철거가 곤란하거나 비용 등이 많이 드는 경우

"가. 채무자 또는 제3자 소유의 부동산에 대하여 채권자 앞으로 근저당권이 설정되어 있는 경우, 그 부동산의 가액 및 채권최고액이 당해 채무액을 초과하여 채무 전액에 대 하여 채권자에게 우선변제권이 확보되어 있다면 그 범위 내에서는 채무자의 재산처분 행위는 채권자를 해하지 아니하므로 사해행위가 성립할 수 없지만, 당해 채무액이 그 부동산의 가액 및 채권최고액을 초과하는 때에는 그 담보물로부터 우선변제받을 액을 공제한 나머지 채권액에 대하여는 채권자취소권이 인정될 수 있다고 할 것이고(대법원 2002. 11. 8. 선고 2002다41589 판결 등 참조), 이때 담보로 제공한 부동산 가액의 평가는 특별한 사정이 없는 한 사해성 여부가 문제 되는 재산처분행위 당시의 시가를 기준으로 하되(대법원 2001. 7. 27. 선고 2000다73377 판결 등 참조), 담보로 제공 된 부동산이 토지이고 그 위에 건물이 존재한다면 장차 그 토지가 경매 등에 의하여 제 3자에게 매각되는 경우 법정지상권이 성립하는지 여부를 따져 그에 따라 평가한 토지 의 가격을 담보물의 가액으로 보아야 하고, 법정지상권이 성립하지 않는다고 하더라도 건물의 규모, 구조와 용도 및 건물에 관련된 권리관계에 비추어 사실상 건물의 철거가 곤란하거나 철거에 상당한 시간과 비용이 소요되는 등의 경우에는 이러한 모든 사정들 을 감안하여 토지의 가액을 평가하여야 한다.

나. 원심은, 파산채무자 진흥상호저축은행 주식회사(이하 '파산채무자'라고 한다)는 주 식회사 금다우산업(이하 '소외 회사'라고 한다)에게 이 사건 대여를 할 당시 대여금 채 권의 담보로 소외 회사 소유인 이 사건 토지에 관하여 채권최고액 39억 2,000만 원인 근저당권을 설정받았고, 이 사건 각 재산처분행위 당시 위 대여금 채권의 채권액은 33 억 8,000만 원 및 36억 7,200만 원이므로, 그 당시 이 사건 토지의 가액이 위 대여금 채권의 채권액을 초과하는지 여부에 따라 채권자취소권 인정 여부가 가려질 것인데, 이 사건 토지 위에는 이 사건 건물이 신축되어 있고, 경매 등에 의하여 이 사건 토지가 제 3자에게 매각되는 경우 이 사건 건물을 위한 법정지상권이 성립하지 않는다고 하더라 도 이 사건 건물이 철거될 것이라고 단정할 수 없는 사정 등에 비추어 보면 이 사건 토

지의 가액은 이 사건 건물로 인하여 소유권이 제한된 상태로 평가함이 상당하다는 이
유로, 나대지 상태의 감정가격인 47억 1,720만 원이 아닌 이 사건 건물로 인하여 소유
권이 제한된 상태의 감정가격인 33억 204만 원을 이 사건 각 재산처분행위 당시 이
사건 토지의 가액으로 인정하고, 위 대여금 채권의 채권액 중 위 가액을 넘는 부분은
채권자취소권의 피보전채권이 된다고 판단하였다.
앞서 본 법리에 비추어 기록을 살펴보면 이러한 원심의 사실인정과 판단은 정당한 것
으로 수긍할 수 있고, 거기에 상고이유 주장과 같이 피보전채권의 존부를 판단하기 위
한 부동산 담보가치 평가에 관한 법리를 오해하거나 논리와 경험의 법칙에 위배하여
자유심증주의의 한계를 벗어나 판결 결과에 영향을 미친 위법이 없다."[37]

    PF대출이 이루어지는 경우에 있어서 토지에 근저당권을 설정받고 대출을
해 주고 나서 신축된 건물에 추가로 근저당권을 설정하는 경우가 많다고 할 것
입니다. 이런 경우, 중간에 건물이 완공되지 않은 가운데에 채무자가 사해행위
를 할 경우에 근저당권을 설정받은 취소채권자의 담보권의 가치를 얼마로 산정
할지에 관한 부분입니다. 굵게 표시된 판례들은 초기 의미가 있던 판례들입니
다. 평가는 사해행위시점으로 하여야 하고, 담보를 넘는 채권이 있는 경우에는
그 금액으로 취소를 구할 수 있다는 것인데 이 판례에서는 여기에 더 나아가 만
약 나대지 상태로 근저당권을 설정받았으나 지상에 건물이 신축되고 법정지상
권이 설정되어 버린 경우에 법정지상권을 고려한 나대지 가격을 파악해야 할 것
이고, 가사 법정지상권이 설정되지 않다고 하더라도 "건물의 규모, 구조와 용도
및 건물에 관련된 권리관계에 비추어 사실상 건물의 철거가 곤란하거나 철거에
상당한 시간과 비용이 소요되는 등의 경우"을 고려하여 나대지의 가격을 산정하
여 일반채권의 범위를 확정하여야 할 것입니다.

    그런데 법정지상권이 성립되거나 성립되지 않더라도 철거가 곤란하거나 상
당한 시간과 비용이 드는 경우를 어떤 경우로 볼 것인지가 또 하나의 쟁점이 될
것입니다. 이를 판단하는데는 아마 피보전채권의 선재성의 예외 3가지 규정에
의하여 판단될 것으로 보입니다. 이런 판례를 예상합니다.

---

37) 대법원 2014. 9. 4. 선고 2012다63656 판결 [사해행위취소등]

이 경우는 PF대출이라고 한다면, 처음부터 지상에 건물이 신축될 것을 예상하고 대출이 이루어진 점, 그리고 그와 같이 신축이 진행되어 건물이 완공될 것이라는 고도의 개연성이 있다고 보아야 할 것이고, 가까운 장래에 그 개연성이 현실화될 수 있었는데 채무자의 재정상태의 변화 등으로 이것이 불가능하게 되었기 때문에 이 사건 사해행위 시점에는 취소채권자의 근저당권이 이런 제한을 받을 것임이 예상되었기 때문에 담보권은 나대지의 평가가액이 아니라 이런 제한을 가진 가격으로 평가하여야 할 것이라는 식으로 판결이 될 것이 아닌가라는 생각을 해 봅니다.

이 사건 부동산의 나대지 상태의 가격은 47억 1,720만 원인데 이런 제한을 받은 가액은 33억 204만 원입니다. 근저당권의 채권최고액은 39억 2,000만 원인데 사해행위 당시의 대출금액은 33억 8,000만 원 및 36억 7,200만 원으로 합이 70억 5200만 원입니다. 결국 담보가 되지 않은 금액 37억 3160만 원이 취소할 수 있는 일반채권이었을 것입니다.

4) 사해행위 당시에 이미 근저당권피담보채권에 관한 이자 등이 발생한 경우

"그리고 이와 같이 채권자의 채권원리금이 우선변제권에 의하여 전액 담보되지 아니하는 경우에는 변제충당의 법리를 유추적용하여 이자가 원금에 우선하여 담보된다고 보아야 하므로 사해행위의 시점에서 담보되지 아니하는 부분에는 원금에 해당하는 금원이 포함되어 남아 있게 되고, 따라서 채권자가 채권자취소권을 행사할 수 있는 피보전채권의 범위는 사해행위 당시 담보부동산의 가액과 채권최고액 중 적은 금액을 초과하는 부분에 해당하는 채권원리금 및 그 중 원금 부분에 대하여 그 후 사실심변론종결시점까지 발생한 지연이자 상당의 금원이 된다(대법원 2002. 11. 8. 선고 2002다41589 판결 참조).

그런데 기록에 의하면, 소외 회사는 2006. 5. 12. 원고에게 원고의 이 사건 건물 신축공사에 따른 공사대금 807,000,0000원 중 500,000,000원을 2006. 7. 31.에, 나머지 307,000,000원을 2006. 9. 30.에 변제하되 그 이행을 지체하는 경우 연 6%의 비율에 의한 지연손해금을 가산하여 지급하기로 약정하였는데, 그 공사대금 중 657,000,000원만 변제하고 나머지 150,000,000원은 변제하지 못한 사실, 이에 소외 회사는 그 잔여채무를 담보하기 위하여 원고에게 이 사건 근저당권을 설정해 준 사실을 알 수 있는바,

앞서 본 법리에 비추어, 원고가 이 사건에서 채권자취소권을 행사할 수 있는 피보전채권의 범위는 이 사건 매매계약 당시의 채권원리금(공사대금 잔액 150,000,000원 및 이에 대하여 위 약정 최종변제기일 다음날인 2006. 10. 1.부터 이 사건 매매계약일인 2008. 7. 23.까지 위 약정지연손해금률인 연 6%의 비율로 계산한 지연손해금)에서 그 당시 이 사건 근저당권에 의하여 우선변제권이 확보되어 있던 금액으로서 원심이 적법하게 판시한 바와 같은 66,843,175원을 이자, 원금의 순으로 공제하고 남은 원금 및 그 원금에 대하여 이 사건 매매계약일 다음날부터 원심 변론종결일까지 연 6%의 비율로 계산한 지연손해금이라고 할 수 있다.

그리고 위와 같은 방식에 의하여 피보전채권액을 산정해 보면 그 금액은 원심이 원고의 채권액을 150,000,000원으로만 보고 단순히 그 금액에서 위 66,843,175원을 공제하여 산정한 피보전채권액 83,165,825원을 적지 않게 초과하고 있음이 계산상 명백하다.

그런데도 원심은 원고의 이 사건 채권자취소권 행사에 있어 그 피보전채권액을 위와 같이 83,165,825원에 불과한 것으로 판단하고 말았으니, 그 판단에 피보전채권의 범위에 관한 법리를 오해하여 판결에 영향을 미친 위법이 있다. 이를 지적하는 상고이유의 주장은 이유 있다."38)

이 판례는 충분히 예상할 수 있는 것입니다. 앞에서 본 판례들은 사해행위 당시에 이자 등의 연체는 없었던 것으로 보이는데 만약 사해행위 당시에 이자도 연체된 경우에 어떻게 일반채권을 파악할 것인가에 대하여 고려할 수 있습니다. 이런 경우 변제충당순서에 의하여 비용, 이자, 원금 순으로 고려를 하여야 할 것입니다. 대법원도 이를 유추적용한다고 하였습니다.

그래서 150,000,000원 원금에 변제기 다음날인 2006. 10. 1.부터 이 사건 사해행위인 매매예약일인 2008. 7. 23.까지 약정이율인 연 6%에 의한 이자 66,843,175원이 됩니다. 원심은 150,000,000원에서 이 이자 66,843,175원을 공제하면 83,165,825원입니다.

피고가 제1심판결 선고 후인 2009. 8. 6. 소외 회사를 대신하여 위 공사대금채권 중 피보전채권액에 해당하는 83,165,825원을 변제공탁(이하 '이 사건 변제공탁'이라 한다.)하였습니다. 이에 항소심인 부산지방법원은 이로써 그 피보전채권

---

38) 대법원 2010. 2. 11. 선고 2009다81616 판결 [소유권이전등기의말소등기]

은 소멸되었다고 판단하여, 원고의 이 사건 청구를 배척하였습니다.

피고가 1심 판결이 이렇게 나오자 이 금액을 변제공탁을 한 것으로 보이는데 머리를 썼는데 부족하게 쓴 것입니다.

결국 사해행위 당시에 원금이 83,165,825원이 있고 이 금액에 대하여 매매예약일 다음날인 2008. 7. 24.부터 이 사건 변론종결일까지 연 6%의 비율에 의한 지연손해금이 발생할 것입니다. 다음 대위로 변제공탁 한 83,165,825원에 대하여 변제공탁이 유효하지 않다면 계속 이자가 발생할 것이고, 일부 변제공탁으로 유효하다면 그 날까지 발생한 이자에 먼저 충당하고 다시 원금이 일부 남을 것이고 이에 의하여 다시 연 6%의 이자가 발생할 것입니다.

원고는 이런 경우에 소송을 해서 이자 연 6%가 아니라 그 당시에 연 20% 정도의 소송촉진등에관한 특례법 소정의 이자를 구하지 아니한 것인지 조금 의아합니다. 지은이 같으면 당연히 별도로 공사대금청구소송을 했을 것입니다.

5) 대보테크 사례 - 취소채권자에게 입증책임이 있음

"원심은, 주채무자인 주식회사 대보테크 소유의 이 사건 담보부동산의 가액이 이 사건 대출금채무를 포함한 주식회사 대보테크의 원고에 대한 총채무를 초과하여 원고가 주장하는 연대보증인 소외인에 대한 채권이 이 사건 담보부동산으로 우선변제권이 확보되어 있다는 점에 관한 주장·입증책임이 피고에게 있다는 전제하에, 피고가 그 점에 관한 입증을 다하지 못하였다는 이유로 원고의 이 사건 채권자취소권 행사를 용인하였는바, 앞서 본 법리에 의할 때 원심의 위와 같은 판단은 사해행위의 피보전채권의 존재와 범위에 관한 주장·입증책임을 전도한 것이다.

원심으로서는 피고가 사해행위를 하였다는 2007. 4. 10. 당시를 기준으로 하여 원고의 주채무자인 주식회사 대보테크에 대한 총 채권원리금액(기록에 의하면, 원고 및 그 승계참가인은 2007. 4. 10. 기준으로 5,382,255,563원이라고 주장한다)을 특정하여 그 채권액이 주식회사 대보테크 소유의 이 사건 담보부동산의 시가를 초과하는지 확인한 다음, 만일 상회하는 잔액이 있다면 그때 비로소 그 잔액을 기초로 하여 원고의 피보전채권의 범위를 특정하여야 하는데, 원심은 이에 이르지 아니하고 만연히 피보전채권액이 10억 5천만 원이라고 하였는바, 이는 사해행위취소에 있어 피보전채권의 범위에 관한 법리를 오해하여 심리를 다하지 아니한 잘못을 범하였다고 할 것이다."[39]

---

39) 대법원 2010. 1. 28. 선고 2009다30823 판결 [사해행위취소]

　　일반채권자로서의 지위가 있는지에 관한 입증책임은 피보전채권의 존부에 관한 것이고 이는 청구원인입니다. 그러므로 원고에게 입증책임이 있는 것은 당연합니다. 그런데 원심은 이런 입증책임을 피고에게 부담시키는 너무나도 기본적인 실수를 한 것입니다. 당연히 파기환송을 당하였습니다.

　　원심인 서울고등법원 판결은 공개가 되지 않고 있습니다. 사해행위가 2007. 4. 10.입니다. 그렇다고 한다면 이 사건 담보부동산의 시가를 이 시점으로 감정을 하고 채권최고액을 비교하고, 다시 선순위 공제할 금액까지를 고려하여 담보되는 채권이 얼마이고 나머지는 일반채권으로 취소채권이 된다는 과정을 거쳐야 하는데 그냥 피보전채권이 10억 5천만 원이라고 판단한 것으로 보입니다.

　　이것이 중요한 이유는 원물반환인 경우에는 큰 문제가 없을 수 있으나 원상회복인 가액배상인 경우에는 피보전채권의 범위와 수익자가 반환할 금원 사이에서 적은 것을 청구할 수 있기 때문에 첨예하게 다투어진다고 할 것입니다. 아마 원고나 승계참가인은 이를 고려하여 사해행위 시점의 채권까지도 파악을 해서 제출하였는데 법원이 이를 전혀 고려하지 않았고 이를 입증하지 못한 것이 원고인데 그렇다고 한다면 원고의 청구를 기각했어야 하는데 원고의 청구를 인용했으니 문제가 된 것으로 보입니다.

6) 풍정리 토지 건물 사례 – 채권자에게 우선변제권이 확보되어 있으면 그 채무의 연대보증인에 대하여도 사해행위가 되지 않음

" 1. 채무자가 다른 재산을 처분하는 법률행위를 하더라도, 채무자 소유의 부동산에 대하여 채권자 앞으로 근저당권이 설정되어 있고 그 부동산의 가액 및 채권최고액이 당해 채권액을 초과하여 채권자에게 채권 전액에 대한 우선변제권이 확보되어 있다면 그와 같은 재산처분행위는 채권자를 해하지 아니하므로 채권자에 대하여 사해행위가 성립하지 않는다고 할 것인바(대법원 2002. 11. 8. 선고 2002다41589 판결, 대법원 2008. 5. 15. 선고 2005다60338 판결 등 참조), 이러한 경우 주채무의 보증인이 있더라도 채무자가 보증인에 대하여 부담하는 사전구상채무를 별도로 소극재산으로 평가할 수는 없고, 보증인이 변제로 채권자를 대위할 경우 자기의 권리에 의하여 구상할 수 있는 범위에서 채권 및 그 담보에 관한 권리를 행사할 수 있으므로, 사전구상권을 피보전권리로 주장하는 보증인에 대하여도 사해행위가 성립하지 않는다고 할 것이다.

그리고 채무자의 재산처분행위가 사해행위가 되는지 여부는 처분행위 당시를 기준으로 판단하여야 하므로, 담보로 제공된 부동산에 대하여 임의경매 등의 환가절차가 개시되어 진행되는 도중에 재산처분행위가 이루어졌다고 하더라도 그 재산처분행위의 사해성 여부를 판단하기 위한 부동산 가액의 평가는 부동산 가액의 하락이 예상되는 등의 특별한 사정이 인정되지 아니하는 한 사후에 환가된 가액을 기준으로 할 것이 아니라 사해성 여부가 문제되는 재산처분행위 당시의 시가를 기준으로 하여야 할 것이다.

위 법리와 기록에 비추어 보면, 원심이, 채권자인 국민은행에 대한 대출금채무의 담보로 채무자인 소외인 소유의 풍정리 토지와 그 지상 건물에 관하여 국민은행 앞으로 근저당권이 설정되어 있고, 소외인이 피고에게 이 사건 부동산을 증여할 무렵 위 담보부동산의 가액 및 채권최고액이 위 대출금채무액을 상당히 초과하여 그 채무 전액에 대하여 국민은행에게 우선변제권이 확보되어 있었으므로 소외인이 피고에게 이 사건 부동산을 증여한 행위는 국민은행에 대하여 사해행위가 성립하지 않는다고 보아야 하고, 위 피담보채무의 보증인인 원고에 대한 관계에 있어서도 국민은행에 대한 위 피담보채무에 관하여 우선변제권이 확보되어 있는 이상 보증인에 대한 사전구상채무를 별도로 소극재산으로 평가할 수는 없고, 이에 원고로서는 이를 채권자취소권의 피보전채권으로 삼아 채권자취소권을 행사할 수도 없다고 판단한 것은 정당하고, 거기에 상고이유로 주장하는 사전구상권에 관한 법리오해 등의 위법이 없다."[40]

이런 사례가 가장 곤란할 것입니다. 사해행위 당시에는 채권자에게 전부 우선권이 확보가 되는데 당연히 사해행위를 하였다는 것은 그리고 그것이 증여라고 한다면 부부간이나 가족 간에 이루어졌을 것입니다. 채권자는 경매로 인하여 당연히 저가 낙찰이 되었고 그로 인하여 이자나 지연손해금은 늘어났을 것입니다. 변제충당에 의하여 채권자가 배당을 받았는데 이로 인한 금액을 비용 이자 원금 순으로 충당이 되니 원금의 상당 부분은 남아있고 연대보증인에게 이를 청구할 것입니다. 연대보증인으로서는 증여행위가 사해행위라고 하여 소송을 제기했는데 이렇게 판결이 나오니 매우 황당할 수도 있습니다. 이런 경우에는 결국 통정허위표시로 채권자대위소송을 제기하는 것이 필요할 것입니다.

논리는 사전구상권을 소극재산으로 평가할 수 없기 때문에 사해행위 당시

---

40) 대법원 2009. 6. 23. 선고 2009다549 판결 [사해행위취소]

에는 원고의 피보전채권 자체가 존재하였다고 볼 수 없다는 것입니다.

7) 한일생명보험임차보증금 사례 - 감정의 필요성과 원고의 입증책임

"2. 원심은, 관계 증거들을 종합하여 그 판시 사실을 인정한 다음, 한신생명보험 주식회사(이후 비와이씨생명보험 주식회사로 상호가 변경됨, 이하 '한신생명'이라 한다)는 이 사건 부동산의 소유자인 소외인 등과 사이에 각 임대차계약을 체결하면서 그 임대차보증금반환채권을 담보하기 위하여 이 사건 부동산에 관하여 임대차보증금의 120%에 상당하는 금액(합계 12억 8,520만 원)을 채권최고액으로 한 후순위 근저당권을 설정하였는데, 이 사건 부동산에 관한 선순위 근저당권의 채권최고액 합계액은 9억 8,600만 원에 불과하였고 한신생명의 임대차보증금반환채권의 합계액은 10억 7,100만 원이었던 점, 그 후 개시된 이 사건 부동산에 관한 경매절차에서 이루어진 감정가액은 2,782,337,100원인데 그 경매 도중에 소외인이 그 소유의 다른 부동산들에 대하여 근저당권을 설정하는 등으로 이 사건 사해행위 여부가 문제되는 각 재산처분행위를 한 점, 그런데 소외인이 이 사건 각 재산처분행위를 할 무렵에도 이 사건 부동산의 시가는 위 감정가액과 같았을 것으로 추인되고, 따라서 이에 관한 근저당권으로 한신생명의 임대차보증금반환채권이 충분히 담보되어 있었으므로, 소외인에게 채권자인 한신생명을 해할 의사가 있었다고 볼 수 없다고 판시하면서, 이 사건 각 재산처분행위에 앞서 진행된 이 사건 부동산에 대한 경매절차에서 수차례 유찰되어 최저경매가격이 상당히 저감되었다거나 그 후에 환가된 경락대금만으로는 임대차보증금반환채권을 담보할 수 없게 되었으므로 소외인의 이 사건 각 재산처분행위가 사해행위에 해당한다는 원고 승계참가인의 주장을 받아들이지 아니하였다.

3. 원심이 인정한 사실을 그 채택한 증거들에 비추어 살펴보면, 이 사건 각 재산처분행위 중 1998. 2. 10.자 처분행위에 관하여는 1997. 10. 17.(원심이 1997. 1. 17.라고 기재한 것은, 을 제7호증의 10, 11에 기재된 임의경매 개시결정 일자에 비추어 오기로 보인다) 개시된 위 경매절차에서 이 사건 부동산에 대한 감정가액이 산정된 시기와 그 처분일자가 비교적 근접하여 있어, 그 처분 당시의 이 사건 부동산 시가가 위 감정가액과 같았을 것으로 추인한 원심의 조치를 수긍할 수 있으므로, 그에 기초하여 위 처분행위가 사해행위에 해당한다는 주장을 배척한 원심의 판단에 법리오해 등의 위법은 없다.

4. 다만, 1999. 1. 18.자 및 1999. 2. 20.자의 각 처분행위(이하 '1999년도 각 처분행위'라고 한다)에 관하여는, 위 경매절차에서 이 사건 부동산에 대한 감정가액이 산정된 시기로부터 상당한 기간이 지난 후의 처분이고 그 기간 동안에 외환위기의 영향으로

인한 부동산 경기의 하락이 있었던 것으로 보이는 등의 사정에 비추어, 1999년도 각 처분행위 당시의 이 사건 부동산 시가가 위 감정가액과 같았을 것으로 추인할 수 있을지 의문이 있기는 하다.

그러나 이 사건 부동산에 설정된 한신생명의 근저당권에도 불구하고 위 근저당권의 피담보채무액 10억 7,100만 원과 선순위 근저당권의 채권최고액 9억 8,600만 원의 합계액이 이 사건 부동산 가액을 초과하여 한신생명의 피담보채권액 중 일부 또는 전부가 그 근저당권에 의한 우선변제권 범위 밖에 있다는 점에 관한 입증책임은 사해행위를 주장하는 원고 승계참가인에게 있고, 부동산에 대한 최저경매가격은 감정평가 이후 기계적으로 저감되게 되어, 비록 최저경매가격이 저감되었다고 하더라도 실제 경매절차에서 저감되기 전의 최저경매가격보다 높은 가격에 경락될 가능성을 완전히 배제할 수 없을 뿐 아니라 부동산 경매제도는 매수 시기, 대금납부 기한에 관하여 절차적인 제한이 있고, 매각 대금 및 매수 상대방의 선택 등에 관한 협상 가능성이 전혀 없다는 점에서 경매를 사적인 거래와 똑같이 볼 수 없다는 등의 사정에 비추어 보면, 경매절차가 진행된 후 수차례 매각이 되지 않다가 상당한 기간이 지난 후에 경락이 이루어졌고 그 경락가액이 경매개시 직후의 감정가액에 비하여 상당히 적다는 사정만으로는 그 경락가액을 재산처분행위 당시 부동산의 시가로 단정하기에 부족하다. 그리고 기록에 의하면 원고 승계참가인이 원심에 제출한 준비서면을 통하여 이 사건 각 재산처분행위 당시의 이 사건 부동산 시가에 대한 감정을 신청하겠다는 의사를 표시하다가 이를 철회함으로써 1999년도 각 처분행위 당시의 이 사건 부동산의 시가에 관한 객관적인 감정가액이 밝혀지지 아니하여 그 시가가 위 경매절차에서의 감정가액과 얼마나 차이가 나는가에 관한 사정이 구체적으로 입증되지 아니하였다.

이러한 사정을 종합하여 보면, 외환위기의 영향으로 인한 부동산 경기의 하락을 참작한다고 하더라도, 원고 승계참가인의 입증만으로는 한신생명의 피담보채권액 10억 7,100만 원과 선순위 근저당권의 채권최고액 9억 8,600만 원을 합한 금액을 훨씬 넘는 27억 8,233만 7,100원으로 감정되었던 이 사건 부동산의 시가가 1999년도 각 처분행위 당시에는 위 피담보채권액과 선순위 근저당권의 채권최고액을 합한 금액에도 미치지 못한 금액으로 떨어져 그 담보력이 부족하게 되었다고 인정하기에는 부족하므로, 위에서 본 법리에 비추어 볼 때에 1999년도 각 처분행위가 사해행위에 해당한다는 주장을 배척한 원심의 판단은 결론에 있어 이를 수긍할 수 있고, 거기에 판결 결과에 영향을 미친 법리오해 또는 심리미진의 위법이 있다고 할 수 없다."41)

---

41) 대법원 2008. 5. 15. 선고 2005다60338 판결 [사해행위취소]

이 사건의 결론은 원고에게 입증책임이 있는데 원고가 입증을 못하였다는 것입니다. 이 사건 처분행위는 적어도 3건은 있었던 것으로 보입니다.

1998. 2. 10. 1999. 1. 20.과 1999. 2. 20. 각 근저당권설정계약으로 보입니다.

경매에서 감정가는 2,782,337,100원이었습니다. 선순위 9억 8600만 원이고 보증금은 10억 7,100만 원이니 이를 합하면 20억 5700만 원입니다. 감정이 1998. 2. 10.에 이루어진 것인지 모르겠습니다. 경매 도중에 근저당권을 설정했다는 점과, 1997. 10. 17.에 임의경매가 개시되었다는 것을 보면, 감정은 1997. 12.이나 1998. 1.경에 이루어졌을 것이기 때문에 1998. 2. 10.의 가격과 큰 차이가 없고 그 가액이 27억 원 이상이 나왔으니 이는 패소할 수밖에 없었습니다.

그런데 감정일로부터 1년이나 더 지난 것으로 보이는 1999. 1. 20.과 1999. 2. 20.에는 이 부동산의 가액이 더 떨어졌다고 한다면 일반채권자의 지위에 있을 여지도 있었습니다. 다만 2,782,337,100원의 부동산가액이 1년만에 20억 5700만 원 이하로 떨어져야 합니다. 그 차액이 725,337,100원입니다. 이미 1997년 말이나 1998년 초는 구제금융의 가장 큰 파도의 시기였기 때문에 이미 부동산의 가액은 많이 떨어졌을 것입니다. 이런 상황에서 1년이 지나고 다시 1/4이 다시 떨어질 것인가는 의문입니다. 경매가가 아니라 감정가로 판단해야 하기 때문에 그렇습니다. 밑져야 본전이라고 감정을 해서 20억 5700만 원 이하로 떨어졌을 때 얼마나 승소할 수 있을지 의문입니다. 그래서 항소심에서도 감정을 철회한 것이 아닌가는 생각이 듭니다. 대법원도 분명히 감정을 했으면 다른 결론이 나올 수도 있지 않았을까 하는 생각을 하였던 것 같지만 입증책임이 원고에게 있기 때문에 원고가 입증하지 못한 것을 어떻게 할 수 없다고 하고 원고가 드는 것만으로는 원심이 잘못이 있다고 할 수 없다고 하였습니다. 그런데 감정을 철회하였는데 왜 상고는 한 것인지 이해가 조금 가지 않습니다. 이 사건 소송의 항소심이 사건번호가 서울고법 2005. 8. 25. 선고 2004나90150 판결이라는 점과 1998. 2. 20. 근저당권설정계약도 있었다는 점, 파산관재인인 예금보험공사가 원고라는 점을 보면, 상당히 시간이 지나서 소송을 한 것을 알 수 있습니다. 적어도 2002년경에는 소송을 제기하였을 것으로 보입니다.

8) 오렌지신용금고가 근저당권을 2회 설정받은 사건 – 연대보증인 소극재산에서
제외

"기록에 의하면 주식회사 오렌지신용금고는 소외 3에게 1997. 9. 30. 마송자동차학원
주식회사(이하 '소외 회사'라 한다), 소외 4, 5의 연대보증하에 23억 원을, 1998. 6.
24. 소외 회사, 소외 1의 연대보증하에 이 사건 대출금인 4억 6,000만 원을 각 대출하
는 한편, 위 각 대출금채권의 담보조로 소외 회사 소유의 김포시 통진읍 가현리 35-1
소재 토지 위에 1997. 9. 30. 채권최고액 29억 9,000만 원의 근저당권, 1998. 6. 24.
채권최고액 6억 9,000만 원의 근저당권을 각 설정받았는데, 그 후 소외 3이 위 각 대
출금채무를 변제하지 아니하자 위 각 근저당권을 실행하여 그 배당금의 일부를 이 사
건 대출금채권 중 원금채권에 충당하였음을 알 수 있는바, 사정이 위와 같다면 주식회
사 오렌지신용금고는 소외 회사 소유의 부동산 위에 근저당권을 취득함으로써 이 사건
대출금채권에 관한 우선변제권을 확보하고 있었던 것으로 볼 수 있고, 만일 이 사건 매
매예약 당시 그 우선변제권의 범위가 실제 배당금의 변제충당 내역과 같이 이 사건 대
출금채권 중 원금채권 전부에 미치는 것이었다면 그 금액만큼은 소외 1의 소극재산에서
공제되었어야 할 것이다. 한편, 기록에 의하면 이 사건 매매예약 체결 무렵 소외 1이 피
고로부터 받은 돈 등으로 봉화농업협동조합에 대한 전세금반환채무 중 25,000,000원
을 변제하였음을 알 수 있으므로, 위 변제된 채무액도 소외 1의 소극재산에서 공제하면
결국 이 사건 매매예약 당시 소외 1의 소극재산의 가액은 원심이 인정한 바와 같이
639,155,352원이 아닌 166,579,493원(= 639,155,352원 - 447,575,859원 -
25,000,000원)으로서 이 사건 부동산을 제외한 적극재산의 가액 168,409,514원(=
167,992,000원 + 417,514원)에 미치지 못한다고 볼 여지가 있다.
그럼에도 불구하고, 원심은 이 사건 매매예약 당시 이 사건 대출금채권 중 어느 부분이
소외 회사 소유의 부동산 위에 설정된 각 근저당권으로 담보된 상태였는지, 그리고 소
외 1의 봉화농업협동조합에 대한 실제 전세금반환채무의 액수는 얼마인지 심리하여 보
거나 이를 고려하지 아니한 채 소외 1이 채무초과의 상태에 있었던 것으로 판단하였는
바, 이러한 원심판결에는 필요한 심리를 다하지 아니하여 판결에 영향을 미친 위법이
있다고 할 것이므로, 이 점을 지적하는 상고이유의 주장은 이유 있다."[42]

---

42) 대법원 2007. 1. 11. 선고 2006다59182 판결 [사해행위취소]

"원심은, 이 사건 매매예약 체결 당시 **소외 1이 보유한 적극재산의 가액을** ① **이 사건 부동산(91,249,000원), ②** 광명시 광명동 산 76 임야, 같은 동 산 77 임야의 각 1/2 지분(168,102,000원, 2001. 8. 27.경의 공공용지 협의취득단가를 참작한 금액으로 167,992,000원의 오기로 보인다.), ③ 경기 포천군 영북면 운천리 산 99-2 임야의 300/2700지분, 같은 리 99-3 임야의 300/ 3600지분(417,514원) 등 합계 259,768,514 원으로 산정하고, 소극재산의 가액을 ① 이 사건 대출금채무(559,155,352원 = 원금 447,575,859원 + 이자 및 지연손해금 111,579,493원), ② 소외 2에 대한 채무 (50,000,000원), ③ 봉화농업협동조합에 대한 전세금반환채무(30,000,000원) 등 합계 639,155,352원으로 산정하여 소외 1이 채무초과의 상태에 있었던 것으로 판단하였다."

이 사건 대출채무는 근저당권에 우선권이 인정이 되었습니다. 소외 1인 소외회사의 제2 대출금에 연대보증을 하였는데 이 대출금은 소외 회사의 부동산에 2순위로 담보가 되어 있기 때문에 채무에서 제외될 수 있습니다. 원고는 대출은행의 파산관재인이었습니다. 먼저 왜 피보전채권이 우선변제담보로 되어 있으니 취소채권자의 지위에 있지 않을 수 있다는 판단을 하지 않고 채무초과의 문제로 판단한 것인지 조금은 이해가 가지 않습니다.

다른 상고이유는 생략을 하였는데 채무초과가 아닌 것이 명백했기 때문으로 보입니다. 담보된 2번 대출의 경우 원금만 대법원이 고려한 것은 사해행위 당시에 이자 연체는 없었다는 것을 알 수 있습니다. 원심은 채무초과 산정 시에 먼저 사해행위로 취소된 부동산을 적극재산에서 공제되어야 함을 사실상 강조하였습니다. 이는 당연한 것입니다. 원심이 이를 넣은 이유는 이를 포함시키더라도 채무초과에는 아무런 문제가 없다고 생각했기 때문일 수 있습니다. 또한 이 판례가 한 가지 중요한 점은 사해행위로 넘긴 재산으로 받은 금원으로 채무를 변제하였을 때에는 이를 채무초과시에 소극재산에서 공제해야 한다는 점입니다. 문제된 부동산을 적극재산에 포함시키지 않지만 이 재산을 처분함으로 받은 돈을 채무변제에 사용하면 그 채무는 변제되었기에 소극재산에서 제외하는 것이 합리적이고 어찌 보면 당연한 것이지만 이렇게 하지 않는 경우가 많습니다. 원심도 그렇게 하지 않았기 때문에 적극재산과 소극재산을 대법원이 다시 작성하였음을 알 수 있습니다.

이렇게 우선변제권이 있는 채무는 연대보증채무인 경우에 이를 채무에 포함시킬 수 없다는 것을 알 수 있습니다. 그리고 사해행위 시점에 이것이 채무자의 연대보증채무에 포함될 것인지 아닌지를 파악해야 할 것입니다. 그 판단방법은 이미 알아보았던 것과 같이 부동산의 가액과 채권채고액 등을 고려하여야 할 것입니다. 이 사건의 경우 2순위 근저당권이므로, 부동산가액에서 1순위 근저당권이 보호되고 남은 가액에서 채무액이 보호되는 것인지를 파악하여야 합니다.

이 경우에 있어서 1순위 근저당권의 피담보채권을 공제할 것인지 채권최고액을 고려할 것인지 다툼의 여지가 있을 수 있습니다. 사해행위 시점만을 고려하면 피담보채권액이지만, 채권최고액만큼은 1순위이기 때문에 사해행위 시점이나 이후나 근저당권설정받을 때에는 모두 동일하게 채권최고액만큼은 공제되어야 한다는 주장도 설득력이 있다고 할 것입니다. 그러나 이 사건의 경우는 채무자가 동일하고 채권자(근저당권자)가 동일하기 때문에 사해행위 당시의 1순위 근저당권자의 피담보채권을 공제하더라도 문제가 없다고 봅니다. 그러나, 근저당권만 다르더라도 이렇게 볼 수 있는 것인지 의문입니다. 사후에 대법원이 어떻게 판단할 것인지 궁금합니다. 이 경우에도 피보전채권의 선재성의 예외조건을 사용하여 판단할 것인지도 궁금합니다.

9) BMW 자동차 근저당권설정 사례

"위와 같은 법리는 '자동차 등 특정동산 저당법'에 따라 자동차에 대하여 채권자 앞으로 근저당권이 설정되어 있는 경우에도 마찬가지로 적용된다. 따라서 자동차에 대하여 채권자 앞으로 근저당권이 설정되어 있는 경우 근저당권에 의하여 우선공제한 변제받을 금액과 이를 피보전채권액의 산정은 특별한 사정이 없는 한 처분행위 당시의 자동차 시가를 기준으로 하여야 한다.

2. 원심은 그 판시와 같은 이유로, 이 사건 증여일 당시 이 사건 자동차의 시가를 기준으로 이 사건 자동차에 설정된 원고 명의의 근저당권에 의하여 우선변제받을 금액과 이를 공제한 피보전채권액을 산정하고, 이에 따라 이 사건 증여의 사해성과 가액배상의 범위를 판단하였다.

앞서 본 법리에 따라 기록을 살펴보면, 원심의 위와 같은 판단은 정당하고, 거기에 채권자취소권의 성립과 우선변제권 판단 시기, 가액배상의 범위, 증명책임 등에 관한 법리를 오해한 위법이 없다. 상고이유의 주장은, **자동차의 특성상 처분행위 후 자동차의 소재불명 등으로 근저당권의 실행이 사실상 불가능하게 되거나 처분행위 후 시간의 경과에 따라 감가상각 등으로 자동차의 시가가 하락하게 되는 사정을 자동차 근저당권에 의하여 우선변제받을 금액 및 이를 공제한 피보전채권액의 산정에 고려하여야 한다는 것이나, 앞서 본 법리에 비추어 받아들일 수 없다.**"43)

자동차의 경우 대부분 할부로 구입하기 때문에 근저당권이 설정되어 있습니다. 이 사건의 경우 BMW 차량이었습니다. 원심법원은 아마 원고 일부승소판결을 한 것으로 보입니다. 원고는 자동차의 특수성을 이유로 상고하였으나 대법원은 이유가 없다고 기각을 하였습니다. 실제 원고가 회수한 금액은 매우 적을 것입니다. 이런 경우에 대포차량으로 팔려서 이를 확보하기가 매우 어렵기 때문입니다.

10) 대출금 연체 후 경매 바로 전에 최우선소액임차인이 계약을 체결한 경우

"담보로 제공된 부동산에 대하여 임의경매 등의 환가절차가 개시되어 진행되는 도중에 재산처분행위가 이루어졌다고 하더라도 그 재산처분행위의 사해성 여부를 판단하기 위한 부동산 가액의 평가는 부동산 가액의 하락이 예상되는 등의 특별한 사정이 인정되지 아니하는 한 사후에 환가된 가액을 기준으로 할 것이 아니라 사해성 여부가 문제되는 재산처분행위 당시의 시가를 기준으로 하여야 할 것이다(대법원 2009. 6. 23. 선고 2009다549 판결 참조).
원심판결 이유를 기록에 의하여 살펴보면, 원고는 2005. 3. 25. 소외인 소유의 이 사건 주택에 관하여 채무자 소외인, 채권최고액 135,200,000원의 근저당권설정등기를 마치고, 이를 담보로 같은 날 100,000,000원을 대출한 사실, 원고는 소외인이 위 대출원리금의 납입을 지체하자 위 근저당권에 기해 이 사건 주택에 관하여 임의경매신청을 하여 2007. 8. 22. 부산지방법원 2007타경37935호로 부동산임의경매 절차가 개시된 사실, 피고는 위 경매절차에서 이 사건 주택에 관하여 '임대차계약일 2007. 5. 31., 임차보증금 15,000,000원, 월 차임 350,000원, 임대차기간 2007. 6. 15.부터 24개월,

---

43) 대법원 2014. 9. 4. 선고 2013다60661 판결 [사해행위취소등]

전입신고 2007. 6. 21., 확정일자 2007. 7. 9.'로 기재된 임대차계약서에 기한 권리신고 및 배당요구를 한 사실, 이 사건 주택의 감정평가액(가격시점 2007. 8. 23.)은 135,000,000원이고, 원고가 2007. 8. 21. 위 임의경매신청할 당시 청구금액은 104,892,064원인 사실을 알 수 있다.

그렇다면, 소외인이 피고와 위 임대차계약을 체결할 당시 적극재산으로 시가 135,000,000원인 이 사건 주택을 소유하고 있었고 원고에 대한 채무와 피고에 대한 임대차보증금반환채무를 합하더라도 이 사건 주택의 시가를 초과하지 아니하는바, 소외인에게 다른 적극재산이나 소극재산이 있다는 자료가 없으므로, 소외인이 피고와 임대차계약을 체결한 것으로 인하여 채무초과의 상태에 빠졌다고 볼 수 없을 뿐만 아니라, 피고의 소액보증금 우선변제권을 감안하더라도 원고는 위 근저당권으로 채권 전액에 대한 우선변제권이 확보되어 있었다고 할 것이다. 따라서 소외인이 피고와 임대차계약을 체결한 행위는 사해행위로서의 요건을 갖추지 못하였다고 하지 않을 수 없다.

그런데도 원심이 위와 같은 요건에 관하여 심리하지 아니한 채 사해행위취소 및 원상회복을 구하는 예비적 청구를 인용한 데에는 사해행위의 성립요건에 관한 법리를 오해함으로써 판결 결과에 영향을 미친 위법이 있다."[44]

최우선소액임차인 제도를 악용한 사례라고 할 것입니다. 경매개시결정일이 2007. 8. 22.이고 임대차계약일이 2007. 5. 31.입니다. 기한이익상실을 하는 경우 은행이 3개월정도의 기한을 준다는 점에서 보면, 이자를 납부하지 않고 바로 최우선소액임차인과 계약을 체결한 것을 알 수 있습니다. 결국 원고 저축은행은 저가 낙찰로 손해를 보았는데 여기에 15,000,000원 보증금 상당까지도 받지 못하게 되었다고 할 것입니다. 무리한 대출을 해 준 결과이기도 합니다. 2005년 부동산 시장이 좋았다가 2007년부터 좋아지지 않았는지 모르겠지만 2008년에는 세계금융위기로 부동산 시세가 많이 떨어졌기 때문에 저축은행으로서는 이래저래 손해를 본 상황입니다. 법리상으로는 대법원 판례가 맞다고 할 것입니다. 파기환송이 되었습니다. 피고는 대리인도 없이 본인소송을 한 것 같습니다.

---

44) 대법원 2009. 10. 29. 선고 2009다47852 판결 [배당이의]

다. 소결

이미 이 법리가 오래전에 나왔음에도 불구하고 계속 소송에서 쟁점이 되는 것은 근저당권을 설정받은 채권자로서는 채권은 다 회수하지 못하였는데 채무자가 적극적으로 사해행위로 보이는 행위를 하였기 때문에 소송을 제기하는 것이 일반적인 현상이라고 할 것입니다. 또 한 측면은 이에 관한 사해행위취소의 법리를 모르는 경우에 사해행위가 인정된다고 하여 소를 제기하였는데 이런 법률적 함정에 빠지게 되어 이를 벗어나기 위해 노력하면서 판례들이 만들어지지 않고 있나 생각합니다.

4. 특정물채권은 사해행위의 피보전채권이 될 수 없음

가. 이미 정리된 이론인가?

일본은 특정물채권을 피보전권리로 하여 사해행위취소가 가능합니다. 우리나라는 이를 계속적으로 부인하고 있습니다. 그래서 더 이상 이것을 이유로 상고는 하지 않는 것으로 보입니다.

나. 상속회복에 기한 소유권이전등기말소청권 - 특정물채권임

"원고는 피고들 사이에 체결된 2015. 6. 25.자 매매계약은 별지 1목록 기재 부동산에 관하여 상속회복청구권에 기초한 말소등기청구권을 가지는 원고 등에 대하여 사해행위가 되고, 피고 2는 악의의 수익자에 해당하는바, 사해행위인 위 매매계약을 취소하고, 피고 2는 원상회복으로서 자신의 앞으로 마쳐진 소유권이전등기의 말소등기절차를 이행할 의무가 있다고 주장한다.

채권자취소권은 채무자가 채권자를 해함을 알면서 자기의 일반재산을 감소시키는 행위를 한 경우에 그 행위를 취소하여 채무자의 재산을 원상회복시킴으로써 모든 채권자를 위하여 채무자의 책임재산을 보전하는 권리로서, 특정물 채권을 보전하기 위하여 행사하는 것은 허용되지 않는다(대법원 1995. 2. 10. 선고 94다2534 판결 등 참조).

> 이 사건에 관하여 보건대, <u>원고는 상속회복에 기한 소유권이전등기말소청구권을 보전하기 위하여 채권자취소권을 행사한다는 것인바, 위 법리에 비추어 보면 특정물채권을 피보전권리로 하는 사해행위취소 및 원상회복청구는 더 나아가 살필 필요 없이 이유 없다.</u>"45)

최근에 이와 관련된 대법원 판례는 없고 창원지방법원 판례가 공개된 판례 중에서 가장 최근의 판결로 보입니다. 이 판결의 이유를 보면, 예비적 청구원인으로 주장하였을 뿐이고 상고는 하지 아니한 사건으로서 그냥 혹시나 하는 생각으로 주장했을 뿐으로 보입니다.

다. 소결

현재 상태에서는 이것이 불가능하다고 할 것입니다. 그러나 누군가는 계속 두드릴 것입니다. 그러면 열리지 않을까 하는 생각입니다. 특정물채권의 피보전채권이 인정될 경우에 이중매매의 문제를 쉽게 해결할 수 있고 이를 이용하여 제1매수인의 이익을 가로채려는 매도인과 배임행위는 아니라고 하더라도 이에 편승하여 이익을 보려는 악의의 수익자의 행위를 막을 수 있어 "계약은 지켜져야 한다"라는 법언이 더 확립될 수 있는 것이 아닌가 하는 생각이 듭니다.

> "사해행위취소권을 행사하는 채무자의 채권은 <u>반드시 금전채권임을 요하지 않고 금전 이외의 급부를 목적으로 하는 채권이라도 특정물이 아닌 이상 채무자가 사해의 의사로서 무자력을 가져올 행위를 한 때에는 그채권자는 이를 행사할 수 있다.</u>"46)

백미 8가마 채권자의 사해행위취소소송은 오래전에 인정하였습니다. 대법원이 이를 변경한다면 이는 우리 법에서 매우 큰 변화를 이끌어내는 사건이 될 것입니다.

---

45) 창원지방법원 2017. 12. 7. 선고 2017나2155 판결 [소유권이전등기말소]
46) 대법원 1965. 6. 29. 선고 65다477 판결 [부동산소유권이전등기말소]

5. 결론

피보전채권이 존재할 것이라는 요건에 관하여 그동안 많은 판례들이 만들어졌습니다. 생각 외로 채권성립의 기초가 된 법률관계가 존재할 것이라는 선재성의 예외 첫 번째 조건에 관한 판례가 많아서 피보전채권의 범위를 확대시켰다고 할 것이고, 여기에도 다시 이 예외 조건을 적용하고 있다는 것도 주목됩니다.

가까운 장래에 그 법률관계에 터 잡아 채권이 성립되리라는 점에 대한 고도의 개연성이 무엇인지에 관하여 1990년대와 2000년대의 판례와 달리 그 의미에 집중하는 판례들이 나오고 있어 다행입니다. 특히 충청방송 주식명의신탁사건을 통해서 이것이 시간적 접근과는 관계가 없는 것임을 명확히 하였다고 할 것입니다. 이 판례는 가까운 장래에 그 개연성에 기하여 채권성립이 현실화 될 것이라는 세 번째 요건에서도 중요한 의미가 있다고 할 것입니다.

또한 우선변제권있는 채권자들이 일반채권자의 지위에 놓일 수 있는 경우의 수 특히 우선변제권보다 우선한 채권들이 무엇인지도 중요하고, 이미 사해행위 당시에 이자채권 등이 발생한 경우 변제충당의 순서에 따라서 공제하고 남은 원금과 이자가 피보전채권이 될 수 있음과 또한 사해행위취소 이후에 채권자가 우선변제권을 받을 경우에는 사해행위시가 아니라 변론종결시를 기준으로 하여 우선변제권이 인정되지 않는 채권을 파악하여야 할 것입니다.

특정물채권이 피보전채권으로 인정이 되면, 이중매매로 인한 법리적 문제를 일소시킬 수 있어 제1매수인을 보호할 수 있고 매도인의 위법에 편승하려는 제2매수인의 행위를 단죄할 수 있어 부동산거래문화를 정화시킬 수 있다고 생각하며 대법원이 판례를 변경하길 바라며 바위에 돌을 던지는 의미로 계속적으로 문을 두드리는 변호사들의 용기가 필요하다고 할 것입니다. 더욱 우리나라같은 문화에서는 이것이 절실히 필요하다고 할 것입니다. 채무불이행죄가 없고 신용을 지키지 않은 사회에서 계약을 해놓고 이를 지키지 않으려는 문화는 뿌리를 뽑지 못하더라도 최소한 법원이 이를 허용하는 식으로 판결해서는 아니 될 것입니다. 사해행위취소가 가능해지면 이중매매에서 고소를 할 이유가 없어지고 제1매매행위가 있는 것을 알고 매수한 자는 법의 보호를 받지 못한다는 것을 통해 이런 얌체적 행위를 막을 수 있다고 할 것입니다.

VI

VI

채무초과의 사실

1. 채무초과의 의미

사해행위취소소송에서 가장 원고 측이 입증하여야 할 부분이 바로 이 부분입니다. 이를 입증하기 위해서는 현재 대법원 행정처에 채무자의 사해행위 당시의 부동산이 얼마나 있었는지를 사실조회를 통하여 확인할 수 있습니다.

"민법 제406조의 채권자취소권의 대상인 '사해행위'란 채무자가 적극재산을 감소시키거나 소극재산을 증가시킴으로써 채무초과상태에 이르거나 이미 채무초과상태에 있는 것을 심화시킴으로써 채권자를 해치는 행위를 말한다. 채무초과상태를 판단할 때 소극재산은 원칙적으로 사해행위가 있기 전에 발생되어야 하지만, 사해행위 당시 이미 채무 성립의 기초가 되는 법률관계가 성립되어 있고 가까운 장래에 그 법률관계에 기초하여 채무가 성립되리라는 고도의 개연성이 있으며 실제로 가까운 장래에 그 개연성이 현실화되어 채무가 성립되었다면, 그 채무도 채무자의 소극재산에 포함된다. 여기에서 채무 성립의 기초가 되는 법률관계에는 당사자 사이의 약정에 의한 법률관계에 한정되지 않고 채무 성립의 개연성이 있는 준법률관계나 사실관계 등도 포함된다. 따라서 당사자 사이에 채권 발생을 목적으로 하는 계약의 교섭이 상당히 진행되어 계약체결의 개연성

> 이 고도로 높아진 단계도 여기에 포함될 수 있다."[1]

채무자의 적극재산을 감소시키거나 소극재산을 증가시킴으로 채무초과를 일으키거나 채무초과상태를 심화시키는 것을 말합니다.

그래서 사해행위가 된 재산은 채무초과 판단시에 적극재산에 포함시키지 않고 남아있는 적극재산과 소극재산을 고려하여 판단하여야 할 것입니다. 소극재산에 포섭될 채무를 위 판례에서 보는 것과 같이 피보전채권의 선재성의 예외조건을 적용하여 이를 확장시켰다고 할 것입니다. 위 판례는 이미 검토한 바가 있습니다. 또한 적극재산을 처분하면서 받은 돈으로 채무를 변제한 경우 그 액수만큼은 소극재산에서 제외됨을 알 수 있습니다.

적극재산이 무엇이고 소극재산은 어떤 것이 있는지 검토할 필요가 있다고 할 것입니다.

2. 적극재산의 범위

가. 압류금지채권은 적극재산에서 제외된다.

1) 민사집행법규정

제246조(압류금지채권)

① 다음 각호의 채권은 압류하지 못한다. <개정 2005.1.27, 2010.7.23, 2011.4.5, 2022.1.4>

1. 법령에 규정된 부양료 및 유족부조료(유족부조료)

2. 채무자가 구호사업이나 제3자의 도움으로 계속 받는 수입

3. 병사의 급료

4. 급료·연금·봉급·상여금·퇴직연금, 그 밖에 이와 비슷한 성질을 가진 급여채권의 2분의 1에 해당하는 금액. 다만, 그 금액이 국민기초생활보장법에 의한 최저생계비를 고려하여 대통령령이 정하는 금액에 미치지 못하는 경우

---

1) 대법원 2022. 7. 14. 선고 2019다281156 판결 [사해행위취소]

또는 표준적인 가구의 생계비를 고려하여 대통령령이 정하는 금액을 초과하는 경우에는 각각 당해 대통령령이 정하는 금액으로 한다.

　　5. 퇴직금 그 밖에 이와 비슷한 성질을 가진 급여채권의 2분의 1에 해당하는 금액

　　6. 「주택임대차보호법」 제8조, 같은 법 시행령의 규정에 따라 우선변제를 받을 수 있는 금액

　　7. 생명, 상해, 질병, 사고 등을 원인으로 채무자가 지급받는 보장성보험의 보험금(해약환급 및 만기환급금을 포함한다). 다만, 압류금지의 범위는 생계유지, 치료 및 장애 회복에 소요될 것으로 예상되는 비용 등을 고려하여 대통령령으로 정한다.

　　8. 채무자의 1월간 생계유지에 필요한 예금(적금·부금·예탁금과 우편대체를 포함한다). 다만, 그 금액은 「국민기초생활 보장법」에 따른 최저생계비, 제195조 제3호에서 정한 금액 등을 고려하여 대통령령으로 정한다.

　　② 법원은 제1항제1호부터 제7호까지에 규정된 종류의 금원이 금융기관에 개설된 채무자의 계좌에 이체되는 경우 채무자의 신청에 따라 그에 해당하는 부분의 압류명령을 취소하여야 한다. <신설 2011.4.5>

　　③ 법원은 당사자가 신청하면 채권자와 채무자의 생활형편, 그 밖의 사정을 고려하여 압류명령의 전부 또는 일부를 취소하거나 제1항의 압류금지채권에 대하여 압류명령을 할 수 있다. <개정 2011.4.5>

　　④ 제3항의 경우에는 제196조제2항 내지 제5항의 규정을 준용한다. <개정 2011.4.5.>"

2) 공무원법상 연금인 급여를 받을 권리 - 퇴직연금

"1. 채무자의 재산처분행위가 사해행위가 되기 위해서는 그 행위로 말미암아 채무자의 총재산의 감소가 초래되어 채권의 공동담보에 부족이 생기는 것, 즉 채무자의 소극재산이 적극재산보다 많아져야 하는 것인데, 적극재산을 산정함에 있어 다른 특별한 사정이 없는 한 실질적으로 재산적 가치가 없어 채권의 공동담보로서의 역할을 할 수 없는 재산은 제외하여야 할 것이고, 압류금지재산은 공동담보가 될 수 없으므로 적극재산에 포

함시켜서는 아니 된다(대법원 2005. 1. 28. 선고 2004다58963 판결 참조).
공무원연금법상 연금인 급여를 받을 권리는 대통령령으로 정하는 금융회사에 담보로
제공하거나 국세징수법, 지방세징수법, 그 밖의 법률에 따른 체납처분의 대상이 되는
외에 양도, 압류하거나 담보로 제공할 수 없다(공무원연금법 제39조 제1항).
민사집행법은 제246조 제1항 제4호에서 **퇴직연금 그 밖에 이와 비슷한 성질을 가진
급여채권은 그 1/2에 해당하는 금액만 압류하지 못하는 것으로 규정하고 있으나, 이는
공무원연금법상 압류금지 규정과의 사이에서 일반법과 특별법의 관계에 있으므로, 공
무원연금법상 퇴직연금채권에 대하여는 그 전액에 관하여 압류가 금지된다고 보아야
한다**(대법원 2014. 1. 23. 선고 2013다71180 판결 참조)."[2]

전부가 적극재산에서 제외됨을 알 수 있습니다.

3) 일반인의 퇴직연금 1/2 압류금지 및 일정금액 한도 내 압류금지도 고려해야 함

"민사집행법 제246조 제1항 제4호에 의하면 퇴직연금의 1/2은 압류할 수 없고, 압류
금지재산은 채무자의 책임재산을 이루는 것이 아니므로, 이 사건 전체 부동산의 명의
이전으로 소외인의 적극재산은 퇴직연금 환산액 65,651,830원(뒤에서 보는 바와 같이
정당한 퇴직연금 환산액은 66,067,250원이나 위 금액에 의하더라도 결과에는 영향이
없다.)의 1/2인 32,825,915원이 되고, 반면 원고는 소외인을 상대로 한 손해배상청구
소송의 확정판결에 의해 '3,000만 원과 이에 대한 2001. 3. 26.은 연 5%, 그 다음날부
터 완제일까지는 연 25%의 지연손해금' 채권을 가지고 있으므로 이 사건 재산분할약정
일인 2002. 8. 7.을 기준으로 한 채권액은 40,250,684원[=30,000,000 + 30,000,000
× {5/100 × 1/365 + 25/100 × (1 + 4/12 + 12/365)}]이 되어 소외인이 채무초
과상태인 것은 분명하므로{더욱이 소외인은 퇴직연금으로 1999년에는 매월 891,230
원을 지급받다가 조금씩 연금액이 증액되어 2005년에는 1,232,860원을 지급받았는
바, 2005. 1. 27. 민사집행법의 개정으로 2005. 7. 8.부터는 월 120만 원의 범위 내
에서는 압류할 수 없으므로 이에 의하면 소외인의 적극재산액은 거의 압류할 수 없는
형편이 된다.}, 원심이 판결 이유에서 채무초과의 근거에 대해 명시적으로 판단하고 있
지 않은 것은 다소 부적절하나, 결국 이 사건 전체 부동산에 대한 소유권이전으로 소외

---

2) 대법원 2022. 2. 11. 선고 2019다250831, 250848 판결 [사해행위취소·손해배상(기)]

인이 채무초과상태가 되었다고 한 것은 정당하여 판결 결과에 영향을 미쳤다고 할 수 없으므로 이 점을 탓하는 상고이유도 받아들일 수 없다"3)

4) 근로자퇴직급여 보장법상 퇴직연금채권

"민사집행법은 제246조 제1항 제4호에서 퇴직연금 그 밖에 이와 비슷한 성질을 가진 급여채권은 그 1/2에 해당하는 금액만 압류하지 못하는 것으로 규정하고 있으나, 이는 '근로자퇴직급여 보장법'(이하 '퇴직급여법'이라고 한다)상 양도금지 규정과의 사이에서 일반법과 특별법의 관계에 있으므로, 퇴직급여법상 퇴직연금채권은 그 전액에 관하여 압류가 금지된다고 보아야 한다."4)

5) 보장성보험 압류금지(보장성과 저축성이 같이 있는 경우)

"이처럼 하나의 보험계약에 보장성보험과 저축성보험의 성격이 모두 있는 경우에 저축성보험의 성격을 갖는 계약 부분만을 분리하여 해지할 수 없다면, 해당 보험 전체를 두고 민사집행법 제246조 제1항 제7호에서 규정하는 '보장성보험'에 해당하는지를 결정하여야 한다. 원칙적으로 보험가입 당시 예정된 해당 보험의 만기환급금이 보험계약자의 납입보험료 총액을 초과하는지를 기준으로 하여, 만기환급금이 납입보험료 총액을 초과하지 않으면 민사집행법 제246조 제1항 제7호에서 규정하는 '보장성보험'에 해당한다고 보아야 한다. 그러나 만기환급금이 납입보험료 총액을 초과하더라도, 해당 보험이 예정하는 보험사고의 성질과 보험가입 목적, 납입보험료의 규모와 보험료의 구성, 지급받는 보험료의 내용 등을 종합적으로 고려하였을 때 보장성보험도 해당 보험의 주된 성격과 목적으로 인정할 수 있다면 이를 민사집행법이 압류금지채권으로 규정하고 있는 보장성보험으로 보아야 한다."5)

---

3) 대법원 2006. 6. 29. 선고 2005다73105 판결 [사해행위취소에의한소유권말소등기]
4) 대법원 2014. 1. 23. 선고 2013다71180 판결 [추심금]
5) 대법원 2018. 12. 27. 선고 2015다50286 판결 [추심금]

6) 이사의 보수청구권과 퇴직연금채권은 1/2은 압류금지채권이 될 수 있음

"[3] 상법 제388조가 정하는 '이사의 보수'에는 월급·상여금 등 명칭을 불문하고 이사의 직무수행에 대한 보상으로 지급되는 대가가 모두 포함되고, 퇴직금 또는 퇴직위로금도 그 재직 중의 직무수행에 대한 대가로 지급되는 급여로서 상법 제388조의 '이사의 보수'에 해당한다. 주식회사의 이사, 대표이사(이하 '이사 등'이라고 한다)의 보수청구권(퇴직금 등의 청구권을 포함한다)은, 그 보수가 합리적인 수준을 벗어나서 현저히 균형을 잃을 정도로 과다하거나, 이를 행사하는 사람이 법적으로는 주식회사 이사 등의 지위에 있으나 이사 등으로서의 실질적인 직무를 수행하지 않는 이른바 명목상 이사 등에 해당한다는 등의 특별한 사정이 없는 이상 민사집행법 제246조 제1항 제4호 또는 제5호가 정하는 압류금지채권에 해당한다고 보아야 한다.

[4] 회사가 퇴직하는 근로자나 이사 등 임원에게 급여를 지급하기 위하여 퇴직연금 제도를 설정하고 은행, 보험회사 등 근로자퇴직급여 보장법 제26조가 정하는 퇴직연금사업자(이하 '퇴직연금사업자'라고만 한다)와 퇴직연금의 운용관리 및 자산관리 업무에 관한 계약을 체결하였을 때, 재직 중에 위와 같은 퇴직연금에 가입하였다가 퇴직한 이사, 대표이사(이하 '이사 등'이라고 한다)는 그러한 퇴직연금사업자를 상대로 퇴직연금 채권을 가진다. 근로기준법상의 근로자에 해당하지 않는 이사 등의 퇴직연금 채권에 대해서는 '퇴직연금 제도의 급여를 받을 권리'의 양도 금지를 규정한 근로자퇴직급여 보장법 제7조 제1항은 적용되지 않는다. 그러나 위와 같은 퇴직연금이 이사 등의 재직 중의 직무수행에 대한 대가로서 지급되는 급여라고 볼 수 있는 경우에는 그 이사 등의 퇴직연금사업자에 대한 퇴직연금 채권은 민사집행법 제246조 제1항 제4호 본문이 정하는 '퇴직연금, 그 밖에 이와 비슷한 성질의 급여채권'으로서 압류금지채권에 해당한다고 보아야 한다. 이러한 퇴직연금이 이사 등의 재직 중의 직무수행에 대한 대가로서 지급되는 급여에 해당하는지는 회사가 퇴직연금 제도를 설정한 경위와 그 구체적인 내용, 이와 관련된 회사의 정관이나 이사회, 주주총회 결의의 존부와 그 내용, 이사 등이 회사에서 실질적으로 수행한 직무의 내용과 성격, 지급되는 퇴직연금의 액수가 이사 등이 수행한 직무에 비하여 합리적인 수준을 벗어나 현저히 과다한지, 당해 퇴직연금 이외에 회사가 이사 등에게 퇴직금이나 퇴직위로금 등의 명목으로 재직 중의 직무수행에 대한 대가로 지급하였거나 지급할 급여가 있는지, 퇴직연금사업자 또는 다른 금융기관이 당해 이사 등에게 퇴직연금의 명목으로 지급하였거나 지급할 다른 급여의 존부와 그 액수, 그 회사의 다른 임원들이 퇴직금, 퇴직연금 등의 명목으로 수령하는 급여와의 형평

성 등을 종합적으로 고려하여 판단하여야 한다.

[5] 회사 또는 퇴직연금사업자가 이사, 대표이사(이하 '이사 등'이라고 한다)에 대한 채권자로서의 지위를 겸하는 경우에, 이사 등의 보수청구권과 퇴직연금 채권을 민사집행법상의 압류금지채권으로 보더라도, 이사 등의 직무수행에 비하여 합리적이라고 인정되는 범위를 벗어난 부분에 대해서는 이사 등의 보수청구권 행사 자체가 제한됨에 비추어 보면, 민법 제497조에 따라 회사 또는 퇴직연금사업자의 상계가 금지되는 범위 또한 합리적인 범위 내에 있는 이사 등의 보수청구권과 퇴직연금 채권 부분에 한정된다고 보아야 한다. 또한 채권자가 스스로를 제3채무자로 하여 채무자의 자신에 대한 채권을 압류하는 것이 금지되지 않으므로, 회사 또는 퇴직연금사업자는 이사 등을 채무자, 스스로를 제3채무자로 하여 해당 보수청구권 또는 퇴직연금 채권에 대하여 압류명령을 신청함과 동시에 민사집행법 제246조 제3항 후단에 따라 이른바 '압류금지채권의 축소 재판' 신청을 할 수 있다."6)

　　판결요지 3, 4, 5번 모두 처음 판시한 부분이기 때문에 임원이나 대표이사 등의 보수청구권과 퇴직연금채권도 압류금지채권에 해당이 될 수 있습니다.

　　만약 퇴직연금채권의 경우는 근로자퇴직급여 보장법이 민사집행법에 의하여 특별법의 위치에 있기 때문에 근로자퇴직급여 보장법에 의한 이사의 퇴직연금채권은 전부 압류금지채권이 되는 것인지 아니면 민사집행법에 의하여 1/2만 압류금지채권이 되는 것인지를 보아야 할 것인데, 대법원 근로자퇴직급여 보장법은 근로자가 아닌 이사 등에 대하여는 적용되지 않는다고 언급하고 있는 점과 판결이유의 계속적 내용을 보더라도 근로자퇴직급여 보장법에 의하여 판단한 것이 아니라 민사집행법에 의하여 판단한 것을 보면, 퇴직연금채권은 이사의 보수 등에 해당하는 경우에 근로자퇴직급여 보장법의 적용은 받지 않기 때문에 전부압류금지채권은 아니고 민사집행법에 의한 압류금지만 인정됨으로 1/2만 압류금지채권이 된다고 볼 것입니다.

---

6) 대법원 2018. 5. 30. 선고 2015다51968 판결 [퇴직연금]

7) 사립학교의 보조금교부채권

> "사립학교법 제43조 제1항, 보조금의예산및관리에관한법률 제22조 제1항 등에 의하여 국가 또는 지방자치단체로부터 교육의 진흥상 필요하다고 인정되어 사립학교 교육의 지원을 위하여 교부되고 그 목적 이외의 사용이 금지되는 보조금은, 그 금원의 목적 내지 성질상 국가나 지방자치단체와 학교법인 사이에서만 수수, 결제되어야 하므로 그 보조금교부채권은 성질상 양도가 금지된 것으로 보아야 하고 따라서 강제집행의 대상이 될 수 없다.[7]

사립학교가 사해행위취소를 행하였을 경우에 혹시나 적용할 수 있을지 모르겠습니다. 지방사립대학교가 경영난이 커서 이런 경우가 발생할 수도 있다고 보입니다.

8) 지방의회의원이 지급받는 비용 - 압류금지채권이 아님

> "지방의회의원이 지급받는 비용들은 근로자의 근로의 대가로서의 급여와는 그 성격이 다른 것으로서 지방의회의원은 지방자치법에서 정한 겸직의 제한을 받는 외에는 보수를 수반한 겸직이 금지되고 있지 아니하므로 지방의회의원에게 지급되는 비용들은 민사집행법 제246조 제1항에서 정한 압류금지채권에 해당하지 아니한다."[8]

9) 여객자동차 운수사업자가 받는 교부보조지급금청구권 - 압류금지채권임 - 유류보조금

> "국가나 지방자치단체가 특정한 사업을 육성하거나 재정상의 원조를 하기 위하여 지급하는 보조금으로서 그 금원의 목적 내지 성질, 용도 외 사용의 금지 및 감독 여부, 위반시의 제재조치 등 그 근거 법령의 취지와 규정 등에 비추어 국가 혹은 지방자치단체와

---

7) 대법원 1996. 12. 24.자 96마1302, 1303 결정 [채권압류및추심명령]
8) 대법원 2004. 6. 18.자 2004마336 결정 [가압류를본압류로이전하는채권압류및추심명령]

특정의 보조사업자 사이에서만 수수·결제되어야 하는 것으로 봄이 상당하다고 인정되는 보조금지급채권은 그 양도가 금지된 것으로 보아야 하고, 따라서 강제집행의 대상이 될 수 없다 할 것이다(대법원 1996. 12. 24.자 96마1302, 1303 결정 등 참조). 원심은 여객자동차 운수사업법(이하 '법'이라고 한다) 제51조 및 여객자동차 운수사업법 시행규칙 제86조의2에 근거하여 제정된 건설교통부장관 명의의 '유가조정에 따른 운수업계 보조금 지급지침'에 따라 유류세액 인상액 보조 등의 명목으로 지방자치단체인 피고가 관내 여객자동차 운수사업자에게 지급하는 이 사건 보조금은, 그 제도의 취지, 법 제52조의 용도외 사용금지 및 관할 관청의 감독, 부정수급에 따르는 국세 또는 지방세 체납처분의 예에 의한 환수조치에 관한 규정 등에 비추어 여객자동차 운수사업자의 재정적 부담을 경감하여 줌으로써 여객의 원활한 운송 및 여객자동차 운수사업의 진흥을 꾀하고자 하는 공공목적을 달성하기 위하여 지급되는 것으로서, 그 금원의 목적과 성질상 국가 또는 지방자치단체와 운수사업자 사이에서만 수수·결제되어야 하는 것이고, 따라서 위 보조금채권은 성질상 압류가 금지된 것으로 보아야 한다는 이유를 들어, 원고가 피고에 대하여 가지는 이 사건 보조금채권에 대하여 이루어진 그 판시 압류 및 가압류명령과 이를 전제로 하는 피고의 이 사건 집행공탁은 모두 무효라 할 것이어서 피고는 원고에게 그 보조금을 지급할 의무가 있다고 판단하였다."9)

상고기각을 한 사건으로 압류금지채권이라고 하였습니다.

10) 정당보조금

"정치자금법에 근거하여 국가가 정당에 지급하는 금전이나 유가증권(이하 '정당보조금'이라고 한다)은 특정한 목적, 즉 정당을 보호·육성하고 재정상 원조를 하기 위한 목적에서 지급하는 것으로서, 정치자금법에서 열거하고 있는 용도 외에 정당보조금을 사용할 수 없고(정치자금법 제28조 제1항), 이를 위반한 경우 형사처벌의 대상이 된다(정치자금법 제47조 제1항 제4호). 위와 같은 정당보조금의 목적, 용도 외 사용의 금지 및 위반시의 제재조치 등 그 근거 법령의 취지와 규정 등에 비추어 볼 때, 정당보조금은 국가와 정당 사이에서만 수수·결제되어야 하는 것으로 봄이 상당하므로, 정당의 국가에 대한 정당보조금지급채권은 그 양도가 금지된 것으로서 강제집행의 대상이 될 수

---

9) 대법원 2008. 4. 24. 선고 2006다33586 판결 [보조금지급]

없다."10)

정당이 채무초과 상태에서 사해행위를 하였을 경우에 정당의 채권자로서는 사해행위에 대하여 소를 제기할 수 있을 경우가 발생한다고 할 것입니다.

11) 도급계약상의 노임채권

"구 건설산업기본법(2011. 5. 24. 법률 제10719호로 개정되기 전의 것) 제88조, 같은 법 시행령 제84조 제1항에 의하여 압류가 금지되는 노임채권의 범위는 건설공사의 도급금액 중 산출내역서에 기재된 노임의 합산액으로 도급계약서나 하도급계약서에 명시되어 있는 금액이다. 따라서 건설공사계약이 중도 해지되어 공사대금의 정산합의가 이루어지는 경우 그 정산된 공사대금 중 압류가 금지되는 노임채권액은, 하도급금액 산출내역서에 기재된 노임채권 중 정산합의 시까지 발생한 노임채권액을 합산하는 방식으로 산정하여야 하고, 그 정산 시까지 기성금으로 수령한 공사대금이 있는 경우 잔여 공사대금 중 압류가 금지되는 노임채권액은 정산합의된 공사대금 중 하도급금액 산출내역서에 기하여 산출한 노임채권액에서 기지급된 공사대금 중 하도급금액 산출내역서에 기하여 산출한 노임채권액을 공제하는 방식으로 산정하여야 한다(대법원 2012. 3. 15. 선고 2011다73441 판결 참조)."11)

건설산업기본법에 의한 노임채권은 압류금지채권이라고 할 것입니다.

"나. 원심은, 이 사건 공사계약서에 총 도급금액 4,440,000,000원 중 건설산업기본법 시행령 제84조 규정에 의한 노임이 1,685,286,001원으로 기재되어 있는 사실, 발주처인 한국토지주택공사가 피고와 성림이앤씨로부터 하도급직불동의서를 받아 2011. 5. 6. 성림이앤씨 및 그 하수급업체에 노무비로 627,000,000원을 직접 지급한 사실, 이 사건 공사계약서상의 노임 1,685,286,001원 중 위 627,000,000원을 포함하여

---

10) 대법원 2009. 1. 28.자 2008마1440 결정 [채권압류및추심명령]
11) 대법원 2016. 10. 13. 선고 2014다2723 판결 [추심금반환]

1,066,474,388원이 지급된 사실을 인정한 다음, 위 노무비 627,000,000원은 건설산업기본법 제88조 제1항에 따라 압류가 금지되는 '노임에 상당하는 금액'에 해당하므로 위 금원의 변제를 이유로 원고에게 대항할 수 있다는 피고의 주장을 받아들이고, 위 627,000,000원 중 임금 외 다른 명목으로 지급된 금원이 포함되어 있다는 원고의 주장을 증거가 없다는 이유로 배척하였다.

다. 그러나 원심의 위와 같은 판단은 아래와 같은 이유로 수긍하기 어렵다.

압류금지채권에 해당하는 노임인지 여부는 피고가 증명하여야 할 사항이므로, 원고가 위 627,000,000원에는 임금 이외에 다른 명목으로 지급된 금원이 포함되어 있다고 주장하는 이상 위 627,000,000원이 전액 임금에 해당한다는 점은 피고가 증명하여야 한다. 또한 이 사건 공사계약은 중도 해지되었고 이 사건 가압류결정이 피고에게 송달되기 전에 이미 기성금으로 지급한 공사대금이 있으므로, 원심으로서는 해지될 당시 피고와 성림이앤씨 사이에 공사대금의 정산합의가 있었는지, 정산합의가 있었다면 그 정산된 공사대금 중 하도급금액 산출내역서에 기재된 노임채권으로서 정산합의 시까지 발생한 노임채권액은 얼마인지, 기성금으로 지급한 공사대금 중 하도급금액 산출내역서에 기하여 산출한 노임채권액은 얼마인지를 심리하여, 잔여공사대금 중 압류가 금지되는 노임채권액은 원칙적으로 정산합의된 공사대금 중 하도급금액 산출내역서에 기하여 산출한 노임채권액을 공제하는 방식으로 산정하였어야 했다.

그럼에도 원심은 위와 같은 사정에 대한 심리를 다하지 아니한 채, 위 627,000,000원 중 임금 이외에 다른 명목으로 지급된 금원이 포함되어 있다는 증거가 없다는 이유로 위 금원이 전액 노임에 해당하고, 이 사건 공사계약서에 '건설산업기본법 시행령 제84조 규정에 의한 노무비'가 1,685,286,001원으로 기재되어 있고 노무비로 그 범위 내인 1,066,474,388원이 지급되었으므로 피고가 주장하는 627,000,000원도 압류금지채권에 해당한다고 판단하였다.

이러한 원심의 판단에는 중도해지 시 압류금지채권에 해당하는 노임의 산정방법과 증명책임에 관한 법리를 오해하고 필요한 심리를 다하지 아니하여 판결에 영향을 미친 잘못이 있다."[12]

채무자가 건설회사인 경우 채무자회사가 도급인으로부터 받을 공사대금채권이 있는 경우 이중에서 노임은 압류금지채권이기 때문에 건설회사의 적극재

---

[12] 대법원 2016. 10. 13. 선고 2014다2723 판결 [추심금반환]

산에 포함될 여지가 없다고 주장할 수 있을 것으로 보입니다.

12) 임대주택의 보증금

> "4) 구 임대주택법 시행령(2015. 12. 22. 대통령령 제26749호로 개정된 것) 제21조
> 제1항, 제2항에 따르면, 공공건설임대주택 중 주택법 제16조에 따라 사업계획승인을
> 받아 건설한 임대주택의 최초의 임대보증금은 국토교통부장관이 정하여 고시하는 표준
> 임대보증금을 초과할 수 없어 비교적 소액이므로, 그러한 임대보증금에 대한 반환채권
> 은 채권으로서의 재산적 성격과 담보로서의 중요성이 미미하여 자금조달수단 기능과
> 가치를 보장하여야 할 필요성이 크다고 보기 어렵고, 한편 민사집행법 제246조 제1항
> 제6호에 의해 주택임대차보호법 제8조, 주택임대차보호법 시행령 제10조 제1항에 따
> 라 우선변제를 받을 금액에 해당하는 임대보증금 부분에 대한 반환채권은 압류금지채
> 권에 해당하는바, 비교적 소액인 임대보증금반환채권의 전부 내지 상당 부분이 압류금
> 지채권에 해당할 경우가 적지 않을 것이어서 그러한 경우에는 압류 및 추심명령의 효
> 력이 인정될 수도 없다."[13]

이는 주택임대차보험상으로 압류금지채권인데 판례가 있어 이를 인용하여
보는 바입니다. 원고는 한국토지주택공사였고 사건명은 건물명도였습니다. 원고
가 상고한 사건이니 예금보험공사가 이 보증금반환채권에 압류추심명령을 받았
던 사건이었습니다.

> "2. 원심은, 구 임대주택법이 적용되는 임대주택에 관한 이 사건 임대차계약에 대해, 소
> 외 예금보험공사가 피고의 원고에 대한 임대차보증금반환채권에 관하여 압류 및 추심
> 명령을 받아 원고에게 갱신 중지 요청을 한 이상 원고는 임대차계약 갱신으로 예금보
> 험공사에 대항할 수 없으므로 이 사건 임대차계약은 계약기간 만료로 종료되었다는 원
> 고의 주장에 대하여, 원고가 주장하는 사유는 이 사건 임대차계약서 5. 계약일반조건
> 제10조 제1항에 정해진 임대인이 갱신을 거절할 수 있는 사유에 해당하지 아니하므로
> 원고가 그 주장과 같은 사정을 이유로 임대차계약의 갱신을 거절할 수 없다고 보아, 임

---

13) 대법원 2020. 5. 28. 선고 2020다202371 판결 [건물명도(인도)]

대차기간 만료를 이유로 한 원고의 이 사건 임대주택 인도청구를 배척하였다.
3. 원심판결 이유를 앞서 본 법리와 적법하게 채택된 증거들에 비추어 살펴보면, 원심의 위와 같은 판단에 상고이유 주장과 같이 임대차계약 갱신에 관한 법리를 오해한 잘못이 없다."14)

　　원고가 피고에 대하여 건물명도소송을 하였는데 결국 기각된 사건입니다. 재미있는 사건이고 임대주택의 임차인에게는 이런 일이 발생할 여지가 있어서 사해행위취소소송보다는 이런 건물명도소송에 유용할 것으로 보입니다.

13) 사립학교의 수업료 등을 받는 특별예금통장의 채권

"원심결정의 이유에 의하면, 원심은 채무자인 재항고인이 그가 설립·운영하는 홍명고등학교의 수업료 등을 입금한 제3채무자 청량농업협동조합에 대한 이 사건 예금채권이 사립학교법 제28조 제3항에 의하여 압류가 금지된 것이라는 이유로 이 사건 예금채권에 대한 채권압류 및 추심명령에 관하여 즉시항고를 하였음에 대하여 사립학교법 제29조 제2항에 의하여 별도 계좌로 관리되는 수업료 기타 납부금 수입에 대한 예금채권이 같은 법 제28조 제3항에 의한 압류금지채권에 해당한다 하더라도, 압류금지채권의 목적물이 채무자의 예금계좌에 입금된 경우 그 채권은 채무자의 당해 금융기관에 대한 예금채권으로 변하여 종전 채권과의 동일성을 상실하고, 이 사건 예금채권에는 사립학교법 제29조 제2항의 규정에 의한 수업료 기타 납부금에 해당하지 아니하는 보충수업비, 수학여행경비 등이 포함되어 있다는 이유로, 이 사건 예금채권에 대하여는 사립학교법 제28조 제3항의 규정에 의한 압류금지의 효력이 미치지 아니하여 이 사건 예금채권에 대한 채권압류 및 추심명령이 적법하다고 판단하였다.
그러나 사립학교법 제29조 제2항과 제28조 3항에서는 학교법인의 각 회계의 세입·세출에 관한 사항은 대통령령으로 정하되 수업료 기타 납부금(입학금·학교운영지원비 또는 기성회비를 말한다)은 교비회계의 수입으로 하여 이를 별도 계좌로 관리하여야 하고 이와 같이 별도 계좌로 관리되는 수입에 대한 예금채권은 이를 압류하지 못한다고 되어 있으므로, 이 사건 예금이 채무자인 재항고인이 설립·운영하는 홍명고등학교의 수업료 기타 납부금 수입을 관리하는 별도 계좌라면 그 예금채권은 위 사립학교법 규정

14) 대법원 2020. 5. 28. 선고 2020다202371 판결 [건물명도(인도)]

에 의하여 이를 압류할 수 없는데, 기록에 의하면 이 사건 예금이 위 사립학교법 규정의 '수업료 기타 납부금'에 해당하는 것으로 볼 여지가 있으며 한편, 재항고인 주장의 육성회비, 특기·적성비, 보충수업비, 수학여행경비도 압류가 금지되는 '수업료 기타 납부금'에 포함된다고 보아야 할 것이다.

그럼에도 불구하고, 원심은 이 사건 예금채권이 위 홍명고등학교의 수업료 기타 납부금 수입을 관리하는 별도 계좌의 예금채권인지 여부를 심리·판단하지 아니한 채 그 판시와 같은 사유만으로 이 사건 예금채권에 대하여는 압류금지의 효력이 미치지 아니한다고 단정하고 말았으니, 여기에는 이 사건 예금채권이 사립학교법 제28조 제3항의 압류금지채권에 해당하는지를 판단하기 위하여 필요한 심리를 다하지 아니하고 이에 관한 법리를 오해하여 판결에 영향을 미친 위법이 있다 할 것이다. 이 점을 지적하는 취지의 재항고이유의 주장은 이유 있다."15)

14) 자배법 제32조의 소정의 압류금지채권

"자배법 제9조 제1항은 '보험가입자 등'에게 같은 법 제3조의 규정에 의한 손해배상책임이 발생한 경우에 피해자는 보험사업자 등에게 보험금 등을 자기에게 직접 지급할 것을 청구할 수 있도록 규정하고 있고, 같은 법 제8조는 강제(의무)보험에 가입한 자와 당해 강제(의무)보험계약의 피보험자를 '보험가입자 등'으로 정의하고 있으므로, 피해자가 같은 법 제9조 제1항에 의하여 보험사업자 등에게 행사하는 직접청구권은 강제(의무)보험의 피보험자에게 손해배상책임이 발생한 경우에 같은 법 제5조 제1항에 의하여 강제되는 강제(의무)보험금의 범위에 한한다고 할 것이고(같은 취지의 대법원 2005. 10. 7. 선고 2003다6774 판결 참조), 따라서 같은 법 제9조 제1항의 규정에 의한 청구권의 압류금지를 정한 같은 법 제32조의 규정도 위 범위에서 적용된다고 할 것이다. 이와 달리 강제(의무)보험 이외에 임의보험에 관련해서도 피해자가 같은 법 제9조 제1항의 규정에 의한 직접청구권을 행사할 수 있음을 전제로 하여 이 사건 채권 전부가 같은 법 제32조에 의하여 압류금지의 대상이 된다고 판단한 원심결정에는 같은 법 제9조 및 제32조의 법리를 오해함으로써 재판에 영향을 미친 위법이 있다."16)

---

15) 대법원 2001. 3. 20.자 2000마7801 결정 [채권압류및추심명령]
16) 대법원 2006. 4. 20.자 2005마1141 결정 [채권가압류]

15) 소결

결국 원고 측 대리인으로서는 채무초과를 입증하기 위하여 이런 민사집행법과 특별법률에 의한 압류금지채권을 밝혀서 채무자의 적극재산이 적음을 주장, 입증하여야 할 것입니다. 대부분의 판례들이 압류추심명령신청이나 채권가압류신청에서 발생된 것을 보면, 사해행위에서도 충분히 언급될 성질이라고 할 것입니다.

나. 집행재산으로 가치가 없는 재산은 적극재산에 포함되지 않음

1) 명부상의 적극재산

채무자 회사의 경우 납품회사의 부도로 자신도 부도가 난 경우에 받을 채권은 많이 있는데 실제로 이는 받을 가능성이 거의 없는 경우에 이를 적극재산에 포함시킬 것인가 의문입니다. 이런 경우에는 결국 채권자의 입장에서 생각을 하여야 하고 사해행위취소소송을 만든 취지를 고려하여 보면 어느 정도의 답이 나온다고 할 것입니다.

2) 양도성예금증서가 적극재산에 포함이 되는지 여부

"[1] 사해행위취소의 요건으로서의 무자력이란 채무자의 변제자력이 없음을 뜻하는 것이고 특히 임의 변제를 기대할 수 없는 경우에는 강제집행을 통한 변제가 고려되어야 하므로, 소극재산이든 적극재산이든 위와 같은 목적에 부합할 수 있는 재산인지 여부가 변제자력 유무 판단의 중요한 고려요소가 되어야 하는데, 채무자의 소극재산은 실질적으로 변제의무를 지는 채무를 기준으로 하여야 할 것이므로 처분행위 당시에 가집행선고 있는 판결상의 채무가 존재하고 있었다고 하더라도 그것이 나중에 상급심의 판결에 의하여 감액된 경우에는 그 감액된 판결상의 채무만이 소극재산이라 할 것이고, 한편 채무자의 적극재산을 산정함에 있어서는 다른 특별한 사정이 없는 한 실질적으로 재산적 가치가 없어 채권의 공동담보로서의 역할을 할 수 없는 재산은 제외하여야 할 것이고, 특히 그 재산이 채권인 경우에는 그것이 용이하게 변제를 받을 수 있는 것인지 여부를 합리적으로 판정하여 그것이 긍정되는 경우에 한하여 적극재산에 포함시켜야 한다.
[2] 채무자 명의의 정기예금에 관하여 무기명 양도성예금증서가 발행되었고, 그 양도성
예금증서를 채무자가 아닌 제3자가 소지하다가 다른 사람에게 처분한 경우, 그 정기예
금은 양도성예금증서의 소지인에게 지급될 것이므로 채무자의 적극재산으로 보기 어렵
고, 그 양도성예금증서도 채권자들이 그 존재를 쉽게 파악하고 이를 집행의 대상으로
삼을 수 있었다는 특별한 사정이 있는 경우라야만 그 양도성예금증서가 표창하는 예금
채권 상당액을 위 채무자의 적극재산으로 볼 수 있다고 한 사례."17)

이 판례사안도 양도성예금증서의 경우 적극재산에 포함시킬 수 없다고 하
여 파기환송을 시킨 사건입니다.

"한편 검찰의 수사에 의해서도 위 소외 2의 동창생들에게 현금이나 자기앞수표를 교부
한 원인관계나 이유가 명백히 밝혀지지 않았을 뿐 아니라, 그 대가로 취득한 재산이 있
는지 여부나 내역이 명백하지 아니한 상태였던 사실이 인정되는바, 양도성예금증서는
무기명으로 발행되는 것이어서 소외 1 명의의 정기예금에 관하여 양도성예금증서가 발
행된 이상 그 정기예금은 양도성예금증서의 소지인에게 지급될 것이므로 이미 소외 1
의 적극재산으로 보기 어렵고, 한편 그 양도성예금증서도 소외 1이 아니라 소외 2가
소지하고 있었고, 종국에는 소외 2가 이를 타에 처분한 것으로 밝혀진 이상 소외 1의
채권자들이 양도성예금증서의 존재를 쉽게 파악하고, 이를 집행의 대상으로 삼을 수 있
었다는 특별한 사정이 있는 경우라야만 그 양도성예금증서가 표창하는 예금채권 상당
액을 소외 1의 적극재산으로 볼 수 있을 것이며, 더구나 이 사건 약속어음 발행 당시에
는 이미 소외 2가 그 양도성예금증서를 행사하여 정기예금을 인출한 후 이를 그 동창
생들이나 암달러상에게 송금 또는 교부한 상태였다면, 그 처분이유가 무엇인지, 반대급
부로 취득한 재산이 있다면 그 재산은 무엇이고, 그 재산을 소외 1 명의로 취득하여 공
동담보로 할 수 있는지, 그 재산이 채권인 경우에는 그것이 용이하게 변제를 받을 수
있는 것인지 여부를 합리적으로 판단하여 그것이 긍정되지 아니하는 한 적극재산에 포
함시켜서는 안 될 것이다."18)

---

17) 대법원 2006. 2. 10. 선고 2004다2564 판결 [사해행위취소등]
18) 대법원 2006. 2. 10. 선고 2004다2564 판결 [사해행위취소등]

이를 보면, 양도성예금증서는 원칙적으로 적극재산에 포함될 가능성이 매우 적다고 할 것입니다.

3) 가등기 경료된 부동산의 경우

"채권자가 채무자를 대위함에 있어서 대위에 의하여 보전될 채권자의 채무자에 대한 권리가 금전채권인 경우에는 그 보전의 필요성, 즉 채무자가 무자력인 때에만 채권자가 채무자를 대위하여 채무자의 제3채무자에 대한 권리를 행사할 수 있는 것인바(대법원 1993. 10. 8. 선고 93다28867 판결 등 참조), 채권자대위의 요건으로서의 무자력이란 채무자의 변제자력이 없음을 뜻하는 것이고 특히 임의 변제를 기대할 수 없는 경우에는 강제집행을 통한 변제가 고려되어야 하므로, 소극재산이든 적극재산이든 위와 같은 목적에 부합할 수 있는 재산인지 여부가 변제자력 유무 판단의 중요한 고려요소가 되어야 한다(대법원 2006. 2. 10. 선고 2004다2564 판결). 따라서 채무자의 적극재산인 부동산에 이미 제3자 명의로 소유권이전청구권보전의 가등기가 경료되어 있는 경우에는 강제집행을 통한 변제가 사실상 불가능하므로, 위 가등기가 가등기담보 등에 관한 법률에 정한 담보가등기로서 강제집행을 통한 매각이 가능하다는 등의 특별한 사정이 없는 한 위 부동산은 실질적으로 재산적 가치가 없어 적극재산을 산정함에 있어서 이를 제외하여야 할 것이다."19)

채권자대위소송에 관한 것이지만 이는 사해행위취소소송의 채무자의 무자력과 같은 의미이기 때문에 가등기 경료된 부동산은 적극재산에 원칙적으로 포함될 수 없다고 보아야 할 것입니다.

4) 자본 잠식 상태의 주식회사의 주식은 실질적 가치가 없음

"5. 소외 1이 보유한 피고 회사 주식 2,700주의 적극재산 포함 여부에 관하여
원심은 그 판결 이유에서 피고 회사는 경영상황이 악화되어 전체 자본이 잠식된 상태여서 피고 회사 주식의 적극재산으로서의 가치는 없다고 판단하고 있는바, 실질적으로 재산적 가치가 없는 재산은 적극재산에서 제외하여야 한다는 점(대법원 2001. 10. 12.

---

19) 대법원 2009. 2. 26. 선고 2008다76556 판결 [채권자대위]

선고 2001다32533 판결 참조)에 비추어 보면, 원심은 소외 1이 보유한 피고 회사 주식 2,700주를 재산적 가치가 없어 적극재산에서 제외하였음이 명백하므로, 원심이 소외 1이 보유한 위 피고 회사 주식을 적극재산에 포함시키지 않은 조치에 어떠한 판단유탈의 위법이 있다고 할 수 없다. 이 점을 다투는 상고논지는 받아들일 수 없다."[20]

5) 정우건설 사례 - 신탁재산에 대한 수익권의 경우

"사해행위취소소송에서 채무자의 무자력 여부는 사해행위 당시를 기준으로 판단하여야 하는 것이므로(대법원 2001. 4. 27. 선고 2000다69026 판결 참조) 채무자의 적극재산에 포함되는 신탁재산에 대한 수익권을 평가함에 있어서도 사해행위 당시에 예상할 수 있는 여러 사정을 종합하여 평가할 것이고, 그 후에 예상하지 못한 사정이 발생하였다 하여도 이를 반영할 것은 아니다.

원심은 그 채택 증거를 종합하여, 이 사건 매매예약 당시 정우건설 주식회사(이하 '정우건설'이라고 한다)가 아파트 신축분양사업의 시행을 위하여 매수한 사업부지를 케이비부동산신탁 주식회사에 신탁하여 그 신탁재산에 대한 수익자로서의 권리를 가지고 있었고, 그 권리에 대한 평가액은 적어도 36,230,949,000원인 사실을 인정한 다음, 이 사건 매매예약 당시 정우건설이 아파트 신축분양사업을 진행하기 어려울 정도로 경영상황이 악화되어 있었다거나 아파트 신축분양사업을 원활하게 진행하여 수익을 얻는 것이 불가능하다고 볼 만한 사정이 있었다고 인정할 증거가 없으므로 위 수익권이 실질적으로 재산적 가치가 없어 채권의 공동담보로서의 역할을 할 수 없다고 볼 수 없고, 그에 대한 강제집행을 통하여 용이하게 변제를 받을 수 있으므로, 위 수익권에 대한 평가액은 정우건설의 적극재산으로 산정되어야 한다고 판단하였다.

위 법리와 기록에 비추어 살펴보면, 위와 같은 원심의 판단은 정당하고, 거기에 상고이유의 주장과 같이 논리와 경험의 법칙을 위반하고 자유심증주의의 한계를 벗어나거나 사해행위취소소송에서 채무자의 무자력 여부를 판단하기 위한 적극재산의 산정방법에 관한 법리를 오해하는 등의 위법이 없다."[21]

---

20) 대법원 2006. 10. 26. 선고 2005다76753 판결 [사해행위취소]
21) 대법원 2013. 10. 31. 선고 2011다102059 판결 [사해행위취소]

채무자가 정우건설인 것으로 보이고 피고는 포스코건설입니다. 원고는 상
고했으나 기각되었습니다. 양쪽에 다 대형로펌이 선임된 사건이었습니다. 신축
분양사업이었기 때문에 다툼이 컸을 것으로 예상됩니다.

만약 채무자가 이런 위탁사의 주주인 경우에는 이 수익권의 평가액과 회사
의 재산과 채무를 평가하여 적극 회사의 자산을 평가하고 그 평가액에 채무자의
지분율을 곱하는 형식으로 해야 하지 않을까 생각됩니다.

6) 담보가 없고 오래된 채권은 적극재산에 포함시킬 수 없을 가능성이 큼

"채무자의 재산처분행위가 사해행위가 되기 위해서는 그 행위로 말미암아 채무자의 총
재산의 감소가 초래되어 채권의 공동담보에 부족이 생기게 되어야 하는 것, 즉 채무자
의 소극재산이 적극재산보다 많아져야 하는 것인바(대법원 2001. 4. 27. 선고 2000다
69026 판결 참조), 채무자가 재산처분행위를 할 당시 그의 적극재산 중 부동산과 채권
이 있어 그 재산의 합계가 채권자의 채권액을 초과한다고 하더라도 그 적극재산을 산
정함에 있어서는 다른 특별한 사정이 없는 한 실질적으로 재산적 가치가 없어 채권의
공동담보로서의 역할을 할 수 없는 재산은 이를 제외하여야 할 것이고, 그 재산이 채권
인 경우에는 그것이 용이하게 변제를 받을 수 있는 확실성이 있는 것인지 여부를 합리
적으로 판정하여 그것이 긍정되는 경우에 한하여 적극재산에 포함시켜야 할 것이다(대
법원 1956. 10. 27. 선고 4289민상208 판결 참조).
원심이 확정한 사실관계에 의하더라도, 소외 1의 이 사건 증여 당시 이미 소외 회사는
아파트 건축사업을 하다가 폐업신고를 하고, 그 소유의 부동산에 관하여 법원의 임의경
매개시결정이 있었다는 것이므로, 다른 특별한 사정이 없는 한 당시 소외 회사는 정상
적인 경영이 불가능한 지경에 이르러 채무초과의 상태에 있었음이 추단된다고 할 것인
바, 소외 1이 소외 회사에 대하여 가지고 있는 위 채권에 관하여 별도의 물적 담보 등
을 가지고 있지 아니하였던 이상, 그 채권을 용이하게 변제받기 어려운 사정이 있었다
고 봄이 상당하다고 할 것이고(기록에 의하면, 이 사건 증여 당시 소외 1은 소외 회사
에 대한 위 채권을 2년이 넘도록 변제받지 못하고 있었음을 알 수 있다.) 또한, 기록에
의하더라도 소외 1의 동생들로서 양도소득세를 대신 부담하기로 약정하였다는 소외 2,
소외 3, 소외 4가 소외 1에게 해당 양도소득세 상당 금원을 변제할 자력이 있었는지
여부에 관하여 별다른 자료를 찾아볼 수 없는바, 사실관계가 이러하다면, 소외 1이 이
사건 증여 당시 소외 회사에 대한 채권을 용이하게 변제받을 수 있었던 특별한 사정이

있었는지의 여부나 소외 2 등의 변제자력 유무 등에 관하여 더 심리하기 전에는 소외 1의 소외 회사 및 소외 2 등에 대한 채권이 실질적으로 재산적 가치가 있는 채권인지를 확정지을 수는 없다고 할 것이다.

그렇다면 원심은 위와 같은 점에 관하여 좀 더 심리하여 소외 1의 적극재산의 가액을 산정한 다음, 만약 이 사건 증여 당시 소외 1의 소극재산이 적극재산을 초과하였거나, 이 사건 증여로 인하여 채권의 공동담보에 부족이 발생한 것으로 밝혀질 경우에는 나아가 소외 1 및 피고의 사해의사의 유무나 채권자취소권의 행사범위 등에 관하여 심리·판단하였어야 할 것이다.

그럼에도 불구하고, 원심은 그 판시와 같은 이유만으로 이 사건 증여 당시 소외 1의 소외 회사에 대한 채권이 무가치해졌다거나 소멸된 것으로 보기 어렵다고 단정한 끝에 나머지 쟁점에 관하여는 나아가 판단하지도 아니한 채 원고의 채권자취소권 행사에 관한 주장을 서둘러 배척하고 말았으니, 이는 채증법칙 위배로 인한 사실오인 또는 채무자의 책임재산에 관한 법리를 오해하였거나, 그에 관하여 필요한 심리를 다하지 아니하여 판결 결과에 영향을 미친 위법이 있다고 하지 않을 수 없다. 상고이유 중 이 점을 지적하는 부분은 이유 있다."[22]

이 판례는 사실 적극재산의 의미를 새롭게 최초로 판시한 선례적인 판결입니다.

7) 위탁자의 소유권이전등기청구권의 적극재산 인정 여부

"위탁자가 부동산에 관하여 신탁을 한 경우, 신탁부동산에 대하여 위탁자가 가지고 있는 신탁계약상의 수익권은 위탁자의 일반채권자들에게 공동담보로 제공되는 책임재산에 해당한다. 사해행위취소소송에서 채무자의 무자력 여부를 판단하기 위하여 적극재산을 산정함에 있어서는 실질적으로 재산적 가치가 없어 채권의 공동담보로서의 역할을 할 수 없는 재산은 특별한 사정이 없는 한 이를 제외하여야 하고, 그 재산이 채권인 경우에는 그것이 용이하게 변제받을 수 있는 확실성이 있다는 것이 합리적으로 긍정되는 경우에 한하여 적극재산에 포함시켜야 한다.

신탁이 존속하는 동안 위탁자가 언제든지 신탁계약을 종료시키고 신탁계약에서 정한

---

22) 대법원 2001. 10. 12. 선고 2001다32533 판결 [사해행위취소 및 소유권이전말소등기]

절차에 따라 위탁자 앞으로 소유권이전등기를 마칠 수 있다는 것이 합리적으로 긍정되는 경우에는 위탁자의 신탁부동산에 관한 소유권이전등기청구권이 위탁자의 일반채권자들에게 공동담보로 제공되는 책임재산에 해당된다고 볼 여지가 있다. 그러나 신탁계약상 신탁부동산을 처분하는 데 수익권자의 동의를 받도록 정해진 경우에는 그 처분에 관하여 수익권자의 동의를 받거나 받을 수 있다는 등의 특별한 사정이 없는 한 위탁자가 신탁을 종료시키고 위탁자 앞으로 신탁부동산에 관한 소유권이전등기를 마치는 것은 허용되지 않는다. 이러한 경우에는 위탁자의 신탁부동산에 관한 소유권이전등기청구권은 실질적으로 재산적 가치가 없어 채권의 공동담보로서의 역할을 할 수 없으므로 그 소유권이전등기청구권을 위탁자의 적극재산에 포함시킬 수 없다."23)

특별한 판결은 아닐 수 있습니다. 앞에서 본 판례는 신탁계약상의 위탁자가 가지는 수익권이고, 여기 위탁자의 소유권이전등기청구권은 그 권리가 다릅니다. 대부분의 경우 담보신탁 등이어서 수익자가 있게 됩니다. 그런 경우에는 소유권이전등기청구권이 아니라 수익권이 적극재산에 포함될지를 검토해야 할 것입니다.

8) 임차보증금채권 - 압류금지채권과 모순되는 판결?

"민법 제406조에서 정하는 채권자취소권의 대상인 '사해행위'란 채무자가 적극재산을 감소시키거나 소극재산을 증가시킴으로써 채무초과상태에 이르거나 이미 채무초과상태에 있는 것을 심화시킴으로써 채권자를 해하는 행위를 가리킨다. 그리고 사해행위취소소송에서 채무자가 그와 같이 채무초과상태에 있는지 여부는 사해행위 당시를 기준으로 판단된다. 한편 채무자가 위와 같이 채무초과상태에 있는지 여부를 판단함에 있어서 사해행위 당시 존속하고 있는 임대차관계에서의 임차인의 보증금반환채권은 장차 임대차관계가 종료되는 등으로 그 권리가 실제로 성립하는 때에 선순위권리의 존재 또는 임차인의 차임지급의무 불이행 등으로 임차인이 이를 현실적으로 반환받을 가능성이 없거나 제한되는 것으로 합리적으로 예측되는 등의 특별한 사정이 없는 한 이를 애초의 보증금액 상당의 가치대로 적극재산에 포함된다고 평가하는 것이 그 권리의 성질이

---

23) 대법원 2021. 6. 10. 선고 2017다254891 판결 [사해행위취소]

> 나 내용 등에 부합한다."

　　주택임대차보호법상의 임대보증금 중 일부는 압류금지채권이기 때문에 적극재산에 포함되지 않는다는 것과 모순되는 것처럼 보이지만 그렇지 않습니다.

> "나. 기록에 의하면, 소외 1은 2009. 9. 2. 원고의 중개로 소외 3으로부터 보증금 4,000만 원에 주택을 임차하는 계약을 체결한 다음 소외 3에게 그 계약금 및 중도금으로 합계 2,900만 원을 지급하였는데, 소외 1의 남편 소외 2가 2009. 9. 17. 보증금 잔액 1,100만 원의 지급을 위하여 원고로부터 1,100만 원을 차용하기로 함에 따라 원고가 소외 1을 대신하여 소외 3에게 보증금 잔액 1,100만 원을 지급한 사실, 이로써 임차인인 소외 1은 소외 3에 대하여 장차 4,000만 원의 보증금반환채권을 가지게 된 사실, 소외 1이 피고에게 이 사건 부동산을 매도하는 계약을 체결한 2009. 12. 10. 당시에 소외 1은 소외 3과 사이에 원만한 임대차관계에 있었던 사실을 인정할 수 있고, 그 당시 소외 3에 대한 위 보증금반환채권의 실현가능성이 제한된다고 할 만한 사정은 기록상 찾아볼 수 없다.
> 그렇다면 이 사건 매매계약이 체결된 2009. 12. 10.에 소외 1이 원고에 대하여 1,100만 원의 차용금채무를 부담하고 있었다고 하더라도 그 당시 소외 3에 대하여 그 채무금을 현저히 초과하는 4,000만 원 상당의 보증금반환채권을 가지고 있었으므로, 소외 1이 이 사건 매매계약의 체결로 인하여 채무초과상태에 이르게 되었다거나 채무초과상태가 심화되었다고 할 수 없다고 할 것이다.[24]

　　원심이 광주지방법원인 사실과 피고가 마을통장인 남편과 세탁소을 운영하였다는 것을 보면, 광주시일 가능성이 크다고 할 것입니다. 그렇다고 한다면, 보증금 4천만 원에 대하여 압류금지채권이 얼마인지를 검토했어야 하지 않나 하는 문제가 발생하는데 이에 대하여는 대법원은 전혀 판단을 하지 않고 그냥 채무초과상태가 아니라는 것만을 들어서 파기환송을 시켰습니다.

　　사해행위는 2009. 12. 10. 매매계약입니다. 대법원이 잘못한 것일까요? 그렇

---

24) 대법원 2013. 4. 26. 선고 2012다118334 판결 [사해행위취소]

지 않습니다.

"제246조(압류금지채권)

① 다음 각호의 채권은 압류하지 못한다. <개정 2005.1.27, 2010.7.23>

1. 법령에 규정된 부양료 및 유족부조료(유족부조료)

2. 채무자가 구호사업이나 제3자의 도움으로 계속 받는 수입

3. 병사의 급료

4. 급료·연금·봉급·상여금·퇴직연금, 그 밖에 이와 비슷한 성질을 가진 급여채권의 2분의 1에 해당하는 금액. 다만, 그 금액이 국민기초생활보장법에 의한 최저생계비를 감안하여 대통령령이 정하는 금액에 미치지 못하는 경우 또는 표준적인 가구의 생계비를 감안하여 대통령령이 정하는 금액을 초과하는 경우에는 각각 당해 대통령령이 정하는 금액으로 한다.

5. 퇴직금 그 밖에 이와 비슷한 성질을 가진 급여채권의 2분의 1에 해당하는 금액

6. 「주택임대차보호법」 제8조, 같은 법 시행령의 규정에 따라 우선변제를 받을 수 있는 금액

② 법원은 당사자가 신청하면 채권자와 채무자의 생활형편, 그 밖의 사정을 고려하여 압류명령의 전부 또는 일부를 취소하거나 제1항의 압류금지채권에 대하여 압류명령을 할 수 있다.

③ 제2항의 경우에는 제196조제2항 내지 제5항의 규정을 준용한다."

[법률 제10376호, 2010. 7. 23., 일부개정]

주택임대차보호법상의 우선변제를 받을 수 있는 금액이 압류금지채권이 된 것은 2010. 7. 23. 일부개정에 의한 것입니다.

그 부칙을 보면, 다음과 같습니다.

"부칙 <제10376호,2010.7.23>

이 법은 공포 후 3개월이 경과한 날부터 시행한다. 다만, 제246조제1항제6호의 개정규정은 공포한 날부터 시행한다."

(출처: 민사집행법 일부개정 2010. 7. 23. [법률 제10376호, 시행 2010. 10. 24.] 법무부 > 종합법률정보 법령)

사해행위시점에는 압류금지채권이 아니었습니다. 8개월도 안 되는 시간의 차이로 피고는 보호를 받은 것입니다. 압류금지채권이 되는 것은 임차인들을 보호하기 위한 것이었는데 압류금지채권이 되었다고 한다면 사해행위가 인정되었을 것인데 압류금지채권이 되기 전에 사해행위를 하여 결국 채무초과상태가 아니게 되어 수익자는 이익을 보게 되었다고 할 것입니다.

이 판례는 그렇기 때문에 사해행위시점과 압류금지채권이 된 시점 그리고 그 부칙에 따른 시행일까지 검토하여야 함을 알려준다고 할 것입니다.

9) 소결

이에 관한 판례들이 2010년 이후로는 많이 나오지 않고 있습니다. 그런 점에서 실제로 적극재산에 포섭될만한 재산 중에 문제가 되는 재산들이 많지 않다는 점도 될 것이고, 피고 측이 이에 대하여 주장하지 못하는 점도 많았을 것으로 보입니다.

3. 소극재산과 새로운 판결

가. 새로운 판례들의 탄생

이미 피보전채권의 선재성의 예외에 관한 사례들을 검토하면서 이런 예외적 요건을 사해행위의 채무초과 판단 시에 소극재산으로 볼 채무를 판단하는데 적용한 것을 이미 검토하였습니다. 그런 점에서 소극재산 판단에 관하여는 2010년 이후에 많은 발전이 있었다고 할 것입니다.

나. 피보전채권의 선재성의 예외요건 적용하여 소극재산의 범위 확대를 시킴

대법원은 소극재산의 범위를 확대하고 있습니다. 사해행위당시에 이미 발생한 채권만이 아니라 채무성립의 기초가 되는 법률관계가 성립되어 있고 가까운 장래에 그 법률관계에 기초하여 채무가 성립되리라는 고도의 개연성이 있으며 실제로 가까운 장래에 그 개연성이 현실화되어 채무가 성립된 경우에는 사해행위 당시의 채무에 포함시키도록 하였습니다.

이와 같은 해석은 매우 합리적으로 공평하다고 할 것입니다. 피보전채권의 선재성의 예외가 인정이 되는 경우에 그 채권은 반대로 하면 채무자의 소극재산에 포섭이 된다는 의미라고 할 것입니다. 그렇다고 한다면 이는 피보전채권에만 적용될 것이 아니라 다른 채무자의 채무에도 적용되어야 할 것입니다.

이는 어찌 보면, 적극재산의 판단에도 적용되어야 할 것입니다. 즉 채무자의 적극재산의 판단에 있어서도 사해행위 당시 채권성립의 기초가 되는 법률관계가 존재하고 그 법률관계에 기초하여 채무가 성립되리라는 고도의 개연성이 있으며 실제로 가까운 장래에 그 개연성이 현실화되어 재산이 성립된 경우에는 사해행위 당시의 적극재산에 포함을 시켜야 할 것입니다. 적극재산판단에 이 피보전채권의 선재성에 관한 예외조건을 들어 적극재산의 판단에도 적용되어야 할 것으로 예상됩니다. 이렇게 해석해야만 공평하다고 할 것입니다. 그래야 채무자의 적극재산과 소극재산 각 면에서 합리적인 균형이 만들어진다고 할 것입니다.

다. 판례들의 검토

1) 양도소득세와 지방세가 소극재산에 포섭될 수 있는지 여부

"민법 제406조의 채권자취소권의 대상인 '사해행위'란 채무자가 적극재산을 감소시키거나 소극재산을 증가시킴으로써 채무초과상태에 이르거나 이미 채무초과상태에 있는 것을 심화시킴으로써 채권자를 해치는 행위를 말한다. **채무초과상태를 판단할 때 소극재산은 원칙적으로 사해행위가 있기 전에 발생되어야 하지만, 사해행위 당시 이미 채무 성립의 기초가 되는 법률관계가 성립되어 있고 가까운 장래에 그 법률관계에 기초하여 채무가 성립되리라는 고도의 개연성이 있으며 실제로 가까운 장래에 그 개연성이 현실화되어 채무가 성립되었다면, 그 채무도 채무자의 소극재산에 포함된다. 여기에서 채무 성립의 기초가 되는 법률관계에는 당사자 사이의 약정에 의한 법률관계에 한정되지 않고 채무 성립의 개연성이 있는 준법률관계나 사실관계 등도 포함된다.** 따라서 당사자

> 사이에 채권 발생을 목적으로 하는 계약의 교섭이 상당히 진행되어 계약체결의 개연성
> 이 고도로 높아진 단계도 여기에 포함될 수 있다."[25]

이미 본 사례도 양도소득세와 지방세가 소극재산에 포함될 수 없다고 판시
한 사례입니다.

2) 라헨느리조트 사례 _ 공동담보로서의 가치가 없다는 판단 시에 포함되는 소극재산의 범위 체육시설의 경우의 특이성

> "이러한 사정에 비추어 볼 때, 체육시설업자가 체육필수시설을 포함한 그 소유의 재산
> 을 담보신탁한 행위 등이 사해행위에 해당하는지를 판단함에 있어서는 그 목적물에 이
> 미 설정되어 있는 담보권의 피담보채무뿐만 아니라 회원들에 대한 입회금반환채무 금
> 액 부분도 일반채권자들의 공동담보에 제공되는 책임재산에 포함되지 않는다고 보아
> 그 상당액을 공제하여야 하고, 위와 같이 책임재산의 범위에서 공제되는 금액이 목적물
> 의 가액을 초과하고 있는 때에는 담보신탁행위 등이 사해행위에 해당한다고 할 수 없
> 다(대법원 2013. 11. 28. 선고 2012다31963 판결 참조).
> 나. 한편 담보신탁재산에 대하여 위탁자가 가지는 담보신탁계약상의 수익권도 일반채
> 권자들의 공동담보에 제공되는 위탁자의 책임재산에 해당한다(대법원 2016. 11. 25.
> 선고 2016다20732 판결 참조). 따라서 위탁자가 이미 담보권이 설정되어 있는 위탁자
> 소유의 재산을 그 담보권의 피담보채무를 다시금 담보하기 위하여 그 담보권자를 우선
> 수익자로, 위탁자를 수익자로 하여 담보신탁한 경우에는 이로 인해 위탁자의 책임재산
> 이 담보권의 피담보채무 등이 공제된 담보신탁재산의 잔존가치에서 담보신탁계약상 수
> 익권의 가치로 형태만 변경될 뿐, 위탁자의 자력에 아무런 변동이 생기지 아니하므로,
> 이러한 담보신탁행위는 사해행위에 해당하지 않는다."[26]

공동담보로서의 가치가 없는 재산을 처분할 경우에 이는 사해행위가 아니
라고 합니다. 이미 그 법률행위 대상의 부동산에 일반채권자에 우선한 선순위
채권자의 채권이 부동산의 가액을 초과한 경우 그 부동산을 처분하더라도 이는

---

25) 대법원 2022. 7. 14. 선고 2019다281156 판결 [사해행위취소]

26) 대법원 2018. 11. 29. 선고 2016다238113 판결 [사해행위취소]

사해행위가 아니라는 것입니다. 그렇다고 한다면, 채무자 입장에서 이렇게 일반
채권자가 아니라 담보권에게 우선권이 인정되는 채무는 어디까지 포섭될 것인
가도 문제가 될 것입니다.

　　이 판례는 체육시설업자가 신탁을 한 경우에 목적물에 이미 설정되어 있는
피담보채무만이 아니라 일반회원들의 입회금반환채무도 포함이 된다고 하여 이
두 개를 합한 경우에 그 목적부동산의 가치보다 높다고 한다면 사해행위가 아니
라는 것입니다.

　　채무라는 의미에서 여기에서 언급을 하는 바입니다.

3) 모닝랜드 사례 - 구체적인 적극재산과 소극재산을 검토한 예

"원심은 제1심판결 이유를 일부 인용하여, 모닝랜드의 2009년도 재무제표의 대차대조
표상 자산은 63,630,613,329원, 부채는 52,433,116,973원으로 기재되어 있으나, 유
동자산 중 단기대여금 8,049,706,724원은 부가가치세를 매출액으로 잡는 바람에 과다
계상된 부분을 회계상 바로잡기 위하여 주주·임원·관계회사에 대한 대여금채권으로
가공한 것이고, 분양미수금 16,789,571,455원과 미성공사 23,713,303,375원 중 34
억 원을 공제한 20,113,303,375원은 두산건설에 이전해야 할 이 사건 아파트에 관한
60/100 지분 상당이며, 선급금 3,985,322,171원은 회수가 불가능한 채권인 사실 등
그 판시와 같은 사실을 인정한 다음, 이 사건 신탁계약을 체결할 무렵 모닝랜드의 소극
재산은 부채 52,433,116,973원인 반면, 적극재산은 자산 63,630,613,329원에서 위
에서 본 가공채권, 두산건설에 이전해야 할 이 사건 아파트에 관한 60/100 지분 상당,
회수불능채권을 뺀 14,692,709,604원[= 63,630,613,329원 - (8,049,706,724원 +
16,789,571,455원 + 20,113,303,375원 + 3,985,322,171원)]에 불과하므로 당시
모닝랜드가 채무초과상태에 있었다고 판단하는 한편, 모닝랜드가 두산건설에 이 사건
아파트 및 상가에 관한 공사대금채무 464억 원을 부담하고 있는 사실이 인정될 뿐, 이
사건 정산약정에 따라 모닝랜드가 두산건설에 위 공사대금을 지급하지 아니하기로 확
정되었다는 점을 인정할 아무런 증거가 없다는 이유로 위 공사대금채무 464억 원을 빼
고 모닝랜드의 소극재산을 계산해야 한다는 피고의 주장을 배척하였다.
기록에 비추어 살펴보면, 원심의 위와 같은 조치는 정당한 것으로 수긍할 수 있고, 거
기에 상고이유 주장과 같이 논리와 경험의 법칙을 위반하고 자유심증주의의 한계를 벗

> 어나거나 채무자의 무자력 인정에 관한 법리를 오해하는 등의 위법이 없다.”[27]

소극재산은 단순하게 평가하였는데 대차대조표상의 채권이라고 하는 부분은 아주 세밀하게 평가를 하여 이를 각각 제외시킨 것을 알 수 있습니다.

4) 가오닉스스포츠센터 사례 – 공동담보로서의 가치가 없음

> “체육시설의 설치·이용에 관한 법률(이하 ‘체육시설법’이라 한다) 제27조 제1항은 “체육시설업자가 사망하거나 그 영업을 양도한 때 또는 법인인 체육시설업자가 합병한 때에는 그 상속인, 영업을 양수한 자 또는 합병 후 존속하는 법인이나 합병에 따라 설립되는 법인은 그 체육시설업의 등록 또는 신고에 따른 권리·의무(제17조에 따라 회원을 모집한 경우에는 그 체육시설업자와 회원 간에 약정한 사항을 포함한다)를 승계한다.”고 규정하고, 같은 조 제2항은 “다음 각 호의 어느 하나에 해당하는 절차에 따라 문화체육관광부령으로 정하는 체육시설업의 시설 기준에 따른 필수시설을 인수한 자에게는 제1항을 준용한다.”고 규정하면서 제1호로 ‘민사집행법에 따른 경매’를 들고 있다. 따라서 민사집행법에 따른 경매 등을 통하여 체육시설법령으로 정하는 체육시설업의 시설 기준에 따른 필수시설을 인수한 자가 승계하게 되는 체육시설법 제17조에 따라 **모집한 회원에 대한 입회금액의 반환채무 금액 부분은, 민사집행법에 따른 경매절차 등에서 매각대금이 그 반환채무 금액을 감안하여 결정되는 것이 통상적이라는 점 등에 비추어 일반 채권자들의 공동담보에 제공되는 책임재산에 포함되지 않는다고 할 것이므로 그 상당액은 공제되어야 할 것이다. 그리고 위와 같이 책임재산의 범위에서 공제되는 금액이 목적물의 가격을 초과하고 있는 때에는 당해 목적물의 양도는 사해행위에 해당한다고 할 수 없다.**”[28]

라. 소결

대법원은 위에서 본 판례뿐만 아니라 이미 피보전채권의 선재성의 예외에 관한 요건별로 검토하면서 본 판례들에서 소극재산에도 그대로 적용한 판례들

---

27) 대법원 2014. 1. 23. 선고 2013다72169 판결 [사해행위취소]
28) 대법원 2013. 11. 28. 선고 2012다31963 판결 [사해행위취소]

을 여러 차례 보았듯이 이를 피보전채권만이 아니라 채무자의 다른 소극재산, 즉 채무에도 적용하였다고 할 것이고 이는 어찌 보면 당연한 것이라고 할 것입니다. 다만 이 법리는 적극재산의 판단에도 확대될 것이라고 생각되는 바입니다.

4. 채무초과의 판단시기

가. 양시점에서 모두 필요함

당연히 사해행위시점에 채무자의 채무초과가 요구됩니다. 그러나, 이미 앞에서 본 판결의 경우에서 변론종결시에도 채무초과의 요건을 요구하고 있는 것을 알 수 있습니다. 만약 사해행위시에는 채무초과였으나 변론종결시점에는 채무초과가 아닌 경우에는 사해행위취소권이 소멸된다고 대법원은 판시하고 있습니다.

나. 적극재산이 소극재산을 초과하게 된 경우 - 채권자취소권이 소멸됨
입증책임 수익자에게 입증책임이 있음

"처분행위 당시에는 채권자를 해하는 것이었다고 하더라도 그 후 채무자가 자력을 회복하여 사해행위취소권을 행사하는 사실심의 변론종결시에는 채권자를 해하지 않게 된 경우에는 책임재산 보전의 필요성이 없어지게 되어 채권자취소권이 소멸하는 것으로 보아야 할 것인바, 그러한 사정변경이 있다는 사실은 채권자취소소송의 상대방이 증명하여야 한다."[29]

이는 적극재산이 소극재산을 초과한 경우에 관한 판례입니다.

29) 대법원 2007. 11. 29. 선고 2007다54849 판결 [사해행위취소등]

다. 사해행위 이후에 우선변제권을 설정받은 경우의 취소채권자의 문제
   입증책임자 - 취소채권자

"그리고 사해성의 요건은 처분행위 당시는 물론 채권자가 취소권을 행사할 당시(사해행위취소소송의 사실심변론종결 시)에도 갖추고 있어야 하므로, 처분행위 당시에는 채권자를 해하는 것이었더라도 그 후 채무자가 자력을 회복하거나 채무가 감소하는 등의 사유로 채권자취소권 행사 시에 채권자를 해하지 않게 되었다면, 채권자취소권에 의하여 책임재산을 보전할 필요성이 없으므로 채권자취소권은 소멸한다(대법원 2009. 3. 26. 선고 2007다63102 판결 참조).
따라서 채무자가 채권자를 해하는 처분행위를 하였더라도, 그 후에 채권자가 채무자 또는 제3자 소유의 부동산을 담보로 제공받아 우선변제권을 취득하였고 사해행위취소소송의 사실심변론종결 시에 그 부동산의 가액 및 채권최고액이 당해 채무액을 초과하여 채무 전액에 대하여 채권자에게 우선변제권이 확보됨에 따라 그 처분행위로 인하여 채권자를 해하지 않게 되었다면, 채권자취소권에 의하여 책임재산을 보전할 필요성이 없으므로 채권자취소권은 소멸하고, 그 채무액이 부동산의 가액 및 채권최고액을 초과하는 경우에는 그 담보물로부터 우선변제받을 금액을 공제한 나머지 채권액에 대하여만 채권자취소권이 인정된다."[30]

대법원 2007다63102 판결은 채무자의 채무초과에 관한 부분입니다. 즉 채무자의 사실심변론종결시점에 적극재산이 소극재산을 초과하는 부분이기 때문에 이에 대하여는 채권자취소권이 소멸하는 경우입니다.

그러나, 대법원 2013다50763 판결은 이와는 다릅니다. 채무자는 여전히 사실심변론종결시 당시에 채무초과일지라도 취소채권자는 사후에 우선변제권을 받은 경우입니다. 이는 채무자의 채무초과의 문제가 아니라 취소채권자가 일반채권자의 지위에 있는지의 문제입니다. 즉 이는 항변사유가 아니라 취소채권자가 일반채권자의 지위에 있는지의 문제이기 때문에 사안이 다릅니다.

그렇기 때문에 대법원이 2007다63012 판례를 위 대법원 2013다50763 판결을 인용하면서도 내법원 200/54849 판례는 인용하지 아니한 것도 그 때문으로

---

30) 대법원 2014. 7. 10. 선고 2013다50763 판결 [물품대금]

보입니다.

"주채무자 또는 제3자 소유의 부동산에 대하여 채권자 앞으로 근저당권이 설정되어 있고, 그 부동산의 가액 및 채권최고액이 당해 채무액을 초과하여 채무 전액에 대하여 채권자에게 우선변제권이 확보되어 있다면, 그 범위 내에서는 채무자의 재산처분행위는 채권자를 해하지 아니하므로 연대보증인이 비록 유일한 재산을 처분하는 법률행위를 하더라도 채권자에 대하여 사해행위가 성립되지 않는다고 보아야 할 것이고, 당해 **채무액이 그 부동산의 가액 및 채권최고액을 초과하는 경우에는 그 담보물로부터 우선변제 받을 액을 공제한 나머지 채권액에 대하여만 채권자취소권이 인정된다**고 할 것이며, 피보전채권의 존재와 그 범위는 채권자취소권 행사의 한 요건에 해당된다고 할 것이므로 이 경우 채권자취소권을 행사하는 채권자로서는 그 담보권의 존재에도 불구하고 자신이 주장하는 피보전채권이 그 우선변제권 범위 밖에 있다는 점을 주장·입증하여야 한다."31)

일반채권자로서의 지위에서 사해행위취소소송을 제기할 수 있는 것이기 때문에 피보전채권은 취소채권자에게 주장하고 입증할 책임이 있기 때문에 이 경우의 입증책임은 취소채권자에게 있다고 할 것입니다.

라. 사해행위시점의 판단의 필요

1) 사해행위시점의 판단의 필요

사해행위가 언제로 판단할 것인지에 따라 제척기간의 도과 여부와 채무초과인지 여부, 그리고 피보전채권의 선재성을 충족하였는지 여부, 채무자의 사해의사, 또한 수익자의 선의 여부 등의 모든 문제가 연결되어 있기 때문에 이 문제가 중요하다고 할 것입니다.

---

31) 대법원 2002. 11. 8. 선고 2002다41589 판결 [사해행위취소]

2) 기존 판례에 나온 부분

대법원 99다5656 판례 - 백지근저당권설정계약 - 백지보충한 시점을 근저당설정시점으로 보았음

대법원 2000다69026 판례 - 채무자가 연속적으로 수 개의 재산처분행위를 한 경우 - "채무자의 재산처분행위가 사해행위가 되기 위해서는 그 행위로 말미암아 채무자의 총재산의 감소가 초래되어 채권의 공동담보에 부족이 생기게 되어야 하는 것, 즉 채무자의 소극재산이 적극재산보다 많아져야 하는 것인바, 채무자가 연속하여 수 개의 재산처분행위를 한 경우에는, 그 행위들을 하나의 행위로 보아야 할 특별한 사정이 없는 한, 일련의 행위를 일괄하여 그 전체의 사해성 여부를 판단할 것이 아니라 각 행위마다 그로 인하여 무자력이 초래되었는지 여부에 따라 사해성 여부를 판단하여야 한다."

대법원 2002다23857 판례 - 하나의 행위로 볼 수 없는 경우임

대법원 2005다7795 판례 - "무자력자가 연속하여 수개의 재산처분행위를 한 경우에는 원칙으로 각 행위별로 그로 인하여 무자력이 초래되었는지 여부에 따라 사해성 여부를 판단하여야 하는 것이지만(대법원 2001. 4. 27. 선고 2000다69026 판결 참조), 그 일련의 행위를 하나의 행위로 보아야 할 특별한 사정이 있는 때에는 이를 일괄하여 전체적으로 사해성이 있는지를 판단하여야 할 것이고, 이 때 그러한 특별 사정이 있는지 여부를 판단함에 있어서는 처분의 상대방이 동일한지, 각 처분이 시간적으로 근접한지, 상대방과 채무자가 특별한 관계가 있는지, 각 처분의 동기 내지 기회가 동일한지 등이 구체적인 기준이 되어야 할 것이다(대법원 2002. 9. 24. 선고 2002다23857 판결 참조)." - 특별한 사정이 있다고 판단한 경우임

3) 부동산증여와 근저당권설정행위를 연속적 행위로 본 경우

"(3) 그러나 한편, 원심은 아래에서 보는 바와 같이 소외 1의 소외 3 주식회사에 대한 채무액을 과소평가하고 소외 1이 보유한 비상장주식의 시가를 과대평가하여 전체적으로 소외 1의 재산액을 과대평가한 잘못이 있다.

(가) 채무자가 연속하여 수개의 재산처분행위를 한 경우에는 각 행위별로 그로 인하여 무자력이 초래되었는지 여부에 따라 사해성 여부를 판단하는 것이 원칙이지만, 그 일련의 행위를 하나의 행위로 볼 특별한 사정이 있는 때에는 이를 일괄하여 전체로서 사해성이 있는지 판단하게 되고, 이때 그러한 특별 사정이 있는지 여부를 판단함에 있어서는 처분의 상대방이 동일한지, 처분이 시간적으로 근접한지, 상대방과 채무자가 특별한 관계가 있는지, 처분의 동기 내지 기회가 동일한지 등이 구체적 기준이 되어야 할 것이다(대법원 2005. 7. 22. 선고 2005다7795 판결 등 참조).

기록에 의하면, **소외 1은 소외 3 주식회사로부터 유가증권을 횡령한 후, (명칭 생략)그룹의 계열사인 소외 2 주식회사와 소외 10 주식회사로부터 돈을 차용하여 소외 3 주식회사에게 1997. 1. 18. 금 1,584,662,000원, 1997. 4. 30. 금 1,357,960,000원, 1997. 12. 3. 금 150,000,000원, 1997. 12. 22. 금 300,000,000원, 1997. 12. 26. 금 493,457,690원, *1997. 12. 30. 금 226,313,238원, 1998. 1. 12. 금 3,000,000,000원, 1998. 1. 14. 나머지 잔액을 각 지급*함으로써 소외 3 주식회사에 대한 손해배상 채무를 모두 변제하였음**을 알 수 있는데, 원심은 위와 같은 사실을 기초로 하여 소외 1의 소외 3 주식회사에 대한 손해배상 채무액 중 이 사건 근저당권설정계약이 체결된 1997. 12. 27.까지 변제된 금액을 모두 공제한 후 남은 금액을 고려하여 1997. 12. 19. 당시의 채무초과 여부를 판단하는 한편, 그 금액만을 재산분할의 대상인 소극재산에 포함시켜 재산분할의 상당성을 판단하고 있다.

우선, 1997. 12. 19. 당시의 소외 1의 무자력(채무초과) 여부에 관한 원심의 판단을 보건대, 앞서 본 법리와 기록에 나타난 사실을 종합하면 이 사건 각 부동산에 관한 증여계약과 근저당권설정계약의 당사자는 피고와 소외 1로 동일하고, 두 사람은 부부지간이며, 증여계약 체결 후 8일만에 근저당권설정계약을 체결하였고, 근저당권설정계약의 목적물은 모두 이 사건 증여계약 목적물의 일부이며, 이 사건 증여계약의 이행을 담보하기 위하여 근저당권을 설정한 것이므로 이 사건 증여계약과 근저당권설정계약은 하나의 사해행위로 볼 특별한 사정이 있고, 따라서 사해행위에 관한 소외 1의 무자력 여부는 이 사건 각 부동산에 관한 증여계약일인 1997. 12. 19.을 기준으로 판단하면 되고, 그 이후에 변제된 금액은 소외 1의 소외 3 주식회사에 대한 채무액에서 공제할 것이 아니다.

나아가 이 사건 재산분할의 상당성 여부에 관한 원심의 판단을 보건대, 이 사건 재산분할 협의일(증여계약일) 이후 피고 부부의 이혼성립일인 1997. 12. 24.까지 사이에 변제된 금액은 소외 1의 채무액에서 공제함이 원칙이지만, 앞서 본 바와 같이 소외 1은 소외 2 주식회사와 소외 10 주식회사로부터 차용한 자금으로 소외 3 주식회사에 대한 손해배상 채무를 변제하였으므로, 소외 3 주식회사에 대한 채무액 중 감소한 금액만큼 소외 2 주식회사와 소외 10 주식회사에 대한 채무액이 증가하여 전체적으로 소외 1의 소극재산액은 변동이 없고, 따라서 이 사건 재산분할의 상당성을 판단함에 있어 재산분할 협의일인 1997. 12. 19.부터 이혼성립일인 1997. 12. 24.까지 사이에 변제된 금액을 소외 1의 소외 3 주식회사에 대한 채무액에서 공제할 것은 아니다. 한편, 이혼성립일인 1997. 12. 24. 이후의 변제는 피고와 소외 1의 혼인 내지는 부부공동생활과 무관한 것이므로 그 금액 또한 소외 1의 채무액에서 공제할 것이 아니다.
그렇다면 이 사건 증여계약일인 1997. 12. 19. 당시의 소외 1의 무자력 여부 및 피고와 소외 1의 재산분할 협의의 상당성 여부를 판단함에 있어 소외 1의 소극재산은 *793,457,690원(1997. 12. 22. 변제된 300,000,000원 + 1997. 12. 26. 변제된 493,457,690원)만큼 추가되어야 한다.*"[32]

증여계약과 근저당권설정계약을 하나의 행위로 보게 됨으로써 무자력 여부 및 재산분할의 상당성 여부 판단 시에 사해행위라고 하는 1997. 12. 19. 이후에 변제되었던 2건 793,457,690원이 채무로 포함이 되었다고 할 것입니다.

4) 여러 개 부동산을 처분하고 받은 금원을 남편에게 증여한 경우

"사해행위의 성립 여부는 사해행위 당시를 기준으로 판단할 것이므로, 연속하여 수 개의 재산처분행위를 한 경우에도 원칙으로 각 행위별로 그로 인하여 무자력이 초래되었는지 여부에 따라 사해성 여부를 가려야 한다(대법원 2001. 4. 27. 선고 2000다69026 판결 참조). 다만 그 일련의 처분행위를 하나의 행위로 보아야 할 특별한 사정이 있는 때에는 이를 일괄하여 전체적으로 사해성이 있는지 여부를 판단하여야 하고, 그러한 특별한 사정이 있는지는 그 각 처분행위가 상대방이 동일한지, 시간적으로 근접한지, 상대방과 채무자가 특별한 관계가 있는지, 각 처분의 동기 내지 기회가 동일한지 등을 참작하여 판단할 것이지만(대법원 2002. 9. 24. 선고 2002다23857 판결 참조), 그 각 처분행위가 동일한 목적을 달성하기 위한 일련의 법적 처리과정에서 상호 연계하여 이루어진 것이라는 등 특별한 연관관계가 없는 경우까지도 그 범위를 함부로 넓

---

32) 대법원 2006. 9. 14. 선고 2005다74900 판결 [사해행위취소]

혀서 하나의 행위인 것처럼 일괄 평가할 것은 아니라 할 것이다.

원심은, 채무자인 소외인이 그 소유의 부동산을 처분한 대금을 남편인 피고 명의의 계좌로 송금하게 한 것은 피고에게 그 송금액 상당을 증여한 것이라고 인정한 다음, 그 각 송금행위 당시를 기준으로 채무초과 상태가 되었는지를 개별적으로 구분하여, 일련의 송금행위 중 2008. 12. 30.자 송금 당시는 아직 채무초과 상태가 아니었다고 하여 그 증여행위에 대한 사해행위취소 청구는 이를 배척하였다.

원고의 상고이유 주장은, 2008. 12. 30.자로 송금된 1억 원과 2009. 1. 5.자로 송금된 2억 원은 동일한 부동산의 처분에 따른 중도금과 잔금으로서, 그 각 증여행위는 연속하여 수 개의 처분행위를 한 것으로서 일련의 행위를 하나의 행위로 보아 전체적으로 사해성 여부를 판단하여야 하므로, 비록 위 1억 원을 송금할 당시는 아직 채무초과 상태가 아니었다 하더라도 그 부분 증여행위까지도 모두 사해행위취소의 대상에 포함시켜야 한다는 취지이다.

그러나 원심판결 이유에 의하면 원고의 피보전채권은 주로 소외인이 위 각 부동산을 처분한 데 따라 발생한 양도소득세 납부채무이니 위 각 부동산의 처분행위 자체는 사해행위가 될 수 없는 것이고, 그 매매대금을 피고에게 송금하는 방법으로 증여한 각 행위는 각 별도의 처분행위인 이상, 그것이 사해행위가 되는지 여부는 각 증여행위 당시의 조세채무와 잔존 적극재산의 금액을 비교하여 판단할 것이다. 그 각 증여행위의 상대방이 동일하고 동일한 부동산의 처분대금을 증여한 것이라는 등 상고이유에서 들고 있는 사정이 있기는 하지만, 그 각 증여행위가 상호 연계되어 있다는 등 이를 전체적으로 일괄하여 하나의 사해행위로 평가할 특별한 사정이 있다고는 할 수 없다. 원심이 이 부분 원고의 주장을 배척하면서 설시한 이유는 반드시 적합하다고 할 수 없지만, 그 결론은 옳다. 상고이유의 주장은 이유 없다."[33]

금원을 증여받은 수증자가 동일하고 그 사람이 남편인 경우이고 그 증여받은 시점이 접근해 있기 때문에 일응은 연속적 행위라고 하더라도 하나로 볼 수 있는 특별한 사정이 있다고 볼 여지가 있다고 할 것입니다. 대법원은 원심의 판단이 적합하지 않다고 합니다. 그러면서 각 증여행위가 상호 연계되어 있다는 등 이를 전체적으로 일괄하여 하나의 사해행위로 평가할 특별한 사정이 있다고 할 수 없다고 하였습니다. 그러면서 대법원이 기존 판례요지에 "그 각 처분행위

---

33) 대법원 2013. 7. 25. 선고 2013다33874 판결 [사해행위취소등]

가 동일한 목적을 달성하기 위한 일련의 법적 처리과정에서 상호 연계하여 이루어진 것이라는 등 특별한 연관관계가 없는 경우까지도 그 범위를 함부로 넓혀서 하나의 행위인 것처럼 일괄 평가할 것은 아니라 할 것"이라는 부분을 추가하여 하나의 행위로 보는 것을 제한하고 있습니다. 돈을 입금한 것이 하나의 부동산을 처분하는 동일한 목적을 달성하기 위한 일련의 법적 처리과정에서 상호 연계하여 이루어진 것이 아니라 여러 부동산을 각 처분하는 과정에서 나온 것으로 동일한 목적을 달성하기 위한 것도 아니고 일련의 법적 처리과정에서 상호 연계된 것도 아니라고 판단한 것으로 보입니다. 원심의 판단에 "위 각 부동산의 처분행위 자체는 사해행위가 될 수 없는 것"이라는 언급을 통하여 수 개의 부동산을 처분하였던 것으로 보입니다.

　이 판례사안은 파기환송된 판결이 있었습니다. 대법원 2012. 12. 13. 선고 2012다34061 판결입니다. 비공개판결입니다. 일련의 행위를 하나의 행위로 보는 경우에 있어서 제한을 두었다는 점에서 의미가 있다고 할 것입니다.

　　5) 여기상사 사례 – 토지거래허가 대상 토지에 근저당권설정과 매매계약은 하나의 행위로 보아야 함

"그런데 앞서 본 사실관계에 의하면, 이 사건 매매계약과 이 사건 근저당권설정계약은 계약의 당사자가 동일하고, 그 목적물도 사실상 동일하며, 실질적으로 동시에 이루어졌고(이 사건 근저당권설정등기 및 그 등기원인으로서의 이 사건 근저당권설정계약은 2007. 1. 17. 행하여졌으나 그 근저당권을 설정하기로 하는 합의가 이 사건 매매계약과 동시에 이루어졌음은 앞서 본 바와 같다), 이 사건 부동산이 토지거래허가의 대상임에도 그 허가를 얻지 아니한 채 이 사건 매매계약이 체결되고 또 대금의 일부가 먼저 지급되었으므로 이 사건 근저당권설정계약은 주로 이 사건 매매계약의 이행을 미리 확보할 목적으로 또는 이 사건 매매계약이 무효로 확정되는 경우 이미 지급된 매매대금의 반환을 담보할 목적으로 체결되었음을 알 수 있다. 그렇다면 위 법리에 따라 이 사건 매매계약과 이 사건 근저당권설정계약은 사해행위 여부를 판단함에 있어서 이를 하나의 행위로 봄이 상당하고, 따라서 여기상사의 채무초과상태 등 사해행위의 요건의 구비 여부는 애초의 법률행위인 이 사건 매매계약 당시를 기준으로 판단하여야 할 것이다(또한 이 사건 공장에 설치된 기계기구류의 존재 여부 및 그 평가액 등에 대하여도

심리할 필요가 있음을 지적하여 둔다).
그럼에도 원심이 이 사건 근저당권설정계약 당시를 기준으로 여기상사의 채무초과상태 등 사해행위의 요건을 판단한 것은 채무자의 연속된 재산행위를 하나의 행위로 보아야 할 경우 사해성 판단의 기준시점에 관한 법리를 오해하여 판결 결과에 영향을 미친 위법이 있다. 이 점을 지적하는 취지가 포함된 상고논지는 이유 있다."[34]

피고가 상고하여 파기환송이 된 사건입니다. 하나의 행위로 볼 경우에 누구에게 이익이 되는지는 매우 첨예하게 나뉠 것입니다. 원심은 근저당권설정계약 시점인 2007. 1. 17.를 기준으로 파악한 것으로 보입니다. 그러나 합의는 매매계약을 체결하면서 이루어진 것입니다.

"(가) 제1근저당권설정계약 체결일인 2007. 1. 17. 및 제2근저당권설정계약 체결일인 2007. 4. 3. 당시 원고의 여기상사에 대한 구상금채권은 아직 실제로 성립되지는 아니 하였으나, 제1, 2근저당권설정계약 체결일 이전인 2002. 4. 26.과 2004. 8. 13. 이미 위 각 신용보증약정이 체결되어 있었으므로 원고의 여기상사에 대한 구상금채권 성립의 기초가 되는 법률관계는 이미 발생되어 있었다.
(나) 여기상사가 제1, 2근저당권설정계약 체결일로부터 불과 1개월 또는 3개월 여 후인 2007. 5. 7.경 대출원금 연체 및 신용불량으로 인하여 신용보증사고를 일으켰는데, 여기상사로서는 제1, 2근저당권설정계약을 체결할 무렵 이미 여기상사의 자금사정이 악화되고 있어 여기상사의 영업 및 재무상태로 보아 여기상사에게 원고에 대한 구상금채무가 발생될 가능성이 있음을 충분히 예견할 수 있었다고 보인다.
(다) 갑 27-1,2, 29-1~4,9, 을가 1, 2-1~4, 3의 각 기재 및 당심 법원의 근로복지공단 의정부지사에 대한 사실조회결과에 변론 전체의 취지를 종합하여 인정되는 다음과 같은 사정, 즉 여기상사의 대표이사인 소외 1은 2006. 10. 20. 소외 1 소유의 서울 노원구(이하 상세주소 1 생략)를 처분하였고 여기상사도 2006. 11. 8. 피고 텍스원과 사이에 공장 및 그 부지인 별지 부동산 목록 제1 내지 4항 기재 각 부동산을 매도하는 매매계약을 체결하기까지 한 점, 여기상사는 2006. 12.경에 이르러 전년도 대비 매출액이 50억 원 이상 감소하였고 당기순이익도 전년도 대비 1억 원 이상 줄어든 800만

34) 대법원 2010. 5. 27. 선고 2010다15387 판결 [구상금및사해행위취소]

여 원에 불과한 등 정상적인 영업이 이루어지지 않고 있었으며, 여기상사의 대차대조표
상 부채액이 2006. 12. 말경 34억 8,000만 여 원에 이르고 합계잔액시산표상 유동부
채가 총 88억 여 원, 고정부채가 13억 여 원에 이르는 점, 여기상사는 2007. 4.경
18,478,850원 상당의 고용보험료와 산재보험료를 연체한 점 등에 비추어 보면, 제1,
2 근저당권설정계약 체결 당시 가까운 장래에 여기상사에 대하여 원고의 위 구상금채
권이 성립되리라는 점에 대한 고도의 개연성이 있었다고 보인다."35)

"피고 텍스원은, ① 피고 텍스원이 섬유제품을 수출하는 회사로서 제품생산을 위하여
2006. 11. 8. 여기상사로부터 공장 건물 및 부지를 매수하는 매매계약을 체결하고 일
부 대금을 지급하면서 매매목적물이 토지거래허가구역 내에 위치하고 있어 토지거래허
가를 얻을 때까지 상당 기간이 소요될 것이 예상되어 매매대금반환채권 등을 담보하기
위하여 제1근저당권을 설정하였을 뿐이고, ② 여기상사가 피고 텍스원으로부터 제1부
동산의 매매대금조로 받은 돈을 사업자금으로 사용하였으므로 제1근저당권설정계약은
갱생을 목적으로 한 담보 제공에 해당하여 사해행위에 해당하지 않으므로, 여기상사의
일반채권자를 해함을 알지 못했다고 주장한다."36)

이 사건 매매계약이라고 대법원은 언급하고 있는데 서울고등법원의 항소심
판결문의 주문이나 항소취지 청구취지에는 전혀 매매계약을 사해행위로 취소를
구하는 것이 없었습니다. 대법원 판결문상 돈을 미리 주었다는 말과 근저당권설
정과정을 보면 매매계약이 근저당권설정계약보다 먼저 존재하였을 것으로는 생
각되었습니다. 피고의 주장에서 이 부분이 언급되고 있고 그 매매계약은 2006.
11. 8.이었습니다. 이 시점으로 하여 사해행위를 판단해야 한다고 한다면 사해행
위가 되지 않을 가능성이 커진다고 할 것입니다. 피고 텍스원은 제1근저당권만
문제삼고 있습니다.

---

35) 서울고등법원 2010. 1. 15. 선고 2008나110373 판결 [구상금및사해행위취소]
36) 서울고등법원 2010. 1. 15. 선고 2008나110373 판결 [구상금및사해행위취소]

"피고 광진섬유는, 2005. 2.경부터 여기상사로부터 원단 제작을 의뢰받아 원단을 가공해 주었는데, 2007. 2.경 여기상사로부터 5억 원 상당의 원단 제작을 의뢰받고서, 미리 원단을 가공하여 납품하고 나중에 그 대금결제를 받는 구조상 이에 대한 채권확보가 필요하여 제2근저당권설정계약을 체결한 것일 뿐 이로써 여기상사의 일반채권자를 해할 것임을 알지 못하였다고 주장한다."37)

　　제2근저당권은 상고인과는 관계없는 광진섬유와 관계가 있었던 것입니다. 광진섬유가 근저당권을 설정받은 부동산 중 일부가 수용이 되었는데 광진섬유는 이에 대하여 물상대위로 토지보상금에 대하여 압류 및 전부명령을 받거나 배당요구를 하지 않았습니다. 결국 이 부분에 대한 사해행위취소의 소는 각하판결이 나고 나머지 부분에 대하여 광진섬유는 항소기각이 되었고 확정이 되었습니다.

　　2006. 11. 8.과 2007. 1. 17. 2개월 10일의 차이는 매우 크다고 할 것입니다. 2007. 5. 7.경부터 채무자 여기상사는 연체를 하기 시작하였습니다. 이 시점으로 보면 6개월의 차이가 있습니다. 시간적 거리상 마지노선이라고 할 것입니다. 1심은 원고의 청구가 기각되었습니다. 파기환송되었고 결국 원고의 항소는 기각되었습니다.

　　연속된 일련의 행위가 하나의 행위로 인정될 경우에 원고만 유리할 것으로 보이지만 수익자인 피고에게도 유리하다는 것을 보여준 판례라는 의미에서 중요하다고 할 것입니다.

6) 가족과 인척에게 수분양권을 양도한 행위들

"(2) 원심판결의 이유 및 기록에 의하면 다음과 같은 사실을 알 수 있다.
① 소외 2는 소외 1의 오빠이고, 피고는 소외 2의 처이며, 소외 3은 소외 1의 남편이고, 소외 4는 소외 1의 아들이다.
② 이 사건 각 부동산에 관한 수분양권의 양도일이 2009. 7. 16.이기는 하나, 이 사건 각 부동산 및 아파트의 부동산등기부상의 각 등기원인일 및 등기일은 같거나 시간적으

---

37) 서울고등법원 2010. 1. 15. 선고 2008나110373 판결 [구상금및사해행위취소]

로 매우 근접하여 있다.

③ 소외 1은 2009. 6. 22.까지 이 사건 각 부동산 및 아파트를 포함한 ○○○○○○아파트 20채에 관한 분양대금 9억 원을 모두 납부하고도 소유권이전등기를 마치지 아니하다가, 원고가 소외 1 소유의 '더파크365' 오피스텔에 관하여 강제경매를 신청하여 2009. 7. 10. 강제경매개시결정 기입등기가 마쳐지자, 그로부터 불과 6일 만에 이 사건 각 부동산에 관하여 피고와 이 사건 수분양권양도약정을 체결하였고, 1달여 만에 이 사건 각 부동산 및 아파트에 관하여 피고, 소외 2, 3, 4에게 소유권이전등기를 마쳐 주었다.

④ 소외 2가 대표이사로 있는 주식회사 제이에스도시개발은 2009. 7. 14. 주식회사 수광종합건설과 ○○○○○○아파트(이 사건 각 부동산은 그 일부이다)에 관한 분양대행용역계약을 체결한 후 분양대행업무를 하였고, 소외 1이 아닌 소외 2가 이 사건 수분양권양도약정일인 2009. 7. 16. 소외 5 등과 이 사건 각 부동산에 관하여 매매(약정)보관증(을 제2호증)을 작성하기도 하였는바, 이러한 사실에 앞서 살펴본 등기원인일과 등기일, 이 사건 각 아파트 중 소외 2 앞으로 소유권이전등기가 마쳐진 것이 6채에 이르는 점 등을 더하여 보면, 소외 2가 이 사건 각 부동산 및 아파트에 관한 수분양권 양도 및 등기업무를 처리하였을 가능성이 크다.

(3) 위 사실관계에 따르면, 소외 1의 이 사건 각 부동산과 이 사건 각 아파트의 처분행위는 동일한 사해의사에 따른 일련의 행위로서 하나의 행위라고 평가할 여지가 충분하고, 그렇다면 이 사건 각 부동산에 관한 수분양권을 양도함으로써 채무초과 상태에 이르렀는지를 판단함에 있어서는 이 사건 각 아파트를 적극재산으로 고려하면 아니 된다. 그럼에도 원심이 이 사건 각 아파트를 적극재산에 포함하여 채무초과 상태에 이르지 않았다고 단정한 것은 논리와 경험의 법칙에 반하여 자유심증주의의 한계를 벗어나거나 채권자취소권의 사해행위에 관한 법리를 오해하여 판단을 그르친 것이다."[38]

원고의 청구는 1심에서 승소되었다가 서울서부지방법원에서 취소되어 원고가 상고한 사건입니다. 일련의 행위가 하나의 행위로 인정이 될 경우에 사건에서 쟁점이 되는 것이 무엇인지를 알 수 있습니다. 바로 채무초과입니다. 동시가 아니라 순차적으로 부동산을 처분하게 되면 가장 먼저 부동산을 이전받은 사람은 채무자의 다른 부동산이 있기 때문에 사해행위가 되지 않을 수 있습니다. 그

38) 대법원 2014. 3. 27. 선고 2012다34740 판결 [소유권이전등기말소등]

러나 하나의 행위로 보게 되면, 이 전체의 부동산은 한 번에 처분된 것으로 보게 됨으로써 이런 재산들 전부가 적극재산에 포함하지 않게 됩니다. 이 대법원 판례는 당연한 것이지만 이를 명시적으로 "이 사건 각 부동산에 관한 수분양권을 양도함으로써 채무초과 상태에 이르렀는지를 판단함에 있어서는 이 사건 각 아파트를 적극재산으로 고려하면 아니 된다."라고 언급하여 판례를 보는 사람에게 친절하게 이를 알려 주고 있습니다.

가족들에게 부동산들을 몇 채씩 나누어서 소유권이전등기를 경료하도록 한 것으로 보입니다. 그런데 아마 피고에게 가장 먼저 이전등기를 경료했을 것으로 보입니다. 다른 사람들에 대하여 소를 제기한 것인지는 알 수가 없습니다. 항소심 판결문은 공개가 되어 있습니다. 다만 여기에는 다른 피고에 관한 부분은 없습니다.

7) 백지보충근저당권설정계약 - 보충시 재확인

"채권자가 채권 담보를 위하여 채무자로부터 백지 근저당권설정계약서 등을 교부받을 당시에는 채무초과 상태가 아니었으나 이를 보충할 당시에는 채무초과 상태에 있었던 경우, 백지 근저당권설정계약서를 보충한 날 근저당권설정계약이 체결되었다고 보아야 한다(대법원 2000. 4. 25. 선고 99다55656 판결 등 참조).
원심은, 피고 2가 비록 2009. 1. 8.경 소외 1로부터 이 사건 근저당권 설정에 필요한 서류를 받았다고 하더라도 이 사건 근저당권의 등기원인이 2009. 3. 18. 설정계약으로 기재되어 있고, 소외 2 소유의 부동산에 대하여는 위 대여일에 근저당권을 설정한 것과 달리 이 사건 부동산에 대하여는 위 대여일에 근저당권을 설정하지 아니한 점 등 그 판시와 같은 사정에 비추어 보면, 이 사건 근저당권설정계약의 체결일이 2009. 3. 18.이라고 판단하여 이를 사해행위의 판단기준일로 삼았다.
앞서 본 법리와 기록에 비추어 살펴보면, 원심의 위와 같은 판단은 수긍이 가고, 거기에 상고이유 주장과 같이 근저당권설정계약의 성립시기에 관한 법리를 오해한 위법이 없다."[39)]

2009. 1. 8.과 2009. 3. 18. 2달 10일의 차이입니다. 위에서 여기상사 건에

---

39) 대법원 2012. 11. 15. 선고 2012다65058 판결 [구상금]

서는 피고가 승소하였는데 이 사건에서는 원고가 승소하였습니다. 아마 2009. 1. 8.에 근저당권설정계약이 있었다고 하더라도 채무초과나 사해의사 등에는 문제가 없지 않았나라는 생각을 해 봅니다.

8) 집합채권의 양도예약 - 양도예약시

"채무자가 자신의 채무를 담보하기 위하여 현재 보유하고 있거나 장래에 보유하게 될 채권을 일괄하여 채권자에게 양도하기로 하는 예약은 이른바 집합채권의 양도예약에 해당한다. 집합채권의 양도예약은 당사자의 계약 내용이 장차 선택권과 예약완결권의 행사로 채권양도의 효력이 발생하는 경우에 채권이 다른 채무의 변제를 위한 담보로 양도될 것을 예정하고 있는지 아니면 다른 채무의 변제에 갈음하여 양도될 것을 예정하고 있는지에 따라 집합채권의 양도담보의 예약 또는 대물변제의 예약으로서의 성질을 가질 수 있고, 계약 내용이 명백하지 아니한 경우에는 일반적인 채권양도에서와 마찬가지로 특별한 사정이 없는 한 채무변제를 위한 담보로 양도되는 것을 예정하고 있는 양도담보의 예약으로 추정된다. 그리고 이와 같은 집합채권의 양도담보의 예약이 체결된 다음 예약완결권의 행사에 기하여 채권이 양도된 경우 사해행위 여부는 양도담보 예약 시를 기준으로 판단하여야 한다."[40]

이미 이에 대하여 앞에서 검토하였고 장기제척기간이 도과되었다고 보았습니다.

9) 조선무약 사례 - 합자회사의 무한책임사원의 채권자에 대한 채권발생시기 및 채무초과의 판단 시 고려될 소극재산과 적극재산의 범위 - 무한책임사원의 책임보충성이 어떻게 여기에 반영되는지의 문제

"상법 제269조에 의하여 합자회사에 준용되는 상법 제212조 제1항은 "회사의 재산으로 회사의 채무를 완제할 수 없는 때에는 합명회사의 각 사원은 연대하여 변제할 책임이 있다."고 규정하고, 제2항은 "회사재산에 대한 강제집행이 주효하지 못한 때에도 전항과 같다."고 규정하고 있는데, 합자회사의 무한책임사원 책임은 회사가 채무를 부담

---

40) 대법원 2016. 7. 14. 선고 2014다233268 판결 [사해행위취소]

하면 법률의 규정에 기해 당연히 발생하는 것이고, "회사의 재산으로 회사의 채무를 완제할 수 없는 때" 또는 "회사재산에 대한 강제집행이 주효하지 못한 때"에 비로소 발생하는 것은 아니며, 이는 회사채권자가 그와 같은 경우에 해당함을 증명하여 합자회사의 무한책임사원에게 보충적으로 책임의 이행을 청구할 수 있다는 책임이행 요건을 정한 것으로 봄이 타당하다. 따라서 합자회사의 무한책임사원이 한 대물변제계약 등 법률행위가 사해행위에 해당하는지를 판단할 때, 무한책임사원 고유의 채무 총액과 합자회사의 부채 총액을 합한 액이 무한책임사원 고유의 재산 총액을 초과하는 경우에는 그 법률행위는 특별한 사정이 없는 한 사해행위에 해당한다고 볼 수 있지만, 합자회사의 무한책임사원 책임이 위와 같이 보충성을 갖고 있는 점 등에 비추어 법률행위 당시 합자회사가 그 재산으로 채무를 완제할 수 있었다는 점(상법 제212조 제1항)이 주장·입증된 경우에는 합자회사의 채무를 고려함이 없이 무한책임사원 고유의 채무 총액과 고유의 재산 총액을 비교하여 법률행위가 사해행위에 해당하는지를 판단하여야 한다.41)

합자회사의 무한책임사원의 채권자에 대한 책임은 바로 당연히 발생하는 것이라고 대법원은 판단하였습니다. 그러면서 합자회사의 무한책임사원이 한 대물변제가 사해행위가 되기 위하여는 무한책임사원 고유의 채무 총액과 합자회사의 부채 총액을 합한 액이 무한책임 사원의 고유의 재산 총액을 초과하는 경우에는 특별한 사정이 없는 한 사해행위가 된다고 하였습니다.

즉 합자회사의 무한책임사원이 사해행위라는 법률행위를 하였는데 자신의 고유의 채무 총액과 자신의 고유의 재산 총액을 비교해 보니 그 법률행위를 하고 나서도 고유의 재산 총액이 고유의 채무 총액보다 크다면 일반적인 경우에는 채무초과상태가 아니기 때문에 사해행위가 아니라고 할 것입니다. 그런데 여기에 합자회사의 부채 총액을 더하게 되어 고유의 재산 총액보다 커진다고 한다면 채무초과상태가 되어버리는 것입니다. 그럼 의미에서 대법원은 무한책임사원의 연대책임은 회사가 채무를 부담하여 당연히 부담한다고 판시를 한 것이 의미가 있습니다.

---

41) 대법원 2012. 4. 12. 선고 2010다27847 판결 [사해행위취소]

"합명회사는 실질적으로 조합적 공동기업체여서 회사의 채무는 실질적으로 각 사원의 공동채무이므로, 합명회사 사원의 책임은 회사가 채무를 부담하면 법률의 규정에 기해 당연히 발생하는 것이고, '회사의 재산으로 회사의 채무를 완제할 수 없는 때' 또는 '회사재산에 대한 강제집행이 주효하지 못한 때'에 비로소 발생하는 것은 아니며, 이는 회사 채권자가 그와 같은 경우에 해당함을 증명하여 합명회사의 사원에게 보충적으로 책임의 이행을 청구할 수 있다는 책임이행의 요건을 정한 것으로 봄이 타당하다. 그리고 **합자회사의 장에 다른 규정이 없는 사항은 합명회사에 관한 규정을 준용하므로**(상법 제269조), 합자회사의 무한책임사원의 회사 채권자에 대한 책임은 합명회사의 사원의 책임과 동일하다."[42]

대법원 2006다65903 판례도 합자회사의 무한책임 사원에 관한 판례입니다. 두 판례가 서로 별개의 판례가 아닙니다. 대법원 2006다65903 판례가 이 사건의 1차 상고심 판결이고, 상고인 신아교역 측이 상고를 하여 위의 판결을 이유로 하여 파기환송을 하였습니다. 그런데 파기환송심에서는 "조선무약 합자회사(이하 '조선무약'이라고 한다)의 무한책임사원인 소외 1이 조선무약의 채무에 대하여 지는 책임은 보충적인 책임이 아니므로 소외 1의 이 사건 대물변제계약이 사해행위에 해당하는지 여부를 판단함에 있어 조선무약의 자력은 고려할 요소가 아니라고 판단한 것은 앞에서 본 법리에 반하는 것으로 타당하지 아니하다."라고 판단하였기 때문에 2차 상고심에서 대법원 1차 판결요지에 더하여 "따라서 합자회사의 무한책임사원이 한 대물변제계약 등의 법률행위가 사해행위에 해당하는지 여부를 판단함에 있어, 무한책임사원 고유의 채무 총액과 합자회사의 부채 총액을 합한 액이 무한책임사원 고유의 재산 총액을 초과하는 경우에는 그 법률행위는 특별한 사정이 없는 한 사해행위에 해당한다고 볼 수 있지만, 합자회사의 무한책임사원의 책임이 위와 같이 보충성을 갖고 있는 점 등에 비추어 그 법률행위 당시 합자회사가 그 재산으로 채무를 완제할 수 있었다는 점(상법 제212조 제1항)이 주장·입증된 경우에는 합자회사의 채무를 고려함이 없이 무한책임사원 고유의 채무 총액과 그 고유의 재산 총액을 비교하여 그 법률행위

---

42) 대법원 2009. 5. 28. 선고 2006다65903 판결 [사해행위취소]

가 사해행위에 해당하는지 여부를 판단함이 상당하다(대법원 2001. 10. 23. 선고 2001다40763 판결 참조)."라는 부분을 추가를 하였던 것입니다. 대법원 2001다 40763 판결은 공개되지 않았던 판결이었습니다. 채무초과의 판단 시에는 합자 회사의 자산을 고려하지 않는 것이 원칙이지만, 합자회사의 무한책임의 사원의 책임이 보충성을 갖는다는 점을 고려하여 합자회사가 그 재산으로 채무를 완제 할 수 있다는 점이 주장입증이 될 경우에는 합자회사의 채무를 고려함이 없이 무한책임사원의 고유의 채무 총액과 그 고유의 재산 총액을 비교하여 사해행위 여부를 판단하라고 하였습니다. 결국 입증책임분배의 원칙상 이런 합자회사의 재산으로 합자회사의 채무를 완제할 수 있다는 것을 주장하고 입증할 사람은 결 국 수익자라는 것입니다.

　　결국 피고 측의 상고는 기각되어 신아교역의 승소판결은 확정되었습니다. 1심 판결문은 공개되어 있지 않지만, 사건번호를 보면, "서울중앙지방법원 2005. 6. 29. 선고 2003가단447090 판결"인 것을 보면, 2003년도에 소를 제기하여 결 국 2012. 4. 12.에 승소판결을 받았습니다. 사해행위는 2000. 8. 17.자 대물변제 계약이었습니다. 1심도 신아교역은 패소하였습니다. 항소도 기각되었는데 상고 를 하여 파기환송판결을 받았습니다. 피고 측은 대형로펌이 선임되었던 사건이 었고 원고 측은 중소로펌이었던 것으로 보입니다. 소제기하고 나서 햇수로는 10 년만에 사해행위로부터는 11년 8개월만에 사건이 마무리되는 매우 긴 싸움이었 던 것으로 보입니다.

10) 소결

　　사해행위시점을 언제로 볼 것인지는 사해행위를 무엇으로 볼 것인지와 동 전의 양면이고, 제척기간, 채무초과 등에 있어서 매우 중요하다고 할 것입니다. 여기에서 주로 문제되는 경우는 백지보충에 의한 근저당권 설정계약 시에 백지 보충시를 사해행위시점으로 본다는 점, 연속하여 수 개의 법률행위가 있는 경우 이를 하나의 행위로 볼 수 있는지에 관한 기준, 그리고 그렇게 볼 경우에는 문 제된 부동산 전체가 채무자의 적극재산에서 제외되어 채무초과가 될 가능성이 많아 수익자에게 불리할 경우가 많을 것입니다. 그러나, 일련의 행위가 하나의 행위로 인정될 경우에 앞선 행위로 볼 경우에는 수익자에게 유리하여 피보전채권의 선재성에서 벗어나거나 채무초과가 아니어서 승소할 여지가 클 수도 있어 이것도 양날의 검인 것을 알 수 있습니다.

마. 관련 사해행위취소로 회복된 부동산이 적극재산으로 인정되는지 여부

1) 논의의 이유

여러 부동산이 사해행위로 처분이 된 경우에 그중 일부 재산에 대한 사해행위취소소송이 채무자에게 회복된 경우에 있어서 아직 판결이 나지 않은 사건에 영향을 미칠 수 있는가입니다. 즉 채무초과에서 적극재산으로 포함시킬 수 있는가의 문제입니다.

2) 피고들이 동시에 소송을 당한 경우

"사해행위취소에 있어서 채무자의 법률행위가 채권자를 해하는 것이라는 요건은 그 법률행위 당시뿐만 아니라 사해행위취소 소송의 사실심변론종결 당시에도 갖추고 있어야 함은 상고이유의 주장과 같으나(대법원 2003. 9. 5. 선고 2003다32964 판결 참조), 사실심변론종결 당시의 채무자의 무자력 여부를 판단함에 있어서는 사해행위의 결과 수익자에게 귀속된 재산은 채무자의 적극재산에서 제외하여야 할 것인데, 이 부분 상고이유에서의 주장은 이와 다른 전제에 서서 원심판결을 비난하는 것에 불과하고, 나아가 원심이 적법하게 확정한 사실들에 의하면, 소외인은 이 사건 원심 변론종결 당시에도 무자력 상태였음이 명백하므로 이 부분 상고이유의 주장 또한 이유 없다."[43]

이는 피고 2명이 있던 사건이었기 때문으로 보입니다.

"원심은, 앞서 본 바와 같은 판단을 기초로 원고의 현재 채권액인 30,000,000원 범위 내에서 이 사건 1 내지 4 부동산에 대한 판시 매매예약 등을 취소하고, 피고 1은 원고에게 그 취소에 따른 가액배상으로 30,000,000원 및 이에 대한 이 판결 확정일 다음

---

43) 대법원 2005. 5. 27. 선고 2003다36478, 36485 판결 [사해행위취소등·사해행위취소]

날부터 다 갚는 날까지 민법에 정한 연 5%의 비율에 의한 지연손해금을 지급할 의무가 있다고 판단한 다음, 이와 같이 피고 1과 소외인 사이의 매매예약 등의 취소와 가액배상만으로 원고의 채권을 보전하는 데 지장이 없고, 달리 그 가액배상에 관하여 다른 채권자의 배당요구가 확실시된다고 볼 자료도 없다는 이유를 들어 피고 2와 소외인 사이의 이 사건 5, 6 부동산에 관한 근저당권 양도계약의 취소 및 그 원상회복을 구하는 원고의 청구를 배척하였다.

그러나 원심의 위와 같은 판단은 다음과 같은 이유로 수긍할 수 없다.

이 사건의 경우 피고 1이 원상회복의 방법으로 원고에게 30,000,000원 및 이에 대한 지연손해금을 지급할 의무가 있음은 원심의 판단과 같다. 그러나 이 사건 제1심은 피고 1의 가액배상 범위를 잘못 산정한 나머지 단지 25,001,690원과 이에 대한 지연손해금의 지급만을 명하였고 이에 대해 위 피고만이 항소한 결과 원심은 피고 1에게 더 많은 금액의 지급의무가 있음을 인정하면서도 불이익변경금지의 원칙 때문에 부득이 과소한 금액의 지급을 명한 위 제1심판결을 유지하고 항소기각을 하였다. 그렇다면 피고 1로부터 가액배상을 받더라도 원고의 채권 중 일부는 현실적으로 여전히 존속하고 있는 것이므로 결국 원고는 이에 기초하여 또 다른 수익자인 피고 2를 상대로 채권자취소권을 행사할 수 있다고 보아야 할 것이다.

이와 달리 피고 1에 대하여 위 가액의 배상을 명한 것만으로도 원고의 채권을 보전하는 데 지장이 없다고 단정하고, 피고 2와 소외인 사이의 판시 근저당권 양도계약이 사해행위에 해당하는지 여부 등에 관하여 전혀 심리하지 않은 채 원고의 피고 2에 대한 청구를 기각한 원심판결에는 채권자취소권 행사의 방법 내지 범위에 관한 법리오해 등의 위법이 있다고 할 것이다."[44]

이 판례의 정확한 취지가 무엇인지 모르겠습니다. 만약 원고가 피고 1에 대한 가액배상청구를 실수없이 다 청구하였다고 한다면 피고 2에 대한 사해행위취소소송을 구할 수 없다고 보아야 하는 것인데 이 사건에서는 피고 1에 대하여 가액배상청구를 잘못 청구하여 적게 청구하였으니 남은 금액으로 사해행위취소를 구할 수 있는 것인지 조금 의문입니다.

이는 사해행위취소의 경우 원고의 채권을 초과하여 이를 행사할 수 없고 예외적으로만 이것이 가능한데 그것이 원물반환처럼 분리할 수 없는 경우이거

---

44) 대법원 2005. 5. 27. 선고 2003다36478, 36485 판결 [사해행위취소등·사해행위취소]

나 다른 채권자들이 배당요구를 할 것이 명백한 경우라고 할 것입니다. 이런 판례는 수익자 1인에 대한 것이고 수인의 수익자에 대하여는 이와 관계없이 판결을 구할 수 있다고 할 것입니다. 실제로 수인의 수익자를 피고로 같이 넣어 소송하는 경우가 매우 많다고 할 것입니다.

이런 경우가 일어날 수는 있다고 봅니다. 수익자가 근저당권을 설정받았고 이에 대하여 취소채권자만 배당을 요구하고 다른 채무자의 채권자는 존재하지 아니한 경우에 취소채권자가 배당이의까지 하였고 수익자의 배당금이 취소채권자의 채권을 초과하는 경우에 있어서 취소채권자가 다른 수익자에 대한 사해행위취소소송을 할 필요성이 있는가는 고려될 필요가 있다고 할 것입니다.

그러나 이 사건의 경우 매매예약이 사해행위이고 이에 대하여 피고 1에게 가액배상을 요구하고 있는 사안인데 매매예약만 하였는지 사후에 본등기를 경료한 것인지 알 수가 없습니다. 피고 2의 경우는 근저당권양도계약의 취소였습니다. 단순히 본등기까지 경료되어 기존 근저당권이 말소가 되어 가액배상을 할 경우라고 한다면 단순히 승소판결을 받았다고 가액배상금 전부 회수할 수 있는지는 알 수 없는 일입니다. 이런 경우에는 당연히 피고 2의 근저당권을 양수받은 행위를 취소하는 것에는 문제가 없다고 보아야 할 것입니다.

즉 원고가 피고 1에 대하여 실수없이 자신의 채권 전부에 대하여 가액배상판결을 받았다고 하더라도 그 지급이 100% 확보가 되지 않는 한 다른 수익자와 채무자의 사해행위를 취소할 수 있다고 할 것이고 채권자는 어디에서든지 이를 변제받으면 된다고 할 것입니다. 또한 회복되는 재산이 전체 채권자를 위하여 공동담보로 회복되는 것이기 때문에 원고가 자신의 채권범위 내에서만 가액배상판결을 받았는데 이에 대하여 다른 채권자가 배당요구 등을 하게 될 경우 채권자는 자신의 채권도 전부 배당받지 못할 가능성도 있게 된다는 점에서 보면, 원심과 같이 판단하는 것은 문제가 있다고 할 것입니다. 또한 대법원의 취소가 채권 일부를 청구하지 못하였으니 피고 2에게 이를 청구할 수 있다는 판단도 문제가 있다고 할 것입니다.

파악 이런 해석이 가능하다면 누구 것을 기각(또는 각하)하고 누구 것을 인용할 것인가도 문제가 된다고 할 것입니다.

3) 소결

이 판례를 인용한 판례도 없고 또한 비슷한 판결도 없다는 점에서 매우 예외적인 판결이지만 실제 소송에서는 한번쯤 고려해 볼 필요가 있다고 할 것입니다. 만약 사해행위취소소송에 있어 피고 중 한 명은 패소하여 항소하지 않았고 부동산을 채무자에게 회복시켜준 경우에 항소한 다른 피고는 이런 주장을 할 수 있다고 할 것입니다. 그로 인하여 채무자는 채무초과가 아닌 경우라고 판단된다고 한다면 이런 경우는 어떻게 판단할 것인지 매우 의문이 되고 있습니다.

바. 재무제표가 채무초과의 판단자료인지

1) 채무자가 회사인 경우

채무자가 회사인 경우에 채무자의 채무초과를 입증하여야 하는데 이 경우 피고 측에서는 재무제표 등을 제출하여 사해행위가 아니라고 주장합니다. 즉 채무자가 채무초과상태가 아니라고 주장하는 것입니다. 그러나, 재무제표를 믿기는 매우 어려운 것이 사실 이렇게 수익자가 주장할 경우에 취소채권자로서는 조금 막막할 수 밖에 없습니다. 재무제표의 내용을 다 파악할 수도 없기 때문입니다.

2) 조선무약 사례

"상법 제212조 제1항에서 정한 "회사의 재산으로 회사의 채무를 완제할 수 없는 때"란 회사의 부채 총액이 회사의 자산 총액을 초과하는 상태, 즉 채무초과 상태를 의미하는데, 이는 회사가 실제 부담하는 채무 총액과 실제 가치로 평가한 자산 총액을 기준으로 판단하여야 하고, 대차대조표 등 재무제표에 기재된 명목상 부채 및 자산 총액을 기준으로 판단할 것은 아니며, 나아가 회사의 신용·노력·기능(기술)·장래 수입 등은 원칙적으로 회사의 자산 총액을 산정하면서 고려할 대상이 아니다."[45]

---

45) 대법원 2012. 4. 12. 선고 2010다27847 판결 [사해행위취소]

"나. (1) 원심이, 조선무약 합자회사(이하 '조선무약'이라고 한다)의 무한책임사원인 소외 1이 조선무약의 채무에 대하여 지는 책임은 보충적인 책임이 아니므로 소외 1의 이 사건 대물변제계약이 사해행위에 해당하는지 여부를 판단함에 있어 조선무약의 자력은 고려할 요소가 아니라고 판단한 것은 앞에서 본 법리에 반하는 것으로 타당하지 아니하다. 그러나 한편 원심은, 소외 1의 이 사건 대물변제계약 당시 조선무약이 그 재산으로 채무를 완제할 수 있었는지에 관하여 심리한 후 제출된 증거들만으로 이를 인정하기에 부족하고 달리 이 점을 인정할 증거가 없다고 보고, 조선무약의 부채와 소외 1의 고유 채무의 합산액이 소외 1의 고유 재산의 가액을 초과하므로 소외 1의 이 사건 대물변제계약은 채무초과 상태에서 한 사해행위에 해당한다는 취지로 판단하였는바, 앞에서 본 법리와 기록에 비추어 보면, 원심의 위와 같은 판단은 정당하다.

(2) 피고는 상고이유로 조선무약의 영업권 가액도 조선무약의 자산 총액을 산정함에 있어 포함시켜야 한다고 주장하나, 본래 영업권은 기업의 전통, 사회적 신용, 그 입지조건, 특수한 제조기술 또는 특수거래관계의 존재, 제조판매의 독점성 등으로 동종의 사업을 영위하는 다른 기업보다 더 큰 수익을 올릴 수 있는 초과수익력이라는 무형의 재산적 가치를 의미하는 것이므로(대법원 2004. 4. 9. 선고 2003두7804 판결 등 참조), 조선무약이 영업권을 적절한 평가방법에 따라 유상으로 취득하였다는 점 등을 인정할 만한 아무런 자료가 없는 이 사건에서, 피고의 위 주장은 결국 채무초과 여부 판단 시 고려할 대상이 아닌 회사의 신용·노력·기능(기술)·장래의 수입 등을 회사의 자산으로 포함시켜야 한다는 주장과 다름없어 받아들일 수 없다.

(3) 또한 원심이 조선무약의 상표권 가액을 조선무약의 자산 총액에 포함시키지 아니한 것은 피고가 원심 변론종결일에 이르기까지 조선무약의 상표권 등록원부를 증거로 제출한 바 없고, 상표권 가액을 인정할 만한 객관적인 증거자료를 제출하지 아니하였기 때문으로 보이고, 조선무약의 2000. 8. 18.자 부도 발생, 자산·부채의 실사 전 작성된 2000. 8. 31.자 삼덕회계법인의 감사보고서 및 자산·부채의 실사 후 작성된 2002. 3. 31.자 정리위원의 조사보고서에 나타난 조선무약의 채무초과 정도, 수원지방법원 2002. 7. 29.자 2002화1 화의인가결정에 적시된 조선무약의 화의채권 감면비율 및 분할변제 조건 등 원심이 확정한 사실관계에 비추어 보면, 설령 피고가 상고이유로 주장하는 조선무약의 상표권의 가액을 조선무약의 자산 총액에 포함시킨다 하더라도 소외 1의 이 사건 대물변제계약 당시 조선무약의 자산 총액이 부채 총액을 초과하여 모든 채무를 완제할 수 있던 상태에 있었다고 보기 어려우므로, 원심이 변론종결 후 피고의 변론재개 신청도 없는 상태에서 조선무약의 상표권 가액을 심리하기 위하여 변론재

> 개를 하지 아니한 것이 변론재개의무 위반에 해당한다고 볼 수 없다.
> 다. 결국 원심판결의 이유설시에 일부 적절하지 아니한 점은 있으나, 원심판결에 상고이유에서 주장하는 바와 같이 합자회사 무한책임사원에 대한 사해행위의 성립요건, 채무초과의 판단 기준 등에 관한 법리를 오해하고 변론재개의무를 위반하여 판결에 영향을 미친 잘못은 없다."46)

대법원은 원심의 판단에 일부 잘못된 것이 있지만 결론은 옳다고 보았습니다. "대차대조표 등 재무제표에 기재된 명목상 부채 및 자산 총액을 기준으로 판단할 것은 아니며"라고 보았습니다. 이는 명목상 부채 및 자산 총액이라고 볼 것이며 실제로 자산과 부채의 비교하여야 한다고 하고 있습니다.

실제로 앞에서 보면 모닝랜드 사건의 판결이유 등을 보면, 허위로 계산된 부분이 언급되고 있는 것을 알 수 있습니다(대법원 2014. 1. 23. 선고 2013다72169 판결).

또한 영업권을 유상으로 취득하였다는 자료가 없는 이상 이를 채무초과에서 판단할 사안은 아니라고 판시하였습니다. 이는 처분할 수 있는 가치가 있는 재산이 아니기 때문이라고 생각됩니다.

그에 반하여 특허권 등은 다를 것입니다. 여기서는 조선무약은 상표권이 문제가 되었던 사건입니다. 분명 조선무약의 상표권은 어느 정도의 가치는 있을 것입니다. 그러나, 그것만으로 모든 채무를 갚기는 어렵다고 하여 기각을 했던 사안입니다.

5. 결론

"채무자의 채무초과상태"라는 부분이 생각 외로 매우 많은 논점을 가지고 있습니다. 특히 압류금지채권이 무엇인지와 금지범위, 실질적 재산으로서 가치가 없는 재산이 무엇인지에 관한 사례들, 그리고 소극재산의 파악시에 피보전채권의 선재성의 예외기준이 다른 소극재산판단시에도 그대로 적용되는 점, 채무

---

46) 대법원 2012. 4. 12. 선고 2010다27847 판결 [사해행위취소]

초과 판단을 하기 위하여는 사해행위시점을 파악하여야 하기 때문에 언제가 사해행위시점인지 보려고 할 때 백지보충에 의한 근저당권설정계약이나 연속으로 수 개의 법률행위가 있는 경우에 이를 하나의 행위로 볼 수 있는 경우는 어느 기준에 의하여 어떤 경우로 볼 것인지에 관한 사례검토 및 그것이 취소채권자에게도 유리하지만 수익자에게도 유리할 수 있다는 것을 보았습니다. 그리고 집합채권 양도예약의 법적 성격과 사해행위시점의 판단기준, 그리고 별도의 또는 동일한 소송에서 여러건의 사해행위취소가 되는 경우에 그 판결이 다른 피고에게 영향을 줄 수 있는 것인지, 즉 취소의 필요성이 있다고 볼 수 있는 것인지 등을 보았다고 할 것입니다. 또한 대차대조표 등 재무제표로 회사의 채무초과를 파악해서는 아니 된다는 판례도 의미가 있다고 할 것입니다.

VII

채무자의 사해의사

Ⅶ

채무자의 사해의사

1. 채무자의 채무초과가 입증이 되면 추정이 됨

채무자가 사해행위라는 법률행위를 통하여 채무초과 상태를 이루거나 채무초과 상태를 심화시킨 경우에는 채무자의 사해의사는 추정이 된다고 할 것입니다. 이는 법률상 추정이기 때문에 그렇지 않다는 것, 즉 채무자의 사해의사가 번복이 되려고 한다면 이를 수익자가 주장하고 입증하여야 할 것입니다.

2. 추정이 번복되는 경우에 관한 경우와 사해성이 없는 경우

가. 간접사실들로 사해의사는 번복될 수 있음

대법원은 매우 일찍 이에 관한 판례를 내놓았습니다.

"채무자의 사해의사를 판단함에 있어 사해행위 당시의 사정을 기준으로 하여야 할 것임은 물론이나, 사해행위라고 주장되는 행위 이후의 채무자의 변제 노력과 채권자의 태도 등도 사해의사의 유무를 판단함에 있어 다른 사정과 더불어 간접사실로 삼을 수도 있다."1)

나. 채무자의 사해의사가 없다고 판시한 사례들의 검토

1) 사해의사가 없다고 판시하는 판례들의 경향

일반적인 사해행위가 아니라 대부분이 채무자가 채무초과 상태에서 신규차입을 받기 위하여서나 또는 계속적으로 물품을 공급받기 위하여 특정채권자에게 근저당권 등을 설정해 줄 경우에 사해행위가 되지 않는다고 하면서 채무자의 사해의사가 없다는 점과 그 행위가 "변제력을 회복하고 사업을 계속할 수 있는 최선의 방법"으로서 부득이 하다고 하여 사해행위가 되지 않는다고 판단할 때에 주로 검토되어진다는 것을 고려할 필요가 있습니다.

2) 고창군 소재 관광호텔 사례

"(1) 채무초과상태에 있는 채무자가 그 소유의 부동산을 채권자 중의 어느 한 사람에게 채권담보로 제공하는 행위는 특별한 사정이 없는 한 다른 채권자들에 대한 관계에서 사해행위에 해당한다(대법원 1986. 9. 23. 선고 86다카83 판결, 대법원 1989. 9. 12. 선고 88다카23186 판결, 대법원 1997. 9. 9. 선고 97다10864 판결 등 참조) 고 할 것이나, 이 사건과 같이 자금난으로 사업을 계속 추진하기 어려운 상황에 처한 채무자가 자금을 융통하여 사업을 계속 추진하는 것이 채무 변제력을 갖게 되는 최선의 방법이라고 생각하고 자금을 융통하기 위하여 부득이 부동산을 특정 채권자에게 담보로 제공하고 그로부터 신규자금을 추가로 융통받았다면 특별한 사정이 없는 한 채무자의 담보권 설정행위는 사해행위에 해당하지 않는다고 할 것이다.
(2) 그런데 이 사건에서 원심이 인정한 사실에 의하면, 소외인이 피고로부터 신규자금을 대출 받고 피고에게 위 근저당권을 설정하여 줄 당시 소외인은 당초 금 40억 원의 대출을 약속 받은 원고로부터 금 30억 4,300만 원의 기존 대출 외에 추가대출을 받을 수 없게 되어 자금난으로 신관 건축 및 구관 개·보수 공사를 계속 추진하기 어려운 상

1) 대법원 2000. 12. 8. 선고 99다31940 판결 [사해행위취소등]

황에 처하였는데, 소외인은 이미 위 공사에 원고로부터 대출 받은 금 30억 4,300만 원의 기존대출금을 포함한 많은 자금을 투자해 놓은 상태이고 그 공사가 약 80%의 공정이 진행된 상황이었으므로 소외인으로서는 신규자금을 추가로 대출 받아 그 공사를 완공하는 것이 채무 변제력을 회복하고 사업을 계속할 수 있는 최선의 방법이라고 믿고 그 공사를 완공할 자금을 추가로 융통하기 위하여 부득이 피고에게 이 사건 근저당권을 설정하여 준 것으로 보이고 그 후 실제로 피고로부터 금 14억 5,500만 원의 신규대출을 받았으므로 달리 특별한 사정이 없는 한 소외인의 이 사건 근저당권 설정행위는 사해행위에 해당하지 않는다고 할 것이다."[2]

3) 한성기린건설 신탁 사례

"(2) 그러나 채무자의 사해의사를 판단함에 있어 사해행위 당시의 사정을 기준으로 하여야 할 것임은 물론이나, 사해행위라고 주장되는 행위 이후의 채무자의 변제 노력과 채권자의 태도 등도 사해의사의 유무를 판단함에 있어 다른 사정과 더불어 간접사실로 삼을 수도 있는 것인바(대법원 2000. 12. 8. 선고 99다31940 판결), 원고들은 채무자가 부도처리되기 이전인 1997. 12. 15.까지의 지급기일로 된 채무자의 어음에 대해서는 모두 결제를 받은 사실을 스스로 인정하고 있으며, 기록에 의하면 채무자의 하수급업체들은 일반적으로 3~4개월 이후의 시점을 만기일로 한 어음을 공사대금으로 지급받아온 사실을 인정할 수 있는바, 이러한 점을 고려해 볼 때, 원고들을 비롯한 하수급업체들은 채무자로부터 적어도 신탁계약 체결 당시까지 지급되지 않고 있던 공사대금은 물론 신탁계약 이후에 발생한 공사대금까지 신탁계약 체결 이후에 계속 변제받아 왔음을 알 수 있을 뿐 아니라, 대물변제로써 이 사건 건물의 일부를 분양받기도 하였고, 채무자 부도 후에는 채무자의 피고에 대한 이 사건 신탁계약에 의한 신탁수익권을 양수하기도 하였다.
이처럼 채무자가 피고와의 이 사건 신탁계약 체결 이후에 계속적으로 원고를 비롯한 하수급업체들과 일반채권자들에게 채무를 변제해 온 사실에 비추어, 채무자가 피고와의 사이에 이 사건 신탁계약을 체결한 것은, 당시 보유하고 있던 자산만으로는 도저히 원고들을 비롯한 하수급업체들과 일반채권자들에 대한 채무를 변제할 수 없고, 이 사건

---

2) 대법원 2001. 5. 8. 선고 2000다50015 판결 [근저당권말소]

건물이 완공되지 못하면 수분양자들마저 그 권리를 잃게 될 위험이 있기 때문에, 어떠한 방법으로든 이 사건 건물의 신축공사를 완료하는 것이 원고들을 비롯한 채권자들과 수분양자들을 위한 것이라는 판단하에 이루어진 것으로 보여질 뿐, 이 사건 신탁을 이용하여 원고들의 채무를 회피하고자 한 것이라고 보이지는 않는다.

(3) 또한 비록 채무자가 피고로부터 지급받은 공사대금을 원고들에게만 지급한 것이 아니고, 그중 일부를 채무자의 당좌수표의 결제 등에 사용한 것은 사실이지만 이는 채무자의 다른 공사현장의 하수급업체들과 일반채권자들에 대한 채무를 변제하기 위한 것으로 보이는바, 그렇다면 이 사건 토지 및 건물은 원고들뿐만 아니라 다른 공사현장의 하수급업체들 및 일반채권자들에 대해서도 공동담보인 재산임이 분명하고, 사해의사 여부는 일반채권자들에 대한 관계에서 판단되어야 하는 법리에 비추어 볼 때 채무자가 피고로부터 지급받은 공사대금을 이 사건 건물 신축현장의 하수급업체들인 원고들에게 모두 지급하지 아니하였다는 사정만으로 채무자의 사해의사를 인정할 수는 없다.

다. 결국 이 사건 신탁은 채무자가 이 사건 토지에 집합건물을 지어 분양하는 사업을 추진하던 중 이미 일부가 분양되었는데도, 공정률 45.8%의 상태에서 자금난으로 공사를 계속할 수 없게 되자, 건축을 계속 추진하여 건물을 완공하는 것이 이미 분양받은 채권자들을 포함하여 채권자들의 피해를 줄이고 자신도 채무변제력을 회복하는 최선의 방법이라고 생각하고, 사업을 계속하기 위한 방법으로 신탁업법상의 신탁회사인 피고와의 사이에 이 사건 신탁계약을 체결한 것으로서, 자금난으로 공사를 계속할 수 없었던 채무자로서는 최대한의 변제력을 확보하는 최선의 방법이었고 또한 공사를 완공하기 위한 부득이한 조치였다고 판단되므로, 사해행위에 해당되지 않는다고 볼 여지가 충분히 있다."3)

자금이 어디로 사용되었는지가 사해의사를 파악하는 매우 중요한 관건임을 알 수 있습니다. 신규차입 등을 위하여 근저당권이나 신탁을 해 주고 추가로 대출받은 금액을 공사가 아닌 다른 곳에 사용해버렸다고 하면 채무자의 사해의사를 인정하기 어렵기 때문이라고 할 것입니다. 즉 객관적인 그런 상황에 대한 부분, 즉 그와 같은 행위를 해야 할 필요성에 대한 검토와 함께 채무자의 사해의사를 검토하는 식으로 판단이 이루어지고 있음을 알 수 있습니다.

---

3) 대법원 2003. 12. 12. 선고 2001다57884 판결 [사해행위취소등]

4) 사해행위 전의 사정까지 고려한 사례 1, 2차 신탁계약이 있던 경우

"2. 기록에 의하면, 신청외 회사는 이 사건 사업부지를 구입하여 그 지상에 이 사건 리조트를 신축하여 분양하는 사업을 추진하면서 금융기관으로부터 자금을 융통하기 위한 방편으로 이 사건 1, 2신탁계약의 체결에 이르게 된 사실, 신청외 회사는 위 각 신탁계약에 따라 이 사건 사업부지와 리조트의 소유 명의를 순차로 수탁자인 채무자에게 이전하게 되나 이를 통해 융통한 자금으로 리조트 신축을 계속할 수 있게 되고 리조트가 완공된 후에는 채무자의 사전승낙하에 이를 분양함으로써 위와 같이 융통한 자금의 상환과 일반 채권자에 대한 변제자력의 회복을 기대할 수 있게 되는 사실, 만일 이 사건 1신탁계약 체결 당시에 장차 완공될 이 사건 리조트가 담보신탁의 목적물로 추가되거나 종전의 신탁목적물을 대체하는 것이 전제되지 않았다면 처음부터 위와 같은 자금융통을 통한 리조트신축공사의 계속은 불가능하였던 사실, 신청외 회사는 이 사건 1신탁계약 체결 후에도 이 사건 2신탁계약 체결 전까지 건물신축공사의 계속을 위하여 상당한 자금을 추가로 제공받았는데 이 역시 이 사건 2신탁계약의 체결을 전제하지 않고서는 불가능하였던 사실을 알 수 있다.

그렇다면 이 사건 리조트는 처음부터 신청외 회사가 스스로의 자력으로 소유하고 있던 재산이 아니라 위 일련의 신탁계약과 이를 통해 융통한 자금으로 만들어진 것이라고 할 수 있으므로 이러한 전체적 취득과정을 도외시한 채 이 사건 2신탁계약을 분리해내어 그 직전과 직후의 일반 채권자의 지위를 비교하는 것만으로 사해행위성을 판단하는 것은 타당하다고 볼 수 없다. 그럼에도 원심은 이 사건 2신탁계약이 이 사건 1신탁계약과 별개의 계약이라는 점에만 주목하여 양자 사이의 관계나 그를 전후하여 연속적으로 이루어진 자금 융통의 과정, 이를 통한 사업의 계속 등의 사정은 고려하지 않은 채, 신청외 회사가 채권자에 대하여 약정금 채권을 부담하고 있는 상태에서 유일한 부동산인 이 사건 리조트에 관하여 채무자와 사이에 이 사건 2신탁계약을 체결하고 그에 따라 이 사건 등기를 마쳐주었다는 이유만으로 이 사건 2신탁계약이 사해행위에 해당한다고 판단하였으니, 이러한 원심결정에는 사해행위에 관한 법리를 오해하여 결론에 영향을 미친 위법이 있다고 할 것이고, 이를 지적하는 재항고이유에는 정당한 이유가 있다."4)

---

4) 대법원 2012. 10. 11.자 2010마2066 결정 [가처분이의]

5) 한방병원 대환대출 사례

"[2] 자금난으로 사업을 계속 추진하기 어려운 상황에 처한 채무자가 자금을 융통하여 사업을 계속 추진하는 것이 채무 변제력을 갖게 되는 최선의 방법이라고 생각하고 자금을 융통하기 위하여 부득이 특정 채권자에게 담보를 제공하고 그로부터 신규자금을 추가로 융통받았다면 채무자의 담보권 설정행위는 사해행위에 해당하지 않을 수 있다. 그러나 이러한 경우에도 채무자에게 사업의 갱생이나 계속 추진의 의도가 있더라도 신규자금의 융통 없이 단지 기존채무의 이행을 유예받기 위하여 자신의 채권자 중 한 사람에게 담보를 제공하는 행위는 다른 특별한 사정이 없는 한 다른 채권자들에 대한 관계에서는 사해행위에 해당한다.

[3] 의료병원 운영자 갑이 채무초과 상태에서 을 저축은행으로부터 대출을 받으면서 이에 대한 담보로 갑의 국민건강보험공단에 대한 현재 또는 장래의 요양급여채권을 양도하고, 위 대출금의 상당 부분을 병 저축은행에 대한 기존 대출금 채무 변제에 사용한 사안에서, 갑은 기존 대출금 채무를 변제하기 위해서 대출을 받고 담보로 채권양도를 하였던 것으로 보일 뿐 위 대출과 채권양도가 신규자금 유입을 통한 갑의 변제능력 향상에 기여하였다고 볼 근거는 없는 점, 위 채권양도로 을 은행은 국민건강보험공단의 갑에 대한 요양급여비용이 담보로 제공된 일정액에 이를 때까지 갑 대신 이를 지급받게 되는데 그 기간 동안 갑의 다른 일반채권자들은 요양급여채권에 대한 강제집행이 사실상 배제되어 이를 통한 채권만족이 어려워지는 점 등을 고려하면, 위 채권양도는 갑의 채무초과 상태를 더욱 심화시키고 을 은행에 대해서만 다른 채권자에 우선하여 자신의 채권을 회수할 기회를 부여하는 것으로 볼 수 있으므로 다른 일반채권자들을 해하는 사해행위에 해당한다고 한 사례."5)

간접사실들을 통하여 보면, 그와 같은 행위를 할 필요성은 있으나 신규자금 차입이 없고 기한 유예를 해 주면서 다만 특정 채권자만 우선변제권을 부여하는 경우에는 사해행위라고 보았습니다. 이는 채무자의 사해의사가 인정된다는 것입니다.

---

5) 대법원 2022. 1. 14. 선고 2018다295103 판결 [사해행위취소]

6) 요양병원 의사가 40억 원 건강보험공단채권을 양도한 사건

"이때 담보제공행위가 사업계속 추진을 위한 신규자금 융통을 위한 행위로서 사해성이 부정되는지 여부는, 행위목적물이 채무자의 전체 책임재산 가운데에서 차지하는 비율, 무자력의 정도, 그 행위가 사업을 계속 추진하여 채무를 변제하거나 변제자력을 얻기 위한 불가피하고 유효적절한 수단이었는지, 담보제공이 합리적인 범위에서 이루어진 것인지, 실제 자금이 채권자에 대한 변제나 사업의 계속을 위해 사용되어 채무자가 변제자력을 갖게 되었는지, 채무자가 일부 채권자와 통모하여 다른 채권자를 해칠 의사를 가지고 행한 것은 아닌지 등 여러 사정을 종합적으로 고려하여 판단하여야 한다."[6]

이 판례는 사해성 부정에 관한 구체적 기준을 최초로 연결하였다는 점에서 늦었지만 그래도 다행이라고 할 것입니다.

"다. 그러나 원심판결 이유를 앞서 본 법리 및 기록에 따라 살펴보면, 원심판결은 다음과 같은 이유에서 그대로 받아들이기 어렵다.
1) 이 사건 채권양도 당시 소외 1은 이미 채무초과의 상태에 있었고, 이 사건 채권은 소외 1의 사실상 유일한 재산이었던 것으로 보인다. 이미 채무초과의 상태에 빠져 있던 소외 1이 원고로부터 1억 8,000만 원을 차용하면서 이 사건 채권 40억 원을 원고에게 채권담보로 제공하는 것은 특별한 사정이 없는 한 다른 채권자들에 대한 관계에서 사해행위에 해당한다.
2) 원고는, 소외 1이 원고에게 40억 원에 달하는 이 사건 채권을 양도한 경위는 원고가 소외 1 등에게 일회성으로 대여한 1억 8,000만 원만을 담보하기 위한 것이 아니라, 원고가 향후 2년간 국민건강보험공단으로부터 매달 지급받게 될 요양급여채권에서 1억 8,000만 원의 이자를 공제한 나머지 금액을 다시 소외 1 등에게 대여하기로 약정함에 따른 것이므로, 그 채권양도 금액이 원고의 전체 채권에 비하여 과도한 것이 아니라고 주장한다. 그러나 원고 주장에 의하더라도, 원고가 소외 1 등에게 다시 대여하게 되는 금원은 원래 소외 1이 지급받아야 하는 이 사건 채권에서 비롯된 것일 뿐 원고가 신규로 자금을 마련하는 것이 아니다. 결국 원고는 소외 1 등에게 1억 8,000만 원을

---

6) 대법원 2022. 1. 13. 선고 2017다264072, 264089 판결 [공탁금출급청구권확인·사해행위취소]

2년간 대여하면서 그 담보로 40억 원 상당의 이 사건 채권을 양도받은 것으로 보일 뿐이고, 이로 인하여 소외 1의 일반채권자들은 국민건강보험공단이 원고에게 지급하게 되는 요양급여비용이 40억 원에 이를 때까지 이에 대한 강제집행을 할 수 없게 되었다.

3) 이 사건 채권양도가 자금난으로 사업을 계속 추진하기 어려운 상황에 처한 소외 1 등이 사업을 계속 추진함으로써 궁극적으로 일반채권자들에 대한 채무 변제력을 갖기 위한 최선의 방법으로서 불가피한 것이었다고 단정하기도 어렵다. 소외 1 등은 2014. 9. 2.경 원고로부터 1억 8,000만 원을 차용하고 2014. 9. 22.경 원고를 통하여 89,328,592원의 요양급여 등을 지급받았으나, 그로부터 얼마 지나지 않은 2014. 10. 15. ○○요양병원의 운영을 중단하였다. 또한 소외 1 등이 원고로부터 차용한 1억 8,000만 원이나 원고를 통하여 지급받은 89,328,592원의 요양급여 등은 모두 소외 3 의 처 소외 4 등을 통하여 소외 2에게 지급되었는바, 위 금원이 실제로 병원운영을 계속 추진하는 데 사용된 것인지도 알 수 없다. 당시 소외 1 등이 자금난을 겪고 있었다는 사정과 이들이 원고로부터 신규자금을 융통하면서 담보제공으로 이 사건 채권양도를 하였다는 사정만으로 이 사건 채권양도가 소외 1 등의 병원운영을 위한 최선의 방법으로서 사해성이 부정된다고 단정할 수는 없다.

라. 사정이 이러하다면 원심으로서는 이 사건 채권양도가 소외 1 등이 채무 변제력을 갖기 위하여 행한 불가피하고 유효적절한 수단이었는지, 담보로 제공된 이 사건 채권 금액이 합리적인 범위 내에서 책정된 것인지, 소외 1 등이 이 사건 채권양도로 융통한 금원을 계속적인 병원운영을 통하여 채무 변제력을 갖는 데 사용하였는지 등을 심리하여 이 사건 채권양도가 사해행위에 해당하는지를 판단하였어야 했다.

그런데도 원심은 이러한 사정을 살피지 않은 채 이 사건 채권양도가 신규자금을 융통하기 위한 방법이라는 등 판시와 같은 이유만으로 사해행위가 아니라고 판단하였다. 이러한 원심의 판단에는 사해행위 성립에 관한 법리를 오해하여 필요한 심리를 다하지 않아 판결에 영향을 미친 잘못이 있다. 이를 지적하는 상고이유 주장은 이유 있다."[7]

회사도 아니고 병원에서 1억 8000만 원 대출하면서 40억 원 채권을 양도하였는데 채권양도의 채무자는 국민건강보험공단입니다. 양수인이 채무자로부터 이를 양수금을 못받을 염려도 없습니다. 그런데 22.22배가 되는 금액을 양도했다는 것은 비례성을 보더라도 맞지 않습니다. 그리고 나서 8개월만에 문을 닫아

---

7) 대법원 2022. 1. 13. 선고 2017다264072, 264089 판결 [공탁금출급청구권확인·사해행위취소]

버렸고, 받았다는 돈도 역시 채무자의 가족들에게 돌아갔다는 것을 보면, 이는 허위채권에 기한 것임을 알 수 있습니다. 근저당권의 경우 일반적으로 원금의 120%나 150% 정도로 채권최고액을 잡고 나머지 가치에 대하여는 일반채권자도 가압류 등을 하여 채권보전이 될 여지가 있습니다. 그러나, 채권양도와 채권가압류나 압류의 경우는 선후의 문제가 있습니다. 채권양도금액에 대하여는 후순위 채권자는 전혀 채권양도금액이 다 지급될 때까지 1원도 받을 수 없습니다. 또한 채권양도의 채무자이며 채권가압류의 제3채무자인 국민건강보험공단은 이런 채권양도행위에 대하여 다툴 수 있는 방법도 없습니다. 사해행위취소의 채무자가 병원문을 닫고 나서 다시 새로운 병원을 열어서 개원을 할 경우에 이 채권양도의 효력은 계속적으로 있을 가능성이 매우 큽니다. 즉 채무자가 죽을 때까지 일반채권자는 국민건강보험공단에서 채권을 추심할 수 없게 만들어버린 것이라고 할 것입니다. 이런 상황인데도 이것이 사해행위가 아니라고 판단하였으니 대법원이 단단히 화가 났을 것으로 보입니다.

7) 우리개발 골프장 조성 시 신탁으로 기존채무 유예한 사건

"이러한 법리는 위 담보권 설정에 갈음하여 신규로 자금을 제공하는 채권자와 사이에 위 채권자 혹은 그가 지정하는 제3자를 수익자로 하는 신탁계약을 체결하고 신탁을 원인으로 소유권이전등기를 하는 경우에도 마찬가지로 적용된다 할 것이고, 이러한 방식의 신탁행위의 사해성 여부는 신탁계약 당시의 채권채무관계를 비롯하여 신탁의 경위 및 목적과 경제적 의미, 신탁을 통하여 제공받은 자금의 사용처, 다른 일반 채권자들에 대한 관계에서 실효적 강제집행이나 그 밖의 채권 만족의 가능성에 새로운 장애가 생겨났는지 여부 등 관련 사정들을 종합적으로 고려하여 합목적적으로 판단하여야 한다(대법원 2008. 10. 23. 선고 2008다42874 판결, 대법원 2011. 5. 23.자 2009마1176 결정 등 참조).
그런데 이미 채무초과 상태에 빠진 채무자 및 그의 일반채권자에 대한 관계에서 사업활동에 실제로 활용할 수 있는 신규자금의 유입과 기존채무의 이행기의 연장 내지 채권회수의 유예는 사업의 갱생이나 계속적 추진을 위하여 가지는 경제적 의미가 동일하다고 볼 수 없다. 따라서 비록 사업의 갱생이나 계속 추진의 의도에서 이루어진 행위라 하더라도, 기존 채무의 이행을 유예받기 위하여 채권자 중 한 사람에게 그 소유의 부동산을 담보로 제공하거나 그 채권자를 수익자로 하는 신탁계약을 체결하고 신탁을 원인으로 소유권이전등기를 하는 행위는 다른 특별한 사정이 없는 한 사해행위에 해당한다고 볼 수 있다(대법원 2009. 3. 12. 선고 2008다29215 판결, 대법원 2010. 4. 29. 선고 2009다104564 판결 등 참조). 이에 비추어 보면, 채무초과 상태인 채무자가 새로운 채권자에게 그 소유의 부동산을 담보로 제공하거나 그를 수익자로 하는 신탁계약을 체결하고 자금을 빌려 그 자금의 전부 또는 대부분으로 기존 채무를 변제하는 경우에도, 그 실질은 신규자금의 유입 없이 단지 기존채무의 이행을 유예받기 위하여 특정 채권자에게 담보를 제공하거나 담보 목적의 신탁계약을 체결하는 것과 크게 다르지 않으므로, 이러한 사정을 참작하여 그 신탁행위의 사해성 여부를 판단하여야 한다."8)

"2. 원심판결 이유 및 적법하게 채택된 증거들에 의하면, (1) 원고들이 2010. 1. 중순경 춘천시 신동면 혈통리 일대에서 골프장 조성사업을 시행하던 주식회사 우리개발(이하 '우리개발'이라 한다)과 사이에 예탁금회원제 골프클럽 회원 입회계약을 체결한 사실, (2) 우리개발은 2010. 2. 10. 그 이사회에서 '기존대출원리금 상환에 소요되는 자금을 조달하기 위하여' 한국저축은행 주식회사, 진흥저축은행 주식회사, 경기저축은행 주식회사 및 영남저축은행 주식회사(이하 '한국저축은행 등'이라 한다)로부터 합계 220억 원을 대출받기로 결의한 사실, (3) 우리개발은 2010. 2. 11. 위 대출금의 상환을 담보하기 위하여 피고 주식회사 하나자산신탁(변경 전 상호는 주식회사 하나다올신탁이며, 이하 '피고 하나신탁'이라 한다)과 사이에 그 소유의 이 사건 토지를 비롯한 96필지의 토지에 관한 신탁계약(이하 '이 사건 신탁계약'이라 한다)을 체결하면서 한국저축은행 등을 우선수익자로 지정하고, 이 사건 토지에 관하여 피고 하나신탁 명의로 소유권이전등기를 마친 사실을 알 수 있다."9)

담보신탁계약에서 단순히 기존 채무의 유예의 경우에는 신탁계약이 취소가 될 수 있는 매우 의미가 있는 판례입니다.

---

8) 대법원 2015. 12. 23. 선고 2013다83428 판결 [손해배상(기)등]

9) 대법원 2015. 12. 23. 선고 2013다83428 판결 [손해배상(기)등]

"(1) 우리개발이 이 사건 신탁계약 당시 채무초과 상태였고, 위 이사회 결의와 같이 위 신규대출 자금의 전부 또는 대부분을 기존 채무의 변제에 사용하였다면, 설령 우리개발이 위 골프장 조성사업의 갱생이나 계속적 추진을 위한 의도에서 신규자금을 대출받았다 하더라도, 위 골프장의 조성사업을 위하여 실제로 활용할 수 있는 자금이 새로 유입되었다 할 수 없고 실질적으로 이는 위 변제액 상당의 기존 채무에 관하여 담보를 제공하고 기한의 유예를 받은 것과 마찬가지에 불과하여, 별다른 사정이 없는 한 이 사건 신탁계약이 원고들을 비롯한 다른 일반 채권자들에 대한 관계에서 공동담보를 해치는 결과를 초래함을 쉽게 부정할 수 없으므로, (2) 이러한 사정에 불구하고 이 사건 신탁계약의 사해성이 인정되지 아니한다고 보기 위해서는, 이 사건 신탁계약 당시 우리개발의 채무초과 여부 및 정도, 기존 채무의 내용 및 위 신규자금의 사용처, 기존 채무 변제에 의한 기한의 유예가 골프장 조성사업의 갱생이나 계속적 추진에 대하여 기여한 내용 및 실질적인 효과를 구체적으로 밝히고, 이러한 사정들을 종합하여 볼 때에 이 사건 신탁계약에 의한 위 신규 대출이 객관적으로 다른 일반 채권자들에 대한 채무 변제력을 높이거나 유지하는 데에 기여할 수 있었다고 인정될 수 있어야 한다."

4. 그럼에도, 이와 달리 원심은 위와 같은 사정들에 관하여 충분히 살펴보지 아니한 채, 우리개발이 골프장 사업을 계속 진행하기 위해서는 기존 대출금을 변제함으로써 골프장 사업부지인 이 사건 토지 등에 대한 강제집행을 막아야 할 필요가 있었고 그에 필요한 자금을 한국저축은행 등으로부터 융통하기 위해서는 담보제공 방법으로서 신탁계약을 체결할 필요가 있었다는 사정만을 주된 이유로 들어, 이 사건 신탁계약이 원고들에 대한 관계에서 사해행위에 해당하지 아니한다고 단정하고 말았다."10)

　　이 판례는 무조건 신탁을 하면 사해신탁이 되지 않는다고 보는 현장에서 이런 꼼수 신탁행위를 막은 것이라는 점에서 의미가 있다고 할 것입니다. 취소가 된다고 하여 신탁회사가 큰 손해를 입는 것도 아닙니다. 기존 저축은행들은 아마 담보권을 설정받았다고 한다면 그 근저당권을 회복되어야 할 것이며 근저당권이 없다면 원고들과 같은 일반채권자로서 배당에 참가하면 된다고 할 것입니다. 그런데, 신탁이 되어버리면 공개적인 법원을 통한 경매시장에서 이 부동산들이 처분되지 않고 매우 비상식적이고 협잡이 난무하는 공매시장에서 공매처리가 되는데 이는 그야말로 떨이처리라고 할 것이고 이 정보를 아는 자만 돈

10) 대법원 2015. 12. 23. 선고 2013다83428 판결 [손해배상(기)등]

을 버는 시장입니다. 우리나라 공매시장은 사실상 없어져야 한다는 생각입니다. 법원의 감독을 받지 아니한 시장은 사실상 믿기 어렵다고 할 것입니다. 또한 정보를 얻을 수도 없고 사후 공매기록도 입수할 수 없는 정도로 매우 부실히 진행되고 있다고 할 것입니다.

8) 반도체장비부품업체 메타스가 생산기계를 양도담보한 사건

"(2) 기록에 의하면 아래와 같은 사실을 알 수 있다.

(가) 이 사건 기계들은 메타스 보유 기계들의 대부분을 차지하고 있으므로 반도체장비부품을 생산, 납품하던 메타스가 영업을 계속하기 위해서는 이 사건 기계들을 계속 사용하는 것이 필수적이었다.

(나) 현대커머셜로부터의 할부금융 대출을 통하여 순번 1 내지 7번 기재 기계들을 매수한 원고는 그 대출금의 상환을 지체하여 변제 독촉을 받고 있었는바, 만약 이 사건 양도담보계약을 통한 자금 융통이 없었다면 메타스로서는 영업을 위해 필수적이었던 이 사건 기계들을 처분하여 할부금융 대출금을 변제하고 영업을 중단할 수밖에 없는 상황이었다.

(다) 이에 메타스는 2010. 7. 8. 원고와 사이에 이 사건 기계들을 담보로 3억 5,000만 원을 차용하기로 합의하였는데, 원고는 바로 그날 메타스에 3억 5,000만 원을 실제 송금하였고, 메타스 또한 그 차용금으로 현대커머셜에 대한 할부금융 대출금을 모두 변제하여 영업을 계속할 수 있게 되었다.

(라) 메타스는 이 사건 양도담보계약일인 2010. 7. 8.부터 2011. 6.경까지 이 사건 기계들을 사용하여 반도체장비부품을 생산, 납품하는 영업을 계속 유지하였는바, 특히 2011년에는 하이닉스반도체에 상당한 금액의 반도체장비부품을 납품하기도 하였다.

(3) 위 사실을 통하여 알 수 있는 다음과 같은 사정, 즉 메타스는 이 사건 양도담보계약을 통해 금원을 차용하여 이 사건 기계들을 계속 보유함으로써 영업을 지속하는 것이 채무 변제력을 갖는 유일한 방법이라고 판단하였고 그러한 판단이 불합리해 보이지 아니하는 점, 이 사건 양도담보계약을 통해 차용한 금원이 실제 할부금융 대출금의 변제에 사용되었고 이를 통하여 메타스가 상당 기간 동안 영업을 지속할 수 있었던 점 등을 종합하여 보면, 이 사건 양도담보계약은 자금난으로 사업을 계속 추진하기 어려운 상황에 처한 메타스가 자금난을 해소하고 영업을 계속하기 위한 방편으로 신규자금을 융통하기 위해 이루어진 것으로 사해행위에 해당하지 않는 특별한 사정이 있다고 볼

여지가 충분하다고 할 것이다."11)

기계들을 일부를 판매한 현대커머셜의 독촉에 전체 기계들을 원고에게 양
도담보로 제공하고 추가 대출을 받아서 현대커머셜 채무를 변제하고 메타스는
거의 1년 동안 사업을 계속 운영한 점을 보면, 사해행위가 되지 않는 특별한 사
정이 있는, 즉 채무자의 사해의사가 없이 그 목적인 회사를 계속 운영하여 채무
변제력을 갖기 위한 유일한 방법이라고 볼 수 있다고 할 것입니다. 근저당권만
이 아니라 양도담보에서 적용한 사례입니다. 원고가 제기한 제3자이의소송에 대
하여 피고가 사해행위취소로 반소한 사건입니다.

9) 세븐스타 2대주주 근저당권설정 사례 - 연대보증채무자가 주채무자를 위하여 담보를 제공한 경우

"채무초과 상태에 있는 채무자가 그 소유의 부동산을 채권자 중의 어느 한 사람에게 채
권담보로 제공하는 행위는 특별한 사정이 없는 한 다른 채권자들에 대한 관계에서 사
해행위에 해당한다고 할 것이나, 자금난으로 사업을 계속 추진하기 어려운 상황에 처한
채무자가 자금을 융통하여 사업을 계속 추진하는 것이 채무 변제력을 갖게 되는 최선
의 방법이라고 생각하고 물품을 공급받기 위하여 채무초과상태에 있으면서도 부득이
채무자 소유의 부동산을 특정 채권자에게 담보로 제공하고 그로부터 물품을 공급받았
다면 특별한 사정이 없는 한 채무자의 담보권설정행위는 사해행위에 해당하지 않는다
고 하겠고(대법원 2001. 5. 8. 선고 2000다50015 판결 등 참조), 이러한 법리는 연대
보증채무자가 주채무자의 경제적 회생을 위하여 자신 소유의 부동산을 주채무자의 특
정 채권자에게 담보로 제공하고 그로부터 물품을 공급받아 사업을 계속하게 한 경우에
도 마찬가지라고 할 것이다.
그런데 원심이 인정한 사실과 기록에 의하면, 세븐스타는 자동차 및 특수소재로 사용되
는 재료강관을 생산하는 회사로서 그 원자재의 대부분을 피고로부터 구매하여 왔는데,
2008. 10.경 이후 위와 같이 철강원자재의 주요 구매처인 피고가 물품공급한도를 60
억 원에서 35억 원으로 축소함에 따라 주요 판매처인 자동차부품 제조업체에 대한 월

---

11) 대법원 2014. 3. 27. 선고 2013다93746, 93753 판결 [제3자이의·사해행위취소]

> 매출액이 기존의 20억 원에서 2~3억 원 정도로 급감하였으며 주식회사 양보 등의 거
> 래처 부도에 따라 매출채권의 회수가 부진하자 정상적인 경영이 어렵게 된 데에다가,
> 피고에 대한 외상거래액의 누적으로 2008. 11.경부터 2009. 1.까지는 피고가 원자재
> 공급을 중단한 사실, 이에 세븐스타의 2대주주이자 이사인 소외인이 피고에게 이 사건
> 각 근저당권을 설정하여 주고서야 다시 세븐스타가 피고로부터 원자재를 공급받게 된
> 사실 등을 알 수 있다.
>
> 사정이 그러하다면 소외인이 피고에게 이 사건 각 근저당권을 설정해 준 것이 주채무
> 자인 세븐스타의 경제적 회생을 위하여 부득이한 조치였다고 볼 여지가 충분하고, 그렇
> 다면 원심으로서는 그러한 점에 관하여도 더 심리해 본 후에 소외인의 위 담보제공이
> 사해행위에 해당하는지 여부를 판단하였어야 할 것이다.”12)

주채무자와 연대보증채무자는 결국 공동운명체인데 더욱 그 보증채무자가
2대주주라고 한다면 회사를 살리기 위하여 한 행동이라는 것을 충분히 알 수 있
었던 상황이라고 할 것입니다. 원자재까지 공급 중단한 상황이기 때문에 근저당
권을 설정해서라도 원자재를 납품받아 사업을 계속적으로 운영할 필요성은 컸
다고 할 것입니다.

10) 대부업자 건축주명의변경과 소유권보존등기 경료하기로 한 양도담보계약

> “그러나 원심의 판단은 앞서 본 법리에 비추어 수긍할 수 없다.
>
> 원심이 인정한 사실관계 및 기록에 의하면, 소외 1은 이 사건 건물의 신축공사를 개시
> 한 상태에서 공사자금의 부족으로 공사를 계속 추진하기 어려운 상황에 처하게 되자,
> 신규로 자금을 차용하여 공사를 완공하는 것이 채무 변제력을 회복하고 사업을 계속할
> 수 있는 방법이라고 믿고 공사를 완공할 자금을 추가로 융통하기 위하여 부득이 이 사
> 건 대지에 관하여 설정되어 있는 원고 명의의 채권최고액 1억 6,000만 원인 근저당권
> 설정등기를 말소함과 아울러 피고 명의의 채권최고액 3억 5,000만 원인 근저당권설정
> 등기를 새로 마쳐주었을 뿐만 아니라, 나아가 당시 건축 중이던 건물에 관한 건축주 명
> 의를 소외 1에서 피고로 변경하면서 완공 후에는 피고 명의로 소유권보존등기를 마쳐

---

12) 대법원 2012. 2. 23. 선고 2011다88832 판결 [보증채무이행등]

주는 방식으로 이 사건 건물을 양도담보로 제공하는 내용의 약정을 한 것으로 보이고, 그 후 실제로 피고로부터 2억 5,000만 원을 차용하였으므로, 특별한 사정이 없는 한 소외 1이 이 사건 소유권보존등기를 마쳐준 행위는 사해행위에 해당되지 아니한다. 그럼에도 불구하고, 원심이 그 판시와 같은 사정만을 들어 이 사건 양도담보 설정행위가 사해행위에 해당된다고 판단하였으니, 원심판결에는 사해행위의 성립에 관한 법리를 오해함으로써 판결 결과에 영향을 미친 위법이 있다고 할 것이다. 이 점을 지적하는 상고이유의 주장은 이유 있다."13)

피고로부터 대출받은 2억 5000만 원을 어디에 사용한 것일까요? 원고의 기존 1억 6,000만 원 근저당권이 말소되었다는 것을 보면, 이 채무를 변제하는데 사용한 것이 아닌가라는 생각이 듭니다. 피고에게 근저당권도 3억 5000만 원으로 설정해 주었습니다. 원금에 1억 원을 더한 것입니다. 원금의 140%로 하여 채권최고액을 설정하였습니다. 아마 원고로서는 추가적 채무자에게 채권이 있었을 것으로 보입니다. 원고로서는 근저당권만 설정해 준 것으로 알고 있었는데 사후에 보니 건축주 명의도 변경해 주고 완공 후에는 소유권보존등기도 경료해 주기로 하였으니 이를 알고 바로 소를 제기하였을 것으로 생각됩니다. 이 사건 양도담보계약이라는 것을 보면 소유권보존등기도 경료해 준 것으로 보입니다. 또한 그에 의하여 건물이 신축 완공된 것이 아닌가 생각됩니다. 그렇기 때문에 대법원이 이 사건 양도담보계약이라고 말한 것도 그 때문이지 않나 생각됩니다.

원심은 신규차입에 의한 근저당권설정계약등의 경우 특별한 사정이 있는 경우 사해행위가 아니라는 것으로 판단하지 않고 일반법리에 의하여 판단을 했으니 사해행위가 인정되면 피고의 선의주장도 판단할 수밖에 없었을 것입니다. 그래서 대법원은 이 부분까지도 판단을 했습니다.

"기록에 의하면, 피고는 2003. 2. 7. 대부업의 등록 및 금융이용자보호에 관한 법률 제3조 제2항에 의한 대부업 등록을 마치고 대부업을 영위하는 자로서 소외 1과는 아무런

13) 대법원 2007. 11. 29. 선고 2007다52430 판결 [사해행위취소등]

친·인척 관계가 없는 사실을 알 수 있는바, 비록 피고가 이 사건 양도담보설정계약 당
시 이 사건 대지의 등기부등본을 통하여 소외 1과 원고, 소외 2, 서충주농업협동조합
사이의 채권채무관계를 확인할 수 있었다고 할지라도, 피고로서는 소외 1의 재산상태
를 조사함에 있어 이 사건 대지에 관한 원고 명의의 근저당권설정등기를 말소하고 새
로 피고 명의의 근저당권설정등기를 마쳐줄 것을 요구함과 아울러 이 사건 건물에 관
하여 피고 앞으로 건축주명의변경 및 소유권보존등기를 마쳐줄 것을 요구함으로써 그
저 대여원리금을 회수할 수 있는 정도의 충분한 담보물의 확보에 주력하였을 뿐, 그 과
정에서 소외 1의 채무내역에 세심한 관심을 가지고 이를 재산현황과 비교하면서 채무
초과 여부를 확인하였다고 보기는 어려운 점, 이 사건 양도담보설정계약 당시 소외 1이
자금난으로 계속 추진할 수 없는 건축공사를 완공하기 위하여 부득이 이 사건 건물을
담보로 제공하는 것이 피고를 비롯한 제3자에게 있어 특별히 불합리하다거나 의심할
만한 거래행위라고 보여지지 아니한 점, 피고가 사해행위에 해당함을 알면서도 이 사건
양도담보설정계약을 체결할 만한 동기나 이유를 찾기 어려운 점, 그 밖에 이 사건 양도
담보설정계약의 경위, 시기 등 제반 사정을 종합하여 보면, 피고는 이 사건 양도담보설
정계약이 사해행위에 해당됨을 알지 못하고 소유권보존등기를 경료받은 선의의 수익자
라고 볼 여지가 충분하다."14)

　　이 내용을 통하여 보면, 대지에는 근저당권설정등기를 경료받고 건물은 소
유권보존등기를 경료받은 상황입니다. PF대출시에 건물이 지어지면 기존 대지
에 있는 근저당권에 더하여 건물에 추가 근저당권을 설정받는다는 점에서 보면,
크게 문제가 되지 않을 수 있습니다. 그러나, 대출한 금액이 너무 적다는 점에서
는 과한 것이 아닌가라는 생각이 듭니다. 그리고 2억 5000만 원에서 원고의 채
무도 변제되지 않은 것으로 보입니다. 자신의 근저당권을 위하여 선순위근저당
인 원고의 근저당권의 말소를 해 달라고 요구한 것을 보면 말입니다. 피고는 대
부업자로서 채무자의 궁박을 이용하여 과도한 이익을 취한 것입니다. 그에 반하
여 다른 채권자들은 매우 큰 손해를 보았고 원고의 경우는 자신의 근저당권까지
말소해 주었다는 점에서 매우 불리한 상황에 놓이게 되었습니다. 또한 이로 인
하여 원고는 거의 채권을 회수할 수 없을 것입니다. 대지에 대하여 경매신청하

---

14) 대법원 2007. 11. 29. 선고 2007다52430 판결 [사해행위취소등]

더라도 피고 명의의 건물이 있고 피고가 이를 낙찰받을 것이기 때문에 이런 부동산에 누가 낙찰을 받으려고 생각을 하면 아무도 없을 것입니다. 이런 점까지 대부업자는 모두 고려를 하였을 것입니다. 이런 점까지 보면, 대법원이 이렇게 쉽게 대부업자의 이런 행위를 사해행위가 아니라고 한 것을 비례성의 원칙 등을 고려해 보면 문제가 있다고 할 것입니다. 근저당권을 설정받으면 충분하다고 할 것입니다.

11) 세림건설 사례 – 유치권자가 지정하는 신탁회사에 신탁계약을 체결하고 유치권자의 채권을 확보해 주고 대신 유치권자는 유치권을 포기한 사례

"원심이 적법하게 인정한 위 사실들에 의하면 1998. 11. 12. 피고보조참가인과 세림건설이 미지급공사대금의 결제방법에 관한 약정을 할 당시 피고보조참가인이 위 아파트 신축공사를 완료하였음에도 불구하고 세림건설이 자금부족으로 공사대금 중 87억 원 이상을 지급하지 못하고 있었으므로 피고보조참가인이 세림건설 및 아파트 수분양자들에 대하여 유치권을 행사하여 아파트의 인도를 거절할 경우 세림건설로서는 아파트 수분양자들에 대한 분양계약상의 아파트 인도채무를 이행할 수 없게 되어 수분양자들로부터 분양대금을 지급받거나 미분양아파트를 새로 분양하는 데에 큰 어려움이 있을 것으로 예상되는 상황이었으므로 아파트 분양대금을 피고보조참가인이 직접 수령하는 대신 아파트 분양대금을 완납한 수분양자에게는 피고보조참가인이 유치권을 행사하지 않고 아파트를 인도하도록 약정하는 한편 이 약정의 이행을 확실하게 하기 위하여 세림건설이 피고보조참가인이 지정하는 자에게 미분양 상태이거나 분양대금이 완납되지 않은 아파트 85세대를 신탁하기로 약정하고, 1998. 11. 20. 세림건설은 피고보조참가인 회사의 직원으로서 피고보조참가인이 지정한 피고와 위 아파트 85세대에 관하여 피고보조참가인과 세림건설 사이에 약정된 업무를 처리하기 위한 이 사건 신탁계약을 체결하였음을 알 수 있다.

따라서 이 사건 신탁계약에 의하여 피고보조참가인은 위 아파트 85세대의 분양대금으로부터 자신의 공사대금채권을 우선적으로 변제받을 수 있는 지위를 확보함으로써 위 아파트 85세대에 관한 담보권을 획득한 것과 같은 경제적 효과를 얻게 되었다고 할 것이나, 피고보조참가인이 위와 같은 지위와 경제적 효과를 얻은 것은 분양대금이 완납된 아파트에 대하여는 유치권을 포기하여 수분양자에게 아파트를 인도하기로 하는 대신 얻은 것이고, 이로 인하여 피고보조참가인의 지위가 아파트 전체에 대한 담보권인 유치권을 행사할 수 있는 지위보다 강화된 것이 아니며, 세림건설로서는 수분양자들에게 분양계약에 따른 아파트 인도의무를 이행할 수 있게 됨으로써 피고보조참가인의 유치권 행사로 인하여 분양사업 수행이 불가능해 지는 상황을 막을 수 있게 된 반면 세림건설에 대한 일반채권자들에게도 피고보조참가인이 아파트 전체에 대한 유치권을 행사하여 세림건설의 분양사업 수행이 불가능해 지는 경우와 비교할 때 더 불리해지지는 않게 되었다고 할 것이다.

그렇다면 이와 같은 이유에서 원심이 이 사건 신탁계약의 사해성과 세림건설의 사해의 사를 인정하지 않은 것은 정당하고 이에 상고이유에서 주장하는 바와 같은 사해행위에 관한 법리를 오해한 위법이 있다고 할 수 없다. 상고이유 제3점에 관한 주장 역시 이유 없다."15)

이 사건과 같이 대법원은 여러 사람이 관계된 사건에서는 사해행위를 인정하지 않는 경우가 많습니다. 이 사건의 경우 실제로는 수분양자들의 권리를 고려해 보면, 이런 행위의 필요성이 크다고 할 것입니다. 앞에서 본 사건 중 원고들이 골프회원권자들인 경우에 기한유예식의 신탁계약은 사해행위라고 하여 원고들인 골프회원권자들의 권리를 보호해 주는 방식을 취한 것을 느낄 수 있습니다.

위 판례는 "대법원 2001. 5. 8. 선고 2000다66089 판결"을 인용하고 있는데 이 판례도 거의 비슷합니다. 건축주명의변경을 해 준 사건입니다. 둘 다 유치권자로서 더 불리하지 않다는 것이 결론입니다.

다. 소결

사해행위가 되지 않는다는 판례 중에 가장 많이 차지하는 것은 변제력을 갖추기 위한 노력의 일환으로 채무자 등이 최선의 방법을 선택한 경우 신규차입에 의한 담보설정의 경우에는 사해성이 없다고 한 판례는 사해의사 부분에서 검토하였습니다. 담보설정방법에는 기계의 양도담보, 건물의 양도담보, 신탁계약 체결, 건축주명의변경, 근저당권설정, 채권양도계약 등 다양할 것입니다. 그러나 대법원은 실제로 신규차입이 없이 기한유예 등만 해 주는 경우에는 사해행위가

---

15) 대법원 2001. 7. 27. 선고 2001다13709 판결 [사해행위취소등]

인정된다고 판시를 하여 이를 제한하고 있습니다. 또한 그 사해성 여부 판단에 대한 구체적 기준을 최근에 정리한 것도 매우 의미가 있다고 할 것입니다. 사실 이런 판례를 들어서 무조건 신탁을 해 버리고 진정한 채권자들은 닭 쫓던 개로 만드는 경우가 실무에서는 매우 많다는 것이고 이를 악용하는 사례가 매우 많다고 할 것입니다.

3. 채무자의 사해의사의 의미에 관하여

가. 의미의 검토

이미 너무나 잘 아는 것이지만 한번 상기시키는 바입니다.

> "채권자취소권의 주관적 요건인 채무자가 채권자를 해함을 안다는 이른바 채무자의 악의, 즉 사해의사는 채무자의 재산처분 행위에 의하여 그 재산이 감소되어 채권의 공동담보에 부족이 생기거나 이미 부족상태에 있는 공동담보가 한층 더 부족하게 됨으로써 채권자의 채권을 완전하게 만족시킬 수 없게 된다는 사실을 인식하는 것을 의미하고, 그러한 인식은 일반 채권자에 대한 관계에서 있으면 충분하고 특정의 채권자를 해한다는 인식이 있어야 하는 것은 아니며, 채무자의 재산이 채무의 전부를 변제하기에 부족한 경우에 채무자가 그의 유일한 재산인 부동산을 무상양도하거나 일부 채권자에게 대물변제로 제공하였다면, 특별한 사정이 없는 한 이러한 행위는 사해행위가 되는 것이다."[16]

일반채권자에 대한 관계에서 채권을 완전하게 만족시킬 수 없게 되었다는 인식이면 되는 것이고 이를 의욕하거나 목적으로 삼아야 할 필요는 없는 것입니다. 그런데 사해의사의 의미에서 많이 문제가 되고 있는 것이 대물변제인 것으로 보입니다. 왜냐하면, 대물변제의 경우에 그로 인하여 재산도 줄지만 채무도 줄기 때문에 이런 경우에 다른 채권자를 해한다고 볼 수 있는 것인지 문제가 되고 있습니다. 그래서 여기에서는 대물변제의 사해행위여부에 관한 새로운 경향

---

16) 대법원 1998. 5. 12. 선고 97다57320 판결 [사해행위취소등]

을 검토해 보고자 합니다.

나. 대물변제나 채권양도의 경우 목적의 정당성 수단의 상당성, 상황의 불가피성으로 인하여 사해성이 부정되는 경우

1) 대물변제는 원칙적으로 사해행위가 인정됨 그러나 예외도 있음

위 판례에서도 그렇지만 대물변제는 특별한 사정이 없는 한 사해행위가 인정된다고 할 것입니다. 그런데 대물변제는 채무가 줄어들면서 재산도 줄어드는 것으로 그 사해성이 경계에 있다고 볼 수 있기 때문에 대법원은 사해성이 없는 경우를 만들어 내고 있습니다.

2) 비에치솔루션 사례 - 선도적 판례 - 전세권부 전세금반환채권 양도받은 사건

"채무자가 책임재산을 감소시키는 행위를 함으로써 일반채권자들을 위한 공동담보의 부족상태를 유발 또는 심화시킨 경우에 그 행위가 채권자취소의 대상인 사해행위에 해당하는지 여부는, 행위목적물이 채무자의 전체 책임재산 가운데에서 차지하는 비중, 무자력의 정도, 법률행위의 경제적 목적이 갖는 정당성 및 그 실현수단인 당해 행위의 상당성, 행위의 의무성 또는 상황의 불가피성, 채무자와 수익자 간 통모의 유무와 같은 공동담보의 부족 위험에 대한 당사자의 인식의 정도 등 그 행위에 나타난 여러 사정을 종합적으로 고려하여, 그 행위를 궁극적으로 일반채권자를 해하는 행위로 볼 수 있는지 여부에 따라 최종 판단하여야 할 것이다.

다만, 채무초과의 상태에 있는 채무자가 적극재산을 채권자 중 일부에게 대물변제조로 양도하는 행위는 채무자가 특정 채권자에게 채무 본지에 따른 변제를 하는 경우와는 달리 원칙적으로 다른 채권자들에 대한 관계에서 사해행위가 될 수 있으나(대법원 1989. 9. 12. 선고 88다카23186 판결, 대법원 1990. 11. 23. 선고 90다카27198 판결, 대법원 1996. 10. 29. 선고 96다23207 판결, 대법원 1997. 6. 27. 선고 96다36647 판결, 대법원 1998. 5. 12. 선고 97다57320 판결, 대법원 1999. 11. 12. 선고 99다29916 판결, 대법원 2000. 9. 29. 선고 2000다3262 판결, 대법원 2005. 11. 10. 선고 2004다7873 판결, 대법원 2006. 6. 15. 선고 2006다12046 판결, 대법원 2007. 7. 12. 선고 2007다18218 판결, 대법원 2009. 9. 10. 선고 2008다

85161 판결 등 참조), 이러한 경우에도 위에서 본 바와 같은 **사해성의 일반적인 판단 기준에 비추어 그 행위가 궁극적으로 일반채권자를 해하는 행위로 볼 수 없는 경우에 는 사해행위의 성립이 부정될 수 있다.**"17)

그 많은 판례들을 언급하고 나서 짧게 부정될 수 있는 가능성을 열어놓고 있습니다.

"원심판결 이유에 의하면, 원심은, 그 판시와 같은 **피고와 비에치솔루션 사이의 디브이 디 플레이어 등 공급계약 체결과 그 이행 경위 및 규모, 이 사건 양도계약 체결 경위** 등에 나타난 다음과 같은 사정, 즉 피고가 비에치솔루션에 대하여 미지급 대금의 변제 를 강하게 독촉함에 따라 피고와의 거래를 계속하고자 하였던 비에치솔루션이 이 사건 **양도계약을 체결하게 되었고,** 한편 비에치솔루션은 차량용 디브이디 플레이어 판매가 활성화되면 피고에 대한 물품대금을 변제할 수 있다고 피고를 설득하였으며, 이에 피고 도 비에치솔루션과의 거래가 중단될 경우 사업에 상당한 손실을 입게 될 가능성이 있 어 비에치솔루션과의 거래를 지속할 예정으로 소외인에 대한 비에치솔루션의 채무를 대신 변제하여 주는 조건으로 전세권부 전세금반환채권을 양수한 후 비에치솔루션에 대한 채권회수절차의 착수를 유예하였던 점 등에 비추어, 비록 피고가 대물변제로 전세 권과 전세금반환채권을 양수한 시점이 비에치솔루션의 자금사정이 상당히 악화되었던 시점이라 하더라도, 그러한 사정만으로는 비에치솔루션이 피고에 대한 채무의 변제에 갈음하여 전세권과 전세금반환채권을 양도하는 내용의 이 사건 양도계약을 체결한 행 위가 다른 채권자를 해하는 사해행위라고 단정하기는 어렵고, 달리 이에 관한 증명이 없다고 판단하여 이 사건 양도계약의 체결이 사해행위에 해당한다는 **원고의 주장을 배 척하였다.**
원심이 적절히 적시한 위와 같은 사정과 더불어 기록에 나타난 다음과 같은 사정, 즉 이 사건 양도계약 당시 피고가 비에치솔루션의 최대 물품공급처이자 최고액 채권자였 던 것으로 보이는 점, 비에치솔루션으로서는 이러한 피고와의 거래관계를 유지하면서 새로이 판로를 개척하는 길만이 채무초과 상태에 있던 회사의 경제적 갱생을 도모하기 위한 유일한 방안이었던 것으로 보이는 점, 그리하여 이 사건 양도계약을 체결하면서도

---

17) 대법원 2010. 9. 30. 선고 2007다2718 판결 [구상금등]

비에치솔루션은 피고와의 합의하에 계속해서 전세권의 목적물인 이 사건 건물을 사용할 수 있도록 대책을 마련하는 동시에 전세권근저당권에 의하여 담보되던 소외인에 대한 차용금 채무를 피고가 대신 변제하도록 조치한 점, 이 사건 양도계약 무렵 피고는 비에치솔루션에 대하여 최소한 10억 원 이상의 채권을 가지고 있었는데, 이 사건 양도계약 과정에서 비에치솔루션의 소외인에 대한 채무를 대신 갚아준 것을 감안하면 이 사건 양도계약을 통하여 피고가 양수한 전세금반환채권의 액수는 실질적으로 1억 원 상당인 점 등을 종합하면, 비록 이 사건 양도계약 당시 비에치솔루션의 자금사정이 매우 악화된 상황이었고, 그 계약의 목적물인 전세권과 전세금반환채권이 비에치솔루션의 유일한 재산이었으며, 이 사건 양도계약 직후에 이 사건 보증사고가 발생하였다고 하더라도, 그러한 사정만으로 이 사건 양도계약을 원고 등 다른 채권자를 해하는 사해행위라고 단정하기는 어렵다."[18]

피고회사가 대위변제한 금액이 6,000만 원입니다. 피고회사의 채권은 10억 원이 넘는데 실제로 6,000만 원 대위변제한 것을 제외하면 전세금보증금반환채권은 1억 원 정도밖에 되지 않습니다. 채무자회사로서는 가장 큰 물품을 공급받는 곳에서 계속 변제독촉을 하는 상황에서 사업을 계속하기 위한 자구책으로 유일한 재산을 대물변제로 넘겨주더라도 이를 계속 공급받길 원하였을 것입니다. 그리고 적지 않은 금액을 대위변제금으로 내놓았다는 점은 피고회사의 순수성을 인정받을 수 있고 이로 인하여 채무자회사의 사해성도 줄어들게 됩니다. 만약 사해의사가 있었다고 한다면 실질적으로 1억 원을 받기 위하여 6,000만 원을 추가로 출원할 사람은 많지 않을 것입니다. 더욱 이미 10억 원의 채권을 받지 못하는데 말입니다. 원고는 기술신용보증기금인데 청구한 금액은 1 내지 4번 각 전세권 양도계약에 대한 가액배상으로 5500만 원을 구하고, 5번 전세권양도계약은 원물반환으로 그 전세권부이전등기의 말소를 구한 사건이었습니다. 구상원금이 106,994,148원이었습니다. 피고채권의 10분의 1의 채권자였던 것입니다. 사고는 사실 이런 행위를 하고 나서 바로 난 것은 맞습니다.

논리는 신규차입에 관한 담보권설정과 비슷한 방식으로 이루어지게 되는 것을 알 수 있습니다.

---

18) 대법원 2010. 9. 30. 선고 2007다2718 판결 [구상금등]

3) 나라종합금융과 한일합섬 사례 - 공동 연대보증인이 공동 연대보증인에게
   증여한 경우

"가. 사해행위에 있어서 채무자의 법률행위가 채권자를 해한다는 것은 채무자의 총재산
에 감소를 초래하는 것, 즉 채무자의 재산 처분행위에 의하여 그 재산이 감소되어 채권
의 공동담보에 부족이 생기거나 이미 부족상태에 있는 공동담보가 한층 더 부족하게
됨으로써 채권자의 채권을 완전하게 만족시킬 수 없게 되는 것을 의미한다. 채권에 연
대보증 등의 인적 담보가 붙어 있다고 하여도 이를 채무자의 적극재산에 포함시킬 것
은 아니다.
또한 특정한 채권에 대한 공동 연대보증인 중 1인이 다른 공동 연대보증인에게 재산을
증여하여 특정채권자가 추급할 수 있는 채무자들의 총 책임재산에는 변동이 없다고 하
더라도, 재산을 증여한 연대보증인의 재산이 감소되어 그 특정한 채권자를 포함한 일반
채권자들의 공동담보에 부족이 생기거나 그 부족이 심화된 경우에는, 그 증여행위의 사
해성을 부정할 수는 없다.
한편, 사해성의 요건은 행위 당시는 물론 채권자가 취소권을 행사할 당시(사해행위취소
소송의 사실심변론종결시)에도 갖추고 있어야 하므로, 처분행위 당시에는 채권자를 해
하는 것이었더라도 그 후 채무자가 자력을 회복하거나 채무가 감소하여 취소권 행사시
에 채권자를 해하지 않게 되었다면, 채권자취소권에 의하여 책임재산을 보전할 필요성
이 없으므로 채권자취소권은 소멸한다. 그러나 구 회사정리법(2005. 3. 1. 법률 제
7428호로 폐지되기 전의 것) 제240조 제2항은 "정리계획은 정리채권자 또는 정리담
보권자가 회사의 보증인 기타 회사와 함께 채무를 부담하는 자에 대하여 가진 권리와
회사 이외의 자가 정리채권자 또는 정리담보권자를 위하여 제공한 담보에 영향을 미치
지 아니한다"고 규정하고 있으므로, 회사에 대한 정리채권이 소멸하였다는 이유로 회사
채무를 연대보증한 사람의 채무가 당연히 소멸하는 것은 아니라고 할 것이다."[19]

특정채권자의 경우에는 공동연대보증인이 다른 공동연대보증인에게 증여를
한 것이기 때문에 집행재산에는 변동이 없습니다. 그러나 채무자의 경우는 채무
가 적은데 반해 수증자의 경우는 기존채무 많다고 한다면 특정 채권자, 즉 수
익자와 채무자 모두의 연대보증을 받은 채권자의 입장에서도 손해가 발생하게

---

19) 대법원 2009. 3. 26. 선고 2007다63102 판결 [사해행위취소]

됩니다. 당연히 채무자의 다른 채권자의 입장에서는 재산이 줄어들었으니 집행 재산이 감소한 것은 명백하고 채무자 입장에서도 자신의 채권자들에 대하여는 변제해 줄 재산이 줄어들었으니 이로 인하여 사해성을 인식하였다고 볼 수 있습니다.

4) 디엠산업개발 사건 - 신탁계약해지하고 새로운 신탁계약을 하면서 부동산을 대물변제로 넘긴 사건

"나. 원심판단

원고는 앞서 본 **디엠산업개발**에 대한 **부당이득반환채권을 보전**하기 위하여, 이 **사건 대물변제계약**이 사해행위에 해당한다고 주장하면서 그 취소 및 원상회복을 청구하였다. 이에 대하여 원심은 다음과 같은 이유로 원고의 이 부분 청구를 받아들이지 않았다.

(1) 이 사건 대물변제계약 체결 당시 △△△호에는 2건의 근저당권이 설정되어 있었는데, 그 피담보채권액은 합계 463,001,024원이다. 한편 피고 회사는 제2신탁계약의 우선수익자로서 △△△호 처분대금 중 선순위인 위 각 근저당권의 피담보채권액을 뺀 나머지 금액에 대하여 그 수익한도금액 26억 원의 범위에서 일반채권자에 우선하여 자신의 채권을 회수할 수 있었는데, 당시 피고 회사의 디엠산업개발에 대한 이 사건 대여금 채권의 원리금은 553,537,782원이었다.

(2) 그런데 이 사건 대물변제계약 체결 당시 △△△호의 시가는 7억 6,000만 원으로, 위 각 근저당권의 피담보채권액과 피고 회사의 우선수익권으로 담보되는 이 사건 대여금 채권액의 합계 1,016,538,806원에 미치지 못한다. 그렇다면 △△△호는 애초에 디엠산업개발의 일반 채권자들의 공동담보가 아니었으므로, 디엠산업개발이 △△△호를 피고 회사에 대물변제로 제공하였더라도 이를 사해행위라고 할 수 없다.

(3) △△△호에 관하여, 피고 회사가 이 사건 대물변제계약에 기해 소유권이전등기를 하기 전에 잠시 디엠산업개발이 신탁재산 귀속을 원인으로 소유권이전등기를 하기는 하였으나, 이는 제2신탁계약에 따른 정산·환가의 일환으로 이루어진 것이어서 이로써 피고 회사의 우선수익권이 상실되었다고 할 수 없다.

다. 대법원의 판단

(1) 신탁법상 신탁은 위탁자가 수탁자에게 특정한 재산권을 이전하거나 기타의 처분을 하여 수탁자로 하여금 신탁 목적을 위하여 그 재산권을 관리·처분하게 하는 것이다. 이는 **위탁자가 금전채권을 담보하기 위하여 금전채권자를 우선수익자로, 위탁자를 수**

익자로 하여 위탁자 소유 부동산을 신탁법에 따라 수탁자에게 이전하면서 채무불이행 시에는 신탁부동산을 처분하여 우선수익자의 채권 변제 등에 충당하고 나머지를 위탁자에게 반환하기로 하는 내용의 담보신탁을 체결한 경우에도 마찬가지이다(대법원 2017. 5. 18. 선고 2012두22485 전원합의체 판결 참조).

신탁행위로 정한 바에 따라 수익자로 지정된 사람은 당연히 수익권을 취득한다(신탁법 제56조 제1항). 신탁재산에 속한 재산의 인도와 그 밖에 신탁재산에 기한 급부를 요구하는 청구권이 수익권의 주된 내용을 이루지만, 수익자는 그 외에도 신탁법상 수익자의 지위에서 여러 가지 권능을 가지며, 수익권의 구체적인 내용은 특별한 사정이 없는 한 계약자유의 원칙에 따라 신탁계약에서 다양한 내용으로 정할 수 있다. 우선수익권은 구 신탁법이나 신탁법에서 규정한 법률 용어는 아니나, 거래 관행상 통상 부동산담보신탁계약에서 우선수익자로 지정된 채권자가 채무자의 채무불이행 시에 신탁재산 처분을 요청하고 그 처분대금에서 자신의 채권을 위탁자인 채무자나 그 밖의 다른 채권자들에 우선하여 변제받을 수 있는 권리를 말한다. 우선수익권은 수익급부의 순위가 다른 수익자에 앞선다는 점을 제외하면 그 법적 성질은 일반적인 수익권과 다르지 않다. 채권자는 담보신탁을 통하여 담보물권을 얻는 것이 아니라 신탁이라는 법적 형식을 통하여 도산 절연 및 담보적 기능이라는 경제적 효과를 달성하게 되는 것일 뿐이므로, 그 우선수익권은 우선 변제적 효과를 채권자에게 귀속시킬 수 있는 신탁계약상 권리이다(대법원 2017. 6. 22. 선고 2014다225809 전원합의체 판결 등 참조).

(2) 기록에 의하면, 앞서 본 사건 경위에 더하여 다음과 같은 사실을 알 수 있다. 즉 제1신탁계약의 신탁부동산으로서 수탁자인 아시아신탁이 신탁계약 제18조에 따라 처분한 이 사건 아파트 ○○○동 □□□호의 경우, ① 디엠산업개발은 우선수익자들의 '환가처분 요청서'(신탁계약 제18조, 특약사항 제7조에 따라 신탁재산 처분을 요청한다는 내용이다)를 첨부하여 아시아신탁에 '신탁재산 처분요청'을 하고, ② 이에 따른 처분절차의 일환으로 아시아신탁이 매수인과 위 부동산에 관한 매매계약을 체결한 다음 매수인에게 직접 소유권이전등기를 마쳐주었으며, ③ 그 매매계약서에는 매매대금 납부계좌로 아시아신탁의 은행 계좌가 기재되어 있다. 그러나 제2신탁계약의 신탁부동산인 △△△호의 경우, ① 디엠산업개발은 2012. 7. 23. 우선수익자인 피고 회사의 동의서를 첨부하여 아시아신탁에 신탁 해지를 요청하였고(위 동의서와 '해지요청서'에는 모두 '신탁계약 특약 제12조에 따라 해지를 요청합니다.'라는 내용이 기재되어 있다), ② 이에 따라 디엠산업개발이 2012. 7. 30. △△△호에 관하여 신탁재산 귀속을 원인으로 소유권이전등기를 마쳤으며, ③ 이 사건 대물변제계약 이행을 위하여 작성된 분양계약서에

는 매도인이 아시아신탁이 아닌 디엠산업개발로 기재되어 있고, ④ 피고 회사에 △△△호에 관한 소유권이전등기를 마쳐준 것도 아시아신탁이 아닌 디엠산업개발이다. 또한 디엠산업개발이 이 사건 대물변제계약에 의하여 △△△호의 소유권을 피고 회사에 이전할 때에 수탁자인 아시아신탁은 어떠한 명목으로든 피고 회사로부터 분양대금을 수령하거나 그 정산에 관여한 적도 없다.

사정이 이와 같다면, 이 사건 대물변제계약은 제2신탁계약 제18조 제1항 등에 정한 처분·환가의 일환으로 체결된 것이라고 보기 어렵다. 오히려 제2신탁계약은 신탁계약 제24조 제1항, 제25조 제1항, 특약사항 제12조에 따라 2012. 7. 23.자 신탁계약의 해지로 말미암아 종료되었고, 이에 따라 피고 회사는 신탁계약 제7조 제4항에 따라 더 이상 우선수익자로서 수익권을 행사할 수 없게 되었다고 보아야 한다.

(3) 그런데도 원심은 그 판시와 같은 이유만으로 이 사건 대물변제계약이 제2신탁계약에 따른 정산·환가의 일환에 해당함을 전제로 이 사건 대물변제계약은 사해행위에 해당하지 않는다고 판단하였다. 이러한 원심판단에는 부동산담보신탁계약의 해지 및 그 종료 사유와 우선수익권의 법적 성질 등에 관한 법리를 오해하여 필요한 심리를 다하지 아니함으로써 판결에 영향을 미친 잘못이 있다. 이를 지적하는 이 부분 상고이유 주장은 이유 있다."[20]

원심은 원래 신탁계약에 피고 회사가 우선수익권자로 되어 있었기 때문에 이를 선순위 근저당권과 이 사건의 우선순익권을 합하면 부동산의 시가를 초과하여 공동담보로서의 가치가 없는 부동산이라고 보았습니다. 그에 반하여 대법원은 신탁계약상의 우선수익권을 해지한 것이기 때문에 원심은 판단을 잘못하였다고 하여 파기환송을 시킨 것입니다. 그러나, 원고가 대한민국이고 채무자회사와 피고회사의 대표이사가 같은 사람이고 피고 2이며 피고 3은 그 아들이었기 때문에 이렇게 무리한 판단을 한 것이 아닌가라는 생각이 듭니다. 조금은 현실을 고려하지 아니한 억지 판결로 보입니다. 신탁계약을 해지함과 동시에 다시 신탁계약을 하는 것은 단순히 신탁회사를 바꾸는 것 외에 큰 의미가 있을 것인지 그리고 실제로 거의 모든 권리를 우선수익권자들이 권리를 행사하고 신탁회사는 서류상으로만 관리하고 있다는 점에서 보면, 대법원의 판결은 현실적으로

---

20) 대법원 2018. 4. 12. 선고 2016다223357 판결 [사해행위취소]

대표이사가 같다는 이유로 그리고 원고가 대한민국이란 이유로 일방적으로 대한민국에게 유리한 판결을 한 것이 아닌가라는 생각을 할 수밖에 없습니다.

5) 1억 대출해주고 30억 원 채권양도를 받은 사건 - 병원 사건

"1. 채무자의 재산이 채무의 전부를 변제하기에 부족한 경우에 채무자가 그의 재산을 어느 특정 채권자에게 대물변제나 담보조로 제공하였다면 특별한 사정이 없는 한 이는 곧 다른 채권자의 이익을 해하는 것으로서 다른 채권자들에 대한 관계에서 사해행위가 되는 것이고, 위와 같이 대물변제나 담보조로 제공된 재산이 채무자의 유일한 재산이 아니라거나 그 가치가 채권액에 미달한다고 하여도 마찬가지라고 할 것이다(대법원 2007. 7. 12. 선고 2007다18218 판결 등 참조). 다만 자금난으로 사업을 계속 추진하기 어려운 상황에 처한 채무자가 자금을 융통하여 사업을 계속 추진하는 것이 채무변제력을 갖게 되는 최선의 방법이라고 생각하고 자금을 융통하기 위하여 부득이 특정 채권자에게 담보를 제공하고 그로부터 신규자금을 추가로 융통받았다면 채무자의 담보권 설정행위는 사해행위에 해당하지 않을 수 있다(대법원 2001. 5. 8. 선고 2000다50015 판결 등 참조). 그러나 이러한 경우에도 채무자에게 사업의 갱생이나 계속 추진의 의도가 있더라도 신규자금의 융통 없이 단지 기존채무의 이행을 유예받기 위하여 자신의 채권자 중 한 사람에게 담보를 제공하는 행위는 다른 특별한 사정이 없는 한 다른 채권자들에 대한 관계에서는 사해행위에 해당한다(대법원 2010. 4. 29. 선고 2009다104564 판결 등 참조).

2. 원심판결 이유와 적법하게 채택된 증거들에 의하면 다음 사실을 알 수 있다.

가. 한방병원을 운영하는 소외 1은 2015. 9. 8. 피고로부터 1억 원을 대출받기로 하고(이하 '이 사건 대출'이라 한다) 이에 대한 담보로 소외 1이 국민건강보험공단에 대하여 현재 보유하거나 장래 보유할 요양급여채권 30억 원을 양도하는 채권양도계약을 체결하였다(이하 '이 사건 채권양도'라 한다). 피고는 2015. 9. 9. 소외 1에게 대출금 상환 만료일을 2018. 9. 9.로 정하여 이 사건 대출금을 지급하였다. 소외 1은 이 사건 대출 당시 대신저축은행에 대한 1억 원 상당의 대출금 채무를 가지고 있었는데 이 사건 대출금의 상당 부분을 위와 같은 기존 대출금 채무 변제에 사용하였다.

나. 국민건강보험공단은 2015. 9. 21.부터 2017. 5. 18.까지 발생한 소외 1의 요양급여비용 합계 633,822,350원을 피고에게 입금하였다. 피고는 자신의 '메디칼론 여신전결처리지침'에 따라 국민건강보험공단으로부터 요양급여비용이 지급되면 이 사건 대출금의 상환원리금을 변제에 사용한 다음 나머지를 소외 1의 계좌로 반환하였다.

다. 피고는 국민건강보험공단으로부터 지급받은 요양급여비용으로 이 사건 대출금을 2017. 5. 18.까지 모두 변제받은 다음 2017. 5. 19. 국민건강보험공단에 이 사건 채권양도를 해지한다는 통지를 하였다.

라. 소외 1은 이 사건 채권양도 당시 채무초과의 상태에 있었다.

3. 가. 이러한 사실관계를 위 법리에 비추어 살핀다.

1) 이 사건 채권양도처럼 의료기관 운영자가 금융기관으로부터 대출을 받으면서 의료기관 운영자의 국민건강보험공단에 대한 현재 또는 장래의 요양급여채권을 합리적인 범위 내에서 담보로 제공하는 행위는 의료기관의 통상적인 자금운용 상황이나 현실적인 필요성 등을 고려할 때 신규자금의 유입을 통해 영업을 계속하여 변제능력을 향상시키는 유용한 방법이 될 수 있다. 그러나 이러한 방법의 담보제공도 다른 채권자의 이익을 해하는 것이라면 사해행위로 취소되어야 할 것이다. 의료기관 운영자가 채무초과 상태에서 실행한 대출이 신규자금의 유입이 아닌 기존채무의 변제에 사용되거나 채무자의 변제능력의 향상에 기여하지 않고, 나아가 담보로 제공된 요양급여채권이 지나치게 많은 금액이어서 상당한 기간 동안 다른 채권자들이 요양급여채권을 통한 채권만족이 어려워진 경우에는 위와 같은 담보제공이 다른 채권자들을 해하는 경우라 할 수 있다.

2) 소외 1은 대신저축은행에 대한 기존 대출금 채무를 변제하기 위해서 이 사건 대출을 받고 그 담보로 피고에게 이 사건 채권양도를 하였던 것으로 보일 뿐 이 사건 대출과 이 사건 채권양도가 신규자금 유입을 통한 소외 1의 변제능력 향상에 기여하였다고 볼 근거는 없다. 또한 이 사건 채권양도로 피고는 국민건강보험공단의 소외 1에 대한 요양급여비용이 30억 원에 이를 때까지 소외 1 대신 이를 지급받게 된다. 그 기간 동안 소외 1의 다른 일반채권자들은 요양급여채권에 대한 강제집행이 사실상 배제되어 이를 통한 채권만족이 어려워졌다. 이러한 사정을 고려하면 이 사건 채권양도는 소외 1의 채무초과 상태를 더욱 심화시키고 피고에게만 다른 채권자에 우선하여 자신의 채권을 회수할 기회를 부여하는 것으로 볼 수 있어, 원고를 비롯한 소외 1의 일반채권자들을 해하는 사해행위에 해당한다. 나아가 소외 1에게는 사해의사가 인정되고 피고의 악의도 추정된다.

3) 피고는 원고에게 이 사건 채권양도로 국민건강보험공단으로부터 2017. 5. 18.까지 지급받은 633,822,350원을 이 사건 채권양도가 사해행위로 취소된 데 따른 가액배상으로 지급할 의무가 있다. 피고가 국민건강보험공단으로부터 지급받은 금원 중 상당한 금액을 소외 1에게 반환하였다고 하더라도 양도받은 채권 자체를 반환한 것이 아닌 이상 가액배상의 의무를 면하는 것은 아니다."[21]

---

[21] 대법원 2022. 1. 14. 선고 2018다295103 판결 [사해행위취소]

　　이 사건은 채권양도사건입니다. 그런데 대물변제에서도 의미가 있을 것입니다. 대물변제가 신규차입에 관한 담보제공과 같은 경우에 예외적으로 사해행위가 인정되지 않는 경우에는 사해행위가 인정되지 않을 수 있다는 것을 설시하였다고 할 것입니다. 이 사건의 경우는 채권양도사건입니다. 사해행위라고 본 원심은 정당하다고 하였습니다. 하물며 자신의 채권이 1억 원인데 수령한 금액이 633,822,350원이고 자신의 원리금을 제외한 금액은 채무자에게 돌려주었습니다. 이는 짜고 치는 고스톱 사건입니다. 앞에서도 1억 8천만 원 대출해 주고 40억 원을 채권양도 받았는데 당연히 병원사건이었습니다. 거의 비슷한 방법입니다. 사실 이런 경우에 5년의 제척기간이 초과하여 통정허위표시로 들어가 지은이는 부당이득반환청구를 많이 했고 실제적으로 거의 다 승소하였습니다. 대부분이 이렇게 하는 경우는 교사들과 공무원 등이었습니다. 채권양도를 해 주거나 압류 전부명령을 받는 경우도 많이 있습니다. 그런데 거의 대부분이 돈을 실제적으로 채무자가 사용하는 경우가 매우 많았습니다.

6) 재고도서와 도서출판권을 대물변제로 받는 대신에 기존 근저당권을 말소해 준 사건

"가. 채무자가 책임재산을 감소시키는 행위를 함으로써 일반채권자들을 위한 공동담보의 부족 상태를 유발 또는 심화시킨 경우에 그 행위가 채권자취소의 대상인 사해행위에 해당하는지 여부는, 목적물이 채무자의 전체 책임재산 가운데에서 차지하는 비중, 무자력의 여부, 법률행위의 경제적 목적이 갖는 정당성 및 그 실현수단인 해당 행위의 상당성, 행위의 의무성 또는 상황의 불가피성, 채무자와 수익자의 통모 유무와 같은 공동담보의 부족 위험에 대한 당사자의 인식 정도 등 그 행위에 나타난 여러 사정을 종합적으로 고려하여 판단하여야 한다. 다만 채무초과의 상태에 있는 채무자가 적극재산을 채권자 중 일부에게 대물변제조로 양도하는 행위는 다른 채권자들에 대한 관계에서 사해행위가 될 수 있으나, 이러한 경우에도 위에서 본 사해성의 일반적인 판단기준에 비추어 그 행위가 궁극적으로 일반채권자를 해하는 행위로 볼 수 없는 경우에는 사해행위의 성립이 부정될 수 있다(대법원 2010. 9. 30. 선고 2007다2718 판결 참조).
나. 원심판결 이유와 기록에 의하면 다음의 사실을 알 수 있다.
1) 피고는 소외 1에 대한 500,000,000원의 대여금 채권에 대한 담보로, 2012. 4. 4.

소외 1 소유의 서울 성북구 (주소 생략) 대지와 그 지상 건물(이하 '이 사건 부동산'이라고 한다)에 관하여 채권최고액 600,000,000원, 채무자 소외 1, 근저당권자 피고로 된 근저당권(이하 '이 사건 근저당권'이라고 한다) 설정등기를 경료받았다.

2) 소외 1의 아들인 소외 2는 2012. 11.경 소외 1의 피고에 대한 위 500,000,000원의 차용금 채무를 중첩적으로 인수하였다.

3) 소외 1은 2012. 11. 28.경 자신이 운영하던 청문각출판사의 재고도서 및 출판권 등의 자산 일체를 350,000,000원에 피고에게 양도하되, 양도대금은 피고의 위 대여금 채권과 상계하기로 하는 도서·출판권 등의 사업양도·양수계약(이하 '제1 양도계약'이라고 한다)을 피고와 체결하였다.

4) 소외 2는 같은 날, 자신이 운영하던 럭스미디어의 재고도서와 출판권 등의 자산 일체를 100,000,000원에, 도서출판 한승의 재고도서와 출판권 등의 자산 일체를 50,000,000원에 피고에게 각 양도하되, 양도대금은 피고의 위 대여금 채권과 상계하기로 하는 도서·출판권 등의 사업양도·양수계약(이하 '제2 양도계약'이라고 한다)을 피고와 체결하였다.

5) 피고는 소외 1, 소외 2로부터 재고도서 등을 인수한 후, 2013. 1. 10. 이 사건 근저당권설정등기를 말소하였다.

6) 이 사건 양도계약 체결 당시 이 사건 부동산에는 채권최고액 2,330,000,000원으로 된 선순위 근저당권이 설정되어 있었는데, 이 사건 부동산에 관한 경매절차에서 2013. 5. 15. 기준으로 감정평가한 이 사건 부동산의 시가는 3,142,880,860원이었다.

다. 위 사실관계를 앞서 본 법리에 비추어 살펴보면, 피고는 제1, 2 양도계약을 통해 소외 1과 소외 2가 운영하던 각 출판사의 재고도서와 출판권 등을 소외 1에 대한 대여금 채권 500,000,000원의 대물변제로 받은 셈이 되었으나, 그 대신 위 대여금 채권을 담보하기 위한 이 사건 근저당권설정등기를 말소하였으므로, 제1 양도계약이 사해행위에 해당하는지 여부를 판단하기 위해서는, 제1 양도계약 체결 당시를 기준으로 제1 양도계약의 목적물의 가액과 이 사건 근저당권의 담보가치(이 사건 부동산의 시가에서 선순위 근저당권의 피담보채무액, 선순위 임대차보증금 등을 공제한 금액)를 비교하여, 피고가 제1 양도계약으로 대물변제를 받는 대신 이 사건 근저당권설정등기를 말소함으로써 일반채권자의 공동담보에 제공될 책임재산이 부족하게 되었는지 또는 공동담보의 부족 상태를 심화시켰는지 여부를 판단하여야 한다.

그런데도 원심이 이러한 사정을 살피지 아니한 채, 피고가 이 사건 부동산에 대한 환가 절차에서 우선하여 배당받을 수 있는 지위에 있을 뿐 소외 1의 일반 재산에 대하여는 우선 변제받을 권리가 없고, 이 사건 근저당권에 의하여 실제로 우선 변제받을 가능성이 크지 않다는 사정을 들어 제1 양도계약이 사해행위에 해당한다고 판단한 데에는, 사해행위에 관한 법리를 오해하여 필요한 심리를 다하지 아니한 잘못이 있다."[22]

이 대법원의 사건을 보면 비에치솔루션 사건을 인용하고 있음을 알 수 있습니다. 비에치솔루션 사건에서도 피고회사는 6,000만 원을 출원하여 채무를 대위변제해 주었고, 실제로 넘겨받은 전세금반환채권은 1억 원 정도였던 사건이었습니다. 이 사건의 경우도 그와 비슷합니다. 자신의 근저당권 6억 원을 말소해서 포기하는 대신에 원래 채무자의 청문각출판사의 재고도서와 도서출판권 등을 3억 5천만 원에 그리고 아들의 럭스미디어와 한승의 재고도서와 도서출판권 등을 합 1억 5천만 원로 하여 총 5억 원에 대물변제로 받은 사건입니다. 이런 경우에 사해행위가 인정될 것인가를 보면, 재고도서와 출판권을 넘겼기 때문에 사업을 계속할 여지는 없다고 보입니다. 그러나 근저당권을 포기하였으니 피고도 분명 자신의 권리를 포기함으로써 어떤 출원 비슷한 것, 즉 대가를 지불하였다고 할 수 있습니다. 그렇다고 한다면 이것이 대가를 진정 지불한 것인지를 보아야 하는데 법원은 근저당권설정되어 있던 부동산의 가격이 3,142,880,860원인데 2,330,000,000원의 선순위 근저당권이 있었고 또한 임차보증금이 있었을 것이니 이 선순위 여부를 결정하여 비교형량을 해야 한다는 것입니다.

원고 피고가 모두 개인이었던 것으로 보입니다. 아마 원고가 패소확정이 되었을 것으로 보입니다. 2,330,000,000원은 채권최고액이니 원금은 18억 원 정도가 되지 않을까 생각합니다. 그렇다고 한다면 여유자금이 13억 원이 넘습니다. 임대보증금을 이에 미치지 못하고 2012. 4. 4.에 근저당권설정을 하였고 2013. 5. 15.에 경매시의 감정일자라고 되어 있고 2012. 11. 28.경에 대물변제계약이 있었던 사건입니다. 아들의 경우는 원고의 채무자가 아니었던 것으로 보입니다. 이 사건 1 양도계약의 사해행위여부만을 언급한 것을 보면 그렇습니다. 근저당권설정하고 나서 경매개시결정까지는 아마 1년도 안 되었을 것이기 때문에, 그 사이에 임차인이 변경되었을 가능성은 적다고 할 것이므로 피고의 근저당권이

---

22) 대법원 2016. 8. 30. 선고 2016다219303 판결 [대여금등청구의소]

임차인들의 보증금채권보다 우선할 가능성은 적다고 보입니다. 그리고 사후 경매에서의 얼마에 낙찰될 것인지는 사해행위 당시에는 고려하기가 어렵다고 할 것입니다. 그렇다고 한다면 상가건물의 임차인들의 보증금이 13억 원을 넘을 가능성은 거의 없다고 할 것입니다. 그렇다고 한다면 피고의 근저당권은 거의 6억 원의 가치가 인정이 될 것입니다. 만약 양도계약을 한 재고도서와 출판권의 가치를 파악하여야 할 것인데 이의 가치를 판단하기도 쉽지 않다고 할 것입니다. 사실 재고도서의 가치는 매우 낮다고 할 것입니다. 책값은 새책이어도 거의 없는 것이 현실이고 출판권 역시 가치가 작다고 할 것입니다. 출판사를 운영하다가 결국 부도가 났다는 것은 그만큼 책 판매가 안 되었다는 것입니다. 그렇기 때문에 재고도서와 출판권 역시도 가치가 크지 않았을 것입니다. 이런 점에서 보면, 원고의 청구는 기각되었을 가능성이 매우 크다고 할 것입니다. 파기환송심에서 조정이나 화해권고로 끝나지 않았을까 생각됩니다. 원고는 패소로 인한 소송비용의 부담이 컸을 것이고 이를 입증하기도 쉽지 않았을 것이기 때문입니다.

이 판례는 비에치솔루션의 판례가 일회성 판례가 아니라 대물변제에서 충분히 계속적으로 문제가 될 수 있기 때문에 이런 사건들에는 적용되어야 한다는 것을 확인시켜 주었다는 점에서 의미가 크다고 할 것입니다.

7) 동남교통버스 대물변제로 제공한 사례 - 선순위근저당권과 근로자임금채권이 있음

"2. 채무자의 재산이 채무의 전부를 변제하기에 부족한 경우에 채무자가 그의 유일한 재산을 **어느 특정 채권자에게 대물변제로 제공하여 양도하였다면 그 채권자는 다른 채권자에 우선하여 채권의 만족을 얻는 반면 그 범위 내에서 공동담보가 감소됨에 따라 다른 채권자는 종전보다 더 불리한 지위에 놓이게 되므로 이는 곧 다른 채권자의 이익을 해하는 것이라고 보아야** 하고, 따라서 채무자가 그의 유일한 재산을 채권자들 가운데 어느 한 사람에게 대물변제로 제공하는 행위는 **다른 특별한 사정이 없는 한 다른 채권자들에 대한 관계에서 사해행위가 된다고** 할 것이나(대법원 2005. 11. 10. 선고 2004다7873 판결 등 참조), 채권자들의 공동담보가 되는 채무자의 총재산에 대하여 다른 채권자에 우선하여 변제를 받을 수 있는 권리를 가지는 채권자는 처음부터 채무자의 재산에 대한 환가절차에서 다른 채권자에 우선하여 배당을 받을 수 있는 지위에 있으므로 그와 같은 우선변제권 있는 채권자에 대한 대물변제의 제공행위는 특별한 사정이 없는 한 다른 채권자들의 이익을 해한다고 볼 수 없어 사해행위가 되지 않는다고 할 것이다.

또한, 저당권이 설정되어 있는 재산이 사해행위로 양도된 경우에 그 사해행위는 그 재산의 가액, 즉 시가에서 저당권의 피담보채권액을 공제한 잔액의 범위 내에서 성립하고, 피담보채권액이 그 재산의 가액을 초과하는 때에는 당해 재산의 양도는 사해행위에 해당한다고 할 수 없다고 할 것인바(대법원 2001. 10. 9. 선고 2000다42618 판결 등 참조), 이와 같은 법리는 채권자들 중에 그 채무자에 대하여 경매 등의 환가절차에서 저당권에 의하여 담보되는 채권보다 우선하여 배당을 받을 수 있는 채권자가 있는 경우에도 마찬가지라고 할 것이므로 피담보채권액이 그 재산의 가액을 초과하는 재산의 양도행위가 저당권의 피담보채권보다 우선하여 배당받을 수 있는 채권자에 대한 관계에 있어서만 사해행위가 된다고 할 수도 없다(대법원 2006. 4. 13. 선고 2005다70090 판결 참조).

같은 취지에서 원심이, 동남교통이 채무초과의 상태에서 그의 유일한 재산인 이 사건 승합자동차를 동남교통 근로자들에게 대물변제로 제공하였다고 하더라도 우선변제권 있는 임금 등 채권자인 위 근로자들에 대한 대물변제의 제공행위가 사해행위에 해당하지 않는다고 판단한 것은 정당하고, 거기에 상고이유로 주장하는 바와 같은 채증법칙 위반이나 사해행위에 관한 법리오해 등의 위법이 없다.

3. 채무자가 유일한 재산인 부동산을 매각하여 소비하기 쉬운 금전으로 바꾸는 것도 특별한 사정이 없는 한 사해행위가 되나(대법원 1999. 4. 9. 선고 99다2515 판결 등 참조), 원심이 인정한 사실 및 기록에 의하면, 피고가 이 사건 양도계약 당시 동남교통에게 3억 원을 지급하기로 하였다고 하더라도, 이는 동남교통 근로자들이 대물변제로 제공받은 이 사건 승합자동차를 매각하여 그 대금으로 동남교통 또는 그 대표이사인 소외인 개인에 대한 차용금채무를 변제하기로 한 것으로서 이 사건 승합자동차의 양도에 대한 대가와는 무관한 별개의 원인에 의하여 발생한 것에 불과하므로, 이 사건 양도계약이 이 사건 승합자동차를 소비하기 쉬운 금전으로 바꾸는 내용의 사해행위에 해당한다고 볼 수는 없다.

같은 취지에서 이 사건 양도계약이 사해행위에 해당하지 않는다고 판단한 원심판결은 정당하고, 거기에 상고이유로 주장하는 바와 같은 채증법칙 위반이나 책임재산에 관한 법리오해 등의 위법이 없다.

4. 원심이 인정한 사실 및 기록에 의하면, 이 사건 승합자동차에는 현대자동차 주식회

사 명의로 채권최고액 합계 17억 320만 원의 1순위 근저당권이, 피고 명의로 채권최고액 1억 원의 2순위 근저당권이 각 설정되어 있었던 사실, 동남교통은 이 사건 양도계약에 따라 이 사건 승합자동차를 그 근로자들에게 그 체불임금 등 채권 중 643,081,080원에 대한 대물변제로 제공한 사실, 이에 피고는 위와 같이 대물변제받은 이 사건 승합자동차를 미래자동차판매 주식회사에게 10억 3,200만 원에 매도한 사실을 알 수 있다. 이에 의하면 동남교통은 이 사건 양도계약 당시 이 사건 승합자동차의 가액에서 현대자동차 주식회사 및 피고의 이 사건 승합자동차에 관한 각 근저당의 피담보채권을 공제한 나머지 가액을 643,081,080원으로 평가하여 이를 그 근로자들에게 대물변제로 제공한 것이라고 보아야 할 것이지, 이 사건 승합자동차의 가액 자체를 10억 3,200만 원으로 평가한 것은 아니라고 할 것이다. 따라서 동남교통이 이 사건 승합자동차의 가액을 10억 3,200만 원이라는 현저히 저렴한 가액으로 평가하여 근로자들에게 대물변제로 제공하였다는 상고이유의 주장은 그 전제 자체가 잘못된 것으로서 받아들일 수 없다.

또한 기록에 의하여 살펴보면, 원심이 그 채용 증거들에 의하여 그 판시와 같은 사실을 인정한 다음, 동남교통이 그 근로자들에게 이 사건 승합자동차를 대물변제로 제공함에 있어 위 승합자동차의 가액이 적정하게 평가되었다고 판단한 것은 정당하고, 거기에 상고이유로 주장하는 바와 같은 채증법칙을 위반하거나, 이유불비 또는 이유모순의 위법이 있다고 볼 수 없다."23)

미래자동차는 이를 매수한 지 7, 8개월 만에 금 1,180,000,000원에 다시 매도하였습니다. 다만 이 사건 승합자동차 중 42대에 대한 서울지방법원 서부지원 2002타경17728호 임의경매사건에서 승합자동차에 대한 감정결과에 따르면 승합자동차의 감정가격은 2,374,787,000원이었고 이 사건 총 승합차 댓수는 86대였던 것으로 보입니다.

당시 이 사건 양도계약에 따라 현대자동차에게 금 500,000,000원, 소외 1에게 금 300,000,000원, 타 근저당권자에게 금 80,000,000원을 지급하고 남은 금 152,000,000원은 근로자들의 체불임금 지급을 위하여 보관하였다고 합니다.

한성버스 주식회사 소유의 버스 132대에 대한 서울지방법원 북부지원 2002

---

23) 대법원 2008. 2. 14. 선고 2006다33357 판결 [사해행위취소등]

타경1796, 4313호 강제경매 사건에서 위 버스의 감정가격은 금 1,497,000,000원이었음에도, 미래자동차는 위 버스를 금 417,608,668원에 낙찰받은 적이 있습니다.

이 사건 양도계약은 실질적으로 임금채권자의 임금체불에 따른 임금지불하는 방식에 의한 것이었습니다. 그래서 피고가 이를 넘겨받고 바로 미래자동차에 판매한 가격은 10억 3,200만 원이었습니다. 이는 현대자동차에 지급하기로 한 5억 원과 근로자들의 임금채권 643,081,080원을 합한 금액이 아닌가는 생각이 듭니다. 합하면 1,143,081,0980원이니 여기에서 1억 원을 줄인 금액 같습니다. 그런데 실제로 이를 사용한 것은 현대자동차에 5억 원을 주고, 타 근저당권자에게 8,000만 원을 지급하고 나서 이 중에 3억 원은 소외 1은 동남교통 및 대표이사 소외인의 개인채권자에 대한 채무를 변제용으로 사용한 것을 알 수 있습니다. 그리고 남은 돈 1억 5200만 원을 체불임금으로 보관 중이었습니다. 피고 역시도 근저당권을 설정받은 채권자였습니다. 이렇게 보면, 현대자동차의 근저당권, 피고의 근저당권, 타인의 근저당권, 그리고 근로자들의 임금채권을 합하면 이 사건 승합차의 가격을 뛰어넘는다는 것이 원심의 판단이었습니다. 공동담보로서의 가치가 없다는 것입니다. 원고는 근로복지공단이었습니다. 이 승합차를 처분하고 나서 근로자들을 체당금청구를 하였습니다. 그래서 지급한 금액이 1,141,173,910원이었습니다. 체당금액수가 어마어마합니다. 3개월임금과 3년치 퇴직금인데 이렇게 많았던 것입니다. 그러니 원고가 소송을 할 수밖에 없던 것입니다. 사후에 피고는 나머지 172,000,000원을 근로자들의 체불임금의 변제에 충당하였다고 합니다.

그리고 감정가와 달리 낙찰가는 매우 저렴하다는 것을 한성버스 주식회사 사건을 통해서 알 수 있는데 버스 132대의 감정가는 1,497,000,000원으로 이를 낙찰받은 곳도 미래자동차였는데 417,608,668원이었습니다. 비율이 27.8%였습니다. 1,032,000,000원이 낙찰가격이라고 한다면 역산하여 계산해 보면 3,712,230,215원이 됩니다. 버스의 가격들이 다 다르기 때문에 이렇게 볼 수 없지만 미래자동차가 7-8개월 후에 이를 판매한 가격이 1,180,000,000원이니 차액이 148,000,000원의 차액밖에 나지 않습니다. 미래자동차도 당연히 이익을 위하여 매수하였을 것입니다. 이렇게 차량을 매수하여 줄 곳은 아마 미래자동차가 거의 유일하였을 것입니다. 경매로 인한 경우에 가격은 더 저렴하게 낙찰이 되었을 가능성도 큽니다. 버스라고 표현하지 않고 승합차라고 표현하였는데 버스는 중대형 승합차이기 때문에 여기서 승합차는 아마 버스를 의미할 가능성이 크거나 버스와 다른 소형 승합차까지 포함될 수가 있다고 보입니다.

이 사건의 경우는 대물변제의 경우 예외적으로 사해행위가 되지 않는다는 판결이 아니라 공동담보로서의 가치가 없다는 판결입니다. 그렇기 때문에 대물변제가 예외적으로 사해행위가 되지 않는다는 판결문에 이 판례는 인용이 되지 않고 있다고 할 것입니다.

8) 창성여객인수 사례 – 근로자들의 고용승계가 있었던 사건

"가. 채무자가 책임재산을 감소시키는 행위를 함으로써 일반채권자들을 위한 공동담보의 부족상태를 유발 또는 심화시킨 경우에 그 행위가 채권자취소의 대상인 사해행위에 해당하는지 여부는, 행위목적물이 채무자의 전체 책임재산 가운데에서 차지하는 비중, 무자력의 정도, 법률행위의 경제적 목적이 갖는 정당성 및 그 실현수단인 당해 행위의 상당성, 행위의 의무성 또는 상황의 불가피성, 채무자와 수익자 간 통모의 유무와 같은 공동담보의 부족 위험에 대한 당사자의 인식의 정도 등 그 행위에 나타난 여러 사정을 종합적으로 고려하여, 그 행위를 궁극적으로 일반채권자를 해하는 행위로 볼 수 있는지 여부에 따라 판단하여야 한다(대법원 2010. 9. 30. 선고 2007다2718 판결 참조).

나. 원심판결 이유에 의하면 아래의 사실을 알 수 있다.

1) 창성여객은 극심한 경영난에 처하자 근로자들의 고용승계를 조건으로, 창성여객이 보유하고 있던 시내버스 48대(이하 '이 사건 버스'라고 한다)와 운송사업면허권(이하 '이 사건 면허권'이라고 한다)을 피고에게 양도하기로 하였다.

2) 창성여객과 피고는 2010. 4. 17. 이 사건 버스와 면허권에 관한 양도계약을 체결하면서 양도대금을 4,070,000,000원으로 정하였다가(이하 '이 사건 양도계약'이라고 한다), 2010. 6. 5. 변경계약을 체결하면서 창성여객이 정비차량 1대를 추가로 양도하고 전체 양도대금을 4,971,000,000원으로 증액하였다.

3) 이 사건 양도계약에서 피고가 이 사건 버스에 설정된 저당권의 피담보채무와 고용승계하기로 한 창성여객 근로자들에 대한 퇴직금채무를 인수하고 양도대금과의 차액을 창성여객에게 지급하기로 정하였다가, 이 사건 변경계약에서는 피고가 이 사건 버스에 설정된 주식회사 삼화두리상호저축은행(이하 '삼화저축은행'이라고 한다)과 대우자동차판매 주식회사(이하 '대우자동차판매'라고 한다)의 저당권의 피담보채무, 창성여객이 체

납한 국민건강보험공단 등에 대한 보험료, 피고가 고용승계하기로 한 창성여객 근로자들에 대한 퇴직금채무, 기사차입금채무를 인수하여 양도대금에서 공제하고, 나머지 차액을 창성여객에 지급하기로 정하였다.

4) 피고는 이 사건 변경계약에서 정한 양도대금 4,971,000,000원과 피고가 인수하기로 한 채무액 합계 4,910,091,634원(= 삼화저축은행에 대한 저당권 피담보채무 712,449,000원 + 대우자동차판매에 대한 저당권 피담보채무 1,092,917,374원 + 창성여객 근로자들의 퇴직금 추계액 2,673,800,090원 + 국민건강보험공단 등에 대한 체납 보험료 430,925,170원)의 차액 60,908,336원을 초과하는 127,488,000원을 창성여객에게 지급하였고, 창성여객은 위 돈으로 달성군에 대한 자동차세 등 지방세 30,307,700원을 납부하였다.

5) 한편 이 사건 양도계약 체결 당시에 창성여객은 채무초과상태에 있었는데, 제1심의 신우회계법인에 대한 감정촉탁 결과에 의하면 양도계약 체결 당시 이 사건 버스와 면허권의 가액은 4,314,938,083원으로 평가되었다.

다. 위 사실관계를 앞서 본 법리에 비추어 살펴보면, 이 사건 양도계약 체결 당시 창성여객이 채무초과상태에 있기는 하였으나, 창성여객은 극심한 경영난에 처하자 근로자들의 고용을 보장하기 위해 고용승계를 조건으로 이 사건 버스와 면허권을 피고에게 양도하였고, 이 사건 버스와 면허권은 정당한 가격 이상으로 양도되었으며, 피고가 대금 지급에 갈음하여 인수하기로 한 창성여객의 채무는 이 사건 버스에 대하여 우선변제권을 가지는 저당권의 피담보채무이거나, 채무자인 창성여객의 총재산으로부터 다른 채권에 우선하여 변제를 받을 수 있는 채권자들에 대한 것이고, 창성여객은 피고로부터 지급받은 양도대금 중 상당액을 정당한 변제에 사용하였으므로, 목적의 정당성과 행위의 상당성, 상황의 불가피성 등에 비추어 이 사건 양도계약이 일반채권자를 해하는 사해행위에 해당한다고 보기 어렵다.

고 본 원심의 이유 설시가 부적절하기는 하나, 이 사건 양도계약이 사해행위에 해당하지 않는다고 본 원심의 결론은 정당하여 판결 결과에 영향을 미친 잘못이 없으므로, 결국 이 부분 상고이유 주장은 받아들일 수 없다."[24]

버스와 운영권까지 일괄하여 넘기는 대신에 고용승계를 하고 그에 따른 채무 등도 거의 다 인수하는 형식이었습니다. 창성여객에 지급할 차액이 6천여만

---

24) 대법원 2017. 6. 29. 선고 2014다22574, 22581 판결 [사해행위취소 · 사해행위취소]

원인데 실제로 지급한 금액은 127,880,000원이었고 이 금액 중에서 30,307,700 원은 지방세를 납부하기도 하였고, 원래 받기로 한 금액 6천여만 원의 2분의 1 을 지방세로 납부하였습니다. 채무의 대부분이 근저당권채무와 직원의 퇴직금입니다. 퇴직금이 26억 7380만 원이었던 것입니다. 버스대금이 10억 9200만 원 정도이고 저축은행 대출금이 7억 1250만 원 정도였습니다. 이를 합하면 44억 7830만 원이 됩니다. 처음에 4,070,000,000원으로 계약을 하였다가 정비 차량 1 대를 추가하면서 4,971,000,000원으로 증액하였습니다. 아마 정비차량이 9억 원 은 아닐 것입니다. 이는 피고가 인수하기로 한 채무를 고려하여 그에 맞추어서 금액을 정한 것일 뿐입니다. 그리고 그 차액이 6천여만 원이었던 것입니다. 이런 점도 이 사건 양도의 목적이 채권자를 해하기 위한 것이 아니라 고용승계를 목적으로 한 일괄로 버스와 운영권을 넘기는 것이었을 것입니다.

피고회사도 교통운수회사였습니다. 다만 판결문 상 피고회사가 창성여객에 채권이 있었는지는 언급되지 않았습니다. 남은 대금을 지급한 것을 보면, 대물변제계약은 아니었습니다. 하지만 대법원 2007다2718 판결의 취지에 따라서 **목적의 정당성과 행위의 상당성, 상황의 불가피성**이 인정되는 사건으로 보고 있습니다. 또한 여기서 판단에 중요한 근거 중 하나는 버스와 운영권의 감정가가 4,314,938,083원이었습니다. 우선변제권이 있는 금액이 4,910,091,634원이었습니다. 감정가를 초과한 것을 알 수 있습니다. 그렇다고 한다면 공동담보로서의 가치가 없다고 볼 수 있으나 그렇게 보지 않은 것으로 보입니다. 아마 근로자들은 퇴직금채권으로 가압류를 하거나 압류를 했던 것으로 보입니다. 그렇다고 한다면 이는 채무자의 여러 재산들에 대하여 공동근저당권을 설정해 놓은 것과 비슷한 사안이 되었던 것 같습니다. 그렇다고 한다면 이 사건 버스와 운영권에서 퇴직금이 부담하는 것은 각 재산의 가치를 파악하고 그중에 이 사건 버스와 운영권이 부담하는 금액이 있을 것입니다. 즉 26억 원 전부가 아니라 이 사건 버스와 운영권이 전체 그런 자산에서 차지하는 비율에 따라서 일부만 부담하게 된다고 할 것입니다. 그렇기 때문에 원심의 "**우선변제권 있는 퇴직금채권액은 채무자의 재산에 대하여 가압류나 압류가 되었는지 여부와 관계없이 일반채권자의 공동담보에 제공되는 책임재산에서 제외되어야 한다**"라는 부분의 설시가 부적절하다고 언급하였고, 공동담보로서의 가치가 있는지 여부로 판단하지 않고 목적의 정당성과 행위의 상당성, 상황의 불가피성으로 해결한 것으로 보입니다. 일반적으로 버스회사 등 여객회사는 차고지 등이 있고 이 차고지의 부동산 가격도 상당하였을 것입니다. 그렇기 때문에 근로자들은 이런 부동산이나 다른 창성여객의 재산에 가압류 등을 해 놓았을 것으로 보입니다. 이런 점에서는 이 판례의 사안과 앞에서 본 동남교통버스 사건은 구분이 된다고 할 것입니다.

9) 동시이행의 채무를 변제하기 위하여 부동산 2채를 매각한 경우

"나. 원심판결 이유와 기록에 의하면 다음과 같은 사실을 알 수 있다.

(1) 소외 1은 소외 2 외 8인을 상대로 서울북부지방법원 2007가합11228호로 소유권이전등기청구의 소를 제기하여 2008. 11. 13. '소외 2 외 8인은 소외 1로부터 265,110,000원을 지급받음과 동시에 소외 1에게 이 사건 아파트와 이 사건 301호 아파트 및 이 사건 701호 아파트(이하 통틀어 '이 사건 아파트 등'이라 한다)의 각 1/9 지분에 관하여 각 2005. 3. 29.자 대물변제약정을 원인으로 한 소유권이전등기절차를 이행하라'는 취지의 일부 승소판결을 선고받았고 그 판결은 그대로 확정되었다.

(2) 소외 1은 이와 같은 판결이 있음에도 이 사건 아파트 등에 관한 소유권이전등기를 마치지 못하였는데, 2014. 1. 1. 피고와 사이에 피고에게 이 사건 아파트를 대금 1억 8,000만 원에 매도하되 계약금 1,800만 원은 계약 당일, 잔금 1억 6,200만 원은 2014. 1. 6. 각각 지급받기로 하는 내용의 매매계약을 체결하였다. 소외 1은 같은 날 소외 3과 사이에도 소외 3에게 이 사건 301호 아파트를 대금 1억 8,000만 원에 매도하되 계약금 1,800만 원은 계약 당일, 잔금 1억 6,200만 원은 2014. 1. 6. 각각 지급받기로 하는 내용의 매매계약을 체결하였다. 그 후 소외 1은 2014. 4. 2. 피고와 사이에 2014. 1. 1.자 매매계약에 갈음하여 피고에게 이 사건 아파트를 대금 1억 8,000만 원에 매도하되 계약금 1,800만 원은 계약 당일, 잔금 1억 6,200만 원은 2014. 4. 11. 각각 지급받기로 하는 내용의 이 사건 매매계약을 다시 체결하였다.

(3) 피고와 소외 3은 2014. 4. 11.까지 소외 1에게 이 사건 아파트와 이 사건 301호 아파트의 매매대금 합계 금 3억 6,000만 원을 모두 지급하였고, 소외 1은 2014. 3. 31. 서울북부지방법원 2014년 금제1299호로 이와 같이 지급받은 매매대금 중 265,110,000원을 피공탁자를 소외 2 외 8인으로 하여 공탁한 후, 2014. 4. 11. 이 사건 아파트 등에 관하여 자신 명의의 소유권이전등기를 마치고, 이어서 이 사건 아파트와 이 사건 301호 아파트에 관하여 위와 같은 매매계약들을 원인으로 피고와 소외

3 명의의 소유권이전등기를 마쳤다.

다. 이와 같은 사실관계에 의하면, 소외 1이 피고에게 이 사건 아파트를 매도하는 행위가 **채무초과 상태에서 재산을 은닉 또는 소비하기 쉬운 금전으로 바꾸는 것으로서 실질적으로 재산 감소행위와 다를 바 없는 것으로 볼 여지가 있더라도, 소외 1은 이 사건 아파트 등에 관한 소유권이전등기를 마치기 위한 자금 265,110,000원을 마련하기 위하여 불가피하게 그중 이 사건 아파트와 이 사건 301호 아파트를 피고와 소외 3에게 매도하였을 가능성이 있음을 부정하기 어렵다. 따라서 앞서 본 법리에 비추어 보면 소외 1의 이와 같은 매도행위의 경제적 목적이 갖는 정당성과 상당성, 상황의 불가피성 등을 종합적으로 고려할 때 소외 1의 피고에 대한 이 사건 아파트 매도행위를 일반채권자를 해하는 사해행위에 해당하는 것으로 단정하기는 어렵다고 할 수 있다.**

그럼에도 원심은 채무초과 상태에 있는 소외 1이 피고에게 이 사건 아파트를 매각함으로써 재산을 소비하기 쉬운 금전으로 바꾸었다는 이유만을 들어 소외 1의 피고에 대한 이 사건 아파트 매도행위를 사해행위에 해당하는 것으로 보았으니, 원심판결에는 사해행위의 성립에 관한 법리를 오해하여 심리를 다하지 아니함으로써 판결 결과에 영향을 미친 위법이 있다. 이 점을 지적하는 상고이유의 주장은 이유 있다.”[25]

　　이 판례 역시 대법원 2007다 2718 판례를 인용하고 있습니다. 보면, 매매계약을 체결하여 돈을 마련하여 그 돈으로 판결에 따른 동시이행으로 지급하여야 할 금액을 공탁하고 나서 그에 따라 소유권을 이전받고 피고들에게 이전해 준 사건이었습니다. 부동산을 매각하여 소비하기 쉬운 현금으로 만들어서 집행을 방해하였는지를 보면, 두 채의 부동산을 각 1억 8,000만 원에 팔았고 합 3억 6,000만 원 중에서 265,110,000원을 공탁하였습니다. 그렇기 때문에 이 차액을 보면 거의 1억 원 정도입니다. 1억 원은 소외 1 채무자가 현금화하였던 것은 사실입니다. 그러나 이 행위의 주된 목적은 이 금원을 공탁하기 위한 방법이었던 것으로 보입니다. 1억 원 정도를 어디에 사용하였는지를 보아야 할 것이지만 이는 나와 있지는 않습니다. 원고는 개인이고 피고도 개인입니다. 채무자는 이것을 기화로 조속히 처분하고 원고 등의 채권자가 들어오는 것을 막으려고 한 것이 아닌가라는 의심은 든다고 할 것입니다. 그러나, 이를 소외 2외 8명에게 돈을

25) 대법원 2015. 12. 24. 선고 2015다48467 판결 [사해행위취소등]

주고 부동산을 넘겨오는 것이었습니다. 적극적으로 이 2채의 부동산을 자신의 소유로 만들었다는 점에서는 동시에 다시 넘기긴 했지만 그래도 재산을 회피시키는 것이 목적이 아니었음을 알 수 있습니다. 분명 소유권을 이전받고 다시 처분을 했다고 한다면 그에 따른 이전비용도 들었을 것입니다. 1억 원에서 이런 비용들이 나갔을 것입니다. 최소한 등록세 취득세를 납부하였을 것이고, 법무사 비용도 들어갔을 것입니다. 또한 처분에 따라서 양도소득세도 납부하였을 가능성이 있습니다. 이런 주장을 할 경우에 수익자는 채무자가 남긴 차액을 어디에 썼는지를 밝힐 필요가 있습니다. 이는 위의 창성여객 사건에서 3천여만 원을 지방세 납부에 사용한 것을 대법원이 특별하게 언급한 것을 보더라도 중요한 판단자료가 될 것입니다.

10) 신광테크 사례 – 직원 채권자, 거래중단한 거래처 채권자 그리고 계속 납품한 거래처 채권자에게 각 채권양도한 사건

"채무자가 책임재산을 감소시키는 행위를 함으로써 일반채권자들을 위한 공동담보의 부족상태를 유발 또는 심화시킨 경우에 그 행위가 채권자취소의 대상인 사해행위에 해당하는지는, 그 목적물이 채무자의 전체 책임재산 가운데에서 차지하는 비중, 무자력의 정도, 법률행위의 경제적 목적이 가지는 정당성 및 그 실현수단인 당해 행위의 상당성, 행위의 의무성 또는 상황의 불가피성, 공동담보의 부족 위험에 대한 채무자와 수익자의 인식의 정도 등 그 행위에 나타난 여러 사정을 종합적으로 고려하여, 그 행위가 궁극적으로 일반채권자를 해하는 행위라고 볼 수 있는지 여부에 따라 최종 판단하여야 할 것이다. 그리고 채무초과의 상태에 있는 채무자가 여러 채권자 중 일부에게만 채무의 이행과 관련하여 그 채무의 본래 목적이 아닌 다른 채권을 양도하는 경우에도, 그 행위가 사해행위가 되는지는 위에서 본 바와 같은 일반적인 판단 기준에 비추어 그 행위를 궁극적으로 일반채권자를 해하는 행위로 볼 수 있는지 여부에 따라 판단하여야 한다. 원심은 그 채택 증거를 종합하여 판시와 같은 사실 및 사정들을 인정한 다음, 피고들에 대한 이 사건 각 채권양도계약은 원고 등 신광테크 주식회사(이하 '신광테크'라 한다)의 다른 채권자들에 대한 관계에서 사해행위가 된다고 판단하고, 피고들이 선의의 수익자라는 주장을 배척하였다."26)

---

26) 대법원 2014. 3. 27. 선고 2011다107818 판결 [배당이의]

구체적인 사안은 대법원 판결이유만으로는 알 수가 없고 이 사건은 피고가 패소한 사건입니다.

"이 사건에서 보건대, 위 인용사실과 인용증거들 및 변론 전체의 취지에 의하여 인정되는 다음과 같은 사정들, 즉 ① 신광테크는 2008년경에도 자금사정이 어려워 직원들의 월급을 지급하지 못하게 되어 2008. 7. 22. 신광테크의 직원이던 피고 1로부터 1억 원을 차용하였고, 2009년경에도 원고에 대한 대출금을 상환하지 못하여 2009. 11. 30. 기존 대출금을 변제하기 위한 새로운 대출을 받는 등 계속적인 자금난을 겪고 있던 중, 2009. 12.경 주식회사 대도기계 및 주식회사 창공으로부터 채권가압류를 당하고, 2010. 1. 4.부터 원고에 대한 대출금 이자조차 납부하지 못하고 있었으며, 2010. 1.경 주된 납품처인 현대미포조선의 거래처에서 제외된 후 2010. 2. 28. 폐업한 점, ② 위 피고들에 대한 채권양도는 신광테크의 자금난이 가시화된 2010. 1. 중순 무렵에 이루어졌고, 당시 이 사건 물품대금채권이 사실상 재산가치 있는 신광테크의 유일한 재산이었던 점, ③ 피고 1은 신광테크의 직원으로 자금난에 시달리던 회사에 2008. 7. 22.경 1억 원이나 되는 운영자금을 대여하였고, 피고 3은 신광테크의 주거래처인 '○○○○○'를 운영하면서 까지 신광테크에 선박용 철강재를 임가공 또는 판매하고 지급받지 못한 물품대금이 612,771,888원에 이르고 있었는데, 신광테크와 위 피고들과의 관계 및 위 피고들 모두 상당 기간 동안 신광테크로부터 거액의 채권을 변제받지 못하고 있었던 사정에 비추어, 위 피고들은 신광테크의 당시 재산 상태나 자금 사정을 잘 알고 있었을 것으로 보이는 점, ④ 위 피고들은 신광테크가 다른 거래처들로부터 채권가압류를 당하고 주거래은행에 대한 이자지급조차 못하고 있으며 현대미포조선의 거래처에서 제외되어 폐업위기에 몰린 시점에서 원고 등 다른 채권자들에 앞서 이 사건 물품대금 채권을 양도받은 점 등의 사정을 앞서 본 법리에 비추어 살펴보면, 위 피고들에 대한 이 사건 각 채권양도계약은 원고 등 다른 채권자에 대한 관계에서 사해행위가 된다고 할 것이다."[27]

대구고등법원은 대법원 2007다2718 판례를 언급하고 나서 피고 1, 3에 대하여 이와 같이 판단을 하였던 것입니다.

---

27) 대구고등법원 2011. 11. 9. 선고 2011나2006 판결 [배당이의]

"(2) 피고 코리아메탈

위 피고에 대한 채권양도계약이 사업을 계속하여 채무변제력을 갖기 위한 것이어서 사해행위에 해당하지 않는지에 관하여 살피건대, 위 인용증거들과 을나 제1 내지 5호증(가지번호 포함)의 각 기재 및 변론 전체의 취지를 종합하여 인정되는 다음과 같은 사정들, 즉 ① 신광테크의 주 영업수익은 현대미포조선에 앵글 구조물 등 선박용 부품을 납품하고 받는 물품대금이므로 신광테크의 채무변제력을 높이기 위해서는 현대미포조선에 대한 물품 납품이 필수적이었던 점, ② 피고 코리아메탈이 한 도금작업은 전체 부품 생산 및 납품 과정에서 차지하는 비용부담은 적으면서도 납품을 위한 작업 마무리 단계에서 행해지기 때문에, 신광테크로서는 적극재산을 유지하기 위하여 그 작업비용의 지출을 아끼는 것보다는 작업 및 납품을 계속하여 현대미포조선에 대한 물품대금채권을 얻는 것이 채무변제력을 높이는 유일한 길이었던 점, ③ 피고 코리아메탈은 2009. 7. 6. 설립된 후, 깨끗한 도금작업을 위하여 일정 주기마다 거래처를 바꾸고 있던 신광테크와 2009. 12. 10.부터 거래를 시작하여 2009. 12. 31.까지 29,775,020원 상당의 도금작업을 하여 주었으나, 2010. 1. 15. 신광테크로부터 그중 1,000만 원만 결제받자 도금작업을 중단하려 하였던 점, ④ 이에 신광테크는 도금작업의 중단으로 현대미포조선에의 납품에 차질이 생길 것을 염려하여 피고 코리아메탈에 나머지 용역대금 19,775,020원(29,775,020원 - 1,000만 원) 및 향후 계속될 작업의 용역대금의 지급을 담보하기 위하여 이 사건 물품대금채권 중 5,000만 원을 양도한 점, ⑤ 피고 코리아메탈은 위 채권양도 후 신광테크가 폐업하기 직전인 2010. 2. 10.까지 실제 도금작업을 계속하여 주었고, 그 결과 2010. 1. 1.부터 2010. 2. 10.까지의 용역대금은 합계 40,120,940원(1월분 39,318,180원 + 2월분 802,760원)으로 신광테크의 위 피고에 대한 총 미지급 용역대금은 59,895,960원(19,775,020원 + 40,120,940원)에 이르러, 위 채권양도금으로 담보된 5,000만 원을 초과하게 된 점 등에 비추어, 신광테크의 피고 코리아메탈에 대한 이 사건 채권양도 행위는 채무자가 사업을 계속하여 채무변제력을 갖기 위한 것이어서 사해행위에 해당하지 않는다고 봄이 상당하다.

따라서 피고 코리아메탈에 대한 채권양도계약이 사해행위임을 전제로 하는 원고의 위 피고에 대한 주장은 더 나아가 살필 필요 없이 이유 없다."[28]

---

28) 대구고등법원 2011. 11. 9. 선고 2011나2006 판결 [배당이의]

피고 2인 코리아메탈에 대하여는 1심도 원고청구기각을 하였던 사건이었는데 항소도 기각을 하였고 원고인 경남은행은 상고도 하지 아니하였습니다. 판결이유를 보면 충분히 사업을 계속하여 채무변제력을 갖기 위한 불가피한 선택이었음이 인정된다고 할 것입니다.

> "나. 신광테크에 대한 채권가압류 및 신광테크의 피고들에 대한 채권양도
> (1) 신광테크가 주식회사 현대미포조선(이하 '현대미포조선'이라 한다)에 선박용 부품을 납품한 물품대금채권(이하 '이 사건 물품대금채권'이라 한다)에 관하여, ① 주식회사 대도기계는 울산지방법원 2009카단7319호로 청구금액을 47,035,609원으로 하는 채권가압류 결정을 받았고 ② 주식회사 창공은 울산지방법원 2009카단7336호로 청구금액을 5,000만 원으로 하는 채권가압류 결정을 받았으며, 위 각 결정은 2009. 12. 18. 현대미포조선에 송달되었다.
> (2) 신광테크는, ① 2010. 1. 15. 피고 1에게 이 사건 물품대금채권 중 1억 원인 별지 목록 제1기재 채권을 양도하여 같은 날 그 채권양도통지가 현대미포조선에 도달하였고, ② 2010. 1. 20. 피고 코리아메탈에게 이 사건 물품대금채권 중 5,000만 원인 별지 목록 제2기재 채권을 양도하여 같은 날 그 채권양도통지가 현대미포조선에 도달하였으며, ③ 2010. 1. 20. 피고 3에게 이 사건 물품대금채권 중 2억 7,000만 원인 별지 목록 제3기재 채권을 양도하여 2010. 1. 28. 그 채권양도통지가 현대미포조선에 도달하였다."[29]

이런 사실관계를 보면 당연히 현대미포조선은 대금을 공탁했을 것이고 배당절차가 있었을 것입니다. 원고는 배당이의를 하면서 사해행위취소소송을 제기한 사건이었습니다.

> "(1) 위 공탁금에 관하여 2010. 2. 19. 사유신고서가 제출되자, 집행법원인 대구지방법원 경주지원은 2010타기71호로 배당절차를 개시하여 2010. 6. 23. 1순위로 선순위 가압류권자인 대도기계에 47,035,609원을, 창공에 1,000만 원을, 2순위로 채권양수인

---

29) 대구고등법원 2011. 11. 9. 선고 2011나2006 판결 [배당이의]

> 인 피고 1에게 1억 원을, 3순위로 채권양수인인 피고 코리아메탈에 5,000만 원을, 4
> 순위로 채권양수인인 피고 3에게 75,849,824원을 각각 배당하는 배당표를 작성하였
> 다."30)

　　실질적으로 압류의 경합이 없었던 사건이 되었습니다. 오히려 채권양도가
있음으로 인하여 가압류권자는 우선변제를 받은 이익을 보게 되었던 것입니다.
원고는 1원도 배당을 받지 못하였다고 할 것입니다. 결국 피고 1은 1억 원 전부
를 피고 3은 채권양도받은 금액 중에 2억 7,000만 원 중에서 7,500만 원 정도를
받았으니 27%정도를 회수한 셈이 되었다고 할 것입니다. 얼마를 배당받았는지
는 사해행위성립여부와는 큰 관계가 없을 것입니다. 피고 1은 신광테크의 직원
으로 돈을 빌려주었던 개인이고, 피고 3은 신광테크의 주거래처을 운영하였고
물품대금이 612,771,888원이 있었습니다. 그런데 코리아메탈과 달리 피고 3의
납품기간은 2008. 5. 13.부터 2009. 9. 30.이었습니다. 코리아메탈사건을 통해
보면, 피고 3은 신광테크가 어려운 것을 알고 더 이상 거래를 하지 아니한 것을
알 수 있습니다. 그렇기 때문에 코리아메탈과 달리 피고 1과 같은 일반채권자로
서 채권양도를 받은 자로만 인정받아 사해행위에서 패소하게 된 것을 알 수 있
습니다.
　　대법원 2014. 1. 16. 선고 2012다110521 판결도 피고의 상고를 기각하였습
니다.

　11) 골드스페이스 사례 - 채권자들의 동의, 회수가능성은 적지만 채권양도로 그
　　　채권자들의 채무에서 벗어난 사건

> "원심은 그 채택 증거를 종합하여 그 판시와 같은 사실을 인정한 다음, 주식회사 골드
> 스페이스(이하 '골드스페이스'라 한다)의 주식회사 뉴젠아이씨티(이하 '뉴젠아이씨티'라
> 한다)에 대한 이 사건 채권은 원래 우림네트웍스 주식회사(이하 '우림네트웍스'라 한다)
> 와 소외 2의 자금 등에 의해 발생한 것으로서 우림네트웍스와 소외 2 측에 귀속되는

것이 실질적으로 부당하지 아니하므로, 이 사건 채권양도는 경제적 목적이 갖는 정당성 및 실현수단의 상당성이 인정되는 점, 뉴젠아이씨티의 자금 사정 악화로 이 사건 채권의 실질적인 회수 가능성은 크지 않았던 반면, 골드스페이스로서는 이 사건 채권의 양도로 인하여 월 3%의 이자 부담이 있는 우림네트웍스와 소외 2에 대한 채무를 모두 면하게 된 점, 이 사건 채권양도는 주식회사 퍼스트코프를 비롯한 골드스페이스의 모든 채권자들의 동의에 의해 이루어진 것으로 볼 수 있는 점 등의 사정을 들며 이 사건 채권양도는 골드스페이스의 일반채권자에 대한 사해행위에 해당하지 않는다고 판단하였다. 앞에서 본 법리에 비추어 볼 때 원심의 이러한 판단은 정당한 것으로 수긍이 가고 거기에 상고이유 주장과 같이 사해행위에 관한 법리를 오해하는 등 판결에 영향을 미친 위법이 없다."31)

자금이 나온 채권자에게 채권양도를 하였고, 채권양도하였다고 하더라도 이를 통하여 채권의 회수가능성은 크지 않았고, 그 대신에 채무자회사는 이자부담과 피고들에 대한 채권전부를 면제받았던 점, 이에 대하여 다른 모든 채권자들의 동의에 이루어진 점을 보면 사해행위가 아니라고 할 것입니다. 원심에서 이렇게 판단하였던 점을 보면, 이 대법원 2007다2718 판례가 매우 의미가 있고 억울한 수익자들의 눈물을 씻어주는 판례가 되었음을 알 수 있습니다.

12) 로비스코리아 사례 - 가장 많은 채권을 가진 채권자에게 월1억 원씩의 매출 채권을 양도한 사건

"원심판결 이유와 기록에 의하면, 2008. 4. 23. 주식회사 로비스코리아(이하 '로비스'라고 한다)는 피고에 대하여 부담하는 컨테이너 하역대금채무 중 변제기가 이미 도래하여 기청구된 365,918,806원 및 변제기 미도래 등의 사유로 미청구된 채무 일체에 대한 지급을 위하여 위 채무의 정산이 완료될 때까지 채무자인 로비스가 제3채무자인 유니코로지스틱스 주식회사(이하 '유니코'라고 한다)와 컨테이너 운송 등의 거래를 하여 지급받을 거래대금채권 중 월 1억 원씩의 채권(이하 '이 사건 채권'이라고 한다)을 피고에게 양도(이하 '이 사건 채권양도'라고 한다)한 사실, 이 사건 채권양도가 이루어진

---

31) 대법원 2012. 9. 13. 선고 2012다43546 판결 [사해행위취소등]

2008. 4. 23.경 로비스는 피고에 대한 컨테이너 하역대금채무 365,918,806원과 원고에 대한 컨테이너 운송대금채무 64,922,400원 외에도 그 밖의 미지급 임금채무 55,022,930원 및 조세채무 20,945,300원 등을 포함하여 총 506,809,436원 가량의 채무를 부담하고 있었던 사실을 알 수 있다.
위 사실을 앞서 본 법리에 비추어 보건대, 이 사건 채권양도를 로비스의 피고에 대한 컨테이너 하역대금채무의 본지에 따른 변제로 볼 수는 없으므로, 로비스가 이 사건 채권양도 당시에 채무초과의 상태에 있었다면 이 사건 채권양도는 원고 등 다른 채권자들에 대한 관계에서 원칙적으로 사해행위가 될 수 있다 할 것이고, 다만 이 사건 채권이 로비스의 전체 책임재산 가운데에서 차지하는 비중, 이 사건 채권양도로 인하여 초래된 로비스의 무자력 정도, 이 사건 채권양도가 이루어진 경위나 그 경제적인 목적, 채무자인 로비스와 수익자인 피고 간 의사 연락의 내용 등 제반 사정에 따라 이 사건 채권양도행위의 사해성이 부정되는 경우도 있을 수는 있다.
그럼에도 불구하고, 원심은 그 판시와 같은 사정을 들어 로비스가 이 사건 채권양도 당시 무자력이었다고 하더라도 로비스가 피고와 통모하여 다른 채권자를 해할 의사를 가지고 이 사건 채권을 양도하였다고 보기 어렵다는 이유만으로 이 사건 채권양도를 사해행위라 할 수 없다고 단정하고 말았으니, 원심판결에는 사해행위의 성립에 관한 법리를 오해하여 필요한 심리를 다하지 아니함으로써 판결에 영향을 미친 위법이 있다고 할 것이다."32)

원고가 상고한 사건이었습니다. 원심은 판례를 다음과 같이 들고 있었습니다.

"가. 채권자가 채무의 변제를 구하는 것은 그의 당연한 권리행사로서 다른 채권자가 존재한다는 이유로 이것이 방해받아서는 안 되고, 채무자도 채무의 본지에 따라 채무를 이행할 의무를 부담하고 있어 다른 채권자가 있다는 이유로 그 채무이행을 거절하지는 못하므로, 채무자가 채무초과 상태에서 특정 채권자에게 채무의 본지에 따른 변제를 함으로써 다른 채권자의 공동담보가 감소하는 결과가 되는 경우에도 그 변제는 채무자가 특히 일부의 채권자와 통모하여 다른 채권자를 해할 의사를 가지고 변제를 한 경우가 아닌 한 원칙적으로 사해행위가 되는 것은 아니며, 이는 기존 금전채무의 변제에 갈음

32) 대법원 2011. 10. 13. 선고 2011다28045 판결 [사해행위취소]

하여 다른 금전채권을 양도하는 경우에도 마찬가지이다(대법원 2003. 6. 24. 선고 2003다1205 판결 참조). 그리고 채무자가 특히 일부의 채권자와 통모하여 다른 채권자를 해할 의사를 가지고 변제 내지 채권양도를 하였는지 여부는 사해행위임을 주장하는 사람이 입증하여야 할 것인데, 이는 수익자의 채무자에 대한 채권이 실제로 존재하는지 여부, 수익자가 채무자로부터 변제 내지 채권양도를 받은 액수 및 양도받은 채권중 실제로 추심한 액수, 채무자와 수익자의 관계, 채무자의 변제능력 및 이에 대한 수익자의 인식, 변제 내지 채권양도 전후의 수익자의 행위, 그 당시의 채무자 및 수익자의 사정 및 변제 내지 채권양도의 경위 등 제반 사정을 종합적으로 참작하여 판단하여야 한다(대법원 2006. 6. 15. 선고 2005다62167 판결 참조)."[33]

이런 법리를 설시하고 판단했는데 왜 문제가 되었는지를 보면,

"나. 이 사건에 관하여 보건대, 이 사건 채권양도 당시 로비스가 원고 및 피고에 대한 채무를 변제하지 못하고 있었으며, 총 506,809,436원 가량의 채무를 지고 있었던 사실은 앞서 본 바와 같고, 갑 제2호증, 을 제3호증의 9의 각 기재와 변론 전체의 취지를 종합하면 피고는 로비스로부터 대금 결제가 지연되자 채무 변제를 독촉하여 로비스의 유니코에 대한 거래대금 채권 중 월 100,000,000원의 채권을 양수한 사실을 인정할수 있다.
그러나 을 제1호증, 제3호증의 1 내지 9, 제5호증의 1의 각 기재와 변론 전체의 취지를 종합하면, 피고는 2008. 4. 23.경 로비스에 대하여 365,918,806원의 대금채권을 실제로 보유하고 있었고, 그 변제 명목으로 이 사건 채권을 양도받았으나 피고가 양도받은 채권은 로비스가 유니코와의 향후 거래로 발생할 대금채권을 포함하고 있어 회수율이 어느 정도일지 불확실하고 양도금액도 모든 거래대금이 아니라 월 100,000,000원의 대금채권으로 한도를 정하였으며, 그 후 로비스와 유니코 사이의 거래가 중단됨으로 인하여 현재까지 미지급 채권 207,393,242원을 추심하지 못하고 있는 사실, 피고는 2007. 5.경 로비스와 컨테이너 하역계약을 체결한 후 2007. 8.분부터 대금이 연체되기 시작하자 지속적으로 로비스에게 채무 상환을 독촉하였고, 이에 로비스는 2008. 1.경 이 사건 채권을 피고에게 양도함으로써 피고에 대한 채무를 변제하겠다는 의사를

---

[33] 인천지방법원 2011. 2. 18. 선고 2010나11200 판결 [사해행위취소]

표명한 바 있으며, 그 후에도 대금이 계속 연체되자 2008. 4. 14. 무렵에는 피고가 컨테이너 반입 중지를 요청하고 이미 반입된 컨테이너의 반출 및 계약 만료를 통보하는 등 채무 변제를 강하게 요구한 결과 이 사건 채권을 양도받은 사실을 인정할 수 있다. 한편, 피고는 로비스와 컨테이너 하역계약을 체결한 거래처 관계일 뿐 로비스의 재무상황을 구체적으로 알고 있었다고 볼 만한 자료는 없으며, 을 제6호증의 기재와 변론 전체의 취지를 종합하면 로비스가 유니코 외에도 많은 업체와 거래해 온 사실을 인정할 수 있으므로 이 사건 채권양도가 이루어질 무렵 로비스가 유니코 외의 거래처에 대하여도 매출채권을 보유하고 있었을 가능성도 충분히 있다고 할 수 있다.
다. 위 인정사실을 종합하여 볼 때, 설령 로비스가 이 사건 채권양도 당시 무자력이었다 하더라도 피고의 요구에 의하여 이 사건 채권을 양도하게 되었다거나 유니코에 대한 실제 거래대금채권이 이 사건 채권에 미달하여 사실상 채권 전액을 피고에게 양도한 결과가 되었다는 사정만으로는 로비스가 피고와 통모하여 다른 채권자를 해할 의사를 가지고 이 사건 채권을 양도하였다고 보기 어렵고, 달리 이를 인정할 증거가 없으므로 이 사건 채권양도를 사해행위라 할 수 없다."[34]

원심이 인용한 대법원 2003다1205 판결이 있어 원심이 채무본지에 따른 이행이라고 보았을 것으로 추정되기 때문에 대법원은 채권양도는 채무본지에 따른 이행이 아니라고 판시한 것으로 보입니다. 그런데 원심은 통모인지 아닌지를 가지고 이 사건을 판단하였습니다. 그러나 채권양도는 원칙적으로 사해행위라고 볼 것입니다.

그러나, 파기환송심에서 원고가 승소한다는 보장은 없습니다. 사실관계를 보면 506,809,436원의 총채무에서 365,918,806원이 피고의 채무였습니다. 총채무의 72.2%에 해당하는 매우 큰 금액을 차지한다는 점, 그리고 계속적으로 컨테이너 하역작업을 하려고 하면 피고와의 채무독촉에 대하여 담보를 제공할 필요성은 있었던 점, 그리고 채권 전부를 양도한 것이 아니라 월 매출액의 채권 중에서 1억 원 정도만을 채권양도한 것이기 때문에 다른 채권자들의 집행을 막지는 아니하였다고 할 것으로 그 합리성이 어느 정도 인정이 될 것입니다. 판단의 방법은 분명 원심이 잘못한 것인지는 결론에 있어서는 원심의 판단이 맞았을 것

---

34) 인천지방법원 2011. 2. 18. 선고 2010나11200 판결 [사해행위취소]

으로 보이는 점이 있습니다. 그래서일까요? 파기환송심은 조정으로 끝이 났습니다. 판단과정이 달랐다고 하더라도 결론은 원심의 언급한 사유를 보면 충분히 사해행위가 아닐 것으로 보입니다.

13) 정보산업 사례 - 주거래은행이 1차 부도 후에 채권양도 받은 사건

"또 채무초과의 상태에 있는 채무자가 적극재산을 채권자 중 일부에게 대물변제조로 양도하는 행위는 채무자가 특정 채권자에게 채무본지에 따른 변제를 하는 경우와는 달리 원칙적으로 다른 채권자들에 대한 관계에서 사해행위가 될 수 있고, 다만 이러한 경우에도 위에서 본 바와 같은 사해성의 일반적인 판단기준에 비추어 그 행위가 궁극적으로 일반채권자를 해하는 행위로 볼 수 없는 경우에는 사해행위의 성립이 부정될 수 있다(대법원 2010. 9. 30. 선고 2007다2718 판결 등 참조). 그리고 위와 같은 법리는 적극재산을 대물변제로 양도하는 것이 아니라 채무의 변제를 위하여 또는 그 담보로 양도하는 경우에는 더욱 그러하다.

원심판결 이유와 기록에 의하면, 화공약품의 제조 및 도·소매업을 운영하던 주식회사 정보산업(이하 '정보산업'이라고 한다)은 이 사건 채권양도 당시 소극재산으로 채무원금만 산정하더라도 원고들에 대한 물품대금채무 합계 약 3억 여 원 및 주거래은행인 피고에 대한 이 사건 대출금채무 약 2억 원을 포함하여 합계 약 6억 원의 채무를 부담하고 있었던 반면에, 적극재산으로 주식회사 서브원(이하 '서브원'이라고 한다)에 대한 130,899,714원 상당의 물품대금채권 외에 별다른 재산이 없었던 사실, 정보산업은 2008. 5. 30. 예금부족으로 자신이 발행한 약속어음을 결제하지 못하여 1차 부도처리되었고, 결국 2008. 6. 2. 물품대금채무를 변제하기 위해 원고들에게 발행·교부한 약속어음을 예금부족으로 결제하지 못하여 2차 부도처리된 사실, 피고는 2008. 5. 23. 정보산업에 대출기한을 연기해 주기도 하였으나 피고의 담당 직원이 1차 부도일인 2008. 5. 30. 정보산업의 대표이사와 연대보증인에게 연락을 취하여 채권양도에 관하여 협의하였고, 피고의 대구3공단기업금융지점 지점장이 이 사건 2차 부도일인 2008. 6. 2. 직접 정보산업의 대표이사를 만나 정보산업이 피고에게 이 사건 대출금채무의 변제를 위하여 정보산업의 서브원에 대한 위 물품대금채권 중 1억 2,500만 원을 양도하는 내용의 이 사건 채권양도계약을 체결한 사실, 그 후 피고는 2008. 7. 8. 이 사건 채권양도계약에 터 잡아 서브원으로부터 1억 2,500만 원 전액을 지급받은 사실을 알 수 있다.

위와 같은 사실 관계에서 알 수 있는 다음과 같은 사정들, 이 사건 물품대금채권이 정보산업의 실질적 재산가치가 있는 유일한 재산이었던 점, 피고는 정보산업의 주거래은행으로서 정보산업의 재산 상태나 변제 자력의 유무 및 그 변동을 누구보다 잘 알 수 있던 지위에 있었고, 실제로도 정보산업의 1차 부도 당일에 채권양도를 논의한 후 2차 부도 당일에 채무의 변제를 위하여 이 사건 채권양도를 받은 점, 그로부터 한달 남짓 만에 양도받은 채권 전액을 회수한 점, 금융기관이 채무자로부터 대출채권을 그 본지에 따라 변제받지 않고 부도 당일에 다른 사인간의 채권을 양도받는 형태로 대출금을 회수하는 것은 매우 이례적인 점 등의 사정을 앞서 본 법리에 비추어 살펴보면, 이 사건 채권양도행위는 원칙적으로 원고들 등 다른 채권자에 대한 관계에서 사해행위가 될 수 있다고 봄이 상당하다.
그럼에도 불구하고, 원심은 그 판시와 같은 여러 사정을 들어 채무자가 피고와 통모하여 다른 채권자를 해할 의사를 가지고 채권양도를 한 것이 아니라는 이유만으로 이 사건 채권양도계약이 사해행위라는 원고의 주장을 배척하였으니, 원심판결에는 사해행위의 성립요건에 관한 법리를 오해하여 판결에 영향을 미친 위법이 있다. 이 점을 지적하는 상고이유의 주장은 이유 있다."35)

원심의 판결이 이해가 되지 않습니다. 피고가 신한은행이었습니다. 이런 사실이 이미 드러났는데 어떻게 원고의 청구를 기각한 것인지 이해가 되지 않습니다. 이미 1차 부도가 났고 그에 따라서 적극적으로 피고 측에서 서둘러서 채권양수를 받은 것이 다 나오는데 이에 대하여 왜 사해행위가 아니라고 판단한 것인지 이해가 되지 않습니다. 이와 같이 하게 된 이유는 아마 통모하지 아니하였기 때문에 사해행위가 아니라는 식으로 판단한 것으로 보입니다. 그러나 원칙적으로 사해행위가 되지 않는데 예외적으로 통모의 경우 사해행위가 인정되는 경우에 금전채권자에게 금전채권을 변제하였는데 이것이 통모에 의한 경우, 약속어음발행을 하였는데 이것으로 압류전부명령을 받았는데 약속어음발행을 통모에 의하여 발행해주는 그 이유는 바로 다른 사람에 우선하여 압류전부명령을 받도록 하여 그 수익자만 전부 채권을 회수할 수 있도록 통모한 경우입니다. 그러나 채권양도는 그 자체가 사해행위가 된다고 할 것인데 이런 법리를 오해한 것

---

35) 대법원 2011. 3. 10. 선고 2010다52416 판결 [사해행위취소]

이 아닌가 하는 생각이 듭니다.

다. 소결

대법원은 2017다2718 판례를 기점으로 하여 대물변제나 채권양도 또는 버스를 양도한 행위, 버스와 영업권 양도 행위 등에 그 법률행위에 관계없이 법률관계의 목적의 정당성, 그에 이르게 된 수단의 상당성, 그 행위를 할 수밖에 없었던 상황의 불가피성을 검토하여 사해행위를 부정하는 경우가 많아지고 있습니다. 이 경우에 채무자와 수익자의 통모한 경우라고 보일 경우에는 인정되지 않습니다. 특히 병원에 국민건강보험공단으로 받을 수 있는 요양급여청구권이나 치료비청구권을 채권에 비하여 과다하게 청구하고 나서 이를 다시 채무자 쪽에 돌려주는 형식을 취하는 경우에 이는 인정될 수 없는 행위라고 할 것이고 이렇게 할 경우에 채무자 측에 돌려준 금원까지 모두 부담하여야 합니다. 이런 행위를 하지 않길 바랍니다. 사실 지은이는 이런 소송을 통정허위라고 하여 채권자대위권에 의하여 부당이득반환청구소송을 오랫동안 해왔습니다. 5년의 제척기간이 도과된 경우가 많아 사해행위취소소송을 못하는 경우가 많았기 때문입니다. 그런데 이런 패턴을 하는 것이 전형적인 방법이었습니다.

대법원은 새로운 법리를 통하여 사해성을 부정하는 판례를 만들어 내고 있어서 억울한 수익자가 발생하는 것을 막는다는 점에서 매우 의미가 있다고 할 것입니다.

4. 결론

채무자의 사해의사 부분에서 크게 두 가지 판례를 보았습니다. 하나는 신규차입에 의한 근저당권 등의 담보를 설정해 주는 경우에 그 방법이 회사의 변제자력을 확보하기 위한 유일한 방법이고 최선의 방법이라고 생각하여 그와 같은 담보 등을 설정해 주고 나서 신규로 대출을 받아 사업을 운영하다가 부도가 난 경우에 채무자의 사해의사가 부정되고 또한 그 행위가 채권자를 해하는 행위가 아니라 오히려 회사를 살리고자 하는 행위인 경우에는 사해행위가 되지 않는다는 판례들입니다.

또 다른 하나는 사실 사업을 계속하지 않고 그냥 그만두는 경우 등입니다. 즉 회사의 변제력 확보를 위한 수단은 아니었습니다. 그렇다고 하더라도 그와 같은 법률행위의 목적이 정당하고, 그와 같은 수단이 상당성을 갖추고 있고 그와 같은 행위를 할 수밖에 없던 상황의 불가피성이라는 조건 등을 두어서 그 법률행위가 무엇이든지 간에 재산을 감소시키는 행위이지만 사해성이 부정되는 경우가 있다는 판례들입니다. 여기에는 대물변제, 채권양도, 부동산매매행위, 도서와 출판권 양도행위, 버스매매행위, 버스와 영업권 매매행위 등 다양하다고 할 것입니다. 비교형량을 통하여 사해성을 판단하여야 하기 때문에 판례를 검토하여 거기서 판단했던 부분을 주장입증할 필요가 있다고 할 것입니다.

VIII

채권자를 해하는 법률행위의 존재

VIII

채권자를 해하는 법률행위의 존재

1. 법률행위의 존재는 채권자의 입증책임임

당연한 이야기입니다. 그러나 소송을 해 보면 법률행위가 존재하는 것인지에 관한 의문이 있다고 하는 경우가 있습니다. 특히 금원을 지급한 것이 증여행위인지를 알 수 없습니다. 일반적으로 등기부등본이나 등록부, 계약서 등이 존재하는 경우 그에 취소하는 법률행위를 특정하기는 어렵지 않습니다. 그러나, 서류가 없는 경우는 이를 주장입증할 책임이 취소채권자에게 있다고 할 것이기 때문에 이를 입증하지 못하여 패소하는 경우도 존재할 수 있습니다.

여기에서는 지금까지 문제되었던 법률행위들과 또한 새롭게 나온 법률행위 등을 검토해 보기로 합니다.

2. 부동산매매계약, 매매예약

가. 쟁점의 정리

사실 가장 많은 사해행위의 법률행위입니다. 그렇기 때문에 가장 많고 흔하면서 가장 중요하다는 것을 이해해야 할 것입니다. 이 행위들에서 중요한 것은 다름이 아니라 청구취지입니다. 전부취소인지 일부취소인지 원상회복이 원물반환인지 가액배상인지등에 관한 문제가 발생합니다. 가액배상시에 그렇다고 한다면 공제할 것은 무엇인지가 쟁점이 되고 공제를 얼마나 해야 하는 것인지도 문제가 됩니다.

나. 전부취소와 원물반환이 가능한 경우 - 소유권말소등기청구

채무자가 부동산을 수익자에게 이전을 시켰는데 이에 관하여 기존 근저당권이 말소된 적도 없고 또한 수익자가 다른 사람에게 근저당권을 설정해 주거나 수익자의 채권자가 가압류를 한 적도 없는 경우에는 부동산에 관하여 전부 취소를 시키고 소유권말소등기청구방식으로 채무자에게 돌려놓을 수 있습니다.

"1. 피고와 소외 채무자 사이에 별지 목록 기재 부동산에 관한 2023. 6. 3.자 매매계약을 취소한다.

2. 피고는 소외 채무자에게 별지 목록 기재 부동산에 관하여 서울중앙지방법원 2023. 6. 3.자 접수 제1004호 접수된 소유권이전등기의 말소등기절차를 이행하라.

3. 소송비용은 피고의 부담으로 한다."

이렇게 청구취지를 쓰면 될 것입니다.

다. 전부취소와 원물반환을 소유권이전등기청구형식으로 하는 경우

채무자가 수익자에게 부동산을 넘겼는데 채무자로 있었을 때의 근저당권이나 임차권등에는 아무런 변동이 없었는데 수익자의 채권자 가압류를 해 놓은 경우에 그 금액이 크지 않을 경우에 이를 인수하여 채무자에게 돌려놓는 경우입니다. 이와 같이 하게 되면 감정을 하지 않아도 되기 때문에 유리합니다. 수익자의 채권자들이 취소채권자가 가처분을 해 놓았을 것이기 때문에 더 이상 권리를 행사할 수는 없을 것입니다. 또한 지금은 부동산의 가격이 그리 높지 않지만 앞으로 부동산 가격이 크게 높아질 가능성이 있는 경우에는 소유권이전등기청구를 통해서 이전받는 것이 유리할 수 있습니다. 다만, 이 경우에 채무자의 채권자들이 이 부동산에 가압류나 경매 시 배당이 들어올 경우에는 안분배당을 받을 수밖에 없는 손해가 발생합니다. 판결을 받아놓고 판결문을 집행하지 않을 수도 있습니다. 그리고 사후에 자기가 원하는 때에 이를 집행하고 경매처분을 할 수도 있습니다.

"1. 피고와 소외 채무자 사이에 별지 목록 기재 부동산에 관한 2023. 6. 3.자 매매예약을 취소한다.

2. 피고는 소외 채무자에게 별지 목록 기재 부동산에 관하여 소유권이전등기청구를 이행하라.

3. 소송비용은 피고의 부담으로 한다."

라. 매매예약을 취소하는 경우

매매예약에 기한 가등기가 담보가등기인지 소유권이전등기청구권보전의 가등기인지 종류와 관계없이 무조건 원물반환만 가능합니다. 왜냐하면 담보가등기인 경우에 선순위 근저당권이 말소되면 담보가등기권자는 우선변제권을 더욱 확보받을 뿐입니다. 채무자의 채권자가 가압류를 하면 그에 대하여는 우선변제권을 가지고 있기 때문에 역시 근저당권과 비슷하기 때문에 영향을 받지 않습니다. 청구권보전의 가등기의 경우는 그 자체로 청구권보전의 순위보전의 의미가 강하기 때문에 사후 본등기하면 그 뒤에 설정되거나 경료된 모든 등기가 직권말소가 됩니다. 먼저 있던 근저당권이 말소가 된다고 하더라도 이는 가등기권자와는 전혀 관계가 없습니다. 일반적으로 본등기시에 이제 선순위 근저당권을 인수할 것인지 아니면 그 대금을 지급하고 채무자가 말소케 하든지 할 것이기 때문에 가등기로 존재하는 경우에 선순위 근저당권이 말소되더라도 가등기권자와는 관계가 없게 됩니다.

"1. 피고와 소외 채무자 사이에 별지 목록 기재 부동산에 관한 2023. 6. 3.자 매매계약을 취소한다.

2. 피고는 소외 채무자에게 별지 목록 기재 부동산에 관하여 서울중앙지방법원 2023. 6. 3.자 접수 제1004호 접수된 소유권이전가등기의 말소등기절차를 이행하라.

3. 소송비용은 피고의 부담으로 한다."

다만, 본등기를 경료한 경우에는 매매계약과 같은 결과가 나오게 됩니다.

마. 일부취소와 가액배상을 구하는 경우

1) 가장 복잡하여 판례를 꼼꼼히 찾아보아야 함

이는 가장 기본적인 형태가 기존 근저당권이 있었는데 사해행위를 하면서 이를 말소시키거나 수익자에게 넘어간 경우에 기존 근저당권을 말소시키는 경우입니다. 이를 생각해 보면, 그리 어려운 것은 아닐 것입니다.

만약 10억 원 짜리 부동산이 있습니다. 그런데 5억 원의 피담보채권이 있는 근저당권이 있었습니다. 이를 그대로 두었다고 한다면 일반채권자로서는 가압류를 하고 경매를 넣을 것입니다. 이 경우 선순위 근저당권자가 가져간 금액을 채권최고액 한도 내에서는 일반채권자는 건드릴 수 없다고 할 것입니다. 즉 남은 5억 원에 대해서만 일반채권자로서는 배당받을 수 있는 금원이 되는 것입니다.

그런데 사해행위인 매매행위가 있어서 이를 매도인인 채무자가 말소를 시키고 수익자에게 넘겨주었거나 수익자가 인수하였다가 말소를 시키고 깨끗한 부동산이 되었는데 이 부동산을 원물반환으로 채무자에게 돌려놓으라고 한다면 일반채권자에게는 5억 원의 가치밖에 없던 부동산을 사해행위라는 것이 있다고 하여 10억 원의 부동산을 돌려놓게 되면 일반채권자만 이익을 보는 것이기 때문에 공평과 형평의 원칙에 반합니다. 그래서 대법원은 지분권이 아니라 이런 경우에 일부취소를 구하고 돈으로 지급하라는 식의 판결을 할 수 있도록 판례를 쌓아오고 있습니다.

2) 취소할 수 있는 금액의 범위

이는 피보전채권의 범위에 관한 것입니다. 위의 사례에서 5억 원이 일반채권자의 공동담보로서의 가치가 있었습니다. 그런데 취소채권자의 채권이 2억 원과 이자 상당이라고 한다면 5억 원 전부가 아니라 취소채권자의 피보전채권의 한도내에서만 취소할 수 있습니다.

"1. 피고와 소외 채무자 사이에 별지 목록 기재 부동산에 관한 2023. 6. 3.자 매매계약은 금200,000,000원 및 이에 대하여 2020. 1. 1.부터 2021. 12. 31.까지는 연 5%, 그 다음날부터 이 사건 변론종결일까지는 연 12%의 비율에 의한 금원을 한도 내에서 이를 취소한다.

2. 피고는 원고에게 금200,000,000원 및 이에 대하여 2020. 1. 1.부터 2021. 12. 31.까지는 연 5%, 그 다음날부터 이 사건 변론종결일까지는 연 12%의 비율에 의한 금원 및 이 원리금 합계 금원에 대하여는 이 사건 판결확정일 다음날부터 다 갚는 날까지 연 5%의 비율에 의한 금원을 지급하라.

3. 소송비용은 피고의 부담으로 한다."

만약 원고의 피보전채권이 5억 원이 넘는다고 한다면 다음과 같을 것입니다.

"1. 피고와 소외 채무자 사이에 별지 목록 기재 부동산에 관한 2023. 6. 3.자 매매계약은 금500,000,000원의 한도 내에서 이를 취소한다.

2. 피고는 원고에게 금500,000,000원 및 이에 대하여 이 사건 판결확정일 다음날부터 다 갚는 날까지 연 5%의 비율에 의한 금원을 지급하라.

3. 소송비용은 피고의 부담으로 한다."

3) 부동산의 가액의 결정에 관하여 - 사실심변론종결시점

부동산의 경우는 사실심변론종결시점의 시가로 하여 가액을 산정하도록 되어 있습니다. 위의 예에서 10억 원의 부동산이 취소소송을 하면서 감정을 했더니 15억 원이 되었다고 한다면 10억 원의 한도내에서 이를 취소할 수 있는 것입니다.

만약 매수 시에는 10억 원이었는데 취소소송의 변론종결시점에 가까운 시점에 감정한 가액이 6억 원밖에 되지 않는다고 한다면, 취소채권자는 자신의 채권이 2억 원과 이자 상당이라고 하더라도 1억 원만 취소를 구할 수 있고 1억 원만 가액배상을 구할 수 있을 뿐입니다.

4) 공제할 금액의 범위에 관하여 - 사해행위시점

선순위 근저당권이 사해행위시점에 5억 원이었는데 수익자가 이에 대하여 이자를 납부하지 못하여 말소 시에는 5억 2천만 원을 주고 말소를 시켰다고 한다면 이 경우에 5억 원을 공제할 것인지 5억 2천만 원을 공제할 것인지 문제가 될 수 있는데 이 경우에 있어서 대법원은 사해행위시점을 기준으로 삼고 있습니다.

5) 채권최고액 이상으로 채무가 존재하였던 경우 – 채권최고액 한도

채무자가 부동산을 수익자에게 이전할 시점에 5억 원의 근저당권의 채권최고액은 6억 원이었습니다. 그런데 이자가 연체가 되어 있어 원리금 합계 금원이 6억 5천만 원이었습니다. 수익자는 이런 사실을 알지 못하였고 매매대금만 지급하였더니 채무자가 알아서 근저당권을 말소시켰습니다. 이런 경우에 공제할 금액은 채권최고액이 한도입니다. 왜냐하면 근저당권의 우선변제권이 인정되는 금액은 채권최고액이기 때문입니다.

6) 수 개의 근저당권이 존재하고 이 중 일부만 말소된 경우 – 사해행위시점

만약 수 개의 근저당권이 존재하는 부동산을 매수하였는데 하나는 말소시켰는데 나머지는 그대로 둔 경우에는 어떻게 처리할 것인가가 문제가 됩니다.

"사해행위의 목적인 부동산에 **수 개의 저당권이 설정되어 있다가 사해행위 후 그중 일부 저당권만이 말소된 경우**, 사해행위의 취소에 따른 원상회복은 가액배상의 방법에 의할 수밖에 없을 것이고, 그 경우 배상하여야 할 가액은 **그 부동산의 가액에서 말소된 저당권의 피담보채권액과 말소되지 아니한 저당권의 피담보채권액을 모두 공제하여 산정하여야 한다.**"[1]

"어느 부동산에 관한 법률행위가 사해행위에 해당하는 경우에는 원칙적으로 그 사해행위를 취소하고 소유권이전등기의 말소 등 부동산 자체의 회복을 명하여야 하는 것이나, 저당권이 설정되어 있는 부동산에 관하여 사해행위가 이루어진 경우에 그 사해행위는 부동산의 가액에서 저당권의 피담보채권액을 공제한 잔액의 범위 내에서만 성립한다고 보아야 하므로 사해행위 후 변제 등에 의하여 저당권설정등기가 말소된 경우, 사해행위

1) 대법원 2007. 7. 12. 선고 2005다65197 판결 [사해행위취소등]

를 취소하여 그 부동산 자체의 회복을 명하는 것은 당초 일반 채권자들의 공동담보로 되어 있지 아니하던 부분까지 회복시키는 것이 되어 공평에 반하는 결과가 되어, 그 부동산의 가액에서 저당권의 피담보채권액을 공제한 잔액의 한도에서 사해행위를 취소하고 그 가액의 배상을 명할 수 있을 뿐이므로, 사해행위의 목적인 부동산에 수 개의 저당권이 설정되어 있다가 **사해행위 후 그중 일부의 저당권만이 말소된 경우에도 사해행위의 취소에 따른 원상회복은 가액배상의 방법에 의할 수밖에 없을 것이고, 그 경우 배상하여야 할 가액은 사해행위 취소시인 사실심변론종결시를 기준으로 하여 그 부동산의 가액에서 말소된 저당권의 피담보채권액과 말소되지 아니한 저당권의 피담보채권액을 모두 공제하여 산정하여야 한다.**"2)

"**사해행위 취소시인 사실심변론종결시를 기준으로 하여 그 부동산의 가액에서 말소된 저당권의 피담보채권액과 말소되지 아니한 저당권의 피담보채권액을 모두 공제하여 산정**"하여야 한다는 말의 의미가 무엇인지 어려운 점이 있다. 부동산 가액은 변론종결 시점으로 파악하는 것이 이해가 된다. 말소된 저당권의 피담보채권액과 말소되지 아니한 저당권의 피담보채권액의 기준시점도 사실심변론종결시점으로 볼 것인지가 의문이다. "원심은, 그 채용 증거들을 종합하여 그 판시와 같은 **3개의 근저당권이 설정되어 있던 소외 1 소유의 이 사건 부동산이 사해행위로 피고에게 이전된 후 피고에 의하여 1, 2순위 근저당권이 말소된 사실**을 적법하게 확정한 후, 피고에게 이 사건 사해행위취소로 인한 원상회복으로서 가액배상을 명하고 그 금액을 산정함에 있어서, 비록 이 사건 사해행위 후 상고이유의 주장과 같이 **3순위 근저당권자가 소외 1 소유의 다른 부동산인 이 사건 빌라에 관한 공매절차를 통하여 그 피담보채권 31,808,707원 중 20,000,000원을 회수한 사실**이 있다고 하더라도 3순위 근저당권의 피담보채권액으로서 **11,808,707원(31,808,707원 - 20,000,000원)원만을 공제할 수는 없음**을 전제로, 이 사건 부동산의 시가에서 공제할 3순위 근저당권의 피담보채권액을 사해행위 당시의 피담보채권액인 31,808,707원으로 확정하였는바, 앞서 본 법리와 기록에 비추어 살펴보면, 원심의 위와 같은 판단은 정당한 것으로 수긍할 수 있다.
원심판결에는 상고이유로 주장하는 바와 같은 법리오해의 위법이 없다.
한편, 사해행위취소에 따른 원상회복으로서 가액배상을 명하는 취지와 이미 말소된 근

---

2) 대법원 1998. 2. 13. 선고 97다6711 판결 [사해행위취소]

> 저당권의 피담보채권액도 부동산의 시가에서 공제하는 점 등에 비추어 볼 때, 상고이유
> 의 주장과 같이 **사실심변론종결시를 기준으로 하여 부동산의 시가에서 공제되어야 할**
> **피담보채권액을 산정한다고 하더라도, 당연히 이 사건 부동산에 관한 3순위 근저당권**
> **의 피담보채권액으로서 11,808,707원만이 공제되어야 하는 것으로 볼 수 없다.** 이와
> 다른 입장을 전제로 한 상고이유의 주장은 더 나아가 살펴볼 필요 없이 이유 없다."3)

　　　이 판례를 통하여 일응 근저당권의 경우 사해행위시점의 채무액으로 하여
공제하는 것으로 본 것 같습니다. 부동산의 시가는 사실심변론종결시점이지만
피담보채무액의 사실심변론시점으로 파악하여 공제하는 것이 합리적일 것입니
다. 왜냐하면 사해행위시점으로 하여 채무액을 공제해야 합리적입니다. 사후에
수익자가 이 중에 일부를 변제하였다고 하고 남은 금액만 공제한다면, 또한 사
해행위가 없었다고 한다면 채무자가 이를 변제하였을 가능성은 없었습니다. 왜
냐하면 이미 채무초과 상태에서 담보권자의 채무를 변제할 사람은 거의 없기 때
문입니다.

　　　이 사건의 원심은 그러면 말소된 2건의 근저당권의 경우 얼마를 공제하였
는지를 보는 것이 필요합니다.

> "저당권이 설정되어 있는 부동산을 제3자에게 양도하였으나 양도 후 저당권의 피담보
> 채무가 변제되어 근저당권설정등기가 말소된 경우, 사해행위를 취소하여 그 부동산 자
> 체의 회복을 명하는 것은 당초부터 일반채권자들의 공동담보를 이루지 아니하던 부분
> 까지 회복시키는 결과가 되어 공평에 반하므로 이러한 경우 사해행위취소로 인한 원상
> 회복은 **원고의 피보전채권액을 한도로 그 부동산의 가액에서 말소된 근저당권의 피담**
> **보채무액(다만, 피담보채무액이 채권최고액을 초과하는 경우에는 채권최고액)과 잔존**
> **근저당권의 피담보채무액 등** *사해행위 당시 일반채권자들의 공동담보가 되지 아니하였*
> *던 부분을 공제한 잔액의 범위 내에서 사해행위를 취소*하고 그 가액의 배상을 구할 수
> 있을 뿐이고, 그와 같은 가액 산정은 사실심변론종결시를 기준으로 하여야 할 것인데,
> 이 사건 부동산에 관하여 피고 명의의 소유권이전등기가 마쳐질 당시 이 사건 부동산

---

3) 대법원 2007. 7. 12. 선고 2005다65197 판결 [사해행위취소등]

에 설정된 제1근저당권의 피담보채무액은 30,354,154원(채권최고액은 2,300만 원)이고, 제2근저당권의 피담보채무액은 112,713,531원이며, 한편, 이 사건 부동산에 설정된 제3근저당권이 부담하는 피담보채무액 31,808,707원이고, 제1, 2근저당권은 피고 명의의 소유권이전등기가 경료된 이후 말소되었으며, 당심 변론 종결일에 가까운 2004. 11. 25.경 이 사건 부동산의 시가는 200,788,840원이므로, 결국 이 사건 원상회복의 방법은 가액배상에 의하여야 할 것이고, 그 원상회복의 범위는 이 사건 부동산의 시가 상당액에서 피담보채무액을 공제한 33,266,602원(=200,788,840원 - 2,300만 원 - 112,713,531 - 31,808,707원)이 된다."[4]

이 부산고등법원 사례가 매우 다양하면서 한 번에 모든 문제를 해결하고 있습니다.

1번 근저당권은 채권최고액이 2,300만 원인데 실제 채무액은 30,354,154원이었기 때문에 채권최고액인 2,300만 원 공제하고,

2번 근저당권은 피담보채무액이 112,713,531원으로 채권최고액 한도였던 것으로 보입니다.

3번 근저당권은 말소가 되지 않는데 사해행위 당시의 채무액은 31,808,707원이었습니다. 그런데 이는 근저당권자가 다른 부동산에서 채무를 변제받은 사실이 있었습니다.

"(5) 소외 1이 이 사건 부동산을 피고에게 매도할 당시 제1근저당권의 피담보채무액은 원리금 합계 30,354,154원이었고, 제2근저당권의 피담보채무액은 112,713,531원(=원금 92,000,000원 + 이자 20,713,531원)이었고, 제3근저당권의 피담보채무는 31,808,707원이었는데, 피고는 2003. 2. 10. 제1근저당권의 피담보채무 전액을 변제하고 이를 말소하고, 제2근저당권의 피담보채무액 중 이자 20,713,531원과 원금 18,400,000원 합계 39,113,531원을 변제하는 한편, 화개농업협동조합과 사이에 나머지 원금채무 73,600,000원을 피고가 인수하기로 하면서 제2근저당권을 말소하고, 이 사건 부동산에 같은 등기소 2003. 2. 11. 접수 제1872호로 근저당권자 위 농협, 채무

---

4) 부산고등법원 2005. 10. 7. 선고 2005나7962 판결 [사해행위취소등]

> 자 피고, 채권최고액 9,700만 원으로 된 근저당권설정등기를 마쳤다.
> (6) 이 사건 부동산의 2002. 8. 16.경 시가는 191,443,470원이고, 2004. 11. 25.경
> 시가는 200,788,840원이다."5)

1번 근저당권의 피담보채무 30,354,154원을 수익자가 변제하였는데 공제는 2,300만 원 받았으니 7,354,154원 손해를 보았습니다.

2번 근저당권의 피담보채무는 앞에서 본 것과 같은데 원금이 92,000,000원이었습니다. 비율을 120%로 하면 채권최고액이 110,400,000원이 되고, 비율을 130%로 하면 채권최고액이 119,600,000원입니다. 이자까지 합친 금액이 112,713,531원이고 이 금액을 전부 공제한 것을 보면, 채권최고액이 원금의 120%가 아니고 최소한 130% 이상은 되었던 것으로 보입니다. 일부 말소를 하고 화개농협협동조합과 남은 채무 73,000,000원은 인수하기로 하고 기존 2번 근저당권을 말소하고 새로운 근저당권을 설정하였으며 채권최고액은 9,700만 원이었습니다.

사해행위당시의 부동산시세는 191,443,470원이고 2004. 11. 25.경 시가는 200,788,840원이었습니다. 부산고등법원이 변론종결일은 2005. 9. 2.이었습니다. 2년이 지난 시점의 감정가가 사해행위시점보다 불과 9,300,000원 정도가 늘었을 뿐입니다.

원고 측은 항소심에서 추가적인 감정을 할 필요가 있었다고 할 것입니다. 왜냐하면 이 당시 노무현 대통령이 집값을 매우 높였던 시기이기 때문에 2005년도에는 많이 올랐을 것인데도 불구하고 감정을 하지 아니한 잘못이 있습니다. 부산고등법원은 사해행위 당시의 채무액을 기준으로 하여 일률적으로 공제한 것임을 알 수 있습니다.

7) 소유권이 채무자로 동일한 공동근저당인 경우일 경우 - 가액비율로

> "사해행위취소의 소에서 채무자가 수익자에게 양도한 목적물에 저당권이 설정되어 있는 경우라면 그 목적물 중에서 일반채권자들의 공동담보에 제공되는 책임재산은 피담

---

5) 부산고등법원 2005. 10. 7. 선고 2005나7962 판결 [사해행위취소등]

보채권액을 공제한 나머지 부분만이라고 할 것이고 그 피담보채권액이 목적물의 가액을 초과할 때는 당해 목적물의 양도는 사해행위에 해당한다고 할 수 없다. 그런데 수 개의 부동산에 공동저당권이 설정되어 있는 경우 책임재산을 산정함에 있어 각 부동산이 부담하는 피담보채권액은 특별한 사정이 없는 한 민법 제368조의 규정 취지에 비추어 공동저당권의 목적으로 된 각 부동산의 가액에 비례하여 공동저당권의 피담보채권액을 안분한 금액이라고 보아야 한다(대법원 2003. 11. 13. 선고 2003다39989 판결 참조).6)

이 경우는 수 개의 부동산의 소유자가 동일한 경우에 적용된다고 할 것입니다. 수 개의 부동산 중에 하나의 부동산을 수익자가 취득하였고 사후에 근저당권이 말소된 경우에는 공동저당권의 목적으로 된 각 부동산의 가액에 비례하여 공동저당권의 피담보채권액을 안분한 금액으로 보아야 한다는 것입니다.

10억, 10억 부동산 2개가 있는데 공동저당권 피담보채권액 5억 원이 설정되어 있었다고 한다면 사후에 한 부동산만 수익자에게 이전이 되고 말소가 된 경우 수익자는 그 부동산에서 2억 5000만 원을 공제한 나머지 7억 5000만 원의 한도 내에서 가액배상을 부담할 수 있다는 말입니다.

8) 공동근저당권이 설정된 수 개의 부동산들을 일괄양도받은 수익자의 가액배상의 한도

가) 서울신용보증재단 사례

"공동저당권이 설정된 수 개의 부동산 전부의 매매계약이 사해행위에 해당하는 경우 그 사해행위 이후에 변제 등에 의하여 공동저당권이 소멸한 때에는 그 부동산의 가액으로부터 저당권의 피담보채권액을 공제한 잔액의 한도 내에서 매매계약을 일부 취소하고 그 가격에 의한 배상을 명하여야 하고 일부 부동산 자체의 회복을 인정할 수는 없으며, 이때 사해행위의 목적 부동산 전부가 하나의 계약으로 동일인에게 일괄 양도된 경우에는 사해행위로 되는 매매계약이 공동저당 부동산의 일부를 목적으로 할 때처럼 그 부동산 가액에서 공제하여야 할 피담보채권액의 산정이 문제되지 아니하므로 특별

6) 대법원 2013. 7. 18. 선고 2012다5643 전원합의체 판결 [대여금및사해행위취소]

한 사정이 없는 한 그 취소에 따른 배상액의 산정은 목적 부동산 전체의 가액에서 공동
저당권의 피담보채권 총액을 공제하는 방식으로 함이 그 취소 채권자의 의사에도 부합
하는 상당한 방법이라 할 것이고, 한편 사해행위로 인하여 일탈한 재산의 범위는 사해
행위 당시 이미 정하여지는 이상 위의 경우에 있어서 그 저당권의 피담보채무의 변제
및 저당권 말소의 원인과 그 자금의 제공자가 누구인지 혹은 그 이익이 잔존하는지 여
부는 상관이 없다 할 것이므로, 그 공동저당권 말소의 원인이 하나의 사해행위로서 동
일인에게 일괄 양도된 부동산 중 일부에 대한 공동저당권의 실행에 따른 것이라 하여
달리 볼 것도 아니다."7)

이는 지은이가 직접 수행한 사건입니다. 위 대법원 2003다39989 판결에 따
라 안분하여 가액배상판결을 받아야 한다고 주장하고 일부승소판결을 받았는데
대법원에서 이렇게 판결하여 파기환송이 된 사건입니다.

"원심은, 이 사건 각 부동산이 2002. 8. 19.자 사해의 매매계약에 기하여 소외인으로
부터 피고에게로 일괄하여 매도된 데다가 위 각 부동산에 관하여는 사해행위 당시를
기준으로 피고 및 취소 채권자 이외에는 각 부동산별로 별도의 독립된 이해관계인들이
존재하지 아니함에도, 위 사해행위의 취소에 따른 배상액의 산정은 각 부동산별 사해행
위 해당 여부의 판정에 관한 법리(대법원 2003. 11. 13. 선고 2003다39989 판결 참
조)에 맞추어 각 부동산별로 이루어져야 한다는 이유를 들어 이 사건 공동근저당권의
실행으로 18,532,317원의 배당금지급청구채권만 남게 된 제2, 3, 4 부동산의 경우는
물론 그 피담보채무의 현실적 분담 없이 공동근저당권이 말소된 제1 부동산에 대하여
도 그 부동산 가액에 따른 안분 피담보채권액을 기준으로 그 범위 내의 매매계약의 취
소 및 가액배상을 명함으로써 결과적으로 취소 채권자의 의사에 현저히 반할 뿐만 아
니라 악의의 수익자에게 사해행위에 따른 부당한 이득의 보유를 긍정하였는바, 이러한
원심의 판단에는 공동저당권이 설정된 부동산의 일괄 양도에 따른 사해행위의 취소 및
원상회복의 범위와 방법에 관한 법리를 오해함으로써 판결 결과에 영향을 미친 위법이
있다 할 것이고, 제1 부동산의 원물반환과 제2, 3, 4 부동산의 배당금지급청구채권의
양도절차의 이행을 구하는 원고의 청구취지 속에는 이 사건 매매계약의 취소에 따라

7) 대법원 2005. 5. 27. 선고 2004다67806 판결 [구상금등]

원상회복이 가능한 범위 내의 가액배상을 구하는 취지도 포함되어 있다 할 것이므로 원고의 상고이유는 이 점에 있어서 이유 있다 할 것이다."8)

이 판례는 지은이가 매우 새로운 주장들을 하여 새로운 판결을 받았던 사건이었습니다.

나) 경기신용보증재단 사례

"공동저당권이 설정된 수 개의 부동산 전부의 매매계약이 사해행위에 해당하고 사해행위의 목적 부동산 전부가 하나의 계약으로 동일인에게 일괄 양도된 경우에는 사해행위로 되는 매매계약이 공동저당 부동산의 일부를 목적으로 할 때처럼 부동산 가액에서 공제하여야 할 피담보채권액의 산정이 문제 되지 아니하므로 특별한 사정이 없는 한 취소에 따른 배상액의 산정은 목적 부동산 전체의 가액에서 공동저당권의 피담보채권총액을 공제하는 방식으로 함이 취소채권자의 의사에도 부합하는 상당한 방법이고, 특별한 사정이 없는 한 목적물 전부를 사해행위로 취소하는 경우와 그중 일부를 개별적으로 취소하는 경우 사이에 취소에 따른 배상액 산정기준이 달라져야 할 이유가 없으므로 사해행위인 매매계약의 목적물 중 일부 목적물만을 사해행위로 취소하는 경우 일부 목적물의 사실심변론종결 당시 가액에서 공제되어야 할 피담보채권액은 공동저당권의 피담보채권총액을 사실심변론종결 당시를 기준으로 한 공동저당 목적물의 가액에 비례하여 안분한 금액이라고 보아야 한다."9)

지은이가 피고를 대리하였던 사건은 서울신용보증재단이고, 이 사건은 경기신용보증재단사건인데 원고 측 변호사님이 동일한 분입니다. 참 같은 법리를 가지고 전에는 파기환송을 받았는데 이번에는 파기환송을 당하였습니다.

"1) 원상회복의 방법(가액반환)
저당권이 설정되어 있는 부동산이 사해행위로 이전된 경우에 그 사해행위는 부동산의

---

8) 대법원 2005. 5. 27. 선고 2004다67806 판결 [구상금등]
9) 대법원 2014. 6. 26. 선고 2012다77891 판결 [구상금]

가액에서 저당권의 피담보채권액을 공제한 잔액의 범위 내에서만 성립한다고 보아야 하므로, 사해행위 후 변제 등에 의하여 저당권설정등기가 말소된 경우, 사해행위를 취소하여 그 부동산 자체의 회복을 명하는 것은 당초 일반 채권자들의 공동담보로 되어 있지 아니하던 부분까지 회복을 명하는 것이 되어 공평에 반하는 결과가 되므로, 그 부동산의 가액에서 저당권의 피담보채무액을 공제한 잔액의 한도에서 사해행위를 취소하고, 그 부동산의 가액의 배상을 구할 수 있을 뿐이고, 그와 같은 가액 산정은 사실심변론종결시를 기준으로 하여야 하며(대법원 2001. 12. 27. 선고 2001다33734 판결 등 참조), 공동저당권이 설정되어 있는 수 개의 부동산 중 일부가 양도된 경우 양도된 부동산에서 공제하여야 할 피담보채권 금액은 민법 제368조의 취지에 비추어 공동저당의 목적이 된 각 부동산의 가액에 비례하여 안분하는 방법으로 산정되어야 하고(대법원 2003. 11. 13. 선고 2003다39989 판결 등 참조), 이는 수 개의 부동산의 양도가 전부 사해행위에 해당하는 경우에 채권자가 그중 일부에 대하여만 취소를 구하는 경우에도 마찬가지라 할 것이다.

살피건대, 이 사건 제대기와 함께 공동담보로 제공되었던 이 사건 각 부동산에 관하여 이 사건 공동근저당권설정등기가 경료되었다가 이 사건 매매 당일인 2010. 5. 6. 피담보채무액 1,183,738,261원에 대한 피고의 대위변제로 위 등기가 말소된 사실은 앞서 본 바와 같으므로, 이 사건 매매계약은 원고가 구하는 바에 따라 이 사건 각 부동산의 사실심변론종결 당시의 가액에서 피고가 대위변제한 이 사건 공동근저당권의 피담보채권금액 중 가액반환대상이 된 이 사건 각 부동산의 가액에 비례하여 안분된 금액을 공제한 잔액의 한도에서 이를 취소할 수 있고, 피고는 원상회복으로 그 가액을 배상할 의무가 있다.

이에 대하여 피고는 하나의 법률(사해)행위로 인하여 담보로 제공된 수 개의 공동담보물이 일괄하여 양도된 경우, 그중 일부 담보물에 대하여만 취소를 구하는 것을 허용하여서는 아니 된다는 취지의 주장을 하나, 사해행위취소 및 그 반환의 범위를 정하는 것은 채권자의 권한에 속하는 것이고, 뒤에서 보는 바와 같이 일부 취소를 구할 경우 그 안분비율을 사해행위 당시를 기준으로 정하는 이상 채권자가 그 취소범위를 어떻게 정하든 간에 수익자에게 불합리한 결과가 생기는 것도 아니므로, 피고의 이 부분 주장은 받아들이지 아니한다."10)

    서울고등법원은 대법원 2004다67806 판결을 언급하지 않고 있습니다. 원고

---

10) 서울고등법원 2012. 7. 24. 선고 2011나59874 판결 [구상금]

측 변호사님이 이 판례를 알 것인데 불리하기 때문에 이를 주장하지 아니한 것인지 왜 그런지는 모르겠지만 이에 대한 언급이 없습니다.

"나) 판단
(1) 이 사건 각 부동산의 공동담보가액의 산정
을 제14호증의 기재에 의하면 2011. 6. 29. 당시 이 사건 각 부동산에 대한 감정평가액이 1,051,923,000원인 사실을 인정할 수 있고, 이후 시세가 변동하였다고 볼만한 별다른 자료가 없어, 이 사건 변론 종결일 현재에도 같은 가액일 것으로 추인되며, 이 사건 매매계약일인 2010. 5. 6. 당시 이 사건 각 부동산 및 제대기의 가액이 1,040,274,000원과 409,620,000원인 사실은 앞서 본 바와 같으므로, 원고가 사해행위의 목적물인 이 사건 각 부동산 및 제대기 중 이 사건 각 부동산에 대하여만 취소 및 가액배상을 구하고 있는 이 사건에서, 이 사건 각 부동산 및 제대기에 설정된 공동저당권의 피담보채권액 1,183,738,261원 중 이 사건 각 부동산의 가액 1,040,274,000원과 위 제대기의 가액 409,620,000원에 비례하여 이 사건 각 부동산에 안분된 공동근저당권의 공동담보액(= 피담보채권액)을 산정하여 보면 849,311,364원[= 1,183,738,261원 × {1,040,274,000원 / (1,040,274,000원 + 409,620,000원), 원 미만 버림, 이하 같다)]이 된다.
이에 대하여 피고는 사실심변론종결 당시의 가액에 비례하여 공동저당 목적물의 공동담보액을 산정하여야 한다고 주장하나, 사해행위의 취소가 채무자의 책임재산을 사해행위가 있기 이전의 상태로 회복시키는 제도라는 점, 사실심 변론 종결 당시를 기준으로 할 경우 채권자가 언제 사해행위를 취소하느냐에 따라 그 안분비율이 달라질 수 있어 불합리한 결과가 초래될 가능성을 배제할 수 없는 점에서 보면, 공동저당권 말소 당시 가액반환의 대상이 된 이 사건 각 부동산이 부담하고 있는 피담보채권액은 사해행위 당시 공동저당 목적물의 가액에 비례하여 안분하는 방법으로 산정함이 타당하다고 할 것이므로, 피고의 이 부분 주장은 받아들이지 아니한다.
따라서 이 사건 매매계약을 취소함으로써 회복되는 이 사건 각 부동산의 공동담보가액은, 이 사건 부동산의 사실심변론종결일의 가액으로 추인되는 1,051,923,000원에서 위와 같이 안분된 피담보채권액 849,311,836원을 공제한 잔액인 202,611,164원(= 1,051,923,000원 - 849,311,836원)이 된다.
(2) 원고의 피보전채권액
근저당권 말소 등으로 사해행위의 일부를 취소하고 가액배상을 하여야 하는 경우, 특별한 사정이 없는 한 그 취소 및 가액배상은 사해행위 목적물이 가지는 공동담보가액과 채권자의 피보전채권액의 각 범위 내에서 그 중 적은 금액을 한도로 이루어져야 하고, 이때 채권자의 위 채권액에는 사해행위 이후 사실심변론종결시까지 발생한 이자나 지연손해금이 포함된다(대법원 2001. 9. 4. 선고 2000다66416 판결 등 참조).

살피건대, 원고의 이 사건 구상금채권액 223,920,068원 중 대위변제금이 219,931,968원이고, 이에 대하여 대위변제일인 2010. 11. 1.부터 이 사건 사실심변론종결일인 2012. 6. 19.까지 발생한 지연손해금이 71,752,051원인 사실을 앞서 본 바와 같으므로, 이 사건 사실심변론종결일을 기준으로 한 구상금채권액은 295,672,119원(= 223,920, 068원 + 71,752,051원)이 된다.

(3) 소결

이 사건 각 부동산의 공동담보가액이 202,611,164원이고, 위 공동담보가액은 원고의 피보전채권액인 295,672,119원 중 원고가 구하는 283,621,052원의 범위 내에 있으므로, 결국 이 사건 매매계약은 202,611,164원의 한도 내에서 취소되어야 하고, 피고는 원고에게 가액배상으로 202,611,164원 및 이에 대하여 이 판결 확정일 다음날부터 다 갚는 날까지 민법에서 정한 연 5%의 비율에 의한 지연손해금을 지급하여야 할 의무가 있다고 할 것이므로, 원고의 주위적 청구에 관한 위 주장은 위 인정범위 내에서 이유 있다(원고의 주위적 청구가 일부 인용되고, 그 가액이 예비적 청구가액을 초과하므로 원고의 예비적 청구에 대하여는 별도로 판단하지 아니한다)."11)

원심은 "이 사건 매매계약일인 2010. 5. 6. 당시 이 사건 각 부동산 및 제대기의 가액이 1,040,274,000원과 409,620,000원인 사실"이라고 하여 사해행위 당시의 부동산의 시세를 가지고 안분배당을 했습니다. 그에 대하여 피고는 사실심변론종결시가의 부동산과 제대기의 가액을 파악하여 이를 가지고 사해행위 당시의 채무를 안분해야 한다고 주장하였습니다. 대법원은 "사실심변론종결 당시를 기준으로 한 공동저당 목적물의 가액에 비례하여 안분한 금액이라고 보아야 할 것"이라고 하면서 파기환송을 시켰습니다.

앞의 서울신용보증재단사건은 일괄양도된 부동산 전부의 취소를 구한 사건이었고 그중에 일부만 경매처분이 된 사건이었습니다. 경기신용보증재단사건은

---

11) 서울고등법원 2012. 7. 24. 선고 2011나59874 판결 [구상금]

2개의 공동저당목적물 중에 이 사건 부동산만의 취소를 구한 사건이었습니다. 그러면 피고는 왜 이런 주장을 하였을까를 보아야 합니다. 부동산의 시세는 올라갈 것입니다. 그런데 제대기는 "종이, 플라스틱 따위를 이용하여 자동으로 백(bag)을 제조하는 기계"라고 합니다. 당연히 감가상각에 따라서 제대기는 2010. 5. 6.의 시가 4억 원 정도였는데 3억 원으로 떨어졌을 가능성이 큽니다. 이 사건 부동산은 아마 공장이었을 것인데 사해행위당시의 가액이 1,040,274,000원이고 변론종결시점의 시가는 1,051,923,000원입니다. 만약 두 가격이 편하게 10억 원으로 변동이 없다고 하고 제대기의 가액은 4억 원에 3억 원으로 떨어졌다고 가정하고 채무액은 12억 원 정도라고 한다면 피고가 보는 이익을 계산해 봅니다.

원심과 같이 파악하면 12 × 10/16 = 787,050,000원이 계산됩니다.

대법원과 같이 파악하면 12 × 10/15 = 800,000,000원이 됩니다.

만약 파기환송심에서 제대기의 가격을 감정평가한다면 2010. 5. 6.에서 2014년에나 2015년의 가치로 파악하면 1억 원도 안 될 수도 있을 것입니다. 만약 1억 원이 된다면,

12 × 10/11 = 1,090,909,090원이 나옵니다.

당연히 이 경우에 원고 측도 감정을 하여 이 사건 부동산의 감정을 평가하여야 할 것입니다. 공장이니 건물가격은 낮아질 것이고 그에 반하여 토지가 포함되어 있다고 한다면 토지가액의 상승으로 원고가 유리할 수도 있다고 할 것입니다. 조정으로 해결하면 좋을 사건으로 보입니다.

판결요지만 보아서는 조금 무슨 뜻인지 알 수 없는 경우에 원심 판결과 대법원 판결을 읽어보면 그 의미를 정확히 알 수가 있습니다.

9) 공동담보로 제공된 부동산의 소유권이 다른 경우에 하나의 부동산을 넘겨받은 경우 - 공제할 금액

가) 부부가 집을 구입하면서 잔금을 대출받고 근저당권을 설정해 준 경우

"사해행위취소의 소에서 채무자가 수익자에게 양도한 목적물에 저당권이 설정되어 있는 경우라면 그 목적물 중에서 일반채권자들의 공동담보에 제공되는 책임재산은 피담보채권액을 공제한 나머지 부분만이라고 할 것이고 그 피담보채권액이 목적물의 가액

을 초과할 때는 당해 목적물의 양도는 사해행위에 해당한다고 할 수 없다. 그런데 수 개의 부동산에 공동저당권이 설정되어 있는 경우 책임재산을 산정함에 있어 각 부동산 이 부담하는 피담보채권액은 특별한 사정이 없는 한 민법 제368조의 규정 취지에 비추 어 공동저당권의 목적으로 된 각 부동산의 가액에 비례하여 공동저당권의 피담보채권 액을 안분한 금액이라고 보아야 한다(대법원 2003. 11. 13. 선고 2003다39989 판결 참조). 그러나 그 수 개의 부동산 중 일부는 채무자의 소유이고 다른 일부는 물상보증 인의 소유인 경우에는, 물상보증인이 민법 제481조, 제482조의 규정에 따른 변제자대 위에 의하여 채무자 소유의 부동산에 대하여 저당권을 행사할 수 있는 지위에 있는 점 등을 고려할 때, 그 물상보증인이 채무자에 대하여 구상권을 행사할 수 없는 특별한 사 정이 없는 한 채무자 소유의 부동산에 관한 피담보채권액은 공동저당권의 피담보채권 액 전액으로 봄이 상당하다(대법원 2008. 4. 10. 선고 2007다78234 판결 참조). 이 러한 법리는 하나의 공유부동산 중 일부 지분이 채무자의 소유이고, 다른 일부 지분이 물상보증인의 소유인 경우에도 마찬가지로 적용된다."12)

전원합의체 판결입니다. 대법원 2007다78234 판결과 그전의 모순된 판결이 있어 전원합의체로 모순된 판례를 저촉되는 한도 내에서 변경을 시켰습니다.

"이와 달리 채무자와 물상보증인의 공유인 부동산에 관하여 저당권이 설정되어 있고, 채무자가 그 부동산 중 자신의 지분을 양도하여 그 양도가 사해행위에 해당하는지를 판단할 때 채무자 소유의 부동산 지분이 부담하는 피담보채권액은 원칙적으로 각 공유 지분의 비율에 따라 분담된 금액이라는 취지의 대법원 2002. 12. 6. 선고 2002다 39715 판결과 대법원 2005. 12. 9. 선고 2005다39068 판결은 이 판결의 견해와 저 촉되는 한도에서 변경하기로 한다."13)

이 사건의 경우 부부가 공유로 부동산을 구입한 사건입니다. 그리고 부동산 을 구입하면서 잔금을 대출을 받았고 근저당권의 채무자는 남편으로 되어 있었 습니다. 사업을 하던 남편은 사업이 어렵게 되자 이 부동산의 1/2 지분을 피고

---

12) 대법원 2013. 7. 18. 선고 2012다5643 전원합의체 판결 [대여금및사해행위취소]
13) 대법원 2013. 7. 18. 선고 2012다5643 전원합의체 판결 [대여금및사해행위취소]

인 배우자에게 이전을 해 준 사건입니다.

쟁점은 공제되어야 할 금액이 원금 전부여야 하는지 아니면 지분비율에 따른 1/2인지가 문제가 되었던 사건입니다. 재미있는 것은 지은이가 이 사건 자체에 관여를 하였다는 것입니다. 전원합의체 판결사건의 원고는 중소기업은행이었고 지은이는 기술보증기금사건을 수행하였고 피고는 같았습니다. 지은이는 항소심에서 관여를 했습니다. 1심 판사는 연수원 동기일 뿐만 아니라 잘 아는 분인데 대법원 재판연구관을 했던 상황이었기 때문에 알고 있던 대법원 2007다78234 판결을 들어서 피담보채무액 전부를 공제하였습니다. 이에 항소를 하여 1/2로 줄였습니다. 그러나 전원합의체 판결을 1/2을 공제하였기 때문에 피고 측은 상고를 했던 것이고 지은이가 수행한 사건 역시도 상고를 했습니다.

"2. 원심판결 이유 및 원심이 인용한 제1심판결 이유에 의하면, 원심은 그 채택 증거에 의하여 부부인 소외인과 피고는 2003. 4. 2. 제1심판결 별지 목록 기재 부동산(이하 '이 사건 부동산'이라 한다)에 관하여 2분의 1 지분씩 소유권이전등기를 마치고, 같은 날 이 사건 부동산 전부에 관하여 주식회사 한국외환은행에 채무자를 소외인, 채권최고액을 1억 3,000만 원으로 하는 근저당권(이하 '이 사건 근저당권'이라 한다)을 설정해 준 사실, 소외인은 2010. 3. 15. 채무초과 상태에서 자신의 유일한 재산인 이 사건 부동산 중 2분의 1 지분(이하 '이 사건 지분'이라 한다)을 피고에게 증여하는 계약(이하 '이 사건 증여계약'이라 한다)을 체결하고, 2010. 3. 16. 피고에게 소유권이전등기를 마쳐준 사실, 피고는 2010. 3. 26. 이 사건 부동산에 관하여 농업협동조합중앙회에 채권최고액 1억 800만 원으로 하는 근저당권을 설정하여 주고 농업협동조합중앙회로부터 9,000만 원을 대출받아, 이를 이용하여 이 사건 근저당권의 피담보채무를 변제하여 이 사건 근저당권설정등기를 말소한 사실을 인정하였다.

원심은 위 인정 사실에 기초하여, 채무자와 제3자의 공유인 부동산에 관하여 근저당권이 설정된 경우에는 특별한 사정이 없는 한 피담보채권액은 각 공유지분의 비율에 따라 분담되는 것으로 봄이 상당하고, 피고가 이 사건 증여계약 이후 변제하여 소멸시킨 근저당권의 피담보채권액의 2분의 1 상당액이 원심 변론종결 당시를 기준으로 한 이 사건 지분의 시가에 미치지 못하므로 이 사건 증여계약은 사해행위에 해당한다는 취지로 판단하였다.

3. 그러나 어떤 처분행위가 사해행위에 해당하는지 여부는 그 처분행위 당시를 기준으

로 판단하여야 할 것이므로 원심으로서는 우선 변론종결 당시가 아니라 이 사건 증여계약 당시를 기준으로 지분의 시가와 근저당권의 피담보채권 액수를 산정하였어야 할 것이다. 그런 다음 앞서 본 법리에 따라 물상보증인인 피고가 소외인에 대하여 구상권을 행사할 수 없는 특별한 사정이 있는지를 살펴서 위 지분의 시가에서 그 피담보채권 전액을 공제할지 아니면 지분 비율에 따른 금액만을 공제할지를 따져 사해행위 여부를 판단하여야 한다. 나아가 이 사건에서 위와 같은 특별한 사정이 있는지 여부는 소외인이 이 사건 근저당권을 설정하고 대출받은 돈이 실제로 이 사건 부동산 구입자금으로 사용되었는지, 위 대출금이 이 사건 부동산의 구입자금으로 사용되었다면 그 대출금을 제외한 나머지 구입자금은 어떻게 마련하였는지, 특히 피고가 자신의 고유재산으로 구입자금 중 일부를 부담하였는지 및 피고가 소외인의 채무에 대하여 연대보증과 물상보증을 하게 된 경위 등을 종합적으로 심리하여 판단하여야 할 것이다."14)

지은이가 수행한 항소심에서는 특별한 사정을 입증하여 구상권을 행사할 수 없다고 판단을 받아서 1/2만 공제를 받았습니다. 그랬기 때문에 피고의 상고는 기각되었습니다.

이 사건의 경우 부동산을 매수하면서 잔금을 대출받았기 때문에 이익을 부부가 모두 보면서 근저당권 채무자는 남편인 채무자로만 되어 있기 때문에 피고인 처가 물상보증인이지만 실질적으로 채무자라고 할 것이기 때문에 구상을 할 수 없는 경우라고 할 것입니다.

나) 채무자의 지분의 가치가 피담보채무액을 초과해 버리는 경우

"가. 소외 1과 소외 2는 파주시 (주소 1 생략) 전 55㎡, (주소 2 생략) 대 1,310㎡, (주소 2 생략) 지상 각 건물을 1/2 지분씩 공유하고 있다[이하 위 각 부동산 중 소외 1 소유 부분을 '이 사건 지분'이라고 하고, 소외 2 소유 부분(원심판시의 별지 목록 제8, 9, 10항 기재 각 부동산이다)을 역시 소외 2 소유인 원심판시의 별지 목록 제5, 6, 7항 기재 각 부동산과 합하여 '이 사건 부동산'이라고 한다].
나. 이 사건 부동산과 이 사건 지분에 관하여, 1999. 4. 15. 채무자 소외 1, 근저당권자 파주연천축산업협동조합, 채권최고액 85,000,000원인 공동근저당권설정등기(이하

---

14) 대법원 2013. 7. 18. 선고 2012다5643 전원합의체 판결 [대여금및사해행위취소]

'①번 근저당권'이라 한다)가, 2009. 8. 19. 채무자 소외 1, 근저당권자 파주연천축산업협동조합, 채권최고액 390,000,000원인 공동근저당권설정등기(이하 '②번 근저당권'이라 한다)가, 1999. 4. 15.부터 2008. 4. 18.까지 채무자 소외 2, 근저당권자 파주연천축산업협동조합, 채권최고액 합계 3,307,000,000원인 12건의 공동근저당권설정등기(이하 포괄하여 '③번 근저당권'이라 한다)가 각 마쳐져 있었다.

다. 소외 2는 2011. 9. 5. 자신의 형제인 피고와 사이에 원심판시의 별지 목록 제1 내지 4항 기재 각 부동산을 매도하는 매매계약(이하 '이 사건 매매계약'이라 한다)을 체결하고, 2011. 9. 6. 피고에게 소유권이전등기를 마쳐주었다.

라. 그 당시 이 사건 부동산의 가액은 1,726,066,880원, 이 사건 지분의 가액은 1,252,726,880원이었고, ③번 근저당권의 피담보채권액은 1,393,312,026원이었다.

3. 위와 같은 사실관계를 앞서 본 법리에 비추어 살펴보면, 소외 2가 소외 1에 대하여 또는 소외 1이 소외 2에 대하여 구상권을 행사할 수 없는 특별한 사정이 있다는 점에 관한 아무런 주장·증명이 없는 이 사건에서, 소외 1이 채무자이고 소외 2가 물상보증인인 ①번, ②번 근저당권의 채권최고액 합계가 475,000,000원(= 85,000,000원 + 390,000,000원)으로서 그 채무자인 소외 1 소유의 이 사건 지분의 가액 1,252,726,880원을 초과하지 아니하므로 ①번, ②번 근저당권의 피담보채권액 중 그 물상보증인인 소외 2 소유의 이 사건 부동산이 부담하는 부분은 존재하지 아니한다고 할 것이다. 또한 소외 2가 채무자이고 소외 1이 물상보증인인 ③번 근저당권의 피담보채권액이 1,393,312,026원으로서 그 채무자인 소외 2 소유의 이 사건 부동산의 가액 1,726,066,880원을 초과하지 아니하므로 ③번 근저당권의 피담보채권액 중 그 물상보증인인 소외 1 소유의 이 사건 지분이 부담하는 부분은 존재하지 아니한다고 할 것이다.

4. 그렇다면 원심판결 이유 중에 적절하지 않은 부분이 있기는 하나, 원심이 이 사건 부동산의 가액을 평가하면서 ①, ②번 각 근저당권의 피담보채권액을 공제하지 않은 것은 결과적으로 정당하고 거기에 사해행위 성립에 관한 법리를 오해하여 판결 결과에 영향을 미친 잘못이 없다."[15)]

"물상보증인 소유의 부동산이 부담하는 피담보채권액은 공동저당권의 피담보채권액에서 위와 같은 채무자 소유의 부동산이 부담하는 피담보채권액을 제외한 나머지라고 봄

---

15) 대법원 2016. 8. 18. 선고 2013다90402 판결 [사해행위취소]

이 상당하다. 이러한 법리는 하나의 공유부동산 중 일부 지분이 채무자의 소유이고, 다른 일부 지분이 물상보증인의 소유인 경우에도 마찬가지로 적용된다(대법원 2013. 7. 18. 선고 2012다5643 전원합의체 판결 등 참조)."16)

채무자의 재산의 부동산 가치가 피담보채권을 초과한 경우에는 물상보증인의 소유의 부동산은 피담보채권을 부담하지 않게 됩니다. 그런 경우에는 공제할 필요도 없어지게 된다고 할 것입니다. 이 판례는 전원합의체 판결보다 한 단계 더 나아갔다고 할 것입니다.

다) 공동근저당권이 설정되어 있는 1/2씩 부부가 소유한 부동산을 남편이 자신의 지분을 처에게 증여한 사건

"2. 원심은 다음 사실을 인정하였다. 소외인은 제이티친애저축은행 주식회사를 상대로 원금 30,087,181원의 대출금 채무, 주식회사 우리은행을 상대로 원금 100,487,000원의 근저당권 채무를 부담하고 있었다. 부부인 소외인과 피고는 이 사건 부동산을 1/2 지분씩 소유하고 있었고, 이 사건 부동산 전부에 관하여 근저당권자 주식회사 우리은행, 채무자 소외인, 채권최고액 118,800,000원인 근저당권(이하 '이 사건 근저당권'이라 한다)이 설정되어 있었다. 소외인은 2017. 6. 19. 자신의 지분 전부를 피고에게 증여하고 다음 날 소유권이전등기를 하였다(이하 '이 사건 증여'라 한다). 피고는 2017. 7. 11. 피담보채무액을 전부 변제하고 이 사건 근저당권을 말소하였다. 원심 변론종결 당시 이 사건 부동산의 시가는 210,700,000원으로 추인된다.

원심은 이러한 인정 사실을 기초로 하여, 소외인이 채무초과 상태에서 유일한 재산인 자신의 지분 전부를 피고에게 증여한 것은 사해행위에 해당한다고 판단하였다.

3. 그러나 원심판결은 그대로 받아들일 수 없다.

우선, 어떤 처분행위가 사해행위에 해당하는지 여부는 그 처분행위 당시를 기준으로 판단하여야 하는데, 이 사건 증여 당시를 기준으로 이 사건 부동산의 시가가 얼마인지에 대하여 원심에서 아무런 심리가 이루어지지 않았다. 원심은 원심 변론종결 당시 시가인 210,700,000원을 기준으로 삼은 것으로 보이는데, 원심으로서는 원심 변론종결 당시가 아니라 이 사건 증여 당시를 기준으로 시가를 산정하여 이 사건 근저당권의 피담보

---

16) 대법원 2016. 8. 18. 선고 2013다90402 판결 [사해행위취소]

채권 액수와 비교했어야 한다.

그리고 위에서 본 법리에 비추어 물상보증인인 피고가 소외인에 대하여 구상권을 행사할 수 없는 특별한 사정이 있는지를 살펴서 피담보채권 전액을 공제할지 아니면 지분 비율에 따른 금액만을 공제할지를 따져 사해행위 여부를 판단해야 한다. 그러한 특별한 사정이 있는지 여부는 이 사건 부동산의 구입자금 출처와 구입 경위, 피고가 소외인의 채무에 대하여 물상보증을 하게 된 경위 등을 종합적으로 심리하여 판단해야 한다.

그런데도 원심은 이러한 사정에 관하여 아무런 심리를 하지 않은 채 곧바로 이 사건 증여가 사해행위에 해당한다고 단정하였다. 원심판결에는 사해행위의 성립에 관한 법리를 오해하여 필요한 심리를 다하지 않은 잘못이 있다. 이를 지적하는 상고이유 주장은 정당하다(원심은 사해행위가 성립함을 전제로 이 사건 증여의 취소에 따른 원상회복의 범위에 관해 나아가 판단하면서 피고의 지분 비율에 따른 피담보채권액만을 공제하였는데, 만일 환송심에서 다시 심리한 결과 이 사건 증여가 사해행위로 인정된다면 원상회복의 범위 또한 위 대법원 2012다5643 전원합의체 판결의 법리에 따라 판단해야 한다)."[17]

공동담보로서의 가치 부분에서도 잘못하였다고 판시하고 있으며 사해행위가 인정된다고 한다면 원상회복법원도 전원합의체 판결의 법리에 따라서 전부 일지 지분별로 할 지를 결정하라고 알려 주고 있다고 할 것입니다.

이 사건은 결국 2번의 파기환송이 있었던 것으로 보입니다. "【환송판결】 대법원 2016. 7. 29. 선고 2015다214462 판결"은 비공개로 되어 있습니다. 2차 상고심사건도 원고 피고가 모두 상고한 사건인데 원고의 상고는 기각되고 피고의 상고는 이유가 있다고 하여 파기환송이 되었습니다.

라) 공유부동산의 일부지분과 별도의 아파트가 공동저당권의 목적물이 된 경우 일부 근저당권이 말소된 경우의 산정방식

"나. 원심은 그 채택 증거를 종합하여 판시와 같은 사실을 인정한 다음, 이를 기초로 다음과 같이 판단하였다.

---

17) 대법원 2021. 11. 11. 선고 2021다258777 판결 [사해행위취소]

1) 이 사건 제1근저당권의 목적인 소외 1, 소외 2, 소외 3의 이 사건 부동산 공유지분(각 1/3 지분) 중 채무자인 소외 1의 공유지분이 부담하는 피담보채권액은 이 사건 매매계약 체결일 당시 위 근저당권의 피담보채권액 전액인 695,000,000원이 되어야 한다. 그런데 당시 소외 1의 공유지분 가액은 476,909,550원(이 사건 부동산 가액 1,430,728,650원 × 1/3)에 불과하여 위 근저당권의 피담보채권액이 이를 초과하므로, 소외 1의 공유지분은 위 피담보채권 중 공유지분 가액에 해당하는 476,909,550원만을 부담한다. 위 근저당권의 나머지 피담보채권액 218,090,450원(695,000,000원 - 476,909,550원)은 물상보증인인 소외 2 및 소외 3의 이 사건 부동산 공유지분이 각각의 가액에 비례하여 109,045,225원(218,090,450원 × 1/2)씩 부담한다.

2) 이 사건 매매계약 체결 당시 이 사건 제2근저당권의 피담보채권액은 970,000,000원이고, 이를 위 근저당권의 목적인 이 사건 부동산 및 소외 2 소유의 ○○동 아파트가 그 가액에 비례하여 안분 부담하게 되므로, 이 사건 부동산 중 소외 2의 공유지분이 부담하는 피담보채권액은 다음과 같이 계산되는 284,985,542원이다. 즉, 피담보채권액 970,000,000원에 ① '이 사건 부동산과 ○○동 아파트의 잔존 가액 총액에 대한 이 사건 부동산 잔존 가액의 비율'[이 사건 부동산 잔존 가액 735,728,650원(= 이 사건 부동산 가액 1,430,728,650원 - 이 사건 제1근저당권의 피담보채무액 695,000,000원)/이 사건 부동산과 ○○동 아파트의 잔존 가액 총액 834,728,650원(= 이 사건 부동산 잔존 가액 735,728,650원 + ○○동 아파트 잔존 가액 99,000,000원(○○동 아파트 가액 459,000,000원 - ○○동 아파트에 설정된 1순위 근저당권의 피담보채권액 360,000,000원)]을 곱하여 피담보채권액 중 이 사건 부동산 부담액을 계산하고, ② 여기에 '이 사건 부동산 중 소외 2의 공유지분 비율인 1/3'을 곱하면 이 사건 부동산 중 소외 2의 공유지분이 부담하는 피담보채권액이 계산된다는 것이다.

3) 이 사건 제1, 2근저당권의 피담보채권액 중 소외 2의 이 사건 부동산 공유지분이 부담하는 피담보채권액은 합계 394,030,767원(= 109,045,225원 + 284,985,542원)이고, 이는 위 지분 가액을 초과하지 아니하므로, 이 사건 매매계약은 소외 2의 일반채권자들의 공동담보에 제공되는 책임재산을 처분한 것으로서 사해행위에 해당한다.

다. 그러나 이러한 원심의 판단 중 소외 2의 이 사건 부동산 공유지분이 부담하는 이 사건 제2근저당권의 피담보채권액 계산 부분은 다음과 같은 이유로 이를 수긍하기 어렵다.

1) *소외 1의 이 사건 부동산 공유지분은 이미 그 전부가 이 사건 제2근저당권에 우선하는 이 사건 제1근저당권의 피담보채권액을 부담하여야 하므로, 더 이상 이 사건 제2*

근저당권의 피담보채권을 부담할 수 없다.
2) 따라서 소외 2, 소외 3의 이 사건 부동산 공유지분 및 소외 2 소유의 ○○동 아파트만이 이 사건 제2근저당권의 피담보채권을 부담하게 되고, 그중 소외 2의 이 사건 부동산 공유지분이 부담하는 피담보채권액은 이 사건 제2근저당권의 피담보채권액 970,000,000원에 ① '이 사건 부동산과 ○○동 아파트의 잔존 가액 총액에 대한 이 사건 부동산 잔존 가액의 비율'(앞서 본 이 부분 원심의 계산과 같다)을 곱하여 피담보채권액 중 이 사건 부동산 부담액을 계산한 다음, ② 여기에 원심과 같이 '이 사건 부동산 중 소외 2의 공유지분 비율인 1/3'을 곱하는 것이 아니라 '이 사건 부동산 잔존 가액에 대한 소외 2의 이 사건 부동산 공유지분 잔존 가액의 비율'[소외 2의 이 사건 부동산 공유지분 잔존 가액 367,864,325원(공유지분 가액 476,909,550원 - 이 사건 제1근저당권의 피담보채권 부담액 109,045,225원)/이 사건 부동산 잔존 가액(소외 2의 이 사건 부동산 공유지분 잔존 가액 367,864,325원 + 소외 3의 이 사건 부동산 공유지분 잔존 가액 367,864,325원(계산식은 소외 2의 이 사건 부동산 공유지분 잔존 가액 계산식과 같다))]인 1/2을 곱하여 계산되는 427,478,313원(원 미만 버림)이다.
3) 결국 이 사건 제1, 2근저당권의 피담보채권액 중 소외 2의 이 사건 부동산 공유지분이 부담하는 피담보채권액은 합계 536,523,538원(= 109,045,225원 + 427,478,313원)이 되고, 이는 위 지분 가액을 초과하므로, 이 사건 매매계약을 통하여 위 지분을 처분하였더라도 사해행위에 해당하지 아니한다.
4) 그럼에도 원심은 그 판시와 같은 이유로 이 사건 매매계약이 소외 2의 일반채권자들의 공동담보에 제공되는 책임재산을 처분한 것으로서 사해행위에 해당한다고 판단하였다. 이러한 원심의 판단에는 사해행위 여부 판단에 있어서 공동저당권이 설정되어 있는 경우의 책임재산 산정에 관한 법리를 오해하여 판결 결과에 영향을 미친 위법이 있다. 이 점을 지적하는 상고이유 주장은 이유 있다."[18)

판결문이 아니라 수학공식문이 되었습니다. 원고와 피고가 모두 상고를 한 사건이고 원고의 상고는 기각하고 피고의 상고는 대법원에서 아예 금액까지 파악하여 공동담보로서의 가치가 없다고 하여 파기환송을 시킨 사건입니다. 사실 이 정도면 자판을 해도 될 것이었습니다.

---

18) 대법원 2017. 10. 12. 선고 2017다232594 판결 [사해행위취소]

	이 사건 부동산	○○○ 아파트	비고
소유자	소외 1, 2, 3		소외 2채무자
1번근저당권	650,000,000원		사해행위시점 말소됨
소외 1지분가액	476,909,550원		사해행위시점
2번근저당권	970,000,0000원		사해행위시점 소외 2, 3지분과 이파트가 공동근저당권의 담보임
부동산가액	1,430,728,650원	459,000,000원	사해행위시점
1번근저당권		360,000,000원	사해행위시점
부동산의 잔존가치	735,728,650원	99,000,000원	

이 사건 부동산 1,430,728,650원 − 695,000,000원 전부 공제하여야 합니다. 735,728,650원이 됩니다.

소외 2의 이 사건 부동산 공유지분이 부담하는 970,000,000원의 피담보채권액

'이 사건 부동산과 ○○동 아파트의 잔존 가액 총액에 대한 이 사건 부동산 잔존 가액의 비율'[이 사건 부동산 잔존 가액 735,728,650원(= 이 사건 부동산 가액 1,430,728,650원 − 이 사건 제1근저당권의 피담보채무액 695,000,000원)/이 사건 부동산과 ○○동 아파트의 잔존 가액 총액 834,728,650원{= 이 사건 부동산 잔존 가액 735,728,650원 + ○○동 아파트 잔존 가액 99,000,000원(○○동 아파트 가액 459,000,000원 − ○○동 아파트에 설정된 1순위 근저당권의 피담보채권액 360,000,000원)}]을 곱하여 피담보채권액 중 이 사건 부동산 부담액을 계산하고

735,728,560(= 1,430,728,650 − 695,000,000) / 834,728,650{= 735,728,650 + 99,000,000(= 459,000,000 − 360,000,000)} × 970,000,000 × 1/3 = 284,985,542원

735,728,560(= 1,430,728,650 − 695,000,000) / 834,728,650{= 735,728,650 + 99,000,000(= 459,000,000 − 360,000,000)} × 970,000,000 × 1/2 = 427,478,306원

　　이 사건 부동산 잔존 가액에 대한 소외 2의 이 사건 부동산 공유지분 잔존
가액의 비율

　　[소외 2의 이 사건 부동산 공유지분 잔존 가액 367,864,325원(공유지분 가액
476,909,550원 − 이 사건 제1근저당권의 피담보채권 부담액 109,045,225원)/이 사건 부
동산 잔존 가액{소외 2의 이 사건 부동산 공유지분 잔존 가액 367,864,325원 +
소외 3의 이 사건 부동산 공유지분 잔존 가액 367,864,325원(계산식은 소외 2의
이 사건 부동산 공유지분 잔존 가액 계산식과 같다)} ＝ (1,430,728,650원 −
695,000,000)]

　　387,864,325(＝ 476,909,550 − 109,045,224) / 735,728,650(＝ 367,864,325 +
367,864,325)(1,430,728,650원 − 695,000,000) ＝ 1/2

　　이 사건 제1, 2근저당권의 피담보채권액 중 소외 2의 이 사건 부동산 공유
지분이 부담하는 피담보채권액

　　합계 536,523,538원(＝ 109,045,225원 + 427,478,313원) > 476,909,550원

　　서울고등법원의 계산식이 맞았는데 서울고등법원은 소외 1을 고려하여 1/3
을 곱하였고 대법원은 소외 1은 이미 1번 근저당권 피담보채권액 650,000,000원
에 의하여 전부공제가 되었습니다. 이 사건 부동산에서의 소외 1 자신의 가치
476,909,550원(1,430,728,650원 × 1/3)을 넘어서기 때문에 소외 1은 고려할 것이
아니라고 하였습니다. 여기서 1/3로 곱한 것인지 소외 2, 3만을 고려하여 1/2을
고려할 것인지에 따라서 결론이 달라졌다고 할 것입니다.

　　이 사례에서 이 사건 부동산의 가액에서 공유자의 공동저당권의 피담보채
권액 650,000,000원 전부를 공제한 이유는 바로 공유재산인데 공동저당권이었
고 채무자는 소외 1이기 때문에 특별한 사정이 없는 한 경매 시에 소외 1 지분
에 근저당권자는 전부 이를 배당받아갑니다. 그렇기 때문에 소외 1의 가치는 실
제로 근저당권에 의하여 없다고 할 것입니다. 그렇기 때문에 이 사건 부동산의
잔존가치에서는 소외 1은 고려될 필요가 없게 됩니다. 이 사건 부동산의 잔존가
치에서는 소외 2 채무자와 소외 3만 고려될 뿐입니다.

마) 일부 부동산의 가등기 근저당권의 사채업자 채무를 변제하고 더 많은 부동산에 수익자에게 근저당권을 설정해 준 사건 - 기천-두루 약품 사례

"저당권이 설정되어 있는 목적물의 경우 그 목적물 중에서 일반채권자들의 공동담보에 제공되는 책임재산은 피담보채권액을 공제한 나머지 부분만이라고 할 것이므로(대법원 2003. 11. 13. 선고 2003다39989 판결, 대법원 2010. 12. 23. 선고 2008다25671 판결 등 참조), 수익자가 채무초과 상태에 있는 채무자의 부동산에 관하여 설정된 선순위 근저당권의 피담보채무를 변제하여 그 근저당권설정등기를 말소하는 대신 동일한 금액을 피담보채무로 하는 새로운 근저당권설정등기를 설정하는 것은 채무자의 공동담보를 부족하게 하는 것이라고 볼 수 없어 사해행위가 성립하지 아니한다(대법원 2003. 7. 11. 선고 2003다19435 판결, 대법원 2006. 12. 7. 선고 2006다43620 판결 등 참조). 이때 수 개의 부동산에 공동저당권이 설정되어 있는 경우 그 책임재산을 산정함에 있어 각 부동산이 부담하는 피담보채권액은 특별한 사정이 없는 한 민법 제368조의 규정 취지에 비추어 공동저당권의 목적으로 된 각 부동산의 가액에 비례하여 공동저당권의 피담보채권액을 안분한 금액이라고 보아야 한다(대법원 2010. 12. 23. 선고 2008다25671 판결 등 참조).

원심은, 채무자 소외 1이 2006. 6. 1.경 사채업자 소외 2 등으로부터 16억 원 상당의 돈을 차용하면서 소외 2 등에게 목록 제12, 20 내지 34 기재 각 부동산 등을 공동담보로 하여 소유권이전청구권보전을 위한 가등기와 채권최고액을 20억 8,000만 원으로 하는 근저당권설정등기를 각 경료하여 주었고, 2006. 6. 30. 피고 두루약품으로부터 14억 4,000만 원을 차용하면서 피고 두루약품과 사이에 목록 제1 내지 32 기재 각 부동산을 공동담보로 하여 채권최고액을 20억 원으로 하는 근저당권설정계약을 체결하였으며, 소외 1은 2006. 7. 4. 소외 2 등 명의의 위 가등기와 근저당권설정등기를 말소한 후 같은 달 14일 피고 두루약품과 사이의 위 근저당권설정계약에 따라 피고 두루약품에게 근저당권설정등기를 경료하여 준 사실 등을 인정하면서도, 을가 제2호증의 1, 2의 각 기재, 증인 소외 3, 1의 각 증언만으로는 소외 1이 피고 두루약품으로부터 차용한 돈으로 소외 2 등 사채업자들에 대한 차용금을 변제하였다고 인정하기에 부족하고, 달리 이를 인정할 증거가 없으며, 피고 두루약품 명의의 근저당권설정등기 경료일이 소외 2 등 명의의 가등기 및 근저당권설정등기 말소일로부터 약 10일이 경과한 때에 이루어져 피고 두루약품 명의의 근저당권설정등기가 소외 2 등 명의의 위 가등기 및 근저당권설정등기를 대체한 것으로 보기도 어려우므로, 소외 1과 피고 두루약품 사이에 체결된 위 근저당권설정계약은 사해행위에 해당한다고 판단하였다.

그러나 원심이 배척하지 아니한 을가 제2호증의 3, 을가 제17호증의 각 기재 및 제1심의 웅상농업협동조합, 하나은행 경남지역본부장에 대한 각 금융거래정보 회신 결과에 의하면, 피고 두루약품은 2006. 6. 30. 소외 1에게 위 14억 4,000만 원을 대여하면서 그 돈을 소외 1의 웅상농업협동조합 계좌로 송금하였고, 그 돈은 당일 위 계좌에서 수표로 인출되어 소외 2의 하나은행 계좌로 입금된 사실, 소외 2 등의 등기 말소를 담당한 법무사사무실 직원인 소외 4는 그 무렵 소외 2로부터 피담보채무를 변제받았으니 위 가등기와 근저당권설정등기를 말소하라는 연락을 받고 이를 말소한 것이라는 진술서를 제출하고 있는 사실 등을 알 수 있는바, 위와 같은 피고 두루약품과 소외 1 사이에 이루어진 근저당권설정계약의 시기와 그 목적, 피고 두루약품이 소외 1에게 돈을 대여한 시기와 그 돈의 흐름, 소외 2 등 명의의 위 가등기와 근저당권설정등기의 말소시기 및 피고 두루약품 명의의 근저당권설정등기 경료 시기 등에 비추어 보면, 소외 1과 피고 두루약품 사이의 이 사건 각 근저당권설정계약은, 특별한 사정이 없는 한, 소외 2 등 명의의 위 가등기와 선순위 근저당권설정등기를 대체하기 위하여 체결된 것이라고 보는 것이 논리와 경험칙에 부합한다.

이를 앞서 본 법리에 비추어 살펴보면, 소외 1과 피고 두루약품 사이의 위 근저당권설정계약 중 소외 2 등 명의의 가등기나 선순위 근저당권이 경료되어 있던 목록 제12, 20 내지 32 기재 부동산의 피담보채무에 관한 부분은 소외 1의 공동담보를 부족하게 하는 것이라고 볼 수 없어 사해행위가 성립한다고 할 수 없으므로, 원심으로서는 위 각 부동산 중 소외 2 등의 가등기나 선순위 근저당권에 의하여 담보되는 피담보채무액을 심리하여 산정한 후 그 부분을 사해행위의 성립 범위에서 제외하였어야 한다.

그럼에도 원심은 이와 달리, 그 판시와 같은 이유만으로 소외 1과 피고 두루약품 사이의 위 근저당권설정계약이 소외 2 등 명의의 위 가등기와 선순위 근저당권설정등기를 대체하기 위하여 체결된 것이라고 볼 수 없다는 이유로 위 근저당권설정계약은 모두 사해행위에 해당한다고 판단하였는바, 이러한 원심의 판단에는 사해행위의 성립 범위에 관한 법리를 오해하였거나 논리와 경험칙을 위배하여 사실을 잘못 인정한 위법이 있고, 이러한 원심의 잘못은 목록 제12, 20 내지 32 기재 부동산에 관한 사해행위취소 부분에 대하여는 판결 결과에 영향을 미쳤다고 할 것이다. 그러나 소외 2 등 명의의 가등기나 선순위 근저당권이 설정되어 있지 않아 소외 1의 책임재산에서 제외되지 않는 나머지 부동산들 부분에 대하여는 판결 결과에 영향이 없다. 이 점을 지적하는 취지의

> 상고이유의 주장은 위 인정 범위 내에서만 이유 있다."19)

　　사채업자에 문제가 된 부동산의 일부에 가등기와 근저당권을 설정해 주었다가 새로운 근저당권을 설정해 주고 근저당권자로부터 받은 돈을 선순위 사채업자의 채무를 변제해 주었다고 한다면 이는 사해행위가 되지 않습니다. 다만 그러면서 피고인 새로운 근저당권자에게 문제가 된 부동산 전부에 근저당권을 설정해 주었다고 한다면 원래 사채업자가 설정받은 부동산을 제외한 나머지 부동산에 근저당권을 설정해 준 부분에 대하여는 사해행위가 된다는 판례입니다.

바) 근저당권이 설정된 상태에서 채무자가 지분 일부를 증여하고 나서 이 지분을 처분한 경우 공동담보로서의 가치가 있는지 여부

> "가. 채무자가 양도한 목적물에 저당권이 설정되어 있는 경우라면 그 목적물 중에서 일반채권자들의 공동담보에 제공되는 책임재산은 피담보채권액을 공제한 나머지 부분만이라 할 것이고 그 피담보채권액이 목적물의 가격을 초과하고 있는 때에는 당해 목적물의 양도는 사해행위에 해당한다고 할 수 없다. 그런데 수 개의 부동산에 공동저당권이 설정되어 있는 경우 위 책임재산을 산정함에 있어 각 부동산이 부담하는 피담보채권액은 특별한 사정이 없는 한 민법 제368조의 규정 취지에 비추어 공동저당권의 목적으로 된 각 부동산의 가액에 비례하여 공동저당권의 피담보채권액을 안분한 금액이라고 보아야 한다(대법원 2003. 11. 13. 선고 2003다39989 판결 참조). 그러나 그 수 개의 부동산 중 일부는 채무자의 소유이고 일부는 공동저당권이 설정된 상태에서 이를 취득한 제3취득자의 소유로서 그 제3취득자가 민법 제481조, 제482조의 규정에 의한 변제자대위에 의하여 채무자 소유의 부동산에 대하여 저당권을 행사할 수 있는 지위에 있는 경우라면 채무자 소유의 부동산에 관한 피담보채권액은 공동저당권의 피담보채권액 전액으로 봄이 상당하다. 이러한 법리는 한 개의 공유부동산 중 일부 지분이 채무자의 소유이고 일부는 제3취득자의 소유인 경우에도 마찬가지로 적용된다.
> 나. 원심판결의 이유에 의하면 원심은 그 채택증거에 의하여 다음과 같은 사실을 인정하였다. 즉, 소외 1이 원심판결 별지 목록 기재 각 부동산(이하 '이 사건 부동산'이라 한다)에 관하여 주식회사 조흥은행(나중에 주식회사 신한은행을 흡수합병하면서 주식회사

---

19) 대법원 2012. 1. 12. 선고 2010다64792 판결 [사해행위취소등]

신한은행으로 상호를 변경하였다. 이하 '신한은행'이라 한다)에 대한 대출금 채무를 담보할 목적으로 신한은행에게 채권최고액 234,000,000원의 근저당권을 설정해 준 다음, 이 사건 부동산 중 4분의 1 지분씩을 소외 2, 소외 3에게 각각 이전해 주고, 자기 소유명의로 남아 있던 나머지 2분의 1 지분(이하 '이 사건 부동산 지분'이라 한다)에 관하여 한국외환은행(이하 '외환은행'이라 한다)에 대한 대출금 채무를 담보할 목적으로 외환은행에게 채권최고액 65,000,000원의 근저당권을 설정해 주었다. 그 후 소외 1은 채무초과인 상태에서 피고에게 이 사건 부동산 지분을 매도하고 피고는 그 매매대금의 지급에 갈음하여 소외 1의 신한은행에 대한 근저당권 피담보채무와 외환은행에 대한 근저당권 피담보채무(50,000,000원)를 인수하기로 하는 내용의 매매계약(이하 '이 사건 매매계약'이라 한다)을 체결하였는데, 당시 이 사건 부동산 지분의 가액은 232,573,100원이었다.

원심은 위 인정사실에 기초하여, 이 사건 매매계약 당시 이 사건 부동산 지분이 부담하는 신한은행 근저당권의 피담보채권액을 이 사건 부동산 지분의 비율에 따라 분담되는 117,000,000원이라고 보고(피담보채권액이 채권최고액을 초과하여 채권최고액만을 기준으로 하여 2분의 1 지분 비율로 산정하였다), 이 분담부분과 외환은행 근저당권의 피담보채권액 50,000,000원 합계 167,000,000원을 이 사건 부동산 지분의 가액 232,573,100원에서 공제한 잔액 부분은 원고를 비롯한 일반채권자의 공동담보로 제공되는 책임재산에 해당함에도 소외 1이 이를 피고에게 매도한 것은 채무자의 공동담보를 감소시키는 행위로서 사해행위에 해당한다는 취지로 판단하였다.

다. 그러나 원심의 위와 같은 판단은 앞서 본 법리에 비추어 수긍할 수 없다.

원심판결 이유에 의하더라도, 채무자 소외 1이 신한은행에게 이 사건 부동산에 관한 근저당권을 설정해 준 다음 소외 2, 소외 3에게 이 사건 부동산 중 각 4분의 1 지분에 관한 소유권을 이전해 주었고, 이어 이 사건 부동산 지분에 관하여 외환은행에게 근저당권을 설정해 준 후에 피고와 이 사건 매매계약을 체결하였으므로, 소외 2, 소외 3은 신한은행 명의의 근저당권이 설정된 상태에서 이 사건 부동산 중 각 4분의 1 지분을 취득한 제3취득자이다.

그렇다면 소외 2, 소외 3은 소외 1의 신한은행 근저당권 피담보채무 내지 그 이행을 인수하는 등의 사정으로 소외 1에 대하여 구상권을 행사할 수 없다는 특별한 사정이 없는 이상, 이 사건 매매계약 당시 민법 제481조, 제482조의 규정에 의한 변제자대위에 의하여 소외 1 소유의 이 사건 부동산 지분에 대하여 저당권을 행사할 수 있는 지위에 있었다고 할 것이고, 따라서 이 사건 매매계약 당시 이 사건 부동산 지분이 부담하는 신한은행 근저당권의 피담보채권액은 채권최고액의 전액으로 보아야 할 것이다. 그런데 원심은 소외 2, 소외 3이 소외 1에 대하여 구상권을 행사할 수 없는 특별한 사정이 있는지에 관하여 아무런 판단 없이 곧바로 이 사건 부동산 지분이 부담하는 신한은행 근저당권의 피담보채권액은 그 전체 피담보채권 중 지분의 비율에 따라 안분한 2분의 1 상당 금액이라고 인정하여 이 사건 매매계약을 사해행위로 판단하고 말았으니, 원심판결에는 사해행위에 관한 법리를 오해하여 판결에 영향을 미친 위법이 있고, 이를 지적하는 상고이유의 주장은 이유 있다."[20]

대법원은 이런 경우에 원칙적으로는 소외 2, 3을 고려함 없이 234,000,000원 전부(피담보채권액은 채권최고액을 초과한 상태였다고 하기에 채권최고액 한도 내로 제한된다)를 고려하게 되면 사해행위 당시의 부동산 가액이 232,573,100원이므로 일응은 공동담보로서의 가치가 없다고 볼 수 있습니다.

소외 2, 3은 아마 자녀들일 가능성이 큽니다. 이렇게 증여로 지분을 받은 경우에 있어서 신한은행 근저당권 피담보채무 내지 그 이행을 인수하는 등의 사정으로 소외 1에 대하여 구상권을 행사할 수 없다는 특별한 사정이 없는 경우에 해당될 것인지가 문제입니다. 당연히 소외 2, 3은 피담보채무 내지 그 이행을 인수하는 등의 사정이 없다고 할 것입니다. 여기에 다시 외환은행 채무 50,000,000원이 있습니다. 이 외환은행은 채무자 지분 1/2에 관한 것입니다. 이런 점을 보면, 채무자와 소외 2, 3이 전혀 별개로 재산을 구별한 것으로 보입니다. 일반적으로 이런 경우에 소외 2, 3이 자녀이면 소외 2, 3이 공동담보를 제공할 여지도 있기 때문에 그렇습니다.

1심은 원고승소판결, 항소심은 피고의 항소기각, 대법원은 파기환송, 파기환송심은 원고패소로 끝난 사건입니다. 원고는 기술신용보증기금이었습니다. 원고 측은 이를 특별한 사정을 입증하지 아니하였을 것입니다. 파기환송심을 보면, 서울남부지방법원 문서송부촉탁신청이 있었습니다. 변론기일을 한번 열고 나서 피고 측이 준비서면을 제출하였고 원고대리인은 준비서면도 제출하지 않았습니다. 2011. 7. 5.에 선고가 되었는데 문서송부촉탁한 사건이 도착한 것은

20) 대법원 2010. 12. 23. 선고 2008다25671 판결 [구상금]

2011. 8. 16.이었습니다. 조금은 이해가 가지 않습니다. 대법원은 여기에서 분명한 힌트를 주었습니다. "근저당권 피담보채무 내지 그 이행을 인수하는 등의 사정으로 소외 1에 대하여 구상권을 행사할 수 없다는 특별한 사정"라고 말합니다. 이처럼 근저당권이 설정되어 있는 부동산을 인수받았다는 것은 이 채무를 소외 2, 3도 안고 넘겨받았다고 볼 가능성이 매우 큽니다. 그렇기 때문에 이런 경우에는 사후에 소외 1 지분에서 경매가 되더라도 소외 2, 3이 이를 구상을 할 수 없는 특별한 사정이 있다고 보아야 할 것입니다. 대법원은 분명히 힌트를 준 것인데 이를 알아차리지 못하고 주장도 하지 않고 결심을 해서 끝낸다는 것이 이해가 되지 않습니다. 대법원은 그런 과정을 거치지 않았기 때문에 문제이지만 결과는 원심의 판단이 맞을 수 있다는 뉘앙스를 주었던 사건인데 아쉽다고 할 것입니다.

사) 사안별 검토

공동저당권의 경우에 근저당권이 설정되어 있는 경우에 있어서 공동담보로서의 가치가 있는지 여부가 먼저 검토가 되고, 다시 공동담보로서의 가치가 있다고 할 경우에 있어서 근저당권이 말소되는 경우에 가액배상시에 얼마를 공제할 것인지가 문제가 된다고 할 것입니다.

공동담보로서의 가치가 있는지 여부에 관하여는 특별한 사정이 없는 한 피담보채무액 전부를 공제하여야 할 것입니다. 채무자와 물상보증인이 있는 경우입니다. 그런데 근저당권자의 채무자의 지분의 가치가 피담보채권액을 초과하는 경우에는 물상보증으로 제공된 부동산을 처분한 경우에는 이 근저당권은 그 근저당권채무를 고려할 필요가 없다고 할 것입니다.

만약 그 피담보채권액이 채무자의 지분의 가치를 초과한 경우에는 문제가 발행하게 될 것입니다. 채무자가 이 지분이나 이 부동산을 처분한 경우에는 공동담보로서의 가치가 있는 경우에 원칙적으로 전부를 공제하는 것이 맞습니다.

① 부동산의 가액이 1억 원, 1억 원이고 공동저당이 되어 있는 피담보채권액이 7천만 원이라고 한다면, 그 피담보채권액의 채무자가 사해행위취소의 채무자일 경우에 자신의 지분을 처분하였는데 근저당권이 말소가 되었다고 한다면 이는 자신의 지분에서 7천만 원 전부를 고려하여 변론종결시 시가도 일응 1억

원으로 동일하다고 한다면, 1억 원에서 7천만 원을 제외한 3천만 원의 한도 내에서 취소를 구할 수 있을 것입니다.

② 그런데 이 경우에 채무자가 아니라 물상보증인(사해행위취소의 채무자)이 부동산을 처분하였고 근저당권이 말소가 되었다고 한다면 수익자는 7천만 원 공제를 주장할 것입니다. 그러나, 채무자의 부동산의 가치가 1억 원이기 때문에 물상보증으로 담보가 된 부동산에서는 전혀 이 채무가 담보가 없는 경우라고 볼 수도 있기 때문에 이를 고려할 사항이 되지 않는다고 할 것입니다. 이 경우에 전부 취소하고 원물반환까지 가능할 수도 있을 수 있다고 할 것입니다.

③ 부동산의 가액이 1억 원, 1억 원인데 근저당권의 피담보채권액수가 1억 3천만 원인 경우에 있어서 근저당권의 채무자가 자신의 부동산을 처분한 경우에는 1억 3천만 원 전부를 고려해야 하기 때문에 사해행위가 안 된다고 할 것입니다.

④ 그에 반하여 물상보증인이 이를 처분한 경우에 여기에서도 1억 3천만 원을 고려할 수 있는 것인가를 보면, 물상보증인은 특별한 사정이 없는 한 채무자에게 구상권을 행할 수 있다고 할 것입니다. 경매가 진행이 되면, 법원은 채무자의 소유부동산에서 먼저 1억 원(배당할 잔여금액이 1억 원이라고 한다면)을 배당해 주고 나서 3천만 원을 물상보증인의 부동산의 가액에서 배당을 해 줄 것입니다. 그렇기 때문에 결국 나머지 7천만 원을 일반채권자의 공동담보로서의 가치가 있는 재산이 된다고 보아야 할 것입니다. 이 경우에 7천만 원 한도에서 이의 취소와 가액배상청구를 할 수 있다고 할 것입니다.

⑤ 부동산이 1억 원, 1억 원이고 근저당권의 피담보채권 액수가 1억 3천만 원인데 근저당권의 채무자가 사해행위취소의 채무자인 경우에 자신의 부동산을 처분하였습니다. 이 경우에 그런데 이 근저당권은 이 사건 부동산을 매수하면서 잔금 지급을 위하여 대출받았고 근저당권의 채무자를 한 사람 즉 사해행위취소의 채무자로 하였다고 한다면 이 대출금은 실제로는 두 사람 모두를 위하여 대출이 된 것입니다. 이런 경우에는 구상을 할 수 없는 상황이라고 할 것입니다. 이렇게 된다면 부동산 가액별로 안분비례하여야 하기 때문에 1억 3천만 원의 1/2인 7,500만 원만 가액배상시에 공제를 하게 됩니다. 결국 1억 원에서 7,500만 원을 공제한 2,500만 원의 한도 내에서 일부취소와 가액배상이 될 것입니다.

⑥ 동일한 조건에서 만약 근저당권의 채무자가 아닌 물상보증인이 이 부동산을 처분한 경우에는 물상보증인이 실제로 물상보증인이 아니라 실제로는 채무자의 위치에 있다고 할 것입니다. 이런 경우에 사해행위가 없이 경매가 될 경우에 물상보증인은 채무자에게 구상권을 행사할 수가 없습니다. 자신의 이익을 위하여 근저당권을 설정받았기 때문에 그러합니다. 채무자는 타인으로 되어 있다고 하더라도 두 사람 간의 구상관계에서는 물상보증인은 이를 청구할 수가 없습니다. 그렇기 때문에 물상보증인이 이렇게 자신의 지분을 처분한 경우에 있어서 일반적으로 채무자 지분을 고려하고 난 나머지 3천만 원만을 제외한 7천만 원에 대하여 사해행위취소가 인정될 여지가 있지만 이 사건과 같이 물상보증인이 실제적으로 채무자와 같은 채무자인 경우에는 1억 3천만 원의 1/2인 7,500만 원을 공제하여야 할 것이기 때문에 2,500만 원 한도 내에서 사해행위가 인정될 여지가 매우 크다고 할 것입니다.

"1. 금융기관으로부터 대출을 받음에 있어 제3자가 자신의 명의를 사용하도록 한 경우에는 그가 채권자인 금융기관에 대하여 주채무자로서의 책임을 지는지 여부와 관계없이 내부관계에서는 실질상의 주채무자가 아닌 한 연대보증책임을 이행한 연대보증인에 대하여 당연히 주채무자로서의 구상의무를 부담한다고 할 수는 없고, 그 연대보증인이 제3자가 실질적 주채무자라고 믿고 보증을 하였거나 보증책임을 이행하였고, 그와 같이 믿은 데에 제3자에게 귀책사유가 있어 제3자에게 그 책임을 부담시키는 것이 구체적으로 타당하다고 보이는 경우 등에 한하여 제3자가 연대보증인에 대하여 주채무자로서의 전액 구상의무를 부담하며(대법원 1999. 10. 22. 선고 98다22451 판결, 대법원 2002. 12. 10. 선고 2002다47631 판결 등 참조), 이는 물상보증의 경우에도 마찬가지로 보아야 할 것이다(대법원 2008. 4. 24. 선고 2007다75648 판결 참조).

한편 타인의 채무를 담보하기 위한 저당권설정자가 그 채무를 변제하거나 저당권의 실행으로 인하여 저당물의 소유권을 잃은 때에는 보증채무에 관한 규정에 의하여 채무자에 대한 구상권이 있고(민법 제370조, 341조), 이는 근저당권의 경우에도 마찬가지로 보아야 한다. 또한 변제할 정당한 이익이 있는 자는 변제로 당연히 채권자를 대위하고, 그에 따라 채권자를 대위한 자는 자기의 권리에 의하여 구상할 수 있는 범위에서 채권 및 그 담보에 관한 권리를 행사할 수 있다(민법 제481조, 482조). 따라서 타인의 채무를 담보하기 위하여 근저당권을 설정한 물상보증인이 그 채무를 변제한 때에는 채무자에 대한 구상권이 있고, 그 물상보증인은 변제할 정당한 이익이 있으므로 변제로 당연히 채권자를 대위하여 채권자의 채권 및 그 담보에 관한 권리를 행사할 수 있다. 다만 물상보증인은 자기의 권리에 의하여 구상할 수 있는 범위에서 그와 같은 권리를 행사할 수 있으므로, 물상보증인이 채무를 변제한 때에도 다른 사정에 의하여 채무자에 대하여 구상권이 없는 경우에는 채권자를 대위하여 채권자의 채권 및 그 담보에 관한 권리를 행사할 수 없다고 해석하여야 한다."21)

"위 사실관계를 통하여 알 수 있는 이 사건 대출의 실행경위, 그 대출금의 사용처 등을 고려하면, 피고와 소외인 또는 적어도 소외인이 원고로부터 명의를 차용하여 이 사건 대출을 받았다고 보아야 한다. 따라서 원고가 채권자인 국민은행에 대하여 채무자로서의 책임을 지는지 여부와 관계없이 내부관계에서는 물상보증인으로 이 사건 대출금채무를 변제한 피고에 대하여 당연히 채무자로서의 구상의무를 부담한다고 할 수는 없고, 피고가, 원고가 실질적 채무자라고 믿고 물상보증을 하였거나 변제를 하였고, 그와 같이 믿은 데에 원고에게 귀책사유가 있어 원고에게 그 책임을 부담시키는 것이 구체적으로 타당하다고 보이는 경우 등에 한하여 원고가 피고에 대하여 채무자로서의 전액 구상의무를 부담한다고 보아야 한다. 나아가 그에 관한 심리 결과 원고가 피고에 대하여 채무자로서의 구상의무를 부담하지 않는다면, 피고가 물상보증인으로 이 사건 대출금채무를 변제하였다고 하더라도 다른 특별한 사정이 없는 한, 국민은행을 대위하여 원고에 대하여 이 사건 대출금채권을 행사할 수 없다고 봄이 상당하다.
그럼에도 원심은 이러한 법리에 따라 원고가 구상의무를 부담하는지에 관하여 충분히 심리·판단하지 아니한 채, 원고가 전액 구상의무를 부담함을 전제로 물상보증인의 지위에서 이 사건 대출금채무를 변제한 피고는 국민은행이 원고에 대하여 가지고 있던 이 사건 대출금채권을 취득하고 변제자대위의 법리에 따라 원고에게 위와 같이 취득한 권리를 행사할 수 있다고 판단하고 말았으니, 이러한 원심판결에는 제3자 명의를 빌려서 한 대출에 있어서 물상보증인의 구상권 및 변제자대위에 관한 법리를 오해하여 필요한 심리를 다하지 아니함으로써 판결에 영향을 미친 위법이 있다."22)

---

21) 대법원 2014. 4. 30. 선고 2013다80429, 80436 판결 [채무부존재확인등·구상금]
22) 대법원 2014. 4. 30. 선고 2013다80429, 80436 판결 [채무부존재확인등·구상금]

원고는 자신은 실제 주채무자가 아니기 때문에 피고를 상대로 채무부존재 확인의 소송을 제기하자 피고는 자신은 물상보증인이라고 하여 근저당권의 채무자로 되어 있는 원고를 상대로 반소로 구상금청구소송을 제기한 사건이었습니다.

"나. 피고와 소외인은 1999. 9. 10. 이 사건 ② 내지 ⑧ 토지 및 이 사건 ⑨ 건물에 관하여 피고 명의로 각 소유권이전등기를 마쳤고, 1999. 10. 21. 이 사건 ① 토지에 관하여 원고 명의로 소유권이전등기를 마쳤다.

다. 이 사건 부동산이 신축되자, 피고와 소외인은 원고에게 이 사건 부동산을 명의신탁하기로 하고 2001. 3. 17. 이 사건 부동산에 관하여 원고 명의로 소유권보존등기를 마쳤다.

라. 원고 명의로 2001. 3. 17. 주식회사 국민은행(이하 '국민은행'이라고 한다)으로부터 7억 원이 대출되면서 그 대출금채무(이하 '이 사건 대출금채무'라고 한다)를 담보하기 위하여, 같은 날 국민은행에게 원고 명의로 등기되어 있던 이 사건 부동산 및 피고 명의로 등기되어 있던 이 사건 ② 내지 ⑥, ⑧ 토지 및 이 사건 ⑨ 건물에 관하여 채권최고액 9억 1천만 원, 근저당권자 국민은행, 채무자 원고로 된 이 사건 공동근저당권이 설정되었다.

마. 이 사건 대출금 중 상당 부분은 이 사건 조합의 사업을 위해 사용되었고, 원고가 개인적으로 사용한 것은 없다.

바. 이 사건 대출금에 관한 원리금의 상환이 지체되자, 국민은행은 2003. 11.경 이 사건 부동산, 이 사건 ② 내지 ⑥, ⑧ 토지 및 이 사건 ⑨ 건물에 관하여 임의경매를 신청하여 경매가 진행되었다.

사. 피고는 2004. 5. 28. 국민은행에 이 사건 대출금채무의 원리금 827,682,621원을 전부 변제하고, 2004. 5. 31. 위 경매를 취하받았다."[23]

명의수탁자에 대하여 피고가 알면서도 반소를 제기한 것임을 알 수 있다고 할 것입니다. 여러 사정을 보아서 피고는 악의의 자이고, 그렇기 때문에 원고가 이를 부담할 이유는 없었던 사건으로 보입니다. 원고에게 피고에게 원고가 채무자라고 믿게 만드는 귀책사유도 없었다고 할 것입니다.

---

23) 대법원 2014. 4. 30. 선고 2013다80429, 80436 판결 [채무부존재확인등·구상금]

"변제자대위에 관한 민법 제481조, 제482조에 의하면 물상보증인은 자기의 권리에 의하여 구상할 수 있는 범위에서 채권 및 담보에 관한 권리를 행사할 수 있으므로, 물상보증인이 채무를 변제하거나 저당권의 실행으로 저당물의 소유권을 잃었더라도 다른 사정에 의하여 채무자에 대하여 구상권이 없는 경우에는 채권자를 대위하여 채권자의 채권 및 담보에 관한 권리를 행사할 수 없다. 따라서 실질적인 채무자와 실질적인 물상보증인이 공동으로 담보를 제공하여 대출을 받으면서 실질적 물상보증인이 저당권설정등기에 자신을 채무자로 등기하도록 한 경우, 실질적 물상보증인인 채무자는 채권자에 대하여 채무자로서의 책임을 지는지와 관계없이 내부관계에서는 실질적 채무자인 물상보증인이 변제를 하였더라도 그에 대하여 구상의무가 없으므로, 실질적 채무자인 물상보증인이 채권자를 대위하여 실질적 물상보증인인 채무자에 대한 담보권을 취득한다고 할 수 없다. 그리고 이러한 법리는 실질적 물상보증인인 채무자와 실질적 채무자인 물상보증인 소유의 각 부동산에 공동저당이 설정된 후에 실질적 채무자인 물상보증인 소유의 부동산에 후순위저당권이 설정되었다고 하더라도 다르지 아니하다.

이와 같이 물상보증인이 채무자에게 구상권이 없어 변제자대위에 의하여 채무자 소유의 부동산에 대한 선순위공동저당권자의 저당권을 대위취득할 수 없는 경우에는 물상보증인 소유의 부동산에 대한 후순위저당권자는 물상대위할 대상이 없으므로 채무자 소유의 부동산에 대한 선순위공동저당권자의 저당권에 대하여 물상대위를 할 수 없다."24)

"2. 원심이 인용한 제1심판결 이유에 의하면, 원심은 그 판시와 같은 사실과 사정을 종합하여 볼 때 원고(반소피고, 이하 '원고'라고만 한다)와 소외인이 공유하는 이 사건 부동산에 관하여 근저당권자를 안산농업협동조합, 채무자를 원고, 채권최고액을 2억 6,000만 원으로 하여 설정된 이 사건 9번 근저당권의 피담보채무의 실질적인 채무자는 원고와 소외인의 내부관계에서는 대출명의인인 원고가 아니라 소외인이라고 보아야 하므로, 이 사건 부동산 중 소외인 지분에 대한 이 사건 9번 근저당권의 실행으로 소외인이 그 소유권을 잃었더라도 대출명의인인 원고가 실질적인 채무자인 소외인에 대하여 구상의무를 부담하지 아니한다고 판단하였다.

나아가 원심은, 원고에 대하여 구상권이 없는 소외인으로서는 이 사건 부동산 중 원고 지분에 대한 선순위공동저당권자인 안산농업협동조합의 근저당권에 대하여 민법 제

> 481조, 제482조의 규정에 의한 변제자대위를 할 수 없고, 따라서 이 사건 부동산 중
> 소외인 지분에 대한 후순위저당권자인 피고(반소원고)는 이 사건 부동산 중 원고 지분
> 에 대한 안산농업협동조합의 근저당권에 대하여 어떠한 권리를 취득하거나 물상대위를
> 할 수 없다고 판단하였다."[25]

원고가 피고에게 근저당권말소소송을 제기하자 피고는 원고를 상대로 다시 근저당권말소소송의 반소를 제기한 사건입니다.

> "1. 본소
> 피고(반소원고, 이하 '피고'라고 한다)는 원고(반소피고, 이하 '원고'라고 한다)에게 하남시 선동 170 전 3607㎡ 중 992/3,607 지분에 관하여 수원지방법원 성남지원 하남등기소 2005. 6. 9. 접수 제12842호로 마친 근저당권설정등기 및 같은 등기소 2007. 3. 2. 접수 제4852호로 마친 근저당권설정등기의 각 말소등기에 대하여 승낙의 의사표시를 하라.
> 2. 반소
> 제1심 판결 중 반소에 관한 부분을 취소한다.
> 원고는, (1) 피고에게 원고 앞으로 공탁된 수원지방법원 성남지원 2012금제1243호 공탁사건의 공탁금 100,786,220원의 출급청구권의 양도의 의사표시를 하고, 대한민국에게 위 공탁금 출급청구권을 피고에게 양도하였다는 취지의 통지를 하고, (2) 피고에게 원고 앞으로 공탁된 수원지방법원 성남지원 2012증제18호 공탁사건의 공탁유가증권 372,000,000원 중 101,531,541원의 출급청구권의 양도의 의사표시를 하고, 대한민국에게 위 공탁유가증권 출급청구권을 피고에게 양도하였다는 취지의 통지를 하라."[26]

사건명은 본소, 반소 모두 근저당권말소소송이었으나 시간이 지나면서 청구취지는 바뀐 것으로 보입니다. 이 사건은 매우 중요한 사건이어서 1, 2심 모두 공개가 되어 있습니다.

---

25) 대법원 2015. 11. 27. 선고 2013다41097, 41103 판결 [근저당권말소·근저당권말소]
26) 수원지방법원 2013. 4. 25. 선고 2012나31823(본소), 2012나31830(반소) 판결 [근저당권말소]

> "본소: 원고(반소피고, 이하 '원고'라고만 한다)에게, 하남시 (주소 생략) 전 3607㎡ 중 992/3607지분에 관하여, (1) **피고 1(대판: 소외인)**은 수원지방법원 성남지원 하남등기소 2005. 6. 9. 접수 제12842호로 마친 근저당권설정등기 및 같은 등기소 2007. 3. 2. 접수 제4852호로 마친 근저당권설정등기에 관하여 각 2011. 8. 19. 상계에 의한 피담보채무 소멸을 원인으로 한 **각 말소등기절차를 이행**하고, (2) **피고(반소원고, 이하 '피고'라고만 한다) 2는** 위 각 근저당권설정등기의 각 말소등기에 대하여 **승낙의 의사표시를 하라.**"27)

　　1심의 피고는 2명이었습니다. 피고 1에게는 말소등기절차이행을 피고 2에게는 승낙의사표시를 구하였던 것입니다. 1심 주문은 본소는 각하이고 피고 2의 원고에 대한 반소는 기각을 하였습니다. 대위변제로 근저당권이 말소가 되었으나 말소청구나 그 말소에 대한 승낙의 의사표시를 구하는 것 모두 소의 이익이 없다고 하여 각하한 것입니다.

　　피고 2의 반소청구는 대위권이 없다고 하여 기각판결을 하였습니다. 1심은 "대법원 2008. 4. 24. 선고 2007다75648 판결"을 인용하였습니다.

　　피고 2만 항소를 하였고 항소심에서는 항소를 기각하였고 당연히 1심 판결문을 그대로 인용하였습니다. 피고 2가 대법원의 피고입니다.

　　1심에서 인용한 대법원 2007다75648 판결은 금융기관에서 대출과 관련된 판례였습니다.

> "가. 원고는 1998. 6. 12. 하남시 (주소 생략) 전 3607㎡(이하 '이 사건 부동산'이라 한다) 중 992/3607지분(이하 '원고 지분'이라 한다)의 소유권을 취득하였고, 원고의 남편인 피고 1(대판: 소외인)은 2000. 10. 7. 이 사건 부동산 중 2615/3607지분(이하 '피고 1(대판: 소외인) 지분'이라 한다)의 소유권을 취득하였다.
> 나. 원고와 피고 1(대판: 소외인)은 2005. 6. 9. 소외 안산농협협동조합(이하 '안산농협'이라 한다)에게 수원지방법원 성남지원 하남등기소 접수 제12842호로 이 사건 부동

---

27) 수원지방법원성남지원 2012. 8. 9. 선고 2011가단49508(본소), 2012가단25882(반소) 판결 [근저당권말소]

산(원고 및 피고 1(대판: 소외인) 지분 전부)에 관하여 채무자를 피고 1(대판: 소외인)로 하는 채권최고액 780,000,000원의 근저당권설정등기(이하 '이 사건 6번 근저당권'이라 한다)를, 2007. 3. 2. 안산농협에게 같은 등기소 접수 제4852호로 이 사건 부동산(원고 및 피고 1(대판: 소외인) 지분 전부)에 관하여 채무자를 원고로 하는 채권최고액 260,000,000원의 근저당권설정등기(이하 '이 사건 9번 근저당권'이라 한다)를 각 경료하여 주었다.

다. 피고 1(대판: 소외인)은 2009. 12. 11. 피고 2에게 피고 1(대판: 소외인) 지분에 관하여 채무자를 피고 1(대판: 소외인)로 하는 채권최고액 720,000,000원의 근저당권설정등기를 경료하여 주었다.

라. 소외 주식회사 동현스틸은 2009. 9. 10. 수원지방법원 2009타경18917호로 피고 1(대판: 소외인) 지분에 대하여 강제경매개시결정을 받았고, 위 강제경매절차 진행 결과 2011. 3. 25. 소외 2가 피고 1(대판: 소외인) 지분을 취득하였으며, 이 사건 6번 및 9번 근저당권의 근저당권자인 안산농협은 그 피담보채권액인 626,621,159원 및 202,317,761원을 모두 배당받았고, 후순위근저당권자인 피고 2는 그 피담보채권액 754,126,027원 중 일부인 42,596,243원만을 배당받았다.

마. 그런데 등기공무원은 이 사건 9번 근저당권에 대한 위 배당으로 인하여 피고 1(대판: 소외인)이 원고에 대한 물상보증인으로서 안산농협의 이 사건 6번 및 9번 근저당권 중 원고 지분에 대한 부분을 각 대위취득하고, 피고 2는 이 사건 후순위근저당권의 저당권자로서 피고 1(대판: 소외인)이 대위취득하는 이 사건 6번 및 9번 근저당권 중 원고 지분에 대한 부분을 대위행사할 수 있다는 이유로, 이 사건 6번 및 9번 근저당권을 말소하지 아니한 채 2011. 3. 25. 이 사건 6번 및 9번 근저당권의 등기목적을 각 '원고 지분 전부 근저당권 설정'으로 변경하는 내용의 각 부기등기를 직권으로 경료하였다.

바. 피고 2는 2011. 10. 14. 이 사건 6번 근저당권에 대한 법정대위권자의 지위에서 수원지방법원 2011타경19067호로 원고 지분에 대하여 임의경매개시결정을 받았다. 이에 원고가 위 임의경매개시결정에 대하여 수원지방법원 2011라1586호로 이의를 신청하였고, 위 법원은 2011. 12. 16. 위 임의경매개시결정을 취소하는 결정을 하였다.

사. 그러던 중 원고 지분은 2012. 4. 16. 수용보상금 472,786,220원에 한국토지주택공사에게 수용되어 2012. 5. 7. 원고 지분에 관하여 한국토지주택공사 명의로 소유권이전등기가 경료되었고, 같은 날 원고 지분에 관한 이 사건 6번 및 9번 근저당권 등은 모두 직권으로 말소되었다.

아. 한국토지주택공사는 그 무렵 원고 지분에 대한 수용보상금으로 피공탁자를 원고로 하여, 수원지방법원 성남지원 2012금제1243호로 100,786,220원을, 수원지방법원 성남지원 2012증제18호로 372,000,000원 상당의 토지주택채권을 각 공탁하였다."[28]

사실관계를 보면, 청구취지가 왜 근저당권말소절차이행, 그 말소에 승낙의 의사표시를 구하는 것인지, 반소가 근저당권말소소송이었던 것 같은데 판결문상에는 공탁금출급청구권의 양도와 양도통지 형식이고, 또한 공탁유가증권의 양도와 양도통지 형식인지를 알 수 있습니다.

원고와 피고 1(대법원 판결상 소외인)은 부부관계였고, 피고 2(대법원 판결상 피고)는 피고 1의 지분에 대하여만 근저당권을 설정받은 채권자였습니다. 원고의 부동산과 피고 1의 지분으로 6번과 9번 근저당권을 안산농협에 설정해 주었는데 채무자는 원고로 되어 있었던 것입니다. 피고 1 지분에 대하여만 경매가 진행되었고 안산농협은 6번, 9번 근저당권의 피담보채권을 피고 1 지분의 경매에서 전부 배당받았습니다. 그런데 피고 2는 일부만 배당받았습니다. 여기서 등기관은 원고 부동산의 6번, 9번 근저당권을 말소시키지 않았습니다. 그리고 피고 2에게 부기등기를 직권으로 경료해 주었습니다. 피고 2의 권리가 있다고 본 것입니다. 피고 2는 임의경매신청을 하였고, 원고는 이의신청을 하였고 경매법원은 경매취소결정을 했습니다. 그런데 이 원고의 부동산은 한국토지공사가 수용을 하였고 그에 의하여 근저당권과 부기등기는 말소가 되었고, 한국토지공사는 토지보상금과 토지주택채권을 각 공탁하였던 사건입니다. 이는 소송 중에 수용이 되었던 것입니다. 피고 1은 원고와 부부이니 형식적으로 피고이지 실질적으로 원고였을 것이고 모든 자료를 가감없이 제출하였을 것입니다.

이와 같은 판례들을 검토하여 보면, 물상보증인이 실제 채무자인 경우에는 공제할 금액들이 달라질 수 있다고 보아야 할 것입니다.

⑦ 부동산 가액이 1억 원이고, 피담보채권액이 1억 3천만 원입니다. 근저당권자의 채무자는 실질적인 물상보증인이고, 물상보증인이 실질적 채무자인 경우

---

28) 수원지방법원성남지원 2012. 8. 9. 선고 2011가단49508(본소), 2012가단25882(반소) 판결 [근저당권말소]

에 물상보증인이 자신의 부동산을 처분하여 사해행위취소의 채무자인 경우에는 어떻게 될까요? 이 물상보증인이 실질적 물상보증인인 경우에는 3천만 원만 고려할 수 있는 것이 아닌가 하였습니다. 그런데 물상보증인이 실질적 채무자인 경우에는 결국 물상보증으로 제공된 사해행위취소의 부동산에 1억 3천만 원 전부 공제가 되어야 하기 때문에 결국 이를 처분해도 사해행위취소가 되지 않는다고 볼 수 있습니다.

　⑧ 여기서 문제가 있습니다. 내부관계에서 채무자와 물상보증인의 관계가 그렇다고 하더라도 외부관계에서 이것이 적용될 수 있는지 여부입니다. 즉 부부가 부동산을 사면서 채무자를 한 명으로 하고 나머지는 물상보증인의 지위에 있다고 할 경우에 대법원은 사해행위취소시에 그 물상보증인이 실질적인 1/2인의 채무자 위치에 있으면 2분의 1의 금액만 채무자의 부동산에서 가액배상시에 고려해야 한다는 것입니다. 그런데 사해행위취소가 없이 그냥 경매가 이루어졌습니다. 그런데 근저당권자의 채무자는 처였습니다. 당연히 남편인 채무자는 경제활동을 하였을 것이고 남편의 지분에 많은 채권자들이 가압류를 하였습니다. 이런 경우에 당연히 부동산을 구입하면서 대출받은 근저당권의 채무도 변제를 하지 못하니 경매가 되거나 남편의 지분의 경매가 되면 근저당권자도 이중경매를 신청하게 될 것입니다. 이로 인하여 경매법원은 당연히 채무자라고 하는 처의 지분에서 근저당권채무를 전부 변제하고 부족한 부분이 있는 경우에 남편의 지분에서 근저당권자에게 배당을 해 줄 것입니다. 이렇게 되어 처는 전혀 배당을 받지 못하고 남편만 배당금이 있게 되어 남편의 채권자들은 안분배당을 받게 됩니다. 이런 경우에 있어서 처가 배당을 받은 남편의 채권자들을 상대로 배당이의소송을 제기할 수 있거나 부당이득반환청구를 구할 수 있는가의 문제입니다. 내부적으로 두 사람 간에 각 2분의 1의 권리가 있다고 하더라도 외부적으로는, 즉 은행에 대하여는 완전하게 처가 채무자로 되어 있습니다. 그에 의하여 처의 지분에서 먼저 배당을 받도록 한 것이 잘못된 것이라고 할 수 있을까요? 즉 이 경우에도 예전 명의신탁의 법리를 적용할 수 있는지에 문제가 됩니다. 내부적으로 신탁자가 소유권자라고 하더라도 외부적으로는 수탁자가 완전한 소유권자이기 때문에 신탁자는 수탁자의 채권자에게 어떠한 권리도 행사하거나 대항할 수 없다는 법리를 이 경우에도 적용할 수 있는가라는 문제입니다.

앞의 경우는 피고 1 남편이 원고에게 대위를 할 권한이 없기 때문에 결국 그 연장선에서 후순위근저당권자도 물상대위할 권한이 없다고 하였는데 이 법리가 이런 사건에도 적용될 수 있는지 의문입니다.

처는 남편에게 내부적으로 결국 구상권을 행사할 수 있다고 하더라도 경매에서 배당받은 남편의 채권자에게 그 구상권을 들어서 배당이의나 부당이득을 구할 권원이 있다고 볼 수는 없는 것이 아닌가 하는 생각이 듭니다. 즉 두 사건은 차원이 다른 문제일 수가 있다는 것입니다.

⑨ 한 부동산은 공유부동산이고, 다른 부동산은 공유는 아닙니다. 그런데 한 부동산에는 그 지분 전부를 담보로 제공한 공동저당권이 있습니다. 사해행위취소의 채무자는 이 근저당권의 물상보증인입니다. 그런데 물상보증인인 채무자 지분과 다른 부동산에는 공동근저당권이 또 설정이 되어 있습니다. 이 아파트에는 그 전에 근저당이 설정이 되어 있기도 하였습니다.

위 판례사안을 통해서 비교하여 보면,

A 부동산에 공동소유자 3명이 각 1/3 지분을 가지고 있고 사해행위당시 부동산의 가액의 30억 원

1번 근저당권은 갑이 근저당권자의 채무자이고 피담보채권액은 15억 원이며 이는 공동저당권임

B 부동산의 가액은 10억 원

이 부동산에는 1번 근저당권으로 하여 피담보채권이 5억 원이 근저당권이 설정되어 있음

A 부동산의 을(사해행위취소의 채무자)과 병의 지분과 B 부동산을 공동저당으로 하여 10억 원의 근저당권이 설정되어 있다고 한다면,

먼저 A 부동산의 사해행위 당시의 시가 30억 원에서 15억 원의 피담보채권을 제외하면, 이 사건 부동산의 가치는 15억 원인데 여기서 채무자 을의 가치는 7억 5000만 원이다(15/2).

잔존 가치 15억/ 20억(15억 + 5억) × 10억 원 = 7억 5000만 원 × 1/2 = 3억 7500만 원

1,125,000,000원(375,000,000원 + 750,000,000원) > 1,000,000,000원(30억/3)

이와 같은 결론이 나오면 공동담보서의 가치가 없게 된다고 할 것입니다.

⑩ 동일한 조건에서 A와 B 부동산에 설정된 공동저당권의 피담보채권이 5억 원인 경우에는

15억 / 20억 × 5억 원 ＝ 3억 7500만 원 × 1/2 ＝ 1억 8750만 원

937,500,000원(187,500,000원 ＋ 750,000,000원) ＜ 1,000,000,000원

62,500,000원은 담보가치가 있었다고 할 것입니다.

⑪ 만약 B 부동산에 선순위 근저당권이 존재하지 아니한 경우

15억 원 / 25억 원 (15억 ＋ 10억) × 5억 ＝ 3억 × 1/2 ＝ 1억 5000만 원

900,000,000원(150,000,000원 ＋ 750,000,000원) ＜ 1,000,000,000원

100,000,000원의 담보가치가 있게 되어 버려서 이 부분은 사해행위가 될 수 있다고 할 것입니다.

10) 임차보증금의 공제 여부

가) 법정 물권으로서 요건 성립된 경우에 공제 인정됨

"어느 부동산에 관한 법률행위가 사해행위에 해당하는 경우에는 원칙적으로 그 사해행위를 취소하고 소유권이전등기의 말소 등 부동산 자체의 회복을 명하여야 하는 것이나, 다만 원물반환이 불가능하거나 현저히 곤란한 경우에는 원상회복의무의 이행으로서 사해행위 목적물 가액 상당의 배상을 명하여야 하는 것이고, 이러한 가액배상에 있어서는 일반 채권자들의 공동담보로 되어 있어 사해행위가 성립하는 범위 내의 가액배상을 명하여야 하는 것이므로, 그 부동산에 관하여 주택임대차보호법 제3조 제1항이 정한 대항력을 갖추고 임대차계약서에 확정일자를 받아 임대차보증금 우선변제권을 가진 임차인 또는 같은 법 제8조에 의하여 임대차보증금 중 일정액을 우선하여 변제받을 수 있는 소액임차인이 있는 때에는 수익자가 배상하여야 할 부동산의 가액에서 그 우선변제권 있는 임차보증금 반환채권 금액을 공제하여야 한다. 그리고 이러한 법리는, 주택 소유자의 사망으로 인하여 그 주택에 관한 포괄적 권리의무를 승계한 공동상속인들 사이에 이루어진 상속재산 분할협의가 일부 상속인의 채권자에 대한 사해행위에 해당하는 경우 그 상속인의 상속지분을 취득한 수익자로 하여금 원상회복 의무의 이행으로서 지분 가액 상당의 배상을 명하는 경우에도 그대로 적용된다."29)

---

29) 대법원 2007. 7. 26. 선고 2007다29119 판결 [사해행위취소]

우선변제권이 있는 권리이기 때문에, 이는 근저당권과 동일하다고 할 것이기 때문에 이는 공제되어야 합니다. 이 법리는 이미 오래전에 확립되었다고 할 것입니다(대법원 2001. 6. 12. 선고 99다51197, 51203 판결).

> "그런데 기록에 의하면, 피고는 원심에서 "소외 1과 피고 사이의 상속재산 분할협의의 대상인 이 사건 부동산은 주택으로서 피상속인인 소외 2가 사망하기 전부터 이를 다른 사람들에게 임대하고 있었던 까닭에 소외 1과 피고를 포함한 **상속인들은 그 임대보증금 반환채무까지도 승계하게 되었으며, 상속재산 협의분할 후 피고가 위 주택을 원심 공동피고 2에게 매도함에 있어 매매대금 1억 2,500만 원 중 임대보증금 합계 9,500만 원을 공제한 3,000만 원만을 실제로 지급받았으니, 설령 이 사건 상속재산 분할협의가 사해행위에 해당한다고 하더라도 수익자인 피고가 배상하여야 할 부동산의 가액은 임 대보증금 반환채무액을 공제하고 남은 위 3,000만 원 중 소외 1의 상속지분인 3분의 1에 해당하는 1,000만 원의 범위로 한정되어야 한다."**는 취지로 주장하였고, 이러한 주장에 부합하는 듯한 부동산등기부등본, 임대차계약서, 매매계약서, 통장 사본, 주민등록 초본 등이 증거로 제출되어 있음을 알 수 있으며, 한편 원심판결도 원심 공동피고 2에 대한 청구에 관한 판단 부분에서 원심 공동피고 2가 피고에게 **이 사건 부동산 매 매대금 중 기존의 임대차보증금을 제외한 나머지 금액 3,000만 원만을 지급한 사실을 인정하고 있다.**
> 사정이 이러하다면, 원심으로서는 위 원심 공동피고 2가 채무자 소외 1의 상속지분을 선의로 전득한 자에 해당하여 원물반환이 불가능하다는 이유로 수익자인 피고에게 그 가액 상당의 배상을 명하기에 앞서 먼저 피고가 주장하는 임대차보증금 반환채권이 주 택임대차보호법상의 요건을 갖춘 우선변제권 있는 채권인지를 심리함으로써 소외 1의 상속지분 중 일반 채권자들의 공동담보로 되어 있는 범위, 즉 사해행위가 성립하는 범위를 살펴본 후 그 부분에 한하여 피고에게 가액배상을 명하였어야 할 것이다.
> 그럼에도 불구하고, 원심은 이 점에 관하여 아무런 판단도 하지 않은 채 피고에게 원심 변론종결 당시 이 사건 부동산의 가액 중 소외 1의 지분 전부에 대한 배상을 명하고 말았으니, 이와 같은 원심판결에는 사해행위 취소에 있어서 수익자가 원상회복 의무의 이행으로서 배상하여야 할 가액의 범위에 관한 법리를 오해하여 필요한 심리를 다하지 아니하고 당사자의 주장에 대한 판단을 누락함으로써 판결 결과에 영향을 미친 위법이 있다. 이 점을 지적하는 상고이유 제2점의 주장은 이유 있다."[30]

---

30) 대법원 2007. 7. 26. 선고 2007다29119 판결 [사해행위취소]

그런데 이 사건에서 재미있는 것은 상속분할협의가 사해행위가 되었다는 것입니다. 즉 이 사건 부동산은 결국 상속인들의 공유재산이 되었다고 할 것입니다. 그렇다고 한다면 사해행위취소가 없었다고 한다면, 어떻게 되었을까요?

이 사건의 경우 1억 2,500만 원의 부동산가액 중에서 9,500만 원이 우선변제권이 있는 주택임대차보호법상의 보증금이 되었을 경우에 채무자인 상속인의 지분의 3분의 1이라고 할 경우에 3천만 원이 남은 가액이니 3천만 원의 3분의 1인 1천만 원은 사해행위로 취소되어야 한다고 할 수 있는가입니다. 왜냐하면 만약 사해행위인 상속분할협의가 없었다고 한다면, 채권자는 채무자의 3분의 1 지분만 경매를 신청할 수 있습니다. 이 경우에 임차인은 그 3분의 1 지분에서 9,500만 원 전부를 배당받을 수 있습니다. 이 경우에 공동근저당권과 같은 경우 원칙적으로 전부를 공제할 수 있지만 구상할 수 없는 특별한 경우에는 안분비례한 금액만 공제할 수 있는가입니다. 만약 이와 같이 채무자의 지분에서 공제한 된 경우에 채무자로서는 다른 상속인들에게 구상을 할 수 있을까요? 당연히 할 수 있습니다. 대법원은 이미 오래전부터 공동소유의 부동산, 즉 공동임대인의 임차인에 대한 보증금반환채무는 연대채무라고 하고 있기 때문입니다.

그렇다고 한다면 이 사건의 경우 원고의 청구가 기각될 가능성이 매우 높습니다.

나) 공유부동산의 임차인의 보증금반환채무의 공제할 금액

"건물의 공유자가 공동으로 건물을 임대하고 임차보증금을 수령한 경우 특별한 사정이 없는 한 그 임대는 각자 공유지분을 임대한 것이 아니라 임대목적물을 다수의 당사자로서 공동으로 임대한 것이고 임차보증금 반환채무는 성질상 불가분채무에 해당한다. 임차인이 공유자 전원으로부터 상가건물을 임차하고 상가건물 임대차보호법 제3조 제1항에서 정한 대항요건을 갖추어 임차보증금에 관하여 우선변제를 받을 수 있는 권리를 가진 경우에, 상가건물의 공유자 중 1인인 채무자가 처분한 지분 중에 일반채권자들의 공동담보에 제공되는 책임재산은 우선변제권이 있는 임차보증금 반환채권 전액을 공제한 나머지 부분이다."31)

---

31) 대법원 2017. 5. 30. 선고 2017다205073 판결 [사해행위취소]

"나. 원심판결 이유에 의하면, 다음의 사실을 알 수 있다.

(1) 소외 1은 여동생 소외 3과 함께 이 사건 건물을 1/2 지분씩 공동소유하면서 2003. 9. 이 사건 건물 지분에 관하여 근저당권자 주식회사 부산은행, 채무자 소외 3, 소외 1로 하여 근저당권을 설정하였고, 2013. 8. 소외 4에게 위 건물을 보증금 40,000,000원, 차임 월 1,400,000원에 임대하였다. 소외 4는 위 건물에서 피시방 영업을 하면서 사업자등록을 마치고 임대차계약서에 확정일자를 받았다.

(2) 소외 1은 2015. 3. 11. 소외 3의 남편인 피고에게 자신의 건물 지분을 매도하는 계약을 체결하고 2015. 3. 17. 피고 앞으로 지분이전등기를 마쳤는데, 당시 건물의 지분 가액은 170,000,000원이었다.

(3) 피고는 매매계약 후인 2015. 3. 12.과 2015. 3. 13.에 근저당채무 잔액인 155,323,789원을 모두 변제하고 근저당권설정등기를 말소하였다.

다. 원고는 채무자 소외 1의 파산관재인으로서, 소외 1이 피고에게 이 사건 건물 지분을 매도한 것이 채무자회생법 제391조 제1호의 '파산채권자를 해하는 것을 알고 한 행위'에 해당한다는 이유로 매매계약을 부인하고 원상회복의 방법으로 가액배상을 구하였다. 원심은 소외 4가 소외 1, 소외 3으로부터 이 사건 건물 전체를 임차하여 상가건물 임대차보호법에 따라 우선변제권 있는 임차보증금 채권자가 되었다고 전제한 다음, 소외 1의 건물 지분가액에서 우선변제권 있는 임차보증금 40,000,000원 전액을 공제하여 책임재산을 산정하였다. 이러한 판단은 위 법리에 따른 것으로서 정당하고, 원심의 판단에 사해행위나 부인권에 관한 법리를 오해한 잘못이 없다.

그러나 원심이 소외 1의 책임재산을 산정하면서 이 사건 건물에 관한 근저당권 피담보채권액 155,323,789원 전부를 공제한 것은 잘못이다. 앞에서 본 법리에 비추어 보면, 소외 1과 소외 3을 공동채무자로 한 근저당권의 피담보채권액 가운데 소외 1의 건물 지분이 부담하는 피담보채권액은 특별한 사정이 없는 한 그 지분인 1/2의 비율로 산정한 금액인 77,661,894원(= 155,323,789원 × 1/2, 원 미만 버림)이라고 보아야 하고, 소외 1의 건물 지분이 전체 피담보채권액을 부담한다고 볼 수는 없다.

결국 지분의 매매 당시를 기준으로 소외 1의 건물 지분이 부담하는 근저당권 피담보채권액 77,661,894원과 임차보증금 채권액 40,000,000원의 합계가 건물의 지분가액인 170,000,000원에 미치지 못하는데도, 원심은 위 채권액의 합계가 건물의 지분가액을 초과한다고 보아 소외 1이 건물 지분을 매도한 행위가 파산채권자를 해하는 행위에 해당하지 않는다고 판단하였다. 원심의 판단에는 사해행위나 부인권에 관한 법리를 오해하여 판결에 영향을 미친 잘못이 있다."[32]

---

32) 대법원 2017. 5. 30. 선고 2017다205073 판결 [사해행위취소]

원심은 근저당권의 피담보채권 전부를 공제하였습니다. 그래서 공동담보로 서의 가치가 없다고 판단하였는데 대법원은 2분의 1이라고 하였습니다. 이것이 맞는 것일까요? 대법원 전원합의체 판결에 따르면 피담보채권에 전부를 공제할 수 있는 것이 아닌가 하는 생각이 듭니다. 그런데, 이 사건의 경우 대법원은 전 원합의체 판결을 언급하지 않고 대법원 2003. 11. 13. 선고 2003다39989 판결만 언급하였습니다. 이 사건의 경우는 사실관계를 자세히 보면, 근저당권자 채무자 가 사해행위취소의 채무자인 소외 1만이 아니라 소외 3도 있습니다. 즉 두 사람 다 채무자이고 자신의 지분에 대하여 각 공동저당권을 설정한 것입니다. 그렇다 고 한다면 이런 경우는 구상권을 행사할 수 없는 특별한 사정이 있는 경우라고 볼 수 있지 않나 하는 생각입니다.

만약 소외 1만 채무자로 되어 있고 소외 3은 물상보증이었다고 한다면 어 떻게 되었을까요? 이 경우에도 그냥 1/2 지분별로 안분비례를 해야 할까요? 당 연히 소외 3은 물상보증인으로서 구상권과 대위변제권이 있다고 할 것입니다. 그렇기 때문에 이런 경우에는 원심의 판단과 같이 전부를 공제하는 것이 옳다고 보입니다.

11) 경매되고 있는 부동산을 사해행위로 이전받은 경우에 근저당권을 말소시키고 경매취하시킨 경우 집행비용을 공제하여야 함 - 해동종합상사 선박 사례

"어느 물건에 관한 법률행위가 사해행위에 해당하는 경우에는 원칙적으로 그 사해행위 를 취소하고 소유권이전등기의 말소 등 물건 자체의 회복을 명하여야 하지만 원물반환 이 불가능하거나 현저히 곤란한 경우에는 원상회복의무의 이행으로서 사해행위 목적물 가액 상당의 배상을 명하여야 하고, 이러한 가액배상에 있어서는 일반 채권자들의 공동 담보로 되어 있어 사해행위가 성립하는 범위 내의 가액배상을 명하여야 하므로, **저당권 자의 신청에 의하여 담보권 실행을 위한 경매절차가 진행중인 물건이 사해행위로 이전 되고 그 후 변제 등에 의하여 저당권설정등기가 말소되어 그 경매신청이 취하된 경우 에는, 그 물건의 가액에서 저당권의 피담보채권액뿐만 아니라 그 경매절차에서 우선적 으로 변상받을 수 있었던 집행비용액도 공제하여야 하고, 이러한 법리는 선박우선특권 자의 신청에 의하여 담보권 실행을 위한 경매절차가 진행중인 선박이 사해행위로 이전 되고 그 후 변제 등에 의하여 선박우선특권에 의하여 담보되는 채권이 소멸되어 그 경**

매신청이 취하된 경우에도 마찬가지이다. 이 경우 배상하여야 할 가액은 사해행위 취소 시인 사실심변론종결시를 기준으로 하여 그 물건의 가액에서 우선적으로 변상받을 수 있었던 집행비용을 공제하는 방식으로 산정하여야 하고, 집행비용액을 공제함에 있어 사실심변론종결 당시의 집행비용액이 사해행위 당시의 그것보다 현실적으로 증가한 경우에는 이를 모두 공제하여야 한다."33)

실제적으로 경매된 부동산을 매수한 경우가 의외로 많고 이런 경우에 사해 행위취소소송을 하는 경우도 많습니다. 그런데 집행비용을 공제하여야 한다는 대법원 판결은 이 판례가 최초입니다.

"원심은 그 채용 증거를 종합하여 그 판시와 같은 사실을 인정한 다음 이 사건 사해행 위 취소의 범위 및 가액배상의 금액을 산정함에 있어 이 사건 선박의 시가에서 수익자 및 전득자인 피고들이 완제한 선박우선특권의 피담보채권액 및 전득자인 피고 주식회 사 해동인터내셔널이 지급한 이 사건 경매절차에서 발생한 선박의 감수·보존처분비용 286,000,000원 등을 공제하여야 한다고 판단하였다.
앞서 본 법리에 비추어 보면, 이러한 원심의 판단은 정당하고, 거기에 상고이유 주장과 같은 가액배상에 관한 법리를 오해하거나 채증법칙 위배 등의 위법이 없다."34)

경매를 할 경우에 배당할 금액에서 집행비용이 가장 먼저 지급하도록 되어 있습니다. 그렇다고 한다면 경매가 되고 있는 부동산을 매수하지 아니하였다고 한다면 당연히 이 집행비용은 어느 것보다 우선하여 매각대금에서 공제할 것이 고 나머지를 채권자들의 순위에 따라 배당이 될 것이기 때문에 경매 중에 이루 어진 목적물의 매수의 경우에는 이 집행비용을 공제하는 것이 옳다고 보아야 할 것입니다. 이런 점에서 대법원의 판례가 나온 것은 매우 고무적입니다.

---

33) 대법원 2008. 8. 21. 선고 2008다26360 판결 [사해행위취소]
34) 대법원 2008. 8. 21. 선고 2008다26360 판결 [사해행위취소]

"저당권이 설정되어 있는 재산이 사해행위로 이전된 경우에 그 사해행위는 그 재산의 가액에서 저당권의 피담보채권액을 공제한 잔액의 범위 내에서만 성립한다고 보아야 하므로, 사해행위 후 변제 등에 의하여 저당권설정등기가 말소된 경우 그 재산의 가액에서 저당권의 피담보채무액을 공제한 잔액의 한도에서 사해행위를 취소하고 그 가액의 배상을 구할 수 있을 뿐이고, 이러한 법리는 일반채권자보다 우선변제권이 인정되는 채권, 즉 선박우선특권있는 채권, 조세채권, 임의경매절차에서 감수보존처분이 되어 있는 경우의 감수보존비용채권 등의 경우에도 마찬가지라 할 것이다.

살피건대, 갑 제2, 3호증, 갑 제6호증의 1, 2, 갑 제7, 8, 10, 11호증, 갑 제13호증의 1, 2, 갑 제14호증, 을 제16호증의 1 내지 12, 을 제17호증의 1 내지 6, 을 제18호증, 을 제19호증의 1, 2의 각 기재에 변론 전체의 취지를 종합하면, ① 이 사건 선박에 대하여 이 사건 매매계약 이전인 2003. 5. 28. 소외 3 명의의 채권최고액 6억 원, 2003. 6. 23. 소외 1(대법원 판결의 소외인) 명의의 채권최고액 9억 원으로 된 각 근저당권등기가 설정되어 있다가 소외 3 명의의 근저당권은 위 매매계약 이후인 2006. 6. 7.에, 소외 1 명의의 근저당권역시 위 매매계약 이후인 2005. 1. 4.에 각 해지를 원인으로 말소된 사실, ② 소외 3 명의의 근저당권은 말소 당시 피담보채무 원리금이 6억 원을 초과하였으나 피고 해동인터내셔널이 채권최고액 6억 원을 변제한 후 위 근저당권을 말소시킨 사실, ③ 한편 소외 1 명의의 근저당권은 애초 해동종합상사가 2003. 1. 29.경 일본으로부터 구입하는 선박 대금을 마련하기 위하여 소외 1의 처남인 소외 4 소유의 부동산을 담보로 금융기관에서 대출을 받으면서 해동종합상사가 위 대출금을 변제하지 않을 경우 소외 4가 입게 될 손해를 담보하기 위하여 매제인 소외 1 명의로 설정하였던 것인데, 소외 4가 2004. 3. 15. 해동종합상사와의 사이에 3억 원을 지급받으면 아무런 이의 없이 위 근저당권을 말소시켜주기로 약정하고 같은 달 16. 2억 원, 같은 달 31. 1억 원을 지급받은 뒤 위 말소에 필요한 서류를 교부하였으나 말소되지 않고 있던 중 해동종합상사가 피고 서광물산과 이 사건 매매계약을 체결하면서 위 근저당권설정등기를 말소한 사실(이와 관련하여 소외 4는 해동종합상사의 사주인 소외 5 등을 상대로 사문서를 위조하여 위 근저당권을 말소한 것이라며 형사고소하였으나 2006. 11. 30. 검찰에서 혐의없음 처분이 내려졌음), ④ 또한 이 사건 선박에는 이 사건 매매계약 이전에 동양화재해상보험 주식회사 등의 선박우선특권있는 채권에 기한 청구금액 3억 원의 가압류등기 및 임의경매개시결정등기가 경료되어 있었는데 이후 위 가압류 피보전채권에 대한 본안사건에서 2005. 12. 27. 채권액을 1억 2,000만 원으로 하는 화해권고결정을 하여 위 결정이 확정된 후 피고들이 위 금액을 변제함으로써

> 위 매매계약 이후인 2006. 5. 19. 위 가압류등기가 말소되고 위 임의경매절차가 취하
> 된 사실, ⑤ 위 임의경매절차에서 이 사건 선박에 대한 감수보전명령(부산지방법원
> 2003타기2189호)에 따라 위 매매계약 이전인 2003. 11. 1.부터 2006. 5. 18.까지
> 발생한 감수보존비용은 286,000,000원이고 피고 해동인터내셔널이 이를 감수보존 회
> 사인 주식회사 세계해운상사에게 지급한 사실, ⑥ 또한 이 사건 선박에는 위 매매계약
> 이전인 2003. 11. 28. 권리자를 부산광역시(처분청 사하구청)로 하는 압류등기(피압류
> 조세채권액 51,716,720원)가 경료되어 있다가 위 매매계약 이후인 2006. 5. 22. 피고
> 해동인터내셔널이 이를 지급하여 위 압류가 말소된 사실, ⑦ 이 사건 선박에 대한 당심
> 변론종결일 당시의 시가가 합계 1,642,864,000원 정도인 사실을 인정할 수 있는바,
> 위 법리에 위 인정사실을 더하여 보면, 이 사건 사해행위 취소의 범위 및 가액배상의
> 금액은 이 사건 선박의 시가 1,642,864,000원에서 소외 3 명의의 근저당권의 피담보
> 채무액 상당의 채권최고액 6억 원 및 선박우선특권있는 채권액 1억 2,000만 원, 감수
> 보존비용 2억 8,600만 원, 압류된 조세채권 51,716,720원 합계 1,057,716,720원을
> 공제한 585,147,280원(1,642,864,000원 - 1,057,716,720원)이 된다(소외 1 명의의
> 근저당권의 피담보채무는 이 사건 매매계약 이전에 소멸하였으므로 가액배상에서 공제
> 할 대상에 해당하지 아니한다)."[35]

집행비용이 286,000,000원으로 매우 컸습니다. 이는 선박이기 때문에 이런
점이 발생한다고 할 것입니다. 부산에서만 나올 수 있는 특이한 상황일 것이고
부산고등법원은 판례가 없는데 이를 인정하는 담대함을 보여주었습니다. 다만
그 논리는 없습니다.

서광물산이 수익자이고, 해동인터내셔널이 전득자였고, 채무자는 해동종합
상사였으며 원고는 한영해운이었습니다. 피고들이 항소하였는데 1심이 취소가
되어 취소범위와 가액배상범위가 줄어들었습니다.

> "[청구취지] 피고 유한회사 서광물산과 주식회사 해동종합상사 사이에 별지 목록 기재
> 각 선박에 관하여 2005. 1. 3. 체결된 매매계약은 742,864,000원의 범위 내에서 이

를 취소한다. 피고들은 각자 원고에게 742,864,000원 및 이에 대한 이 판결 선고일 다음날부터 다 갚는 날까지 연 20%의 비율에 의한 돈을 지급하라.
[항소취지] 제1심 판결 중 피고들 패소부분을 취소하고, 위 패소부분에 해당하는 원고의 피고들에 대한 청구를 기각한다."[36)]

원고가 전부승소한 것으로 보입니다. 나의사건검색을 보면, 피고 소가가 742,864,000원으로 되어 있는 것을 보면 그렇습니다. 742,864,000원에서 항소심에서 원고가 승소한 금액 585,147,280원을 빼면 157,716,720원입니다. 이 금액이 어떻게 나온 것인지 이해가 잘 되지 않습니다. 이 사건 가압류가 선박우선특권에 기한 것이기 때문에 그 화해권고결정금액이 1억 2000만 원으로서 이에 대한 인정이 1심에서 안 되었나라는 생각도 해 봅니다. 조세채권이 51,716,720원이니 이를 공제하면 88,000,000원이 남습니다. 그렇다고 한다면 집행비용 286,000,000원에서 88,000,000원을 공제하면 198,000,000원입니다. 부가가치세를 고려하면 88,000,000원(80,000,000원 + 8,000,000원) 그리고 198,000,000원(180,000,000원 + 18,000,000원)입니다. 그 기간은 "2003. 11. 1.부터 2006. 5. 18."이니 개월 수는 31개월입니다. 정확히 떨어지지는 않습니다. 그러나 대법원 판례의 검토를 보면, 88,000,000원은 아마 사해행위 당시보다 사실심변론종결시의 집행비용이 늘어난 것도 모두 공제한 것으로 보입니다.

1심 사건을 보면, "부산지방법원 2007. 7. 4. 선고 2006가합19897 판결"입니다. 그러니 1심 변론종결일은 2007. 7. 4. 이전일 것입니다. 찾아보니 2007. 6. 13.입니다. 그런데 실제로 보관이 끝난 시점은 2006. 5. 18.입니다. 이렇기 때문에 이 1심 변론종결 이후에 발생한 보관비용도 아닙니다. 그런데 사해행위는 2005. 1. 3.입니다. 2003. 11. 1.부터 2006. 5. 18.까지의 감수보존비용입니다. 사해행위 이후로부터 1년 16개월 15일 정도의 차이가 납니다. 그런데 16개월로 하면 88,000,000원이 해결이 됩니다. 매월 5,500,000원의 감수보존비용이 나옵니다. 2003. 11. 1.부터 2005. 1. 3.까지는 14개월정도인데 이를 그냥 1년 정도 12개월로 보면 월 16,500,000원(15,000,000 + 1,500,000)이 됩니다. 1심은 아마 사

---

36) 부산고등법원 2008. 3. 12. 선고 2007나14728 판결 [사해행위취소]

해행위 이후의 감수보존비용과 조세채권을 공제하지 아니한 것으로 보입니다. 그에 비해 부산고등법원은 사해행위 이후의 감수비용도 모두 공제하였고 조세채권도 공제를 하였습니다(다만 조세채권은 항소심에서 공제주장을 새롭게 하였을 수도 있다고 보입니다).

이 사건에서 중요한 것은 집행비용을 공제하여야 한다는 것뿐만 아니라 목적 부동산의 압류된 조세채권 그리고 선박의 경우 선박우선특권도 모두 사해행위시에 공제될 금액이라는 것입니다.

수익자나 채무자가 사해행위를 하면서 또는 그 이후의 조세채권을 변제하거나 아니면 근저당권을 변제하고는 조세채권을 변제하지 아니한 경우에 이 조세채권도 공제하여야 합니다.

만약 사해행위취소의 목적이 된 부동산에 조세채권과 근저당권이 있었는데 사해행위취소소송이 들어왔다고 합시다. 이 사건 부동산을 내가 꼭 가지고 싶고 원고에게는 가액배상으로 돈을 지급하고 싶은데 근저당권을 변제하기는 너무 금액이 크다고 한다면 조세채권금액이 크지 않다고 한다면 조세채권을 대위변제하고 나서 일부취소와 가액배상을 구할 수도 있습니다.

이런 경우 부동산 가액에서 이런 공제할 금액을 공제하면 지급할 금액이 많지 않은 경우에 사용할 수 있는 피고 측의 필살기입니다.

12) 근로자의 임금채권과 퇴직금 채권의 공제 필요성

"주채무자 또는 제3자 소유의 부동산에 관하여 채권자 앞으로 근저당권이 설정되어 있고, 부동산의 가액 및 채권최고액이 당해 채무액을 초과하여 채무 전액에 대하여 채권자에게 우선변제권이 확보되어 있다면 그 범위 내에서는 채무자의 재산처분 행위가 채권자를 해하지 아니하므로, 채무자가 비록 재산을 처분하는 법률행위를 하더라도 채권자에 대하여 사해행위가 성립하지 않고, 채무액이 부동산의 가액 및 채권최고액을 초과하는 경우에는 '그 담보물로부터 우선변제받을 금액'을 공제한 나머지 채권액에 대하여만 채권자취소권이 인정된다. 이때 취소채권자가 '담보물로부터 우선변제받을 금액'은 사해행위 당시를 기준으로 담보물의 가액에서 취소채권자에 앞서는 선순위 담보물권자가 변제받을 금액을 먼저 공제한 다음 산정하여야 한다."37)

---

37) 대법원 2021. 11. 25. 선고 2016다263355 판결 [사해행위취소]

이 판례는 앞에서 본 판례입니다. 우선변제권을 가지고 있는 권리자가 일반채권자의 지위로서 사해행위취소소송을 해야 하는데 그 때에 일반채권인 피보전채권을 산정할 때에 근저당권보다 우선한 채권에 최우선변제금이 되는 근로자의 3개월 임금채권과 3년치 퇴직금채권은 공제할 수 있다고 한 내용입니다.

만약 사해행위취소가 없었다고 한다면 근로자들이 이 사건 부동산에 임금채권과 퇴직금 채권을 가압류 등을 할 수 있었다고 한다면 이를 공제할 수 있다고 보아야 하는가의 문제가 발생합니다. 만약 그와 같다고 한다면 결국 이 사건 부동산의 경우 공동담보로서의 가치가 없다고 판단할 수 있다고 한다면 어떻게 될까요? 이런 주장을 피고가 할 수 있습니다. 원고는 근로자가 아닌 일반채권자입니다.

당연히 근로자가 목적부동산에 임금채권으로 가압류를 하였을 경우에는 당연히 이것이 임금채권이라는 것을 수익자가 밝히고 입증하면 일반채권자보다 우선변제권이 있기 때문에 근저당권의 피담보채권과 같이 공제되어야 할 금액이라고 할 것입니다.

13) 국민건강보험료등의 일반채권자에 우선하는 채권

국민건강보험료, 고용보험료, 산재보험료, 연금보험료 등 일반채권자보다는 우선하는 각종 보험료에 대한 압류가 있는 경우에 사해행위 이후에 가액배상을 해야 할 경우에는 이 부분도 공제가 되어야 하고 공동담보로서의 가치가 있는지 유무를 검토할 때에도 당연히 고려되어야 할 것입니다.

14) 집행불능을 막기 위해서 가액배상을 청구하는 경우

가) 깨끗한 부동산을 이전받은 후 수익자의 채권자의 가압류나 근저당권설정시

깨끗한 부동산을 수익자가 이전받고 나서 수익자의 채권자가 가압류를 하거나 근저당권을 설정해 준 경우에 집행불능을 회피하기 위하여 취소채권자는 가액배상을 구할 수 있다고 할 것입니다.

사실심변론종결시점에 부동산 가액이 5억 원입니다. 그리고 3억 원의 근저당권이 설정되었습니다. 그런데 원고의 채권이 6억 원이라고 한다면 청구취지는 다음과 같을 것입니다.

"1. 피고와 소외 채무자 사이에 별지 목록 기재 부동산에 관한 2023. 6. 3. 자 매매계약을 취소한다.

2. 피고는 원고에게 금500,000,000원 및 이에 대하여 이 사건 판결확정일 다음날부터 다 갚는 날까지 연 5%의 각 비율에 의한 금원을 지급하라.

3. 소송비용은 피고의 부담으로 한다."

형태는 전부취소이지만 가액배상을 구하는 형식이 될 것입니다.

그에 반하여 원고의 피보전채권이 5억 원이 되지 못할 경우는 일부취소의 형식이 될 것입니다.

"1. 피고와 소외 채무자 사이에 별지 목록 기재 부동산에 관한 2023. 6. 3. 자 매매계약은 금250,000,000원 및 이에 대하여 2021. 1. 1.부터 2021. 12. 31.까지는 연 5%, 2022. 1. 1.부터 이 사건 변론종결일까지는 연 12%의 각 비율에 의한 금원의 한도내에서 이를 취소한다.

2. 피고는 원고에게 금250,000,000원 및 이에 대하여 2021. 1. 1.부터 2021. 12. 31.까지는 연 5%, 2022. 1. 1.부터 이 사건 변론종결일까지는 연 12%의 각 비율에 의한 금원 및 이 원리금 합계금원에 대하여 이 사건 판결확정일 다음날부터 다 갚는 날까지 연 5%의 각 비율에 의한 금원을 지급하라.

3. 소송비용은 피고의 부담으로 한다."

라고 구할 수 있을 것입니다. 당연히 이 경우 수익자의 채권자의 가압류나 근저당권은 공제할 것이 아닙니다. 사해행위시점에는 존재하지 않았던 것이니 당연하다고 할 것입니다.

나) 기존 근저당권이 있는데 수익자가 근저당권 등을 설정하여 준 경우

일반적으로 사해행위취소소송은 기존 근저당권이 사해행위로 또는 그 이후 수익자가 변경된 경우에 가액배상이 이루어집니다. 그런데 기존 근저당권이 말소되지 않았지만 수익자의 채권자가 가압류를 하거나 근저당권을 설정함으로 집행불능을 막기 위해 가액배상을 구할 경우에 있어서 어떻게 하여야 하는지 검토하는 바입니다.

이 경우는 사실 기존 근저당권을 말소한 경우도 동일합니다. 사실심변론종결의 시점의 시가에서 사해행위당시의 기존 근저당권의 피담보채권액을 공제합니다. 이 금액을 한도로 하여 원고의 피보전채권범위에서 일부취소와 가액배상을 구할 수 있는 것입니다.

15) 수익자가 사해행위취소 부동산을 제3자에게 처분한 경우

여기서 문제되는 것은 이런 경우에도 '사실심변론종결시점의 부동산의 가액으로 가액배상시에 판단을 해야 하는가?'입니다. 수익자로서는 사해행위 목적물을 이미 처분해서 없는데 이런 경우까지 사실심변론종결시의 부동산의 가액을 파악하고 그 금액에서 공제할 것들을 공제하여야 하는 것인지 의문이 있다고 할 것입니다. 수익자가 그 목적물을 소유하고 있다고 한다면 사실심변론종결시까지발생한 이익에 대하여 악의의 수익자로서 반환한다는 것은 부당이득반환의 법리에 보더라도 문제가 없다고 할 수 있습니다. 그러나, 이미 이를 처분하여 그 목적물이 없는 그 이후에 부동산의 가액이 증가된 부분까지 수익자에게 부담을 지우는 것은 부당하다고 보이기 때문입니다. 오히려 이런 경우에는 매도할 당시의 가액에서 민법상 연 5%의 비율에 의한 이자 상당을 합산한 금액으로 한정하는 것이 옳다고 보입니다. 이 경우에도 원금은 실제로 반환할 금액의 한도 내로 제한되어야 합니다.

부동산의 수익자가 처분할 당시에 10억 원이었고, 기존 근저당권이 사해행위 당시에 피담보채권액은 5억 원, 수익자의 설정한 근저당권의 피담보채권액은 3억 원이었습니다. 사실심론종결시점의 부동산의 가액은 12억 원이었습니다.

사실심변론종결시점의 가액을 하면 12억 원 − 5억 원 = 7억 원의 한도 내에서 피보전채권의 범위로 제한하여 취소되고 가액배상이 될 것입니다.

만약 매도시점의 10억 원으로 본다면, 10억 원 − 5억 원 = 5억 원입니다. 실제 수령한 금액은 2억 원이라고 하더라도 수익자가 설정한 근저당권을 고려해서는 아니됩니다. 이것을 처분한 시점이 2022. 6. 4.이고 변론종결시점이 2023. 6. 3.이면 5억 원에 대한 연 5%의 이자를 고려하면 2,500만 원이 발생하기 때문에 원금과 이자를 합한 5억 2,500만 원의 한도 내에서 피보전채권의 범위 내에서 취소되고 가액배상이 되어야 할 것입니다. 당연히 피보전채권은 사실심변론종결시까지의 원금과 이자 등까지는 인정되어야 할 것입니다.

그러나, 이 경우의 문제점은 있습니다. 매도한 시점에 부동산의 시세는 11억 원인데 수익자가 이를 저가로 매도해 버렸습니다. 그런데 현재 사실심변론종결시의 부동산 가액은 12억 원입니다. 이는 합리적이지 않기 때문에 처분당시의 감정가라고 할 수 있는 11억 원을 기준으로 고려를 할 필요가 있다고 할 것입니다.

왜 이런 주장을 하는가 하면, 만약 사해행위시점은 2015 6. 3.입니다. 그런데 수익자는 이미 2018. 6. 3.에 이를 처분했습니다. 2020. 6. 1.에 소를 제기하였습니다. 그래서 항소심변론종결일이 2023. 6. 3.이라고 한다면 사해행위시점으로 하며 8년이 지났고, 매도시점으로 보면, 5년이 지났습니다. 그런데 부동산의 가액의 매도시점이 정상적인 가액인 10억 원에 매도를 하였는데 현재 20억원으로 그 사이에 2배가 올랐다고 한다면, 사실심변론종결시점의 가액을 기준으로 한다면 이것을 받아들일 사람이 있을까 생각해 보면, 수익자에게 너무나 가혹합니다.

만약 5억 원의 이익에 관하여 연 5%로 하여 5년이면, 125,000,000원이 늘어난 것입니다. 그렇다고 한다면 625,000,000원의 내에서 피보전채권의 한도로 취소하고 가액배상을 할 수 있다고 한다면 이는 합리적이라고 할 것입니다. 이는 부당이득의 법리에서도 현재 목적물이 없는 경우에 있어서 민법 제740조 제2항에 의하여 "악의의 수익자는 그 받은 이익에 이자를 붙여 반환하고 손해가 있으면 이를 배상하여야 한다."라는 것을 유추적용하면 된다고 할 것입니다. 즉 처분함으로써 그 받은 이익이 현실화되었고 그 금액에서 이자를 붙여서 반환하면 되는 것입니다. 다만 여기에 다시 판결확정일 다음날부터 다 갚는 날까지 연 5%의 지연손해금을 청구하는 것은 가능하다고 할 것입니다.

16) 소결

가액배상에 있어서 경우의 수와 공제되어야 할 우선변제권이 인정되는 내용들, 그리고 공동저당권의 법리에 맞추어 공제되어야 할 금액의 범위 등에 대하여 매우 많은 판례들을 검토하였다고 할 것입니다. 공동담보로서의 가치가 없는 경우에 사해행위취소가 되지 않는다는 법리와 사해행위취소가 되더라도 여기에서 공제될 금액이 얼마여서 취소되고 가액배상이 될 금액이 얼마인지 모두에 적용된다고 할 것이기 때문에 이 부분에서 다 같이 검토되었다고 할 것입니다.

3. 근저당권설정계약이 취소되는 경우

가. 우선변제권이 있는 근저당권설정계약

　　근저당권을 설정받게 되면 일반채권자에 우선하여 채권을 회수할 가능성이 있기 때문에 특별한 사정이 없는 한 사해행위가 인정된다고 할 것입니다. 그런데 문제는 근저당권설정계약을 통하여 근저당권을 설정받는다고 하여 바로 수익을 얻는 것은 아닙니다. 이것이 소유권이전등기인 매매나 대물변제와는 차이가 있다고 할 것입니다. 그리고 경매를 통하여 그 수익이 현실화되기 때문에 근저당권설정계약의 경우는 시간에 따라서 청구취지가 매우 달라진다는 점이 있습니다.

나. 근저당권설정계약에 있어서 청구취지의 예들

1) 아직 근저당권이 말소되기 전의 경우

　　사해행위취소소송을 하고 있는데 여전히 근저당권이 그대로 있는 경우가 있습니다. 가장 일반적으로 전형적인 청구취지일 것입니다.

　　"1. 피고와 소외 채무자 사이에 별지 목록 기재 부동산에 관한 2023. 6. 3.자 근저당권설정계약을 취소한다.

　　2. 피고는 소외 채무자에게 별지 목록 기재 부동산에 관하여 서울중앙지방법원 2023. 6. 3. 접수 제1004호 마친 근저당권등기의 말소등기절차를 이행하라.

　　3. 소송비용은 피고의 부담으로 한다."

　　설정계약의 취소와 근저당권말소등기절차이행의 청구취지와 소송비용부담을 기재하면 문제가 없다고 할 것입니다.

2) 근저당권이 말소는 안 되었지만 경매절차가 진행되고 있는 단계

　　아직 배당이의를 하지 못하였지만 변론종결 당시에 이미 경매가 진행되어 수익자가 배당에서 배당금을 수령할 여지가 큰 경우의 청구취지입니다.

　　"1. 피고와 소외 채무자 사이에 별지 목록 기재 부동산에 관한 2021. 6. 3.

자 근저당권설정계약을 취소한다.

　2. 피고는 소외 채무자에게 서울중앙지방법원 2022타경1004호 부동산임의
경매사건(부동산강제경매사건)에 관하여 피고가 소외 대한민국(소관 서울중앙지방법
원 경매3계)에 대하여 배당금지급청구권을 양도하라.

　3. 피고는 소외 대한민국에게 위 제2항에 따른 배당금지급청구권을 소외 채
무자에게 양도하였음을 통지하라.

　4. 소송비용은 피고의 부담으로 한다.”

　이렇게 채권양도를 하는 경우는 결국 피고의 배당금을 가지고 추가배당을
하게 되어 있습니다. 우리 대법원은 추가배당설이라고 할 것입니다. 다만 이 경
우 추가배당에 있어서 원고 측이 고려할 부분은 근저당권 설정계약 이후에 채권
이 발생한 채무자의 채권자가 있거나 그 이후에 발생한 조세채권의 경우는 배당
에서 배제가 되어야 할 것이기 때문에 이에 대한 추가적 배당이의도 발생할 수
가 있습니다.

　이처럼 채권양도와 양도통지의 경우에 취소채권자에게 우선변제와 같은 실
질적 효과가 없기 때문에 가능하면 이런 식의 원상회복은 하지 않는 것이 좋을
것입니다.

3) 근저당권이 말소가 되고 배당이의를 한 경우

　사해행위취소소송을 제기해 놓았고 그 법원에서 경매가 진행되어 배당기일
이 잡히는 경우 취소채권자는 배당기일에 출석하여 배당이의를 하면 되고, 기존
사해행위취소소송의 청구취지에서 원상회복을 배당이의의 청구취지를 변경을
하고 이 변경된 청구취지와 접수증을 7일 안에 배당법원에 제출하면 소제기로
인정합니다.

　“1. 피고와 소외 채무자 사이에 별지 목록 기재 부동산에 관한 2021. 6. 3.
자 근저당권설정계약을 취소한다.

　2. 서울중앙지방법원 2022타경1004호 부동산임의경매(또는 부동산강제경매)
사건에 관하여 위 법원이 2023. 6. 3. 작성한 배당표중 피고에 대한 배당액 금
1,000,0000원은 금0원으로, 원고에 대한 배당액 금0원은 금100,000,000원으로
각 경정한다.

3. 소송비용은 피고의 부담으로 한다."

원고의 채권이 피고의 배당금액보다 큰 경우에 이와 같이 할 수 있습니다.

이 경우에 있어서 피고의 근저당권의 채권최고액이 3억 원인데 1억 원만 배당을 받았고 원고의 채권액은 2억 원인 경우에 있어서 자신의 피보전채권을 넘어서는 취소를 구할 수 없다는 논리로 법원에서는 사해행위취소부분도 일부 취소를 하는 경우가 있습니다. 그러나, 이에 대하여는 논리적으로 맞지 않다고 봅니다. 왜냐하면 피고가 배당받은 것은 채권최고액한도의 권리에 의하여 이것을 하나로 보아 배당을 해 주는 것이기 때문에 이를 일부취소로 나눌 문제는 아니라고 할 것입니다.

문제는 원고의 채권이 1억 원을 넘지 못하는 경우에 어떻게 할 것인가의 문제입니다. 왜냐하면, 자신의 채권을 초과하여 취소를 구할 수 없다고 하지만 경매의 경우 원고 외에 다른 일반채권자들이 배당을 받지 못한 것이 명백하고 또한 배당이의를 통하여 그 배당표를 경정하여 원고가 자신의 채권을 전부 회수한다고 하더라도 이는 다른 채권자들에 대하여 부당이득이 됩니다. 추가배당설에 의하면 그렇게 됩니다. 피고를 제외하고 나머지 채권자들이 그들의 우선순위에 따라서 배당이 되기 때문입니다. 만약에 피고 다음으로 배당을 받지 못한 근저당권자가 있다고 한다면 사후에 이 근저당권자가 원고를 상대로 하여 부당이득반환청구를 구하게 되면 전부 이를 반환해 주어야 할 상황이 발생합니다.

"근저당권자에게 배당하기로 한 배당금에 대하여 처분금지가처분결정이 있어 경매법원이 그 배당금을 공탁한 후에 그 근저당권설정계약이 사해행위로 취소된 경우, 공탁금의 지급 여부가 불확정 상태에 있는 경우에는 공탁된 배당금이 피공탁자에게 지급될 때까지 배당절차는 아직 종료되지 않은 것이라고 볼 수도 있으므로 반드시 배당절차가 확정적으로 종료되었다고 단정할 수는 없다는 점, 채권자취소의 효과는 채무자에게 미치지 아니하고 채무자와 수익자와의 법률관계에도 아무런 영향을 미치지 아니하므로 취소채권자의 사해행위취소 및 원상회복청구에 의하여 채무자에게로 회복된 재산은 취소채권자 및 다른 채권자에 대한 관계에서 **채무자의 책임재산으로 취급될 뿐 채무자가 직접 그 재산에 대하여 어떤 권리를 취득하는 것은 아니라는 점** 등에 비추어 보면, 그 **공탁금은 그 경매절차에서 적법하게 배당요구하였던 다른 채권자들에게 추가배당함이**

> 상당하고, 그 공탁금지급청구권에 관한 채권압류 및 추심명령은 추가배당절차에서 배당되고 남은 잉여금에 한하여 효력이 있을 뿐이다. 따라서 취소채권자나 적법하게 배당요구하였던 다른 채권자들로서는 추가배당 이외의 다른 절차를 통하여 채권의 만족을 얻을 수는 없으므로, **취소채권자라고 하더라도 배당금지급청구권에 대한 채권압류 및 추심명령에 기하여 배당금을 우선 수령하는 것은 허용되지 아니하고, 취소채권자가 그와 같은 절차를 거쳐 배당금을 우선 수령하였다면 적법하게 배당요구하였던 다른 채권자들과의 관계에서 부당이득이 성립한다.**"[38]

"1. 피고와 소외 채무자 사이에 별지 목록 기재 부동산에 관한 2021. 6. 3.자 근저당권설정계약을 취소한다.

2. 서울중앙지방법원 2022타경1004호 부동산임의경매(또는 부동산강제경매) 사건에 관하여 위 법원이 2023. 6. 3. 작성한 배당표중 피고에 대한 배당액 금 1,000,0000원은 금0원으로, 원고에 대한 배당액 금0원은 금50,000,000원으로 각 경정하고, 나머지 50,000,000원은 다른 배당권자에게 금50,000,000원을 배당한다.

3. 소송비용은 피고의 부담으로 한다."

이렇게 구하기 위하여는 배당이의 자체에서 피고의 배당금액 전부에 대하여 배당이의를 하여야 할 것입니다. 그런데 이렇게 구하는 것이 채권자에게는 독이 있는 사과와 같습니다. 사후에 다른 채권자들이 나를 상대로 부당이득반환이 들어올 것을 이유로 배당이의를 더 많이 했더니 내가 받아 간 금액까지도 부당이득이라고 반환청구가 들어올 수 있도록 알려주는 상황이 되기 때문에 그렇습니다. 그렇기 때문에 내 채권이 전체 일반채권자 중에서 차지하는 비율에 상당히 많다고 한다면 굳이 자기 채권을 넘어서 배당이의를 구할 필요가 있는 것인가도 고려해 볼 필요가 있습니다. 이런 경우가 발생하기 때문에 전부 근저당권 설정계약의 취소를 구하고 그에 따라서 취소채권자는 자신의 배당금을 받아가고 사후에 다른 채권자가 알았다고 한다면 이에 대하여 근저당권자에게 부당이득 반환청구를 구하는 식으로 해결하는 것이 좋다고 보입니다.

---

38) 대법원 2009. 5. 14. 선고 2007다64310 판결 [부당이득반환]

> "[1] 근저당권설정계약을 사해행위로서 취소하는 경우 경매절차가 진행되어 타인이 소유권을 취득하고 근저당권설정등기가 말소되었다면 원물반환이 불가능하므로 가액배상의 방법으로 원상회복을 명할 것인바, 이미 배당이 종료되어 수익자가 배당금을 수령한 경우에는 수익자로 하여금 배당금을 반환하도록 명하여야 하고, 배당표가 확정되었으나 채권자의 배당금지급금지가처분으로 인하여 수익자가 배당금을 현실적으로 지급받지 못한 경우에는 배당금지급채권의 양도와 그 채권양도의 통지를 명할 것이나, 채권자가 배당기일에 출석하여 수익자의 배당 부분에 대하여 이의를 하였다면 그 채권자는 사해행위취소의 소를 제기함과 아울러 그 원상회복으로서 배당이의의 소를 제기할 수 있고, 이 경우 법원으로서는 배당이의의 소를 제기한 당해 채권자 이외의 다른 채권자의 존재를 고려할 필요 없이 그 채권자의 채권이 만족을 받지 못한 한도에서만 근저당권설정계약을 취소하고 그 한도에서만 수익자의 배당액을 삭제하여 당해 채권자의 배당액으로 경정하여야 한다.
> [2] 확정된 배당표에 의하여 배당을 실시하는 것은 실체법상의 권리를 확정하는 것이 아니므로, 배당을 받아야 할 채권자가 배당을 받지 못하고 배당을 받지 못할 자가 배당을 받은 경우에는 배당을 받지 못한 채권자로서는 배당에 관하여 이의를 한 여부에 관계없이 배당을 받지 못할 자이면서도 배당을 받았던 자를 상대로 부당이득반환청구권을 가지며, 배당을 받지 못한 그 채권자가 일반채권자라거나 배당이의 소송에서 승소하여 배당표를 경정한 것이 사해행위 취소판결에 의한 것이라고 하여 달리 볼 것은 아니다. 이때 배당이의 소송을 통하여 자신이 배당받아야 할 금액보다 초과하여 배당받은 채권자는, 그 초과 부분을 적법하게 배당요구를 하였으나 배당이의 소송에 참여하지 못한 다른 채권자에게 부당이득으로서 반환할 의무가 있을 뿐 사해행위를 한 채무자에게 반환할 의무는 없다."[39]

　　대법원은 이렇게 자신의 채권의 한도 내에서만 취소하고 배당표를 경정하라고 합니다. 그런데 이에 대하여 다른 배당받지 못한 채권자들이 부당이득반환청구하면 이를 반환해 주어야 한다고 합니다. 다만 사해행위 채무자에게 반환해 줄 것은 아니라고 합니다. 채무자는 이의 반환을 구할 수 없다는 말입니다.

---

39) 대법원 2011. 2. 10. 선고 2010다90708 판결 [부당이득금반환]

4) 배당이의는 하지 않았지만 이미 피고가 배당금을 수령하지 않았고 이 배당금에 대하여 공탁이 이루어진 경우

일반적으로 취소채권자가 채권자의 배당금지급청구권에 대하여 채권가압류명령을 해 놓을 수 있습니다. 그리고는 현금을 수령하였다고 하여 가액배상을 구하고 이에 대하여 피고는 특별히 다투지 않고 법원은 피고가 현금을 수령한 것으로 생각하고 판결하였고 확정한 경우에 그 가액배상판결을 가지고 압류추심명령을 받아 추심하고 나서 추심권신고를 할 수도 있습니다.

그러나 원칙적으로 대법원은 현금을 수령하지 아니한 경우에 있어서 현금을 청구할 수 없다고 판시하고 있으며 이런 경우에는 배당금지급청구권은 양도와 양도통지형식이 가능할 것입니다. 그러나 배당금을 피고가 찾아가지 아니하면 배당금을 법원이 공탁할 수도 있습니다. 이런 경우에는 결국 공탁금지급청구권의 양도와 양도통지형식이 될 것입니다. 배당금지급청구권 형식은 위에서 이미 보았습니다.

"1. 피고와 소외 채무자 사이에 별지 목록 기재 부동산에 관한 2021. 6. 3.자 근저당권설정계약을 취소한다.

2. 피고는 원고에게 서울중앙지방법원 2003년금제1004호에 기한 피고의 소외 대한민국(소관 서울중앙지방법원 공탁3계)에 가지는 공탁금출급청구권은 양도하라

3. 피고는 소외 대한민국에게 위 제2항에 따라 원고에게 위 공탁금출급청구권을 양도하였음을 통지하라.

4. 소송비용은 피고의 부담으로 한다."

이와 같이 구할 수도 있다고 할 것입니다. 당연히 채권자로서는 배당금지급청구권에 대한 처분 및 추심 및 지급정지가처분을 해 두는 것이 필요합니다.

5) 수익자가 배당금을 수령한 경우

사해행위취소소송은 5년의 제척기간이 있기 때문에 이에 대하여 사해행위취소인 것을 인식하지 못하고 경매가 진행되고 수익자가 배당금을 수령한 경우에는 현금으로 지급을 구할 수밖에 없습니다.

"1. 피고와 소외 채무자 사이에 별지 목록 기재 부동산에 관한 2021. 6. 3.

자 근저당권설정계약을 취소한다.

　　2. 피고는 원고에게 금100,000,000원 및 이에 대하여 이 사건 판결확정일 다음날부터 다 갚는 날까지 연 5%의 각 비율에 의한 금원을 지급하라.

　　3. 소송비용은 피고의 부담으로 한다.”

　　만약 원고의 채권이 이에 미지치 못한다고 한다면,

　　“1. 피고와 소외 채무자 사이에 별지 목록 기재 부동산에 관한 2021. 6. 3.자 근저당권설정계약은 금500,000,000원 및 이에 2020. 6. 3.부터 2022. 12. 31.까지 연 5%의, 2023. 1. 1.부터 이 사건 변론종결일까지는 연 12%의 각 비율에 의한 금원의 한도내에서 이를 취소한다.

　　2. 피고는 원고에게 금500,000,000원 및 이에 2020. 6. 3.부터 2022. 12. 31.까지 연 5%의, 2023. 1. 1.부터 이 사건 변론종결일까지는 연 12%의 각 비율에 의한 금원 및 이 원리금합계 금원에 대하여 이 사건 판결확정일 다음날부터 다 갚는 날까지 연 5%의 각 비율에 의한 금원을 지급하라.

　　3. 소송비용은 피고의 부담으로 한다.”

　　이처럼 배당까지 수령하였다고 한다면 이를 원고가 사후에 사해행위취소소송을 통하여 현금으로 가액배상을 받은 경우에는 일부취소와 그 액수만큼의 현금청구는 가능할 수 있다고 할 것이고 이 경우에까지 근저당권설정계약의 전부취소를 구할 필요는 없다고 할 것입니다.

다. 근저당권설정계약의 사해행위취소소송에서 소각하될 수 있는 부분들

1) 근저당권설정계약 사해행위취소의 특이성

　　근저당권설정계약의 취소를 구하는 경우에 시간이 지남에 따라서 경매라는 것이 존재하게 됩니다. 이로 인하여 소의 이익과 관련된 많은 논의가 있게 됩니다. 이런 부분은 다른 법률행위의 취소와는 다른 것으로서 주의를 기울여야 하는 부분입니다.

2) 근저당권이 말소되었는데 근저당권설정계약의 취소의 이익이 있는지

> "[2] 채무자와 수익자 사이의 근저당권설정계약이 사해행위인 이상 그로 인한 근저당권
> 설정등기가 경락으로 인하여 말소되었다고 하더라도 수익자로 하여금 근저당권자로서
> 의 배당을 받도록 하는 것은 민법 제406조 제1항의 취지에 반하므로, 수익자에게 그와
> 같은 부당한 이득을 보유시키지 않기 위하여 그 근저당권설정등기로 인하여 해를 입게
> 되는 채권자는 근저당권설정계약의 취소를 구할 이익이 있다.
> [3] 수익자가 경매절차에서 채무자와의 사해행위로 취득한 근저당권에 기하여 배당에
> 참가하여 배당표는 확정되었으나 채권자의 배당금 지급금지가처분으로 인하여 배당금
> 을 현실적으로 지급받지 못한 경우, 채권자취소권의 행사에 따른 원상회복의 방법은 수
> 익자에게 바로 배당금의 지급을 명할 것이 아니라 수익자가 취득한 배당금지급청구권
> 을 채무자에게 반환하는 방법으로 이루어져야 하고, 이는 결국 배당금지급채권의 양도
> 와 그 채권양도의 통지를 배당금지급채권의 채무자에게 하여 줄 것을 청구하는 형태가
> 될 것이다."40)

피고가 잘못 생각하고 있는 것은 근저당권설정계약은 근저당권말소와는 전혀 관계없는 법률행위의 취소입니다. 그러므로 전혀 문제가 되지 않는데도 사해행위가 막 처음 시작된 시점의 것이기 때문에 이런 판례가 만들어졌다고 할 것입니다.

3) 근저당권이 말소되었는데 원상회복으로 말소등기절차이행을 구한 경우

> "채권자가 채무자의 부동산에 관한 사해행위를 이유로 수익자를 상대로 그 사해행위의
> 취소 및 원상회복을 구하는 소송을 제기한 후 소송계속 중에 그 사해행위가 해제 또는
> 해지되고 채권자가 그 사해행위의 취소로 복귀를 구하는 재산이 벌써 채무자에게 복귀
> 한 경우에는, 특별한 사정이 없는 한 그 사해행위취소소송의 목적은 이미 실현되어 더
> 이상 그 소에 의해 확보할 권리보호의 이익이 없어진다(대법원 2015. 5. 21. 선고
> 2012다952 전원합의체 판결, 대법원 2018. 6. 15. 선고 2018다215763, 215770

---

40) 대법원 1997. 10. 10. 선고 97다8687 판결 [구상금등]

판결 등 참조).

원심판결 이유와 기록에 의하면, 피고 1이 2014. 12. 10. 피고 공사에게 별지 목록 기재 부동산에 관하여 근저당권설정을 해 주고 같은 날 수원지방법원 용인등기소 2014. 12. 10. 접수 (등기번호 생략)으로 위 계약을 원인으로 한 근저당권설정등기를 마쳐 주었으나, 원심판결 선고 후인 2021. 11. 9. 해지를 원인으로 위 근저당권설정등기가 말소된 사실을 알 수 있다.

이러한 사실관계를 앞서 본 법리에 비추어 살펴보면, 이 사건 소 중 근저당권설정계약이 사해행위라는 이유로 그 취소 및 원상회복으로서 위 근저당권설정등기의 말소를 청구하는 피고 공사에 대한 부분은 권리보호의 이익이 없어 부적법하게 되었으므로, 이 부분 원심판결을 그대로 유지할 수 없다. 이 점을 지적하는 상고이유 주장은 이유 있다."[41]

이 법리는 어느 정도 알려진 것입니다. 문제는 항소심 선고 이후에도 근저당권이 말소가 되면 이는 소의 이익의 문제이기 때문에 대법원에서 판단을 하게 되어 있다는 것입니다. 그러므로 이를 고려할 필요가 있다고 할 것입니다.

4) 배당절차에서 전혀 배당을 받지 못하였는데도 근저당권설정계약을 취소할 실익이 있는지

앞의 청구취지 부분에서 자신의 채권을 초과하여 수익자가 배당받은 경우에 자신의 채권을 넘어서 취소를 구하거나 배당이의를 할 필요가 있다고 하였는데 이는 바로 추가배당설 때문이라고 언급하였습니다. 그러면서 일반채권자인 취소채권자보다 우선순위의 근저당권이 있는 경우에 이 근저당권자 전부 부당이득반환청구를 구할 수도 있다고 언급한 경우의 문제입니다.

"사해행위 취소의 소와 원상회복청구의 소는 서로 소송물과 쟁점을 달리하는 별개의 소로서 양자가 반드시 동시에 제기되어야 하는 것은 아니고 별개로 제기될 수 있으며, 전자의 소에서는 승소하더라도 후자의 소에서는 당사자가 제출한 공격·방어 방법 여

하에 따라 패소할 수도 있고, 취소채권자가 사해행위 취소의 소를 제기하여 승소한 경우 그 취소의 효력은 민법 제407조에 의하여 모든 채권자의 이익을 위하여 미치고 이로써 그 소의 목적은 달성된다. 이에 비추어 보면, 채권자가 원상회복청구의 소에서 패소할 것이 예상된다는 이유로 그와 별개인 사해행위 취소의 소에 대하여 소송요건을 갖추지 못한 것으로 보아 소의 이익을 부정할 수는 없다(대법원 2012. 12. 26. 선고 2011다60421 판결 참조). 그리고 채무자와 수익자 사이의 근저당권설정계약이 사해행위인 이상 그로 인한 근저당권설정등기가 경락으로 말소되었다고 하더라도 수익자로 하여금 근저당권자로서의 배당을 받도록 하는 것은 민법 제406조 제1항의 취지에 반하므로, 수익자에게 그와 같은 부당한 이득을 보유시키지 않기 위하여 그 근저당권설정등기로 인하여 해를 입게 되는 채권자는 근저당권설정계약의 취소를 구할 이익이 있다(대법원 1997. 10. 10. 선고 97다8687 판결 참조)."42)

"이러한 사실관계를 위 법리에 비추어 살펴보면, 비록 피고 로담이 후순위 근저당권자에 해당하여 위 각 임의경매절차에서 배당을 받지 못한 채 그 명의의 근저당권설정등기가 말소되었다 하더라도, 앞에서 본 바와 같이 선순위 근저당권자로서 배당을 받은 피고 은행의 근저당권설정계약이 사해행위로 취소될 여지가 남아 있고, 이러한 경우 피고 은행에 배당된 금원 중 일부가 후순위 근저당권자인 피고 로담에 추가배당될 가능성이 있으므로, 소외인과 피고 로담 사이의 근저당권설정계약이 사해행위인 이상 채권자인 원고는 수익자인 피고 로담이 사해행위를 통해 부당한 이득을 보유하게 되는 것을 막기 위하여 위 근저당권설정계약의 취소를 구할 이익이 있다.
원심은, 원심 판시 Ⅲ목록 기재 각 부동산에 관한 피고 로담 명의의 근저당권설정등기가 경매절차에서 말소되었고 피고 로담은 아무런 배당을 받지 못하여 원상회복할 재산이 없으므로, 피고 로담에 대한 사해행위 취소의 소는 소의 이익이 없어 부적법하다는 취지의 피고 로담의 본안전항변에 대하여 명시적으로 판단하지 아니한 채 본안에 관하여 판단하였다.
이러한 원심의 판단에는 피고 로담의 본안전항변을 배척하는 취지가 포함되어 있다고 할 것이고, 이는 위 법리에 따른 것으로 정당하므로, 거기에 상고이유에서 주장하는 바와 같이 사해행위 취소의 소의 이익에 관한 법리를 오해하거나 판단누락의 위법이 없다."43)

---

42) 대법원 2013. 4. 26. 선고 2011다37001 판결 [사해행위취소]
43) 대법원 2013. 4. 26. 선고 2011다37001 판결 [사해행위취소]

원고 취소채권자는 이런 경우에 주의하여야 합니다. 근저당권이 2개가 있는데 선순위 근저당권에게 배당이 되었고 후순위 근저당권자에게 배당이 되지 않았으니 배당이 된 근저당권자의 근저당권설정계약만의 취소를 구하였다가 후순위 근저당권설정계약에 관한 제척기간이 도과되어 버리고 나서 추가배당설에 배당이 후순위 근저당권자에게 이루어지는 경우에 곰이 재주는 부리는데 돈은 왕서방이 가져가는 꼴이 되게 됩니다. 이 법리는 지은이가 훨씬 이전에 이런 논리라고 하여 실제적으로 판결을 받은 적이 있습니다. 신용보증기금 측도 같은 소송을 하였는데 거기에서는 후순위 근저당권에게 배당이 없게 되자 소취하를 하였고 지은이는 계속 유지시켰는데 이것은 바로 추가배당설에 의한 경우 선순위 근저당권자의 배당금이 후순위 배당권자에게 이전이 되기 때문입니다.

5) 취소채권자가 배당에 참가하지 아니하였는데 배당이의를 구할 수 있는지 여부

취소채권자들이 배당에 참가한 경우에는 그에게 배당권자로서 배당을 받을 권한이 있기 때문에 배당을 받을 권한도 없는 취소채권자가 취소를 구할 수 있는지가 문제가 되었던 사안입니다.

"사해행위 취소의 소와 원상회복청구의 소는 서로 소송물과 쟁점을 달리하는 별개의 소로서 양자가 반드시 동시에 제기되어야 하는 것은 아니고 별개로 제기될 수 있으며, 전자의 소에서는 승소하더라도 후자의 소에서는 당사자가 제출한 공격·방어 방법 여하에 따라 패소할 수도 있고, 취소채권자가 사해행위 취소의 소를 제기하여 승소한 경우 그 취소의 효력은 민법 제407조에 의하여 모든 채권자의 이익을 위하여 미치고 이로써 그 소의 목적은 달성된다. 이에 비추어 보면, 채권자가 원상회복청구의 소에서 패소할 것이 예상된다는 이유로 그와 별개인 사해행위 취소의 소에 대하여 소송요건을 갖추지 못한 것으로 보아 소의 이익을 부정할 수는 없다.
기록에 의하면, 원고는 이 사건 근저당권설정계약의 체결이 사해행위에 해당함을 주장하며 수익자인 피고를 상대로 사해행위의 취소를 구함과 아울러 원상회복을 함께 청구하였음을 알 수 있으므로, 아래에서 보는 바와 같이 원고가 이 사건 부동산에 대한 임의경매절차에서 배당에 참가하지 아니하여 이 사건 사해행위로 인한 원상회복청구에서 패소할 수 있다고 하더라도 그와 별개인 사해행위 취소의 소에 관하여 소의 이익이나

> 원고 적격을 부정할 수 없다.
> 원심판결 이유를 살펴보면 원심의 이유설시에 다소 미흡한 점이 없지 아니하나, 원심이 이 사건 사해행위 취소의 소에 관하여 소의 이익이나 원고 적격을 다투는 피고의 본안 전항변을 배척한 결론은 정당하고, 거기에 상고이유에서 주장하는 바와 같이 사해행위 취소의 소의 이익이나 원고 적격에 관한 법리를 오해하여 판결에 영향을 미친 위법이 있다고 할 수 없다."44)

　　지은이가 항소심에서는 자문식으로 하여 수임하고 대법원 건은 직접 수임한 사건이었습니다. 항소심에서 청구취지를 사후에 확장했는데 확장한 때에는 이미 제척기간 5년이 도과되었습니다. 그렇기 때문에 5년 제척기간이 도과되었다고 하여 일부 승소판결을 받고 대법원에서 이와 같이 주장하였고 이에 관한 최초의 판례를 만들어낸 것입니다.

　　받아들여지지 않을 것을 알면서 새로운 판례를 만들기 위하여 주장했던 것입니다.

　　그러나 이 사건 판례의 중요한 점은 바로 원상회복에 관한 부분입니다. 그래서 이 부분으로는 파기환송이 되었고 실제적으로 원상회복은 전부 승소판결을 받았습니다.

> "나. 원상회복청구의 소 부분에 관하여
> (1) 확정된 배당표에 의하여 배당을 실시하는 것은 실체법상의 권리를 확정하는 것이 아니므로, 배당을 받아야 할 채권자가 배당을 받지 못하고 배당을 받지 못할 자가 배당을 받은 경우에는, 배당을 받지 못한 채권자로서는 배당에 관하여 이의를 한 여부 등에 관계없이 배당을 받지 못할 자이면서도 배당을 받았던 자를 상대로 부당이득반환청구권을 가지며, 반대로 자신이 배당받아야 할 금액보다 초과하여 배당받은 채권자는 그 초과 부분을 적법하게 배당요구를 하였으나 정당한 배당을 받지 못한 다른 채권자에게 부당이득으로서 반환할 의무가 있다(대법원 2007. 2. 9. 선고 2006다39546 판결, 대법원 2011. 2. 10. 선고 2010다90708 판결 등 참조).

---

44) 대법원 2012. 12. 26. 선고 2011다60421 판결 [사해행위취소등]

위와 같은 법률관계는 경매법원이 근저당권자를 배당을 받아야 할 채권자로 인정하여 배당금을 지급하였는데 그 근저당권자가 채무자와 체결한 근저당권설정계약이 사해행위에 해당되어 취소됨으로써 그 근저당권에 기하여 배당받을 권리가 상실된 경우에도 마찬가지이다. 이러한 경우 수익자인 근저당권자에게 지급된 배당금은 사해행위로 설정된 근저당권이 없었더라면 배당절차에서 더 많이 배당받을 수 있었던 다른 배당요구권자들에게 반환되어야 하고, 배당요구를 하지 아니한 채권자 및 채무자 등은 다른 배당요구권자들의 배당요구채권을 모두 충족시키고도 남는 잉여금이 있다는 등의 특별한 사정이 없는 한, 수익자에 대하여 아무런 권리를 갖지 못하며, 이는 배당요구를 하지 아니한 채권자가 그 근저당권을 설정한 계약에 대하여 사해행위 취소의 소를 제기하여 승소한 자라 할지라도 마찬가지이다(대법원 2002. 9. 24. 선고 2002다33069 판결, 대법원 2009. 5. 14. 선고 2007다64310 판결 등 참조).

(2) 원심판결 이유와 증거들에 의하면, ① 소외 1은 2005. 7. 7. 자신 소유의 이 사건 주택에 관하여 피고(합병 전 상호 '와이이엔 주식회사')와 사이에 채무자를 소외 1, 채권최고액을 3,000만 원으로 하는 이 사건 근저당권설정계약을 체결한 후 같은 달 27일 피고 명의의 근저당권설정등기를 마친 사실, ② 이 사건 주택에 관하여 대구지방법원 서부지원 2008타경15480호로 담보권실행을 위한 경매절차가 개시되어 2009. 8. 11. 소외 2가 이를 경락받아 소유권을 취득하였는데, 위 법원은 2009. 9. 23. 위 경매의 배당절차에서 실제 배당할 금액 중 최선순위자인 대구 서구청, 1순위 근저당권자인 내당새마을금고에게 배당요구채권액 전액을 배당하고, 그 나머지 13,975,214원을 2순위 근저당권자인 피고에게 배당하는 내용의 배당표를 작성하였고, 피고는 위 13,975,214원을 배당금으로 수령한 사실, ③ 당시 위 경매절차의 배당요구권자로는 이들 이외에도 이 사건 주택에 관하여 3순위로 채권최고액 4,000만 원의 근저당권을 설정한 대성실업 주식회사와 이 사건 주택을 압류한 국(서대문세무소)이 있었는데 이들은 배당을 받지 못한 사실, ④ 원고는 위 경매절차에 참가하여 배당요구를 하지 아니한 사실 등을 알 수 있다.

(3) 이러한 사실관계를 위 법리에 비추어 살펴보면, 이 사건 사해행위 취소의 소에 의하여 피고가 이 사건 근저당권에 기한 배당금을 수령할 권리를 잃게 되지만, 원고가 이 사건 주택에 대한 경매절차에 참가하여 배당요구를 하지 아니한 이상, 위 3순위 근저당권자인 대성실업 주식회사와 압류권자인 국(서대문세무소)의 배당요구채권을 모두 충족시키고도 남는 잉여금이 있다는 등의 특별한 사정이 없는 한, 원고가 피고를 상대로 이 사건 근저당권에 기하여 피고가 수령한 배당금을 원고 자신에게 반환하여 달라고 청구

> 할 권리는 없다.
> 그런데도 이와 달리 원심은 피고가 이 사건 채권자취소권에 기한 원상회복으로서 이
> 사건 근저당권에 기하여 수령한 배당금 중 그 판시와 같은 금원을 원고에게 지급할 의
> 무가 있다고 판단하였다.
> 따라서 이러한 원심판결에는 채권자취소권에 기한 원상회복청구에 관한 법리를 오해한
> 나머지 필요한 심리를 다하지 아니하여 판결에 영향을 미친 위법이 있다. 이를 지적하
> 는 취지의 상고이유의 주장 부분은 이유 있다."45)

　　　대법원의 판단은 이렇습니다. 취소채권자 원고가 배당에 참가하지 못하였
지만 사해행위취소소송을 구할 이익은 있습니다. 회복되는 재산은 전체 채권자
를 위한 공동담보로 회복되는 것이기 때문이기도 할 것입니다. 배당에 참가하지
아니한 채권자도 배당에서 부당하게 수령한 배당권자를 상대로 부당이득반환청
구를 할 수 있습니다. 대신에 다른 배당권자들이 다 배당을 받고 남은 금액이
있는 경우에 한하여 배당에 참가하지 아니한 채권자도 부당이득반환청구권이
있다고 할 것이고 이 법리는 사해행위에도 적용됩니다. 그런데 3순위 대성실업
주식회사와 4순위 조세채권자가 있는데 이들의 배당받지 못한 금액이 피고가
배당받은 금액보다 큽니다. 그렇다고 한다면 원고의 원상회복청구는 불가능합니
다. 그러므로 원상회복청구는 기각이 되어야 한다는 것입니다. 대성실업주식회
사도 피고의 계열회사일 것입니다. 원고는 대성실업주식회사가 피고보다 후순위
이기 때문에 대성실업주식회사의 근저당권도 사해행위라고 취소를 동시에 구하
였다고 한다면 조세채권이 얼마가 되지 않았다고 한다면 원상회복 일부는 승소
할 여지도 있었다고 할 것입니다.

　　6) 사해행위 근저당권설정되고 나서 부동산 자체가 제3자에게 이전되고 나서 근
　　　저당권이 말소된 경우에 설정계약을 취소할 수 있는지 여부

> "채무자가 선순위 근저당권이 설정되어 있는 상태에서 그 부동산을 제3자에게 양도한

---

45) 대법원 2012. 12. 26. 선고 2011다60421 판결 [사해행위취소등]

> 후 선순위 근저당권설정계약을 해지하고 근저당권설정등기를 말소한 경우에, 비록 근저당권설정계약이 이미 해지되었지만 그것이 사해행위에 해당하는지에 따라 후행 양도계약 당시 당해 부동산의 잔존가치가 피담보채무액을 초과하는지 여부가 달라지고 그 결과 후행 양도계약에 대한 사해행위취소청구가 받아들여지는지 여부 및 반환범위가 달라지는 때에는 이미 해지된 근저당권설정계약이라 하더라도 그에 대한 사해행위취소청구를 할 수 있는 권리보호의 이익이 있다고 보아야 한다. 이는 근저당권설정계약이 양도계약보다 나중에 해지된 경우뿐 아니라 근저당권설정계약의 해지를 원인으로 한 근저당권설정등기의 말소등기와 양도계약을 원인으로 한 소유권이전등기가 같은 날 접수되어 함께 처리되고 그 원인일자가 동일한 경우에도 마찬가지이다."[46]

　　실제적으로 지은이도 최근에 이런 소송을 하였습니다. 근저당권설정계약 1, 2, 그리고 소유권매매계약이 사해행위가 되는 경우 근저당권설정계약을 취소시키지 아니하면 소유권매매계약이 공동담보로서의 가치가 없다고 하여 기각이 될 수 있었던 사안이었습니다. 1심에서 취소행위 3건은 모두 승소하였고, 근저당권자들에게 대하여 가액배상은 각하되고 다만 그 금액을 매수인인 수익자가 전부 부담하는 형식이었습니다. 각하부분에 대하여 항소하자고 하였는데도 불구하고 항소하지 않았고, 피고의 항소로 인하여 22억 원이 12억 원을 줄어들었습니다. 근저당권자들에게 배당된 금액에 대하여는 패소하였습니다. 상고하지 않아 확정이 되었습니다. 기관소송인데 정말로 답답합니다. 10억 원이라는 돈을 받을 수 있고 없고 하는데 소송을 하지 않는다는 것이 도저히 이해가 되지 않습니다.

> "나. 원심은, 원고가 이 사건 부동산에 관하여 소외 1과 피고 사이에 2009. 2. 26. 체결된 근저당권설정계약이 사해행위라고 주장하면서 그 취소를 구하는 이 사건에 대하여 위 근저당권설정계약에 따라 마친 근저당권설정등기가 2009. 3. 30. 해지를 원인으로 말소되었으므로 원칙적으로 이 부분 소는 권리보호의 이익이 없다고 할 것이나, 그 채택 증거에 의하여 인정되는 다음의 사실, 즉 ① 소외 1은 2009. 3. 30. 그의 처제인

---

46) 대법원 2013. 5. 9. 선고 2011다75232 판결 [사해행위취소]

소외 2와 사이에 이 사건 부동산에 관하여 매매계약을 체결하고 같은 날 위 매매를 원인으로 소외 2 앞으로 소유권이전등기를 마친 사실, ② 원고는 소외 1과 소외 2 사이의 위 매매계약을 사해행위라고 주장하면서 서울북부지방법원에 채권자취소소송(이하 '관련 소송'이라고 한다)을 제기한 사실, ③ 위 관련 소송의 제1심인 서울북부지방법원 2009가단39407호 사건에서 위 근저당권설정등기의 피담보채권 1억 원을 포함하여 피담보채권 합계액이 이 사건 부동산의 시가인 3억 원을 초과하므로 위 매매계약을 사해행위로 볼 수 없다는 이유로 원고의 청구가 기각된 사실 등에 의하면, 위 근저당권설정계약이 사해행위로서 취소되는지 여부에 따라 관련 소송에서 소외 2의 사해행위 여부 및 반환 범위도 달라진다고 할 것이므로 이 부분 소는 권리보호의 이익이 있다고 판단하였다.

다. 앞서 본 법리 및 기록에 비추어 살펴보면, 원심이 위와 같이 판단한 것은 정당하고, 거기에 상고이유로 주장하는 바와 같이 채권자취소소송에서의 소의 이익에 관한 법리를 오해하여 판결에 영향을 미친 위법사유는 없다."47)

사실 지은이가 직접 한 건에 담당자는 매매계약만의 취소를 문제 삼았는데 근저당권설정 2건의 취소까지 언급하였기 때문에 매우 뛰어난 직원이었는데도 한 수 배웠다고 하였습니다. 당연히 그 직원은 사후에 자리를 옮겼습니다.

이 사건의 경우도 피고가 매우 미숙한 것으로 보입니다. 아마 매매계약이 2009. 3. 30.이었습니다. 그런데 원고는 바로 소를 제기한 것을 알 수 있습니다. 판결문에 나온 사건번호가 "서울북부지방법원 2009가단39407호"입니다. 이 사건 원심은 "서울북부지법 2011. 7. 8. 선고 2010나8110 판결"임을 알 수 있습니다. 지은이가 추측하기에는 서울북부지방법원 2009가단39407호 사건에서 원고의 청구가 공동담보로서의 가치가 없다고 하여 기각이 되자 바로 원고는 별도로 이 사건 근저당권설정계약이 사해행위라고 부랴부랴 소를 제기하였을 것입니다. 아마 1년의 제척기간의 문제를 넘겼을 것입니다. 이 사건의 피고나 소외 2는 소외 1의 처제였습니다. 그렇다고 한다면 이런 사건에서 전문 사해행위취소 변호사를 선임했어야 합니다. 당연히 매매계약의 사해행위가 문제된 사건을 1년 이상 끌었을 것입니다. 공동담보로서의 가치가 없다는 주장도 하지 아니하였을 것

---

47) 대법원 2013. 5. 9. 선고 2011다75232 판결 [사해행위취소]

입니다. 그러다가 원고가 소를 제기하고 나서 1년이 훨씬 지난 시점에서야 비로소 이런 주장을 하고 결국 원고는 이 사건 사해행위취소소송을 제기할 1년의 제척기간을 도과시켜버린 것입니다. 그렇게 되면, 소외 2에 대한 청구는 기각이 되고 피고에 대한 소는 아마 제척기간이 도과되었을 것입니다. 그러면 원고는 어떤 행동도 할 수 없게 되어버립니다.

진짜로 지은이는 이와 동일한 사건이 있었습니다. 근저당권자와 매수인이 가족이었던 것으로 보입니다. 재판을 길게 끌고 원고가 소를 제기한 1년이 지난 시점에 비로서 공동담보로서의 가치가 없다고 주장을 하였습니다. 그래서 원고의 청구는 기각이 되었습니다. 원고로서는 매매계약이 사해행위라고 소송을 들어왔는데 거의 비슷한 시기에 먼저 설정된 근저당권이 사해행위라는 것을 몰랐다고 하면서 근저당권자에게 사해행위취소소송을 제기하기가 어렵다고 할 것입니다. 결국 너무나 빠른 판단을 받아 1심 승소판결을 받았지만 결국 이 사건에 의하여 근저당권이 말소가 되어버리면 매수인인 소외 2에게는 근저당권이 존재하지 아니한 것으로 하여 매수를 한 셈이 되기 때문에 두 사람 모두 패소하게 되는 상황입니다. 분명 소외 2에 대한 소송이 항소가 되어 있을 것이고 이 사건의 결론을 위해서 추정되어 있을 것입니다. 이 사건의 원심이 2010나8110호 사건인데 2011. 7. 8.에 선고되었고 피고가 패소한 것을 보면, 1심에서도 패소하였다가 항소를 하였는데 항소기각이 되고 다시 상고까지 한 것으로 보입니다. 명백한 사해행위로서 친인척 간에 설정된 것이 아닌가하는 생각이 듭니다.

다만 원고가 똑똑하여 2개의 소송을 각각 별도로 소를 제기하였고, 제척기간의 문제가 없었다고 한다면 그래도 다행이었던 것으로 보입니다. 다만 이렇게 별도로 소송을 제기하기 보다는 하나의 소로 제기한 것이 좋았을 것이고 공동담보로서의 가치가 없다는 판례를 알고 있는 변호사라고 한다면 소외 2 매매계약 사건은 이 사건의 결론이 날 때까지 추정을 해 놓았어야 할 것인데 판결을 받은 것을 보면, 이런 점을 조금은 놓치지 않았나라는 생각이 듭니다.

7) 근저당권설정계약을 체결한 후 경매절차 중 부동산을 매각하고 그 매각대금에서 피담보채무를 변제받은 경우 설정계약취소의 이익이 있는지

"채무자와 수익자 사이의 근저당권설정계약이 사해행위인 이상 그 근저당권 실행에 따른 경매절차에서 타인이 소유권을 취득함으로써 근저당권설정등기가 말소되었다고 하더라도 수익자로 하여금 근저당권자로서 배당을 받게 하는 것은 민법 제406조 제1항의 취지에 반하므로, 수익자에게 그와 같은 부당한 이득을 보유시키지 않기 위하여 그 근저당권설정등기로 말미암아 해를 입게 되는 채권자는 근저당권설정계약의 취소를 구할 이익이 있다(대법원 1997. 10. 10. 선고 97다8687 판결 참조). 한편 채무자가 사해행위로 인한 근저당권 실행으로 경매절차가 진행 중인 부동산을 매각하고, 그 대금으로 근저당권자인 수익자에게 피담보채무를 변제함으로써 그 근저당권설정등기가 말소된 경우에 위와 같은 변제는 특별한 사정이 없는 한 근저당권의 우선변제권 이행으로 일반 채권자에 우선하여 된 것이라고 봄이 타당하므로, 근저당권이 실행되어 경매절차에서 근저당권설정등기가 말소된 경우와 마찬가지로 수익자로 하여금 근저당권 말소를 위한 변제 이익을 보유하게 하는 것은 부당하다. 따라서 이 경우에도 근저당권설정등기로 말미암아 해를 입게 되는 채권자는 원상회복을 위하여 사해행위인 근저당권설정계약의 취소를 구할 이익이 있다.

원심은, 비록 이 사건 근저당권설정등기가 말소된 상태라고 하더라도 피고 2가 사해행위로 인한 근저당권 실행으로 임의경매절차 진행 중 채무자 소외 1로부터 그 근저당권설정등기의 말소 대가로 근저당권 목적물인 이 사건 부동산의 매각대금 등에서 7,900만 원을 받고 그 근저당권설정등기를 말소하였으므로, 채권자인 원고로서는 위 7,900만 원의 가액배상을 위하여 이 사건 근저당권설정계약의 취소를 구할 이익이 있다는 취지로 판단하여 원고의 이 사건 소가 권리보호의 이익이 없어 부적법하다는 위 피고의 항변을 배척하였다."[48]

이 사건도 지은이가 원고 대리인으로서 직접 수행한 사건입니다. 당연히 대법원 97다8687 판결을 주장한 것으로 보입니다. 그 사안은 경매로 배당금을 수령한 사건이고, 이 사건은 그와는 달리 이 사건 부동산에 대하여 경매가 진행되었습니다. 아마 구상금과 근저당권설정계약의 사해행위취소소송을 제기하였던

---

48) 대법원 2012. 11. 15. 선고 2012다65058 판결 [구상금]

것입니다. 1심은 원고 일부 승소판결을 받았고 양쪽에서 하였습니다. 구상금 피고 3명에 대하여 원고가 항소를 하였고, 사해행위취소의 피고는 쌍방이 항소를 하였던 사건입니다. 대법원에는 피고 구상금 피고 1명과 근저당권자가 상고를 한 사건입니다.

구상금 피고는 기간 안에 상고이유서를 제출하지 않았습니다. 이 사건의 쟁점은 소의 이익이 있는지와 근저당권의 백지보충에 관한 것이었습니다. 이 부분도 이미 판례가 있었던 사건입니다.

이미 판례가 있었던 사건이지만 경매가 아니라 매각대금으로 현금을 수령하고 근저당권을 말소할 경우에도 취소의 실익이 있는지에 관한 최초의 판결입니다. 다만 충분히 예견할 수 있는 판결입니다.

8) 명의신탁부동산에 관하여 신탁자가 제3자에게 근저당권설정계약을 체결한 경우에 신탁자의 채권자가 사해행위취소로 이를 구할 수 있는지

"한편 '부동산 실권리자명의 등기에 관한 법률'의 시행 후에 부동산의 소유자가 그 등기명의를 수탁자에게 이전하는 이른바 양자간 명의신탁의 경우에 그 명의신탁약정에 의하여 이루어진 수탁자 명의의 소유권이전등기는 원인무효로서 말소되어야 하고, 그 부동산은 여전히 신탁자의 소유로서 신탁자의 일반채권자들의 공동담보에 제공되는 책임재산이 된다.
따라서 신탁자의 일반채권자들의 공동담보에 제공되는 책임재산인 신탁부동산에 관하여 채무자인 신탁자가 직접 자신의 명의 또는 수탁자의 명의로 제3자와 매매계약을 체결하는 등 신탁자가 실질적 당사자가 되어 법률행위를 하는 경우 이로 인하여 신탁자의 소극재산이 적극재산을 초과하게 되거나 채무초과상태가 더 나빠지게 되고 신탁자도 그러한 사실을 인식하고 있었다면 이러한 신탁자의 법률행위는 신탁자의 일반채권자들을 해하는 행위로서 사해행위에 해당할 수 있다. 이 경우 사해행위취소의 대상은 신탁자와 제3자 사이의 법률행위가 될 것이고, 원상회복은 제3자가 수탁자에게 말소등기절차를 이행하는 방법에 의할 것이다.
2. 이 사건에서 원고는 소외 1에 대한 채권자인데, 채무자인 소외 1이 소외 2와의 양자간 명의신탁약정에 따라 소외 2 명의로 등기명의를 신탁하여 놓은 이 사건 부동산을 채무초과 상태에서 피고에게 근저당권을 설정하여 준 행위는 원고를 비롯한 일반채권

자의 공동담보를 해하는 사해행위에 해당한다고 하여, 이 사건 부동산에 관한 소외 2와 피고 사이의 근저당권설정계약의 취소 및 그 원상회복으로서 피고에 대하여 소외 2에게 근저당권설정등기의 말소등기절차를 이행할 것을 구하였다.

이에 대하여 원심은, 원고가 취소를 구하는 근저당권설정계약은 이 사건 부동산의 수탁자인 소외 2와 피고 사이의 법률행위이므로 소외 1의 채권자인 원고가 그 취소를 구할수는 없다는 이유로 원고의 이 사건 소 중 사해행위취소청구 부분은 부적법하다고 하여 각하하고 사해행위취소를 전제로 구하는 원상회복청구 부분은 기각하였다.

3. 기록에 의하면, 원고는 소외 1이 소외 2 명의로 등기명의를 신탁하여 놓은 이 사건 부동산에 관하여 피고에게 근저당권을 설정한 행위에 대해 사해행위로 취소를 구한다고 주장하였고, 피고 또한 소외 1이 피고에게 위 근저당권설정을 해준 사실을 다투지 않고 있음을 알 수 있다. 따라서 앞서 본 법리에 의하면, 원고는 채무자인 소외 1이 실질적 당사자로서 이 사건 부동산을 피고에게 처분한 행위 자체에 대해 사해행위로 취소를 구할 수 있다고 할 것이다.

그렇다면 원심으로서는 원고에게 석명을 구하여 과연 원고가 사해행위취소를 구하는 행위가 어느 것인지를 확정한 후 심리를 하였어야 할 것임에도(대법원 2010. 2. 11. 선고 2009다83599 판결 등 참조), 이러한 조치를 취하지 아니한 채 만연히 소외 2와 피고 사이의 법률행위를 사해행위취소 대상으로 삼은 것으로 전제한 다음, 위와 같은 이유로 이 사건 소 중 사해행위취소청구 부분은 부적법하다고 하여 이를 각하하고 사해행위취소를 전제로 구하는 원상회복청구 부분은 이유 없다고 하여 이를 기각하였으니, 이러한 원심의 판단에는 사해행위취소의 대상이 되는 '채무자가 한 법률행위'에 관한 법리를 오해하고 석명의무를 다하지 아니하여 판결에 영향을 미친 위법이 있다고 할 것이다."49)

사해행위취소의 소는 형성의 소라고 이야기를 하였습니다. 형성의 소는 취소하는 법률행위가 아닌 다른 법률행위의 취소를 구하면 이 역시도 각하가 됩니다. 그래서 원심은 이 사건 근저당권설정계약 수탁자와 근저당권자 간의 설정계약을 취소하는 것으로 보고 수탁자는 취소채권자의 채무자가 아니기 때문에 이는 채무자의 법률행위가 아니기 때문에 이를 취소할 수 없다고 하여 각하판결을 한 것입니다.

---

49) 대법원 2012. 10. 25. 선고 2011다107382 판결 [사해행위취소등]

이에 반하여 대법원은 이 사건 명의신탁은 부동산실명법 이후에 이루어졌고, 그 명의신탁의 방법이 양자간의 등기명의신탁이었던 것입니다. 즉 소외 1이 소외 2에게 자신의 소유권명의를 이전해 놓은 것이었다는 것입니다. 이는 명의신탁이 무효이고, 그에 의한 등기도 무효이기 때문에 이 소유권은 여전히 채무자의 소유이고 그렇다고 한다면 이는 채무자의 채권자에게 공동담보로 제공된 재산이기 때문에 이에 대하여 처분행위를 할 경우에 이는 사해행위가 될 수 있습니다.

여기에서 중요한 것은 이런 처분행위를 누가 했는가입니다. 만약 수탁자가 이를 처분하여 제3자에게 매매계약을 하거나 근저당권을 설정해 주면 이는 채무자의 행위가 아니기 때문에 취소를 구할 수 없습니다. 또한 이는 제3자의 선악을 불문하고 그 계약은 유효합니다. 채권자대위권에 의하여 이의 말소를 구할 수 없습니다. 적극 배임행위에 가담한 것이 아닌 이상 말입니다.

만약 신탁자가 직접 자신의 이름으로 또한 신탁자 이름으로 신탁부동산을 처분한 것이면 이는 채무자의 법률행위이기 때문에 이의 말소를 구할 수 있다는 것입니다. 그러면 원상회복의 방법이 어떻게 될 것인지가 문제가 됩니다. 소유명의는 신탁자가 아니기 때문에 수탁자입니다. 이런 경우에는 다음과 같이 청구취지를 쓸 수 있지 않나 생각됩니다.

"1. 피고와 소외 채무자 사이에 별지 목록 기재 부동산에 관하여 2023. 6. 3. 체결한 근저당권설정계약을 취소한다.

2. 피고는 소외 신탁자에게 별지 목록 기재 부동산에 관한 서울중앙지방법원 2023. 6. 3. 접수 제1004호 마친 근저당권설정등기의 말소등기절차를 이행하라.

3. 소송비용은 피고의 부담으로 한다."

사실 취소채권자가 가까운 사이가 아니면 이를 알 수가 없을 것입니다. 신탁자는 이를 벗어날 수 있는 방법이 생각보다 쉽다고 할 수 있습니다. 수탁자가 전면에 나서서 그 행위를 하는 형식을 취하는 것입니다. 그렇다고 한다면 취소채권자는 소송에서 승소할 가능성은 적습니다. 신탁자가 수탁자, 근저당권자와 합의하여 수탁자와 근저당권자 간에 계약을 체결하는 형식을 취합니다. 그리고 실제로 근저당권자가 수탁자에게 대여금을 지급하는 방식입니다. 이렇게 만들어 놓으면 쉽지 않을 것입니다. 다만 취소채권자 측은 사해행위는 아니지만 채권자대위권에 의하여 근저당권자가 배임행위에 적극 가담한 자라고 하여 이의 말소를 구할 수 있습니다.

만약 근저당권설정계약이 아니라 소유권을 처분한 것이라고 한다면 이 경우에 소유권말소등기청구가 가능합니다. 그러나 이런 경우에 다시 수탁자를 상대로 하여 소유권말소등기절차의 이행을 구해야 하는 번거로움이 있습니다.

"1. 피고와 소외 채무자 사이에 별지 목록 기재 부동산에 관하여 2023. 6. 3.에 체결된 매매계약을 취소한다.

2. 피고는 소외 채무자에게 별지 목록 기재 부동산에 관하여 진정명의회복을 원인으로 한 소유권이전등기절차를 이행하라.

3. 소송비용은 피고의 부담으로 한다."

이렇게 구할 수 있다고 한다면 채무자인 신탁자의 명의로 소유권이 이전될 수 있습니다. 다만 이전등기비용은 조금 들게 될 것입니다.

9) 소결

근저당권설정계약의 취소에 있어서 여러 가지 쟁점이 있는데 보면, 근저당권의 말소와 관계없이 수익자의 수익을 반환시키도록 대법원은 다 취소할 이익이 있다고 보고 있습니다. 하물며 근저당권을 말소시키면서 자신이 어떤 이익을 받지 아니하였다고 하더라도 그 이후에 소유권을 취득한 다른 수익자인 매수인의 사해행위취소 인정 여부나 그 반환범위 등에 영향을 주는 경우에는 취소를 구할 수 있다고까지 하고 있습니다.

4. 재산분할이 사해행위로 취소되는 경우

가. 재산분할은 재산권을 목적으로 하는 법률행위임

이혼을 하면서 재산분할청구권을 행사하여 재산분할로 채무자의 소유권을 배우자에게 이전해 준 경우에 이는 재산권을 목적으로 하는 법률행위이기 때문에 이를 취소할 수 있으며 다만 그 재산분할의 상당성이 초과된 경우에 한하여 사해행위가 인정될 수 있다고 할 것입니다.

나. 외국적 요소가 있는 채권자취소권의 행사의 준거법

"1. 채권에 관한 법률관계에 외국적 요소가 있을 경우에, 당사자가 그 준거법을 선택한 바가 없고, 「국제사법」에도 당해 법률관계에 적용할 준거법을 정하는 기준에 관한 직접적 규정이 없는 경우에는 그 법률관계와 가장 밀접한 관련이 있는 국가의 법에 의하여야 한다(국제사법 제26조 등). 외국의 법률에 의하여 권리를 취득한 채권자가 우리나라에서 채권자취소권을 행사할 경우의 준거법에 관해서도 「국제사법」은 달리 정한 바가 없다. 그러므로 이때에도 그 법률관계와 가장 밀접한 관련이 있는 국가의 법이 준거법이 되어야 할 것인데, 채권자취소권의 행사에서 피보전권리는 단지 권리행사의 근거가 될 뿐이고 취소 및 원상회복의 대상이 되는 것은 사해행위이며, 사해행위 취소가 인정되면 채무자와 법률행위를 한 수익자 및 이를 기초로 다시 법률관계를 맺은 전득자 등이 가장 직접적으로 이해관계를 가지게 되므로 거래의 안전과 제3자의 신뢰를 보호할 필요도 있다. 이러한 요소 등을 감안하면, 외국적 요소가 있는 채권자취소권의 행사에서 가장 밀접한 관련이 있는 국가의 법은 취소대상인 사해행위에 적용되는 국가의 법이라고 할 것이다."[50]

재산분할청구소송을 하면서 사해행위취소소송을 구한 사건이고 국제결혼이 있기 때문에 이런 문제가 발생한 것으로 보입니다.

"가. 러시아국 사람인 원고와 원심공동피고 1은 러시아국에서 혼인하였다가 2011. 11. 4. 이혼한 사이인데, 원심공동피고 1은 원고와 혼인 중에 대한민국에서 거주하던 러시아국 사람인 피고와 내연관계를 맺고, 2010. 2. 25. 피고에게 본인 소유의 이 사건 아파트에 관하여 2010. 2. 24.자 매매계약(이하 '이 사건 매매계약'이라고 한다)을 원인으로 소유권이전등기를 하였다.
나. 원고는 이 사건 소로써, 원심공동피고 1에 대해서는 주위적으로 2006. 4. 25. 러시아국법에 따라 체결한 재산분할계약에 따라 이 사건 아파트에 대한 소유권이전등기절차의 이행을 구하고, 예비적으로 러시아 가족법에 의하여 이혼에 따른 재산분할청구로서 이 사건 부동산 1/2 지분에 해당하는 금전 지급을 구하였다. 또 피고에 대해서는

---

50) 대법원 2016. 12. 29. 선고 2013므4133 판결 [재산분할등]

주위적으로는 러시아 가족법상 부부 일방 명의의 재산을 타방의 동의 없이 양도한 경우 양수인이 악의이면 그 양도는 무효인데 피고는 내연녀이므로 악의의 양수인이라고 하여 피고 명의로 된 소유권이전등기의 말소를 구하였다. 그리고 예비적으로는, 위 재산분할계약의 이행불능을 이유로 원심공동피고 1에 대하여 가지는 손해배상청구권 또는 이혼으로 인한 재산분할청구권 및 위자료청구권을 피보전채권으로 하여, 이 사건 매매계약에 대한 사해행위취소 및 원상회복으로 그 소유권이전등기의 말소등기절차의 이행을 구하였다.

다. 원심은 원심공동피고 1 및 피고에 대한 각 주위적 청구는 모두 기각하고, 예비적 청구 중 원심공동피고 1에 대한 이혼을 원인으로 한 재산분할청구는 이 사건 아파트 가격의 1/2 상당의 금전 지급을 명하는 범위에서 인용하였다. 그리고 피고에 대해서는 원고가 주장하는 채권자취소권에 관하여는 그 피보전채권의 준거법인 러시아국법과 사해행위의 준거법인 대한민국법이 누적적으로 준거법이 되어 양쪽 준거법 모두에서 채권자취소권을 행사할 수 있어야 하는데, 러시아국법상 채권자취소권의 근거 규정이 있다거나 러시아국법에 따라 채권자취소권이 성립하였음을 인정할 자료가 없으므로 더 나아가 살펴볼 필요 없이 이유 없다고 하여 기각하였다.

3. 그러나 피고에 대한 예비적 청구에 관한 위 원심의 판단은 다음의 이유로 수긍할 수 없다.

우선 앞에서 본 법리에 비추어 보면, 원고가 주장하는 이 사건 채권자취소권의 성립과 효력에 관한 준거법은 사해행위취소의 대상인 이 사건 매매계약에 적용되는 준거법이 되어야 한다. 그런데 기록상 이 사건 매매계약의 당사자인 원심공동피고 1과 피고가 모두 러시아국 사람이지만 그 계약에 적용할 준거법의 선택에 관한 별도의 합의가 있었다고 볼 자료는 없다. 이와 같이 외국적 요소가 있는 계약의 당사자가 거기에 적용할 준거법을 선택하지 아니한 경우에는 당해 계약과 가장 밀접한 관련이 있는 국가의 법이 준거법이 되고(국제사법 제26조 제1항), 특히 그 계약이 부동산에 관한 권리를 대상으로 하는 경우에는 부동산이 소재하는 국가의 법이 가장 밀접한 관련이 있는 것으로 추정하므로(국제사법 제26조 제3항), 결국 이 사건 아파트가 소재한 대한민국법이 이 사건 매매계약과 가장 밀접한 관련이 있는 것으로 추정된다.

따라서 특별한 사정이 없는 한 이 사건 매매계약의 준거법은 대한민국법이라 할 것이므로 이 사건 채권자취소권의 행사 등과 관련한 법률관계에 적용할 준거법도 대한민국법이라고 봄이 타당하다.

그럼에도 원심은, 피보전채권의 준거법과 사해행위 취소의 대상인 법률행위의 준거법이 다른 경우에 채권자취소권을 행사하려면 두 준거법에서 정한 행사요건을 누적적으로 충족하여야 한다고 전제한 다음, 피보전채권의 준거법인 러시아국법에 일반 채권자들을 보호하기 위한 사해행위 취소 제도가 존재하지 않는다는 이유로 원고의 채권자취소권이 성립하지 않는다고 판단하였다.
이러한 원심의 판단에는 외국적 요소가 있는 채권자취소권의 준거법 결정에 관한 법리를 오해하여 판결에 영향을 미친 잘못이 있다. 이를 지적하는 취지의 상고이유 주장은 이유 있다."51)

　이 사건의 원고 대리인은 대형로펌이었습니다. 부산가정법원사건이었습니다. 1심부터 3심까지 계속 대형로펌이 수임하였고, 1심은 사해행위취소소송을 인용하는 판결을 하였습니다. 항소심에서 재산분할금액이 65,000,000원에서 118,750,000원으로 2배 정도 늘어났는데 문제는 사해행위취소소송은 기각을 해버린 셈입니다. 결국 대법원은 우리나라 법이 준거법이 된다고 하여 사해행위취소소송을 판단해야 한다고 하였습니다.

　원고와 원심 공동피고, 내연녀인 피고 모두 러시아 국적인 사람들이었습니다. 이렇게 되다보니 판결문상에 나온 것처럼 이혼 등에 관한 부분도 모두 러시아에 따른 법에 의하여 이루어진 것으로 보입니다. 쉽게 나올 수 없는 사건이지만 국제결혼이 많아지고 있고 외국인이 한국에서 거주하면서 이혼소송을 하게 되고 한국의 재산을 가지고 사해행위를 할 수 있기 때문에 충분히 이런 문제가 발생할 수 있다고 할 것입니다.

　대형로펌이 이 사건에 관여한 것은 "프로 보노" 활동의 일환이 아니었는가를 생각해 봅니다. 러시아법을 알았어야 했기 때문에 상당히 전문지식이 요했을 것이고 러시아법에 대하여 아는 외국변호사의 도움도 필요했을 것으로 보입니다. 이 사건이 부산가정법원사건으로 부산에 러시아 국적인 외국인들이 많이 살고 있다는 것을 실감할 수도 있는 사건이었고 의미가 있는 사건이라고 할 것입니다. 가정법원에서 무슨 사해행위취소소송인가라고 생각할 수 있는데 이혼을 하려고 하는데 배우자가 재산을 회피시킨 경우에 재산분할청구소송과 같이 가

51) 대법원 2016. 12. 29. 선고 2013므4133 판결 [재산분할등]

정법원에 사해행위취소소송을 제기할 수 있도록 법이 개정이 되었습니다. 즉 취소채권자는 일반채권자가 아닌 채무자의 배우자가 되는 경우입니다.

다. 대법원 사례들의 검토

1) 3년 전에 처에게 부동산을 넘겨놓고 나서 이혼하였는데 이에 대하여 소유권이전등기말소소송을 당하여 남편에게 회복이 되자 다시 재산분할로 처에게 부동산을 이전해 준 사건

"1. 이혼에 따른 재산분할은 혼인 중 부부 쌍방의 협력으로 이룩한 공동재산의 청산이라는 성격에 경제적으로 곤궁한 상대방에 대한 부양적 성격이 가미된 제도로서, 이미 채무초과 상태에 있는 채무자가 이혼을 하면서 그 배우자에게 재산분할로 일정한 재산을 양도함으로써 일반 채권자에 대한 공동담보를 감소시키는 결과가 된다고 하더라도, 이러한 재산분할이 민법 제839조의2 제2항의 규정 취지에 따른 상당한 정도를 벗어나는 과대한 것이라고 인정할 만한 특별한 사정이 없는 한 사해행위로서 채권자에 의한 취소의 대상으로 되는 것은 아니고, 다만 상당한 정도를 벗어나는 초과 부분에 한하여 적법한 재산분할이라고 할 수 없어 취소의 대상으로 될 수 있을 것이나, 이처럼 상당한 정도를 벗어나는 과대한 재산분할이라고 볼 특별한 사정이 있다는 점에 관한 입증책임은 채권자에게 있다고 보아야 한다(대법원 2000. 7. 28. 선고 2000다14101 판결, 대법원 2006. 9. 14. 선고 2006다33258 판결 등 참조).
한편 이혼의 효력발생 여부에 관한 형식주의 아래에서의 이혼신고의 법률상 중대성에 비추어, 협의이혼에 있어서의 이혼의 의사는 법률상의 부부관계를 해소하려는 의사를 말한다 할 것이므로, 일시적으로나마 그 법률상의 부부관계를 해소하려는 당사자간의 합의하에 협의이혼신고가 된 이상, 그 협의이혼에 다른 목적이 있다 하더라도 양자간에 이혼의 의사가 없다고는 할 수 없고 따라서 그 협의이혼은 무효로 되지 아니한다(대법원 1993. 6. 11. 선고 93므171 판결 등 참조)."[52]

원칙적으로 재산분할은 사해행위취소의 대상이 되지 않습니다. 다만 상당성이 초과된 경우에 사해행위가 될 수 있는데 이에 대한 입증책임은 취소채권자

---

52) 대법원 2016. 12. 29. 선고 2016다249816 판결 [소유권이전등기말소등기]

에게 있습니다. 협의이혼의사가 다른 목적이 있다고 하더라도 일시적이나 혼인
관계의 해소의 의사가 있기 때문에 무효는 아니라는 판례를 언급하고 있습니다.
협의이혼 시 이를 확인하는 절차가 있기 때문에 이런 상황에서는 무효가 인정되
지 않고 있는 것이 현실이라고 할 것입니다.

"2. 원심판결 이유와 기록에 의하면, ① 소외인과 피고는 1977년 혼인신고를 마친 법
률상 부부였으나 2013. 11. 8. 협의이혼한 사실, ② 이 사건 부동산은 본래 소외인 소
유였는데, 2010. 1. 11. 증여를 원인으로 하여 피고 앞으로 소유권이전등기가 마쳐졌
다가, 이후 원고가 제기한 이 사건 관련소송 확정판결에 따라 2014. 6. 27. 위 소유권
이전등기가 말소된 사실, ③ 피고는 2014. 7. 2. '2014. 6. 27. 재산분할'을 원인으로
다시 이 사건 부동산에 관하여 소유권이전등기를 마친 사실 등을 알 수 있다.
원심은 이 사건 부동산에 관한 위 2014. 7. 2.자 소유권이전행위가 정당한 재산분할의
범위 내의 것이므로 사해행위에 해당하지 않는다는 피고의 주장에 대하여, 그 판시와
같은 사정에 비추어 위 소유권이전행위는 진정한 재산분할행위라기보다는 원고의 이
사건 관련소송 확정판결에 기한 강제집행을 회피하고자 면탈하고자 소외인과 피고가
통모한 행위이므로 정당한 재산분할의 범위 내의 것인지 여부를 따질 필요도 없이 사
해행위에 해당한다는 취지로 판단하였다.
3. 그러나 원심의 이러한 판단은 아래와 같은 이유에서 그대로 수긍하기 어렵다.
우선 앞서 본 법리에 비추어 볼 때, 설령 소외인과 원고에게 채무면탈 등 다른 목적이
있었다고 하더라도 그러한 사정만으로 양자간에 이혼의 의사가 없었다고 단정하기는
어렵다. 그리고 소외인과 원고 사이의 위 협의이혼을 무효로 보기 어렵다면, 위 소유권
이전행위는 그 등기원인에서도 명시되었듯이 협의이혼에 따른 진정한 재산분할로 봄이
상당하다. 다만 그것이 재산분할로서 상당한 정도를 넘는 과대한 것이라면 그 상당한
정도를 벗어나는 부분에 한해서 사해행위 취소의 대상으로 될 수 있을 뿐이다.
따라서 원심으로서는, 원고가 소외인과 피고 사이의 위 협의이혼이 무효라는 점을 증명
하지 못한다면, 소외인과 피고 쌍방의 재산 보유 상황 등 두 사람의 혼인 이후 이혼에
이르기까지의 모든 사정을 종합하여 피고가 받을 적정한 재산분할의 액수를 확정한 다
음 이를 초과하는 부분이 있을 경우 그 부분에 한하여 사해행위로서 취소를 명하였어
야 한다."53)

---

53) 대법원 2016. 12. 29. 선고 2016다249816 판결 [소유권이전등기말소등기]

왜 항소심이 전체에 대하여 사해행위라고 하면서 원고 전부승소판결을 하였는지 알 수 있습니다. 2014. 6. 27.에 말소가 되었는데 2014. 7. 2.에 2014. 6. 24. 재산분할을 원인으로 넘겨놓았으니 법원의 판결을 완전히 멸각시킨 행위를 하였기 때문입니다. 이런 것을 막기 위해서 말소등기와 동시에 바로 가처분등기가 경료되거나 경매신청을 할 수 있도록 방법을 강구해야 할 것입니다. 말소기절차이행의 승소판결문을 받았다고 한다면 이 판결문을 소명자료로 제출하여 말소등기와 동시에 가처분기입등기가 되도록 처분금지가처분신청을 하거나 일반채권자이고 판결을 받았다고 한다면 그와 동시에 경매기입등기가 경료되도록 경매신청을 할 필요가 있습니다.

이혼은 2013. 11. 8.이고 2014. 6. 27. 재산분할이니 이혼하고 나서 2년 안에 재산분할이니 제척기간 안이라고 할 것입니다. 아마 원고가 일부는 승소하였을 것으로 보이지만 뛰는 놈 위에 나는 놈이 있고 나는 놈 위에 제트기를 타고 가는 놈 있고 제트기 타는 놈 위에 우주로켓을 타는 놈 있고, 이놈 위에 순간 이동하는 놈이 있습니다. 분명히 변호사의 도움을 받았을 것입니다. 나쁘다고만 생각하지 말고 미리미리 보호하는 것이 필요합니다. 이것이 위법은 아니기 때문에 더욱 그러합니다.

이 사건 사건명이 소유권이전등기말소라고 할 것입니다. 원심이 2015년 사건인 점을 보면, 이와 같은 행위에 대하여 다시 소유권이전등기말소소송을 제기하였다가 사해행위취소소송으로 소를 변경시켰을 것으로 보입니다.

2) 재산분할청구권포기의 사해행위취소의 가능성

적극적으로 재산분할을 하여 채권자를 해하는 경우도 있지만 재산분할을 받을 수 있음에도 불구하고 이혼하고 나서 고의적으로 재산분할청구권을 행사할 수 없는 경우에 채권자로서 이를 포기한 것을 사해행위라고 하여 취소할 수 있는지 문제가 되었던 사건입니다.

> "이혼으로 인한 재산분할청구권은 이혼을 한 당사자의 일방이 다른 일방에 대하여 재산분할을 청구할 수 있는 권리로서 이혼이 성립한 때에 그 법적 효과로서 비로소 발생하

> 는 것일 뿐만 아니라, 협의 또는 심판에 의하여 구체적 내용이 형성되기까지는 그 범위 및 내용이 불명확·불확정하기 때문에 구체적으로 권리가 발생하였다고 할 수 없으므로 협의 또는 심판에 의하여 구체화되지 않은 재산분할청구권은 채무자의 책임재산에 해당하지 아니하고, 이를 포기하는 행위 또한 채권자취소권의 대상이 될 수 없다."54)

이것이 신분법상 행위라고 하여 취소할 수 없다는 것이 아니라 구체화되지 않은 권리는 책임재산이라고 볼 수 없어 이를 취소할 수 없다고 하여 책임재산의 문제로 대법원은 이를 해결하였습니다.

1심부터 판결문이 공개가 되어 있고 사해행위취소부분은 기각 판결을 하였습니다.

> "나. 재산분할을 원인으로 하는 소유권이전등기의 대위 청구에 관한 판단
> 먼저 채권자대위에 의한 재산분할청구의 적법 여부에 관하여 본다. 이혼으로 인한 재산분할청구권은 협의 또는 심판에 의하여 그 구체적 내용이 형성되기까지는 그 범위 및 내용이 불명확·불확정하기 때문에 구체적으로 권리가 발생하였다고 할 수 없고(대법원 1999. 4. 9. 선고 98다58016 판결 참조), 그 권리의 행사가 당사자의 자유의사에 맡겨져 있는 일신전속권이므로 채권자대위권의 목적이 되지 않는다고 봄이 상당하다. 따라서, 원고의 이 부분 청구는 권리보호의 이익이 없어 부적법하다.
> 다. 사해행위 취소 청구에 관한 판단
> 사해행위 취소권은 채무자와 수익자 간의 사해행위를 취소함으로써 채무자의 책임재산을 보전하는데 그 목적이 있으므로, 취소로 인하여 회복되는 권리가 독립된 재산적 가치를 가지고 있고, 채무자의 책임재산에 포함되는 것으로서 강제집행이 가능한 것임을 전제로 한다.
> 그런데, 앞서 본 것처럼 이혼으로 인한 재산분할청구권은 협의 또는 심판에 의하여 그 구체적 내용이 형성되기까지는 구체적으로 권리가 발생하였다고 할 수 없고, 채권자가 재산분할청구권자를 대위하여 구체적인 권리로 전환할 수도 없으므로, 그 상태로는 채무자의 책임재산에 포함된다고 볼 수 없다.
> 이 사건의 경우, 소외인은 협의 또는 심판에 의하여 구체화되지 않은 재산분할청구권을

---

54) 대법원 2013. 10. 11. 선고 2013다7936 판결 [재산분할청구등]

포기한 것에 불과한데, 위 권리는 소외인의 책임재산에 속한다고 볼 수 없으므로, 원고의 주장은 더 나아가 살펴볼 필요 없이 이유 없다."[55]

채권자대위권에 기한 소유권이전등기절차이행을 구한 부분은 채무자의 권리가 없고 이를 대위소송의 권리보호의 이익이 없다고 하여 각하판결을 했고, 사해행위취소소송과 명의신탁해지를 원인으로 한 소유권이전등기절차이행을 구한 소송은 기각판결을 하였습니다. 항소 역시 기각이 되었던 사건입니다.

3) 가사소송법을 개정하게 된 이유

"1. 피고 1의 상고이유에 대한 판단
이혼을 원인으로 하는 손해배상청구는 제3자에 대한 청구를 포함하여 가사소송법 제2조 제1항 (가)목 (3) 다류 2호의 가사소송사건으로서 가정법원의 전속관할에 속한다. 그런데 원고의 피고 1에 대한 이 사건 청구 중 위 피고와 원고 남편 사이의 간통 등 부정행위로 인하여 원고가 남편과 협의이혼을 함으로써 원고의 혼인관계가 파탄에 이르렀음을 원인으로 위자료 5,000만 원 및 이에 대한 지연손해금의 지급을 구하는 손해배상청구는 이혼을 원인으로 하는 제3자에 대한 손해배상청구에 해당하고, 따라서 위 손해배상청구는 가정법원의 전속관할에 속한다.
그렇다면 서울중앙지방법원에 제기된 이 사건 소 중 위 손해배상청구 부분은 전속관할을 위반하여 제기된 것이므로 원심으로서는 이 사건 청구 전부에 대하여 본안판단을 한 제1심판결 중 위 손해배상청구 부분을 취소하고 이 부분 사건을 피고 1의 보통재판적 소재지 가정법원인 서울가정법원에 이송하였어야 하는데, 원심은 그러한 조치를 취하지 아니하고 위 손해배상청구 부분에 대하여 본안판단을 하였으니, 원심은 그 부분에서 전속관할에 관한 법리를 오해하여 판결에 영향을 미친 위법이 있다.
2. 피고 2의 상고이유에 대한 판단
원심판결의 이유를 기록에 비추어 살펴보면, 원심이 그 판시와 같은 사실을 인정한 다음 여러 사정을 종합하여 이 사건 증여는 피고들이 협의이혼을 하면서 위자료 등을 고려한 재산분할 명목으로 한 것이라고 보기도 어렵거니와 설령 피고들의 의사가 재산분할 명목으로 이 사건 증여를 한 것이라 하더라도 이는 재산분할을 구실로 한 피고 1의

---

55) 서울북부지방법원 2012. 4. 6. 선고 2011가단9546 판결 [재산분할청구등]

재산처분에 불과하여 그 전부가 과다하다고 판단한 것은 수긍이 가고, 상고이유 주장과 같이 원심의 사실인정이나 판단이 경험칙 등에 반한다거나 심히 부당하고 불공평하다고 볼 수는 없다."56)

피고 1과 피고 2는 부부간으로 보입니다. 피고 1이 원고의 남편과 간통을 한 여성으로 보입니다. 그런데 손해배상청구를 당하자 피고들은 이혼을 해 버렸고 피고 1 명의로 있던 부동산을 피고 2에게 증여로 이전해 버린 것입니다. 이에 대하여 법원은 아예 재산분할 명목으로 한 것으로 보기 어렵다고 하였습니다. 가사 재산분할 명목이라고 하더라도 이는 이를 구실로 재산을 처분한 것에 불과하다고 하면서 전부 말소등기청구를 인용한 것으로 보입니다. 대법원도 원심의 청구를 인용하였습니다.

이처럼 원고는 원고의 남편을 상대로 이혼소송을 하면서 피고 1에 대한 위자료 청구를 한 것으로 보입니다. 모두 가정법원 전속관할입니다. 그런데 사해행위취소소송은 가정법원 전속관할이 아닌 일반민사소송이니 두 개의 소송이 한꺼번에 이루어지면 좋을 것이 따로따로 하는 상황이 되었습니다.

대법원이 재산분할이라고 보고 상당성 초과 부분으로 가지 않고 원심의 판단을 인정해 버린 것은 만약 이렇게 판단을 하게 되면, 매우 곤란한 일이 발생합니다. 위자료청구권에 대하여 서울가정법원으로 가서 확정이 될 때까지 사해행위취소소송은 재판을 할 수가 없습니다. 왜냐하면 상당성으로 가게 되면 일부 취소와 가액배상으로 가버리게 됩니다. 그러나, 상당성으로 가지 않게 되면 원고의 채권이 얼마인지와 관계없이 그것이 판결이 확정될 필요도 없이 원물반환에 의하여 전체를 피고 1에게 돌려놓을 수 있어 사해행위취소소송은 이 사건으로 끝낼 수 있게 됩니다. 그리고 서울가정법원에서는 아마 서울고등법원에서 인정한 금액 그대로 판결을 할 것입니다. 특별한 사정이 없는 한 관할의 문제이고 그 판단이나 금액이 문제가 되지 않을 가능성이 크기 때문입니다. 아마 피고 1도 이에 대하여 서울가정법원의 판결에 항소를 하지 아니하였거나 도중에 원고와 합의하였을 것으로 보입니다.

---

56) 대법원 2008. 7. 10. 선고 2008다17762 판결 [사해행위취소등]

4) 사해행위취소시 재산분할을 어떻게 할 것인지 보여주는 대표적 사례

가) 재산분할의 판단 방법과 상당성을 초과하는지 여부를 판단하는 논리전개를 보여주는 내용

이 사례는 이혼 시 재산분할에 관한 상당성 초과뿐만 아니라 실질적으로 재산분할소송과 사해행위취소소송 두 소송을 같이 한 것 같은 느낌이 들 정도로 매우 쟁점이 많고 검토할 내용도 많은 사건입니다. 이 사례를 통하여 재산분할의 사해행위 판단에 있어서 어떤 것이 판단되어야 하며 어떻게 판단하는 것이 옳은 것인지 등을 한 번에 알 수 있다고 할 것입니다.

> "원심은 소외 1의 이 사건 조세채무의 발생경위, 피고와 소외 1이 이 사건 각 부동산에 관하여 증여계약을 체결하게 된 경위, 당시의 소외 1과 피고의 적극재산과 소극재산, 재산분할 후 소외 1의 잔여 재산과 채무액 등에 비추어, 이 사건 각 부동산에 관한 증여계약 당시 소외 1은 채무초과 상태에 있었고, 당시 그가 부담하고 있던 채무는 모두 재산분할의 대상이 되는 소극재산으로서 재산분할의 대상이 되는 적극재산보다 많아 그 적극재산액에서 소극재산액을 공제하면 남는 금액이 없는 반면, 피고는 채무는 없이 부부공동생활로 인하여 취득한 적극재산만을 가지고 있어, 부부 공동재산의 형성·유지에 관한 피고의 기여도를 100%로 보더라도 소외 1이 피고에게 분할해 줄 재산은 없으므로, 이 사건 각 부동산에 관한 증여계약 및 근저당권설정계약은 이혼으로 인한 재산분할로서 이루어진 것이기는 하지만 민법 제839조의2 제2항의 규정 취지에 따른 상당한 정도를 벗어나는 과대한 것으로서 모두 사해행위에 해당한다고 판단하였는바, 기록에 비추어, 원심의 판단은 정당하고 거기에 이혼에 따른 재산분할에 있어서 사해행위의 성립 및 그 취소범위에 관한 법리오해의 위법은 없다. 따라서 상고이유 제2점은 이유 없다."[57)

이 판례의 언급을 보면, 재산분할의 상당성을 판단하는 과정을 알 수 있습니다. 취소채권자의 채권의 발생경위, 증여계약을 체결한 과정, 채무자의 소극재산과 적극재산의 내역, 그리고 재산분할 후 채무자의 잔여 재산과 채무액을 비

57) 대법원 2006. 9. 14. 선고 2005다74900 판결 [사해행위취소]

교하였음을 알 수 있습니다.

　이에 의하여 판단에 검토할 것이 다음과 같습니다. 사해행위 당시에 채무자가 채무초과 상태였는지 여부, 그리고 채무자가 부담하던 채무가 재산분할의 대상이 소극재산이라고 볼 수 있는지 여부, 재산분할의 대상이 되는 소극재산이 재산분할의 대상이 되는 적극재산보다 많은지 여부, 재산분할로 인하여 수익자가 재산분할의 대상이 되는 소극재산을 얼마나 부담하는지 여부 또는 수익자가 적극재산만 취득하는 데 반해 소극재산은 전혀 취득하지 않는지 여부, 수익자가 부부 공동재산의 형성과 유지에 얼마나 기여하였는지와 그에 의한 취득한 적극재산이 합당한 것인지 여부 등을 검토하고 있습니다.

　이런 문제가 발생하는 것은 채무자가 매우 많은 재산과 채무가 있습니다. 그런데 재산분할을 하면서 근저당권이나 채권자의 가압류가 없는 완전히 깨끗한 부동산만을 재산분할로 수익자인 처에게 재산분할로 이전해 주는 경우가 이런 상황이 발생하게 됩니다. 그렇기 때문에 원심이나 대법원은 그 증여계약과 근저당권설정계약 전부가 취소의 대상이 된다고 판단한 것으로 보입니다.

나) 분할 할 적극재산의 가액을 임의로 조정할 수 없음

"민법 제839조의2 제2항의 취지에 비추어 볼 때, 재산분할비율은 개별재산에 대한 기여도를 일컫는 것이 아니라, 기여도 기타 모든 사정을 고려하여 전체로서의 형성된 재산에 대하여 상대방 배우자로부터 분할받을 수 있는 비율을 일컫는 것이라고 봄이 상당하므로 법원이 합리적 근거 없이 적극재산과 소극재산을 구별하여 분담비율을 달리 정한다거나, 분할대상 재산들을 개별적으로 구분하여 분할비율을 달리 정함으로써 분할할 적극재산의 가액을 임의로 조정하는 것은 허용될 수 없고(대법원 2002. 9. 4. 선고 2001므718 판결 참조), 부부 중 일방의 재산분할 청구가 받아들여질 수 없음이 명백한 경우에는 더 나아가 재산분할의 구체적인 비율을 정할 필요도 없음이 당연하다. 원심이 소외 1의 적극재산과 소극재산을 구별하여 분담비율을 달리 정하지 않았고 피고와 소외 1의 재산분할비율을 따로 정하지 않은 것은 위와 같은 법리에 따른 것으로서 정당하고, 거기에 주장하는 바와 같은 재산분할비율 산정에 관한 법리오해나 이유불비의 위법은 없다."[58]

---

58) 대법원 2006. 9. 14. 선고 2005다74900 판결 [사해행위취소]

대법원은 이 판례에서 추가적으로 피고의 상고이유에 대하여 판단하면서 재산분할의 비율은 소극재산과 적극재산을 전체로 형성된 재산에 관한 재산분할의 비율을 말하고 각 개별 재산에 대하여 기여도를 검토하여 각 개별재산마다의 재산분할 비용을 산정해서는 안 된다고 하고 있습니다. 또한 재산분할 청구가 받아들여질 수 없다고 한다면 비율을 정할 필요도 없다고 판시하였습니다.

아마 피고는 증여받은 이 사건 부동산에 대하여 자신의 기여도가 많다고 주장한 것으로 보입니다. 그렇기 때문에 이를 재산분할로 대상으로 하여 자신에게 증여한 것은 상당성을 초과한 것이 아니라고 주장한 것으로 보입니다. 그렇기 때문에 대법원은 소극재산이 아니라 재산분할의 대상이 되는 개발재산의 재산분할 비율을 개별적으로 정함으로서 분할할 적극재산의 비율을 임의로 정할 수 없다고 한 선 판례들을 언급한 것으로 보입니다.

다) 재산분할시의 소극재산이 청산의 대상이 되는지 여부

"가. 현행 부부재산제도는 부부별산제를 기본으로 하고 있어 부부 각자의 채무는 각자가 부담하는 것이 원칙이므로 부부가 이혼하는 경우 일방이 혼인 중 제3자에게 부담한 채무는 일상가사에 관한 것 이외에는 원칙적으로 그 개인의 채무로서 청산의 대상이 되지 않으나 그것이 공동재산의 형성·유지에 수반하여 부담한 채무인 때에는 청산의 대상이 되며, 그 채무로 인하여 취득한 특정 적극재산이 남아있지 않더라도 그 채무부담행위가 부부 공동의 이익을 위한 것으로 인정될 때에는 혼인 중의 공동재산의 형성·유지에 수반하는 것으로 보아 청산의 대상이 된다(대법원 2002. 8. 28.자 2002스36 결정, 대법원 2005. 8. 19. 선고 2003므1166, 1173 판결 등 참조).
"원심이, 1997. 12. 31. 과세기간 만료로 추상적 납세의무가 성립하고 1998. 6. 1. 소외 1의 양도소득세 자진신고로 구체적 조세채무로 확정된 이 사건 양도소득세 채무와, 1997. 1. 4. 과다한 양도대금 수령으로 인하여 추상적 납세의무가 성립하고 1999. 8. 16. 강남세무서장의 부과처분으로 구체적 조세채무로 확정된 이 사건 증여세 채무를 고려하여 이 사건 재산분할 당시의 소외 1의 무자력 여부를 판단하는 한편, 위 각 조세채무를 재산분할의 대상이 되는 소극재산으로 삼은 것은 위 법리에 따른 것으로 정당하고, 거기에 상고이유에서 주장하는 바와 같은 재산분할의 대상으로 되는 채무에 관한 법리오해의 위법은 없다.
다. 증권회사의 대주주가 그 회사의 임원과 공모하여, 회사에 유가증권을 입고하지 않앉음에도 이를 입고한 것처럼 꾸며 대금 상당액을 인출한 경우, 그로 인한 증권회사의 손해액은 인출된 대금 상당액이라고 할 것이므로, 대주주가 그 손해를 전보하기 위해서는 그 대금 상당액을 그대로 증권회사에게 지급하거나 또는 그 금액에 상당하는 유가증권을 매입하여 이를 증권회사에 입고하여야 하고, 그렇지 않은 때에는 그 손해가 완전히 전보되었다고 볼 수 없다.

원심은 채택 증거에 의하여, 소외 1이 소외 6 주식회사에 국민주택채권 등 유가증권을 입고한 것처럼 꾸며 그 대금 명목으로 8,786,600,000원을 인출한 후 소외 5 주식회사로부터 인출한 다른 유가증권을 대금 7,388,080,000원에 매도하여 그 대금으로 소외 6 주식회사에 입고한 것처럼 꾸몄던 유가증권과 같은 유가증권을 매입하여 이를 소외 6 주식회사에 입고한 사실을 인정한 후, 소외 6 주식회사의 손해액인 8,786,600,000원 중 소외 1이 실제로 소외 6 주식회사에 입고한 유가증권의 매입금액인 7,388,080,000원 상당의 손해는 전보되었다고 할 것이나, 그 차액인 1,398,520,000원의 손해는 전보되지 않았다고 판단하였는바, 원심의 판단은 위 법리에 따른 것으로서 정당하고 거기에 상고이유에서 주장하는 바와 같은 손해배상액 산정에 관한 법리오해의 위법은 없다."59)

이 판례를 앞에서 언급하였는데 이는 피보전채권의 선재성의 예외 조건을 갖추면 사해행위취소의 소극재산에 포함시킬 수 있고 이는 재산분할시의 소극재산의 판단에도 적용된다는 것을 말했던 그 판례입니다. 결국 이 사건 양도소득세와 증여세는 채무자의 소극재산에 포함이 되었다고 판단하였습니다. 당연히 양도세와 증여세가 문제가 되니 이 재산(실제는 주식이었음)이 사해행위 당시에는 소외 채무자의 재산이 아니었을 것입니다. 그렇기 때문에 피고 측은 이미 처분한 재산은 재산분할의 대상이 될 수도 없고 그 재산의 처분으로 발생한 세금은 재산분할의 대상이 되는 소극재산에 포함할 수 없다고 주장하였을 것으로 보입니다. 그렇기 때문에 대법원은 대법원 판례를 언급하여 피고의 주장은 이유가 없다고 판시한 것으로 보입니다.

---

59) 대법원 2006. 9. 14. 선고 2005다74900 판결 [사해행위취소]

"기록에 의하면, (명칭 생략)그룹의 회장인 소외 1은 자신이 대주주인 소외 2 주식회사와 소외 3 주식회사에 대한 가불금 채무를 변제하기 위하여 자기 소유인 소외 2 주식회사의 주식 369,000주를 시가보다 높은 가격으로 계열사인 소외 3 주식회사와 소외 4 주식회사에게 양도하였고, 원고는 위와 같은 소외 1의 주식양도 및 대금수령에 관하여 양도소득세 및 증여세를 부과한 사실, 소외 1은 계열사인 소외 5 주식회사의 유상증자대금을 마련하기 위하여 같은 계열사인 소외 6 주식회사에 유가증권을 입고한 것처럼 꾸민 후 그 대금을 인출한 사실, 소외 1은 (명칭 생략)그룹 운영에 필요한 세금납부 자금, 주식매입 대금 등을 마련하기 위하여 소외 3 주식회사의 소유인 유가증권을 임의로 인출하여 사용한 사실을 알 수 있고, 원심은 피고가 소외 1과 혼인한 후 협의이혼할 때까지 17년 동안 가사와 육아를 전담하면서 소외 1이 (명칭 생략)그룹을 원활하게 운영할 수 있도록 내조한 점을 참작하여 소외 1이 소유한 (명칭 생략)그룹 계열사 주식 등 소외 1의 적극재산 전부를 재산분할의 대상으로 삼는 한편, 앞서 본 소외 1의 행위로 인하여 발생한 원고에 대한 조세채무, 소외 6 주식회사와 소외 3 주식회사에 대한 손해배상채무 또한 피고 부부의 공동재산인 위 주식들의 가치를 유지 또는 향상하는 데 수반하여 발생한 채무로서 재산분할의 대상이 된다고 판단하였는바, 위의 법리에 비추어 볼 때 원심의 판단은 정당하고 거기에 상고이유에서 주장하는 바와 같은 이혼으로 인한 재산분할의 대상이 되는 채무에 관한 법리오해의 위법은 없다."

그러나, 이런 원심의 판단이 적법한 것인지 의문입니다. 왜냐하면, 현재 노소영과 최태원 회장의 이혼사건에 있어서 최태원 회장의 SK주식에 관하여 재산분할의 대상이 되는지 여부가 문제가 되고 있는데 사해행위취소소송 사건에서 그룹회장인 채무자의 그룹 계열사의 주식을 전부 채무자의 분할대상이 되는 적극재산으로 선뜻 인정한 것은 이해하기 쉽지 않다고 해야 할 것입니다. 소외 1이 가지고 있는 분할대상의 적극재산이 많아진다는 것은 좋을 것 같지만 그 그룹회사에 관하여 채무자가 부담하는 채무 역시도 재산분할대상이 되는 소극재산에 포섭될 가능성이 커지기 때문에 문제가 발생할 여지가 있다고 할 것입니다. 더욱 노소영은 노태우 대통령의 딸로서 그에 의하여 결국 SK텔레콤이 이동통신사업자가 된 것은 누구나가 알고 있는 공지의 사실인데 이 사건의 피고는 17년 결혼생활동안 가사에만 전담한 주부인 것을 알 수 있습니다. 노소영은 아트선재 일도 계속 하였고 자신의 분야에서도 뛰어난 업적을 쌓았을 뿐만 아니라 이는 SK그룹 전체에도 큰 이익이 되었다고 할 것이기 때문에 두 사건이 비교가 됩니다.

조세채무를 이 사건 분할대상의 소극재산에 넣기 위하여 채무자의 그룹 계약사 주식을 분할대상의 적극재산이 넣어주는 매우 우호적인 인심을 법원은 보여주었습니다. 이 사건은 이혼소송이 아닙니다. 채무자와 피고가 이혼사건을 진행했다고 한다면 채무자 측에서 그룹 계열사의 주식을 재산분할의 청산의 대상이 되는 적극재산에 넣어야 한다고 인정하였을까요? 또한 피고 측은 채무자가 가지고 있는 그룹을 운영하면서 발생할 채무를 분할대상의 소극재산이라고 인정하였을까요? 이런 점을 보면, 원심은 너무나 쉽게 이를 인정하였습니다. 그 이유가 17년 동안 가사와 육아에 전담한 것을 인정하였기 때문이라고 합니다. 법원이 이렇게 가사와 육아의 노력을 인정한 적이 있을까를 생각해 보면, 고개가 갸우뚱합니다. 이는 누가 보더라도 원고가 조세채권자인 국가이기 때문에 국가의 조세채권을 회수할 수 있는 길을 열어주는 무리한 판단이 아니었나라는 생각이 듭니다.

라) 재산분할의 액수를 산정함과 재산분할대상이 있는지 여부의 구체적인 검토

"(3) 그러나 한편, 원심은 아래에서 보는 바와 같이 소외 1의 소외 3 주식회사에 대한 채무액을 과소평가하고 소외 1이 보유한 비상장주식의 시가를 과대평가하여 전체적으로 소외 1의 재산액을 과대평가한 잘못이 있다.

(가) 채무자가 연속하여 수개의 재산처분행위를 한 경우에는 각 행위별로 그로 인하여 무자력이 초래되었는지 여부에 따라 사해성 여부를 판단하는 것이 원칙이지만, 그 일련의 행위를 하나의 행위로 볼 특별한 사정이 있는 때에는 이를 일괄하여 전체로서 사해성이 있는지 판단하게 되고, 이때 그러한 특별 사정이 있는지 여부를 판단함에 있어서는 처분의 상대방이 동일한지, 처분이 시간적으로 근접한지, 상대방과 채무자가 특별한 관계가 있는지, 처분의 동기 내지 기회가 동일한지 등이 구체적 기준이 되어야 할 것이다(대법원 2005. 7. 22. 선고 2005다7795 판결 등 참조).

기록에 의하면, 소외 1은 소외 3 주식회사로부터 유가증권을 횡령한 후, (명칭 생략)그룹의 계열사인 소외 2 주식회사와 소외 10 주식회사로부터 돈을 차용하여 소외 3 주식회사에게 1997. 1. 18. 금 1,584,662,000원, 1997. 4. 30. 금 1,357,960,000원, 1997. 12. 3. 금 150,000,000원, 1997. 12. 22. 금 300,000,000원, 1997. 12. 26. 금 493,457,690원, 1997. 12. 30. 금 226,313,238원, 1998. 1. 12. 금 3,000,000,000원, 1998. 1. 14. 나머지 잔액을 각 지급함으로써 소외 3 주식회사에 대한 손해배상 채무를 모두 변제하였음을 알 수 있는데, 원심은 위와 같은 사실을 기초로 하여 소외 1의 소외 3 주식회사에 대한 손해배상 채무액 중 이 사건 근저당권설정계약이 체결된 1997. 12. 27.까지 변제된 금액을 모두 공제한 후 남은 금액을 고려하여 1997. 12. 19. 당시의 채무초과 여부를 판단하는 한편, 그 금액만을 재산분할의 대상인 소극재산에 포함시켜 재산분할의 상당성을 판단하고 있다.

우선, 1997. 12. 19. 당시의 소외 1의 무자력(채무초과) 여부에 관한 원심의 판단을 보건대, 앞서 본 법리와 기록에 나타난 사실을 종합하면 이 사건 각 부동산에 관한 증여계약과 근저당권설정계약의 당사자는 피고와 소외 1로 동일하고, 두 사람은 부부지간이며, 증여계약 체결 후 8일만에 근저당권설정계약을 체결하였고, 근저당권설정계약의 목적물은 모두 이 사건 증여계약 목적물의 일부이며, 이 사건 증여계약의 이행을 담보하기 위하여 근저당권을 설정한 것이므로 이 사건 증여계약과 근저당권설정계약은 하나의 사해행위로 볼 특별한 사정이 있고, 따라서 사해행위에 관한 소외 1의 무자력 여부는 이 사건 각 부동산에 관한 증여계약일인 1997. 12. 19.을 기준으로 판단하면 되고, 그 이후에 변제된 금액은 소외 1의 소외 3 주식회사에 대한 채무액에서 공제할 것이 아니다.

나아가 이 사건 재산분할의 상당성 여부에 관한 원심의 판단을 보건대, 이 사건 재산분할 협의일(증여계약일) 이후 피고 부부의 이혼성립일인 1997. 12. 24.까지 사이에 변제된 금액은 소외 1의 채무액에서 공제함이 원칙이지만, 앞서 본 바와 같이 소외 1은 소외 2 주식회사와 소외 10 주식회사로부터 차용한 자금으로 소외 3 주식회사에 대한 손해배상 채무를 변제하였으므로, 소외 3 주식회사에 대한 채무액 중 감소한 금액만큼 소외 2 주식회사와 소외 10 주식회사에 대한 채무액이 증가하여 전체적으로 소외 1의 소극재산액은 변동이 없고, 따라서 이 사건 재산분할의 상당성을 판단함에 있어 재산분할 협의일인 1997. 12. 19.부터 이혼성립일인 1997. 12. 24.까지 사이에 변제된 금액을 소외 1의 소외 3 주식회사에 대한 채무액에서 공제할 것은 아니다. 한편, 이혼성립일인 1997. 12. 24. 이후의 변제는 피고와 소외 1의 혼인 내지는 부부공동생활과 무관한 것이므로 그 금액 또한 소외 1의 채무액에서 공제할 것이 아니다.

그렇다면 이 사건 증여계약일인 1997. 12. 19. 당시의 소외 1의 무자력 여부 및 피고와 소외 1의 재산분할 협의의 상당성 여부를 판단함에 있어 소외 1의 소극재산은 793,457,690원(1997. 12. 22. 변제된 300,000,000원 + 1997. 12. 26. 변제된 493,457,690원)만큼 추가되어야 한다.

(나) 상속 또는 증여재산의 평가에 관한 특례규정인 구 상속세 및 증여세법(1997. 12. 31. 법률 제5493호로 개정되기 전의 것) 제66조 제4호, 같은 법 시행령 제63조 제6호에 의하면, 임대차계약이 체결되어 있는 재산은 1년간의 임대료를 총리령이 정하는 율로 나눈 금액과 임대차보증금의 합계액 및 위 법 제60조에 의하여 평가한 가액 중 큰 금액을 당해 재산의 가액으로 한다고 규정하고 있는바, 위 규정이 적용되는 것은 평가대상재산 그 자체에 사실상 임대차계약 등이 체결된 경우이고 그 재산가액을 산정하기 위한 기초로 되는 다른 재산에 임차권 등이 설정되어 있는 경우에까지 이를 적용하여 그 재산을 평가하고 이에 터 잡아 당해 재산가액을 산정하여야 하는 것은 아니므로, 평가대상재산인 비상장주식의 시가를 알기 어려워 위 시행령 제54조 제1항 소정의 보충적 평가방법에 의하여 1주당 가액을 산정하기 위하여 당해 법인의 순자산가액을 평가하는 경우에까지 이를 적용하여 그 부동산 등을 평가할 것은 아니다(대법원 2004. 12. 10. 선고 2004두2585 판결 등 참조).

그럼에도 불구하고 원심은, 비상장주식인 소외 2 주식회사 주식의 평가액을 산출하기 위해 위 회사 소유 부동산을 평가함에 있어 구 상속세 및 증여세법 제60조 제1항, 제3항, 제61조 제1항 제1호, 제2호, 제66조 제4호, 같은 법 시행령 제63조 제6호에 따라 임대용부동산의 가액을 임대료환산가액으로 평가한 결과 소외 2 주식회사 주식의 1주당 가격을 107,805원으로 산출하였는바, 앞서 본 법리에 따라 소외 2 주식회사 소유 부동산을 기준시가로 평가한 후 위 회사 주식의 1주당 가격을 계산하면 78,527원이 되고, 이 금액에 소외 1의 보유주식수인 131,000을 곱하면, 소외 1이 소유한 소외 2 주식회사의 주식가액은 합계 10,287,037,000원이 되며, 위 금액은 원심이 인정한 소외 1 소유 소외 2 주식회사 주식의 가액 합계금액인 14,122,455,000원보다 3,835,418,000원만큼 감소한 금액이 되어 소외 1의 적극재산도 그 금액만큼 감소하게 된다.

(4) 이를 종합하여 보면, 이 사건 증여계약 체결일 및 피고와 소외 1의 협의이혼 성립일 당시의 소외 1의 적극재산 합계액은 21,252,496,760원(원심이 인정한 적극재산 합계액 25,087,914,760원 - 소외 2 주식회사 주식 가치 감소액 3,835,418,000원)이 되고, 소극재산 합계액은 24,439,091,722원(원심이 인정한 소극재산 합계액 25,735,554,032원 - 벌금 채무액 2,089,920,000원 + 소외 3 주식회사에 대한 손해배상채무 증가액

> 793,457,690원)이 되어, 이 사건 증여계약일 당시 소외 1은 채무초과 상태에 있었다
> 고 할 것이고, 피고 부부의 협의이혼 성립일 당시 재산분할의 대상이 되는 소외 1의 적
> 극재산 가액에서 소극재산 가액을 공제하면 남는 금액이 없게 될 뿐 아니라, 소외 1과
> 피고의 적극재산과 소극재산을 모두 합한 순재산액이 883,436,898원(소외 1의 적극
> 재산 21,252,496,760원 + 피고의 적극재산 4,070,031,860원 - 소외 1의 소극재산
> 24,439,091,722원)인 반면, 피고는 이미 그 금액보다 훨씬 큰 4,070,031,860원의 재
> 산을 보유하고 있으니 공동재산의 형성·유지에 관한 피고의 기여도를 100%로 본다고
> 하더라도 소외 1이 피고에게 분할해 줄 재산은 없다. 결국, 이 사건 재산분할은 모두
> 민법 제839조의2 제2항의 규정에 반하는 것으로서 재산분할을 구실로 이루어진 재산
> 처분이라고 보아야 할 것이다.
> 그렇다면 원심의 판단은, 이 사건 증여계약일 및 피고 부부의 협의이혼 성립일 당시의
> 소외 1의 소극재산이 적극재산보다 많다는 결론에 있어 정당하므로, 판결 결과에 영향
> 을 미친 위법은 없다. 결국 상고이유 제4점은 이유 없다."60)

　　대법원 판결이유를 보면, 대법원이 판결문을 다시 구체적인 사안을 들어서
쓰고 있음을 알 수 있습니다. 분할대상인 적극재산을 줄이고 그에 반하여 소극
재산은 늘리는 방식입니다.

　　여기에 검토된 논리는 수 개의 연속된 법률행위가 있는 경우에 이를 하나
의 행위로 볼 수 있는지에 관한 법리를 이용하여 이 사건의 증여계약과 8일 후
에 설정된 근저당권설정계약을 일련의 행위라고 보았고, 그렇기 때문에 채무초
과의 판단시점은 증여계약시점이라고 판단을 하였습니다. 법리상으로는 옳다고
할 것입니다. 증여시점이 재산분할협의안이 작성되었고 이혼 성립은 그 뒤로 며
칠 후임을 알 수 있습니다. 그런데 이 사이에 채무자의 채무변제가 있었기 때문
에 사해행위를 하나의 행위로 보면, 이를 증여시점을 사해행위시점으로 보아야
하고, 그 사이에 변제된 채무는 고려될 수 없어 채무는 증가하게 됩니다.

　　또한 적극재산의 평가에 있어서 비상장주식의 평가에 있어서 원심의 판단
이 잘못되었다고 하였습니다. 그로 인하여 적극재산이 3,835,418,000원이 줄어
들고 소극재산은 793,457,690원이 줄어듭니다. 이로 인하여 두 사람의 순재산이

---

60) 대법원 2006. 9. 14. 선고 2005다74900 판결 [사해행위취소]

883,436,898원이라고 합니다. 그런데 피고가 이미 가지고 있던 재산은 4,070,031,860원이기 때문에 재산분할한 것이 없다고 하였습니다. 만약 원래대로 하면 5,512,312,588원(883,436,898원 + 3,835,418,000원 +793,457,690원)이 되고 이는 피고가 가지고 있는 재산 4,070,031,860원보다 1,442,280,728원이 남게 되어 이를 가지고 재산분할을 할 필요성이 있게 됩니다. 대법원은 원심과 달리 벌금 채무액 2,089,920,000원은 제외시킵니다. 이 벌금 채무액이 조세포탈에 의하여 이 사건 양도소득세나 증여세상당액이 아닌가 하는 생각도 듭니다. 그런데 원심이 공개되어 있어 보았더니 정말로 조세포탈에 의한 벌금액이었습니다.

> "피고는 또, ② 소외 1이 조세포탈로 인하여 부담하게 된 벌금은 소극재산에서 제외되어야 한다고 주장하나, 이미 이 사건 평가기준일 이전에 조세포탈이라는 법률효과를 발생시키는 사실관계가 성립한 이상, 그 이후에 공소제기되어 나중에 확정된 금액이라는 이유로 제외할 수는 없어 이에 대한 피고의 주장은 받아들이지 아니한다."[61]

원심이 적극재산을 과다하게 산정하고 소극재산을 줄인 것은 문제가 있는데 결론에서는 정당하다고 하여 피고의 상고이유에 대하여 이유가 없다고 기각을 했습니다.

마) 재산분할시의 채무자의 사해의사와 수익자의 선의 인정여부

> "기록에 의하면, 이 사건 증여계약은 소외 1이 회장으로 있는 (명칭 생략)그룹의 핵심 기업인 소외 6 주식회사가 부도나고, 소외 7 주식회사가 영업정지 명령을 받은 직후 이루어졌으며, 소외 1의 채무의 발생 원인이 되는 주식양도행위, 횡령행위 등에 소외 1이 깊숙이 관여하였고, 이 사건 증여계약 후 소외 1의 재산으로는 경북 성주군에 있는 임야 2필지와 헬스클럽 회원권, 주식 등이 남는데, 소외 6 주식회사와 소외 7 주식회사는 이미 부도가 나거나 영업정지 명령을 받아 그 주식가치가 거의 없고, 소외 1이 주식을 가지고 있는 비상장회사들도 상호출자관계에 있어 그 기업의 생존이 위협받았으며 실제로 일부 기업은 그 후 파산하는 등 환가 가능한 재산은 거의 없는 반면, 적극재산

---

61) 서울고등법원 2005. 10. 27. 선고 2003나61780 판결 [사해행위취소]

가액을 초과하는 여러 채무를 부담하고 있었음을 알 수 있는바, 이를 종합하여 보면 이 사건 재산분할 당시 소외 1의 사해의사는 넉넉하게 인정이 되고, 당시 소외 1이 이 사건 조세채무의 정확한 액수에 관하여 알 수 없었다고 하여 달리 볼 것은 아니며, 소외 1의 사해의사가 인정되는 이상 수익자인 피고의 악의는 추정되는데, 피고가 가정주부로서 (명칭 생략)그룹의 운영에 적극적으로 관여하지 않았다는 사정만으로는 그 추정을 뒤집기에 부족하다고 할 것이다.

원심은 같은 취지에서 소외 1의 사해의사를 인정하고 나아가 피고로서는 채권자를 해함을 알지 못하였다는 피고의 항변을 배척하였는바, 원심의 판단은 정당하고 거기에 사해행위취소에 있어서의 채무자 및 수익자의 악의 인정 및 입증책임에 관한 법리오해의 위법은 없다. 따라서 상고이유 제5점도 이유 없다."62)

대법원이나 원심이나 소외 2 주식회사의 주식 가치가 있다고 보았고 대법원은 원심보다 적은 10,287,037,000원이라고 판단을 하였습니다. 소외 2 주식회사는 비상장주식회사였던 것임을 알 수 있고 그 회사는 부동산이 주된 자산이었던 것을 판결문을 보면 알 수 있습니다. 채무자의 사해의사나 수익자의 선의판단 여부에서 언급된 "소외 1이 주식을 가지고 있는 비상장회사들도 상호출자관계에 있어 그 기업의 생존이 위협받았으며 실제로 일부 기업은 그 후 파산하는 등 환가 가능한 재산은 거의 없는 반면"이라고 언급하였는데 여기에 언급된 비상장회사에는 소외 2 주식회사가 포함되지 않나 하는 생각을 해 보게 됩니다. 만약 그렇다고 한다면 왜 재산분할 할 대상이 있는지 여부의 판단 시에는 소외 2 주식회사의 주식의 가치가 100억 원이 넘는다고 판단하면서 채무자의 사해의사가 수익자의 선의 판단 시에는 이를 전혀 고려하지 않고 사후적으로 비상장회사들이 상호출자로 인하여 기업의 생존이 위협받고 일부 기업은 파산하였다고 말하는 것인지 조금은 이해가 되지 않습니다.

바) 소결

그럼 피고가 패소한 내역은 어떻게 되는 것인지를 보면 다음과 같습니다.

---

62) 대법원 2006. 9. 14. 선고 2005다74900 판결 [사해행위취소]

"그렇다면, 피고와 소외 1 사이에 체결된 이 사건 증여계약 및 이 사건 근저당권설정계약은 모두 채권자를 해하는 사해행위로서 취소되어야 하고, 그에 따른 원상회복으로서 피고는 소외 1에게 청구취지 제나.항 기재 각 소유권이전등기들과 근저당권설정등기들의 말소등기절차를 이행할 의무가 있으며, 피고 명의로 소유권이전등기가 경료되었다가 경기도에 협의취득되어 소유자가 바뀐 별지 1목록 순번 54 내지 60 기재 부동산에 관하여는 원상회복에 갈음하는 가액반환으로서 피고는 원고에게 피고가 경기도로부터 수령한 보상금 330,031,000원 및 이에 대하여 피고의 가액반환의무가 확정되는 이 사건 판결확정일 다음날부터 완제일까지 민법 소정의 연 5%의 비율에 의한 지연손해금을 지급할 의무가 있다."63)

원고 대한민국의 조세채권액은 다음과 같습니다.

"따라서 사해행위로 지목된 이 사건 증여계약 및 이 사건 근저당권설정계약이 체결된 1997. 12. 당시에 원고의 소외 1에 대한 조세채권은 증여세 10,832,694,665원(추후 국세심판원 결정에 따라 감액된 금액)의 채권이 이미 성립되어 있었고, 앞서 본 양도소득세 산출세액 5,311,099,057원의 조세채권은 이 사건 증여계약과 이 사건 근저당권설정계약이 체결된 이후인 1997. 12. 31.에 성립된 것이긴 하지만, ① 이 사건 주식양도가 과세기간 개시일 이후에 있은 이상 이미 양도소득세 채권 성립의 기초가 되는 법률관계가 발생되어 있었고, ② 조세채권은 법이 정한 요건이 충족되면 곧바로 성립되는 것이어서 이 법률관계에 터잡아 양도소득세 채권이 성립되리라는 점에 대한 고도의 개연성이 있었으며, ③ 실제로 과세기간 종료와 동시에 그 개연성이 현실화되어 양도소득세 채권이 성립함에 따라 이 또한 이 사건 채권자취소권 행사에 있어서 피보전채권이 되는 것이므로, 결국 이 사건 채권자취소권 행사에 있어서는 16,143,793,722원(= 10,832, 694,665원 + 5,311,099,057원)의 피보전채권의 존재가 인정된다."64)

증여세가 100억 원이 넘고 양도소득세는 53억 원으로 이를 합하면 161억 원이 넘는 채무였다고 할 것입니다. 이렇게 많은 조세채무가 발생하였으니 피고

63) 서울고등법원 2005. 10. 27. 선고 2003나61780 판결 [사해행위취소]
64) 서울고등법원 2005. 10. 27. 선고 2003나61780 판결 [사해행위취소]

로부터 문제가 된 부동산을 넘겨받아야만 하는 필요성이 컸던 것을 알 수 있습니다.

대한민국은 변호사를 선임하지는 않았고 피고는 당연히 선임을 하였습니다. 1997. 2. 9. 사해행위가 있었고, 소는 99년에 제기되어 1심은 2003. 8. 28.에 선고되었고 원고가 승소판결을 받았고 피고가 항소하였는데 이 항소 역시 2005. 10. 27.에 기각이 되었고 대법원은 2006. 9. 14.에 상고기각판결을 하였습니다. 충분히 파기환송을 할 수 있는 부분이 있는데도 불구하고 대법원은 벌금 채무액도 공제하고, 주식도 다시 산정하고, 소극재산 제외된 것도 추가하는 식으로 하여 재산분할 할 대상이 없다고 하여 기각판결을 한 것은 사해행위시점으로부터 만 9년이 지났다는 점과 원고의 채권이 160억 원이라는 매우 큰 금액이기 때문에 조속히 판결을 확정시키려고 한 것으로 보입니다. 또한 쟁점이 매우 많았던 사건이기 때문에 대법원에서 오래 가지고 있을 수도 있는데 항소심 판결하고 나서 11개월만에 판결을 한 것도 이례적으로 조금 빠르다고 할 것입니다.

5) 소결

이혼 시 재산분할의 경우 원칙적으로 사해행위가 되지 않는다고 할 것입니다. 그러나 그 상당성이 초과 된 경우에는 초과 된 부분의 한도 내에서는 사해행위가 인정됩니다. 이런 경우에 대부분 일부 취소와 가액배상청구를 구하게 되어 있습니다.

재산분할청구권의 포기는 채무자의 공동담보로서의 재산으로 볼 수 없다고 하여 사해행위취소의 청구는 기각되었습니다. 그리고 외국적 요소가 있는 취소채권자에 대한 한국 내의 사해행위취소소송은 그 재산이 한국에 있기 때문에 한국법이 준거법이 될 가능성이 매우 크다고 할 것입니다.

또한 이혼을 하면서 배우자가 사해행위를 하여 다른 배우자를 해하는 경우에 있어서 가사소송법은 가정법원에서 사해행위취소소송을 할 수 있도록 하였습니다. 이는 피보전채권에 관한 소송을 가정법원에서, 사해행위취소소송은 일반법원에서 하는 불편함을 없애고 이혼 등의 절차에서 하나의 소송으로 해결을 하려는 소송경제적 목적과 부부관계를 고려한 정책적인 면이 있다고 할 것입니다. 가사소송법의 사해행위취소소송은 재산분할의 대상이 되는 재산을 처분하여 이혼소송 등을 제기하려는 취소채권자를 해하는 경우라고 할 것이기 때문에 재산분할이 사해행위취소의 대상이 되는 것이 아니라 재산분할의 대상이 되는 재산의 처분행위가 사해행위의 목적이 된다는 점에서 조금의 차이는 있다고 할 것입니다.

그러나 일반채권자를 해하기 위하여 부부간에 재산분할을 한 경우에는 일반법원에서 재판을 하게 되어 있습니다. 이 경우에 재산분할이 있는지 등에 관하여 판단에 사실상의 어려움이 있습니다. 두 부부간의 소극재산과 적극재산을 파악하는 것이 쉽지 않기 때문입니다. 또한 재판부 역시 재산분할에 대하여 잘 알지 못하는 경우도 있을 수 있습니다. 이런 점에서 보더라도 대법원 2005다74900 판례는 매우 도움이 되는 판례라고 할 것입니다. 많은 쟁점을 통하여 우리에게 재산분할이 어떤 것이며, 어떻게 이를 파악할 것인지를 보여준다는 점, 그리고 소극재산의 범위를 확장하는 논리를 만들어냈고, 또한 수 개의 연속되 법률행위의 경우 하나의 행위로 볼 경우에 사해행위시점을 언제로 파악할지 그와 같이 어느 시점으로 파악하게 되면 어떤 차이가 있는지 그리고 채무자의 악의와 수익자의 선의 여부에 있어서도 도움이 된다고 할 것입니다.

5. 상속재산 분할협의의 사해행위

가. 상속포기는 사해행위가 되지 아니함

상속포기를 하여 채무가 많은 채무자가 상속을 받아 이 재산으로 채무를 변제하여야 하는데 고의적으로 상속포기를 해 버리는 경우에 이를 사해행위라고 하여 취소를 구할 수 있는가의 문제입니다. 이는 재산분할청구권의 포기와 대비된다고 할 것입니다.

"[1] 상속의 포기는 상속이 개시된 때에 소급하여 그 효력이 있고(민법 제1042조), 포기자는 처음부터 상속인이 아니었던 것이 된다. 따라서 상속포기의 신고가 아직 행하여지지 아니하거나 법원에 의하여 아직 수리되지 아니하고 있는 동안에 포기자를 제외한 나머지 공동상속인들 사이에 이루어진 상속재산 분할협의는 후에 상속포기의 신고가 적법하게 수리되어 상속포기의 효력이 발생하게 됨으로써 공동상속인의 자격을 가지는 사람들 전원이 행한 것이 되어 소급적으로 유효하게 된다. 이는 설사 포기자가 상속재산 분할협의에 참여하여 그 당사자가 되었다고 하더라도 그 협의가 그의 상속포기를 전제로 하여서 포기자에게 상속재산에 대한 권리를 인정하지 아니하는 내용인 경우에는 마찬가지이다.

[2] 상속의 포기는 비록 포기자의 재산에 영향을 미치는 바가 없지 아니하나(그러한 측면과 관련하여서는 '채무자 회생 및 파산에 관한 법률' 제386조도 참조) 상속인으로서의 지위 자체를 소멸하게 하는 행위로서 순전한 재산법적 행위와 같이 볼 것이 아니다. 오히려 상속의 포기는 1차적으로 피상속인 또는 후순위상속인을 포함하여 다른 상속인 등과의 인격적 관계를 전체적으로 판단하여 행하여지는 '인적 결단'으로서의 성질을 가진다. 그러한 행위에 대하여 비록 상속인인 채무자가 무자력상태에 있다고 하여서 그로 하여금 상속포기를 하지 못하게 하는 결과가 될 수 있는 채권자의 사해행위취소를 섭사리 인정할 것이 아니다. 그리고 상속은 피상속인이 사망 당시에 가지던 모든 재산적 권리 및 의무·부담을 포함하는 총체재산이 한꺼번에 포괄적으로 승계되는 것으로서 다수의 관련자가 이해관계를 가지는데, 위와 같이 상속인으로서의 자격 자체를 좌우하는 상속포기의 의사표시에 사해행위에 해당하는 법률행위에 대하여 채권자 자신과 수익자 또는 전득자 사이에서만 상대적으로 그 효력이 없는 것으로 하는 채권자취소권의 적용이 있다고 하면, 상속을 둘러싼 법률관계는 그 법적 처리의 출발점이 되는 상속인 확정의 단계에서부터 복잡하게 얽히게 되는 것을 면할 수 없다. 또한 상속인의 채권자의 입장에서는 상속의 포기가 그의 기대를 저버리는 측면이 있다고 하더라도 채무자인 상속인의 재산을 현재의 상태보다 악화시키지 아니한다. 이러한 점들을 종합적으로 고려하여 보면, 상속의 포기는 민법 제406조 제1항에서 정하는 "재산권에 관한 법률행위"에 해당하지 아니하여 사해행위취소의 대상이 되지 못한다.

[3] 상속인 갑이 상속포기 신고를 하였는데, 나머지 공동상속인들이 위 신고가 수리되면 갑은 처음부터 상속인에 해당하지 않는다고 생각하여, 상속포기 신고를 한 날 갑을 제외한 채 상속재산 분할협의를 한 사안에서, 상속포기가 사해행위취소의 대상이 될 수 없고, 설령 갑이 상속재산 분할협의에 참여하여 당사자가 되었더라도 협의 내용이 갑의 상속포기를 전제로 상속재산에 대한 권리를 인정하지 아니하는 것으로서 같은 날 행하여진 갑의 상속포기 신고가 그 후 수리됨으로써 상속포기의 효과가 적법하게 발생한

> 이상 이를 달리 볼 것이 아니라는 취지의 원심판단을 수긍한 사례."[65]

한마디로 상속포기는 신분법적 법률행위이기 때문에 재산법적 법률행위를 취소하는 사해행위취소의 대상이 되지 않는다는 것입니다.

나. 상속재산 분할협의는 사해행위취소의 대상이 됨

> "상속재산의 분할협의는 상속이 개시되어 공동상속인 사이에 잠정적 공유가 된 상속재산에 대하여 그 전부 또는 일부를 각 상속인의 단독소유로 하거나 새로운 공유관계로 이행시킴으로써 상속재산의 귀속을 확정시키는 것으로 그 성질상 재산권을 목적으로 하는 법률행위이므로 사해행위취소권 행사의 대상이 될 수 있고(대법원 2001. 2. 9. 선고 2000다51797 판결 참조), 한편 채무자가 자기의 유일한 재산인 부동산을 매각하여 소비하기 쉬운 금전으로 바꾸거나 타인에게 무상으로 이전하여 주는 행위는 특별한 사정이 없는 한 채권자에 대하여 사해행위가 되는 것이므로(대법원 2001. 4. 24. 선고 2000다41875 판결, 대법원 2002. 6. 11. 선고 2002다17937 판결 등 참조), 이미 채무초과 상태에 있는 채무자가 상속재산의 분할협의를 하면서 유일한 상속재산인 부동산에 관하여는 자신의 상속분을 포기하고 대신 소비하기 쉬운 현금을 지급받기로 하였다면, 이러한 행위는 실질적으로 채무자가 자기의 유일한 재산인 부동산을 매각하여 소비하기 쉬운 금전으로 바꾸는 것과 다르지 아니하여 특별한 사정이 없는 한 채권자에 대하여 사해행위가 된다고 할 것이며, 이와 같은 금전의 성격에 비추어 상속재산 중에 위 부동산 외에 현금이 다소 있다 하여도 마찬가지로 보아야 할 것이다."[66]

이미 오래전에 이는 사해행위취소의 대상이 되는 재산권을 목적으로 하는 법률행위라고 판시하였습니다. 채무초과 상태에서 채무자인 상속인으로서는 그 상속재산이 유일한 재산이 된다고 할 것입니다. 그런데 상속재산을 포기하고 대신 다른 상속인들에게서 돈을 받았다고 한다면 이는 부동산을 처분화하여 소비

---

65) 대법원 2011. 6. 9. 선고 2011다29307 판결 [사해행위취소]
66) 대법원 2008. 3. 13. 선고 2007다73765 판결 [사해행위취소]

하기 쉬운 현금으로 만든 것과 동일하다고 보았습니다.

다. 제척기간의 문제

이미 앞에서 언급한 부분이지만 상속재산 분할협의에서 문제가 되는 것은 실제로 상속재산 분할협의한 시점과 등기상의 원인시점은 상속인의 사망시점으로 보기 때문에 여기에서 오는 문제점이 있다고 언급하면서 이를 입증하기 위하여 등기소에 신청서류에 대한 문서송부촉탁이 필요하다고 하였습니다.

"1. 사해행위취소의 소는 **법률행위가 있은 날부터 5년 내에 제기해야 한다**(민법 제406조 제2항). 이는 제소기간이므로 법원은 그 기간의 준수 여부에 관하여 직권으로 조사하여 그 기간이 지난 다음에 제기된 사해행위취소의 소는 부적법한 것으로 각하해야 한다. 어느 시점에서 사해행위에 해당하는 법률행위가 있었는지는 **당사자 사이의 이해관계에 미치는 중대한 영향을 고려하여 신중하게 판정하여야** 하고, **사해행위에 해당하는 법률행위가 언제 있었는가는 실제로 그러한 사해행위가 이루어진 날을 표준으로 판정하되**(대법원 2002. 7. 26. 선고 2001다73138, 73145 판결 참조), **특별한 사정이 없는 한 처분문서에 기초한 것으로 보이는 등기부상 등기원인일자를 중심으로 그러한 사해행위가 실제로 이루어졌는지 여부를 판정할 수밖에 없다**(대법원 2002. 11. 8. 선고 2002다41589 판결 참조).

2. 원심판결 이유에 따르면 다음 사실을 알 수 있다.

이 사건 각 부동산의 소유자였던 **소외 1은 2011. 8. 9. 사망하였고** 그 상속인으로 배우자인 **피고와 자녀인 소외 2 외 3인**이 있었다. 당시 원고는 소외 2의 채권자였다. **피고와 소외 2 외 3인은 2011. 8. 9. 이 사건 각 부동산을 피고가 단독 상속하는 것으로 상속재산 분할협의를 하였다.** 이에 따라 2013. 6. 14. 이 사건 각 부동산에 관하여 2011. 8. 9. 상속재산 분할협의를 원인으로 피고 앞으로 소유권이전등기가 되었다. **원고는 2018. 3. 28. 피고와 소외 2 사이의 상속재산 분할협의가 사해행위에 해당한다고 주장하면서 사해행위취소의 소인 이 사건 소를 제기하였다.**

이러한 사실을 위에서 본 법리에 비추어 보면, 취소 대상 법률행위인 상속재산 분할협의가 있은 날은 등기부상 등기원인일자인 2011. 8. 9.로 봄이 타당하고, 달리 등기부에 기재된 등기원인일자와 다른 날에 상속재산 분할협의가 있었다고 볼만한 특별한 사정을 발견할 수 없다. 그렇다면 이 사건 소는 법률행위가 있은 날부터 5년이 지난 다음 제기된 것으로 부적법하므로 원심판결을 그대로 유지할 수 없다."[67)

　　이 경우에 소제기는 2018. 3. 28.이고 소유권이전등기접수일은 2013. 6. 14. 접수시점으로보면 5년 안이라고 할 것입니다. 그러나 피상속인의 사망시점은 2011. 8. 9.입니다. 문제는 소제기하고 나서 문서송부촉탁을 바로 하였다고 한다면 신청서류가 존재하였을 가능성이 큽니다. 보존기한이 5년일 것입니다. 그런데 보존기한이 지났다고 한다면 신청서류는 폐기가 되었을 것입니다. 이를 입수할 수 없습니다. 이런 경우에는 등기시점인 2013. 6. 14. 근처에 피고와 자녀들은 상속분할협의를 하기 위하여 반드시 인감증명서를 발급받았을 것입니다. 그렇기 때문에 인감증명서발급한 내역은 보존기한이 10년으로 알고 있습니다. 또한 전산으로 모두 관리하고 있기 때문에 3명의 인감증명서가 비슷한 시기에 발급이 되었다고 한다면 그 시점에 일응은 상속분할협의가 있었다고 보아야 할 것입니다.

　　그러나 피고나 채무자 및 다른 상속인들은 실제로 상속재산 분할협의는 그전에 있었다고 주장할 것인지만 그에 관한 처분문서가 없는 이상 이를 인정받기는 쉽지 않을 것입니다. 또한 상속재산 분할협의는 모든 상속인간에 분할협의가 있어야 하는 것이기 때문에 채무자만이 그와 같은 의사로 자신의 지분을 피고에게 상속재산을 포기하였다고 협의가 있었다고 볼 것인지도 의문입니다.

라. 대법원 판례 사례들

1) 상속재산이 현금인 경우 현금은 구체적 상속분 산정에 포함시킬 것은 아님

"이미 채무초과의 상태에 있는 채무자가 상속재산의 분할협의를 하면서 자신의 상속분에 관한 권리를 포기함으로써 일반 채권자에 대한 공동담보가 감소한 경우에는 원칙적

---

67) 대법원 2021. 6. 10. 선고 2020다265808 판결 [사해행위취소등]

으로 사해행위에 해당한다(대법원 2007. 7. 26. 선고 2007다29119 판결, 대법원 2008. 3. 13. 선고 2007다73765 판결 등 참조).

공동상속인 중 피상속인으로부터 재산의 증여 또는 유증을 받은 자는 그 수증재산이 자기의 상속분에 부족한 한도 내에서만 상속분이 있으므로(민법 제1008조), 공동상속인 중에 특별수익자가 있는 경우에는 이러한 특별수익을 고려하여 상속인별로 고유의 법정상속분을 수정하여 구체적인 상속분을 산정하게 되는데, 이러한 구체적 상속분을 산정함에 있어서는 피상속인이 상속개시 당시에 가지고 있던 재산의 가액에 생전 증여의 가액을 가산한 후 이 가액에 각 공동상속인별로 법정상속분율을 곱하여 산출된 상속분 가액으로부터 특별수익자의 수증재산인 증여 또는 유증의 가액을 공제하는 계산방법에 의하여야 하고(대법원 1995. 3. 10. 선고 94다16571 판결 참조), 금전채무와 같이 급부의 내용이 가분인 채무가 공동상속된 경우 이는 상속개시와 동시에 당연히 법정상속분에 따라 공동상속인에게 분할되어 귀속되는 것이므로 상속재산 분할의 대상이 될 여지가 없다(대법원 1997. 6. 24. 선고 97다8809 판결 참조). 따라서 특별수익자인 채무자의 상속재산 분할협의가 사해행위에 해당하는지를 판단함에 있어서도 위와 같은 방법으로 계산한 구체적 상속분을 기준으로 그 재산분할결과가 일반 채권자의 공동담보를 감소하게 하였는지 평가하여야 하고, 채무자가 상속한 금전채무를 구체적 상속분 산정에 포함할 것은 아니다.

원심은 그 채택 증거들에 의하여, 채무자인 소외 1이 채무초과의 상태에서 부친인 소외 2의 유일한 재산인 시가 6억 원 상당의 이 사건 부동산을 상속받게 되자 다른 공동상속인들과 사이에 이 사건 부동산에 설정된 근저당권의 피담보채무 70,492,636원을 피고가 면책적 인수하면서 이 사건 부동산을 피고 단독 소유로 하기로 하는 상속재산 분할협의계약을 체결하였는데, 이 사건 부동산의 가액에 소외 1의 특별수익 40,625,000원을 가산한 후 여기에 소외 1의 법정상속분을 곱하여 산출된 상속분 가액에서 특별수익의 가액을 공제하면 소외 1의 구체적 상속분은 57,932,692원인 사실을 인정한 다음, 이와 같이 채무초과의 상태에 있는 소외 1이 자신의 구체적 상속분에 미치지 못하는 상속채무 면제로 인한 10,845,020원의 이익만을 취득하고, 이 사건 부동산에 관한 지분을 포기함으로써 공동담보가 감소되었으므로, 위 상속재산 분할협의는 사해행위에 해당한다고 판단하였다.

원심판결 이유를 앞서 본 법리에 비추어 보면, 원심의 위와 같은 판단은 사해행위 성립 여부나 특별수익자의 상속분 산정에 관한 법리를 오해한 위법이 없다."[68]

---

68) 대법원 2014. 7. 10. 선고 2012다26633 판결 [사해행위취소]

이 판례에서 중요한 부분은 바로 금전이 상속재산인 경우에 이를 어떻게 상속분할하였는지는 고려함이 없이 구체적 상속지분을 이를 산정에 기초로 삼을 수 없다고 하였습니다. 이는 그 반대로 상속채무에 대하여 상속재산 분할협의를 할 수 없다는 것과 비슷합니다.

이럴 경우 상속인인 채무자에게 금전을 지급하고 나머지 상속인은 부동산을 가져왔을 경우에 이를 고려할 수 없게 되어 피고인 상속인으로서는 큰 손해를 볼 수도 있다고 할 것입니다.

2) 상속 개시 전 발생한 채권자의 상속재산 분할협의 취소 가능

"상속재산의 분할협의는 상속이 개시되어 공동상속인 사이에 잠정적 공유가 된 상속재산에 대하여 그 전부 또는 일부를 각 상속인의 단독소유로 하거나 새로운 공유관계로 이행시킴으로써 상속재산의 귀속을 확정시키는 것으로 그 성질상 재산권을 목적으로 하는 법률행위이므로 사해행위취소권 행사의 대상이 될 수 있다(대법원 2001. 2. 9. 선고 2000다51797 판결 참조). 한편 이미 채무초과 상태에 있는 채무자가 상속재산의 분할협의를 하면서 자신의 상속분에 관한 권리를 포기함으로써 일반 채권자에 대한 공동담보가 감소된 경우에는 원칙적으로 채권자에 대한 사해행위에 해당하고(대법원 2007. 7. 26. 선고 2007다29119 판결 참조), 이는 **상속 개시 전에 채권을 취득한 채권자가 채무자의 상속재산 분할협의를 대상으로 사해행위취소권을 행사하는 경우에도 마찬가지이다.**
원심판결 이유에 의하면, 원심은 그 판시와 같은 사정을 종합하여 **상속재산의 분할협의를 통하여 자신의 상속분을 포기하거나 법정상속분에 못 미치는 상속재산을 취득한 채무자의 상속재산 분할협의는 그 채무자에 대하여 상속 개시 전에 채권을 취득한 채권자에 대한 관계에서는 채무자의 총 재산에 감소를 초래하는 행위라고 할 수 없으므로** 이는 사해행위에 해당하지 않는다고 전제한 다음, 소외 1의 사망으로 인한 상속 개시 이전에 공동상속인인 소외 2, 3에 대하여 채권을 취득한 원고로서는 이 사건 분할협의에 대하여 사해행위취소를 주장할 수 없다고 판단하였다.'
원심판결 이유를 앞서 본 법리에 비추어 살펴보면, **상속 개시 전에 채권을 취득한 채권자가 상속 개시 후에 채무자의 상속재산 분할협의를 대상으로 사해행위취소권을 행사할 수 있음에도** 불구하고 원심은 이와 달리 판단하고 말았으니, 이러한 원심의 판단에는 사해행위취소에 관한 법리를 오해하여 판결에 영향을 미친 위법이 있고, 이 점을 지

> 적하는 상고이유의 주장은 이유 있다."[69]

원심은 전주지방법원입니다. 도저히 원심의 판단을 이해할 수가 없습니다. 어떻게 이런 논리를 만든 것일까요? 만약 상속 개시 후에 발생한 채권만으로 상속재산 분할협의를 취소할 수 있다고 한다면 특별한 사정이 없는 한 피보전채권의 선재성이라는 요건을 충족시킬 수 없습니다. 너무나 당연한 것인데 다른 판단한 원심의 재판부는 합의부인데 어떻게 이런 판단을 하게 된 것인지 궁금합니다.

마. 소결

상속인 중에 채무가 많은 사람은 처음부터 상속포기를 하는 것이 좋습니다. 그리고 그 상속지분 상당을 다른 상속인들로부터 넘겨받는 것이 좋다고 봅니다. 그러나 이것이 밝혀진다면 이것은 취소될 수도 있다고 할 것입니다. 특별한 사정이 해당될 수 있기 때문입니다.

상속포기를 해도 되는데 상속재산 분할협의하는 경우에 큰 손해를 입는 경우가 있습니다. 법률적인 도움을 줄 때 이 부분에 대하여 설명을 잘 해 주어야 할 것입니다.

피고 측에서는 채무자가 특별수익을 받을 것을 잘 입증하게 된다면 구체적 상속분에서 채무자가 받을 지분이 없어 원고의 청구가 기각될 수 있습니다. 대부분의 경우 채무가 많은 상속인은 피상속인의 사망 전에도 채무가 많아서 피상속인으로부터 특별수익을 받은 경우가 있기 때문입니다.

상속재산 중 금전은 당연히 상속지분별로 나누어지는 것이기 때문에 구체적 상속분 산정 시 고려될 수 없기 때문에 채무자에게 상속재산인 금전을 주고 재산을 가져오는 식의 상속재산 분할협의는 혹을 더 붙이는 꼴이 될 것입니다. 이럴 것이면 상속포기를 하는 것이 옳다고 할 것입니다.

---

69) 대법원 2013. 6. 13. 선고 2013다2788 판결 [사해행위취소]

6. 채권양도계약의 사해행위성

가. 원칙적으로 사해행위임

"채권자가 채무의 변제를 구하는 것은 그의 당연한 권리행사로서 다른 채권자가 존재한다는 이유로 이것이 방해받아서는 아니 되고, 채무자도 채무의 본지에 따라 채무를 이행할 의무를 부담하고 있어 다른 채권자가 있다는 이유로 그 채무이행을 거절하지는 못하므로, 채무자가 채무초과의 상태에서 특정채권자에게 채무의 본지에 따른 변제를 함으로써 다른 채권자의 공동담보가 감소하는 결과가 되는 경우에도 그 변제는 채무자가 특히 일부의 채권자와 통모하여 다른 채권자를 해할 의사를 가지고 변제를 한 경우가 아닌 한 원칙적으로 사해행위가 되는 것은 아니며, 이는 기존 금전채무의 변제에 갈음하여 다른 금전채권을 양도하는 경우에도 마찬가지이다."[70]

"채권자가 채무의 변제를 구하는 것은 그의 당연한 권리행사로서 다른 채권자가 존재한다는 이유로 이것이 방해받아서는 아니 되고 채무자도 채무의 본지에 따라 채무를 이행할 의무를 부담하고 있어 다른 채권자가 있는 경우라도 그 채무이행을 거절하지는 못하므로, 채무자가 채무초과의 상태에서 특정채권자에게 채무의 본지에 따른 변제를 함으로써 다른 채권자의 공동담보가 감소하는 결과가 되는 경우에도 이 같은 변제는 채무자가 특히 일부의 채권자와 통모하여 다른 채권자를 해할 의사를 가지고 변제를 한 경우를 제외하고는 원칙적으로 사해행위가 되는 것은 아니라고 할 것이다."[71]

"채권자가 채무의 변제를 구하는 것은 그의 당연한 권리행사로서 다른 채권자가 존재한다는 이유로 이것이 방해받아서는 아니 되고 채무자도 채무의 본지에 따라 채무를 이행할 의무를 부담하고 있어 다른 채권자가 있다는 이유로 그 채무이행을 거절하지는 못하므로, 채무자가 채무초과의 상태에서 특정채권자에게 채무의 본지에 따른 변제를 함으로써 다른 채권자의 공동담보가 감소하는 결과가 되는 경우에도 그 변제는 채무자

---

70) 대법원 2004. 5. 28. 선고 2003다60822 판결 [약속어음금]
71) 대법원 2001. 4. 10. 선고 2000다66034 판결 [사해행위취소]

가 특히 일부의 채권자와 통모하여 다른 채권자를 해할 의사를 가지고 변제를 한 경우가 아닌 한 원칙적으로 사해행위가 되는 것은 아니라고 할 것인바, **기존 금전채무의 변제에 갈음하여 다른 금전채권을 양도하는 경우에도 이와 마찬가지이다.**"72)

　　채무본지에 따른 변제에 갈음하여 채권양도하는 행위가 포섭이 될 수 있을까요? 모든 채권양도행위는 안 되지만, 판례가 언급한 것처럼 채권자가 채무자에게 금전채권자라고 한다면 채무자가 금전채권을 채권자에게 양도하고 이를 변제에 갈음하는 경우에는 채무본지에 따른 변제라고 볼 수 있는 것이 아닌가 하는 판단을 하였던 것으로 보입니다.

　　그러나 이는 채무본지에 따른 변제가 아니라고 할 것입니다. 채무자의 자력이 다릅니다. 사해행위취소의 채무자는 현재 채무초과 상태에 있거나 이 사건 채권이 유일한 재산인데 이를 특정 채권자에게 변제에 갈음하여 채권양도를 해 주면 결국 그 특정 채권자만 채권을 회수할 수 있고 나머지는 전부 이를 회수하지 못합니다. 그러나 채권양도가 없었다고 한다면 채권자들은 이에 대하여 채권가압류 등을 할 것이고 결국 안분배당을 받을 것입니다. 그 제3채무자가 집행할 능력이 있는지 없는지는 중요한 문제가 아닙니다.

　　제3채무자의 변제력이 있는데 이를 특정 채권자에게 변제에 갈음하여 채권양도를 해 주었다고 한다면 이는 형식만 채권양도이지 실제로는 우선변제권을 지급한 상황이라고 할 것입니다. 우리가 이미 앞에서 본 사해성에 대한 판단에서 목적의 정당성, 수단의 상당성, 상황의 불가피성의 판례들을 보면, 파기환송이 된 경우 원심 법원의 논리는 바로 통모가 없었다는 것입니다. 금전채권자가 금전채권을 양수받고 채무자는 변제에 갈음을 하여 채권자의 채무를 변제한 것으로 하더라도 이는 사해행위라고 할 것입니다. 이는 그만큼 채무자의 상황이 좋지 않다는 것을 수익자 스스로 인정한 셈이나 마찬가지입니다. 안분배당에서 1천만 원을 받고 나머지 9천만 원을 미수채권을 남겨놓을 것이면, 채권양도로 3천만 원을 받고 나머지 7천만 원을 포기하는 것이 이익이 된다고 생각했을 것이기 때문에 그러합니다.

---

72) 대법원 2003. 6. 24. 선고 2003다1205 판결 [사해행위취소]

그렇기 때문에 초기의 이런 법리를 적용하지 않고 그냥 재산을 감소시키는 행위에 대하여 목적의 정당성, 수단의 상당성, 상황의 불가피성이라는 것을 통하여 사해행위여부를 판단하는 것으로 바뀐 것이 아닌가 하는 생각이 듭니다.

나. 채권양도가 취소되더라도 무효의 압류 등은 유효가 되지 않음

"[1] 채무자가 압류 또는 가압류의 대상인 채권을 양도하고 확정일자 있는 통지 등에 의한 채권양도의 대항요건을 갖추었다면, 그 후 채무자의 다른 채권자가 그 양도된 채권에 대하여 압류 또는 가압류를 하더라도 그 압류 또는 가압류 당시에 피압류채권은 이미 존재하지 않는 것과 같아 압류 또는 가압류로서의 효력이 없고, 그에 기한 추심명령 또한 무효이므로, 그 다른 채권자는 압류 등에 따른 집행절차에 참여할 수 없다. 또한 압류된 금전채권에 대한 전부명령이 절차상 적법하게 발부되어 확정되었다고 하더라도 전부명령이 제3채무자에게 송달될 때에 피압류채권이 존재하지 않으면 전부명령도 무효이므로, 피압류채권이 전부채권자에게 이전되거나 집행채권이 변제되어 소멸하는 효과는 발생할 수 없다.
[2] 채권자가 사해행위의 취소와 함께 수익자 또는 전득자로부터 책임재산의 회복을 명하는 사해행위취소의 판결을 받은 경우 그 취소의 효과는 채권자와 수익자 또는 전득자 사이에만 미치므로, 수익자 또는 전득자가 채권자에 대하여 사해행위의 취소로 인한 원상회복 의무를 부담하게 될 뿐, 채무자와 사이에서 그 취소로 인한 법률관계가 형성되거나 취소의 효력이 소급하여 채무자의 책임재산으로 회복되는 것은 아니다. 따라서 채권압류명령 등 당시 피압류채권이 이미 제3자에 대한 대항요건을 갖추어 양도되어 그 명령이 효력이 없는 것이 되었다면, 그 후의 사해행위취소소송에서 위 채권양도계약이 취소되어 채권이 원채권자에게 복귀하였다고 하더라도 이미 무효로 된 채권압류명령 등이 다시 유효로 되는 것은 아니다."[73]

이는 사실 사해행위취소의 효력에 관한 판례입니다. 그러나 부동산의 매매계약이나 근저당권설정계약이 사해행위가 되는 경우에는 이런 문제가 발생하지 않고 오직 채권양도의 경우에만 이런 문제가 발생합니다.

---

73) 대법원 2022. 12. 1. 선고 2022다247521 판결 [배당이의]

그렇다고 한다면 채권양도로 채권이 전부 양도가 되었습니다. 피압류채권
이 존재하지 아니한 상황에서 채권가압류결정이나 채권압류 추심명령 또는 전
부명령을 받았다고 한다면 이는 무효입니다. 만약 채권양도의 채무자이며 채권
압류의 제3채무자가 이 금원을 공탁한 경우에 이에 대하여 가압류권자나 압류
권자나 전부권자는 배당이의를 할 자격도 없다고 보아야 할 것입니다.

"원심이 인정한 바와 같이, 이 사건 채권이 피고들의 채권압류명령 등 송달 당시에 소
외 1로부터 제3자에게 양도되어 대항요건까지 갖추었다면 위 채권압류명령 등은 집행
채무자의 책임재산으로 존재하지 않는 채권에 대한 것으로 모두 무효이고, 그 후의 사
해행위취소소송에서 이 사건 채권양도계약이 취소되고 그 채권의 복귀를 명하는 판결
이 확정되었다고 하더라도 위 채권이 소급하여 소외 1의 책임재산으로 복귀하거나 이
미 무효로 된 채권압류명령 등이 다시 유효하게 되는 것은 아니다. 또한 피고들이 채권
압류명령 등을 받을 당시 소외 1의 책임재산이 아닌 상태로서 이미 존재하고 있는 이
사건 채권을 압류명령 등이 가능한 장래 발생할 채권이라고 볼 수도 없다."
그런데도 이와 달리 피고들의 채권압류명령 등이 유효라고 전제하여 판단한 원심판결
에는 채권압류명령 등의 피압류채권 및 그 효력에 관한 법리를 오해하여 판결에 영향
을 미친 잘못이 있다. 이를 지적하는 이 부분 상고이유 주장은 이유 있다."74)

다. 채권양도의 사해행위취소의 청구취지

1) 아직 제3채무자가 공탁을 하거나 현금을 지급하지 아니한 상황

채권양도와 양도통지만 되어 있는 상태에서 채권자취소권을 행사하는 방법
은 다시 채권양도를 하는 것입니다.

"1. 피고는 소외 채무자와 사이에 별지 목록 기재 채권에 관한 2023. 6. 3.
채권양도계약을 취소한다.

2. 피고는 소외 채무자에게 별지 목록 기재 채권을 양도하라.

3. 피고는 소외 채권양도의 채무자에게 별지 목록 기재 채권을 소외 채무자

---

74) 대법원 2022. 12. 1. 선고 2022다247521 판결 [배당이의]

에게 양도하였음을 통지하라.

4. 소송비용은 피고의 부담으로 한다.”

사해행위취소는 유효한 행위를 취소하는 행위이고 그 효력은 채권자와 수익자 또는 전득자에게만 효력이 미치기 때문에 채권양도계약이 취소가 된다고 하더라도 채권양도의 채무자의 입장에서는 양수인에게 채무를 변제할 의무는 바뀌지 않습니다. 그렇기 때문에 사해행위로 이 채권양도를 취소시킨 경우 채권양도의 채무자가 사해행위취소의 채무자에게 이를 변제할 수 있도록 하기 위하여는 다시 채권양도를 하고 양도통지하는 형식을 취하여야 할 것입니다.

2) 채권양도의 채무자가 양도된 채권을 공탁해 버린 경우

이 경우에는 다시 채권양도를 해 줄 것을 요구하는 것은 공탁금출급청구권입니다.

“1. 피고는 소외 채무자와 사이에 별지 목록 기재 채권에 관한 2023. 6. 3.자 채권양도계약을 취소한다.

2. 피고는 소외 채무자에게 서울중앙지방법원 2003금1004호사건에 기한 피고의 공탁금출급청구권을 양도하라.

3. 피고는 소외 대한민국(소관 서울중앙지방법원 공탁4계)에게 위 제2항에 기한 공탁금출급청구권을 소외 채무자에게 양도하였음을 통지하라.

4. 소송비용은 피고의 부담으로 한다.”

이에 관한 판결을 보면 조금 복잡하지만, 자세히 읽어보면 알 수 있습니다.

“사해행위가 채권자에 의하여 취소되기 전에 이미 수익자가 배당금을 현실로 지급받은 경우에는, 수익자가 경매절차에서 채무자와의 사해행위로 취득한 근저당권부 채권에 기하여 배당에 참가하여 배당표는 확정되었으나 채권자의 배당금지급금지가처분 등으로 인하여 배당금을 현실적으로 지급받지 못한 경우와 달리, 채권자는 원상회복방법으로 수익자 또는 전득자를 상대로 배당 또는 변제로 수령한 금원 중 자신의 채권액 상당의 지급을 가액배상의 방법으로 청구할 수 있다 할 것이나, 채권에 대한 압류가 경합하여 제3채무자가 금전채권을 집행공탁한 경우 비록 제3채무자의 채무가 소멸되는 것이기는 하지만, 제3채무자의 채권자는 현실적으로 채권을 추심한 것이 아니라 공탁금출

> 급청구권을 취득한 것에 불과하고 압류의 효력이 채무자의 공탁금출급청구권에 대하여
> 존속하게 되는 것이므로 사해행위의 취소에 따른 원상회복은 금전지급에 의한 가액배
> 상이 아니라 공탁금출급청구권을 채권자에게 양도하는 방법으로 하여야 한다.”[75]

여기에서 “공탁금출급청구권을 <u>채권자에게</u> 양도하는 방법으로 하여야 한
다.”라고 대법원은 언급하고 있는데 여기서 “채권자”는 사해행위취소의 경우에
이 채무자라고 볼 것입니다. 이 언급의 앞부분에 <u>“제3채무자의 채권자는 현실적
으로 채권을 추심한 것이 아니라 공탁금출급청구권을 취득한 것에 불과”</u>라는
말을 알 수 있습니다. 제3채무자의 채권자는 수익자라고 할 것입니다.

> “그러므로 이 사건 근저당권부 채권양도가 사해행위로 취소되는 경우 선정자들은 그
> 원상회복의 방법으로 금전지급에 의한 가액배상이 아니라 공탁금출급청구권의 양도절
> 차 이행 및 그 채권양도 통지를 채무자인 한결파이낸스에 하여 줄 것을 명받을 수 있을
> 뿐이라 할 것인바, 채권양도에 의한 원상회복청구권은 가압류의 피보전채권이 될 수 없
> 고, 나아가 선정자들이 당초 이 사건 가압류의 피보전채권으로 내세운 불법행위로 인한
> 손해배상청구권과 공탁금출급청구권의 양도에 의한 원상회복청구권은 동일성이 있다고
> 할 수도 없다.
> 선정자들이 이 사건 근저당권부 채권양도의 취소로 금전지급에 의한 가액배상청구권을
> 취득하였거나 취득할 수 있음을 전제로 그 가액배상청구권이 이 사건 가압류의 피보전채
> 권으로 당초 내세운 손해배상청구권과 청구의 기초가 동일하므로 가압류의 피보전채권이
> 존재한다는 이 부분 상고이유의 주장은 더 나아가 살펴볼 필요 없이 이유 없다.”[76]

이 부분에서 “채무자인 한결파이낸스에 하여 줄 것을 명받을 수 있을 뿐이
라”이라고 하고 있습니다. 제3채무자는 채권양수인을 피공탁자로 하여 변제공탁
을 하던지 아니면 집행공탁을 했을 수 있습니다. 이 경우에 공탁금출급청구권자
는 수익자입니다. 취소채권자는 채권양도계약을 취소하고 공탁금출급청구권 자

---

75) 대법원 2004. 6. 25. 선고 2004다9398 판결 [배당이의]
76) 대법원 2004. 6. 25. 선고 2004다9398 판결 [배당이의]

체의 양도를 구할 수 있습니다. 누구에게 이 양도를 구할 수 있는가를 보면, 원래 사해행위의 채무자에게 공탁금출급청구권의 채권양도를 해야 한다고 말할 수 있습니다. 그러나, 제3채무자는 공탁으로 변제의 효과를 얻었다고 할 것입니다. 그렇기 때문에 이 공탁금출급청구권을 사해행위취소 채무자에게 양도하는 것이 옳은 것인지 의문이 들 수 있습니다. 이는 수익자가 수익한 것인데 다만 현금을 수익한 것이 아니라 공탁급출급청구권을 수익한 것이므로 이는 취소채권자에게 바로 양도하고 양도통지하라고 하면 될 것이라고 주장할 수도 있습니다. 그에 따라서 취소채권자는 이를 수령하면 될 것이라고 주장할 수도 있습니다. 제3채무자는 대한민국입니다.

"1. 원심판결 이유에 의하면, 원심은 그 채택 증거를 종합하여, 주식회사 대교빌딩 소유의 부산 영도구 대교동 1가 68-1 대 535.5㎡ 지상의 9층 건물(이하 '이 사건 건물'이라 한다)에 대한 부산지방법원 99타경30489호 부동산임의경매절차에서 경매법원이 2001. 1. 19. 피고에게 1,849,895,802원을 배당하는 배당표를 작성한 후 피고 및 한결파이낸스 주식회사(이하 '한결파이낸스'라 한다)의 배당금수령채권에 대한 압류가 경합한다는 이유로 2001. 2.경 피고에 대한 위 배당금 및 이에 대한 공탁일까지의 이자를 포함한 합계 1,852,006,293원을 부산지방법원 2001금제883호로 집행공탁하였으므로, 이로써 이 사건 건물에 대한 부동산임의경매절차에서 피고가 배당받을 돈을 지급하여야 하는 채무를 지고 있는 제3채무자인 국가는 그 지급의무를 면하게 되었고, 결국 피고로서는 위 집행공탁으로 위 부동산임의경매절차에서의 배당금을 지급받은 것과 다름없다고 판단한 다음, 이와 같이 사해행위가 채권자에 의하여 취소되기 전에 이미 수익자인 피고가 배당금을 지급받았거나 집행공탁에 의한 변제 등의 방법으로 배당금수령채권이 소멸된 경우에는, 수익자가 경매절차에서 채무자와의 사해행위로 취득한 근저당권에 기하여 배당에 참가하여 배당표는 확정되었으나 채권자의 배당금지급금지가처분 등으로 인하여 배당금을 현실적으로 지급받지 못한 경우와 달리, 채권자는 원상회복방법으로 수익자 또는 전득자를 상대로 배당 또는 변제로 수령한 돈 중 자신의 채권액 상당의 지급을 가액배상의 방법으로 청구할 수 있다고 판단하여, 원고들의 이 사건 청구를 인용하였다.
2. 수익자가 경매절차에서 채무자와의 사해행위로 취득한 근저당권에 기하여 배당에 참가하여 배당표는 확정되었으나 채권자의 배당금지급금지가처분으로 인하여 배당금을

현실적으로 지급받지 못한 경우, 채권자취소권의 행사에 따른 **원상회복의 방법은 수익자에게 바로 배당금의 지급을 명할 것이 아니라 수익자가 취득한 배당금지급청구권을 채무자에게 반환하는 방법으로 이루어져야 하고**, 이는 결국 **배당금지급채권의 양도와 그 채권양도의 통지를 배당금지급채권의 채무자에게 하여 줄 것을 청구하는 형태가 될 것이며**(대법원 1997. 10. 10. 선고 97다8687 판결, 대법원 2004. 1. 27. 선고 2003다6200 판결 등), 채권에 대한 압류가 경합하여 제3채무자가 자신의 채무를 집행공탁한 경우 그 공탁에 의하여 채무변제의 효과가 생겨 제3채무자가 면책되기는 하지만, 제3채무자의 채권자는 현실적으로 그 채권을 추심한 것이 아니라 공탁금출급청구권을 취득한 것에 불과하고, 압류의 효력이 그 공탁금출급청구권에 대하여 존속하게 되는 것이므로, 채권자취소권의 행사에 따른 원상회복의 방법은 가액배상이 아니라 공탁금출급청구권을 반환하는 방법으로 하여야 할 것이다.

그런데 원심이 적법하게 인정한 사실관계에 의하면, 경매법원이 압류의 경합을 이유로 위와 같이 집행공탁을 하였고, 원고들은 2001. 1. 16. 위 부동산임의경매절차에서 피고에게 배당될 돈 중 원고 자신들의 피고에 대한 손해배상채권을 피보전채권으로 하여 그 채권액에 상응하는 돈에 해당하는 배당금수령채권을 가압류한 사실을 알 수 있는바, 사정이 위와 같다면 원고들의 이 사건 채권자취소권의 행사에 따른 원상회복의 방법은 수익자인 피고에게 바로 배당금의 지급을 명할 것이 아니라, 피고가 취득한 배당금지급청구권을 채무자에게 반환하는 방법으로 하여야 할 것이다.

그럼에도 불구하고, 원심은 이 사건 사해행위 취소로 인한 원상회복으로서 피고에 대하여 가액배상을 인정하고 말았으니, 거기에는 사해행위 취소로 인한 원상회복 방법에 관한 법리를 오해한 위법이 있다 할 것이므로, 이 점을 지적하는 상고이유의 주장은 이유 있다."[77]

앞의 대법원 2004. 6. 25. 선고 2004다9398 판결 [배당이의] 사건과 이 대법원 2004. 7. 9. 선고 2003다38245 판결 [예탁금반환] 사건의 사안은 같습니다. 다만 예탁금반환 사건은 실제적으로 사해행위취소소송이었고, 원고들은 취소채권자이고 피고는 수익자이었습니다.

배당이의의 원고(선전당사자)는 취소채권자가 아닌가 생각됩니다. 그들이 수익자가 배당받을 금원에 대하여 채권가압류를 하였던 것입니다. 수익자에 대하

---

77) 대법원 2004. 7. 9. 선고 2003다38245 판결 [예탁금반환]

여 가액배상청구권을 피보전채권으로 하여 가압류결정을 받았던 것으로 보입니다. 그런데 수익자에 대하여 가액배상청구권이 없고, 다만 채무자에게 공탁금출급청구권에 대한 채권양도하고 양도통지하라는 형식만이 가능하다고 하였습니다. 그렇기 때문에 원고(선정당사자)의 피보전채권 자체가 인정이 되지 않았으니 사해행위취소소송에서 승소하더라도 배당이의에서는 패소할 수밖에 없는 상황이 발생하였습니다. 결국 배당이의에서는 상고기각판결이 났습니다. 그런데 사해행위취소사건의 피고의 상고는 받아들여져서 파기환송이 되었습니다. 논리는 동일합니다. 배당이의 사건에 관한 판결을 보면 대법원은 이런 말을 합니다.

> "원심의 설시가 다소 부적절하지만, 이 사건 가압류의 피보전채권이 존재하지 않는다고 본 결론은 옳고, 거기에 판결에 영향을 미친 가압류의 피보전채권에 관한 법리오해나 사해행위취소로 인한 가액배상에 관한 법리오해의 위법이 없다."[78]

두 판결의 원심법원은 같은 재판부이었을 것으로 보입니다. 사해행위취소 판결문에서는 가액배상판결이 가능하다고 하였습니다. 그렇다고 한다면 사해행위취소판결에 따르면 배당이의소송에서도 취소채권자들의 피보전채권이 있다고 보아 원고의 청구가 인용이 되어야 하는데 취소채권자들의 피보전채권이 없다고 판단을 하여 원고의 청구를 기각하였습니다. 대법원은 배당이의의 원심의 판결의 논리는 부적절하다고 하면서 피보전채권이 없다는 결론에는 옳다고 하여 상고기각을 하였고, 사해행위취소소송은 피고의 상고를 받아들여서 파기환송을 하였습니다.

결국 취소채권자들은 공탁금출급청구권을 채권양도받고 양도통지하는 형식으로 승소하더라도 배당에서는 전혀 받을 수 없는 상황이 발생하였을 것입니다. 이 경우에 취소채권자의 대리인이 잘못 판단을 한 것으로 보입니다. 가액배상이 가능하다고 하여 채권가압류를 하였던 것입니다. 그러나, 가액배상판결이 되지 않고 공탁금출급청구권의 채권양도 및 양도통지형식만이 가능하다고 했다고 한다면 채권의 추심 및 지급 정지 및 처분금지가처분을 했어야 할 것입니다. 그렇

---

78) 대법원 2004. 6. 25. 선고 2004다9398 판결 [배당이의]

기 때문에 사해행위취소소송의 보전처분을 무엇으로 할 것인지부터가 중요하다고 할 것입니다.

그런데 배당이의의 대법원 판결문을 보면, 원고들의 채권가압류의 피보전채권은 사해행위취소로 인한 원상회복청구권이나 가액배상청구권도 아니었던 것으로 보입니다. 대법원 판결문에는 "<u>선정자들이 당초 이 사건 가압류의 피보전채권으로 내세운 불법행위로 인한 손해배상청구권과 공탁금출급청구권의 양도에 의한 원상회복청구권은 동일성이 있다고 할 수도 없다.</u>"하고 또, "<u>그 가액배상청구권이 이 사건 가압류의 피보전채권으로 당초 내세운 손해배상청구권과 청구의 기초가 동일하므로 가압류의 피보전채권이 존재한다는 이 부분 상고이유의 주장은 더 나아가 살펴볼 필요 없이 이유 없다.</u>"라고 하였던 것을 보면 그렇습니다.

이처럼 사해행위취소소송은 처음 시작부터 보전처분을 어떻게 할 것인지에 대하여 정확히 이를 알고 시작을 해야 한다는 것을 보여줍니다.

이 사건의 사해행위인 법률행위는 근저당권설정계약이 아닙니다. 근저당권의 채권의 양도행위가 사해행위이었던 것입니다. 채무자는 근저당권자였고, 수익자는 근저당권부 채권을 양수받은 자였으니 아마 근저당권의 부기등기로 하여 수익자에게 근저당권이 이전이 되었을 것입니다. 결국 부동산의 경매로 인하여 근저당권에 대한 채권최고액 한도 내에서 배당이 수익자에게 이루어졌을 것입니다. 그런데 수익자의 고유한 채권자 이 배당금지급청구권에 채권가압류를 하고 원고들로 이에 대하여 채권가압류를 한 것으로 보입니다. 이렇게 되다보니 경매법원은 이 수익자에 대한 배당금을 공탁을 하게 되고 공탁사유신고서도 제출하게 된 것입니다.

취소채권자에게 수익자에 대한 가액배상청구권이 있었다고 한다면 공탁금에서 안분배당을 받았을 가능성이 큽니다. 그런데 가액배상청구권이 없다고 한다면 공탁금으로는 채권을 회수할 수가 없고 사후에 별도로 수익자를 상대로 손해배상청구를 할 수밖에 없는 상황이 발생하게 된 것입니다.

라. 압류 후에 채권양도가 있고 사후에 채권양도계약이 취소된 경우 먼저 압류한 채권자에 효력이 미치는지 여부

"채권에 대한 압류의 처분금지의 효력은 절대적인 것이 아니고, 이에 저촉되는 채무자의 처분행위가 있어도 압류의 효력이 미치는 범위에서 압류채권자에게 대항할 수 없는 상대적 효력을 가지는 데 그치므로, 압류 후에 피압류채권이 제3자에게 양도된 경우 채권양도는 압류채무자의 다른 채권자 등에 대한 관계에서는 유효하다. 그리고 채권양도 행위가 사해행위로 인정되어 취소 판결이 확정된 경우에도 취소의 효과는 사해행위 이전에 이미 채권을 압류한 다른 채권자에게는 미치지 아니한다."[79]

압류가 있고 나서 채권양도와 양도통지가 있고 다시 채권가압류나 압류들이 있으면 안분배당이 아니라 압류의 절단이 일어납니다. 즉 최초의 압류권자의 압류금액 전부를 배당받고 그 남은 금액에서 채권양수인에게 배당을 하고 또 남은 금액이 있는 경우에 그 이후 채권가압류권자나 압류권자들이 안분배당을 받게 되어 있습니다.

채권양도계약이 취소되어 채권양도가 없는 것과 된다고 한다면 최초의 압류권자와 채권양도 이후의 채권가압류권자나 압류권자가 안분배당을 받을 수 있다고 한다면 관련 당사자들에게는 매우 이해관계가 충돌될 수 있습니다.

이 역시 사해행취소의 효력과 관련된 것입니다. 채권자와 수익자 간에만 취소의 효력이 있기 때문에 채권양도 전의 압류권자에게는 그 취소의 효력이 미치지 않는다고 할 것입니다.

"나. 원심은 ① 소외 1과 피고가 공동임차인이 되어 2011. 8. 1. 임대인인 주식회사 아이에스이네트워크와 사이에 이 사건 점포를 임대차보증금 1억 2,000만 원, 월 차임 650만 원, 임대차기간 2011. 2. 1.부터 2012. 1. 31.까지로 정하여 임차하기로 하는 내용의 임대차계약을 체결한 사실, ② 소외 1의 채권자인 소외 2가 소외 1의 위 임대

---

79) 대법원 2015. 5. 14. 선고 2014다12072 판결 [사해행위취소]

차보증금반환채권 중 2,000만 원 부분에 관하여 채권압류 및 추심명령을 받아 그 압류 및 추심명령이 2011. 12. 27. 제3채무자인 임대인에게 송달된 사실, ③ 소외 1은 2011. 12. 29. 피고에게 그의 임대차보증금반환채권을 양도하였고 2011. 12. 30. 임대인에게 그 채권양도 통지가 도달한 사실, ④ 한편 원고는 2011. 12. 16. 소외 1의 위 임대차보증금반환채권에 관하여 채권압류 및 추심명령을 받았고, 그 압류 및 추심명령이 2012. 1. 16. 임대인에게 송달된 사실, ⑤ 임대인은 이 사건 임대차계약이 종료된 후인 2012. 2. 24. 임대차보증금반환채권 중 소외 1의 채권에 관하여 압류, 채권양도 등이 경합하였다는 이유로 이 사건 임대차보증금반환채권 1억 2,000만 원에서 연체차임 등 합계 38,601,340원을 공제한 나머지 81,398,660원을 공탁한 사실 등을 인정한 다음, 소외 1과 피고 사이의 이 사건 채권양도계약은 사해행위에 해당하므로 취소되어야 하고, 피고는 그 원상회복으로 소외 1에게 임대인이 공탁한 81,398,660원 중 소외 1의 채권에 해당하는 40,699,330원에 관한 공탁금출급청구권을 양도한다는 의사표시를 하고, 대한민국에 그 양도사실을 통지할 의무가 있다고 판단하였다.
다. 원심판결 이유를 앞서 본 법리에 비추어 살펴보면, 이 사건 채권양도에도 불구하고 피고는 소외 2가 이미 압류 및 추심명령을 받은 2,000만 원 부분에 대하여 소외 2에게 대항할 수 없는 것에 그칠 뿐, 원고를 비롯한 소외 1의 다른 채권자에 대한 관계에서는 유효하게 채권을 양도받은 것이므로, 원심이 사해행위 취소에 의한 원상회복으로 소외 1의 위 임대차보증금반환채권에서 소외 2가 채권압류 및 추심명령을 받은 2,000만 원 부분을 공제하지 아니한 채, 소외 1 등이 부담해야 할 연체차임 등만을 공제하고 남은 40,699,330원에 관한 공탁금출급청구권의 반환을 명한 것은 정당하고, 거기에 상고이유의 주장과 같이 사해행위 취소의 범위 또는 입증책임에 관한 법리를 오해하여 판결에 영향을 미친 위법이 없다."[80]

이 사건의 피고대리인은 지은이입니다. 법리에 의하여 원심의 판단을 문제 삼았던 것인데 상고기각이 되었습니다. 임대인은 81,398,660원을 공탁하였습니다. 채무자는 이 중의 2분의 1인 40,699,330원에 대하여 권리가 있다고 할 것입니다. 이 중에 선순위 압류권자의 소외 2의 2천만 원에 대하여 취소를 구할 수 없다고 주장을 한 것입니다. 그러면 20,699,330원만 취소되어야 한다고 주장을 했던 것입니다.

---

80) 대법원 2015. 5. 14. 선고 2014다12072 판결 [사해행위취소]

대법원은 결국 40,699,330원은 취소가 되어 채무자에게 권리가 있다고 할 것이고 여기서 20,000,000원은 소외 2에게 배당이 되고 남은 20,699,330원은 원고나 다른 압류권자들에게 안분배당이 되어야 한다고 본 것입니다. 즉 사해행위 취소소송에서 채권양도 전의 압류권자를 고려할 것은 아니라고 본 것입니다. 채권양도 전 압류권자와 채권양도 후 압류권자들의 배당문제는 배당법원에서 이 판결의 법리에 따라서 배당을 하면 된다고 본 것입니다.

결국 상고기각은 되었지만 새로운 판례는 만들어냈던 사건입니다.

"채무자의 제3채무자에 대한 채권에 대하여, 채권자 A의 가압류가 있은 후 그 채권이 갑에게 양도되고, 그 후 다시 채권자 B의 가압류가 있자, 제3채무자가 이와 같은 사정을 이유로 공탁을 하고 공탁사유신고를 함으로 인해 열린 배당절차에서 A와 갑에게만 배당이 되고 채권자 B가 배당에서 제외되자, 채권자 B가 채권양수인 갑을 상대로는 위 채권양도가 사해행위에 해당한다고 하여 그 취소 및 그 배당액을 자신에게 배당하는 것으로 배당표의 경정을 구하고, 동시에 채권자 A를 상대로는 위 채권이 여전히 채무자에 귀속됨을 전제로 하는 배당표의 경정을 구한 사안에서 위 채권양도를 사해행위로 인정하여 취소하면서도 사해행위 취소의 효과는 또 다른 채권자인 A에게는 미치지 않는다고 한 사례"[81]

지은이가 소송을 했던 사건과 매우 비슷한 사건이었음을 알 수 있습니다. 이 판례는 지은이가 했던 사건의 참조판례로 언급되었던 것입니다.

"채권자가 사해행위의 취소와 함께 수익자 또는 전득자로부터 책임재산의 회복을 구하는 사해행위취소의 소를 제기한 경우 그 취소의 효과는 채권자와 수익자 또는 전득자 사이의 관계에서만 생기는 것이므로, 수익자 또는 전득자가 사해행위의 취소로 인한 원상회복 또는 이에 갈음하는 가액배상을 하여야 할 의무를 부담한다고 하더라도 이는 채권자에 대한 관계에서 생기는 법률효과에 불과하고 채무자와 사이에서 그 취소로 인한 법률관계가 형성되는 것은 아니고, 그 취소의 효력이 소급하여 채무자의 책임재산으

---

81) 대법원 2008. 9. 25. 선고 2007다47216 판결 [사해행위취소등]

428 사해행위취소소송과 실무

로 회복되는 것도 아니라 할 것이다(대법원 2006. 8. 24. 선고 2004다23110 판결 등 참조).

위의 법리에 따라 원심판결 이유를 기록에 비추어 살펴보면, 원심이 제1심판결을 인용하여, 원고의 이 사건 채권에 대한 가압류 등 여러 개의 가압류와 압류 및 추심명령의 경합 등을 원인으로 공탁된 이 사건 채권액에 관하여 열린 배당절차에서 확정일자 있는 증서인 내용증명우편에 의한 채권양도의 통지 이후에 이 사건 채권을 가압류하여 채권양수인인 피고에게 대항하지 못한다는 이유로 배당을 받지 못한 원고가 신한은행을 상대로 채권양도계약이 사해행위라는 사해행위취소소송을 제기하고 그 인용판결이 확정된다 하더라도 그 취소의 효력은 원고와 수익자인 신한은행 사이에서만 발생할 뿐 사해행위 이전에 이미 이 사건 채권을 가압류한 피고에게는 미치지 아니하므로, 원고는 임금채권의 대위변제에 의한 우선변제권만을 내세워 피고에 대한 배당액의 삭제를 구할 수는 없다고 판단한 것은 정당하고, 거기에 상고이유의 주장과 같은 법리오해 등의 위법이 없다."82)

원고는 근로복지공단이었습니다. 사해행위의 수익자는 신한은행이었습니다. 신한은행과 피고를 상대로 하여 배당이의와 사해행위취소소송을 같이 제기한 것으로 보입니다. 신한은행에 대한 채권양도계약이 사해행위라고 하여 승소 확정판결을 받았을 것입니다. 그런데도 불구하고 피고에 대하여는 패소판결을 받았으니 이익은 전혀 없는 상황이 발생해 버린 것입니다. 이렇게 중간에 채권양도가 있게 되면 압류경합의 절단이 생깁니다. 채권양도가 사후에 사해행위취소로 취소가 된다고 하더라도 먼저 압류한 사람이 배당금을 전부 가져가는 상황이 발생해 버리게 됩니다. 고의적으로 채권양도를 통하여 먼저 압류한 압류권자를 보호해 줄 수도 있습니다. 안분배당을 하게 되면 먼저 압류했더라도 배당을 받을 수 없는 경우도 발생합니다. 만약 이 사건의 경우에 채권양도가 없었다고 한다면 피고와 원고는 동순위입니다. 그런데 원고의 채권은 체당금 채권이기 때문에 임금채권으로 최우선채권이 되기 때문에 피고에 우선하여 배당이 되어야 할 것입니다. 그러면 원고에게 전부배당이 되고 피고에게는 전혀 배당이 되지 않을 가능성도 발생합니다. 체당금의 금액이 집단적인 회사에 대한 경우에는 매

---

82) 대법원 2008. 9. 25. 선고 2007다47216 판결 [사해행위취소등]

우 큰 금액이 되기 때문입니다. 원심이 서울고등법원이기 때문에 그 금액이 상당하였을 것을 예측할 수 있습니다.

마. 상계금지채권에 대하여 채권양도가 이루어진 경우 그 채무자가 사해행위취소채무자에게 별도의 채권이 있는 경우의 사해행위취소

"피고(반소원고, 이하 피고라 한다)와 소외인 사이에 별지 제1목록 기재 채권에 관하여 2009. 6. 15. 체결된 채권양도양수계약 및 별지 제2목록 기재 채권에 관하여 2009. 10. 19. 체결된 채권양도양수계약을 각 취소한다. 피고는 원고(반소피고, 이하 원고라 한다)에게 별지 2목록 기재 채권에 관한 2009. 10. 19. 채권양도양수계약이 취소되었다는 취지의 통지를 하라. 피고는 원고에게 6,620,750원 및 이에 대하여 2010. 4. 20.부터 이 사건 소장 부본 송달일까지는 연 5%, 그 다음날부터 다 갚는 날까지는 연 20%의 각 비율에 의한 돈을 지급하라."[83]

"이 사건 제1, 2채권에 대한 각 채권양도양수계약은 사해행위로서 취소되어야 하고, 그 원상회복으로 피고는 추심이 완료된 위 제1채권에 대하여는 가액배상으로서 원고가 구하는 바에 따라 직접 주1) 원고에게 추심금 6,620,750원 및 이에 대한 이 판결 확정일 다음날부터 민법 소정의 지연손해금을 반환할 의무가 있고{원고는 추심일부터 민법 및 소송촉진 등에 관한 특례법 소정의 지연손해금 지급을 구하나, 원상회복으로 가액배상을 할 의무는 사해행위 취소를 명하는 판결이 확정된 때에 비로소 발생하는 것이고, 소송촉진 등에 관한 특례법 제3조 제1항 단서에 따라 같은 법 소정의 이율은 적용되지 않으므로(대법원 2002. 6. 24. 선고 2000다3583 판결 등 참조), 이 부분 청구는 이유 없다}, 제2채권에 대하여는 당해 채권의 채무자인 원고에게 그 채권양도양수계약이 취소되었다는 취지의 통지를 할 의무가 있다."[84]

---

83) 수원지방법원 2010. 12. 15. 선고 2010나25367(본소), 2010나25374(반소) 판결 [사해행위취소등 · 주식매수대금]

84) 수원지방법원안산지원 2010. 8. 11. 선고 2010가단14384(본소), 2010가단17154(반소) 판결 [사해행위취소등 · 주식매수대금]

원고는 소외인 채무자에게 채권자의 지위에 있으면서 또 소외인에게 채무자의 지위에 있는 자였습니다. 그래서 대법원의 판결요지는 이런 부분이 아니라 상계 등에 관한 부분이었습니다.

> "고의의 불법행위로 인한 손해배상채권의 채무자는 그 채권을 수동채권으로 한 상계로 채권자에게 대항하지 못하고(민법 제496조), 그 결과 채권이 양도된 경우에 양수인에게도 상계로 대항할 수 없게 되나(민법 제451조 제2항 참조), 채권양도가 사해행위에 해당하는 경우 불법행위로 인한 손해배상채권의 채무자가 채권양도인에 대한 별도의 채권자 지위에서 채권양수인에게 채권자취소권을 행사하여 채권양도의 취소를 구함과 아울러 취소에 따른 원상회복 방법으로 직접 자신 앞으로 가액배상의 지급을 구하는 것 자체는 민법 제496조에 반하지 않으므로 허용된다."85)

원고는 고의의 불법행위로 인한 손해배상채권의 채무자의 지위에 있었습니다. 원고는 소외 채무자에게 별도의 채권이 있었던 것입니다. 소외 채무자는 원고에 대하여 가지는 불법행위에 기한 손해배상채권은 피고에게 채권양도를 해 준 것으로 보입니다.

채권양도통지가 원고에게 오니 원고는 피고를 상대로 사해행위취소소송을 제기하였고 이에 대하여 피고는 원고에게 주식매수대금 청구소송을 제기하였습니다. 이 사건의 채권양도행위는 2가지였습니다.

1심의 주문과 청구취지를 보면 다음과 같이 기재되어 있습니다.

> "【주 문】
> 1. 피고(반소원고)와 소외인 사이에 별지 제1목록 기재 채권에 관하여 2009. 6. 15. 체결된 채권양도양수계약 및 별지 제2목록 기재 채권에 관하여 2009. 10. 19. 체결된 채권양도양수계약을 각 취소한다.
> 2. 피고(반소원고)는 원고(반소피고)에게 별지 제2목록 기재 채권에 관한 2009. 10. 19. 채권양도양수계약이 취소되었다는 취지의 통지를 하라.

---

85) 대법원 2011. 6. 10. 선고 2011다8980, 8997 판결 [사해행위취소등·주식매수대금]

3. 피고(반소원고)는 원고(반소피고)에게 6,620,750원 및 이에 대한 이 판결 확정일 다음날부터 다 갚는 날까지 연 5%의 비율로 계산한 돈을 지급하라.
4. 원고(반소피고)의 나머지 본소청구 및 피고(반소원고)의 반소청구를 각 기각한다.
5. 소송비용은 본소·반소를 합하여 피고(반소원고)가 부담한다.
【청구취지】
본소: 주문 제1,2항 및 피고(반소원고, 이하 "피고")는 원고(반소피고, 이하 "원고")에게 6,620,750원 및 이에 대한 2010. 4. 20.부터 본소장 송달일까지는 연 5%의, 그 다음날부터 다 갚는 날까지는 연 20%의 각 비율로 계산한 돈을 지급하라.
반소: 원고는 피고에게 840,900원 및 이에 대한 2009. 12. 19.부터 반소장 송달일까지는 연 5%의, 그 다음날부터 다 갚는 날까지는 연 20%의 각 비율로 계산한 돈을 지급하라."86)

"가. 원고는 서울중앙지방법원 98가합114133 단기매매차익반환 사건에서 소외인을 상대로 9,774,839,087원의 지급을 구하는 소를 제기하여 2000. 4. 18. 승소판결을 선고받고, 위 판결이 2003. 7. 25. 상고각하로 확정되었다.
나. 소외인은 2009. 2. 5. 서울고등법원 2008나69697,69703(병합) 손해배상 사건에서 원고를 상대로 5,000,000원의 손해배상을 명하는 내용의 일부 승소판결을 선고받아 확정된 후, 2009. 6. 15. 자신이 대표이사로 재직 중인 피고 회사 앞으로 위 채권(별지 제1목록 기재 채권과 같다, 이하 "이 사건 제1채권")을 양도하고 이를 통지하였고, 다시 2009. 10. 19.경 케이지엘앤비 주식회사 주식 100주의 주주로서 원고와 위 회사 사이의 합병에 반대하며 주식매수청구권을 행사하면서, 피고 회사에 그 대금 상당 840,900원의 채권(별지 제2목록 기재 채권과 같다, 이하 "이 사건 제2채권")을 양도하고 이를 통지하였다.
다. 소외인은 이 사건 제1, 2채권 양도 당시 위 각 채권 이외에는 재산이 없었다.
라. 피고 회사는 이 사건 제1채권에 기하여 2010. 4. 9. 인천지방법원 부천지원 2010타채2299호로 원고의 농업협동조합중앙회에 대한 예금채권에 채권압류 및 추심명령을 받아, 2010. 4. 20. 농업협동조합중앙회로부터 6,620,750원을 추심하였다."87)

86) 수원지방법원안산지원 2010. 8. 11. 선고 2010가단14384(본소), 2010가단17154(반소) 판결 [사해행위취소등·주식매수대금]
87) 수원지방법원안산지원 2010. 8. 11. 선고 2010가단14384(본소), 2010가단17154(반소) 판결

이제 이해가 될 것입니다. 소외인이 원고회사에 대하여 가지는 손해배상채권을 피고회사에게 양도하였고 피고회사는 이를 이유로 압류추심명령을 받아 6,620,750원 추심하였습니다. 원고회사는 고의의 불법행위로 인한 손해배상의 채무자였기 때문에 자신이 채권이 있어도 상계주장을 못하였습니다. 그래서 사해행위취소소소송을 제기하여 이 채권양도가 원고의 소외인에 대하여 가지는 단기매매차액반환금 9,774,839,087원을 피보전채권으로 하여 원고를 해하였다고 하여 주장하였고 법원은 이를 인정하여 피고회사가 추심한 금원 상당을 원고에게 가액배상으로 이를 반환하도록 하였습니다. 나머지 부분에 대한 원상회복은 구하지 아니하였습니다. 피고회사가 양수받은 제1채권은 5천만 원의 손해배상채권이었습니다. 소외인 채무자는 주식매수청구권에 따른 주식매매대금청구권을 피고회사에서 양도하였습니다. 원고회사는 이에 대하여 사해행위로 취소를 구하였습니다. 별도로 원상회복을 구하지는 아니하였습니다. 이 주식매매대금청구권의 채권양도를 사해행위로 취소를 구하면 피고의 반소청구는 기각될 수밖에 없기 때문입니다.

> "피고는 이 사건 제2채권의 양수인으로서 원고로부터 그 채무의 이행을 받아야 한다고 주장하나, 앞서 본 바와 같이 위 제2채권양도양수계약은 사해행위로 취소되었고, **사해행위 취소의 효력은 당사자 사이에 소급효를 가지므로**, 피고가 위 채권양수인임을 전제로 한 주장은 더 나아가 살펴 볼 필요 없이 이유 없다."[88]

1심은 사해행위 취소의 효력은 당사자 사이에 소급효를 가진다고 하였는데 이는 법리상 잘못된 것입니다.

항소심은 1심을 그대로 인용하면서 피고회사의 추가적 주장만 언급하면서 이유가 없다고 하였습니다.

[사해행위취소등 · 주식매수대금]
88) 수원지방법원안산지원 2010. 8. 11. 선고 2010가단14384(본소), 2010가단17154(반소) 판결
  [사해행위취소등 · 주식매수대금]

> "(피고는, 소외인의 원고에 대한 채권 중 별지 제1목록 기재 채권은 원고의 불법행위에
> 기한 손해배상채권이므로, 원고가 위 채권의 양도에 관하여 채권자취소를 구하는 것은
> 불법행위채권을 수동채권으로 하는 상계금지원칙에 반한다는 취지로 주장하는바, 원고
> 가 소외인의 채권양도가 사해행위임을 이유로 양도 취소를 구하는 것만으로 불법행위
> 채권을 수동채권으로 하는 상계금지원칙에 반한다고 보기 어려우므로, 피고의 위 주장
> 은 이유 없다)"[89)]

1심부터 대법원까지 소송대리인인 변호사는 없었던 것 같습니다. 금액을
보면, 변호사를 선임할 수 있는 금액도 아니고 감정싸움에 의한 것임을 알 수
있습니다.

정확히 청구취지를 한다면 이 사건 1채권양도에 대하여는 추심한 금원의
가액배상으로 청구를 구할 수 있고 나머지 부분에 대하여 채무자에게 채권양도
를 하고 양도통지를 하라는 판결을 구하고 나서 원고가 채무자를 소외인으로 기
재하고 제3채무자는 자신으로 하여 소외인이 제3채무자 원고에 대하여 가지는
손해배채권에 대하여 압류 및 전부명령을 받아 변제효에 의하여 남는 43백여만
원을 없애버리는 형식을 취하거나, 압류추심명령을 받아 원고가 원고에게 추심
한 것으로 하여 추심신고를 하여 채권을 없애버리는 방식이 정확한 방법입니다.

그리고 제2 채권양도의 경우 반소의 청구는 맞다고 하더라도 채권양도의
효과는 그대로 있다고 할 것입니다. 역시 채권양도하고 양도통지하라는 원상회
복을 하고나서 이 경우는 상계주장을 하면 될 것 같습니다.

바. 수익자의 추심 전인 경우 원상회복방법으로 취소되었다는 통지로 가능함

> "채무자의 수익자에 대한 채권양도가 사해행위로 취소되는 경우, 수익자가 제3채무자

---

89) 수원지방법원 2010. 12. 15. 선고 2010나25367(본소), 2010나25374(반소) 판결 [사해행위취
소등·주식매수대금]

> 에게서 아직 채권을 추심하지 아니한 때에는, 채권자는 사해행위취소에 따른 원상회복
> 으로서 수익자가 제3채무자에게 채권양도가 취소되었다는 취지의 통지를 하도록 청구
> 할 수 있다.
> 그런데 사해행위의 취소는 채권자와 수익자의 관계에서 상대적으로 채무자와 수익자
> 사이의 법률행위를 무효로 하는 데에 그치고, 채무자와 수익자 사이의 법률관계에는 영
> 향을 미치지 아니한다. 따라서 채무자의 수익자에 대한 채권양도가 사해행위로 취소되
> 고, 그에 따른 원상회복으로서 제3채무자에게 채권양도가 취소되었다는 취지의 통지가
> 이루어지더라도, 채권자와 수익자의 관계에서 채권이 채무자의 책임재산으로 취급될
> 뿐, 채무자가 직접 채권을 취득하여 권리자로 되는 것은 아니므로, 채권자는 채무자를
> 대위하여 제3채무자에게 채권에 관한 지급을 청구할 수 없다."90)

채무자에게 채권양도하고 양도통지하라는 형식으로 원상회복을 구할 수 있다고 하였는데 대법원은 그냥 제3채무자에게 채권양도가 취소되었다는 통지로 원상회복이 가능하다고 하였습니다. 그 논리는 결국 사해행위취소의 효력에 의한 것이라고 합니다.

"1. 피고와 소외 채무자 사이에 별지 목록 기재 채권에 관하여 2023. 6. 3.에 한 채권양도계약을 취소한다.

2. 피고는 소외 제3채무자에게 피고와 소외 채무자 사이에 제1항 별지 목록 기재 채권에 관한 2023. 6. 3. 채권양도가 사해행위취소로 취소되었음을 통지하라.

3. 소송비용은 피고의 부담으로 한다."

사. 소결

채권양도의 경우에는 취소보다 그 원상회복의 방법에 따라서 매우 복잡한 문제가 발생합니다. 왜냐하면 채권양도의 독특성에 의하여 채권양도가 되고 대항력이 있는 채권양도통지가 될 경우에는 압류경합의 절단이라는 문제가 발생합니다. 그렇다고 보니 이것이 취소가 되더라도 그 이후에 이루어진 압류나 채권가압류결정이 무효이고 회복되지 않기 때문에 다시 압류를 해야 하는 문제가

90) 대법원 2015. 11. 17. 선고 2012다2743 판결 [대여금]

발생합니다. 또한 채권을 양도하는 것이기 때문에 원래 채권에 이미 발생한 압류 등의 문제가 발생할 수도 있습니다. 또한 수익자의 채권자가 이 양수받은 채권에 다시 압류 등을 하는 경우가 발생하고 이런 경우에는 취소소송의 효력으로 이 수익자의 채권자를 배척시킬 수도 없는 문제가 발생합니다. 그러므로 채권양도의 사해행위취소의 경우는 조심을 하여야 하고 수익자 역시도 패소하였다고 하더라도 채권을 회수할 수 있는 기회가 있기 때문에 후속 조치를 해야 할 것입니다.

7. 채무 등을 늘리는 법률행위의 사해행위

가. 한정승인 상속인들이 피상속인의 근저당권의 피담보채무에 대한 채무 승인을 한 경우

"나. 원심판결 이유 및 적법하게 채택된 증거들에 의하면 아래와 같은 사실을 알 수 있다.
(1) 양산신용협동조합은 2001. 5. 21. 소외 1에게 20,000,000원을 대출하였고, 소외 2는 소외 1의 위 대출금채무를 연대보증하였다. 그 후 양산신용협동조합은 파산하였고, 위 조합의 파산관재인으로 선임된 예금보험공사는 2005. 9. 29. 소외 2에 대한 위 연대보증채권을 원고에게 양도하고 2005. 10. 25. 소외 2에게 채권양도 통지를 하였다.
(2) 한편 소외 2는 2003. 5.경 피고로부터 60,000,000원을 차용하면서 피고에게 2003. 5. 31. 원심판결 별지 목록 기재 부동산(이하 '이 사건 부동산'이라고 한다)에 관하여 채권최고액 60,000,000원의 근저당권설정등기(이하 '이 사건 근저당권등기'라고 한다)를 마쳐 주었다.
(3) 소외 2가 2007. 1. 8. 사망하자, 소외 2의 자녀들인 소외 3, 소외 4, 소외 5, 소외 6(이하 '소외 3 등'이라고 한다)이 울산지방법원에 한정승인신고를 하여 위 법원이 2007. 4. 17. 이를 수리하였다.
(4) 소외 3 등은 2007. 5. 2. 일반상속채권자와 유증받은 자에 대하여 한정승인의 사실과 2007. 7. 31.까지 그 채권 또는 수증을 신고할 것을 공고하였고, 한정승인신고서에 첨부된 상속재산목록에 기재된 상속채권의 채권자들에게 채권신고를 최고하였다. 그런데 원고의 위 양수금채권은 위 상속재산목록에 기재되어 있지 않았고, 원고가 위 기간 내에 양수금채권을 신고한 바도 없다.

(5) 그 후 원고가 소외 3 등을 대위하여 피고를 상대로 이 사건 근저당권등기의 피담보
채권이 시효로 소멸하였다고 주장하면서 그 말소를 구하는 이 사건 소송을 제기하자,
소외 3 등은 2014. 4. 30. 피고에게 위 피담보채권이 존재함을 확인한다는 채무승인
서를 작성하여 주었다(이하 '이 사건 채무승인'이라고 한다).

(6) 원고는 원심에서 이 사건 채무승인의 의사표시에 대한 사해행위취소 및 원상회복청
구를 추가적으로 병합하였다.

(7) 한정승인신고서에 첨부된 상속재산목록에 이 사건 부동산의 시가는 73,000,000원
상당으로, 피고에 대한 차용금채무는 60,000,000원으로 각 기재되어 있는데, 소외 3
등은 위 신고기간이 지난 후 현재에 이르기까지 민법 제1034조 제1항에 따른 배당변
제를 실시하지 않고 있다.

다. 이러한 사실관계를 앞서 본 법리에 비추어 살펴본다.

한정승인신고서에 첨부된 상속재산목록에 원고의 양수금채권이 기재되어 있지 않고,
소외 3 등이 다른 상속채권자들에게는 개별적으로 채권신고의 최고를 하면서도 원고에
게는 최고를 하지 않은 점에 비추어 볼 때 적어도 소외 3 등이 채권신고의 최고를 한
시점에는 원고를 알지 못했던 것으로 보인다. 그러나 소외 3 등이 배당변제를 실시하기
전에 원고가 소외 3 등을 대위하여 피고를 상대로 이 사건 근저당권등기의 말소를 구
하는 소송을 제기하고 소송 중 소외 3 등이 피고에게 채무승인서를 작성, 교부하기까지
하였으므로, 늦어도 그 시점에는 소외 3 등이 원고의 양수금채권의 존재를 알게 되었다
고 봄이 타당하다. 따라서 원고는 민법 제1034조 제1항에 따라 배당변제를 받을 수 있
는 '한정승인자가 알고 있는 채권자'에 해당한다고 보아야 한다.

그럼에도 원심은, 원고가 민법 제1039조 본문에 따라 상속재산의 잔여가 있는 경우에
한하여 변제를 받을 수 있는 '한정승인자가 알지 못한 자'에 해당하고, 상속채무가 상속
재산을 초과하여, 이 사건 근저당권등기가 말소되어도 상속재산으로 원고의 채권을 변
제받을 수 없으므로, 이 사건 채무승인은 원고에 대한 관계에서 공동담보의 감소를 초
래하는 사해행위에 해당된다고 할 수 없다는 이유로 원고의 사해행위취소 등 청구를
배척하였다. 이러한 원심의 판단에는 한정승인에 관한 법리를 오해하여 판결에 영향을
미친 잘못이 있다. 이를 지적하는 상고이유 주장은 이유 있다."91)

---

91) 대법원 2018. 11. 9. 선고 2015다75308 판결 [근저당권설정등기말소]

"제1심 판결을 취소한다. 소외 3, 소외 4, 소외 5, 소외 6이 2014. 4. 30. 피고에 대하여 한 채무승인의 의사표시를 취소하고, 피고는 소외 3, 소외 4, 소외 5, 소외 6에게 별지 목록 기재 부동산(이하 이 사건 부동산이라고 한다) 중 각 1/4지분에 관하여 울산지방법원 양산등기소 2003. 5. 31. 접수 제29428호로 마친 근저당권설정등기(이하 이 사건 근저당권등기라고 한다)의 말소등기절차를 이행하라(원고는 당심에서 사해행위 취소청구를 추가하였다).92)

"마. 소외 3 등은 위와 같이 한정승인을 한 후 일반상속채권자와 유증받은 자에게 2007. 5. 2.부터 같은 해 7. 31.까지 그 채권 또는 수증을 신고할 것을 공고하였는데, 원고는 위 기간 내에 소외 2에 대한 위 연대보증채권을 신고하지 아니하였다.
바. 그 후 원고가 소외 3 등을 대위하여 피고를 상대로 이 사건 근저당권등기의 피담보 채권이 시효로 소멸하였다고 주장하면서 그 말소를 구하는 이 사건 소송을 제기하자, 소외 3 등은 2014. 4. 30. 피고에 대하여 위 차용금채무(이하 이 사건 채무라고 한다)가 있음을 확인한다는 채무승인서를 작성하여 주었다(이하 이 사건 채무승인이라고 한다)."93)

먼저 이 사건의 쟁점은 사실 "민법 제1034조 제1항에 따라 배당변제를 받을 수 있는 '한정승인자가 알고 있는 채권자'에 해당하는지 판단하는 기준 시점"이었습니다. 대법원은 이 사건 판례에서 최초로 "한정승인자가 배당변제를 하는 시점"이라고 판시하여 파기환송을 하였습니다.

청구취지를 보면, 알겠지만 채무승인서를 작성해 주었습니다. 원고는 소멸시효완성을 원인으로 근저당권말소소송을 제기하였더니 한정 상속인들이 2014. 4. 30. 채무승인서를 작성해 준 것입니다. 피고는 이를 제출하였습니다. 원고의 청구는 기각이 되었습니다. 1심은 2015. 1. 9. 선고를 하였습니다. 그 판결문은 공개가 되지 않지만 어찌되었든 청구는 기각이 되었습니다. 그러면서 원고는 항소를 하면서 이 채무승인을 사해행위취소라고 하여 항소심에서 청구취지를 추

---

92) 울산지방법원 2015. 11. 11. 선고 2015나762 판결 [근저당권설정등기말소]
93) 울산지방법원 2015. 11. 11. 선고 2015나762 판결 [근저당권설정등기말소]

가하였던 것입니다. 시효이익의 포기라고 할 수 있을 것입니다. 피고 대리인은 이에 대하여 채무승인서를 1심에 제출했다면 재판을 끌었어야 할 것입니다. 그렇게 하면 제척기간이 도과될 것입니다. 원고가 항소를 하면서 채무승인을 사해행위라고 하여 취소를 구한 것을 보면 1심 판사는 이에 대하여 언급을 하였을 가능성이 큽니다. 이런 경우가 발생할 수 있기 때문에 채무승인서를 제출하고 나서 1년이 지날 때까지 끌었어야 할 것입니다.

만약 시효가 완성되었는데 사후에 시효이익을 포기하면 채무를 늘리는 것이기 때문에 사해행위가 될 수 있습니다. 그를 위해서는 원고는 채권자의 지위에 있어야 합니다. 원심은 원고가 그런 채권자의 지위에 있지 않다고 하였고 그에 반하여 대법원은 배당변제시점으로 보아야 한다고 하면서 이 부동산으로 배당을 받을 수 있는 채권자지위에 있으니 이에 대하여 사해행위취소를 판단하여야 한다고 판시하였습니다.

그러나 그렇다고 하여 원고가 승소한다는 보장은 없습니다. 2003. 5.경 차용을 하였다고 한다면 이 채권이 차용금채권으로 일반채권인 경우 10년, 상사채권이면 5년입니다. 2014. 4. 30. 채무승인서이니 10년은 경과가 되었습니다. 그러나 시효중단 사유가 있다고 한다면 이 채무승인서는 시효이익의 포기라고 볼 수가 없습니다. 또한 채무자가 2007. 1. 8. 사망하였습니다. 채무자가 사망하는 경우에 6개월의 시효 정지가 발생합니다. 그렇다고 하더라도 6개월 정도의 시간이 지났다고 할 것입니다. 그런데 만약 한정 승인자들 소외 3 등이 한정승인을 신고를 하면서 피고의 채권을 신고하였다고 한다면 이는 채무승인이 된다고 할 것이고 이는 시효중단사유라고 할 것입니다. 이 부분도 검토되어야 할 것입니다.

이처럼 시효이익을 포기하는 경우에 이는 채무를 늘리는 것으로 기존 채권자를 해하는 행위라고 할 것입니다.

나. 소유권이전등기청구권의 시효이익의 포기의 사해행위성

"채무자가 소멸시효 완성 후에 한 소멸시효이익의 포기행위는 소멸하였던 채무가 소멸하지 않았던 것으로 되어 결과적으로 채무자가 부담하지 않아도 되는 채무를 새롭게 부담하게 되는 것이므로 채권자취소권의 대상인 사해행위가 될 수 있다.

원심이 인정한 사실에 의하면, 주식회사 대한상호신용금고가 1994. 1. 25. 신청외 1에게 700,000,000원을 변제기 1995. 1. 25. 이율 연 16.5%로 정하여 대출하였고(이하 이를 '이 사건 대출'이라 한다), 이 사건 대출 시 신청외 2, 3, 4, 5는 신청외 1의 주식회사 대한상호신용금고에 대한 대출금채무를 연대보증한 사실, 주식회사 대한상호신용금고의 이 사건 대출에 의한 채권은 주식회사 한아름신용금고, 한아름제이차유동화전문 유한회사에 순차 양도되었다가 채권자가 2003. 10. 31. 한아름제이차유동화전문 유한회사로부터 이를 양수한 사실, 신청외 2는 그 소유인 양주시 남방동 (지번 생략) 전 694㎡(이하 '이 사건 토지'라고 한다)에 관하여 1998. 6. 25. 채무자에게 1998. 5. 20.자 매매예약을 원인으로 하여 의정부지방법원 의정부등기소 1998. 6. 25. 접수 제36517호로 소유권이전청구권가등기(이하 '이 사건 가등기'라고 한다)를 마쳐주었고, 2011. 8. 18. 채무자에게 1998. 9. 25.자 매매를 원인으로 하여 같은 등기소 2011. 8. 18. 접수 제75554호로 위 가등기에 기한 소유권이전 본등기(이하 '이 사건 가등기에 기한 본등기'라고 한다)를 마쳐준 사실 등을 알 수 있다.

이와 같은 사실을 앞서 본 법리 및 관련 법리에 비추어 보면, 채무자가 1998. 9. 25. 매매예약완결권을 행사하여 그때부터 신청외 2에 대하여 이 사건 토지에 관한 가등기에 기한 본등기청구권을 행사할 수 있었음에도 이를 10년간 행사하지 아니함으로써 소멸시효가 완성되었다고 할 것이고, 이 사건 가등기에 기한 본등기청구권이 소멸되는 시효이익을 받는 자인 신청외 2가 2011. 8. 18. 이 사건 토지에 관하여 채무자 명의로 이 사건 가등기에 기한 본등기를 마쳐줌으로써 자신의 시효이익을 포기하는 행위를 하였다고 할 수 있으며, 이러한 신청외 2의 소멸시효이익의 포기행위는 신청외 2와 채무자 사이의 1998. 5. 20.자 매매예약과는 별개로 채권자취소권의 대상인 사해행위에 해당한다고 볼 수 있다."94)

매매예약에 기한 가등기의 경우에 일반적으로 매매예약완결권행사시점을 법무사들이 기재를 해 둡니다. 그 시점이 되면 매매예약완결권을 행사한 것으로 간주하는 규정을 둡니다. 그렇게 되면, 이제는 완결권이라는 형성권이 아니라 계약이 체결된 것이기 때문에 소유권이전등기청구권이 발생되고 이 청구권은 일반 채권이기 때문에 10년의 시효가 진행됩니다. 이렇게 시효가 진행이 되었다

94) 대법원 2013. 5. 31.자 2012마712 결정 [부동산처분금지가처분]

고 볼 것인데 이에 대하여 본등기를 경료해 주었다고 한다면 시효이익의 포기라고 할 수 있다는 것이 대법원의 판단입니다.

다. 매매예약완결권을 연장하기 위한 새로운 매매예약을 하는 행위의 사해행위성

"민법 제564조가 정하고 있는 매매예약에서 예약자의 상대방이 매매예약 완결의 의사표시를 하여 매매의 효력을 생기게 하는 권리, 즉 매매예약의 완결권은 일종의 형성권으로서 당사자 사이에 행사기간을 약정한 때에는 그 기간 내에, 약정이 없는 때에는 예약이 성립한 때부터 10년 내에 이를 행사하여야 하고, 그 기간이 지난 때에는 예약완결권은 제척기간의 경과로 소멸한다.
채무자가 유일한 재산인 그 소유의 부동산에 관한 매매예약에 따른 예약완결권이 제척기간 경과가 임박하여 소멸할 예정인 상태에서 제척기간을 연장하기 위하여 새로 매매예약을 하는 행위는 채무자가 부담하지 않아도 될 채무를 새롭게 부담하게 되는 결과가 되므로 채권자취소권의 대상인 사해행위가 될 수 있다."95)

"가. 원고는 소외인을 상대로 서울중앙지방법원 2004차23149호로 대위변제금 3,475,528원에 대한 지급명령을 신청하여 2004. 10. 26. 위 지급명령이 확정되었다. 이후 원고는 시효를 연장하기 위하여 같은 법원 2014가소551128호로 구상금을 청구하는 소를 제기하여 2014. 7. 30. 3,475,528원과 그 지연손해금의 지급을 명하는 이행권고결정을 받아 2014. 8. 21. 이 결정이 확정되었다.
나. 소외인은 2005. 9. 5. 여동생인 피고와 제1심판결 별지 목록 기재 각 부동산(이하 '이 사건 부동산'이라 한다)에 관하여 매매예약을 하였는데(이하 '이 사건 제1매매 예약'이라 한다), 매매대금 4,200만 원, 예약완결권 행사기한 2005. 12. 30로 하고 그 이후에도 매매예약이 유효하게 존속하는 한 이를 행사할 수 있도록 정하였다. 그 후 소외인은 2005. 9. 20. 피고 앞으로 이 사건 부동산에 관하여 이 사건 제1매매 예약을 원인으로 소유권이전청구권가등기(이하 '제1가등기'라 한다)를 마쳤다.
다. 소외인은 2015. 4. 6. 피고와 이 사건 부동산에 관하여 매매대금 4,200만 원, 예

---

95) 대법원 2018. 11. 29. 선고 2017다247190 판결 [사해행위취소]

약완결권의 행사기한 2015. 6. 30.로 하고 그 이후에도 매매예약이 유효하게 존속하는 한 이를 행사할 수 있도록 정하여 매매예약을 하였다(이하 '이 사건 제2매매 예약'이라 한다). 소외인은 같은 날 피고 앞으로 이 사건 제2매매 예약을 원인으로 소유권이전청 구권가등기(이하 '제2가등기'라 한다)를 마쳤다.

3. 가. 원심은 피고가 소외인에게 제1가등기에 관하여 2015. 9. 5. 제척기간 경과를 원인으로 말소등기절차를 이행할 의무가 있다고 판단하였다. 그 이유로 이 사건 제1매 매 예약은 예약완결권 행사기한을 2005. 12. 30.로 하면서 그 이후에도 매매예약이 유효하게 존속하는 한 행사할 수 있도록 함으로써 그 기한을 확정하지 않았으므로 예 약완결권은 제1매매 예약일부터 10년이 지난 2015. 9. 5. 제척기간 경과로 소멸하였 다는 점을 들었다.

원심판결 이유를 관련 법리에 비추어 살펴보면, 원심의 판단에 상고이유 주장과 같이 제 척기간이나 채권자 대위권에서 피대위권 소멸에 관한 법리를 오해한 잘못이 없다."[96]

이 사건의 매매예약에는 간주규정을 두지 않고 다만 언제까지 매매예약완 결권을 행사할 수 있다고만 규정한 것입니다. 그렇기 때문에 그 예약완결권은 기한을 정함이 없기 때문에 10년의 제척기간이 경과하였습니다. 제척기간은 형 성권과 관련된 것으로서 이는 시효중단이나 정지제도가 없습니다.

"피고는 소외인(서울 동작구 (주소 생략))에게 제1심 판결 별지 목록 기재 각 부동산에 관하여 전주지방법원 무주등기소 2005. 9. 20. 접수 제7549호로 마친 소유권이전청 구권가등기에 관하여 2015. 9. 5. 제척기간 도과를 원인으로 한 말소등기절차를 이행 하라. 피고와 소외인 사이에 위 각 부동산에 관하여 2015. 4. 6. 체결한 매매예약을 취 소한다. 피고는 소외인에게 위 각 부동산에 관하여 위 등기소 2015. 4. 6. 접수 제 2210호로 마친 소유권이전청구권가등기의 말소등기절차를 이행하라."[97]

원고는 서울보증보험주식회사였습니다. 제1매매예약은 채권자대위권에 기 하여 말소등기절차의 이행을 구하였고 제2매매예약은 아직 10년은 안 되었으니

---

96) 대법원 2018. 11. 29. 선고 2017다247190 판결 [사해행위취소]

97) 전주지방법원 2017. 6. 22. 선고 2016나5422 판결 [사해행위취소]

완결권행사의 제척기간으로는 불가하기 때문에 사해행위취소소송을 제기하였고 1심은 사해행위가 인정된다고 하였고 항소심은 1심을 그대로 인용하였고 대법원 역시도 이를 인정하였습니다.

전주지방법원 2016. 6. 22. 선고 2015가단34033 판결이 1심인데 사건명이 사해행위취소인 것을 보면, 소제기시점부터 제2매매예약을 사해행위라고 하여 소를 제기한 것임을 알 수 있습니다. 이는 아마 피고에게 사실확인을 요구하였고 피고는 대법원 판결문에 나온 식으로 답변을 하였을 것입니다. 이에 의하여 소를 제기한 것이 아닌가라는 생각이 듭니다.

2015. 4. 6.은 다름 아닌 제척기간이 도과되기 전입니다. 변호사에게 상담을 하였다고 한다면 조속히 본등기를 경료하여 매매대금을 지급해 버렸으면 되는 것인데 서로 간에 꼼수를 두어 이와 같은 위험한 행위를 하여 결국 제 꾀에 제가 넘어가는 꼴이 되었습니다. 적은 비용으로 변호사 상담을 하였다고 한다면 충분히 제1매매예약에 기한 가등기를 보호할 수 있는데 왜 이런 식으로 행동을 하였는지 조금 이해가 되지 않습니다.

라. 약속어음발행으로 인한 채무를 부담하는 경우

"[1] 기존 채무의 지급을 위하여 약속어음이 발행된 경우에는 특별한 사정이 없는 한 그 약속어음의 발행으로 인하여 채무자의 채무가 새로이 증가되는 것이 아니므로 그 약속어음의 발행이 사해행위에 해당한다고 할 수 없지만, 채무자가 약속어음을 발행함으로써 새로운 채무를 부담하게 되는 경우에 있어서는 그 채무부담으로 인하여 채무자가 채무초과상태에 빠지거나 이미 빠져 있던 채무초과상태가 더욱 악화·심화된다면 그 약속어음의 발행은 다른 채권자를 해하는 것으로서 사해행위에 해당한다.
[3] 채무자의 약속어음의 발행이 사해행위에 해당하는 경우, 그 어음을 발행받은 수익자가 약속어음에 관하여 공정증서를 작성받는 등으로 채무명의를 얻어 강제집행에까지 나아간 때에는, 채권자는 사해행위인 약속어음의 발행행위를 취소하고 강제집행의 결과 수익자가 얻은 환가금이나 추심금 또는 전부금의 반환이나 전부채권의 양도를 원상회복으로서 구할 수 있지만, 아직 강제집행절차가 종료되지 아니한 경우에 있어서는, 수익자가 어음채권을 취득한 것 외에 어떤 구체적인 수익을 얻었다고 할 수 없고 채무

명의를 얻은 것 자체를 원상회복의 대상이 되는 수익에 해당한다고도 할 수 없으므로 그 채무명의의 반환이나 인도 등에 의한 원상회복을 청구할 여지는 없다."98)

앞의 채무승인행위는 상대방이 있는 단독행위입니다. 그렇기 때문에 청구취지를 보면,

"1. 소외 채무자가 피고에 대하여 한 별지 기재 목록 채권에 관한 2023. 6. 3.자 채무승인행위를 취소한다.

2. 피고는 소외 채무자에게 별지 기재 목록 부동산에 관한 서울중앙지방법원 2023. 6. 3. 접수 제1004호로 마친 근저당권설정등기의 말소등기절차를 이행하라.

3. 소송비용은 피고의 부담으로 한다."

라고 구할 수 있습니다.

그렇기 때문에 계약과 같이 "피고와 소외 채무자 사이에"라는 말이 아니라 "피고가 소외 채무자에게"라는 말을 쓰며 "계약을 취소한다."라고 하지 않고 "- - 행위를 취소한다"라고 하고 있습니다. 이는 약속어음발행의 경우도 똑같습니다. 약속어음발행행위 역시도 단독행위라고 보는 것이 대법원의 판례이기 때문입니다.

"1. 소외 채무자가 피고에게 한 별지 목록 기재 약속어음발행행위를 취소한다.

2. 피고는 원고에게 금100,000,000원 및 이에 대하여 이 사건 판결확정일 다음날부터 다 갚는 날까지 연 5%의 비율에 의한 금원을 지급하라.

(2. 피고는 채무자에게 서울중앙지방법원 2023. 6. 3. 결정한 2023타채1004호로 마친 채권압류 및 추심명령에 기한 추심금지급청구권을 양도하고 이에 대하여 소외 제3채무자에게 이를 채무자에게 양도하였음을 통지하라.

2. 피고는 채무자에게 서울중앙지방법원이 2023. 6. 3. 결정한 2023타채1005호로 마친 채권압류 및 전부명령에 기한 전부금지급청구권을 양도하고, 이에 대하여 소외 제3채무자에게 이를 채무자에게 양도하였음을 통지하라.)

3. 소송비용은 피고의 부담으로 한다."

이런 식으로 청구취지를 쓸 수 있습니다. 원고의 채권이 약속어음의 발행금

---

98) 대법원 2002. 10. 25. 선고 2000다64441 판결 [청구이의]

액에 미치지 못할 경우에는 일부취소를 구하여야 할 것입니다. 추심금지급청구권과 전부금지급청구권을 양도하고 양도통지하라는 형식을 취하면 추심금이나 전부금의 채무자는 이를 채무자에게 지급하는 것으로 알게 되고 결국 원래와 같다고 할 것입니다. 이에 따라서 아마 채권자들끼리 안분배당을 하게 되어 있습니다.

> "[1] 채무자가 압류 또는 가압류의 대상인 채권을 양도하고 확정일자 있는 통지 등에 의한 채권양도의 대항요건을 갖추었다면, 그 후 채무자의 다른 채권자가 그 양도된 채권에 대하여 압류 또는 가압류를 하더라도 그 압류 또는 가압류 당시에 피압류채권은 이미 존재하지 않는 것과 같아 압류 또는 가압류로서의 효력이 없고, 그에 기한 추심명령 또한 무효이므로, 그 다른 채권자는 압류 등에 따른 집행절차에 참여할 수 없다. 또한 압류된 금전채권에 대한 전부명령이 절차상 적법하게 발부되어 확정되었다고 하더라도 전부명령이 제3채무자에게 송달될 때에 피압류채권이 존재하지 않으면 전부명령도 무효이므로, 피압류채권이 전부채권자에게 이전되거나 집행채권이 변제되어 소멸하는 효과는 발생할 수 없다.
> [2] 채권자가 사해행위의 취소와 함께 수익자 또는 전득자로부터 책임재산의 회복을 명하는 사해행위취소의 판결을 받은 경우 그 취소의 효과는 채권자와 수익자 또는 전득자 사이에만 미치므로, 수익자 또는 전득자가 채권자에 대하여 사해행위의 취소로 인한 원상회복 의무를 부담하게 될 뿐, 채무자와 사이에서 그 취소로 인한 법률관계가 형성되거나 취소의 효력이 소급하여 채무자의 책임재산으로 회복되는 것은 아니다. 따라서 채권압류명령 등 당시 피압류채권이 이미 제3자에 대한 대항요건을 갖추어 양도되어 그 명령이 효력이 없는 것이 되었다면, 그 후의 사해행위취소소송에서 위 채권양도계약이 취소되어 채권이 원채권자에게 복귀하였다고 하더라도 이미 무효로 된 채권압류명령 등이 다시 유효로 되는 것은 아니다."[99]

위 사례에서 채권압류 및 추심명령이 아니라 수익자가 채권압류 및 전부명령을 받았고 그에 의하여 제3채무자는 전부권자인 수익자에게만 지급하여야 하는 상황이 발생하였다고 한다면 그 뒤에 압류 추심명령이나 채권가압류결정을

---

99) 대법원 2022. 12. 1. 선고 2022다247521 판결 [배당이의]

받은 채권자들이 위 판례와 같이 이런 명령이나 결정이 무효가 된다고 한다면 다시 이를 받을 필요가 있을 수도 있을 것입니다. 만약 무효라고 한다면 수익자 가 이를 노려서 채무자에게 별도로 집행권원을 취득하여 제3채무자에 대하여 압류 전부명령을 받아버리면 수익자만 이를 회수할 수 있을 여지도 있을 수 있 습니다.

채권양도와 양도통지의 대항력을 갖춘 경우와 달리 전부명령이 있고 나서 뒤에 송달된 압류명령이나 채권가압류결정은 무효가 아니라고 한다면 위 대법 원 2022다247521 판결과 같은 사태는 발생하지 아니할 것입니다. 채권양도의 경우 압류경합이 절단되지만 단순히 추심명령이나 전부명령 그리고 가압류 등 이 있다고 하여 압류의 경합이 있어도 절단의 문제는 발생하지 않기 때문에 전 부명령이후에 발하여진 압류나 채권가압류가 무효는 아니라고 생각됩니다.

마. 소결

시효이익을 포기하는 행위로 채무승인행위 또는 매매예약완결권을 연장하 는 식의 새로운 매매예약을 사해행위로 취소가 될 수 있습니다. 또한 약속어음 을 발행함으로서 새로운 채무를 부담하는 것은 시효이익 등의 포기와 같이 새로 운 채무를 부담하는 행위이기 때문에 취소가 될 수 있는 행위라고 할 것입니다.

8. 금전지급행위의 사해행위성

가. 신동방주식처분대금을 남편에게 대여하고 변제받은 사건

"채무자가 채무초과 상태에서 자신의 재산을 타인에게 증여하였다면 특별한 사정이 없 는 한 이러한 행위는 사해행위가 된다고 할 것이나(대법원 1998. 5. 12. 선고 97다 57320 판결, 대법원 2006. 5. 11. 선고 2006다11494 판결 등 참조), 채무자가 채무 초과의 상태에서 특정 채권자에게 채무의 본지에 따른 변제를 함으로써 다른 채권자의 공동담보가 감소하는 결과가 되는 경우, 그 변제는 채무자가 특히 일부의 채권자와 통 모하여 다른 채권자를 해할 의사를 가지고 변제를 한 경우가 아닌 한 원칙적으로 사해

행위가 되는 것이 아니다(대법원 2006. 6. 15. 선고 2005다62167 판결 참조). 그런
데 사해행위의 취소를 구하는 채권자가 채무자의 수익자에 대한 금원지급행위를 증여
라고 주장함에 대하여, 수익자는 이를 기존 채무에 대한 변제로서 받은 것이라고 다투
고 있는 경우, 이는 채권자의 주장사실에 대한 부인에 해당할 뿐 아니라, 위 법리에서
보는 바와 같이 채무자의 금원지급행위가 증여인지, 변제인지에 따라 채권자가 주장·
입증하여야 할 내용이 크게 달라지게 되므로, 결국 위 금원지급행위가 사해행위로 인
정되기 위하여는 그 금전지급행위가 증여에 해당한다는 사실이 입증되거나 변제에 해
당하지만 채권자를 해할 의사 등 앞서 본 특별한 사정이 있음이 입증되어야 할 것이고,
그에 대한 입증책임은 사해행위를 주장하는 측에 있다고 할 것이다."[100]

　　피고의 상고에 파기환송을 한 사건입니다. 금전지급행위가 증여인지 변제
인지 여부에 대한 입증책임은 취소채권자에게 있다고 할 것입니다. 변제인 경우
에는 통모에 의하여 변제한 것인지를 입증해야만 사해행위가 인정될 것입니다.
변제는 채무본지에 따른 변제로 특별한 사정이 없는 한 사해행위가 될 것이기
때문입니다.

"다. 그런데 이 사건에서 원고는 채무자의 위 금원지급행위가 증여라는 점을 입증할 적
극적인 증거를 전혀 제출하지 못하고 있는 반면, 피고는 위 금원지급이 자신의 기존 대
여금 채권을 변제받은 것이라고 주장하면서 그 대여금 채권에 관한 증거로서, 피고가
위 돈을 받기 불과 3개월 전에 자신 명의의 주식회사 신동방(이하 '신동방'이라고 한다)
주식을 처분하여 1,226,485,028원 마련한 다음, 같은 달 11. 그중 1,226,400,000원
을 채무자에게 주었고 채무자는 그 돈으로 신동방의 신주인수청약증거금으로 사용한
사실을 뒷받침하는 증거를 제출하고 있는바, 사정이 이와 같다면 피고와 채무자와의 위
금원거래관계가 금전대차 및 변제가 아니라고 볼 만한 특별한 사정이 없이는 가벼이
채무자의 위 금원지급행위를 증여라고 단정할 수만은 없다고 할 것이고, 만일 증여라고
인정할 증거가 없다면 원심으로서는 나아가 위 금원지급행위가 변제라고 하더라도 통
모에 의하여 채권자를 해할 의사를 가지고 이루어진 것인지 여부를 심리하여 판단하였

---

100) 대법원 2007. 5. 31. 선고 2005다28686 판결 [부당이득금]

어야 할 것이다.

라. 이에 대해 원심은 별다른 증거 없이 채무자의 이 사건 금전지급은 증여라고 인정한 다음, 피고의 변제주장에 대하여는 이를 인정할 증거가 없다는 이유로 배척하면서, 채무자가 신동방의 사주였던 점이나 채무자와 피고가 부부였다는 사정에 비추어 피고 명의의 위 주식은 채무자가 피고에게 명의신탁한 것일 가능성이 높고, 그렇지 않더라도 피고가 그 명의의 주식을 팔아 채무자에게 준 위 돈은 증여한 것이라고 봄이 일반의 경험칙에 부합한다고 판단하였는바, 위에서 본 입증책임 분배에 관한 원칙이나 이 사건의 사실관계에 비추어 원심의 위 조치는 매우 의문이다. 부부 사이라고 하더라도 위와 같은 거액을 무상으로 제공하는 것은 이례적이라 할 것이고, 더구나 원고가 그의 입증책임에 속하는 사항을 뒷받침할 증거를 전혀 제시하지 못하고 있고 피고의 대여 주장에 대하여도 별다른 반박을 하지 못하고 있는 이 사건에 있어, 피고가 위 주식을 취득한 경위 및 그 자금의 출처, 신동방에서의 피고 및 채무자의 각 지분 및 그 역할, 피고가 위 주식을 처분한 이유, 기타 피고와 채무자 간의 금전거래에 관한 저간의 사정을 더 심리하여 보다 합리적인 근거를 규명함이 없이 단지 채무자가 신동방의 사주였다거나 피고와 채무자가 부부라는 사정만으로 피고의 위 금전교부가 증여라거나 위 주식은 채무자가 피고에게 명의신탁한 것일 가능성이 높다고 보는 것은 지나친 비약으로서 경험칙에 부합하는 사실인정이라고 보기는 어렵다. 결국, 원심의 위와 같은 판단은 심리를 다하지 아니하거나 증거 없이 사실을 인정함으로써 채증법칙을 위배하거나 채권자취소권에 있어서의 입증책임에 관한 법리를 오해하여 판결에 영향을 미친 위법이 있다고 할 것이다. 이 점을 지적하는 상고논지는 이유 있다."[101]

　　원고는 파산관재인이었습니다. 대법원은 매우 강한 어조로 광주고등법원의 판결을 문제삼고 있습니다. 입증책임분배의 원칙에 위배된 판결을 하였고 단순히 몇 가지 사유만으로 추단하여 명의신탁주식이라고 보거나 증여라고 판단한 것은 매우 부적절한 판단이었다고 본 것입니다. 또한 이와 같이 금전지급행위가 증여인지 변제인지에 관한 대법원 판결이 이미 존재하였습니다.

---

101) 대법원 2007. 5. 31. 선고 2005다28686 판결 [부당이득금]

나. 명의신탁해지로 소유권이전등기청구를 구한 사건에 반소로 사해행위 취소를 구한 사건

"[1] 채권자가 채무자의 어떤 금원지급행위가 사해행위에 해당된다고 하여 그 취소를 청구하면서 다만 그 금원지급행위의 법률적 평가와 관련하여 증여 또는 변제로 달리 주장하는 것은 그 사해행위취소권을 이유 있게 하는 공격방법에 관한 주장을 달리하는 것일 뿐이지 소송물 또는 청구 자체를 달리하는 것으로 볼 수 없다.

[2] 채권자가 채무의 변제를 구하는 것은 그의 당연한 권리행사로서 다른 채권자가 존재한다는 이유로 이것이 방해받아서는 아니 되고, 채무자도 채무의 본지에 따라 채무를 이행할 의무를 부담하고 있어 다른 채권자가 있다는 이유로 그 채무이행을 거절하지는 못하므로, 채무자가 채무초과의 상태에서 특정채권자에게 채무의 본지에 따른 변제를 함으로써 다른 채권자의 공동담보가 감소하는 결과가 되는 경우에도 *그 변제는 채무자가 특히 일부의 채권자와 통모하여 다른 채권자를 해할 의사를 가지고 변제를 한 경우가 아닌 한* 원칙적으로 사해행위가 되는 것은 아니다.

[3] 채무자가 특히 일부의 채권자와 통모하여 다른 채권자를 해할 의사를 가지고 변제를 하였는지 여부는 사해행위임을 주장하는 사람이 입증하여야 하며, 이는 수익자의 채무자에 대한 채권이 실제로 존재하는지 여부, 수익자가 채무자로부터 변제를 받은 액수, 채무자와 수익자와의 관계, 채무자의 변제능력 및 이에 대한 수익자의 인식, 변제 전후의 수익자의 행위, 그 당시의 채무자 및 수익자의 사정 및 변제의 경위 등 제반 사정을 종합적으로 참작하여 판단하여야 한다."102)

　　금전지급행위를 증여인지 변제인지의 주장은 소송물을 달리하는 것이 아니라 공격방어방법을 달리하는 것이기 때문에 제척기간에는 문제가 없다는 것입니다. 만약 소송물이 달라진다고 하면 단기제척기간이나 장기제척기간이 지나서 금전지급행위를 변제에서 증여로 바꾸거나 증여에서 변제로 바꾼 경우에 이는 각하될 수가 있기 때문에 매우 큰 차이입니다. 이렇게 금전을 지급한 경우에 그냥 금전지급행위를 취소한다라고 구하면 될 것입니다. 증여인지 변제인지는 청구취지에 나올 필요가 없다고 할 것입니다. 왜냐하면 이는 공격방어방법이기 때

---

102) 대법원 2005. 3. 25. 선고 2004다10985, 10992 판결 [명의신탁해지에기한소유권이전등기·사해행위취소]

문에 그러합니다.

　그리고 이에 대하여 이 판례는 변제인 경우에 통모에 대한 입증책임은 취소채권자에게 있다고 이미 밝혔음을 보여주고 그 구체적인 판단 기준까지 제시를 하였습니다. 2005. 3. 25.에 선고가 되었습니다. 위 광주고등법원의 선고일은 2005. 5. 6.이었습니다. 이 판례는 2005. 5. 1.에 공보에 기재가 되었습니다. 법원은 내부 전산망으로 이 판례를 이미 알았을 수 있습니다.

> "그럼에도 불구하고, **원심은 이와 달리 피고들이 위 각 금원지급행위가 증여가 아니라 대여금채무에 대한 변제라고 다투고 있는 이 사건에서 이를 증여라고 인정하지도 않은 채 곧바로 사해행위취소소송에서 채권자로서는 채무자가 채무초과상태에서 금원지급행위가 있었고 이로 인하여 공동담보에 감소를 가져왔다는 점만을 주장·입증하면 된다는 등으로 판단하였으니, 여기에는 사해행위취소소송에 있어서의 입증책임 등에 관한 법리를 오해한 위법이 있다고 하지 않을 수 없다.**
> 그러나 한편, 원심은 다시 피고들의 주장과 같이 대여금채무에 대한 변제로서 위 각 금원이 지급된 것이라고 하더라도 채무자인 소외 1이 특히 일부의 채권자인 피고들과 통모하여 다른 채권자를 해할 의사를 가지고 변제를 한 경우에는 사해행위에 해당하여 취소의 대상이 된다고 전제하고, 그 채택 증거에 의하여 그 판시와 같은 사실을 인정한 다음(그 밖에 원심이 소외 1이 피고들에 대한 대여금채무의 변제로 위 각 금원을 지급한 것인지 여부에 관하여 판단하면서 인정한 사실들도 이 부분 판단과 관련되어 있다.), 소외 1과 피고들이 통모하여 원고를 비롯한 다른 채권자들을 해할 의사를 가지고 변제한 것이라고 볼 수밖에 없다고 판단하였는바, 앞서 본 법리와 기록에 비추어 살펴보면, **원심의 이러한 인정과 판단은 정당한 것으로 수긍이 가고, 따라서 원심의 사해행위취소소송에 있어서의 입증책임 등에 관한 일부 법리오해의 위법은 그 판결 결과에는 영향을 미쳤다고 볼 수 없다.**"[103)]

　반소로 사해행위취소소송을 제기한 것임을 알 수 있습니다. 원심은 법리적인 문제가 있었습니다. 그런데 가정적 판단으로 변제라고 하더라도 통모한 것이라고 보았고 대법원은 그런 판단과 원심은 대여금 채무 변제에 관하여 판단한

---

103) 대법원 2005. 3. 25. 선고 2004다10985, 10992 판결 [명의신탁해지에기한소유권이전등기·사해행위취소]

부분들이 이와 관련한 것인데 이를 합하여 보면, 원심의 판단이 정당하다고 하여 상고기각을 하였습니다.

다. 성욱전기가 통모로 변제한 사건

"원심은 그 채택 증거에 의하여 판시와 같은 사실과 사정을 인정한 다음, **채무초과 상태에 있던 성욱전기가 피고들에게 이 사건 각 돈을 증여한 것은 특별한 사정이 없는 한 사해행위에 해당하고, 성욱전기 대표이사인 소외 1은 이로 인하여 일반채권자들을 해할 것임을 알고 있었다 할 것이며, 나아가 수익자인 피고들의 사해의사는 추정되고, 가사 성욱전기가 피고들에게 이 사건 각 돈을 송금한 것이 피고들에 대한 기존의 차용금 채무를 변제한 것이라고 하더라도, 판시와 같은 사정에 비추어 보면 피고들과 성욱전기의 대표이사 소외 1이 통모하여 원고들을 비롯한 다른 채권자들을 해할 의사로 피고들의 채무를 우선적으로 변제하기 위하여 이 사건 각 돈을 송금한 것으로 봄이 타당하므로, 이 사건 각 돈의 송금행위는 어느 모로 보나 채권자인 원고를 해하는 사해행위로 보아야 한다고 판단하였다.**
원심판결 이유를 앞서 본 법리와 기록에 비추어 살펴보면 **원심의 이와 같은 판단은 정당한 것으로 수긍이 가고, 거기에 상고이유의 주장과 같은 채권자취소권의 증명책임에 관한 법리오해, 채증법칙 위반, 심리미진 등의 위법이 없다.**
3. 사해행위 취소로 인한 가액배상의 범위에 관한 상고이유에 대하여
채권자가 어느 수익자에 대하여 사해행위취소 및 원상회복청구를 하여 승소판결을 받아 그 판결이 확정되었다 하더라도 그에 기하여 재산이나 가액의 회복을 마치지 아니한 이상 채권자는 자신의 피보전채권에 기하여 다른 수익자에 대하여 별도로 사해행위취소 및 원상회복청구를 할 수 있고, 채권자가 여러 수익자들을 상대로 사해행위취소 및 원상회복청구의 소를 제기하여 여러 개의 소송이 계속 중인 경우에는 각 소송에서 채권자의 청구에 따라 사해행위의 취소 및 원상회복을 명하는 판결을 선고하여야 하며, **수익자가 가액배상을 하여야 할 경우에도 다른 소송의 결과를 참작할 필요 없이 수익자가 반환하여야 할 가액 범위 내에서 채권자의 피보전채권 전액의 반환을 명하여야 한다.** 그리고 이러한 법리는 이 사건에서와 같이 채무자가 동시에 수인의 수익자들에게 각기 금원을 증여한 결과 채무초과상태가 되거나 그러한 상태가 악화됨으로써 그와 같은 각각의 증여행위가 모두 사해행위로 되고, 채권자가 그 수익자들을 공동피고로 하여

사해행위취소 및 원상회복을 구하여 각 수익자들이 부담하는 원상회복금액을 합산한
금액이 채권자의 피보전채권액을 초과하는 경우에도 마찬가지라고 할 것이다(대법원
2008. 11. 13. 선고 2006다1442 판결 참조)."
원심은 성욱전기와 피고들 사이에 2012. 5. 15. 체결된 각 증여계약을 8,000만 원의
범위 내에서 취소하면서 피고들에 대하여 원고에게 각 8,000만 원 및 그 지연손해금을
지급할 것을 명하였다.
이러한 원심판결은 앞서 본 법리에 따른 것으로서 정당하고, 거기에 상고이유의 주장과
같은 사해행위 취소로 인한 원상회복의 범위에 관한 법리오해 등의 위법이 없다."104)

이 판례는 통모에 의한 변제라고 보았습니다. 아마 대표이사의 가족들에게
변제하였을 가능성이 매우 크다고 할 것입니다. 그리고 또한 원상회복의 방법에
있어서 수인의 수익자를 상대로 사해행위취소소송을 제기한 경우에 다른 수익
자를 고려함에 없이 채권자의 피보전채권범위 내에서 이의 취소를 구할 수 있다
고 판시하고 있습니다. 이는 당연하다고 할 것입니다. 원고의 채권은 8천만 원
이었던 것으로 보아 각 8천만 원 한도 내에서 이의 취소를 구하고 각 8천만 원
의 반환을 구하였던 것을 알 수 있습니다. 원고 변호사가 변론종결시까지의 이
자나 지연손해금을 추가적으로 구하지 아니한 점이 아쉽다고 할 것입니다.

라. 배우자의 기존 통장과 아들의 새로 개설된 통장을 채무자가 이용한 경우

"[1] 채무자가 다른 사람의 예금계좌로 송금한 금전에 관하여 통정허위표시에 의한 증
여계약이 성립하였다고 하려면, 무엇보다도 우선 객관적으로 채무자와 다른 사람 사이
에서 그와 같이 송금한 금전을 다른 사람에게 종국적으로 귀속되도록 '증여'하여 무상
공여한다는 데에 관한 의사 합치가 있는 것으로 해석되어야 한다. 그리고 그에 관한 증
명책임은 위와 같은 송금행위가 채권자취소권의 대상이 되는 사해행위임을 주장하는
채권자에게 있다.

---

104) 대법원 2014. 10. 27. 선고 2014다41575 판결 [부당이득금반환]

[2] 다른 사람의 예금계좌에 금전을 이체하는 등으로 송금하는 경우 그 송금은 다양한 법적 원인에 기하여 행하여질 수 있는 것으로서, 과세 당국 등의 추적을 피하기 위하여 일정한 인적 관계에 있는 사람이 그 소유의 금전을 자신의 예금계좌로 송금한다는 사실을 알면서 그에게 자신의 예금계좌로 송금할 것을 승낙 또는 양해하였다거나 그러한 목적으로 자신의 예금계좌를 사실상 지배하도록 용인하였다는 것만으로는 다른 특별한 사정이 없는 한 객관적으로 송금인과 계좌명의인 사이에 그 송금액을 계좌명의인에게 위와 같이 무상 공여한다는 의사의 합치가 있었다고 추단된다고 쉽사리 말할 수 없다. 금융실명제 아래에서 실명확인절차를 거쳐 개설된 예금계좌의 경우 특별한 사정이 없는 한 명의인이 예금계약의 당사자로서 예금반환청구권을 가진다고 하여도, 이는 그 계좌가 개설된 금융기관에 대한 관계에 관한 것이므로 그 점을 들어 곧바로 송금인과 계좌명의인 사이의 법률관계를 달리 볼 것이 아니다."105)

이 부분에 관한 사해행위취소소송에서의 최초의 대법원 판례입니다. 이 사건 역시 피고가 상고를 하였고 파기환송이 되었습니다.

"(2) 그런데 원심 인정의 사실관계 및 기록에 의하면, 소외 1의 처인 피고 1은 자신의 명의로 개설되어 있던 계좌를 소외 1로 하여금 사용하도록 하였고, 소외 1의 처형인 피고 2는 채무자의 부탁으로 자신의 명의로 예금계좌를 개설하여 소외 1에게 이를 사용하도록 승낙한 사실, 이에 따라 소외 1은 피고들 명의의 위 각 예금계좌에 관한 통장과 거래인장을 소지하고 있으면서 과세 당국의 자금 추적을 피하기 위하여 임의로 피고들의 명의로 개설된 계좌에 원심 판시와 같이 금전을 송금하였다가 그로부터 불과 2개월도 되지 아니한 기간 안에 다시 대부분의 금액을 인출한 다음(피고 2의 계좌에서는 송금한 1억 3,000만 원보다 더 많은 1억 4,500만 원이 인출되었는데, 이는 원심 판시와 같은 송금일 전에 소외 1이 이미 입금한 금액이 포함되어 있었기 때문으로 보인다) 이를 자신에 관한 형사사건의 합의금 등 개인적인 용도에 소비한 사실이 인정된다.
이러한 사실관계에서라면 소외 1의 송금경위나 그 목적, 송금한 돈의 인출자 · 인출시기 및 인출금액, 그 사용용도, 소외 1과 피고들 사이의 관계 등 피고들 명의의 예금계좌의 이용을 둘러싼 여러 사정에 비추어 볼 때, 다른 특별한 사정이 없는 한 소외 1은

---

105) 대법원 2012. 7. 26. 선고 2012다30861 판결 [사해행위취소]

자신의 금전을 관리하기 위하여 피고들의 승낙 또는 양해 아래 이들 명의의 각 예금계좌를 개인적인 용도로 이용한 것에 그치고, 객관적으로 피고들과의 사이에서 위 예금계좌에 입금한 금전 또는 그 금액 상당의 재산적 이익을 피고들에게 종국적으로 귀속되는 것으로 무상 공여한다는 데에 관한 의사의 합치가 있었다고 해석되지 아니한다."106)

대법원은 증여계약이라는 양 당사자의 의사의 합치가 있었어야 하는데 그에 관한 합치가 있었다고 볼 수 없다고 하여 파기환송을 하면서 원고 패소취지로 파기환송을 하였습니다.

마. 타인의 통장에 돈을 입금하는 경우의 사해행위성 – 원상회복의 방법과 입증책임

"[1] 송금 등 금전지급행위가 증여에 해당하기 위해서는 객관적으로 채무자와 수익자 사이에 금전을 무상으로 수익자에게 종국적으로 귀속시키는 데에 의사의 합치가 있어야 한다. 다른 사람의 예금계좌에 금전을 이체하는 등으로 송금하는 경우 다양한 원인이 있을 수 있는데, 과세 당국 등의 추적을 피하기 위하여 일정한 인적 관계에 있는 사람이 그 소유의 금전을 자신의 예금계좌로 송금한다는 사실을 알면서 그에게 자신의 예금계좌로 송금할 것을 승낙 또는 양해하였다거나 그러한 목적으로 자신의 예금계좌를 사실상 지배하도록 용인하였다는 것만으로는 특별한 사정이 없는 한 송금인과 계좌명의인 사이에 송금액을 계좌명의인에게 무상으로 증여한다는 의사의 합치가 있었다고 쉽사리 추단할 수 없다. 이는 금융실명제 아래에서 실명확인절차를 거쳐 개설된 예금계좌의 경우에 특별한 사정이 없는 한 명의인이 예금계약의 당사자로서 예금반환청구권을 가진다고 해도, 이는 계좌가 개설된 금융회사에 대한 관계에 관한 것으로서 그 점을 들어 곧바로 송금인과 계좌명의인 사이의 법률관계를 달리 볼 것이 아니다.
[2] 사해행위의 취소에 따른 원상회복은 원칙적으로 목적물 자체의 반환으로 해야 하고, 그것이 불가능하거나 현저히 곤란한 경우에 한하여 예외적으로 가액반환으로 해야 한다. 원물반환이 불가능하거나 현저히 곤란한 경우란 원물반환이 단순히 절대적·물리

적으로 불가능한 경우만을 뜻하는 것이 아니라 사회생활상 경험법칙이나 거래 관념에 비추어 채권자가 수익자나 전득자로부터 이행의 실현을 기대할 수 없는 경우도 포함한다. 출연자와 예금주인 명의인 사이의 예금주 명의신탁계약이 사해행위에 해당하여 취소되는 경우 취소에 따른 원상회복은 수탁자인 명의인이 금융회사에 대한 예금채권을 출연자에게 양도하고 아울러 금융회사에 대하여 양도통지를 하도록 명하는 방법으로 이루어져야 한다.

예금계좌에서 예금이 인출되어 사용된 경우에는 위와 같은 원상회복이 불가능하므로 가액반환만이 문제 되는데, 신탁자와 수탁자 중 누가 예금을 인출·사용하였는지에 따라 결론이 달라진다. 신탁자가 수탁자의 통장과 인장, 접근매체 등을 교부받아 사용하는 등 사실상 수탁자의 계좌를 지배·관리하고 있을 때에는 신탁자가 통상 예금을 인출·사용한 것이라고 볼 수 있다. 그러나 신탁자가 사실상 수탁자의 계좌를 지배·관리하고 있음이 명확하지 않은 경우에는 신탁자가 명의인의 예금계좌에서 예금을 인출하거나 이체하여 사용했다는 점을 수탁자가 증명하지 못하면 수탁자가 예금을 인출·사용한 것으로 보아야 한다. 예금을 인출·이체하는 데 명의인 본인 확인이나 본인 인증 등을 거쳐야 한다는 점에 비추어 일반적으로는 명의인이 예금을 사용했다고 보는 것이 보다 자연스럽기 때문이다."[107]

이 판례는 앞의 대법원 2012다30861 판례의 법리를 그대로 인용하면서 이에 대하여 추가적인 부분을 판시하여 이에 대한 향후 하급심에 어떻게 판단해야 하는지를 알려주었다고 할 것입니다.

예금주 명의신탁을 한 경우에 원상회복의 방법은 그 예금채권을 채무자에게 양도하는 형식을 취하여 제3채무자인 금융회사에게 이의 양도하였음을 통지하라는 형식으로 하라고 하였습니다. 가액배상은 안 된다고 할 것입니다.

다만 돈을 인출하여 사용한 경우에 있어서 이의 사용인 예금주가 아니라 신탁자인 채무자가 실제로 사용하였는지에 관하여 입증할 책임이 수익자인 피고에게 있다고 하였습니다. 만약 이를 수익자가 입증하지 못한다고 한다면 이는 수익자가 사용한 것으로 보아야 한다고 하였습니다. 당연히 이 경우는 가액배상을 구할 수 있다고 할 것입니다.

---

107) 대법원 2018. 12. 27. 선고 2017다290057 판결 [사해행위취소]

"1) 소외 1은 2010. 3. 26. 소외 2에게 남양주시 (주소 생략) 답 1,699㎡(이하 '이 사건 토지'라 한다)를 매매대금 12억 6천만 원으로 정하여 매도하고 매매대금을 본인 명의의 농협 계좌와 수표로 받은 다음 2010. 9. 17. 소외 2 앞으로 소유권이전등기를 마쳤다.

(2) 소외 1은 이 사건 토지의 양도에 따른 양도소득세 신고를 하지 않았다. 북광주세무서장은 2015. 4. 1. 소외 1에게 양도소득세(이하 '이 사건 양도소득세'라 한다)를 2015. 4. 30.까지 납부할 것을 고지하였으나 소외 1은 원심 변론종결일까지 납부하지 않았다. 2016. 10. 4. 기준 소외 1의 양도소득세 체납액은 794,839,090원이다.

(3) 피고 1은 소외 1의 배우자이고, 피고 2는 소외 1의 아들이다.

(4) 소외 1은 농협 계좌 또는 수표로 받은 매매대금을 자신의 국민은행 계좌 2곳에 나누어 입금하였다가 2010. 6. 30. 위 입금액 중 8억 원을 자신의 또 다른 국민은행 계좌(계좌번호: 생략)로 이체하였다.

(5) 소외 1은 2010. 8. 30. 위 국민은행 계좌(계좌번호: 생략)를 해약하고 해약금 801,325,406원 중 701,325,406원을 피고 1 명의의 국민은행 계좌(이하 '피고 1 계좌'라 한다)로, 1억 원을 피고 2 명의의 국민은행 계좌(이하 '피고 2 계좌'라 하고, 위 두 계좌를 합하여 '이 사건 계좌'라 한다)로 이체하였다(이하 '이 사건 이체행위'라 한다).

다. 원심은 원고가 제출한 증거만으로는, 소외 1이 이 사건 이체행위로 이 사건 계좌에 입금된 돈을 피고들에게 증여하였다고 인정하기 부족하고, 달리 이를 인정할 증거가 없다고 보았다. 그 이유로 다음과 같은 사정을 들었다.

(1) 소외 1은 2010. 8.경 피고 1에게 그 명의의 계좌를 개설해 달라고 요청하여, 피고 1로부터 2010. 8. 27. 개설된 피고 1 계좌의 통장과 도장을 건네받았다.

(2) 피고 1은 2006년경 뇌출혈로 쓰러진 다음 건강상 이유로 경제 활동을 거의 하지 못하여 광주 서구 ○○동에 있는 아파트에서 자녀 소외 3과 함께 생활하고 있다. 반면, 소외 1은 2010년 이 사건 토지를 매도하여 12억 원이 넘는 매매대금을 직접 받았고, 2010년과 2011년 수차례 해외에 출입국하기도 하였으며, 주민등록상 주소도 2009년 이래 광주 서구 ○○동에서, 남양주시 △△동, □□군, 정읍시, ◇◇군, ☆☆군으로 순차 이전하면서 활발하게 경제 활동을 한 것으로 보인다.

(3) 피고 1 계좌에 입금된 701,325,506원은 2010. 8. 30. 이후부터 2010. 12. 29.까지 약 4개월간 대체출금이나 신탁출금이 되거나 수천만 원 이상의 거래금액이 수차례 현금으로 출금되어 잔액이 5만 원이 되었다. 소외 1이 피고 1 계좌에 돈을 입금한 다음 신탁출금, 대체출금 또는 현금출금을 하여 소비한 것으로 보인다.

(4) 소외 1의 가족들인 피고 1, 피고 2, 소외 3 명의의 신규 계좌들은 대부분 국민은행
▽▽▽ 지점에서 소외 1이 매매대금을 송금받은 자신의 계좌를 해지하면서 동시에 개
설되었다. 소외 1은 국민은행 ▽▽▽ 지점에서 자신의 계좌로도 반복적으로 거래하였
다. 이에 비추어 소외 1은 자신의 자금을 분산 투자하거나 관리할 목적으로 이 사건 계
좌를 비롯한 가족 명의의 계좌를 일시적으로 사용하거나 임의 개설하였을 가능성이 높
아 보인다.
(5) 피고 2 계좌의 해지에 따른 해약금 101,332,450원 중 이자 1,332,450원은 소외
1의 국민은행 계좌로, 원금 중 일부인 6천만 원은 소외 1이 당시 전적으로 관리·사용
한 것으로 보이는 피고 1 계좌로 이체되었다. 피고 2 계좌의 개설 경위 등을 감안하면,
소외 1이 자금관리를 목적으로 피고 2 계좌를 이용하여 위 계좌에 1억 원을 입금하였
다가 다시 해지하면서 해지 당시 잔액을 자신의 계좌 또는 피고 1 계좌로 이체하거나
현금으로 받아 모두 사용한 것으로 보인다."108)

원심의 법원은 광주고등법원이었습니다. 이번에는 광주고등법원은 대법원
2005. 3. 25. 선고 2004다10985, 10992 판결, 대법원 2007. 5. 31. 선고 2005다
28686 판결도 모두 인용하였고 원고의 청구를 기각하였습니다. 원고는 조세채
권자인 대한민국이었습니다.

이 사건의 새로운 쟁점은 바로 원상회복의 방법이었습니다. 기존 피고들의
통장을 이용하여 채무자가 이를 사용한 것이 아니라 처음부터 채무자가 사용한
목적으로 개설을 해 준 사건이었습니다.

"나. 원심은, 피고들이 이 사건 각 계좌에 입금된 돈을 인출하여 사용하였다는 점을 인
정할 증거가 없는 이상 사용된 금액에 대한 가액반환을 구할 수는 없고, 예금채권양도
방법으로 원상회복을 구해야 하는데, 이 사건 계좌의 잔액이 남아 있지 않아 피고들이
해당 예금채권을 보유하고 있지 않은 점에 비추어 원상회복을 구할 수도 없다고 보았다.
원심이 가액반환의 요건에 관해서 채권자인 원고가 항상 피고들이 이 사건 계좌에 입
금된 돈을 인출해서 사용하였다는 점에 관해서 증명책임을 지는 것처럼 판단한 것은

108) 대법원 2018. 12. 27. 선고 2017다290057 판결 [사해행위취소]

적절하지 않다. 그러나 위에서 보았듯이 소외 1이 이 사건 계좌를 지배·관리하면서 출금하여 사용한 사실이 인정됨을 이유로 소외 1에게 원상회복의 대상이 되는 돈이 반환되었다고 보아 원고의 가액반환 청구를 배척한 원심의 결론은 옳다. 따라서 원심의 판단에 증명책임에 관한 법리를 오해하여 판결 결과에 영향을 미친 잘못은 없다."[109]

원심은 돈을 인출해서 사용하였다는 점에 관한 입증책임이 채권자에게 있는 것처럼 판단한 것을 잘못되었다고 하면서도 돈의 사용에 관하여 채무자가 지배관리하면서 출금하여 사용하였다고 보았기 때문에 신탁자가 출금사용하였다고 보아야 하기 때문에 결론에는 정당하다고 하였습니다.

바. 소결

금전지급행위에 관한 판례들이 쌓이면서 이 부분에 관하여도 어느 정도 정리가 되었다고 할 것입니다. 증여인지 변제인지의 주장은 공격방어방법일 뿐이고 증여에 대한 입증책임은 취소채권자에게 있고 변제인 경우에는 통모로 변제하였다는 것에 관한 입증책임이 취소채권자에게 있다는 것입니다.

또한 타인의 통장을 이용하여 채무자가 이를 사용한 경우에 있어서 증여로 보기 위해서는 의사의 합치가 있어야 한다는 것입니다. 그 의사의 합치는 역시 취소채권자에게 입증책임이 있다고 할 것입니다. 단순히 과세관청을 회피하기 위하여 사용하였거나 예금통장실명제도가 있다고 하여 달리 볼 것은 아니라고 하고 있습니다.

예금주 명의신탁의 경우에 사해행위가 되면, 그 원상회복방법은 통장에 들어있는 채권에 대하여는 예금채권의 채무자에게 양도하고 금융회사에 이를 양도하였다는 통지하는 형식으로 원상회복이 이루어져야 한다고 합니다.

이미 출금하여 사용한 돈에 대하여는 가액배상으로 청구할 수 있는데 신탁자가 통장등을 교부받아 실제적으로 지배하고 관리한 경우에는 증여 자체가 인정이 되지 않아 가액배상을 구할 가능성이 없다고 할 것입니다. 그러나, 신탁자

---

109) 대법원 2018. 12. 27. 선고 2017다290057 판결 [사해행위취소]

가 지배하고 관리하였다는 것이 불분명한 경우에는 수익자가 이를 사용하였다고 보는 것이 자연스럽고 이에 대하여 수익자인 피고가 이의 사용에 대하여 입증책임이 있다고 할 것이고 이를 신탁자가 사용하였다고 한다면 그 경우에는 그 부분에 대하여는 사해행위도 인정되지 않을 가능성이 있다고 보입니다. 다만 대법원의 판단이 정확히 이런 것인지는 향후 판례를 검토해 볼 필요가 있다고 할 것입니다. 취소와 원상회복은 반드시 같이 가는 것이 아니라 원상회복이 패소할 수 있는 경우에도 취소는 인정될 수 있기 때문에 그렇습니다. 다만 이런 금전의 증여행위에도 이것이 문제될 것인지는 의문은 있습니다.

9. 소송을 통하여 부동산을 넘겨주거나 금전채무를 부담하는 경우에 대한 사해행위 여부

가. 의문점

소송상의 행위는 사해행위가 되지 않을 것입니다. 그런데 소송상의 행위이지만 이를 이용하여 채무자가 수익자가 금전 등을 지급하는 행위는 어떻게 될까요? 이의 취소를 구할 수 있을까요?

나. 상계계약이 강제조정에 의하여 이루어진 경우 취소 가능

"[1] 채권자의 단독행위인 민법상 상계와 달리 상계계약은 상호 채무를 면제시키는 것을 내용으로 하는 계약으로서 채무자의 재산권을 목적으로 한 법률행위에 해당하는 점, 조정에 갈음하는 결정에 대하여 소정의 기간 내에 이의신청이 없으면 그 조정에 갈음하는 결정은 재판상의 화해와 동일한 효력이 있는 점, 소송행위가 동시에 실체법상의 법률행위로서의 성질을 가지는 경우, 예컨대 소송상 상계, 청구의 포기·인낙, 재판상 화해 등은 채권자취소권의 대상이 된다는 것이 통설적인 견해인 점 등을 종합적으로 고려하여 보면, 상계계약이 조정에 갈음하는 결정의 형식을 빌려 체결된 경우 그 상계계약도 사해행위취소권 행사의 대상이 될 수 있다.
[2] 갑이 을을 상대로 제기한 약정금청구소송에서 을의 갑에 대한 전부금 상당 부당이

득반환채권과 갑의 을에 대한 채권을 상계하기로 하는 내용이 포함된 조정에 갈음하는 결정이 확정되었는데, 을의 다른 일반채권자인 병이 수익자인 갑을 상대로 조정에 갈음하는 결정의 형식을 빌려 체결된 상계계약의 취소와 그 원상회복으로서 전부금 상당 부당이득반환을 구한 사안에서, 조정에 갈음하는 결정 당시 을은 채무초과상태에 있었고 전부금 상당 부당이득반환채권이 을의 사실상 유일한 재산이었으며, 조정에 갈음하는 결정에 대하여 갑과 을이 법정기간 내에 이의신청을 하지 않음으로써 조정에 갈음하는 결정이 확정되기까지 일련의 과정에 비추어 적어도 조정에 갈음하는 결정 확정일에 갑과 을 사이에 상계계약을 체결하기로 하는 합의가 묵시적으로나마 있었다고 보이고, 을이 채무초과상태에서 일반채권자 중의 한 사람인 갑과 상계계약을 체결함으로써 갑은 다른 일반채권자에 우선하여 채권의 만족을 얻는 반면 그 범위 내에서 공동담보가 감소됨에 따라 다른 일반채권자는 종전보다 더 불리한 지위에 놓이게 되므로, 이는 곧 병 등 다른 일반채권자의 이익을 해하는 사해행위에 해당하고, 이러한 경우 채무자의 사해의사는 추정되므로 위 상계계약이 사해행위에 해당함을 이유로 그 전부의 취소를 구하는 병의 청구는 이유 있고, 한편 갑이 상계계약으로 취득한 수익은 금전 기타의 재물이 아니라 전부금 상당 부당이득반환채무의 소멸 내지 면제라고 하는 재산상 이익인데, 상계계약이 사해행위로 취소 확정되는 경우에는 그 취소의 효과로 인하여 당연히 병은 갑에 대한 관계에서 전부금 상당 부당이득반환채권이 부활하여 을이 이를 여전히 보유하는 것으로 취급할 수 있고, 그 결과 갑은 취소에 따른 원상회복 대상이 되는 어떠한 수익도 더 이상 보유하지 않는 셈이 되므로, 병이 갑을 상대로 전부금 상당 부당이득반환 등에 의한 원상회복을 청구할 여지는 없다고 한 사례."110)

결국 원상회복은 기각되었지만 사해행위취소는 인정된 상황이라고 할 것입니다.

"【주 문】
1. 제1심판결을 다음과 같이 변경한다.
가. 피고와 소외 1 사이에 2010. 3. 5. 체결된 별지 (1) 기재 상계계약을 취소한다.
나. 원고의 나머지 청구를 기각한다.

---

110) 서울고등법원 2012. 10. 11. 선고 2011나77575 판결: 상고 [사해행위취소등]

2. 소송총비용 중 80%는 원고가, 나머지는 피고가 각 부담한다.

【청구취지 및 항소취지】

제1심판결을 취소한다.

선택적으로, 소외 2와 소외 1 사이에 2009. 9. 18. 체결된 별지 (2) 기재 각 부동산(이하 '이 사건 각 부동산'이라 한다)에 관한 2008. 7. 11.자 매매계약(이하 '이 사건 매매계약'이라 한다)의 해제계약(이하 '이 사건 해제계약'이라 한다)을 취소하고, 피고는 원고에게 8억 원 및 이에 대하여 이 판결 확정일 다음날부터 다 갚는 날까지 연 5%의 비율에 의한 금원을 지급하라.

또는, 피고와 소외 1 사이에 2010. 3. 5. 체결된 별지 (1) 기재 상계계약(이하 '이 사건 상계계약'이라 한다)을 취소하고, 피고는 원고에게 8억 원 및 이에 대하여 이 판결 확정일 다음날부터 다 갚는 날까지 연 5%의 비율에 의한 금원을 지급하라.

(원고는 당심에 이르러 당초의 주위적 청구를 위 첫 번째 청구로 교환적으로 변경함과 아울러 당초의 주위적·예비적 병합청구를 선택적 병합청구로 변경하였다.)"111)

8억 원에 관한 부분인데 해제계약 부분은 기각이 되고 상계계약의 취소만 인정이 되었습니다. 그래서 취소 2건 원상회복 2건이어서 그런데 원고가 소송비용 80% 그리고 피고는 20%만 부담하는 형식으로 비용도 판결한 것으로 보입니다.

다. 점유취득시효에 기한 소유권이전등기청구소송에 자백하고 화해권고 결정으로 부동산을 이전해 준 사건

"1. 무자력상태의 채무자가 소송절차를 통해 수익자에게 자신의 책임재산을 이전하기로 하여, 수익자가 제기한 소송에서 자백하는 등의 방법으로 패소판결 또는 그와 같은 취지의 화해권고결정 등을 받아 확정시키고, 이에 따라 수익자 앞으로 그 책임재산에 대한 소유권이전등기 등이 마쳐졌다면, 이러한 일련의 행위의 실질적인 원인이 되는 채무자와 수익자 사이의 이전합의는 다른 일반채권자의 이익을 해하는 사해행위가 될 수 있다.

---

111) 서울고등법원 2012. 10. 11. 선고 2011나77575 판결: 상고 [사해행위취소등]

한편 채권자가 사해행위의 취소와 함께 수익자 또는 전득자로부터 책임재산의 회복을 명하는 사해행위취소의 판결을 받은 경우 수익자 또는 전득자가 채권자에 대하여 사해행위의 취소로 인한 원상회복 의무를 부담하게 될 뿐, 채권자와 채무자 사이에서 그 취소로 인한 법률관계가 형성되는 것은 아니다. 따라서 위와 같이 채무자와 수익자 사이의 소송절차에서 확정판결 등을 통해 마쳐진 소유권이전등기가 사해행위취소로 인한 원상회복으로써 말소된다고 하더라도, 그것이 확정판결 등의 효력에 반하거나 모순되는 것이라고는 할 수 없다.

2. 원심판결 이유에 의하면, 원심은 우선 그 판시와 같은 사정을 종합하여, 피고의 아버지가 이 사건 각 부동산을 매수하였다거나 소유의 의사로 점유하여 왔다고 볼 수 없으므로, 피고의 이 사건 각 부동산에 관한 '2012. 3. 31.자 점유취득시효 완성' 사실은 인정되지 않는다고 판단하였다. 나아가 원심은, 피고가 채무초과상태인 소외인을 상대로 이 사건 각 부동산에 관하여 '2012. 3. 31.자 점유취득시효 완성'을 원인으로 한 소유권이전등기절차의 이행을 구하는 소를 제기하였고, 소외인은 피고의 주장을 모두 인정하는 취지의 답변서를 제출하여 2014. 2. 7. 피고에게 위 답변서 부본이 송달되었으며, 피고와 소외인이 위 청구 내용과 같은 취지의 화해권고결정을 받아 이를 확정시키고 이에 따라 피고 앞으로 이 사건 소유권이전등기가 마쳐졌다면, 위와 같은 답변서 부본이 피고에게 송달된 2014. 2. 7. 소외인과 피고 사이에 이 사건 각 부동산을 양도·양수하기로 하는 합의가 있었다고 추인할 수 있고, 이러한 합의는 소외인의 채권자인 원고에 대한 사해행위에 해당한다고 판단하였다."112)

화해권고결정에 의하여 성립된 법률관계에 대하여 사해행위취소로 이를 취소할 수 있다고 하였습니다. 그 의사의 합의는, 즉 사해행위 시점은 답변서가 피고에게 송달된 2014. 2. 7.로 보았습니다. 즉 소제기는 청약이고, 이를 인정하는 답변서는 승낙의 의사표시로 본 것 같습니다.

라. 소결

다만, 모든 경우에 이런 소송에서 합의한 경우를 사해행위로 취소해서는 아니 된다고 할 것입니다. 가능하면 예외적으로 취소가 되어야 할 것입니다.

---

112) 대법원 2017. 4. 7. 선고 2016다204783 판결 [구상금및사해행위취소]

"사해행위 취소의 범위는 다른 채권자가 배당요구를 할 것이 명백하거나 목적물이 불가분인 경우와 같이 특별한 사정이 있는 경우에는 취소채권자의 채권액을 넘어서까지도 취소를 구할 수 있다(대법원 1997. 9. 9. 선고 97다10864 판결, 대법원 2009. 1. 15. 선고 2007다61618 판결 등 참조).

그런데 기록과 원심이 확정한 사실관계에 의하면, 소외인에 대하여는 원고 외에도 경북신용보증재단이 15,000,000원, 신한카드 주식회사가 5,615,602원의 채권을 가지고 이 사건 부동산 일부에 관한 가압류결정을 받아 그 가압류등기가 경료되었고 그 밖에 다른 채권자들도 채권을 주장한 사실을 알 수 있으며, 특별한 사정이 없는 이상 이러한 채권자들이 이 사건 경매절차에서 배당요구를 할 것이 명백하거나 실제로 배당요구를 한 것으로 보이므로, 원고로서는 자신의 채권액을 넘어서까지도 사해행위인 이 사건 근저당권설정계약의 취소를 구할 수 있다고 할 것이다.

그럼에도 원심은 이와 같은 사정을 제대로 심리하지 아니한 채 사해행위의 취소 및 원상회복의 범위가 채권자취소권을 행사하는 채권자의 채권액을 초과할 수 없다는 법리에만 기초하여 원고가 소외인에 대하여 가지는 채권의 한도 내에서만 이 사건 근저당권설정계약을 취소하고 그 원상회복을 명하였으므로, 거기에는 사해행위 취소의 범위에 관한 법리를 오해하여 심리를 다하지 아니함으로써 판결 결과에 영향을 미친 위법이 있다. 이를 지적하는 상고이유의 주장은 이유 있다.113)

예금주 명의신탁을 한 경우 신탁자가 통장 등을 교부하여 지배관리하였다고 한다면 그 사용은 신탁자가 사용한 것으로 보아야 할 것이고 이 경우에 남은 예금채권에 관하여는 예금채권의 양도 및 양도통지 형식이어야 한다는 것입니다.

그런데 신탁자가 지배관리하였다고 볼 수 없는 불명확한 경우에 이 돈의 사용에 관한 부분의 입증책임은 피고에게 있고 이를 입증하지 못하여 가액배상 책임을 부담할 수 있게 된다는 것입니다. 이를 입증하지 못하면 결국 증여행위도 인정되는 셈이 될 것입니다. 왜냐하면 증여가 아니기 때문에 이를 채무자가 사용하였을 것이고 이는 밝혀질 것입니다. 그런데 이를 신탁자가 사용하지 않고 수익자인 피고가 사용한 것이라고 한다면 이는 채무자가 피고인 수익자에게 증여한 것으로 볼 수 있기 때문입니다. 돈의 사용처는 증여와는 동전의 양면이라

---

113) 대법원 2013. 2. 15. 선고 2012다34238 판결 [구상금등]

고 할 것입니다.

10. 부동산실명법에 의한 명의신탁에 관한 사해행위 여부

가. 부동산실명법의 제정으로 의한 새롭게 뜬 부분

부동산실명법은 형사분야와 민사분야에 있어서 새로운 쟁점들을 계속 만들어내고 있습니다. 그런데 이 법은 사해행위에서도 큰 역할을 합니다. 사실 부동산실명법 제정시기와 사해행위취소소송이 활성화되기 시작한 시기가 거의 비슷합니다.

나. 부동산실명법 이전의 사례

"1. 원심판결 이유에 의하면, 원심은 소외 1이 1987. 7.경 피고의 부친인 소외 2의 소유이던 이 사건 부동산을 매수하여 그 지상에 수동의 다세대주택을 건축하기로 한 후 위 매매에 따른 소유권이전등기와 건축허가를 받음에 있어 그 명의를 1심 피고 소외 3, 소외 4, 소외 5에게 명의신탁하여 그들 명의로 이전등기를 1987. 8. 20. 경료하고 건축허가를 받은 사실, 그 후 명의수탁자 대표 소외 3은 원고(선정당사자, 이하 원고라고만 한다) 및 선정자들에게 장차 이 사건 부동산 상에 건축될 주택을 미리 분양함에 있어 그 주택과 함께 이 사건 부동산 중 약 50㎡(15평)씩을 각 분양한 사실 및 이 사건 부동산에 관하여 1989. 11. 16.자로 피고 명의로 1987. 9. 5. 경료된 가등기에 기하여 1987. 8. 20. 매매를 원인으로 소유권이전등기가 경료된 사실을 인정한 다음, 피고 명의의 위 소유권이전등기는 통정허위표시에 의한 것이거나 아니면 원고를 해할 목적으로 이루어진 사해행위에 기한 것이라는 이유로 그 말소를 구하는 원고의 주장에 대하여, 원고 제출의 증거들만으로는 원고 주장과 같이 원인무효라는 점을 인정하기 부족하고 달리 이를 인정할 증거가 없는 반면, 오히려 위 소외 1이 소외 2 소유인 수원시 권선구 탑동 17 전 700여 평을 2억 원에 피고로부터 매수하면서 계약금 500만 원을 제외한 나머지 금액은 위 소외 1이 피고 소유의 다른 토지인 위 탑동 20 소재 대지 위에 연건평 320평 규모의 다세대 주택과 상가건물을 신축하여 주는 것으로 갈음하기로 하고 그 의무이행을 담보하기 위하여 위 탑동 17 토지에서 분할된 이 사건 부동산에 관하여 피고 명의로 소유권이전청구권가등기를 경료한 사실, 피고가 1988. 9. 27. 이 사건 부동산의 명의인으로 되어 있던 위 소외 3 등을 상대로 위 가등기에 기한 본등기 절차의 이행을 구하는 소(수원지방법원 88가단25211호)를 제기하자, 위 소외 1이 피고에게 건축하여 주기로 한 다세대주택과 상가건물의 상당 부분을 이미 완공하여 피고에게 인도하여 주었고 그 나머지 시공 부분은 위 소외 1이 피고에게 이 사건 토지 상에 건축된 다세대 주택 중 6세대를 피고에게 양도하여 주는 것으로 갈음하기로 합의함으로써 당초 위 가등기에 의하여 담보하려 한 위 소외 1의 피고에 대한 채무는 모두 이행된 결과가 되어 위 가등기는 말소되어야 할 형편이었지만, 위 소송계속 중 피고와 위 소외 1 및 소외 3 등은 위 사건에서 위 소외 3 등이 피고의 청구를 인낙하여 주면 피고는 그 인낙조서에 기하여 그 명의로 등기를 경료받은 다음 이 사건 부동산의 실제 소유주 및 건축주인 위 소외 1에게 다시 등기를 경료하여 주기로 하고, 그 대신 위 소외 3 등으로부터 이 사건 부동산에 건축된 주택을 분양받은 사람들에 대해서는 위 소외 1이 그 분양에 따른 소유권이전등기 등 후속절차를 승계하여 이행하여 주기로 합의하고, 위 합의에 따라 위 소외 3 등은 피고의 청구를 모두 인낙하므로 피고는 위 인낙조서에 기하여 자신 명의로 위와 같이 소유권이전등기를 경료한 후 다시 명의신탁 해지를 원인으로 하여 1991. 7. 23. 위 소외 1에게 소유권이전등기를 경료하여 준 사실 등을 인정한 후, 위 인정 사실에 의하면 위 소외 3 등으로부터 피고 명의로 경료된 소유권이전등기는 이 사건 부동산의 실제 소유자로서 명의신탁자인 위 소외 1이 명의수탁자인 위 소외 3 등으로부터 그 등기를 회복하는 과정에서 그 중간단계로 명의신탁의 양 당사자들과 피고가 모두 합의한 바에 따라 경료된 것이어서 허위의 의사표시에 기하여 이루어진 것이라고 볼 수 없고, 또한 위와 같은 행위는 명의수탁자가 명의신탁자에 대한 반환의무의 이행의 한 방법으로서 그것이 사해행위를 구성하는 것은 아니라고 할 것이라는 이유로 원고의 청구를 배척하였다."114)

부동산실명법 이전의 사례이기 때문에 그 명의신탁의 종류나 무효인지 여부등은 전혀 문제가 되지 않았고, 결국 채무본지에 따른 이행의 한 방법으로서 이루어진 것이기 때문에 사해행위가 아니라고 판시한 것입니다.

---

114) 대법원 1996. 9. 20. 선고 95다1965 판결 [소유권이전등기말소등]

다. 명의신탁으로 사해행위를 한 경우

"원심판결 이유에 의하면, 원심은 그 채용 증거를 종합하여 판시 각 사실을 인정한 다음, 이에 의하면 원고의 채무자인 소외인은 채무초과상태하에서 매수한 이 사건 부동산에 관하여 그 등기명의를 아들인 피고 1에게 신탁하고 이에 따라 피고 1 앞으로 소유권이전등기를 마쳤는바, 이 사건 명의신탁은 소외인이 공동담보인 금전을 출연하여 그 대가인 이 사건 부동산을 매수하고도 그의 공동담보재산으로 편입시키지 않고 명의수탁자인 피고 1 앞으로 소유권이전을 마치기로 하는 내용의 약정이라 할 것이므로, 이는 특별한 사정이 없는 한 소외인의 채권자인 원고를 해하는 사해행위가 된다 할 것이고, 그 명의신탁약정에 따라 피고 1 명의로 소유권이전등기를 마칠 당시 소외인에게 채권자인 원고를 해할 사해의사가 있었다고 봄이 상당하고, 나아가 수익자인 피고 1 및 전득자인 피고 2에 대하여도 위 사해행위에 대한 악의가 있음이 추정된다고 할 것이며, 따라서 이 사건 명의신탁약정은 채권자인 원고를 해하는 행위로서 취소를 면할 수 없다고 할 것이고, 그에 따라 전득자인 피고 2는 수익자인 피고 1에게, 피고 1은 피고 3, 4에게 이 사건 부동산에 관하여 자신들 명의의 각 소유권이전등기의 말소등기절차를 이행할 의무가 있고, 피고 3, 4는 소외인에게 이 사건 부동산에 관하여 매매를 원인으로 한 소유권이전등기절차를 이행할 의무가 있으므로 원고는 채무자인 소외인을 대위하여 피고 3, 4에게 그 이행을 구할 수 있다고 판단하였다."115)

이 사건은 한 번에 모든 문제를 해결한 사건으로 원고 측 대리인이 뛰어난 분이었던 것 같습니다.

피고 1은 수익자, 피고 2는 전득자이고, 피고 3, 4는 바로 소외인 채무자에게 부동산을 처분한 매수인이었습니다.

피고 2는 피고 1에게, 피고 1은 피고 3, 4에게 각 소유권이전등기의 말소등기절차를 이행하라고 사해행위취소로 구한 것입니다.

피고 3, 4와 소외인 채무자 간의 매매계약은 명의신탁약정의 무효와 관계없이 유효한 것이니 소외인의 채권자인 원고는 채무자가 피고 3, 4에 가지는 소유권이전등기청구권을 대위행사하여 피고 3, 4가 이 사건 부동산을 소외인에게 이

---

115) 대법원 2004. 3. 25. 선고 2002다69358 판결 [사해행위취소등]

전등기경료하여 줄 것을 구한 것입니다.

"1. 피고 1과 소외 채무자 사이에 별지 목록 기재 부동산에 관하여 2022. 6. 3.자 명의신탁약정을 취소한다.

2. 별지 목록 기재 부동산에 관하여

가. 피고 2는 피고 1에게 서울중앙지방법원 2022. 12. 31. 접수 제1004호로 마친

나. 피고 1은 피고 3, 4에게 서울중앙지방법원 2022. 7. 3. 접수 제1003호로 마친

각 소유권이전등기의 말소등기절차를 이행하라.

3. 피고 3, 4는 소외 채무자에게 별지 목록 기재 부동산에 관하여 2022. 5. 1.자 매매계약을 원인으로 한 소유권이전등기절차를 이행하라.

4. 소송비용은 피고들의 부담으로 한다."

이런 식의 청구취지와 주문이 작성되었을 것으로 보입니다. 명의신탁으로 사해행위를 한 경우와 명의신탁된 부동산을 처분한 경우에 그것이 사해행위가 되는지는 전혀 별개의 문제라고 할 것입니다. 명의신탁이 부동산실명법에 의하여 무효라고 하더라도 무효행위의 취소이론에 의하여 이를 사해행위취소로 구할 수 있는 것입니다.

라. 명의수탁자에 나온 양도소득세를 피보전채권으로 하여 별도의 부동산을 처에게 증여한 행위가 사해행위가 되는지

"4. 한편, 이 사건에서 피고는 소외 1은 ○○동 토지의 명의수탁자일 뿐이고 그 실제 소유자는 소외 4이어서 소외 1이나 피고로서는 ○○동 토지의 양도에 따른 양도소득세가 소외 1에게 부과되리라고는 전혀 예상할 수 없었고, 또 명의수탁자인 소외 1에게 양도소득세를 부과한 처분은 위법하여 무효이므로 원고에게는 피보전채권이 없다고 주장한 데 대하여, 원심은 위 1항에서 본 사실에 기초하여, 소외 1이 원고에 대하여 양도소득세 납부채무를 부담하고 있던 중 이 사건 부동산을 피고에게 증여한 행위는 채권자인 원고 등을 해하는 사해행위에 해당하고, 설사 ○○동 토지가 실제 소외 1 아닌 타

인의 소유라고 하더라도 부동산에 대한 실질적인 소유자가 아닌 명의수탁자에 대하여 행해진 양도소득세 부과처분은 위법하지만 그 하자가 중대·명백하다고 할 수 없어 무효라고는 볼 수 없고 단지 취소할 수 있을 뿐이며, 그 과세처분이 적법하게 취소되었다고 인정할 아무런 자료가 없다는 이유로, 피고의 위 주장을 배척하였다.

양도소득세 부과처분을 받은 자가 양도된 토지의 실질적인 소유자가 아닌 명의수탁자에 불과하다 하여도, 앞서 본 바와 같이 양도 당시 토지의 등기부상 소유명의가 명의수탁자 앞으로 되어 있었고 또 그 등기에 명의신탁관계가 등재되어 있지 아니한 이상, 제3자인 과세관청으로서는 특별한 사정이 없는 한 위 토지에 관한 소유권이전등기를 믿고 그에 따라 과세처분을 할 수밖에 없다 할 것이어서, 위 과세처분이 등기부상의 명의수탁자에 불과한 자에게 양도소득세를 부과한 것이라고 하더라도 그 하자가 중대·명백하다고 할 수 없으므로 위 과세처분이 무효라고 볼 수는 없다(대법원 1997. 11. 28. 선고 97누13627 판결 등 참조).

그러나 원심이, '소외 1이 ○○동 토지의 명의수탁자일 뿐이고 그 실제 소유자는 소외 4'라는 등의 피고의 주장에 대하여, 그 명의수탁 여부 등을 심리·판단하지도 아니한 채, 곧바로 '소외 1이 원고에 대하여 양도소득세 납부채무를 부담하고 있던 중 이 사건 부동산을 피고에게 증여한 행위는 채권자인 원고 등을 해하는 사해행위에 해당한다.'고 판단한 것은 그대로 수긍하기 어렵다.

부동산을 제3자에게 명의신탁한 경우 명의신탁자가 부동산을 양도하여 그 양도로 인한 소득이 명의신탁자에게 귀속되었다면, 국세기본법 제14조 제1항 등에서 규정하고 있는 실질과세의 원칙상 당해 양도소득세의 납세의무자는 양도의 주체인 명의신탁자이지 명의수탁자가 그 납세의무자가 되는 것은 아니다(대법원 1997. 10. 10. 선고 96누6387 판결 등 참조). 그리고 채권자취소권의 주관적 요건인 채무자가 채권자를 해함을 안다는 이른바 채무자의 악의, 즉 사해의사는 채무자의 재산처분 행위에 의하여 그 재산이 감소되어 채권의 공동담보에 부족이 생기거나 이미 부족 상태에 있는 공동담보가 한층 더 부족하게 됨으로써, 채권자의 채권을 완전하게 만족시킬 수 없게 된다는 사실을 인식하는 것을 의미하고(대법원 1999. 11. 12. 선고 99다29916 판결 등 참조), 채무자의 사해의사를 판단함에 있어서는 원칙적으로 사해행위 당시의 사정을 기준으로 하여야 한다(대법원 2000. 12. 8. 선고 99다31940 판결 참조).

그런데 앞서 본 바와 같이, 소외 1이 ○○동 토지를 소외 4로부터 명의신탁받았고, 이를 소외 1이 아닌 소외 4가 매도한 것으로 밝혀지는 경우에는, 소외 1에 대한 양도소득세 부과처분이 나중에 확정된 사실만으로는 소외 1이 이 사건 부동산을 피고에게 증여할 당시에 이미 원고에 대하여 양도소득세 납부채무를 부담하고 있는 사실을 알았고 나아가 사해의사가 있었다고 볼 수는 없으므로, 원심으로서는 피고가 주장하는 바와 관련된 여러 사정들, 즉, 우선 소외 1이 소외 4로부터 ○○동 토지를 명의신탁받았는지 여부 및 그 경위에 대하여 심리하고, 나아가 ○○동 토지가 그 후 소외 2, 소외 3에게 매도된 경위와 소외 1의 인감도장 교부 및 인감증명서 발급 경위, 자산양도차익예정신고서 등이 작성·제출된 경위 등 여러 사정을 구체적으로 살펴서, ○○동 토지가 소외 2, 소외 3에게 매도될 때 소외 1이 이에 관여하였거나 이를 알고 있었는지 여부 등을 심리하고, 그 밖에 ○○동 토지에 대한 양도소득세 부과처분이 그와 같이 지연되게 된 사유, 소외 1이 그 부과처분에 대해 불복하지 아니한 사유 내지 동기, 소외 1이 소외 5에게 이 사건 부동산에 관하여 1997. 12. 10.자 채권최고액 4억 5,000만 원으로 한 근저당권설정계약을 원인으로 같은 날 근저당권설정등기를 경료하게 된 사유와 그 경위, 이 사건 사해행위라고 주장되고 있는 법률행위를 하게 된 동기와 그 경위 등에 관하여도 살펴서, 소외 1이 이 사건 부동산을 피고에게 증여할 당시 소외 1에게 사해의사가 있었는지 여부를 판단하였어야 할 것이다."116)

이 사건 1심은 2001. 7. 6.에 접수가 되어 원고승소판결, 항소기각, 대법원 파기환송이 되었고, 파기환송심은 원고의 패소로 판결이 났고 대한민국은 상고를 하였는데 심리불속행기각이 된 사건이었습니다.

이 사건의 경우 부동산실명법의 문제는 언급이 없습니다. 명의신탁자는 소외 4이고 명의수탁자는 소외 1이었습니다. 피고 수익자는 소외 1의 처였습니다. ○○○동 부동산을 명의신탁자가 처분을 하였을 것이고 그 양도소득세가 부과된 것입니다. 소외 1은 이 사건 부동산(명의신탁한 부동산이 아님)을 피고에게 증여를 하였습니다. 이에 피고와 소외 1은 ○○○동 부동산의 신탁자는 소외 4이기 때문에 이를 처분하더라도 양도소득세는 당연히 명의신탁자에게 나온 것이라고 생각하였기 때문에 자신들의 조세채무의 발생을 알 수도 없었다고 하고 있습니다. 채무자의 사해의사가 없었다는 피고의 주장을 받아들여서 추가적으로 심리하도록 하고 파기환송을 시킨 사건입니다.

---

116) 대법원 2003. 12. 12. 선고 2003다30616 판결 [사해행위취소등]

> "원심판결 이유 및 기록에 나온 증거들에 의하면, 소외 1 명의로 소유권이전등기가 경료되어 있던 원주시 (주소 1 생략) 대 331.8㎡(이하 'ㅇㅇ동 토지'라고 한다)에 관하여 1997. 7. 3. 소외 2, 소외 3 명의의 같은 해 6. 27. 매매예약을 원인으로 한 소유권이전청구권 가등기가 경료되었다가 같은 해 12. 22. 그들 명의의 같은 달 16. 매매를 원인으로 한 소유권이전등기가 경료된 사실, 원주세무서장은 2001. 3. 5. 소외 1에게 ㅇㅇ동 토지 양도에 따른 양도소득세 1억 52,361,600원을 납부기한은 같은 달 31.로 정하여 부과고지한 사실, 한편 소외 1은 1998. 6. 8. 처인 피고에게 이 사건 부동산(원심판결 별지 목록 기재 부동산)에 관하여 춘천지방법원 원주지원 접수 제22723호로 같은 달 3. 증여를 원인으로 한 소유권이전등기를 경료해 준 사실, 소외 1은 피고에게 이 사건 부동산을 증여할 당시 이 사건 부동산을 제외한 재산으로 공시지가 51,168,000원 상당인 원주시 (주소 2 생략) 전 246㎡와 공시지가 11,004,000원 상당인 (주소 3 생략) 전 42㎡가 있었을 뿐인 사실을 알 수 있다."117)

이 사건 부동산의 증여시점은 1998. 6. 8.입니다. 그리고 명의신탁된 부동산의 처분 시점은 1997. 7. 3.에 가등기를 경료하고 1997. 12. 22.에 본등기를 경료하였습니다. 그렇다고 한다면 ㅇㅇㅇ동 부동산을 양도하고 나서 이 사건 부동산을 처에게 증여한 것은 맞습니다. 그런데 소외 1에게 양도소득세부과처분이 된 것은 2001. 3. 5.이었습니다. 그렇기 때문에 1998. 6. 8.에는 양도소득세가 피고 1에게 부과된다는 사실을 소외 1이나 피고는 전혀 알지 못하였을 가능성이 큽니다.

명의신탁한 시점은 나오지 않았습니다. 그러나 아마 이는 부동산실명법 전에 명의신탁이 있었던 경우 1년 유예기간이 주고 그 기간 안에 실명전환을 하도록 하였습니다. 부동산실명법은 1995. 7. 1.부터 시행을 하였습니다. 1997. 7. 2. 가등기를 하였고 1997. 12. 22.에 본등기를 경료했으니 기존 명의신탁의 경우에 1년이 지났으니 명의신탁은 무효라고 할 것입니다.

"제11조(기존 명의신탁약정에 따른 등기의 실명등기 등)연혁판례문헌

① <u>법률 제4944호 부동산실권리자명의등기에관한법률 시행 전에 명의신탁약정에 따라 부동산에 관한 물권을 명의수탁자의 명의로 등기하거나 등기하도록 한 명의신탁자(이하 "기존 명의신탁자"라 한다)는 법률 제4944호 부동산실권리</u>

---

117) 대법원 2003. 12. 12. 선고 2003다30616 판결 [사해행위취소등]

자명의등기에관한법률 시행일부터 1년의 기간(이하 "유예기간"이라 한다) 이내에
실명등기하여야 한다. 다만, 공용징수, 판결, 경매 또는 그 밖에 법률에 따라 명
의수탁자로부터 제3자에게 부동산에 관한 물권이 이전된 경우(상속에 의한 이전은
제외한다)와 종교단체, 향교 등이 조세 포탈, 강제집행의 면탈을 목적으로 하지
아니하고 명의신탁한 부동산으로서 대통령령으로 정하는 경우는 그러하지 아니
하다.

　　제12조(실명등기의무 위반의 효력 등)

　　① 제11조에 규정된 기간 이내에 실명등기 또는 매각처분 등을 하지 아니
한 경우 그 기간이 지난 날 이후의 명의신탁약정 등의 효력에 관하여는 제4조
를 적용한다.

　　② 제11조를 위반한 자에 대하여는 제3조제1항을 위반한 자에 준하여 제5
조, 제5조의2 및 제6조를 적용한다. <개정 2016.1.6>

　　③ 법률 제4944호 부동산실권리자명의등기에관한법률 시행 전에 명의신탁
약정에 따른 등기를 한 사실이 없는 자가 제11조에 따른 실명등기를 가장하여
등기한 경우에는 5년 이하의 징역 또는 2억 원 이하의 벌금에 처한다."

　　(출처: 부동산 실권리자명의 등기에 관한 법률 타법개정 2020. 3. 24. [법률 제17091
호, 시행 2020. 3. 24.] 법무부 > 종합법률정보 법령)

　　아마 이 당시에는 부동산실명법의 제4조의 명의신탁약정과 그 등기의 유무
효에 관하여 잘 몰랐을 것으로 보입니다. 대법원은 이에 대하여 피고가 주장을
한 것은 아니기 때문에 부동산실명법으로 갈 수가 없고 채무자의 사해의사로만
파악을 하였던 것으로 보입니다.

마. 조합재산을 공유등기한 경우에 명의신탁한 것인지 여부 및 사해행위 인정 여부

"[3] 민법 제271조 제1항은 "법률의 규정 또는 계약에 의하여 수인이 조합체로서 물건
을 소유하는 때에는 합유로 한다. 합유자의 권리는 합유물 전부에 미친다."고 규정하고
(이는 물권법상의 규정으로서 강행규정이고, 따라서 조합체의 구성원인 조합원들이 공

유하는 경우에는 조합체로서 물건을 소유하는 것으로 볼 수 없다.), 민법 제704조는 "조합원의 출자 기타 조합재산은 조합원의 합유로 한다."고 규정하고 있으므로, 동업을 목적으로 한 조합이 조합체로서 또는 조합재산으로서 부동산의 소유권을 취득하였다면, 민법 제271조 제1항의 규정에 의하여 당연히 그 조합체의 합유물이 되고(이는 민법 제187조에 규정된 '법률의 규정에 의한 물권의 취득'과는 아무 관계가 없다. 따라서 조합체가 부동산을 법률행위에 의하여 취득한 경우에는 물론 소유권이전등기를 요한다.), 다만, 그 조합체가 합유등기를 하지 아니하고 그 대신 조합원들 명의로 각 지분에 관하여 공유등기를 하였다면, 이는 그 조합체가 조합원들에게 각 지분에 관하여 명의신탁한 것으로 보아야 한다.

[4] 동업 목적의 조합체가 부동산을 조합재산으로 취득하였으나 합유등기가 아닌 조합원들 명의로 공유등기를 하였다면 그 공유등기는 조합체가 조합원들에게 각 지분에 관하여 명의신탁한 것에 불과하므로 부동산실권리자명의등기에관한법률 제4조 제2항 본문이 적용되어 명의수탁자인 조합원들 명의의 소유권이전등기는 무효이어서 그 부동산 지분은 조합원들의 소유가 아니기 때문에 이를 일반채권자들의 공동담보에 공하여지는 책임재산이라고 볼 수 없고, 따라서 조합원들 중 1인이 조합에서 탈퇴하면서 나머지 조합원들에게 그 지분에 관한 소유권이전등기를 경료하여 주었다 하더라도 그로써 채무자인 그 해당 조합원의 책임재산에 감소를 초래한 것이라고 할 수 없으므로, 이를 들어 일반채권자를 해하는 사해행위라고 볼 수는 없으며, 그에게 사해의 의사가 있다고 볼 수도 없다고 한 사례."[118]

　　부동산실명법에 의하여 조합재산을 조합원 개인들의 공유로 등기를 경료하였다고 한다면 이는 명의신탁이고 이는 무효라고 하여 조합원 개인의 공동담보로서의 제공되는 재산이라고 볼 수 없어 사해행위도 아니고 사해의사도 없다고 하였습니다. 조합원이 탈퇴하면서 이를 조합에 돌려놓은 것이기 때문에 채무본지에 따른 이행과 같기 때문이기도 할 것입니다.

　　원심은 원고의 예비적 청구를 인용하였고 대법원은 피고들의 상고를 받아들여 파기환송을 하였습니다.

---

118) 대법원 2002. 6. 14. 선고 2000다30622 판결 [대여금등]

"나. 나아가, 공동피고 1 명의의 이 사건 대지지분에 관한 소유권이전등기는 부동산실권리자 명의등기에관한법률(1995. 7. 1.부터 시행, 이하 '부동산실명법'이라 한다)이 시행된 후에 공동피고 1과 피고들로 구성된 동업 목적의 조합체와 공동피고 1 사이의 명의신탁 약정에 의하여 부동산에 관한 물권을 명의수탁자인 그의 명의로 등기한 것으로서, 부동산실명법 제4조 제2항 본문이 적용되어 명의수탁자인 그 명의의 소유권이전등기는 무효이고, 다만 같은 법 제4조 제2항 단서의 규정상 이 사건 대지지분에 관한 물권을 취득하기 위한 계약에서 명의수탁자인 공동피고 1과 피고들이 그 일방 당사자가 되고, 그 타방 당사자로서 매도인인 주식회사 대화가 공동피고 1과 피고들로 구성된 동업 목적의 조합체와 공동피고 1 사이에 명의신탁 약정이 있다는 사실을 알지 못한 경우에 한하여 이 사건 대지지분에 관한 그 명의의 소유권이전등기가 유효하다고 보게 될 것이다.

그런데 만약 이 사건 대지지분에 관하여 같은 법 제4조 제2항 본문이 적용되어 그에 관한 공동피고 1 명의의 소유권이전등기가 무효인 경우에는 그 대지지분은 그의 소유가 아니기 때문에 이를 일반채권자들의 공동담보에 공하여지는 책임재산이라고 볼 수 없고, 따라서 공동피고 1이 1998. 4. 23. 그가 이 사건 동업계약에 따른 출자를 제대로 이행하지 못하였다는 사유로 그 동업계약에 따라 성립된 조합에서 탈퇴하면서 피고들과 사이에 공동피고 1이 탈퇴하고 잔존 조합원들인 피고들의 조합지분을 1/3씩으로 하는 이 사건 동업변경계약을 체결하고, 공동피고 1이 그 다음날 피고들에게 1998. 4. 23.자 매매계약을 원인으로 이 사건 대지 중 자기 명의의 1/4 지분 중 1/12씩에 관하여 소유권이전등기를 경료하여 주었다 하더라도 그로써 채무자인 공동피고 1의 책임재산에 감소를 초래한 것이라고 할 수 없으므로, 이를 들어 일반채권자인 원고들을 해하는 사해행위라고 볼 수는 없으며, 그에게 사해의 의사가 있다고 볼 수도 없다(대법원 2000. 3. 10. 선고 99다55069 판결 등 참조).

결국, 원심이 인정한 사실관계 아래에서는 같은 법 제4조 제2항 단서가 적용되어 유효라고 볼 수 있는 사정이 드러나지 아니하는 이상(오히려 부동산매매계약서(을 제2호증의 1)의 특약사항 2, 3항이나 제1심 증인 1의 일부 증언에 비추어 보면, 매도인인 주식회사 대화는 이 사건 대지상의 건축허가 관계에까지 상당 정도 관여된 것으로 보인다.), 이 사건 대지지분에 관한 공동피고 1과 피고들 사이의 이 사건 매매계약을 원인으로 한 소유권이전등기가 사해행위에 해당한다고 볼 수 없다.

다. 그럼에도 불구하고, 원심은 이와 달리 그 판시와 같은 이유만을 들어 공동피고 1과 피고들 사이에 이 사건 매매계약을 체결할 당시 이 사건 대지지분은 어디까지나 공동피고 1의 단독소유이어서 그 지분을 포함한 이 사건 대지 전부가 공동피고 1과 피고들의 합유재산임을 전제로 한 피고들의 주장이 이유 없다고 하여 이를 배척하고, 이 사건 대지에 관한 원고들의 제2 예비적 청구를 인용하고 말았으니, 원심판결 중 이 부분에는 조합재산의 소유관계와 명의신탁 및 사해행위에 관한 법리를 오해하고, 채증법칙을 위배하거나 필요한 심리를 다하지 아니하여 사실을 오인한 위법이 있고, 이는 판결에 영향을 미쳤음이 분명하다.
상고이유 중 이 점을 지적하는 부분은 이유 있다."119)

굉장히 강한 톤으로 원심의 판단을 비판하고 있습니다. 특히 채증법칙 위배까지 언급하고 있습니다. 조합재산을 조합원이 공유로 등기한 경우에 명의신탁이라는 판례는 대법원 1997. 5. 30. 선고 95다4957 판결에 의하여 이미 대법원이 판결을 했었던 것입니다. 또한 이 사건 원심 서울고등법원이 2000. 5. 17.에 선고를 하였는데 부동산실명법과 사해행위인정여부와 관련된 최초의 판례는 2000. 3. 10.에 선고되고 2000. 5. 1.에 공보에 실렸습니다. 그렇다고 한다면 서울고등법원에서는 충분히 이 판례를 알았을 가능성이 있는데 전혀 이를 고려하지 않고 또한 여러 증거들을 보면, 조합재산인 것이 명백히 알 수 있는 사건인데도 불구하고 공동담보로 제공되는 재산으로 보았기 때문에 대법원은 강하게 비난하는 톤으로 판결을 한 것으로 보입니다.

바. 부동산실명법위반 등기의 사해행위 인정 여부 최초 판례 사건

"부동산에 관하여 부동산실권리자명의등기에관한법률 제4조 제2항 본문이 적용되어 명의수탁자인 채무자 명의의 소유권이전등기가 무효인 경우에는 그 부동산은 채무자의 소유가 아니기 때문에 이를 채무자의 일반 채권자들의 공동담보에 공하여지는 책임재산이라고 볼 수 없고, 채무자가 위 부동산에 관하여 제3자와 근저당권설정계약을 체결하고 나아가 그에게 근저당권설정등기를 마쳐주었다 하더라도 그로써 채무자의 책임재산에 감소를 초래한 것이라고 할 수 없으므로 이를 들어 채무자의 일반 채권자들을 해

119) 대법원 2002. 6. 14. 선고 2000다30622 판결 [대여금등]

하는 사해행위라고 할 수 없고, 채무자에게 사해의 의사가 있다고 볼 수도 없다."[120]

이 사건의 경우도 판결이 2000. 3. 10.에 나온 점을 보면, 부동산실명법 이후에 명의신탁이 있었다고 보기에는 시간적 간격이 너무 짧습니다. 앞의 조합재산의 공유등기한 경우에는 부동산실명법 시행 이후의 사건임에는 판결이유에서도 분명히 하고 있는 것을 알 수 있습니다.

"그러나 원심이 인정한 사실에 의하면, 이 사건 지분에 관한 소외 1 명의의 소유권이전등기는 부동산실권리자명의등기에관한법률(이하 '법'이라고만 한다)이 시행되기 전에 ○○교회 신도들과 소외 1 사이의 명의신탁약정에 의하여 부동산에 관한 물권을 명의수탁자인 소외 1의 명의로 등기한 것으로서 그 명의신탁자가 법 제11조 제1항 본문이 정하는 법 시행일로부터 1년의 유예기간 이내에 실명등기를 하지 아니한 것임이 명백하다. 따라서 법 제12조 제1항의 규정상 위 유예기간이 경과한 이후 이 사건 지분에 관한 물권변동에 관하여는 법 제4조 제2항의 규정을 적용하여야 한다.

그러므로 법 시행일인 1995. 7. 1.로부터 1년이 지난 후부터는 법 제4조 제2항 본문이 적용되어 이 사건 지분에 관한 소외 1 명의의 소유권이전등기는 무효이고, 다만 법 제4조 제2항 단서의 규정상 이 사건 지분에 관한 물권을 취득하기 위한 계약에서 명의수탁자인 소외 1이 그 일방 당사자가 되고, 그 타방 당사자인 매도인이 ○○교회 신도들과 소외 1 사이에 명의신탁약정이 있다는 사실을 알지 못한 경우에 한하여 이 사건 지분에 관한 소외 1 명의의 소유권이전등기가 유효하다고 볼 것이다.

그런데 만약 이 사건 지분에 관하여 법 제4조 제2항 본문이 적용되어 그에 관한 소외 1 명의의 소유권이전등기가 무효인 경우에는 소외 1이 이 사건 지분에 관하여 피고와 근저당권설정계약을 체결할 당시 이 사건 지분은 소외 1의 소유가 아니기 때문에 이를 소외 1의 일반 채권자들의 공동담보에 공하여지는 책임재산이라고 볼 수 없고, 소외 1이 이 사건 지분에 관하여 피고와 근저당권설정계약을 체결하고 나아가 피고에게 근저당권설정등기를 마쳐주었다 하더라도 그로써 소외 1의 책임재산에 감소를 초래한 것이라고 할 수 없으므로 이를 들어 소외 1의 일반 채권자들을 해하는 사해행위라고 할 수 없고(대법원 1982. 5. 25. 선고 80다1403 판결 참조), 소외 1에게 사해의 의사가 있

---

120) 대법원 2000. 3. 10. 선고 99다55069 판결 [사해행위취소]

다고 볼 수도 없다.

결국, 원심이 인정한 사실관계 아래에서는 법 제4조 제2항 단서가 적용되어 유효라고 볼 수 있는 사정이 드러나지 아니하는 이상 이 사건 지분에 관한 소외 1과 피고 사이의 위 근저당권설정계약이 사해행위에 해당한다고 볼 수 없다.

그럼에도 불구하고, 원심이 이 사건 지분에 관한 소외 1 명의 소유권이전등기가 법 제4조 제2항 단서가 정하는 바에 해당하여 유효라는 등의 사정을 심리·확정하지도 아니한 채, 법 제4조 제2항의 적용을 받아야 할 이 사건 지분에 관한 소외 1 명의 소유권이전등기가 유효임을 전제로 소외 1과 피고 사이의 위 근저당권설정계약이 사해행위에 해당한다고 단정하고 만 것은 **채권자취소권의 대상이 되는 사해행위에 대한 법리와 법 제4조에 대한 법리를 오해한 나머지 필요한 심리를 다하지 아니한 위법이 있고**, 이와 같은 위법은 판결 결과에 영향을 미친 것임이 분명하다. 이 점을 지적하는 취지가 담긴 것으로 볼 수 있는 논지는 이유가 있다."[121]

이 사건에서 대법원은 법리오해로 인한 심리를 다하지 아니한 위법만을 언급하고 있어 위 조합사건과는 조금 어조가 다르고 또한 판단 시에 조합사건은 여러 증거로 명의신탁한 사건이 명백하고 판단을 보면, 유효로 볼 사안도 아니었던 것이기 때문에 채증법칙 위배까지 언급한 것으로 보입니다. 단순히 부동산을 처분한 것만 아니라 명의신탁된 부동산을 신탁자도 아닌 수탁자가 제3자에게 근저당권을 설정해 주더라도 이는 명의신탁이 무효이며 사해행위는 되지 않는다고 하는 것입니다. 다만 수탁자의 채권자들은 그 부동산에 가압류를 하는데는 전혀 문제가 없다고 할 것입니다.

부동산실명법 전의 명의신탁이기 때문에 법 제11조 1항 다시 법 제12조 1항 다시 법 제4조로 넘어가는 과정을 거친 것을 알 수 있습니다.

사. 부부간에 명의신탁한 부동산을 회복한 경우 사해행위 인정 여부

"부부의 일방이 혼인 중 그의 단독 명의로 취득한 재산은 그 명의자의 특유재산으로 추

---

121) 대법원 2000. 3. 10. 선고 99다55069 판결 [사해행위취소]

정되는 것이고, 그 재산의 취득에 있어 다른 일방의 협력이 있었다거나 내조의 공이 있었다는 것만으로는 그 추정이 번복되지 아니하는 것이지만, 다른 일방이 실제로 당해 재산의 대가를 부담하여 취득하였음을 증명한 경우에는 그 추정이 번복되고, 그 대가를 부담한 다른 일방이 실질적인 소유자로서 편의상 명의자에게 이를 명의신탁한 것으로 인정할 수 있다(대법원 1995. 2. 3. 선고 94다42778 판결, 대법원 2000. 12. 12. 선고 2000다45723 판결 등 참조). 한편, 부동산의 명의수탁자가 신탁행위에 기한 반환의무의 이행으로서 신탁부동산의 소유권이전등기를 경료하는 행위는 기존채무의 이행으로서 사해행위를 구성하지 아니한다(대법원 2001. 8. 24. 선고 2001다35884 판결 등 참조).

원심이 적법하게 확정한 사실관계에 의하더라도, 피고와 소외 1은 1983. 3. 22. 혼인신고를 마치고 부부로서 혼인생활을 하면서 그들 사이에 두 아들을 두었는데, 소외 1은 혼인 후 몇 차례 직장을 옮기다가 1998년경부터는 독립하여 사업을 운영하였지만, 혼인기간 내내 가정을 제대로 돌보지 아니하여, 피고가 초등학생 과외지도를 하거나, 1991. 7.경부터는 언니인 소외 2와 동업으로, 1994. 7.경부터는 단독으로 가방 등 판매사업을 하는 등으로 가계를 담당하여 왔고, 피고는 1991. 11. 18. 이 사건 부동산을 1억 34,629,000원에 분양받으면서, 당시까지 자신이 모아 두었던 돈으로 일부 분양대금을 납입하고, 소외 2로부터 빌린 돈과 사업을 통하여 벌어들인 수익을 합하여 나머지 분양대금을 납입한 다음, 1993. 12. 21. 이 아파트에 관하여 소외 1의 명의로 소유권이전등기를 마쳤으며, 소외 1이 그 후로도 피고로부터 사업자금 명목으로 자주 돈을 가져갔을 뿐만 아니라 소외 1이 부담한 채무를 피고가 대신 변제하여 주는 일이 수차에 걸쳐 반복되자, 피고는 소외 1에게 이 사건 부동산의 명의를 피고 앞으로 이전하여 달라고 요구하였고, 이에 소외 1은 1997. 12. 5. 이 사건 부동산에 관하여 소외 2 앞으로 매매계약을 원인으로 한 소유권이전청구권가등기를 마쳐주기도 하였으며, 또한 2001. 11. 29.과 2002. 5. 17.에는 이 사건 부동산의 명의를 피고에게 이전하겠다는 내용의 각서를 작성하여 피고에게 교부하기도 하였다는 것인바, 이러한 사정들을 앞의 법리에 비추어 보면, 이와 같이 피고가 이 사건 부동산의 취득 대가를 전부 부담하였음을 알 수 있는 이상 이로써 이 사건 부동산이 그 명의자인 소외 1의 특유재산이라는 추정은 유지될 수 없고, 그 취득 대가를 부담한 피고가 이 사건 부동산의 실질적인 소유자로서 편의상 이를 소외 1에게 명의신탁한 것으로 인정할 수 있다 할 것이므로, 소외 1이 이 사건 부동산에 관하여 피고 앞으로 증여를 원인으로 한 소유권이전등기를 마친 것을 사해행위라고 볼 수는 없다 할 것이다.

그럼에도 불구하고, 원심은 그 판시와 같이 이 사건 부동산을 피고가 남편인 **소외 1에게 명의신탁한 것이어서 사해행위에 해당하지 않는다는 피고의 주장을 배척하고** 말았으니, 이러한 **원심판결에는 채증법칙을 위배하여 사실을 오인함과 아울러 부부 사이의 명의신탁관계 등에 관한 법리를 오해한 위법**이 있고, 이러한 위법은 판결에 영향을 미쳤음이 분명하다."122)

부부간의 명의신탁은 부동산실명법 제정이 되었다고 하더라도 유효한 것으로 보고 있습니다. 그렇기 때문에 부동산실명법으로 이 문제를 해결할 수는 없었던 것입니다. 시점을 보면 부동산실명법 제정 전의 명의신탁임을 알 수 있습니다. 이렇게 수많은 증거를 제출하였음에도 명의신탁을 인정하지 않았으니 대법원은 또 채증법칙위배하여 사실오인을 하고 법리오해까지 하였다고 강하게 원심을 질책하고 있습니다.

"제8조(**종중, 배우자 및 종교단체에 대한 특례**)

다음 각 호의 어느 하나에 해당하는 경우로서 <u>조세 포탈, 강제집행의 면탈(면탈) 또는 법령상 제한의 회피를 목적으로 하지 아니하는 경우에는 제4조부터 제7조까지 및 제12조 제1항부터 제3항까지를 적용하지 아니한다</u>. <개정 2013.7.12>

1. 종중(종중)이 보유한 부동산에 관한 물권을 종중(종중과 그 대표자를 같이 표시하여 등기한 경우를 포함한다) 외의 자의 명의로 등기한 경우

<u>2. 배우자 명의로 부동산에 관한 물권을 등기한 경우</u>

3. 종교단체의 명의로 그 산하 조직이 보유한 부동산에 관한 물권을 등기한 경우"

(출처: 부동산 실권리자명의 등기에 관한 법률 타법개정 2020. 3. 24. [법률 제17091호, 시행 2020. 3. 24.] 법무부 > 종합법률정보 법령)

"제8조(**종중 및 배우자에 대한 특례**)

다음 각호의 1에 해당하는 경우로서 조세포탈, 강제집행의 면탈 또는 법령상 제한의 회피를 목적으로 하지 아니하는 경우에는 제4조 내지 제7조 및 <u>제12</u>

---

122) 대법원 2007. 4. 26. 선고 2006다79704 판결 [사해행위취소등]

조제1항·제2항의 규정을 적용하지 아니한다.

1. 종중이 보유한 부동산에 관한 물권을 종중(종중과 그 대표자를 같이 표시하여 등기한 경우를 포함한다)외의 자의 명의로 등기한 경우

2. 배우자 명의로 부동산에 관한 물권을 등기한 경우"

(출처: 부동산 실권리자명의 등기에 관한 법률 타법개정 2007. 8. 3. [법률 제8635호, 시행 2009. 2. 4.] 법무부 > 종합법률정보 법령)

부동살실명법 제11조는 적용이 됩니다.

2013. 7. 12.에 개정이 되면서 3호에 종교단체가 추가되었고 법 제12조 제3항까지 배제를 확대하였습니다.

아. 부동산실명법의 제3자에 일반채권자가 포함이 되는지 여부

"가. 채무자가 명의신탁약정에 따라 부동산에 관하여 그 명의로 소유권이전등기를 마쳤다면 부동산 실권리자명의 등기에 관한 법률(이하 '법'이라고 한다) 제4조 제2항 본문이 적용되어 채무자 명의의 위 등기는 무효이므로 위 부동산은 채무자의 소유가 아니기 때문에 이를 채무자의 일반 채권자들의 공동담보에 공하여지는 책임재산이라고 볼 수 없고, 채무자가 위 부동산에 관하여 제3자와 매매계약을 체결하고 그에게 소유권이전등기를 마쳐주었다 하더라도 그로써 채무자의 책임재산에 감소를 초래한 것이라고 할 수 없으므로 이를 들어 채무자의 일반 채권자들을 해하는 사해행위라고 할 수 없으며, 채무자에게 사해의 의사가 있다고 볼 수도 없다(대법원 2000. 3. 10. 선고 99다55069 판결 참조).

또한, 법 제4조 제3항에 의하면 명의신탁약정 및 이에 따라 행하여진 등기에 의한 부동산에 관한 물권변동의 무효는 제3자에게 대항하지 못하는 것인바, 여기서의 '제3자'라 함은 명의신탁 약정의 당사자 및 포괄승계인 이외의 자로서 명의수탁자가 물권자임을 기초로 그와의 사이에 직접 새로운 이해관계를 맺은 사람을 말한다고 할 것이므로(대법원 2000. 3. 28. 선고 99다56529 판결 참조), 명의수탁자의 일반 채권자는 위 조항에서 말하는 제3자에 해당한다고 볼 수 없다.

따라서 원심이 이와 달리 명의수탁자가 신탁부동산을 처분하는 경우 명의신탁약정 및 이에 따라 행하여진 등기에 의한 부동산에 관한 물권변동의 무효는 명의수탁자의 일반 채권자에게도 대항할 수 없으므로 명의수탁자는 자신 소유의 부동산을 처분한 것과 마

찬가지의 결과가 되어 자신의 일반 채권자에 대하여 사해행위가 성립할 수 있다는 취지로 판단한 것은 잘못이라 할 것이다.

그러나 피고의 이 부분 주장은 소외 1이 소외 2와 공동으로 이 사건 부동산을 매수하여 각 2분의 1 지분씩 소유권이전등기를 마친 이후에 자신의 위 지분을 포기하였다는 취지이므로, 위 주장 자체만으로는 소외 1과 소외 2 사이에 소외 1이 포기한 위 지분에 관하여 명의신탁관계가 성립한다고는 볼 수 없고, 더욱이 기록에 의하면 피고의 위 주장에 부합하는 듯한 원심 증인 소외 2의 증언은 신빙성이 없어 이를 채용할 수 없고, 달리 피고의 위 주장을 인정할 증거가 없으므로, 피고의 위 주장은 어차피 배척될 것임이 분명하다."123)

이 사건의 원고 소송대리를 지은이가 직접 하였던 사건입니다. 지은이로서는 원심의 판결이 옳다고 상고이유에 대한 답변을 제출하였습니다. 기존 대법원 판례가 있지만 이는 잘못된 것이라고 주장을 하였습니다. 왜냐하면, 수탁자의 일반채권자의 입장으로서는 명의신탁관계를 알 수 없고, 수탁자는 자신의 재산이라고 하여 연대보증을 하는데 담보 능력 있는 자라고 주장할 수도 있고, 또한 수탁자와 거래하는 사람 역시도 이 등기에 따라 수탁자의 재산으로 파악할 수밖에 없습니다. 그리고 채권자가 가압류를 하면 이 가압류는 아무런 문제가 없습니다. 무효등기라고 하더라도 그 등기에 수탁자의 채권자가 가압류를 받아내면 아무런 문제가 없이 채권을 회수할 수 있습니다. 이런 상황에서 수탁자가 이런 일반채권자의 가압류등기가 경료되지 못하도록 재산을 처분하는 것을 부동산실명법을 들어서 채무자의 책임재산으로 담보되는 재산이 아니라는 논리로 사해행위가 되지 않는다는 것은 오히려 부동산실명법의 제정 취지를 몰각시킨다고 하였습니다. 그리고 부동산실명법 제4조의 무효는 편면적 무효라고 주장을 하였습니다. 즉 신탁자 측에서 이를 명의신탁약정의 유효나 등기의 유효를 주장할 수 없다는 것이고 수탁자나 수탁자의 채권자로서는 그 명의신탁한 부동산이 수탁자의 재산으로서는 언제나 유효하다는 것입니다. 만약 편면적 무효가 아닌 것으로 보면, 부동산실명법 이전에는 대외적으로 완전히 수탁자의 소유권으로서

123) 대법원 2007. 12. 27. 선고 2005다54104 판결 [구상금등]

아무런 문제가 없었는데 실명법 제정으로 인하여 수탁자의 등기마저도 무효가 됨으로써 신탁자나 수탁자를 보호해 주는 이상한 결과가 됩니다. 즉 신탁자가 수탁자의 경제사정을 알고 신탁재산을 제3자에게 다시 명의신탁하더라도 수탁자의 채권자는 이를 회복시킬 수 없습니다. 수탁자 역시 자신의 부동산이라고 생각할 수 있는 상황인데 집행을 당하지 않기 위해 제3자에게 처분하고 나서는 실명법상 무효이니 사해행위가 아니라는 주장을 하게 된다면 실명법의 제정으로 인하여 신탁자나 수탁자를 보호해 주는 이상한 결과가 발생한다고 하여 원심의 판단이 옳다고 주장을 하였고 다만 상고는 이유가 없다고 주장을 하였습니다.

그런데 결과는 변화가 없었습니다. 편면적 무효같은데 왜 이렇게 보는 것인지 사실 지은이는 지금도 이해가 되지 않습니다. 부동산명의신탁제도를 없애려고 법을 제정하였는데 대법원의 판례들로 인하여 오히려 신탁자와 수탁자를 보호하고 그로 인하여 명의신탁을 조장할 수 있도록까지 만들고 있는 것이 이해가 되지 않습니다.

제3자에 일반채권자는 포함되지 않는다는 것은 대법원입니다.

자. 계약명의신탁이고 매도인이 선의였고 이후 다시 제3자에게 명의신탁하고 나서 원래 신탁자에게 돌려준 경우

"원심판결 이유 및 기록에 의하면, 피고는 2001. 5. 17. 그 장남인 소외 1과 사이에 체결한 이른바 계약명의신탁 약정에 따라 소외 1이 매수당사자가 되어 피고의 자금으로 위 명의신탁 사실을 알지 못하는 소외 2 주식회사로부터 이 사건 아파트를 매수하여 소외 1 명의로 소유권이전등기를 마쳤는데, 그 후 소외 1이 1가구 2주택자에 해당하게 되자, 2002. 6. 12. 피고 및 소외 1, 피고의 차남인 소외 3과 사이에 피고가 이 사건 아파트의 소유권을 보유하되 그 소유 명의만 소외 3 앞으로 마치기로 합의하여 이 사건 아파트에 관하여 소외 3 명의로 소유권이전등기를 마친 사실을 알 수 있는바, 사정이 이러하다면, 법 제4조 제2항 단서의 규정에 따라 소외 1은 이 사건 아파트에 관한 소유권을 취득하였다고 할 것이고, 다만 명의수탁자인 소외 1은 피고에 대하여 그로부터 제공받은 매수자금 상당의 부당이득반환채무를 부담한다고 할 것인데, 이와 같이 이 사건 아파트에 관한 소유권을 취득한 소외 1이 그 후 피고 및 소외 3과 사이의 합의에 의하여 이 사건 아파트의 소유권을 피고가 보유하기로 하되 그 소유권이전등기만을 소외 3 앞으로 마쳐 준 것은, 소외 1이 피고에 대한 부당이득반환채무의 변제에 갈음하는 등으로 피고에게 이 사건 아파트의 소유권을 넘겨주고, 피고는 이를 다시 소외 3에게 명의신탁하기로 하되, 다만 그 절차상의 편의를 위하여 피고 명의로의 소유권이전등기절차를 생략한 채 곧바로 소외 3 명의로 소유권이전등기를 마친 것으로 봄이 상당하고, 이로써 피고, 소외 1 및 소외 3 사이에서는 이른바 중간생략등기형 명의신탁 또는 3자간 등기명의신탁 관계가 성립되었다고 할 것이다.

그렇다면 앞서 본 법리에 비추어, 소외 3 명의의 위 소유권이전등기는 법 제4조 제2항 본문에 의하여 무효로서, 이 사건 아파트는 소외 3의 소유가 아니므로 이를 소외 3의 일반 채권자들의 공동담보에 공하여지는 책임재산이라고 볼 수 없고, 따라서 소외 3이 이 사건 아파트에 관하여 피고에게 소유권이전등기를 마쳐주었다 하더라도 그로써 소외 3의 책임재산에 감소를 초래한 것이라고 할 수 없으므로 이를 들어 소외 3의 일반 채권자들을 해하는 사해행위에 해당한다고 할 수 없을 것이다.

원심이 피고와 소외 3 사이의 명의신탁 약정 및 그에 기하여 마쳐진 소외 3 명의의 소유권이전등기가 유효함을 전제로 소외 3이 피고에게 이 사건 아파트에 관한 소유권이전등기를 마쳐 준 행위는 피고에 대하여 부담하는 기존 채무의 이행에 따른 것으로서 사해행위를 구성하지 않는다고 판단한 것은 잘못이라고 할 것이나, 위와 같은 소외 3의 행위가 채권자인 원고에 대한 사해행위에 해당하지 않는다고 본 결론에 있어서는 옳으므로, 이 점에 관한 상고이유의 주장은 받아들일 수 없다.

그러므로 상고를 기각하고, 상고비용은 패소자가 부담하도록 하여 관여 법관의 일치된 의견으로 주문과 같이 판결한다."124)

이와 같은 사례가 발생하는 것은 바로 아파트 분양 등의 경우입니다. 아파트 분양계약을 경우에 매수인이 직접 가서 계약을 체결하는 것이 일반적이고 매도인은 주식회사입니다. 중개인을 통해서 계약을 하는 것이 아니기 때문에 매도인인 시행사가 건설회사로서는 매수인과 제3자 간의 명의신탁을 알지 못할 것입니다. 또한 돈도 매수인이름으로 건설회사 등의 통장에 입금하는 형태이기 때문에 그 이후에도 잘 알 수 없습니다. 이는 계약명의신탁이고 매도인이 선의인 경우입니다. 이 경우에 등기는 유효하고 수탁자가 완전한 소유권을 취득하고 다

---

124) 대법원 2008. 9. 25. 선고 2008다41635 판결 [사해행위취소]

만 신탁자는 수탁자에게 부동산매매대금 상당으로 부당이득반환청구만이 가능할 뿐입니다.

이 사건도 그런 사건으로 보입니다. 그런데 여기서 그친 것이 아니라 이제 1가구 2주택의 문제를 해결하기 위하여 소외 3에게 이 사건 등기를 다시 명의신탁하기로 하였고 소유권을 피고에게 보유하도록 한 것입니다. 소외 1이 완전한 소유권자입니다. 그런데 피고에게 소유권을 보유케 한다고 하였으니 피고와 소외 3간의 명의신탁이 존재하고 그에 의하여 등기명의신탁은 아니고 중간생략형 명의신탁 또는 제3자간 명의신탁이 성립되었습니다. 이는 무효라는 것이 대법원의 판례이고 부동산실명법도 당연히 무효를 전제하고 있습니다.

이를 소외 3 채무자가 피고에게 이전등기를 경료해 주었습니다. 원심은 등기가 유효함을 전제로 하여 기존 채무의 이행, 즉 채무 본지에 따른 이행이라고 하여 원고의 청구를 기각하였는데 대법원은 원심이 잘못 법리를 적용했다고 하면서 명의신탁도 무효이고 소외 3의 등기도 무효이기 때문에 이 재산은 공동담보로서의 제공되는 재산, 즉 채무자의 책임재산이 될 수 없어 이를 처분하더라도 책임재산이 줄어드는 것은 아니라고 하면서 원고의 청구를 기각한 원심의 결론은 정당하다고 하였습니다.

결국 판례를 통하여 피고인 신탁자만 이익을 얻었습니다. 판례를 통하여 대법원은 부동산명의신탁을 오히려 조장하고 있습니다. 일반적으로 명의신탁은 친인척 간에 하는 경우, 즉 믿을만한 사람에게만 합니다. 이렇게 친인척 간에 명의신탁이 많으니 수탁자의 재정상황 경제상황도 쉽게 알 수 있습니다. 문제가 될 것이면 가장 먼저 명의신탁재산을 신탁자나 신탁자가 정하는 제3자에게 다시 명의신탁을 해버립니다. 채권자는 이 부동산을 존재를 믿고 대여를 해주거나 지급보증을 했을 것인데도 말입니다. 그렇기 때문에 부동산실명법의 무효는 신탁자에게 페널티를 주려는 목적으로 제정된 것입니다. 신탁자는 명의신탁을 하면 이 명의신탁으로 인한 부동산을 회수하지 못하도록 하여 명의신탁을 하지 못하도록 하기 위한 목적으로 제정되었다고 할 것입니다. 수탁자에게는 예전 명의신탁과 같이 대외적으로는 완전한 소유권자라고 할 것입니다. 그에 의하여 수탁자의 재산으로 보아야 하고 등기가 무효인지 여부와 관계없이 이는 대외적으로는 수탁자의 재산이기 때문에 이를 수탁자가 처분하면 책임재산의 처분으로 보아야 할 것입니다. 또한 이를 신탁자에게 돌려놓은 것도 당연히 사해행위가 됩니다. 예전에는 기존 채무의 이행이었지만 대내적으로 신탁자와 수탁자 간은 무효이기 때문에 신탁자가 수탁자에게 금전을 부당이득반환청구할 수 있을지언정 부동산 자체는 반환받을 수 없는 것입니다. 그러므로 이는 대물변제를 받을 것이나 마찬가지이기 때문에 사해행위가 된다고 할 것입니다.

　　대외적으로 완전히 수탁자의 소유이기 때문에 명의신탁에 의하여 매도인이 수탁자에게 소유권을 넘겼다고 하더라도 그 매도인은 수탁자를 상대로 그 등기가 무효라고 하여 소유권말소등기청구를 할 수가 없습니다. 또한 매도인은 이미 신탁자의 요구에 의하여 신탁자가 지정한 수탁자에게 소유권이전등기를 경료해 주었기 때문에 신탁자는 매도인을 상대로 매매계약에 따른 소유권이전등기청구권을 행사할 수 없다고 해야 할 것입니다. 그러므로 대법원은 판례는 전면적으로 바뀌어야 할 것입니다. 오히려 대내외적으로 모두 무효라고 판단함으로서 그로 인하여 명의신탁관계를 보호해 주고 있는 상황이 발생하고 있습니다.

차. 종중재산을 명의신탁하였는데 이를 임의로 처분한 경우

"3. 이 사건 임야가 명의신탁된 재산이 아니라는 주장에 관하여
어떤 토지가 종중의 소유인데 사정 당시 종원 또는 타인 명의로 신탁하여 사정받은 것이라고 인정하기 위하여는, 사정 당시 어느 정도의 유기적 조직을 가진 종중이 존재하였을 것과 사정 이전에 그 토지가 종중의 소유로 된 과정이나 내용이 증명되거나, 또는 여러 정황에 미루어 사정 이전부터 종중 소유로 인정할 수밖에 없는 많은 간접자료가 있을 때에 한하여 이를 인정할 수 있을 뿐이고, 그와 같은 자료들이 충분히 증명되지 아니하고 오히려 반대되는 사실의 자료가 많을 때에는 이를 인정하여서는 아니 된다고 할 것이며, 그 간접자료가 될 만한 정황으로서는, 사정명의인과 종중과의 관계, 사정명의인이 여러 사람인 경우에는 그들 상호간의 관계, 한 사람인 경우에는 그 한 사람 명의로 사정받게 된 연유, 종중 소유의 다른 토지가 있는 경우에는 그에 대한 사정 또는 등기 관계, 사정된 토지의 규모 및 시조를 중심으로 한 종중 분묘의 설치 상태, 분묘수호와 봉제사의 실태, 토지의 관리 상태, 토지에 대한 수익이나 보상금의 수령 및 지출 관계, 제세공과금의 납부 관계, 등기필증의 소지 관계, 그 밖의 모든 사정을 종합적으로

검토하여야 한다(대법원 2002. 7. 26. 선고 2001다76731 판결, 대법원 2010. 4. 29. 선고 2009도10271 판결 등 참조).

원심판결 이유에 의하면, 원심은, 원고 종중은 소외 1을 공동선조로 한 후손들로 구성되어 있는데, 소외 1의 분묘는 상위 종중인 용호문중 소유의 임야에 설치되어 있어 소외 1의 후손들이 용호문중의 중시조에 대한 묘사와 함께 소외 1에 대한 묘사를 지내왔고, 한편 소외 1의 처인 인동장씨와 소외 1의 장남 소외 2의 처인 영산신씨의 분묘가 이 사건 임야에 설치되어 있고 소외 1의 후손들이 매년 위 분묘를 벌초하고 묘사를 지내온 사실, 이 사건 임야의 사정명의인들 중 소외 12, 13은 6촌간이고, 이들과 소외 11은 9촌간인 사실, 이 사건 임야에는 이 사건 사정 이전에 소외 1의 처와 후손의 분묘가 11기 설치되어 있었고 그중 사정명의인의 직계 선조가 아닌 분묘가 6기에 이르며, 사정 이후에도 사정명의인의 직계후손이 아닌 종원의 분묘가 4기 더 설치되었으나, 사정명의인들의 분묘는 설치되지 아니하였고 사정명의인 중 1인인 소외 13 후손의 분묘는 전혀 설치되어 있지 아니한 사실, 사정명의인의 후손들은 이 사건 임야를 독자적으로 관리하지 아니하였을 뿐만 아니라, 1994. 8. 20. 이 사건 임야에 대한 소유자 주소등록을 한 이후부터 2004년까지 이 사건 임야에 관하여 부과된 종합토지세를 전혀 납부하지 않고 있다가 뒤늦게 2005. 2. 28.에 이르러 최근 3년간의 종합토지세를 납부하였던 사실 등 그 판시와 같은 사정들을 인정한 다음, 이 사건 임야는 원고 종중의 소유로서 원고 종중이 종원인 소외 12, 13, 11에게 명의신탁하여 그들 명의로 사정받았다고 판단하였다.

앞서 본 법리 및 위 사실에 비추어 살펴보면, 원심의 위와 같은 판단은 정당하고 거기에 종중재산의 명의신탁, 종중의 실재성, 등기의 추정력 등에 관한 법리오해나 경험칙이나 채증법칙 위반 등의 위법이 있다고 할 수 없다.

4. 부동산 실권리자명의 등기에 관한 법률 위반이라는 주장에 관하여

이 부분 피고들의 상고이유의 주장은 원고 종중이 고유한 의미의 종중이 아니라 종중유사단체에 불과한 것을 전제로 하는 것인데, 원고 종중은 고유한 의미의 종중이라고 할 것이므로 이와 다른 전제에 선 상고이유의 주장은 더 나아가 판단할 필요 없이 이유 없다.

5. 종중을 자연발생적 단체로 보는 것은 결사의 자유, 사적자치의 원리 등에 반한다는 주장에 관하여

대법원이 공동선조의 후손이면 본인의 의사와 관계없이 당연히 종원이 된다고 하는 것은, 종중이 공동선조의 분묘수호와 봉제사 및 친목도모를 목적으로 후손에 의하여 자연

발생적으로 성립되는 종족단체라는 종중의 본질에서 연유하는 것인 점, 그 결과 공동선조의 후손이면 누구나 사회적 신분, 거주지역, 재산의 다과 등을 불문하고 당연히 종중의 구성원이 되고, 이러한 구성원들 전체의 의사에 의하여 종중재산을 관리 또는 처분하도록 함으로써 일부 후손에 의하여 종중재산이 처분되어 일실되는 것을 방지하며, 이를 통하여 종중이 일부 후손들의 이익이 아니라 공동선조의 분묘수호와 봉제사 및 종원 상호간의 친목도모라는 본래의 목적에 따라 유지·운영되도록 하는 역할과 기능을 해오고 있다는 점, 종원의 종중에 대한 의무는 도덕적·윤리적인 성격이 강하여, 공동선조의 후손들이 성년이 되면 본인의 의사와 관계없이 종중의 구성원이 된다고 하더라도, 종원으로서 종중의 활동에 참여할 것인지 여부는 개인의 의사에 달린 것이고, 이로써 종중 활동에 참여하도록 강제되거나 법률적 의무가 부과되는 것은 아니므로 이러한 종중의 구성을 법질서에 위반된 것이라고 볼 수 없다는 점 등에 비추어 볼 때 종중을 자연발생적 단체라고 보는 것이 결사의 자유나 사적자치의 원리에 반한다고 할 수 없으므로 위 주장은 받아들일 수 없다."125)

　　사해행위취소와 직접적인 논점은 없습니다. 그러나 사건명은 사해행위취소입니다. 원고는 종중인 것을 알 수 있습니다.

"【청구취지 및 항소취지】
1. 청구취지
가. 피고 1, 피고 2, 피고 3, 피고 4, 피고 5, 피고 6은 각자 원고에게 51억 6,000만 원 및 이에 대하여 2005. 8. 11.부터 이 사건 소장 부본 송달일까지는 연 5%의, 그 다음날부터 다 갚는 날까지는 연 20%의 각 비율로 계산한 돈을 지급하라.
나. (1) 피고 1과 피고 7 사이에 2005. 8. 26. 별지 목록 제1, 2항 기재 각 부동산(이하 '제1, 2부동산'이라고 한다.)에 관하여 체결된 각 증여계약을 취소한다.
(2) 피고 7은 원고에게 제1, 2부동산에 관하여 대구지방법원 남대구등기소(이하 '남대구등기소'라고 한다.) 2005. 8. 26. 접수 제47109호로 마친 각 소유권이전등기의 말소등기절차를 이행하라.
다. (1) 피고 1과 피고 8 사이에 2005. 8. 26. 별지 목록 제3항 기재 부동산(이하 '제3

---

125) 대법원 2010. 12. 9. 선고 2009다26596 판결 [사해행위취소등]

부동산'이라고 한다.)에 관하여 체결된 증여계약을 취소한다.
(2) 피고 8은 원고에게 제3부동산에 관하여 남대구등기소 2005. 8. 26. 접수 제47110
호로 마친 소유권이전등기의 말소등기절차를 이행하라.
라. (1) 피고 1과 피고 7 사이에 2005. 9. 2. 별지 목록 제4항 내지 제8항 기재 각 부
동산(이하 '제4 내지 8부동산'이라고 한다.)에 관하여 체결된 각 매매예약을 취소한다.
(2) 피고 7은 원고에게 제4 내지 8부동산에 관하여 남대구등기소 2005. 9. 2. 접수 제
48652호로 마친 각 소유권이전청구권가등기의 말소등기절차를 이행하라.
2. 항소취지
제1심 판결을 취소하고, 원고의 피고들에 대한 청구를 모두 기각한다."126)

원고 종중재산을 피고 1 내지 6이 아마 처분해 버렸을 것이고 연대책임으로 51억 원의 채무를 부담하게 된 것입니다. 그리고 남은 토지들을 증여하거나 매매계약을 체결하여 그 부분에 대하여는 사해행위취소로 말소등기절차를 구한 것임을 알 수 있습니다.

"(1) 피고 1, 피고 7, 소외 49의 사해행위
(가) 소외 3은 원고 종원으로서 2005. 8. 3. 피고 1에 대하여 이 사건 임야의 처분행위와 관련하여 민·형사소송 등의 절차를 진행하고 있으므로 제3자에게 이 사건 임야 중 피고 1의 소유지분을 처분하지 말고 원고에게 이를 이전할 것을 통지하였는데, 피고 7이 2005. 8. 4. 피고 1의 처로서 그 통지를 수령하였다.
(나) 피고 1은 2005. 8. 26. 처인 피고 7에게 제1, 2부동산을 증여하고 남대구등기소 접수 제47109호로 제1, 2부동산에 관한 피고 7 명의의 소유권이전등기를 마쳤고, 그 날 장남인 피고 8에게 제3부동산을 증여하고 남대구등기소 접수 제47110호로 제3부동산에 관한 피고 8 명의의 소유권이전등기를 마쳤다.
또한 피고 1은 그 해 9. 2. 피고 7과의 사이에 제4 내지 8부동산에 관하여 매매예약을 체결하고 남대구등기소 접수 제48652호로 제4 내지 8부동산에 관한 피고 7 명의의 소유권이전등기청구권가등기를 마쳤다.
(다) 피고 1은 전항 기재와 같이 그 소유의 별지 목록 기재 각 부동산에 관하여 처자(처

126) 대구고등법원 2009. 2. 12. 선고 2007나9789 판결 [사해행위취소등]

자)인 피고 7, 피고 8에게 증여 또는 매매예약에 의한 소유권이전등기와 소유권이전청구권가등기를 마쳐 줌으로써 그의 적극재산으로는 대구 남구 대명동 (지번 7 생략) 대 29평과 그 지상의 단독주택만 남게 되었다."127)

수익자들은 모두 채무자의 처와 자식인 것을 알 수 있습니다. 특별한 사정이 없는 한 사해행위가 인정된다고 할 것입니다.

"(2) 손해배상책임의 발생
기초사실에 의하면, 이 사건 임야는 원고의 소유인데 그 사정 명의를 종원인 소외 12, 소외 11, 소외 13에게 신탁한 것임에도 불구하고, 위 명의수탁자의 상속인들인 피고 1, 피고 2, 피고 3, 피고 4, 피고 5 및 피고 6(이하 '피고 1 등'이라고 한다)은 이 사건 임야를 처분하기로 순차 공모한 다음 소외 52와 소외 55 등 제3자에게 이 사건 임야를 51억 6,000만 원에 매도하고 그 소유권이전등기를 마쳐 주었다고 할 것이다.
따라서 피고 1 등은 원고 종중 소유의 이 사건 임야를 횡령함으로써 51억 6,000만 원의 재산상 이익을 얻고, 그로 인하여 원고 중중에게 같은 금액 상당의 손해를 가하였으므로, 피고 1 등은 고의에 의한 공동불법행위자로서 원고에게 원고가 입은 손해를 배상할 책임이 있다."128)

"나. 사해행위취소청구에 대하여
(1) 사해행위의 성립
기초사실에 의하면, 피고 1은 이 사건 증여계약과 매매예약 당시 피고 2, 피고 4, 피고 3, 피고 5, 피고 6과 순차 공모하여 소외 52 등에게 원고 종중 소유의 이 사건 임야를 51억 6,000만 원에 매도하고 그 소유권등기를 마침으로써 원고에 대하여 위 금액 상당의 손해배상채무를 부담하고 있었고, 그 반면에 별지 목록 기재 각 부동산 및 대구 남구 대명동 (지번 7 생략) 대 29평과 그 지상 주택 외에는 별다른 재산이 없어 이미 채무초과상태에 있었다고 할 것이다.

---

127) 대구고등법원 2009. 2. 12. 선고 2007나9789 판결 [사해행위취소등]
128) 대구고등법원 2009. 2. 12. 선고 2007나9789 판결 [사해행위취소등]

따라서 피고 1이 처자인 피고 7, 피고 8에게 별지 목록 기재 각 부동산을 증여하고 매매예약한 행위는 원고 등 일반채권자의 공동담보가 되는 책임재산을 감소시켜 채권의 공동담보에 부족이 생기게 하는 행위로서 채권자를 해하는 사해행위에 해당한다고 할 것이고, 피고 1은 그로 인하여 공동담보에 부족이 생겨 자신의 채권자들을 해할 것임을 알았다고 볼 것이며, 이러한 경우 그 수익자인 피고 7, 피고 8의 악의도 추정된다.

(2) 피고 1, 피고 7, 피고 8의 원상회복의무

따라서 피고 1과 피고 7 사이의 이 사건 증여계약과 매매예약, 피고 1과 피고 8 사이의 이 사건 증여계약은 채권자인 원고를 해하는 사해행위로서 취소되어야 하고, 피고 7은 원고에게 그 원상회복으로서 제1, 2부동산에 관한 자신 명의의 소유권이전등기 및 제4 내지 8부동산에 관한 자신 명의의 소유권이전청구권가등기의 각 말소등기절차를 이행하며, 피고 8은 원고에게 그 원상회복으로서 제3부동산에 관한 자신 명의의 소유권이전등기의 말소등기절차를 이행할 의무가 있다."129)

사해행위취소소송은 매우 간단하게 판단을 하였습니다. 피보전채권의 발생에 있어서 이 사건 임야가 종중의 재산이 되는지가 가장 쟁점이었던 사건입니다. 종중재산은 매우 어렵다고 하는데 판단한 내용을 보더라도 매우 긴 시간 동안 있었던 일과 분묘와 종중원과의 관계, 사정인들과 분묘인과의 관계, 임야관리의 방법 등 매우 방대한 자료가 요구된다고 할 것입니다. 명의신탁된 종중재산을 사해행위로 처분한 사건은 아닙니다. 그러나 상고이유에는 부동산실명법위반을 주장하는 것을 알 수 있습니다. 이런 사안에 주장할 수 있는 것이기 때문에 검토해 보았습니다.

카. 신탁자가 명의신탁한 부동산을 직접 제3자에게 처분한 경우 수탁자의 등기가 무효인 경우에 신탁자의 채권자가 사해행위취소를 구할 수 있는지 여부

"[1] '부동산 실권리자명의 등기에 관한 법률'의 시행 후에 부동산의 소유자가 등기명의

---

129) 대구고등법원 2009. 2. 12. 선고 2007나9789 판결 [사해행위취소등]

를 수탁자에게 이전하는 이른바 양자간 명의신탁의 경우 명의신탁약정에 의하여 이루어진 수탁자 명의의 소유권이전등기는 원인무효로서 말소되어야 하고, 부동산은 여전히 신탁자의 소유로서 신탁자의 일반채권자들의 공동담보에 제공되는 책임재산이 된다. 따라서 신탁자의 일반채권자들의 공동담보에 제공되는 책임재산인 신탁부동산에 관하여 채무자인 신탁자가 직접 자신의 명의 또는 수탁자의 명의로 제3자와 매매계약을 체결하는 등 신탁자가 실질적 당사자가 되어 법률행위를 하는 경우 이로 인하여 신탁자의 소극재산이 적극재산을 초과하게 되거나 채무초과상태가 더 나빠지게 되고 신탁자도 그러한 사실을 인식하고 있었다면 이러한 신탁자의 법률행위는 신탁자의 일반채권자들을 해하는 행위로서 사해행위에 해당할 수 있다. 이 경우 사해행위취소의 대상은 신탁자와 제3자 사이의 법률행위가 될 것이고, 원상회복은 제3자가 수탁자에게 말소등기절차를 이행하는 방법에 의할 것이다.

[2] 부동산 소유자 갑이 을과의 양자간 명의신탁약정에 따라 을 명의로 부동산 등기명의를 신탁하여 두었다가 이에 관하여 병 앞으로 근저당권을 설정하여 주었는데, 갑의 채권자 정이 채무자 갑이 채무초과 상태에서 병에게 근저당권을 설정하여 준 행위가 정을 비롯한 일반채권자의 공동담보를 해하는 사해행위에 해당한다고 하여 을과 병 사이 근저당권설정계약의 취소 및 원상회복을 구한 사안에서, 정은 채무자 갑이 실질적 당사자로서 부동산을 병에게 처분한 행위 자체에 대해 사해행위로 취소를 구할 수 있다고 할 것임에도, 정이 사해행위취소를 구하는 행위가 어느 것인지를 확정하지 아니한 채 만연히 을과 병 사이의 법률행위를 사해행위취소 대상으로 삼은 것으로 전제하고 사해행위취소청구 부분을 각하한 원심판결에는 사해행위취소의 대상이 되는 '채무자가 한 법률행위'에 관한 법리오해의 위법이 있다고 한 사례."130)

　　이 판례 사안은 이미 앞에서 언급하였습니다. 일반적으로 수탁자의 채권자가 명의신탁한 부동산을 처분한 경우를 사해행위라고 소를 제기하는 경우와 달리 신탁자의 채권자가 신탁재산을 신탁자가 처분한 것이라고 하여 사해행위취소소송을 제기한 경우로 이에 대하여 신탁등기가 무효이며 이는 신탁자의 채권자에게 책임재산으로 제공되는 재산이기 때문에 이를 신탁자가 실질적으로 처분한 경우에는 사해행위취소가 가능하다는 판례입니다.

　　그러나 역시 이 경우도 결국 신탁자를 보호해 주는 상황이 발생합니다. 대

---

130) 대법원 2012. 10. 25. 선고 2011다107382 판결 [사해행위취소등]

내적으로, 즉 신탁자와 수탁자 사이에 무효라고 하더라도 수탁자는 대내외적으로 완전한 소유권을 가지고 있다고 한다면 이 부동산을 신탁자의 채권자 입장에서는 수탁자의 재산이므로 신탁자의 책임재산에 제공되는 것은 아니라고 할 것입니다. 신탁자의 채권자에게 사해행위취소소송의 길을 열어줌으로써 결국 신탁자가 자신의 채무를 변제할 수 있는 길을 열어놓았습니다. 명의신탁을 하더라도 명의신탁자는 거의 손해를 보는 것이 없어집니다.

타. 채권자대위권에 기한 사해행위취소소송의 경우

"2. 당사자의 주장

가. 원고 주장의 요지

(1) 소외 1이 자신의 돈으로 이 사건 각 부동산을 매수하면서, 피고 2와 사이의 명의신탁약정에 기해, 피고 2 명의로 선의의 매도인과 사이에 매매계약을 체결하고, 이를 원인으로 이 사건 각 부동산에 관하여 피고 2 앞으로 각 소유권이전등기를 경료하였다.

(2) 소외 1과 피고 2 사이의 위 명의신탁약정은 부동산 실권리자 명의 등기에 관한 법률에 의하여 무효이므로, 명의수탁자인 피고 2는 명의신탁자인 소외 1에게 소외 1로부터 제공받은 매수자금 210,000,000원을 부당이득으로 반환할 의무가 있다.

(3) 피고 2에 대한 금원청구

원고는 소외 1에 대하여 대위변제금 등 218,816,618원(217,922,768원 + 893,850원(1,627,410원 - 733,560원))의 구상금채권을 가지고 있고, 소외 1은 무자력 상태에 있으므로, 피고 2는 채권자대위권에 기하여 구하는 원고에게 위 부당이득금 210,000,000원 및 이에 대한 지연손해금을 지급할 의무가 있다.

(4) 이 사건 근저당권설정등기의 말소 등 청구

(가) 주위적 청구

이 사건 근저당권설정계약은 피고 2와 피고 1 사이에 피담보채무 없이 체결된 통정허위표시에 기한 계약이므로 무효이고, 이를 원인으로 한 이 사건 근저당권설정등기는 원인무효의 등기이다. 따라서, 소외 1, 피고 2를 순차 대위하여 구하는 원고의 청구에 따라, 피고 1은 피고 2에게 별지 부동산목록 제2항 기재 부동산(이하 '이 사건 건물'이라 한다)에 관한 2008. 6. 26.자 피고 1 명의의 위 근저당권설정등기(이하 '이 사건 건물에 관한 근저당권설정등기'라 한다)의 말소등기절차를 이행할 의무가 있다. 또한 원고

는 피고들에 대하여 이미 말소된 이 사건 토지에 관한 근저당권설정등기의 무효확인을
구한다.

(나) 예비적 청구

이 사건 근저당권설정계약은 소외 1 등 피고 2의 채권자를 해하는 사해행위이다. 따라
서, 소외 1을 대위하여 구하는 원고의 청구에 따라, 피고 2와 피고 1 사이의 이 사건
근저당권설정계약을 취소하고, 원상회복으로 피고 1은 피고 2에게 이 사건 건물에 관
한 근저당권설정등기의 말소등기절차를 이행할 의무가 있다.

나. 피고들 주장의 요지

피고 1이 사위인 소외 1의 부탁으로 이 사건 각 부동산을 매수하면서 피고 2에게 명의
신탁하였고, 피고 1이 자신 소유의 계좌에서 이 사건 각 부동산의 매수대금을 소외 1
에게 송금하여, 소외 1이 이를 매도인에게 지급하였다.

3. 판단

가. 먼저, 이 사건 각 부동산을 소외 1이 피고 2에게 명의신탁한 것인지에 관하여 살펴
본다.

(1) 다음의 사실은 당사자 사이에 다툼이 없거나, 갑 제8호증의 1 내지 3, 갑 제9, 10
호증, 을 제6, 8, 9호증, 을 제15호증의 1, 2, 을 제17호증의 1 내지 3의 각 기재, 제1
심 법원의 주식회사 한국스탠다드차타드제일은행, 주식회사 국민은행에 대한 각 금융
거래정보제출명령결과 및 제1심 법원의 남양주세무서에 대한 과세정보제출명령결과에
변론 전체의 취지를 종합하여 인정할 수 있다.

(가) 소외 1의 장인인 피고 1 명의의 주식회사 한국스탠다드차타드제일은행 보관어음
계좌(계좌번호 1 생략)에 추심을 위하여 수탁된 어음 및 수표의 추심금이 입금되면, 그
무렵 위 추심금이 피고 1 명의의 같은 은행 계좌(계좌번호 2 생략, 이하 '이 사건 계좌'
라 한다)로 이체되었다. 이 사건 계좌로 이체된 추심금은 대부분이 다시 소외 1 명의의
주식회사 국민은행 계좌(계좌번호 3 생략, 이하 '소외 1 계좌'라 한다)로 송금되었는데,
2003. 1. 1.부터 2006. 4. 20.까지 사이에 이 사건 계좌에서 소외 1 계좌로 송금된
돈의 합계가 3,788,995,000원에 이르는 반면, 소외 1 계좌에서 이 사건 계좌로 돈이
반환된 사실은 없고, 소외 1이 소외 1 계좌에 입금된 돈을 사용하여 왔다.

(나) 피고 1 명의의 위 보관어음 계좌에 추심을 위하여 수탁된 어음 및 수표 중에는 소
외 1의 거래처인 주식회사 남부럭키, 주식회사 대부상재 등이 발행 또는 배서한 어음
및 수표가 상당수 포함되어 있다.

(2) 위 인정사실 및 ① 피고들이 이 사건 계좌에서 소외 1 계좌로 송금된 돈으로 소외

1이 이 사건 각 부동산의 매수대금을 지급하였다고 주장하나, 피고들의 주장에 의하더라도 이 사건 계좌에서 소외 1 계좌로 송금된 돈의 액수 및 일시가 이 사건 매매계약에서 정한 계약금, 중도금 및 잔금의 각 지급기일 및 액수와 일치하지 아니하는 점, ② 이 사건 계좌는 피고 1 명의의 위 보관어음 계좌에 입금된 어음 및 수표의 추심금이 이체되는 계좌이고, 위 보관어음 계좌의 거래내역에 의하면 전문적으로 어음 및 수표의 할인업무를 한 것으로 보이는데, 피고 1이 직접 어음 및 수표들을 취득하기 위하여 지출한 금원이 있음을 인정할 증거가 없고, 소외 1은 제1심에서의 증언 당시 자신이 소개한 지인들의 어음을 몇 건 할인한 사실이 있을 뿐 피고 1이 어음할인업을 전문으로 한 것은 아니며, 피고 1의 어음할인업무에 관하여 잘 모른다고 진술하였으므로, 피고 1이 소외 1을 통하여 어음할인업을 한 것이라고도 볼 수 없는 점, ③ 피고 1이 어음할인업을 하면서 작성하였다는 업무일지(을 제14호증)는 위 보관어음 계좌에 수탁된 어음 및 수표의 이면에 기재된 서명과 그 필체가 달라 피고 1이 직접 작성한 것이라고 볼 수 없는 점에 비추어 보면, 피고 1이 직접 위 보관어음 계좌 및 이 사건 계좌를 사용하면서 어음할인업을 하였다고 인정할 수 없어, 이 사건 계좌에 입금된 돈이 실질적으로 피고 1의 소유라고 볼 수 없다.

(3) 피고들이 소외 1이 소외 1 계좌에서 인출한 돈으로 이 사건 각 부동산의 매수대금을 지급하였음은 인정하면서 다만 그 돈이 피고 1 소유의 이 사건 계좌에서 송금된 것이라고 주장하는 이 사건에서, 앞서 살펴본 바와 같이 이 사건 계좌에 입금되어 있던 돈이 실질적으로 피고 1의 소유가 아님이 인정되고, 소외 1이 이 사건 계좌로부터 소외 1 계좌에 입금된 돈을 자신을 위하여 사용해 왔던 점, 피고 2는 소외 1의 친구이고, 소외 1이 이 사건 각 부동산을 자신의 영업을 위한 창고로 사용한 점에 비추어 보면, 소외 1이 자신의 돈으로 이 사건 각 부동산을 매수하면서, 피고 2와 사이의 명의신탁약정에 기해, 피고 2에게 이 사건 각 부동산을 명의신탁한 것이라고 볼 수밖에 없다.

나. 피고 2에 대한 금원청구 부분

(1) 앞서 살펴본 바와 같이 이 사건 각 부동산은 소외 1이 피고 2와 사이의 명의신탁약정에 기하여 이를 명의신탁한 것이고, 위 명의신탁약정은 부동산 실권리자명의 등기에 관한 법률 제4조 제1항에 의하여 무효이므로, 명의수탁자인 피고 2는 명의신탁자인 소외 1에게 그로부터 제공받은 이 사건 각 부동산의 매수자금 상당액을 부당이득으로 반환할 의무가 있다.

(2) 나아가 소외 1이 피고 2에게 제공한 이 사건 각 부동산 매수자금의 액수에 관하여 보건대, 이 사건 매매계약에서 매매대금을 210,000,000원으로 정한 사실은 위에서 인

정한 바와 같으나, 피고들은 위 매매대금 210,000,000원 중 중도금 79,000,000원은 이를 지급하지 아니하는 대신 이 사건 토지에 관하여 설정되어 있던 근저당권의 피담보채무 즉 위 미금농업협동조합에 대한 채무를 인수하기로 하였다고 주장하고 있을 뿐이고, 달리 소외 1이 위 채무의 채무자가 되었다거나 이를 직접 변제하였음을 인정할 증거가 없으므로, 소외 1이 피고 2에게 제공한 이 사건 각 부동산 매수자금의 액수는 131,000,000원(= 210,000,000원 - 79,000,000원)이라 할 것이다.
원고의 이 부분 주장 중 이를 초과하는 부분은 이유 없다."131)

소외 1은 사위, 피고 1은 장인, 피고 2는 소외 1의 친구입니다.

어음할인업무를 누가 하였는지를 보면, 소외 1이 하였다고 할 것입니다. 소외 1은 원고 신용보증기금의 채무자였습니다.

피고 1 장인은 근저당권자이고, 피고 2는 명의수탁자이고 소유권자이며, 근저당권설정계약자입니다. 소외 1은 명의신탁자이면서 원고의 채무자입니다.

이 사건 부동산은 계약명의신탁과 매도인이 선의인 경우에 해당이 되어 피고 2가 완전한 소유권을 취득하였습니다. 소외 1은 피고 2에게 결국 매매대금상당의 부당이득반환청구권이 있는 상황이었습니다. 그런데 피고 2는 이런 상황에서 피고 1에게 근저당권을 설정해 주었습니다. 그러므로 채권자인 소외 1의 입장에서는 피고 2의 행위는 자신을 해하는 행위라고 볼 수 있습니다. 이를 소외 1이 제기하지 않기 때문에 소외 1의 채권자인 원고가 채권자대위권에 기하여 소를 제기한 것입니다.

원고는 피고 2에게 부당이득반환청구금액에 대하여 채권자대위권에 기하여 곧바로 자신에게 지급해 달라고 구하였습니다.

"【주 문】
1. 제1심 판결 중 아래에서 인용하는 부분에 해당하는 **원고 패소부분을 취소한다.**
가. 피고 2는 원고에게 131,000,000원 및 이에 대하여 2011. 2. 2.부터 2012. 10.

---

131) 서울고등법원 2012. 10. 12. 선고 2012나14168 판결 [부당이득금등]

12.까지는 연 5%, 그 다음날부터 다 갚는 날까지는 연 20%의 각 비율에 의한 금원을 지급하라.

나. 피고 1은 피고 2에게 **별지 부동산목록 제2항 기재 부동산에 관하여** 2008. 6. 26. 의정부지방법원 남양주등기소 접수 제78042호로 마친 근저당권설정등기의 말소등기 절차를 이행하라.

다. 피고 1과 피고 2 사이에 **별지 부동산목록 제1항 기재 부동산에 관하여** 2008. 6. 26. 체결된 근저당권설정계약을 취소한다.

2. 당심에서 변경된 원고의 **별지 부동산목록 제1항 기재 토지에 관한** 2008. 6. 26.자 **피고 1 명의의 근저당권설정등기의 무효확인 청구 부분의 소를 각하한다.**

3. 원고의 나머지 항소를 기각한다.

4. 소송총비용은 이를 5분하여 그 2는 원고가, 나머지는 피고들이 각 부담한다.

5. 제1의 가.항은 가집행할 수 있다.

【청구취지 및 항소취지】

제1심 판결을 취소한다. 1. 피고 2는 원고에게 210,000,000원 및 이에 대하여 2007. 8. 9.부터 이 사건 소장부본 송달일까지는 연 5%, 그 다음날부터 다 갚는 날까지는 연 20%의 각 비율에 의한 금원을 지급하라. 2. 가. **주위적으로,** 피고 1은 피고 2에게 **별지 부동산목록 제2항 기재 부동산에 관하여** 2008. 6. 26. 의정부지방법원 남양주등기소 접수 제78042호로 마친 **근저당권설정등기의 말소등기절차를 이행하라.** 원고와 피고들 사이에 **별지 부동산목록 제1항 기재 부동산에 관하여** 2008. 6. 26. 의정부지방법원 남양주등기소 접수 제78042호로 마친 **근저당권설정등기가 무효임을 확인한다**(원고는 당심에서 별지 부동산목록 제1항 기재 부동산에 관한 청구취지를 근저당권설정등기의 말소등기절차의 이행 청구에서 근저당권설정등기의 무효확인 청구로 변경하였다). 나. **예비적으로,** 피고 1과 피고 2 사이에 **별지 부동산목록 기재 각 부동산에 관하여** 2008. 6. 26. 체결된 근저당권설정계약을 취소한다. 피고 1은 피고 2에게 **별지 부동산목록 제2항 기재 부동산에 관하여** 2008. 6. 26. 의정부지방법원 남양주등기소 접수 제78042호로 마친 근저당권설정등기의 말소등기절차를 이행하라(원고는 당심에서 **별지 부동산목록 제1항 기재 부동산에 관한 근저당권설정등기의 말소등기절차의 이행 청구를 취하하였다**)."132)

---

132) 서울고등법원 2012. 10. 12. 선고 2012나14168 판결 [부당이득금등]

"다. 이 사건 매매계약에서 정한 매매대금이 소외 3에게 모두 지급된 후, 이 사건 각 부동산에 관하여는, 2007. 8. 9. 의정부지방법원 남양주등기소 접수 제90993호로 피고 2 명의의 2007. 8. 7.자 매매를 원인으로 한 각 소유권이전등기가 경료되었고, 2008. 6. 26. 같은 등기소 접수 제78042호로 채권최고액을 350,000,000원, 근저당권자를 피고 1로 한 같은 일자 근저당권설정계약(이하 '이 사건 근저당권설정계약'이라 한다)을 원인으로 한 각 근저당권설정등기(이하 '이 사건 근저당권설정등기'라 한다)가 경료되었다.

라. 이 사건 토지에 관하여는, 이 사건 매매계약 이전인 2006. 1. 24. 주위의 부동산들과 공동으로 채무자를 소외 4, 채권최고액을 28억 원, 근저당권자를 미금농업협동조합으로 한 근저당권설정등기가 경료되었다. 그 후 위 미금농업협동조합의 신청에 의하여 의정부지방법원 2011타경15301호로 이 사건 토지를 포함한 주위의 부동산들에 관하여 임의경매절차가 개시되었고, 아이엔알컨설팅 주식회사가 2012. 1. 10. 이 사건 토지를 낙찰받았으며, 그에 따라 이 사건 토지에 관한 2008. 6. 26.자 피고 1 명의의 위 근저당권설정등기(이하 '이 사건 토지에 관한 근저당권설정등기'라 한다)가 말소되었다.

마. 피고 2는 소외 1의 친구이고, 소외 1이 이 사건 매매계약 이후 이 사건 각 부동산을 자신의 영업을 위한 창고로 사용하였다.

바. 소외 1은 원고에 대한 위 연대보증채무 등의 채무를 부담하고 있는 반면, 자신 명의로 보유하고 있는 특별한 재산이 없어 채무초과 상태이다."[133]

　　매우 복잡한 청구취지와 사건입니다. 한참을 검토한 후에야 청구취지와 주문을 이해하였습니다.

　　주문의 1의 가항은 채권자대위권에 기하여 소외 1이 피고 2에게 가지는 부당이득반환청구권임을 쉽게 알 수 있습니다.

　　사해행위취소소송은 분명 "별지 목록 기재 각 부동산에 관하여"라고 청구취지에 되어 있는데 주문에는 "별지 목록 기재 제1항 기재 부동산"만 언급하고 있습니다. 이렇게 된 이유는 별지 목록 기재 제2항 기재 부동산에 설정된 근저당권에 대하여 무효라고 하여 말소등기절차이행을 구하였고 이것이 주위적으로 구하였습니다. 서울고등법원은 이 주장을 받아들여서 제2항 기재 부동산, 즉 이

133) 서울고등법원 2012. 10. 12. 선고 2012나14168 판결 [부당이득금등]

사건 건물의 근저당권의 말소등기절차이행을 주문 1의 나항에서 인용을 하였기 때문에 예비적 청구는 사해행위취소소송에서는 제2항 기재 부동산 이 사건 건물에 관한 사해행위취소부분은 판단을 하지 아니한 것입니다. 제1항 기재 부동산, 즉 이 사건 토지에 관한 근저당권이 무효임을 구하였던 원고의 청구는 주문 2항과 같이 각하가 되었습니다. 각하된 부분에 대하여는 예비적 청구취지를 판단해야 합니다. 그래서 이제 예비적으로 판단할 부분은 제1항 기재 부동산 이 사건 토지의 근저당권이 사해행위인지 여부만 남았습니다. 사해행위취소라고 보았습니다. 원상회복부분은 항소심에서 말소등기청구부분은 취하하였다고 하고 있어 원상회복부분은 판단할 수가 없었던 것입니다.

근저당권이 말소가 되었다고 하더라도 근저당권설정계약의 취소를 구할 수 있기 때문에 이를 판단한 것으로 보이는데 그와 같이 취소할 이익이 있는지에 대하여는 피고도 주장을 하지 아니한 것으로 보입니다. 그래서 서울고등법원은 그냥 판단을 한 것이 아닌가 하는 생각이 듭니다. 피고 1이 경매에서 배당을 받았다고 한다면 당연히 그 배당금을 원고는 가액배상으로 청구하였을 것인데 청구하지 아니한 것을 보면 배당을 받은 것도 아닌 것 같습니다. 이 사건 토지는 경매가 되어 제3자가 낙찰을 받은 것을 알 수 있습니다.

이 사건의 부동산실명법 이후 명의신탁에 있어서 계약명의신탁이고 매도인이 선의인 경우에 수탁자는 완전한 소유권을 취득하고 신탁자는 매매대금 상당의 부당이득반환만 구하는 사안인데 신탁자의 채권자가 대위권에 기하여 수탁자에게 부당이득반환청구를 구하면서 집행을 위해서는 수탁자의 재산에 집행을 해야 하는데 수탁자의 재산은 명의신탁된 재산이 유일하였던 것으로 보이기 때문에 여기에 설정된 근저당권자를 상대로 통정허위표시라고 하여 소외 1과 피고 2를 순차로 대위하여 말소등기청구와 말소된 근저당권의 무효확인을 구하였고 예비적으로는 사해행위라고 하여 취소를 구하면서 말소된 근저당권부분의 원상회복은 취하를 하였던 사건이었습니다. 채권자대위소송, 명의신탁, 사해행위취소소송들이 복합적으로 하나의 세트로 이루어진 매우 재미있는 사건이었습니다.

그런데 더욱이 한 가지가 추가됩니다. 소외 1은 파산신청을 해 버린 것 같습니다. 대법원에서는 결국 파산관재인이 소송수계신청을 하였습니다. 사실 이 부분이 이 사건 대법원 판결의 주된 요지입니다.

"1. 먼저 소송수계신청에 관하여 본다.

채권자대위소송에서 원고는 채무자에 대한 자신의 권리를 보전하기 위하여 채무자를 대위하여 자신의 명의로 채무자의 제3채무자에 대한 권리를 행사하는 것이므로, 그 지위는 채무자 자신이 원고인 경우와 마찬가지라고 볼 수 있다. 그런데 소송의 당사자가 파산선고를 받은 때에 파산재단에 관한 소송절차는 중단되고(민사소송법 제239조), 파산채권자는 파산절차에 의하지 아니하고는 파산채권을 행사할 수 없게 된다「채무자회생 및 파산에 관한 법률」(이하 '채무자회생법'이라 한다) 제424조]. 그리고 채무자가 파산선고 당시에 가진 모든 재산은 파산재단에 속하게 되고, 채무자는 파산재단을 관리 및 처분하는 권한을 상실하며 그 관리 및 처분권은 파산관재인에게 속하게 되므로(채무자회생법 제382조 제1항, 제384조), 채무자에 대한 파산선고로 채권자가 대위하고 있던 채무자의 제3자에 대한 권리의 관리 및 처분권 또한 파산관재인에게 속하게 된다. 한편 채무자회생법은 채권자취소소송의 계속 중에 소송의 당사자가 아닌 채무자가 파산선고를 받은 때에는 소송절차는 중단되고 파산관재인이 이를 수계할 수 있다고 규정하고 있는데(채무자회생법 제406조, 제347조 제1항), 채권자대위소송도 그 목적이 채무자의 책임재산 보전에 있고 채무자에 대하여 파산이 선고되면 그 소송 결과는 파산재단의 증감에 직결된다는 점은 채권자취소소송에서와 같다. 이와 같은 채권자대위소송의 구조, 채무자회생법의 관련 규정 취지 등에 비추어 보면, 민법 제404조의 규정에 의하여 파산채권자가 제기한 채권자대위소송이 채무자에 대한 파산선고 당시 법원에 계속되어 있는 때에는 다른 특별한 사정이 없는 한 민사소송법 제239조, 채무자회생법 제406조, 제347조 제1항을 유추 적용하여 그 소송절차는 중단되고 파산관재인이 이를 수계할 수 있다고 볼 것이다. 따라서 원심판결 선고 이후에 피대위자인 소외인이 파산선고를 받음에 따라 신용보증기금이 원고로서 진행한 기존의 소송절차를 소외인의 파산관재인이 수계한다는 취지로 한 이 사건 소송수계신청은 이유 있어 이를 받아들인다."134)

　채권자대위소송 중에 채무자가 파산한 경우에는 파산관재인이 이를 수계할 수 있고 이는 채권자취소권의 규정을 유추적용한다고 하였습니다.

---

134) 대법원 2013. 3. 28. 선고 2012다100746 판결 [부당이득금등]

파. 계약명의신탁사건에서 매도인이 선의로 수탁자가 완전한 소유권을 취득한 상황에서 신탁자가 이를 적극적으로 처분한 경우 신탁자의 채권자에 대한 사해행위라고 볼 수 있는지

"부동산 실권리자명의 등기에 관한 법률 제4조 제1항, 제2항에 의하면 이른바 **계약명의신탁약정**에 따라 수탁자가 당사자가 되어 명의신탁약정이 있다는 사실을 알지 못하는 소유자와 사이에 부동산에 관한 매매계약을 체결한 후 그 매매계약에 따라 수탁자 명의로 소유권이전등기를 마친 경우에는 신탁자와 수탁자 사이의 명의신탁약정의 무효에도 불구하고 수탁자는 당해 부동산의 완전한 소유권을 취득하게 되고, 다만 수탁자는 신탁자에 대하여 매수대금 상당의 부당이득반환의무를 부담하게 된다. 또한 신탁자와 수탁자 사이에 신탁자의 지시에 따라 부동산의 소유 명의를 이전하기로 약정하였더라도 이는 명의신탁약정이 유효함을 전제로 명의신탁 부동산 자체의 반환을 구하는 범주에 속하는 것에 해당하여 역시 무효이다. 그리고 이와 같이 신탁자가 수탁자에 대하여 부당이득반환채권만을 가지는 경우에는 그 부동산은 신탁자의 일반채권자들의 공동담보에 제공되는 책임재산이라고 볼 수 없고, 신탁자가 위 부동산에 관하여 제3자와 매매계약을 체결하는 등 신탁자가 실질적인 당사자가 되어 처분행위를 하고 소유권이전등기를 마쳐주었다고 하더라도 그로써 신탁자의 책임재산에 감소를 초래한 것이라고 할 수 없으므로, 이를 들어 신탁자의 일반채권자들을 해하는 사해행위라고 할 수 없다."[135)]

　　위 신용보증기금 사건과 비슷합니다. 문제는 결국 신탁자의 채권자인 원고는 전혀 채권을 회수할 수 없게 되었습니다. 문제는 신용보증기금건과 같이 사후에 신탁자는 수탁자에 대하여 부당이득반환청구권을 가지고 있고, 이 명의신탁한 부동산을 신탁자가 적극적으로 처분한 경우에 매수인인 이 사건 피고는 악의의 수익자일 가능성이 큽니다. 즉 명의신탁관계가 존재한다는 것을 알았기 때문에 이를 신탁자가 처분할 경우에 수탁자의 채권자를 해하는 것이라는 것을 알 수 있습니다. 그런데 그 수탁자의 채권자 중 한 명이 바로 신탁자입니다. 문제는 제척기간 1년이 이미 지나버렸다는 것입니다. 이렇게 되면 사후에 다시 채권자대위권에 기한 사해행위취소소송도 제기할 수 없다는 것입니다.

---

135) 대법원 2013. 9. 12. 선고 2011다89903 판결 [사해행위취소및부당이득금반환]

그러므로 처음부터 이런 경우에는 매우 법리적으로 신중한 검토를 하고 소를 제기하여야 할 필요가 있었다고 할 것입니다.

"위와 같은 법리에 비추어 기록을 살펴보면, 소외인이 경매절차에서 피고 2의 명의로 이 사건 부동산을 매수한 것은 이른바 매도인이 선의인 계약명의신탁에 해당하므로 수탁자인 피고 2는 이 사건 부동산의 완전한 소유권을 취득하고, 신탁자인 소외인에 대하여 매수대금 상당의 부당이득반환의무만을 부담한다고 할 것인데, 피고 1에게 이 사건 부동산의 소유권을 이전할 당시 피고 2가 소외인에게 소유권이전등기에 필요한 서류 일체를 교부한 것은 당초 명의신탁약정이 유효함을 전제로 그 약정을 이행한 것으로 보일 뿐 피고 2가 소외인에게 부당이득반환채무만을 부담한다는 사정을 알면서 그러한 법률관계를 해소·청산하기 위한 목적으로 부당이득반환채무의 변제에 갈음하여 이 사건 부동산의 소유권을 소외인에게 이전하기로 한 것으로는 보이지 아니한다. 따라서 소외인은 여전히 피고 2에 대하여 부당이득반환채권만을 가지므로, 이 사건 부동산은 채무자인 소외인의 일반채권자들의 공동담보에 제공되는 책임재산이라고 볼 수 없고, 소외인이 실질적인 당사자로서 이 사건 부동산의 처분행위를 하였다고 하더라도 그로써 소외인의 책임재산에 감소를 초래한 것이라고 할 수 없으므로, 이를 들어 소외인의 일반채권자들을 해하는 사해행위라고 할 수 없다.
그런데도 원심은 피고 2와 소외인 사이에 부당이득반환채무의 변제에 갈음하여 이 사건 부동산의 소유권을 이전하기로 하는 약정이 유효하게 체결되었음을 전제로 하여 소외인과 피고 1 사이의 제2대물변제계약이 사해행위에 해당한다고 판단하였으니, 이러한 원심의 판단에는 사해행위의 성립 또는 법률행위의 해석에 관한 법리를 오해하여 판결 결과에 영향을 미친 위법이 있다. 이 점을 지적하는 피고 1의 상고이유 주장은 이유 있다."136)

피고 2는 수탁자이고, 소외인이 신탁자이고 채무자이며, 피고 1은 수익자입니다.

소외인이 피고 1사이에 제2대물변제계약이 사해행위라고 판단한 것은 잘못되었다고 하였습니다. 아마 피고 1은 소외인에게 채권자였던 것으로 이 명의신탁한 부동산을 대물변제로 이전받은 것으로 보입니다.

---

136) 대법원 2013. 9. 12. 선고 2011다89903 판결 [사해행위취소및부당이득금반환]

"【주 문】

1. 제1심 판결 중 피고 1에 대한 원고 패소부분을 취소한다.

2. 가. 피고 1과 소외 1(대법원판결의 소외인) 사이에 별지 목록 기재 부동산에 관하여 2007. 4. 5. 체결된 대물변제계약을 취소한다.

나. 피고 1은 원고에게 별지 목록 기재 부동산에 관하여 서울서부지방법원 2007. 4. 10. 접수 제16881호로 마쳐진 소유권이전등기의 말소등기절차를 이행하라.

3. 원고의 피고 2에 대한 항소 및 당심에서 추가한 피고 2에 대한 예비적 청구를 모두 기각한다.

4. 소송총비용 중 원고와 피고 1 사이에 생긴 부분은 피고 1이, 원고와 피고 2 사이에 생긴 부분은 원고가 각 부담한다.

【청구취지 및 항소취지】

제1심 판결을 취소한다. 피고 1, 피고 2와 소외 1 사이에 별지 목록 기재 부동산에 관하여 체결된 각 2007. 4. 5.자 대물변제 계약을 각 취소하고, 피고 1은 원고에게 별지 목록 기재 부동산(이하 '이 사건 부동산'이라 한다)에 관하여 서울서부지방법원 2007. 4. 10. 접수 제16881호로 마친 소유권이전등기의 말소등기절차를 이행하며, 주위적 또는 예비적으로, 피고 2는 원고에게 5,680만 원 및 이에 대하여 2004. 9. 16.부터 이 사건 소장부본 송달일까지는 연 5%의, 그 다음날부터 다 갚는 날까지는 연 20%의 각 비율에 의한 금원을 지급하라(원고는 당심에 이르러 피고 2에 대한 금원지급 청구 부분에 관하여 사해행위취소에 따른 가액배상을 구하는 것으로 예비적 청구를 추가하였다)."137)

　　피고 2에 대한 대한민국의 청구는 기각이 되었습니다.

"(1) 소외 1과 피고 2 사이의 법률관계

먼저, 앞서 본 기초사실에 의하면, 이 사건 부동산에 관하여 체결된 소외 1과 피고 2 사이의 이 사건 명의신탁은 부동산 실권리자명의 등기에 관한 법률 제4조 제1항에 따라 명의신탁이 무효가 되고, 명의신탁인 소외 1은 애초부터 이 사건 부동산의 소유권을 취득할 수 없었으므로 위 명의신탁약정의 무효로 인하여 소외 1은 피고 2에게 제공

---

137) 인천지방법원 2011. 9. 20. 선고 2010나4806 판결 [사해행위취소및부당이득금반환]

한 매매대금 상당의 손해를 입었다 할 것이므로 피고 2는, 이 사건 부동산 낙찰대금 156,800,000원 중 소외 1로부터 제공받은 56,800,000원을 반환할 의무를 부담하고 있었다고 봄이 상당하다.

다음으로, 앞서 본 기초사실에 의하면, 피고 2는 2007. 4. 5. 이 사건 명의신탁에 기하여 부담하게 될 원고에 대한 채무(앞서 본 바와 같이 피고 2가 소외 1에게 마쳐준 2004. 12. 10자 가등기에 기하여 본등기하여야 할 의무 또는 이 사건 명의신탁이 무효가 됨에 따라 부담하게 되는 매매대금 5,680만 원 상당의 부당이득반환채무)를 변제하기 위하여 소외 1에게 이 사건 부동산의 소유권을 이전하기로 약정(이하 '제1 대물변제계약'이라 한다)하였고 소외 1에게 이 사건 부동산의 소유권이전등기에 필요한 인감증명 등의 서류 및 위임장을 교부하였다고 봄이 상당하다.

이에 대하여 피고 1은 제1 대물변제계약은 존재하지 아니한다고 주장하나, 피고 2가 2007. 4. 5. 이 사건 명의신탁에 따라 소외 1에게 부담할 다른 채무를 면할 의사로 소외 1에게 이 사건 부동산에 관한 소유권을 이전하기 위하여 각종 서류를 교부한 이상 피고 2와 소외 1 사이에 묵시적인 대물변제계약이 있었다고 봄이 상당하다.

(2) 소외 1과 피고 1 사이의 법률관계

을가 제2 내지 5, 8호증(가지번호 포함)의 각 기재에 변론 전체의 취지를 종합하면, 소외 1은 그의 남편인 소외 2가 피고 1 소유의 부동산을 제3자에게 매도하고 취득한 매매대금 1억 7,000만 원을 반환하여야 함에도 불구하고 이를 임의로 사용함에 따라 발생한 1억 7,000만 원의 채무를 위 소외 2와 함께 변제하기로 약정하고 2007. 3. 17. 소외 2 명의의 차용증을 작성하여 피고 1에게 교부한 사실, 소외 1은 그럼에도 불구하고 위 금원을 피고 1에게 변제하지 못하자, 2007. 4. 5. 그 변제에 갈음하여 피고 1에게 이 사건 부동산에 대한 소유권을 이전하여 주기로 하는 내용의 대물변제계약(이하 '제2 대물변제계약'이라 한다)을 체결한 사실을 인정할 수 있고, 제2 대물변제계약의 이행 과정에서 피고 2가 매도인, 피고 1이 매수인, 매매대금은 1억 8,000만 원으로 정한 매매계약서를 제1의 나. (2)항 기재와 같이 작성한 사실은 앞서 본 바와 같다.

위 인정사실에 의하면, 소외 1은 피고 1에 대한 약정금 채무의 변제에 갈음하여 이 사건 부동산에 관한 소유권을 이전시키기로 하는 내용의 제2 대물변제계약을 체결하였고, 제2 대물변제계약의 이행을 위하여 제1 대물변제계약에 따라 피고 2로부터 자신의 명의로 소유권이전의 본등기를 한 다음 다시 이를 토대로 피고 1에게 소유권을 이전하는 과정을 축약·생략하여, 피고 2로부터 피고 1에게 바로 소유권이전등기를 마쳐주기로 피고들과 순차로 약정하였다고 봄이 상당하다."138)

---

138) 인천지방법원 2011. 9. 20. 선고 2010나4806 판결 [사해행위취소및부당이득금반환]

피고 2는 소외인 채무자의 사위였습니다. 대한민국도 피고 2에 대하여 채권자대위권에 기하여 매매대금의 부당이득반환청구를 하였습니다.

> "원심판결 이유에 의하면, 원고가 2007. 7. 5. 소외인을 대위하여 피고 2를 상대로 이 사건 부동산의 매각대금 156,800,000원 상당의 부당이득반환을 구하는 소를 제기하였는데, 제1심법원은 피고 2가 명의신탁자인 소외인의 지시에 따라 2007. 4. 5. 이 사건 부동산의 소유권을 피고 1에게 이전해 준 것을 부당이득반환채무의 이행에 갈음한 대물변제로 보아 그 채무가 소멸하였다는 이유로 원고의 청구를 기각하는 판결을 선고하였고, 원고가 이에 항소하였다가 항소를 취하함에 따라 제1심판결이 그대로 확정된 사실을 알 수 있다.
> 원고의 피고 2에 대한 상고이유는, 제2대물변제계약이 사해행위에 해당하여 취소되면 피고 2의 대물변제는 현실적 이행이 이루어지지 않는 결과가 되어 당초의 부당이득반환채무가 소멸되지 않은 것으로 보아야 하고, 이것은 종전 소송의 변론종결 후의 형성권의 행사에 따른 사정변경에 해당하여 전소 확정판결의 기판력에 저촉되지 않으므로 소외인을 대위하여 그 부당이득반환의무의 이행을 구하는 원고의 피고 2에 대한 청구 또한 인용되어야 한다는 것이다.
> 그러나 사해행위의 취소는 취소소송의 당사자 간에 상대적으로 취소의 효력이 있는 것으로 당사자 이외의 제3자는 다른 특별한 사정이 없는 이상 취소로 그 법률관계에 영향을 받지 않는 것이므로(대법원 2009. 6. 11. 선고 2008다7109 판결 등 참조), 원고의 주장과 같이 소외인과 피고 1 사이의 제2대물변제계약이 사해행위에 해당하여 취소된다고 하더라도 그 취소의 효력이 취소소송의 당사자가 아닌 피고 2에게 미친다고 할 수 없다. 따라서 소외인과 피고 1 사이의 제2대물변제계약이 취소된다고 하더라도 이는 전소 확정판결의 기판력이 미치지 않는 표준시 이후에 생긴 법률관계에 해당한다고 할 수 없으므로, 원고의 상고이유 주장은 이유 없다."[139]

이런 문제가 발생하는 경우가 기관들의 경우입니다. 변호사 입장에서는 사후 문제까지도 고려하여 적극적으로 다투자고 하는데도 불구하고 다른 원인으로 승소하였으니 패소한 부분은 항소하지 않거나 이 사건과 같이 항소하였다가 취소해 버리는 우를 범하게 됩니다.

---

139) 대법원 2013. 9. 12. 선고 2011다89903 판결 [사해행위취소및부당이득금반환]

"나. 주위적 청구에 관한 판단

원고가 전소에서 피고 2를 상대로 계약명의신탁 상의 수탁자로서 이 사건 부동산을 취득함으로써 낙찰대금 151,627,693원 상당의(실제 낙찰대금은 156,800,000원이다) 상당을 부당이득하였으므로, 이를 소외 1을 대위한 원고에게 반환할 것을 구하였다가, 피고 2가 명의신탁자인 소외 1의 지시에 따라 2007. 4. 5. 이 사건 부동산의 소유권을 피고 1에게 이전해 준 것을 부당이득반환채무의 이행에 갈음한 대물변제로 보아 그 채무가 소멸하였다는 이유로 원고청구기각의 제1심 판결을 받은 사실, 원고가 이에 항소하였다가 피고 2에 대한 항소를 취하함에 따라 그 무렵 피고 2에 대한 제1심 판결이 위와 같이 그대로 확정된 사실은 앞서 본 바와 같다.

위 인정사실에 비추어 보면, 원고의 피고 2에 대한 부당이득반환청구는 전소에서 구한 151,627,693원 지급청구에 포함된 것으로서 전소의 소송물 중 일부에 관하여 후소에서 다시 그 지급을 구하는 것으로서 전소의 확정판결에 반하는 것으로 기판력에 저촉된다.

이에 대하여 원고는 이 사건 소 중 피고 2에 대한 부당이득반환청구 부분은 이 사건 사해행위취소가 인용될 경우를 대비한 것으로서 이는 전소의 변론종결 후의 새로운 형성권의 행사에 따른 사정변경에 해당하여 기판력에 저촉되지 아니한다는 취지로 주장한다.

그러나 뒤에서 보는 바와 같이 피고 2와 소외 1 사이의 2007. 4. 5.자 제1 대물변제계약이 사해행위취소의 대상이 되지 아니하여 원고의 이 부분 사해행위취소청구는 이유 없다고 할 것이므로 이를 전제로 한 원고의 주장은 이유 없다.

결국, 원고의 피고 2에 대한 부당이득반환청구는 이유 없다."140)

"다음으로 원고는 소외 1이 피고 2에 대한 부당이득반환청구권을 소멸시키고 이 사건 부동산에 대한 소유권을 이전받기로 하는 내용의 대물변제계약을 체결한 행위는 특정 채권자인 소외 1의 책임재산을 감소시킨 행위로서 사해행위에 해당하고, 피고 2로서는 금전지급이라는 본래의 급부에 갈음하여 다른 급부를 이행할 수 있게 된 것 자체로 이득을 얻은 것이므로 위 대물변제계약의 취소를 구하고, 사해행위로 인한 수익자인 피고 2에 대한 원상회복을 구한다.

140) 인천지방법원 2011. 9. 20. 선고 2010나4806 판결 [사해행위취소및부당이득금반환]

살피건대, 사해행위취소소송은 채무자가 채권자를 해함을 알면서 행한 자신의 일반재산을 감소시키는 법률행위를 그 대상으로 삼고 있는바, 원칙적으로 채무 본지에 따른 변제 등의 행위는 특별한 사정이 없는 한 사해행위취소의 대상이 되지 아니하며, 다만, 채무자의 재산이 채무의 전부를 변제하기에 부족한 경우에 채무자가 그의 유일한 재산을 어느 특정 채권자에게 대물변제로 제공하여 양도하였다면 그 채권자는 다른 채권자에 우선하여 채권의 만족을 얻는 반면 그 범위 내에서 공동담보가 감소됨에 따라 다른 채권자는 종전보다 더 불리한 지위에 놓이게 될 경우 이를 다른 채권자의 이익을 해하는 행위로서 사해행위취소의 대상으로 삼을 수 있을 뿐이다.

이 경우 소외 1의 피고 2에 대한 매매대금 상당의 부당이득반환청구권은 원칙적으로 소외 1이 이 사건 명의신탁에 기하여 피고 2에 대하여 행사하고자 하였던 소유권이전등기청구권이 부동산 실권리자명의 등기에 관한 법률에 따라 인정되지 못함으로 인하여 대체적으로 발생한 권리인바, 위 매매대금 상당의 부당이득반환청구권을 대신하여 채무자 소외 1이 당초에 예상하였던 대로 이 사건 부동산에 관한 소유권을 이전받기로 하는 제1 대물변제계약이 부당하게 채무자 소외 1에 대한 일반채권자들의 이익을 해하는 행위로 책임재산을 감소시키는 행위라고 보기 어렵고, 이는 소외 1이 피고 2에 대하여 행사할 수 있었던 부당이득반환청구권의 액수가 현실적으로 제공하였던 5,680만 원임에 반하여 이 사건 부동산의 가액은 적어도 낙찰대금인 156,800,000원 이상에 달한다는 점을 고려하더라도 더욱 그러하다.

따라서 이 사건 제1 대물변제계약은 사해행위에 해당하지 아니하고, 피고 2는 사해행위로 인한 수익자로 볼 수 없다. 그렇다면 제1 대물변제계약의 취소를 구하는 부분 및 이에 터 잡은 가액배상청구 부분은 모두 받아들일 수 없으므로 결국 원고의 피고 2에 대한 예비적 청구는 이유 없다."[141]

1심 판결은 공개되어 있지 않지만, 원고만 항소를 하고 피고들은 항소하지 아니한 것을 보면 원고가 전부패소를 한 것으로 보입니다.

원고는 수탁자인 피고 2에 대하여 부당이득반환청구를 구하였는데 이 부당이득반환청구권은 제1대물변제계약, 즉 피고 2와 소외인 사이에 이 사건 부동산을 소외인에게 이전해 주기로 한 약정으로 보입니다. 제1대물변제계약으로 부당이득반환청구권이 소멸되었으니 피고 2에 대한 금전 청구는 기각이 되었던 것

---

141) 인천지방법원 2011. 9. 20. 선고 2010나4806 판결 [사해행위취소및부당이득금반환]

으로 보입니다. 또한 제1대물변제계약의 취소를 구하였으나 이 역시도 기각된 것으로 보입니다.

피고 1과 소외인 간의 제2대물변제계약에 대하여는 1심 법원은 계약명의신탁이고 매도인이 선의인이기 때문에 이 사건 부동산은 완전히 수탁자의 소유가 되었기 때문에 소외인의 책임재산이 아니라고 하여 피고 1에 대한 제2대물변제계약을 사해행위라고 보지 아니한 것으로 생각됩니다.

이에 대한민국은 항소를 하면서, 부당이득금반환부분을 항소를 취하하고는 제1대물변제계약의 사해행위에 중점을 둔 것으로 보입니다. 그러면서 주위적으로는 부당이득반환 58백만 원으로 구하고 예비적으로는 이 금액 상당을 사해행위취소의 원상회복으로 구하였던 것으로 보입니다.

그런데 이에 대하여는 전부 기각판결을 받았고 대법원에 원고가 상고를 하였는데 결국 기각이 되었습니다. 대한민국은 피고 2 수탁자에게 어떠한 이익도 얻지 못하였습니다.

또한 항소심에서는 그래도 소외인과 피고 1간의 제2대물변제계약을 사해행위라고 인정하여 이를 책임재산으로 확보할 수 있는 길이 열렸는데 대법원은 피고 2와 소외인간에 피고 2가 모든 서류를 교부한 것은 기존 명의신탁약정이 유효하다고 생각하고 이 약정에 따른 이행일 뿐이고 이를 대물변제계약이라고 볼 수 없다고 판시하였습니다. 또한 무효의 명의신탁에 위반하여 부동산을 돌려주기로 하는 약정 역시 무효라고 보았습니다. 제1대물변제계약 자체가 존재하지 않기 때문에 피고 2가 소외인에게 부담하는 것은 부당이득금반환채무일 뿐이고 이 사건 부동산은 여전히 피고 2의 소유라고 할 것이기 때문에 이는 소외인의 채권자 입장에서는 책임재산이 될 수 없습니다. 결국 원고의 사해행위취소는 기각이 될 수밖에 없습니다.

앞에서 본 것처럼 양자 간 등기명의신탁의 경우 신탁된 부동산의 등기가 무효인 경우에 이 명의신탁한 부동산은 신탁자의 책임재산이기 때문에 이를 적극적으로 신탁자가 처분한 경우에는 신탁자의 채권자에게는 사해행위가 된다고 하였습니다. 그 사건과 비교하여 보면, 신탁자가 명의신탁한 재산을 적극적으로 처분한 점은 동일합니다. 그런데 이 사건 명의신탁은 낙찰을 받은 것이기 때문에 그 자체로 계약명의신탁이고 매도인이 선의인 경우입니다. 부동산실명법 이

전에도 이른바 경매에 의한 명의신탁의 경우는 대내외적으로 모두 낙찰자에게 소유권이 있다고 대법원은 판시하였습니다. 그러므로 처음부터 책임재산이 되지 않았던 부동산이라고 할 것입니다.

　　1심 법원이 무리하고 제1대물변제계약을 인정함으로서 사실 방향이 이상하게 흘러갔고 그에 의하여 피고 1, 2만 1원도 원고에게 재산을 빼앗길 염려가 없게 되어버렸습니다. 오히려 피고 1, 2는 당연히 변호사 비용을 원고에게 청구하였을 것입니다. 판사가 잘못 판단하면 그로 인하여 피해를 보는 것은 바로 소송당사자입니다. 이런 경우에 손해배상청구가 가능해야 합니다. 무리하게 잘못된 판단으로 소송당사자에게 피해를 주는 판결에 대하여 적극적으로 손해배상청구가 인정되어야 하며 이의 판단은 법원이 아닌 헌법재판소 같은 곳에서 해야 합니다. 법원에 소제기하면 당연히 고양이에게 생선을 맡긴 꼴이기 때문에 청구는 거의 기각될 것입니다.

하. 수분양권을 선의의 분양자의 동의를 받아 명의신탁을 해 준 경우

"[1] 구 부동산 실권리자명의 등기에 관한 법률(2010. 3. 31. 법률 제10203호로 개정되기 전의 것) 제4조 제1항은 "명의신탁약정은 무효로 한다."고 규정하고, 제2항은 "명의신탁약정에 따라 행하여진 등기에 의한 부동산에 관한 물권변동은 무효로 한다. 다만 부동산에 관한 물권을 취득하기 위한 계약에서 명의수탁자가 그 일방당사자가 되고 그 타방당사자는 명의신탁약정이 있다는 사실을 알지 못한 경우에는 그러하지 아니하다."고 규정하고 있다. 따라서 명의신탁자와 명의수탁자가 계약명의신탁약정을 맺고 명의수탁자가 당사자가 되어 명의신탁약정이 있다는 사실을 알지 못하는 소유자와 부동산의 취득에 관한 계약을 체결하면 계약은 유효하다.
[2] 아파트의 수분양자가 타인과 대내적으로는 자신이 수분양권을 계속 보유하기로 하되 수분양자 명의만을 타인의 명의로 하는 내용의 명의신탁약정을 맺으면서 분양계약의 수분양자로서의 지위를 포괄적으로 이전하는 내용의 계약인수약정을 체결하고 이에 대하여 명의신탁약정의 존재를 모르는 분양자가 동의 내지 승낙을 한 경우, 이는 계약명의신탁 관계에서 명의수탁자가 당초 명의신탁약정의 존재를 모르는 분양자와 분양계약을 체결한 경우와 다를 바 없으므로, 분양계약인수약정은 유효하다."142)

---

142) 대법원 2015. 12. 23. 선고 2012다202932 판결 [사해행위취소]

사실 수분양권은 부동산등기 전의 문제입니다. 이렇기 때문에 사실 수분양권을 이전하는 경우가 매우 흔하고 이에 대하여 명의신탁이 발생할 경우에 이 경우는 부동산실명법에 의하여 판단할 수 있는 것인가 의문이었는데 대법원은 그에 따라서 판단하였습니다.

"나. 원심판결 이유와 기록에 의하면, ① 소외 1은 주식회사 굿모닝베이커리(이하 '소외회사'라고 한다)의 대표자 이사이고 피고는 소외 1의 남동생이며 소외 2는 피고의 처인 사실, ② 소외 2는 2009. 3. 21. 신계구역주택재개발정비사업조합(이하 '분양자 조합'이라고 한다)으로부터 이 사건 아파트를 공급대금 10억 5,500만 원에 분양받으면서(이하 '이 사건 분양계약'이라 한다) 계약금 1억 550만 원은 계약 당시 지급하고 중도금 6억 3,300만 원은 1억 550만 원씩 6회 분할하여 지급하며 잔금 3억 1,650만 원은 입주지정일에 지급하기로 약정한 사실, ③ 소외 2는 자신의 명의로는 더 이상 중도금대출을 받기 어렵게 되자, 소외 1과 이 사건 분양계약의 수분양자 명의를 소외 1에게 신탁하기로 약정하고 2009. 12. 30. 위 공급대금에 웃돈 250만 원을 가산한 금액을 매매대금으로 하여 소외 1에게 이 사건 아파트의 분양권을 매도하는 계약을 체결한 다음, 위와 같은 명의신탁약정의 존재를 알지 못하는 분양자 조합의 승인을 받아 수분양자 명의를 소외 1로 변경해 준 사실, ④ 한편 소외 회사는 2007년경 한국토지주택공사로부터 지장물보상금을 수령하였으나 그중 613,704,633원에 해당하는 법인세 신고를 누락하였고, 이에 원고가 2010. 10. 26. 수입금액 누락에 따른 법인세에 대하여 납부기한을 2011. 1. 31.로 하여 납부고지하였으나 소외 회사는 이를 납부하지 아니하였으며, 원고는 2011. 3. 16. 소외 회사의 대표자인 소외 1을 법인세의 제2차 납세의무자로 지정하고 미납 법인세를 납부고지한 사실, ⑤ 소외 1은 원고로부터 위와 같이 법인세 납부를 고지받자 2011. 4. 1. 곧바로 피고에게 이 사건 아파트의 수분양권을 매도하고 분양자 조합의 승낙을 받아 수분양자 명의를 피고로 다시 변경해 준 사실 등을 알 수 있다.

다. 위 사실관계를 앞서 본 법리에 비추어 보면, 소외 2와 소외 1 사이의 이 사건 아파트 수분양자 명의에 관한 명의신탁약정은 부동산실명법 제4조 제1항에 의하여 무효이지만, 소외 2와 소외 1 사이에 이루어진 이 사건 분양권 매매계약은 그 실질이 이 사건 아파트를 신축하여 매도한 분양자 조합의 승낙하에 소외 2가 소외 1에게 이 사건 분양계약상의 매수인 지위를 포괄적으로 이전하는 내용의 계약인수약정에 해당하고, 위 명의신탁약정의 존재에 대하여 선의인 분양자 조합이 위 분양계약에 관한 수분양자 명의의 변경에 동의 또는 승낙을 하였으므로, 이 사건 분양권 매매계약은 유효하다고 할 것이다.

따라서 소외 1은 이 사건 아파트의 분양권에 관하여 완전한 권리를 취득하였고, 이는 소외 1의 일반 채권자들의 공동담보에 제공되는 책임재산이 되는 것이므로, 소외 1이 그 재산으로 채무의 전부를 변제하기에 부족함에도 위 분양권을 소외 2의 남편인 피고에게 양도한 행위는 원고를 포함한 다른 채권자의 이익을 해하는 것으로서 사해행위가 된다고 할 것이다.

라. 이와 결론을 같이 한 원심의 판단은 정당하고, 거기에 부동산실명법 제4조 제2항, 제3항 및 기존 채무 이행행위의 사해행위 해당 여부에 관한 법리를 오해한 위법이 없다."143)

그런데 부동산실명법을 수분양권에도 적용할 수 있는 것인지가 먼저 문제가 됩니다.

"제2조(정의)연혁판례문헌

이 법에서 사용하는 용어의 뜻은 다음과 같다.

1. "명의신탁약정"(명의신탁약정)이란 부동산에 관한 소유권이나 그 밖의 물권(이하 "부동산에 관한 물권"이라 한다)을 보유한 자 또는 사실상 취득하거나 취득하려고 하는 자[이하 "실권리자"(실권리자)라 한다]가 타인과의 사이에서 대내적으로는 실권리자가 부동산에 관한 물권을 보유하거나 보유하기로 하고 그에 관한 등기(가등기를 포함한다. 이하 같다)는 그 타인의 명의로 하기로 하는 약정[위임·위탁매매의 형식에 의하거나 추인(추인)에 의한 경우를 포함한다]을 말한다. 다만, 다음 각 목의 경우는 제외한다.

가. 채무의 변제를 담보하기 위하여 채권자가 부동산에 관한 물권을 이전(이전)받거나 가등기하는 경우

나. 부동산의 위치와 면적을 특정하여 2인 이상이 구분소유하기로 하는 약정을 하고 그 구분소유자의 공유로 등기하는 경우

다. 「신탁법」 또는 「자본시장과 금융투자업에 관한 법률」에 따른 신탁재산

---

143) 대법원 2015. 12. 23. 선고 2012다202932 판결 [사해행위취소]

인 사실을 등기한 경우

　2. "명의신탁자"(명의신탁자)란 명의신탁약정에 따라 자신의 부동산에 관한 물권을 타인의 명의로 등기하게 하는 실권리자를 말한다.

　3. "명의수탁자"(명의수탁자)란 명의신탁약정에 따라 실권리자의 부동산에 관한 물권을 자신의 명의로 등기하는 자를 말한다.

　4. "실명등기"(실명등기)란 법률 제4944호 부동산실권리자명의등기에관한법률 시행 전에 명의신탁약정에 따라 명의수탁자의 명의로 등기된 부동산에 관한 물권을 법률 제4944호 부동산실권리자명의등기에관한법률 시행일 이후 명의신탁자의 명의로 등기하는 것을 말한다.

　(출처: 부동산 실권리자명의 등기에 관한 법률 타법개정 2020. 3. 24. [법률 제17091호, 시행 2020. 3. 24.] 법무부 > 종합법률정보 법령)

　"제2조(정의)

　이 법에서 사용하는 용어의 정의는 다음과 같다.

　1. "명의신탁약정"이라 함은 부동산에 관한 소유권 기타 물권(이하 "부동산에 관한 물권"이라 한다)을 보유한 자 또는 사실상 취득하거나 취득하려고 하는 자(이하 "실권리자"라 한다)가 타인과의 사이에서 대내적으로는 실권리자가 부동산에 관한 물권을 보유하거나 보유하기로 하고 그에 관한 등기(가등기를 포함한다. 이하 같다)는 그 타인의 명의로 하기로 하는 약정(위임·위탁매매의 형식에 의하거나 추인에 의한 경우를 포함한다)을 말한다. 다만, 다음 각목의 경우를 제외한다.

　가. 채무의 변제를 담보하기 위하여 채권자가 부동산에 관한 물권을 이전받거나 가등기하는 경우

　나. 부동산의 위치와 면적을 특정하여 2인이상이 구분소유하기로 하는 약정을 하고 그 구분소유자의 공유로 등기하는 경우

　다. 신탁법 또는 신탁업법에 의한 신탁재산인 사실을 등기한 경우

　2. "명의신탁자"라 함은 명의신탁약정에 의하여 자신의 부동산에 관한 물권을 타인의 명의로 등기하게 하는 실권리자를 말한다.

　3. "명의수탁자"라 함은 명의신탁약정에 의하여 실권리자의 부동산에 관한 물권을 자신의 명의로 등기하는 자를 말한다.

　4. "실명등기"라 함은 이 법 시행전에 명의신탁약정에 의하여 명의수탁자의

명의로 등기된 부동산에 관한 물권을 이 법 시행일이후 명의신탁자의 명의로 등기하는 것을 말한다.”

(출처: 부동산실권리자명의등기에관한법률 제정 1995. 3. 30. [법률 제4944호, 시행 1995. 7. 1.] 법무부 > 종합법률정보 법령)

정의규정은 변동이 없습니다.

“명의신탁약정”(명의신탁약정)이란 **부동산에 관한 소유권이나 그 밖의 물권**(이하 “부동산에 관한 물권”이라 한다)을 **보유한 자 또는 사실상 취득하거나 취득하려고 하는 자**”라는 말을 보면, 명의신탁자가 부동산에 관한 물권을 가지고 있을 필요는 없습니다. 수분양권은 소유권을 보유하려는 것입니다. 그렇기 때문에 여기서 말하는 부동산에 관한 물권에 당연히 포함되고 이를 소외 2는 취득하려고 하는 자입니다. 소외 1간의 명의신탁약정은 일응 부동산실명법상의 명의신탁약정에 해당이 됩니다.

“3. “명의수탁자”라 함은 명의신탁약정에 의하여 실권리자의 부동산에 관한 물권을 자신의 명의로 등기하는 자를 말한다.”

소외 1인 명의수탁자에 해당하는지를 보면, “부동산에 관한 물권을 자신의 명의로 등기하는 자”입니다. 수분양권은 물권에 관한 등기가 아니라 단순한 채권적 지위의 권리입니다. 그렇기 때문에 소외 1은 실명법상의 명의수탁자는 아닙니다.

또한 계약명의신탁이라는 것은 3자 간의 계약이 아니라 2자 간의 계약입니다. 즉 명의신탁자는 전면에 나서지 않고 모든 계약은 수탁자가 자신의 이름으로 다 합니다. 신탁자와 수탁자의 명의신탁인지 여부는 계약서 어디에도 나오지 않고 매도인도 알 수 없는 경우입니다. 그런데 수분양권의 지위를 넘기는 것은 3자 간의 계약입니다. 원래 수분양권자가 그 분양권을 수탁자에게 넘기는 것입니다. 원래의 계약은 두 사람 간의 계약입니다. 이에 대하여 분양자가 동의를 하는 것입니다. 즉 새로운 수분양자가 계약인수를 하는 것이고 여기에 분양자가 동의하는 것입니다. 그렇기 때문에 분양자의 의사는 명의신탁여부를 검토할 것도 아니지만 실질적으로 계약당사자라고 볼 수도 없습니다. 또한 분양자는 매도인도 아닙니다. 사실 매도인은 신탁자이고 매수인은 수탁자입니다. 즉 분양권을 사고 판다는 계약의 관점에서 보면, 분양권을 매도하는 사람은 신탁자이고 매수인은 수탁자입니다. 그러므로 계약명의신탁이 적용될 여지가 없습니다. 오히려 이는 양자 간의 등기명의신탁과 비슷하다고 할 것입니다. 그럼에도 불구하고 분양자를 매도인으로 보고 매도인이 선의인 경우, 즉 부동산실명법 제4조 제2항 단서를 적용한 것은 매우 의문입니다.

　　이 판례는 그런 점에서 보면, 폐기가 되어야 할 것입니다. 대한민국이기 때문에 이렇게 유리하게 판결한 것인지 모르지만 무리한 법의 유추적용이고 그 적용도 자세히 보면 매우 문제가 많다고 할 것입니다.

"부동산 실권리자명의 등기에 관한 법률 제4조 제2항 단서는 부동산 거래의 상대방을 보호하기 위한 것으로 상대방이 명의신탁약정이 있다는 사실을 알지 못한 채 물권을 취득하기 위한 계약을 체결한 경우 그 계약과 그에 따른 등기를 유효라고 한 것이다. 명의신탁자와 명의수탁자가 계약명의신탁약정을 맺고 명의수탁자가 당사자가 되어 매도인과 부동산에 관한 매매계약을 체결하는 경우 그 계약과 등기의 효력은 매매계약을 체결할 당시 매도인의 인식을 기준으로 판단해야 하고, 매도인이 계약 체결 이후에 명의신탁약정 사실을 알게 되었다고 하더라도 위 계약과 등기의 효력에는 영향이 없다. 매도인이 계약 체결 이후 명의신탁약정 사실을 알게 되었다는 우연한 사정으로 인해서 위와 같이 유효하게 성립한 매매계약이 소급적으로 무효로 된다고 볼 근거가 없다. 만일 매도인이 계약 체결 이후 명의신탁약정 사실을 알게 되었다는 사정을 들어 매매계약의 효력을 다툴 수 있도록 한다면 매도인의 선택에 따라서 매매계약의 효력이 좌우되는 부당한 결과를 가져올 것이다."[144]

　　계약명의신탁약정에 있어서 매도인의 선의 여부 판단 기준시점에 관한 판례이기 때문에 사해행위취소에서도 필요할 것으로 보아 인용해 봅니다.

거. 공동매수한 경우에 매수인들간에 명의신탁이 인정되는지 여부

"어떤 사람이 타인을 통하여 부동산을 매수하면서 매수인 명의 및 소유권이전등기 명

---

144) 대법원 2018. 4. 10. 선고 2017다257715 판결 [소유권이전등기]

> 의를 타인 명의로 하기로 한 경우에, 매수인 및 등기 명의의 신탁관계는 그들 사이의 내부적인 관계에 불과하므로, 상대방이 명의신탁자를 매매당사자로 이해하였다는 등의 특별한 사정이 없는 한 대외적으로는 계약명의자인 타인을 매매당사자로 보아야 하며, 설령 상대방이 명의신탁관계를 알고 있었더라도 상대방이 계약명의자인 타인이 아니라 명의신탁자에게 계약에 따른 법률효과를 직접 귀속시킬 의도로 계약을 체결하였다는 등의 특별한 사정이 인정되지 아니하는 한 마찬가지이다."145)

계약명의신탁약정에 의하여 수탁자가 매도인과 계약을 체결하였습니다. 이 경우에 그 계약과 등기는 유효합니다. 그런데 이와 별도로 매수인을 누구로 볼 것인지 여부입니다. 매도인은 신탁자가 누구인지는 알 수 없으나 수탁자가 진정한 매수인이 아니라 수탁자라고 알 수도 있습니다. 그러나 매도인으로서는 부동산을 처분하고 매매대금을 받는 것이 문제이기 때문에 명의신탁이라는 것이 있다고 하더라도 그의 의사로서는 매수인은 수탁자라고 생각할 수 있습니다. 그리고 수탁자에게 소유권이전등기를 해 줄 것이고 신탁자에게 해 줄 의도가 없을 수 있습니다. 매도인으로서는 매수인인 수탁자만 매매당사자라고 볼 여지가 큽니다.

이와 비슷한 사례에서 책임재산으로 포섭시킬 수 있는지 그 전에 명의신탁이 있다고 볼 수 있는 것인지가 문제될 수 있습니다. 지금까지 사건들은 대부분이 명의신탁이라는 것은 어느 정도 명확한 사건이었는데 이 사건의 경우 명의신탁자체의 인정 여부가 문제되었던 사건입니다.

> "2. 원심판결 이유 및 원심이 인용한 제1심판결 이유에 의하면, 아래와 같은 사실을 알 수 있다.
> 가. 피고가 2010. 4. 중순 소외 1로부터 경북 울릉군 (주소 1 생략) 임야 1,279㎡ 및 (주소 2 생략) 임야 899㎡(이하 위 두 필지의 토지를 '이 사건 부동산'이라 한다)를 1억 4,600만 원에 매수하면서 매매계약서의 매수인은 '피고 외 1명'으로 기재하였다.
> 나. 피고는 2011. 5. 10. 소외 1과 사이에 매매대금을 1억 700만 원으로 하고 매수인

을 피고와 소외 2로 하는 매매계약서(이하 '이 사건 매매계약서'라 한다)를 다시 작성하고, 2011. 7. 8. 이 사건 부동산에 관하여 피고와 소외 2 공동명의로 소유권이전등기를 마쳤다.

다. 피고 명의의 예금계좌에서 소외 1 명의의 예금계좌로 2010. 4. 27. 3,000만 원, 2010. 7. 16. 2,000만 원, 2011. 7. 7. 2,040만 원이 각 출금되었다.

라. 한편 소외 2는 2011. 7. 25. 이 사건 부동산 중 그 명의의 2분의 1 지분(이하 '이 사건 지분'이라 한다)에 관하여 2011. 7. 22.자 매매예약을 원인으로 하여 피고 앞으로 지분이전청구권 가등기(이하 '이 사건 가등기'라 한다)를 마쳤다.

3. 원심은, 위와 같은 사실관계와 아울러 소외 2가 이 사건 부동산의 매매대금을 조달한 흔적이 엿보이지 않는다는 사정에 기초하여, (1) 피고가 이 사건 부동산에 관한 매매계약의 당사자로서 소외 1로부터 이 사건 부동산을 매수하면서 그중 이 사건 지분에 관한 등기명의만 소외 2로 하기로 한 것으로서 위 매매계약에 따른 법률효과를 명의신탁자인 피고에게 직접 귀속시킬 의도였던 사정이 인정되므로 소외 2는 등기명의만을 신탁받았다고 전제한 다음, (2) 소외 2 명의로 마쳐진 이 사건 지분에 관한 소유권이전등기는 부동산 실권리자명의 등기에 관한 법률에 의하여 무효로서, 이 사건 지분에 관한 소유권은 소외 1에게 남아 있어 소외 2의 책임재산에 포함된다고 할 수 없으므로 소외 2가 이 사건 지분에 관하여 피고 앞으로 이 사건 가등기를 마쳤다 하여 사해행위가 되지는 아니한다고 판단하였다.

4. 가. 그러나 원심이 인정한 위와 같은 사실관계를 앞에서 본 법리에 비추어 보면, (1) 소외 2와 피고의 공동 명의로 이 사건 매매계약서가 작성되고 2분의 1 지분에 관하여 소외 2 앞으로 등기까지 마친 이상 이 사건 매매계약서에 의한 이 사건 지분 매매계약의 당사자는 소외 2로 봄이 원칙이고, 이와 달리 이 사건 지분에 관한 매수인을 소외 2가 아닌 피고로 인정하려면 상대방인 소외 1이 계약명의인인 소외 2가 아닌 피고에게 이 사건 매매계약에 따른 법률효과를 직접 귀속시킬 의도로 계약을 체결하였다는 특별한 사정이 인정되어야 하며, (2) 또한 소외 2 명의로 이루어진 이 사건 지분에 관한 매매계약 및 이전등기가 소외 2와 피고 사이의 명의신탁에 의하여 이루어졌다는 사실에 대하여는 피고가 이를 증명할 책임을 진다.

나. 그런데 이 사건 매매계약이 종전의 매매계약을 수정하여 이루어졌다거나 피고가 이 사건 부동산의 매매대금 중 일부를 지급하였고 소외 2가 매매대금을 조달한 흔적이 없다는 원심판시 사정만으로는 소외 1이 이 사건 지분에 관한 매수인을 소외 2가 아닌 피고라고 인정하고 계약효과를 피고에게만 직접 귀속시킬 의도로 이 사건 매매계약을

하였다는 특별한 사정을 인정하기에 부족하므로 피고가 이 사건 매매계약의 당사자라
할 수 없고, 또한 이 사건 지분에 관한 계약 당사자가 아닌 피고와 소외 2 사이의 명의
신탁에 관하여도 증명책임을 다하였다고 보기 어려우며 나아가 소외 1이 그와 같은 명
의신탁 사실에 관하여 알고 있었다고 인정하기도 어렵다.

오히려 적법하게 채택된 증거들에 의하면, 소외 2는 2012. 5.경 울릉도에서 자생하는
칡을 이용해 칡즙을 생산하는 영농법인을 설립하고 울릉도로부터 영농법인 지원금을
받아 피고와 함께 사업을 영위하였는데 그 공장부지로 사용하기 위하여 이 사건 부동
산을 매수하였고 이를 위하여 처음 매매계약이 이루어진 2010. 4.경 피고의 울릉도 주
소지로 주소를 옮긴 사실, 소외 2는 이 사건 부동산을 매수하기 전 피고에게 공장부지
마련에 필요한 돈을 투자하여 달라고 요청을 하였고 자신이 그 공장부지로 이 사건 토
지를 물색한 사실, 그리고 이 사건 부동산에 관한 매수자금의 기초가 된 대구 (주소 3
생략) 토지 내지 그 처분대금에 관하여 소외 2가 일부 지분을 가지고 있었으며 또한 자
신 및 아들 소외 3을 채무자로 하여 금융기관으로부터 거액을 대출받기 위한 담보로
그 토지 전부를 활용하기도 한 사실을 알 수 있는 등, 소외 2가 이 사건 지분의 취득
과정에 실질적인 이해관계를 가지고 있었다고 볼 수 있는 사정도 나타나 있다.

5. 그럼에도 원심은 위와 같은 특별한 사정이 있는지, 명의신탁에 관한 증명이 충분한
지, 명의신탁이 인정될 경우 매도인 소외 1이 악의인지 여부에 대하여 제대로 살피지
아니한 채, 이를 인정하기에 부족한 위와 같은 판시 사정들만을 이유로 들어 이 사건
지분에 관한 매매계약의 당사자가 계약명의자인 소외 2가 아닌 피고라고 속단하고, 그
러한 그릇된 전제에서 이 사건 지분에 관한 소외 2의 등기가 명의신탁에 의한 것으로
서 무효라고 단정하여 이 사건 지분이 소외 2의 책임재산에 포함되지 아니한다고 인정
하였다."[146]

소외 2는 계약 체결 당시에는 현장에 없었던 것으로 보입니다. 다음에는 피
고 외 1로 하였다가 나중에 피고와 소외 2로 계약당사자가 특정이 되었습니다.
이 사건 1/2 소외 2지분이 명의신탁에 의한 것인지를 볼 필요가 있습니다. 원심
은 대금을 피고가 전부지급한 점을 주된 점으로 파악을 했습니다. 그리고 아마
소외 2가 바로 피고에게 가등기를 경료한 것은 일반적으로 명의신탁관계에서
수탁자가 재산을 처분하지 못하고 언제든지 소유권을 넘겨받기 위한 수단으로

---

146) 대법원 2016. 7. 22. 선고 2016다207928 판결 [사해행위취소]

사용된다는 점도 크게 작용한 것으로 보입니다. 계약명의신탁이 아닙니다. 왜냐하면 소외 2는 계약 당시 나온 것도 아니기 때문입니다. 명의신탁이라고 한다면 약정도 무효이고 그 등기는 무효이기 때문에 여전히 이는 소외 1의 재산이라고 할 것입니다. 소외 2의 채권자 입장에서는 책임재산이 아닌 부동산을 소외 2가 피고에게 가등기를 경료해 주었다고 하더라도 사해행위가 되지 않습니다. 그런데 대법원은 여러 가지 증거들을 들어서 소외 2가 진정한 1/2 매수인이라고 볼 수 있다고 하여 파기환송을 하였습니다. 그러나 파기환송을 하였다고 하여 원고가 승소하는 것은 별개의 문제입니다.

    만약 피고가 이 사건 매매대금을 전부 지급하는 대신에 두 사람이 동업을 하기로 하였기 때문에 소외 2의 지분을 바로 담보로 가등기설정받기로 한 것이라고 한다면 사해행위가 아닐 가능성도 큽니다. 이는 소외 2가 피고에게 돈을 투자해 달라고 하였던 점을 보더라도 그러합니다. 또한 이는 두 사람이 동업을 하기 위하여 매수한 것입니다. 그런데 조합으로 합유등기를 하지 않고 조합원으로 공유등기를 경료한 것이면 이것 자체가 명의신탁이라고 그렇다고 한다면 조합원의 채권자에게는 책임재산으로 담보되는 것이 아니기 때문에 원고의 청구는 기각될 수가 있습니다.

너. 신탁관계 종료로 인해 신탁자가 가지는 소유권이전등기청구권을 소멸시키는 행위

"부부간의 명의신탁약정은 특별한 사정이 없는 한 유효하고(부동산 실권리자명의 등기에 관한 법률 제8조 참조), 이때 명의신탁자는 명의수탁자에 대하여 신탁해지를 하고 신탁관계의 종료 그것만을 이유로 하여 소유 명의 이전등기절차의 이행을 청구할 수 있음은 물론, 신탁해지를 원인으로 하고 소유권에 기해서도 그와 같은 청구를 할 수 있는데, 이와 같이 명의신탁관계가 종료된 경우 신탁자의 수탁자에 대한 소유권이전등기청구권은 신탁자의 일반채권자들에게 공동담보로 제공되는 책임재산이 된다.
그런데 신탁자가 유효한 명의신탁약정을 해지함을 전제로 신탁된 부동산을 제3자에게 직접 처분하면서 수탁자 및 제3자와의 합의 아래 중간등기를 생략하고 수탁자에게서 곧바로 제3자 앞으로 소유권이전등기를 마쳐 준 경우 이로 인하여 신탁자의 책임재산인 수탁자에 대한 소유권이전등기청구권이 소멸하게 되므로, 이로써 신탁자의 소극재산이 적극재산을 초과하게 되거나 채무초과상태가 더 나빠지게 되고 신탁자도 그러한 사실을 인식하고 있었다면 이러한 신탁자의 법률행위는 신탁자의 일반채권자들을 해하는 행위로서 사해행위에 해당한다."147)

"(2) 원심이 인정한 사실관계를 앞서 본 법리에 비추어 살펴보면, 소외 1이 그의 처인 소외 2에게 명의신탁한 이 사건 토지 및 건물을 소외 2의 동의 아래 직접 피고에게 매도함으로써 위 둘 사이의 명의신탁관계는 해지되었다 할 것이고, 이로 인하여 소외 1이 갖게 되는 소유권이전등기청구권은 신탁자인 소외 1의 일반채권자들에게 공동담보로 제공되는 책임재산이 되는데, 소외 1이 소외 2, 피고와의 합의 아래 소외 2에게서 곧바로 피고 앞으로 소유권이전등기를 마쳐 줌으로써 책임재산인 소유권이전등기청구권이 소멸하였고 이로 인하여 소외 1의 소극재산이 적극재산을 초과하게 되거나 채무초과상태가 더 나빠지게 되었으므로, 위와 같은 부동산 매매계약은 소외 1의 일반채권자들을 해하는 행위로서 사해행위에 해당한다고 할 것이다.
원심판결이 이와 달리 이 사건 토지 및 건물 자체를 소외 1의 일반채권자들에게 공동담보로 제공되는 책임재산으로 설시한 부분은 적절하지 아니하나, 원심이 이 사건 매매계약을 사해행위로 취소하고 그 원상회복으로 가액배상을 명한 것은 결론에 있어서는 정당하고, 거기에 판결에 영향을 미친 잘못이 없다."148)

원심은 이 사건 토지 및 건물 자체가 채무자의 책임재산이라고 하였으나 대법원은 이 사건 토지 건물이 아니라 소유권이전등기청구권이라고 하였습니다. 이는 소유권은 등기이전을 함으로서 취득하는 것이기 때문에 소외 1 채무자가 소유권을 명의신탁관계를 종료하고 이전받은 적이 없기 때문에 소유권을 취득한 적이 없다고 할 것입니다. 그러므로 이 사건 토지 및 건물 자체가 채무자의 책임재산으로 볼 수는 없다고 할 것입니다.

---

147) 대법원 2016. 7. 29. 선고 2015다56086 판결 [사해행위취소]
148) 대법원 2016. 7. 29. 선고 2015다56086 판결 [사해행위취소]

더. 연속된 명의신탁에 의한 등기가 있고 최종 수탁자로부터 근저당권을 설정받은 근저당권자의 제3자인지 여부

"부동산 실권리자명의 등기에 관한 법률 제4조 제3항에 의하면 명의신탁약정 및 이에 따른 등기로 이루어진 부동산에 관한 물권변동의 무효는 제3자에게 대항하지 못한다. 여기서 '제3자'는 명의신탁약정의 당사자 및 포괄승계인 이외의 자로서 명의수탁자가 물권자임을 기초로 그와 사이에 직접 새로운 이해관계를 맺은 사람으로서 소유권이나 저당권 등 물권을 취득한 자뿐만 아니라 압류 또는 가압류채권자도 포함하고 그의 선의·악의를 묻지 않는다. 이러한 법리는 특별한 사정이 없는 한 명의신탁약정에 따라 형성된 외관을 토대로 다시 명의신탁이 이루어지는 등 연속된 명의신탁관계에서 최후의 명의수탁자가 물권자임을 기초로 그와 사이에 직접 새로운 이해관계를 맺은 사람에게도 적용된다."149)

연속된 명의신탁관계에서 최후의 명의수탁자가 물권자임을 기초로 그와 사이에 직접 새로운 이해관계를 맺은 사람에게도 적용된다고 대법원은 판시를 하였습니다. 이 법리가 사해행위취소와 어떤 관계가 있다는 것일까요?

"사. 원고가 피고 1을 상대로 부산지방법원 2015가단87116호로 소를 제기하여 이 사건 부동산에 관하여 주위적으로 사해행위취소 청구를, 예비적으로 진정한 등기명의의 회복을 원인으로 한 소유권이전등기청구를 하였다. 위 법원은 원고의 예비적 청구를 인용하였고 위 판결은 2017. 9.경 그대로 확정되었으며, 2017. 10.경 이 사건 부동산에 대하여 원고 명의로 진정명의회복을 원인으로 한 소유권이전등기가 마쳐졌다.
2. 원심은, 피고 농협이 「부동산 실권리자명의 등기에 관한 법률」(이하 '부동산실명법'이라 한다) 제4조 제3항의 '제3자'에 해당하므로 제2근저당권설정등기는 유효하다는 피고 농협의 항변에 대하여, 판시와 같이 피고 2 및 피고 1은 각각 소외인의 일반 채권자 및 제2명의신탁에 따른 명의수탁자에 불과하여 위 법 제4조 제3항에서 말하는 '제3자'에 해당하지 않고 이 사건 부동산에 대한 피고 1 명의의 소유권이전등기가 무효인

149) 대법원 2021. 11. 11. 선고 2019다272725 판결 [손해배상(기)]

이상 이에 기초한 제2근저당권설정등기 역시 무효이며 피고 농협은 위 법 제4조 제3항의 제3자가 아닌 피고 1과 무효인 등기를 기초로 다시 이해관계를 맺은 데에 불과하여 제3자에 해당하지 않는다고 판단하여, 위 항변을 배척하였다.

3. 그러나 원심의 판단은 다음과 같은 이유로 수긍하기 어렵다.

가. 부동산실명법 제4조 제3항에 의하면 명의신탁약정 및 이에 따른 등기로 이루어진 부동산에 관한 물권변동의 무효는 제3자에게 대항하지 못한다. 여기서 '제3자'는 명의신탁약정의 당사자 및 포괄승계인 이외의 자로서 명의수탁자가 물권자임을 기초로 그와 사이에 직접 새로운 이해관계를 맺은 사람으로서 소유권이나 저당권 등 물권을 취득한 자뿐만 아니라 압류 또는 가압류채권자도 포함하고 그의 선의·악의를 묻지 않는다(대법원 2000. 3. 28. 선고 99다56529 판결, 대법원 2013. 3. 14. 선고 2012다107068 판결 등 참조). 이러한 법리는 특별한 사정이 없는 한 명의신탁약정에 따라 형성된 외관을 토대로 다시 명의신탁이 이루어지는 등 연속된 명의신탁관계에서 최후의 명의수탁자가 물권자임을 기초로 그와 사이에 직접 새로운 이해관계를 맺은 사람에게도 적용된다.

나. 앞서 본 사실관계를 위 법리에 비추어 보면, 피고 농협은 제1명의신탁약정의 명의수탁자인 소외인과 제1근저당권설정계약에 이어 대물변제약정을 맺은 피고 2가 피고 1과 체결한 제2명의신탁약정에 따라 피고 1이 소외인으로부터 이어받은 소유권등기를 바탕으로 피고 1이 물권자임을 기초로 피고 1로부터 직접 근저당권을 설정받은 자로서 부동산실명법 제4조 제3항에서 말하는 '제3자'에 해당하여, 제1명의신탁약정의 명의신탁자인 원고에게 제2근저당권설정등기의 유효를 주장할 수 있다고 보아야 한다. 이는 특별한 사정이 없는 한 제1명의신탁약정이 원고에 대한 관계에서 무효라는 사정 및 제2명의신탁약정이 피고 2에 대한 관계에서 무효라는 사정만으로 영향을 받지 않는다.

다. 그럼에도 판시와 같은 이유만으로 이와 달리 본 원심의 판단에는 부동산실명법 제4조 제3항의 제3자에 관한 법리를 오해하여 필요한 심리를 다하지 않거나 논리와 경험의 법칙을 위반하여 자유심증주의의 한계를 벗어나 사실을 잘못 인정함으로써 판결에 영향을 미친 잘못이 있다. 원심이 인용한 대법원 2005. 11. 10. 선고 2005다34667, 34674 판결은 제3자가 명의수탁자의 반사회적 법률행위에 가담하여 소유권등기를 이어받은 경우로서 이 사건과 사실관계가 달라 이 사건에 그대로 원용하기에 적절하지 않다. 이를 지적하는 취지의 상고이유 주장은 이유 있다."150)

---

150) 대법원 2021. 11. 11. 선고 2019다272725 판결 [손해배상(기)]

　　원고가 피고 1을 상대로 한 소송에서 주위적으로는 사해행위취소소송을, 예비적으로는 진정명의회복을 원인으로 한 소유권이전등기청구소송을 하였고 주위적 청구는 기각이 되고 예비적 청구는 인용이 된 것을 알 수 있습니다. 이는 원고의 채권이 특정물채권이거나 아니면 피보전채권의 선재성 때문일 수도 있습니다. 피고 농협은 선의의 수익자일 가능성도 매우 높다고 할 것입니다. 그런데 이미 2번의 근저당권이 설정되어 있었습니다. 진정명의회복을 원인으로 한 소유권이전등기청구소송이니 이 근저당권들을 안고 소유권을 이전받은 것입니다. 이에 대하여 다시 피고 농협에 대하여는 근저당권등기의 말소소송을 구하고 피고 1, 2들을 상대로 손해배상청구의 소송을 제기하였습니다.

"1. 원심판결 이유 및 기록에 의하면 다음과 같은 사실을 알 수 있다.

가. 원고는 2014. 1.경 자신의 명의로 등기된 이 사건 부동산에 대하여 소외인과 명의신탁약정을 맺고(이하 '제1명의신탁약정'이라고 한다) 소외인 명의로 소유권이전등기를 마쳐 주었다.

나. 소외인은 피고 2에 대하여 120,000,000원 상당의 차용금채무(이하 '이 사건 차용금채무'라고 한다)를 부담하고 있던 중 2014. 8.경 이 사건 부동산에 대하여 피고 2 앞으로 채권최고액 20,000,000원의 근저당권설정등기(이하 '제1근저당권설정등기'라고 한다)를 마쳐 주었다.

다. 2014. 7.경부터 2015. 7.경까지 사이에 이 사건 부동산에 대하여 소외인의 채권자들에 의하여 다수의 가압류등기 등(이하 '이 사건 가압류등기 등'이라고 한다)이 마쳐졌다.

라. 이후 소외인은 피고 2에게 이 사건 차용금채무의 변제에 갈음하여 이 사건 부동산의 소유권을 이전하여 주기로 약정하였다.

한편 피고 2는 이 사건 부동산에 대하여 자신의 아들인 피고 1과 명의신탁약정(이하 '제2명의신탁약정'이라고 한다)을 맺은 후, 2015. 8. 7. 소외인으로부터 이 사건 부동산에 대한 소유권이전등기를 피고 1 명의로 이전받았다.

마. 피고 1 측이 소외인의 채권자들에게 소외인의 채무 합계 24,074,296원을 대신 변제하였고 이에 따라 2015. 8. 11.부터 같은 달 24일까지 이 사건 가압류등기 등이 모두 말소되었다.

바. 피고 1은 2015. 8. 25. 이 사건 부동산을 담보로 피고 양산농업협동조합(이하 '피고 농협'이라고 한다)으로부터 120,000,000원을 대출받아 그중 100,000,000원을 피

> 고 2에게 송금하였다.
> 같은 날 이 사건 부동산에 대하여 피고 2 명의의 제1근저당권설정등기가 말소됨과 아울러 피고 1과 피고 농협 사이의 근저당권설정계약을 원인으로 하여 피고 농협 앞으로 채권최고액 144,000,000원의 근저당권설정등기(이하 '제2근저당권설정등기'라고 한다)가 마쳐졌다."151)

원고가 원래 소유권자임을 알 수 있습니다. 소외인이 수탁자인데 피고 2는 소외인 수탁자의 채권자였고 소외인의 채권자들이 가압류를 많이 하자 이를 피고 2와 차용금채무에 갈음하여 이 사건 부동산을 이전해 주기로 약정하고 피고 2가 아닌 피고 1에게 명의신탁을 한 것입니다. 그러면서 피고 2에게 설정해 준 1번 근저당권을 말소하고 피고 농협에 2번 근저당권을 설정하여 주었고 대출원금 100,000,000원을 피고 2에게 지급하였습니다.

원고는 1차 소송으로 어찌되었든 부동산을 취득하였습니다. 그러나, 이미 피고 농협의 근저당권을 안고 이전등기를 경료받은 셈입니다. 피고 1, 2에 대하여 손해배상을 청구하였는데 이것을 받아들일 여지가 있는지는 검토되어야 할 것입니다. 피고 2는 소외인의 이 사건 소유권이 명의신탁에 의한 것임을 알았을 가능성이 매우 큽니다. 그렇기 때문에 전 소송에서 피고 1이 패소하였을 것으로도 보입니다. 피고 1의 등기 역시도 명의신탁으로 무효등기입니다. 이런 경우에 피고 1은 소외인에 대하여 제3자의 위치에 있다고 할 수 있을까요? 새로운 이해관계를 맺은 제3자인지 여부가 문제가 될 수 있습니다. 이해관계인은 피고 2이고 피고 1은 아닐 수 있기 때문에 제3자성이 부인된다고 할 수 있습니다.

아래 판례가 이런 점에서 의미가 있는 판례 같습니다.

> "[1] 부동산 실권리자명의 등기에 관한 법률 제4조 제3항에 정한 '제3자'는 명의수탁자가 물권자임을 기초로 그와 새로운 이해관계를 맺은 사람을 말하고, 이와 달리 오로지 명의신탁자와 부동산에 관한 물권을 취득하기 위한 계약을 맺고 단지 등기명의만을 명

---

151) 대법원 2021. 11. 11. 선고 2019다272725 판결 [손해배상(기)]

> 의수탁자로부터 경료받은 것 같은 외관을 갖춘 자는 위 조항의 제3자에 해당하지 아니
> 하므로, 위 조항에 근거하여 무효인 명의신탁등기에 터 잡아 경료된 자신의 등기의 유
> 효를 주장할 수는 없다. 그러나 이러한 자도 자신의 등기가 실체관계에 부합하는 등기
> 로서 유효하다는 주장은 할 수 있다.”

　　　명의수탁자와 새로운 이해관계를 맺어야 합니다. 이런 점에서 피고 2가 소
외인과 새로운 이해관계를 맺은 것은 맞습니다. 그러나, 피고 2가 등기를 경료
한 것이 아니라 피고 1과 다시 제3자명의신탁을 하였습니다. 이렇기 때문에 피
고 1의 등기는 무효가 됩니다. 피고 2에게 권리가 있는 것은 별개로 하고 말입
니다. 이 사건은 종중이 종중원에게 명의신탁을 한 사건인데 이 명의신탁이 유
효하다면 그것으로 등기의 말소를 구할 수 없게 되고 실체관계에 부합한 등기로
서의 유효는 주장할 수 있습니다. 그러나, 이 사건은 제2차 명의신탁 자체가 무
효임을 명백하다고 할 것입니다.

> “【주 문】
> 1. 피고 양산농업협동조합의 항소를 기각한다.
> 2. 당심에서 추가된 원고의 피고 1 및 피고 2에 대한 예비적 청구를 각 기각한다.
> 3. 항소비용은 피고 양산농업협동조합이 부담하고, 당심에서의 피고 1 및 피고 2에 대
> 한 예비적 청구로 인한 소송비용은 원고가 부담한다.
> 【청구취지 및 항소취지】
> 1. 청구취지
> 가. 피고 양산농업협동조합(이하 ‘피고 농협’이라 한다)에 대하여
> 피고 농협은 원고에게 부산 수영구 (주소 생략)에 관하여 부산지방법원 동부지원 남부
> 산등기소 2015. 8. 25. 접수 제64816호로 마친 근저당권설정등기의 말소등기절차를
> 이행하라.
> 나. 피고 1 및 피고 2에 대하여
> (1) 주위적으로, 피고들은 연대하여 원고에게 94,984,908원 및 이에 대하여 이 사건
> 소장 부본 송달 다음날부터 항소심 판결 선고일까지 연 5%, 다음날부터 갚는 날까지
> 연 15%의 각 비율로 계산한 돈을 지급하라.

(2) 예비적으로, 피고 1은 15,830,818원, 피고 2는 79,154,090원 및 위 각 돈에 대하여 이 사건 청구취지 및 청구원인 변경신청서 송달 다음날부터 항소심 판결 선고일까지 연 5%, 다음날부터 갚는 날까지 연 15%의 각 비율로 계산한 돈을 지급하라(원고는 불법행위를 원인으로 한 청구를 하다가 당심에 이르러 이를 주위적 청구로 하면서 청구취지를 감축하였고, 부당이득의 반환을 구하는 예비적 청구를 추가하였다. 원고의 위 예비적 청구는 주위적 청구와 성질상 양립 가능한 청구인바, 이는 선택적 관계에 있는 청구를 심판의 순위를 붙여 구하는 이른바 부진정 예비적 병합으로서 허용된다).

2. 피고 농협의 항소취지

제1심판결 중 피고 농협에 대한 부분을 취소한다. 원고의 피고 농협에 대한 청구를 기각한다."152)

1심의 주문과 청구취지를 보면 다음과 같습니다.

"【주 문】

1. 피고 양산농업협동조합은 원고에게 별지 목록 기재 주1) 부동산에 관하여 부산지방법원 동부지원 남부산등기소 2015. 8. 25. 접수 제64816호로 마친 근저당권설정등기의 말소등기절차를 이행하라.

2. 원고의 피고 1, 피고 2에 대한 예비적 청구를 모두 기각한다.

3. 소송비용 중 원고와 피고 양산농업협동조합 사이에 생긴 부분은 피고 양산농업협동조합이, 원고와 피고 1, 피고 2 사이에 생긴 부분은 원고가 각 부담한다.

【청구취지】

주위적 청구취지: 주문 제1항과 같다.

예비적 청구취지: 피고 1, 피고 2는 연대하여 원고에게 144,000,000원 및 이에 대하여 이 사건 소장부본 송달 다음날부터 이 판결 선고일까지는 연 5%, 그 다음날부터 다 갚는 날까지는 연 15%의 각 비율로 계산한 돈을 지급하라."153)

---

152) 부산지방법원 2019. 9. 4. 선고 2018나60441 판결 [손해배상(기)]
153) 부산지방법원 2018. 10. 26. 선고 2017가단334151 판결 [손해배상(기)]

이는 주관적 주위적 예비적 청구를 구한 것임을 알 수 있습니다. 피고 농협에 대한 주위적 청구가 인용되니 피고 1, 2에 대한 예비적 청구는 기각을 한 것입니다. 항소심에서 다시 피고 농협의 항소가 기각이 되었으니 예비적 청구는 당연히 기각이 되었습니다.

대법원 판결을 통하여 보면, 1번 근저당권과 2번 근저당권이 있습니다. 그런데 1번 근저당권은 제1명의신탁약정에 기한 것이므로 부동산실명법 제4조 제3항에서 제3자가 명백하기 때문에 이에 대하여는 말소등기청구소소송도 하지 아니하였습니다.

대신 제2명의신탁약정에 기하여 설정된 2번 근저당권의 말소등기절차이행을 구하였던 것입니다. 대법원은 파기환송을 하였습니다. 피고 농협에 대한 원고의 청구는 기각하는 취지로 말입니다. 매우 강하게 비판하였습니다. **"논리와 경험의 법칙을 위반하여 자유심증주의의 한계를 벗어나 사실을 잘못 인정함으로써 판결에 영향을 미친 잘못이 있다."**라고 하였습니다. 이렇게 표현하는 경우는 매우 드물다고 할 것입니다.

피고 1, 2는 당연히 주관적 예비적 소송에 의하여 존재합니다. 피고 농협만이 상고를 했지만 피고 농협의 청구가 기각되면 피고 1, 2에 대해서 판단을 해야 하기 때문입니다.

그런데 찾아보니 2022. 4. 8.에 피고 1, 2에 대한 소를 취하하였습니다. 그리고 나서 2022. 8. 19.에 파기환송심을 선고하여 원고의 청구를 기각하는 것으로 종결이 되었습니다. 원고가 전부에 대하여 소취하서를 접수하였는데 피고 농협은 부동의서를 제출하였고 피고 1, 2는 동의한 것으로 보입니다. 2022. 6. 24.에 변론종결이었던 것으로 보이는데 원고대리인은 2022. 6. 23.에 사임계를 제출해 버렸습니다. 피고 1, 2에 대한 판단을 받아볼 수 있었는데 왜 그렇게 하지 않고 무조건 소취하를 한 것인지 무슨 사정이 있었는지 궁금합니다. 원고는 개인 한 명이었는데 대리인이 사임계를 제출한 이후에 탄원서도 제출하였습니다.

러. 신탁자와 채권자가 합의하여 제3자에게 양도담보로 소유권이전을
하는데 명의수탁자로부터 바로 이전등기를 경료한 경우의 제3자성
인정 여부

"[1] 부동산 실권리자명의 등기에 관한 법률 제4조 제3항에 정한 '제3자'는 명의수탁자
가 물권자임을 기초로 그와 새로운 이해관계를 맺은 사람을 말하고, 이와 달리 오로지
명의신탁자와 부동산에 관한 물권을 취득하기 위한 계약을 맺고 단지 등기명의만을 명
의수탁자로부터 경료받은 것 같은 외관을 갖춘 자는 위 조항의 제3자에 해당하지 아니
하므로, 위 조항에 근거하여 무효인 명의신탁등기에 터 잡아 경료된 자신의 등기의 유
효를 주장할 수는 없다. 그러나 이러한 자도 자신의 등기가 실체관계에 부합하는 등기
로서 유효하다는 주장은 할 수 있다.
[2] 이른바 3자간 등기명의신탁의 경우 명의신탁약정과 그에 기한 등기는 무효로 되고
[부동산 실권리자명의 등기에 관한 법률(이하 '부동산실명법'이라 한다) 제4조 제1항,
제2항], 그 결과 명의신탁된 부동산은 매도인 소유로 복귀하므로 매도인은 명의수탁자
에게 무효인 그 명의 등기의 말소를 구할 수 있게 된다. 한편 부동산실명법은 매도인과
명의신탁자 사이의 매매계약의 효력을 부정하는 규정을 두고 있지 아니하므로 매도인
과 명의신탁자 사이의 매매계약은 여전히 유효하고, 명의신탁자는 매도인에 대하여 매
매계약에 기한 소유권이전등기를 청구하거나 그 소유권이전등기청구권을 보전하기 위
하여 매도인을 대위하여 명의수탁자에게 무효인 그 명의 등기의 말소를 구할 수 있다.
그러므로 이러한 지위에 있는 명의신탁자가 제3자와 사이에 부동산 처분에 관한 약정
을 맺고 그 약정에 기하여 명의수탁자에서 제3자 앞으로 마쳐준 소유권이전등기는 다
른 특별한 사정이 없는 한 실체관계에 부합하는 등기로서 유효하다고 보아야 한다."154)

명의신탁자는 또 이런 말도 안 되는 법리에 의하여 보호를 받고 있습니다.
아니 왜 부동산실명법을 제정한 것인가 의문이 들 수밖에 없습니다.

"나. 원심판결 이유와 기록에 의하면 다음 사실을 알 수 있다.
1) 주식회사 늘푸른오스카빌(이하 '이 사건 회사'라 한다)은, 2003. 4. 2. 소외 1과 사

---

154) 대법원 2022. 9. 29. 선고 2022다228933 판결 [사해행위취소]

이에 오산시 (주소 1 생략) 전 2,010㎡(이하 '이 사건 제1부동산'이라 한다)에 관하여, 2002. 4. 29. 소외 2와 사이에 오산시 (주소 2 생략) 답 3,078㎡(이하 '이 사건 제2부동산'이라 한다)에 관하여, 2002. 12. 6. 소외 3과 사이에 오산시 (주소 3 생략) 답 2,598㎡(이하 '이 사건 제3부동산'이라 하고, 위 부동산을 통칭할 때 '이 사건 각 부동산'이라 한다)에 관하여 각 매매계약을 체결하였다.

2) 이 사건 회사는 2006. 12. 7. 위 각 매매계약에 기초하여 이 사건 각 부동산에 관하여 이 사건 회사의 직원인 소외 4 명의로 소유권이전등기를 마쳤다. 그 무렵 위 각 부동산에 관하여 이 사건 회사 직원 소외 5 등 명의로 신탁을 원인으로 한 소유권이전등기가 마쳐졌다가 2009. 6. 30. 신탁재산의 귀속을 원인으로 다시 소외 4 명의의 소유권이전등기가 마쳐졌다.

3) 이 사건 회사는 2008. 10. 17. (종중명 생략)(이하 '이 사건 종중'이라 한다)으로부터 30억 원을 차용하였으나 이를 변제하지 못하였고, 2014. 2. 28. 이 사건 종중과 사이에 '위 차용금채무를 담보하기 위하여 이 사건 종중이 지정하는 제3자에게 소외 4 명의의 이 사건 각 부동산에 관한 소유권을 이전해 주기로 한다.'는 내용의 약정(이하 '이 사건 양도담보약정'이라 한다)을 하였다.

4) 이 사건 양도담보약정에 따라 2017. 5. 4. 이 사건 각 부동산에 관하여 이 사건 종중의 종중원인 피고들 명의로 각 1/3 지분에 관한 소유권이전등기가 마쳐졌다.

5) 이 사건 소송의 제1심법원은 2021. 4. 8. 이 사건 각 부동산에 관한 위 각 매매계약의 당사자가 이 사건 회사임을 전제로 매도인인 소외 1 등에 대하여 이 사건 회사에 이 사건 각 부동산에 관하여 위 각 매매를 원인으로 한 소유권이전등기절차를 이행하라는 판결을 선고하였고, 이 부분에 관한 제1심판결은 그대로 확정되었다

다. 원심은 이러한 사실관계를 기초로 그 판시와 같은 이유를 들어, 이 사건 각 부동산에 관한 소외 4 명의의 등기는 명의신탁약정에 따른 등기로서 무효이고, 이에 터 잡아 이루어진 피고들 명의의 등기도 무효이며, 피고들 명의의 등기는 실체관계에 부합하는 등기가 아니라고 판단하였다.

라. 그러나 위와 같은 사실관계를 앞서 본 법리에 비추어 살펴보면, 원심의 판단은 다음과 같은 이유에서 그대로 수긍하기 어렵다.

1) 명의수탁자인 소외 4 명의의 등기는 무효이므로 소외 4는 소유자인 소외 1 등에게 소유권이전등기 또는 말소등기절차를 이행할 의무를 부담하고 있고, 이 사건 회사는 이 사건 각 부동산에 관한 매매계약에 따라 매도인 소외 1 등에 대하여 소유권이전등기청구권을 가지고 있다. 이 사건 회사는 이 사건 종중에 대한 차용금 채무를 담보하기 위

하여 이 사건 종중이 지정하는 제3자에게 이 사건 각 부동산에 대한 소유권이전등기를 마쳐주기로 약정하였고, 위 약정에 따라 이 사건 종중의 종중원인 피고들 명의로 각 소유권이전등기를 마쳤다. 그렇다면 피고들 명의의 등기는 앞서 본 법리에 비추어 특별한 사정이 없는 한 실체관계에 부합하는 유효한 등기로 볼 수 있다.

2) 부동산실명법 제8조는 '종중이 보유한 부동산에 관한 물권을 종중 외의 자의 명의로 등기한 경우로서 조세 포탈, 강제집행의 면탈 또는 법령상 제한의 회피를 목적으로 하지 아니하는 경우에는 제4조부터 제7조까지 및 제12조 제1항부터 제3항까지를 적용하지 아니한다.'라고 정하고 있다. 따라서 원심으로서는 이 사건 종중이 부동산실명법 제8조에서 정한 '종중'에 해당하는지, 이 사건 종중이 피고들 명의로 소유권이전등기를 한 것이 조세 포탈 등 법령상 제한의 회피를 목적으로 하지 아니한 경우인지 등을 심리하여 피고들 명의의 등기가 실체관계에 부합하는 등기에 해당하는지를 판단하였어야 했다.

마. 그럼에도 원심은 그와 같은 조치를 취하지 아니하고 그 판시와 같은 이유만으로 실체관계에 부합하는 등기라는 피고들의 주장을 배척하였으니, 이러한 원심의 판단에는 필요한 심리를 다하지 아니한 채 실체관계에 부합하는 등기 등에 관한 법리를 오해하여 판결에 영향을 미친 잘못이 있다. 이를 지적하는 상고이유 주장은 이유 있다."[155]

서울고등법원 판결문이 공개되어 있어 주문 등을 보면 다음과 같습니다.

"【주 문】
1. 피고들의 항소를 모두 기각한다.
2. 항소비용은 피고들이 부담한다.
【청구취지 및 항소취지】
1. 청구취지
피고들은 제1심 공동피고 ○○○(이하 '○○○'라고만 한다)에게 오산시 (주소 1 생략) 전 2,010㎡(이하 '제1부동산'이라 한다)에 대한 각 1/3 지분에 관하여, 제1심 공동피고 △△△(이하 '△△△'라고만 한다)에게 오산시 (주소 2 생략) 답 3,078㎡(이하 '제2부동산'이라 한다)에 대한 각 1/3 지분에 관하여, 제1심 공동피고 □□□(이하 '□□□'이라

155) 대법원 2022. 9. 29. 선고 2022다228933 판결 [사해행위취소]

고만 하고, ○○○, △△△, □□□을 함께 칭할 때 '○○○ 등'이라 한다)에게 오산시 (주소 3 생략) 답 2,598㎡(이하 '제3부동산'라 하고, 제1, 2, 3부동산을 통칭할 때 '이 사건 각 부동산'이라 한다)에 대한 각 1/3 지분에 관하여 각 진정명의회복을 원인으로 한 소유권이전등기절차를 이행하라.

2. 항소취지

제1심 판결 중 피고들에 대한 부분을 취소하고, 그 취소 부분에 해당하는 원고들의 피고들에 대한 청구를 모두 기각한다."156)

사건명은 사해행위취소소송인데 진정명의회복을 원인으로 하는 소송으로 바뀐 것으로 보입니다. 1심 공동피고들에게 이전등기를 경료하고 하였는데 이는 매도인들임을 알 수 있습니다.

"나. 원고들의 피보전채권 존부

1) 갑 제26호증의 기재에 변론 전체의 취지를 종합하면, 순번 1~5, 7~11, 13~17, 19~23, 25~29, 31~33, 35~44, 46~50, 52~60, 62~64, 66~72, 74, 75, 77, 78 번 원고들(이하 '제1원고들'이라고 한다) 등은 서울지방법원 2018차전1108396호로 이 사건 회사를 상대로 지급명령을 신청하여 2018. 6. 5. 위 법원으로부터 별지 2 채권내역 표 지급명령채권액란 기재 각 해당 금원의 지급을 명하는 지급명령을 받고, 2018. 7. 5. 그 지급명령이 확정된 사실, 위 확정된 지급명령의 청구원인은 '제1원고들 등은 이 사건 회사에게 대여 또는 투자를 하였고, 투자금 등이 원활히 회수되지 않아 이 사건 회사와 사이에 이 사건 회사가 제1원고들 등에게 위 채권액을 지급하되 변제기를 일시 유예하기로 하는 합의서까지 작성하였으나, 이 사건 회사는 기한의 이익을 상실하였다'는 취지인 사실을 인정할 수 있다.

위 인정사실에 의하면 제1원고들은 위 지급명령 발령 당시 이 사건 회사에 대하여 위 지급명령 상의 채권액 상당의 채권을 가지고 있었음을 확인할 수 있고, 그 이후 이 사건 회사가 변제하였다는 등의 사정이 없는 한 제1원고들은 같은 액수의 채권을 가지고 있는 것으로 추정된다. 다만 제1원고들 중 위 지급명령 상의 채권액보다 적은 액수의 채권을 주장하는 원고의 경우에는 해당 원고들이 주장하는 액수의 채권을 보유하고 있

---

156) 서울고등법원 2022. 3. 31. 선고 2021나2022686 판결 [사해행위취소]

는 것으로 본다.

나) 갑 제21호증, 을가 제4호증의 각 기재에 변론 전체의 취지를 종합하면, 순번 6, 12, 18, 24, 30, 34, 45, 51, 61, 65, 73, 76 원고들(이하 '제2원고들'이라 한다)은 이 사건 회사와 사이에 아래 표 채권액란 기재 해당 금원을 해당 원고의 채권액으로 확정하고, 제2원고들이 이 사건 회사 소유 부동산에 처분금지가처분을 할 수 있도록 이 사건 회사가 협조하며, 이 사건 회사는 오산시 ◇◇동 일대의 도시개발사업이 원활히 진행되어 수익이 발생하였을 경우 즉시 채무를 변제하기로 하는 내용의 합의서를 작성한 사실을 인정할 수 있다.

---표는 생략--

위 인정사실과 더불어 제2원고들 대부분이 아시아디엔씨와의 투자계약서를 작성한 점(갑 제1호증), 이시아디엔씨와의 투자계약서를 작성하였던 제1원고들이 위 투자계약서상 시공보증회사인 이 사건 회사를 상대로 한 지급명령신청 사건에서 승소하였던 점 등을 고려하여 보면, 제2원고들은 이 사건 회사에 투자 내지 대여를 하였다가 이 사건 회사가 투자금 내지 대여원리금을 제대로 반환하지 않자 이 사건 회사와 사이에 위 인정된 채권액을 이 사건 회사가 지급하기로 하는 내용의 합의서를 작성하였던 것으로 보이므로, 제2원고들은 위 합의서 작성 당시 이 사건 회사에 대하여 위 합의서에서 확정된 채권액 상당의 채권을 가지고 있었던 것으로 보이고, 그 이후 이 사건 회사가 변제하였다는 등의 사정이 없는 한 제2원고들은 같은 액수의 채권을 가지고 있는 것으로 추정된다. 다만 제2원고들이 위 합의서에서 확정된 채권액보다 적은 액수의 채권을 주장하는 경우에는 해당 원고들이 주장하는 액수의 채권을 보유하고 있은 것으로 본다."

다) 결국 제1,2원고들은 이 사건 회사에 대하여 별지 2 채권내역표 '확인된 채권액'란 기재 해당 채권을 가지고 있고, 총 채권액은 4,672,483,131원에 이른다.

이와 같이 제1,2원고들이 지급명령, 합의서 등을 통하여 이 사건 회사에 대하여 금전채권을 보유하고 있음이 확인되는 이상 그중 일부 원고들이 채권을 취득한 경위, 근거서류 등에 있어서 다소 불명료한 점이 있다 하더라도 이들 원고가 이 사건 회사에 대하여 피보전채권을 가지고 있다는 점을 뒤집을 수는 없다. 따라서 일부 원고들이 이 사건 회사에 대한 피보전채권을 가지고 있지 않아 원고 적격이 없다는 피고들의 주장은 받아들일 수 없다."[157)

채권자대위소송이었기 때문에 피보전채권의 존부가 소송요건이 되었던 것

---

157) 서울고등법원 2022. 3. 31. 선고 2021나2022686 판결 [사해행위취소]

입니다.

왜 사해행위취소소송을 하다가 바꾸었는지 궁금합니다. 합의일시는 2017. 7.부터 2017. 12.까지입니다.

종중과 양도담보 약정을 한 시점을 보면, "2014. 2. 28. 이 사건 종중과 사이에 '위 차용금채무를 담보하기 위하여 이 사건 종중이 지정하는 제3자에게 소외 4 명의의 이 사건 각 부동산에 관한 소유권을 이전해 주기로 한다.'는 내용의 약정(이하 '이 사건 양도담보약정'이라 한다)을 하였다"라는 대법원 판결이유를 보면, 원고들의 채권발생전에 이미 양도담보약정이 있었던 것으로 보입니다. 피보전채권의 선재성이 인정되기 어려웠을 것으로 보입니다. 이렇게 되니 대위소송만을 진행시키고 사해행위취소소송을 취하한 것으로 보입니다.

종중의 대표자인 피고 1은 사실 이 사건 부동산들에 관하여 2011. 6. 20. 수원지방법원의 가처분결정(2011카단101616)을 받았고 피보전권리 양도담보를 원인으로 하는 소유권이전등기청구권이었습니다. 그렇다고 한다면 양도담보를 해주기로 한 시점은 2011년 이전일 수가 있고 이 사건 소송은 2018년에 소제기가 되었기 때문에 5년의 제척기간도 도과되었을 가능성이 매우 크다고 할 것입니다.

원고들이 매우 많았던 집단소송이었습니다. 그 피해액도 46억 원으로 적지 않은 금액이었습니다. 서울고등법원은 이런 점에서 피고들과 원고가 안분배당을 받아서 서로 간에 채권을 조금씩이라도 회수할 수 있는 길을 열어주는 방식을 취한 것으로 보입니다. 그러나 대법원은 피고들의 등기가 실체관계에 부합한다고 하였습니다. 피고들은 종중의 종원이기 때문에 종중이 종중원들에게 자신의 부동산의 물권을 명의신탁하는 것은 조세포탈, 집행면탈 등 법령상 제한을 회피할 목적이 아닌 이상은 유효하다고 할 것입니다. 종중은 피고들로부터 가등기를 경료받았습니다.

채권자대위권에 관한 보전필요성이 있는지 여부를 피고들이 주장하였습니다.

"1) 이 사건 각 부동산은 지목이 전 또는 답으로서 농지이고(갑 제3호증), 이 사건 회사는 상법상 주식회사로서 농지취득자격증명을 받을 수 없는 점은 피고들이 주장하는 바와 같다.

그런데 도시개발사업의 실시계획이 고시된 경우 그 고시된 내용 중 국토의 계획 및 이용에 관한 법률에 따라 도시·군관리계획으로 결정하여야 하는 사항은 같은 법에 따른 도시·군관리계획이 결정되어 고시된 것으로 간주되고(도시개발법 제18조 제2항 전문), 그 과정에서 해당 실시계획에 대한 농지법 제34조에 따른 농지전용의 허가 또는 협의, 같은 법 제35조에 따른 농지의 전용신고와 같은 인·허가등에 관하여 관계 행정기관의 장과 협의한 사항에 관하여는 해당 인·허가등을 받은 것으로 보고, 그 실시계획을 고시한 경우에는 관계 법률에 따른 인·허가등의 고시나 공고를 한 것으로 본다 (도시개발법 제19조 제1항 제8호). 농지를 취득하려는 자는 농지취득자격증명을 발급받아야 하나(농지법 제8조 제1항 본문), 국토의 계획 및 이용에 관한 법률에 따른 농지전용협의를 마친 경우에는 농업경영에 이용하지 않더라도 농지를 소유할 수 있고(농지법 제6조 제2항 제8호), 농지취득자극증명을 발급받지 아니하고 농지를 취득할 수도 있다(농지법 제8호 제1항 단서 제1호).

앞서 본 바와 같이 이 사건 회사, 엔피엔지니어링을 경영하는 소외 6은 오산시 ◇◇동 일대 토지에 아파트를 건설하여 분양하는 도시개발사업을 추진하여 오면서 이 사건 회사 명의로 토지를 매입하여 왔다. 그 후 소외 6은 위 도시개발사업이 원활하게 진행되지 않자 2010. 12.경 대림산업 주식회사와 함께 오산랜드마크프로젝트 주식회사를 설립하여 위 도시개발사업을 추진하였고, 2013. 11.경에는 위 신설회사 명의로 오산시에 사업부지와 관련된 도시관리계획(지구단위계획, 용도지역) 변경 결정안을 제안하기도 하였으며, 2019.경에도 위 신설 회사를 통하여 오산시와 지구단위개발 계획을 협의하는 등 여전히 오산시 ◇◇동 일대에 도시개발사업을 추진하고 있다(갑 제30, 33, 37, 38, 46, 47호증의 각 기재, 변론 전체의 취지).

사정이 이와 같다면, 이 사건 회사 등이 추진하고 있는 도시개발사업의 성공 여하에 따라서는 이 사건 회사가 농지취득자격증명을 발급받지 않더라도 농지인 이 사건 각 부동산을 소유할 여지가 있으므로, 피고들이 ○○○ 등에게 이 사건 각 부동산에 관한 소유권이전등기절차를 이행하였을 경우 이 사건 회사가 ○○○ 등으로부터 이 사건 각 부동산에 관한 소유권이전등기를 넘겨받을 가능성이 전혀 없다고 단정할 수 없다. 따라서 이 사건 회사로의 소유권이전등기가 현실적으로 집행불가능함을 전제로 하는 피고들의 이 부분 주장은 받아들일 수 없다."[158]

---

158) 서울고등법원 2022. 3. 31. 선고 2021나2022686 판결 [사해행위취소]

그렇다고 한다면 농지이기 때문에 종중은 농지취득자격증명원을 받을 수 없기 때문에 종중원에게 이 사건 부동산들을 명의신탁한 것일 수도 있습니다. 이는 법령상의 제한을 회피하기 위한 것으로 그 명의신탁이 무효가 될 수도 있는 것이 아닌가 하는 생각도 듭니다.

"종중은 원칙적으로 농지를 취득할 수 없지만 구 농지개혁법(1994. 12. 22. 법률 제4817호 농지법 부칙 제2조 제1호로 폐지)상 예외적으로 위토의 경우 일정한 범위 내에서 종중도 농지를 취득할 수 있는바, 구 농지개혁법 시행 당시 종중이 위토로 사용하기 위하여 농지를 취득하여 종중 외의 자의 명의로 명기한 경우, 그 명의신탁은 법령상 제한을 회피하기 위한 것이라고 볼 수 없어 부동산 실권리자명의 등기에 관한 법률 제8조 제1호의 규정에 의하여 유효하다고 한 원심의 판단을 수긍한 사례."159)

이 판례가 있지만 위토로 사용하기 위한 것이 아닌 이 사건에서는 법령상 제한 회피에 해당이 될 여지가 크다고 할 것입니다. 원칙적으로 종중은 농지를 취득할 수 없기 때문입니다.

그런데 문제는 다시 있습니다.

"가. 채무의 변제를 담보하기 위하여 채권자가 부동산에 관한 물권을 이전 (이전)받거나 가등기하는 경우"

부동산실명법 제2조 제1호 제가호에서 채무의 변제를 담보하기 위하여 채권자 부동산에 관한 물권을 이전받거나 가등기하는 경우에 명의신탁을 하는 경우에는 제외되고 있어 문제가 되지 않을 가능성이 큽니다.

머. 소결

매우 많은 판례들을 검토하였습니다. 사해행위취소와 간접적으로 문제된 판례까지 검토하였습니다. 대법원의 판례는 변경되어야 합니다. 대내적으로는 신탁자와 수탁자 간에는 무효이지만 대외적으로는 수탁자에게 완전한 소유권이

---

159) 대법원 2006. 1. 27. 선고 2005다59871 판결 [소유권이전등기등]

있다고 하여야 할 것입니다. 이 법의 제정목적은 명의신탁을 하지 못하도록 하는 것이고 명의신탁을 한 신탁자는 보호하지 않겠다는 취지입니다. 그렇기 때문에 예전 대내적으로는 신탁자에게 대외적으로 수탁자에게 소유권이 있다는 법리에서 부동산실명법은 대내적인 부분에 있어 명의신탁약정이 무효이고 그 등기도 무효라고 한 것입니다. 그리고 대외적으로는 예전 판례와 같이 악의의 제3자도 보호하고 있습니다. 대외적으로는 어떠한 자에 대하여도 수탁자가 소유권자입니다. 이는 매도인의 관계에서도 그렇다고 할 것입니다. 그러므로 매도인이 수탁자에게 소유권을 주장할 수도 없다고 할 것이고 매도인은 이미 자신의 채무를 이행한 것이라고 보아야 할 것입니다.

이런 법리를 통하여 신탁자는 보호하지 않아야만 명의신탁이 근절된다고 할 것입니다. 현재의 대법원 판례는 사실 부동산실명법을 몰각시키고 있습니다. 대내적으로도 대외적으로도 무효라고 하여 오히려 신탁자를 결론적으로 보호함으로써 판례가 신탁자를 보호하는 결론에 이르고 있고, 또한 명의신탁을 부추기는 결과에 이르렀다고 할 것입니다.

11. 그 밖의 법률행위

가. 여러 가지 법률행위의 사해행위에 관한 검토

사실 대부분의 모든 재산에 대하여 사해행위가 이루어질 수 있기 때문에 이에 대하여 언급하는 것은 필요성은 있으나 그 효용성은 떨어질 수 있습니다. 그러나, 대법원 판례들에서 언급된 부분들이 있기 때문에 이를 언급할 필요가 있고, 또한 중요한 것은 취소가 아니라 원상회복의 방법에 있다고 할 것입니다. 원상회복의 방법 때문에 대법원에서 파기환송을 많이 하는 것이 사실입니다. 이에 대하여 계속 대법원의 판례의 경향을 보고 그에 따라 원상회복을 구하여야 할 것입니다.

나. 주식매매계약을 체결한 경우

1) 코스닥상장사 엠파스 보통주 사례 - 원물반환이 불가능한 경우가 아님

"민법 제406조 제1항에 따라 채권자의 사해행위취소 및 원상회복청구가 인정되면, 수익자는 원상회복으로서 사해행위의 목적물을 채무자에게 반환할 의무를 지게 되고, 만일 원물반환이 불가능하거나 현저히 곤란한 경우에는 원상회복의무의 이행으로서 사해행위 목적물의 가액 상당을 배상하여야 하며, 여기에서 원물반환이 불가능하거나 현저히 곤란한 경우라 함은 원물반환이 단순히 절대적·물리적으로 불능인 경우가 아니라 사회생활상의 경험법칙 또는 거래상의 관념에 비추어 그 이행의 실현을 기대할 수 없는 경우를 말하는 것이다(대법원 2006. 12. 7. 선고 2004다54978 판결, 대법원 2006. 12. 7. 선고 2006다43620 판결 등 참조).

그런데 원심판결 이유와 원심이 채택한 증거에 의하면, 피고가 반환하여야 할 대상은 코스닥 상장법인인 엠파스의 보통주이고, 원심 변론종결 당시 엠파스의 총 발행주식은 10,610,710주로서 코스닥 시장에서 활발하게 거래되고 있던 사실을 알 수 있는바, 그렇다면 피고로서는 대체물인 엠파스의 보통주를 제3자로부터 취득하여 반환할 수 없다는 등의 특별한 사정이 없는 한 위 주식 중 원상회복을 할 수량을 다시 취득하여 이를 원고에게 양도함으로써 원물반환의무를 이행할 수 있는 것이므로, 피고가 소외 2로부터 양도받은 주권 그 자체를 보유하고 있지 않다는 사실만으로 피고의 주식반환의무가 불가능하게 되었다고 할 수는 없다고 할 것이다. 따라서 이와 달리 피고의 원물반환의무가 불가능하게 되었다고 본 원심의 판단에는 채권자취소소송에서의 원상회복의무에 관한 법리를 오해하여 판결에 영향을 미친 위법이 있다고 할 것이다."160)

　　주식은 종류물이기 때문에 원칙적으로 원물반환이 불가능한 것도 아니라고 할 것입니다. 그렇기 때문에 수익자인 피고가 가지고 있지 않다고 하더라도 이를 시장에서 매수하여 이를 지급하면 될 것입니다. 그러므로 가액배상을 인용할 사안은 아니라고 할 것입니다.

---

160) 대법원 2007. 7. 12. 선고 2007다18218 판결 [사해행위취소]

2) 주식은 동산이기에 채권자에게 인도를 청구할 수 있음

"민법 제406조에 의한 사해행위의 취소에 따른 **원상회복은 원칙적으로 그 목적물 자체의 반환에 의하여야 하는바**, 이때 사해행위의 목적물이 동산이고 그 **현물반환이 가능한 경우에는 취소채권자는 직접 자기에게 그 목적물의 인도를 청구할 수 있다.**
기록에 의하면, **이 사건 주권은 동산에 해당하고, 그 현물반환이 가능하므로**, 앞에서 본 법리에 비추어 **피고는 자기에게 직접 인도할 것을 청구할 수 있다고 할 것이다.** 따라서, 원심이 **원고에 대하여 피고에게 직접 이 사건 주권의 인도를 명한 조치는 정당하**고, 거기에 채권자취소권의 행사에 따른 목적물 수령권자에 관한 **법리오해의 위법이 있다고 할 수 없다. 논지도 이유 없다.**"161)

그렇기 때문에 이에 대한 청구취지는 아래와 같은 것으로 보입니다
"1. 피고와 소외 채무자 사이에 별지 목록 기재 주식에 관한 2023. 6. 3.자 매매계약을 취소한다.
2. 피고는 원고에게 별지 목록 기재 주권을 이 사건 판결확정일 다음날 인도하라.
3. 소송비용은 피고의 부담으로 한다."
인도일을 정해야 하는 것인지 모르겠지만 원상회복의 판결이 집행될 수 있는 것은 판결확정일 다음날부터이기 때문에 이 날을 기재해 보았습니다.
계약일자를 별지 목록 기재 부동산이나 주식 앞에 기재를 하는 것이 더 일반적이지만 큰 문제는 없다고 할 것입니다. 동산이기 때문에 인도하는 것은 주권이라고 할 것입니다.

다. 영업양도의 경우

1) 티에프솔루션의 영업양도 사례

"원심은 그 판시와 같은 사실 및 사정을 근거로 다음과 같이 판단하였다. **티에프솔루션**

---

161) 대법원 1999. 8. 24. 선고 99다23468, 23475 판결 [명의개서등·사해행위취소등]

과 그 대표이사인 소외인은 자금난으로 사업을 계속할 수 없고 이를 그대로 두게 되면 아무런 대가 없이 소멸될 수밖에 없는 상황에서 투자자들과 협의를 거쳐 이 사건 계약과 이 사건 특허권 양도계약을 체결하였다. 그리고 이로 인하여 투자자들에 대한 피해 회복이 이루어지도록 하였고, 투자자들이 이 사건 계약이나 이 사건 특허권 양도계약이 없었을 경우와 비교하여 더 불리해졌다고 볼 수도 없으므로, 이 사건 계약이나 이 사건 특허권 양도계약이 티에프솔루션이나 소외인의 채권자들의 공동담보를 해하는 사해행위에 해당한다고 인정할 수 없다.

원심판결 이유를 관련 법리와 기록에 비추어 살펴보면, 원심의 위와 같은 판단에 사해행위에 관한 법리를 오해하거나 심리미진 등으로 판결에 영향을 미친 잘못이 없다."162)

"1. 청구취지

가. 사업 포괄 양도·양수계약에 관한 청구취지

1) 주위적 청구취지

피고와 주식회사 티에프솔루션네트워크 사이에 2015. 12. 9. 체결된 사업 포괄 양도·양수계약이 무효임을 확인한다.

2) 예비적 청구취지

피고와 주식회사 티에프솔루션네트워크 사이에 2015. 12. 9. 체결된 사업 포괄 양도·양수계약을 취소한다. 피고는 원고에게 27억 3,500만 원 및 이에 대한 이 사건 판결 확정일 다음날부터 다 갚는 날까지 연 5%의 비율로 계산한 돈을 지급하라.

나. 특허권의 양도계약에 관한 청구취지

피고와 소외인 사이에 2015. 12. 9. 체결된 별지 특허권의 표시 기재 각 특허권의 양도계약을 5억 원의 한도 내에서 취소한다. 피고는 원고에게 5억 원 및 이에 대한 이 사건 판결 확정일 다음날부터 다 갚는 날까지 연 5%의 비율로 계산한 돈을 지급하라.

(원고는 제1심에서는 위 가. 2)항의 예비적 청구취지 중 가액배상을 1억 원 및 이에 대한 지연손해금으로 구하고, 위 나.항 중 사해행위의 취소를 그 양도계약 전부에 대하여 구하였다가, 이 법원에서는 위 가. 2)항의 가액배상을 27억 3,500만 원 및 이에 대한 지연손해금을 구하는 것으로 청구취지를 확장하고, 위 나.항의 사해행위의 취소를 5억 원의 한도 내에서 구하는 것으로 청구취지를 감축하였다)

---

162) 대법원 2022. 6. 9. 선고 2018다228462, 228479 판결 [영업양도무효확인·사해행위취소]

2. 항소취지

가. 원고의 항소취지

제1심판결 중 별지 특허권의 표시 기재 각 특허권의 양도계약에 대한 사해행위취소 및 원상회복 부분을 다음과 같이 변경한다.

피고와 소외인 사이에 2015. 12. 9. 체결된 별지 특허권의 표시 기재 각 특허권의 양도계약을 5억 원의 한도 내에서 취소한다. 피고는 원고에게 5억 원 및 이에 대한 이 사건 판결 확정일 다음날부터 다 갚는 날까지 연 5%의 비율로 계산한 돈을 지급하라.

나. 피고의 항소취지

제1심판결 중 피고 패소 부분을 취소하고, 그 취소 부분에 해당하는 원고의 청구를 기각한다."163)

항소심에서 원고의 무효확인은 각하를 하고 나머지 청구는 모두 기각을 하였습니다. 이에 원고는 대형로펌을 선임하여 상고하였으나 결국 상고기각이 되었습니다.

이 사건의 경우는 대법원의 판례와 같이 영업양도가 사해행위가 되지 않는다고 판시를 하여 기각된 사건입니다.

2) 키모마트 영업양도 사례

"[1] 영업은 일정한 영업 목적에 의하여 조직화된 유기적 일체로서의 기능적 재산이므로, 영업을 구성하는 유형·무형의 재산과 경제적 가치를 가지는 사실관계가 서로 유기적으로 결합하여 수익의 원천으로 기능하고, 하나의 재화와 같이 거래의 객체가 된다. 그리고 여러 개의 부동산, 유체동산, 그 밖의 재산권에 대하여 일괄하여 강제집행을 할 수 있으므로(민사집행법 제98조 제1항, 제2항, 제197조 제1항, 제251조 제1항 참조), 영업재산에 대하여 일괄하여 강제집행이 될 경우에는 영업권도 일체로서 환가될 수 있다. 따라서 채무자가 영업재산과 영업권이 유기적으로 결합된 일체로서의 영업을 양도함으로써 채무초과상태에 이르거나 이미 채무초과상태에 있는 것을 심화시킨 경우, 영

---

163) 서울고등법원 2018. 4. 5. 선고 2017나2053041, 2017나2053058(병합) 판결 [영업양도무효확인·사해행위취소]

> 업양도는 채권자취소권 행사의 대상이 된다.
> [2] 영업양도 후 종래의 영업조직이 전부 또는 중요한 일부로서 기능하면서 동일성을
> 유지한 채 채무자에게 회복되는 것이 불가능하거나 현저히 곤란하게 된 경우, 채권자는
> 사해행위취소에 따른 원상회복으로 피보전채권액을 한도로 하여 영업재산과 영업권이
> 포함된 일체로서의 영업의 가액을 반환하라고 청구할 수 있다."164)

영업양도가 되는 경우에 거래처와의 관계, 직원들의 승계문제, 그리고 임차
계약의 승계 등 매우 복잡한 법률관계가 얽혀져 있고 이미 그런 관계가 굳어졌
다고 할 것입니다. 이런 경우에는 원상회복이 불가능하다고 할 것이고 가액배상
을 구하는 것이 맞다고 할 것입니다.

대법원은 영업은 재산이라고 보고 이를 영업양도한 것이 사해행위취소의
대상이 되며, 가액배상을 구할 수 있다고 하였습니다.

> "나. 원심은 그 판시와 같은 사실을 인정한 다음, 소외인이 피고에게 이 사건 영업을 양
> 도한 행위는 채권자취소권 행사의 대상이 되고, 원고는 피고에 대하여 그에 따른 원상
> 회복으로 2억 500만 원인 원고의 피보전채권액과 4억 원을 초과하는 이 사건 영업의
> 시가 중 더 적은 금액인 2억 500만 원의 가액반환을 청구할 수 있다고 판단하여, 영업
> 권이 포함된 영업양도계약은 유형적인 재산이 없어진 상태에서는 채권자취소권 행사의
> 대상이 되지 아니한다는 피고의 주장을 배척하였다.
> 원심의 위와 같은 판단은 앞서 본 법리에 따른 것으로, 거기에 상고이유 주장과 같이
> 영업양도와 채권자취소권에 관한 법리를 오해한 잘못이 없다."165)

원심이 공개되어 있어 사실관계를 볼 필요성은 있다고 할 것입니다.

---

164) 대법원 2015. 12. 10. 선고 2013다84162 판결 [사해행위취소등]
165) 대법원 2015. 12. 10. 선고 2013다84162 판결 [사해행위취소등]

"1. 인정사실

가. 소외 2는 2004년경 소외 3으로부터 별지2 목록 제1항 내지 제3항 기재 각 토지(이하 통틀어 '이 사건 마트 부지'라고 한다)를 임대차보증금 1억 원, 월세 580만 원으로 정하여 임차한 후 그 지상에 별지2 목록 제4항 기재 건물(이하 '이 사건 마트 건물'이라고 한다) 및 별지2 목록 제5항 기재 건물(이하 '이 사건 마트 창고'라고 한다)을 신축하여 그곳에서 마트(이하 '이 사건 마트'라고 한다)를 운영하였다.

나. 소외 1(대판: 소외인) 및 피고는 동업하여 이 사건 마트를 운영하기로 하고 2004. 7. 30. 소외 2로부터 소외 2의 소외 3에 대한 1억 원의 임대차보증금반환채권을 포함하여 이 사건 마트와 관련한 영업을 7억 7,000만 원에 양수하였고, 2004. 8. 5. 상호를 "키모마트", 공동사업자를 소외 1(대판: 소외인) 및 피고(지분 각 50%)로 하여 사업자등록을 한 후 이 사건 마트를 함께 운영하였다.

다. 이후 피고는 소외 1(대판: 소외인)과 사이의 동업을 그만두기로 하고 2005. 9. 8. 공동사업자 탈퇴 신고를 한 후 울산 지역의 다른 곳에서 마트를 운영하였고, 그 무렵부터 소외 1(대판: 소외인)은 단독으로 이 사건 마트를 운영하면서 별지1 기재 소매점 영업(이하 '이 사건 영업'이라고 한다)을 하였다.

라. 한편, 원고는 2004. 8. 15.경부터 소외 1(대판: 소외인)과 사이에 어음과 당좌수표를 담보로 교부받고 운영자금을 대여한 후 어음 만기일이 되면 변제를 받거나 소외 1(대판: 소외인)이 변제자금이 부족하면 원고가 다시 금원을 대여하여 그 어음금을 대신결제하는 방법으로 금전거래를 해왔다.

마. 그러던 중 원고는 소외 1(대판: 소외인)에게 2011. 6. 7. 4,500만 원, 2011. 6. 28. 5,000만 원을 대여하고, 소외 1(대판: 소외인)이 2011. 5.경 발행한 어음금 결제를 위하여 2011. 7. 15. 8,000만 원, 2011. 7. 25. 3,000만 원을 대여하는 등 합계 2억 500만 원(= 4,500만 원 + 5,000만 원 + 8,000만 원 + 3,000만 원)을 대여하였다.

바. 소외 1(대판: 소외인)은 2011. 7. 11. 피고와 사이에 이 사건 마트 건물, 이 사건 마트 창고, 시설물 및 비품 일체를 포함하여 이 사건 영업을 4억 원에 양도하기로 하는 계약(이하 '이 사건 양도계약'이라고 한다)을 체결하면서 계약 당일 계약금 6,100만 원, 2011. 7. 12. 중도금 3,900만 원, 2011. 7. 28. 잔금 3억 원을 지급받되, 이 사건 마트 안에 있는 임대점포에 관한 약 1억 8,000만 원의 임대차보증금반환채무는 피고가 인수하고 이를 잔금에서 공제하기로 약정하였다.

사. 피고는 위 약정에 따라 소외 1(대판: 소외인)에게 2011. 7. 8.부터 2011. 8. 1.까지 합계 2억 2,300만 원을 지급하였고, 2011. 8. 1.부터 2011. 8. 17.까지 이 사건

마트 안에 있는 임대점포의 임차인 소외 4 등에 대한 합계 1억 7,700만 원의 임대차
보증금반환채무를 인수하였으며, 2011. 8. 1. 소외 1(대판: 소외인)로부터 이 사건 마
트 건물 등을 인도받아 "세계로마트"라는 상호로 사업자등록을 하고 현재까지 운영하
고 있다.
아. 한편, 소외 1(대판: 소외인)은 이 사건 양도계약 체결 당시 이 사건 영업 외에 별다
른 재산이 없었고, 원고에 대한 차용금채무 등 합계 약 6억 원에 이르는 채무를 부담하
고 있었다."166)

피고가 동업자였다가 탈퇴하고 나서 다시 이 사건 키모마토 마트를 전부
인수한 이후에 마트 이름을 "세계로마트"로 변경을 했습니다. 그렇기 때문에 피
고가 영업권이 소멸했다는 주장을 한 것으로 보입니다.

"가) 이 사건 양도계약에서 정한 양도대금이 적정한 가격인지 여부
(1) 갑 제12호증, 을 제1호증의 1, 을 제1호증의 2(원고는, 을 제1호증의 2 중 B번을
삭제한 부분 및 하단에 "위 B번 항목은 제외한다. 매장 및 창고의 모든 판매물품에 대
한 대금지불은 하지 않고 소외 1(대판: 소외인)(매도인)이 책임진다. 모든 물품은 반품
처리한다"고 추가로 기재한 부분은 피고가 변조한 것이라고 주장한다. 그러나 을 제3,
5, 10, 11호증의 각 기재에 비추어 갑 제26호증의 기재, 갑 제13호증의 이와 다른 일
부 기재, 제1심 증인 소외 1(대판: 소외인), 소외 5의 각 이와 다른 일부 증언은 선뜻
믿기 어렵고, 달리 이를 인정할 만한 증거가 없다), 을 제3, 4, 5, 10, 12, 13호증의 각
기재, 제1심 증인 소외 1(대판: 소외인)의 일부 증언에 변론 전체의 취지를 종합하면,
아래 사실을 인정할 수 있다.
① 피고는 2011. 7. 11. 소외 1(대판: 소외인)과 사이에 이 사건 양도계약을 체결하면
서 매장 및 창고의 모든 판매물품을 양도하되 물품대금은 별도로 정하기로 하였다가
2011. 8. 1. 위 판매물품을 양도대상에서 제외하여 반품처리하고 그 대금지불은 소외
1(대판: 소외인)이 책임지기로 약정하였다. 이에 따라 피고는 2011. 8. 1.부터 2011.
8. 3.까지 위 물품을 공급한 소외 7 등에게 위 물품을 반품하였고, 2011. 8. 10.부터
2011. 9. 30.까지 시제이(CJ) 탁주 등으로부터 물품을 새로이 매입하였다.

---

166) 부산고등법원 2013. 10. 10. 선고 2012나7458 판결 [사해행위취소등]

② 피고는 이 사건 마트의 시설이 노후하여 2011. 8. 24.부터 2011. 9. 3.까지 이 사건 마트와 관련한 시설 교체 및 보수 비용으로 합계 7,397만 원(= 전기공사 1,485만 원 + 냉장고 교체 및 수리 1,980만 원 + 바닥타일공사 1,000만 원 + 계산대 설비 1,322만 원 + 간판 720만 원 + 진열장 890만 원)을 지출하였다.

③ 피고와 소외 3 사이에 "피고는 소외 3으로부터 이 사건 마트 부지에 관하여 임대차보증금 3억 원, 월세 200만 원, 임대차기간 2011. 8. 1.부터 2016. 7. 31.까지로 정하여 임차한다(제1조 및 제2조). 임대기간 만료일에는 위 부동산 지상 및 건물 내에 있는 모든 사람과 건물 이외의 물건 전부 임차인이 책임지고 명도하여야 한다(특약사항 제1항). 임차인 등은 권리비나 비품비, 시설비 등 어떠한 명분의 비용도 임대인에게 청구할 수 없고 임차인이 임의로 설치 · 시공한 것이 있다면 임대차 만료일까지 원상복구하여야 한다(특약사항 제2항)"는 내용의 2011. 7. 15.자 임대차계약서(을 제13호증)가 작성되어 있다.

(2) 그러나 한편, 갑 제10, 11, 12, 14 내지 23호증, 을 제1, 8호증의 각 기재, 갑 제13호증의 일부 기재, 제1심 증인 소외 5, 소외 1(대판: 소외인)의 각 일부 증언, 당심 감정인 소외 6의 감정 결과에 변론 전체의 취지를 종합하면, 아래 사실 또는 사정을 인정할 수 있다.

① 피고가 2011. 7. 11. 소외 1(대판: 소외인)로부터 이 사건 양도계약을 통해 이 사건 영업을 양수하면서 정한 양도대금(이하 '이 사건 양도대금'이라고 한다)은 4억 원이고, 이 사건 양도계약의 양수대상에는 소외 1(대판: 소외인)의 소외 3에 대한 임대차보증금반환채권이 포함되어 있지 않다. 한편, 소외 1(대판: 소외인) 및 피고가 2004. 7. 30. 소외 2로부터 이 사건 마트와 관련한 영업을 양수하면서 정한 양도대금은 7억 7,000만 원인데, 위 양수대상에는 소외 2의 소외 3에 대한 1억 원의 임대차보증금반환채권도 포함되어 있으므로, 위 양도대금 중 이 사건 마트와 관련한 영업만을 고려한 금액(이하 '종전 양도대금'이라고 한다)은 6억 7,000만 원(= 7억 7,000만 원 - 1억 원)이라고 보아야 한다. 피고는 종전 양도대금을 정할 당시 소외 1(대판: 소외인)과 동업관계에 있었으므로 종전 양도대금을 정하는데도 관여하였을 것으로 보이는데, 이 사건 양도대금이 적정한 가격이라고 하려면, 무엇보다도 이 사건 양도대금을 종전 양도대금보다 2억 7,000만 원(= 6억 7,000만 원 - 4억 원)이나 낮은 금액으로 정한 것에 대하여 합리적이고 수긍할 만한 이유가 있어야 할 것이다."167)

---

167) 부산고등법원 2013. 10. 10. 선고 2012나7458 판결 [사해행위취소등]

2004년도 양도대금과 2011년 이 사건 양도대금의 차이를 법원은 비교를 하고 있습니다. 그러므로 피고의 주장들에 대하여 판단을 하면서 이유가 없다고 판시를 하였습니다.

"라. 취소 및 원상회복

1) 채권자의 사해행위취소 및 원상회복청구가 인정되면, 수익자는 원상회복으로서 사해행위의 목적물을 채무자에게 반환할 의무를 지게 되고, 원물반환이 불가능하거나 현저히 곤란한 경우에는 원상회복의무의 이행으로서 사해행위 목적물의 가액 상당을 배상하여야 한다. 여기서 원물반환이 불가능하거나 현저히 곤란한 경우란 원물반환이 단순히 절대적·물리적으로 불능인 경우가 아니라 사회생활상 경험법칙 또는 거래상 관념에 비추어 채권자가 수익자로부터 이행의 실현을 기대할 수 없는 경우를 말한다.

피고와 소외 1(대판: 소외인) 사이에 2011. 7. 11. 체결된 이 사건 양도계약은 사해행위로서 취소되어야 할 것인데, 앞서 본 바와 같이 피고가 이 사건 양도계약에 따라 이 사건 마트 건물, 이 사건 마트 창고, 시설물 및 비품 일체, 이 사건 마트 안에 있는 임대점포에 관한 임대차보증금반환채무 등을 일괄하여 양수하였고 그 후 이 사건 마트의 시설 교체 및 보수비용을 지출하여 그 세부적인 개개의 재산에 관한 원상회복이 불가능하거나 현저히 곤란한 점 등을 종합하면, 사회생활상 경험법칙 또는 거래상 관념에 비추어 채권자가 수익자로부터 이행의 실현을 기대할 수 없어 원물반환이 불가능하거나 현저히 곤란한 경우에 해당하므로, 가액배상의 방법으로 원상회복을 하여야 한다. 원고의 피보전채권액이 합계 2억 500만 원이고, 이 사건 영업의 시가는 적어도 4억 원을 초과하는 사실은 앞서 본 바와 같으므로, 이 사건 양도계약은 더 적은 금액인 2억 500만 원의 한도 내에서 취소되어야 하고, 그 원상회복으로 피고는 원고에게 2억 500만 원 및 이에 대한 이 판결 확정일 다음날부터 다 갚는 날까지 민법에서 정한 연 5%의 비율에 의한 지연손해금을 지급할 의무가 있다.

2) 이에 대하여 피고는, 소외 1(대판: 소외인)의 총채무가 얼마나 되는지 모르지만, 소외 1(대판: 소외인)의 다른 채권자들이 모두 피고에게 사해행위를 취소하고 자신들 채권액만큼의 금원을 지급하라고 한다면, 피고는 마치 소외 1(대판: 소외인)의 채권자들에 대한 채무자 같이 되어 소외 1(대판: 소외인)의 채무 모두를 갚아주어야 하는 불합리하고 부당한 결과가 된다고 주장한다.

그러나 여러 명의 채권자가 사해행위취소 및 원상회복청구의 소를 제기하여 여러 개의 소송이 계속중인 경우 법원은 각 소송에서 채권자의 청구에 따라 사해행위의 취소 및 원상회복을 명하는 판결을 선고하여야 하고, 수익자가 가액배상을 하여야 할 경우에도 수익자가 반환하여야 할 가액을 채권자의 채권액에 비례하여 채권자별로 안분한 범위 내에서 반환을 명할 것이 아니라, 수익자가 반환하여야 할 가액의 범위 내에서 각 채권자의 피보전채권액 전액의 반환을 명하여야 한다. 이와 같이 여러 개의 소송에서 수익자가 배상하여야 할 가액 전액의 반환을 명하는 판결이 선고되어 확정될 경우 수익자는 이중으로 가액을 반환하게 될 위험에 처할 수 있을 것이나, 수익자가 어느 채권자에게 자신이 배상할 가액의 일부 또는 전부를 반환한 때에는 그 범위 내에서 다른 채권자에 대하여 청구이의 등의 방법으로 이중지급을 거부할 수 있을 것이다(대법원 2005. 11. 25. 선고 2005다51457 판결, 대법원 2008. 4. 24. 선고 2007다84352 판결 등 참조).
따라서 피고의 주장은 이유 없다."168)

영업권양도대금을 두 사람 간에 4억 원으로 정하였는데 원고의 채권액은 2억 5천만 원이기 때문에 그 한도 내에서 이의 취소를 구한다고 하고 있습니다.

"【청구취지 및 항소취지】
[청구취지] 피고와 소외 1(대판: 소외인) 사이에 별지1 기재 소매점 영업에 관하여 2011. 7. 11. 체결한 영업양도양수계약을 2억 500만 원의 한도 내에서 취소한다. 피고는 원고에게 2억 500만 원 및 이에 대한 이 판결 확정일 다음날부터 다 갚는 날까지 연 5%의 비율에 의한 금원을 지급하라.
[항소취지] 제1심 판결을 취소한다. 원고의 청구를 기각한다."169)

이는 원고가 이자상당을 처음부터 사해행위로 구하지 아니하였기 때문에 원고의 청구하는 한도 내에서만 법원은 판단할 수 있기 때문에 이렇게 구한 것입니다. 이자를 구하였다고 한다면 적어도 상당히 더 많은 금액을 받았을 것입니다.
영업권에 관하여 별도로 감정을 하지는 않았던 것으로 보입니다. 그러나 영

168) 부산고등법원 2013. 10. 10. 선고 2012나7458 판결 [사해행위취소등]
169) 부산고등법원 2013. 10. 10. 선고 2012나7458 판결 [사해행위취소등]

업권의 판단시점은 사해행위시점이어야 할 것입니다. 그런데 그 이후에 영업권의 가치의 변동이 있을 경우에 이를 어떻게 평가할 것인지 의문이 될 수 있습니다. 양수인의 능력에 따라서 영업권의 가치는 매우 차이가 날 수밖에 없다고 할 것입니다. 그렇기 때문에 부동산과는 달리 영업권의 경우는 결국 사해행위시점의 가치를 판단하고 변론종결시점의 가치를 판단하여 그에 따라서 피보전채권과 비교할 것은 아니라고 보아야 할 것입니다.

만약 변론종결시점의 가치를 판단하게 된다면 이는 사실상 매우 큰 감정비용들이 들어갈 것입니다. 그리고 실제적으로 이를 감정인이 판단하는 것도 어렵고 현재가치에 피고의 노력이나 수완 등이 얼마나 영향을 미쳤는지를 파악하기도 실제적으로 불가능하다고 할 것입니다. 대부분의 경우가 작은 중소기업이나 개인사업장을 영업양도하는 경우가 많기 때문에 객관적 자료도 많지 않다고 할 것입니다.

라. 사업시행권 양도와 건축주명의변경의 경우

"1. 사해행위의 성립 여부에 관한 주장에 관하여
가. 정지조건부 법률행위 내지 조건의 성취 여부에 관하여
(1) 원심판결이 인용한 제1심판결의 이유에 의하면 원심은 그 채용 증거들을 종합하여, ① 주식회사 이거니스(이하 '이거니스'라고 한다)가 2002. 7.경부터 서울 중구 을지로 5가 77-2 외 7필지를 매수하여 그 지상에 원심이 인용한 제1심판결 별지 기재 각 부동산을 포함한 지하 4층, 지상 14층, 연면적 13,222.02㎡의 오피스텔 및 상가 건물(이하 위 토지를 '이 사건 사업부지', 위 건물을 '이 사건 건물'이라고 하고, 이 사건 사업부지와 이 사건 건물을 함께 '이 사건 부동산'이라고 한다)을 신축하여 이를 분양하는 사업(이하 '이 사건 사업'이라고 한다)을 시행하기로 하고, 2002. 12. 23. 피고 대성산업 주식회사(이하 '피고 대성산업'이라고 한다)와 공사비를 132억 660만 원(부가가치세 별도)으로 정하여 이 사건 건물의 신축공사 도급계약을 체결한 사실, ② 이거니스는 2002. 12. 27. 주식회사 서울상호저축은행과 주식회사 새누리상호저축은행으로부터 합계 10,164,099,000원을 대출받아 이 사건 사업부지의 잔금을 지급하고 이 사건 사업부지에 관한 소유권이전등기를 마친 다음, 같은 날 피고 한국자산신탁 주식회사(이하

'피고 한국자산신탁'이라고 한다)와, 주식회사 서울상호저축은행, 주식회사 새누리상호저축은행을 우선수익자로 하고 수익한도금액을 13,910,000,000원으로 하여 이 사건 사업부지 전체에 관한 담보신탁용 부동산관리처분신탁계약(이하 '이 사건 신탁계약'이라고 한다)을 체결하고 신탁을 원인으로 하여 피고 한국자산신탁 앞으로 이 사건 사업부지에 관한 소유권이전등기를 마쳐 준 사실, ③ 이거니스는 2003. 1. 27. 대출 금융기관을 주식회사 국민은행(이하 '국민은행'이라고 한다)으로 변경하여 국민은행으로부터 125억 원을 대출받아 이 사건 사업을 시행하기로 하고, 그에 따라 시행사 이거니스, 시공사 피고 대성산업, 대출 금융기관 국민은행, 수탁자 피고 한국자산신탁은 2003. 3. 26. 이 사건 사업 시행에 관한 대리사무계약(이하 '이 사건 대리사무계약'이라고 한다)을, 이거니스, 국민은행, 피고 대성산업은 국민은행의 이거니스에 대한 대출과 관련한 대출협약(이하 '이 사건 대출협약'이라고 한다)을 체결한 사실, ④ 같은 날 이거니스는 위 125억 원의 대출금에서 최초 발생 이자를 공제한 12,416,570,827원을 국민은행으로부터 수령하고, 이 사건 신탁계약상 우선수익자를 국민은행으로, 수익한도금액을 16,250,000,000원으로 변경하였으며, 위 대출금 중 107억 원으로 주식회사 서울상호저축은행, 주식회사 새누리상호저축은행에 대한 대출금채무를 변제한 사실, ⑤ 그 후 국민은행은 2005. 3. 24. 이거니스에게 이거니스가 위 대출금채무의 이행을 지체하여 기한의 이익을 상실하였으므로 2005. 3. 28.까지 대출금 잔액 58억여 원을 변제하지 아니하면 이 사건 대출협약에 따라 이 사건 사업에 관한 이거니스의 시행권 포기 등의 조치를 취하겠다고 통지하였고, 이거니스는 위 기한까지 대출원리금을 상환하지 못한 사실, ⑥ 2005. 5.경 국민은행, 피고 대성산업, 피고 한국자산신탁은 피고 대성산업이 이 사건 사업의 시행권을 이전받기로 합의하여 이거니스에게 이 사건 사업시행권을 피고 대성산업에 이전한다고 통지하고, 피고 한국자산신탁이 이거니스로부터 미리 받아 보관하고 있던 이거니스의 사업시행권 포기각서 등을 관할 행정관청에 제출하고 이 사건 건물에 관한 건축주 명의를 이거니스로부터 피고 대성산업으로 변경한 사실, ⑦ 이거니스는 2003. 6.경부터 이 사건 건물을 분양하기 시작했으나, 그 분양률이 저조하여 2003. 10.경까지 대출금의 이자만을 지급하면서 약정한 대출 원금의 상환을 지체하다가 일부 원금을 상환하였으나 다시 그 상환을 지체하여 2005. 4. 20.까지 6,689,833,118원의 원금만을 상환하여 이 사건 건물의 준공 예정일(2005. 7. 8.)에 가까운 2005. 4. 26. 현재 국민은행에 대한 잔존 대출금채무의 원금은 58억여 원이었던 사실, ⑧ 2005. 4. 말경 이 사건 부동산 중 오피스텔 부분은 전체 245세대 중 215세대가 분양된 상태에서 분양경기 침체로 2004. 5. 이후로는 분양률이 높아지지 않았고 상가 부분도 전혀 분양되지 않아, 이거니스의 분양수입금 중 대출원리금의 상환, 공사기성금 지급, 기타 각종 비용 지출 후 남은 2005. 5. 20. 현재 분양수입금 계좌의 잔고는 11억 8,000만여 원에 불과했던 사실, ⑨ 그 무렵 이거니스는 원고에 대한 채무와 국민은행에 대한 58억여 원의 대출금채무, 피고 대성산업에 대한 75억여 원의 공사기성금채무 등 다액의 채무를 부담하고 있었던 사실, ⑩ 한편 이 사건 대리사무계약은 그 대리사무계약서 제10조에서, 이거니스가 부도 또는 채무불이행 등으로 국민은행의 여신거래기본약관상 기한의 이익 상실 사유가 발생하거나, 기타 이와 유사한 사유로 인하여 정상적으로 이 사건 사업을 수행할 수 없을 경우, 국민은행과 피고 대성산업, 한국자산신탁은 이를 서면 통지하여 이 사건 대리사무계약을 해제하고, 이와 같이 이 사건 대리사무계약이 해제되는 경우 이거니스의 수분양자에 대한 분양대금청구권 및 이 사건 사업의 시행권은 그 해제와 동시에 피고 대성산업 또는 국민은행이나 피고 한국자산신탁이 협의하여 지정한 시행사에 이전하며, 이를 위하여 이거니스는 사업시행권 이전에 필요한 모든 서류(시행권 포기각서, 화해 전 조서 등)를 조건 없이 피고 한국자산신탁에 제출하고 피고 한국자산신탁이 이를 보관한다는 내용을 규정한 사실, ⑪ 또한 이 사건 대출협약은 그 대출협약서 제8조에서, 이거니스가 국민은행에 대한 대출 원리금을 약정 지급기일에 상환하지 아니하여 국민은행과 피고 대성산업이 이 사건 사업의 계속 시행이 현저히 곤란하다고 판단하는 경우 이거니스는 별도 법률행위가 없더라도 이 사건 대출협약에 의한 이거니스의 계약상 지위 및 이 사건 사업 시행과 관련된 각종 사업상 또는 행정법상 권리 및 의무가 국민은행 또는 국민은행과 피고 대성산업이 합의하여 지정하는 자에게 이전되는 것에 동의하고, 이거니스로부터 사업시행권 등을 양수한 자는 국민은행에 대한 대출금채무를 인수한다고 규정한 사실을 인정하였다.

(2) 원심은 위와 같은 사실관계를 기초로, 이거니스와 국민은행, 피고 대성산업, 한국자산신탁은 2003. 3. 26. 이 사건 대리사무계약 및 이 사건 대출협약을 통하여 이거니스의 국민은행에 대한 대출금채무의 이행지체 등의 사유로 위 각 계약이 해제되는 경우 이를 정지조건으로 하여 피고 대성산업 또는 국민은행 등이 지정하는 제3자에게 이 사건 사업시행권을 이전하고 이 사건 건물의 건축주 명의를 변경하는 의사표시를 한 것이고, 그 후 이거니스가 위 대출금채무의 이행을 지체하고 이 사건 사업을 계속 시행할 수 없을 정도의 채무초과상태가 되자, 2005. 5.경 국민은행과 피고 대성산업, 한국자산신탁이 이 사건 대리사무계약 및 이 사건 대출협약을 해제함으로써 위 정지조건이 성취되어 이 사건 사업시행권 이전 및 이 사건 건물의 건축주 명의 변경에 관한 의사표시의 효력이 발생하였다는 취지로 판단하였다.

(3) 기록에 비추어 살펴보면, 원심의 위와 같은 판단은 **정당한 것으로 수긍할 수 있고,** **거기에 정지조건부 법률행위 내지 조건의 성취 여부에 관한 법리를 오해한 잘못이 없** **다.** 그리고 원심판결 중 이 사건 대리사무계약 등의 해제 사유가 발생하였음을 인정한 부분을 다투는 취지의 상고이유 주장은 사실심인 원심의 전권에 속하는 증거의 취사선 택과 사실인정을 탓하는 것이므로 받아들일 수 없다.

나. 사해행위 성립 여부에 관한 그 밖의 주장에 관하여

앞서 본 바와 같이 **채무자인 이거니스의 이 사건 사업시행권의 이전 및 이 사건 건물의** **건축주 명의 변경에 관한 법률행위가 2003. 3. 26. 이 사건 대리사무계약 및 이 사건** **대출협약의 체결 당시에 존재하였고, 2005. 5.경 정지조건의 성취로 이 사건 사업시행** **권의 이전 및 이 사건 건물의 건축주 명의 변경에 관한 의사표시의 효과가 발생한 것에** **불과한 이상,** 원고가 사해행위취소의 대상이라고 주장하는 2005. 5. 20.자 또는 2005. 7. 26.자의 이거니스에 의한 이 사건 사업시행권 및 이 사건 건물에 관한 소유 권의 양도계약은 별도로 존재하지 아니함이 명백하다.

같은 취지에서 원고의 이 사건 사해행위취소 청구를 배척한 원심의 결론은 정당하고, 거기에 판결 결과에 영향을 미친 사해행위의 성립요건에 관한 법리오해 등의 잘못이 없다. 또한 **원고 주장의 이거니스에 의한 사해행위가 존재하지 아니하는 이상,** 이 사건 대리사무계약의 해제가 이루어진 2005. 5.을 전후한 이거니스의 책임재산의 가치 변동 내지 이거니스의 130억 원 상당의 분양미수금의 양도 등에 관한 원심의 판단누락 여부 가 판결 결과에 영향을 미칠 수 없음도 분명하다.

그리고 원심판결 중 원고 주장과 같이 2005. 5. 20.자 또는 2005. 7. 26.자로 이거니 스에 의한 이 사건 사업시행권 이전 및 건축주 명의변경 행위가 있었다고 하더라도 이 를 사해행위에 해당한다고 할 수 없다는 취지로 판단한 부분이 가정적인 판단임은 그 설시 이유 자체에서 분명한바, 거기에 이유모순이 존재한다고 할 수 없다.

사실심인 원심의 전권에 속하는 원심의 증거의 취사선택 및 사실인정을 탓하는 나머지 상고이유 주장은 적법한 상고이유가 되지 아니한다.

이 부분 상고이유도 받아들일 수 없다."[170]

이 사건의 사해행위의 법률행위는 사업시행권양도와 건축주명의변경으로 보입니다. 그런데 여기에서 문제는 이와 같은 법률행위가 언제 있었는지에 관한

---

170) 대법원 2011. 9. 8. 선고 2009다24866 판결 [소유권보존등기말소등]

것입니다. 원심과 대법원은 2003. 3. 26. 대리사무계약과 대출협약에 존재하였다
고 보고 이 시점을 법률행위시점으로 보아야 한다고 하였습니다. 이 시점으로
보면, 제척기간이나 피보전채권의 선재성 그리고 채무초과여부 등에 있어서 매
우 큰 차이가 있을 것입니다. 원고는 2005. 5. 20.경에 법률행위가 있다고 주장
한 것으로 보입니다. 원고가 이 2005. 5. 20.경으로 주장할 수밖에 없었던 것은
그만큼 원고에게 아킬레스건이 있었을 것입니다. 원고는 개인인 것으로 보아서
수분양자가 아닌가라는 생각을 합니다. 2003. 3. 26.이후에 분양계약을 체결한
사람일 가능성이 크다고 할 것입니다.

사업권시행과 건축주명의변경에 있어서 정지조건부법률행위가 있는 경우에
그 법률행위의 사해행위여부는 정지조건부법률행위를 한 시점으로 볼 것이고
그에 따른 법률효과가 나오는 시점으로 볼 것은 아니라고 할 것입니다. 당연한
것이지만 다시 한번 대법원의 판결을 통하여 이를 확인하는 바입니다. 이는 백
지보충에 의한 근저당권설정계약의 시점이 그런 계약을 설정한 시점이 아니라
백지보충시라는 것과는 차이가 있다는 것과 비교된다고 할 것입니다.

12. 결론

수많은 법률행위가 사해행위가 되면서 그에 따라서 법률행위마다 청구취지
가 달라지고 원상회복도 달라진다고 할 것입니다. 이 부분에서는 각종 법률행
위, 즉 부동산매매계약, 근저당권설정계약, 채권양도계약, 이혼 시 재산분할, 상
속재산 분할협의, 금전지급행위, 채무를 늘리는 법률행위, 소송의 방법으로 사해
행위를 하는 경우, 부동산실권리자명의등기에관한법률(부동산실명법)로 인한 명
의신탁부동산과 관련된 많은 판례들, 영업양도, 주식양도 등의 많은 사례들을
검토함과 동시에 청구취지 등도 같이 검토를 하였습니다. 원상회복부분을 별도
로 분리하여 검토하기보다는 각종 법률행위와 원상회복을 같이 검토함으로써
독자들의 이해를 돕고자 하였습니다.

IX

원상회복의 방법

IX

원상회복의 방법

1. 개괄적 검토

이미 각 법률행위마다 사해행위취소의 청구취지와 채권양도와 양도통지 방식, 주권인도방식, 가액배상청구, 배당표경정 등 원물반환과 가액배상을 포함한 대법원이 인정하는 원상회복의 방법은 거의 다 검토하였다고 할 것입니다. 그렇기 때문에 여기서는 일반론을 짧게 정리하는 선에서 마치고자 합니다.

2. 자신의 채권을 초과하여 취소를 구할 수 있는 예외

가. 원칙

사해행위취소는 유효한 행위를 예외적으로 취소시키는 것이기 때문에 가능하면 채권자의 취소범위를 초과하여 취소할 수 없다는 것이 대법원의 판례입니다. 그러나, 이는 회복된 재산은 전체 재산을 위한 공동담보로 회복되는 의미와는 상충이 됩니다. 또한 취소채권자에게 회복된 재산에 관한 우선권은 또 없다고 하기 때문에 취소채권자로서는 곤란한 부분이 발생합니다. 이에 대하여는 어느 정도 앞에서 설명을 하였습니다.

나. 예외적인 경우에 관한 대법원의 판례

1) 취소채권자의 채권액을 넘어서 취소를 구할 수 있는 경우에 관한 판결요지

"사해행위 취소의 범위는 다른 채권자가 배당요구를 할 것이 명백하거나 목적물이 불가분인 경우와 같이 특별한 사정이 있는 경우에는 취소채권자의 채권액을 넘어서까지도 취소를 구할 수 있다(대법원 1997. 9. 9. 선고 97다10864 판결 등 참조)."1)

목적물이 불가분인 경우는 부동산의 경우에 있어서 가액배상을 해야 하는 상황이 아닌 경우, 즉 근저당권이 새로 설정되거나 기존 근저당권이 말소되는 경우가 아니고 원물반환을 해야 하는데 취소채권자의 채권은 많지 않지만, 목적 부동산이 큰 경우라고 할지라도 이럴 경우에는 목적물이 불가분이기 때문에 전부의 취소를 구할 수 있는 경우입니다.

그런데 목적물이 가분인 경우, 즉 주식의 경우에 그 주식의 수가 매우 많다고 한다면 일부만 취소를 구할 수도 있을 것입니다. 그러나, 이런 경우보다는 가액배상을 구하는 경우에 있어서 피보전채권을 넘어서 취소를 구할 수 있는 다른 채권자들이 배당요구할 것이 명백한 경우가 어떤 경우인가가 문제가 된다고 할 것입니다.

2) 집단적 투자사기의 피해자들이 법적조치를 취하고 있는 경우

"그런데 원심이 확정한 사실관계 및 기록에 의하면, 피고 1에 대한 형사사건에서 피고 1이 소외인 등과 공모하여 피해자들로부터 투자금 명목으로 편취한 금액이 약 2조 5,000억 원에 이르는 것으로 확정되었고, 2011. 1.경까지 피고 전국피해자채권단에 피고 1의 불법행위로 인한 피해 회복에 필요한 업무 처리를 위임한 피해자들의 피해액만도 합계 6,000억여 원에 이르며, 상당수의 채권자들이 이 사건 제1차 투자계약에 기한 투자수익금채권 및 제2차 투자계약의 해제에 따른 투자금반환채권에 관하여 압류 및 추심명령 또는 압류 및 전부명령을 받기도 한 사실, 이 사건 외에도 이 사건 양도계

---

1) 대법원 2014. 1. 16. 선고 2013다52110 판결 [손해배상(기)등]

약과 관련하여 채권자들이 제기한 다수의 사해행위취소소송이 각급 법원에 계속 중인
사실 등을 알 수 있는바, 특별한 사정이 없는 한 이러한 채권자들은 향후 있을 수 있는
채권배당절차에서 위 각 채권에 관하여 배당요구를 할 것이 명백하다고 보이므로, 원고
들로서는 자신들의 채권액을 넘어서까지도 사해행위인 이 사건 양도계약의 취소를 구
할 수 있다고 할 것이다.
그럼에도 원심은 원고들과 선정자들이 피고 1에 대하여 가지는 채권액의 한도 내에서
이 사건 제2차 투자계약의 해제에 따른 투자금반환채권에 관한 이 사건 양도계약만을
취소하고 그 부분에 한정하여 원상회복을 명하였으니, 거기에는 사해행위 취소의 범위
에 관한 법리를 오해함으로써 판결 결과에 영향을 미친 위법이 있다. 이를 지적하는 원
고들의 상고이유 주장은 이유 있다."[2]

　　이 부분은 원고가 적극적으로 상고를 하였던 부분이고 이에 대하여 대법원
은 원고의 주장이 맞다고 하였습니다.

"원심은 그 판시와 같은 이유를 들어 이미 채무초과상태에 있던 피고 1이 다단계사업
관련 사기사건 피해자들의 일부로 구성된 피고 주식회사 리브 · 주식회사 리드앤 · 주식
회사 씨엔 · 주식회사 리젠 · 주식회사 챌린 · 주식회사 리버스의 전국피해자채권단(이하
'피고 전국피해자채권단'이라 한다)에게 이 사건 제1차 투자계약의 계약상 지위 및 제2
차 투자계약의 해제에 따른 투자금반환채권을 대물변제조로 양도한 것은 일반 채권자
들의 공동담보를 부족하게 하는 행위로서 채권자인 원고(선정당사자, 이하 '원고'라 한
다)들과 선정자들을 해하는 사해행위에 해당하고, 피고 1의 사해의사 또한 인정된다고
판단하였다. 나아가 원심은 그 판시와 같은 사정을 종합하여 이 사건 양도계약이 사해
행위가 아니라고 볼만한 특별한 사정이 있다거나, 피고 전국피해자채권단이 이 사건 양
도계약으로 인하여 원고들과 선정자들을 해하게 됨을 알지 못하였다고 보기도 어렵다
고 판단하였다.
원심판결 이유를 앞서 본 법리와 기록에 비추어 살펴보면, 원심의 위와 같은 판단은 정
당한 것으로 수긍할 수 있고, 거기에 피고 전국피해자채권단의 상고이유 주장과 같이
논리와 경험의 법칙을 위반하고 자유심증주의의 한계를 벗어나거나, 사해행위의 범위

> 및 사해의사에 관한 법리를 오해하는 등의 위법이 없다."3)

원고들이나 피고들이나 모두 피해자임을 알 수 있습니다. 그런데 피해자들의 일부로 구성되어 있는 피고 전국피해자채권단에 계약상 지위나 투자금계약 해제로 인한 반환채권을 양도한 것이 사해행위라고 인정한 사건이었습니다. 그 취소의 범위는 원고들의 채권을 넘어서서 취소를 구하고 원상회복을 명하여야 한다고 판시하였습니다.

3) 충남유지공업의 대표이사가 영남제분에 근저당권을 설정해 준 행위

> "그리고 사해행위 취소의 범위는 다른 채권자가 배당요구를 할 것이 명백하거나 목적물이 불가분인 경우와 같이 특별한 사정이 있는 경우에는 취소채권자의 채권액을 넘어서까지도 취소를 구할 수 있다고 할 것이다. 기록과 원심이 확정한 사실관계에 의하면, 다른 채권자들이 채권자단을 구성하고 있는 점에서 배당요구를 할 것이 명백하다고 보여지므로 원고들의 채권액을 초과하여서까지 그 취소를 명한 원심은 정당하고 원심판결에 소론과 같은 사해행위 취소의 범위에 관한 법리오해, 심리미진 등의 위법도 없다. 상고이유에서 들고 있는 판례는 사안을 달리하여 이 사건에서 적절한 선례가 되지 못한다. 논지는 모두 이유 없다.4)

> "원심은 위 소외인이 소외 충남유지공업 주식회사(이하 소외 회사라 한다)를 운영하면서 원고들을 비롯한 40여 명의 개인들로부터 회사운용자금 및 금융기관대출금, 사채이자 등의 지급에 사용하겠다는 명목으로 무담보로 차용한 돈이 합계 금 4,300,000,000원에 달하였는데도 부도일로부터 5일 뒤인 1990. 8. 8. 피고 1과 사이에 위 소외인이 부도 당시까지 위 피고에게 부담하고 있던 채무 금 450,000,000원 상당과 위 피고가 앞으로 위 소외인 대신 변제하게 될 소외 회사의 외상대금 채무 금 200,000,000원 상당 등에 대한 담보조로 위 소외인 소유의 판시 제1, 2목록 기재 부동산에 각 판시와 같

---

3) 대법원 2014. 1. 16. 선고 2013다52110 판결 [손해배상(기)등]
4) 대법원 1997. 9. 9. 선고 97다10864 판결 [근저당권설정등기말소]

은 근저당설정등기를 마친 사실을 인정한 다음 채무자의 재산이 채무의 전부를 변제하기에 부족한 경우 채무자가 자신의 재산의 일부인 부동산을 어느 특정 채권자에게 채무담보로 제공한 행위는 다른 채권자들에 대한 관계에서 그들의 공동담보를 감소시키거나 또는 이에 준하는 행위로서 채권자들이 종전보다 더 불리한 지위에 놓이게 되므로 특별한 사정이 없는 한 이는 곧 다른 채권자들의 이익을 해하는 것이 되어 사해행위가 된다고 할 것이므로 위 소외인의 위 근저당설정행위는 원고들을 해함을 알고 한 사해행위에 해당한다고 판단하고 있다."5)

피해자들이 40여명 있고 그들의 피해액이 43억 원에 이르고 채권단을 조직한 것이 기록상 보였던 사건입니다.

4) 채권양수인이 채권양도의 채무자의 부동산에 양수금으로 배당을 받을 경우 취소채권자가 채권양도의 채무자의 채권자이기도 한 경우 채권양도취소된 것을 이유로 배당이의를 할 수 있는지

"[1] 채권자취소권은 사해행위로 이루어진 채무자의 재산처분행위를 취소하고 그 원상회복을 구하기 위한 권리로서 사해행위에 의해 일탈된 채무자의 책임재산을 총채권자를 위하여 채무자에게 복귀시키기 위한 것이지 채권자취소권을 행사하는 특정 채권자에게만 독점적 만족을 주기 위한 권리가 아니다. 또한 사해행위 취소의 범위는 다른 채권자가 배당요구를 할 것이 명백하거나 목적물이 불가분인 경우와 같이 특별한 사정이 없는 한 취소채권자의 채권액을 넘어서까지 취소를 구할 수 없다. 따라서 취소채권자는 위와 같은 특별한 사정이 없는 한 자신의 채권액 범위 내에서 채무자의 책임재산을 회복하기 위하여 채권자취소권을 행사할 수 있고 그 취소에 따른 효력을 주장할 수 있을 뿐이며, 채무자에 대한 채권 보전이 아니라 제3자에 대한 채권 만족을 위해서는 사해행위 취소의 효력을 주장할 수 없다.
[2] 갑이 을에 대한 채권자의 지위에서 을이 병에 대한 채권을 무에게 양도한 것에 대하여 사해행위취소소송을 제기하여 일부 취소 확정판결을 받았는데, 갑이 병에 대한 채권자의 지위에서 신청한 병 소유 부동산에 대한 강제경매절차에서 무가 위 사해행위취소판결 전에 병을 상대로 제기한 위 채권양수금 소송에서 성립된 조정조서에 기하여

5) 대법원 1997. 9. 9. 선고 97다10864 판결 [근저당권설정등기말소]

> 배당요구를 하여 배당을 받은 사안에서, 갑이 위 사해행위취소의 효력을 주장하여 배당
> 이의를 하는 것은 을의 다른 채권자들이 병의 채권자가 아닌 이상 사해행위취소의 효
> 력을 향유할 수 없게 할 뿐만 아니라 을의 모든 채권자의 이익을 위하여 효력이 발휘되
> 어야 할 채권자취소권의 행사로써 갑은 채무자 을이 아닌 제3자 병에 대한 자신의 채
> 권을 만족시키는 것이 되어 부당하므로 허용되지 않는다고 한 사례."[6]

    판결요지만 가지고는 쉽게 이해가 되지 않는다고 할 것입니다. 취소채권자
는 사해행위취소의 채무자에 대한 채권자의 지위에도 있었고, 또한 채권양도계
약의 채무자(채권가압류로 보면, 제3채무자임)에 대한 채권자로서의 지위에도 있었
던 사건으로 보입니다.

> "원심판결 이유에 의하면 원심은, 그 판시와 같이 원고가 주식회사 화인테크닉스(이하
> '화인테크닉스'라고 한다)에 대한 집행력 있는 판결정본에 기하여 이 사건 각 부동산에
> 관하여 강제경매를 신청한 사실, 한편 위 강제경매신청 이전에 피고가 주식회사 세형코
> 퍼레이션(이하 '세형코퍼레이션'이라고 한다)으로부터 화인테크닉스에 대하여 가지는
> 채권을 양도받아 화인테크닉스를 상대로 채권양수금 청구소송을 제기하고 그 과정에서
> 임의조정이 성립된 사실, 그 후 원고는 피고를 상대로 세형코퍼레이션의 피고에 대한
> 채권양도행위가 사해행위에 해당한다는 이유로 위 채권양도계약의 일부취소와 취소된
> 금액 범위에서 취소통지를 하라는 내용의 승소확정판결을 받았는데, 화인테크닉스에
> 대한 위 강제경매사건에서 피고가 위 임의조정의 조정조서 정본에 기하여 배당요구를
> 하였고, 경매법원이 신청채권자인 원고와 피고에게 그 채권금액의 일부(원고 26.42%,
> 피고 26.41%)를 각 배당하는 내용의 배당표를 작성하자 이에 원고가 이의를 제기한
> 사실을 인정한 다음, 피고가 경매법원에 배당요구한 채권은 세형코퍼레이션의 채권양
> 도행위에 기인한 채권이고 이에 대하여는 원고가 피고를 상대로 사해행위 취소소송을
> 제기하여 승소판결이 확정된 이상 피고는 그 취소된 범위 내에서 채권양수인으로서의
> 지위를 상실하였으므로 피고에 대한 배당액을 원고가 배당이의한 금액의 범위 내에서
> 피고에 대한 배당액 중 위 취소금액이 피고의 배당요구금액에서 차지하는 비율에 해당
> 하는 만큼 감액하여 이를 원고에게 배당하여야 한다는 주장에 대하여, 다음과 같은 이

6) 대법원 2010. 5. 27. 선고 2007다40802 판결 [배당이의]

유로 이를 배척하였다.

즉 원심은, 원고가 세형코퍼레이션의 채권자로서의 지위와 화인테크닉스의 채권자로서의 지위를 겸하고 있음을 이유로, 세형코퍼레이션에 대한 채권자의 지위에서 수익자인 피고와 사이에서 채권자취소권의 행사에 따른 채권양도 취소의 효력을, 제3채무자인 화인테크닉스를 집행채무자로 하는 배당절차에서 주장할 수 있다고 한다면, 세형코퍼레이션의 다른 채권자들은 화인테크닉스의 채권자가 아닌 이상 사해행위취소의 효력을 향유할 수 없게 될 뿐만 아니라 세형코퍼레이션의 모든 채권자의 이익을 위하여 효력이 발휘되어야 할 채권자취소권의 행사로써 원고는 세형코퍼레이션이 아닌 화인테크닉스에 대한 자신의 채권을 만족시키는 것이 되어 부당하다고 할 것이고, 따라서 화인테크닉스 소유의 이 사건 각 부동산에 관한 경매사건에서 원고는 세형코퍼레이션의 채권자로서가 아니라 화인테크닉스의 채권자로서 피고의 배당요구채권에 관한 배당에 대하여 이의를 제기하는 것이고 다만 우연히 채권자 취소소송의 채무자인 세형코퍼레이션의 채권자로서의 지위를 함께 가지고 있는 것에 불과할 뿐이므로, 화인테크닉스의 채권자의 지위에서 제기한 이 사건 배당이의소송에서 원고는 위 사해행위취소의 효력을 주장할 수는 없다고 보아야 한다는 것이다.

위 법리에 비추어 원심판결 이유를 살펴보면, 원심이 위와 같이 **사행행위 취소소송의 채무자가 아닌 제3자의 책임재산에 관한 배당절차에서 사해행위취소의 효력에 기한 원고의 이의사유 주장을 배척한 조치는 수긍할 수 있고**, 거기에 상고이유에서 주장하는 바와 같은 사해행위취소나 배당이의의 효력에 관한 법리오해 등의 위법이 있다고 할 수 없다."[7)]

참 재미있는 사건입니다. 수익자에 대하여 사해행위취소로 일부 취소로 승소판결을 받았습니다.

"(3) 그런데 원고는, 위 2004. 3. 10.자 채권양도행위가 원고를 비롯한 세형코퍼레이션의 다른 채권자들을 해하는 사해행위에 해당한다는 이유로, 2005. 3. 31. 피고를 상대로 서울중앙지방법원 2005가합27329호로 사해행위취소소송을 제기하여 2005. 10. 11. 위 법원으로부터 "위 2004. 3. 10.자 채권양도계약을 347,940,836원과 그 중

---

7) 대법원 2010. 5. 27. 선고 2007다40802 판결 [배당이의]

> 344,142,168원에 대하여 2004. 3. 18.부터 2004. 6. 17.까지는 연 14%, 그 다음날
> 부터 2005. 9. 27.까지는 연 16%의 각 비율로 계산한 금원(이를 실제로 계산해 보면
> 430,534,955원이다)의 범위 내에서 취소한다. 피고는 화인테크닉스에게 위 채권양도
> 계약이 위 금액 범위 내에서 취소되었다는 취지의 통지를 하라"는 내용의 원고 승소판
> 결을 받았고, 위 판결은 2005. 11. 9. 확정되었다."[8]

　　이렇게 일부취소가 되었는데 수익자가 채권양도의 채무자의 부동산의 경매
사건에 전부 승소받은 양수금 판결을 가지고 배당을 받게 되자 원고 기술보증기
금은 수익자인 피고를 상대로 배당이의를 하였던 것입니다. 취소되고 남은 금액
만큼을 기준으로 하여 배당을 해야 한다고 주장을 했을 것으로 보입니다.

　　원고는 피고의 배당금에 대하여 추심 및 지급정지 및 처분금지가처분을 하
고 배당금지급청구권을 채무자에게 양도하고 양도통지하라는 소송을 제기하여
야 할 것입니다.

5) 주장입증책임은 취소채권자에게 있음

> "사해행위 취소의 범위는 다른 채권자가 배당요구를 할 것이 명백하거나 목적물이 불
> 가분인 경우와 같이 특별한 사정이 있는 경우에는 취소채권자의 채권액을 넘어서까지
> 도 취소를 구할 수 있다 할 것이나(대법원 1997. 9. 9. 선고 97다10864 판결 참조),
> 이 사건의 경우 다른 하도급채권이 존재한다는 점 이외에는 달리 위 특별한 사정에 대
> 한 주장·입증이 없으므로, 원고들의 피보전채권액에 한하여 취소를 명한 원심의 조치
> 는 정당하고, 거기에 사해행위 취소의 범위에 관한 법리오해 등의 위법이 없다."[9]

　　다른 채권자들이 배당요구할 것이 명백하다는 주장입증은 원고인 취소채권
자에게 있음을 알 수 있습니다. 단순히 다른 하도급채권자가 있다는 것만으로는
부족하다는 것을 알 수 있습니다.

---

8) 서울고등법원 2007. 5. 18. 선고 2006나108338 판결 [배당이의]
9) 대법원 2009. 1. 15. 선고 2007다61618 판결 [사해행위취소등]

6) 경매 시에 근저당권설정계약 취소 시 다른 배당권자가 있는 것이 명백한 경우

"사해행위 취소의 범위는 다른 채권자가 배당요구를 할 것이 명백하거나 목적물이 불가분인 경우와 같이 특별한 사정이 있는 경우에는 취소채권자의 채권액을 넘어서까지도 취소를 구할 수 있다(대법원 1997. 9. 9. 선고 97다10864 판결, 대법원 2009. 1. 15. 선고 2007다61618 판결 등 참조).

그런데 기록과 원심이 확정한 사실관계에 의하면, 소외인에 대하여는 원고 외에도 경북신용보증재단이 15,000,000원, 신한카드 주식회사가 5,615,602원의 채권을 가지고 이 사건 부동산 일부에 관한 가압류결정을 받아 그 가압류등기가 경료되었고 그 밖에 다른 채권자들도 채권을 주장한 사실을 알 수 있으며, 특별한 사정이 없는 이상 이러한 채권자들이 이 사건 경매절차에서 배당요구를 할 것이 명백하거나 실제로 배당요구를 한 것으로 보이므로, 원고로서는 자신의 채권액을 넘어서까지도 사해행위인 이 사건 근저당권설정계약의 취소를 구할 수 있다고 할 것이다.

그럼에도 원심은 이와 같은 사정을 제대로 심리하지 아니한 채 사해행위의 취소 및 원상회복의 범위가 채권자취소권을 행사하는 채권자의 채권액을 초과할 수 없다는 법리에만 기초하여 원고가 소외인에 대하여 가지는 채권의 한도 내에서만 이 사건 근저당권설정계약을 취소하고 그 원상회복을 명하였으므로, 거기에는 사해행위 취소의 범위에 관한 법리를 오해하여 심리를 다하지 아니함으로써 판결 결과에 영향을 미친 위법이 있다. 이를 지적하는 상고이유의 주장은 이유 있다."[10]

　　이 사건의 경우는 분명하게 경매가 진행되었을 것입니다. 사해행위가 근저당권설정계약인데 일부취소만을 하였다는 것은 경매가 이루어져서 배당이 되었고 원고의 피보전채권액보다 배당금이 더 많다는 것입니다.

"원심은 그 판시와 같은 이유로 피고와 소외인 사이에 체결된 이 사건 근저당권설정계약은 사해행위로서 취소되어야 하고 그 원상회복은 피고가 이 사건 부동산에 관한 경매절차에서 취득한 배당금지급채권을 소외인에게 양도하고 그 채무자에게 채권양도의 통지를 하는 방법으로 이루어져야 한다고 판단한 다음, 사해행위의 취소 및 원상회복의

---

10) 대법원 2013. 2. 15. 선고 2012다34238 판결 [구상금등]

> 범위는 원칙적으로 채권자취소권을 행사하는 채권자의 채권액을 초과할 수 없다는 전
> 제에서, 피보전채권인 원고의 소외인에 대한 구상금채권 및 이에 대한 원심 변론종결일
> 까지의 이자 또는 지연손해금 채권의 합계액인 36,238,746원의 한도 내에서 이 사건
> 근저당권설정계약을 취소하고, 피고가 취득한 배당금지급채권도 그 한도 내에서 소외
> 인에게 양도하고 그 채권양도의 통지를 할 의무가 있다고 보아 원고의 청구를 그 범위
> 내에서만 받아들였다."11)

배당이의를 하지 않고 아마 배당금지급청구권을 채무자에게 양도하고 양도
통지하라는 형식으로 원상회복을 구한 것으로 보입니다. 이 경우에 추가배당설
에 의하여 원고는 자신의 채권을 전부배당받지 못할 수도 있습니다. 그렇기 때
문에 전체 채권자와 자신을 위하여도 채권액을 초과하여 취소하고 배당금양도
와 양도통지가 필요하다고 할 것입니다.

7) 채권양수인이 사해행위취소소송을 제기한 경우

> "4. 사해행위취소의 범위는 다른 채권자가 배당요구를 할 것이 명백하거나 목적물이 불
> 가분인 경우와 같이 특별한 사정이 있는 경우에는 취소채권자의 채권액을 넘어서까지
> 도 취소를 구할 수 있다(대법원 1997. 9. 9. 선고 97다10864 판결 참조).
> 기록에 의하면, 원고들을 포함한 32인의 채권자의 청구상사에 대한 채권액만도 32억
> 원에 달하는 사실을 인정할 수 있으므로 위 채권자들 가운데 원고들 이외의 채권자들
> 이 원심 판시 경매절차의 배당액 26억 여 원에 대한 강제집행에 참가할 것이 명백하
> 다. 따라서 앞서 본 법리에 비추어 볼 때 원고들이 그들의 채권액을 초과하여 원심피고
> 들에게 배당된 26억 여 원 전체에 대하여 채권자취소권을 행사할 수 있다고 본 원심의
> 판단은 정당하다. 원심판결에는 상고이유에서 주장하는 바와 같은 법리오해 등의 위법
> 이 없다."12)

양수금과 사해행위취소소송이라는 사건명을 보면 사해행위가 채권양도로
오해할 수도 있는데 사해행위는 근저당권설정계약으로 보입니다.

---

11) 대법원 2013. 2. 15. 선고 2012다34238 판결 [구상금등]
12) 대법원 2006. 6. 29. 선고 2004다5822 판결 [양수금및사해행위취소]

"2. 기록에 의하면, 피고를 포함한 원심피고들(이하 '원심피고들'이라고 한다)과 청구상
사의 원심 판시 근저당권설정계약 당시 청구상사는 소극재산이 적극재산을 초과하여
무자력 상태에 있었고, 이미 채무초과상태에 있는 청구상사가 그의 유일한 부동산에 관
하여 원심피고들과 근저당권설정계약을 체결하고 그 등기를 마쳐준 사실을 인정할 수
있다. 이러한 사실관계에 비추어 청구상사의 담보제공행위는 사해행위에 해당하고, 이
로써 수익자 지위에 있는 원심피고들의 악의도 추정된다 할 것이다. 같은 취지의 원심
판단은 수긍이 가고, 거기에 상고이유 주장의 채증법칙 위반 등의 위법이 없다."13)

피고를 포함한 원심 피고들이라고 하고 있습니다. 이를 보면, 근저당권이
하나인데 근저당권자가 여러명일 가능성이 크다고 보입니다. 근저당권설정계
약이 여러 개인 것을 언급하지 않은 것을 보면, 그러합니다. 근저당권자가 여러
명인데 이 중에서 피고만 상고를 하고 나머지는 상고를 하지 아니한 것으로 보
입니다.

"원고들을 포함한 32인의 채권자가 5,624,687,468원을 변제받기 위하여 주식회사 청
솔파이낸스(이하 '청솔파이낸스'라고 한다)로부터 양도받은 주식회사 청구상사(이하 '청
구상사'라고 한다)에 대한 대여금채권이 32억 원으로서 기존 채권액에 미달한다 하더
라도 법정변제충당의 법리에 따라 32억 원의 채권은 원고들을 포함한 32인의 채권자
의 각 채권액에 비례하여 안분·귀속되었다고 볼 것이므로 같은 취지의 원심판단은 정
당하고, 거기에 상고이유에서 주장하는 바와 같은 채증법칙 위반 등의 위법이 없다."14)

이 사건이 양수금청구소송과 사해행위취소소송이 병합된 소송입니다. 이
부분의 판단은 양수금에 관한 것이 아닌가 하는 생각이 듭니다. 원고들을 포함
한 32명도 32억 원의 채권을 양수받은 것이 아닌가 하는 생각이 듭니다. 그래서
32억 원으로 안분배당을 하면 원고들의 채권이 여전히 존재한다는 것으로 피보
전채권에 관한 피고의 상고이유였던 것으로 보입니다.

13) 대법원 2006. 6. 29. 선고 2004다5822 판결 [양수금및사해행위취소]
14) 대법원 2006. 6. 29. 선고 2004다5822 판결 [양수금및사해행위취소]

> "3. 채권자의 채권이 사해행위 이전에 성립되어 있는 이상 그 채권이 양도된 경우에도 그 양수인이 채권자취소권을 행사할 수 있고, 이 경우 채권양도의 대항요건을 사해행위 이후에 갖추었더라도 채권양수인이 채권자취소권을 행사하는 데 아무런 장애사유가 될 수 없다 할 것이다.
> 기록에 의하면, 원고들이 양도받은 청솔파이낸스의 청구상사에 대한 대여금채권은 이 사건 사해행위 이전에 성립되어 있었을 뿐만 아니라 원고들에게로의 채권양도 역시 그 이전에 이루어지고, 채권양도의 통지만이 사해행위 이후에 이루어진 사실을 인정할 수 있다. 이러한 사실관계에 위 법리를 덧붙여 보면 원고들의 이 사건 채권자취소권 행사는 정당하다. 같은 취지의 원심판단은 옳고, 거기에 상고이유 주장과 같은 법리오해 등의 위법이 없다."15)

"원고들(양수인) – 무명(채권양도인) – 청솔파이낸스(채무자 겸 사해행위취소의 원래 대여금 채권자) – 청구상사(대여금 채무자 및 사해행위취소의 채무자) – 피고를 포함한 원심피고들(수익자)"이 이 사건 관련자들입니다.

사해행위취소의 채무자는 청구상사입니다. 그런데 청솔파이낸스는 파산했습니다. 사해행위취소의 채무자의 파산이 아니기 때문에 파산관재인으로 소송수계가 되어 부인의 소로 가지 않고 청솔파이낸스의 파산관재인은 원고 보조참가만을 한 것임을 알 수 있습니다. 원고들이 이 사건에 승소하여 배당을 받아가면 청솔파이낸스의 파산채무도 줄어들 것입니다. 청솔파이낸스는 취소채권자의 위치에 있다고 할 것입니다.

청구상사는 피고를 포함한 원심피고들에게 근저당권을 설정하여 주었던 것입니다. 이 부동산은 경매가 되었던 것이고 원심피고들에게는 배당이 되었는데 그 배당금은 원고들의 채권을 초과하였던 것입니다.

피고는 상고를 하면서 원고들의 피보전채권에 대하여 다투었던 것으로 보이고, 이 사건 사해행위에서는 취소의 범위에 대하여 다투었던 것으로 보입니다. 피고는 대리인도 없이 혼자 상고를 하였습니다. 결국 상고이유는 전부 이유가 없어 기각이 되었습니다.

---

15) 대법원 2006. 6. 29. 선고 2004다5822 판결 [양수금및사해행위취소]

8) 취소채권자가 적극적으로 배당이의를 한 경우의 취소의 범위

"[1] 근저당권설정계약을 사해행위로서 취소하는 경우 경매절차가 진행되어 타인이 소유권을 취득하고 근저당권설정등기가 말소되었다면 원물반환이 불가능하므로 가액배상의 방법으로 원상회복을 명할 것인바, 이미 배당이 종료되어 수익자가 배당금을 수령한 경우에는 수익자로 하여금 배당금을 반환하도록 명하여야 하고, 배당표가 확정되었으나 채권자의 배당금지급금지가처분으로 인하여 수익자가 배당금을 현실적으로 지급받지 못한 경우에는 배당금지급채권의 양도와 그 채권양도의 통지를 명할 것이나, 채권자가 배당기일에 출석하여 수익자의 배당 부분에 대하여 이의를 하였다면 그 채권자는 사해행위취소의 소를 제기함과 아울러 그 원상회복으로서 배당이의의 소를 제기할 수 있고, 이 경우 법원으로서는 배당이의의 소를 제기한 당해 채권자 이외의 다른 채권자의 존재를 고려할 필요 없이 그 채권자의 채권이 만족을 받지 못한 한도에서만 근저당권설정계약을 취소하고 그 한도에서만 수익자의 배당액을 삭제하여 당해 채권자의 배당액으로 경정하여야 한다.
[2] 확정된 배당표에 의하여 배당을 실시하는 것은 실체법상의 권리를 확정하는 것이 아니므로, 배당을 받아야 할 채권자가 배당을 받지 못하고 배당을 받지 못할 자가 배당을 받은 경우에는 배당을 받지 못한 채권자로서는 배당에 관하여 이의를 한 여부에 관계없이 배당을 받지 못할 자이면서도 배당을 받았던 자를 상대로 부당이득반환청구권을 가지며, 배당을 받지 못한 그 채권자가 일반채권자라거나 배당이의 소송에서 승소하여 배당표를 경정한 것이 사해행위 취소판결에 의한 것이라고 하여 달리 볼 것은 아니다. 이때 배당이의 소송을 통하여 자신이 배당받아야 할 금액보다 초과하여 배당받은 채권자는, 그 초과 부분을 적법하게 배당요구를 하였으나 배당이의 소송에 참여하지 못한 다른 채권자에게 부당이득으로서 반환할 의무가 있을 뿐 사해행위를 한 채무자에게 반환할 의무는 없다."16)

배당금지급청구권의 양도와 양도통지의 경우에는 앞의 판례들이 보면, 자신의 채권을 초과하여 취소를 구할 수 있는데 이는 다른 배당을 요구할 배당에 참가한 사람이 명백히 있기 때문이라고 하여 파기환송을 여러 차례 한 것입니다.

그렇다고 한다면, 취소채권자가 배당기일에 나와서 배당이의를 하고 이에

---

16) 대법원 2011. 2. 10. 선고 2010다90708 판결 [부당이득금반환]

대하여 자신의 채권범위 내에서 전부 승소판결을 받았습니다. 배당이의는 다른 채권자를 고려하지 않기 때문에 자신의 채권 범위 내로 취소를 구하고 배당표 경정을 구할 수 있습니다. 그런데 사후에 위 대법원 판례와 같이 적법하게 배당 요구를 한 채권자들이 사후에 부당이득반환청구를 구할 경우에 문제가 발생합니다. 만약 취소채권자의 채권액이 근저당자의 배당액을 초과한다면 근저당권자의 배당금을 전부 취소채권자에게 가져오는 것이기 때문에 문제가 되지 않습니다. 이 경우에 다른 적법하게 배당요구한 채권자가 부당이득반환청구를 구한다면 그에 의하여 안분배당을 하게 된다고 한다면 이는 문제가 되지 않습니다.

그런데 만약에 취소채권자의 피보전채권은 5,000만 원인데 수익자인 근저당권자의 배당금액은 1억 원이고 적법하게 배당요구한 다른 채권자의 배당요구 금액이 1억 5,000만 원이라고 한다면, 취소채권자의 피보전채권 5,000만 원에 대하여는 취소를 구하고 그 부분만 배당표경정을 구하였고 수익자는 나머지 5,000만 원을 수령하였는데 이에 대하여 다른 채권자가 취소채권자에게 부당이 득반환청구가 들어온다면 어떻게 되는 것인가가 문제입니다.

먼저 일부취소를 구한 것이기 때문에 수익자의 5,000만 원 부분에 대한 근 저당권설정계약에 관한 대부분 제척기간은 도과가 되었으니 사후적으로 다른 채권자들은 수익자에게 대하여 사해행위취소를 구할 수 없게 됩니다. 이럴 것이면 처음부터 취소채권자가 근저당권설정계약 전부에 대하여 취소를 구하게 하고 취소채권자에게는 자신의 채권전부에 대하여 배당표결정판결을 하고 나머지 5,000만 원은 남은 채권자들에게 배당을 하라는 판결을 구할 수 있다고 보아야 할 것입니다.

일부취소가 되었지만 그 취소는 사실 전체적으로 사해행위라는 의미이고 다만 취소채권자의 피보전채권의 범위 한도 내에서 취소하는 것일 뿐입니다. 다른 채권자의 입장에서는 전체 취소가 되는 것과 같다고 해야 할 것이므로 다른 채권자는 수익자에 대하여도 5,000만 원에 대하여 취소를 구하지 않았다고 하더라도 이의 반환을 구할 수 있는 것이라고 주장하고 판단할 수도 있습니다. 그렇다고 하더라도 취소채권자의 경우 2,500만 원 부당이득을 한 것은 사실이라고 할 것입니다. 이에 대하여는 채권자들이 부당이득반환청구소송을 제기하면 이에 대하여 책임을 부담한다고 할 것입니다.

배당금지급청구권의 양도와 양도통지형식과 배당이의의 경우에 이를 달리할 필요가 없고 그에 따라서 취소의 범위가 달라질 수는 없다고 할 것입니다. 그렇기 때문에 취소채권자가 전부 배당금에 대하여 이의를 하고 이에 대하여 배당이의소송을 하게 된다면 취소채권자의 채권액을 초과한 부분에 대하여도 배당표경정이 인정되어야 할 것입니다. 다만 원고가 전부의 취소를 구하지 않고 자신의 채권의 범위 안에서만 취소를 구하고 또한 배당이의도 그 금액의 한도 내에서 한 것이라고 한다면 법원은 처분권주의에 의하여 이를 초과하여 취소나 배당표경정을 해서는 아니 될 것입니다.

이 경우에 있어서 사해행위취소법원이 전체 채권자에 대하여 추가배당을 하라는 식의 판결을 해서는 아니 될 것입니다. 왜냐하면, 그럴 것이면 취소채권자는 왜 굳이 자신의 채권이 범위를 넘어서까지 배당이의를 하고 소송까지 제기하겠습니까? 이는 취소채권자에게 이익을 주어야 한다는 점에서도 추가배당을 하라는 식으로 배당표를 전체적으로 경정하라는 식의 판결은 해서는 아니 될 것입니다. 이에 대하여 다른 채권자들이 취소채권자에게 부당이득을 하는 것은 그들 간에 알아서 할 문제이고 이것까지 법원이 건드릴 것은 아니라고 할 것입니다.

"1. 피고와 소외인 사이에 2021. 6. 3.자 별지 목록 기재 부동산에 관한 근저당권설정계약을 취소한다.

2. 서울중앙지방법원 2022타경1004호 부동산임의경매사건에서 이 법원이 2023. 6. 3. 작성한 배당표 중 피고에 대한 배당액 금100,000,000원을 금0원으로, 원고에 대한 배당액 금0원을 금50,000,000원으로 각 경정하고, 나머지 피고에 대한 배당금 50,000,000원에 대하여는 다른 배당권자들에게 배당하는 것으로 배당표를 작성한다.

3. 소송비용은 피고의 부담으로 한다."

이런 식으로 판결을 하면 되지 않을까 생각합니다. 이 부분에 대하여는 근저당권설정계약의 사해행위취소시에 이미 보았지만 다시 한 번 언급을 하는 바입니다.

위 판례사안의 이유를 보면 다음과 같습니다.

> "원심판결 이유를 위 법리와 기록에 비추어 보면, 원심이 사해행위로 근저당권을 설정
> 받은 한국수출입은행에게 배당된 금원은 그 경매절차에서 배당요구하였던 다른 채권자
> 들 사이에서 분배되어야 할 금원으로서, 배당이의소송을 제기하여 배당표를 경정받음
> 으로써 위 배당금을 자신의 안분액보다 초과하여 수령한 피고로서는 그 부분에 관하여
> 는 권리 없는 자가 배당을 받아간 경우에 해당하여 이를 나머지 채권자인 원고에게 반
> 환할 의무가 있을 뿐 채무자인 소외인에게 이를 반환할 의무는 없다는 이유로, 소외인
> 에 대한 이 사건 배당금 반환채무가 존재함을 전제로 한 피고의 상계주장을 배척한 것
> 은 정당하다.
> 상고이유에서 인용하는 대법원 2008. 6. 12. 선고 2007다37837 판결은 부동산에 대
> 한 경매절차가 개시되지 아니한 사안에 관한 것으로, 이 사건과 같이 경매절차가 개시
> 되어 사해행위로 설정된 근저당권에 배당된 금원을 분배받을 수 있는 채권자의 범위가
> 한정된 경우에는 위 판례를 적용할 수 없다."[17)]

　　사해행위취소소송을 제기하였더니 다른 배당권자가 배당이의를 하여 이 금
액을 전부 자신에게 배당표를 경정하는 형식으로 판결을 받았습니다. 이렇게 되
니 취소채권자나 다른 배당요구권자들이 "닭 쫓던 개" 처지가 되어 부랴부랴 그
런 얌체 배당이의권자에게 부당이득반환청구를 하였더니 채무자에게 반환의무
가 있으니 이에 대하여는 상계주장을 한 것으로 보이는데 이에 대하여 당연히
이유가 없다고 하여 상고기각을 하였던 사건입니다. 어부지리로 모든 것을 먹으
려고 하려다가 피고는 많은 금융권이나 기금들로부터 소송을 당하여 소송비용
만 부담하는 꼴이 되었습니다.

> "1. 보전처분의 피보전권리와 본안의 소송물인 권리는 엄격히 일치함을 요하지 않으며
> 청구의 기초의 동일성이 인정되는 한 그 보전처분에 의한 보전의 효력은 본안소송의
> 권리에 미치고, 동일한 생활 사실 또는 동일한 경제적 이익에 관한 분쟁에 있어서 그
> 해결 방법에 차이가 있음에 불과한 청구취지 및 청구원인의 변경은 청구의 기초에 변
> 경을 가져 오는 것이 아니다(대법원 1982. 3. 9. 선고 81다1223, 81다카991 판결,

---

17) 대법원 2011. 2. 10. 선고 2010다90708 판결 [부당이득금반환]

대법원 2006. 11. 24. 선고 2006다35223 판결 등 참조).

2. 원심판결 이유 및 원심이 일부 인용한 제1심판결 이유에 의하면, 원심은 다음과 같은 사실, 즉 ① 미랜드건설 주식회사(이하 '미랜드건설'이라고 한다)의 소유이던 여주시 (주소 생략) 임야 9,990㎡(이하 '이 사건 대지'라고 한다)에 관하여 2007. 7. 30. 소외 1 명의의 소유권이전등기가 마쳐진 사실, ② 그러자 소외 2는 2008. 3. 31. 수원지방법원 성남지원 2008카합140호로 '사해행위취소에 기한 매매계약의 취소 및 소유권이전등기말소등기청구권'을 피보전권리로 한 처분금지가처분결정(이하 '이 사건 가처분'이라고 한다)을 받았고, 이에 따라 같은 날 이 사건 대지에 관하여 위 가처분등기가 마쳐진 사실, ③ 마이다스 주식회사(이하 '마이다스'라고 한다)는 2008. 5. 26. 이 사건 대지에 관하여 소유권이전청구권가등기를 마쳤다가 2008. 9. 25. 소유권이전의 본등기를 마쳤고, 이어서 이 사건 대지 위에 신축한 집합건물인 마이다스연립(이하 '마이다스연립'이라고 한다)을 위한 대지권등기를 마친 사실, ④ 수원지방법원 여주지원 등기관은 2008. 9. 25. 마이다스로부터 마이다스연립에 관한 소유권보존등기신청을 받아 이를 등기하면서 표제부의 '대지권의 표시' 란에 "별도등기 있음"이라는 기재를 빠뜨렸다가 2011. 11. 14.에서야 "별도등기 있음"이라는 기재를 한 사실, ⑤ 한편 소외 2는 수원지방법원 성남지원 2008가합5079호로 소외 1을 상대로 주위적으로는, 이 사건 대지에 관하여 마쳐진 소외 1 명의의 소유권이전등기는 주식회사 광신엔지니어링의 명의신탁에 의한 것으로서 무효라고 주장하며 미랜드건설을 대위하여 그 말소를 구하고, 예비적으로는 미랜드건설과 소외 1 사이의 매매계약은 미랜드건설의 채권자를 해하는 사해행위라고 주장하며 위 매매계약의 취소 및 소유권이전등기의 말소를 구하는 소송(이하 '이 사건 본안소송'이라 한다)을 제기하였는데, 위 법원은 2010. 3. 19. 위 주위적 청구를 받아들여 "소외 1은 미랜드건설에게 이 사건 대지에 관한 소유권이전등기의 말소등기절차를 이행하라."라는 판결을 선고하였고, 이에 대하여 소외 1이 항소하였으나 2011. 8. 31. 항소가 기각되어 그 무렵 판결이 확정된 사실을 인정한 다음, 그 판시와 같은 사정을 들어, 이 사건 가처분의 보전 효력이 이 사건 본안소송의 권리에 미치지 않는다고 판단하였다.

3. 그러나 앞서 본 법리에 비추어 보면 원심의 위와 같은 판단은 그대로 수긍하기 어렵다.
가. 원심 및 원심이 일부 인용한 제1심이 인정한 사실관계에 의하더라도, 이 사건 가처분 및 본안소송은 모두 동일한 목적물인 이 사건 대지에 대하여 미랜드건설의 책임재산을 보전하기 위하여 소외 1 명의의 소유권이전등기의 말소를 구하면서 다만 그 법률적 구성만 달리하는 것이거나 동일한 생활사실이나 경제적 이익에 관한 분쟁에 있어서

> 그 해결방법에 차이가 있음에 불과하여 청구의 기초의 동일성이 인정되어 이 사건 가
> 처분에 의한 보전의 효력은 본안소송의 권리에 미친다고 할 것이다.
> 나. 그럼에도 원심이 그 판시와 같은 사정을 들어, 이 사건 가처분의 보전 효력이 이 사
> 건 본안소송의 권리에 미치지 않는다고 판단하였는바, 이는 보전처분의 효력에 관한 법
> 리를 오해하는 등으로 판단을 그르친 것이다."18)

다. 소결

대법원에서 인정하는 경우를 보면, 다수의 피해자가 있는 사건에 경매에 참
가하거나 채권자단을 형성하여 이에 대한 일부만 소송을 제기하는 경우입니다.
그리고 경매신청에 있어서 근저당권설정계약이 사해행위인 경우에 배당표 등에
의하여 다른 배당권자가 존재하는 경우에 피보전채권을 초과하여 수익자가 배
당을 받은 경우입니다. 그리고 그와 같이 경매절차를 거친 경우에 취소채권자가
원래 안분배당을 했다고 한다면 일부만 받을 것인데 배당이의까지 하여 자신의
채권범위 내에서 이를 배당표경정으로 받은 경우에 이에 대하여 다른 배당권자
에게 부당이득반환의무를 부담하고 있다고 할 것입니다.

3. 부동산매매계약인 경우에 배당금지급청구권 양도 및 양도통지 방식의 원상회복이 이루어지는 경우

가. 매우 예외적인 경우

사해행위취소로 부동산을 이전받은 경우에 있어서 기존 근저당권이 존재하
고 있습니다. 이런 상황에서 근저당권자가 경매를 신청하였고 결국 현 소유자인
수익자에게 잔여배당금이 있는 경우에 문제가 될 수가 있습니다. 일반적인 경우
에 기존 근저당권을 말소하고 새로운 근저당권을 설정하는 경우가 많은데 이 사
건은 그렇게 하지 아니한 사건입니다.

---

18) 대법원 2017. 3. 9. 선고 2016다257046 판결 [손해배상(기)]

나. 잔여배당금지급청구권의 양도와 양도통지형식

"[3] 저당권이 설정된 부동산에 관하여 사해행위를 원인으로 저당권을 취득하였다가 선행 저당권의 실행으로 사해의 저당권이 말소되었으나 수익자에게 돌아갈 배당금채권이 있는 경우의 원상회복의 방법으로는, 그 배당금채권이 수익자에게 지급된 경우에는 동액 상당의 가액의 배상으로, 배당금지급금지가처분 등으로 인하여 지급되지 못한 경우에는 그 배당금채권의 양도절차의 이행으로 각 이루어져야 할 것이고, 이러한 법리는 저당권이 설정된 부동산의 소유권이 사해행위로서 양도되었다가 그 저당권의 실행으로 말미암아 양수인인 수익자에게 배당이 이루어진 경우에도 마찬가지라 할 것이다."[19]

이 사건 역시 지은이가 피고 대리인으로 직접 사건을 수행한 사건입니다. 충분히 예상할 수 있는 판결의 내용이었습니다. 그런데 문제는 왜 이런 주장을 하였냐면 바로 경매감정가보다 낙찰가가 훨씬 높았기 때문입니다. 그렇기 때문에 피고로서는 감정가를 넘어선 금액까지 청구하는 것이 안 된다고 주장을 해서 감정가에서 근저당권의 피담보채권액을 제외한 남은 금액에 대하여 가액배상을 청구할 수 있다고 하였는데 이 주장은 받아들여지지 아니하였던 사건입니다.

4. 공동저당권이 설정된 수 개의 부동산이 동일인에게 일괄 양도된 경우

"공동저당권이 설정된 수개의 부동산 전부의 매매계약이 사해행위에 해당하고 사해행위의 목적 부동산 전부가 하나의 계약으로 동일인에게 일괄 양도된 경우에는 사해행위로 되는 매매계약이 공동저당 부동산의 일부를 목적으로 할 때처럼 부동산 가액에서 공제하여야 할 피담보채권액의 산정이 문제 되지 아니하므로 특별한 사정이 없는 한 취소에 따른 배상액의 산정은 목적 부동산 전체의 가액에서 공동저당권의 피담보채권 총액을 공제하는 방식으로 함이 취소채권자의 의사에도 부합하는 상당한 방법이고, 특별한 사정이 없는 한 목적물 전부를 사해행위로 취소하는 경우와 그중 일부를 개별적

19) 대법원 2005. 5. 27. 선고 2004다67806 판결 [구상금등]

> 으로 취소하는 경우 사이에 취소에 따른 배상액 산정기준이 달라져야 할 이유가 없으
> 므로 사해행위인 매매계약의 목적물 중 일부 목적물만을 사해행위로 취소하는 경우 일
> 부 목적물의 사실심변론종결 당시 가액에서 공제되어야 할 피담보채권액은 공동저당권
> 의 피담보채권총액을 사실심변론종결 당시를 기준으로 한 공동저당 목적물의 가액에
> 비례하여 안분한 금액이라고 보아야 한다."[20]

이 판례도 이미 소유권을 양도하는 경우의 사해행위취소에서 보았던 판례
인데 다시 한 번 이곳에서 언급하는 바입니다.

5. 수인의 취소채권자가 수익자를 상대로 사해행위취소소송을 하는 경우에 그 가액배상의 범위에 관하여

> "여러 명의 채권자가 사해행위취소 및 원상회복청구의 소를 제기하여 여러 개의 소송
> 이 계속중인 경우에는 각 소송에서 채권자의 청구에 따라 사해행위의 취소 및 원상회
> 복을 명하는 판결을 선고하여야 하고, 수익자(전득자를 포함한다)가 가액배상을 하여야
> 할 경우에도 수익자가 반환하여야 할 가액을 채권자의 채권액에 비례하여 채권자별로
> 안분한 범위 내에서 반환을 명할 것이 아니라, 수익자가 반환하여야 할 가액 범위 내에
> 서 각 채권자의 피보전채권액 전액의 반환을 명하여야 한다."[21]

결국 가액배상은 수익자가 반환하여야 할 가액 범위 내에서 각 채권자의
피보전채권액 전액의 반환을 명하여야 하기 때문에 채권자의 채권별로 안분하
여 가액배상판결을 해야 한다는 주장은 이유가 없다고 할 것입니다.

---

20) 대법원 2014. 6. 26. 선고 2012다77891 판결 [구상금]
21) 대법원 2008. 4. 24. 선고 2007다84352 판결 [사해행위취소]

6. 가액배상을 해야 하는데 원물반환을 할 수 있는 경우

가. 금전채무를 부담하고 싶지 않은 수익자

수익자가 기존 근저당권을 말소해 버리거나 우선변제권이 있는 권리를 변제 등으로 말소시켰는데 여러 채권자들이 사해행위취소를 제기하고 그에 의하여 가액배상청구를 당하게 되는 경우에 수익자로서는 그럴 것이며 그냥 부동산 자체를 채무자에게 돌려놓고 싶을 것입니다. 이런 경우에 가능한지가 문제가 되었습니다.

나. 가액배상을 원치 아니하는 경우 원물반환이 가능함

1) 대법원 판결의 내용

"어느 부동산에 관한 법률행위가 사해행위에 해당하는 경우에는 원칙적으로 그 사해행위를 취소하고 소유권이전등기의 말소 등 부동산 자체의 회복을 명하여야 하는 것이나, 주택임대차보호법이 정한 대항요건 및 확정일자를 갖춘 임차인 또는 소액임차인이 있는 부동산에 관하여 사해행위가 이루어진 경우에 그 사해행위는 부동산의 가액에서 위 임대차보증금 액수를 공제한 잔액의 범위 내에서만 성립한다고 보아야 할 것이므로 사해행위 후 수익자가 우선변제권 있는 임대차보증금 반환채무를 이행한 경우, 사해행위를 취소하여 그 부동산 자체의 회복을 명하는 것은 당초 일반 채권자들의 공동담보로 되어 있지 아니하던 부분까지 회복시키는 것이 되어 공평에 반하는 결과가 되므로, 그 부동산의 가액에서 위 임대차보증금 액수를 공제한 잔액의 한도에서 사해행위를 취소하고 그 가액의 배상을 명할 수 있을 뿐이라고 할 것이다(대법원 1998. 2. 13. 선고 97다6711 판결, 대법원 2007. 7. 26. 선고 2007다29119 판결 등 참조).
한편 위와 같이 가액배상의 방법으로 원상회복이 이루어져야 한다고 하더라도 채권자와 수익자 모두 원물반환을 원하고 있고, 원물반환에 의하더라도 일반 채권자들을 위한 책임재산의 보전이라는 채권자취소권의 목적 달성에 별다른 지장이 없는 경우라면 굳이 가액배상을 고집하기보다는 사해행위취소에 따른 본래적 의미의 원상회복 방법인 원물반환에 의하는 것이 오히려 공평의 관념에 부합한다고 할 것이고, 이러한 수익자의 의사는 사해행위취소의 효과로 수익자가 원상회복의무를 부담하는 때인 사해행위취소소송의 사실심변론종결 시를 기준으로 판단함이 상당하다고 할 것이다.

원심은, 채무자인 소외인이 다가구주택인 이 사건 부동산을 피고에게 매도하고 소유권이전등기를 마쳐 준 행위는 원고에 대하여 사해행위가 된다고 전제한 다음, 피고가 이 사건 부동산에 관한 이전등기 후 일부 임차인들에게 임대차보증금 전부 또는 일부를 반환한 사실은 인정되나, 소외인의 다른 채권자인 신용보증기금으로부터도 사해행위취소의 소가 제기되는 등 피고가 이 사건 부동산의 시가보다 더 많은 액수의 채무에 노출될 위험이 있다는 이유를 들어 원물반환을 원하고 있는 점 등을 고려하면, 이 사건에서 원상회복은 원물반환에 의함이 상당하다고 판단하여, 이에 관한 원고의 주위적 청구를 인용하였다.

관련 법리와 기록에 비추어 살펴보면, 원심의 위와 같은 판단은 정당한 것으로 수긍이 가고, 거기에 상고이유의 주장과 같이 사해행위취소에 있어서 원상회복 방법에 관한 법리오해 등의 위법이 없다."22)

이와 관련하여 이미 부산고등법원에서 2008나11795 판결로 판시한 바가 있었습니다. 원고가 상고를 하였는데 상고기각이 되었습니다. 이는 심리불속행 기각이었던 것 같습니다. 그런데 대법원에 이에 관하여 명시적으로 판시하였다는 점에서는 매우 의미가 있다고 할 것입니다. 이제는 이것이 하나의 판결방법이라고 할 것입니다.

다만 이 사건의 경우에 임차보증금을 전부 또는 일부를 반환해 주었습니다. 그리고 나서 아마 새로운 임차인들이 들어왔는지는 모르겠지만 새로운 임차인이 들어온 경우에 그 임차보증금이 동일하다고 한다면 원물반환을 하더라도 채권자에게는 손해가 없다고 할 것입니다.

이 사건은 부산고등법원 사례와 달리 원고가 주위적으로 이를 청구하였고, 피고 역시도 이를 원하였습니다. 그렇기 때문에 대법원은 판결요지에서 "가액배상의 방법으로 원상회복이 이루어져야 한다고 하더라도 채권자와 수익자 모두 원물반환을 원하고 있고, 원물반환에 의하더라도 일반 채권자들을 위한 책임재산의 보전이라는 채권자취소권의 목적 달성에 별다른 지장이 없는 경우라면 굳

---

22) 대법원 2013. 4. 11. 선고 2012다107198 판결 [사해행위취소등]

이 가액배상을 고집하기보다는 사해행위취소에 따른 본래적 의미의 원상회복 방법인 원물반환에 의하는 것이 오히려 공평의 관념에 부합한다고 할 것"이라고 하여 취소채권자와 수익자 모두 이를 원한 경우에만 이를 인정하라고 하는 것인지 아니면 원고가 가액배상을 원하더라도 피고가 원물반환을 해 주겠다고 한다면 이에 의하여 원물반환을 해 주라는 것인지 이에 대하여 앞으로 대법원의 판결이 어떻게 판단할 것인지 궁금합니다. 다만 피고가 이를 원하고 그것이 일반 채권자들에게 지장이 없다고 한다면 원물반환을 해 주겠다는 피고 수익자의 의견에 따라 원상회복이 이루어져야 할 것입니다.

2) 원물반환에 따른 이해득실

취소채권자로서는 가액배상판결이 아니기 때문에 이로 인하여 혼자 이를 전부 가져올 수 있다는 실질적 우선변제효과를 누리지 못하는 손해가 있습니다.

수익자로서는 원물반환을 해 줄 경우에 자신의 채무자의 채권자라고 한다면 자신의 원래 채무자의 채권을 가지고 경매등이 배당요구를 하거나 강제경매개시결정을 받아서 배당에 참가할 수 있기 때문에 가액배상청구에서는 안분배당의 주장이 불가능한데 원물반환을 해 줌으로써 안분배당을 받을 수 있는 길이 열리게 되었다고 할 것입니다.

그러나, 손해는 수익자가 기존 근저당권이나 이 사건과 같이 법정물건의 요건을 갖춘 임차인의 보증금을 대위변제한 경우에 있어서 이 대위변제한 금액을 가지고 회복된 재산에 우선변제권자는 아니라고 하더라도 일반채권자로서 배당에 참가할 수 있는지 여부입니다.

먼저 임차보증금의 경우 실제적으로 기존 임차보증금반환채무를 변제하고 새로운 임차인이 들어왔고 보증금이 동일하다고 한다면 이런 경우에 실제로 대위변제한 것이 아니기 때문에 문제는 되지 않는다고 할 것입니다.

문제는 바로 기존 근저당권의 피담보채권을 변제한 경우, 기존 법정물권인 임차인의 보증금반환채권를 반환해 주고 새로운 임차인이 들어오지 아니한 경우에 이를 가지고 일반채권자로서 배당에 참가할 수 있는가입니다. 우선변제권자로서 배당에 참가할 수 있는가의 문제입니다. 일응은 근저당권이 말소되었고, 법정물권인 임차보증금반환채권의 요건을 갖추지 못한 경우이기 때문에 이런 경우에는 우선변제권이 있는 권리를 주장할 수는 없다고 할 것입니다. 그러나 일반채권자로서는 참여할 수 있다고 해야 할 것입니다. 먼저 이렇게 일반채권자로서 참여를 하더라도 일반채권자들에게 손해가 없다고 할 것입니다. 왜냐하면, 사해행위가 없었다고 한다면 이들은 일반채권자보다 우선하여 변제받았을 것인데 일반채권자와 같은 순위로 배당을 받는다고 하여 일반채권자에게 손해를 입힌 것이 아니라고 할 것이고, 사해행위취소가 유효한 행위를 취소시킨다는 점에서 보면, 수익자의 권리를 강하게 침해시키고 일반채권자의 권리를 보호해준다는 점에서 보면, 이런 대위변제금액에 대하여 사후 경매에서 안분배당을 할 수 없도록 한다고 한다면 이는 공의와 형평의 원칙에도 반하여 과도하게 채권자를 보호해 주면서 수익자의 권리는 침해시킨다는 점에서 볼 때에도 합리적이지 않기 때문입니다.

다만 수익자가 가지는 권리는 사해행위이후에 가지는 권리이기 때문에 취소의 효력과 관련하여 보면 문제가 있다고 생각할 수 있습니다. 즉 사해행위 이후에 발생된 채권자는 회복된 재산에 대하여 배당에 참가할 수 없는 채권자가 아닌가 하는 생각을 할 수 있습니다. 그러나, 대위변제한 것이기 때문에 그 권리는 원래 근저당권자나 임차인이 채무자에게 대하여 가지는 권리와 성질이 동일하다고 할 것이고 그 발생원인을 보면 사해행위 이전에 발생된 권리가 맞다고 할 것이기 때문에 이 역시도 크게 문제가 되지 않는다고 할 것입니다.

취소채권자에게 반드시 불리한 것도 아닙니다. 왜냐하면 원물반환의 경우 그동안 부동산의 시가가 많이 오르게 되면 경매 시에 그로 인하여 배당에서 받을 금액이 커진다고 할 것이기 때문입니다.

다. 은행갈아타기의 경우에도 적용될 수 있는지 여부

일반적으로 부동산을 매수하면서 기존 근저당권을 말소시키면 자신 앞으로 새로운 은행으로부터 근저당권을 설정받는 경우입니다. 그런데 원금은 동일할 수가 있습니다. 이런 경우에 수익자가 원물반환을 원하는 경우에 원물반환판결을 할 수 있는지가 문제될 수 있습니다. 이 경우는 소유권이전등기청구형식이 되어야 할 것입니다.

지은이로서는 일반채권자에게는 전혀 손해가 없기 때문에 원물반환판결을 해야 한다고 할 것입니다. 이것이 더 합리적일 것입니다.

만약 은행갈아타기를 하였는데 새로운 근저당권의 피보전채권이 더 많은 경우에는 채무자의 일반채권자를 해할 수 있습니다. 이런 경우에 수익자는 사실 심변론종결시까지 사해행위시점의 원래 채무자의 근저당권의 피담보채권액수만큼 변제를 하고 나서 이런 주장을 할 수 있다고 할 것이고 이런 경우에는 문제가 되지 않는다고 할 것입니다. 그러나, 이 경우에 단순히 금액만을 변제해서는 아니 되고 그 근저당권의 채권최고액도 원래 기존 근저당권의 채권최고액 수준으로 하여 변경하는 부기등기를 경료하여 채무자의 일반채권자들이 피해를 보지 않도록 해 주어야 할 것입니다.

만약 수익자의 가압류채권자가 있다고 한다면 이에 대한 부분은 수익자가 전부 변제를 해 주어야 할 것입니다.

라. 채무자의 가압류권자의 채무를 수익자가 대위변제해 준 경우 회복된 재산에 배당에 참가할 수 있는지

이는 가액배상을 할 사건에서 원물반환판결을 하는 경우만 아니라 원물반환사건에서 우선변제권이 있는 채권은 변제하지 아니하였지만 일반채권자인 가압류채권자의 청구금액을 변제해 주고 말소시킨 경우에 대법원은 채권자평등주의에 의하여 이의 변제를 가액배상시에 고려해서는 아니 된다고 하였습니다. 그러나 원물반환으로 회복된 재산의 집행에 있어서 이 대위변제한 금액을 가지고 가압류를 할 수 있고 배당에 참가할 수 있다고 해야 할 것입니다. 왜냐하면 그것이 채권자평등주의에 합당하기 때문입니다. 수익자가 아니었다면 채무자는 이를 변제하지 못했을 것이고 당연히 가압류권자로서는 가압류채권의 시효도 중단되어 진행도 하지 않고 다른 채권자가 경매할 경우에는 그 청구금액으로 안분배당을 받을 수 있기 때문에 배당에 참가를 시키는 것이 더 합리적이라고 할 것이기 때문입니다.

마. 가액배상의 문제점을 해결할 수 있는 길을 찾아서

지은이는 이전 책들을 쓰면서 가액배상이 매우 문제가 많다고 하였습니다. 피보전채권은 사해행위취소의 변론종결시까지 이자 지연손해금까지 확장이 되고, 시가도 변론종결시점으로 하고, 또한 수익자는 이 가액배상금에 대하여 자신의 채무자에 대한 채권을 가지고는 어떤 식으로든 배당에 참가할 방법이 없다는 점과 그에 반하여 수익자가 기존 근저당권의 피담보채권을 변제하였다고 한다면 그 변제금만이 아니라 사실심변론종결시점까지 민법 소정의 연 5%의 비율에 의한 지연손해금을 가산하여 공제를 하여야만 공평과 형평이 합당하다고 주장하였습니다(다만 이 경우에도 원래 근저당권설정의 원인이 된 피보전채권의 발생의 계약시에 약정이자를 초과하지 못한다고 할 것입니다. 즉 약정이자가 연 3%였다고 한다면 연 3%의 한도내에서만 인정하는 형식으로 가야 할 것입니다).

이런 현재의 가액배상이 심각히 취소채권자에게만 유리한 제도로 이용되고 있는 점에서 그래도 이 판례가 가액배상의 문제점을 조금이나마 해결할 수 있는 방법이라고 할 것이기 때문에 이에 관하여 대법원이나 하급심에서 이를 확대하는 판례들이 나오길 바라며 이에 대하여 피고 대리인들이 적극적으로 주장하시길 권하는 바입니다.

7. 결론

사해행위취소소송은 사해행위가 인정되는 여부를 검토하고 나서 원상회복이 얼마가 되는지를 검토하는 2단의 판단을 합니다. 이는 손해배상청구사건과 비슷하다고 할 것입니다. 이미 앞에서 각 법률행위별로 원상회복을 설명했기 때문에 이 부분에서는 예외적인 경우와 특이한 경우 몇 가지 경우만 언급하였습니다.

원칙은 원물반환이며, 예외적으로 가액배상이 인정됩니다. 그런데 수익자가 직접 금원을 수령한 것이 아니면 그 금원을 수령할 청구권의 양도와 양도통지형식으로 이루어져야 하며, 채권자가 아닌 채무자에게 양도를 하게 하고 그에 따라서 채권자들이 별도의 집행방법에 의하여 이를 받아가면 될 것입니다.

종류물인 경우에는 특별한 경우가 아닌 한 원물반환이 불가능하지 않다고 할 것입니다. 그리고 영업양도와 같이 어느 정도 현상변경이 있는 경우에 사회경제적으로도 가액배상이 인정되는 것이 맞는 경우에는 가액배상이 인정된다고 할 것입니다. 또한 여러 명의 다른 채권자들이 배당에 참가하여 배당을 받지 못하였거나 배당에 참가할 것이 예정되는 경우에는 취소채권자의 채권범위를 넘어서 취소하고 가액배상을 구할 수 있다고 할 것입니다.

X

사해행위취소소송 이후의 문제

X

사해행위취소소송 이후의 문제

1. 문제가 계속 발생하고 있음

사해행위취소소송의 패소확정이 되더라도 사후 문제가 계속 발생할 수밖에 없습니다. 먼저 원물반환한 부동산에 수익자가 채무자의 채권자로서는 배당 등에 참가할 수 있는지 여부, 채권자를 위한 공동담보서의 회복이라고 하는데 채권자는 누구를 말하는 것인지, 취소채권자가 승소판결을 받았는데 판결에 의한 집행을 하지 않고 있는 경우 다른 채권자가 수익자에게 이의 집행을 구할 수 있는 것인지. 수익자가 패소판결을 여러 채권자들에게 받았는데 공탁을 했을 때 어떻게 배분이 되어야 하는지, 만약 이런 경우 수익자가 어떤 채권자에게 변제를 한 경우 다른 채권자는 변제를 받을 수 있는 것인지, 아니면 판결 이후의 사정으로 원고의 채권이 소멸된 경우나 채무자가 파산이나 회생절차에 의하여 채권자가 채무자에게 집행할 수 없는 경우 수익자에게는 어떤 영향이 있는지 등 사해행위취소소송이 30년의 역사를 가지게 되면서 그리고 그 사이에 회생이나 파산 등의 일이 매우 흔한 일이 되면서 새로운 쟁점들이 나오고 있다고 할 것입니다.

2. 수익자도 채무자의 채권이면 배당에 참가할 수 있음

가. 배당에 참가할 수 있음

> "민법 제406조에 의한 채권자취소와 원상회복은 모든 채권자의 이익을 위하여 그 효력이 있는 것인바, 채무자가 다수의 채권자들 중 1인(수익자)에게 담보를 제공하거나 대물변제를 한 것이 다른 채권자들에 대한 사해행위가 되어 채권자들 중 1인의 사해행위 취소소송 제기에 의하여 그 취소와 원상회복이 확정된 경우에, 사해행위의 상대방인 수익자는 그의 채권이 사해행위 당시에 그대로 존재하고 있었거나 또는 사해행위가 취소되면서 그의 채권이 부활하게 되는 결과 본래의 채권자로서의 지위를 회복하게 되는 것이므로, 다른 채권자들과 함께 민법 제407조에 의하여 그 취소 및 원상회복의 효력을 받게 되는 채권자에 포함된다고 할 것이고, 따라서 취소소송을 제기한 채권자 등이 원상회복된 채무자의 재산에 대한 강제집행을 신청하여 그 절차가 개시되면 수익자인 채권자도 그 집행권원을 갖추어 강제집행절차에서 배당을 요구할 권리가 있다."[1]

어찌 보면 이는 매우 당연한 것입니다. 수익자가 대물변제로 부동산을 넘겨받았을 수 있기 때문에 취소가 되면 자신의 권리도 당연히 회복된다고 할 것입니다.

> "원심은 그 증거들에 의하여, (1) 원고가 소외 1에 대하여 그 판시 구상금채권을 취득한 사실, (2) 피고 1은 소외 1에게 1996. 6. 20.부터 1997. 4. 10.까지 사이에 합계 3,600만 원을 대여하였고, 피고 2는 소외 1에게 1996. 4. 13.부터 1997. 3. 13.까지 합계 1억 1,850만 원, 1997. 5. 13. 1,600만 원, 합계 1억 3,450만 원을 대여하였던바, 소외 1은 피고 1에 대한 위 대여금채무의 대물변제로 1997. 6. 12. 그 소유의 부동산에 관하여 1997. 4. 12. 매매를 원인으로 피고 1 명의의 소유권이전등기를 경료하여 주었고, 피고 2에 대한 채무의 대물변제로 1997. 4. 21. 소외 2에 대하여 가지고 있던 임대차보증금 7,000만 원(이하 '이 사건 보증금'이라고 한다)의 반환채권을 양도하고 그 양도통지를 한 사실, (3) 원고는, 위 부동산에 관한 매매계약과 이 사건 보증금

---

1) 대법원 2003. 6. 27. 선고 2003다15907 판결 [배당이의]

반환채권 양도계약이 사해행위임을 이유로 그 취소와 원상회복을 구하는 소를 제기하여 2000. 3. 3. 그 청구인용 판결을 선고받았고 그 판결은 확정된 사실, (4) 그 후 피고 1은 소외 1에 대한 위 대여금 3,600만 원을 피보전채권으로 하여 이 사건 보증금반환채권에 대한 가압류결정을 받았고, 피고 2는 소외 1에 대한 위 대여금 1억 3,450만 원을 피보전채권으로 하여 이 사건 보증금반환채권에 대한 가압류결정을 받았으며, 한편 원고는 자신의 소외 1에 대한 위 구상금채권 중 일부 금액인 102,349,503원의 채권을 채무명의로 하여 이 사건 보증금반환채권에 대한 채권압류 및 추심명령을 받은 사실, (5) 소외 2는 위 각 결정정본들을 송달받은 후 이 사건 보증금을 집행법원에 공탁하였고, 집행법원은 이 사건 보증금 중 집행비용을 제외한 나머지 금원을 원고와 피고들의 각 채권액 비율에 따라 안분 배당하였으며, 원고는 피고들에 대한 배당 부분에 대하여 이의를 제기하고 2000. 12. 27. 이 사건 소를 제기한 사실을 확정한 다음, 이에 의하면, 피고들의 위 각 대여금채권은 위 사해행위취소 판결의 확정으로 부활되었고, 피고 2의 대여금채권 중 1996. 4. 13.부터 1997. 3. 13.까지 대여금 1억 1,850만 원과 피고 1의 대여금채권 전액이 각 위 사해행위인 채권양도 당시에 이미 성립되어 있었으므로, 피고 2의 경우에는 위 1억 1,850만 원에 대하여, 피고 1의 경우에는 그의 대여금채권 전액에 대하여 각 민법 제407조에 의하여 사해행위취소의 효력을 원용할 수 있고, 따라서 위 사해행위취소와 원상회복의 결과인 이 사건 보증금반환채권에 대하여 원고의 신청에 의하여 진행된 강제집행절차에서 피고들은 위 각 해당 대여금에 관한 채권자로서 배당을 요구할 권리가 있다고 판단하였던바(다만, 피고 2가 사해행위 후에 대여한 1,600만 원의 채권에 대하여는 배당요구 적격을 부인하였다), 위 법리를 전제로 기록을 검토하여 보면, 원심의 인정 및 판단은 정당하고, 거기에 상고이유에서와 같은 민법 제407조의 채권자취소와 원상회복의 효력이 미치는 채권자의 범위에 관한 법리오해의 위법이 없다."[2]

문제가 되었던 것은 부동산이 아니라 보증금반환채권이었습니다. 사해행위취소는 1997. 4. 21.에 보증금반환채권을 양도하는 양도계약이 체결되었으니 이를 기준으로 보아야 합니다. 피고 1의 경우는 1996. 6. 20.부터 1997. 4. 10.까지 3,600만 원이기 때문에 1997. 4. 21. 이전에 전부 채권이 발생한 것이므로 원심법원은 전부 배당에 참가할 수 있다고 판단하였습니다. 그런데 피고 2의 경우는

---

2) 대법원 2003. 6. 27. 선고 2003다15907 판결 [배당이의]

총 채권이 <u>1억 3,450만</u> 원이었습니다. 그런데 이 중에서 <u>1997. 5. 13. 발생한</u> <u>1,600만 원</u>은 사해행위시점인 1997. 4. 21. 이후에 발생한 채권이기 때문에 이는 배당에서 배제를 시켰습니다. 대법원은 원심의 판단이 옳다고 하였습니다.

이를 통하여 수익자인 채권자의 경우에 사해행위 이전에 가지고 있던 채권으로 채무자의 재산과 사해행위의 목적 재산에 대하여 집행을 하거나 배당에 참가할 수 있음을 보여줍니다.

나. 우선권이 없음

"사해행위취소란 채권의 보전을 위하여 일반 채권자들의 공동담보에 제공되고 있는 채무자의 재산이 그의 처분행위로 감소되는 경우, 채권자의 청구에 의해 이를 취소하고, 일탈된 재산을 채무자의 책임재산으로 환원시키는 제도로서, 사해행위의 취소와 원상회복은 모든 채권자의 이익을 위하여 효력이 있으므로(민법 제407조), 취소채권자가 자신이 회복해 온 재산에 대하여 우선권을 가지는 것은 아니라고 할 것이므로, 사해행위의 수익자 소유의 부동산에 대한 경매절차에서 취소채권자가 수익자에 대한 가액배상판결에 기하여 배당을 요구하여 배당을 받은 경우, 그 배당액은 배당요구를 한 취소채권자에게 그대로 귀속되는 것이 아니라 채무자의 책임재산으로 회복되는 것이며, 이에 대하여 채무자에 대한 채권자들은 채권만족에 관한 일반원칙에 따라 채권 내용을 실현할 수 있는 것이다."[3]

취소채권자가 다른 채권자에 우선하여 그 금액에 대하여 효력을 주장할 수 없다는 것입니다. 이는 취소의 효력이 채권자와 수익자 사이에서만 취소가 되기 때문에 다른 채권자에게는 효력이 없기 때문에 이런 생각을 할 수가 있습니다.

"1. 원심판결 이유에 의하면, 원심은, 이 사건 경매절차는 민사집행법(2002. 1. 26. 법률 제6627호로 제정)이 시행되기 이전인 2002. 4. 18.에 신청된 소외 1 소유의 부동산에 대한 의정부지방법원 2002타경17657호 강제경매사건(선행사건)의 집행절차에

---

3) 대법원 2005. 8. 25. 선고 2005다14595 판결 [배당이의]

따라 진행되었으므로, 위 경매사건에는 구 민사소송법(2002. 1. 26. 법률 제6626호로 전문 개정되기 전의 것, 이하 같다)이 적용되고, 원고는 이 사건 강제경매개시결정의 기 입등기가 경료된 뒤에 가압류를 한 채권자 겸 집행력 있는 판결정본을 가진 채권자로 서 경락기일인 2003. 12. 19.까지 사해행위의 수익자인 위 소외 1에 대한 가액배상판 결에 터잡은 권리신고 및 배당요구신청서를 제출하였다가, 경락기일 이후에야 비로소 집행법원에 배당의견서를 제출하면서 사해행위 취소채권자인 원·피고 간의 관계에서 는 사해행위 목적물의 원래 소유자인 채무자 소외 2에 대한 실제 채권액에 비례하여 배당하여 줄 것을 주장하였으므로, 이 사건 경매절차에서 그 채무자 겸 소유자인 소외 1에 대한 집행권원이 아닌 위 소외 2에 대한 집행권원에 터잡아 배당요구를 할 수 있 는지의 여부와는 무관하게, 집행법원이 원고의 채권에 대하여는 경락기일 이후에 새로 이 추가 및 확장한 채권액을 배당에서 제외하고, 경락기일 이전에 배당요구된 원고의 위 소외 1에 대한 가액배상판결에 기한 채권액을 기준으로 배당표를 작성한 것은 적법 하고, 또한 이러한 기준에 의한 위 배당표상의 피고에 대한 배당액과 원·피고의 소외 2에 대한 실제 채권액을 기준으로 하여 피고에게 배당될 금액과의 차액 상당에 대하여 원고가 이를 부당이득으로 피고에게 반환을 구할 수 없다는 취지로 판단하였다."4)

위의 판례사안과 이 사건 판례사안의 원고는 모두 기술신용보증기금이었고 원고가 상고를 했던 사건들인데 모두 기각이 되었던 건입니다.

소외 1은 수익자이고 소외 2가 채무자였던 것입니다. 그런데 부동산은 아마 수익자에게 이전이 되었을 것이고, 수익자에 대하여 원고는 가액배상판결을 받 았습니다. 그런데 아마 피고인 서울보증보험의 경우도 사해행위취소소송을 제기 하였던 것 같습니다. 서울보증보험은 수익자인 사해행위취소소송의 피고의 이 사건 부동산에 가압류를 해 놓았을 가능성이 큽니다. 그에 반해 원고는 경매가 진행된 이후에 가압류를 하였다가 가액배상금판결문을 가지고 배당요구를 하였 던 것입니다. 원고가 가액배상으로 승소판결을 받았는데 이런 상황에서 수익자 는 기존 근저당권 채무를 변제하지 않았을 것이고 경매신청이 이루어졌을 가능 성이 큽니다. 그런데 기술신용보증기금의 소외 2 채무자 이 사건 부동산의 원래 소유자에게 가지고 있던 채권은 다액이었을 것이고, 서울보증보험이 소외 2 채

---

4) 대법원 2005. 8. 25. 선고 2005다14595 판결 [배당이의]

무자에게 가지고 있던 채권은 소액이었을 것입니다.

　　원심이나 배당법원은 당연히 가액배상금을 기준으로 배당을 해 주었을 것이고 이에 대하여 기술신용보증기금으로 배당이의소송을 제기하여 원고와 피고가 소외 2, 즉 원래 이 사건 부동산의 소유자이고 채무자에 대하여 가지고 있는 채권비율에 따라 안분배당해야 한다고 주장했던 것 같습니다. 원심법원이나 대법원 모두 불가하다고 한 사건입니다.

다. 사해행위로 인하여 발생한 채권은 제외가 됨

"[2] 사해행위취소의 상대방으로서 그 취소로 인하여 비로소 부당이득반환채권 또는 담보책임추급권, 손해배상채권 등을 취득한 수익자는 사해행위 이후에 채권을 취득한 채권자라고 보아야 한다. 즉, 사해행위취소의 효력은 채권자와 수익자 사이에서만 미치고 채무자에게는 미치지 아니하여 사해행위취소판결이 확정되었다 하더라도 채무자와 수익자 사이에는 여전히 부동산의 소유자는 수익자이어서, 수익자는 자신 소유의 부동산이 채무자의 책임 재산으로 취급됨에 따라 발생한 손해에 대하여 원인 없이 이득을 보는 채무자에게 부당이득반환청구 또는 담보책임으로 물을 수밖에 없고, 당해 부동산을 취득하면서 교부한 급부물의 반환을 청구할 수는 없으므로, 위 부당이득반환채권 등은 사해행위 이후에 발생한 채권으로 보아야 한다.
[3] 대여금 채권자 갑이 채무자 을과 을 소유 아파트에 관한 매매계약을 체결하면서, 계약금은 기존 대여금 채권으로, 중도금은 아파트에 설정된 근저당권 피담보채무와 아파트에 살고 있는 임차인에 대한 임차보증금 반환채무의 인수로 갈음하기로 하고, 나머지 잔금만을 지급하여 아파트를 매수하였다가, 매매계약에 관한 사해행위 취소판결 확정 직전 을에게서 위 대여금 채권 등을 원인채권으로 하는 약속어음을 교부받아 공정증서를 작성한 다음 사해행위취소로 원상회복된 아파트의 경매절차에서 배당요구를 한 사안에서, 약속어음의 원인채권 중 기존 대여금 부분은 대물변제로 소멸하였다가 부활한 채권으로서 배당요구를 할 수 있으나, 나머지 부분은 사해행위 이후 취득한 채권으로서 배당요구를 할 수 없다고 한 사례."5)

---

5) 서울고등법원 2011. 3. 29. 선고 2010나107578 판결: 확정 [배당이의]

상고가 안 되고 서울고등법원에서 확정이 되었지만, 이 판례는 앞의 대법원 2003. 6. 27. 선고 2003다15907 판결을 인용하고 있기 때문에 원고도 상고를 하지 아니한 것으로 보입니다.

> "가. 하나은행의 신청에 따라 2008. 6. 10. 소외인 소유의 별지 목록 기재 부동산(이하 '이 사건 부동산'이라 한다)에 대하여 서울중앙지방법원 2008타경16647호로 부동산임의경매(이하 '이 사건 경매'라 한다)가 개시되면서 그 배당요구종기가 2008. 8. 13.로 고지되었다(그 후 2009. 4. 3. 중복경매신청에 따라 개시된 2009타경13492호 부동산 강제경매사건이 병합되고, 배당요구종기가 2009. 4. 30.로 연기됨).
> 나. 원고는 2008. 8. 8. 위 집행법원에 공증인가 법무법인 로고스 작성의 2008년제354호 액면금 652,000,000원의 소외인 명의 약속어음 공정증서(이하 '이 사건 약속어음 공정증서'라 한다) 정본에 기하여 소외인에 대한 당시까지의 원금 618,086,604원과 배당기일까지의 이자채권에 대하여 배당요구를 하였다.
> 다. 위 집행법원이 2010. 3. 9. 배당기일에 이 사건 부동산의 매각대금에서 우선권이 있는 채권자들에게 배당하고 남은 519,745,517원에 대하여 배당요구한 일반채권자들인 원고(채권액 804,934,960원), 제1심 공동피고 1(채권액 254,869,476원), 피고(채권액 538,787,466원), 제1심 공동피고 중소기업진흥공단(채권액 317,055,982원) 중 원고의 채권을 배당에서 제외하고, 나머지 배당요구채권자인 피고 등에 대하여만 안분배당 하는 것으로 하여, 제1심 공동피고 1에게 119,263,281원, 피고에게 252,119,485원, 제1심 공동피고 중소기업진흥공단에게 148,362,751원을 각 배당하는 것으로 배당표를 작성하여 제시하자, 원고가 이에 대하여 이의한 다음, 2010. 3. 15. 이 사건 배당이의의 소를 제기하였다."[6]

배당법원은 아예 원고의 배당을 전부 배제시켜버린 것을 알 수 있습니다. 대법원의 2003년도 판례가 있는데도 말입니다.

> "청구취지: 서울중앙지방법원 2008타경16647호 부동산임의경매사건 및 같은 법원

---

6) 서울고등법원 2011. 3. 29. 선고 2010나107578 판결: 확정 [배당이의]

2009타경13492(중복) 부동산강제경매사건에 관하여 같은 법원이 2010. 3. 9. 작성한 배당표 중 원고에 대한 배당액을 0원에서 192,245,753원으로, 제1심 공동피고 1에 대한 배당액을 119,263,281원에서 75,149,654원으로, 피고에 대한 배당액을 252,119,485원에서 158,864,425원으로, 제1심 공동피고 중소기업진흥공단에 대한 배당액을 148,362,751원에서 93,485,685원으로 각 경정한다.
항소취지: 제1심판결 중 피고 패소 부분을 취소하고, 위 취소 부분에 해당하는 원고의 청구를 기각한다.
1. 제1심판결 중 피고에 대한 부분을 다음과 같이 변경한다.
서울중앙지방법원 2008타경16647호 부동산임의경매사건 및 같은 법원 2009타경13492(중복) 부동산강제경매사건에 관하여 같은 법원이 2010. 3. 9. 작성한 배당표 중 피고에 대한 배당액 252,119,485원을 220,374,220원으로, 원고에 대한 배당액을 0원에서 65,443,013원으로 경정한다.
2. 피고의 나머지 항소를 기각한다."7)

항소를 하지 아니한 1심 공동피고들에 대하여 원고가 승소를 하였는지도 궁금합니다. 원고의 채권이 얼마나 인정될 수 있는지 사실관계를 봅니다.

"1) 원고와 소외인 사이의 이 사건 부동산에 관한 매매계약 체결 경과
가) 원고는 2000. 12. 20.경부터 2004. 12. 20.경까지 20회에 걸쳐 소외인에게 합계 1억 6,000만 원을 대여하였다가, 2005. 2. 25. 소외인과 사이에, 원고가 소외인으로부터 이 사건 부동산을 7억 4,000만 원에 매수하되, 계약금 1억 6,000만 원은 위 대여금 채권으로 갈음하고, 중도금 3억 5,000만 원은 이 사건 부동산에 설정된 하나은행 명의의 근저당권의 피담보채무 3억 4,000만 원과 이 사건 부동산에 살고 있는 임차인에 대한 1,000만 원의 임차보증금 반환채무를 인수하는 것으로 갈음하기로 하며, 잔금 2억 3,000만 원은 2005. 5. 31.까지 지급하기로 하는 내용의 매매계약을 체결하였다.
나) 원고는 그 후 자신의 남편 통장을 통하여 2005. 5. 24. 1억 원, 2005. 5. 29. 5,000만 원, 2005. 6. 17. 5,000만 원, 2005. 7. 29. 3,000만 원 합계 2억 3,000만 원을 소외인에게 송금한 다음, 이 사건 부동산에 관하여 2005. 10. 11. 대물반환예약

을 원인으로 한 소유권이전담보가등기를 경료하였다가, 2006. 7. 20. 그 소유권이전등기를 마쳤다. 그 후 원고는 소외인의 하나은행 대출금채무가 계약 시 예정하였던 것과는 달리 3억 2,000만 원인 것으로 확인되자, 2006. 8. 17. 소외인에게 2,000만 원을 추가로 지급하였다.

다) 원고는 2005. 7.경부터 2007. 6. 15.까지 소외인의 하나은행에 대한 대출금채무의 이자 합계 41,752,924원을 대납하였고, 2006. 10. 18. 그 대출금채무 중 1,600만 원을 변제하였으며, 2007. 2. 15. 나머지 대출금채무를 인수하여 그 채무자 명의를 원고로 변경하였다.

라) 원고는 이 사건 부동산을 취득하기 위하여 법무사 비용, 취득세, 등록세 등으로 합계 33,042,000원을 지출하였다.[8]

약속어음금액이 작성된 경위와 거기에 포함된 금액이 궁금합니다.

"〈채무내역 확인 및 지급확약서〉

A. 을(소외인)은 갑(원고)에 대하여 2008. 5. 8. 현재 592,037,166원의 총채무를 부담하고 있고, 그 채무 내역이 아래와 같음을 확인한다.

1. 갑이 을에게 2004. 12.까지 빌려주었던 대여금 160,000,000원 및 이에 대한 2005. 1. 1.부터 금일까지의 법정이자 18,805,479원(이하 원 미만 버림)

2. 갑이 을에게 서울 강남구 개포동 656 외 2필지 개포시영아파트 2동 (이하 생략)의 잔금 대금조로 지급한 230,000,000원(2005. 5. 24.자 100,000,000원 + 2005. 5. 29.자 50,000,000원 + 2005. 6. 17.자 50,000,000원 + 2005. 7. 29.자 30,000,000원) 및 이에 대한 위 각 지급일 다음날부터 금일까지의 각 법정이자 합계액 33,658,903원

3. 갑이 추가로 을에게 지급한 아파트 대금 20,000,000원(현금 2,850,000원 + 2006. 8. 17. 을의 딸 계좌로 17,150,000원을 입금) 및 이에 대한 2006. 8. 18.부터 금일까지의 법정이자 1,720,547원

4. 갑이 위 2항 부동산에 관련하여 2006. 10. 16. 하나은행에게 변제한 대출원금 16,000,000원 및 이에 대한 2006. 10. 17.부터 금일까지의 법정이자 1,244,931원

---

8) 서울고등법원 2011. 3. 29. 선고 2010나107578 판결: 확정 [배당이의]

5. 갑이 하나은행에 매달 지급한 이자 합계액 41,752,924원 및 이에 대한 최종지급일 다음날인 2007. 6. 16.부터 금일까지의 법정이자 1,870,302원

6. 갑이 위 2항 부동산의 취득과 관련하여 지급하였던 법무사 가등기비용 1,546,000원, 본등기 관련 취득세 11,325,000원, 등록세 9,060,000원, 이전등기비용 11,111,000원 및 이에 대한 최종지급일의 다음날인 2006. 7. 21.부터 금일까지의 법정이자 2,973,780원

7. 서울중앙지방법원 2006가합79389 구상금등, 서울남부지방법원 2006가합18809 대여금, 서울고등법원 2007나47843 구상금등, 서울고등법원 2007나72573 대여금 등 사건들의 변호사 보수(부가가치세 포함) 26,400,000원, 항소심 인지대 3,451,920 원 및 이에 대한 최종지급일의 다음날인 2007. 8. 9.부터 금일까지의 법정이자 1,116,380원

8. 위 금액의 총합계액 592,037,166원

B. 을은 갑에게 위 총채무금 592,037,166원을 2008. 5. 13.까지 지급할 것을 확약한 다. 위 지급일까지 변제가 되지 않으면 을은 갑에게 위 총채무금 및 이에 대한 연 20%의 지연손해금을 지급한다.

C. 을은 갑에 대한 위 총채무금 및 지연손해금의 지급을 담보하기 위하여 금일자로 액면금 652,000,000원(총채무금의 약 10% 추가), 만기일 2008. 5. 13.자인 확정일출급 약속어음에 부착하여 공증인·법무법인 또는 합동법률사무소가 "을"이 강제집행을 승낙한 취지를 기재하여 작성한 집행증서를 갑에게 제공하여야 한다."[9]

넣을 수 있는 모든 금액들을 다 넣은 것을 알 수 있습니다. 거기에 이자까지 포함을 시켰습니다. 이는 분명 변호사의 도움을 받았을 것으로 보이는데 왜 그럼 소송 중에 근저당권을 말소시키는 방법은 취하지 아니하였는지 이해가 되지 않습니다. 임차인 보증금 1000만 원인데 이 임차인이 우선변제권이 있는 임차인이면 임차인을 내보내면 가액배상으로 변경될 수 있었을 것인데 말입니다. 부동산 가액은 그동안 많이 올랐고 그에 따라서 부동산을 지키고 돈을 내주는 형식을 취할 수도 있었는데 말입니다.

---

9) 서울고등법원 2011. 3. 29. 선고 2010나107578 판결: 확정 [배당이의]

"그러므로 원고는, 위 2.의 나. 3)항 기재 확약서 A. 2.항 내지 7.항 기재 채권으로는 배당요구를 할 수 없고, 1억 6,000만 원에 관해서만 정당한 배당요구권자로서, 우선권이 있는 채권자들에게 배당하고 남은 519,745,517원에 대하여 일반채권자들인 피고 등과 안분하여 배당을 받을 지위에 있을 뿐이며, 이 경우 원고와 피고 등에 대한 배당액은 원고 65,443,013원(519,745,517원 × 160,000,000원 /1,270,712,924원, 원미만은 버림, 이하 같음), 제1심 공동피고 1 104,246,415원(519,745,517원 × 254,869,476원/1,270,712,924원), 피고 220,374,220원(519,745,517원 × 538,787,466원/1,270,712,924원), 제1심 공동피고 중소기업진흥공단 129,681,867원(519,745,517원 × 317,055,982원/1,270,712,924원)이 된다.

따라서 서울중앙지방법원 2008타경16647호 부동산임의경매사건 및 같은 법원 2009타경13492(중복) 부동산강제경매사건에 관하여 같은 법원이 2010. 3. 9. 작성한 배당표 중 피고에 대한 배당액은 252,119,485원에서 220,374,220원으로, 원고에 대한 배당액은 0원에서 65,443,013원으로 각 경정되어야 할 것이다[피고의 채권이 원고와 동순위여서 그 배당이 잘못되지 않았더라도 여전히 배당을 받을 수 있었던 범위 내에서는 피고가 배당표대로 배당액을 수령하지 못할 이유가 없기 때문에 위와 같이 배당하게 된다. 다만 항소를 하지 않아 확정이 되어 버린 나머지 제1심 공동피고들과 피고 간의 배당비율이 달라지는 문제는 배당이의의 소의 상대효상 불가피하다. 결국 원고는 배당법원으로부터 제1심판결로 확정된 제1심 공동피고들과 사이에서의 원고의 배당금 83,789,947원(제1심 공동피고 1 37,339,656원 + 중소기업진흥공단 46,450,291원)과 피고와의 사이에서 원고의 배당금으로 인정되는 31,745,265원을 합한 115,535,212원을 배당받게 될 것이다]."[10]

1심 공동피고 2명에 대하여 83,789,947원을 승소하였는데 더 많이 받았을 것 같습니다.

피고 1은 119,263,281원을 배당받았는데 서울고등법원의 계산에 따르면 104,246,415원을 받아야 하니 그 차액은 15,016,866원

피고 진흥공단은 148,362,751원을 받았는데 서울고등법원이 계산에 따르면 129,681,867원을 받아야 하니 18,680,884원

이 둘을 합하면 33,697,750원입니다.

---

10) 서울고등법원 2011. 3. 29. 선고 2010나107578 판결: 확정 [배당이의]

1심 공동피고들이 항소를 하지 않아서 원고는 그로 인하여 50,092,197원을 과다하게 배당을 받게 되었습니다.

그런데 피고 신용보증기금에 대하여는 원고가 항소를 하고 피고는 부대항소도 하지 아니하였습니다. 이를 보면, 신용보증기금에 대하여는 전부 패소를 한 것이 아닌가 하는 생각이 듭니다. 서울고등법원은 신용보증기금에 대하여 65,443,013원 승소판결을 인정하였습니다.

신용보증기금에 대한 원래 배당액은 252,119,485원이었습니다. 서울고등법원에서 인정한 신용보증기금의 배당액은 220,374,220원이었습니다. 그 차액은 31,745,265원입니다.

서울고등법원은 원고가 추가로 배당받을 금액은 65,443,013원인데 1심 공동피고들이 항소하지 않고 확정되어 패소한 부분 83,789,947원을 고려하면 실제로 피고가 받는 금액은 115,535,212원이라고 하였습니다.

그래도 다행이지만 자신의 대여금에도 미치지 못하는 돈을 받았고 이로 인하여 원고인 수익자가 입은 손해는 상당히 클 것입니다. 이런 상태에는 가액배상판결로 가는 것으로 방향을 잡고 우선변제가 있는 금액 중에서 적은 것을 변제하여 말소시켜버리고 가액배상으로 부담하고 부동산을 지키는 정책을 취하는 것도 옳다고 보입니다.

라. 소결

사해행위를 할 경우에 잘못하면 패가망신을 당하는 경우가 있습니다. 그렇기 때문에 이런 위험한 행위를 할 경우에 오히려 변호사의 도움을 받아야 합니다. 그리고 피해를 최소화하는 방식을 취하는 것이 좋습니다. 사실 채무자와 수익자 간은 어느 정도 아는 사이들이 많기 때문에 할 수만 있다면 피해를 최소화시키면서 이익을 최대화할 수 있는 방법들이 있습니다.

서울고등법원 사례를 보면, 알 수 있지만 부동산도 빼앗기고 돈도 회수하지 못하는 상황에 비용만 들어간 상황이 되었습니다. 이런 경우에는 선택을 하는 것이 좋습니다. 이미 사해행위가 들어왔으니 부동산을 지키고 돈을 주자는 식으로 결정하고 손해를 본 부분은 부동산의 시가상승으로 이를 해결하자고 할 수 있습니다.

3. 수익자가 목적물을 돌려놓거나 가액배상금을 지급한 경우

가. 여러 채권자들이 순차적으로 사해행위취소소송을 들어온 경우

제척기간이 5년이기 때문에 채무자들의 채권자들은 여러 명이고 기금이나 은행권일 수가 있습니다. 이런 경우에 순차적으로 사해행위취소소송이 들어올 수가 있다고 할 것입니다.

나. 권리보호이익이 없어 소각하사유임

"채권자가 채무자의 부동산에 관한 사해행위를 이유로 수익자를 상대로 그 사해행위의 취소 및 원상회복을 구하는 소송을 제기한 후 소송계속 중에 그 사해행위가 해제 또는 해지되고 채권자가 그 사해행위의 취소로 복귀를 구하는 재산이 벌써 채무자에게 복귀한 경우에는, 특별한 사정이 없는 한 그 사해행위취소소송의 목적은 이미 실현되어 더이상 그 소에 의해 확보할 권리보호의 이익이 없어진다(대법원 2015. 5. 21. 선고 2012다952 전원합의체 판결 등 참조)."[11]

"채권자취소권의 요건을 갖춘 각 채권자는 고유의 권리로서 채무자의 재산처분 행위를 취소하고 그 원상회복을 구할 수 있는 것이므로 여러 명의 채권자가 동시에 또는 시기를 달리하여 사해행위취소 및 원상회복청구의 소를 제기한 경우 이들 소가 중복제소에 해당하지 아니할 뿐만 아니라, 어느 한 채권자가 동일한 사해행위에 관하여 사해행위취소 및 원상회복청구를 하여 승소판결을 받아 그 판결이 확정되었다는 것만으로는 그 후에 제기된 다른 채권자의 동일한 청구가 권리보호의 이익이 없게 되는 것은 아니다. 그러나 확정된 판결에 기하여 재산이나 가액의 회복을 마친 경우에는 다른 채권자의 사해행위취소 및 원상회복청구는 그와 중첩되는 범위 내에서 권리보호의 이익이 없게

---

11) 대법원 2018. 6. 15. 선고 2018다215763, 215770 판결 [사해행위취소·사해행위취소]

> 된다(대법원 2003. 7. 11. 선고 2003다19558 판결, 대법원 2005. 5. 27. 선고 2004
> 다67806 판결 등 참조). 그리고 수익자가 확정된 판결에 기하여 해당 채권자에게 재산
> 이나 가액을 반환함으로써 그 채권자가 다른 채권자보다 사실상 우선변제를 받는 불공
> 평한 결과가 초래된다고 하더라도, 그 재산이나 가액의 반환이 다른 채권자를 해할 목
> 적으로 수익자와 해당 채권자가 통모한 행위라는 등의 특별한 사정이 없는 한 확정된
> 판결에 따른 반환의무를 이행하는 것이 다른 채권자의 신의에 반하는 행위라고 할 수
> 는 없으므로, 확정된 판결에 따라 재산이나 가액의 반환을 마친 수익자가 다른 채권자
> 의 사해행위취소 및 원상회복청구에 대하여 권리보호의 이익이 없다고 주장하는 것이
> 신의성실의 원칙에 위배된다고 할 수는 없다."12)

  근저당권설정계약이 해지나 해제로 근저당권이 말소가 되었다고 한다면 사
해행위취소의 소의 이익이 없게 됩니다. 소각하사유라고 할 것입니다. 또한 다
른 채권자가 사해행위취소소송을 제기하여 부동산을 채무자에게 돌려놓았다고
한다면 역시 권리보호의 이익이 없어 각하됩니다. 그러나 단순히 다른 채권자가
확정판결을 받은 것만을 들어서는 권리보호이익이 없다고 할 수 없습니다.
  원물반환의 경우는 큰 문제가 없습니다. 회복된 재산에 대하여 채권자들이
가압류나 배당요구를 하여 안분배당을 받으면 되기 때문입니다.
  문제는 가액배상을 하였고 이를 수익자가 채권자 중의 한 명에게 지급해
버리는 것입니다. 이럴 경우에는 다른 취소채권자의 경우는 가액배상금을 받을
수 없을 뿐만 아니라 권리보호이익이 없어 소각하판결을 당하게 되고 소송비용
까지 부담하게 되어 있습니다.

> "그런데 이 사건에서 피고는 건화약품이 제기한 선행 소송에서 피고에 대하여 가액배
> 상을 명하는 판결이 선고되어 확정되자 그 판결에 따라 건화약품에 가액을 반환한 것
> 이고, 그 과정에서 원고를 해할 목적으로 건화약품과 통모하였다는 등의 사정을 인정할
> 만한 자료는 없다. 피고의 가액 반환이 원고가 제기한 이 사건 소송이 계속 중일 때 이
> 루어졌고 위 가액 반환으로 건화약품이 다른 채권자보다 사실상 우선변제를 받는 불공

---

12) 대법원 2014. 8. 20. 선고 2014다28114 판결 [사해행위취소등]

> 평한 결과가 초래되었다고 하더라도, 그러한 사정만으로 피고가 위 가액 반환에 의하여
> 원고의 청구가 권리보호의 이익이 없게 되었다는 항변을 하는 것이 신의성실의 원칙에
> 위배된다고 할 수는 없다."13)

피고가 상고를 했고 파기환송이 되었으니 원심은 피고의 주장을 받아들여 주지 아니한 것을 알 수 있습니다.

> "원심은, 건화약품 주식회사(이하 '건화약품'이라 한다)가 피고를 상대로 제기한 사해행
> 위취소 소송(이하 '선행 소송'이라 한다)에서 피고에게 가액배상을 명하는 판결이 선고
> 되어 그대로 확정된 사실, 피고는 위 확정판결에 따라 건화약품에 가액배상으로 3억
> 4,400만 원을 지급한 사실을 인정하였다. 나아가 원심은, 피고가 건화약품에 위 확정
> 판결에 따른 가액의 회복을 마쳤으므로 그와 배상의 범위가 중첩되는 이 사건 소는 권
> 리보호의 이익이 없어 부적법하다는 취지의 피고의 항변에 대하여, ① 피고는 선행 소
> 송과 이 사건 소송 사이에 별다른 차이가 없음에도 이 사건 소송에서는 항소를 제기하
> 면서까지 적극적으로 다투면서도 선행 소송에서는 제1심판결이 그대로 확정되도록 하
> 였고, ② 피고가 건화약품에 대하여만 가액 전부를 지급한 것은 취소채권자들 사이의
> 형평을 깨뜨리는 행위로서 또 다른 형태의 사해행위와 유사한 측면이 있으며, ③ 피고
> 가 위 확정판결에 따른 가액의 회복을 마쳤더라도 이는 피고가 이 사건 소송에서 가액
> 배상을 면하기 위한 항변자료를 제출할 목적으로 한 것에 불과한 점 등을 고려하면, 피
> 고가 위 확정판결에 따른 가액의 회복을 내세워 이 사건 소송에서 권리보호 이익이 없
> 다고 주장하는 것은 신의성실의 원칙상 받아들일 수 없다고 판단하여 피고의 위 항변
> 을 배척하였다."14)

그러나, 선행사건이고 건화약품 건이고 확정하고 나서 돈을 지급하였고 이 사건은 후행사건이기 때문에 항소하여 권리보호이익이 없다는 주장을 하게 되었습니다. 소송비용이라고 아껴야지 하는 생각이었을 것입니다. 통모를 입증하지 못하는 바 원고의 소는 각하될 것입니다. 피고 역시도 약품회사였습니다. 원

---

13) 대법원 2014. 8. 20. 선고 2014다28114 판결 [사해행위취소등]
14) 대법원 2014. 8. 20. 선고 2014다28114 판결 [사해행위취소등]

고는 약품회사는 아니었습니다. 그러니 약품회사 간에 모종의 통모가 있었을 가능성이 농후했을 것입니다. 사실 건화약품에 이를 지급하고 나서 실제적으로는 서로 나누어 가지기로 하였다고 한다면 이를 밝히기는 매우 어려울 것입니다.

이는 사해행위취소소송상에 주장되었던 것입니다. 만약 원고가 사후에 건화약품에 대하여 부당이득반환청구가 가능한지를 보겠습니다.

다. 가액배상금을 수령한 채권자를 상대로 다른 채권자가 부당이득반환청구가 가능한지

> "사해행위의 취소와 원상회복은 모든 채권자의 이익을 위하여 그 효력이 있으므로(민법 제407조), 채권자취소권의 행사로 채무자에게 회복된 재산에 대하여 취소채권자가 우선변제권을 가지는 것이 아니라 다른 채권자도 총채권액 중 자기의 채권에 해당하는 안분액을 변제받을 수 있는 것이지만, 이는 채권의 공동담보로 회복된 채무자의 책임재산으로부터 민사집행법 등의 법률상 절차를 거쳐 다른 채권자도 안분액을 지급받을 수 있다는 것을 의미하는 것일 뿐, 다른 채권자가 이러한 법률상 절차를 거치지 아니하고 취소채권자를 상대로 하여 안분액의 지급을 직접 구할 수 있는 권리를 취득한다거나, 취소채권자에게 인도받은 재산 또는 가액배상금에 대한 분배의무가 인정된다고 볼 수는 없다. 가액배상금을 수령한 취소채권자가 이러한 분배의무를 부담하지 아니함으로 인하여 사실상 우선변제를 받는 불공평한 결과를 초래하는 경우가 생기더라도, 이러한 불공평은 채무자에 대한 파산절차 등 도산절차를 통하여 시정하거나 가액배상금의 분배절차에 관한 별도의 법률 규정을 마련하여 개선하는 것은 별론으로 하고, 현행 채권자취소 관련 규정의 해석상으로는 불가피하다."15)

사실 수익자가 채권자인 경우에는 더 억울합니다. 수익자로서는 어떠한 수단을 통해서도 채권가압류나 이런 것을 해 주지 않고 있고 수익자를 피공탁자로 넣어 공탁을 할 수도 없습니다. 현재 상황에서 할 수 있는 방법은 채무자에 대한 파산신청을 하는 것입니다. 그러면 취소채권자가 받아간 금액은 전체 채권자를 위한 공동담보로 취소채권자가 파산재단에 회복시켜 놓아야 할 것입니다.

---

15) 대법원 2008. 6. 12. 선고 2007다37837 판결 [배당금]

라. 주채무자의 연대보증인이 사해행위의 목적물인 주채무자 소유
부동산의 양수로 인한 가액배상의무를 부담하는 수익자들을 대신하여
가액배상금을 지급한 경우에 그 연대보증인이 수익자들을 상대로 한
구상권이 존재하는지 여부

"채무자의 법률행위가 사해행위에 해당하여 취소를 이유로 원상회복이 이루어지는 경우, 특별한 사정이 없는 한 채무자는 수익자 또는 전득자에게 부당이득반환채무를 부담한다.
채무자의 책임재산이 위와 같이 원상회복되어 그로부터 채권자가 채권의 만족을 얻음으로써 채무자의 다른 공동채무자도 자신의 채무가 소멸하는 이익을 얻을 수 있다. 이러한 경우에 공동채무의 법적 성격이나 내용에 따라 채무자와 다른 공동채무자 사이에 구상관계가 성립하는 것은 별론으로 하고 공동채무자가 수익자나 전득자에게 직접 부당이득반환채무를 부담하는 것은 아니다. 따라서 채무자의 공동채무자가 수익자나 전득자의 가액배상의무를 대위변제한 경우에도 특별한 사정이 없는 한 수익자나 전득자에게 구상할 수 있다."16)

사실관계를 먼저 보면 다음과 같습니다.

"(1) 성환건설 주식회사(이하 '성환건설'이라 한다)는 2009. 4. 17. 피고 2와 이 사건 부동산에 관하여 매매예약을 체결하고, 같은 날 피고 2 앞으로 매매예약을 원인으로 한 소유권이전청구권 가등기를 마쳤다. 피고 2는 2010. 3. 19. 피고 1에게 위 매매예약에 기한 소유권이전청구권을 양도하고 2010. 4. 9. 이 사건 부동산에 관하여 피고 1 앞으로 가등기이전의 부기등기를 마쳤고, 같은 날 피고 1은 2010. 3. 19.자 매매를 원인으로 하여 위 가등기에 기한 본등기를 마쳤다.
(2) 이에 대하여 성환건설의 채권자인 신용보증기금과 주식회사 뱅가즈대부넷(이하 '뱅가즈대부넷'이라 한다)은 위 매매예약과 매매계약이 사해행위에 해당한다고 주장하면서 피고들을 상대로 사해행위취소의 소(광주지방법원 2010가합7791호, 광주지방법원

---

16) 대법원 2017. 9. 26. 선고 2015다38910 판결 [전부금]

"2012가단25963호)를 제기하였다. 법원은 위 매매계약과 매매예약을 신용보증기금에 대해서는 40,400,000원, 뱅가즈대부넷에 대해서는 48,400,000원의 한도에서 각각 취소하고 피고들에게 그 가액배상을 명하는 판결을 선고하였고, 이후 위 판결은 확정되었다. (3) 성환건설의 대표이사인 소외인은 피고 1의 이름으로 위 가액배상금을 대신 지급하였는데, ① 2012. 9. 신용보증기금에 가액배상금 40,400,000원 등을 지급하고 ② 2012. 11. 뱅가즈대부넷을 피공탁자로 하여 가액배상금 잔액 등을 변제공탁하였다. 소외인은 ① 신용보증기금에 대해서는 주채무자 성환건설의 구상채무를 연대보증하였고 ② 뱅가즈대부넷에 대해서는 성환건설 등과 함께 주채무자 주식회사 송강산업의 대출채무를 연대보증하였다.
(4) 원고는 소외인이 피고들의 가액배상금 채무를 대신 변제하여 피고들에게 구상채권을 가진다고 주장하면서, 소외인에 대한 집행력 있는 공정증서 정본에 기하여 소외인의 피고들에 대한 구상채권을 압류·전부받아 피고들을 상대로 전부금의 지급을 구하였다."[17]

원고는 유한회사 유니스한국자산관리대부였습니다. 전부권자였습니다. 채무자는 소외인이었습니다. 즉 성환건설의 대표이사이고 가액배상을 대신 변제해 준 자입니다. 이 사건의 쟁점은 소외인이 수익자인 피고 1, 2에 구상권이 있는지 여부였습니다.

"나. 원심은 소외인이 피고 1의 요청을 받아 가액배상금을 대신 지급하였다고 인정한 다음, 소외인이 피고 1로부터 금전을 차용하였다가 차용금 채무의 변제로서 가액배상금을 지급하였다는 피고들의 주장을 받아들이지 않았다. 나아가 소외인이 가액배상금을 대신 지급하여 피고들이 가액배상의무를 면하였으므로 소외인이 피고들에게 구상채권을 가진다고 판단하였다. 피고들은 소외인이 신용보증기금과 뱅가즈대부넷에 대한 공동채무자로서 가액배상금의 지급으로 소외인의 채무도 소멸하였으므로 피고들에게 구상할 수 없다고 다투었으나, 원심은 이를 받아들이지 않았다."[18]

---

17) 대법원 2017. 9. 26. 선고 2015다38910 판결 [전부금]
18) 대법원 2017. 9. 26. 선고 2015다38910 판결 [전부금]

　　원심은 피고들의 주장을 받아들이지 않았고 원고의 청구를 인용하였습니다. 그런데 피고들이 상고를 하였는데 상고는 기각이 되었습니다.

　　소외인이 피고 1의 채무자여서 피고 1에게 변제할 채무를 취소채권자들에게 변제한 것이기 때문에 소외인이 피고 1에 대하여 구상채권이 있다고 볼 수 없다고 주장하였는데 그런 채권채무관계가 없다고 본 것입니다.

　　그에 따라서 소외인은 피고들에게 구상채권을 가지고 있다고 원심은 판단하였고 이에 피고들은 소외인의 채무로 감소되었으니 구상할 수 없다고 주장을 하였지만 역시 받아들이지 않았습니다.

> "(2) 원심이 인정한 사실관계를 위 법리에 비추어 보면, **취소채권자인 신용보증기금과 뱅가즈대부넷이 채무자 성환건설의 책임재산으로 회복된 가액배상금을 지급받음으로써 소외인의 취소채권자에 대한 연대보증채무도 그 범위에서 함께 소멸하였으나, 소외인이 채무소멸로 얻은 이익이 전득자인 피고 1과의 관계에서 부당이득에 해당한다고 볼 수는 없다.** 나아가 **소외인과 성환건설의 신용보증기금, 뱅가즈대부넷에 대한 채무의 성격과 내용에 비추어 보면 소외인이 성환건설의 출재로 소멸된 채무에 관하여 성환건설에 구상의무를 부담하는 관계에 있다고 볼 수도 없다.** ① 신용보증기금에 대해서는 성환건설이 주채무자, 소외인이 연대보증인이고, ② 뱅가즈대부넷에 대해서는 성환건설, 소외인 등이 주채무자인 송강산업 주식회사의 공동보증인으로서 기록상 성환건설이 자기의 부담부분을 넘은 변제를 하였다고 볼 만한 자료가 없기 때문이다."[19]

　　대법원은 채무자 성환건설의 책임재산으로 회복된 가액배상금을 취소채권자들이 지급받음으로써 소외인의 연대보증채무도 그 범위에서 소멸한 것은 맞다고 하였습니다. 그러나 소외인이 채무소멸로 얻은 이익이 전득자인 피고 1의 관계에서 부당이득에 해당한다고 볼 수 없다고 하였습니다. 또한 소외인은 소외인이 성환건설의 출재로 소멸된 채무에 관하여 성환건설에 구상의무를 부담하는 관계에 있다고 볼 수 없다고 하였습니다. 신용보증기금 건은 소외인이 연대보증인인데 가액배상금의 원인이 된 것은 바로 주채무자의 재산이었던 것입니다. 또한 뱅가즈대부넷에 대하여는 성환건설과 소외인 모두 연대보증인이기 때

---

19) 대법원 2017. 9. 26. 선고 2015다38910 판결 [전부금]

문에 공동보증의 위치에 있는데 성환건설이 자기의 부담부분을 넘은 변제라고 볼 수 없다고 하였습니다. 결국 피고의 주장은 이유가 없다는 것입니다.

매우 재미있으면서 어려운 사안으로 보입니다. 누가 변제를 하였는지보다는 이 부동산이 누구의 것인가가 중요합니다. 소외인 연대보증인의 재산이 아니라 주채무자의 재산이었다는 것입니다. 피고들은 주채무자의 재산에 대한 가액배상채무자였던 것입니다. 소외인이 이를 대신 변제하여 주었으니 그에 따라서 소외인은 피고들에게 구상권이 있었던 것입니다. 주채무자 재산으로 자신의 채무를 변제하였다고 그것이 연대보증인이 주채무자에게 권리를 취득하지는 아니합니다. 공동보증인관계에서 관계에서도 자신의 부담부분을 초과하여야 다른 보증인에게 구상할 수 있는데 이런 관계도 아니라고 하고 있습니다.

여기서 신용보증기금에게는 40,400,000원 뱅가즈대부넷에계는 8,530,410원을 변제하였습니다. 이는 이자까지 포함한 것입니다. 뱅가즈대부넷의 판결금액은 48,400,000원이었습니다. 신용보증기금에 40,400,000원을 변제하고 남은 금액 8,000,000원에 이자까지 그리고 아마 소송비용까지 포함하여 8,530,410원을 공탁한 것이 아닌가 하는 생각을 합니다. 신용보증기금에는 패소금액 전부를 지급해 버리고, 뱅가즈대부넷에는 남은 금액만 공탁하는 식으로 하여 특정 채권자에게 이익을 주는 형태가 일어난 것을 알 수 있습니다. 그 대신 신용보증기금은 소송비용을 받지 않기로 합의하였을 가능성이 있다고 보입니다.

원고가 이런 내용을 어떻게 알고 전부금청구소송을 하게 된 것인지는 모르지만 채권을 양수하였을 것으로 보이는 대부업체가 매우 열심히 소송을 하였다고 할 것입니다. 그것도 전부명령을 받은 것을 보면, 피고들이 충분히 재산이 있다는 결론에 의하여 이루어진 것으로 보입니다. 아마 사해행위취소소송의 목적이 된 부동산이 피고 1 소유로 존재하고 있었을 가능성이 큽니다. 왜냐하면, 피고 2, 1이 가액배상청구를 당한 것을 보면, 부동산을 경매처분을 당하지 아니한 것으로 보이기 때문입니다.

4. 취소채권자가 승소확정판결을 받고 나서 그 이행을 하지 않는 경우 다른 채권자가 이를 대위행사할 수 있는지 여부

가. 취소채권자가 고의적으로 판결을 이행하지 아니한 경우

취소채권자로서는 사해행위취소소송에서 승소확정판결을 받았는데 고의적으로 이를 집행하지 아니하는 경우가 있을 수 있습니다. 왜냐하면 시간을 두고 있으면 지금은 많은 채권자들이 있는데 시간이 지나면 그들도 포기를 할 것이고 부동산가격이 오르면 그때 집행을 하여 경매신청을 하려고 할 수 있습니다. 그런데 다른 채권자가 이를 알고 대위행사를 할 수 있을까를 보면, 전체 채권자의 공동담보로서의 회복된다는 의미에서는 가능할 것도 같고 취소의 효력이 상대적이라는 의미에서는 어려울 것도 같다고 할 것입니다.

나. 부적법하나 실체관계에 부합하는 유효한 등기라고 판단함

"사해행위 취소의 효력은 채무자와 수익자의 법률관계에 영향을 미치지 아니하고, 사해행위 취소로 인한 원상회복 판결의 효력도 소송의 당사자인 채권자와 수익자 또는 전득자에게만 미칠 뿐 채무자나 다른 채권자에게 미치지 아니하므로, 어느 채권자가 수익자를 상대로 사해행위 취소 및 원상회복으로 소유권이전등기의 말소를 명하는 판결을 받았으나 말소등기를 마치지 아니한 상태라면 소송의 당사자가 아닌 다른 채권자는 위 판결에 기하여 채무자를 대위하여 말소등기를 신청할 수 없다. 그럼에도 불구하고 다른 채권자의 등기신청으로 말소등기가 마쳐졌다면 등기에는 절차상의 흠이 존재한다.
그러나 채권자가 사해행위 취소의 소를 제기하여 승소한 경우 취소의 효력은 민법 제407조에 따라 모든 채권자의 이익을 위하여 미치므로 수익자는 채무자의 다른 채권자에 대하여도 사해행위의 취소로 인한 소유권이전등기의 말소등기의무를 부담하는 점, 등기절차상의 흠을 이유로 말소된 소유권이전등기가 회복되더라도 다른 채권자가 사해행위취소판결에 따라 사해행위가 취소되었다는 사정을 들어 수익자를 상대로 다시 소유권이전등기의 말소를 청구하면 수익자는 말소등기를 해 줄 수밖에 없어서 결국 말소된 소유권이전등기가 회복되기 전의 상태로 돌아가는데 이와 같은 불필요한 절차를 거치게 할 필요가 없는 점 등에 비추어 보면, 사해행위 취소 및 원상회복으로 소유권이전

> 등기의 말소를 명한 판결의 소송당사자가 아닌 다른 채권자가 위 판결에 기하여 채무자를 대위하여 마친 말소등기는 등기절차상의 흠에도 불구하고 실체관계에 부합하는 등기로서 유효하다."[20]

우화 솔로몬의 지혜를 발휘한 판결이라고 할 수 있을까요? 원칙은 다른 채권자는 채무자를 대위하여 소유권말소등기청구를 할 수 없다는 것입니다. 그런데 등기관의 실수로 소유권말소등기가 경료가 되었다고 한다면 결국 다른 채권자가 결국 이를 이행할 것이고 취소된 목적재산은 전체 채권자를 위한 공동담보로 회복된다는 점을 들어서 실체관계에 부합한 등기로서 유효한다고 합니다.

그러나, 이것이 맞는 것일까요? 만약 그렇게 채무자를 대위하여 등기가 경료되어 채무자 소유로 회복되었는데 그 등기를 신청한 채권자만이 경매신청을 하고 이런 내용을 전혀 모르고 있던 취소채권자는 배당에도 참여를 할 수 없었다고 한다면 어떻게 될까요? 이는 분명 국가배상의 문제가 발생할 여지가 있다고 할 것입니다.

> "원심이 인용한 제1심판결 이유에 의하면, ① 소외인은 원고들과 원심 별지 목록 1, 2 기재 각 부동산에 관하여 원심 별지 목록 3, 4 기재와 같은 매매계약(이하 '이 사건 매매계약'이라 한다)을 체결하고 원고들에게 그 기재와 같은 소유권이전등기(이하 '이 사건 소유권이전등기'라 한다)를 마친 사실, ② 소외인의 채권자인 주식회사 신한은행(이하 '신한은행'이라 한다)은 이 사건 매매계약이 사해행위라고 주장하면서 원고들을 상대로 서울중앙지방법원 2007가합5873호로 사해행위 취소 및 원상회복을 구하는 소를 제기하였으나 패소하였고, 이에 신한은행이 서울고등법원 2008나42234호로 항소하였는데 항소심에서 2009. 6. 1. '이 사건 매매계약을 취소하고, 원고들은 소외인에게 이 사건 소유권이전등기의 말소등기절차를 이행하라'는 내용으로 화해권고결정(이하 '이 사건 화해권고결정'이라 한다)이 확정된 사실, ③ 신한은행은 이 사건 화해권고결정에도 불구하고 이 사건 소유권이전등기의 말소등기신청을 하지 아니한 사실, ④ 소외인의 다른 채권자인 피고는 춘천지방법원 원주지원에 신한은행의 동의 없이 이 사건 화해권

---

20) 대법원 2015. 11. 17. 선고 2013다84995 판결 [말소회복등기에대한승낙]

고결정에 기하여 소외인을 대위하여 이 사건 소유권이전등기의 말소등기를 신청하였고, 등기관은 위 등기신청을 받아들여 2010. 11. 24. 이 사건 소유권이전등기의 말소등기를 마친 사실을 알 수 있다.

원심은 위와 같은 사실관계에 기초하여, 이 사건 소유권이전등기의 말소등기는 그 등기절차상 흠이 있지만 실체관계에 부합하는 등기로서 유효하다고 판단하였다.

앞서 본 법리와 기록에 따라 살펴보면, 원심의 이유설시에는 부적절한 점이 없지 아니하나, 이 사건 소유권이전등기의 말소등기가 실체관계에 부합하는 유효한 등기라고 판단한 것은 정당하다. 거기에 사해행위 취소의 효력 및 원상회복, 물권변동, 실체관계에 부합하는 등기 등에 관한 법리를 오해하여 판결에 영향을 미친 위법이 없다."[21]

그런데 대법원의 판단에서 가장 큰 문제점이 있습니다. 이는 바로 화해권고결정에 의하여 이루어진 것입니다. 이는 판결이 아닙니다. 그렇기 때문에 이것은 사해행위취소의 판결의 효력에 의한 형성의 소가 아닙니다. 그렇기 때문에 이렇게 화해권고결정이 났다고 하더라도 이는 형성의 소의 효력이 없습니다. 이 점을 대법원은 무시한 잘못이 크다고 할 것입니다. 형성의 소송은 화해권고결정을 한다고 하여 그 효력이 있다고 볼 수 없습니다. 그렇기 때문에 화해권고결정을 하더라도 사해행위취소부분은 제외를 시키고 원상회복부분만 화해권고결정을 하게 되어 있습니다.

다. 1심 판결문의 내용

1심 판결문을 먼저 봅니다.

"1. 피고는,

가. 원고 주식회사 세븐파크에게 별지 1 목록 기재 부동산에 관하여 춘천지방법원 원주지원 2010. 11. 24. 접수 제55609호로 말소된 별지 3 목록 기재 소유권이전등기의 회복등기에 대하여,

---

21) 대법원 2015. 11. 17. 선고 2013다84995 판결 [말소회복등기에대한승낙]

나. 원고 파란들영농조합법인에게 별지 2 목록 기재 부동산에 관하여 같은 지원 2010.
11. 24. 접수 제55612호로 말소된 별지 4 목록 기재 소유권이전등기의 회복등기에 대
하여,
각 승낙의 의사표시를 하라.
2. 소송비용은 피고가 부담한다."²²⁾

"라. 강제경매절차의 개시
이후 피고는 소외 1(대판: 소외인) 명의로 환원된 이 사건 부동산에 관하여 강제경매를
신청하여 2010. 12. 1. 춘천지방법원 원주지원 2010타경10216호로 강제경매개시결
정을 받았고, 같은 날 위 지원 접수 제57132호로 그 기입등기가 마쳐졌다.
마. 원고들의 등기관 처분에 대한 이의 신청
원고들 및 신한은행은 2011. 2.경 춘천지방법원 원주지원 2011비단6호로 '등기신청권
한(말소등기이행청구권)이 없는 소외 1(대판: 소외인)을 대위하여 한 피고의 이 사건 소
유권이전등기 말소등기 신청은 등기신청권한이 없는 등기신청에 해당하므로 구 부동산
등기법(2011. 4. 12. 법률 10580호로 전문 개정되기 전의 것, 이하 같다) 제55조 제2
호에 따라 각하되었어야 함에도 등기관의 부당한 처분으로 인하여 이 사건 소유권이전
등기 말소등기가 마쳐졌으므로, 위 말소등기는 직권으로 회복되어야 한다'고 주장하며
이 사건 소유권이전등기 말소등기 처분을 취소해달라는 이의신청을 제기하였으나, 위
법원은 2011. 11. 4. '신청인들이 주장하는 사유는 위 법 제55조 제2호에 해당하지 아
니하므로 제178조에 의한 이의신청으로는 이 사건 소유권이전등기 말소등기 처분의
효력을 다툴 수 없다.'는 이유로 이의신청을 기각하였고, 항고심인 춘천지방법원 2011
라128 사건에서도 2012. 7. 10. 원고들 및 신한은행의 항고를 모두 기각하였다."²³⁾

　　지은이가 예상한 것처럼 피고는 바로 경매신청을 한 것을 알 수 있습니다.
2010. 12. 1. 춘천지방법원 원주지원 2010타경10216호로 강제경매개시결정이
이루어졌습니다. 그런데 원고들의 이의제기는 언제인가를 보면, "원고들 및 신
한은행은 2011. 2.경 춘천지방법원 원주지원 2011비단6호로 '등기신청권한(말소

22) 서울동부지방법원 2012. 7. 19. 선고 2011가합23130 판결 [말소회복등기에대한승낙]
23) 서울동부지방법원 2012. 7. 19. 선고 2011가합23130 판결 [말소회복등기에대한승낙]

등기이행청구권)이 없는 소외 1(대판: 소외인)을 대위하여 한 피고의 이 사건 소유
권이전등기 말소등기 신청은 등기신청권한이 없는 등기신청에 해당하므로 구
부동산등기법(2011. 4. 12. 법률 10580호로 전문 개정되기 전의 것, 이하 같다) 제55조
제2호에 따라 각하되었어야 함에도 등기관의 부당한 처분으로 인하여 이 사건
소유권이전등기 말소등기가 마쳐졌으므로, 위 말소등기는 직권으로 회복되어야 한
다."라고 주장하며 이 사건 소유권이전등기 말소등기 처분을 취소해달라는 이의신
청을 제기한 것을 알 수 있습니다. 아마 배당요구종기가 지났을 가능성이 크다고
할 것입니다. 신한은행과 원고들이 모두 이의제기를 한 것을 알 수 있습니다.

　사실은 신한은행과 원고들은 사후 합의를 했을 가능성이 큽니다. 원고들은
신한은행에 돈을 주고 이 화해권고결정에 따른 이행은 하지 않는다고 말입니다.

"1) 소외 1(대판: 소외인)이 이 사건 소유권이전등기 말소청구권을 갖는지 여부
가) 우선, 이 사건 화해권고결정으로 채무자인 소외 1(대판: 소외인)이 원고들에 대하여
등기말소청구권을 취득하는지 여부에 관하여 본다.
나) 채권자취소권은 채권의 공동담보인 채무자의 책임재산을 보전하기 위하여 채무자
의 일반재산으로부터 일탈된 재산을 모든 채권자를 위하여 수익자 또는 전득자로부터
환원시키는 제도로서, 그 행사의 효력은 채권자와 수익자 또는 전득자와의 상대적인 관
계에서만 미치는 것이므로 채권자취소권의 행사로 인하여 **채무자가 수익자나 전득자에
대하여 어떠한 권리를 취득하는 것은 아니라고 할 것이고**(대법원 2001. 6. 1. 선고 99
다63183 판결 등 참조), **사해행위취소판결의 기판력은 그 취소권을 행사한 채권자와
그 상대방인 수익자 또는 전득자와의 상대적인 관계에서만 미칠 뿐 그 소송에 참가하
지 아니한 채무자 또는 채무자와 수익자 사이의 법률관계에는 미치지 아니한다**(대법원
1988. 2. 23. 선고 87다카1989 판결 등 참조).
다) 위 법리에 비추어 볼 때, 민사소송법 제231조, 제220조에 따라 확정판결과 동일한
효력을 갖는 이 사건 화해권고결정으로 인한 효력이 문제되는 이 사건에서, 채권자취소
권 행사의 효력은 취소채권자인 신한은행과 수익자인 원고들과의 상대적인 관계에서만
미치는 것이므로 신한은행의 채권자취소권 행사로 인하여 채무자인 소외 1(대판: 소외
인)이 직접 원고들에 대하여 어떠한 권리를 취득하는 것은 아닐 뿐만 아니라, 사해행위
취소 판결 등의 기판력 역시 그 소송에 참가하지 아니한 채무자 혹은 다른 일반채권자
에게 미친다고 볼 수 없으므로, 소외 1(대판: 소외인)의 원고들에 대한 소유권이전등기

> 말소등기청구권이 이 사건 화해권고결정만으로 곧바로 발생하는 것은 아니며, 위 소송
> 에 참가하지도 아니한 일반채권자에 불과한 피고가 위 화해권고결정의 효력을 직접 원
> 용할 수도 없다."[24]

사해행위취소의 소의 법리와 기판력의 문제를 가지고 채무자에게 권리가 없다는 것을 명시하고 있습니다.

> "2) 피고가 이 사건 소유권이전등기 말소등기신청권을 대위행사할 수 있는지 여부
> 가) 구 부동산등기법 제28조, 29조에 따르면 등기는 원칙적으로 등기권리자와 등기의
> 무자가 공동으로 신청하여야 하나 판결에 의한 등기는 승소한 등기권리자 또는 등기의
> 무자가 단독으로 이를 신청할 수 있는바, 위 등기권리자 및 등기의무자의 개념에는 신
> 청된 등기가 실행될 경우 등기부의 기재 형식상 권리를 취득하거나 상실하는 자로 표
> 시되는 절차상의 등기권리자 및 등기의무자도 포함되는 것으로서, 이와 같은 경우 비록
> 실체법상 등기청구권을 가지지 않는 등기권리자라 하더라도 국가기관인 등기소에 대하
> 여 특정(설정, 보존, 이전, 변경, 처분의 제한 또는 소멸)한 등기를 해줄 것을 요구하는
> 공법상 권리로서 등기신청권을 보유하게 된다.
> 나) 그런데 사해행위취소 및 말소등기와 같은 원상회복의 판결이 있는 경우 사해행위취
> 소에 관한 법리 및 취소판결의 내용 등에 비추어 볼 때 취소채권자나 채무자는 모두 구
> 부동산등기법 제29조 소정의 '승소한 등기권리자'에 해당한다고 볼 수 없어 단독으로
> 판결 등에 의한 등기신청을 할 수는 없다. 다만 등기 연속의 원칙을 고려하면, 채무자
> 는 수익자 명의의 소유권말소등기의 실행으로 등기 형식상 소유명의인인 등기권리자가
> 되는 것이므로, 비록 실체법상 등기청구권을 가지는 것은 아니라고 하더라도 소유권말
> 소등기라는 등기목적의 실행을 등기소에 요구할 수 있는 의미의 등기신청권을 갖는다
> 고 할 것이고, 사해행위취소판결을 받은 채권자는 그와 같은 채무자의 등기신청권을 대
> 위행사하여 단독으로 수익자를 상대로 사해행위 취소 및 원상회복판결문 등을 첨부하
> 여 등기의 말소를 구할 수 있는 것이다.
> 다) 한편 채무자는 채권자에 대하여 실체법상 원상회복의무가 없고 수익자에 대하여 원
> 상회복을 청구할 권리도 없으며, 단지 취소채권자의 등기신청에 따라 등기권리자가 되

---

24) 서울동부지방법원 2012. 7. 19. 선고 2011가합23130 판결 [말소회복등기에대한승낙]

는 지위를 수인할 의무만 부담하는 것에 불과하므로, 위와 같이 채무자를 대위하여 등
기신청을 할 수 있는 권리는 위 판결 등의 효력을 받는 취소채권자만이 보유하는 것이
고 그 효력을 원용할 수 없는 일반채권자가 이를 행사할 수는 없다고 보아야 한다.
라) 요컨대, 취소채권자가 사해행위의 취소 및 원상회복을 명하는 판결 등에 따라 단독
으로 채무자를 대위하여 등기를 신청할 수 있다고 하여도, 이는 실체법상 등기청구권이
없는 부동산등기법 소정의 절차상 등기권리자에 불과한 채무자의 절차상 등기신청권을
대위하여 등기를 신청할 수 있다는 의미일 뿐이므로, 취소소송에 참가하지도 아니한 일
반채권자에 불과한 피고가 자신과는 무관한 위 소송결과만을 토대로 채무자인 소외 1
(대판: 소외인)을 대위하여 말소등기를 신청할 권리를 취득한다고 볼 수는 없다.
3) 이 사건 소유권이전등기 말소등기의 효력
가) 결국 앞서 본 바와 같이, 취소채권자인 신한은행이 이 사건 화해권고결정만을 받아
두었을 뿐 그 집행에 나아가지 아니한 상태에서 일반채권자에 불과한 피고가 채무자인
소외 1(대판: 소외인)을 대위하여 경료한 이 사건 소유권이전등기의 말소등기는 사해행
위취소 및 원상회복 판결 등의 취소채권자가 아닌 일반채권자의 등기신청에 터잡은 것
으로서 구 부동산등기법 제55조 제7호 소정의 각하 사유에 해당한다고 할 것인바, 그
와 같은 각하 사유를 간과하고 경료된 위 말소등기는 절차상 하자가 있어 부적법하다
고 할 것이다.
나) 이 사건 소유권이전등기 말소등기가 실체관계에 부합하는지 여부
(1) 이에 대하여 피고는, 원고들과 소외 1(대판: 소외인) 사이에 체결된 이 사건 매매계
약은 소외 1(대판: 소외인)의 채권자인 피고 등에 대한 채무를 면탈할 목적으로 이루어
진 통정허위표시에 기한 것이므로 무효이고, 따라서 위 매매계약에 따른 소유권이전등
기 역시 무효인바, 이 사건 화해권고결정에 기하여 피고가 진정한 소유자인 소외 1(대
판: 소외인)을 대위하여 소외 1(대판: 소외인) 명의로 원상회복등기를 경료한 것은 등기
절차상 다소 하자가 있었다고 할지라도 결과적으로 현재의 상태가 그 실체적 권리관계
에 부합하므로 유효하다고 주장한다.
(2) 살피건대, 갑6호증, 을1호증 내지 10호증(각 가지번호 포함)의 각 기재만으로는 소
외 1(대판: 소외인)의 채권자들의 강제집행을 면탈할 목적으로 원고들과 소외 1(대판:
소외인)이 통모하여 허위로 이 사건 매매계약을 체결하였다고 인정하기에 부족하고, 달
리 이를 인정할 증거가 없다.
그리고 채권자가 사해행위의 취소와 함께 수익자 또는 전득자로부터 책임재산의 회복
을 명하는 사해행위취소의 판결을 받은 경우 그 취소의 효과는 채권자와 수익자 또는

전득자 사이에만 미치므로, 수익자 또는 전득자가 채권자에 대하여 사해행위의 취소로 인한 원상회복 의무를 부담하게 될 뿐, 채무자와 사이에서 그 취소로 인한 법률관계가 형성되거나 취소의 효력이 소급하여 채무자의 책임재산으로 회복되는 것은 아니므로, 이 사건 화해권고결정이 확정되었다 하여 이 사건 부동산이 소급하여 채무자 소외 1 (대판: 소외인)의 책임재산으로 회복되었다고 볼 수는 없는 점, 취소채권자인 신한은행은 채무자 소외 1(대판: 소외인)로부터 자신의 채권을 변제받고 있으므로 수익자인 원고들에 대하여 이 사건 소유권이전등기의 말소등기의무를 이행하도록 할 의사가 없는 바(갑9, 10호증 참조), 이 사건 소유권이전등기 말소등기는 취소채권자인 신한은행의 의사에도 반하는 등기인 점 등을 아울러 고려하면, 위 말소등기가 현재의 실체적 권리관계에 부합하는 등기라고 보기도 어렵다.

4) 이 사건 소가 신의칙 위반 또는 권리남용에 해당하는지 여부

가) 피고는, 원고의 이 사건 청구는 ① 이 사건 부동산의 실제 소유자인 소외 1(대판: 소외인)이 원고들의 대표이사인 점, ② 원고와 소외 1(대판: 소외인) 사이에 체결된 이 사건 부동산에 관한 매매계약은 강제집행면탈을 위한 통정허위표시에 해당하는 점, ③ 이 사건 매매계약이 이 사건 화해권고결정으로써 취소된 점, ④ 피고는 언제라도 원고를 상대로 이 사건 부동산에 관한 매매계약이 통정허위표시 내지 사해행위에 해당함으로 증명하여 무효 내지 취소를 구할 수 있는 점, ⑤ 원고의 법 형식 논리에 따를 때 이는 무의미한 소송을 반복하게 하고, 강제하는 결과에 이르며 이러한 처사는 명백히 법 형평과 정의관념에도 반한다는 점 등에 비추어 볼 때, 신의칙에 반하거나 권리남용에 해당한다고 주장한다.

나) 살피건대, 이 사건 매매계약이 통정허위표시에 해당한다고 볼 수 없고, 이 사건 소유권이전등기 말소등기는 절차상 하자가 있을 뿐만 아니라 현재의 실체적 권리관계에 부합하는 등기로 보기도 어려운 점은 앞서 본 바와 같고, 이 사건 화해권고결정의 기판력이 위 소송에 참가하지 아니한 피고에게 미치지 아니하므로 피고에 대한 관계에서도 이 사건 매매계약이 사해행위에 해당한다고 단정할 수 없는 점 등을 아울러 고려하면 피고가 주장하는 위와 같은 사유만으로는 원고들의 이 사건 청구가 신의칙에 반한다거나 권리남용에 해당한다고 인정하기에 부족하고, 달리 이를 인정할 증거가 없으므로, 피고의 위 주장 역시 받아들이지 아니한다."25)

　

매우 논리적으로 잘 정리가 된 판결문이지만 소급하여 책임재산으로 회복

---

25) 서울동부지방법원 2012. 7. 19. 선고 2011가합23130 판결 [말소회복등기에대한승낙]

되지 않는다고 한 점은 분명 문제가 있다고 보입니다.

라. 서울고등법원의 판결문 검토

"4) 피고의 이 사건 소유권이전등기 말소등기의 효력에 관한 주장에 대한 판단

이에 대하여 이 사건 소유권이전등기 말소등기는 진정한 소유자인 소외 1(대판: 소외인)을 대신하여 소외 1(대판: 소외인) 명의로 원상회복 등기를 경료한 것으로서 결과적으로 현재의 상태는 실체관계에 부합하는 등기라는 피고의 주장에 대하여 본다.

가) 사해행위취소의 효력은 상대적이기 때문에 **소송당사자인 채권자와 수익자 또는 전득자 사이에만 발생할 뿐 소송의 상대방이 아닌 제3자에게는 아무런 효력이 미치지 않는다**(대법원 1984. 11. 24.자 84마610 결정, 대법원 1988. 2. 23. 선고 87다카1989 판결, 대법원 1990. 10. 30. 선고 89다카35421 판결, 대법원 2001. 5. 29. 선고 99다9011 판결 등 참조).

그러나 이는 어디까지나 사해행위가 매매계약인 경우 그 매매계약 자체의 효력에 관한 것일 뿐이고, 당해 부동산에 관한 대외적인 소유권귀속의 문제는 사해행위취소에 따른 원상회복의 목적 및 물권변동의 일반원리에 따라 해결될 수밖에 없다. 채무자와 수익자 사이의 매매계약이 사해행위로서 취소됨으로써 취소채권자와 수익자와의 사이에서만 상대적으로 무효로 되었다고 하더라도, 그에 따른 원상회복으로 말소등기가 경료된 경우에는 적어도 물권변동에 관하여 형식주의를 취하고 있는 우리 법제하에서는 당해 부동산의 소유권이 더 이상 등기를 상실한 수익자에게 남아 있다고 볼 수는 없고, 당해 부동산의 소유권은 취소채권자에 대한 관계에 있어서는 물론 대외적으로도 모두 당연히 채무자에게 회복되었다고 보아야 한다.

나) 이에 비추어 보면, 앞서 살펴본 바와 같이 이 사건 소유권이전등기 말소등기가 이미 경료되었고, 위 말소등기에 대한 이의신청이 이유 없는 것으로 확정되어 이 사건 소유권이전등기 말소등기에 대하여 등기절차법상 더 이상 다툴 수 없게 된 이상 이 사건 소유권이전등기 말소등기는 결과적으로 등기신청인이 의도한 바와 같이 채권자취소권에 의한 원상회복과 같게 되었다. 따라서 이 사건 소유권이전등기 말소등기는 앞서 살펴본 바와 같이 대세효가 있고 이 사건 부동산의 소유권은 취소채권자에 대한 관계에 있어서는 물론 대외적으로도 모두 당연히 소외 1(대판: 소외인)에게 회복되었으므로 이 사건 소유권이전등기 말소등기는 실체관계에 부합하는 등기이다. 또한 이는 피고도 소외 1(대판: 소외인)에 대한 일반채권자의 지위에 있으므로 채권자취소권 행사에 따른

> 취소와 원상회복은 모든 채권자의 이익을 위하여 효력이 있다는 민법 제407조의 규정
> 취지에도 부합한다."26)

대세효와 모든 채권자의 이익을 위하여 효력이 있다는 민법 제407조를 들
어서 원고의 청구를 기각하였습니다.

> "5) 피고의 통정허위표시 주장에 대한 판단
> 나아가 이 사건 매매계약이 통정허위표시로서 무효이어서 이 사건 소유권이전등기 말
> 소등기는 실체관계에 부합하는 등기라는 피고의 주장에 대하여도 살펴본다.
> 가) 인정 사실
> (1) 이 사건 매매계약 당시의 소외 1(대판: 소외인)의 경제상황
> ① 소외 1(대판: 소외인)은 1983. 11. 11.경 서울기독병원을 설립하여 운영하여 오다
> 가 1998. 7. 4. 1997년 IMF 사태를 기점으로 위 병원의 재정상태가 급격히 나빠지는
> 등의 이유로 휴업하였고, 한미캐피탈 주식회사는 1998. 12. 21. 서울기독병원을 신용
> 관리대상에 등재하였다.
> ② 전은리스는 2000. 6. 21. 서울기독병원 및 소외 1(대판: 소외인)을 상대로 사용료
> 등 청구의 소를 제기하여 2001. 2. 17.경 35억여 원 및 이에 대한 지연손해금을 지급
> 하라는 내용의 확정판결을 받았다.
> ③ 전은리스는 2002. 12. 2. 위 사용료 채권으로 소외 1(대판: 소외인)의 부동산 일부
> 에 대하여 강제경매를 신청하였고, 2003. 8. 22.경 위 경매에서 205,206,029원을 배
> 당받았다.
> ④ 신한은행은 2004. 6. 10. 서울기독병원과 소외 1(대판: 소외인)을 상대로 대여금
> 청구의 소를 제기하여 2004. 10. 30.경 36억여 원 및 이에 대한 지연손해금을 지급하
> 라는 내용의 확정판결을 받았다.
> ⑤ 이 사건 매매계약 당시의 소외 1(대판: 소외인)의 적극재산은 이 사건 부동산의 시가
> 합계금 1,095,096,560원과 다른 부동산의 시가 합계금 2,962,004,100원으로서 총
> 4,057,100,660원 상당이었다. 반면 소극재산은 전은리스에 대한 채무원리금 5,733,530,796
> 원을 비롯하여 한국리스여신 주식회사에 대하여 2,619,773,273원, 한빛자산관리 주식
> 회사에 대하여 439,753,560원, 서울보증보험 주식회사에 대하여 203,198,420원, 신

---

26) 서울고등법원 2013. 10. 2. 선고 2012나64767 판결: 상고 [말소회복등기에대한승낙]

한은행에 대하여 3,672,718,183원, 중외메디칼 주식회사에 대하여 650,000,000원 등 합계액 13,318,973,995원 상당에 이르렀다. 소외 1(대판: 소외인)은 이 사건 부동산을 원고들에게 이전한 이후 그 당시 별다른 재산을 가지고 있지 않았다.

(2) 원고들의 설립 및 주주들의 구성

① 원고 파란들법인은 2001. 10. 31. 설립되었고, 설립 당시 소외 1(대판: 소외인)의 동생인 소외 2가 대표이사로, 소외 1(대판: 소외인)이 이사로 각 등기되었으며 2012. 8. 20.부터는 소외 1(대판: 소외인)이 대표이사에 취임하였다. 원고 파란들법인의 주요 주주들은 소외 1(대판: 소외인)의 처 소외 3, 소외 1(대판: 소외인)의 딸 소외 4, 동생 소외 2이며, 이는 2011년도까지 거의 변동이 없다.

② 원고 쎄븐파크는 2002. 12. 24. 설립되었고, 설립 당시 위 소외 2가 대표이사로, 소외 1(대판: 소외인)은 감사로, 위 소외 3, 소외 4, 소외 1(대판: 소외인)의 아들 소외 5가 각 이사로 등기되었으며 2010. 3. 3.부터는 소외 1(대판: 소외인)이 대표이사에 취임하였다. 원고 쎄븐파크의 주주도 소외 1(대판: 소외인), 위 소외 3, 소외 4, 소외 5, 소외 2로 구성된 이후 소외 1(대판: 소외인)의 지분비율이 소외 5로 이전된 것 이외에는 2011년도까지 변동이 없다.

(3) 이 사건 매매계약의 매매대금과 시가와의 차이

① 소외 1(대판: 소외인)은 2002. 12. 23. 원고 쎄븐파크에게 이 사건 부동산 중 25필지(562,370㎡)가 포함된 39필지(674,036㎡)를 총 매매대금 435,000,000원에 매도하였다. 그런데 앞서 살펴본 원고들과 신한은행 사이의 사해행위취소 소송에서 이루어진 부동산감정 결과에 의하면 쎄븐파크가 2002. 12. 23. 소외 1(대판: 소외인)로부터 매수한 부동산 중 위 25필지가 포함된 30필지(476,134㎡)의 당시 시가 합산액은 1,108,644,720원이었다.

② 소외 1(대판: 소외인)은 2004. 8. 23. 원고 쎄븐파크에게 이 사건 부동산 중 별지 1 목록 순번 8, 9의 2필지를 500,000원에 매도하였는데, 위 부동산감정 결과에 의하면 위 2필지의 당시 시가 합산액은 2,435,400원이었다.

③ 소외 1(대판: 소외인)은 2005. 2. 3. 원고 쎄븐파크에게 이 사건 부동산 중 별지 1 목록 순번 11, 17, 18의 3필지를 1,000,000원에 매도하였는데, 위 부동산감정 결과에 의하면 위 3필지의 당시 시가 합산액은 1,462,340원이었다.

④ 소외 1(대판: 소외인)은 2002. 12. 30. 원고 파란들법인에게 이 사건 부동산 중 별지 2 목록 순번 1, 2, 4, 5의 4필지를 11,000,000원에 매도하였는데, 위 부동산감정 결과에 의하면 위 4필지의 당시 시가 합산액은 31,040,600원이었다.

⑤ 소외 1(대판: 소외인)은 2003. 5. 30. 원고 파란들법인에게 이 사건 부동산 중 **별지 2 목록 순번 7의 1필지를 8,000,000원에 매도하였는데, 위 부동산감정 결과에 의하면 위 1필지의 당시 시가는 8,516,000원이었다.**

⑥ 소외 1(대판: 소외인)은 2004. 7. 14. 원고 파란들법인에게 이 사건 부동산 중 **별지 2 목록 순번 3, 6의 2필지와 원주시 (지번 생략) 임야 3,656㎡, 총 3필지(6,724㎡)를 32,000,000원에 매도하였는데, 위 부동산감정 결과에 의하면, 그중 2필지(3,068㎡)만 의 당시 시가의 합산액은 31,707,600원이었다.**

(4) 이 사건 매매계약 체결 이후에 **원고들이 금융거래하던 제일은행, 조흥은행, 하나은 행, 농협, 외환은행, 한솔저축은행의 예금계좌에서 매매대금이나 그 일부분으로 보이는 돈이 인출되거나 송금된 사실은 없다.**

[인정 근거] 다툼 없는 사실, 갑 6호증, 갑 11호증의 1 내지 6, 갑 17호증의 1 내지 5, 갑 18호증의 1 내지 7, 을 3호증의 1, 5, 6, 8, 을 5호증의 4, 을 8, 9호증, 을 10 호증의 1 내지 5, 을 11호증, 을 12호증의 1, 2, 을 22호증의 1, 2의 각 기재, 제1심 법원의 문막농업협동조합, 주식회사 신한은행, 농협중앙회, 주식회사 하나은행에 대한 각 사실조회 결과, 이 법원의 주식회사 한국스탠다드차타드은행, 주식회사 한국외환은 행에 대한 각 사실조회 결과, 원고들 대표자 본인신문 결과, 변론 전체의 취지

나) 판단

위 인정 사실들과 위 인정 근거들에 의하면 다음 ① 내지 ③과 같은 사정들을 엿볼 수 있다. 즉 ① 원고들의 기관과 주주의 구성으로 볼 때 소외 1(대판: 소외인)이 사실상 원 고들을 지배하여 왔으며 원고들의 경제적 이익을 소외 1(대판: 소외인)이 그대로 누리 는 것으로 볼 수 있다. ② 소외 1(대판: 소외인)은 극심한 채무초과의 상태에 있었음에 도 불구하고 시가의 20% 정도에 불과한 가격으로 토지들을 원고들에게 매도하기도 하 는 등 전반적으로 시가에 비해 상당히 저렴한 가격으로 원고들에게 이 사건 부동산을 매도하였다. ③ 원고들이 소외 1(대판: 소외인)에게 이 사건 부동산의 매매대금을 지급 하였다고 볼만한 아무런 금융자료가 없다.

위 사정들에 의하면, **소외 1(대판: 소외인)은 이 사건 매매계약 체결 당시에 극심한 채 무초과의 상태에서 실제로 그에 따른 법률효과를 발생시킬 의사 없이 채무를 면탈할 목적으로 본인 및 친족들과 특수관계에 있는 원고들에게 대가 없이 매매형식으로 이 사건 부동산에 관하여 소유권이전등기를 경료하였다고 봄이 상당하다. 그러므로 이 사 건 매매계약은 가장매매로서 통정허위표시에 해당하여 무효이다.**"27)

---

27) 서울고등법원 2013. 10. 2. 선고 2012나64767 판결: 상고 [말소회복등기에대한승낙]

서울고등법원은 이 사건 매매계약 자체가 무효라고 하고 있습니다. 무효라고 한다면, 채무자에게 소유권이 있다고 할 것입니다. 그렇다고 한다면 채무자에게 소유권이 있다고 볼 여지가 컸다고 할 것입니다. 상황이 이렇게 되니 구체적 타당성을 위해서도 원고의 청구는 기각하는 것이 옳을 것입니다.

대법원은 채무자는 권리가 없는 것은 맞다고 하였습니다. 그리고 그것이 절차적 흠결이 있다고도 하였습니다. 그러면서도 실체관계에 부합하는 유효한 등기라고 하였습니다. 원심도 그와 같이 판단한 것으로 보입니다. 경매는 어떻게 중지가 되었는지 신한은행은 배당에 참가하게 된 것인지 궁금합니다. 피고회사는 대부회사였습니다. 등기관을 어떻게 설득했는지 모르지만 쉽지 않은 일을 한 것은 맞습니다.

또한 신한은행이 원고 수익자는 아니더라도 채무자회사로부터 계속 변제를 받고 있는 것을 알 수 있습니다. 그래서 등기를 경료하지 아니하려고 한 것도 알 수 있습니다. 이런 점도 판단에 영향을 주었을 것입니다. 원고는 주식회사 쎄븐파크와 파란들영농조합법인이었습니다. 취소채권자는 신한은행이었고, 채무자는 소외인으로 정확히 나오지 않습니다. 이는 혼자만 채권을 회수하려거나 취소가 되었다고 하더라도 부동산을 지키려고 하는 수익자와 이런 행동을 간파하고 이에 대하여 어떻게든 집행재산으로 만들어 집행을 하려는 다른 채권자들의 간의 싸움이 벌어진 것임을 알 수 있습니다. 대부회사는 아마 채권을 양수하였을 가능성이 크고 이로 인하여 큰 이익을 보았을 가능성이 있다고 할 것입니다. 수익자들은 대형로펌을 선임하여 1심부터 다투었는데 결국은 패소하고 말았습니다.

5. 취소채권자의 의사에 반하여 목적물이 채무자에게 회복되고 다시 처분되어 취소채권자의 이익에 반하는 경우

가. 사해행위취소를 벗어나려는 행위

사해행위취소에서 패소할 것이 어느 정도 예정이 된다고 한다면, 이에 대하여 소송비용 등의 문제가 발생합니다. 이를 부담하지 않기 때문에 사해행위라는 법률행위를 없애려고 하는 의도가 있습니다. 이 정도라고 한다면 큰 문제가 없습니다. 그런데 채무자에게 돌려놓고 나서 채무자가 이 목적재산을 다시 처분하도록 길을 열어놓는다고 한다면 이는 새로운 사해행위를 만드는데 적극적으로 도와주는 꼴이 됩니다. 취소채권자로서는 분통이 터질 일입니다.

나. 신탁계약해지 등을 원인으로 소유권이전등기를 경료하여 이를 채무자가 제3자에게 처분해 버린 경우 - 포디스건축 사례

"채권자취소권은 사해행위로 이루어진 채무자의 재산처분행위를 취소하고 그 원상회복을 구하기 위한 권리로서 사해행위에 의해 일탈된 채무자의 책임재산을 총채권자를 위하여 채무자에게 복귀시키기 위한 것이지 채권자취소권을 행사하는 특정 채권자에게만 독점적 만족을 주기 위한 권리가 아니므로, 채권자가 채무자의 부동산에 관한 사해행위를 이유로 수익자를 상대로 그 사해행위의 취소 및 원상회복을 구하는 소송을 제기하여 그 소송계속 중 위 사해행위가 해제 또는 해지되고 채권자가 그 사해행위의 취소에 의해 복귀를 구하는 재산이 벌써 채무자에게 복귀된 경우에는, 특별한 사정이 없는 한, 그 채권자취소소송은 이미 그 목적이 실현되어 더 이상 그 소에 의해 확보할 권리보호의 이익이 없어지는 것이고(대법원 2003. 7. 11. 선고 2003다19558 판결 참조), 이는 그 목적재산인 부동산의 복귀가 그 이전등기의 말소 형식이 아니라 소유권이전등기의 형식을 취하였다고 하여 달라지는 것은 아니라고 할 것이다.

그런데 이 사건 소는 원고가 주식회사 포디스건축(이하 '포디스건축'이라고 한다)과 피고가 2004. 11. 3. 남양주시 와부읍 (주소 생략) 대 1,674㎡(이하 '이 사건 토지'라고 한다)에 관한 신탁계약을 하여 그 토지를 피고 앞으로 이전한 행위가 사해행위라고 주장하면서 그 신탁계약의 취소와 위 토지의 원상회복을 구하는 것임이(다만, 이 사건 토지가 뒤에서 보는 바와 같이 신탁계약 해지에 의해 일단 포디스건축으로 원상회복된 다음 다시 타에 양도되자 원고는 그로써 원상회복이 불가능하게 되었다는 이유로 항소심에서 원상회복에 갈음하는 가액배상청구로 소변경을 하였다) 기록상 분명한데, 원심이 채택한 증거에 의하면, 이 사건 소송이 진행중이던 2006. 5. 15.에 위 신탁계약이 해지되고, 이에 따라 피고는 이 사건 토지에 관하여 포디스건축에게 2006. 5. 16.자로 위 신탁등기를 말소함과 동시에 신탁재산 귀속을 원인으로 한 소유권이전등기를 경료해줌으로써 위 신탁계약에 의해 이전받았던 부동산의 소유권을 복귀시켜준 사실을 알 수 있는바, 위와 같은 사정을 앞서 본 법리에 비추어 보면, 원고가 이 사건 소에 의해

실현하고자 한 목적은 이 사건 부동산이 포디스건축에게 복귀됨으로써 이미 달성되었
기에 더 이상 권리보호의 이익이 없어졌다고 할 것이고, 포디스건축이 그 후 다른 법률
행위에 의해 이 사건 부동산을 다시 양도하였다 하더라도 이 사건 사해행위의 취소에
의해 그 원상회복을 구할 수는 없다 할 것이다.
한편, 원심이 채택한 증거에 의하면, 원고는 위 신탁계약의 해지 이전에 피고를 상대로
사해행위취소로 인한 소유권이전등기 말소등기청구권을 피보전권리로 하여 이 사건 토
지에 관하여 처분금지가처분을 받은 사실을 알 수 있기는 하나, 기록에 의하면, 그 가
처분은 위 신탁계약 해지 이전인 2006. 3. 14. 민사집행법 제307조에 따른 특별사정
을 이유로 피고의 담보제공하에 취소되었을 뿐 아니라, 목적물에 대한 처분금지가처분
결정이 내려진 경우 가처분에 의한 처분금지의 효력은 가처분채권자의 권리를 침해하
는 한도에서만 생기는 것인데(대법원 1984. 4. 16.자 84마7 결정 참조), 앞서 본 채권
자취소 제도의 목적에 비추어 보면, 채권자가 수익자를 상대로 사해행위취소로 인한 원
상회복을 위하여 소유권이전등기 말소등기청구권을 피보전권리로 하여 그 목적부동산
에 대한 처분금지가처분을 발령받은 경우, 그 후 수익자가 계약의 해제 또는 해지 등의
사유로 채무자에게 그 부동산을 반환하는 것은 위 가처분채권자의 피보전권리인 채권
자취소권에 의한 원상회복청구권을 침해하는 것이 아니라 오히려 그 피보전권리에 부
합하는 것이므로 위 가처분의 처분금지 효력에 저촉된다고 할 수 없는 것이므로(대법원
2006. 8. 24. 선고 2004다23110 판결 참조), 피고의 신탁계약의 해지에 따른 채무자
에게로의 소유권이전이 위 가처분의 처분금지 효력에 저촉되어 무효라고 할 수도 없
다."[28]

사실관계를 보면, 원고가 신탁회사인 피고를 상대로 사해신탁소송을 제기
한 건입니다. 그런데 패소할 것이 예상이 되었는지 아니면 재산을 다시 회피시
키려는 의도가 있었는지 신탁계약을 해지하면서 신탁등기를 말소하고 소유권이
전등기를 통하여 채무자인 포디스건축에 사해행위의 대상인 목적부동산을 넘겼
습니다. 이에 대하여 피고 신탁회사는 목적부동산이 채무자에게 회복이 되었으
니 원고의 사해행위취소의 소는 권리보호이익이 없다고 소각하판결을 해 줄 것
을 주장하였다고 볼 수 있습니다. 그런데 사실 서울고등법원의 판결문이 공개되
어 있는데 피고의 이런 주장도 없고 판결의 주문도 항소기각과 당심에서 변경된

28) 대법원 2008. 3. 27. 선고 2007다85157 판결 [사해신탁취소등]

교환적으로 변경된 원고의 청구를 모두 기각한다고 하였습니다.

대법원은 이 부분에 대하여 직권판단한 것입니다. 소각하사유이기 때문에 직권판단을 한 것으로 보입니다.

취소채권자는 당연히 이 사건 부동산에 관하여 처분금지가처분결정을 받아 두었습니다. 피고 신탁회사는 특별사정을 이유로 담보를 제공하고는 가처분결정은 취소가 되었습니다. 이것이 2006. 3. 14.입니다. 그리고 신탁계약해지를 원인으로 신탁등기를 말소하고 채무자에게 소유권이전등기를 경료해 준 것은 2006. 5. 16.입니다. 2달 사이에 이런 행위를 하였습니다. 이렇게 채무자에게 돌아온 부동산에 관하여 채무자는 이를 세양건설산업에 2006. 9. 29.에 대물변제로 넘기고 바로 세양건설산업은 다시 이를 피고에게 신탁을 했던 사건입니다. 그리고 일부 토지는 2006. 12. 20.에 소외 5에게 합병이 되었습니다. 이렇게 되자 원고는 항소심에서 원상회복을 원물반환에서 가액배상으로 바꾸었습니다. 이렇게 되다보니 처음 처분금지가처분의 원인인 원물반환청구권 자체가 없어졌습니다. 이것도 이 사건 대법원 판결에 큰 이유가 되었습니다. 결국 피보전권리가 없어졌습니다. 원물반환에 의한 소유권말소등기청구권이란 권리가 사후적으로 가액배상이라는 금전청구권으로 바뀌어서 가처분의 효력이 상실되어 버린 것입니다.

"원고는 이 사건 청구원인으로, 채무자가 채무를 변제하지 아니한 채 그의 유일한 재산인 부동산에 관하여 제3자와 사이에 신탁계약을 체결하고 그 제3자 명의로 소유권이전등기를 경료한 경우 그 신탁계약은 채권자를 해함을 알고서 한 사해행위라고 봄이 상당하고, 한편 신탁법 제8조 제1항은 '채무자가 채권자를 해함을 알고 신탁을 설정한 경우에는 채권자는 수탁자가 선의일지라도 민법 제406조 제1항의 취소 및 원상회복을 청구할 수 있다'고 규정하고 있는바, (상호 2 생략) 회사가 원고에 대한 위 차용금 채무 중 4억 원만을 지급하고 나머지 금 6억 원을 변제하지 아니한 채 그 유일한 재산인 이 사건 토지를 피고에게 신탁하기로 하는 이 사건 신탁계약은 사해신탁에 해당하므로 이를 취소하고, 피고에 대한 이 사건 신탁등기를 말소하여야 할 것이나, (상호 2 생략) 회사가 이 사건 신탁등기를 마친 후 신탁재산의 귀속을 원인으로 자신의 명의로 소유권이전등기를 경료한 다음 세양건설산업 주식회사에게 소유권이전등기를 마쳐 주었고, 그 후 다시 피고 앞으로 신탁등기가 경료 되었으며, 한편 이 사건 토지가 남양주시 와

부읍 ○○리 462-50 대 2,509㎡로 합병된 후 그중 118/2509 지분에 관하여 소외 5 앞으로 소유권이전등기가 경료 되었는바, 이는 피고의 원고에 대한 원물반환이 불가능하거나 현저히 곤란하게 되었다고 할 것이므로, 결국 피고는 원고에게 원상회복의무의 이행으로서 사해행위의 목적물의 가액 상당인 금 6억 원 및 이에 대한 지연손해금을 배상하여야 한다고 주장한다.

(2) 판 단

살피건대, 갑제10, 13 내지 15호증의 각 기재에 변론 전체의 취지를 종합하면, (상호 2 생략) 회사는 2006. 9. 29. 신탁재산의 귀속을 원인으로 피고로부터 이 사건 토지에 관한 소유권이전등기를 경료 받은 후 같은 날 위 주상복합건물 신축사업의 시공자인 세양건설산업 주식회사에게 대물변제를 원인으로 소유권이전등기를 마쳐 주었고, 세양건설산업 주식회사는 같은 날 다시 피고에게 신탁계약을 원인으로 한 소유권이전등기를 경료한 사실, 이 사건 토지 중 8㎡가 2006. 12. 20. 남양주시 와부읍 ○○리 462-90으로, 16㎡가 위 같은 리 462-91로 각 분할된 후 2007. 3. 5. 이 사건 토지 중 잔존토지 1,650㎡가 남양주시 와부읍 ○○리 462-31 대 767㎡와 함께 남양주시 와부읍 ○○리 462-50 대 2,509㎡로 합병된 사실을 각 인정할 수 있고 반증이 없다.

살피건대, 이 사건 신탁계약의 취소, 그리고 원상회복방법인 이 사건 신탁등기의 말소가 이행불능 내지 현저히 곤란하게 되었음을 이유로 가액배상을 구하는 원고의 위 주장은 이 사건 신탁계약 및 신탁등기가 존재하고 있음을 당연한 전제로 하고 있는바, 위 인정사실과 같이 (상호 2 생략) 회사와 피고가 이 사건 제1심 변론종결 전인 2006. 5. 15. 이 사건 신탁계약을 해지하고, 이 사건 신탁등기를 말소함으로써 취소 및 원상회복의 대상이 더 이상 존재하지 않게 된 이상, 비록 그 이후에 이루어진 세양건설산업 주식회사 앞으로의 소유권이전등기, 피고 앞으로의 신탁등기 및 이 사건 토지의 합병 등으로 인하여 원고가 책임재산의 회복이라는 이 사건 소제기의 목적을 달성할 수 없다고 하더라도 원고의 위 주장은 더 나아가 살필 필요가 없이 이유가 없다."29)

서울고등법원은 권리보호이익의 문제로 해결한 것이 아니라 취소 및 원상회복의 대상이 더 이상 존재하지 않게 되었다고 하여 기각을 하였습니다. 그러나, 근저당권이 말소가 되었다고 하더라도 근저당권설정계약의 취소를 구할 수 있다는 대법원 판례들을 보더라도 이 논리는 부적법한 것이고, 또한 원상회복이

29) 서울고등법원 2007. 10. 24. 선고 2006나112108 판결 [사해신탁취소등]

패소할 것이라는 이유로 사해행위취소의 소도 소의 이익이 없는 것은 아니라는 대법원 판례의 태도를 보더라도 논리적 문제가 있었던 것입니다. 이에 대법원은 권리보호이익의 문제로 가서 소각하사유라고 하였고 파기자판을 한 사건입니다.

> "원심판결 중 판결경정 부분을 제외한 나머지 부분을 파기하고, 제1심판결 중 피고에 대한 부분을 취소하며, 이 부분 소를 각하한다. 소송총비용은 원고가 부담한다."[30]

문제는 취소채권자인 원고 대리인 측이 세양건설산업을 상대로 하여 대물변제한 것을 이유로 또한 소외 5에 대하여 사해행위취소소송을 제기하였는지가 문제가 됩니다. 1년의 제척기간이 도과되어버렸을 수도 있습니다. 피고는 대한주택보증주식회사였습니다. 피고 측 대리인이 쓴 묘수가 결국 승리를 하게 된 것이 아닌가 하는 생각이 듭니다. "뛰는 놈이 위에 나는 놈이 있고, 나는 놈 위에 제트기 타는 놈이 있고, 제트기 타는 놈 위에 대륙 간 탄도탄을 타는 놈이 있다."는 말이 있습니다. 원고의 소가 각하되었으니 피고가 특별사정을 이유로 담보를 제공하고 가처분을 취소하면서 공탁한 공탁금도 피고는 빼앗기지 않고 회수할 수 있고 오히려 변호사비용을 원고에게 청구할 수는 있게 되었습니다. 피고는 1심 2심 모두 승소하였기 때문인지, 아니면 이런 행동을 한 것이 대법원에 비추어지는 것이 좀 그랬는지 상고심에서는 변호사를 선임하지 않았습니다.

다. 소송에 청구인낙을 하여 특정취소채권자가 압류전부명령을 먼저 받도록 한 사건

> "목적물에 대한 처분금지가처분결정이 내려진 경우 가처분에 의한 처분금지의 **효력**은 가처분채권자의 권리를 침해하는 한도에서만 생기는 것이므로, 가처분채권자는 피보전 권리의 한도에서 가처분 위반의 처분행위의 효력을 부정할 수 있다 할 것인바(대법원 1984. 4. 16.자 84마7 결정, 대법원 1988. 4. 25. 선고 87다카458 판결, 대법원

---

30) 대법원 2008. 3. 27. 선고 2007다85157 판결 [사해신탁취소등]

1991. 4. 12. 선고 90다9407 판결 등 참조), 채권자취소권은 사해행위로 이루어진 채무자의 재산처분행위를 취소하고 그 원상회복을 구하기 위한 권리로서 사해행위에 의해 일탈된 채무자의 책임재산을 총채권자를 위하여 채무자에게 복귀시키기 위한 것이지 채권자취소권을 행사하는 특정 채권자에게만 독점적 만족을 주기 위한 권리가 아니므로, 지명채권이 양도되어 제3자에 대하여 대항요건까지 갖춘 후 양도인의 채권자가 양수인을 상대로 사해행위취소로 인한 원상회복청구권을 피보전권리로 하여 그 피양수채권에 대한 처분금지가처분을 발령받은 경우에, 위 가처분 채권자가 본안소송으로 제기한 사해행위취소소송에서 승소 확정된 후 그에 기하여 채무자에게 그 채권이 원상회복되는 때뿐만 아니라, 양수인이 임의로 양도인에게 그 채권을 반환하거나 양도인의 다른 채권자가 양수인을 상대로 제기한 사해행위취소소송의 결과에 따라 원상회복의무의 이행으로서 그 채권을 반환하더라도, 이는 위 가처분채권자의 피보전권리인 채권자취소권에 의한 원상회복청구권을 침해하는 것이 아니라 채권자취소권의 목적을 실현시키는 것과 동일한 결과가 되어 오히려 그 피보전권리에 부합하는 것이므로 위 가처분의 처분금지효력에 저촉된다고 할 수 없고, 양수인의 원상회복의무의 발생이 다른 채권자가 제기한 사해행위취소소송에서의 청구인낙에 따른 것이라고 하여 달리 볼 것은 아니라 할 것이다."31)

이 판례는 바로 앞의 사건에서 인용한 판례사안입니다. 취소채권자는 양수금에 대하여 양수인을 상대로 처분금지가처분을 받은 것입니다. 그런데 다른 채권자가 제기한 사해행위취소소송에서 양수인인 수익자가 청구인낙을 해 버렸습니다. 청구인낙으로 끝난 것이 아닐 것입니다. 곧바로 조치를 취하여 실제적 우선변제를 받으려고 했을 것입니다.

"위의 법리에 따라 원심판결 이유를 기록에 비추어 살펴보면, 원심이 그 채용 증거들을 종합하여, 우학물산 주식회사(이하 '우학물산'이라고 한다)가 1999년 11월경 피고에게 ① 9,916,885,599원의 파산채권 및 ② 1,979,312,327원의 파산채권(이하 ①파산채권을 '이 사건 1파산채권', ②파산채권을 '이 사건 2파산채권', ①, ②파산채권을 합하여 '이 사건 파산채권'이라고 한다)을 신고하여 각 확정된 사실, 우학물산이 소외인에게,

---

31) 대법원 2006. 8. 24. 선고 2004다23110 판결 [파산배당금교부청구권]

2000. 10. 25. 이 사건 1파산채권을, 2000. 12. 13. 이 사건 2파산채권을 각 양도한 후 피고에게 각 그 양도통지를 하였는데, 그 후 우학물산의 채권자인 피고 보조참가인이 2001. 1. 27. 이 사건 파산채권의 배당금청구권 중 126억 2,000만 원을 가압류한 후, 위 가압류에 기하여 2001. 4. 4.부터 2001. 10. 27.까지 4회에 걸쳐 합계 1,485,326,760원에 대하여 각 가압류를 본압류로 전이하는 채권압류 및 전부명령을 받고, 그 무렵 위 명령들이 확정된 사실(이하 위 채권양도 이전에 있었던 피고 보조참가인의 위 채권가압류, 압류 및 전부명령을 '이 사건 가압류', '이 사건 압류 및 전부명령'이라고 한다), 피고 보조참가인이 소외인을 상대로, 2001. 4. 3. 사해행위취소청구권을 피보전권리로 하여 이 사건 파산채권에 대하여 채권처분금지가처분(이하 '이 사건 가처분'이라고 한다)을 받고, 사해행위취소소송을 제기하여 이 사건 2파산채권 양도 부분에 관하여 승소한 후 2003. 6. 3. 이 사건 파산채권의 배당금청구권 중 2억 원에 대하여 채권압류 및 전부명령을 받은 사실, 한편 원고는 피고 보조참가인과는 별도로 소외인을 상대로 그와 우학물산 사이의 이 사건 1파산채권 양도계약의 취소 및 그 원상회복을 구하는 사해행위취소소송을 제기하였는데, 소외인이 2003. 1. 29. 위 소송의 항소심에서 원고의 청구를 인낙한 후 같은 날 그 소송의 대상인 이 사건 1파산채권뿐만 아니라 이 사건 2파산채권도 우학물산에 양도하고, 피고에게 양도통지를 하였고, 그 후 원고가 2003. 1. 30. 우학물산을 채무자로, 피고를 제3채무자로 하여 이 사건 1파산채권에 대한 배당금청구권 중 15억 원을, 2003. 2. 4. 이 사건 2파산채권에 대한 배당금청구권 중 3억 원을 각 압류 및 전부받은 사실을 인정한 다음, 이 사건 1파산채권의 원상회복은 원고가 제기한 사해행위취소소송의 결과에 따른 것이고, 이 사건 2파산채권의 원상회복은 소외인이 임의로 한 것이기는 하나 우학물산 이외의 자에게 위 채권을 양도하거나 채권을 추심하는 등의 처분행위를 하지 못하게 하여 그 후의 사해행위취소 및 그로 인한 원상회복을 통하여 우학물산의 책임재산을 보전하는 데에 목적이 있는 이 사건 가처분의 피보전권리가 실현되는 것과 동일한 법률관계를 발생시키는 것이어서 이 사건 가처분에 저촉되지 않는다고 판단한 후, 이 사건 파산채권에 대한 원고의 위 압류 및 전부명령이 이 사건 가처분에 저촉되어 무효임을 전제로 이보다 늦게 이루어진 피고 보조참가인의 2003. 6. 3.자 압류 및 전부명령이 유효하다는 피고 보조참가인의 주장을 배척한 것은 정당한 것으로 수긍이 간다.

나아가 원고의 이 사건 1파산채권의 양도에 대한 사해행위취소소송에서 소외인이 청구를 인낙한 것은 신의칙에 반하는 소송행위로서 무효라는 피고 보조참가인의 주장을 배척한 것 또한 정당한 것으로 수긍이 가고, 그 밖에 소외인의 위 청구인낙이 통정허위표시에 해당하여 무효라는 상고이유의 주장은 상고심에서 비로소 주장된 것으로 적법한 상고이유가 될 수 없다(대법원 1992. 9. 25. 선고 92다24325 판결 등 참조)."[32]

우학물산이 채무자이고, 피고는 신극동제분의 파산관재인이었습니다. 파산채권으로 신고하여 확정이 되자 이를 소외인에게 <u>2000. 10. 25</u> 이 사건 1 파산채권 <u>2000. 12. 13.</u> 이 사건 2 파산채권을 각 양도하였습니다.

우학물산의 채권자인 피고 보조참가인이 <u>2001. 1. 27.</u> 이 사건 파산채권의 배당금청구권 중 126억 2,000만 원을 가압류한 후, 위 가압류에 기하여 <u>2001. 4. 4.부터 2001. 10. 27.까지 4회에</u> 걸쳐 합계 1,485,326,760원에 대하여 각 가압류를 본압류로 전이하는 채권압류 및 전부명령을 받았습니다. 그러나 채권양도가 있었고 그 전에 이미 양도통지가 있었으니 이 배당금청구권의 가압류나 본압류로 전이하는 채권압류 및 전부명령은 무효라고 할 것입니다.

원고가 소를 제기한 시점은 2003. 1. 29. 이전일 것입니다. 2003. 1. 29.이 항소심이었고 항소심에서 소외인이 인낙을 하였기 때문입니다. 원고가 압류전부명령을 받은 시점은 <u>2003. 1. 30.과 2003. 2. 4.</u>이었습니다.

피고 보조참가인이 소를 제기한 시점은 2001. 4. 3. 이후로 보입니다. 왜냐하면 이때 가처분을 했기 때문입니다. 앞의 압류전부명령을 받았더니 이미 채권양도가 된 것을 알고 가처분을 하고 나서 소를 제기하였을 것으로 보입니다. 그리고 소를 제기하여 승소판결을 받아 압류전부명령을 받은 시점은 <u>2003. 6. 3.</u>입니다.

결국 원고의 채권압류 및 전부명령이 피고 보조참가인보다 앞선 것입니다. 이에 파산관재인이 배당금을 지급해 주지 않자 원고는 피고 파산관재인을 상대로 파산배당금교부청구권이라는 사건명으로 실제적으로는 전부금청구소송을 제기하였던 것이고 이에 실질적으로 피해를 본 피고 보조참가인이 적극적으로 소송에 다투었던 것으로 보입니다. 상고인도 피고 보조참가인이었습니다. 원고는 동양종합금융증권이었고 피고 보조참가인은 엔에이치투자증권이었습니다. 증권회사 간의 싸움이었던 것입니다.

---

32) 대법원 2006. 8. 24. 선고 2004다23110 판결 [파산배당금교부청구권]

원고는 사실 이 사건 1 파산채권에 대하여는 사해행위취소소송을 제기하였는데 항소심에서 이 사건 2 파산채권까지 인낙을 했습니다. 원상회복방법은 이 사건 1, 2 파산채권을 원래 채무자인 우학물산에 양도하여 양도통지하는 형식이었습니다. 그래서 결국 우학물산에 이 사건 파산채권배당금을 받을 수 있는 위치에 놓이게 된 것입니다.

"채권자가 사해행위의 취소와 함께 수익자 또는 전득자로부터 책임재산의 회복을 구하는 사해행위취소의 소를 제기한 경우 그 취소의 효과는 채권자와 수익자 또는 전득자 사이의 관계에서만 생기는 것이므로, 수익자 또는 전득자가 사해행위의 취소로 인한 원상회복 또는 이에 갈음하는 가액배상을 하여야 할 의무를 부담한다고 하더라도 이는 채권자에 대한 관계에서 생기는 법률효과에 불과하고 채무자와 사이에서 그 취소로 인한 법률관계가 형성되는 것은 아니고, 그 취소의 효력이 소급하여 채무자의 책임재산으로 회복되는 것도 아니라 할 것이다(대법원 2001. 5. 29. 선고 99다9011 판결, 대법원 2002. 5. 10.자 2002마1156 결정, 대법원 2003. 7. 11. 선고 2003다19558 판결 등 참조).
위의 법리에 따라 원심판결 이유를 기록에 비추어 살펴보면, 원심이 압류 및 전부명령 당시 피압류채권이 이미 제3자에 대한 대항요건을 갖추어 양도되어 그 명령이 효력이 없는 것이 되었다면, 그 후의 사해행위취소소송에서 위 채권양도계약이 취소되어 동 채권이 원채권자에게 복귀하였다고 하더라도 이미 무효로 된 압류 및 전부명령이 다시 유효로 되어 동 채권이 압류채권자에게 전부되는 것이 아니라고 판단한 다음, 사해행위취소에 의하여 이 사건 파산채권이 소급하여 우학물산의 책임재산으로 회복되었음을 전제로 이 사건 가압류, 압류 및 전부명령이 유효하다는 피고 보조참가인의 주장을 배척한 것은 정당하다."[33]

이 부분은 바로 피고 보조참가인이 채권양도가 있고 나서 가압류를 하고 4차례에 걸쳐 압류 전부명령으로 가압류를 본압류 전이한 부분에 대한 주장이었습니다. 이런 내용은 이미 앞에서 본 바가 있습니다.

---

33) 대법원 2006. 8. 24. 선고 2004다23110 판결 [파산배당금교부청구권]

라. 가등기권리가 이전된 경우 수익자를 누구로 할 것인지와 해지나 해제로 가등기나 근저당권이 말소된 경우

"[1] 사해행위인 매매예약에 기하여 수익자 앞으로 가등기를 마친 후 전득자 앞으로 가등기 이전의 부기등기를 마치고 나아가 가등기에 기한 본등기까지 마쳤다 하더라도, 위 부기등기는 사해행위인 매매예약에 기초한 수익자의 권리의 이전을 나타내는 것으로서 부기등기에 의하여 수익자로서의 지위가 소멸하지는 아니하며, 채권자는 수익자를 상대로 사해행위인 매매예약의 취소를 청구할 수 있다. 그리고 설령 부기등기의 결과 가등기 및 본등기에 대한 말소청구소송에서 수익자의 피고적격이 부정되는 등의 사유로 인하여 수익자의 원물반환의무인 가등기말소의무의 이행이 불가능하게 된다 하더라도 달리 볼 수 없으며, 특별한 사정이 없는 한 수익자는 가등기 및 본등기에 의하여 발생된 채권자들의 공동담보 부족에 관하여 원상회복의무로서 가액을 배상할 의무를 진다.
[2] 등기명의인의 경정등기는 명의인의 동일성이 인정되는 범위를 벗어나면 허용되지 아니한다. 그렇지만 등기명의인의 동일성 유무가 명백하지 아니하여 경정등기 신청이 받아들여진 결과 명의인의 동일성이 인정되지 않는 위법한 경정등기가 마쳐졌다 하더라도, 그것이 일단 마쳐져서 경정 후의 명의인의 권리관계를 표상하는 결과에 이르렀고 그 등기가 실체관계에도 부합하는 것이라면 등기는 유효하다. 이러한 경우에 경정등기의 효력은 소급하지 않고 경정 후 명의인의 권리취득을 공시할 뿐이므로, 경정 전의 등기 역시 원인무효의 등기가 아닌 이상 경정 전 당시의 등기명의인의 권리관계를 표상하는 등기로서 유효하고, 경정 전에 실제로 존재하였던 경정 전 등기명의인의 권리관계가 소급적으로 소멸하거나 존재하지 않았던 것으로 되지도 아니한다.
[3] 채권자가 채무자의 부동산에 관한 사해행위를 이유로 수익자를 상대로 사해행위의 취소 및 원상회복을 구하는 소송을 제기한 후 소송계속 중에 사해행위가 해제 또는 해지되고 채권자가 사해행위의 취소에 의해 복귀를 구하는 재산이 벌써 채무자에게 복귀한 경우에는, 특별한 사정이 없는 한 사해행위취소소송의 목적은 이미 실현되어 더 이상 소에 의해 확보할 권리보호의 이익이 없어진다. 그리고 이러한 법리는 사해행위취소소송이 제기되기 전에 사해행위의 취소에 의해 복귀를 구하는 재산이 채무자에게 복귀한 경우에도 마찬가지로 타당하다."[34]

---

34) 대법원 2015. 5. 21. 선고 2012다952 전원합의체판결 [사해행위취소]

이 판례는 전원합의체 판례이고 앞에서 언급했던 판례입니다. 이에 대하여 지은이의 책에서 강하게 비판했다고 했던 판례였는데 결국 파기환송이 되었던 것입니다. 여기서 문제되는 부분은 판결요지 3과 관련된 것입니다.

먼저 판결요지 2가 왜 나왔는지를 보는 것이 이해하기 쉬울 것입니다.

"나. 원심판결 이유와 적법하게 채택한 증거들에 의하면, ① 소외 1 소유인 별지 목록 기재 제1 부동산에 관하여, 2006. 9. 13. 이 사건 매매예약을 원인으로 한 채권자인 보은종합목재 명의의 소유권이전청구권가등기가 마쳐졌다가 2006. 9. 18. 등기관이 착오발견을 이유로 직권으로 그 가등기권자를 채권자인 피고 1 및 보은종합목재로 경정하는 부기등기가 마쳐졌고, 이어서 2006. 9. 21. 신청착오를 원인으로 그 가등기권자를 그 수분양자인 소외 2로 경정하는 부기등기가 마쳐진 다음 2007. 2. 7. 위 가등기에 기초한 소외 2 명의의 본등기가 마쳐진 사실, ② 소외 1 소유인 별지 목록 기재 제8, 10 부동산에 관하여도 위와 같은 경위로 보은종합목재 명의의 소유권이전청구권가등기와 그 가등기권자를 피고 1 및 보은종합목재로 직권으로 경정하는 부기등기가 마쳐진 후, 2006. 9. 21. 각 신청착오를 원인으로 하여 별지 목록 기재 제8 부동산에 관하여는 그 가등기권자를 그 수분양자인 소외 3으로 경정하는 부기등기가, 별지 목록 기재 제10 부동산에 관하여는 그 가등기권자를 그 수분양자인 소외 4 · 소외 5로 경정하는 부기등기가 각 마쳐진 다음 2007. 2. 6. 위 각 가등기에 기초하여 소외 3 및 소외 4 · 소외 5 명의의 각 본등기가 마쳐진 사실을 알 수 있다.
다. 위와 같은 사실관계를 앞서 본 법리에 비추어 살펴보면, 위 각 부동산에 관한 피고 1 및 보은종합목재 명의의 소유권이전청구권가등기에 기초하여 그 가등기권자를 각 수분양자로 경정하는 경정등기 및 그에 기초한 각 수분양자 명의의 본등기는 명의인의 동일성을 벗어나는 경정등기 및 이에 기초한 본등기이지만 경정 후의 등기명의인인 각 수분양자의 실체관계에 부합하는 등기로서 유효하고, 한편 이러한 각 경정등기는 그 효력이 소급하지 않고 그에 앞서 체결된 이 사건 매매예약 및 그에 따른 소유권이전청구권가등기의 존부 및 효력에 영향을 미치지 않는다.
따라서 위 각 부동산에 관하여 채무자인 소외 1과 이 사건 매매예약을 체결하고 그 소유권이전청구권가등기를 마친 피고 1 및 보은종합목재는 위와 같은 위법한 경정등기에 불구하고 이 사건 매매예약에 관한 사해행위취소 채권자인 원고에 대하여 여전히 수익자의 지위에 있다 할 것이므로, 다른 사정이 없는 한 원고는 피고 1 및 보은종합목재를 상대로 위 각 부동산에 관한 이 사건 매매예약에 대하여 사해행위취소 및 그에 따른 원상회복을 청구할 수 있다.

라. 그럼에도 이와 달리 원심은 위 각 부동산에 관하여 가등기권리자를 각 수분양자로 경정하는 실체관계에 부합하는 유효한 경정등기가 마쳐짐에 따라 그에 앞서 이루어진 위 각 부동산에 관한 이 사건 매매예약은 존재하지 아니하게 된다고 잘못 판단하여, 그 부존재를 이유로 피고 1 및 파산자 보은종합목재의 소송수계인 파산관재인 피고 4에게 사해행위취소소송의 피고적격이 없다고 판단하였다.

따라서 이러한 원심판결에는 등기명의인의 경정등기에 관한 법리를 오해하여 판결에 영향을 미친 위법이 있다."35)

처음에 가등기권자 등의 변경을 보면 다음과 같습니다.

별지 목록 기재 제1 부동산

보은종합목재 → 피고 1, 보은종합목재(직권) → 소외 2(신청착오) → 소외 2 본등기경료

별지 목록 기재 제8번 부동산

보은종합목재 → 피고 1, 보은종합목재(직권) → 소외 3(신청착오) → 소외 3 본등기경료

별지 목록 기재 제10 부동산

보은종합목재 → 피고 1, 보은종합목재(직권) → 소외 4,5(신청착오) → 소외 4,5 본등기경료

소외 2, 소외 3, 소외 4,5는 수분양권자이고 그렇기 때문에 결국 이는 실체관계에 부합한 등기로서 유효하게 되었습니다.

보은종합목재에서 피고 1, 보은종합목재로 등기관이 직권으로 이를 변경한 것은 처음 신청 자체를 피고 1, 보은종합목재로 하였는데 착오로 보은종합목재만을 가등기권자로 등재한 것으로 보여 직권으로 등기관이 경정등기를 경료한 것으로 보입니다.

---

35) 대법원 2015. 5. 21. 선고 2012다952 전원합의체판결 [사해행위취소]

"1. 제1심판결을 취소한다.

2. *원고의 피고 1, 파산자 주식회사 보은종합목재의 소송수계인 파산관재인 피고 4에 대한 소 중 별지 목록 기재 제1, 6, 8, 10부동산에 관한 매매예약취소 및 원상회복청구 부분과 별지 목록 기재 각 부동산에 관한 근저당권설정계약취소 및 원상회복청구 부분 및 원고의 피고 2, 피고 3, 피고 5에 대한 소를 각 각하한다.*

3. 원고의 피고 1, 파산자 주식회사 보은종합목재의 소송수계인 파산관재인 피고 4에 대한 나머지 청구를 각 기각한다.

4. 소송총비용은 원고가 부담한다.

【청구취지 및 항소취지】

1. 청구취지

피고 1 및 주식회사 보은종합목재와 소외 1 사이에 별지 목록 기재 각 부동산에 관하여 2006. 8. 31. 체결된 매매예약을 94,455,354원의 한도 내에서 취소한다.

주식회사 보은종합목재와 소외 1 사이에 별지 목록 기재 각 부동산에 관하여 2006. 8. 31. 체결된 근저당권설정계약을 94,455,354원의 한도 내에서 취소한다.

피고 1, 피고 2, 피고 3, 피고 5 및 주식회사 보은종합목재와 소외 1 사이에 별지 목록 기재 각 부동산에 관하여 2006. 8. 31. 체결된 근저당권설정계약을 94,455,354원의 한도 내에서 취소한다.

피고들은 각자 원고에게 94,455,354원과 이에 대하여 제1심판결 확정일 다음날부터 다 갚는 날까지 연 5%의 비율로 계산한 돈을 지급하라.

2. 항소취지

제1심판결을 취소한다. 원고의 청구를 기각한다."36)

1심은 원고 전부승소판결을 하였고 항소심은 취소하고 각하판결과 기각판결을 하였습니다.

판단을 보면 다음과 같습니다.

---

36) 서울서부지방법원 2011. 11. 24. 선고 2011나7929 판결 [사해행위취소]

"가. 피고 1, 파산관재인에 대한 매매예약취소 및 원상회복청구에 관한 판단

1) 이 사건 제1, 8, 10부동산에 관한 청구

피고 1은 이 부분의 소가 소외 1과 피고 1 사이의 매매예약이 존재하지 않아 피고적격이 없어 부적법하다고 항변하므로, 피고 1의 본안 전 항변 및 직권으로 피고 파산관재인에 대한 이 부분 소의 적법 여부에 관하여 살펴본다.

채무자와 법률행위를 한 수익자 및 그 전득자가 사해행위취소소송의 피고적격이 있고, 등기명의인의 동일성 유무가 명백하지 아니하여 경정등기 신청이 받아들여진 결과 명의인의 동일성이 인정되지 않는 위법한 경정등기가 마쳐졌다 하더라도, 그것이 일단 마쳐져서 경정 후 명의자의 권리관계를 표상하는 결과에 이르렀고 그 등기가 실체관계에도 부합하는 것이라면 그 등기는 유효하다(대법원 1996. 4. 12. 선고 95다2135 판결).

위 인정 사실에 따르면, 소외 1 소유이던 이 사건 제1, 8, 10부동산에 관하여 2006. 9. 13. 마쳐진 2006. 8. 31.자 매매예약을 원인으로 한 보은종합목재 명의의 지분이전청구권가등기는 2006. 9. 13. 착오를 원인으로 가등기권리자를 피고 1 및 보은종합목재로 경정하는 부기등기가 마쳐지고, 2006. 9. 21. 다시 착오를 원인으로 가등기권리자를 이 사건 제1부동산의 경우 소외 2로, 이 사건 제8부동산의 경우 소외 3으로, 이 사건 제10부동산의 경우 소외 4, 소외 5로 각 경정하는 부기등기가 마쳐졌으므로, 이러한 유효한 경정등기에 따라 이 사건 제1, 8, 10부동산에 관한 소외 1과 피고 1 및 보은종합목재 사이의 매매예약은 존재하지 아니하여 피고 1, 파산관재인은 사해행위취소소송의 피고적격이 없다.

따라서 원고의 피고 1, 파산관재인에 대한 소 중 이 사건 제1, 8, 10부동산에 관한 매매예약취소 및 원상회복청구 부분은 부적법하다.

2) 이 사건 제6부동산에 관한 청구

피고 1은 이 사건 제6부동산에 관하여 소외 1과 체결한 매매예약이 해제되어 그에 따른 등기가 이미 말소되었으므로 이 부분 소는 부적법하다고 항변하므로, 피고 1의 본안 전 항변 및 직권으로 피고 파산관재인에 대한 이 부분 소의 적법 여부에 관하여 살펴본다.

채권자가 채무자의 부동산에 관한 사해행위를 이유로 수익자를 상대로 그 사해행위의 취소 및 원상회복을 구하는 소송을 제기하여 그 소송계속 중 위 사해행위가 해제 또는 해지되고 채권자가 그 사해행위의 취소에 의해 복귀를 구하는 재산이 벌써 채무자에게 복귀한 경우에는, 특별한 사정이 없는 한, 그 채권자취소소송은 이미 그 목적이 실현되어 더 이상 그 소에 의해 확보할 권리보호의 이익이 없어지는 것이다(대법원 2008. 3. 27. 선고 2007다85157 판결 등 참조).

위 인정 사실에 따르면, 이 사건 제6부동산에 관하여 소외 1과 피고 1 및 보은종합목

재 사이에 2006. 8. 31. 체결된 매매예약에 따라 지분이전청구권가등기가 마쳐졌으나 위 매매예약은 2006. 9. 26. 해제되어 2006. 10. 4. 위 가등기가 말소되었으므로, 원고는 위 매매예약의 취소 및 원상회복을 구할 소의 이익이 없다.
따라서 원고의 피고 1, 파산관재인에 대한 소 중 이 사건 제6부동산에 관한 매매예약 취소 및 원상회복청구 부분은 부적법하다."37)

이 사건 1, 8, 10 부동산은 피고 1과 보은종합목재가 매매예약의 당사자가 아니고 소외 2 내지 5가 실체관계에 부합한 등기로 유효하기 때문에 매매예약의 수익자들도 소외 2 내지 5가 되기 때문에 피고 1은 피고적격이 없다고 하여 각 하판결을 하였고 이 사건 6번 부동산은 해제로 가등기가 말소되었기 때문에 역 시 소의 이익이 없다고 하여 각하하였습니다.
나머지 부동산은 무슨 이유로 받아들여지지 않았는지 보겠습니다.

"3) 이 사건 제2 내지 5, 7, 9, 11 내지 16부동산에 관한 청구
가등기의 이전에 의한 부기등기는 기존의 가등기에 의한 권리의 승계관계를 등기부상 에 명시하는 것일 뿐이므로 그 등기에 의하여 새로운 권리가 생기는 것이 아닌 만큼 가 등기가 원인무효인 경우 가등기의 말소등기청구는 양수인만을 상대로 하면 족하고, 양 도인은 그 말소등기청구에 있어서의 피고적격이 없다는 법리에 비추어 보면, 사해행위 에 기하여 가등기가 마쳐졌고, 그 후 가등기권리이전의 부기등기가 마쳐진 후 그 가등 기에 기한 본등기가 마쳐진 사건에 있어서, 가등기말소등기청구의 상대방이 될 수 없고 본등기 명의인도 아닌 가등기권리양도인이 채권자에 대하여 가액배상의무를 부담한다 고 볼 수 없다(대법원 2005. 3. 24. 선고 2004다70079 판결 참조).
위 인정 사실에 따르면, 이 사건 제2 내지 5, 7, 9, 11 내지 16부동산에 관하여 소외 1과 피고 1 및 보은종합목재 사이에 2006. 8. 31. 체결된 매매예약에 따라 지분이전 청구권가등기가 마쳐진 후 피고 1 및 보은종합목재가 제3자에게 가등기권리를 양도함 에 따라 가등기권리이전의 부기등기가 마쳐졌고 최종적으로 위 가등기권리를 양수한 자가 그 가등기에 기한 본등기를 마쳤는바, 원고의 주장대로 소외 1과 피고 1 및 보은 종합목재 사이의 이 사건 제2 내지 5, 7, 9, 11 내지 16부동산에 관한 매매예약이 사

---

37) 서울서부지방법원 2011. 11. 24. 선고 2011나7929 판결 [사해행위취소]

해행위라고 하더라도, 피고 1 및 보은종합목재는 가등기말소등기청구의 상대방이 될 수 없고 본등기 명의인도 아니어서 원고에 대하여 가액배상의무를 부담하지 않으므로, 피고 1, 파산관재인에 대하여 원고가 주장하는 가액배상액 94,455,354원을 지급받기 위해 위 매매예약을 위 가액배상액의 한도로 취소하고 그 금액을 구하는 원고의 이 부분 청구는 이유 없다.

나. 피고들에 대한 근저당권설정계약취소 및 원상회복청구에 관한 판단

직권으로 이 부분 소의 적법 여부에 관하여 살펴본다.

위 인정 사실에 따르면, 이 사건 각 부동산에 관하여, ① 소외 1과 보은종합목재 사이에 2006. 8. 31. 체결된 채권최고액 2억 원인 근저당권설정계약에 따라 2006. 9. 12. 근저당권설정등기가 마쳐졌고, ② 소외 1과 피고 1, 피고 2, 피고 3, 피고 5 및 보은종합목재 사이에 2006. 8. 31. 체결된 채권최고액 200억 원인 근저당권설정계약에 따라 2006. 9. 12. 근저당권설정등기가 마쳐졌으나, 위 각 근저당권설정계약은 모두 이 사건 소제기 전 포기 또는 해지되어 그에 따른 근저당권설정등기가 말소되었으므로, 앞서 본 법리에 따라 원고는 위 각 근저당권설정계약의 취소 및 원상회복을 구할 소의 이익이 없다.

따라서 원고의 피고 1, 파산관재인에 대한 소 중 이 사건 각 부동산에 관한 근저당권설정계약취소 및 원상회복청구 부분, 원고의 피고 2, 피고 3, 피고 5에 대한 소는 부적법하다."38)

근저당권부분은 소제기 전에 포기 또는 해지가 되어 근저당권이 말소가 되었으니 사해행위취소와 원상회복 모두 소의 이익이 없어 각하되어야 한다고 하였습니다.

그리고 전원합의체 판결에 의하여 폐기된 판결에 의하여 이루어진 부분에 관하여는 청구가 이유가 없다고 하여 사해행위취소와 원상회복 모두가 청구가 이유가 없다고 하여 기각하였습니다.

대법원은 그래서 이 사건 제1 내지 5, 제7 내지 16번 부동산에 관한 매매예약취소와 원상회복부분에 대하여는 파기환송을 하였고, 이 사건 제6 부동산에 관한 매매예약과 원상회복 그리고 피고들에 대한 근저당권부분에 대하여는 상

---

38) 서울서부지방법원 2011. 11. 24. 선고 2011나7929 판결 [사해행위취소]

고를 기각하였습니다. 대법원은 먼저 전원합의체에 의하여 이 판결에 배치되는 부분 한도 내에서 대법원 2004다70079 변경하는 부분에 대하여 판단을 하고 나서 가등기명의변경의 부기등기에 관한 부분을 나중에 판단을 하고 마지막으로 상고 기각하는 이 사건 6번의 매매예약취소와 원상회복 그리고 근저당권설정계약 등에 관하여 마지막으로 판단을 하였습니다.

　　매우 쟁점이 많았고 재미있는 사건이며, 원고인 신용보증기금이 끝까지 포기하지 않고 상고까지 하여 전원합의체 판결을 받아낸 것은 매우 고무적인 일이었다고 할 것입니다. 예전 판례와 같이 보면, 당연히 객관적으로도 채무자와 처음 가등기권자에 매매예약이 있다고 하여 이를 사해행위라고 하여 취소를 구하게 되자 이 가등기권리가 제3자에게 이전이 되었다고 하여 그 제3자와 채무자와 매매예약이 있다고 볼 사람이 어디에 있겠습니까? 대법원 2004다70079 판례는 사해행위취소의 수익자의 지위와 가등기나 근저당권이 이전될 경우에 말소의무를 부담하는 사람이 양수인이라는 법리를 혼동하여 잘못된 판결을 한 것입니다. 늦게나마 수정이 된 것이 그나마 다행이라고 할 것입니다.

마. 원심 판결 이후에 말소하고 상고하는 경우 소송비용은 누가 부담하는가?

"채권자가 채무자의 부동산에 관한 사해행위를 이유로 수익자를 상대로 그 사해행위의 취소 및 원상회복을 구하는 소송을 제기한 후 소송계속 중에 그 사해행위가 해제 또는 해지되고 채권자가 그 사해행위의 취소로 복귀를 구하는 재산이 벌써 채무자에게 복귀한 경우에는, 특별한 사정이 없는 한 그 사해행위취소소송의 목적은 이미 실현되어 더 이상 그 소에 의해 확보할 권리보호의 이익이 없어진다(대법원 2015. 5. 21. 선고 2012다952 전원합의체 판결 등 참조).

원심판결 이유와 기록에 의하면, 원고의 채무자 소외인이 그 소유인 파주시 (주소 생략) 임야 8,499㎡에 관하여 2014. 3. 28. 피고 농협과 근저당권설정계약 및 추가 근저당권설정계약을 체결하고, 의정부지방법원 고양지원 파주등기소 2014. 3. 28. 접수 제20892호, 제20896호로 위 각 계약을 원인으로 한 근저당권설정등기를 마쳐 주었으나, **원심판결 선고 후인 2018. 3. 14. 해지 또는 일부 포기를 원인으로 위 각 근저당권설정등기가 말소된 사실을 알 수 있다.**

> 이러한 사실관계를 앞서 본 법리에 비추어 살펴보면, 이 사건 소 중 위 각 계약이 사해행위라는 이유로 그 취소 및 원상회복으로서 위 각 근저당권설정등기의 말소를 청구하는 피고 농협에 대한 부분은 권리보호 이익이 없어 부적법하게 되었으므로, 이 부분 원심판결을 그대로 유지할 수 없다. 이 점을 지적하는 상고이유 주장은 이유 있다."[39]

원심이 잘못한 것은 없습니다. 그런데 부적법 여부는 사실심변론종결시점과 관계가 없기 때문에 근저당권설정등기를 말소해 버리고 상고를 하여 버립니다. 이렇게 되면 원고로서는 완전히 맥이 풀린다고 할 것입니다.

> "원심판결 중 피고 북파주농업협동조합 부분을 파기하고, 그 부분 제1심판결을 취소하며, 그 부분 소를 각하한다. *피고 1의 상고를 기각한다.* 원고들과 피고 북파주농업협동조합 사이에 생긴 소송총비용은 위 피고가 부담하고, *원고들과 피고 1 사이에 생긴 상고비용은 피고 1이 부담한다.*"[40]

그래도 대법원이 이런 꼼수를 둔 피고 북파주농업협동조합에게 일침을 가하여 소송비용은 피고 북파주농업협동조합이 부담하도록 하였습니다. 소송비용까지 이런 경우에 원고에게 부담시킨다고 한다면 원고로서는 너무나 억울할 것인데 그래도 대법원이 이 부분은 적절하게 판결한 것으로 보입니다.

> "2. 피고 한국주택금융공사(이하 '피고 공사'라고 한다)에 대한 부분
> 채권자가 채무자의 부동산에 관한 사해행위를 이유로 수익자를 상대로 그 사해행위의 취소 및 원상회복을 구하는 소송을 제기한 후 소송계속 중에 그 사해행위가 해제 또는 해지되고 채권자가 그 사해행위의 취소로 복귀를 구하는 재산이 벌써 채무자에게 복귀한 경우에는, 특별한 사정이 없는 한 그 사해행위취소소송의 목적은 이미 실현되어 더 이상 그 소에 의해 확보할 권리보호의 이익이 없어진다(대법원 2015. 5. 21. 선고

---

39) 대법원 2018. 6. 15. 선고 2018다215763, 215770 판결 [사해행위취소ㆍ사해행위취소]
40) 대법원 2018. 6. 15. 선고 2018다215763, 215770 판결 [사해행위취소ㆍ사해행위취소]

2012다952 전원합의체 판결, 대법원 2018. 6. 15. 선고 2018다215763, 215770 판결 등 참조).

원심판결 이유와 기록에 의하면, 피고 1이 2014. 12. 10. 피고 공사에게 별지 목록 기재 부동산에 관하여 근저당권설정을 해 주고 같은 날 수원지방법원 용인등기소 2014. 12. 10. 접수 (등기번호 생략)으로 위 계약을 원인으로 한 근저당권설정등기를 마쳐 주었으나, 원심판결 선고 후인 2021. 11. 9. 해지를 원인으로 위 근저당권설정등기가 말소된 사실을 알 수 있다.

이러한 사실관계를 앞서 본 법리에 비추어 살펴보면, 이 사건 소 중 근저당권설정계약이 사해행위라는 이유로 그 취소 및 원상회복으로서 위 근저당권설정등기의 말소를 청구하는 피고 공사에 대한 부분은 권리보호의 이익이 없어 부적법하게 되었으므로, 이 부분 원심판결을 그대로 유지할 수 없다. 이 점을 지적하는 상고이유 주장은 이유 있다.[41]

"원심판결 중 피고 한국주택금융공사에 대한 부분을 파기하고, 그 부분 제1심판결을 취소하며, 그 부분 소를 각하한다. 피고 1의 상고를 기각한다. 원고와 피고 한국주택금융공사 사이에 생긴 소송총비용은 위 피고가 부담하고, 원고와 피고 1 사이에 생긴 상고비용은 피고 1이 부담한다."[42]

　　피고 한국주택금융공사도 피고 북파주농업협동조합과 동일한 방식을 취하였습니다. 대법원이 동일하게 파기자판을 하면서 소송비용은 피고 한국주택금융공사가 부담하도록 하였고, 판례인용에서도 북파주농업협동조합사건을 언급하였습니다. 어찌 보면 이는 법원을 우롱하는 것일 것입니다. 대법원은 2차에 걸쳐 이런 식의 꼼수에 대하여 파기자판을 하면서 소송비용은 피고가 부담케 하여 그런 식이라고 하면 그냥 상고하지 말 것을 요구합니다. 만약 그와 같은 식으로 상고를 하면 피고가 상고비용도 부담하는 것입니다. 소송비용을 주지 않으려고 상고하면서 근저당권을 말소할 경우에는 상고심 비용도 부담한다고 못을 박았다고 할 것입니다.

---

41) 대법원 2022. 4. 14. 선고 2021다299549 판결 [사해행위취소]
42) 대법원 2022. 4. 14. 선고 2021다299549 판결 [사해행위취소]

바. 불법적으로 담보공탁을 하고 그에 기하여 가처분이 취소된 경우 취소 채권자가 이 공탁금에서 가액배상금을 받을 수 있는 방법

"① 이 사건 부동산에 관하여는 2001. 6. 2. 채권최고액 1억 3,00만 원, 채무자 주식회사 한솔산업, 근저당권자 주식회사 한빛은행으로 된 근저당권설정등기와, 2001. 8. 24. 채권최고액 3,900만 원, 채권자 같은 회사, 근저당권자 같은 은행으로 된 근저당권설정등기가 각 마쳐져 있었고, 2005. 4. 19. 이 사건 부동산에 관하여 전득자인 소외인 명의의 소유권이전등기가 마쳐졌으며, 2005. 4. 26. 위 각 근저당권설정등기가 모두 말소되었다.

② 재항고인은 소외인 소유인 이 사건 부동산에 관하여 의정부지방법원 고양지원 2007카단8호로 2007. 1. 3. 사해행위취소로 인한 소유권이전등기말소청구권을 피보전권리로 한 처분금지가처분결정을 받았고, 소외인은 2007. 2. 14. 위 가처분결정에 대하여 같은 법원 2007카단894호로 이의신청을 하였다.

③ 소외인은 민사집행법 제307조의 특별사정에 의한 가처분취소를 신청하지 아니하였을 뿐만 아니라 법원의 담보제공명령이 없었음에도, 2007. 4. 17. 공탁서에 피공탁자를 재항고인, 공탁근거법령을 민사집행법 제307조 제1항, 공탁원인사실을 가처분 취소 보증이라고 각 기재한 후 131,593,356원을 공탁하였다.

④ 위 가처분이의 사건에서 위 법원은 2007. 4. 25., 재항고인이 주식회사 한솔산업에 대한 물품대금채권을 피보전권리로 하는 사해행위취소로 인한 소유권이전등기말소청구권을 보전하기 위해 위 가처분신청을 하였는데 전득자인 소외인이 위 물품대금 상당액을 공탁하였으므로 위 가처분은 더 이상 보전의 필요성이 없다는 이유로 위 가처분결정을 취소하는 결정을 하였고, 그 무렵 위 결정이 확정되었다.

⑤ 재항고인이 주식회사 한솔산업과 소외인을 상대로 제기한 사해행위취소청구소송(같은 법원 2007가합4219호 사건)에서 2008. 7. 18. 사해행위를 취소하고 가액배상을 명하는 재항고인 전부 승소판결이 선고되었고, 그 무렵 위 판결이 확정되었다.

⑥ 재항고인은 2009. 4. 22. 위 승소판결을 첨부하여 담보권 실행을 이유로 같은 법원 공탁관에게 위 공탁금의 출급을 청구하였는데, 위 공탁관은 재항고인이 제출한 판결서는 가처분취소로 인하여 입은 손해에 관한 승소판결이 아니라는 이유로 위 공탁금 출급청구를 불수리하는 처분을 하였다.

나. 앞서 본 법리에 위와 같은 사실관계를 비추어 보면, 재항고인이 처분금지가처분결정을 받기 전에 이미 사해행위 후 변제 등에 의하여 근저당권설정등기가 말소된 관계

> 로 가액배상을 구할 수 있을 뿐이었으므로, 그 사해행위취소소송에서의 가액배상을 명하는 판결은 가처분채권자가 가처분취소로 인하여 입은 손해에 관한 승소판결이 아닐 뿐만 아니라, 소외인이 법원의 담보제공명령도 없이 임의로 한 이 사건 공탁을 민사집행법 제307조에 따른 적법한 재판상 담보공탁이라고 볼 수도 없으므로, 재항고인은 담보권 실행의 방법으로 위 공탁금의 출급을 청구할 수 없다고 할 것이다.
> 다만, 이 사건 공탁은 재판상 담보공탁으로서의 효력이 없어 결국 공탁자가 착오로 공탁한 경우에 해당하므로, 재항고인은 담보취소결정을 받을 필요 없이 공탁자의 공탁물회수청구권에 대하여 압류·추심명령 등을 얻어 공탁금의 회수청구를 할 수 있을 것이다."43)

    2건의 근저당권이 설정되고 나서 소유권이 이전되었습니다. 전득자인 소유권자에 대하여 취소채권자는 처분금지가처분을 하였습니다. 전득자와 소유권자인 소외인은 가처분이의신청을 하였고 특별사정으로 인한 담보제공을 하고 가처분취소를 구하는 신청도 하지 않고는 담보제공명령도 없는데 이를 이유로 담보제공을 하였고 그 금액이 131,593,356원입니다.

    가처분이의사건에서 위 금액을 담보제공했으니 보전의 필요성이 없다고 하여 가처분취소결정이 났고 확정이 되었습니다.

    재항고인이 근저당권자와 전득자인 소외인을 상대로 사해행위취소소송을 제기하였고 1심에서 일부취소와 가액배상판결을 구하였는데 재항고인이 전부 승소하였고 확정이 되었습니다.

    재항고인이 공탁금출급청구신청을 했는데 공탁관은 불수리처분을 하였습니다. 가처분취소를 이유로 한 손해배상판결이 아니라는 이유였습니다. 이는 민사집행법 제307조에 따른 적법한 재판상 담보공탁이라고 볼 수 없다고 하여 불수리 처분한 것은 맞다고 하면서 그래서 담보권 실행의 방법으로는 이를 출급청구를 할 수 없다고 하면서, 소외인이 잘못된 공탁이니 공탁물회수청구권을 가지고 있으니 가액배상판결상의 판결금원을 가지고 압류 추심결정이나 압류 전부명령으로 이를 회수청구할 수 있다고는 밝혔습니다.

---

43) 대법원 2010. 8. 24.자 2010마459 결정 [법원공탁관등의처분에대한이의]

가처분이의사건의 재판부가 잘못된 판단을 하였던 것입니다. 소외인은 분명하게 이 부동산을 처분했을 가능성이 큽니다. 그렇기 때문에 재항고인은 가액배상판결을 받은 것으로 보입니다. 가처분이 말소되었으니 처분이 가능했던 것입니다. 이에 재항고인은 이 공탁금에 대해 자신이 질권자와 같은 위치에 있다고 하면서 담보권실행방법으로 공탁금출금청구를 했다가 불수리처리하자 항고와 재항고를 하였던 것입니다. 사실 공탁법원에 처음 공탁을 받아준 것 자체가 잘못된 것입니다. 그렇기 때문에 대법원도 자신의 잘못을 인정하는 취지에서 공탁금회수청구권을 집행해서 받아가도록 알려준 것으로 보입니다.

사. 취소채권자가 담보를 제공하고 가처분결정을 받았는데 본안패소판결을 받은 경우 수익자가 이 공탁금에서 손해를 보전받는 방법

"1. 가처분채권자가 가처분으로 인하여 가처분채무자가 받게 될 손해를 담보하기 위하여 법원의 담보제공명령으로 일정한 금전을 공탁한 경우에, 피공탁자로서 담보권리자인 가처분채무자는 담보공탁금에 대하여 질권자와 동일한 권리가 있다(민사집행법 제19조 제3항, 민사소송법 제123조).

한편 가처분채권자가 파산선고를 받게 되면 가처분채권자가 제공한 담보공탁금에 대한 공탁금회수청구권에 관한 권리는 파산재단에 속하므로, 가처분채무자가 위 공탁금회수청구권에 관하여 질권자로서 권리를 행사한다면 이는 별제권을 행사하는 것으로서 파산절차에 의하지 아니하고 담보권을 실행할 수 있다.

그런데 담보공탁금의 피담보채권인 가처분채무자의 손해배상청구권이 파산채무자인 가처분채권자에 대한 파산선고 전의 원인으로 생긴 재산상의 청구권인 경우에는 채무자회생 및 파산에 관한 법률(이하 '채무자회생법'이라 한다) 제423조에서 정한 파산채권에 해당하므로, 채무자회생법 제424조에 따라 파산절차에 의하지 아니하고는 이를 행사할 수 없다. 그리고 파산채권에 해당하는 채권을 피담보채권으로 하는 별제권이라 하더라도, 그 별제권은 파산재단에 속하는 특정재산에 관하여 우선적이고 개별적으로 변제받을 수 있는 권리일 뿐 파산재단 전체로부터 수시로 변제받을 수 있는 권리가 아니다. 따라서 가처분채무자가 가처분채권자의 파산관재인을 상대로 파산채권에 해당하는 위 손해배상청구권에 관하여 이행소송을 제기하는 것은 파산재단에 속하는 특정재산에 대한 담보권의 실행이라고 볼 수 없으므로 이를 별제권의 행사라고 할 수 없고, 결국 이는 파산절차 외에서 파산채권을 행사하는 것이어서 허용되지 아니한다.
한편 이러한 경우에 가처분채무자로서는 가처분채권자의 파산관재인을 상대로 그 담보
공탁금의 피담보채권인 손해배상청구권의 존부에 관한 확인의 소를 제기하여 확인판결
을 받는 등의 방법에 의하여 피담보채권이 발생하였음을 증명하는 서면을 확보한 후,
민법 제354조에 의하여 민사집행법 제273조에서 정한 담보권 존재 증명 서류로서 위
서면을 제출하여 채권에 대한 질권 실행 방법으로 공탁금회수청구권을 압류하고 추심
명령이나 확정된 전부명령을 받아 담보공탁금 출급청구를 함으로써 담보권을 실행할
수 있고, 또한 위와 같이 피담보채권이 발생하였음을 증명하는 서면을 확보하여 담보공
탁금에 대하여 직접 출급청구를 하는 방식으로 그 담보권을 실행할 수도 있다."44)

　　이는 사해행위가 아니라고 하더라도 일반적인 경우의 법리입니다. 결국 가
처분채무자는 가처분채권자가 파산을 하면 파산관재인을 상대로 손해배상청구
를 할 수가 없고 질권자의 위치에 있기 때문에 파산관재인을 상대로 그 담보공
탁금의 피담보채권인 손해배상청구권의 존부에 관한 확인의 소를 제기하여 확
인판결을 받아서 이 판결문을 첨부하여 담보공탁금에 대하여 직접출급청구를
하는 방식으로 담보권을 실행하면 된다고 합니다.

"가. 주식회사 프라임상호저축은행(이하 '프라임저축은행'이라 한다)은 이 사건 아파트
에 관하여 채권자취소권에 기한 소유권이전등기말소청구권을 피보전권리로 하여 서울
중앙지방법원 2011카단65588호로 원고를 상대로 처분금지가처분을 신청하여, 2011.
12. 5. 매매, 증여, 전세권, 저당권, 임차권의 설정 기타 일체의 처분행위를 금지하는
내용의 가처분결정을 받아, 같은 날 가처분등기가 경료되었다(이하 위 가처분을 '이 사
건 가처분'이라 한다).
나. 원고는 2012. 1. 5. 서울중앙지방법원 2012카단10399호로 이 사건 가처분결정에
대하여 이의신청을 하였고, 2012. 2. 22. 위 법원으로부터 프라임저축은행이 담보로
현금 7천만 원을 공탁하는 것을 조건으로 이 사건 가처분결정을 인가하는 결정을 받았
으며, 그 무렵 프라임저축은행은 원고를 피공탁자로 하여 7천만 원(이하 '이 사건 공탁

---

44) 대법원 2015. 9. 10. 선고 2014다34126 판결 [손해배상등]

금'이라 한다)을 공탁하였다.

다. 프라임저축은행은 2012. 9. 7. 서울중앙지방법원으로부터 파산선고를 받았고, 같은 날 피고가 파산관재인으로 선임되었다.

라. 프라임저축은행이 이 사건 가처분에 관하여 제기한 사해행위취소 청구의 본안소송 제1심에서 2012. 7. 26. 승소하였으나, 원고가 불복하여 항소한 제2심에서 2013. 1. 11. 소 취하로 소송이 종료되었고, 이 사건 가처분의 해제로 2013. 2. 14. 이 사건 가처분등기도 말소되었다.

마. 원고는, 프라임저축은행이 피보전권리의 존부에 관하여 제대로 확인하지 않은 채 이 사건 가처분을 신청하였고 그에 따라 원고가 이 사건 가처분에 따른 피해 확대를 방지하기 위하여 변호사비용을 지출하고 이 사건 가처분등기가 마쳐진 동안의 임대 지연으로 인하여 관리비를 지출하며 월 차임을 얻지 못한 손해를 입었다고 주장하면서, 2013. 2. 6. 피고를 상대로 이 사건 손해배상청구소송을 제기하였다.

3. 위와 같은 사실관계를 앞서 본 법리에 비추어 살펴본다.

프라임저축은행이 제공한 이 사건 공탁금에 관한 피담보채권인 이 사건 가처분으로 인한 원고의 손해배상청구권은 프라임저축은행에 대하여 파산선고 전의 원인으로 생긴 재산상의 청구권으로서 채무자회생법 제423조에서 정한 파산채권에 해당한다.

원고가 이 사건 공탁금의 회수청구권에 관하여 질권자와 동일한 권리를 가지는 별제권자로서 공탁금회수청구권에 대하여 그 담보권을 실행하는 방법으로 별제권을 행사할 수 있다 하더라도, 원고가 피고를 상대로 파산채권에 해당하는 위 손해배상청구권의 이행소송을 제기하는 것은 별제권의 행사라고 볼 수 없다.

따라서 원고가 피고를 상대로 파산채권에 해당하는 위 손해배상청구권에 대하여 이행을 구하는 이 사건 손해배상청구소송은 파산절차에 의하지 아니한 것으로서 부적법하다."[45]

원고는 항소심에서 소를 변경하여 확인의 소송으로 변경하여 판결을 받으면 되지 않나 생각이 됩니다. 원고 대리인은 바로 소변경신청서를 제출하였고 결국 화해권고결정으로 끝이 났습니다.

---

45) 대법원 2015. 9. 10. 선고 2014다34126 판결 [손해배상등]

"다. 책임 제한

불법행위로 인한 손해의 발생 또는 확대에 관하여 피해자에게도 과실이 있을 때에는
그와 같은 사유는 가해자의 손해배상의 범위를 정함에 있어 당연히 참작되어야 하고,
양자의 과실비율을 교량함에 있어서는 손해의 공평분담이라는 취지에 비추어 손해의
발생과 관련된 모든 상황이 충분히 고려되어야 한다.

살피건대, 앞서 본 증거 및 인정사실에 의하여 알 수 있는 다음과 같은 사정, 즉 이 사
건 가처분의 효력은 어디까지나 상대적인 것에 불과하여 이 사건 아파트의 임대가 불
가능해지지 않는 점, 원고가 임대차보증금 없는 상태로 임대하는 등 다른 형태로 임대
하려고 시도하였다면 비교적 수월하게 임대할 수 있었다고 보이는 점, 이 사건 아파트
에는 이 사건 가처분등기 경료 당시 채권최고액 240,000,000원, 75,000,000원,
75,000,000원으로 된 3개의 근저당권설정등기가 이미 경료되어 있던 점 등을 감안하
면, 임대 지연으로 인한 손해에 관한 피고의 책임을 80%로 제한함이 상당하다.

라. 소결론

따라서, 피고는 원고에게 손해배상으로서 19,295,849원[= 변호사 보수비용 2,000,000
원 + 17,295,849원(= 임대지연으로 인한 손해 21,619,812원 × 80%)]과 이에 대하
여 원고가 구하는 바에 따라 이 사건 소장 부본 송달 다음날임이 기록상 명백한 2013.
3. 15.부터 피고가 이행의무의 범위에 관하여 항쟁함이 상당한 이 사건 판결 선고일인
2013. 8. 14.까지는 민법에 정한 연 5%의, 그 다음날부터 다 갚는 날까지는 소송촉진
등에 관한 특례법이 정한 연 20%의 각 비율에 의한 지연손해금을 지급할 의무가 있
다."46)

　　항소는 기각되었기 때문에 아마 파기환송심인 서울중앙지방법원의 항소부
에서도 이 정도 금액으로 화해권고결정을 하지 아니하였을까 생각됩니다.
20,000,000원이 그동안 이자까지 하여 딱 맞는 금액 같습니다.

---

46) 서울중앙지방법원 2013. 8. 14. 선고 2013가단33032 판결 [손해배상등]

아. 양도담보를 받지 못하고 다만 가처분등기만 경료해 놓은 상황에서 취소채권자가 우선변제권자의 지위에 있는지 여부

"하지만 원고들이 위 처분금지가처분에 의하여 우선변제권을 확보하였다는 원심의 판단은 수긍하기 어렵다. 즉, 원고들은 위 가처분등기 후 본안소송에서 승소의 확정판결을 받아 그 소유권이전등기를 경료하면 그때 비로소 양도담보권을 취득하게 되는 것이고, 이후 가등기담보 등에 관한 법률 소정의 청산절차 등을 거쳐 우선변제를 받을 수 있을 뿐이지, 단순히 위와 같은 가처분등기만을 경료한 상태에서는 그 가처분의 목적물에 대하여 어떠한 우선변제권을 확보한다고 볼 수 없다. 이러한 점에서 원심의 위와 같은 판단에는 처분금지가처분에 관한 법리 또는 채권자취소권에 있어 피보전채권의 범위에 관한 법리를 오해한 잘못이 있으나, 앞서 본 바와 같이 채무초과가 인정되지 않아 주위적 청구를 배척하는 이상, 이러한 잘못은 판결 결과에 영향이 없다. 따라서 이 부분 원심의 판단에 법리오해가 있음을 주장하는 취지의 상고논지도 받아들일 수 없다."[47]

"원심은, 아이티건설 주식회사(이하 '아이티건설'이라 한다)와 피고 사이에 이 사건 각 건물에 관하여 2002. 11. 1. 체결한 근저당권설정계약(이하 '이 사건 근저당권설정계약'이라 한다)이 사해행위에 해당함을 주장하면서 그 사해행위의 취소와 원상회복을 구하는 원고들의 주위적 청구에 대하여, 그 판시와 같이 이 사건 근저당권설정계약 당시 아이티건설이 채무초과의 상태에 있었다는 점에 대한 입증이 부족하다는 이유로 위 청구를 배척하였다. 기록에 나타난 제반 증거와 심리 경과에 비추어 살펴보면, 원심의 위와 같은 인정 및 판단은 수긍이 되고, 거기에 상고이유에서 주장하는 바와 같은 심리미진, 채증법칙 위배 등의 위법이 있다고 할 수 없다"[48]

아이티건설이 피고에게 근저당권을 설정해 주었는데 이 시점에 아이티건설은 채무초과가 아니라고 하여 주위적 청구를 기각하였고 이는 적법하다고 판시하고 있습니다.

---

47) 대법원 2007. 10. 12. 선고 2005다42750 판결 [사해행위취소등]
48) 대법원 2007. 10. 12. 선고 2005다42750 판결 [사해행위취소등]

"원심은, 그 판시와 같은 인정사실을 토대로, 원고들은 아이티건설과의 2002. 6. 4.자 양도담보계약에 기한 소유권이전등기청구권을 보전하기 위하여 이 사건 근저당권설정 직후 이 사건 각 건물에 처분금지가처분등기를 경료함으로써 이 사건 각 건물의 가액 중 이 사건 근저당권의 채권최고액을 공제한 나머지 가액에 대하여 우선변제권을 확보 하였고 그 결과 자신들의 채권 전액에 대하여 우선변제를 받을 수 있게 되었으므로 채 권자취소권을 행사할 수 있는 피보전채권이 없다는 취지로 판단하면서, 이것도 주위적 청구를 배척하는 이유의 하나로 삼고 있다.

기록에 비추어 살펴보면, 이에 관한 원심의 사실인정은 정당하고, 거기에 상고이유에서 주장하는 바와 같은 채증법칙 위반의 위법은 없다."[49]

원심은 원고들이 피고의 근저당권설정 이후에 양도담보계약에 기하여 소유 권이전등기청구권을 보전하기 위하여 가처분결정을 받았습니다. 원심은 원고들 이 우선변제권이 있는 채권자로서 일반채권자의 지위에 있지 않다고 하여 피보 전채권이 없다고 판시하였습니다. 대법원은 원심의 사실인정은 정당하고 거기에 상고이유에서 주장하는 바와 같은 채증법칙 위반의 위법이 없다고 판시하고는 바로 "하지만"이라고 하여 원심의 판결에 문제를 제기하고 있습니다. 원심은 우 선변제권이 원고들에게 있다는 판단은 잘못된 것인데 채무초과가 아니라는 판 단에 의하여 원고청구기각을 한 것이니 판결에 영향이 없다고 하였습니다. 이 부분은 피보전채권이 일반채권자의 위치에 있어야 한다는 부분에서 논할 수도 있지만 여기에서 보면, 사해행위 이후에 이런 가처분을 설정해 놓은 경우에도 우선변제권을 취득한 것이 아니기 때문에 사해행위취소소송을 제기할 필요성이 있다고 할 것입니다.

또한 이 사건의 경우 패소판결을 받았다고 하더라도 결국은 본안소송을 제 기하여 가등기를 설정받고 나서 청산절차를 거치는 과정을 거쳐야 원고들은 채 권을 회수할 수 있을 것입니다. 결국 근저당권자보다 후순위 채권자가 되어버립 니다.

근저당권설정계약은 2002. 11. 1.이고 이 사건 원고들의 양도담보계약은

---

49) 대법원 2007. 10. 12. 선고 2005다42750 판결 [사해행위취소등]

2002. 6. 4.입니다. 근저당권자인 피고는 원고들을 상대로 하여 2002. 6. 4. 이전에 자신들의 채권이 발생한 것이라고 한다면 반소로 사해행위취소소송을 제기할 수 있습니다. 다만 자신들의 경우에 원고들의 사해행위 이후에 근저당권설정을 받아 우선변제권자의 지위에 있게 된다면 사해행위취소는 기각될 것입니다. 그러나, 제척기간 도과의 문제와 피고 자신의 피담보채권이 진정으로 전부 우선변제를 받은 것인지 모르기 때문에 이에 대하여 반소를 제기해 놓는 것은 필요하다고 할 것입니다.

자. 가등기에 대한 가처분결정을 받고 나서 제척기간이 도과되어 소를 제기하였는데 법원은 원고승소판결을 해 준 경우에 그 가처분에 대하여 제3자가 효력이 없다고 주장할 수 있는지 여부

"1. 부동산에 관하여 처분금지가처분의 등기가 마쳐진 후에 가처분권자가 본안소송에서 승소판결을 받아 확정되면 그 피보전권리의 범위 내에서 그 가처분에 저촉되는 처분행위의 효력을 부정할 수 있는데, 이는 소유권이전등기청구권보전을 위한 가등기가 사해행위로 이루어진 것이라는 이유로 그 가등기상의 권리 자체의 처분을 금지하는 가처분을 받은 채권자가 제기한 본안소송인 사해행위취소소송이 민법 제406조 제2항의 제척기간이 도과되었다고 의심할 만한 사정이 있다고 볼 여지가 있음에도 법원이 직권으로 추가적인 증거조사를 하여 그 기간 준수 여부를 확인함이 없이 원고인 가처분권자에 대하여 승소판결이 선고되어 확정된 경우라 하더라도 마찬가지이므로, 그 가처분의 피보전권리가 소멸되었음에도 불구하고 가처분이 취소되지 않고 있음을 이용하여 다른 동종의 권리로 그 가처분을 유용하였다는 등의 특별한 사정이 없는 한 그 가처분에 반하는 권리를 취득한 제3자는 가처분권자에게 대항할 수 없다.

2. 원심판결 및 원심판결이 인용한 제1심판결의 이유에 의하면, 원심은 그 채택 증거를 종합하여 그 판시와 같은 사실을 인정한 다음, 원고들이 주장하는 사정만으로는 이 사건 가처분의 피보전권리가 존재하지 아니한다고 단정할 수 없고, 이 사건 가처분결정이 취소되지 않고 그 본안소송에서 피보전채권의 존재가 인정된 이상 이 사건 가처분의 효력을 쉽게 부인해서는 안 된다고 판단하였다.

앞서 본 법리에 비추어 기록을 살펴보면, 원심의 위와 같은 판단은 정당하고, 거기에 상고이유 주장과 같이 가처분의 효력에 관한 법리를 오해하여 필요한 심리를 다하지 아니하거나 판단을 누락하여 판결에 영향을 미친 잘못이 없다."50)

원고가 소유권이전등기청구소송을 제기하였고 피고들은 6명이었습니다. 피고들이 채무자인지 아니면 수익자인지도 모르겠습니다. 원고는 취소채권자이고 이에 대하여 원고가 가등기의 처분금지가처분을 경료해 놓고 사해행위취소소송을 제기하였는데 가처분을 하고 나서 아마 1년이 지나서 사해행위취소소송을 제기한 것으로 보입니다. 제척기간은 직권조사사항인데 판사가 이를 간과하고 원고승소판결을 한 사건입니다.

"그 가처분의 피보전권리가 소멸되었음에도 불구하고 가처분이 취소되지 <u>않고 있음을 이용하여 다른 동종의 권리로 그 가처분을 유용하였다는 등의 특</u> <u>별한 사정이 없는 한 그 가처분에 반하는 권리를 취득한 제3자는 가처분권자에</u> <u>게 대항할 수 없다.</u>"

이 판결요지만을 보면 원고가 승소판결을 받아야 할 것 같은데 원고가 상고하였는데 상고기각이 되었습니다.

가등기의 처분금지가처분은 본등기를 하는 것을 막지 못합니다. 그렇기 때문에 전소송의 피고인 수익자가 본등기를 경료받고 동시에 다른 사람들에게 부동산을 넘겨버린 것이 아닌가 하는 생각이 듭니다. 이렇게 되자 원고는 채무자를 대위하여 진정명의회복을 원인으로 소유권이전등기청구소송을 제기한 것이 아닌가 하는 생각이 듭니다. 가등기의 처분금지가처분은 본등기를 경료하는 것을 막지 못하기 때문에 피고들은 가등기의 처분금지가처분의 효력을 받는 제3자가 아니기 때문에 원고의 청구가 기각이 된 것이 아닌가 하는 생각이 듭니다. 왜냐하면 가등기 자체의 권리를 이전받은 것이 아니기 때문입니다. 이럴 경우에 원고는 이 사건 부동산에 가압류를 해 놓았다고 하더라도 본압류에 의하여 가압류도 직권말소가 될 수밖에 없습니다.

이럴 것을 막기 위해서 취소채권자는 채무자를 상대로 부동산 소유권을 처분금지가처분을 신청할 필요성이 있다는 생각이 듭니다. 본등기는 바로 그와 같은 행위이기 때문입니다.

---

50) 대법원 2015. 7. 23. 선고 2014다205768 판결 [소유권이전등기]

아니면 채무자가 별도의 사람들에게 이 사건 부동산을 넘겨버린 것이 아닌가 하는 생각도 듭니다. 그렇다고 한다면 본등기시에는 직권말소가 되는 경우 이해관계당사자들에게 말소된 것을 통지하기 때문에 이를 원고가 알았을 수 있는데 만약 채무자가 별도로 권리를 피고들에게 넘겨버렸다고 한다면 기존 가등기는 존재하고 가처분을 해 두었다고 하더라도 이 부동산 자체의 처분을 막을 길이 없기 때문입니다.

이런 문제가 있기 때문에 대법원은 사실관계를 전혀 밝히지 않고 법리만 밝히면서 원고의 상고를 기각한 것이 아닌가 하는 생각이 듭니다. 만약 사실관계를 자세히 밝히면 법을 미꾸라지처럼 피해가는 방법을 알려주는 꼴이 될 수 있기 때문에 이와 같이 판결한 것이 아닌가 하는 생각이 듭니다.

차. 취소채권자는 적극적으로 배당이의를 하여 배당이의소송이 원상회복소송이 되도록 해야 함 - 대법원 판례가 변경될 여지가 있음

"[1] [다수의견] 대법원은 배당받을 권리 있는 채권자가 자신이 배당받을 몫을 받지 못하고 그로 인해 권리 없는 다른 채권자가 그 몫을 배당받은 경우에는 배당이의 여부 또는 배당표의 확정 여부와 관계없이 배당받을 수 있었던 채권자가 배당금을 수령한 다른 채권자를 상대로 부당이득반환 청구를 할 수 있다는 입장을 취해 왔다.

이러한 법리의 주된 근거는 배당절차에 참가한 채권자가 배당이의 등을 하지 않아 배당절차가 종료되었더라도 그의 몫을 배당받은 다른 채권자에게 그 이득을 보유할 정당한 권원이 없는 이상 잘못된 배당의 결과를 바로잡을 수 있도록 하는 것이 실체법 질서에 부합한다는 데에 있다. 나아가 위와 같은 부당이득반환 청구를 허용해야 할 현실적 필요성(배당이의의 소의 한계나 채권자취소소송의 가액반환에 따른 문제점 보완), 현행 민사집행법에 따른 배당절차의 제도상 또는 실무상 한계로 인한 문제, 민사집행법 제155조의 내용과 취지, 입법 연혁 등에 비추어 보더라도, 종래 대법원 판례는 법리적으로나 실무적으로 타당하므로 유지되어야 한다.

[대법관 조희대, 대법관 이기택, 대법관 안철상의 반대의견] 종래 대법원 판례와 같이 배당절차 종료 후 배당이의 등을 하지 않은 채권자의 부당이득반환 청구를 허용하는 것은 민사집행법 제155조의 문언은 물론이고 민사집행법의 전체적인 취지에 반할 뿐

만 아니라, 확정된 배당절차를 민사집행법이 예정하지 않은 방법으로 사후에 실질적으로 뒤집는 것이어서 배당절차의 조속한 확정과 집행제도의 안정 및 효율적 운영을 저해하는 문제점을 드러내고 있다.

그리고 배당절차에서 이의할 기회가 있었음에도 배당이의 등을 하지 않은 채권자는 더 이상 해당 절차로 형성된 실체적 권리관계를 다투지 않을 의사를 소극적으로 표명한 것이므로, 그러한 채권자의 자주적인 태도결정은 배당금의 귀속에 관한 법률상 원인이 될 수 있다. 그런데도 배당절차 종료 후 배당이의 등을 하지 않은 채권자의 부당이득반환 청구를 허용하는 것은 금반언의 원칙에 반하는 것일 뿐만 아니라, 일련의 배당절차와 이에 투입된 집행법원과 절차 참가자들의 노력을 무시하는 결과를 초래한다.

따라서 채권자가 적법한 소환을 받아 배당기일에 출석하여 자기의 의견을 진술할 기회를 부여받고도 이러한 기회를 이용하지 않은 채 배당절차가 종료된 이상, 배당절차에서 배당받은 다른 채권자를 상대로 부당이득반환 청구의 소를 제기하여 새삼스럽게 자신의 실체법적 권리를 주장하는 것을 허용해서는 안 된다고 봄이 타당하다.

[2] 담보권 실행을 위한 부동산경매절차에서 근저당권자인 갑 은행에 2순위로 채권액 전부가 배당되고 일반채권자인 신용보증기금과 을 주식회사 등에는 6순위로 채권액 일부만 배당되자 배당기일에 출석한 을 회사가 갑 은행에 배당된 배당금에 관하여 이의하고 갑 은행을 상대로 배당이의의 소를 제기하여 확정된 화해권고결정에 따라 갑 은행에 배당된 배당금 전액을 수령하였는데, 그 후 위 배당기일에 출석하였으나 이의하지 않은 신용보증기금이 을 회사를 상대로 을 회사가 수령한 배당금 중 신용보증기금의 채권액에 비례한 안분액에 대해서 부당이득반환을 구한 사안에서, 갑 은행에 잘못 배당되었던 배당금은 배당절차에서 자신의 채권액 전부를 배당받지 못한 6순위 채권자들에게 평등하게 분배되어야 하고, 위 배당금 중 6순위 채권자인 신용보증기금의 채권액 비율에 따른 안분액은 신용보증기금에 귀속되어야 하는데도 을 회사가 신용보증기금의 몫을 포함한 배당금 전액을 배당받은 것은 법률상 원인 없이 이익을 얻은 것이므로, 을 회사는 이를 신용보증기금에 부당이득으로 반환할 의무가 있고, 신용보증기금이 배당기일에 출석하고도 배당금에 대해 이의를 하지 않았거나 을 회사가 갑 은행과 사이에 배당이의소송을 통해 확정된 화해권고결정에 따라 배당금을 수령하게 된 것이더라도 달리 볼 것은 아니라고 한 사례."51)

이는 사해행위취소소송과 관련이 있지만 실제로는 배당이의와 관련이 있습

---

51) 대법원 2019. 7. 18. 선고 2014다206983 전원합의체 판결 [부당이득금]

니다. 원고는 신용보증기금입니다. 피고는 주식회사 한유자산관리라는 채권양수를 받아 이를 회수하는 업체로 보입니다. 아마 신용보증기금이 사해행위취소소송을 제기하여 승소판결을 받았는데 대신 배당이의를 하지 않고 사후에 안분배당을, 즉 추가배당을 받을 것이라고 생각했는데 이런 사해행위가 있다는 것을 알고 한유자산관리만 배당이의를 하여 자신에게 다 배당금이 넘어오게 하여 버린 경우가 아닌가 생각됩니다. 이에 신용보증기금은 사후에 부당이득반환청구소송을 하였습니다. 이에 관하여 대법원은 5년동안 끌고 있다가 결국 전원합의체판결에 의하여 다투었습니다. 4인의 경우는 부당이득반환청구가 불가하다고 하였습니다. 이를 보면, 곧 배당이의에서 배당이의를 하지 아니한 채권자는 사후에 부당이득반환청구를 하지 못하게 될 가능성이 큽니다. 기금들의 경우 돈을 아낀다고 배당이의를 하지 않는 경우가 있습니다. 사후에 이를 가져왔다는 부당이득반환청구소소송을 당하게 되면 돈은 돈대로 내주고는 비용만 부담하는 꼴이 되기 때문에 사해행위취소판결을 받고 추가배당을 해줄 것이라고 생각하고 그냥 있는 경우가 있기 때문입니다.

"1) 원고에게 '손해'가 있는지 여부

피고는 ① 피담보채무가 소멸시효가 완성된 이 사건 근저당권에 기하여 경매개시결정이 내려졌음에도 이 사건 근저당권의 채무자 및 소유자는 아무런 이의를 제기하지 않아 시효의 이익을 포기하였으므로(대법원 2001. 6. 12. 선고 2001다3580 판결 등), 이 사건 근저당권의 피담보채권은 이 사건 배당 당시 소멸하였다고 볼 수 없어 이 사건 배당금이 6순위 채권자들에게 당연히 귀속될 것은 아닌 점, ② 더구나 원고가 이 사건 배당기일에서 주식회사 현대상호저축은행의 배당액에 아무런 이의를 제기하지 않아 소멸시효 이익의 원용권을 포기하였던 점 등에 비추어 보면, 원고가 피고의 배당으로 인하여 손해를 입었다고 볼 수 없다고 주장한다.

살피건대, ① 시효기간이 완성하면 권리는 당연히 소멸하여(대법원 1966. 1. 31. 선고 65다2445 판결 등 참조), 이 사건 근저당권 역시 부종성에 의하여 말소되어야 하므로, 주식회사 현대상호저축은행이 이 사건 근저당권에 기하여 받은 배당액은 당연히 채무자의 책임재산으로 돌아가야 하는 점, ② 일반채권자가 채무자의 책임재산에 대하여 갖고 있는 잠재적, 추상적인 권리는 배당절차 참여에 의하여 특정재산에 대한 권리로서 구체화되므로, 배당요구의 종기까지 절차에 참여한 일반채권자는 책임재산의 귀속에 따라 구체화된 권리를 가지는데, 피고가 채무자의 정당한 책임재산인 이 사건 배당액을 모두 수령함으로써 원고는 채무자의 책임재산인 이 사건 배당액에 관한 자신의 구체적 권리를 침해당하였다고 보이는 점, ③ 주식회사 현대상호저축은행 앞으로 된 배당표가 확정되지 아니하였으므로 채무자가 소멸시효 원용권을 포기하였다고 단정할 수 없고, 채무자가 소멸시효 원용권을 포기하여도 채무의 소멸로 인하여 직접 이익을 받은 채권자에 대하여는 아무런 효력이 없는 점, ④ 또한 피고가 배당기일에서 이의하지 않았다는 것만으로 소멸시효의 이익 원용권을 포기하였다고 볼 근거가 없는 점 등에 비추어 보면, 원고에게 손해가 없다는 피고의 주장은 이유 없다.

2) 피고가 '법률상 원인 없이' 이익을 얻었는지 여부

가) 배당이의 소송의 제기라는 별개의 법률상 원인이 존재한다는 주장

피고는 배당이의 소송의 제기 결과 피고가 배당금을 수령하였기 때문에 법률상 원인이 있고, 원고의 부당이득 청구를 인정하면 부당이득의 상대방을 제3자로 확대하여 전용물소권을 인정하여 부당하다고 주장한다.

살피건대 피고의 위 주장은 앞서 인정한 대법원 판례에 명시적으로 반할 뿐 아니라, 배당이의소송은 그 소송의 당사자 사이에 미칠 뿐이므로 피고가 배당이의 소송에서 승소하였다는 것만으로 위 소송의 당사자가 아닌 원고와 관계에서 법률상 원인이 있다고 볼 수 없다. 나아가 원고와 피고 사이에서 피고가 이 사건 배당금을 수령할 법률상 원인이 있는지 여부는 그들의 채무자에 대한 관계에서 배당순위에 따라 판단되어야 할 것인데, 앞서 본 바와 같이 원, 피고는 동순위의 일반채권자로서 채권액에 따라 안분하여 이 사건 배당금을 수령하여야 함에도 피고가 이를 초과하여 배당금을 수령하는 것은 원고에 대한 관계에서 법률상 원인 없다고 봄이 상당하다. 따라서 피고의 이 부분 주장도 이유 없다.

나) 화해권고결정이라는 별도의 법률상 원인이 존재한다는 주장

피고는 재판상의 화해는 창설적 효력을 가지는 것이어서 화해가 이루어지면 종전의 법률관계를 바탕으로 한 권리·의무관계는 소멸하는 것인데, 피고가 화해권고결정이라는 법률상 원인이 존재한다고 주장한다.

살피건대, 재판상 화해 등의 창설적 효력이 미치는 범위는 당사자가 서로 양보를 하여 확정하기로 합의한 사항에 한하며, 당사자가 다툰 사실이 없었던 사항은 물론 화해의 전제로서 서로 양해하고 있는 데 지나지 않은 사항에 관하여는 그러한 효력이 생기지 않는다(대법원 2001. 4. 27. 선고 99다17319 판결 등 참조). 이 사건 화해권고결정은

주식회사 현대상호저축은행과 피고 사이에 이 사건 배당금의 귀속 여부에 관하여 창설적 효력이 미친다고 보일 뿐, 그 전제가 되는 이 사건 근저당권에 기한 배당의 당부에 관하여는 효력이 미친다고 보이지 아니한다. 따라서 피고의 이 부분 주장도 이유 없다.
다) 피고와 주식회사 현대상호저축은행 사이의 별도의 합의의 존재한다는 주장
피고는 주식회사 현대상호저축은행과 사이에 별도의 합의가 존재하여 그에 따라 이 사건 배당이의 소송에서 화해권고결정을 하게 된 것이므로, 피고가 얻은 이익은 위와 같은 별도의 합의에 의한 것이어서 법률상 원인 없이 이익을 얻었다고 볼 수 없다고 주장한다.
피고가 제출한 을 제7, 8호증(가지번호 포함)의 각 기재만으로 피고와 주식회사 현대상호저축은행 사이에 별도의 합의가 존재한다고 단정하기 어렵고, 나아가 합의가 존재한다 하더라도 그 창설적 효력은 이 사건 배당금의 귀속에 관하여 미칠 뿐이다. 따라서 피고의 이 부분 주장도 이유 없다."[52]

이 사건은 현대상호저축은행의 근저당권이 시효가 완성되었다고 하여 피고 한유자산관리가 적극적으로 이 은행을 상대로 배당이의 소송을 제기한 것이고 화해권고결정으로 종결이 되어 배당표를 경정하였을 것인데 원고 신용보증기금이 사후에 부당이득반환청구소송을 제기한 것입니다. 문제는 피고 한유자산관리공사의 주장이 어느 정도 설득력이 있다는 것입니다. 왜냐하면 피고가 배당이의를 하지 아니하였다고 한다면 저축은행은 이를 수령하고 기간이 지나면 채무자가 시효이익을 포기한 것이 되기 때문에 저축은행은 완전히 권리를 취득합니다. 그런데 적극적으로 배당이의 소송을 제기하여 이를 화해권고결정으로 배당표 경정으로 배당금을 가져왔더니 배당기일에 출석하여 배당이의도 하지 않고 있다가 이제와서 무임승차하는 것입니다. 이러니 속 터지는 것입니다.

이런 경우에는 저축은행이 돈을 받아가도록 내버려 두는 것입니다. 그리고 채무자가 시효이익을 포기했다고 하여 이 시효이익포기행위가 사해행위라고 하여 취소를 구하는 것입니다. 이렇게 되면, 그 취소의 효력은 채권자와 수익자에게만 미칩니다. 그리고 판결이나 화해권고결정에 의하여 넘겨받게 되면 배당절차가 아니기 때문에 문제가 되지 않습니다.

---

52) 대전지방법원 2013. 9. 12. 선고 2013가단203205 판결 [부당이득금]

카. 근저당권설정 이후에 일부 지분이 타인에게 이전되고 남은 채무자의 지분에 대해서만 취소채권자가 가압류나 압류를 한 경우

"가. 집행력 있는 정본을 가진 채권자, 경매개시결정이 등기된 뒤에 가압류를 한 채권자, 민법·상법, 그 밖의 법률에 따라 우선변제청구권이 있는 채권자는 배당요구의 종기까지 배당요구를 한 경우에 한하여 비로소 배당을 받을 수 있다(민사집행법 제88조 제1항, 제148조 제2호). 반면 배당요구의 종기까지 경매신청을 한 압류채권자, 첫 경매개시결정등기 전에 등기된 가압류채권자, 저당권·전세권, 그 밖의 우선변제청구권으로서 첫 경매개시결정등기 전에 등기되었고 매각으로 소멸하는 것을 가진 채권자는 배당요구를 하지 않더라도 배당을 받을 수 있다(민사집행법 제148조 제1호, 제3호, 제4호). 채권자는 자기의 이해에 관계되는 범위 안에서만 다른 채권자를 상대로 그의 채권 또는 그 채권의 순위에 대하여 이의할 수 있으므로(민사집행법 제151조 제3항), 채권자가 제기한 배당이의의 소에서 승소하기 위하여는 피고의 채권이 존재하지 아니함을 주장·증명하는 것만으로 충분하지 아니하고 원고 자신이 피고에게 배당된 금원을 배당받을 권리가 있다는 점까지 주장·증명하여야 한다(대법원 2015. 4. 23. 선고 2014다53790 판결 등 참조).
위와 같은 법리는 채무자가 체결한 근저당권설정계약에 관하여 채권자가 사해행위취소의 소를 제기함과 아울러 그 원상회복으로서 배당이의의 소를 제기하는 경우에도 마찬가지이다.
나. 원심판결 이유와 기록을 살펴보면 다음과 같은 사실을 알 수 있다.
① 파워씨즌 주식회사(이하 '파워씨즌'이라 한다)는 2010. 12. 30. 피고에게 이 사건 각 부동산에 관하여 근저당권설정등기(이하 '이 사건 근저당권'이라 한다)를 마쳐주었다.
② 이후 파워씨즌은 2011. 1. 5. 유한회사 케이앤엘에너지(이하 '케이앤엘에너지'라 한다)에 이 사건 각 부동산 중 1/10 지분에 관하여 소유권이전등기를 마쳐주었다.
③ 원고는 2011. 10. 4. 파워씨즌에 대한 물품대금채권을 피보전채권으로 하여 이 사건 각 부동산 중 파워씨즌 소유의 9/10 지분에 관하여 가압류결정을 받았고, 같은 날 위 9/10 지분에 관하여 청구금액 12억 1,095만 원의 가압류등기가 마쳐졌다.
④ 원고는 파워씨즌을 상대로 물품대금의 지급을 구하는 소를 제기하여 가집행선고부 일부 승소판결을 받은 후 2013. 9. 무렵 이 사건 각 부동산 중 파워씨즌 소유의 9/10 지분에 관하여 강제경매를 신청하였다. 한편 피고는 2013. 12. 무렵 이 사건 근저당권에 기하여 이 사건 각 부동산에 관하여 담보권 실행을 위한 경매를 신청하였다.

⑤ 이에 따라 이 사건 각 부동산에 관하여 서울중앙지방법원 2013타경31411, 42459(중복)호로 경매절차가 진행되었고, 이 사건 각 부동산은 2015. 4. 23. 제3자에게 매각되었다.

⑥ 경매법원은 2015. 6. 3. 배당기일에 피고에게 3순위로 419,593,105원을 배당하고, 원고에게는 배당하지 않는 내용의 배당표를 작성하였고, 이에 원고는 위 배당기일에 출석하여 피고에 대한 배당액 전부에 대하여 이의를 제기하였다.

⑦ 원고는 2015. 6. 10. 이 사건 배당이의의 소를 제기하였고, 이후 2015. 10. 2. 이 사건 근저당권설정계약에 대한 사해행위취소의 소와 그 원상회복으로서 배당이의의 소를 제기하는 것으로 청구취지와 청구원인을 변경하였다.

다. 이러한 사실관계를 앞서 본 법리에 따라 살펴보면 다음과 같이 판단된다.

원고는 이 사건 근저당권설정계약에 관하여 사해행위취소의 소를 제기함과 아울러 그 원상회복으로서 배당이의의 소를 제기하였다. 그런데 원고는 이 사건 각 부동산 중 파워씨즌 소유의 9/10 지분에 관하여 경매개시결정등기 전에 등기된 가압류채권자 및 경매신청을 한 압류채권자로서 그 9/10 지분에 관한 매각대금만 배당받을 수 있을 뿐, 이 사건 각 부동산 중 케이앤엘에너지 소유의 1/10 지분에 관한 매각대금에 대해서는 배당요구 없이 배당받을 자격을 갖추지 못했고 배당요구의 종기 전에 적법하게 배당요구를 한 것도 아니어서 배당받을 수 없다.

그런데도 원심은 이 사건 각 부동산 중 케이앤엘에너지 소유의 1/10 지분에 관한 매각대금을 포함하여 원고에게 배당할 금액을 산정하였다. 이러한 원심의 판단에는 사해행위취소의 원상회복으로서 배당이의의 소가 제기된 경우 취소채권자가 배당받을 수 있는 범위에 관한 법리를 오해하여 판결에 영향을 미친 잘못이 있다.”[53]

파워씨즌은 사해행위취소의 목적이 된 근저당권설정계약과 등기를 피고에게 해 준 이후에 그 지분의 10분의 1을 케이앤엘에너지에 이전을 해 주었습니다. 그리고 나서 원고는 파워씨즌 10분의 9 지분에 관하여 가압류를 하였습니다. 원고는 물품대금청구소송을 제기하고 그 가집행부 판결에 기하여 강제경매신청을 하고 나서 피고 역시도 근저당권에 기한 임의경매신청을 하자 원고는 피고의 배당금에 대하여 배당이의를 하고 사해행위취소와 원상회복으로 배당이의를 구하는 것으로 청구취지를 변경하였습니다. 문제는 원고는 10분의 9지분에

---

53) 대법원 2021. 6. 24. 선고 2016다269698 판결 [배당이의]

대한 배당권자일 뿐이고 10분의 1에 대하여는 배당을 받을 수 있는 자가 아닙니다. 결국 원고는 피고가 매각대금 10분의 1에서 근저당권자로서 배당받은 금액에 대하여는 원고가 배당을 받을 수 없다는 것입니다.

타. 배당금지급청구지급정지가처분만 해 둔 취소채권자가 배당금에서 배당을 받을 수 있는지 여부

"구 민사소송법(2002. 1. 26. 법률 제6626호로 전문 개정되기 전의 것) 제580조 제1항은 금전채권에 대한 강제집행에 있어서 배당요구를 할 수 있는 채권자의 범위를 '민법·상법 기타 법률에 의하여 우선변제청구권이 있는 채권자'와 '집행력 있는 정본을 가진 채권자'로 제한하여 규정하고 있으므로, 그 어느 것에도 해당하지 않는 채권자는, 위 조항 각 호의 사유 발생 전에 미리 가압류를 하여 이른바 경합압류채권자로서 배당에 참가하게 되는 것은 별론으로 하고, 별도의 배당요구를 할 자격이 없다.

원심은, 피고가 소외 1에 대한 사해행위취소(소유권이전등기말소)소송에서 승소 확정하고 그 목적물인 부동산의 경매절차에서 발생한 소외 1의 배당잔금지급청구권에 대하여 지급정지가처분(위 사해행위취소소송을 본안으로 한 가처분)을 하여 두었다는 사정만으로는, 그 후 원고가 같은 소외 1을 상대로 따로 제기한 사해행위취소(위 소외 1의 배당잔금지급청구권을 소외 2에게 양도)소송의 원고 승소 확정으로 위 청구권이 원래의 부동산소유자인 소외 2에게 양도되는 효과가 생긴 후, 그 양도받은 소외 2의 청구권에 대한, 원고의 추심명령에 의한 채권과 소외 3의 다른 가압류채권과 피고의 배당요구와의 경합으로 인하여 제3채무자인 법원 공탁관이 공탁의 사유신고(위 법 제580조 제1항 제1호, 제581조 제3항)를 함에 따라 개시된 배당절차에 있어서, 피고의 위 배당요구가 법률상 배당요구를 할 수 있는 자격에 기하여 한 것이라 볼 자료가 없다(위 소외 1을 상대로 한 지급정지가처분만으로는 이에 해당하지 않는다)고 설시하고, 이와 달리 배당법원이 피고의 배당요구를 적법한 것으로 보아 원고 및 소외 3과 함께 피고에게 안분배당을 한 조치를 위법하다고 판단하였다."54)

이 사건 사해행위는 소유권이전입니다. 그런데 경매가 이루어진 것입니다. 중소기업은행은 소유권말소등기청구를 원물반환으로 하여 승소확정판결을 받아

---

54) 대법원 2003. 12. 11. 선고 2003다47638 판결 [배당이의]

두었습니다. 그 이후에 경매가 진행된 것으로 보입니다. 아마 배당요구종기 전에 배당요구를 하지 못한 것이 아닌가 생각됩니다. 소유권말소등기승소판결만 받아놓고는 집행을 하지 않는 사이에 기존 근저당권자의 경매로 경매가 진행된 것으로 보입니다. 이런 상황에서 원고인 기술신용보증기금이 사해행위취소소송을 제기하면서 수익자인 소외 1에 대하여 경매로 인한 배당금잔금지급청구권을 채무자인 소외 2에게 양도하고 양도통지하라는 형식으로 판결을 받았던 것입니다. 피고인 중소기업은행은 그냥 배당금잔금지급청구권에 대하여 지급정지가처분만 해 두었습니다. 처분금지가처분은 하지 아니한 것입니다. 원고인 기술신용보증기금은 이제 채권인 채무자인 소외 2에게 양도되었으니 소외 2의 채권자이니 자신의 구상금채권을 가지고 압류 추심명령을 받은 것입니다. 제3채무자는 대한민국이었을 것입니다. 소외 2의 채권자인 소외 3은 채권가압류를 하였고 피고 중소기업은행은 배당요구를 하자 법원은 공탁을 하고 그에 기하여 배당을 했는데 아마 중소기업은행에 대하여도 배당을 해 주었던 것이고 이에 대하여 기술신용보증기금은 중소기업은행에 대하여 배당이의를 하였습니다. 결국 중소기업은행은 소외 2에 대하여 별도로 압류 추심명령을 받은 적이 없기 때문에 사해행위취소소송에서 승소하고도 10원도 받지 못하는 결과가 발생하였습니다.

　이 판결에서도 기존 근저당권의 경매로 인하여 수익자가 소유권을 상실하고 잔여배당금이 있는 경우에 그 잔여배당금지급청구권(또는 배당금잔금지급청구권)을 채무자에게 양도하고 양도통지하라는 형식으로 판결을 받았던 것을 알 수 있습니다. 아무래도 기술신용보증기금 측이 사해행위취소소송을 중소기업은행보다 더 많이 하기 때문에 이런 결과가 나온 것이 아닌가 생각됩니다.

파. 취소채권자가 근저당권일부취소를 초과하고 배당이의를 한 경우 이를 어떻게 처리할 것인지의 문제

"근저당권설정계약을 사해행위로 취소하는 판결이 먼저 확정되고 근저당권자를 상대로 한 배당이의소송이 뒤이어 진행되는 경우에, 배당이의소송에서는 그 소를 제기하지 아니한 다른 채권자의 존재를 고려할 필요 없이 그 소를 제기한 채권자의 채권이 만족을

받지 못한 한도에서만 근저당권자에 대한 배당액을 삭제하여 이를 채권자에 대한 배당
액으로 경정하고 나머지는 근저당권자에 대한 배당액으로 남겨두어야 한다. 그런데 근
저당권설정계약이 사해행위로 취소된 이상 근저당권자는 근저당권에 따라 배당받을 권
리를 상실하여 그에게 배당을 실시할 수 없는 명백한 사유가 생겼으므로, 경매법원으로
서는 민사집행법 제161조를 유추적용하여 배당이의소송의 제기로 공탁된 배당액 중
소송 결과 근저당권자에게 남게 된 부분을 부동산경매절차에서 적법하게 배당요구하였
던 다른 채권자들에게 추가배당하여야 한다."55)

이 사건은 손해배상이고 피고는 대한민국과 2명의 개인입니다. 아마 이들
은 법원공무원일 것으로 보입니다.

"나. 원심은 판시와 같은 이유로, (1) 소외 1, 소외 2 등이 제기한 사해행위취소소송에
서 이 사건 주택에 관한 소외 3의 채권최고액이 800,000,000원인 근저당권설정계약
중 258,545,739원을 초과하는 부분, 소외 4의 채권최고액이 300,000,000원인 근저
당권설정계약 중 96,954,652원을 초과하는 부분 등을 사해행위로 인정하여 취소하는
판결이 먼저 확정되었는데, (2) 뒤이어 진행된 배당이의소송에서는 그 소를 제기한 피
고 3이 양수한 소외 2 등의 채권원리금 632,884,244원의 한도에서만 배당액이 경정
됨에 따라 소외 3에 대한 배당액으로 475,097,827원, 소외 4에 대한 배당액으로
153,419,765원이 남게 됨에 따라, (3) 경매법원이 소외 3 및 소외 4에 대한 배당액을
사해행위취소소송에서 취소되지 아니한 258,545,739원 및 96,954,652원으로 다시
경정한 후, 그 경정 전후의 차액에 해당하는 소외 3에 대한 216,552,088원(=
475,097,827원 - 258,545,739원)과 소외 4에 대한 56,465,113원(= 153,419,765
원 - 96,954,652원) 및 각 그 이자를 배당재단으로 삼아 이 사건 추가배당을 실시하
고, 나아가 소외 4의 다음 순위 근저당권자인 피고 2의 근저당권설정계약은
135,736,513원을 초과하는 부분이 사해행위로 취소되었으므로 그 잔액에 해당하는
135,736,513원을 피고 2에게 추가배당하고, 그 나머지를 그다음 순위 근저당권자인
장수시스템창호 주식회사로부터 배당금지급채권을 양수한 피고 3에게 추가배당한 것이
적법하다는 취지로 판단하였다.

---

55) 대법원 2015. 10. 15. 선고 2012다57699 판결 [손해배상등]

다. 원심판결 이유를 적법하게 채택된 증거들에 비추어 살펴보면, **이러한 원심의 판단은 앞서 본 법리에 기초한 것으로서,** 거기에 상고이유 주장과 같이 배당이의의 소의 상대효, 사해행위취소에 따른 원상회복 등에 관한 법리를 오해하고 **민사집행법에서 정한 배당 등의 관련 규정을 위반하거나, 이유가 모순되며, 필요한 심리를 다하지 아니하는 등의 위법이 없다.**"
상고이유로 들고 있는 대법원판결들은 이 사건과 사안이 다르므로 위와 같은 판단과 어긋나지 아니한다."[56]

취소채권자는 소외 1, 2입니다. 이들 수익자는 소외 3, 4 근저당권자들이었습니다. 먼저 사해행위취소소송을 하면서 소외 1, 2는 일부 승소판결을 받았습니다. 이는 일부에 대하여는 소외 3, 4의 근저당권이 사해행위가 안 된다는 것으로 보입니다. 왜냐하면, "<u>258,545,739원을 초과하는 부분, 96,954,652원을 초과하는 부분 등을 사해행위로 인정하여 취소하는 판결</u>"내용이라는 대법원의 판시를 보면 그렇습니다. 이렇게 판결이 되는 것은 바로 신규차입에 의한 근저당권 설정계약의 사해행위인정여부에서 신규차입의 경우는 사해행위가 인정되지 않는데 이와 함께 기존 채권을 담보받는 경우에 기존 채권을 근저당권설정받는 경우 사해행위가 되지 않는다고 볼 수 있기 때문입니다.

소외 1, 2의 채권을 피고 3이 양수를 했습니다. 자산관리나 대부업체일 가능성이 있습니다. 그에 의하여 배당기일에 배당이의를 하였습니다. 그 금액이 소외 1, 2의 채권액의 한도인 <u>632,884,244원</u>이었습니다.

소외 3에 대한 배당액으로 <u>475,097,827원,</u> 소외 4에 대한 <u>배당액으로 153,419,765원</u>이 남았다고 합니다. 8억 원과 3억 원의 근저당권이니 <u>1,221,401,836 원</u>입니다. 이 금액은 채권최고액 8억 원과 3억 원을 초과하고 있습니다. 이것이 가능한 것인지 의문이기는 합니다. 이는 5번 근저당권도 사해행위로 취소되었다는 것을 보면, 5번 근저당권자에게 일부 배당이 되었을 것으로 보입니다.

경매법원은 사해행위가 되지 않는 부분에 대하여 소외 3, 4에게 배당을 해주어야 했습니다.

---

56) 대법원 2015. 10. 15. 선고 2012다57699 판결 [손해배상등]

소외 3의 경우는 216,552,088원(= 475,097,827원 - 258,545,739원)이 남습니다.

소외 4의 경우는 56,465,113원(= 153,419,765원 - 96,954,652원)이 남습니다.

이 금액을 추가배당을 하였습니다. 오히려 더 사해행위성이 있는 5번 근저당권자에게 소외 3, 4가 다음 순위인 피고 2에 대하여도 사해행위취소소송을 제기하였던 것으로 보입니다. 피고 2의 경우도 일부는 사해행위가 되지 않았습니다. "135,736,513원을 초과하는 부분이 사해행위로 취소"되었다는 판결문을 보면, 135,736,513원에 대하여는 피고 2에게 배당을 해 줄 수밖에 없었던 것입니다.

피고 2에게 배당을 해주면 137,280,688원[= (16,552,088원 + 56,465,113원 - 135,736,513원)]이 남습니다.

137,280,688원은 6번 근저당권자인 장수시스템창호 주식회사로부터 배당금지급채권을 양수한 피고 3에게 추가배당이 되었습니다. 아마 6번은 배당이 되지 않을 것이니 사해행위취소소송도 하지 않았습니다. 장수시스템창호는 돈을 받지 못할 것이기 때문에 이를 헐값에 피고 3에게 처분하였을 것으로 보입니다. 결국 피고 3은 137,280,688원을 배당받았습니다.

이렇게 되니 아마 채권자였을 원고는 법원에 대하여는 손해배상청구를 피고들에 대하여는 부당이득반환청구소송을 한 것이 아닌가 생각됩니다. 추가배당에 대하여는 통지를 해 주지 않고 있는 것이 현실입니다. 그렇다 보니 배당이의를 하지 못하고 부당이득반환청구만이 이루어지고 있습니다.

피고 대한민국에 대하여도 적법한 배당절차이기 때문에 청구기각이 되었습니다. 소외 1, 2의 채권을 양수한 피고 2에 대한 청구는 부당이득이 아니라고 하여 기각이 된 것이 아닌가 생각됩니다. 그러나 소외 1, 2는 일반채권자이니 배당표 경정으로 자신의 채권전부를 배당받았지만 이 사건 이후에 나온 대법원 판결을 통하여 보면, 이는 부당이득이 성립됩니다. 아마 손해배상을 청구한 것이 아닌가 하는 생각도 해봅니다. 왜냐하면 추가배당의 위법성을 상고이유로 삼은 것을 볼 때 그러합니다. 피고 3은 후순위 근저당권자의 양수인인데 당연히 배당을 받지 못한 처지에 있기 때문에 사해행위취소의 피고로 넣지도 아니한 것으로 보이는데 완전히 호박이 넝쿨째 굴러들어온 셈이 되었습니다. 이를 알고 양수를 받은 피고 3 역시 채권양수를 전문으로 하는 업자일 가능성이 큽니다.

서울고등법원 판결문이 공개되어 있습니다.

"(4) 이 사건 각 토지와 건물은 2004. 11. 10. 소외 6에게 낙찰되었고, 위 경매법원은 배당기일인 2005. 1. 25. 실제 배당할 금액 2,555,626,149원을 다음과 같이 배당하는 것으로 배당표를 작성하였다(이하 '이 사건 배당표'라고 한다).

○ 1순위(임금채권자): 소외 7 6,730,340원, 소외 8 5,360,000원

○ 2순위(교부청구권자): 파주시 489,150원

○ 3순위(이 사건 각 토지에 관한 근저당권자): 국민은행 888,689,963원

○ 4순위(압류권자): 근로복지공단, 국민건강보험공단 등 합계 45,652,120원

○ 5순위(확정일자 있는 임차인): 소외 9 25,183,299원, 소외 10 25,183,299원

○ 6순위(이 사건 주택에 관한 근저당권자): 소외 3 800,000,000원

○ 7순위(이 사건 각 토지 및 주택에 관한 근저당권자): 소외 5 500,000,000원

○ 8순위(이 사건 주택에 관한 근저당권자): 소외 4 258,337,978원

(5) 피고 3은 채권양수인 자격으로 위 배당기일에 출석하여 소외 3, 소외 5, 소외 4 등의 배당액에 대하여 이의 진술을 하였다.

(6) 위 경매법원은 2005. 3. 15. 피고 3의 위 배당이의에 따른 소제기, 채권자가 소외 6인 의정부지방법원 2004카단50673호 채권가압류 결정 등을 이유로 소외 3, 소외 5, 소외 4를 피공탁자로 하여 각 배당원리금인 801,817,165원(의정부지방법원 2005년 금제1096호), 501,135,735원(위 법원 2005년 금제1095호), 258,924,787원(위 법원 2005년 금제1097호)을 공탁하였다."[57]

피고 3은 전혀 배당을 받지 못한 일반채권자였고, 피고 2 역시도 전혀 배당을 받지 못한 자임을 알 수 있습니다. 배당을 받은 마지막 사람이 바로 소외 4 배당순위 8위였음을 알 수 있습니다.

"나. 관련 소송의 경과
(1) 두나미스에 대한 채권자 중 소외 1, 소외 2, 소외 11, 소외 12, 소외 13, 소외 14

---

57) 서울고등법원 2012. 6. 1. 선고 2011나7576 판결 [손해배상등]

는 2004. 2. 4. 이 사건 주택에 관한 근저당권자인 소외 3, 소외 5, 소외 4, 피고 2를 상대로 위 각 근저당권설정계약이 사해행위에 해당한다는 이유로 의정부지방법원 고양지원 2004가합469호로 근저당권말소 청구의 소를 제기하였다.

(2) 서울고등법원은 2004나70750호로 진행된 위 사건의 항소심에서 2006. 1. 13. 위 각 근저당권설정계약이 사해행위에 해당하므로, 위 각 근저당권설정계약은 소외 1 등의 피보전채권액 합계 1,367,172,010원의 범위 내에서 취소되어야 한다는 이유로, 위 각 근저당권설정계약을 소외 1에 대하여는 387,816,191원의 범위 내에서, 소외 2에 대하여는 131,186,917원의 범위 내에서, 소외 11에 대하여는 153,397,259원의 범위 내에서, 소외 12에 대하여는 282,776,712원의 범위 내에서, 소외 13에 대하여는 200,449,315원의 범위 내에서, 소외 14에 대하여는 211,545,616원의 범위 내에서 각 취소한다는 내용의 판결을 선고하였고, 위 판결은 2006. 2. 17. 확정되었다.

(3) 한편, 피고 3은 위 배당이의 후인 2005. 2. 1. 소외 3, 소외 5, 소외 4 등을 상대로 위 각 근저당권설정계약이 사해행위에 해당한다는 등의 이유로 의정부지방법원 2005가합784호로 배당이의의 소를 제기하였다.

(4) 위 법원은 2006. 8. 11. 위 각 근저당권설정계약이 사해행위에 해당하므로, 피고 3이 양수한 소외 2, 소외 12, 소외 14, 대동유리 주식회사의 두나미스에 대한 채권 원리금을 소외 3, 소외 5, 소외 4의 배당액 비율에 따라 안분한 금액만큼 그들의 배당액이 감액되어야 한다는 이유로, 이 사건 배당표 중 소외 3에 대한 배당액 8억 원을 475,097,827원으로, 소외 5에 대한 배당액 5억 원을 296,936,142원으로, 소외 4에 대한 배당액 258,337,978원을 153,419,765원으로, 피고 3에 대한 배당액 0원을 632,884,244원으로 각 경정한다는 내용의 판결을 선고하였고, 위 판결은 2007. 12. 27. 확정되었다. 그런데 위 채권 원리금은 소외 2 115,573,013원, 소외 12 249,120,547원, 소외 14 186,367,397원, 대동유리 주식회사 81,823,287원 등 합계 632,884,244원으로서 위 근저당권말소 청구 사건의 확정판결과 비교하여 볼 때 그 채권자와 채권금액의 범위가 다르고, 특히 그 채권금액 범위는 이전 소송에서 인정되었던 1,367,172,010원의 1/2이 되지 않는다."58)

피고 3은 채권양수를 받았는데 소외 2, 12, 14, 대동유리회사의 채권이었고 피고 3이 배당표 경정으로 승소받은 금액을 합하면 632,884,224원(115,573,013

---

58) 서울고등법원 2012. 6. 1. 선고 2011나7576 판결 [손해배상등]

원 + 249,120,547원 + 186,367,397원 + 81,823,287원)

소외 1, <u>소외 2</u>, 소외 11, <u>소외 12</u>, 소외 13, <u>소외 14</u>가 사해행위취소의 가액배상으로 승소한 금액을 합하면 <u>1,367,172,010원</u>(387,816,191원 + <u>131,186,917원</u> + 153,397,259원 + <u>282,776,712원</u> + 200,449,315원 + <u>211,545,616원</u>)

<u>소외 1, 11, 13은 사해행위취소승소판결을 받았는데 배당이의소송을 제기하지 아니한 것임을 알 수 있습니다.</u>

"다. 경매법원의 추가배당

(1) 위 경매법원은 2008. 3. 5. 위 배당이의 사건의 확정판결에 기하여 이 사건 배당표 중 소외 3에 대한 배당액 8억 원을 475,097,827원으로, 소외 5에 대한 배당액 5억 원을 296,936,142원으로, 소외 4에 대한 배당액 258,337,978원을 153,419,765원으로, 피고 3에 대한 배당액 0원을 632,884,244원으로 각 경정하였다(이하 '1차 경정'이라고 한다).

(2) 그리고 위 경매법원은 2009. 7. 8. 위 근저당권 말소 청구 사건의 확정판결에 기하여 별지 계산표 기재와 같이 취소된 피보전채권액 해당 금원의 합계액을 소외 3 등의 근저당권 채권최고액의 비율로 안분한 다음 채권최고액에서 그 금액을 공제한 금액을 기준으로 소외 3에 대한 배당금 475,097,827원을 258,545,739원으로, 소외 5에 대한 배당액 296,936,142원을 161,591,087원으로, 소외 4에 대한 배당액 153,419,765원을 96,954,652원으로 각 경정하였다(이하 '2차 경정'이라고 한다).

(3) 그런데 위 1차 경정에 따른 소외 5에 대한 배당액인 296,936,142원과 그 이자에 관하여는 이미 위 1차 경정 후로서 위 2차 경정 전인 2008. 3. 12. 인천지방법원 2005타기6487호로 그 압류 및 추심채권자들에 대한 채권배당이 이루어져 그 배당금이 남아 있지 않았다.

(4) 그러자 위 경매법원은 2009. 8. 31. 소외 3, 소외 4에 대한 위 1차 배당표 경정에 따른 배당액에서 위 2차 경정에 따른 배당액을 공제한 금액인 273,017,201원{(475,097,827원 - 258,545,739원) + (153,419,765원 - 96,954,652원)}과 그에 대한 이자만을 배당재단으로 삼아, 실제 배당할 금액 275,683,888원 중 135,736,513원을 위 근저당권 말소 청구 사건의 확정판결에 따라 별지 계산표 기재와 같이 취소 후 채권최고액 잔액이 135,736,513원이 되는 후순위 근저당권자인 피고 2에게, 나머지 139,947,375원을 다음 후순위 근저당권자인 장수시스템의 배당금채권을 양수한 피고

> 3에게 각 추가배당하였다(이하 '이 사건 추가배당'이라고 한다)."59)

피고 3은 매우 사해행위취소법리와 추가배당이라는 것을 매우 잘 알았던 것입니다. 소외 1, 2, 11, 12, 13, 14 합 6명이 사해행위취소소송을 제기하였는데 이들 중 피고 3은 소외 2, 12, 14의 채권을 양수하였고 거기에 더하여 사해행위취소소송을 제기하지 아니한 대동유리 채권까지 인수하여 결국 배당금 632,884,224원을 배당받았습니다.

소외 5의 남은 배당금은 압류추심이 되었기 때문에 이는 제외되고 소외 3, 4의 남은 배당액 273,017,201원을 추가배당하였습니다. 그런데 피고 2에게 배당금 135,736,513원을 배당해 주었습니다. 그런데 여기서 피고 2는 사해행위취소소송의 피고였는데 왜 피고 2에게 배당을 해 주었는지 궁금합니다. 제가 생각할 때에는 처음에 피고 2를 피고 넣어 소를 제기하였는데 배당표를 보니 피고 2가 배당을 받지 않게 되자 사해행위취소소송의 원고들이 아마 피고 2에 대한 소를 취하하였을 가능성이 있다고 보입니다. 결국 이로 인하여 피고 2는 전부 배당을 받게 되는 상황이 발생한 것으로 보입니다. 피고 3은 피고 2의 후순위 근저당권자인 장수시스템의 배당채권까지 양수하여 결국 남은 배당금 139,947,375원을 받아가게 된 것입니다.

결국 피고 3은 772,831,599원(632,884,224원 + 139,947,375원)을 받아갔습니다. 피고 3은 매우 영리한 사람이었던 것으로 보입니다. 장수시스템은 아마 거의 돈을 주지 않고 넘겨받았을 가능성이 크고, 소외 2, 12, 14의 채권은 아마 그들의 채권 원금 1/2도 주지 않고 넘겨받을 것입니다. 대동유리의 채권 역시도 매우 싼 가격에 구입하였을 것입니다.

> "라. 배당금 지급청구권의 양도와 배당표 경정에 따른 배당금 지급
> (1) 한편, 소외 3은 ① 2007. 3. 2. 소외 15에게 위 배당금 중 1억 2,000만 원의 지급청구권을 양도하고('배당금 지급청구권'의 양도나 이에 대한 가압류의 효력은 '공탁금

출급청구권'에 미친다고 해석되므로, 이하 '배당금 지급청구권'과 '공탁금 출급청구권'을 구분하지 않고, '배당금 지급청구권'이라고만 표현한다), 2007. 4. 2. 대한민국에게 그 사실을 통지하였는데, 대한민국은 2007. 4. 3. 그 통지를 수령하였으며, ② 2007. 3. 28. 소외 16에게 위 배당금 중 1억 2,000만 원의 지급청구권을 양도하고, 2007. 4. 17. 대한민국에게 그 사실을 통지하였는데, 대한민국은 2007. 4. 18. 그 통지를 수령하였으며, ③ 2007. 3. 28. 소외 17에게 위 배당금 중 7,000만 원의 지급청구권을 양도하고, 2007. 7. 24. 대한민국에게 그 사실을 통지하였는데, 대한민국은 2007. 7. 27. 그 통지를 수령하였으며, ④ 2008. 1. 3. 원고에게 위 배당금 중 1억 2,000만 원의 지급청구권을 양도하고, 2008. 1. 8. 대한민국에게 그 사실을 통지하였는데, 대한민국은 2008. 1. 9. 그 통지를 수령하였다.

(2) 그리고 위 배당금 지급청구권에 관하여 채권자가 소외 6이고, 피보전금액이 475,097,827원인 의정부지방법원 2008카단50047호 채권가압류 결정이 2008. 1. 28. 대한민국에게 송달되었다.

(3) 그런데 위 2차 경정에 따라 소외 3에 대한 배당액이 258,545,739원으로 경정되는 한편, 공탁의 원인이 되었던 의정부지방법원 2004카단50673호 채권가압류 결정이 2007. 4. 20.경 집행해제되자, 위 경매법원은 채권 양수 순위에 따라 2009. 8. 31. 소외 15에게 위 배당금 중 1억 2,000만 원을, 소외 17에게 18,545,739원을 각 지급하였고, 2009. 9. 3. 소외 16에게 1억 2,000만 원을 지급하였다."[60]

원고는 소외 3으로부터 채권을 양수받은 자인데 4번째로 채권양수인이었으니 배당을 전혀 받지 못하였던 것입니다. 소외 3, 4, 5가 사해행위취소의 수익자였는데 "별지 계산표 기재와 같이 취소된 피보전채권액 해당 금원의 합계액을 소외 3 등의 근저당권 채권최고액의 비율로 안분한 다음 채권최고액에서 그 금액을 공제한 금액을 기준"으로 2차경정을 하였습니다. 소외 3의 근저당권의 채권최고액은 8억 원, 소외 4의 근저당권의 채권최고액은 5억 원, 소외 5의 근저당권의 채권최고액은 3억 원이었습니다. 이를 합한 금액은 16억 원이었습니다.

소외 3을 보면,

취소된 피보전채권의 합계금원 × 8/16 = 258,545,739

60) 서울고등법원 2012. 6. 1. 선고 2011나7576 판결 [손해배상등]

475,097,827 - 258,545,739 = 216,552,088원

결국 취소된 피보전채권합계액은 517,091,478원입니다.

소외 5를 보면,

517,091,478 × 5/16 = 161,591,089원

296,936,142 - 161,591,087 = 135,345,055원

소외 4를 보면,

517,091,478 × 3/16 = 96,954,652원

153,419,765 - 96,954,652 = 56,465,113원

이 피보전채권합계액은 피고 3에게 채권을 양도하고 사해행위취소소송을 제기하지 아니한 사람 소외 1, 11, 13의 채권액의 합계로 보입니다.

당사자 (순위)	원래 배당액	1차경정	2차경정	이 사건 추가배당 275,683,888	
소외 1	0				1취소채권자
소외 2	0				2취소채권자
소외 3(6)	800,000,000	475,097,827	258,545,739	216,552,088 + 이자	주택 근저당권자 1취소 소송피고
소외 4(8)	258,337,978	153,419,765	96,954,652	56,465,113 + 이자	주택 근저당권자 2취소 소송피고
소외 5(7)	500,000,000	296,936,142 (2005타기6 487호 채권배당)	161,591,087		토지주택 근저당권자 3취소 소송피고

소외 6	2008카단 50047호 채권가압류 결정				소외 3의 채권가압류 권자
소외 7(1)	6,730,340				임금채권자
소외 8(1)	5,360,000				임금채권자
소외 9(5)	25,183,299				임차인
소외 10(5)	25,183,299				임차인
소외 11	0				3취소채권자
소외 12	0				4취소채권자
소외 13	0				5취소채권자
소외 14	0				6취소채권자
소외 15			120,000,000		소외 3 1양수인
소외 16			120,000,000		소외 3 2양수인
소외 17			18,545,739		소외 3 3양수인
원고			0		소외 3 4양수인
소외 3 채권자들의 배당			258,545,739		2004카단 50673호 가압류결정 집행해제
피고 2		632,884,244		135,736,513	4취소 소송피고 겸 후순위 근저당권자

피고 3				배당이의자 소외 2, 12, 14, 대동유리 채권양수
대동유리	0			일반채권자
피고 3 장수시스템	0		139,947,375	피고 2 다음 순위 근저당권자
소외 3, 4, 5, 배당액의 합계액	1,558,337,978	1,558,337,978		
소외 3, 4, 5, 1차 2차 경정 합계금원		925,453,734	517,091,478 − 161,591,087 = 355,500,391	
소외 3, 4, 5, 1차 2차 배당금의 차액			408,362,256	취소채권자 들에게 배분한 금액?
이 사건 추가배당금 의 금원			275,683,888	소외 3, 4의 배당금 합 273,017,201 원과 이자

이런 내용을 보면, 소외 3, 4, 5의 배당금에서 소외 1, 2, 11, 12, 13, 14의 사해행위취소소송의 금액이 소외 3, 4, 5의 각 금액을 초과하지 못한 것일 수 있고, 원고 측이 소외 3, 4, 5에 대하여 자신의 채권 전부를 가지고 전부취소를 구한 것이 아니라 안분하여 일부씩 취소하였을 수 있다고 보입니다. 피고 3이 소외 2, 12, 14, 대동유리의 채권을 양수받아 배당이의를 하였기 때문에 먼저 소외 3, 4, 5의 배당금에서 피고 3의 배당이의 금액을 공제를 하였습니다. 피고 3 역

시도 한 사람에게 전부를 구한 것이 아니라 구별하여 일정 금액씩만 배당이의를 하였던 것으로 보입니다.

소외 1의 취소소송에서 승소한 금액은 387,816,191원이고 소외 11의 경우는 153,397,259원이며 소외 13은 200,449,315원이 이를 합하면 741,662,765원입니다.

그래서 배당이의확정판결에 따라서 1차 경정에서는 피고 3에게 632,884,244원로 배당표를 경정하고 소외 3, 4, 5,에는 피고 3이 배당이의소송에서 경정된 금액으로 배당을 해 주었고{소외 3 324,902,173원(800,000,000 - 475,097,827), 소외 4 104,918,213원(258,337,978 - 153,419,765), 소외 5는 203,063,858원(500,000,000 - 296,936,142) 각 피고 3에게 패소하였던 것입니다}.

이제 이 금액 소외 3, 4, 5에게 배당된 금액 합계 925,453,734원이 있는데 소외 5에 대한 배당금에 대하여는 아마 소외 1, 2, 11, 12, 13, 14 등이 사해행위취소소송을 하면서 배당금지급청구권에 대하여 추심 및 지급 그리고 처분금지가처분신청을 하지 아니한 것으로 보입니다. 그 사이에 소외 5에 대한 배당금청구권은 1차 경정 후로서 위 2차 경정 전인 2008. 3. 12. 인천지방법원 2005타기6487호로 그 압류 및 추심채권자들에 대한 채권배당이 이루어져 그 배당금이 남아 있지 않았다는 판결을 보면, 분명 소외 5의 여러 채권자가 가압류나 압류 등을 하여 배당이의를 하지 아니한 채권에 대하여는 채권배당이 이루어진 것입니다. 사해행위취소소송에 승소하더라도 수익자의 채권자에 대하여는 대항할 수 없기 때문에 이 부분에 대하여 취소채권자들 중 배당이의를 하지 아니한 소외 1, 11, 13은 소외 5의 남은 배당금에 대하여 주장을 할 수 없게 되었습니다.

이렇게 되니 남은 취소채권자들의 피보전채권에 대하여 소외 3, 4, 5의 채권최고액의 비율별로 이들이 분담해야 하는 금액을 산정하였습니다. 소외 3은 8/16, 소외 4는 5/16, 소외 5는 5/16입니다. 취소채권자의 피보전채권액의 합계는 433,104,176원이었습니다. 소외 3은 216,552,088원(475,097,827 - 258,545,739), 소외 4는 56,465,113원(153,419,765 - 96,954,652), 소외 5는 135,345,055원(296,936,142 - 161,591,087)을 각 부담한 셈이 되었습니다.

소외 3, 4의 남은 금액과 발생할 이자를 합하면 275,683,888원이기 때문에 이 금액에서 소외 5번의 후순위 근저당권자인 피고 2의 아마 배당기일 당시의 채권액 100%인 135,736,513원을 배당해 주고, 나머지 금액을 피고 2의 후순위 근저당권자인 장수시스템창호의 배당금을 양수한 피고 3에게 139,947,375원을 배당해 주었습니다.

소외 3의 채권액 2차 경정하여 배당한 금액 258,545,739원을 양수를 받은 순위에 따라서 소외 15에게 120,000,000원, 소외 16에게 120,000,000원 그리고 소외 17에게는 나머지 18,545,739원을 배당해 주고 원고에게는 배당을 해 주지 않았던 사건입니다.

피고 1인 대한민국에 대하여는 손해배상청구를 구한 것입니다. 원고의 주장은 다음과 같습니다.

"(1) 경매절차에서 **근저당권이 사해행위로 취소되어 배당표를 경정하는 경우** 경매법원은 배당요구 및 배당이의를 하고 적법한 기간 내에 배당이의의 소를 제기한 채권자의 채권이 만족을 얻지 못하는 한도 내에서만 수익자의 배당액을 삭제하여 당해 채권자의 배당액으로 경정하면 되고, **위와 같은 절차를 밟지 않은 다른 채권자들의 존재를 고려할 필요 없이 위와 같이 삭제된 수익자의 배당액을 제외한 나머지 배당액은 그대로 수익자의 배당액으로 남겨두어야 한다.**

(2) 따라서 이 사건에서 **위 경매법원은 2008. 3. 5. 위 1차 경정 후 바로 채권 양수 순위에 따라 소외 15에게 1억 2,000만 원을, 소외 16에게 1억 2,000만 원을, 소외 17에게 7,000만 원을, 원고에게 1억 2,000만 원을 각 지급하였어야 함에도,** 정당한 이유 없이 위법하게 그 지급을 지연하다가, 2009. 7. 8. 아무런 법적 근거 없이 위 2차 경정을 한 다음, 그 차액을 배당재단으로 삼아 피고 2, 피고 3에게 이 사건 추가배당을 하였다.

(3) 원고는 위법한 위 2차 경정에 따른 이 사건 추가배당으로 소외 3으로부터 양수한 배당금 1억 2,000만 원을 지급받지 못하게 되었는데, ① 피고 2, 피고 3은 이 사건 추가배당으로 법률상 원인 없이 그 추가배당액 상당의 이득을 얻었고, 이로 인하여 원고에게 위 1억 2,000만 원 상당의 손해를 가하였으며, ② 피고 대한민국의 위 경매법원 소속 공무원은 직무상 주의의무를 게을리한 나머지 민사집행법에 반하여 위법하게 위 2차 경정을 하고, 그에 따른 이 사건 추가배당을 함으로써 원고에게 위 1억 2,000만 원 상당의 손해를 가하였다.

(4) 그러므로 피고 대한민국, 피고 2, 피고 3은 연대하여 원고에게 손해배상금 또는 부

> 당이득금으로 1억 2,000만 원을 지급할 의무가 있다."[61]

연대하여 손해배상책임과 부당이득반환채무를 부담한다고 주장하였습니다. 원고의 채권양수금액이 120,000,000원인데 피고 2, 3이 추가배당에 의하여 각 배당받은 금액은 모두 120,000,000원을 초과하는 상태였습니다.

소외 3, 4, 5 배당금 합계 1,558,337,978원은 다음과 같이 배당이 되었습니다.

피고 3 = 772,831,619원 (배당이의자 632,884,244원 + 근저당권 정수시스템창호 채권양수인 139,947,375원)

소외 5의 채권자들 296,936,142원

소외 15 120,000,000원 (소외 3의 1채권양수인)

소외 16 120,000,000원 (소외 3의 2채권양수인)

소외 17 18,545,739원 (소외 3의 3채권양수인)

피고 2 135,736,513원 (소외 5 다음 후순위 근저당권자)

소외 4 96,954,652원 (근저당권자이며 수익자로서 남은 금액)

= 1,561,004,665원 - 1,558,337,978원 = 2,666,687 = 275,683,888원 - 216,552,088 - 56,465,113

2,666,687원은 216,552,088원과 56,465,113원에 대한 이자임을 알 수 있습니다.

결국 소외 1, 11, 13은 사해행위취소소송을 제기하였음에도 불구하고 1원도 채권을 회수하지 못한 것으로 보입니다.

그에 반하여 소외 2, 12, 14번은 채권을 양도하여 채권을 일부 회수하였을 것으로 보입니다.

수익자인 소외 3의 경우는 258,545,739원은 자신들의 채권자들이 배당을 받았으니 이 금액 상당은 회수한 셈이고 대신 541,454,261원(800,000,000 - 258,545,739)은 사해행위취소로 인하여 잃게 되었다고 할 것입니다.

수익자 소외 4의 경우는 96,954,652원을 배당받았습니다. 자신이 원래 배당받은 금액에서 이를 고려하면 161,383,326원(258,337,978 - 96,954,652)을 사해행

---

61) 서울고등법원 2012. 6. 1. 선고 2011나7576 판결 [손해배상등]

위로 잃게 되었습니다.

수익자 소외 5의 경우는 296,936,142원을 자신의 채권자들이 배당을 받아 간 것이기 때문에 실제로 사해행위취소로 잃게 된 금액은 203,063,858원 (500,000,000 - 296,936,142)입니다.

소외 3은 258,545,739원/800,000,000원이니 회수율이 32.31%정도입니다.

소외 4는 96,954,652원/258,337,978원이니 회수율이 37.53%정도입니다.

소외 5는 296,936,142원/500,000,000원이니 59.38%정도입니다.

소외 4의 경우 채권최고액이 300,000,000원으로 하여 회수율을 고려하면 96,954,652원/300,000,00원 32.31%정도입니다.

이를 보면, 소외 3, 4는 채권최고액으로 한도로 하면 회수율이 같습니다. 이에 비하여 소외 5의 경우는 조속히 채권자들에게 이 배당금에 대하여 압류토록 하여 그 회수율을 59.38%로 높이게 되었습니다. 패소하였지만 그는 소외 3, 4보다 배당금을 덜 빼앗기게 되었다고 할 것입니다.

또한 배당이의 금액으로 이들의 회수율을 고려하여 보면,

소외 3은 475,097,827원/800,000,000원 = 59.38%정도입니다.

소외 4는 153,419,765원/258,337,978원 = 59.38%정도입니다.

이미 소외 5는 보았습니다. 59.38%입니다.

피고 3은 소외 3, 4, 5에게 이들의 배당금액에 비례하여 동일한 비율로 안분하여 배당이의를 구한 것임을 알 수 있습니다.

여기서 문제가 되는 것은 사실 추가배당이 우선할 것인가 아니면, 수익자의 채권자들이 우선할 것인가는 문제가 있다고 할 것입니다.

채권자들의 피보전채권액의 합을 보면, 아마 517,091,478원으로 보입니다. 이는 수익자 소외 3, 4, 5의 배당금액의 합을 넘지 못합니다.

피고 3이 배당이의하여 배당표경정으로 승소한 금액이 632,884,244원입니다. 서울고등법원의 판결문을 보면, 소외 2 115,573,013원, 소외 12 249,120,547원, 소외 14 186,367,397원, 대동유리 주식회사 81,823,287원이 채권원리금이라고 합니다. 632,884,244원에서 81,823,287원을 공제하면 551,060,957원입니다. 이 금액에서 피보전채권액이라고 보이는 517,091,478원을 공제하면 33,969,479원의 차이가 납니다.

지은이가 추측하기에 517,091,478원은 배당이의 당시의 소외 2, 12, 14의
채권액이 아닌가 생각됩니다. 그런데 수익자 소외 3, 4, 5의 배당금 전부에 대하
여 배당이의를 하였고, 피고 3은 소외 2, 12, 14와 대동유리의 원금과 사해행위
취소이며 배당이의 소송인 변론종결일까지의 지연손해금도 취소되어야 한다고
한다면 그 합계금액이 632,884,244원이라고 주장하고 소외 3, 4, 5의 배당금액
에서 안분비례하여 승소판결을 받은 것으로 보입니다(배당이의 법원이 그와 같이
판결한 것으로 보입니다.) 그렇기 때문에 이자를 고려하면 아마 대동유리 부분까지
고려하면 배당기일 당시의 채권보다는 40,000,000원 정도는 증가되었을 것으로
보입니다.

하. 사해행위취소소송을 제기한 취소채권자가 사용한 비용을 우선변제 받을 수 있는지 여부

"강제집행에 필요한 비용은 채무자가 부담하고 그 집행에 의하여 우선적으로 변상을
받는다(민사집행법 제53조 제1항). 집행비용은 집행권원 없이도 배당재단으로부터 각
채권액에 우선하여 배당받을 수 있다. 여기서 집행비용이라 함은 각 채권자가 지출한
비용의 전부가 포함되는 것이 아니라 배당재단으로부터 우선변제를 받을 집행비용만을
의미하며 이에 해당하는 것으로서는 당해 경매절차를 통하여 모든 채권자를 위하여 체
당한 비용으로서의 성질을 띤 집행비용(공익비용)에 한한다. 집행비용에는 민사집행의
준비 및 실시를 위하여 필요한 비용이 포함된다.
이상의 법리를 토대로 사해행위취소 소송에 의하여 사해행위의 목적이 된 재산이 채무
자의 책임재산으로 원상회복되고 그 원상회복된 재산에 대하여 강제집행절차가 진행된
경우, *사해행위취소 소송을 위하여 지출한 소송비용, 사해행위취소를 원인으로 한 말소
등기청구권 보전을 위한 부동산처분금지가처분 비용, 사해행위로 마쳐진 소유권이전등
기의 말소등기 비용*(이하 '*사해행위취소 소송을 위하여 지출한 소송비용* 등이라고 한
다)이 강제집행에 필요한 비용으로서 그 집행에 의하여 우선적으로 변상받을 수 있는지
에 관해서 본다.
원칙적으로 판결 등의 집행권원 성립 이전에 채권자가 지출한 비용은 민사집행의 준비
를 위하여 필요한 비용에 포함되지 않는 점, 소송비용의 부담을 정하는 재판에서 그 액

수가 정하여지지 아니한 경우에 소송비용액의 확정결정을 받아(민사소송법 제110조 제1항) 이를 집행권원으로 상대방의 재산에 대하여 강제집행을 할 수 있는 반면, 강제집행에 필요한 비용은 별도의 집행권원 없이 본래의 강제집행에 의하여 우선적으로 변상을 받는(민사집행법 제53조 제1항) 차이가 있는 점, 채권자가 사해행위의 취소와 함께 책임재산의 회복을 구하는 사해행위취소 소송에 있어서는 수익자 또는 전득자에게만 피고적격이 있고 채무자에게는 피고적격이 없는 것이므로(대법원 2009. 1. 15. 선고 2008다72394 판결 등 참조) 수익자 또는 전득자가 소송비용을 부담하는 반면, 강제집행에 필요한 비용은 채무자가 부담하여 그 부담 주체가 다른데, 사해행위취소 소송을 위하여 지출한 소송비용 등을 집행비용에서 우선적으로 상환하게 되면 수익자 또는 전득자가 부담하는 소송비용을 채무자의 책임재산에서 우선 상환하는 셈이 되는 점, 사해행위 이전에 사해행위의 목적이 된 재산에 담보물권을 취득한 채권자나 가압류권자(또는 체납처분압류권자) 등은 그 이후 소유자가 변경되더라도 자신의 채권을 집행하거나 배당을 받는 데 지장이 없는데, 이들과의 관계에서 사해행위취소 소송을 위하여 지출한 소송비용 등을 집행비용으로 우선적으로 변상하게 되면 이러한 채권자들의 권리를 해할 수 있게 되어 부당한 점, 또한 사해행위취소 소송을 위하여 지출한 소송비용 등을 집행비용으로 우선적으로 변상하게 되면, 각 채권자들의 배당 순위와 채권금액에 따라 향유하는 이익이 다르고, 궁극적으로 마지막 순위 채권자가 이를 부담하는 셈이 되므로, 집행비용의 범위를 지나치게 확대하는 것은 신중할 필요가 있다는 점, 어느 한 채권자가 동일한 사해행위에 관하여 사해행위취소 및 원상회복 청구를 하여 승소판결을 받아 재산이나 가액의 회복을 마치기 전까지는 각 채권자가 동시 또는 이시에 사해행위취소 및 원상회복 소송을 제기할 수 있고 또 원상회복이 되면 사해행위취소 소송을 제기하지 아니한 다른 채권자도 강제집행을 신청할 수 있는데, 우선적으로 변상을 받는 집행비용은 원칙적으로 집행채권자(경매신청채권자)가 지출한 비용이어서, 사해행위취소 소송을 위하여 비용을 지출한 자와 집행비용을 우선적으로 변상받을 자가 일치하지 않을 수 있는 점, 소송비용 특히 변호사보수는 변호사보수의 소송비용 산입에 관한 규칙이 정하는 범위 안에서 소송비용으로 인정하는데(민사소송법 제109조 제1항), 위 규칙이 집행비용 인정에 있어서도 그대로 적용될 것인지 의문스러운 점 등을 모아 보면, 사해행위취소 소송을 위하여 지출한 소송비용 등은 사해행위취소 소송으로 원상회복된 채무자의 재산에 대한 집행에 의하여 우선적으로 변상받을 수 있는 집행비용에 해당하지 않는다고 할 것이다.

그런데도 원심은 판시 사해행위취소 소송을 위하여 지출한 소송비용 등을 이 사건 아파트에 대한 집행에 의하여 우선적으로 **변상받을 수 있는 집행비용**이라는 전제하에 원고의 이 사건 청구를 인용하고 말았으니, 원심판결에는 집행비용의 범위에 관한 법리를 오해함으로써 판결 결과에 영향을 미친 위법이 있다."[62]

원고는 신용보증기금이고 피고는 대한민국이었습니다. 이를 보면, 신용보증기금이 사해행위취소소송을 제기하여 부동산을 채무자에게 회복시켜놓았더니 대한민국이 조세채권자라고 하여 우선변제를 받아갔을 것입니다. 이러니 신용보증기금은 사해행위취소소송을 위하여 들어간 비용은 집행비용이기 때문에 조세채권에 우선해서 배당을 해 주어야 한다고 주장하였을 것으로 보입니다.

"1. 당심에서 확장된 원고의 청구를 포함하여 제1심 판결의 주문 제1항 중 피고에 대한 부분을 다음과 같이 변경한다.
광주지방법원 순천지원 2008타경25043호 부동산강제경매, 2008타경25876호(중복) 부동산임의경매사건에 관하여 위 법원이 2009. 7. 24. 작성한 배당표 중 「집행비용」 2,118,810원을 2,787,039원으로, 「실제 배당할 금액」 56,652,751원을 55,984,522원으로, 피고(소관: 여수세무서장)에 대한 배당액 1,448,056원을 781,814원으로 각 경정한다.
2. 소송총비용은 피고가 부담한다."[63]

경정되는 금액은 666,242원(1,448,056원 - 781,814원)입니다.

"나. 한편, 위 소송의 총 **소송목적의 값은 45,686,134원**이고, 사해행위취소청구 부분의 소가는 18,190,214원인데, 원고는 위 소송비용으로 1,003,300원(= 변호사 보수 611,600원 + 인지액 210,500원 + 송달료 181,200원)을, 위 확정판결에 따라 위 아파트에 관한 소외 2 명의 소유권이전등기를 말소하는 비용으로 50,000원을 각 지출하

---

62) 대법원 2011. 2. 10. 선고 2010다79565 판결 [배당이의]
63) 광주지방법원 2010. 8. 25. 선고 2010나2622 판결 [배당이의]

였고, 위 소송에 앞서 **같은 법원 2007카단5909호로 이 사건 아파트에 대한 부동산처분금지가처분 결정(피보전권리: 사해행위취소를 원인으로 한 소유권이전등기말소청구권)을 받는데 230,677원의 비용을 지출하였다.**
다. 그 후 이 사건 아파트에 대하여 같은 법원 2008타경25043호, 2008타경25876호(중복)로 부동산경매절차가 진행되었는데, 위 경매사건에 관하여 위 법원이 2009. 7. 24. 작성한 배당표에 의하면 「배당할 금액」 58,771,561원 중 「집행비용」 2,118,810원을 공제한 「실제 배당할 금액」은 56,652,751원이고, 그중 주식회사 국민은행이 제1순위(근저당권자)로 채권최고액인 55,200,000원을, 2순위(교부권자)로 피고가 채권액 3,176,570원 중 1,448,056원을, 제1심 공동피고 여수시가 채권액 10,300원 중 4,695원을 각 배당받는 것으로 되어 있다.
라. 원고는 위 배당기일에 출석하여 피고에 대한 배당액 중 677,949원, 제1심 공동피고 여수시에 대한 배당액 중 2,198원에 대하여 각 이의를 제기하고, 그로부터 7일 내인 2009. 7. 29. 이 사건 소를 제기하였다."[64]

사해행위취소소송을 제기하였는데 경매에서 일반채권자들에게는 10원도 배당이 되지 않았습니다. 조세채권자인 대한민국이나 여수시에 대한 배당액이 일부만 배당된 것은 배당법원이 아마 사해행위 이후에 발생된 국세와 지방세까지 청구한 대한민국과 여수시의 조세채권을 제외시켜서 배당을 한 것으로 보입니다.

그렇기 때문에 신용보증기금으로서는 일반채권자로서 배당받는 것은 포기하고 집행비용으로서 이를 자신이 사용한 가처분비용, 사해행위취소소송의 소송비용, 그리고 말소등기비용 등을 청구하였는데 원심은 이를 인정하였지만 대한민국이 상고하여 파기환송이 되었습니다.

대법원은 전면부정설이라고 할 것입니다. 그러나, 지은이로서는 전면부정설은 아니라고 할 것이고 일반채권자우선설이라는 주장하는 바입니다.

이는 사해행위취소소송이 일반채권자의 입장에서 소를 제기하고 이에 의하여 회복된 재산 역시도 일반채권자를 위한 공동담보로서 회복된다는 점에서 보면, 사해행위 이전에 존재하였던 우선변제를 받는 채권자들에 대하여는 이를 공

---

64) 광주지방법원 2010. 8. 25. 선고 2010나2622 판결 [배당이의]

제할 필요는 없다고 할 것이지만 회복된 재산으로 일반채권자들에게 배당이 될 경우에 그들에 앞서서는 배당이 되어야 할 것입니다.

이 경우에 목적 부동산에 이미 가압류를 해 둔 일반채권자의 경우에 대하여는 손해를 가하는 것이 아닌가 하는 생각이 들 수 있습니다. 그러나 채권자평등주의라는 점에서 보면, 이를 그런 가압류권자가 부담하여야 할 부분이라고 할 것입니다. 대법원은 목적부동산에 가압류가 있는데 수익자가 사해행위 이후나 사해행위를 하면서 이를 변제한 경우에 이를 공제하여야 한다는 수익자의 주장에 대하여 채권자평등주의를 내세워서 이를 공제할 수 없다고 한 점을 보면, 이해할 수 있다고 할 것입니다(대법원 2003. 2. 11. 선고 2002다37474 판결).

수인의 채권자가 사해행위취소소송을 하는 경우에 있어서 모든 채권자들의 비용을 집행비용으로 인정할 경우에 이것이 커지는 문제를 대법원은 걱정하고 있습니다. 그러나, 특히 변호사수임료는 변호사보수규칙에 의하여 인정하는 것으로 한정하면 될 것입니다. 그렇다고 한다면 그리고 이런 경우에 문제가 되는 경우가 원물반환으로 회복되는 경우입니다. 가액배상시에는 목적부동산에 임의변제를 하지 아니할 경우에 취소채권자는 당해 부동산을 경매신청할 경우에 이경우에 가액배상금과 소송비용들을 같이 결정을 받아 배당요구하거나 가압류를 하여 배당요구할 수도 있습니다. 우선변제는 아니지만 배당을 받을 기회가 있는 것과 비교하여 보면, 차별을 둘 필요가 없다고 할 것입니다.

또한 사해행위취소소송의 법리에 의하여 보면, 채권자와 수익자 또는 전득자 사이에서만 취소의 효력이 있습니다. 원상회복으로 돌아온 부동산은 채무자의 명의로 회복되지만 대한민국, 즉 집행법원의 입장에서도 이는 사실 수익자나 전득자 소유의 부동산으로 보아야 할 것입니다. 채권자와 수익자 간의 취소의 효력에 의하여 회복된 재산인데 여기서 소송을 위해 들어간 비용을 일반채권자로서도 또한 집행비용으로서도 배당을 받을 수 없다고 보는 것은 사해행위취소소송의 목적에 반한다고 할 것입니다.

그렇기 때문에 대법원과 같이 전면부정할 것이 아니라 기존 우선변제권이 있는 채권자들에 대하여는 집행비용이라고 하여 우선변제를 주장할 수는 없지만 일반채권자들에 대하여 그들의 채권을 위한 회복시킨 것이기 때문에 이 비용은 그들의 채권에 우선하여 집행을 해 주는 것이 옳다고 할 것입니다. 이는 배당표를 작성할 당시에 어려움이 없습니다. 일반채권자들의 배당에 앞서서 배당 순위를 넣고 그 비용을 모두 인정해 주고 난 나머지 금액을 가지고 일반채권자 들에게 안분배당을 해 주면 되는 것이기 때문에 배당표 작성에도 어려움이 없다 고 할 것입니다.

　　이 사건의 경우는 우선변제가 인정되는 조세채권자들에 배당된 것이기 때 문에 기각이 될 수밖에 없다고 할 것입니다.

거. 근저당권자인 수익자의 배당금지급청구권에 채권가압류한 수익자 채권자와 취소채권자의 관계

"사해행위의 취소는 취소소송의 당사자 사이에서 상대적으로 취소의 효력이 있는 것으로 당사자 이외의 제3자는 다른 특별한 사정이 없는 이상 취소로 인하여 그 법률관계에 영향을 받지 않는다고 할 것이고, 사해행위의 취소에 상대적 효력만을 인정하는 것은 사해행위 취소채권자와 수익자 그리고 제3자의 이익을 조정하기 위한 것으로 그 취소의 효력이 미치지 아니하는 제3자의 범위를 사해행위를 기초로 목적부동산에 관하여 새롭게 법률행위를 한 그 목적부동산의 전득자 등만으로 한정할 것은 아니라고 할 것인바(대법원 2005. 11. 10. 선고 2004다49532 판결 참조), 수익자와 새로운 법률관계를 맺은 것이 아니라 수익자의 고유채권자로서 이미 가지고 있던 채권확보를 위하여 수익자가 사해행위로 취득한 근저당권에 배당된 배당금을 가압류한 자에게 사해행위취소판결의 효력이 미친다고 볼 수 없다.

원심판결 이유와 기록에 의하면, 소외 2는 그 소유인 이 사건 부동산에 관하여 소외 1과 사이에 근저당권설정계약을 체결하고 2002. 8. 29. 소외 1 명의의 근저당권설정등기를 마친 사실, 이 사건 부동산에 설정된 선순위 근저당권에 기하여 2002. 11. 1. 임의경매개시결정 등기가 마쳐지고 경매절차가 진행되어 매각됨으로써 2003. 7. 10. 근저당권자인 소외 1에게 49,021,559원이 배당된 사실, 피고는 2003. 1. 17. 소외 1에 대한 고유채권자로서 소외 1이 근저당권자로서 배당받을 돈 중 27,000,000원에 관하여 채권가압류 결정을 받은 사실, 한편 피고는 2003. 6. 26. 사해행위취소청구권을 피보전권리로 하여 소외 1이 수령할 배당금청구채권에 대한 추심및처분금지가처분 결정을 받았으며, 원고도 2003. 7. 7. 채권자취소권의 행사에 따른 원상회복청구권을 피보전권리로 하여 소외 1이 수령할 배당금 중 30,447,726원에 대하여 배당금지급금지가

처분 결정을 받은 사실, 원고는 소외 2와 소외 1 사이의 근저당권설정계약이 사해행위
라고 주장하며 소외 1 등을 상대로 사해행위취소소송을 제기하여 2003. 11. 28. '소
외 2와 소외 1 사이의 근저당권설정계약을 취소하고, 소외 1은 소외 2에게 위와 같이
배당받은 **배당금출급청구권에 관한 양도의 의사표시를 하고 대한민국에게 채권양도통
지를 하라**'는 취지의 원고승소판결을 받아 그 무렵 확정되었고, 피고도 소외 1을 상대
로 사해행위취소소송을 제기하여 2004. 4. 22. 위 판결과 같은 내용의 승소판결을 받
아 확정된 사실, 한편, 경매법원은 근저당권자 소외 1이 배당기일에 불출석하였고 앞서
본 배당금지급채권에 대한 가압류, 가처분이 있다는 이유로 2003. 7. 29. 소외 1에 대
한 배당금을 공탁한 사실, 원고는 2004. 3. 12. 소외 1을 대위하여 소외 1의 공탁금출
급청구권을 사해행위취소판결에 따라 소외 2에게 양도한다는 채권양도통지를 대한민국
에게 하였고, 그 통지는 그 무렵 대한민국에게 도달한 사실, **원고는 위 채권양도통지
후 2004. 3. 15. 채권양도에 따라 양수인인 소외 2가 대한민국에 대하여 가지는 공탁
금원에 대한 출급청구권 중 30,464,396원에 대하여 채권압류 및 추심명령을 받았고
2004. 3. 18. 대한민국에게 송달된 사실**, 집행법원은 위 각 사해행위취소판결이 확정
된 후 공탁되어 있는 소외 1에 대한 배당금에 대하여 2005. 6. 16. 배당을 실시하였는
데, *소외 1에 대한 가압류권자인 피고에게 1순위로 27,000,000원을 배당하고, 1순위
로 배당된 금액을 제외한 나머지 부분을 소외 2에 대한 채권자인 원고와 피고에게 배
당한 사실*, 원고는 위 배당기일에서 피고에게 배당된 위 27,000,000원 부분에 대하여
이의를 진술하고 이 사건 배당이의 소송을 제기한 사실을 알 수 있다.
앞서 본 법리와 사실관계에 비추어 보면, 피고는 수익자인 소외 1과 새로운 법률관계를
맺은 것이 아니라 **소외 1의 고유채권자로서 이미 가지고 있던 채권확보를 위하여 소외
1에게 배당된 배당금을 가압류한 자라고 할 것이므로 피고에게 위 사해행위취소판결의
효력이 미친다고 볼 수 없다.**"[65]

기술신용보증기금이 원고이고 신용보증기금이 피고인 사건입니다. 채무자
에 대하여 기술신용보증기금과 신용보증기금 모두 채권자였습니다. 그렇기 때문
에 사해행위취소소송을 각 제기를 하였고 이에 대하여 근저당권설정계약의 취
소를 구하고, 배당금지급청구권의 양도와 양도통지형식으로 원상회복을 제기하
여 둘 다 승소확정판결을 받았습니다.

---

65) 대법원 2009. 6. 11. 선고 2008다7109 판결 [배당이의]

그런데 신용보증기금은 수익자인 근저당권자에 대하여 채권자이기도 했습니다. 아마 채무자의 연대보증인이 아니었을까 하는 생각도 해 봅니다. 신용보증기금은 영리하게 먼저 수익자의 배당금지급청구권에 대하여 수익자의 채권자로서 채권가압류를 해 놓았습니다. 그 이후에 비로소 신용보증기금과 기술신용보증기금 모두 배당금지급청구권에 대하여 추심 및 지급정지가처분이나 처분금지가처분을 받았습니다. 기술신용보증기금이 판결에 기하여 대한민국에게 채권양도통지를 하고 배당금지급청구권에 압류추심명령을 받았습니다. 이렇게 되자 법원은 공탁을 하였던 것입니다. 이에 배당법원은 신용보증기금의 채권가압류결정금액인 27,000,000원 1순위로 배당해 주고 나머지 금액에 대하여 신용보증기금과 기술신용보증기금 채권액에 비례하여 안분배당을 해 준 것으로 보입니다.

여기서 기술신용보증기금이 가장 잘못한 것은 바로 배당기일에 배당이의를 하고 배당이의소송을 하지 아니한 잘못입니다. 이렇게 되면, 수익자의 배당금지급청구권 자체가 없어지는 것입니다. 이로 신용보증기금의 채권가압류는 무력화됩니다. 그로 인하여 기술신용보증기금은 채권전부를 회수할 수 있습니다. 사후에 신용보증기금이 이에 이에 대하여 부당이득반환청구를 하더라도 전체 금액에 대하여 안분배당을 받을 수 있습니다.

신용보증기금은 우연한 사정이지만 수익자의 채권자로서 우선 배당금지급청구권에 대하여 채권가압류결정을 받아놓았기 때문에 이로 인하여 27,000,000원을 우선변제받게 되었습니다.

"가. 원고 및 피고의 구상금 채권의 취득

(1) 원고는 소외 3 주식회사에 대한 신용보증약정의 계약자로서 소외 3 주식회사의 보증사고로 인하여 2002. 12. 26. 하나은행에게 24,744,450원을 대위변제함으로써 소외 3 주식회사의 연대보증인인 소외 2에 대하여 구상금 채권을 취득하였다.

(2) 피고(영등포지점)도 소외 3 주식회사에 대한 신용보증약정의 계약자로서 소외 3 주식회사의 보증사고로 인하여 2002. 12. 23. 우리은행에게 36,686,209원을 대위변제함으로써 소외 3 주식회사의 연대보증인인 소외 2에 대하여 구상금 채권을 취득하였고, 또한 피고(울산지점)는 소외 4 주식회사에 대한 신용보증약정의 계약자로서 소외 4 주식회사의 보증사고로 인하여 2002. 12. 12.경 경남은행에게 13,500,000원을 대위

변제함으로써 <u>소외 4 주식회사의 연대보증인인 소외 2 등에 대하여 구상금 채권을 취</u>
<u>득</u>하였다.
(3) 한편 <u>피고(부산지점)는 소외 5 주식회사에 대한 신용보증약정의 계약자로서 소외 5</u>
<u>주식회사의 보증사고로 인하여 2002. 9. 18.경 소외 5 주식회사의 연대보증인인 소외</u>
<u>1에 대한 27,000,000원 상당의 사전구상금 채권을 취득</u>하였다."[66]

소외 2가 채무자이고 소외 1은 수익자입니다. 신용보증기금은 전혀 별개의
신용보증계약(부산지점)의 연대보증인 소외 1의 채권자로서 이 사건 근저당권자
로서의 배당금지급청구권에 대하여 사전구상권에 기한 27,000,000원을 청구채
권으로 하여 채권가압류결정을 받은 것을 알 수 있습니다.

"(1) 원고는 소외 2와 소외 1 사이의 근저당권설정계약이 사해행위라고 주장하며 소외
3 주식회사, 소외 2, 소외 1 등을 상대로 서울지방법원 2003가단36025호로 구상금
등 소송을 제기하여, 2003. 11. 28. 위 법원으로부터 사해행위 청구부분과 관련하여
'소외 2와 소외 1 사이의 위 근저당권설정계약을 <u>49,021,559원의 한도 내에서 취소하</u>
<u>고, 소외 1은 소외 2에게 위와 같이 배당받은 49,021,559원의 배당금출급청구권에 관</u>
<u>한 양도의 의사표시를 하고 대한민국에게 채권양도통지를 하라</u>'는 취지의 원고승소판결
을 선고하였고 그 판결은 그 무렵 확정되었다.
(2) 피고(영등포 지점)도 소외 2와 소외 1 사이의 근저당권설정계약이 사해행위라고 주
장하며 소외 1, 2, 3 주식회사 등을 상대로 서울중앙지방법원 2003가합9617호로 구
상금 등 소송을 제기하여 2004. 4. 22. 위 법원으로부터 사해행위와 관련하여 <u>위(1)항</u>
<u>기재와 동일한 내용의 승소판결을 받아 확정</u>되었다."[67]

수익자 소외 1이 설정받은 채권최고액은 230,000,000원이었습니다. 그런데
배당된 금액은 <u>49,021,559원</u>이었던 것으로 보입니다. 당연히 일반채권자인 원고
와 피고는 1원도 배당을 받지 못하였던 것입니다. 그래서 원고와 피고 모두 사
해행위취소소송을 제기하고 그들의 채권을 합하면 수익자 소외 1의 배당금을

---

66) 인천지방법원 2007. 11. 23. 선고 2006나6218 판결 [배당이의]
67) 인천지방법원 2007. 11. 23. 선고 2006나6218 판결 [배당이의]

초과하기 때문에 이에 대하여 자신의 채권을 초과하더라도 전부 취소하고 배당
금 전부를 양도하고 양도통지하라는 형식의 판결을 받은 것으로 보입니다.

"(1) 집행법원은 위 각 사해행위취소 판결이 확정된 후 공탁되어 있는 소외 1에 대한 배당금에 대하여 2005. 6. 16. 인천지방법원 부천지원 2004타기445호로 배당절차(이하, 이 사건 배당절차라 한다)를 진행하였는데, 당시 기준의 배당할 금액 49,031,225원 중 집행비용 22,080원을 공제하고 실제 배당할 금액을 49,009,145원을 확정한 후 소외 1에 대한 가압류권자인 피고(부산지점)에게 1순위로 27,000,000원을 배당하고, 소외 1에 대한 다른 가압류권자인 제1심 공동피고 주식회사 하나은행에게 역시 1순위로 9,546,193원을 배당하였으며, 나머지 12,462,952원은 위 각 사해행위취소 판결 및 채권양도통지에 따라 소외 1의 공탁금출급청구권 중 위와 같이 1순위로 배당된 금액을 제외한 부분이 소외 2에게 양도되었다고 인정하고 소외 2에 대한 채권자인 원고와 피고의 압류채권금액(원고: 30,464,396원, 피고: 47,945,519원)에 안분하여 원고에게 4,842,198원, 피고에게 7,620,754원씩 각 배당하는 내용의 배당표를 작성하였다."[68]

소외 1 수익자에게는 하나은행이라는 별도의 채권자가 있고 이 채권자는 배당금지급청구권에 대하여 채권가압류신청을 하였고 결국 하나은행은 원고나 피고보다 우선하여 9,546,193원을 배당받아갔습니다. 남는 금액이 12,462,952원인데 여기서도 기술신용보증기금의 채권은 30,464,396원이고, 신용보증기금의 채권은 47,945,519원이어서 4,842,198원과 7,620,754원으로 안분배당하였습니다.

배당이의 소송을 하지 아니함으로 기술신용보증금은 매우 큰 손해를 입었다고 할 것입니다. 만약 배당이의 소송을 했다고 가정하고 기술신용보증기금과 신용보증기금만이 채권자로 있고 이들 간에 안분배당을 했다고 한다면 얼마씩 안분배당을 받을 것인지를 한번 검토해 보겠습니다.

기술신용보증기금의 경우

49,031,225원 × 30,464,396원/78,409,915원(30,464,396원 + 47,945,519원)

= 19,049,972원(반올림)

---

68) 인천지방법원 2007. 11. 23. 선고 2006나6218 판결 [배당이의]

신용보증기금의 경우

49,031,225원 × 47,945,519원/78,409,915원(30,464,396원 + 47,945,519원)

= 29,981,253원(소수점 이하 버림)

(기타배당의 집행비용은 배당이의를 하였다고 한다면 발생하지 아니하였을 것이기 때문에 이는 제외를 시켰고, 두 기금의 배당기일 당시의 채권이 얼마인지는 모르겠지만 이미 구상금 판결을 받았을 가능성이 크고 이에 의하여 판결에 의한 배당요구를 하였을 것으로 보입니다. 이는 구체적으로 알 수 없기 때문에 기타배당에서 배당의 기준이 되었던 금액을 안분배당의 기준금액으로 삼았습니다.)

기술신용보증기금이 받지 못한 금액은 14,207,774원(19,049,972원 - 4,842,198원)입니다.

신용보증기금이 추가로 받은 금액은 4,639,501원{(27,000,000원 + 7,620,754원) - 29,981,253원}입니다.

신용보증기금인 하나은행이 9,546,193원을 배당받아가지만 지혜롭게 채권가압류를 하여 최종적으로 4,639,501원을 더 많이 받아갔고, 그에 비하여 기술신용보증기금은 14,207,774원을 더 받았습니다. 즉 기술신용보증기금이 하나은행의 배당금이 전부를 부담하였고 여기에 다시 신용보증기금이 4,639,501원을 주게 되었습니다. 신용보증기금이 추가로 받아간 4,639,501원은 기술신용보증기금이 최종적으로 안분배당받은 금액 4,842,198원과 별 차이가 없습니다.

이렇게 배당이의를 하지 아니함으로써 기술신용보증기금은 매우 큰 손해를 입었다고 할 것입니다.

그렇기 때문에 근저당권설정계약이 사해행위취소인 경우에는 무조건 배당이의 소송을 제기하여야 합니다. 왜냐하면 배당이의 소송을 제기하여 배당표가 경정되어 수익자의 배당금이 없어진다면 수익자의 채권자가 배당금지급청구권에 채권가압류나 압류추심명령을 받았다고 하더라도 이들은 배당이의에 대하여 다툴 수도 없고 결국 수익자의 배당금이 없어지기 때문에 이들의 채권가압류 등은 의미가 없게 되어 버리는 것입니다.

잡고 잡히는 정글의 세계가 바로 배당의 세계입니다. 이 세계를 잘 알아야만 나의 의뢰인을 보호해 줄 수 있는 것입니다. 변호사의 무능은 죄라고 할 것입니다.

너. 매매계약이 사해행위인데 기존 근저당권자가 과다배당을 받아간 경우의 원상회복의 방법

"2. 확정된 배당표에 의하여 배당을 실시하는 것은 실체법상의 권리를 확정하는 것이 아니므로, 배당을 받아야 할 자가 배당을 받지 못하고 배당을 받지 못할 자가 배당을 받은 경우에는 배당에 관하여 이의를 한 여부 또는 형식상 배당절차가 확정되었는지 여부에 관계없이 배당을 받지 못한 자는 배당받은 자에 대하여 부당이득의 반환을 청구할 수 있다(대법원 2008. 6. 26. 선고 2008다19966 판결 등 참조).

위 법리 및 기록에 의하여 살펴보면, 소외인은 2005. 3. 2. 자신의 처형인 피고와의 사이에 제1심판결 별지 1. 목록 기재 각 부동산(이하 '이 사건 각 부동산'이라 한다)에 관한 매매계약을 체결하고, 2005. 3. 29. 피고 앞으로 각 소유권이전등기를 경료해 준 사실, 그런데 이 사건 각 부동산에는 2004. 10. 12. 채권최고액 1억 2,000만 원, 채무자 소외인, 근저당권자 농업협동조합중앙회(이하 '농협중앙회'라 한다)로 된 각 근저당권이 설정되어 있었던 사실, 위 각 근저당권의 실행에 의하여 진행된 서울북부지방법원 2005타경23148호 부동산임의경매절차에서 이 사건 각 부동산이 181,000,000원에 매각되었는데, 경매법원은 배당기일인 2006. 8. 22. 먼저 소액임차인에게 1,600만 원을 배당하고, 나머지 165,155,645원 전액을 근저당권자인 농협중앙회에게 배당한 사실, 피고가 농협중앙회에 대한 위 배당에 대하여 이의를 제기하지 아니하여 그 배당표가 그대로 확정된 사실 등을 알 수 있는바, 농협중앙회에게 배당된 165,155,645원 중 위 각 근저당권의 채권최고액을 초과하는 45,155,645원은 이 사건 각 부동산의 소유자인 피고에게 배당되었어야 할 것이므로, 다른 특별한 사정이 없는 한 피고는 농협중앙회에 대하여 위 45,155,645원 상당의 부당이득반환채권을 취득하였다고 봄이 상당하다.

한편, 저당권이 설정된 부동산의 소유권이 사해행위로서 양도되었다가 그 저당권의 실행으로 말미암아 양수인인 수익자에게 배당이 이루어진 경우, 원상회복의 방법은 그 배당금이 수익자에게 지급된 경우에는 동액 상당의 가액의 배상으로, 배당금지급금지가처분 등으로 인하여 지급되지 못한 경우에는 그 배당금채권의 양도절차의 이행으로 각 이루어져야 하는바(대법원 2005. 5. 27. 선고 2004다67806 판결 등 참조), 이러한 법리는 경매법원이 수익자에게 배당하여야 할 금원을 수익자에게 배당하지 않고 다른 사람에게 배당하는 바람에 수익자가 배당금을 지급받지 못하고, 자신의 권리 이상으로 배당을 받은 다른 사람에 대하여 부당이득반환채권을 취득한 경우에도 마찬가지라고 봄이 상당하다.

위 법리에 비추어 보면, 피고가 농협중앙회에 대한 위 부당이득반환채권을 포기하였다는 등의 특별한 사정이 없는 한, 피고에 대하여 그 원상회복으로서 농협중앙회에 대한 위 부당이득반환채권의 양도절차의 이행을 명함은 별론으로 하고, 실제 배당받지도 아니한 금원 상당액의 지급을 명할 수는 없다.

그런데도 원심은 판시와 같은 이유로 피고에게 사해행위취소에 의한 원상회복으로서 위 45,155,645원의 가액배상금을 지급할 의무가 있다고 판단하였으니, 원심판결에는 필요한 심리를 다 하지 아니하였거나, 사해행위취소에 의한 원상회복방법에 관한 법리를 오해하여 판결에 영향을 미친 위법이 있고, 이를 지적하는 취지의 상고이유의 주장은 이유 있다."[69]

새로운 원상회복의 방법이 하나 발견되었다고 할 것입니다. 이미 앞에서 밝힌 것처럼 매수인이 수익자인 경우에 잔여배당금이 있는 경우에 취소채권자는 잔여배당금지급청구권을 채무자에게 양도하고 대한민국에 양도통지하라는 형식으로 하여 원상회복을 구할 수 있다고 하였습니다.

이 사건의 경우는 잔여배당금이 있었는데 문제는 기존 근저당권자에게 과다배당이 되었는데 수익자가 이를 다투지 않아서 기존 근저당권자가 채권최고액을 초과하여 배당을 받아가버린 경우입니다.

농업중앙회의 채권최고액은 120,000,000원이었습니다. 그런데 농업중앙회가 배당을 받아간 금액은 165,155,645원이고 그에 따라서 농업중앙회가 부당이득반환을 한 금액은 45,155,645원입니다.

가액배상이 된다면 판결확정일 다음날부터 피고는 원고에게 연 5%의 비율에 의한 지연손해배상금을 부담하게 되어 있습니다. 그리고 원고가 피고 자신의 일반재산에 집행을 할 수 있게 됩니다. 그런데 피고가 농업중앙회에 대하여 부당이득반환청구권을 가지고 있고 이 부당이득반환청구권을 채무자에게 양도하고 양도통지하라는 형식으로 이루어진다고 한다면 그로 인하여 수익자는 수익을 못한 것으로 끝나고 더 이상 가액배상채무를 부담하지 않는다고 할 것입니다. 여기에서 '누구에게 양도할 것인가? 즉 채무자에게 양도할 것인가? 아니면

69) 대법원 2008. 12. 11. 선고 2007다91398,91404 판결 [구상금등·사해행위취소]

수익자에게 양도할 것인가? 그로 인하여 결국 원고에게 양도를 구할 수 있는 것 인가?'를 보면, 대법원은 명확히 이에 대하여 언급을 하지 않고 있지만 채무자에게 양도를 해야 한다고 할 것입니다. 그래서 채무자에게 양도케 하고 나서 이를 채권자들이 압류추심 등을 해야 할 것으로 보입니다.

"1. 피고와 소외 채무자 사이에 2005. 3. 2. 별지 목록 기재 부동산에 관한 매매계약은 금 <u>45,155,645원</u>의 한도내에서 이를 취소한다.

2. 피고는 소외 채무자에게 <u>서울북부지방법원 2005타경23148호 부동산임 의경매절차에 관한 2006. 8. 22.에 작성된 배당표에 기하여 피고가 소외 농업협 동조합중앙회에 가지는 금 45,155,645원 및 이에 대한 지연손해금 채권을 양도 하라.</u>

3. 피고는 소외 농업협동조합중앙회 위 제2항에 기한 채권을 양도하였음을 통지하라.

4. 소송비용은 피고의 부담으로 한다."

이런 식으로 청구취지를 쓸 수 있지 않을까 생각됩니다.

그러나 여기서 자세히 생각해 보면, 피고가 부담하여야 할 당해세를 배당절 차에서 우선변제를 받아갔다고 한다면 이 부분 역시 피고가 부담하여야 할 것이 기 때문에 이에 대하여는 피고에게 가액배상을 청구할 수가 있습니다. 왜냐하면 피고의 다른 조세채권 등이 압류나 교부청구가 없다고 하더라도 일반적으로 당 해세는 발생할 것이고 이를 납부하지 않는 경우가 많기 때문입니다.

이 판례는 사해행위취소소송의 이후의 판결은 아니지만 경매 이후의 문제 이고 사해행위와 관계가 없는 기존 근저당권자와의 관계에서 발생하는 문제이 기 때문에 여기에서 검토를 하였습니다. 아마 피고인 수익자와 농업중앙회가 협 의를 하였을 것이고 자신의 잔여배당금을 기존 근저당권자가 배당받아가는 것 에 동의를 하였을 것입니다. 이에 의하여 배당법원이 금액 전부를 농업중앙회에 게 배당을 해 주었을 가능성이 큽니다.

더. 배당금을 공탁한 경우에 공탁금출급청구권에 대한 압류추심명령을
받은 취소채권자가 다른 적법하게 배당요구한 채권자에게 부당이득
반환의무를 부담하는지 여부

"근저당권자에게 배당하기로 한 배당금에 대하여 처분금지가처분결정이 있어 경매법원
이 그 배당금을 공탁한 후에 그 근저당권설정계약이 사해행위로 취소된 경우, 공탁금의
지급 여부가 불확정 상태에 있는 경우에는 공탁된 배당금이 피공탁자에게 지급될 때까
지는 배당절차는 아직 종료되지 않은 것이라고 볼 수도 있으므로 반드시 배당절차가
확정적으로 종료되었다고 단정할 수는 없다는 점, 채권자취소의 효과는 채무자에게 미
치지 아니하고 채무자와 수익자와의 법률관계에도 아무런 영향을 미치지 아니하므로
취소채권자의 사해행위취소 및 원상회복청구에 의하여 채무자에게로 회복된 재산은 취
소채권자 및 다른 채권자에 대한 관계에서 채무자의 책임재산으로 취급될 뿐 채무자가
직접 그 재산에 대하여 어떤 권리를 취득하는 것은 아니라는 점 등에 비추어 보면, 그
공탁금은 그 경매절차에서 적법하게 배당요구하였던 다른 채권자들에게 추가배당함이
상당하고, 그 공탁금지급청구권에 관한 채권압류 및 추심명령은 추가배당절차에서 배
당되고 남은 잉여금에 한하여 효력이 있을 뿐이다(대법원 2002. 9. 24. 선고 2002다
33069 판결 참조). 따라서 취소채권자나 적법하게 배당요구하였던 다른 채권자들로서
는 추가배당 이외의 다른 절차를 통하여 채권의 만족을 얻을 수는 없다고 할 것이므로,
취소채권자라고 하더라도 배당금지급청구권에 대한 채권압류 및 추심명령에 기하여 배
당금을 우선 수령하는 것은 허용되지 아니하고, 취소채권자가 그와 같은 절차를 거쳐
배당금을 우선 수령하였다면 적법하게 배당요구하였던 다른 채권자들과의 관계에서 부
당이득이 성립한다고 할 것이다.
원심판결 이유에 의하면, 중소기업은행이 2000. 10. 19. 소외 1로부터 그 소유의 이
사건 아파트에 관하여 근저당권을 설정받고, 2004. 12. 27.경 위 근저당권에 기하여
의정부지방법원 고양지원 2004타경32974호로 이 사건 아파트에 대한 임의경매신청
을 하여 같은 달 29. 임의경매개시결정등기가 마쳐진 사실, 위 지원은 2005. 8. 24.
배당기일에서 근저당권자인 소외 2에게 48,131,608원(이하 '이 사건 배당금'이라 한
다)을 배당하는 내용의 배당표를 작성한 사실, 원고는 이 사건 아파트에 대하여 가압류
결정을 받아 2004. 6. 7. 가압류등기가 마쳐진 사실, 원고는 배당기일 전인 2005. 8.
10. 의정부지방법원 고양지원 2005카단5171호로 소외 2의 대한민국(원고보조참가인,
이하 '대한민국'이라 한다)에 대한 이 사건 배당금 지급채권에 관하여 처분금지가처분결

정을 받은 다음, 2005. 11. 10. 소외 1을 상대로 한 서울중앙지방법원 2005가합140
호 구상금 등 소송에서 "소외 1은 원고에게 137,260,477원 및 지연손해금을 지급하
라. 소외 2와 소외 1 사이에 이 사건 아파트에 관하여 체결된 2004. 2. 17.자 근저당
권설정계약을 취소한다. 소외 2는 소외 1에게 이 사건 배당금 지급채권을 양도하는 의
사표시를 하고, 대한민국에게 그 채권양도의 통지를 하라"는 내용의 판결을 선고받았
고, 이 판결이 그 무렵 확정된 사실,

(지은이가 구별하여 나눈 것임)

피고도 위 배당기일 전인 2005. 8. 12. 의정부지방법원 고양지원 2005카단5045호로
소외 2의 대한민국에 대한 이 사건 배당금 지급채권에 관하여 추심 및 처분금지가처분
결정을 받은 다음, 2005. 10. 6. 소외 1을 상대로 한 서울중앙지방법원 2005가합
37098호 사해행위취소 등 소송에서 "소외 1은 원고에게 51,485,480원 및 지연손해
금을 지급하라. 소외 2와 소외 1 사이에 이 사건 아파트에 관하여 체결된 2004. 2.
17.자 근저당권설정계약을 취소한다. 소외 2는 소외 1에게 이 사건 배당금 지급채권을
양도하는 의사표시를 하고, 대한민국에게 그 채권양도의 통지를 하라"는 내용의 판결을
선고받았고, 이 판결이 그 무렵 확정된 사실, 한편 2005. 9. 7.경 의정부지방법원 고양
지원 경매담당직원은 피고가 위 추심 및 처분금지가처분결정을 받았음을 공탁원인으로
하여 이 사건 배당금을 공탁한 사실, 피고는 2006. 2. 6. 서울서부지방법원 2006타채
652호로 소외 1이 서울중앙지방법원 2005가합37098호 판결에 기하여 소외 2로부터
양도받은 대한민국에 대한 이 사건 배당금 지급채권에 대하여 채권압류 및 추심명령을
받은 다음, 2006. 3. 21. 위 추심명령에 기하여 의정부지방법원 고양지원에 공탁되어
있던 이 사건 배당금을 수령하고 추심신고한 사실을 알 수 있다.

앞서 본 법리에 위와 같은 사실을 비추어 보면, 이 사건 배당금은 경매절차에서 적법하
게 배당요구한 채권자들에게 추가배당되어야 하고, 피고의 이 사건 배당금에 대한 채권
압류 및 추심명령은 추가배당절차에서 배당되고 남은 잉여금에 한하여 효력이 있다고
할 것이므로, 피고가 이 사건 배당금에 대한 채권압류 및 추심명령에 기하여 공탁금을
우선 수령하는 것은 허용되지 않는다고 할 것이다.

따라서 이 사건 배당금 중 원고에게 추가배당되어야 할 부분은 피고가 법률상 원인없
이 이익을 얻고 이로 인하여 원고에게 손해를 가한 것이므로, 피고는 원고에게 그 이익
을 반환할 의무가 있다고 할 것이다.

그럼에도 불구하고, 원심이 피고의 추심신고시까지 이 사건 배당금 지급채권에 대한 압
류·가압류가 없었고, 배당요구도 없었다는 등의 이유로 피고는 추심금 전액을 자신의

> 변제에 충당할 수 있다고 판단한 데에는 근저당권설정계약이 사해행위로 취소되고 가
> 액배상을 명하는 경우 추가배당에 관한 법리를 오해한 결과 판결에 영향을 미친 위법
> 이 있다."70)

원고는 기술신용보증기금이고 피고는 신용보증기금입니다. 원고보조참가인
은 대한민국이었습니다. 사해행위의 수익자는 중소기업은행이었고, 이는 사해행
위로 원고와 피고 모두가 사해행위취소소송을 제기하여 승소확정판결을 받았습
니다. 신용보증기금이 추심 및 처분금지가처분을 받았고 이를 받은 집행법원인
고양지원은 공탁을 하였습니다. 기술신용보증기금도 동일한 가처분을 받았는데
이를 원인으로 하여서는 공탁을 한 것은 아닌 것으로 보입니다.

그리고 나서 둘 다 승소판결을 받았는데 신용보증기금은 사해행위취소 채
무자를 압류추심명령의 채무자로 하고 제3채무자는 대한민국으로 하고 채무자
의 공탁금출급청구권에 대하여 압류추심명령을 받아서 이를 수령하고 곧바로
추심신고까지 하였습니다.

공탁금출급청구권에 채무자의 권리가 인정이 된다면, 피고가 승소를 하는
것이고, 채무자에게 공탁금출급청구권이 없다고 한다면 안분배당을 받아갈 것으
로 보입니다.

대법원은 중소기업은행이 근저당권자로서 배당받을 배당금지급청구권과 공
탁한 부분이 실질적으로 같다고 보았습니다. 그리고 공탁을 하였다고 하여 이로
인하여 배당이 확정된 것은 아니라고 하였습니다. 또한 사해행위취소의 소의 효
력상 채무자에게 권리가 없는 것이기 때문에 원칙적으로 이는 적법한 배당권자
들에게 추가배당이 되어야 한다고 하였습니다. 취소채권자가 공탁금출급청구권
에 대하여 압류추심명령을 받아서 이를 수령하고 추심신고를 했다고 하여 취소
채권자에게 우선변제권도 인정이 되는 것이 아니기 때문에 부당이득반환할 의
무가 있다고 하였습니다.

다만 이렇게 취소채권자가 별도로 공탁금출급청구권에 압류 추심명령을 받
았을 경우에 유효할 수 있는 여지는 있다고 하였습니다. 만약 배당을 받지 못한

---

70) 대법원 2009. 5. 14. 선고 2007다64310 판결 [부당이득반환]

적법한 배당권자들에게 다 배당을 해 주고 남는 돈이 있다고 한다면 이 금액의 한도 내에서는 압류추심명령의 효력이 있다고 하였습니다.

만약 근저당권자에게 배당금이 1억 원이었고, 기술신용보증기금이 배당기일까지의 채권이 40,000,000원이고, 신용보증기금의 배당기일까지의 채권이 45,000,000원이었습니다. 그런데 신용보증기금이 압류추심명령을 받을 때에는 채무자에 대한 이자 등이 늘어남으로 인하여 그 청구금액이 51,000,000원이 되었다고 한다면, 95,000,000원에 대하여는 이 압류추심명령은 효력이 없다고 하더라도 나머지 5,000,000원에 대하여는 신용보증기금의 압류추심명령은 효력이 있다고 할 수 있고 이에 대한 추심신고를 하였다고 한다면 완전하게 이를 실질적으로 우선변제받을 수 있다고 할 것입니다.

배당기일까지의 채권을 가지고 배당이 이루어진다고 할 것입니다. 그러나 대부분 이런 경우가 쉽지 않을 것입니다. 이런 내용이 근저당권설정계약이 사해행위취소인데 취소채권자가 배당에 참가하지 아니한 경우에 원상회복에서 승소하려고 한다면 배당에 참가한 배당권자들에게 배당이 되고 남은 금액이 있는 경우에 한하여 원상회복청구가 인정된다는 것과 비슷하다고 할 것입니다(대법원 2012. 12. 26. 선고 2011다60421 판결 대성글로벌네트웍 사례입니다. 실제로 이 판례에서는 대성글로벌네트웍 사건의 판례를 따른 판례로 종합법률정보에 나와 있습니다).

중소기업은행의 배당금은 48,131,608원입니다.

원고의 채무자에 대한 채권은 137,260,477원 및 지연손해금입니다.

피고의 채무자에 대한 채권은 51,485,480원 및 지연손해금입니다.

원금만을 가지고 배당이 이루어진다는 전제하에서 그리고 다른 채권자가 없다는 전제하에서 두 사람만이 적법한 배당요구권자라고 한다면 안분배당될 금액은 아래와 같습니다.

원고 기술신용보증기금의 배당액

48,131,608원 × 137,260,477원 / 188,745,957원 (137,260,477원 + 51,485,480원) = 35,002,432원(소수점 이하 반올림)

피고 신용보증기금의 배당액

48,131,608원 × 51,485,480원 / 188,745,957원 (137,260,477원 + 51,485,480원) = 13,129,176원(소수점 이하 버림)

이번 사건에서는 기술신용보증기금이 승소를 하였습니다. 두 원고와 피고 모두 채무자와 수익자를 상대로 하여 구상금소송과 사해행위취소소송을 같이 제기한 것을 보면, 원금만으로 부동산가압류결정을 받아놓은 것이라고 할 것입니다.

그러나 이 경우에도 당연히 배당이의소송을 했다고 한다면 이런 소송을 할 필요가 없다고 할 것입니다. 무조건 배당이의소송을 하는 것이 최선임을 알 수 있습니다.

원고와 피고 모두가 구상금 등의 소송을 서울중앙지방법원에 제출을 했습니다. 그런데 오히려 이 사건 부동산의 소재지인 고양지원에 구상금 등의 소를 제기하였다고 한다면 더 좋을 것입니다. 그리고 나서 배당기일에 배당이의를 하고 사해행위취소의 원상회복을 배당표경정으로 변경을 하고 이 변경된 청구취지를 배당법원에 제출하면 이는 신소제기이기 때문에 소송을 두 번 하지 않고 한 번에 할 수가 있습니다. 이런 디테일한 부분이 바로 사해행위취소 전문가와 그렇지 않고 소송을 하는 사람과의 차이가 될 것입니다.

그런데 이런 법리는 이미 사해행취소소송이 시작되고 얼마 안 되어서 법리가 정리되었는데도 불구하고 이런 실수를 법원이 한 것을 알 수 있습니다.

"3. 이 사건에서와 같이 공탁금의 지급 여부가 불확정 상태에 있는 경우에는 공탁된 배당금이 피공탁자에게 지급될 때까지는 배당절차는 아직 종료되지 않은 것이라고 볼 수도 있으므로 반드시 배당절차가 확정적으로 종료되었다고 단정할 수는 없다는 점(대법원 2001. 10. 12. 선고 2001다37613 판결 참조), 채권자취소의 효과는 채무자에게 미치지 아니하고 채무자와 수익자와의 법률관계에도 아무런 영향을 미치지 아니하므로 취소채권자의 사해행위취소 및 원상회복청구에 의하여 채무자에게로 회복된 재산은 취소채권자 및 다른 채권자에 대한 관계에서 채무자의 책임재산으로 취급될 뿐 채무자가 직접 그 재산에 대하여 어떤 권리를 취득하는 것은 아니라는 점 등에 비추어 보면, 그 공탁금은 그 경매절차에서 배당요구하였던 다른 채권자들에게 추가배당함이 상당하고, 그 공탁금지급청구권에 관한 채권압류 및 추심명령은 추가배당절차에서 배당되고 남은 잉여금에 한하여 효력이 있을 뿐이라고 할 것이다.

그렇다면 경매법원이 위 공탁금에 대하여 추가배당을 실시한 조치는 정당하므로, 그와 같은 취지로 판단한 원심판결은 정당하고, 거기에 사해행위취소에 따른 원상회복 등에 관한 법리를 오해한 위법이 있다 할 수 없다. 이 점에 관한 원고의 상고이유에서의 주장은 이유 없다.

4. 경매법원이 추가배당을 실시할 경우에 배당받을 채권자는 경매절차에서 적법하게 배당요구한 채권자이어야 하는데, 원고의 경우와 같이 근저당권자로서 경매법원에 채권계산서를 제출하기는 하였지만 그 근저당권설정계약이 사해행위로서 취소된 때에는 이를 적법한 배당요구로 볼 수 없다 할 것이다.

그와 같은 취지에서 원고는 적법하게 배당요구한 채권자에 해당하지 아니하므로 그 공탁금을 원고와 피고에게 안분하여 배당할 것이 아니라고 본 원심의 판단은 정당하고, 거기에 경매절차에서의 배당에 관한 법리를 오해한 위법이 있다 할 수 없다. 이 점에 관한 원고의 상고이유에서의 주장 역시 이유 없다."[71]

이 판례의 따름판례에는 위의 판례와 함께 검토하였던 대법원 2015. 10. 15. 선고 2012다57699 판결과 대법원 2012. 12. 26. 선고 2011다60421 판결 대성글로벌네트웍 사례를 모두 언급하고 있습니다.

"배당기일에 불출석한 근저당권자를 위하여 배당금을 공탁한 후에 당해 근저당권이 피담보채무의 변제 등으로 소멸하였음이 밝혀져 공탁된 배당금을 근저당권자에게 지급할 수 없는 명백한 사유가 생긴 경우, 반드시 배당절차가 확정적으로 종료되었다고 단정할 수는 없다는 점과 경매제도가 채무자의 재산으로부터 채권자의 만족을 얻는다는 데에 그 근본목적을 두고 있는 만큼 만족을 받지 못한 채권자들을 제쳐두고 채무자에게 지급하는 것은 제도의 목적에 현저히 반하는 점 등에 비추어, '제595조의 판결이 확정한 일 또는 제596조의 규정에 따라 이의의 소를 취하한 것으로 본 일의 증명이 있는 때에는 배당법원은 이에 의하여 지급 또는 다른 배당절차를 명한다.'고 규정된 민사소송법 제597조를 유추적용하여 다른 채권자에게 추가배당을 함이 상당하다."[72]

이 판례를 대법원 2002다33069 판결 [배당이의] 사건에서 인용하고 있습니다.

---

71) 대법원 2002. 9. 24. 선고 2002다33069 판결 [배당이의]
72) 대법원 2001. 10. 12. 선고 2001다37613 판결 [배당이의]

러. 가압류경료하고 나서 근저당권이 설정되어 있는 경우 가압류채권자가 이자채권에 대하여는 별도로 배당요구를 하지 아니한 경우 근저당권 설정계약을 취소를 구할 수 있는지와 그에 따른 취소의 범위

"1) 배당요구는 채권자가 경매절차에 참가하여 채권의 만족을 구하는 절차일 뿐, 확정된 배당표에 의한 배당의 실시로 실체법상 권리가 확정되는 것이 아니므로(대법원 2011. 2. 10. 선고 2010다90708 판결 등 참조), 채권자가 경매절차에서 배당요구를 하지 않아 배당을 받지 못하게 되더라도 그로써 채권자의 채권이 실체법적으로도 소멸한다고 볼 수 없다.

사해행위 취소의 소와 원상회복청구의 소는 서로 소송물과 쟁점을 달리하는 별개의 소로서 양자가 반드시 동시에 제기되어야 하는 것은 아니고 별개로 제기될 수 있으며, 전자의 소에서는 승소하더라도 후자의 소에서는 당사자가 제출한 공격 · 방어 방법 여하에 따라 패소할 수도 있고, 취소채권자가 사해행위 취소의 소를 제기하여 승소한 경우 그 취소의 효력은 민법 제407조에 의하여 모든 채권자의 이익을 위하여 미치고 이로써 그 소의 목적은 달성된다. 이에 비추어 보면, 채권자가 원상회복청구의 소에서 패소할 것이 예상된다는 이유로 그와 별개인 사해행위 취소의 소에 대하여 소송요건을 갖추지 못한 것으로 보아 소의 이익을 부정할 수는 없다.

경매법원이 근저당권자를 배당을 받아야 할 채권자로 인정하여 배당금을 지급하였는데 그 근저당권자가 채무자와 체결한 근저당권설정계약이 사해행위에 해당되어 취소됨으로써 그 근저당권에 기하여 배당받을 권리가 상실된 경우, 수익자인 근저당권자에게 지급된 배당금은 사해행위로 설정된 근저당권이 없었더라면 배당절차에서 더 많이 배당받을 수 있었던 다른 배당요구권자들에게 반환되어야 하고, 배당요구를 하지 아니한 채권자 및 채무자 등은 다른 배당요구권자들의 배당요구채권을 모두 충족시키고도 남는 잉여금이 있다는 등의 특별한 사정이 없는 한, 수익자에 대하여 아무런 권리를 갖지 못하며, 이는 배당요구를 하지 아니한 채권자가 그 근저당권을 설정한 계약에 대하여 사해행위 취소의 소를 제기하여 승소한 자라 할지라도 마찬가지이다(대법원 2012. 12. 26. 선고 2011다60421 판결 등 참조).

2) 위 법리에 비추어 보면, 비록 원고가 위 경매절차에서 이 사건 지연손해금에 관한 배당요구를 하지 않아 지연손해금과 관련하여 아무런 배당을 받을 수 없게 되었더라도 그로써 이 사건 지연손해금 채권 자체가 소멸하였다고 볼 수 없으므로, 원고가 이를 피보전채권으로 하여 이 사건 근저당권설정계약의 취소를 구하는 것을 두고 그가 자신의

채권액을 초과하여 채권자취소권을 행사하는 것이라고 할 수 없다.

또한 사해행위취소의 소와 원상회복청구의 소는 별개의 소송이므로, 비록 원고가 이 사건 지연손해금에 관한 배당요구를 하지 않은 관계로 배당표 경정을 구하는 원상회복청구의 소에서 패소할 것이 예정되어 있더라도, 그로써 원고의 채권자취소권 행사 자체가 허용되지 않는다고 볼 수 없다.

나아가 이 사건 원상회복청구의 소에 있어 원고의 패소가 예정되어 있다고 단정하기도 어려워 보인다. 위 경매절차에서 다른 배당요구권자들이 모두 채권의 만족을 얻었으므로, 원고의 채권자취소권 행사의 결과 피고로부터 회수될 피고 배당액은 배당요구채권을 모두 충족시키고도 남는 '잉여금'에 해당하고, 그에 따라 원고로서는 사해행위취소에 따른 원상회복으로서 '이 사건 배당표의 경정'을 구하는 대신 피고를 상대로 직접 피고 배당금 상당액의 '가액배상'을 구할 수도 있을 것으로 보이기 때문이다.

다. 따라서 이 사건 지연손해금 채권에 관하여 원고가 배당받을 수 있는 금액이 존재하지 아니하므로 이 사건 근저당권설정계약의 취소도 구할 수 없다고 본 원심의 판단에는 사해행위취소 소송에 관한 법리를 오해한 잘못이 있다. 이 점을 지적하는 원고의 상고이유 주장은 이유 있다."73)

이 사건도 거의 대성글로벌네트웍 사례와 비슷하였던 것 같습니다. 그런데 대법원은 원고의 원상회복청구는 승소할 여지도 있다고 하였습니다.

"가. 원고는 소외인으로부터 배서·교부받은 약속어음 2매, 액면금 합계 520,700,000원이 지급거절되자, 위 520,700,000원을 청구금액으로 한 인천지방법원 2012카단8896호 가압류결정에 터 잡아 2012. 6. 20. 소외인 소유의 부동산(이하 '이 사건 부동산'이라고 한다)을 가압류하였고, 2015. 8. 21. 서울중앙지방법원에서 소외인을 상대로 위 520,700,000원과 그에 대한 지연손해금(이하 '이 사건 지연손해금'이라고 한다)의 지급을 명하는 승소확정판결을 받았다.

나. 피고는 소외인이 발행한 당좌수표 2매와 약속어음 1매, 액면금 합계 635,790,000원이 지급거절되자, 2012. 7. 11. 소외인과 사이에 이 사건 부동산에 관하여 채권최고액을 750,000,000원으로 하는 근저당권설정계약(이하 '이 사건 근저당권설정계약'이라

---

73) 대법원 2021. 7. 21. 선고 2017다35106 판결 [배당이의등]

고 한다)을 체결하고, 같은 날 그 등기를 마쳤다.

다. 2015. 5. 4. 이 사건 부동산에 관하여 인천지방법원 2015타경22689호로 임의경매개시결정이 이루어졌으나, 원고는 배당요구종기인 2015. 7. 16.까지 인천지방법원에 이 사건 지연손해금에 관하여 일반채권자로서 별도의 배당요구를 하지는 않았다. 한편 피고도 인천지방법원에 이 사건 근저당권설정계약에 따른 채권계산서를 제출하였을 뿐, 일반채권자로서 배당요구를 하지 않았다.

라. 이후 인천지방법원은 다른 배당참가인에게는 배당요구액 전액을 배당하되, 가압류권자인 원고(원금채권 520,700,000원)와 후순위 근저당권자인 피고(원리금채권 합계 896,517,067원)는 동순위로 보아 선순위 배당 후 매각대금 잔여액 102,535,579원 가운데 42,016,429원을 원고에게, 60,519,150원을 피고에게 안분하여 배당하는 내용의 배당표(이하 '이 사건 배당표'라고 한다)를 작성하였다. 이 사건 배당표에 이 사건 지연손해금과 관련하여 원고에게 배당하는 내용은 포함되지 않았다.

마. 원고는 2016. 2. 3. 배당기일에 출석하여 이 사건 배당표 중 피고 배당액 60,519,150원에 관하여 이의를 제기하였고, 그로부터 7일 이내에 이 사건 근저당권설정계약이 지연손해금 채권자인 원고를 비롯한 일반채권자들에 대한 사해행위라며 그 취소 및 원상회복으로 위 배당표의 경정을 구하는 이 사건 소를 제기하였다."[74]

여기서 먼저 고려할 것은 취소채권자와 피고가 안분배당을 받았는데 피고가 근저당권자라고 하더라도 피고가 우선변제를 받았다고 보아야 할 것인지 문제가 됩니다. 또한 원고는 가압류채권자이기 때문에 원고의 채권이 있는가입니다.

문제는 원고가 원금만 부동산가압류결정을 받았을 뿐이고 지연손해금으로 배당에 참가한 적이 없습니다. 즉 대성글로벌네트웍 사례와 비슷하게 원고는 지연손해금에 대하여는 적법한 배당요구권자가 아니었습니다.

"부동산에 대하여 가압류등기가 먼저 되고 나서 근저당권설정등기가 마쳐진 경우에 경매절차의 배당관계에서 근저당권자는 선순위 가압류채권자에 대하여는 우선변제권을 주장할 수 없으므로 그 가압류채권자는 근저당권자와 일반 채권자의 자격에서 평등배당을 받을 수 있고, 따라서 가압류채권자는 채무자의 근저당권설정행위로 인하여 아무

---

74) 대법원 2021. 7. 21. 선고 2017다35106 판결 [배당이의등]

> 런 불이익을 입지 않으므로 채권자취소권을 행사할 수 없다. 그러나 채권자의 실제 채권액이 가압류 채권금액보다 많은 경우 그 초과하는 부분에 관하여는 가압류의 효력이 미치지 아니하여 그 범위 내에서는 채무자의 처분행위가 채권자들의 공동담보를 감소시키는 사해행위가 되므로 그 부분 채권을 피보전채권으로 삼아 채권자취소권을 행사할 수 있다."[75]

여기에서 다른 대법원 2017다35106 판례에서는 대법원 2007다77446 판례를 언급하고 있지 않지만 이것이 가능한 것은 바로 대법원 2007다77446 판례를 전제로 하고 있습니다.

그렇기 때문에 이 경우에 사해행위취소를 구할 수 있다고 하더라도 원고의 지연손해금 한도내에서만 취소를 구할 수 있다고 할 것입니다. 이 경우에 원고의 지연손해금은 어디까지 인정할 것인가가 문제입니다. ① 배당요구종기까지의 원고의 지연손해금만 취소를 구할 수 있는지 ② 배당기일까지의 원고의 지연손해금만 취소를 구할 수 있는지 ③ 사해행위취소의 변론종결일까지의 원고의 지연손해금까지 취소를 구할 수 있는지 등의 여러 가지 문제가 발생할 것입니다.

원고는 에스지씨에너지 주식회사라는 회사였습니다. 대법원 판례는 여기에서 어디까지 인정하여야 하는지 명시하지 않고 있습니다.

그런데 대법원 2007다77446 판례를 보면, "그러나 채권자의 실제 채권액이 가압류 채권금액보다 많은 경우 그 초과하는 부분에 관하여는 가압류의 효력이 미치지 아니하여 그 범위 내에서는 채무자의 처분행위가 채권자들의 공동담보를 감소시키는 사해행위가 되므로"라고 표현하였습니다. 그렇다고 한다면 ④ 가압류 당시를 기준으로 하여 파악해야 한다고 볼 수 있습니다. 즉 가압류 당시에 발생한 지연손해금(이자)을 기준으로 파악해야 하는 것이 아닌가 생각됩니다.

> "원심판결 이유에 의하면 이 사건 근저당권설정 이전의 원고의 가압류채권 총액은 합계 257,754,747원인데 비하여 원고의 소외인에 대한 실제 채권액은 약 500,000,000

---

75) 대법원 2008. 2. 28. 선고 2007다77446 판결 [사해행위취소등]

원에 달하여 가압류 채권금액을 초과함이 분명하므로 그 초과부분에 터잡아 채권자취소권을 행사할 수 있다 할 것인바, 이 부분 원심 판단은 그 설시가 다소 미흡하나, 이 사건 근저당권설정계약이 사해행위에 해당한다고 판단하여 그 취소 청구를 인용한 조치는 정당하고, 거기에 사해행위 성립에 관한 법리를 오해한 위법이 없다."[76)

원고의 채권이 500,000,000원이면 가압류채권 257,754,747원을 제외하면 242,245,253원에 대하여 사해행위취소의 피보전채권이 되는 것이 아닌가 하는 생각이 듭니다.

"원심은 그 판결에서 채용하고 있는 증거들을 종합하여 이 사건 약속어음 등에 기재된 440,000,000원은 이 사건 부동산에 대한 미납 분양대금과 세금 및 관리비 등 197,974,702원, 이주비 불법수취로 인한 손해배상금 50,000,000원, 그리고 소외인이 삼성물산 주식회사에 대하여 부담하는 이주비 70,000,000원의 상환채무에 대한 연대보증인으로서 원고가 가지는 동액 상당의 구상금채권 및 각종 소송비용 등을 모두 합한 324,451,702원과 이에 대한 위 약속어음 작성 당시까지의 이자 약 110,000,000원을 합한 금원인데, 원고는 그 외에도 소외인에 대하여 국유지불하계약 해지로 인한 손해배상금 58,520,550원과 그 이자채권까지 가지고 있어 현재 원고의 소외인에 대한 실제 채권액은 약 500,000,000원에 이르는 사실을 인정한 다음 위 채권 중 미납 분양대금 약 170,000,000원 및 그에 미납 세금 및 관리와 국유지불하계약 해지로 인한 손해배상금을 더한 약 250,000,000원의 원금만이 실제 채권액이라고 주장하는 피고의 주장을 배척하였는바, 기록에 비추어 보면 원심의 위와 같은 판단은 정당하고, 거기에 채증법칙을 위반한 위법이 없다(뒤에서 살펴보는 바와 같이 원고의 가압류채권은 목적물인 이 사건 부동산으로부터 청구금액을 우선변제받는 것이 아니기 때문에 그 청구금액 전액이 채권자취소권의 피보전채권액이 된다고 할 것이다).
원심은 제1심판결 이유 중 궁박에 의한 무효 또는 취소 주장에 대한 판단을 인용함으로써 피고의 강박에 의한 의사표시의 취소주장을 배척하였음이 분명하고, 또한 원고의 소외인에 대한 실제 채권액이 약 500,000,000원에 달하는 이상, 이 사건 약속어음 등이 소외인이 궁박한 상태에서 작성되어 그 효력이 없다고 하더라도 이 사건 사해행위

76) 대법원 2008. 2. 28. 선고 2007다77446 판결 [사해행위취소등]

의 성립에는 아무런 영향을 미치지 않는다고 판단함으로써 피고의 위와 같은 주장을 배척한 것으로 보이므로, 원심이 그에 관하여 특별한 판단을 하지 아니하였다고 하여 원심이 판단유탈의 위법을 저질렀다고 할 수 없다."77)

원고는 상도제2구역주택재개발조합이었습니다.

"1. 피고와 소외 1 사이에 별지 목록 기재 부동산에 관하여 2006. 2. 2. 체결된 근저당권설정계약을 취소한다.
2. 피고는 소외 1에게 제1항 기재 부동산에 관하여 서울중앙지방법원 동작등기소 2006. 2. 2. 접수 제4207호로 마친 근저당권설정등기의 말소등기절차를 이행하라.
3. 소송비용은 피고가 부담한다."78)

전부 취소와 근저당권등기의 전부 말소등기절차를 하라고 판단하였습니다.

"가. 소외 1의 처 소외 2는 2005. 12. 29. 원고에게 소외 1로부터 위임받은 바에 따라 액면 440,000,000원, 지급기일 2006. 2. 28., 발행인 소외 1인 약속어음 1장을 발행하여 교부하고, 2006. 1. 6. 공증인가 강남종합법무법인 작성 증서 2006년 제14호로 공정증서를 작성하여 주었다.
나. 피고는 2006. 2. 2. 소외 1과 소외 1 소유의 유일한 부동산인 별지 목록 기재 부동산(이하 '이 사건 부동산'이라 한다.)에 관하여 채권최고액 290,000,000원, 근저당권자 피고로 하는 근저당권설정계약(이하 '이 사건 근저당권설정계약'이라 한다.)을 체결하고, 이에 기하여 같은 날 서울중앙지방법원 동작등기소 2006. 2. 2. 접수 제4207호로 근저당권설정등기를 마쳤다."79)

---

77) 대법원 2008. 2. 28. 선고 2007다77446 판결 [사해행위취소등]
78) 서울중앙지방법원 2006. 6. 28. 선고 2006가합22369 판결 [사해행위취소등]
79) 서울중앙지방법원 2006. 6. 28. 선고 2006가합22369 판결 [사해행위취소등]

"(2) 을 1호증의 1, 2의 각 기재만으로는 이를 인정하기에 부족하고 달리 이를 인정할 증거가 없다. 오히려 피고가 이 사건 근저당권설정등기 당시 부동산 등기부등본을 열람하여 이 사건 부동산에 설정된 가압류채권액 합계가 291,273,144원에 달하고 있다는 것을 확인한 사실은 당사자 사이에 다툼이 없고, 갑 3호증의 1, 2, 갑 4호증의 각 기재 및 변론 전체의 취지를 종합하면, 소외 3 주식회사는 1991. 4. 18. 설립등기를 하였는데 소외 1과 피고는 당시 각 이사로 등재되어 있었고, 소외 3 주식회사가 2001. 5. 2. 휴면법인으로 법인등기부가 폐쇄되었다가 2001. 11. 16. 회사계속등기를 하면서 소외 1은 이사 겸 대표이사로, 피고는 이사로 등기된 사실을 인정할 수 있으므로 위 인정사실에 의하면 소외 1과 피고는 친분이 있는 가까운 사이로서 피고는 이 사건 근저당권설정계약 당시 소외 1의 자력이 넉넉하지 아니하여 이 사건 근저당권설정계약으로 인하여 다른 채권자의 공동담보에 부족이 생기거나 이미 부족한 상태에 있던 공동담보가 더욱 부족하게 된다는 사정을 인식하고 있었다고 봄이 상당하므로 피고의 위 주장은 이유 없다."80)

　　1심에서는 간단하게 원고의 청구를 인용하였습니다. 대법원에서 문제가 되었던 점을 피고가 주장하지 아니하였던 것입니다.

"가. 피고의 항쟁
피고는, 이 사건 소의 피보전채권인 원고의 소외 1에 대한 채권의 실제 액수는 약 170,000,000원(혹은 250,000,000원)에 불과하여, 소외 1이 소외 2에게 작성을 위임한 지불각서의 한도금액도 위 실제 채권액인 170,000,000원(혹은 250,000,000원)인데, 소외 2가 임의로 이를 초과하는 440,000,000원의 지불각서와 동액을 액면금으로 하는 약속어음(이하 '이 사건 약속어음 등'이라 한다)을 작성하였으므로, 이 사건 약속어음 등은 무효이고, 한편 별지 목록 기재 부동산(이하 '이 사건 부동산'이라 한다)에 관하여 피고 명의의 근저당권설정등기보다 앞서 채권자를 원고로 하는 청구금액 257,745,747원 상당의 가압류등기가 마쳐져 있어, 이 사건 약속어음 등이 위와 같은 이유로 무효인 이상, 원고는 이미 피고 명의의 근저당권설정등기와 관계 없이 자신의 채권을 확보하고 있는 셈이므로, 위 근저당권 설정계약이 원고를 해하는 사해행위가 될

---

80) 서울중앙지방법원 2006. 6. 28. 선고 2006가합22369 판결 [사해행위취소등]

수 없다는 취지로 다툰다."[81]

　　1심은 변호사가 피고를 대리하지 아니하였고 항소심에서 변호사가 선임되었습니다. 이런 주장을 한 것은 매우 생각이 좋다고 할 것입니다. 왜냐하면 근저당권설정을 했다고 하여 우선변제를 받는 것은 아니기 때문입니다. 다른 사람은 모르겠지만 원고에 대하여 우선변제권이 인정되지 않기 때문입니다.

> "나아가 <u>원고의 소외 1에 대한 실제 채권액</u>에 관하여 살피건대, 갑 제6, 7호증, 갑 제8, 9호증의 각 1, 2, 3, 을 제2호증의 각 기재에 변론 전체의 취지를 종합하면, 이 사건 약속어음 등에 기재된 440,000,000원은 이 사건 부동산에 대한 미납 분양대금과 세금 및 관리비 등 197,974,702원, 이주비 불법수취로 인한 손해배상금 50,000,000원, 그리고 소외 1이 삼성물산 주식회사에 대하여 부담하는 이주비 70,000,000원의 상환채무에 대한 연대보증인으로서 원고가 가지는 동액 상당의 구상금채권 및 각종 소송비용 등을 모두 합한 324,451,702원과 이에 대한 위 약속어음 작성 당시까지의 이자 약 110,000,000원을 합한 금원인데, 원고는 그 외에도 소외 1에 대하여 국유지불하계약 해지로 인한 손해배상금 58,520,550원과 그 이자채권까지 가지고 있어 현재 원고의 소외 1에 대한 실제 채권액은 약 500,000,000원에 이르는 사실을 인정할 수 있다(피고는 위 채권 중 미납 분양대금 약 170,000,000원 혹은 그에 미납 세금 및 관리비와 국유지불하계약 해지로 인한 손해배상금을 더한 약 250,000,000원의 원금만을 실제 채권액이라고 주장하고 있는 것이다).
> 따라서, 피고의 위 항쟁은 어느 모로 보나 이유 없다(원고의 소외 1에 대한 실제 채권액이 위와 같은 이상, 가사 이 사건 약속어음 등이 피고의 다른 주장처럼 소외 1이 궁박한 상태에서 작성되어 그 효력이 없다고 하더라도 이 사건 사해행위의 성립에는 아무런 영향을 미치지 않는다)."[82]

　　324,451,702원{(197,974,702원 + 50,000,000원 + 70,000,000원 =) 317,974,702원 + 소송비용 6,477,000} + 110,000,000원(약속어음 작성 당시의 이자) =

---

81) 서울고등법원 2007. 9. 21. 선고 2006나72064 판결 [사해행위취소등]
82) 서울고등법원 2007. 9. 21. 선고 2006나72064 판결 [사해행위취소등]

<u>434,451,712원 → 440,000,000원 약속어음공정증서 작성</u>

 <u>+ 58,520,550원 + 이자 채권 = 498,520,550원 + 이자 채권</u>(58,520,550원에

대한 이자채권)

　　가압류 <u>청구금액 257,745,747원</u>

　　<u>근저당권의 채권최고액 290,000,000원</u>(원금 220,000,000원)

"(1) 피고는 1995. 7. 24. 소외 3 주식회사에 220,000,000원을 대여하여 주었고 이에 기하여 위 <u>소외 3 주식회사의 대표이사인 소외 1 소유의 이 사건 부동산에 이 사건 근</u> <u>저당권을 설정한 것에 불과하고 소외 1이 채무초과 상태에 있었는지에 관하여는 알지</u> <u>못하였다고 주장한다.</u>"83)

　　약속어음 공정증서가 작성된 시점은 <u>2005. 12. 29.입니다.</u>

　　근저당권설정계약시점은 <u>2006. 2. 2.입니다.</u>

　　가압류시점은 밝혀져 있지는 않습니다.

　　이런 점을 보면, 근저당권설정시점에 아마 원고의 가압류청구금액을 제외 하더라도 나머지 원고의 채권이 피고의 근저당권의 원금인 220,000,000원을 초 과하여 존재한 것으로 보입니다. 5억 원이라고 하더라도 이미 본 것처럼 그 차 액이 242,245,253원입니다. 그렇기 때문에 아마 근저당권설정계약을 전부 취소 하고 전체의 근저당권말소등기절차 이행을 하도록 한 것으로 보입니다.

　　그렇다고 한다면 이 사건 판례 사안을 보면, 가압류한 시점은 2012. 6. 20. 입니다.

　　원고는 2015. 8. 21. 서울중앙지방법원에서 소외인을 상대로 위 520,700,000 원과 그에 대한 지연손해금(이하 '이 사건 지연손해금'이라고 한다)의 지급을 명하는 승소확정판결을 받았습니다.

　　2015. 5. 4.에 임의경매개시결정을 하였고, 배당요구종기인 2015. 7. 16.이 었습니다. 2016. 2. 3. 배당기일이었습니다.

　　원고 채권액 원금채권 520,700,000원

---

83) 서울중앙지방법원 2006. 6. 28. 선고 2006가합22369 판결 [사해행위취소등]

피고 채권액 원리금채권 896,517,067원

선순위 배당 후 매각대금 잔여액 102,535,579원

원고 배당액 42,016,429원

피고 배당액 60,519,150원

가압류시점부터 배당요구종기까지의 어음금채권에 기한 이자가 모두 인정 된다고 한다면 연 6%의 이자채권이 인정될 수 있습니다.

520,700,000원 × 0.06 × (2012. 6. 20.부터 2015. 7. 16./365 = 96,030,737원 {기간식: (3 + 27/366)년

이자: 96,030,737원 (=520,700,000원 × (3 + 27/366) 년 × 0.06.원 미만 버림)}

만약 이자채권이 96,030,737원이라고 한다면, 이 금액 상당에 대하여는 근저당권설정계약이 취소가 되어야 할 것입니다. 이 경우에 피고의 배당금 중 이자 채권액만큼 원고는 배당표경정을 구할 수 있는 것일까요? 그렇다고 한다면 배당표경정의 원상회복에서 원고는 전부승소할 수 있을 것입니다.

파기환송심인 인천지방법원 2021나305 판결에서는 원고승으로 2023. 2. 7. 에 선고가 되었습니다. 그리고 확정이 되었습니다. 1심 원고가 패소하였고, 항소심도 항소기각으로 패소가 되었던 사건이었습니다.

그렇기 때문에 가압류채권자가 있는 경우에 근저당권을 설정하는 것보다는 가압류를 경료하는 것이 좋다고 할 것입니다. 근저당권을 설정할 것이면 근저당권을 설정하고 별도로 가압류결정도 받아 이를 경료해 놓은 것이 좋을 것입니다.

다만 이것이 맞는 것인가는 의문입니다. 오히려 피고의 근저당권의 채권최고액 750,000,000원이었습니다. 그렇다고 한다면 여기에서 96,030,737원을 취소하고 채권최고액 750,000,000원에서 96,030,737원을 제외하면 653,969,263원만 근저당권이 유효하기 때문에 96,030,737원을 제외한 653,969,263원과 원고의 520,700,000원과 이자 96,030,737원을 합한 금액 616,730,737원을 가지고 안분배당하는 것이 맞지 않을까 생각합니다.

원고의 경우는

102,535,579 × 616,730,737원 / 1,270,700,000원 (653,969,263원 + 616,730,737원) = 49,765,360원(소수점 이하 버림)

피고의 경우는

102,535,579 × 653,969,263원 / 1,270,700,000원 (653,969,263원 + 616,730,737원) = 52,770,219원(소수점 이하 반올림)

이렇게 하는 것이 합리적으로 보입니다.

파기환송심에서 원고가 수차례 청구취지 및 청구원인 변경신청서를 제출한 것이 이 때문이 아닌가라는 생각을 해 봅니다.

그렇다고 한다면 언제를 기준으로 하여 이자채권을 인정할 것인지를 보면, 대법원 2007다77446 판례를 통해서는 알 수가 없다고 할 것입니다. 왜냐하면 그 사건은 아예 전혀 다른 채권들이 존재하였기 때문이고, 공정증서를 작성할 때와 사해행위시점은 큰 차이가 나지 않고 공정증서 작성할 때에는 이자채권도 이미 고려하여 110,000,000원을 산입한 것을 알 수 있기 때문입니다.

이런 점에서 보면, 지은이는 가압류시점을 봐야 한다고 할 것입니다. 가압류시점까지의 이자나 지연손해금 및 다른 채권까지를 고려하여 여기에서 가압류청구금액을 제외한 금액만 사해행위취소의 피보전채권으로 보아야 할 것입니다. 가압류청구시점 이후에 발생한 채권을 취소채권의 피보전채권에 산입한다는 것은 배당시에 가압류청구금액만을 가지고 배당하는 점에서 볼 때에 부당하게 취소채권자에게 이익을 준다고 할 것입니다. 원고가 배당요구종기까지 자신의 채권에 대하여 추가 가압류를 하거나 판결을 받아 배당요구를 할 수 있었는데 이를 하지 아니한 것을 취소채권자의 잘못이라고 할 것입니다. 또한 이 경우에 있어서 피고의 채권액은 실제 발생한 채권이겠지만 이는 채권최고액을 초과할 수 없다고 할 것입니다. 즉 채권최고액 한도 내에서 피고의 채권액이라고 할 것입니다. 채권최고액이 수익자의 가압류청구금액에 해당하는 금액이라고 볼 수 있기 때문에 그러합니다. 그러므로 이 사건의 배당법원이 피고의 채권최고액을 초과하여 실제 채권액을 고려하여 배당을 한 것을 위법하다고 할 것입니다. 또한 이런 경우에 있어서 취소채권자의 피보전채권 인정되는 한도 내에서 근저당권의 일부취소를 구할 수 있다고 할 것이고, 그 금액을 제외한 부분은 취소할 수 없다고 할 것입니다. 그래서 원상회복으로는 채권최고액의 한도 내에서 취소한 금액을 제외시킨 금액의 범위 한도 내에서 수익자의 채권 중 적은 것이 배당시 고려한 수익자의 금액이라고 할 것입니다.

즉 750,000,000원이 채권최고액인데 취소되는 금액이 1억 원이면 650,000,000원의 한도 내에서 수익자의 배당기일 시점의 채권이 이를 넘어서면 650,000,000원으로 하여 원고의 채권(가압류청구금액 + 가압류시점까지의 원고의 사해행위시점의 피보전채권)을 고려하여 안분배당하여야 할 것입니다.

만약 이 시점에 수익자의 배당기일 시점의 채권이 600,000,000원이라고 한다면 수익자의 배당기초가 되는 금액을 600,000,000원으로 고려해야 할 것이라고 생각됩니다.

머. 취소채권자들의 가액배상금을 기초로 하여 배당을 할 것인지 채무자에 대한 채권을 가지고 배당의 기초를 삼을 것인지 및 취소채권자들, 수익자의 채권자, 수익자 간의 배당이의 소송이 발생할 여지가 큼

"1. 원심판결 이유에 의하면, 원심은, 이 사건 경매절차는 민사집행법(2002. 1. 26. 법률 제6627호로 제정)이 시행되기 이전인 2002. 4. 18.에 신청된 소외 1 소유의 부동산에 대한 의정부지방법원 2002타경17657호 강제경매사건(선행사건)의 집행절차에 따라 진행되었으므로, 위 경매사건에는 구 민사소송법(2002. 1. 26. 법률 제6626호로 전문 개정되기 전의 것, 이하 같다)이 적용되고, 원고는 이 사건 강제경매개시결정의 기입등기가 경료된 뒤에 가압류를 한 채권자 겸 집행력 있는 판결정본을 가진 채권자로서 경락기일인 2003. 12. 19.까지 사해행위의 수익자인 위 소외 1에 대한 가액배상판결에 터잡은 권리신고 및 배당요구신청서를 제출하였다가, 경락기일 이후에야 비로소 집행법원에 배당의견서를 제출하면서 사해행위 취소채권자인 원·피고 간의 관계에서는 사해행위 목적물의 원래 소유자인 채무자 소외 2에 대한 실제 채권액에 비례하여 배당하여 줄 것을 주장하였으므로, 이 사건 경매절차에서 그 채무자 겸 소유자인 소외 1에 대한 집행권원이 아닌 위 소외 2에 대한 집행권원에 터잡아 배당요구를 할 수 있는지의 여부와는 무관하게, 집행법원이 원고의 채권에 대하여는 경락기일 이후에 새로이 추가 및 확장한 채권액을 배당에서 제외하고, 경락기일 이전에 배당요구된 원고의 위 소외 1에 대한 가액배상판결에 기한 채권액을 기준으로 배당표를 작성한 것은 적법하고, 또한 이러한 기준에 의한 위 배당표상의 피고에 대한 배당액과 원·피고의 소외 2에 대한 실제 채권액을 기준으로 하여 피고에게 배당될 금액과의 차액 상당에 대하여 원고가 이를 부당이득으로 피고에게 반환을 구할 수 없다는 취지로 판단하였다.

구 민사소송법에 의하면, 민법·상법 기타 법률에 의하여 우선변제청구권이 있는 채권자, 집행력 있는 정본을 가진 채권자 및 경매신청의 등기 후에 가압류를 한 채권자는 경락기일까지 배당요구를 할 수 있고(제605조 제1항), 위 조항에서 규정하는 배당요구 채권자는 경락기일까지 배당요구를 한 경우에 한하여 비로소 배당을 받을 수 있고, 적법한 배당요구를 하지 아니한 경우에는 실체법상 우선변제청구권이 있는 채권자라 하더라도 그 경락대금으로부터 배당을 받을 수는 없으며(대법원 2002. 1. 25. 선고 2001다11055 판결 등 참조), 또한 경락기일까지 배당요구한 채권자라 할지라도 채권의 일부 금액만을 배당요구한 경우에 경락기일 이후에는 배당요구하지 아니한 채권을 추가하거나 확장할 수 없다(대법원 2001. 3. 23. 선고 99다11526 판결 등 참조). 그리고 배당요구를 하여야만 배당절차에 참여할 수 있는 채권자가 경락기일까지 배당요구를 하지 아니한 채권액에 대하여 경락기일 이후에 추가 또는 확장하여 배당요구를 하였으나 그 부분을 배당에서 배제하는 것으로 배당표가 작성·확정되고 그 확정된 배당표에 따라 배당이 실시되었다면, 그가 적법한 배당요구를 한 경우에 배당받을 수 있었던 금액 상당의 금원이 후순위 채권자에게 배당되었다고 하여 이를 법률상 원인이 없는 것이라고 할 수 없다(대법원 2002. 1. 22. 선고 2001다70702 판결 등 참조). 또한, 사해행위취소란 채권의 보전을 위하여 일반 채권자들의 공동담보에 제공되고 있는 채무자의 재산이 그의 처분행위로 감소되는 경우, 채권자의 청구에 의해 이를 취소하고, 일탈된 재산을 채무자의 책임재산으로 환원시키는 제도로서, 사해행위의 취소와 원상회복은 모든 채권자의 이익을 위하여 효력이 있으므로(민법 제407조), 취소채권자가 자신이 회복해 온 재산에 대하여 우선권을 가지는 것은 아니라고 할 것이다 . 따라서 사해행위의 수익자 소유의 부동산에 대한 경매절차에서 취소채권자가 수익자에 대한 가액배상판결에 기하여 배당을 요구하여 배당을 받은 경우, 그 배당액은 배당요구를 한 취소채권자에게 그대로 귀속되는 것이 아니라 채무자의 책임재산으로 회복이 되는 것이며, 이에 대하여 채무자에 대한 채권자들은 채권만족에 관한 일반원칙에 따라 채권 내용을 실현할 수 있는 것이다. 이러한 법리와 기록에 비추어 살펴보면, 원심의 위와 같은 판단은 정당한 것으로 수긍이 가고, 거기에 상고이유로 주장하는 바와 같이 사해행위취소, 구 민사소송법상의 경매절차 및 배당이의소송 등에 관한 법리를 오해하는 등으로 판결에 영향을 미친 위법이 있다고 할 수 없다."[84]

---

[84] 대법원 2005. 8. 25. 선고 2005다14595 판결 [배당이의]

원고는 기술신용보증기금이었고, 피고는 서울보증보험주식회사였습니다. 결국 채권자들끼리 싸운 것이 아닌가 하는 생각을 합니다.

"원고는 이 사건 강제경매개시결정의 기입등기가 경료된 뒤에 가압류를 한 채권자 겸 집행력 있는 판결정본을 가진 채권자로서 경락기일인 2003. 12. 19.까지 사해행위의 수익자인 위 소외 1에 대한 가액배상판결에 터잡은 권리신고 및 배당요구신청서를 제출하였다가, 경락기일 이후에야 비로소 집행법원에 배당의견서를 제출하면서 사해행위 취소채권자인 원·피고 간의 관계에서는 사해행위 목적물의 원래 소유자인 채무자 소외 2에 대한 실제 채권액에 비례하여 배당하여 줄 것을 주장하였으므로, 이 사건 경매 절차에서 그 채무자 겸 소유자인 소외 1에 대한 집행권원이 아닌 위 소외 2에 대한 집 행권원에 터잡아 배당요구를 할 수 있는지의 여부와는 무관하게, 집행법원이 원고의 채 권에 대하여는 경락기일 이후에 새로이 추가 및 확장한 채권액을 배당에서 제외하고, 경락기일 이전에 배당요구된 원고의 위 소외 1에 대한 가액배상판결에 기한 채권액을 기준으로 배당표를 작성한 것은 적법하고, 또한 이러한 기준에 의한 위 배당표상의 피 고에 대한 배당액과 원·피고의 소외 2에 대한 실제 채권액을 기준으로 하여 피고에게 배당될 금액과의 차액 상당에 대하여 원고가 이를 부당이득으로 피고에게 반환을 구할 수 없다는 취지로 판단하였다."[85]

원고와 피고 모두 취소채권자입니다. 수익자는 부동산을 이전받은 자입니다. 그런데 아마 가액배상 판결을 받을 수밖에 없는 상황이었던 것으로 보입니다. 그렇기 때문에 기술신용보증기금과 서울보증보험은 아마 가액배상 판결금액 만으로 배당요구를 하였고, 그런데 일반적으로 기술신용보증기금의 구상금 채권 이 매우 큰 데 반해 서울보증보험은 소액인 경우가 많습니다. 이렇게 되다보니 경락기일 이후에 기술신용보증기금은 원래 채무자에 대하여 판결문에 기한 배 당의견서를 제출하고 채무자에 대한 채권액에 비례하여 원고와 피고에 대하여 안분배당을 해 달라고 하였습니다. 그런데 배당법원은 경락기일이전에 가액배상 판결문에 기하여 배당을 해 주었습니다. 기술신용보증기금은 배당기일에 출석하 여 서울보증보험의 배당금에 대하여 배당이의를 하고 배당이의 소송을 제기한

85) 대법원 2005. 8. 25. 선고 2005다14595 판결 [배당이의]

사건입니다. 아마 1심에서도 패소하였을 것이고 항소하였는데 항소기각이 되고 상고하였는데 역시 상고도 기각되었습니다.

여기서 중요한 쟁점 하나가 발생합니다. 이 사건의 경우 부동산은 수익자의 소유로 경매가 진행이 되었습니다. 그런데 채무자의 채권자가 수익자를 상대로 사해행위취소소송을 제기하고 가액배상판결을 받았습니다. 기존 근저당권이 말소되었을 것으로 보입니다. 기술신용보증기금이 5천만 원 승소판결을 받았고 서울보증보험도 역시 5천만 원의 승소판결을 받았습니다. 그리고 수익자의 채권자가 별도로 5천만 원으로 가압류를 하였습니다. 그런데 선순위 채권자들에게 배당하고 남은 금액이 9천만 원밖에 되지 않습니다. 그렇다고 한다면 분명하게 배당법원은 각 3천만 원씩 배당을 해 줍니다. 이것이 옳은 것일까요?

전혀 그렇지 않습니다. 왜냐하면, 수익자는 기술신용보증기금이나 서울보증보험에 각 5천만 원을 부담하는 것이 아니라 두 사람에게 누구에게든지 5천만 원 부담을 합니다. 즉 그렇기 때문에

기술신용보증기금과 서울보증보험

90,000,000원 × 50,000,000원 / 100,000,000원(50,000,000원 + 50,000,000원) = 45,000,000원

수익자의 채권자

90,000,000원 × 50,000,000원 / 100,000,000원(50,000,000원 + 50,000,000원) = 45,000,000원

이렇게 배당이 되어야 합니다. 즉 기술신용보증기금이나 서울보증보험의 가액배상에 관한 배당요구는 같은 채권을 두 번 가압류하거나 배당요구한 것이라고 할 것입니다.

결국 서울보증보험과 기술신용보증기금은 각 45,000,000원의 1/2인 22,500,000원씩 배당을 해 주어야 할 것입니다.

그러므로 이처럼 수익자 소유의 부동산에 가액배상채권자들이 배당에 참가하였을때 수익자의 고유의 채권자들은 이를 가지고 배당이의를 하여야 합니다.

또한 수익자 역시도 이에 대하여 다투어야 합니다. 만약 위 사례에서 90,000,000원이 남았는데 수익자의 채권자가 별도로 없는데 기술신용보증기금에게 45,000,000원 서울보증보험에 45,000,000원을 배당해 주면 안 됩니다. 이

들의 배당액은 합산하여 가액배상채권액을 초과할 수 없습니다. 즉 50,000,000원을 초과할 수 없다고 할 것입니다. 그렇기 때문에 수익자는 배당이의를 하여 각 25,000,000원을 초과한 각 20,000,000원에 대하여는 반환을 받아야 합니다.

또한 이런 경우에 가액배상금에 대한 이자채권이 발생합니다. 그렇다고 한다면 두 곳에 대한 이자가 발생하면 연 5%인데 이것 역시 합산하면 연 10%가 됩니다. 이 역시도 이중 청구나 마찬가지입니다.

만약 기술신용보증기금의 소송이 2023. 5. 31.에 확정이 되었다고 한다면 2023. 6. 1.부터 지연손해금이 발생하였습니다.

그에 반하여 서울보증보험의 소송은 2023. 11. 31.에 확정이 되었다고 한다면 2023. 12. 1.부터 지연손해금이 발생하였습니다.

배당기일은 2024. 5. 31.이라고 한다면 기술신용보증기금의 지연손해금, 즉 더 많은 지연손해금 50,000,000원의 연 5%인 2,500,000원을 더한 52,500,000원의 배당액으로 하여 기술신용보증기금과 서울보증보험이 안분배당을 받아야 합니다. 이들 간에 배당은 어떻게 될 것인지를 보면,

기술신용보증기금의 채권은 52,500,000원이고 서울보증보험의 경우는 51,250,000원(6개월 지연손해금)이라고 한다면, 이를 가지고 안분배당을 하면 되지 않을까 생각합니다.

기술신용보증기금

52,500,000원 × 52,500,000원 / 103,750,000원 (52,500,000원 + 51,250,000원) = 26,566,265원(소수점 이하 버림)

서울보증보험

52,500,000원 × 51,250,000원원 / 103,750,000원 (52,500,000원 + 51,250,000원) = 25,933,735원(소수점 이하 반올림)

아마 현재 배당이의 소송을 진행하면서 이런 사건이 발생하고 있지 않을까 생각됩니다. 이는 분명히 문제가 될 가능성이 내포되어 있다고 할 것입니다.

이 사건은 채권자들 간에 가액배상금을 가지고 싸운 사건입니다. 2002년 경매사건이니 거의 최초의 사건이 아닐까 하는 생각도 해 봅니다.

버. 소유가 다른 부동산들의 공동근저당권인 경우에 채무자 소유 부동산이 공동담보로서의 가치가 없는 경우, 이런 부동산의 경매 시에 배당 방법

"가. 채무자가 처분한 목적물에 담보권이 설정되어 있는 경우라면 그 목적물 중에서 일반채권자들의 공동담보에 제공되는 책임재산은 피담보채권액을 공제한 나머지 부분만이라 할 것이고 그 피담보채권액이 목적물의 가격을 초과하고 있는 때에는 당해 목적물의 처분은 사해행위에 해당한다고 할 수 없다(대법원 2006. 4. 13. 선고 2005다70090 판결 등 참조).

그런데 공동저당권이 설정되어 있는 수개의 부동산 중 일부가 처분된 경우에 있어서의 그 피담보채권액은 원칙적으로 민법 제368조의 규정 취지에 비추어 공동저당권의 목적으로 된 각 부동산의 가액에 비례하여 공동저당권의 피담보채권액을 안분한 금액으로 보아야 할 것이나(대법원 2003. 11. 13. 선고 2003다39989 판결 참조), 수개의 부동산 중 일부는 채무자의 소유이고 일부는 물상보증인의 소유인 경우에는, 물상보증인이 민법 제481조, 제482조의 규정에 의한 변제자대위에 의하여 채무자 소유의 부동산에 대하여 담보권을 행사할 수 있는 지위에 있는 점 등을 고려할 때, 채무자 소유의 부동산에 관한 피담보채권액은 공동저당권의 피담보채권액 전액으로 봄이 상당하다.

같은 취지에서 원심이, 소외인이 일반채권자들의 공동담보에 제공되지 아니한 이 사건 부동산을 담보로 피고로부터 30억 원을 빌려 신한은행에 대한 채무를 변제하고 그 명의의 근저당권설정등기를 말소하는 대신 채권최고액 20억 원인 새로운 근저당권설정등기를 목적으로 하여 피고와 사이에 체결한 이 사건 근저당권설정계약은 사해행위에 해당되지 아니한다고 판단한 것은 앞서 본 법리를 따른 것으로 기록에 비추어 정당하고, 거기에 상고이유에서 주장하는 바와 같은 변제자대위 및 사해행위에 관한 법리오해 등의 위법이 없다.

나. 민법 제368조에 의하면, 동일한 채권의 담보로 저당권이 설정된 수개의 부동산 중 일부의 경매대가를 먼저 배당하여 그 대가에서 채권전부의 변제를 받는 경우 그 경매한 부동산의 차순위저당권자는 같은 조 제1항이 정하는 금액의 한도에서 선순위자를 대위하여 저당권을 행사할 수 있다고 할 것이다.

그러나 공동저당의 목적인 채무자 소유의 부동산과 물상보증인 소유의 부동산 중 채무자 소유의 부동산에 대하여 먼저 경매가 이루어져 그 경매대금의 교부에 의하여 1번 공동저당권자가 변제를 받더라도, 채무자 소유의 부동산에 대한 후순위저당권자는 민법 제368조 제2항 후단에 의하여 1번 공동저당권자를 대위하여 물상보증인 소유의 부동산에 대하여 저당권을 행사할 수 없다(대법원 1995. 6. 13.자 95마500 결정, 대법원 1996. 3. 8. 선고 95다36596 판결 참조).
이와 같은 법리에 비추어 기록을 살펴보면, 이 사건 부동산에 대하여 먼저 경매가 이루어져 신한은행이 피담보채무를 변제받는 경우를 가정할 때, 원고들은 일반채권자로서 그 이전에 이 사건 부동산을 가압류하였는지에 관계없이 신한은행을 대위하여 병원 건물 등에 대하여 근저당권을 행사할 수 있는 후순위저당권자의 지위에 있지 아니할 뿐만 아니라, 가사 원고들이 후순위저당권자라고 할지라도, 물상보증인인 신재기 소유의 병원 건물 등에 대해서는 신한은행 명의의 근저당권을 대위행사할 수 없다고 할 것이다."[86]

이 판례는 바로 대법원 2013. 7. 18. 선고 2012다5643 전원합의체 판결의 원인이 되었던 판례입니다. 다만 전원합의체 판결은 이 판례와 달리 예외적인 경우를 두고 있다고 할 것입니다.

"사해행위취소의 소에서 채무자가 수익자에게 양도한 목적물에 저당권이 설정되어 있는 경우라면 그 목적물 중에서 일반채권자들의 공동담보에 제공되는 책임재산은 피담보채권액을 공제한 나머지 부분만이라고 할 것이고 그 피담보채권액이 목적물의 가액을 초과할 때는 당해 목적물의 양도는 사해행위에 해당한다고 할 수 없다. 그런데 수개의 부동산에 공동저당권이 설정되어 있는 경우 책임재산을 산정함에 있어 각 부동산이 부담하는 피담보채권액은 특별한 사정이 없는 한 민법 제368조의 규정 취지에 비추어 공동저당권의 목적으로 된 각 부동산의 가액에 비례하여 공동저당권의 피담보채권액을 안분한 금액이라고 보아야 한다(대법원 2003. 11. 13. 선고 2003다39989 판결 참조). 그러나 그 수 개의 부동산 중 일부는 채무자의 소유이고 다른 일부는 물상보증인의 소유인 경우에는, 물상보증인이 민법 제481조, 제482조의 규정에 따른 변제자대위에 의하여 채무자 소유의 부동산에 대하여 저당권을 행사할 수 있는 지위에 있는 점 등을 고려할 때, 그 물상보증인이 채무자에 대하여 구상권을 행사할 수 없는 특별한 사정이 없는 한 채무자 소유의 부동산에 관한 피담보채권액은 공동저당권의 피담보채권

액 전액으로 봄이 상당하다(대법원 2008. 4. 10. 선고 2007다78234 판결 참조). 이
러한 법리는 하나의 공유부동산 중 일부 지분이 채무자의 소유이고, 다른 일부 지분이
물상보증인의 소유인 경우에도 마찬가지로 적용된다."[87]

이 사건의 경우는 원고들이 통정허위표시 주장과 사해행위취소를 같이 한
사건입니다. 피고는 근저당권자였습니다. 원래 근저당권자는 신한은행이었고 채
무는 30억 원이었던 같습니다. 이 사건 부동산과 함께 물상보증인 신재기의 병
원건물이 공동담보였던 것입니다. 채무자는 이 사건 부동산의 소유자인 채무자
였습니다. 아마 이 사건 부동산은 집일 것으로 보입니다. 그렇게 되다보니 실제
적으로 담보가치는 물상보증인의 병원건물이 대부분을 차지하는 것입니다. 신한
은행의 30억 원 채무는 이 사건 부동산의 부동산시가를 초과하는 것입니다. 그
렇게 되다보니 소유권을 처분한 것은 아니라고 근저당권을 말소하고 새로운 근
저당권을 설정한 것이지만 이미 담보가치가 없었던 부동산에 근저당권을 설정
한 것이기 때문에 공동담보로서의 가치가 없다고 원고의 청구를 기각하였던 것
입니다. 피고로부터 30억 원을 빌려 신한은행 채무를 변제하고는 이 사건 부동
산에 채권최고액 20억 원의 근저당권을 설정해 주었습니다. 이를 보면, 이 사건
부동산의 가치가 30억 원이 되지 못하는 것을 쉬이 알 수 있습니다. 원고는 물
상보증인 소유의 부동산의 시가와 안분비례하여 공동담보로서의 가치가 있다고
하였지만 서울고등법원이나 대법원은 채무자 소유의 부동산이기 때문에 전액으
로 보아야 한다고 하면서 원고의 청구를 기각하였던 것이고 이에 대하여 원고들
을 차순위저당권자의 선순위자를 대위하여 저당권을 행사할 수 있다는 민법 제
368조를 주장하였는데 대법원은 채무자 소유와 물상보증인 소유 부동산이 있는
경우에 채무자 소유 부동산이 경매되는 경우에 있어서 1번 공동근저당권자가
변제를 받더라도 후순위 근저당권자가 1번 공동근저당권자를 대위하여 물상보
증인 소유의 부동산에 저당권을 행사할 수 없다는 민법 제368조 제2항 후단을
들어서 이유가 없다고 하였습니다. 더욱 원고들은 차순위근저당권자도 아니라고
하고 원고들이 가압류채권자인지 여부와 관계가 없다고 하였습니다. 차순위근저

---

87) 대법원 2013. 7. 18. 선고 2012다5643 전원합의체 판결 [대여금및사해행위취소]

당권자일지라도 대위할 수 없기 때문에 일반채권자의 지위에 있었을 원고들의 청구는 받아들여질 여지가 없습니다.

> "공동저당권이 설정되어 있는 수개의 부동산 중 일부는 채무자 소유이고 일부는 물상보증인의 소유인 경우 위 각 부동산의 경매대가를 동시에 배당하는 때에는, 물상보증인이 민법 제481조, 제482조의 규정에 의한 변제자대위에 의하여 채무자 소유 부동산에 대하여 담보권을 행사할 수 있는 지위에 있는 점 등을 고려할 때, "동일한 채권의 담보로 수개의 부동산에 저당권을 설정한 경우에 그 부동산의 경매대가를 동시에 배당하는 때에는 각 부동산의 경매대가에 비례하여 그 채권의 분담을 정한다"고 규정하고 있는 민법 제368조 제1항은 적용되지 아니한다고 봄이 상당하다. 따라서 이러한 경우 경매법원으로서는 채무자 소유 부동산의 경매대가에서 공동저당권자에게 우선적으로 배당을 하고, 부족분이 있는 경우에 한하여 물상보증인 소유 부동산의 경매대가에서 추가로 배당을 하여야 한다."[88]

위 대법원 2007다78234 판례는 이시배당을 이야기하였습니다. 두 부동산이 동시에 경매가 될 경우에 배당을 어떻게 해 주는 것인지는 위 대법원 2008다41475 판례를 보면 알 수 있습니다. 즉 채무자 소유의 부동산에서 우선 부담을 하고 나서 나머지만 물상보증인 소유의 부동산에서 부담하게 되어 있습니다. 1심 원고기각 2심 서울고등법원 항소기각 그리고 대법원은 파기환송시킨 사건입니다.

> "따라서 이러한 경우 경매법원으로서는 채무자 소유 부동산의 경매대가에서 공동저당권자에게 우선적으로 배당을 하고, 부족분이 있는 경우에 한하여 물상보증인 소유 부동산의 경매대가에서 추가로 배당을 하여야 할 것이다.
> 2. 원심 및 제1심의 적법한 증거조사를 거친 증거들에 의하면, 채무자 소외 1 소유의 파주시 ○○읍 ○○리 70-39, 70-44 각 토지(이하 '이 사건 제1부동산'이라 한다)와 물상보증인인 원고 소유의 파주시 ○○읍 70-8, 70-43 각 토지(이하 '이 사건 제2부

---

88) 대법원 2010. 4. 15. 선고 2008다41475 판결 [배당이의]

동산'이라 한다)에 관하여 소외 2 명의의 공동근저당권이 설정되어 있었고(한편, 이 사건 각 부동산상에는 금촌농업협동조합 명의의 선순위근저당권이 개별적으로 설정되어 있었다), 이 사건 제1부동산에 관하여 그 후순위로 피고 1 명의의 근저당권설정등기 및 피고 파주시 명의의 압류등기, 나머지 피고들 명의의 각 가압류등기가 경료되어 있었는데, 소외 2의 신청에 의하여 의정부지방법원 고양지원 2005타경28088호로 부동산임의경매절차가 진행되었음을 알 수 있다.

이를 앞서 본 법리에 비추어 살펴보면, 경매법원으로서는 채무자 소유인 이 사건 제1부동산의 경매대가에서 공동근저당권자인 소외 2에게 우선적으로 배당을 하고, 부족분이 있는 경우에 한하여 물상보증인 소유인 이 사건 제2부동산의 경매대가에서 추가로 배당을 하였어야 할 것이다.

그럼에도 원심은, 경매법원이 이 사건 각 부동산의 경매대가에 비례하여 안분한 금액을 공동근저당권자인 소외 2에게 배당한 후, 이 사건 제1부동산의 나머지 경매대가를 위 부동산에 관한 후순위권리자들인 피고들에게 순차로 배당하는 내용으로 배당표를 작성한 조치를 정당하다고 판단하였는바, 이와 같은 원심의 판단에는 민법 제368조 제1항의 적용 범위 등에 관한 법리를 오해한 위법이 있고, 이는 판결 결과에 영향을 미쳤음이 분명하다. 이 점을 지적하는 상고이유는 이유 있다."[89]

소외 2 공동근저당권의 후순위권리자를 상대로 하여 물상보증인인 원고가 소를 제기한 사건입니다. 소외 2 공동근저당권자에 대한 배당이 이 사건 제1부동산에 의하여 이루어지게 된다면 후순위저당권자인 피고 1, 압류권자인 피고 파주시, 가압류권자들이 나머지 피고들의 배당은 거의 전부 삭제될 운명에 놓이게 됩니다. 이렇기 때문에 공동저당권이 선순위근저당권자로 있는 경우에 공동저당목록을 보고, 채무자소유의 부동산인지 물상보증인이 있는지도 확인을 해야 합니다. 피고 1의 경우는 위 대법원 2007다78234 판례에 따라서 물상보증인이 원고에게 차순위 근저당권자로서 소외 2의 근저당권자를 대위하여 저당권을 행사할 수도 없게 되어버리는 결과가 발생합니다.

이 사건의 경우 사해행위 인정여부에 관한 문제이지만 경매 시에 문제가 되기 때문에 이 부분에서 언급하여 같이 언급하는 바입니다. 사해행위취소가 없

---

89) 대법원 2010. 4. 15. 선고 2008다41475 판결 [배당이의]

다고 할 경우에 경매를 하지만 일반채권자로서는 채무자의 소유 부동산에 전혀 배당을 받을 수 없는 가능성이 크다고 할 것입니다.

서. 소결

이처럼 사해행위가 승소로 끝나고 나서도 매우 많은 복잡한 법률관계가 발생합니다. 이는 대표적으로 근저당권설정계약이 사해행위인 경우에 많이 발생합니다. 근저당권설정계약이 사해행위인 경우에 무조건 취소채권자는 배당이의를 해야 합니다. 그래야만 이런 복잡한 법률관계에서 벗어날 수 있습니다. 그리고 근저당권처분금지가처분, 그리고 배당금 지급 및 추심 및 처분금지가처분을 해 두어야 합니다. 사례 하나를 가지고 하루 종일 씨름을 한 적도 있습니다. 그런데 재미있습니다. 판사분들의 수고를 알 것도 같습니다. 보면, 기술신용보증기금, 신용보증기금, 서울보증보험 간에 서로 채권자들 간에 서로 회복된 재산을 가져가려는 다툼이 많고 결국 이는 배당이의라는 소송을 통해서 표출되는 것을 알 수 있습니다.

부동산을 매수한 수익자의 경우 가액배상판결을 받은 취소채권자들이 여러 명인 경우에 그들의 경우 다 배당을 받아 갈 수 없습니다. 가장 큰 금액의 한도 내에서만 배당을 해주면 될 것입니다. 다만, 부동산 가액에서 선순위근저당권의 피보전채권을 제외하고 남는 가액이 있을 것이고 이 가액을 넘지는 못한다고 할 것입니다. 채권자들의 채권이 이에 미치지 못하여 자신의 채권범위 내에서 취소가 되었다고 한다면 이 경우에는 취소채권자 2명의 채권액의 합산이 부동산 가액에서 선순위근저당권의 피보전채권을 제외하고 남는 가액을 초과한 경우에는 그 한도에서는 배당에 참가할 수 있다고 할 것입니다. 그러나, 채권자들의 채권액이 커서 그들이 판결받은 금액은 부동산 가액에서 선순위근저당권의 피보전채권을 제외하고 남는 가액이라고 한다면 2명의 채권액으로 각 배당을 받아서는 아니 됩니다. 이는 같은 채권을 가지고 2명이 배당을 받은 결과가 되기 때문입니다.

6. 수익자의 정산방법과 취소채권자의 대상청구소송

가. 제2의 또 다른 소송들의 발생

한 명의 수익자가 여러명의 채권자들에게 사해행위취소소송을 당하였고 이 경우에 가액배상판결을 받은 경우에 이 채무의 변제의 방법 또는 수익자에 대하여 원물반환청구소송을 제기하여 승소판결을 받았는데 목적부동산을 처분해 버리거나 근저당권말소소송의 이행판결을 받아놓았는데 이후 경매에서 배당금을 수령 해 가버린 경우 또한 회복된 재산을 채무자가 처분해 버리는 경우 등의 문제가 발생하고 있습니다. 이에 대한 사례에서 대법원은 어떤 판결을 한 것인지를 볼 필요가 있다고 할 것입니다.

나. 수익자의 공탁에 따른 취소채권자들의 운명 – 상대적 불확지공탁

"변제공탁의 공탁물출급청구권자는 피공탁자 또는 그 승계인이고 피공탁자는 공탁서의 기재에 의하여 형식적으로 결정되므로, 실체법상의 채권자라고 하더라도 피공탁자로 지정되어 있지 않으면 공탁물출급청구권을 행사할 수 없다. 따라서 피공탁자 아닌 제3자가 피공탁자를 상대로 하여 공탁물출급청구권 확인판결을 받았다 하더라도 그 확인판결을 받은 제3자가 직접 공탁물출급청구를 할 수는 없고, 동일한 금액 범위 내의 사해행위취소 및 가액배상을 구하는 소송을 제기한 수인의 취소채권자들 중 누구에게 가액배상금을 지급하여야 하는지 알 수 없다는 이유로 채권자들의 청구금액 중 판결 또는 화해권고결정 등에 의하여 가장 다액으로 확정된 금액 상당을 공탁금액으로 하고 그 취소채권자 전부를 피공탁자로 하여 상대적 불확지공탁을 한 경우, 피공탁자 각자는 공탁서의 기재에 따라 각자의 소송에서 확정된 판결 또는 화해권고결정 등에서 인정된 가액배상금의 비율에 따라 공탁금을 출급청구할 수 있을 뿐이다(대법원 2006. 8. 25. 선고 2005다67476 판결 참조).

기록에 의하면, 원고가 채무자인 소외 1과 수익자인 소외 2 사이의 사해행위에 관하여 소외 2를 상대로 제기한 사해행위취소소송에서 "소외 2는 원고에게 372,266,250원 및 이에 대하여 이 판결 확정일부터 다 갚는 날까지 연 5%의 비율에 의한 금원을 지급하라."는 판결이 선고되어 위 판결이 2005. 5. 13. 그대로 확정된 사실, 위 소송과 별

개로 **피고와 신용보증기금도** 각자 같은 사해행위에 관하여 소외 2를 상대로 사해행위
취소소송을 제기하여 그 소송들이 개별적으로 진행되던 중 원고가 제기한 위 소송에서
의 판결이 확정된 후인 2005. 5. 26. 피고와 소외 2 사이의 소송에서 "소외 2는 피고
에게 377,266,250원 및 이에 대하여 결정확정일로부터 다 갚는 날까지 연 5%의 비율
에 의한 금원을 지급한다."는 화해권고결정이 내려진 사실, 이에 소외 2는 2005. 7.
15. 서울중앙지방법원 공탁공무원에게 위 취소채권자들 중 누구에게 가액배상을 하여
야 하는지 알 수 없다는 이유로 이미 확정된 원고가 제기한 위 소송에서의 판결에 따른
가액배상 원리금을 공탁금액으로 하고 원고, 피고 및 신용보증기금을 피공탁자로 하는
상대적 불확지공탁을 한 사실, 이후 2005. 7. 25. 피고와 소외 2에 대한 위 화해권고
결정이 확정되었고, 이어서 같은 해 9. 7. 신용보증기금과 소외 2 사이의 소송에서도
피고의 경우와 마찬가지로 "소외 2는 신용보증기금에게 377,266,250원 및 이에 대하
여 결정확정일로부터 다 갚는 날까지 연 5%의 비율에 의한 금원을 지급한다."는 화해
권고결정이 내려져 같은 해 9. 27. 확정된 사실을 알 수 있는바, 소외 2가 먼저 확정된
판결에 따라 **원고, 피고 및 신용보증기금을 피공탁자로 하여 사해행위취소소송의 가액
배상금을 변제공탁한 이상**, 이 변제공탁의 방법이 적절하였는지는 별론으로 하고, 원
고, 피고 및 신용보증기금은 각자 확정된 판결 및 화해권고결정에서 인정된 가액배상금
의 비율(피고 및 신용보증기금의 각 가액배상금액에 대하여는 위 공탁 이후에 화해권고
결정이 확정되었기 때문에 지연손해금이 발생할 여지가 없게 되어 원고에 대한 가액배
상금액과 다르게 되었다)에 해당하는 공탁금을 출급청구할 수 있을 뿐이고, 각자의 지분
을 초과하는 부분에 대하여는 피공탁자로 지정되어 있다고 볼 수 없으므로, 그 초과지분
에 대하여 상대방 피공탁자를 상대로 공탁금출급청구권의 확인을 구할 수는 없다."90)

　　원고는 한국수출보험공사이고, 피고는 신한은행, 신용보증기금이 취소채권
자입니다. 이렇게 되면, 3명이 모두 동일한 금액으로 판결을 받았으니 이자를
고려하지 않는다면 377,266,250원/3원씩 균분하여 배당을 받을 것이라고 할 것
입니다.

---

90) 대법원 2007. 5. 31. 선고 2007다3391 판결 [공탁금출급확인]

다. 채무자가 회복된 재산을 처분한 경우 무효

"사해행위의 취소는 채권자와 수익자의 관계에서 상대적으로 채무자와 수익자 사이의 법률행위를 무효로 하는 데에 그치고, 채무자와 수익자 사이의 법률관계에는 영향을 미치지 아니하므로, 채무자와 수익자 사이의 부동산매매계약이 사해행위로 취소되고 그에 따른 원상회복으로 수익자 명의의 소유권이전등기가 말소되어 채무자의 등기명의가 회복되더라도, 그 부동산은 취소채권자나 민법 제407조에 따라 사해행위의 취소와 원상회복의 효력을 받는 채권자와 수익자 사이에서 채무자의 책임재산으로 취급될 뿐, 채무자가 직접 그 부동산을 취득하여 권리자로 되는 것은 아니다(대법원 2015. 11. 17. 선고 2012다2743 판결 참조). 따라서 채무자가 사해행위의 취소로 그 등기명의를 회복한 부동산을 제3자에게 처분하더라도 이는 무권리자의 처분에 불과하여 효력이 없다(대법원 2017. 3. 9. 선고 2015다217980 판결 참조). 또한 사해행위 이후에 채권을 취득한 채권자는 채권의 취득 당시에 사해행위취소에 의하여 회복되는 재산을 채권자의 공동담보로 파악하지 아니한 자로서 민법 제407조가 정한 사해행위취소와 원상회복의 효력을 받는 채권자에 포함되지 아니한다(대법원 2009. 6. 23. 선고 2009다18502 판결 참조).

원심은, ① 원고들 보조참가인의 채권자 소외인이 피고를 상대로 제기한 이 사건 사해행위취소소송에서 이 사건 각 부동산에 관하여 체결된 이 사건 매매계약을 취소하고 이 사건 소유권이전등기의 말소등기절차를 이행하라는 내용의 판결이 선고되어 확정된 사실, ② 소외인은 위 확정판결에 기하여 이 사건 소유권이전등기의 말소등기(이하 '이 사건 말소등기'라 한다)를 마친 사실, ③ 이후 원고들 보조참가인은 이 사건 각 부동산에 관하여, 원고 2를 채권자로 한 근저당권설정등기, 원고 대한예수교장로회 부산북교회(이하 '원고 교회'라 한다)를 가등기권자로 하는 소유권이전청구권가등기, 원고 교회를 소유권자 또는 지분권자로 하는 소유권이전등기 및 지분이전등기를 각 마친 사실, ④ 그 후 이 사건 소유권이전등기가 경료되기 전에 설정된 근저당권의 양수인 등의 신청에 의하여 이 사건 각 부동산에 관하여 이 사건 부동산임의경매절차가 개시된 후 매각되어 배당이 실시된 사실, ⑤ 소외인은 피고가 원고들 보조참가인을 대위하여 변제공탁한 채권액을 수령한 후 배당에 참가하지 않은 사실 등을 인정하였다. 그리고 원심은 이와 같은 사실을 토대로, 이 사건 부동산임의경매절차에서 원고들 보조참가인으로부터 이 사건 각 부동산에 관한 권리를 취득한 원고들이나 원고들 보조참가인에게 잉여금 또는 배당금을 지급할 것이 아니라, 수익자의 지위에 있는 피고에게 잉여금을 지급

> 하여야 한다고 판단하였다."91)

이미 한 번 보았습니다. 회복된 재산에 채무자가 원고보조참가인입니다. 원고들은 회복된 재산에 각종 가등기나 근저당권, 소유권이전등기가 지분등기를 경료받은 자들입니다. 소외인인 취소채권자는 수익자 피고가 채무자인 원고보조참가인을 대위하여 변제공탁한 금원을 받고는 배당에 참가하지 아니하였습니다. 경매는 낙찰이 되어 배당이 실시된 경우에 가등기권자 근저당권자는 담보권자로서, 소유권자나 지분권자는 잉여배당금지급받을 권리가 있는데 피고에게 남은 금액 전부를 지급하자 이에 대하여 배당이의를 한 사건입니다. 무효이기 때문에 원고들은 전혀 배당을 받을 수가 없게 되었다고 할 것입니다.

라. 가압류권자가 취소채권자가 되어 매수인을 상대로 사해행위취소소송을 제기하여 가액배상판결을 받고 가액배상금도 변제공탁을 받았는데 가압류에 기하여 그 부동산을 강제경매신청한 경우 - 수익자는 제3자이의의 소를 제기하면 됨

"1. 제3자이의의 소는 이미 개시된 집행의 목적물에 대하여 소유권 또는 목적물의 양도나 인도를 막을 수 있는 권리를 주장함으로써 그에 대한 집행의 배제를 구하는 소이므로 그 소의 원인이 되는 권리는 집행채권자에게 대항할 수 있는 것이어야 하고, 그 대항 여부는 그 권리의 취득과 집행의 선후에 의하여 결정되는 것이 보통이므로 그 권리가 집행 당시에 이미 존재하여야 하는 것이 일반적이라고 할 것이지만, 집행 후에 취득한 권리라고 하더라도 특별히 권리자가 이로써 집행채권자에게 대항할 수 있는 경우라면 그 권리자는 그 집행의 배제를 구하기 위하여 제3자이의의 소를 제기할 수 있다고 할 것이다(대법원 1982. 10. 26. 선고 82다카884 판결, 대법원 1996. 6. 14. 선고 96다14494 판결 등 참조).
2. 원심판결 이유에 의하면, 원심은 그 채택 증거를 종합하여 ① 피고는 2003. 1. 2. 청구금액 2,000만 원의 대여금채권을, 2003. 1. 25. 청구금액 2억 원의 대여금채권을

---

91) 대법원 2017. 9. 21. 선고 2016다8923 판결 [배당이의]

각 피보전권리로 하여 소외인 소유의 이 사건 부동산에 관하여 각 가압류결정을 받은 다음 2003. 1. 6. 및 2003. 1. 29. 이 사건 부동산에 관하여 위 각 가압류결정에 따른 가압류기입등기를 마친 사실(이하 위 2건의 가압류를 '이 사건 가압류'라고 한다), ② 피고는 소외인을 상대로 이 사건 가압류의 본안소송으로 대여금청구의 소를 제기하여 2005. 8. 26. 그 항소심인 서울고등법원 2004나86458호 사건에서 '소외인은 피고에게 442,735,796원 및 이에 대한 지연손해금을 지급하라'는 판결을 선고받았고, 위 판결은 대법원의 상고를 거쳐 그대로 확정된 사실, ③ 원고는 2005. 3. 21. 소외인과 사이에 이 사건 부동산에 관하여 매매예약 및 매매계약을 체결한 다음 같은 날 매매예약을 원인으로 소유권이전청구권가등기를, 2006. 2. 22. 위 가등기에 기한 본등기를 각마쳤고, 2007. 2. 26. 이 사건 가압류에 선행하는 주식회사 신한은행 명의의 채권최고액이 3억 원인 근저당권의 피담보채무를 변제하고 근저당권설정등기를 말소한 사실, ④ 피고는 위 매매예약 및 매매계약이 사해행위라는 이유로 원고를 상대로 의정부지방법원 고양지원 2006가단21289호로 사해행위취소의 소를 제기하여 최종적으로 항소심인 의정부지방법원 2008나12287호 사건에서 '위 매매예약 및 매매계약을 취소하고, 원고는 피고에게 387,000,000원 및 이에 대한 지연손해금을 지급하라'는 판결(이하 '이 사건 사해행위취소 확정판결'이라고 한다)을 선고받았고, 위 판결은 그대로 확정된 사실, ⑤ 피고가 이 사건 사해행위취소 확정판결을 집행권원으로 하여 이 사건 부동산에 관하여 강제집행을 실시하자, 원고는 2010. 5. 17. 위 확정판결에 따른 원리금 및 경매비용의 합계 400,059,066원을 변제공탁하였고, 그 무렵 피고가 이를 수령하여 위 대여금채권의 변제에 충당한 사실, ⑥ 피고는 위 대여금 확정판결을 집행권원으로 하여 의정부지방법원 고양지원 2010타경18993호로 이 사건 부동산에 관하여 이 사건 가압류에 따른 강제경매를 신청하였고, 위 법원은 2010. 7. 22. 강제경매개시결정(이하 '이 사건 강제집행'이라 한다)을 한 사실을 인정하였다.

나아가 원심은 위와 같은 사실관계를 기초로, 원고가 가액배상금을 변제공탁함으로써 이 사건 부동산 중 일반채권자들의 공동담보로 제공된 책임재산이 회복되었고 피고가 위 책임재산의 가치 전부를 취득하여 자기 채권의 만족에 사용함으로써 위 책임재산에 관한 집행이 종결된 것과 같은 결과에 이르게 되어 이 사건 부동산에 대한 강제집행의 보전을 목적으로 하는 이 사건 가압류는 당초의 목적을 달성하여 더 이상 유지될 필요성이 없고, 따라서 이 사건 가압류 집행 후 본집행으로 이행하기 전에 이 사건 부동산의 소유권을 취득한 원고는 집행채권자인 피고에 대하여 그 소유권 취득을 주장하여 대항할 수 있다고 할 것이므로 원고는 제3자이의의 소에 의하여 이 사건 강제집행의 배제를 구할 수 있다고 판단하였다.

앞서 본 법리와 기록에 비추어 살펴보면, **원심의 위와 같은 판단은 정당한** 것으로 수긍할 수 있고, 거기에 상고이유에서 주장하는 바와 같이 가액배상에 있어서의 형평의 법리나 이 사건 가압류의 효력 등에 관한 법리를 오해하여 판결 결과에 영향을 미친 위법이 없다."92)

　　피고의 가압류 청구금액은 220,000,000원이었습니다. 그런데 대여금 판결의 원금이 442,735,796원과 지연손해금이었습니다. 원고는 사해행위로 이 사건 부동산을 이전받았는데 피고의 가압류에 선행하는 채권최고액 3억 원의 신한은행의 근저당권을 말소했습니다. 이에 피고는 가액배상청구만이 가능하여 387,000,000원의 승소판결을 받았습니다. 이는 사실심변론종결시의 부동산 가액에서 선행하는 근저당권의 피담보채권액을 공제하고 남은 금액으로 보입니다. 만약 687,000,000원이었고 신한은행의 피담보채권액이 3억 원이었다고 한다면 387,000,000원을 청구하였을 가능성이 있습니다. 원고는 여기에 확정일 다음날부터 연 5%의 이자 그리고 피고의 경매에 대하여 경매비용까지 하여 2010. 5. 17. <u>400,059,066원</u>을 변제공탁하였고, 피고는 이를 이의없이 수령하였습니다. 이렇게 한 이유는 2억 2천만 원 가압류를 본압류로 전이하여 다시 이 부동산에 강제경매신청을 하고 싶었던 것입니다. 그런데 이에 대하여 원고는 이 사건 부동산의 자신의 것이라고 하면서 제3자이의의 소를 제기하였습니다. 결국 법원은 원고의 소를 들어주었습니다. 원고의 사해행위가 없었다고 하더라도 피고가 배당받을 수 있는 금액은 387,000,000원이 못 되었을 가능성이 매우 큽니다. 그리고 이미 387,000,000원에 피고가 가압류한 220,000,000원이 포함되어 있었다고 보아야 할 것입니다.

　　원고는 청구이의의 소를 제기하였다가 제3자이의의 소로 이를 변경한 것 같습니다.

---

92) 대법원 2014. 10. 27. 선고 2012다76744 판결 [청구이의]

마. 채권양도인 경우에 추심 및 지급 및 처분금지가처분을 해 두어야 하는 이유

"채권자가 채무자의 금전채권에 대하여 가처분결정을 받아 그 가처분결정이 제3채무자에게 송달되고 그 후 본안소송에서 승소하여 확정되었다면, 그 가처분결정의 송달 이후에 실시된 가압류 등의 보전처분 또는 그에 기한 강제집행은 그 가처분의 처분금지 효력에 반하는 범위 내에서는 가처분채권자에게 대항할 수 없다고 봄이 상당하다(대법원 2009. 12. 24. 선고 2008다10884 판결 참조).

원심이 인정한 사실에 의하면, ① 소외 1이 2007. 3. 21. 자신을 피공탁자로 하여 공탁된 357,315,009원 중 357,068,360원에 대한 공탁금출급청구권(이하 '이 사건 채권'이라고 한다)을 소외 2에게 양도하고(이하 '이 사건 채권양도'라고 한다) 2007. 3. 27. 채권양도통지를 한 사실, ② 피고가 2009. 11. 18. 채무자를 소외 2, 제3채무자를 대한민국(소관: 서울남부지방법원 공탁공무원)으로 하고 '채권자취소권에 기한 채권양도계약의 취소권 및 원상회복청구권'을 피보전권리로 하여 이 사건 채권에 대한 처분금지가처분을 신청하여 2009. 11. 26. 이를 인용하는 가처분결정이 내려지고 2009. 12. 1. 그 가처분결정이 위 제3채무자에게 송달된 사실(이하 '이 사건 가처분'이라고 한다), ③ 피고가 2011. 10. 4. 소외 2를 상대로 이 사건 채권양도는 사해행위로서 취소되어야 한다고 주장하면서 사해행위취소소송을 제기하여 2011. 12. 14. 피고 승소판결이 선고되고 2012. 1. 3. 그 판결이 확정된 사실, ④ 소외 2가 2008년 귀속 양도소득세 555,042,860원을 체납하자 원고가 2011. 10. 4. 그 양도소득세 채권을 보전하기 위하여 소외 2가 양수받은 이 사건 채권을 압류하고(이하 '이 사건 압류'라고 한다) 2011. 10. 5. 압류통지를 한 사실을 알 수 있다.

이러한 사실을 위 법리에 비추어 살펴보면, 피고가 이 사건 채권에 대하여 처분금지가처분을 신청하여 이를 인용하는 이 사건 가처분결정이 제3채무자에게 송달되고 본안소송에서도 승소하여 그 판결이 확정된 이상, 이 사건 가처분결정 송달 이후에 실시된 이 사건 압류는 가처분의 처분금지 효력에 반하므로 그 압류권자인 원고는 가처분권자인 피고에게 대항할 수 없다.

그런데도 원심은 이와 달리 이 사건 가처분이 그 후에 이루어진 이 사건 압류에 우선하는 효력이 없다는 이유로 이 사건 압류권자인 원고가 가처분권자인 피고에게 대항할 수 있다고 판단하였으니, 이러한 원심판결에는 금전채권에 관한 가처분과 가압류가 경

> 합하는 경우의 우열관계에 관한 법리를 오해하여 판결에 영향을 미친 잘못이 있다."[93]

사실 이 법리는 당연한 법리이고 이미 확립된 판례라고 할 것인데 서울고등법원에서 이와는 배치된 판결을 한 것은 아마 원고가 대한민국이기 때문이 아닌가 하는 생각을 해 봅니다. 왜 추심 및 지급 및 처분금지가처분을 해 두는 것인가는 바로 수익자의 채권자가 이에 대한 압류 등을 하지 못하도록 하기 위한 것입니다. 보전처분을 결국 사후 배당에서 자신의 권리를 확보하기 위한 것이라고 할 것입니다. 1심은 원고 승소판결이었고 항소심은 피고의 항소를 기각하였으며 이 대법원 판결로 파기환송이 되었으며 파기환송심에서 원고패가 나자 다시 대한민국은 상고를 하였는데 심리불속행기각결정이 났습니다.

바. 수인의 채권자들이 사해행위취소소송을 제기하고 가액배상판결을 구하자 이를 변제공탁한 경우 조세채권자가 우선권을 주장할 수 있는지 여부

"갑 소유 부동산에 관하여 매매계약을 체결하고 소유권이전등기를 마친 을이 갑의 채권자인 병 주식회사, 정 주식회사 및 갑에 대하여 조세채권을 가진 국가로부터 각각 사해행위 취소와 원상회복을 구하는 소를 제기당하여 제1심에서 모두 패소하자 항소한 다음, 항소심 계속 중 채권자 불확지를 원인으로 민법 제487조를 근거 조문으로 적시하고 피공탁자를 병 회사, 정 회사 및 국가로 지정하여 을이 부담할 최대 가액배상금에 해당하는 공동담보가액을 공탁한 사안에서, 피공탁자, 공탁의 근거 조문 및 공탁사유 등에 비추어 위 공탁은 집행공탁이 아니라 변제공탁에 해당하고, '채권자 불확지' 요건이 충족되며, 공탁 당시 을의 가액반환채무가 현존하는 확정채무가 아니었으나, 공탁 직후 항소심판결이 선고·확정되어 공탁금액과 실제 발생한 채무액이 일치하는 점 등에 비추어 위 공탁은 변제공탁으로서 적법·유효하고, 국세기본법 제35조에서 정한 국세 우선권의 내용 및 민법과 국세징수법의 사해행위 취소제도의 성격 등에 비추어, 갑이 공탁한 돈은 민법 제407조에 따라 갑의 채권자 모두를 위한 공동담보가 될 뿐 국가

---

93) 대법원 2014. 6. 26. 선고 2012다116260 판결 [공탁금출급청구권확인등]

> 에만 우선 귀속된다고 볼 수 없으므로 공탁금출급청구권은 병 회사, 정 회사 및 국가에
> 각자의 가액배상금의 비율에 따라 귀속된다고 한 사례."[94]

　　앞의 대법원 판례는 상대적 불확지 공탁에 관한 적법 여부는 별론이라고
하였습니다. 그런데 부산고등법원은 적절하다고 하였습니다. 변제공탁으로서 대
한민국도 안분배당을 받아야 한다는 것입니다. 원고 서울보증보험이 승소판결을
받았고 피고 대한민국이 항소하였는데 기각되었고 대법원은 피고의 상고에 대
하여 심리불속행기각결정을 하였습니다.

> "1) 소외 2는 2010. 12. 20. 소외 1과 사이에 그 소유 부동산에 관한 매매계약을 체결
> 하고, 2010. 12. 28. 위 매매계약을 원인으로 하여 위 부동산에 관하여 소유권이전등
> 기를 경료해 주었다.
> 2) 원고 서울보증보험은, 2011. 6. 10. 소외 1을 상대로 위 매매계약을 사해행위로 취
> 소하고 그 원상회복을 구하는 소를 제기하여, 2012. 11. 15. 창원지방법원 통영지원
> 2011가합1138 구상금 등 사건에서 위 매매계약을 1,566,717,816원(공동담보가액
> 1,953,011,680원 범위 내에 있는 원고 서울보증보험의 제1심 변론종결 당시의 채권
> 원리금임)의 한도 내에서 취소하고, 1,566,717,816원 및 이에 대하여 이 판결 확정일
> 다음 날부터 다 갚는 날까지의 지연손해금을 지급하라는 판결을 선고받았고, 이에 대하
> 여 피고가 항소를 제기하고 원고가 부대항소를 제기하면서 청구취지를 확장하였는데,
> 2013. 12. 13. 부산고등법원(창원) 2013나242 구상금 등 사건에서 위 매매계약을
> 1,953,011,680원의 한도 내에서 취소하고, 1,953,011,680원 및 이에 대하여 이 판결
> 확정일 다음 날부터 다 갚는 날까지의 지연손해금을 지급하라는 판결을 선고받았고, 위
> 판결은 2014. 5. 29. 그대로 확정되었다.
> 3) 원고 대림씨엔에스는 2011. 2. 15. 소외 1을 상대로 위 매매계약을 사해행위로 취
> 소하고 그 원상회복을 구하는 소를 제기하여, 2013. 6. 20. 서울고등법원 2012나
> 67773 물품대금 및 사해행위 취소 등 사건에서 위 매매계약을 613,324,949원의 한
> 도 내에서 취소하고, 613,324,949원 및 이에 대하여 이 판결 확정일 다음 날부터 다

---

94) 부산고등법원 2015. 2. 5. 선고 2014나51091 판결: 상고 [공탁금출급확인]

갚는 날까지의 지연손해금을 지급하라는 판결을 선고받았고(2012. 7. 6. 제1심법원에서 선고된 사해행위 취소 및 원상회복청구의 인용 범위도 동일하였다), 위 판결은 2013. 7. 12. 그대로 확정되었다.

4) 피고도 2012. 7. 16. 소외 1을 상대로 위 매매계약을 사해행위로 취소하고 그 원상회복을 구하는 소를 제기하여, 2014. 1. 23. 부산고등법원(창원) 2013나20154 사해행위 취소 사건에서 위 매매계약을 1,488,864,500원의 한도 내에서 취소하고, **1,488,864,500원 및 이에 대하여 이 판결 확정일 다음 날부터 다 갚는 날까지 연 5%의 비율로 계산한 돈을 지급하라는 판결을 선고받았고**(2013. 1. 17. 제1심법원에서 선고된 사해행위 취소 및 원상회복청구의 인용 범위는 이보다 약간 적은 금액인 1,458,885,980원이었다), 위 판결은 2014. 2. 18. 그대로 확정되었다."[95]

원고 서울보증보험은 항소심에서는 부대항소를 하여 1,566,717,816원의 가액배상금을 공동담보가액 1,953,011,680원으로 확장을 한 것을 알 수 있습니다. 원고 서울보증보험의 채무자에 대한 채권이 더 있었던 것이 아닌가 하는 생각이 듭니다. 이자채권으로 이렇게 많아진 것인가 의문입니다. 대림씨엔에스나 대한민국은 추가적 이자나 가산금이 있기 때문에 변론종결시점까지 이를 부대항소하여 확장할 수 있었는데 이를 하지 아니한 잘못이 있다고 할 것입니다.

"2) 위에서 본 바와 같이 원고 서울보증보험의 가액배상금은 1,953,011,680원, 원고 대림씨엔에스의 가액배상금은 613,324,949원, 피고의 가액배상금은 1,488,864,500원이므로 위 각 가액배상금에 비례하여 공탁금을 배분하면 원고 서울보증보험에게는 940,583,340원의, 원고 대림씨엔에스에게는 295,381,351원의, 피고에게는 717,046,989원의 공탁금출급청구권이 각 귀속된다."[96]

1심 판결은 정당하다고 판결을 하였습니다. 원고는 서울보증보험과 대림씨엔에스입니다. 당연히 피고 대한민국이 조세채권이라고 하면서 자신의 채권

---

95) 부산고등법원 2015. 2. 5. 선고 2014나51091 판결: 상고 [공탁금출급확인]
96) 부산고등법원 2015. 2. 5. 선고 2014나51091 판결: 상고 [공탁금출급확인]

<u>1,488,864,500원을</u> 주장하였을 것이고 이에 일반채권자인 두 사람이 원고가 되어 대한민국을 협공한 것입니다.

사. 수익자가 채권양도를 받은 것이 사해행위이지만 별도로 압류추심명령을 받아놓은 경우

"가. 배당이의의 소에서 피고는 원고의 청구를 배척할 수 있는 모든 주장을 방어방법으로 내세울 수 있으므로, 원고가 배당이의를 한 금원이 피고가 배당요구하였지만 배당에서 제외된 다른 채권에 배당되어야 한다는 주장도 피고는 할 수 있고, 이는 피고가 그 다른 채권에 기하여 배당이의를 하지 아니하였더라도 마찬가지이다(대법원 2008. 9. 11. 선고 2008다29697 판결 참조).

따라서 채무자가 제3채무자에 대한 채권을 특정 채권자에게 양도하였다가 그 채권양도가 사해행위라는 이유로 취소판결이 확정되었으나, 그 채권자가 당해 채권에 대하여 채권압류 및 추심명령도 받아 둔 경우에는, 당해 채권에 대한 제3채무자의 혼합공탁에 따른 배당절차에서 그 채권자가 사해행위의 수익자인 당해 채권의 양수인의 자격으로는 배당받을 수 없으나, 압류 및 추심명령을 받은 채권자의 지위에서 배당받는 것은 가능하다고 할 것이다.

나. 원심판결 이유 및 기록에 의하면, 피고 2가 2008. 5. 13.부터 2009. 9. 30.까지 신광테크에 선박용 철강재를 임가공 또는 판매하고 지급받지 못한 물품대금이 612,771,888원에 이르고 있었던 사실, 채무초과 상태에 있던 신광테크는 2010. 1. 20. 피고 2에게 주식회사 현대미포조선(이하 '현대미포조선'이라 한다)에 대한 2억 7,000만 원의 물품대금채권을 양도하여 2010. 1. 28. 그 양도통지가 현대미포조선에 도달한 사실, 나아가 신광테크는 2010. 1. 28. 피고 2에게 영남법무법인 2010년 증서 제35호로 액면을 612,771,888원으로 하는 어음공정증서를 작성해 준 사실, 현대미포조선이 2010. 2. 5. 민사집행법 제291조, 제248조 제1항, 민법 제487조 후단을 근거로 피고 2에 대한 물품대금 282,008,260원을 공탁하자, 피고 2는 위 어음공정증서를 집행권원으로 하여 신광테크의 대한민국에 대한 위 공탁금출급청구권에 대하여 청구채권을 613,014,008원으로 하는 채권압류 및 추심명령을 받았고 그 결정이 2010. 2. 16. 대한민국에 송달된 사실, 한편 원고는 2010. 2. 17. 당시의 대출원리금 합계 576,535,710원을 청구금액으로 하여 신광테크의 대한민국에 대한 위 공탁금출급청구권에 대하여 채권가압류 결정을 받았고, 그 결정이 2010. 2. 19. 대한민국에 송달된

사실, 위 공탁금에 관하여 2010. 2. 19. 사유신고서가 제출되자, 집행법원은 2010. 6. 23. 위 공탁금에 대한 배당절차에서 4순위로 채권양수인인 피고 2에게 75,849,824원을 배당하는 내용의 배당표를 작성하였고, 원고는 전혀 배당을 받지 못한 사실, 이에 원고가 위 배당금에 대하여 이의를 진술하고 배당이의의 소를 제기한 사실을 알 수 있다. 앞서 본 법리를 위 사실관계에 비추어 살펴보면, 피고 2는 이 사건 배당절차에서 '채권양수인'의 지위뿐만 아니라 '채권압류 및 추심채권자'로서 배당받을 권리도 가지고 있었으므로, 위 채권양도계약이 사해행위로 취소됨으로써 피고 2에게 채권양수인으로서의 지위가 인정되지 않는다고 하더라도, 피고 2는 원고가 배당이의한 위 금원이 압류채권자인 자신에게도 배당되어야 한다고 주장할 수 있고, 이 경우 법원은 원고와 피고 2의 각 배당순위와 채권액을 참작하여 배당표를 경정하여야 할 것이다.

다. 그럼에도 이와 달리 원심은, 배당이의된 위 금원이 원고와 피고 2의 각 채권액에 비례하여 배당되어야 한다는 피고 2의 주장을 배척하고, 피고 2에 대한 배당액을 모두 삭제하여 원고에게 배당하는 것으로 배당표를 경정하여 달라는 원고의 이 부분 청구를 그대로 인용하였으니, 이러한 원심판결에는 채권자취소권 및 배당이의의 소에 관한 법리를 오해하여 판결에 영향을 미친 위법이 있다. 이 점을 지적하는 피고 2의 상고이유의 주장에는 정당한 이유가 있다."[97)]

피고 2에게 75,849,824원에게 4순위로 배당을 하였다고 합니다. 아마 그렇다고 한다면 공탁금액이 282,008,260원이니 75,849,824원을 제외하면 206,158,436원이 됩니다. 아마 3명의 가압류채권자들이 있지 않았나 생각됩니다.

"(1) 신광테크가 주식회사 현대미포조선(이하 '현대미포조선'이라 한다)에 선박용 부품을 납품한 물품대금채권(이하 '이 사건 물품대금채권'이라 한다)에 관하여, ① 주식회사 대도기계는 울산지방법원 2009카단7319호로 청구금액을 47,035,609원으로 하는 채권가압류 결정을 받았고 ② 주식회사 창공은 울산지방법원 2009카단7336호로 청구금액을 5,000만 원으로 하는 채권가압류 결정을 받았으며, 위 각 결정은 2009. 12. 18. 현대미포조선에 송달되었다.

(2) 신광테크는, ① 2010. 1. 15. 피고 1에게 이 사건 물품대금채권 중 1억 원인 별지

97) 대법원 2014. 3. 27. 선고 2011다107818 판결 [배당이의]

목록 제1기재 채권을 양도하여 같은 날 그 채권양도통지가 현대미포조선에 도달하였고, ② 2010. 1. 20. 피고 코리아메탈에게 이 사건 물품대금채권 중 5,000만 원인 별지 목록 제2기재 채권을 양도하여 같은 날 그 채권양도통지가 현대미포조선에 도달하였으며, ③ 2010. 1. 20. 피고 3에게 이 사건 물품대금채권 중 2억 7,000만 원인 별지 목록 제3기재 채권을 양도하여 2010. 1. 28. 그 채권양도통지가 현대미포조선에 도달하였다."98)

피고 1에게 한 1억 원 채권양도는 사해행위, 피고 코리아메탈의 경우는 사해행위인정이 안 된다고 하였습니다. 그렇다고 한다면

47,035,609원 + 5,000만 원 + 1억 원(채권양도) + 5,000만 원(채권양도) = 247,035,609원 - 206,158,436원(= 공탁금 282,008,260원 - 피고 2 배당금 75,849,824원) = 40,877,173원

이렇게 보면 피고 2는 5순위인데 4순위로 배당을 받은 것을 보면, 한 명이 제외된 것이 아닌가 하는 생각이 들거나 가압류채권자들이 1순위가 되고 이들의 채권이 줄어든 것이 아닌가 하는 생각도 해 봅니다.

먼저 가압류한 채권자들은 뒤의 채권양도가 사해행위취소로 취소되더라도 자신들의 배당에는 영향을 받지 않습니다. 피고 2의 채권양도로 완전히 먼저 한 가압류권자들과 피고 2의 압류추심명령과 원고의 채권가압류결정과는 절단이 되었다고 할 것입니다.

이렇게 되면, 피고 1의 1억 원과 피고 2의 75,849,824원 합한 175,849,824원을 대하여 안분배당이 이루어져야 합니다. 피고 2는 원고에 대하여 피고 1의 1억 원에 대한 배당표 경정에 대하여 배당이의를 하여야 할 것입니다.

피고 2의 배당금

175,849,824원 × 613,014,008원 / 1,189,549,718원 (613,014,008원 + 576,535,710원) = 90,621,185원(소수점 이하 버림)

원고의 배당금

175,849,824원 × 576,535,710원 / 1,189,549,718원 (613,014,008원 +

---

98) 대구고등법원 2011. 11. 9. 선고 2011나2006 판결 [배당이의]

576,535,710원) = 85,228,639원(소수점 이하 반올림)

이렇게 되면 원고의 사해행위취소는 인정이 되더라도 배당이의 소송인 원상회복청구소송은 기각이 될 것입니다. 피고 2의 대리인이 이 점까지 주장하였을 것인지가 의문입니다. 파기환송심은 변론기일을 잡았는데 화해권고결정을 위하여 연기하고 화해권고결정을 하고서는 종결되었습니다. 피고 1의 채권양도 역시 전체 채권을 위하여 회복되는 재산이기 때문에 피고 2가 압류 추심명령권자로서 이에 대하여 권리가 있습니다.

아. 공탁금출급청구권의 양도 및 양도통지의 형식이 원상회복일 경우 토지보상금을 상대적 불확지 변제공탁한 경우에 그 공탁의 유효한지 여부

"원심판결 이유에 의하면, 원심이 그 채용 증거들을 종합하여 판시 사실을 인정한 다음, 상대적 불확지 공탁은 수용 대상 토지에 대한 소유권의 귀속에 관하여 다툼이 있는 경우 그 정당한 피보상자를 알 수 없다는 이유로 공탁이 가능하다는 점에 근거한 것인데, 이 사건에서와 같이 사해행위취소에 따른 소유권등기말소청구권을 피보전권리로 한 가처분이 있는 경우 그 가처분권자는 종전 소유자에 대한 채권자로서의 지위에 있을 뿐 직접 그 소유권이 가처분권자 자신에게 속한다고 다투는 경우에 해당되지 않으며, 나아가 채권자의 추심 등 지급금지가처분으로 인하여 피공탁자가 배당금을 현실적으로 지급받지 못한 경우 채권자취소권의 행사에 따른 원상회복의 방법은 수익자에게 바로 배당금의 지급을 명할 것이 아니라 수익자가 취득한 공탁금지급청구권을 채무자에게 반환하는 방법으로 이루어져야 하는 것이어서, 사해행위취소를 구하는 채권자로서는 곧바로 그 공탁금출급청구권의 확인을 구할 수 있는 지위에 있다고 볼 수도 없으므로, 결국 사업시행자인 에스에이치공사가 '피고 4 또는 가처분권자인 원고 주식회사 우리은행'을 피공탁자로 하여 한 상대적 불확지 공탁은 부적법하여 무효라고 판단하여 원고 파산자 주식회사 동남은행의 파산관재인 예금보험공사, 정재성을 제외한 나머지 원고들의 피고 4에 대한 주위적 청구를 배척한 조치는 정당하고, 거기에 부대상고이유와 같은 상대적 불확지 공탁에 관한 법리오해의 위법이 있다고 할 수 없다. 부대상고이유는 받아들일 수 없다."99)

---

99) 대법원 2009. 11. 12. 선고 2007다53785 판결 [손해배상(기)등]

　　앞의 사례에서 수익자는 항소심에서 상대적 불확지 변제공탁을 한 사건이 었고 유효하다고 판단하였습니다. 이 사건의 경우는 동아건설사건에 관한 것입 니다. 상대적 불확지 공탁을 한 이유는 소유권이 누구의 것인지 모르기 때문에 공탁을 한 것입니다. 피고 4는 수익자로 보입니다. 그리고 또 한 명은 가처분권 자였습니다. 아마 수익자와 가처분권자를 피공탁자로 하여 상대적 불확지 공탁 을 하였던 것입니다. 이 공탁이 유효한지에 관한 것이었습니다.

　　공탁자는 사업시행자인 에스에이치공사였습니다. 가처분권자는 원고 중 한 명인 우리은행이었습니다. 원심은 상대적 불확지 공탁이 위법하다고 하였습니 다. 피고 4는 상고를 하자 상고를 하지 아니한 원고 우리은행을 포함한 7명이 부대상고를 한 것입니다.

　　원고들은 총 8명이었습니다. 피고 4가 아니라 바로 원고 우리은행이 이를 변제받을 권리가 있는가였습니다. 우리은행 사해행위취소의 원상회복청구권에 기한 소유권말소등기청구권에 기하여 가처분결정을 받았습니다. 그렇기 때문에 원물반환이 되어 회복이 된다고 하더라도 이는 가처분권자인 우리은행이 소유 권을 취득할 수도 없고 그 소유권자의 위치에 있기 때문에 가처분결정을 받은 것도 아님은 명백합니다. 사업시행자인 에스에이치공사로서는 이 사건 부동산을 수용하였거나 그럴 수 있다고 할 것입니다. 이를 위하여 수용보상금을 공탁을 하는 경우에 피공탁자는 수익자일 것입니다. 이와 같은 경우 취소채권자로서는 공탁금출급청구권에 대하여 지급 및 추심 및 처분금지가처분을 해놓고 나서 사 해행위취소소송을 제기하는 경우에 원상회복은 공탁금출급청구권을 채무자에게 양도하고 양도통지하라는 형식으로 이루어질 것입니다. 그리고 나서 취소채권자 는 다시 채무자에 대하여 이 공탁금출급청구권에 대한 채권압류 및 추심명령 등 을 받아서 이를 회수할 것입니다. 그렇기 때문에 공탁금출급청구권에 대하여 취 소채권자가 바로 이를 취득할 수도 있는 것도 아니었습니다. 그렇기 때문에 취 소채권자인 이 공탁금에 대하여 공탁금출급청구권확인의 소를 구할 지위에 있 지 않고 이 공탁은 무효라고 할 것이어서 부대상고인들의 청구를 기각한 것은 정당하다고 하였습니다.

　　이 사건은 사해행위취소 목적인 된 부동산이 수용이 될 경우에 있어서 사 업시행자의 상대적 불확지 공탁을 어떻게 해야 하는지에 관한 판례라고 할 것입니다.

　채무자의 채권자들은 결국 이 공탁금으로 자신들의 채권을 회수할 수 없게 되었습니다. 사업시행자의 상대적 불확지 공탁은 무효이기 때문에 다시 사업시행자에 대하여 채무자를 수익자로 하여 압류 및 추심명령을 받아야 합니다. 그런데 수익자의 채권자가 이에 대하여 미리 압류조치를 했다고 한다면 결국 이를 회수할 수 없거나 가액배상을 구할 수밖에 없다고 할 것입니다.

자. 수익자인 근저당권자에 대하여 대상청구권을 행사할 수 있음

"우리 민법이 이행불능의 효과로서 채권자의 전보배상청구권과 계약해제권 외에 별도로 대상청구권을 규정하고 있지 않으나 해석상 대상청구권을 부정할 이유는 없다(대법원 1992. 5. 12. 선고 92다4581, 4598 판결 등 참조).

원심판결 이유에 의하면, 원심은 그 채택 증거를 종합하여 그 판시와 같은 사실을 인정한 다음, ① 이전 소송의 변론종결일은 2009. 3. 27.이고, 이 사건 부동산은 2009. 7. 17. 관련 경매사건에서 임의경매로 매각됨으로써, 원고가 피고를 상대로 이전 소송에서 원물반환으로써 구한 이 사건 근저당권설정등기의 말소가 불가능하게 된 점, ② 이 사건 근저당권설정등기 이후 이 사건 부동산에 관하여 소외 1 앞으로 소유권이전등기가 마쳐져 있기는 하였으나, 원고가 소외 1 명의의 소유권이전등기에 대해서도 사해행위를 이유로 말소를 구하고 있었으므로, 이전 소송 변론종결 당시 소외 1 명의의 소유권이전등기가 마쳐져 있다고 하여 원물반환이 불가능하거나 현저히 곤란한 경우이었다고 할 수 없고, 이전 소송 변론종결 당시 관련 경매사건이 진행 중이었다고 하더라도 그로 인하여 원물반환이 불가능하거나 현저히 곤란하였다고 할 수도 없었으므로 이전 소송 변론종결 당시 원고는 가액배상을 구할 수도 없었던 점, ③ 관련 경매사건이 진행 중이었다고 하더라도, 원고가 이전 소송 변론종결 당시 가액배상을 청구할 수 없었으므로 원고가 이전 소송에서 관련 경매사건의 진행경과를 기다렸다가 그에 맞추어 청구취지를 변경했어야 했다고 볼 수도 없고, 원고가 그렇게 하지 않았다고 하여 가액배상청구권을 행사할 수 없다고 하는 것은 취소채권자의 원상회복청구권을 지나치게 제약하고 수익자에게 부당한 이익을 안겨 준다는 점, ④ 채권자취소권을 행사하는 채권자가 가액배상을 통하여 사실상 우선변제를 받게 되는 것은 가액배상의 경우 일반적으로 발생되는 결과인 점 등을 고려하면 이 사건 소는 이전 소송 확정판결의 기판력에 반한다거나 권리보호이익이 없다고 볼 수 없으므로, 사해행위로서 취소된 근저당권에 기하여 배당을 받은 피고는 원고에게 가액배상으로 배당받은 금액을 반환할 의무가 있다는 이유로 원고의 이 사건 청구를 인용하였다.

앞서 본 법리를 위 사실관계에 비추어 살펴보면, 이 사건과 같이 부동산이 임의경매절차에 의하여 제3자에게 낙찰됨으로써 확정된 이전 판결에 기한 피고의 근저당권설정등기의 말소등기절차의무가 이행불능이 된 경우, 원고는 대상청구권의 행사로서 피고가 말소될 근저당권설정등기에 기한 근저당권자로서 지급받은 배당금의 반환을 청구할 수도 있다고 보아야 할 것인데, 기록에 의하면 원고는 소장에서 '이 사건 근저당권설정계약이 사해행위로서 이미 확정판결에 의하여 취소되었고, 피고의 이 사건 근저당권설정등기가 임의경매 진행으로 인해 배당금청구권으로 변했으므로 피고에 대하여 원상회복의 수단으로 위 배당금청구권을 소외 2에게 양도하라는 등의 의사표시를 구하는 것입니다'라고 주장한 후, 피고가 이 사건 부동산에 관한 임의경매절차에서 근저당권자로서 배당금을 수령하자 2009. 10. 9. 청구취지 및 원인변경신청서를 제출하면서 '원상회복으로 피고가 지급받은 배당금 상당금원의 지급을 구하는 것'으로 청구취지 및 청구원인을 변경한 사실을 알 수 있으므로 원고의 위와 같은 주장 속에는 가액배상만을 구하는 것이 아니라 대상청구도 함께 구하고 있는 것으로 봄이 상당하다."[100]

대법원은 원심의 설시가 다소 부적절하다고 하더라도 결론은 정당하다고 하였습니다. 원고가 가액배상을 구하였다고 한다면 이는 불가능하지만 대상청구는 가능하다는 것입니다. 사해행위취소소송의 변론종결 당시에 근저당권말소소송을 구할 수 있었는지 여부가 쟁점입니다. 왜냐하면 그 당시에 이미 원물반환이 불가능하였다고 한다면 대상청구는 불가능할 것이기 때문에 그러합니다.

이는 사해행위취소소송의 사후 문제였던 것입니다. 근저당권말소소송으로 이행청구를 하였는데 경매로 인하여 아마 원고는 그 경매의 배당에 참가도 못했을 것입니다. 그런데 수익자는 배당을 받아 배당금을 수령까지 하였습니다. 수익자가 악의적으로 이와 같은 행위를 한 것도 아니었습니다. 수익자는 근저당권자였고, 또 한 명의 수익자가 있었던 것입니다. 부동산을 넘겨받은 소외 1이 있었던 것입니다. 근저당권자인 수익자에 대하여 아마 근저당권처분금지가처분을

---

100) 대법원 2012. 6. 28. 선고 2010다71431 판결 [사해행위취소등]

해놓고, 소외 1에 대하여는 소유권처분금지가처분을 해 놓았을 것입니다. 그런데 소송 중에 경매가 진행되고 있었던 것입니다. 승소하고 나서 보니 경매가 종료되어 배당이 되었던 것으로 보입니다. 가처분권자에게는 경매법원에서 이해관계인이 아니기 때문에 경매에 대하여 알려주지도 않습니다. 그러니 등기부등본을 다시 발급받아 보지 않는 이상 이를 잘 알 수가 없습니다. 원심은 여러 가지 이유를 들어서 원고의 청구를 인용했는데 대법원은 원고의 청구는 대상청구라고 보아야 할 것이기 때문에 이는 단순하게 대상청구로서 가능하다고 한번에 해결을 해 버린 것이라고 생각됩니다.

차. 사해행위취소채권자의 손해배상청구의 가능

"[1] 채권자의 사해행위취소 및 원상회복청구가 인정되면, 수익자 또는 전득자는 원상회복으로서 사해행위의 목적물을 채무자에게 반환할 의무를 지게 되고, 원물반환이 불가능하거나 현저히 곤란한 경우에는 원상회복의무의 이행으로서 사해행위 목적물의 가액 상당을 배상하여야 하는바, 원래 채권자와 아무런 채권·채무관계가 없었던 수익자가 채권자취소에 의하여 원상회복의무를 부담하는 것은 형평의 견지에서 법이 특별히 인정한 것이므로, 그 가액배상의 의무는 목적물의 반환이 불가능하거나 현저히 곤란하게 됨으로써 성립하고, 그 외에 그와 같이 불가능하게 된 데에 상대방인 수익자 등의 고의나 과실을 요하는 것은 아니다.

[2] 원물반환이 불가능하거나 현저히 곤란한 경우라 함은 원물반환이 단순히 절대적, 물리적으로 불능인 경우가 아니라 사회생활상의 경험법칙 또는 거래상의 관념에 비추어 채권자가 수익자나 전득자로부터 이행의 실현을 기대할 수 없는 경우를 말하고, 사해행위의 목적물이 수익자로부터 전득자로 이전되어 그 등기까지 경료되었다면 후일 채권자가 전득자를 상대로 소송을 통하여 구제받을 수 있는지 여부에 관계없이, 수익자가 전득자로부터 목적물의 소유권을 회복하여 이를 다시 채권자에게 이전하여 줄 수 있는 특별한 사정이 없는 한 그로써 채권자에 대한 목적물의 원상회복의무는 법률상 이행불능의 상태에 있다고 봄이 상당하다.

[3] 민사소송법 제720조에서 특별한 사정이 있을 때 담보의 제공을 조건으로 가처분의 취소를 구할 수 있게 한 것은, 가처분을 존속시키는 것이 공평의 관념상 부당하다고 생각되는 경우, 즉 가처분에 의하여 보전되는 권리가 금전적 보상으로써 그 종국의 목적

을 달할 수 있다는 사정이 있거나 또는 가처분 집행으로 가처분채무자가 특히 현저한
손해를 받고 있는 경우에 가처분채무자로 하여금 담보를 제공하게 하여 가처분의 집행
뿐 아니라 가처분명령 자체를 취소하여 가처분채무자로 하여금 목적물을 처분할 수 있
도록 하는 데에 있고, 따라서 처분채무자가 제공하는 담보는 가처분채권자가 본안소송
에서 승소하였음에도 가처분의 취소로 말미암아 가처분목적물이 존재하지 않게 됨으로
써 입는 손해를 담보하기 위한 것이므로, 가처분채권자는 가처분취소로 인하여 입은 손
해배상 청구소송의 승소판결을 얻은 후에 민사소송법 제475조 제3항, 제113조에 의하
여 그 담보에 대하여 질권자와 동일한 권리를 가지고 우선변제를 받을 수 있다."[101]

이 판례에 대하여 이미 지은이의 나온 책에서 사례들도 언급을 한 바가 있
습니다. 가처분취소결정으로 가처분이 해제가 되자 사해행위취소의 목적부동산
을 수익자가 처분하여 버린 경우에 취소채권자는 수익자를 상대로 이행불능으
로 손해배상을 구할 수 있고 이 경우에 고의가 불요하다는 것입니다. 특별사정
으로 인한 가처분취소가 된 경우 그 담보로 제공된 현금을 가처분채권자에게 질
권과 같은 우선권이 있다는 판례입니다. 대상청구와 별도로 이 판례는 아마 전보
배상에 대한 판례라고 할 것입니다. 이행불능에 대한 책임이 대상청구에 관한 판
례는 수익자에게 책임이 없다고 할 것입니다. 이는 기존 근저당권자의 경매에 의
하여 제3자에게 낙찰된 경우이기 때문에 그러합니다. 그러나, 이 사건의 경우는
수익자가 처분한 것이기 때문에 그에 대한 책임은 인정되기 때문으로 보입니다.

카. 한정승인자의 상속채권자와 한정승인자의 고유채권자와의 우선순위 관계

1) 대법관 김영란, 대법관 박시환, 대법관 김능환의 반대의견

"따라서 한정승인자의 상속재산은 상속채권자의 채권에 대한 책임재산으로서 상속채권
자에게 우선적으로 변제되고 그 채권이 청산되어야 하는 것이다. 그리고 그 반대해석

---

101) 대법원 1998. 5. 15. 선고 97다58316 판결 [손해배상(기)]

상, 한정승인자의 고유채권자는 상속채권자에 우선하여 상속재산을 그 채권에 대한 책임재산으로 삼아 이에 대하여 강제집행할 수 없다고 보는 것이 형평에 맞으며, 한정승인제도의 취지에 부합한다. 이와 같이, 상속채권자가 한정승인자의 고유재산에 대하여 강제집행할 수 없는 것에 대응하여 한정승인자의 고유채권자는 상속채권자에 우선하여 상속재산에 대하여 강제집행할 수 없다는 의미에서, 상속채권자는 상속재산에 대하여 우선적 권리를 가진다고 할 것이다.

나. 한정승인은 상속채무에 대한 책임을 상속재산의 범위 내로 제한하는 것일 뿐 한정승인자가 상속재산에 대한 포괄적 권리의무를 승계하는 것 자체를 배제하거나 제한하는 것은 아니다. 따라서 한정승인자가 상속채권자의 강제집행이 개시되기 전에 상속재산을 처분하여 그 소유권을 상실한 경우에는, *상속채권자가 사해행위취소 등의 방법으로 그 재산을 한정승인자의 책임재산으로 회복하여 이를 강제집행의 대상으로 삼는 것은 별론으로* 하고, 파산절차에 있어서의 부인권이나 별제권 등에 유사한 권리를 행사할 수는 없다. 이러한 의미에서 한정승인자의 상속재산 처분은 유효하고, 상속채권자가 그 재산에 추급하여 강제집행할 수 없다.

그러나 한정승인자가 그 고유채무에 관하여 상속재산에 담보물권 등을 설정한 경우와 같이, 한정승인자가 여전히 상속재산에 대한 소유권을 보유하고 있어 상속채권자가 그 재산에 대하여 강제집행할 수 있는 한에 있어서는, 그 상속재산에 대한 상속채권자의 우선적 권리는 그대로 유지되는 것으로 보아야 할 것이다."102)

이런 문제가 발생하는 것은 한정승인에 관하여는 등기에 표시할 수가 없기 때문입니다. 그렇기 때문에 한정승인자의 고유채권자 입장에서는 채무자가 한정승인을 한 것인지 아닌지 알 수가 없다고 할 것입니다.

2) 다수의견

"1. 민법 제1028조는 "상속인은 상속으로 인하여 취득할 재산의 한도에서 피상속인의 채무와 유증을 변제할 것을 조건으로 상속을 승인할 수 있다."고 규정하고 있다. 이에 따라 법원이 한정승인신고를 수리하게 되면 피상속인의 채무에 대한 상속인의 책임은 상속재산으로 한정되고, 그 결과 상속채권자는 특별한 사정이 없는 한 상속인의 고유재

---

102) 대법원 2010. 3. 18. 선고 2007다77781 전원합의체 판결 [배당이의]

산에 대하여 강제집행을 할 수 없다(대법원 2003. 11. 14. 선고 2003다30968 판결 참조).

그런데 민법은 한정승인을 한 상속인(이하 '한정승인자'라 한다)에 관하여 그가 상속재산을 은닉하거나 부정소비한 경우 단순승인을 한 것으로 간주하는 것(제1026조 제3호) 외에는 *상속재산의 처분행위 자체를 직접적으로 제한하는 규정을 두고 있지 않기 때문에, 한정승인으로 발생하는 위와 같은 책임제한 효과로 인하여 한정승인자의 상속재산 처분행위가 당연히 제한된다고 할 수는 없다.*

또한 민법은 한정승인자가 상속재산으로 상속채권자 등에게 변제하는 절차는 규정하고 있으나(제1032조 이하), 한정승인만으로 상속채권자에게 상속재산에 관하여 한정승인자로부터 물권을 취득한 제3자에 대하여 우선적 지위를 부여하는 규정은 두고 있지 않으며, *민법 제1045조 이하의 재산분리 제도와 달리 한정승인이 이루어진 상속재산임을 등기하여 제3자에 대항할 수 있게 하는 규정도 마련하고 있지 않다.*

따라서 한정승인자로부터 상속재산에 관하여 저당권 등의 담보권을 취득한 사람과 상속채권자 사이의 우열관계는 민법상의 일반원칙에 따라야 하고, 상속채권자가 한정승인의 사유만으로 우선적 지위를 주장할 수는 없다고 할 것이다. 그리고 이러한 이치는 한정승인자가 그 저당권 등의 피담보채무를 상속개시 전부터 부담하고 있었다고 하여 달리 볼 것이 아니다.

2. 원심이 확정한 사실에 의하면, 망 소외 1(이하 '망인'이라 한다)이 2002. 11. 7. 사망하자 망인의 법정상속인들 중 자녀들은 상속을 포기하고 처인 소외 2가 서울가정법원에 원심판결의 별지 기재 상속재산목록을 첨부해 한정승인신고를 하여 위 법원이 2003. 4. 30. 이를 수리한 사실, 그 후 소외 2는 2003. 5. 29. 위 상속재산목록 제1, 2 부동산(이하 '이 사건 각 부동산'이라 한다)에 관하여 상속을 원인으로 한 소유권이전등기를 마치고, 2003. 7. 28. 피고에게 채권최고액 1천만 원의 근저당권을 설정하여 준 사실, 한편 망인에게 금원을 대여하였던 원고는 망인의 사망에 따라 소외 2를 상대로 대여금청구의 소를 제기하여, 2004. 4. 27. '소외 2는 원고에게 5억 원 및 이에 대한 지연손해금을 망인으로부터 상속받은 재산의 한도 내에서 지급하라'는 내용의 판결(서울중앙지방법원 2004. 4. 27. 선고 2003가합3480호 판결)을 선고받고, 위 판결의 가집행선고에 기하여 그 판결금 중 2억 원을 청구채권으로 하여 2004. 9. 16. 이 사건 각 부동산 등에 관하여 강제경매신청을 한 사실, 이에 따라 강제경매절차를 진행한 경매법원은 2006. 5. 3. 배당기일에서 이 사건 각 부동산에 관하여 근저당권자인 피고가 상속채권자인 원고에 대한 관계에서 우선변제권을 주장할 수 있음을 전제로 하여, 실제

> 배당할 금액 중 위 근저당권의 채권최고액에 해당하는 1천만 원을 피고에게 먼저 배당
> 하고, 나머지 금원은 원고를 포함한 일반채권자들에게 안분하여 배당하는 취지의 배당
> 표를 작성한 사실, 원고는 위 배당기일에 피고의 위 배당액에 대하여 이의한 사실 등을
> 알 수 있다.
> 위 사실관계를 앞서 본 법리에 비추어 보면, 상속채권자인 원고는 이 사건 각 부동산에
> 관하여 한정승인자인 소외 2로부터 근저당권을 취득한 피고에 대하여 우선적 지위를
> 주장할 수 없다고 할 것이다."[103]

이 사건 상고가는 1천만 원이었습니다. 1심은 원고의 청구를 기각하였고,
항소심은 원고의 항소를 받아들여서 원고 승소판결을, 대법원은 결국 피고가 받
는 것이 옳다고 보아 파기환송을 했던 것입니다. 피고는 변호사 없이 상고한 사
건입니다. 그런데 전원합의체 판결을 만들어냈습니다.

> "2. 대전지방법원 2004타경34752호 부동산강제경매 사건에 관하여 위 법원이 2006.
> 5. 3. 작성한 배당표 중 피고 1에 대한 배당액 10,000,000원, 피고 2에 대한 배당액
> 5,000,000원, 피고 3에 대한 배당액 23,925,714원, 피고 4에 대한 배당액
> 18,925,714원, 피고 3, 4에 대한 배당액 29,639,077원을 각 0원으로, 원고에 대한
> 배당액 77,370,196원을 164,860,701원으로 각 경정한다."[104]

원고의 실제 소가는 1천만 원이 아니고, 87,490,505원(164,860,701원 −
77,370,196원)입니다. 피고 2 내지 4는 상고를 하지 아니하였고 피고 1만 상고를
한 사건입니다. 피고 2 내지 4는 무슨 이유로 배당을 받은 것일까 궁금합니다.

> "(1) 망인은 주식 투자에 필요한 자금을 조달하기 위하여 2001. 7. 23. 원고로부터 2
> 억 5천만 원을 차용하되 변제할 때에 이자로 2억 5천만 원을 더하여 합계 5억 원을

---

103) 대법원 2010. 3. 18. 선고 2007다77781 전원합의체 판결 [배당이의]
104) 대전고등법원 2007. 10. 11. 선고 2007나505 판결 [배당이의]

2001. 10. 31.까지 차용증 소지자에게 반환하기로 약정하였고, 원고는 망인의 사망 후
인 2003. 1. 28. 소외 2를 상대로 서울중앙지방법원 2003가합3480호로 대여금청구
의 소를 제기하여, 2004. 4. 27. '소외 2는 원고에게 5억 원 및 이에 대한 지연손해금
을 망인으로부터 상속받은 재산의 한도 내에서 지급하라'는 취지의 판결을 선고받았다.
⑵ ① 피고 1은 소외 2로부터 이 사건 1, 2 부동산에 관하여 2003. 7. 28. 채권최고액
1천만 원인 근저당권을 설정받고, ② 피고 2, 3은 소외 2로부터 이 사건 3, 4 부동산
에 관하여 2003. 6. 11. 채권최고액 1천만 원인 근저당권을 설정받았다.
⑶ ① 피고 3은 소외 2에 대한 1억 원의 대여금채권을 피보전채권으로 하여 위 법원
2004카단130052호로, ② 피고 4는 소외 2에 대한 1억 원의 대여금채권을 피보전채
권으로 하여 위 법원 2004카단130053호로 이 사건 1, 2 부동산을 각 가압류하였다.
⑷ 피고 3, 4는 2004. 7. 7.경 소외 2에 대한 1억 5천만 원의 약속어음금 채권을 피보
전채권으로 하여 위 법원 2004카단92663호로 이 사건 3, 4 부동산을 가압류하였다.
다. 이 사건 각 부동산에 관한 강제경매의 진행 및 배당
⑴ 원고는 2004. 9. 16. 위 2003가합3480호 판결의 가집행선고에 기하여 위 판결금
중 2억 원을 청구채권으로 하여 대전지방법원 2004타경34752호로 이 사건 각 부동산
에 관하여 강제경매신청을 하여, 이 사건 각 부동산에 관한 강제경매절차가 개시되었다.
⑵ 그 결과 위 법원은 2006. 5. 3. 배당기일에 실제 배당할 금액 164,860,701원을,
피고 1에게 1천만 원, 피고 2에게 5백만 원, 피고 3에게 5백만 원, 원고에게 77,370,196
원, 피고 4에게 18,925,714원, 피고 3에게 18,925,714원, 피고 3, 4에게 29,639,077
원 각 배당하는 것으로 배당표를 작성하였다.
⑶ 원고는 위 배당기일에서 피고들의 배당액 전부에 대하여 이의하였다."105)

　　모두 상속채권자가 아니라 한정승인자의 고유채권자임을 알 수 있습니다.
지은이는 다수의견이 아닌 반대의견에 찬동하는 바입니다. 왜냐하면, 상속재산
은 상속인이 한정승인을 함으로써 이는 상속인의 재산이라고 볼 수 없다고 할
것입니다. 이 상속재산은 한정승인의 고유채권자들이 압류를 하거나 근저당권을
설정해 주더라도 무효라고 할 것입니다. 즉 이는 한정승인자의 공동담보로서 제
공되는 재산이 아니라고 보아야 할 것입니다. 이를 처분하더라도 이는 무효라고
보아야 할 것입니다. 이에 대하여 절대적 무효설을 취하여야 할 것입니다. 책임

105) 대전고등법원 2007. 10. 11. 선고 2007나505 판결 [배당이의]

을 제한하면서 자신의 고유재산처럼 이를 처분하거나 가압류를 경료하도록 만든 것 자체가 횡령이라고 할 것입니다. 타인의 재물을 보관하는 자의 위치라고 할 것입니다. 이는 사해행위취소소송에서 회복된 재산에 관하여 채무자는 소유권자로 취급될 뿐 이에 대하여 처분권한이 없는 것과 동일하다고 하고 할 것입니다. 사실 그 사건과 매우 비슷한 사건입니다. 이에 대하여 처분하거나 근저당권을 설정해 주는 행위는 횡령죄가 된다고 할 것입니다. 사실 사해행위취소소송에서 채무자와 수익자의 법률관계는 유효하지만 채무자에게 돌려놓은 재산의 경우 이를 매수한 사람이나 근저당권을 설정받은 사람은 이것을 알 수가 없습니다. 오히려 이 사건 한정승인한 자가 상속재산에 소유권이전등기를 경료한 경우보다 더 보호받을 이익이 있다고 할 것입니다. 왜냐하면, 상속으로 등기를 경료받은 것이기 때문에 이 상속은 한정승인으로 받은 것이라는 것을 예측할 수가 있다고 할 것입니다. 한정승인자의 경우에도 상속등기는 받을 수 있기 때문에 제3자의 거래보호안전에 큰 문제가 없다고 할 것입니다. 제3자를 보호하지 않더라도 제3자가 손해를 볼 가능성은 없습니다. 왜냐하면, 충분히 한정승인 여부를 확인할 수 있기 때문에 그러합니다. 더욱 이 사건과 같이 자녀들은 아마 상속포기를 하고 소외 2만 단독상속등기를 하였다는 것은 자녀들이 상속포기를 한 것임을 충분히 예측할 수도 있다고 할 것입니다. 또한 상속인의 고유채권자는 손해가 없습니다. 이 부동산은 원래부터 집행이 불가능한 재산이었기 때문에 그러합니다.

　반대의견은 처분한 경우에는 어쩔 수 없이 사해행위취소소송으로 회복하는 것 외에는 불가능하다고 하였는데 이는 취소되어 회복된 재산에 대하여 채무자가 이를 처분한 경우에 무효라는 판례와 큰 차이가 없다고 할 것인바 처분하여 제3자에게 소유권이 이전이 되어도 무효라고 보아야 할 것입니다. 책임이 제한이 된다는 것은 그 재산은 한정승인자의 재산이 아니라는 것이고 이를 처분한 것은 무권리자의 처분이라는 것입니다.

　이런 경우에 있어서 원고 측은 근저당권설정계약에 대하여 사해행위취소소송을 제기하여 승소판결을 받을 가능성은 크다고 할 것입니다. 그러나, 가압류권자들에 대하여는 사해행위취소소송도 불가할 것입니다. 법률행위 자체가 없기 때문에 그러합니다. 이런 점에서 다수의견은 어떻게 해결할 수 있을까요?

"[1] 민법 제1028조는 "상속인은 상속으로 인하여 취득할 재산의 한도에서 피상속인의 채무와 유증을 변제할 것을 조건으로 상속을 승인할 수 있다."라고 규정하고 있다. 상속인이 위 규정에 따라 한정승인의 신고를 하게 되면 피상속인의 채무에 대한 한정승인자의 책임은 상속재산으로 한정되고, 그 결과 상속채권자는 특별한 사정이 없는 한 상속인의 고유재산에 대하여 강제집행을 할 수 없으며 상속재산으로부터만 채권의 만족을 받을 수 있다.
[2] 상속채권자가 아닌 한정승인자의 고유채권자가 상속재산에 관하여 저당권 등의 담보권을 취득한 경우, 담보권을 취득한 채권자와 상속채권자 사이의 우열관계는 민법상 일반원칙에 따라야 하고 상속채권자가 우선적 지위를 주장할 수 없다. *그러나 상속재산에 관하여 담보권을 취득하였다는 등 사정이 없는 이상, 한정승인자의 고유채권자는 상속채권자가 상속재산으로부터 채권의 만족을 받지 못한 상태에서 상속재산을 고유채권에 대한 책임재산으로 삼아 이에 대하여 강제집행을 할 수 없다고 보는 것이 형평의 원칙이나 한정승인제도의 취지에 부합하며, 이는 한정승인자의 고유채무가 조세채무인 경우에도 그것이 상속재산 자체에 대하여 부과된 조세나 가산금, 즉 당해세에 관한 것이 아니라면 마찬가지이다.*"106)

이 판례에서 "그러나" 이하 부분이 이 대법원 판례에서 추가된 부분입니다. 즉 한정승인자의 고유채권자가 상속재산에 우선변제권을 받은 경우에는 상속채권자가 우선권을 주장할 수 없지만 그냥 한정승인자의 고유일반채권자나 고유조세채권자는 상속채권자에 대하여 우선하거나 안분배당도 주장할 수 없다는 것입니다. 이런 점에서 다수의견은 절충설로 보입니다. 즉 우선변제권을 받은 경우에는 대항할 수 없지만 그냥 한정승인자의 고유채권자들에 대하여는 담보권을 받은 경우가 아닌 이상은 상속채권자가 우선한다고 할 것입니다.

그런 점에서 피고 2 내지 4가 상고하였다고 한다면 근저당권자로서는 보호받겠지만 가압류권자로서는 보호를 받지 못하였을 것입니다. 피고 2 내지 4가 상고하지 않고 피고 1만 상고하였는데 피고 1은 근저당권자였기 때문에 전원합의체 판결은 한정승인자의 고유채권자에게 근저당권을 설정해 준 경우만 판단하였다면 이 판결은 한정승인자의 고유채권자인 일반채권자 또는 조세채권자가 상

---

106) 대법원 2016. 5. 24. 선고 2015다250574 판결 [배당이의]

속재산에 있어서는 상속채권자에 우선하지 못함을 명확히 했다고 할 것입니다.

이 판례는 사해행위취소소송에 관한 직접적 판례는 아니지만 상속문제도 채권자에게 중요한 채권을 회수할 수 있는 길이라고 할 것이기 때문에 이 부분을 알아둘 필요가 있고 상속채권자로서 한정승인자가 자신의 고유채권자에게 근저당권을 설정해 주거나 부동산을 처분한 경우에 사해행위취소소송을 제기할 필요가 있다고 할 것입니다.

타. 소결

사해행위취소소송이 끝나고 나서 수익자는 여러 채권자들로부터 받은 패소판결을 해결하기 위하여 가액배상판결인 경우에는 상대적 불확지 공탁을 할 수 있습니다. 이로 인하여 책임에서 벗어나게 됩니다. 이때의 금액은 공동담보가액 {대법원 판례에서 인정하고 있는 개념입니다. 각 채권자의 피보전채권액을 합한 금액이 사해행위 목적물의 가액에서 일반채권자들의 공동담보로 되어 있지 않은 부분을 공제한 잔액(이하 '공동담보가액'이라 한다)을 초과한다면 수익자가 채권자들에게 반환하여야 할 가액은 공동담보가액이 될 것} 한도 내일 것입니다. 처음에는 공탁을 하였더니 채권자들끼리 서로 다투었고, 나중에는 수익자가 일부하고만 합의하고 나머지는 포기를 받고 청구이의소송을 제기하였다가 많은 손해를 보았던 것으로 보이며, 사업시행자가 가처분말소시키기 위해 상대적 불확지 공탁을 수익자와 가처분권자를 피공탁자로 하여 공탁하였는데 그 공탁이 무효가 되어 버렸습니다. 또한 근저당권말소이행으로 원상회복판결을 받았는데 경매처분이 되어 수익자에게 배당받은 배당금을 가액배상이 아닌 대상청구로 이를 구할 수 있으며, 수익자가 적극적으로 이 부동산을 처분한 경우에는 손해배상도 구할 수도 있습니다.

채무자가 회복된 재산을 처분한 경우에는 무효라고 하였습니다. 그런데 이와 거의 비슷할 것 같은데 한정승인자가 상속재산을 자신의 고유채권자에게 근저당권을 설정해 주거나 처분해 버린 경우에는 무효로 보지는 않고 상속채권자는 근저당권자에게 후순위로 배당을 받는다는 전원합의체 판례가 나왔는데 채무자가 회복된 재산을 처분한 경우와 같이 보아 모두 무효라고 보아야 할 것입니다. 그에 반하여 그 상속재산에 한정승인자의 고유채권자가 가압류를 하거나 한정승인자에 대하여 고유조세채권자가 압류한 경우에는 상속채권자가 이들에 대하여는 우선권을 주장할 수 있습니다.

여기서도 문제입니다. 근저당권자나 조세채권자나 모두 한정승인자의 일반 채권자가 아닙니다. 우선변제권이 있습니다. 한정승인자가 근저당권을 설정해 준 고유채권자는 상속채권자에 우선하고, 압류한 조세채권자는 상속채권자에 우선 변제를 주장하지 못한다는 것도 매우 이상하다고 할 것입니다.

한정승인자는 상속재산에 관하여 취소되어 회복된 재산에 대하여 채무자가 가지는 권리와 동일하다고 할 것입니다. 즉 취소채권자에게 채무자는 채무를 부담합니다. 이는 상속채권자에게 한정승인자가 채무를 부담하는 것과 같습니다.

그러나, 한정승인자는 책임을 부담하는데 그 책임은 상속재산에 대하여 부담하는 것입니다. 이는 취소되어 그 회복된 재산에 대하여 취소채권자가 사해행위 이후에 발생된 채무자의 채권자를 배제하고 다른 기존 채권자들과 함께 배당에 참여하는 것과 비슷하다고 할 것입니다. 취소채권자나 다른 기존 채권자는 상속채권자와 비슷한 지위에 있다고 할 것이고, 사해행위를 통하여 채권을 발생시킨 수익자나 사해행위 이후에 채무자로부터 채권을 가지게 된 채권자나 수익자의 채권자나 회복된 재산에 대하여는 권리를 주장할 수 없다고 할 것입니다.

또한 만약 회복된 재산을 경매하고 남은 금액이 있다고 한다면 이 금액은 수익자에게 지급이 되어야 합니다. 이는 상속재산에 대하여 채권자가 배당을 받았습니다. 그런데 남은 금액이 있다고 이는 한정승인자에게 배당이 되어야 것입니다.

이렇게 남은 부분, 즉 취소채권자가 회복된 재산에 대하여 경매를 넣어 남은 잔여배당금에 대하여 수익자가 이를 수령하지만 이에 대하여 다른 채무자의 채권자가 이에 대하여 반환을 요구할 수도 있고 이 경우에 수익자는 반환해 주어야 할 것입니다. 왜냐하면, 전체 채권자를 위하여 회복된 것이기 때문에 그러합니다. 이는 한정승인자가 채권최고절차를 거치게 되고 그에 의하여 알고 있던 채권자나 신고한 채권자들에게 상속재산에 대하여 배당에 참가하도록 하고 나서 다 배당을 해 주고 남은 금액이 있는 경우에 한정승인자가 이를 보유할 수 있지만 사후에 상속채권자가 추가로 이를 알고 한정승인자에게 남은 금액의 반환을 구할 때에 이를 한정승인자는 반환해 주어야 합니다. 즉 수익자나 한정승인자는 모두 취소채권자나 상속채권자를 위하여 그 남은 금액을 선량한 주의의무를 가지고 이를 보관하는 자의 위치에 있다고 할 것입니다.

그렇기 때문에 한정승인자의 상속재산에 대한 지위와 그의 고유채권자의 권리의 문제는 취소되어 회복된 재산에 대한 채무자의 지위와 그리고 그의 채권자나 수익자의 채권자의 권리와 매우 비슷하다고 할 것입니다. 법률관계를 간편하게 한다는 점에서 보면, 전부 무효라고 보아야 할 것입니다. 부동산 자체를 처분하거나 근저당권설정행위가 모두 무효이고, 여기에 가압류나 압류를 한 한정승인자의 고유채권자들의 상속재산으로는 배당을 받을 수 없다고 해야 할 것입니다.

7. 수익자의 청구이의소송을 통한 판결에서 벗어나기

가. 서설

사해행위취소소송에서 수익자가 패소확정판결을 받고 나서 아직 집행이 되지 않는 상황에서 채무자의 상황 등이 바뀐 경우에 수익자는 청구이의를 통하여 이를 해결할 수 있을까가 문제되었고 새로운 상황이 발생하고 있습니다. 이는 사해행위취소소송이 활성된 지 25년 정도가 되면서 새롭게 부각되는 부분입니다.

나. 사해행위취소소송 이후에 채무자가 회생계획인가결정에 따라 채무를 변제한 경우 수익자가 청구이의소송을 제기할 수 있는지 여부

"[1] 채무자 회생 및 파산에 관한 법률(이하 '채무자회생법'이라고 한다) 제252조 제1항은, "회생계획인가의 결정이 있은 때에는 회생채권자·회생담보권자·주주·지분권자의 권리는 회생계획에 따라 변경된다."라고 규정하고 있다. 여기서 권리변경이란 회생계획인가의 결정에 의하여 회생채권자 등의 권리가 회생계획의 내용대로 실체적으로 변경되는 것을 말한다. 이는 단지 채무와 구별되는 책임만의 변경을 뜻하는 것이 아니므로, 회생계획 등에 의하여 인정되지 아니한 회생채권과 회생담보권에 대한 채무자회생법 제251조의 면책과는 성질이 다르다. 따라서 회생계획인가의 결정이 있으면 회생채권자 등의 권리는 회생계획에 따라 변경되어 채무의 전부 또는 일부의 면제효과가 생기고, 기한을 유예한 경우에는 그에 따라 채무의 기한이 연장되며, 회생채권이나 회생담보권을 출자전환하는 경우에는 그 권리는 인가결정 시 또는 회생계획에서 정하는 시점에 소멸한다.

[2] 채권자취소권은 채무자의 사해행위를 채권자와 수익자 또는 전득자 사이에서 상대적으로 취소하고 채무자의 책임재산에서 일탈한 재산을 회복하여 채권자의 강제집행이 가능하도록 하는 것을 본질로 하는 권리이므로, 채권자취소권에 의하여 책임재산을 보전할 필요성이 없어지면 채권자취소권은 소멸한다. 따라서 채권자취소소송에서 피보전채권의 존재가 인정되어 사해행위 취소 및 원상회복을 명하는 판결이 확정되었다고 하더라도, 그에 기하여 재산이나 가액의 회복을 마치기 전에 피보전채권이 소멸하여 채권자가 더 이상 채무자의 책임재산에 대하여 강제집행을 할 수 없게 되었다면, 이는 위 판결의 집행력을 배제하는 적법한 청구이의 이유가 된다.

[3] 신용보증기금이 갑에 대한 구상금채권을 피보전채권으로 하여 갑이 체결한 부동산 증여계약의 수익자인 을 등을 상대로 채권자취소소송을 제기하여 가액배상금을 지급하기로 하는 내용의 화해권고결정이 확정되었는데, 그 후 갑에 대하여 개시된 회생절차에서 신용보증기금의 구상금채권에 관한 회생채권 중 일부는 면제하고, 나머지는 현금으로 변제하는 내용의 회생계획 인가결정이 이루어졌으며, 이에 따라 갑이 회생계획에서 정한 변제의무를 완료한 후에 을 등이 화해권고결정에 기한 강제집행의 불허를 구한 사안에서, 회생계획 인가결정이 이루어짐에 따라 구상금채권에 관한 회생채권이 회생계획에 따라 실체적으로 변경되어, 구상금채권에 관한 회생채권 중 회생계획에서 면제하기로 한 부분은 회생계획 인가결정 시점에, 현금으로 변제하기로 한 나머지 부분은 그 이후의 변제에 의하여 각 확정적으로 소멸하였으므로, 사해행위 취소로 인한 가액배상금 지급에 관한 화해권고결정의 전제가 된 신용보증기금의 피보전채권 역시 소멸하였는데도, 화해권고결정의 집행력 배제를 구할 청구이의 사유가 존재하지 않는다고 본 원심판단에 법리오해 등의 위법이 있다고 한 사례."[107)

1심의 원고의 청구가 기각되었고 항소심은 기각을 하였고, 대법원은 파기환송을 하였습니다. 왜 이렇게 1심 항소심 모두 원고의 청구를 받아들이지 않았

---

107) 대법원 2017. 10. 26. 선고 2015다224469 판결 [청구이의]

을까 생각해 보면 충분히 이해가 갑니다.

> "1) 원고들의 아버지인 소외 1은 2010. 12. 28. 자신의 소유이던 별지 목록 기재 각 부동산(이하 '이 사건 부동산'이라 한다)의 각 1/2 지분을 원고들에게 각 증여하고(이하 '이 사건 증여계약'이라 한다), 2010. 12. 29. 이 사건 증여계약을 원인으로 위 각 1/2 지분에 관하여 원고들 명의로 각 지분이전등기를 마쳐주었다.
>
> 2) 한편, 피고는 2011. 9. 21. 서울중앙지방법원 2011가합98445호로 소외 1과 원고들의 어머니인 소외 2에 대하여 3,209,584,666원 상당의 구상금을 청구하면서, 원고들을 상대로 위 구상금채권을 피보전채권으로 하여 이 사건 증여계약을 취소하고 그로 인한 원상회복으로 가액배상을 구하는 소를 제기하였는데, 이에 대하여 위 법원이 2012. 6. 28. '원고들과 소외 1 사이에 이 사건 부동산에 관하여 2010. 12. 28. 체결된 이 사건 증여계약을 각 411,250,000원의 한도 내에서 취소한다. 원고들은 피고에게 각 411,250,000원을 2012. 7. 12.까지 각 지급한다. 만일 원고들이 위 지급기일까지 위 각 금원을 지급하지 아니한 때에는 미지급 금액에 대하여 위 지급기일 다음날부터 다 갚는 날까지 연 5%의 비율에 의한 지연손해금을 가산하여 지급한다'는 내용의 화해권고결정(이하 '이 사건 화해권고결정'이라 한다)을 하였고, 이 사건 화해권고결정은 2012. 7. 19. 확정되었다."[108]

채무자는 원금만 32억 원의 채무를 가지고 있던 자인데 증여로 자녀들에게 자신의 부동산을 각 1/2씩 넘겨주었습니다. 원고들이 화해권고결정에 의하여 반환해야 하는 금액은 822,500,000원입니다.

그럼 신용보증기금은 왜 이를 그동안 받지 아니하였을까를 보면 욕심을 부리다가 1원도 받지 못한 것임을 충분히 알 수 있습니다. 2012. 7. 19.에 확정이 되었습니다.

> "소외 1은 2013. 5. 14. 수원지방법원 2013회단54호로 회생신청을 하여, 2013. 5. 28. 위 법원으로부터 회생개시결정을 받았고, 2013. 10. 1. 회생계획인가결정을 받은

---

108) 서울고등법원 2015. 6. 24. 선고 2015나2014219 판결 [청구이의]

후 2013. 11. 4. 회생계획에서 정한 회생채권에 대한 변제의무를 완료하여 회생절차종
결결정을 받았다."[109]

사해행위가 확정되고 나서 10개월만에 회생신청을 하였고 2013. 11. 4.에
회생채권에 대한 변제의무를 완료하여 회생절차 종결결정이 되었습니다. 신용보
증기금은 조용히 있다가 이 회생절차 종결결정 이후에 원고들을 상대로 화해권
고결정금액을 받으려고 했습니다. 혼자만 받으려고 했던 것입니다. 만약 신용보
증기금이 이 원고들에 대한 화해권고결정을 받은 금액에 대하여 회생법원에 신
고를 하였다고 한다면 당연히 이것을 원고들로부터 받은 후에 회생인가결정을
하였을 것입니다. 다른 채권자들 모르게 혼자만 이를 받으려고 했다가 1원도 받
지 못한 상황을 만든 것입니다. 어찌 보면 신용보증기금은 다른 채권자에 대하
여 배임행위를 한 것입니다. 왜냐하면 이 가액배상금은 추심권능만을 가진 것입
니다. 즉 전체 채권자를 위하여 이를 회수할 의무를 법에 의하여 부여해 준 것
으로 타인의 사무를 처리하는 자의 위치에 있다고 볼 여지도 있습니다. 그런데
취소채권자에게 이를 지급하도록 하는 판결을 이용하여 이를 회생법원에 밝히
지 않음으로서 자신만이 아니라 다른 채권자들이 더 채권을 회수할 길을 막았기
때문입니다.

1심 사건의 사건번호를 보면, "서울중앙지방법원 2015. 2. 13. 선고 2014가
합570214 판결"임을 알 수 있습니다. 회생절차종결결정이 나자마자 바로 이 사
건 청구이의소송을 제기한 것을 알 수 있습니다. 나는 놈 위에 제트기 타는 놈
이 있고 제트기 타는 놈 위에 대륙 간 탄도탄(또는 우주발사체)을 타는 놈이 있다
는 것을 신용보증기금은 간과한 것입니다. 욕심을 너무 부렸던 것입니다.

"원고들이 피고에게 이 사건 화해권고결정에서 정한 각 411,250,000원의 금전채무를
변제하였음을 인정할 아무런 증거가 없을 뿐 아니라, 채무자회생법 제251조에 정해진
면책이라 함은, 채무가 실체적으로 소멸하는 것이 아니라 책임만이 없어지고 채무 자체

---

109) 서울고등법원 2015. 6. 24. 선고 2015나2014219 판결 [청구이의]

> 는 여전히 존속하는 일종의 자연채무로 되는 것으로 채무자에 대하여 이행을 강제할 수 없는 것을 말하는 것이니(대법원 2001. 7. 24. 선고 2001다3122 판결 등 참조), **소외 1에 대하여 면책이 이루어졌다 하더라도 소외 1이 피고에게 구상금채무를 변제한 것과 그 법률효과가 같다고 볼 수 없으므로**, 원고들로서는 이 사건 화해권고결정에 기한 강제집행의 배제를 구할 수 없다."110)

　　서울고등법원은 자연채무설에 따라서 채무는 존재한다고 보았습니다. 그렇기 때문에 강제집행의 배제는 구할 수 없다고 보았습니다.

> "다. (1) 그 후 소외 1에 대하여 2013. 5. 28. 회생절차가 개시되었고, 피고는 회생채권으로 이 사건 **화해권고결정에 기한 이 사건 구상금채권을 신고하여 원금 및 개시전이자 합계 3,569,624,605원이 시인되었다.**
> (2) 소외 1은 2013. 10. 1. 회생계획 인가결정(이하 '이 사건 회생계획 인가결정'이라고 한다)을 받았다. 위 회생계획에 의하면, **피고의 회생채권 중 원금과 개시전이자의 98.9%에 해당하는 3,530,358,735원은 면제하고, 나머지 1.1%에 해당하는 39,265,870원은 현금으로 변제하며, 개시후이자는 면제하도록** 되어 있다.
> (3) **소외 1은 위 회생계획에서 정한 회생채권에 대한 변제의무를 완료하였고 2013. 11. 4. 회생절차 종결결정을 받았다.**
> 3. 이러한 사실관계를 위에서 본 법리에 비추어 살펴본다.
> 원고들은 소장에서 이 사건 화해권고결정 확정 후 이 사건 회생계획 인가결정에 의하여 이 사건 구상금채권에 관한 **회생채권 중 일부는 면제되고 나머지는 변제되어 모두 소멸하였으므로, 이 사건 구상금채권을 피보전채권으로 하는 이 사건 화해권고결정에 기한 강제집행은 불허되어야 한다고** 주장하였다.
> 피고가 소외 1에 대한 이 사건 구상금채권을 피보전채권으로 하여 사해행위인 이 사건 증여계약의 수익자인 원고들을 상대로 제기한 채권자취소소송에서 가액배상금을 지급하기로 하는 내용의 이 사건 화해권고결정이 확정되었다. 그런데 그 후 소외 1에 대하여 개시된 회생절차에서 이 사건 회생계획 인가결정이 이루어짐에 따라 이 사건 구상금채권에 관한 회생채권이 위 회생계획에 따라 실체적으로 변경되었다. 즉 **이 사건 구**

---

110) 서울고등법원 2015. 6. 24. 선고 2015나2014219 판결 [청구이의]

상금채권에 관한 회생채권 중 위 회생계획에서 면제하기로 한 부분은 이 사건 회생계획 인가결정 시점에, 현금으로 변제하기로 한 나머지 부분은 그 이후의 변제에 의하여 각 확정적으로 소멸하였고, 그 결과 사해행위 취소로 인한 가액배상금 지급에 관한 이 사건 화해권고결정의 전제가 된 피고의 피보전채권 역시 소멸하였다.

그런데 원심은 이 사건 구상금채권 및 이에 기초한 피보전채권의 소멸에 관한 원고들의 위 주장에 대하여 판단하지 아니한 채, 이 사건 구상금채권이 채무자회생법 제251조에 따라 면책되었다 하더라도 자연채무로 존속하며 실체적으로 소멸하지는 아니한다는 이유만을 들어, 이 사건 화해권고결정의 집행력 배제를 구할 청구이의 사유가 존재하지 아니한다는 취지로 판단하였다.

그렇다면 이러한 원심의 판단에는 채무자회생법 제252조 제1항에 따른 권리변경의 효력 등에 관한 법리를 오해하여 필요한 심리를 다하지 아니하거나 판단을 누락함으로써 판결에 영향을 미친 위법이 있다. 이를 지적하는 상고이유 주장은 이유 있다.

4. 그러므로 나머지 상고이유에 대한 판단을 생략하고 원심판결을 파기하며, 사건을 다시 심리·판단하게 하기 위하여 원심법원에 환송하기로 하여, 관여 대법관의 일치된 의견으로 주문과 같이 판결한다."111)

이제는 이 판례가 나왔으니 사해행위는 더 많아질 것입니다. 조속히 가족들에게 재산을 빼돌리고 다시 이를 처분해 버립니다. 그래서 현금으로 만들어버립니다. 당연히 그 가족들, 수익자 역시 집행할 재산은 없는 사람들입니다.

그리고 사해행위취소소송에서 패소하고 나서 채무자는 곧바로 회생을 신청해서 회생인가결정을 받고 나머지 금액을 변제하고 나서 수익자는 청구이의소송을 제기해 버리면 깔끔하게 목적 부동산을 처분한 금원을 보유할 수 있게 됩니다.

회생절차에서 변제한 금액은 39,265,870원이고, 원고들이 갚아야 할 원금이 822,500,000원입니다.

39,265,870/822,500.000원 ＝ 3.923%입니다.

즉 화해권고결정금액의 4%도 되지 않는 금액을 변제하고는 끝내버린 것입

111) 대법원 2017. 10. 26. 선고 2015다224469 판결 [청구이의]

니다. 원고 대리인은 수임료를 얼마나 받았을까요? 5:5로 받기로 했을 수도 있겠다. 이는 계획적으로 회생신청을 하고 청구이의를 하기로 했던 것으로 보입니다. 이는 정의에 맞지 않습니다. 이에 대한 분명한 보완장치가 필요하고 이에 대하여 법이 개정되어야 합니다. 즉 회생이나 파산이 되더라도 수익자나 전득자의 채무는 영향을 미치지 않는다는 규정을 두어야 하고 이런 모럴 헤저드의 행위를 막아야 할 것입니다.

다. 사해행위취소소송의 소제기는 채무자에 대한 시효중단사유인지 여부 및 수익자가 시효완성을 원인으로 하여 청구이의소송을 제기할 수 있는지 여부

1) 사해행위취소의 소제기가 시효중단사유인지 여부

"피고의 처 소외 1은 피고로부터 이 사건 공사대금 채권을 양도받아 2013. 9. 9. 당시 이 사건 건물 소유자이던 유한회사 민제 등을 상대로 사해행위취소 소송을 제기하였고(청주지방법원 충주지원 2013가합1532), 그 무렵 유한회사 민제를 상대로 점유방해금지 가처분을 신청하였다(충주지원 2013카합234). 또한 소외 2는 2013. 10. 25. 소외 1에게 이 사건 공사대금 채권을 인정하는 취지의 확인서를 작성하여 줌으로써 이 사건 공사대금 채무를 승인하였다. 따라서 이 사건 공사대금 채권의 소멸시효는 소외 1의 재판상 청구와 소외 2의 채무승인에 의하여 중단되었다.

한편 피고는, 위 사해행위취소 소송의 항소심 법원이 청구기각 판결[대전고등법원(청주) 2015나268]을 선고한 2015. 12. 8.로부터 6월 이내 및 소외 2가 채무를 승인한 때로부터 3년 이내인 2016. 1. 21.에 당시 이 사건 건물의 소유자이던 유한회사 민제를 상대로 유치권확인의 소를 제기하였다(충주지원 2016가합28). 피고는 위 유치권확인 소송에서 피고인수참가인 주식회사 승진에 대하여 일부 승소하였고, 위 판결은 2018. 1. 15.에 확정되었다[대전고등법원(청주) 2016나333, 대법원 2017다46199]. 따라서 이 사건 공사대금 채권의 소멸시효는 최초의 사해행위취소 소송 제기 시인 2013. 9. 9. 및 소외 2의 채무승인 시점인 2013. 10. 25.에 소급하여 중단되었고, 위 유치권확인의 소에 대한 판결이 확정된 2018. 1. 15.로부터 다시 진행되므로 아직 완성되지 않았다.

나. 판단

1) 민법 제168조 제1호, 제170조 제1항에서 시효중단사유의 하나로 규정하고 있는 재판상의 청구라 함은, 권리자가 시효를 주장하는 자를 상대로 소로써 권리를 주장하는 경우뿐 아니라, 시효를 주장하는 자가 원고가 되어 소를 제기한 데 대하여 피고로서 응소하여 그 소송에서 적극적으로 권리를 주장하고 그것이 받아들여진 경우도 포함되는 것으로 해석되고 있으나, 시효를 주장하는 자의 소제기에 대한 응소행위가 민법상 시효중단사유로서의 재판상 청구에 준하는 행위로 인정되려면 의무 있는 자가 제기한 소송에서 권리자가 의무 있는 자를 상대로 응소하여야 할 것이므로, 담보가등기가 설정된 후에 그 목적 부동산의 소유권을 취득한 제3취득자나 물상보증인 등 시효를 원용할 수 있는 지위에 있으나 직접 의무를 부담하지 아니하는 자가 제기한 소송에서의 응소행위는 권리자의 의무자에 대한 재판상 청구에 준하는 행위에 해당한다고 볼 수 없다(대법원 2004. 1. 16. 선고 2003다30890 판결, 대법원 2007. 1. 11. 선고 2006다33364 판결 등 참조).

2) 위 법리에 비추어 보면, 소외 1이 자신에 대하여 직접 이 사건 공사대금 채무를 부담하는 채무자가 아니라 제3자에 불과한 유한회사 민제를 상대로 사해행위취소 소송을 제기하고 점유방해금지 가처분을 신청하였다고 하더라도, 이를 두고 소외 1이 이 사건 공사대금 채무의 직접 채무자인 소외 2에 대하여 재판상 청구 및 가처분 신청을 한 것이라고 평가할 수는 없다(채권자인 소외 1이 채무자 소외 2와 수익자 유한회사 민제 사이의 사해행위에 대하여 사해행위취소소송을 제기하더라도 소외 1이 소외 2에 대하여 가지는 피보전채권인 이 사건 공사대금 채권에 대한 시효중단의 효과가 있다고 볼 수도 없다). 따라서 위와 같은 사해행위취소 소송의 제기 및 점유방해금지 가처분 신청은 이 사건 공사대금 채무와 관련하여 민법 제168조 제1호 및 제2호에서 정한 '청구' 및 '가처분'에 해당하지 아니한다.

또한 피고가 제기한 유치권확인의 소 역시 유치권의 목적물인 이 사건 건물의 당시 소유자로서 시효를 원용할 수 있는 지위에 있기는 하나 직접 의무를 부담하지 아니하는 유한회사 민제를 상대로 한 것에 불과하므로, 이를 가리켜 직접 채무자인 소외 2에 대한 재판상 청구에 준하는 행위로 볼 수는 없다.

3) 한편 피고는 이 사건 공사대금 채무의 채무자인 소외 2가 채무승인을 하였음을 전제로 위와 같이 주장하나 소외 2의 채무승인 사실을 인정할 증거가 없다. 나아가 설령 소외 2가 채무를 승인하였다고 하더라도, ① 만약 소외 1이 이 사건 공사대금 채권을 적법하게 양수받았고 소외 2가 소외 1에게 채무승인 의사표시를 하였다면, 피고로서는

> 더 이상 이 사건 공사대금 채권의 채권자가 아니어서 유한회사 민제를 상대로 이 사건 건물에 대한 유치권을 주장할 수 없는 것이고, ② 만약 소외 1이 적법한 양수인이 아니고 여전히 피고가 이 사건 공사대금 채권을 가진다면, 소외 1은 소멸시효의 완성으로 권리를 상실하게 될 자가 아니므로 소외 2가 소외 1에게 채무승인 의사표시를 한 것이 적법한 시효중단사유가 될 수 없다.
> 4) 결국 이와 다른 전제에 선 피고의 소멸시효 중단 주장은 어느 모로 보나 받아들일 수 없다."112)

　　이 사건은 사해행위취소소송을 제기한 것이 취소채권자가 채무자에 대하여 가지는 채권에 대하여 시효중단사유가 되는지에 관한 것은 아니지만 만약 사해행위취소 이후에 취소채권자가 채무자에게 가졌던 피보전채권의 소멸시효가 완성되었다는 사유를 들어 수익자가 청구이의소송을 제기할 때에 취소채권자가 수익자를 상대로 하여 사해행위취소소송을 제기한 것은 시효중단사유라고 주장할 수 있습니다. 권리 위에 잠자지 않았다고 주장할 수 있을 것입니다. 만약 사해행위취소소송을 제기한 것은 시효중단사유가 아니라고 한다면 시효가 완성되었을 수 있고, 만약 시효중단사유가 된다고 한다면 시효완성이 되지 않았다고 한다면 결론은 달라질 수밖에 없을 것입니다.

　　대전고등법원의 판례는 "사해행위취소 소송의 제기 및 점유방해금지 가처분 신청은 이 사건 공사대금 채무와 관련하여 민법 제168조 제1호 및 제2호에서 정한 '청구' 및 '가처분'에 해당하지 아니한다."라고 하여 시효중단효력이 없다고 하였습니다. 그러나 대전고등법원이 들고 있는 판례의 경우는 "담보가등기가 설정된 후에 그 목적 부동산의 소유권을 취득한 제3취득자나 물상보증인 등 시효를 원용할 수 있는 지위에 있으나 직접 의무를 부담하지 아니하는 자가 제기한 소송에서의 응소행위는 권리자의 의무자에 대한 재판상 청구에 준하는 행위에 해당한다고 볼 수 없다(대법원 2004. 1. 16. 선고 2003다30890 판결, 대법원 2007. 1. 11. 선고 2006다33364 판결 등 참조)."라는 것인데 여기서 중요한 것은 "소송에서의 응소행위"입니다. 그러나 사해행위취소소송을 응소행위가 아니라 자신

112) 대전고등법원 청주재판부 2019. 5. 21. 선고 (청주)2019나1207 판결 [청구이의의소등]

의 고유한 권리인 채권자취소권에 기하여 적극적으로 피보전채권을 행사한 경우입니다. 그렇기 때문에 응소행위와는 전혀 다르다고 할 것입니다.

2) 가등기가 경료된 부동산의 제3취득자가 가등기말소소송을 제기한 경우에 가등기권자가 이에 응소한 경우 이 응소행위가 시효중단사유가 되는지

"기록에 의하면, 원고는 피고 명의의 담보가등기가 경료된 목적 부동산을 취득한 후 피고를 상대로 그 가등기가 허위의 서류나 허위의 매매계약에 기하여 마쳐진 것이라는 등의 주장을 하면서 두 차례에 걸쳐 가등기의 말소를 구하는 소송을 제기하였고 피고가 이에 응소하여 소외인에 대한 대여금채권의 존재를 주장하여 모두 승소한 사실을 인정할 수 있는바, 이러한 사실관계를 앞서 본 법리에 비추어 살펴보면, 원고는 담보가등기가 설정된 부동산의 제3취득자로서 시효를 원용할 수는 있지만 직접 채무를 부담하지 아니하는 자에 불과하므로 원고가 제기한 소송에서 피고가 소외인에 대한 채권의 존재를 주장하며 위와 같이 응소하였다 하더라도 이는 시효중단의 효력 있는 응소행위라고 볼 수는 없다.

사정이 이러함에도, 피고의 소외인에 대한 대여금채권이 소멸시효가 완성되었음을 전제로 그 담보 목적으로 경료된 가등기와 가등기에 기하여 경료된 본등기의 말소를 구하는 원고의 청구에 대하여, 피고의 응소행위에 소멸시효 중단의 효력이 있다고 판단하고 원고의 청구를 배척한 원심의 조치에는 소멸시효 중단의 법리를 오해하여 판결에 영향을 미친 위법이 있어, 이 점을 지적하는 상고이유의 주장은 이유가 있다(원고는 피고가 본등기를 경료함에 있어 가등기담보 등에 관한 법률에 의한 청산절차를 거치지 아니하였으니 피고 명의의 본등기는 무효라는 취지로 예비적 주장을 하였으므로, 원고의 소멸시효 주장에 관하여 피고의 시효중단 항변을 받아들여 이를 배척한 원심으로서는 위와 같은 예비적 주장에 관하여 판단하여야 함에도 이를 빠뜨린 잘못이 있음을 아울러 지적해 둔다)."113)

이는 피고가 채무자, 즉 원래 소유자에 대하여 가지는 대여금 채권에 관한 시효가 완성되었는지가 문제되었던 것입니다. 원고가 피고에게 2번의 가등기말소소송을 제기하였고 원고가 모두 패소를 하였는데 아마 이번에 3번째 가등기말소소송을 제기하였던 것이고 그 이유는 담보가등기인데 대여금 채권의 시효

---

113) 대법원 2007. 1. 11. 선고 2006다33364 판결 [가등기말소]

가 완성되었다고 이를 주장한 것입니다. 이렇게 되었으니 문제가 일어난 것입니다. 원고가 항소심에서 패소하고 상고하였는데 대법원은 원고의 주장이 맞다고 하여 파기환송을 한 사건입니다. 그렇기 때문에 취소채권자가 적극적으로 수익자를 상대로 소를 제기하고 그 피보전채권에 기한 채권자취소권을 행사한 것이기 때문에 전혀 질적으로 다르다고 할 것입니다.

만약 사해행위취소소송에서 수익자도 채무자의 채권자입니다. 그래서 어떤 부동산을 양도담보로 넘겨받았습니다. 그런데 사해행위가 인정이 되지 않아 수익자가 승소판결을 받았습니다. 사후에 다시 취소채권자가 이제는 채권자대위권에 기하여 양도담보로 제공되었지만 양도담보권자인 피고가 채무자에 대하여 가지는 채권은 시효가 완성되었다고 하면서 소유권말소등기청구소송을 제기하였을 경우에 양도담보권자인 피고가 예전에 원고가 취소채권자로 하여 사해행위취소소송을 제기하였고 그 때에 적극적으로 응소하였으니 채무자에 대하여 가지는 채권의 시효는 중단되었다고 주장할 수 있을 것입니다. 이 주장은 위 판례에 따라서 안 된다고 할 것입니다.

판단유탈까지 하였으니 총체적으로 부실한 판결이었음을 알 수 있습니다.

3) 물상보증인이 근저당권말소소송을 제기한 경우에 채권자 겸 근저당권자가 그에 응소한 경우에 응소행위가 채무자에 대한 시효중단행위가 되는지 여부

"채무자 겸 저당권설정자가 피담보채무의 부존재 또는 소멸을 이유로 하여 제기한 저당권설정등기 말소등기절차이행청구소송에서 채권자 겸 저당권자가 청구기각의 판결을 구하면서 피담보채권의 존재를 주장하는 경우에는 그와 같은 주장은 재판상 청구에 준하는 것으로서 피담보채권에 관하여 소멸시효중단의 효력이 생긴다. 그러나 타인의 채무를 담보하기 위하여 자기의 물건에 담보권을 설정한 물상보증인은 채권자에 대하여 물적 유한책임을 지고 있어 그 피담보채권의 소멸에 의하여 직접 이익을 받는 관계에 있으므로 소멸시효의 완성을 주장할 수 있는 것이지만, 채권자에 대하여는 아무런 채무도 부담하고 있지 아니하므로, 물상보증인이 그 피담보채무의 부존재 또는 소멸을 이유로 제기한 저당권설정등기 말소등기절차이행청구소송에서 채권자 겸 저당권자가 청구기각의 판결을 구하고 피담보채권의 존재를 주장하였다고 하더라도 이로써 직접 채무자에 대하여 재판상 청구를 한 것으로 볼 수는 없는 것이므로 피담보채권의 소멸시효

에 관하여 규정한 **민법 제168조 제1호 소정의 '청구'에 해당하지 아니한다고 할 것이
다.**"114)

물상보증인이 채권자 겸 근저당권자에 대하여 근저당권말소소송을 제기하
였고 이에 채권자 겸 근저당권자가 이 소송에 응소한 것은 시효중단 사유인 청
구에 해당되지 않는다고 하고 있습니다. 채무자 겸 근저당권설정자가 소를 제기
한 경우에는 당연히 이에 대한 응소는 시효중단 사유라고 보고 있습니다.

"2. (1) 원심은, 원고가 정리회사와 사이에 1995. 11. 7. 소외 1의 정리회사에 대한 물
품대금채무 482,596,940원 상당을 담보하기 위하여 이 사건 부동산에 관하여 정리회
사를 근저당권자로 하고, 소외 1을 채무자로 하는 채권최고액 1억 5,000만 원인 근저
당권을 설정하기로 약정하고, 이에 따라 위 근저당권설정계약을 원인으로 하여 서울지
방법원 관악등기소 1995. 11. 7. 접수 제39101호로 근저당권설정등기가 이루어진 사
실을 인정한 다음, 정리회사의 소외 1에 대한 위 물품대금채권은 시효로 소멸되었다는
원고의 주장에 대하여, 상행위로 인한 채권은 5년간 행사하지 아니하면 소멸시효가 완
성되고, 근저당권설정등기가 이루어진 1995. 11. 7.로부터 5년이 경과되었음이 계산상
분명하나, 근저당권설정등기 말소청구소송에서 채권자가 응소하여 적극적으로 피담보
채권을 주장한 경우에 당해 저당권의 피담보채권의 시효중단사유인 청구에 해당된다는
전제에서, 피고가 2000. 5. 22. 제1심법원에 제출한 답변서를 통하여 근저당권의 피담
보채권인 물품대금채권 중 332,164,701원이 남아 있다고 주장하면서 적극적으로 응
소한 것이 기록상 분명하므로 그 피담보채권에 관하여 소멸시효가 중단되었다고 판단
하고, 근저당권설정등기의 원인무효를 원인으로 한 말소등기절차이행청구부분을 기각
한 제1심을 유지하고 그 부분에 관하여 원고의 항소를 기각하였다.
(2) 그러나 소멸시효 중단에 관한 원심의 위와 같은 판단은 다음과 같은 이유로 수긍할
수 없다."115)

이 사건의 경우에는 예전에 소송을 제기했던 사건이 아니고 당해사건에서

---

114) 대법원 2004. 1. 16. 선고 2003다30890 판결 [근저당권설정등기말소]
115) 대법원 2004. 1. 16. 선고 2003다30890 판결 [근저당권설정등기말소]

문제가 되었던 것으로 보입니다. 1995. 11. 7.에 설정이 되었고, 답변서를 제출한 시점은 2000. 5. 22.이니 시효가 완성되지 않았다고 하였습니다. 그런데 피고는 왜 채무자에 대하여 시효중단사유를 만들지 않았을까요? 시간이 충분했는데 말입니다. 처음에 원고는 원인무효를 원인으로 하여 근저당권말소소송을 제기하였다가 사후에 소멸시효완성을 원인으로 하여 근저당권말소소송의 청구원인을 추가하였던 것으로 보입니다. 1심이나 2심이나 5년이 경과되기 전에 모두 응소하였다고 하여 이 주장을 받아들이지 않았습니다.

대법원은 소송행위에 대하여 채권자가 적극적으로 응소하여 이를 청구라고 보려고 한다면 채무자의 소송에 대한 응소라고 보고 있습니다. 물상보증인이나. 가등기가 설정되어 있는 부동산을 취득한 제3취득자가 제기한 소송에서 응소는 모두 시효중단이 되는 응소라고 보지 않는다고 할 것입니다.

"타인의 채무를 담보하기 위하여 자기의 물건에 담보권을 설정한 물상보증인은 채권자에 대하여 물적 유한책임을 지고 있어 그 피담보채권의 소멸에 의하여 직접 이익을 받는 관계에 있으므로 소멸시효의 완성을 주장할 수 있고(대법원 2004. 1. 16. 선고 2003다30890 판결 등 참조), 소멸시효 이익의 포기는 상대적 효과가 있을 뿐이어서 *채무자가 시효이익을 포기하더라도 물상보증인에게는 효력이 없다.*
원심판결 이유에 의하면 원심은, 소외인이 자신의 부동산에 피고의 피고보조참가인에 대한 채권을 피담보채권으로 하는 근저당권을 피고에게 설정해 주었는데, 위 피담보채권이 그 성립일로부터 10년을 경과하여 소멸시효가 완성된 이후인 2017. 6. 5. 채무자인 피고보조참가인이 일부 변제를 약정함으로써 소멸시효의 이익을 포기하였으나, 물상보증인은 독자적으로 소멸시효 완성을 주장할 수 있으므로 원고는 물상보증인인 소외인의 채권자로서 소외인을 대위하여 피담보채권의 시효소멸을 주장할 수 있다고 판단하였다.
상고이유 주장 중 원심판단의 기초가 된 사실인정을 다투는 취지의 주장은 실질적으로 사실심법원의 자유심증에 속하는 증거의 취사선택과 증거가치의 판단을 탓하는 것에 불과하다. 그리고 원심판결 이유를 앞에서 본 법리와 적법하게 채택된 증거들에 비추어 살펴보아도, 거기에 상고이유 주장과 같이 채무 승인이나 신의칙에 관한 법리를 오해하거나 필요한 심리를 다하지 않은 잘못이 없다."116)

---

116) 대법원 2018. 11. 9. 선고 2018다38782 판결 [근저당권설정등기말소]

물상보증인은 시효이익을 직접적으로 받는 자이고 독자적으로 시효완성을 주장할 수 있는 자라고 보았습니다. 그래서 시효이익 포기는 상대적 효력밖에 없기 때문에 포기 주장은 물상보증인에게 주장할 수 없다는 것입니다. 원고는 물상보증인의 채권자로서 채권자대위권에 기하여 근저당권말소소송을 제기한 경우입니다.

이런 점을 보면, 사해행위취소의 수익자 역시 시효이익을 직접적으로 받는 자이기 때문에 수익자는 독자적으로 시효완성을 원용할 수 있는 자라고 할 것입니다. 따라서, 취소채권자의 채무자에 대한 시효가 완성이 되었다고 한다면 이는 두 사람 간에 상대적 효력밖에 없다고 할 것입니다. 그렇기 때문에 시효이익 포기를 한 경우에는 이는 수익자에게 대항할 수 없다고 할 것입니다. 그러나, 이것과 별개로 취소채권자가 수익자를 상대로 사해행위취소소송을 제기한 것은 채무자에 대하여 시효중단 사유라고 본다면, 이로 인하여 시효중단효력이 발생한다고 한다면 수익자의 청구이의소송은 기각될 수도 있습니다.

4) 수익자가 취소채권자의 피보전채권의 시효완성을 원인으로 사해행위취소소송의 청구이의소송을 제기한 경우 승소여부

만약 수익자가 사해행위취소소송에서 취소채권자가 채무자에 대한 소멸시효완성이 되었는데도 불구하고 시효완성을 원용하지 않고 패소판결을 받은 이후에 청구이의를 하면서 시효가 완성하였다고 하면서 청구이의의 소송을 제기할 수 있는지도 문제가 될 것입니다. 기판력에 저촉되는지도 문제가 되겠지만 수익자가 채무자의 채권자라고 한다면 자신의 채권을 보전하기 위하여 채무자의 시효이익을 원용할 수 있기 때문에 이를 이유로 하여 청구이의소송을 제기할 수 있다고 할 것입니다.

당연히 사해행위취소소송의 변론종결이후에 시효이익이 완성되었다고 한다면 이는 기판력에 저촉되지 않기 때문에 문제가 되지 않을 것입니다.

당연히 수익자가 원상회복청구소송의 판결을 받고 10년이 지나면 수익자는 원상회복청구에 대하여 청구이의소송을 제기할 수 있는 것은 당연하다고 할 것입니다.

5) 다른 채권자가 경매신청한 후 기존 근저당권자가 채권계산서를 제출하고 나서 경매가 더 이상 이루어지지 않은 경우 그 경매가 중단된 원인에 따라서 시효 중단 의무가 갈림

"첫 경매개시결정등기 전에 등기되었고 매각으로 소멸하는 저당권을 가진 채권자는 담보권을 실행하기 위한 경매신청을 할 수 있을 뿐더러 다른 채권자의 신청에 의하여 개시된 경매절차에서 배당요구를 하지 않아도 당연히 배당에 참가할 수 있는데, 이러한 채권자가 채권의 유무, 그 원인 및 액수를 법원에 신고하여 권리를 행사하였다면 그 채권신고는 민법 제168조 제2호의 압류에 준하는 것으로서 신고된 채권에 관하여 소멸시효를 중단하는 효력이 생긴다(대법원 2010. 9. 9. 선고 2010다28031 판결 참조). 한편 민법 제175조는 압류가 '권리자의 청구에 의하여 또는 법률의 규정에 따르지 아니함으로 인하여 취소된 때에는 소멸시효 중단의 효력이 없다'고 규정하고 있는데, 이는 그러한 사유가 압류채권자에게 권리행사의 의사가 없음을 객관적으로 표명하는 행위이거나 또는 처음부터 적법한 권리행사가 있었다고 볼 수 없는 사유에 해당한다고 보기 때문이므로(대법원 2011. 1. 13. 선고 2010다88019 판결 참조), 법률의 규정에 따른 적법한 압류가 있었으나 이후 남을 가망이 없는 경우의 경매취소를 규정한 민사집행법 제102조 제2항에 따라 경매절차가 취소된 때는 민법 제175조가 정한 소멸시효 중단의 효력이 없는 경우에 해당한다고 볼 수 없다.
따라서 경매신청이 취하된 경우에는 특별한 사정이 없는 한 압류로 인한 소멸시효 중단의 효력은 물론, 첫 경매개시결정등기 전에 등기되었고 매각으로 소멸하는 저당권을 가진 채권자의 채권신고로 인한 소멸시효 중단의 효력도 소멸하지만(위 대법원 2010다28031 판결 참조), 이와 달리 민사집행법 제102조 제2항에 따라 경매절차가 취소된 경우에는 압류로 인한 소멸시효 중단의 효력이 소멸하지 않고, 마찬가지로 첫 경매개시결정등기 전에 등기되었고 매각으로 소멸하는 저당권을 가진 채권자의 채권신고로 인한 소멸시효 중단의 효력도 소멸하지 않는다.
원심판결 이유에 의하면, 피고의 이 사건 근저당권설정등기는 이 사건 부동산에 관한 첫 경매개시결정등기 전인 2000. 4. 24. 마쳐진 사실, 피고는 신용보증기금의 신청으로 개시된 부산지방법원 동부지원 2006타경19721호 부동산강제경매 절차에서 그 배당요구의 종기 전인 2007. 1. 15. 채권계산서 제출을 통하여 집행법원에 채권신고를 한 사실을 알 수 있다.
이러한 사실관계를 앞서 본 법리에 비추어 살펴보면, 피고의 위와 같은 채권신고로써

이 사건 근저당권설정등기의 피담보채권에 대한 소멸시효는 중단되었고, 그 소멸시효 중단의 효력은 이후 위 경매절차가 민사집행법 제102조 제2항에 따라 취소되었다고 하더라도 소멸하지 않는다고 할 것이다.
따라서 이와 결론을 같이하는 원심판결은 정당하고, 거기에 상고이유 주장과 같이 소멸시효 중단의 효력에 관한 법리를 오해하여 재판에 영향을 미친 위법이 없다."117)

경매가 무잉여배당으로 취소된 경우에 기존 근저당권자가 채권계산서를 제출하였으면 시효중단사유가 발생하였고 이로 인하여 취소되었다고 압류의 효력이나 시효중단의 효력이 소멸하지 않는다고 할 것입니다.

그러나 그에 반하여 경매권자가 스스로 경매취하를 한 경우에는 압류의 효력도 소멸하고 시효중단의 효력도 소멸하게 됩니다.

---

117) 대법원 2015. 2. 26. 선고 2014다228778 판결 [사해행위취소]

XI

수익자의 선의항변

XI

수익자의 선의항변

1. 서설

수익자가 사해행위취소소송에서 주장할 수 있는 항변사유로 선의항변이 있습니다. 그러나, 사실 선의항변이 받아들여지는 경우는 매우 드물다고 할 것입니다. 일반적으로는 선의항변이 인정될 경우에는 소송 자체가 들어오지 않는 경우가 많기 때문입니다. 여기에서는 이미 한 번 검토를 하였던 채권자취소권의 소멸이나 피보전채권의 소멸시효 부분을 짧게 언급하고 나서 선의항변을 검토하고자 합니다.

2. 채권자취소권의 소멸, 피보전채권의 소멸시효완성

"[1] 소멸시효를 원용할 수 있는 사람은 권리의 소멸에 의하여 직접 이익을 받는 자에 한정되는바, 사해행위취소소송의 상대방이 된 사해행위의 수익자는, 사해행위가 취소되면 사해행위에 의하여 얻은 이익을 상실하고 사해행위취소권을 행사하는 채권자의 채권이 소멸하면 그와 같은 이익의 상실을 면하는 지위에 있으므로, 그 채권의 소멸에 의하여 직접 이익을 받는 자에 해당하는 것으로 보아야 한다.

[2] 처분행위 당시에는 채권자를 해하는 것이었다고 하더라도 그 후 채무자가 자력을 회복하여 사해행위취소권을 행사하는 사실심의 변론종결시에는 채권자를 해하지 않게 된 경우에는 책임재산 보전의 필요성이 없어지게 되어 채권자취소권이 소멸하는 것으로 보아야 할 것인바, 그러한 사정변경이 있다는 사실은 채권자취소소송의 상대방이 증명하여야 한다."1)

"소멸시효를 원용할 수 있는 사람은 권리의 소멸에 의하여 직접 이익을 받는 사람에 한정되는바, 채권담보의 목적으로 매매예약의 형식을 빌어 소유권이전청구권 보전을 위한 가등기가 경료된 부동산을 양수하여 소유권이전등기를 마친 제3자는 당해 가등기담보권의 피담보채권의 소멸에 의하여 직접 이익을 받는 자이므로, 그 가등기담보권에 의하여 담보된 채권의 채무자가 아니더라도 그 피담보채권에 관한 소멸시효를 원용할 수 있고, 이와 같은 직접수익자의 소멸시효 원용권은 채무자의 소멸시효 원용권에 기초한 것이 아닌 독자적인 것으로서 채무자를 대위하여서만 시효이익을 원용할 수 있는 것은 아니며, 가사 채무자가 이미 그 가등기에 기한 본등기를 경료하여 시효이익을 포기한 것으로 볼 수 있다고 하더라도 그 시효이익의 포기는 상대적 효과가 있음에 지나지 아니하므로 채무자 이외의 이해관계자에 해당하는 담보 부동산의 양수인으로서는 여전히 독자적으로 소멸시효를 원용할 수 있다."2)

    위 대법원 2007다54849 판례는 매우 중요한 판례입니다. 수익자가 취소채권자의 채무자에 대하여 가지는 피보전채권의 소멸시효를 원용할 수 있음과, 사실심변론종결시점에 채무자가 유자력이 되었다는 주장에 의하여 채권자취소권이 소멸되었다는 주장은 항변으로서 수익자가 이를 입증해야 한다는 것을 명시한 판례입니다. 이 판례는 대법원 95다12446 판례를 인용하고 있습니다. 그런데 이 대법원 95다12446 판례에서 가등기가 경료된 부동산을 취득한 제3취득자의 소멸시효 원용권은 독자적인 권리라고 말하면서 채무자가 본등기를 경료해 주었다고 하더라도 이것과 관계없이 소멸시효원용을 할 수 있다고 판시하였습니다. 이는 채무자가 본등기를 경료해 주면 당연히 제3취득자의 소유권은 가등기

---

1) 대법원 2007. 11. 29. 선고 2007다54849 판결 [사해행위취소등]
2) 대법원 1995. 7. 11. 선고 95다12446 판결 [건물명도]

에 기한 본등기경료로 인하여 직권 말소가 될 것입니다.

대법원 95다12446 판례의 원고가 피고를 상대로 건물명도소송을 제기한 사건입니다. 피고들은 3명이었습니다. 원심에서 원고가 승소하였던 것으로 보입니다. 그래서 피고들이 상고인이었습니다. 원고가 제3취득자가 아닌가 생각되며, 피고들은 건물소유권자이거나 임차인이었을 것으로 보입니다. 피고 중 한 명은 본등기를 경료한 채권자가 아닌가라는 생각도 듭니다.

가등기가 경료된 부동산을 취득한 제3취득자와 사해행위취소의 수익자와 같은 위치에 있는 것인지 보면, 시효원용권을 가진다는 것은 두 판례가 모두 언급하고 있기 때문에 문제가 되지 않습니다. 사해행위취소의 수익자의 시효원용권이 수익자의 독자적 권리라고 한다면 채무자를 대위할 필요없이 바로 이를 원용할 수 있을 뿐만 아니라 사해행위 이전에 이미 시효가 완성되었기 때문에 사해행위 이후에 채무자가 시효이익을 포기한 경우에 대법원 95다12446 판례와 같이 그 시효이익의 포기는 상대적 효과밖에 없다고 판단을 한 것인지, 아니면, 사해행위 당시에는 시효이익이 완성된 것은 아니지만 그 이후에 시효가 완성되었고 수익자가 시효원용을 주장하기 전에 취소채권자가 판결을 받았고 채무자가 시효완성을 주장하지 않았거나 시효이익을 포기한 경우, 그 이후에 사해행위취소소송에서 수익자가 소멸시효 완성을 원용할 수 있는 것인지 구체적인 검토가 필요하다고 할 것입니다. 지은이로서는 시효완성이 언제 되었는지 관계없이 시효완성이 되었다고 한다면 수익자가 독자적으로 이를 원용할 수 있다고 할 것이기 때문에 취소채권자의 사해행위취소소송은 기각되어야 한다는 입장입니다.

> "국세기본법 제28조 제1항은 국세징수권의 소멸시효의 중단사유로서 납세고지, 독촉 또는 납부최고, 교부청구 외에 '압류'를 규정하고 있는바, 여기서의 '압류'란 세무공무원이 국세징수법 제24조 이하의 규정에 따라 납세자의 재산에 대한 압류 절차에 착수하는 것을 가리키는 것이므로, 세무공무원이 국세징수법 제26조에 의하여 체납자의 가옥·선박·창고 기타의 장소를 수색하였으나 압류할 목적물을 찾아내지 못하여 압류를 실행하지 못하고 수색조서를 작성하는 데 그친 경우에도 소멸시효 중단의 효력이 있다."[3]

---

3) 대법원 2001. 8. 21. 선고 2000다12419 판결 [사해행위취소등]

대법원 2000다12419 판례를 보면, 사건명이 "사해행위취소등"으로 되어 있는 것을 보면, 피고가 수익자로 보입니다. 피고가 채권자의 채무자에 대한 소멸시효 완성을 원용하는 것을 알 수 있습니다. 대법원은 대법원 2007다54849 판례와 같이 수익자가 소멸시효 완성을 원용할 수 있는 자인지에 대한 구체적으로 판단은 하지 않고 이를 전제로 한 것으로 보이지만 시효중단사유가 있다고 하여 이 부분을 피해갔던 것으로 보입니다.

채권자취소권의 소멸에 관한 부분은 앞에서 언급을 하였습니다. 채무자가 사실심변론종결 당시에 유자력, 즉 소극재산보다 적극재산이 더 많아 사해행위취소소송을 할 보전의 필요성이 없어지면 취소채권자의 채권자취소권을 소멸하게 됩니다. 다만 이에 대한 입증책임은 항변사유라고 할 것이기 때문에 수익자나 전득자에게 있다고 할 것입니다.

3. 선의항변에 관한 대법원의 판례들의 검토

가. 최근의 판례의 검토

지은이가 "변호사의 입장에서 본 사해행위취소실무 Ⅱ"에서 언급한 판례들 이후에 나온 판례들을 위주로 검토하고자 합니다. 당연히 매 사건마다 선의여부는 미묘한 사실관계의 차이로 인하여 결론이 달라진다고 할 것입니다. 그렇기 때문에 사례들을 많이 보고 판단을 할 수밖에 없다고 할 것입니다.

나. 부인의 소의 선의에 관한 입증책임과 특수성 - stx건설 변제

"[1] 채무자 회생 및 파산에 관한 법률(이하 '채무자회생법'이라 한다) 제100조 제1항 제1호에서 정한 '채무자가 회생채권자 또는 회생담보권자를 해하는 것을 알고 한 행위'에는 총채권자의 공동담보가 되는 회사의 일반재산을 절대적으로 감소시키는 이른바 사해행위뿐만 아니라 특정한 채권자에 대한 변제와 같이 다른 회생채권자들과의 공평에 반하는 이른바 편파행위도 포함된다. 위와 같은 고의부인이 인정되기 위해서는 주관적 요건으로서 '회사가 회생채권자들을 해함을 알 것'을 필요로 하는데, 특히 편파행위의 경우에는 채무자회생법이 정한 부인대상행위 유형화의 취지를 몰각시키는 것을 방지하고 거래 안전과의 균형을 도모하기 위해 회생절차가 개시되는 경우에 적용되는 채권자평등의 원칙을 회피하기 위하여 '특정 채권자에게 변제한다는 인식'이 필요하지만, 더나아가 회생채권자 등에 대한 적극적인 가해의 의사나 의욕까지 필요한 것은 아니다.

[2] 회생절차상 부인의 대상이 되는 행위가 회생채권자 등에게 유해하다고 하더라도 행위 당시의 개별적·구체적 사정에 따라서는 당해 행위가 사회적으로 필요하고 상당하였다거나 불가피하였다고 인정되어 회생채권자 등이 회생회사 재산의 감소나 불공평을 감수하여야 한다고 볼 수 있는 경우가 있을 수 있고, 그와 같은 예외적인 경우에는 채권자평등, 채무자의 보호와 이해관계의 조정이라는 법의 지도이념이나 정의관념에 비추어 채무자 회생 및 파산에 관한 법률 제100조 제1항에서 정한 부인권 행사의 대상이 될 수 없다고 보아야 한다. 여기에서 '행위의 상당성' 여부는 행위 당시의 회생회사의 재산 및 영업 상태, 행위의 목적·의도와 동기 등 회생회사의 주관적 상태를 고려함은 물론, 변제행위에 있어서는 변제자금의 원천, 회생회사와 채권자와의 관계, 채권자가 회생회사와 통모하거나 회생회사에게 변제를 강요하는 등의 영향력을 행사하였는지 여부 등을 기준으로 하여 신의칙과 공평의 이념에 비추어 구체적으로 판단하여야 한다. 그리고 그와 같은 부당성의 요건을 흠결하였다는 사정에 대한 주장·증명책임은 상대방인 수익자에게 있다.

[3] 채무자가 회생채권자를 해하는 것을 알고 한 행위로 이익을 받은 자(이하 '수익자'라고 한다)가 그 행위 당시 회생채권자 등을 해하는 사실을 알지 못한 경우에는 행위를 부인할 수 없으나, 수익자의 악의는 추정되므로, 수익자 자신이 선의에 대한 증명책임을 부담한다. 채무자의 일반재산의 유지·확보를 주된 목적으로 하는 채권자취소권의 경우와 달리, 이른바 편파행위까지 규제 대상으로 하는 채무자 회생 및 파산에 관한 법률의 부인권 제도에 있어서는 반드시 해당 행위 당시 부채의 총액이 자산의 총액을 초과하는 상태에 있어야만 부인권을 행사할 수 있다고 볼 필요가 없으므로, 편파행위 당시 채무자가 채무초과 상태에 있었는지에 대한 수익자의 인식 여부를 선의 인정의 주된 근거로 삼아서는 안 된다."[4]

부인의 소 중에서 1호사유는 "1. 채무자가 회생채권자 또는 회생담보권자를 해하는 것을 알고 한 행위. 다만, 이로 인하여 이익을 받은 자가 그 행위 당

---

4) 대법원 2020. 6. 25. 선고 2016다257572 판결 [부인의소]

시 회생채권자 또는 회생담보권자를 해하는 사실을 알지 못한 경우에는 그러하
지 아니하다."라고 기재가 되어 있습니다. 대법원은 이 1호 사유를 사해행위와
함께 편파행위까지 포함시키고 있습니다.

　　그러면서 채권양도나 대물변제 등 재산을 감소시키는 행위의 경우에 목적
의 정당성, 수단의 상당성, 상황의 불가피성 등을 이유로 사해행위취소가 아닌
경우에 관한 판례과 같이 부인의 소에도 그 이론을 그대로 적용하고 있습니다.
그리고 부인의 소에서 1호의 단서조항은 선의의 조항이고 이의 입증책임은 수
익자에게 있다고 하면서 수익자의 인식여부에 있어서 편파행위의 경우에는 "편
파행위 당시 채무자가 채무초과 상태에 있었는지에 대한 수익자의 인식 여부를
선의 인정의 주된 근거로 삼아서는 안 된다."라고 판시를 하였습니다.

　　사해행위취소소송이 채무자의 파산으로 부인의 소로 변경되는 경우가 많기
때문에 이에 대한 부분도 여기서 검토될 필요성은 충분히 있다고 할 것입니다.

"나. 원심판결 이유 및 기록에 의하여 알 수 있는 다음과 같은 사정들 및 앞서 본 바와
같은 이 사건 변제행위 당시 채무자 회사의 재무 및 영업상황, 변제된 채무의 액수, 이
후 채무자 회사가 부도 및 회생신청에 이르게 된 경위와 시기 등을 종합하여 앞서 본
법리에 비추어 살펴보면, 피고의 악의 추정을 번복하여 선의라고 인정하기에 부족하다
고 볼 여지가 충분하다.
1) 피고는 2010. 1. 20. ○○○글로벌에 이 사건 대출금의 상환일을 2011. 1. 20.로
정하여 대여하였고, 채무자 회사가 위 채무를 연대보증하였다.
2) ○○○글로벌 및 채무자 회사가 위 변제기까지 채무를 이행하지 못하자, 피고는
2011. 1. 20. 및 2011. 7. 21. 각 변제기를 유예하여 주었고, 2012. 7. 23. 변제기를
최종적으로 2013. 7. 24.까지로 변경하는 내용의 제3변경약정을 체결하였다.
3) 제3변경약정을 앞둔 무렵, 이 사건 사업은 당초 1일 14,000명 수용 규모의 근로자
숙소 240동 및 부대시설 신축을 예정하였다가 2011. 9.경 1일 2,000명 수용 규모의
근로자숙소 30동만 준공한 후, 미군기지 이전 지연으로 추가공사 착수가 지연되고 있
었고, 이 사건 사업부지 중 유휴부지의 매각방안 등이 검토되었다가 금융위기 등으로
지연되는 등 사실상 중단 상태였는데, 피고는 이와 같은 사정을 잘 알고 있었다. 또한
피고는 채무자 회사가 금융위기 및 부동산 경기침체에 따른 자금난으로 이 사건 대출

금을 변제하는 것이 불가능하고 재무구조 개선약정으로 에스티엑스그룹으로부터 자금 지원을 받는 것도 불가능하다고 파악하고 있었다.

4) 한편 피고는 시행사인 ○○○ 엔터프라이즈 소유의 이 사건 사업부지 및 지상건물에 관한 근저당권 및 ○○○ 엔터프라이즈 발행 주식과 예금계좌에 관한 질권을 보유하고 있었는데, 이 사건 대출금 중 사업부지 추정매각가를 공제한 나머지 150억 원을 이 사건 대출약정 해지에 따른 예상손실로 책정하고, 위와 같이 이 사건 사업 및 채무자 회사를 통한 대출금 회수가 어렵다고 보아, 제3변경약정을 하면서 채무자 회사의 계열사인 에스티엑스중공업으로부터 추가로 연대보증을 받았다.

다. 그런데도 원심은 판시와 같이 이 사건 변제행위 당시 채무자 회사가 채무초과 상태에 있었는지에 대한 피고의 인식 여부를 주된 근거로 삼아 피고의 선의수익자 항변을 받아들인 제1심판단을 그대로 유지하였다. 이러한 원심판결에는 고의부인에 있어 수익자의 선의에 관한 법리를 오해하여 판결에 영향을 미친 위법이 있다. 이를 지적하는 상고이유는 이유 있다."5)

원고는 회생채무자 에스티엑스건설의 법률상 관리인이고 피고는 군인공제회였습니다. 대형 로펌이 계속 다투었던 사건인데 1심, 2심 모두 원고의 청구가 기각되었습니다. 서울고등법원의 판결은 1심의 판결을 그대로 인용하였고 판결이유가 4줄입니다.

"【이 유】
1. 제1심 판결의 인용
이 법원이 이 사건에 관하여 쓸 이유는 제1심 판결 중 이유 부분 기재와 같으므로, 민사소송법 제420조 본문에 따라 이를 그대로 인용한다.
2. 결론
그렇다면 제1심 판결은 정당하므로, 원고의 항소는 이유 없어 이를 기각하기로 하여, 주문과 같이 판결한다."6)

---

5) 대법원 2020. 6. 25. 선고 2016다257572 판결 [부인의소]
6) 서울고등법원 2016. 9. 23. 선고 2016나2024756 판결 [부인의소]

이렇게 되니 항소심이 부실해질 수밖에 없습니다. 소가가 "11,628,463,013 원"인 사건이었는데 말입니다.

"나. 원심판결 이유 및 기록에 의하여 알 수 있는 다음과 같은 사정들을 종합하여 앞서 본 법리에 비추어 살펴보면, 이 사건 사업의 시공사로서 연대보증인에 불과한 채무자 회사가 부채초과 및 유동성 부족, 채무연체 등 재무적 어려움을 겪으며 하도급업체들에 대한 전자방식 외상매출채권담보대출의 만기도래를 앞둔 상황에서 특정채권자인 피고에게 가용현금 중 상당 비중을 차지하는 이 사건 변제금을 지급한 행위가 사회적으로 필요하고 상당하였다거나 불가피하여 회생채권자 등이 회생회사 재산의 감소나 불공평을 감수하여야 할 예외적인 경우에 해당한다고 인정하기 어렵고, 채무자 회사는 이 사건 변제행위 당시 회생절차가 개시되는 경우에 적용되는 채권자평등의 원칙을 회피하기 위하여 특정채권자에게 변제한다는 인식이 있었다고 볼 여지가 충분하다.

1) 채무자 회사는 2011. 7.경 이 사건 제2변경약정을 체결하면서 피고에게 액면금 1,000억 원, 만기 2012. 7. 24.로 된 전자어음을 발행하여 교부하였다.

2) 에스티엑스그룹은 2012. 5.경 주채권은행인 한국산업은행과 에스티엑스그룹 계열사의 건전한 경영계획이행을 위하여 재무구조 개선약정을 체결하였고, 채무자 회사도 에스티엑스그룹 계열사로서 위 약정에 서명·날인하였다.

3) 채무자 회사는 2012. 7. 23. 피고에게 이 사건 대출원금 1,000억 원 중 200억 원을 변제하고 계열사인 에스티엑스중공업을 추가로 연대보증인으로 입보시킨 후, 피고와 나머지 대출원금 800억 원에 관하여 그중 100억 원은 2012. 12. 24.까지, 700억 원은 2013. 7. 24.까지 각 변제기를 유예하기로 하는 내용의 제3변경약정을 체결하였다. 한편 당초 이 사건 대출약정에 따라 피고는 시행사인 ○○○ 엔터프라이즈 소유의 이 사건 사업부지에 관하여 담보권을 보유하고 있었고, 2012. 7. 23. ○○○ 엔터프라이즈를 대리하는 ○○○글로벌로부터 '향후 1년간 이 사건 사업부지에 관한 매각권한을 위임한다'는 취지의 위임장을 교부받았다. 또한 제3변경약정에서 차주가 위 약정에 따른 의무를 이행하지 않는 경우 이 사건 대출약정 제10조에 따른 채무불이행책임이 발생한다고 정하였고, 이 사건 대출약정 제10조에 의하면, 채무불이행 사유가 발생하는 경우 피고는 위와 같은 담보권의 실행 기타 조치를 취하거나 권리를 행사할 수 있고, 차주인 ○○○글로벌 및 시행사인 ○○○ 엔터프라이즈에 이 사건 사업의 시행권을 대체시행사에게 이전할 것을 요청할 수 있으며, 채무자 회사는 시공사로서 채무자 회사의 부도, 회생절차 신청 등의 경우 시공권 및 유치권 등 일체의 권리를 포기한다고 정하고

있다. 따라서 제3변경약정에서 정한 바에 따라 채무불이행 사유가 발생하더라도 곧바로 채무자 회사에 시공권 포기의 효과 또는 보유자산에 관한 담보권실행의 위험이 발생한다고 보기 어렵다.

4) 채무자 회사는 2012. 9.경 신용평가기관에 의한 기업어음등급이 투기등급인 B+ 등급으로 하향되었고, △△그룹 부도사태로 회사채 시장이 경색되어 차환발행이 사실상 중단되었으며, 외부 CP 발행이 중단되는 등 외부로부터의 차입금 조달이 거의 불가능한 상황에 이르렀다. 또한 이미 타 사업장에 대한 부동산 PF사업의 난항으로 PF대출금 채무의 만기가 도래하는 등 자금난을 겪고 있었고, 특히 (아파트명 생략) 사업과 관련하여 차주인 주식회사 마니디앤씨의 PF대출금에 대한 채무자 회사의 보증채무와 관련하여 2012. 9.경 만기가 도래하였음에도 대출금을 상환하지 못하여 기한의 이익이 상실되었다.

5) 채무자 회사는 2012. 11. 21.경부터 2012. 12. 31.경까지 일일자금수지(= 입금 - 출금)가 거의 매일 적게는 몇 억 원에서 많게는 100억 원 이상까지 적자가 발생하였고, 2012. 11. 30.경 B2B차입금을 연체하기 시작하였으며, 2012. 12. 30.경 직원들에 대한 급여도 연체하기 시작하여 2012. 12. 31.까지 약 29억 원의 급여를 연체하였다.

6) 2012. 12. 31. 기준 채무자 회사의 자산합계는 405,778,847,905원이었던 반면 부채합계는 482,817,872,619원에 이르러 부채가 자산을 초과하였고, 유동자산 중 현금 및 현금성 자산은 1,303,939,800원에 불과하였으며, 115,527,565,554원의 당기순손실을 기록하였다.

7) 이러한 상황에서 채무자 회사는 피고에게 제3변경약정에 따른 기존 채무변제를 위하여 2012. 12. 24. 10,000,000,000원을, 2013. 1. 22. 1,628,463,013원을 각 송금하였다. 위 변제금은 당시 채무자 회사가 보유하던 공사매출채권을 추심한 현금 등에서 지급되었다.

8) 이 사건 변제행위 이후 채무자 회사가 경영의 정상화 등을 위하여 취한 조치에 관한 사정은 찾기 어려운 반면, 채무자 회사는 2013년 약 35억 원의 급여를 연체하고 약 76억 원의 세금을 체납하였으며, 2013. 3. 말경 만기 도래한 하도급업체들의 전자방식 외상매출채권담보대출을 결제하지 못하는 등 실질적인 부도상태가 발생하였고, 주거래은행의 추가적인 자금지원을 받지 못함에 따라 2013. 4. 26. 회생절차개시신청에 이르렀다. 회생계획안에 따르면 시인된 회생채권만도 2,517,230,024,746원에 이른다.

9) 피고가 최초 이 사건 대출계약 이후 담보로 받은 어음상의 권리를 행사하거나 보증채무 전액의 지급을 구하지 않은 채 채무자 회사의 요청으로 세 차례나 변제기를 유예

> 하여 주었다는 사정 및 이 사건 변제행위는 채무자 회사가 이사회결의를 통하여 가결한 제3변경약정의 상환계획에 따른 일부 변제라는 사정만으로 원고의 부인권 행사가 신의칙이나 공평의 이념에 반한다고 보기도 어렵다."[7]

대법원은 피고의 선의 여부 판단 전에 이미 "이 사건 변제행위가 사회적으로 필요하고 상당하거나 불가피한 행위였다고 볼 수 있고" 본 1심의 판단이 잘못되었다고 판시를 하였습니다. 그러면서 "이러한 원심판결에는 <u>논리와 경험의 법칙을 위반하여 자유심증주의의 한계를 벗어나거나 사해의사 및 부인권 행사를 제한하는 사회적 상당성에 관한 법리를 오해하여 판결에 영향을 미친 위법</u>이 있다. 이를 지적하는 상고이유는 이유 있다."라고 강력하게 문제를 제기하였습니다.

채무자 회사가 연대보증인이었기 때문에 이 변제가 문제가 되었던 것으로 보입니다. 행위시점은 <u>2012. 12. 24. 10,000,000,000원을, 2013. 1. 22. 1,628,463,013원을</u> 각 송금한 시기이며 <u>2013. 4. 26. 회생절차개시신청</u>을 하였습니다.

"2. 채무자가 지급의 정지, 회생절차개시의 신청 또는 파산의 신청(이하 이 조 내지 제103조에서 "지급의 정지등"이라 한다)이 있은 후에 한 회생채권자 또는 회생담보권자를 해하는 행위와 담보의 제공 또는 채무의 소멸에 관한 행위. 다만, 이로 인하여 이익을 받은 자가 그 행위 당시 지급의 정지등이 있는 것 또는 회생채권자나 회생담보권자를 해하는 사실을 알고 있은 때에 한한다.

3. <u>채무자가 지급의 정지등이 있은 후 또는 그 전 60일 이내에 한 담보의 제공 또는 채무의 소멸에 관한 행위로서 채무자의 의무에 속하지 아니하거나 그 방법이나 시기가 채무자의 의무에 속하지 아니한 것.</u> 다만, 채권자가 그 행위 당시 채무자가 다른 회생채권자 또는 회생담보권자와의 평등을 해하게 되는 것을 알지 못한 경우(그 행위가 지급의 정지등이 있은 후에 행한 것인 때에는 지급의 정지등이 있은 것도 알지 못한 경우에 한한다)에는 그러하지 아니하다.

4. <u>채무자가 지급의 정지등이 있은 후 또는 그 전 6월 이내에 한 무상행위 및 이와 동일시할 수 있는 유상행위</u>

---

7) 대법원 2020. 6. 25. 선고 2016다257572 판결 [부인의소]

② 제1항의 규정은 채무자가 제140조제1항 및 제2항의 청구권에 관하여 그 징수의 권한을 가진 자에 대하여 한 담보의 제공 또는 채무의 소멸에 관한 행위에 관하여는 적용하지 아니한다."

(출처: 채무자 회생 및 파산에 관한 법률 일부개정 2022. 12. 27. [법률 제19102호, 시행 2023. 3. 1.] 법무부 > 종합법률정보 법령)

채무자 회사가 연대보증을 2012. 12. 24.이나 2013. 1. 22.에 한 것이 아니라 연대보증은 훨씬 이전에 한 것이고 다만 이를 변제한 행위이기 때문에 4호에 해당이 되지 않았고, "2013. 3. 말경 만기 도래한 하도급업체들의 전자방식 외상매출채권담보대출을 결제하지 못하는 등 실질적인 부도상태가 발생"했다는 것을 보아, 3호의 지급정지 전 60일 이내의 채무소멸행위도 아니라고 할 것입니다. 결국 1호에 의한 편파행위의 고의부인행위라고 하여 부인의 소를 제기하였던 것입니다.

편파행위에 관하여 소를 제기하는 입장에서는 행위의 상당성이 인정되는 경우에는 부인된다고 할 것이고 이 행위의 부당성의 요건을 흠결했다는 주장입증책임은 수익자에게 있다고 합니다.

사해행위취소의 경우에 목적의 정당성, 행위의 상당성, 상황의 불가피성 등에 대한 주장입증책임이 이미 수익자에게 있다고 할 것입니다. 왜냐하면, 원칙적으로 책임재산을 감소시키는 행위는 사해행위가 인정되기 때문에 이런 요건에 의하여 사해행위가 안 된다고 수익자에게 주장입증책임이 있다고 하는 것과 궤를 같이 하는 것으로 보입니다.

다. 타임텍 사례 – 토지와 공장 매수한 매수인의 선의 부정

"2. 사해행위의 성립에 관한 상고이유 주장에 관하여
채무자가 자기의 유일한 재산인 부동산을 매각하여 소비하기 쉬운 금전으로 바꾸는 행위는 특별한 사정이 없는 한 채권자에 대하여 사해행위가 된다고 볼 것이므로 채무자의 사해의사는 추정되고, 이를 매수한 자가 악의가 없었다는 증명책임은 수익자에게 있다(대법원 1998. 4. 14. 선고 97다54420 판결 등 참조).

원심은 제1심판결을 인용하여, **타임텍이 채무초과상태에서 유일한 재산인 이 사건 토지 및 3동 내지 6동 공장건물을 피고에게 매각한 행위는** 특별한 사정이 없는 한 원고에 대한 사해행위가 되고, 이 경우 채무자인 타임텍의 사해의사는 추정되며, **피고가 제출한 증거만으로는 이 사건 매매계약이 타임텍의 채무변제 또는 변제자력을 얻기 위한 정당한 목적으로 체결되었다거나 타임텍이 이 사건 매매계약을 체결하지 않으면 안 될 불가피한 상황이었다는 등의 사정을 인정하기에 부족하다고** 판단하였다.

원심판결 이유를 위 법리와 기록에 비추어 살펴보면, 위와 같은 원심의 판단은 정당하고, 거기에 상고이유 주장과 같이 논리와 경험의 법칙을 위반하여 자유심증주의의 한계를 벗어나거나 사해행위의 성립에 관한 법리를 오해하는 등의 위법이 없다.

3. 피고가 선의의 수익자라는 상고이유 주장에 관하여

사해행위 취소소송에서 수익자의 악의는 추정되므로 수익자가 자신의 책임을 면하려면 자신의 선의를 증명할 책임이 있다. 이 경우 수익자의 선의 여부는 **채무자와 수익자의 관계, 채무자와 수익자 사이의 처분행위의 내용과 그에 이르게 된 경위 및 동기, 처분행위의 거래조건이 정상적이고 이를 의심할 만한 특별한 사정이 없으며 정상적인 거래관계임을 뒷받침할 만한 객관적인 자료가 있는지, 처분행위 이후의 정황** 등 여러 사정을 종합적으로 고려하여 논리칙·경험칙에 비추어 합리적으로 판단하여야 한다(대법원 2008. 7. 10. 선고 <u>2007다74621</u> 판결 등 참조).

원심은 제1심판결을 인용하여, 그 판시와 같은 사정을 종합하여 보면 피고는 **이 사건 매매계약이 원고를 해하는 사해행위임을 알고 있었다고 봄이 상당하다고** 판단하였다.

원심판결 이유를 위 법리와 기록에 비추어 살펴보면, 위와 같은 원심의 판단은 정당하고, 거기에 상고이유 주장과 같이 논리와 경험의 법칙을 위반하여 자유심증주의의 한계를 벗어나거나 사해행위취소에 있어서 수익자의 선의에 관한 법리를 오해하는 등의 위법이 없다."[8]

"나. 원심이 인용한 제1심판결 이유 및 기록에 의하면, <u>원고는 주식회사 타임텍(이하 '타임텍'이라 한다) 설립 당시부터 타임텍에 스테인리스 판재 등을 납품해 오면서 지속적으로 거래를 하여 온 사실</u>, 이 사건 매매계약 당시인 2014. 11. 3. 원고의 타임텍에 대한 물품대금채권은 161,697,046원이었다가 2014. 11. 20.에는 162,627,288원으

---

8) 대법원 2017. 11. 29. 선고 2017다241819 판결 [사해행위취소]

로 증가하였고, 2014. 11. 25. 1억 원을 변제받아 물품대금채권은 62,627,288원이 되었으며, 이후 계속적으로 물품대금채권이 증가하여 원고와 타임텍 사이의 거래가 종료된 2015. 2. 12. 무렵 물품대금채권은 134,361,618원이 된 사실, 2014. 11. 25. 이후 타임텍이 원고에게 추가로 변제한 물품대금은 없는 사실을 알 수 있다.

다. 원심은 이러한 사실관계에 대하여, 이 사건 매매계약 이후에 원고와 타임텍 사이에 발생한 물품대금채권 역시 사해행위인 이 사건 매매계약 당시 이미 채권성립의 기초가 되는 법률관계가 발생되어 있었고, 그에 기초하여 가까운 장래에 채권이 성립되리라는 고도의 개연성이 있었으며, 실제로 가까운 장래에 원고가 타임텍에 대하여 물품대금채권을 가지게 되었으므로, 채권자취소권의 피보전채권이 될 수 있다고 판단하였다."[9]

원고는 회사이기 때문에 공개를 하였는데 피고는 단순히 "피고"라고만 한 점을 보면, 개인인 것으로 보입니다. 목적부동산은 토지와 3동 내지 6동의 공장 건물이었습니다. 피고가 이를 매수한 것으로 보입니다. 악의가 추정된다고 하였고 피고가 사해행위임을 알고 샀다고 보았습니다. 피고는 어느 정도 채무자회사와 관계된 자였을 가능성이 있었다고 보입니다. 다만 이 사건에서 있어서 선의는 부인하면서 피보전채권에 관한 원심의 판단이 잘못되었다고 하여 파기환송을 시킨 사건입니다. 계속적 물품거래 시의 피보전채권을 사해행위 당시까지 발생한 채권에 한하여 인정되는 것이 원칙이라는 판례이고 이는 앞에서 검토한 바가 있습니다.

라. 건영사례 - 사업지가 아닌 부동산을 채권자에게 우선수익권을 부여하기 위해 담보신탁계약을 체결한 경우

"원심은, 엘아이지건설 주식회사(변경 후 상호: 주식회사 건영, 이하 '엘아이지건설'이라 한다)가 과천시 타운하우스 사업(이하 '이 사건 사업'이라 한다)이 중단되는 등 사업을 통한 대출금의 변제가 불가능해지자 이 사건 대출금의 변제기 연장을 목적으로 원고와 이 사건 담보신탁계약을 체결하고 원고보조참가인(이하 '참가인'이라 한다)을 1순위 우

---

9) 대법원 2017. 11. 29. 선고 2017다241819 판결 [사해행위취소]

선수익자로 지정한 행위는 특정 채권자에 대한 담보제공행위로서 채무자회생법 제100조 제1항 제1호에 의하여 부인의 대상이 된다고 인정한 다음, 참가인이 엘아이지건설에 이 사건 대출금의 상환을 요구하였다가 추가 담보를 취득한 후 대출금 채무의 기한을 연장한 것은 통상적으로 금융기관이 취해야 할 합리적인 방식으로 대출 관련 업무를 취급한 것으로 볼 수 있는 점, 신용평가서에 의하면 엘아이지건설의 단기 유동성 위험은 대응 가능할 것으로 전망되었고, 실제로 엘아이지건설이 2011. 2. 28.부터 같은 해 3. 10.까지 242억 원가량의 CP를 발행하는 한편 2010. 12. 이후에도 여러 금융기관과 대출거래를 계속해 왔던 점, 엘아이지건설이 이 사건 대출금의 이자를 연체하지 않고 납부하였고, 당시 금융가에서는 계열사인 엘아이지건설에 대한 엘아이지그룹의 지원가능성을 신뢰하고 있었던 점, 엘아이지건설의 재무현황이 2010. 9. 기준 매출액 3,618억 원, 순익 43억 원으로 공시된 점 등을 종합하면, 참가인은 엘아이지건설이 채무초과의 상태에 있거나 곧 채무초과상태로 인하여 회생개시신청을 하게 될 상태에 있음을 알지 못한 채 이 사건 담보신탁계약을 체결하였다고 판단된다는 이유로, 참가인의 선의항변을 받아들였다.

그러나 원심의 이러한 판단은 다음과 같은 이유로 수긍하기 어렵다.

채무자의 일반재산의 유지·확보를 주된 목적으로 하는 채권자취소권의 경우와 달리, 이른바 편파행위까지 규제 대상으로 하는 채무자회생법의 부인권 제도에 있어서는 반드시 해당 행위 당시 부채의 총액이 자산의 총액을 초과하는 상태에 있어야만 부인권을 행사할 수 있다고 볼 필요가 없으므로(대법원 2005. 11. 10. 선고 2003다271 판결 등 참조), 원심이 참가인을 우선수익자로 하는 이 사건 담보신탁계약을 특정 채권자에 대한 담보제공행위로서 편파행위에 해당한다고 판단하면서 당시 엘아이지건설이 채무초과 상태에 있었는지에 대한 참가인의 인식 여부를 선의 인정의 주된 근거로 삼은 것은 잘못이다.

또한 원심판결 이유와 기록에 의하여 인정되는 다음과 같은 사정, 즉 ① 참가인은 2009. 5. 19. 최초로 시행사인 주식회사 김앤파트너스(이하 '김앤파트너스'라 한다)에 이 사건 대출금을 변제기 1년으로 정하여 대여하였고, 2010. 5. 27. 연대보증인이자 시공사인 엘아이지건설이 김앤파트너스의 채무를 인수하면서 이 사건 대출금의 변제기를 2010. 11. 27.까지로 정하였는데, 이 사건 사업의 공사는 2009. 5.경부터 중단되었고 분양실적도 없었으며, 공매를 통해 이 사건 사업 부지를 취득하기로 한 엘아이지건설이 2010. 10. 21.경 공매예정가가 14,173,000,000원으로 떨어졌음에도 공매 유찰을 방치하는 등 이 사건 사업의 정상적인 추진이 불가능하였고 참가인도 이와 같은 사정을 잘 알고 있었던 점, ② 참가인은 김앤파트너스와 주식회사 하나다올신탁의 신탁계약에 따른 1순위 우선수익권과 엘아이지건설의 2순위 우선수익권에 대한 근질권, 엘아이지건설이 교부한 백지어음을 담보로 가지고 있었는데, 위와 같이 이 사건 사업을 통한 대출금 회수가 불가능하게 되자, 2010. 11. 26. 엘아이지건설로부터 그 소유의 이 사건 부동산(이 사건 사업과 관계없는 진주시 강남동 소재 51필지 토지로 2010. 10. 6. 당시 감정평가액은 약 182억 원임)에 관한 우선수익권을 추가 담보로 제공받기로 하고 이 사건 대출금의 변제기를 2011. 5. 27.까지로 연장하였고, 엘아이지건설은 같은 날 원고와 사이에 이 사건 부동산에 관하여 부동산 담보신탁계약을 체결한 뒤 참가인을 1순위 우선수익자로 정하였으며, 2010. 11. 29. 이 사건 부동산에 관하여 위 담보신탁을 원인으로 한 원고 명의의 소유권이전등기를 경료하였는데, 추가담보를 제공받으면서 당해 프로젝트 파이낸싱 대출과 관련 없는 토지에 대해 제3자에게 보수를 지급하여야 하는 부동산담보신탁계약을 이용하는 것은 금융거래관행상 이례적이라고 보이는 점, ③ 엘아이지건설의 총차입금, 부채비율이 2008년부터 1년에 2,000억 원씩 증가하는 추세에 있었고, 특히 자기자본 대비 우발채무 비율이 2008년도에 2배에서 2010. 9.경 3.5배까지 증가하여 이 사건 부동산을 추가담보로 제공할 때에도 참가인에게 향후 특수목적법인을 설립하여 과천시 타운하우스 사업의 사업권을 인수시키고 이 사건 대출의 차주를 특수목적법인으로 변경하는 것을 조건으로 내걸었는데 이는 엘아이지건설의 부채비율을 낮추기 위한 것이었던 점, ④ 한국신용정보평가는 엘아이지건설의 단기 유동성 위험에 대하여 '2010. 10. 기준 총 차입금 5,251억 원 중 1년 내 만기도래하는 차입금이 4,803억 원으로 유동성 부담이 존재하고, 엘아이지그룹의 지원가능성 등을 고려할 경우 대응 가능한 것'으로 전망하고 있어 엘아이지그룹의 지원이 없다면 우발채무로 인한 단기 유동성 위험이 현실화될 가능성이 예상되었고, 실제로 이 사건 담보신탁계약 후 4개월 이내인 2011. 3. 21. 엘아이지건설이 회생을 신청한 점 등을 종합하여 보면, 참가인에게는 채무자인 엘아이지건설과 마찬가지로 회생절차가 개시되는 경우에 적용되는 채권자평등의 원칙을 회피하기 위하여 이 사건 담보신탁계약의 우선수익자로 지정됨으로써 다른 채권자들을 해한다는 인식이 있었다고 볼 여지가 충분하다."[10]

이 사건은 부인결정에 대한 이의였습니다. 그렇기 때문에 원고가 수익자의

---

10) 대법원 2016. 1. 14. 선고 2014다18131 판결 [부인결정이의]

위치에 있다고 할 것입니다. 원고는 무궁화신탁이었고 우선수익권을 받은 자는 푸른상호저축은행이었습니다.

이 판례를 보면, 앞의 stx건설 사례와 동일하게 원심에서는 "**당시 엘아이지 건설이 채무초과 상태에 있었는지에 대한 참가인의 인식 여부를 선의 인정의 주된 근거로 삼은 것**"은 것은 잘못이라고 하였습니다. 편파행위의 고의부인의 경우는 사해행위취소와 다르게 선의인정을 하는 것임을 알 수 있고, 선의인정이 훨씬 어렵다는 것을 알 수 있습니다.

마. 동시이행의 대물변제약정 판결을 집행하기 위하여 아파트 2채를 처분한 사건

"2. 수익자의 선의에 관한 상고이유에 대하여

가. 사해행위 취소소송에서 수익자의 악의는 추정되므로 수익자가 자신의 책임을 면하려면 자신의 선의를 증명할 책임이 있다. 이 경우 수익자의 선의 여부는 채무자와 수익자의 관계, 채무자와 수익자 사이의 처분행위의 내용과 그에 이르게 된 경위 및 동기, 처분행위의 거래조건이 정상적이고 이를 의심할 만한 특별한 사정이 없으며 정상적인 거래관계임을 뒷받침할 만한 객관적인 자료가 있는지, 처분행위 이후의 정황 등 여러 사정을 종합적으로 고려하여 논리칙 · 경험칙에 비추어 합리적으로 판단하여야 할 것이다(대법원 2008. 7. 10. 선고 2007다74621 판결 등 참조).

나. 원심판결 이유와 기록에 의하면, ① 피고는 소외 3의 어머니의 지인 소개로 이 사건 아파트를 시가에 근접한 1억 8,000만 원에 매수하는 내용의 이 사건 매매계약을 체결하였는데, 그 당시 피고가 소외 1과 사이에 친인척 관계에 있는 등 소외 1의 재정상황이나 거래 경위에 관하여 알았음을 인정할 증거는 없는 점, ② 피고는 2014. 4. 11. 까지 소외 1에게 이 사건 매매계약에 따라 이 사건 아파트의 매매대금 1억 8,000만 원을 모두 지급하였고, 2014. 5.경부터 이 사건 아파트를 인도받아 이에 거주하고 있는 것으로 보이는 점을 알 수 있다.

이와 같은 사정을 앞서 본 법리에 비추어 살펴보면, 수익자인 피고가 채무자인 소외 1의 재정상황이나 거래 경위에 관하여 알지 못하는 상황에서 이 사건 아파트를 시가와 근접한 가격에 매수한 후 그 매매대금을 모두 지급하고 이 사건 아파트를 인도받아 이에 거주하게 된 것이므로, 피고는 이 사건 매매계약이 사해행위에 해당함을 알지 못하고 이 사건 아파트를 매수한 선의의 수익자에 해당한다고 볼 여지가 충분하다. 그리고 비록 이 사건 매매계약 체결부터 계약 이행의 완료에 이르기까지의 기간이 9일에 불과하더라도 소외 1이 이 사건 아파트 등에 관한 소유권이전등기를 마치기 위한 자금 265,110,000원을 마련할 목적으로 불가피하게 신속히 이 사건 아파트와 이 사건 301호 아파트를 피고와 소외 3에게 매도하고자 하였기 때문으로 볼 수 있으므로, 피고가 소외 1의 재정상황 등에 관하여 알지 못하였다고 할 수 있는 이상 이러한 사정들은 피고의 사해행위에 대한 악의 추정 번복에 장애가 되지 아니한다.”
그럼에도 원심은 그 판시와 같은 이유를 들어 이 사건 매매계약이 사해행위가 됨을 알지 못한 선의의 수익자에 해당한다는 피고의 주장을 배척하였으니, 원심판결에는 사해행위 취소에서의 수익자의 선의와 그에 대한 증명책임에 관한 법리를 오해하여 심리를 다하지 아니함으로써 판결 결과에 영향을 미친 위법이 있다. 이 점을 지적하는 상고이유의 주장은 이유 있다.”[11)

　　이 판례는 책임재산을 처분하더라도 예외적으로 사해행위가 되지 않는다고 판시하였던 사례들에서 이미 검토를 하였습니다. 그것만이 아니라 선의의 수익자 인정 여부도 대법원은 판시를 하였고 원심의 판단이 잘못되었다고 판단하였습니다.

바. 지분을 매수하면서 채무자의 지분까지 매수한 경우 - 채권자가 자신의 압류등기를 말소해 주고 나서 사해행취소소송을 제기한 경우 - 신의칙 위반

“가. 사해행위취소소송에서 수익자의 선의 여부는 채무자와 수익자의 관계, 채무자와 수익자 사이의 처분행위의 내용과 그에 이르게 된 경위 또는 동기, 그 처분행위의 거래조건이 정상적이고 이를 의심할 만한 특별한 사정이 없으며 정상적인 거래관계임을 뒷받침할 만한 객관적인 자료가 있는지 여부, 그 처분행위 이후의 정황 등 여러 사정을 종합적으로 고려하여 합리적으로 판단하여야 한다(대법원 2008. 7. 10. 선고 2007다

---

11) 대법원 2015. 12. 24. 선고 2015다48467 판결 [사해행위취소등]

74621 판결 등 참조).

나. 원심판결 이유와 기록에 의하면 다음과 같은 사정들을 알 수 있다.

(1) 소외 1은 그 소유의 대구 중구 (주소 1 생략) 대지 및 건물을 매각하여 그 대금으로 체납 세금 561,125,280원을 납부하였으나, 위 부동산 양도로 인한 양도소득세 등 269,190,530원을 납부하지 못하였다.

이에 원고 산하의 북대구세무서장이 2012. 3. 27. 이 사건 부동산 중 소외 1의 지분을 압류하자 소외 3은 강한 항의와 함께 민원을 제기하면서 '2012. 5. 1.에 5,000만 원, 같은 해 5. 20.에 3,900만 원, 같은 해 8월 내지 9월에 1억 5,000만 원을 납부하고, 동성로 건물(이 사건 부동산에 관한 소외 1, 소외 2의 지분을 의미하는 것으로 보인다)도 가처분 등이 해제되면 매매해서 9월경에 1억 원 정도를 납부하며, 소송을 통해 다른 형제들로부터 받아야 할 돈이 2~3억 원이 넘는데 소송이 끝나면 전액 납부하겠다'는 취지의 납부계획서를 북대구세무서에 제출하였다.

북대구세무서장은 '위 납부계획서는 소외 1과 소외 2의 양도소득세 체납액에 대한 것으로 소외 1과 소외 2의 양도소득세가 기존 체납 세금을 납부하기 위해 소유 부동산을 양도하여 발생한 것임을 고려할 때 신빙성이 있으므로, 우선 압류를 해제하고 추후 납부계획서에 따른 납부약속을 어길 경우 다시 압류하자'는 담당자의 검토의견을 받아들여 2012. 4. 17. 위 압류를 해제하였다.

(2) 대구 중구 동성로 1가 (주소 2 생략), (주소 3 생략), (주소 4 생략), (주소 5 생략), (주소 6 생략), (주소 7 생략) 등 6개 필지 지상에는 있는 건물은 3개의 호로 구분되어 있고, 각 호는 각각 지하와 지상 3층으로 이루어져 있는데, 그중 제1호가 이 사건 부동산 중 원심판결 별지 목록 기재 4 부동산이다. 피고는 2008. 7. 14. 공인중개사 소외 4의 중개로 소외 5로부터 위 동성로 1가 (주소 4 생략) 대 69.4㎡와 그 위에 있는 부분으로서 위 제1호와 벽체 없이 붙어 있는 제3호를 3억 7,000만 원에 매수하였고, 2011. 5. 20. 소외 6으로부터 이 사건 부동산 중 소외 6의 지분을 2억 9,000만 원에 매수하였다. 그리고 피고는 2012. 4. 25. 소외 4의 중개로 이 사건 부동산 중 소외 1, 소외 2의 지분을 매수하고, 소외 4에게 수수료로 200만 원을 지급하였다.

피고는 이 사건 매매대금 지급과 관련하여 이 사건 부동산 중 원심판결 별지 목록 기재 4 부동산에 대한 임대차보증금반환채무 3,850만 원을 인수하고, 소외 1, 소외 2의 소외 7(가처분권자)에 대한 채무 1,200만 원, 소외 6(가압류권자)에 대한 채무 6,000만 원, 주식회사 국민은행(가압류권자)에 대한 채무 3,900만 원을 피고가 대신 지급하기로 한 다음, 소외 1, 소외 2에게 2012. 4. 20. 가계약금으로 500만 원, 2012. 4. 25. 나머지 매매대금으로 7,050만 원을 지급하여 매매대금 2억 2,500만 원을 모두 지급하였다. 위와 같은 이 사건 부동산의 구조와 현황, 거래의 경과 등에 비추어 보면 피고가 소외 5, 소외 6에 이어 소외 1, 소외 2로부터 위와 같이 이 사건 부동산의 지분이나 인접 부동산을 매수함으로써 전체 부동산에 관한 지배권을 확대해 온 경위나 과정, 동기 등에 정상적인 거래가 아니라고 할 만한 사정은 보이지 않는다.

(3) 피고가 2011. 5. 20. 소외 6으로부터 2억 9,000만 원에 매수한 지분은 원심판결 별지 목록 기재 1, 3, 4 부동산 중 각 1/2 지분, 같은 2 부동산 중 1/4 지분이고, 피고가 이 사건 매매계약을 통해 소외 1, 소외 2로부터 2억 2,500만 원에 매수한 그들 지분의 합은 위 1, 3, 4 부동산 중 각 3/8 지분, 위 2 부동산 중 3/16 지분이다. 즉 피고가 소외 1, 소외 2로부터 매수한 지분은 소외 6으로부터 매수한 지분의 3/4에 해당하는데, 이러한 비율은 그 매매대금인 2억 2,500만 원과 2억 9,000만 원 사이의 비율과 별 차이가 없다. 따라서 피고가 이 사건 매매계약의 대금이 이례적으로 저렴한 것이라고 인식하였을 여지는 별로 없어 보인다.

(4) 피고는 소외 4의 설명과 등기부등본의 기재를 통해 원고가 이 사건 부동산 중 소외 1 지분에 대하여 한 압류가 해제되었음을 확인하고 이 사건 매매계약을 체결하였다. 채권자, 특히 국가가 그 조세채권을 변제받지 않은 상태에서 체납자의 재산에 대하여 이미 행한 압류를 해제하는 경우가 흔하다고 하기는 어려울 것이므로, 피고로서는 소외 1이 조세채무를 변제하였다고 생각하였을 여지가 충분히 있고, 이와 달리 소외 1, 소외 2가 조세채무를 변제하지 않았음에도 위 압류가 해제되었음을 피고가 알았다거나 그들과 피고가 이러한 압류해제 과정에서 어떠한 공모를 하였음을 알 수 있는 자료는 찾아볼 수 없다.

(5) 피고의 남편인 소외 8은 2008. 10. 21. 이 사건 부동산 중 건물 일부를 소외 1로부터 임차한 이후 임대차관계를 유지해 왔을 뿐 피고가 소외 1, 소외 2의 재산이나 채무 규모, 특히 그들의 채무가 적극재산을 초과하여 무자력 상태에 있었는지까지 알 수 있는 특별한 관계에 있었다고 볼 만한 구체적인 사정은 보이지 않는다.

또한 국세채권에 기하여 기입되었던 압류등기가 말소되었다거나 상속인들 사이의 유류분 분쟁으로 인한 민사판결에 기하여 소외 1, 소외 2를 채무자로 한 채권압류 및 추심명령이 발령되었다는 등의 사정이 피고로 하여금 소외 1, 소외 2의 채무초과 상태를 알게 할 만한 것이라고 보기도 어렵다.

다. 이러한 사정들을 앞서 본 법리에 비추어 살펴보면, 피고는 국세채권에 기한 원고의 압류가 해제되었음을 확인한 다음 자신이 이미 지분을 소유하고 있는 이 사건 부동산의 지분을 추가로 취득하기 위하여 공인중개사의 중개 하에 종전에 지분을 취득하였을 때와 비슷한 가격으로 이 사건 매매계약을 체결하고, 그 계약에서 정한 바에 따라 매매대금을 정상적으로 지급한 것이므로, 이 사건 매매계약 체결 당시 그것이 소외 1, 소외 2의 채권자를 해하는 사해행위가 된다는 사실을 알지 못하였다고 보는 것이 타당하다. 나아가 원고는 이 사건 부동산 중 소외 1, 소외 2의 지분을 처분하여 체납 세금을 납부하겠다는 소외 3의 납부계획을 믿고 소외 1 지분에 대하여 한 압류를 해제해 줌으로써 적어도 그들의 재산처분행위를 양해 내지 용인하였다고 보아야 할 것이므로, 이러한 원고가 그 처분행위의 상대방인 피고를 상대로 그 처분행위의 취소를 구하는 것은 신의칙에 반한다고 볼 여지도 있다.

그럼에도 원심은 판시와 같은 이유만으로 원고의 피고에 대한 이 사건 사해행위취소청구를 인용하였으므로, 이러한 원심판결에는 사해행위취소소송에서 수익자의 선의 등에 관한 법리를 오해함으로써 판결에 영향을 미친 잘못이 있다. 이 점을 지적하는 상고이유의 주장에는 정당한 이유가 있다."[12]

수익자는 채무자와 전혀 모르는 사이는 아니었습니다. 수익자의 남편이 채무자 소외 1과 임대차계약을 체결하였고 이를 사용하고 있었던 상황이었지만 소외 1의 채무상황을 알 수 있었던 위치에는 있지 않다고 보았습니다. 또한 소외 5, 6의 부동산 지분을 매수한 이후에 소외 1, 2의 지분매수하는 과정이었던 점과 가격을 비교하여 볼 때 비율상으로 큰 문제가 없고, 원고의 압류가 말소되었기 때문에 피고로서는 변제로 말소된 것이라고 믿을 신뢰가 있었다고 할 것이며, 중개인을 통하여 매매계약이 체결된 점 등을 보면, 선의의 수익자라고 보아야 한다고 판시하였습니다. 올바른 판단이라고 할 것입니다.

---

12) 대법원 2016. 1. 28. 선고 2014다220132 판결 [사해행위취소]

사. 장기간 이탈리아에 거주하는 수익자가 잠시 한국에 들어와서 부동산을 구입하고 5일만에 이전등기를 경료한 사례 – 수익자 모르게 채무자가 새로운 임차인에게 1억 원 돈을 빌려준 정황이 있음

"2. 수익자의 선의에 관한 상고이유에 대하여

가. 사해행위 취소소송에서 수익자의 악의는 추정되므로 수익자가 자신의 책임을 면하려면 자신의 선의를 증명할 책임이 있다. 이 경우 수익자의 선의 여부는 채무자와 수익자의 관계, 채무자와 수익자 사이의 처분행위의 내용과 그에 이르게 된 경위 및 동기, 처분행위의 거래조건이 정상적이고 이를 의심할 만한 특별한 사정이 없으며 정상적인 거래관계임을 뒷받침할 만한 객관적인 자료가 있는지, 처분행위 이후의 정황 등 여러 사정을 종합적으로 고려하여 논리칙 · 경험칙에 비추어 합리적으로 판단하여야 할 것이다(대법원 2008. 7. 10. 선고 2007다74621 판결 등 참조).

나. 원심판결 이유와 기록에 의하면 다음과 같은 사정을 알 수 있다.

(1) 피고는 장기간 이탈리아에서 거주하고 있었고, 2011. 11. 7. 입국하여 2011. 12. 6. 출국이 예정되어 있었다.

(2) 피고는 2011. 11. 21. 대영공인중개사무소 소속 중개업자 소외 2의 중개로 소외 1로부터 이 사건 부동산을 시가와 근접한 10억 8,000만 원에 매수하는 내용의 이 사건 매매계약을 체결하였는데, 그 당시 피고가 소외 1과 사이에 친인척 관계에 있는 등 소외 1의 재정상황이나 거래 경위에 관하여 알았음을 인정할 증거는 없다.

(3) 이 사건 매매계약에 따라 피고는 2011. 11. 21. 그 명의의 계좌에서 소외 1 명의의 계좌로 계약금 1억 원을 이체하였고, 중도금 지급일인 2011. 11. 22. 합계 2억 5,000만 원 상당의 수표 3장을 발행받아 이들 수표로 소외 1에게 중도금 2억 5,000만 원을 지급하였으며, 잔금 지급일인 2011. 11. 25. 피고의 처인 소외 3으로부터 송금받은 2억 원과 이 사건 부동산을 담보로 안양서부새마을금고로부터 대출받은 2억 2,000만 원 및 이 사건 부동산을 소외 4에게 임대하고 받은 임대차보증금 3억 5,000만 원으로 합계 7억 3,000만 원 상당의 수표들을 발행받아 이들 수표로 소외 1에게 잔금 7억 3,000만 원을 지급하였다.

(4) 한편 처음 소외 2의 중개로 이 사건 부동산을 임차한 소외 4는 입주를 포기하고 피고로부터 임대차보증금 3억 5,000만 원을 반환받았지만 곧바로 이행기가 소외 2의 중개로 이 사건 부동산을 임차하면서 임대차보증금 3억 5,000만 원을 피고에게 지급하였고 그 때부터 이행기가 이 사건 부동산을 점유하였다.

다. 이와 같은 사실관계를 앞서 본 법리에 비추어 살펴보면, 수익자인 피고가 채무자인 소외 1의 재정상황이나 거래 경위에 관하여 알지 못하는 상황에서 중개업자를 통하여 이 사건 부동산을 시가와 근접한 가격에 매수한 후 그 매매대금을 모두 지급하고 이 사건 부동산을 임대하여 임차인으로 하여금 이 사건 부동산을 점유하게 한 것이므로, 피고는 이 사건 매매계약이 사해행위에 해당함을 알지 못하고 이 사건 부동산을 매수한 선의의 수익자에 해당한다고 볼 여지가 충분하다. 그리고 비록 이 사건 매매계약 체결부터 계약 이행의 완료에 이르기까지의 기간이 주식회사 아티포트가 당좌거래정지처분을 받은 2011. 11. 30. 전의 5일에 불과하더라도 이는 피고가 출국이 임박하여 이 사건 부동산 매수를 신속히 마무리하고자 하였기 때문이고, 처음 피고로부터 이 사건 부동산을 임차하였던 소외 4가 임대차보증금을 소외 1 측으로부터 차용하였더라도 피고가 이를 알았다고 볼 수 없으므로, 피고가 소외 1의 거래 경위에 관하여 알지 못하였다고 할 수 있는 이상 이러한 사정들은 피고의 사해행위에 대한 악의 추정 번복에 장애가 되지 아니한다.

그럼에도 원심은 그 판시와 같은 이유를 들어 이 사건 매매계약이 사해행위가 됨을 알지 못한 선의의 수익자에 해당한다는 피고의 주장을 배척하였으니, 원심판결에는 사해행위 취소에서의 수익자의 선의와 그에 대한 증명책임에 관한 법리를 오해하여 심리를 다하지 아니함으로써 판결 결과에 영향을 미친 위법이 있다. 이 점을 지적하는 상고이유의 주장은 이유 있다."13)

이런 사실관계를 보면, 중개인을 통한 거래였고, 수익자가 채무자의 재정상태를 알 수 있는 친인척관계가 없고 더욱 수익자는 외국에 장기간 거주하는 사람으로서 채무자와 공모하거나 할 이유도 없고, 실제적으로 모든 돈이 지급이 되었고, 5일만에 소유권이전등기가 경료된 것은 수익자가 외국에 출국할 필요성이 있었다고 할 것이며, 채무자 소외 1인 소외 4 임차인의 보증금 3억 5천만 원 중 1억 원을 대여해 준 것을 수익자로서 알 수가 없었기 때문에 이런 선의 인정 여부에 문제가 되지 않는다고 할 것입니다.

또한 사해행위 선의 여부는 매매계약체결시점에 알아야 하는 것인데, 채무자 소외 1과 새로운 임차인 소외 4간에 1억 원을 빌려주고 하는 것은 아마 사해

---

13) 대법원 2015. 10. 29. 선고 2015다37504 판결 [사해행위취소]

행위라는 매매계약체결 이후에 이루어졌을 것인바 이를 매매계약시점에는 알 수가 없었다고 할 것입니다.

아. 수익자의 대리인인 운영하는 회사가 채무자가 운영하는 회사의 재하수급인이었고, 도급인 재하수급인 그리고 도급인의 대표이사인 채무자와 합의서 작성하면서 근저당권부채권양도계약서가 작성된 사례

"3. 그러나 원심의 위와 같은 판단은 다음과 같은 이유로 그대로 수긍하기 어렵다.

(1) 원심은 소외 2와 소외 1이 직접 거래관계에 있지 않고 피고와 소외 1도 아무런 거래관계가 없어 소외 2와 피고가 소외 1의 재정 상태를 미리 알았다고 볼 수 없다고 하였는바, 이는 추측에 불과하여 피고의 선의를 인정하기에 충분하지 못한 것들이고, 기록을 살펴 보아도 피고가 이 사건 양도계약 당시 선의였다고 인정할 만한 객관적이고도 납득할 만한 증거자료 등을 찾아볼 수 없다.

오히려 원심이 인정한 사실과 기록에 나타난 다음과 같은 사정, 즉 ① 소외 2가 대표이사로 있는 주식회사 청민건설(이하 '청민건설'이라 한다)은 주식회사 대가건설(이하 '대가건설'이라 한다)로부터, 대가건설이 소외 1이 대표이사로 있던 주식회사 코스템(이하 '코스템'이라 한다)으로부터 도급받은 경산시 남산면 (주소 생략) 일대 토목공사를 하도급받아 공사를 하였으나 대가건설이 코스템으로부터 공사대금을 받지 못하여 청민건설에 공사대금을 지급하지 못하게 되자, 대가건설로부터 코스템에 대한 공사대금 채권 중 9억 원을 양도받은 후 2011. 2. 11. 코스템을 상대로 대구지방법원 서부지원 2011가합475호로 양수금 6억 원의 지급을 구하는 소를 제기하여 2011. 6. 9. 승소판결을 받은 사실, ② 청민건설과 대가건설은 위 소를 제기하기 전인 2010. 12. 공사대금 미지급을 이유로 소외 1을 사기 혐의로 고소한 사실, ③ 청민건설, 코스템, 소외 1은 위 민사사건 판결 선고 직전인 2011. 6. 8. 코스템과 소외 1이 청민건설에 9억 원을 변제하는 대신 청민건설은 소외 1에 대한 고소를 취하하기로 하면서 소외 2에 대하여 2억 원의 대여금 채권을 가지고 있는 피고에게 이 사건 근저당권부채권을 직접 양도하기로 합의하였고, 그에 따라 같은 날 소외 1이 피고에게 이 사건 근저당권부채권을 양도하는 내용의 이 사건 양도계약서가 작성된 사실, ④ 청민건설은 이 사건 양도계약을 체결하기 약 4개월 전인 2011. 2. 소외 1과 코스템 소유의 위 토목공사 부지를 가압류하였는데, 이미 그 전에 위 부지에는 채권최고액 6억 2,500만 원과 3억 원 등 2건의 근저당권과 주식회사 대구은행의 지상권이 설정되어 있었고, 2011. 5. 13.에는 근저당권자인 소외 3의 신청에 의해 위 부지에 대한 경매개시결정이 내려진 사실, ⑤ 피고는 제1심에서 제출한 답변서에서, 소외 2가 채무변제를 독촉하는 피고에게, 대가건설이 소외 2에게 공사대금을 지급하는 대신 코스템에 대한 공사대금 채권 중 9억 원을 소외 2에게 양도함에 따라 소외 2가 코스템을 상대로 6억 원의 양수금청구의 소를 제기하였고 아울러 대가건설과 함께 소외 1을 사기죄로 형사고소하였다고 하면서 민·형사사건이 종결될 때까지 조금만 기다려 달라고 부탁하였고, 이 사건 양도계약 체결 전인 2011. 5.에도 소외 2는 피고에게 이 사건 근저당권부채권 중 6억 원을 소외 1로부터 이전받기로 했는데 위 채권의 채무자인 의료법인 영덕제일병원의 부도 등으로 실제로 받을 수 있는 채권액은 약 2억 원이 된다고 하면서 이를 피고가 소외 1로부터 직접 양도받을 수 있도록 조치해 주겠다고 하였다고 진술하고 있는 사실 등을 종합하여 보면, 소외 2는 이 사건 양도계약 체결 전부터 소외 1이 채무 초과 상태에 있음을 인식하고 있었고, 피고 역시 소외 2를 통하여 그와 같은 사정을 인식하고 있었다고 봄이 상당하므로 수익자인 피고의 악의 추정이 번복된다고 볼 수 없다.

(2) 한편, 대리인이 한 법률행위가 사해행위인지를 판단함에 있어 수익자 또는 전득자의 사해행위에 대한 악의의 유무는 대리인을 기준으로 판단하여야 하는바(대법원 2006. 9. 8. 선고 2006다22661 판결 참조), 기록에 나타난 이 사건 양도계약의 체결 경위 및 청민건설, 코스템, 소외 1 사이의 위 합의서(을나 제12호증의1)와 소외 1과 피고사이의 이 사건 양도계약서(을나 제13호증의2)가 같은 날 작성된 점 등에 비추어 보면, 소외 2가 피고를 대리하여 이 사건 양도계약을 체결하였을 가능성이 높고, 그 경우 피고의 악의 유무는 소외 2를 표준으로 결정하여야 하는데, 위에서 본 바와 같이 소외 2는 소외 1이 채무 초과 상태에 있음을 미리 알고 있었음이 분명하다.

(3) 그럼에도 원심은 그 판시와 같은 이유만으로 선의의 수익자라는 피고의 주장을 받아들여 원고의 청구를 배척하였는바, 이는 사해행위취소에서 수익자의 선의에 관한 법리를 오해하거나 필요한 심리를 다하지 아니하여 판단을 그르친 것이다. 이 점을 지적하는 원고의 주장은 이유 있다."[14]

원고는 신용보증기금이었습니다. 도급인 → 수급인(재하도급인) → 재하수급인으로 공사대금이 지급되어야 하는데 도급인이 돈을 주지 않자 재하수급인 대

---

14) 대법원 2013. 11. 28. 선고 2013다206986 판결 [구상금]

표이사(수익자의 대리인)가 적극적으로 나서서 수급인으로부터 수급인이 도급인에게 받을 공사채권 9억 원을 양도받아 이 중 6억 원에 대하여 양수금청구소송을 하여 승소판결을 받았고 수급인과 재하수급인은 채무자인 도급인의 대표이사를 사기죄로 고소해 놓은 상태였습니다. 양수금 판결 전날인 2011. 6. 8.에 도급인, 재하수급인 그리고 채무자가 합의하였는데 그 합의 내용을 도급인회사가 재하수급인 회사에게 9억 원을 지급하고 재하수급인은 채무자에 대한 고소를 취하하기로 한 것입니다. 재하수급인의 대표이사는 피고에게 2억 원의 채무가 있었고 피고 2로부터 독촉을 받고 있었기 때문에 재하수급인의 대표이사는 재하수급인회사가 도급인회사로부터 받을 채권 중 2억 원 정도는 피고에게 보장을 해 주어야 하기 때문에 도급인회사의 대표이사가 가지고 있던 근저당권부채권을 피고에게 직접 양도하고 근저당권을 이전하여 주기로 합의를 하였고 이에 이 사건 채권양도계약서가 같은 날 작성이 되었습니다.

그런데 재하수급인의 대표이사인 소외 2가 왜 9억 원의 채권을 양수받았는데 6억 원에 대하여만 양수금청구소송을 제기한 것인지 조금 의아할 수 있는데 이는 2011. 6. 8. 이전부터 즉 양수금 소제기한 <u>2011. 2. 11.</u> 이전부터 합의가 있었던 것이 아닌가라는 생각이 듭니다.

"<u>이 사건 양도계약 체결 전인 2011. 5.에도 소외 2는 피고에게 이 사건 근저당권부채권 중 6억 원을 소외 1로부터 이전받기로 했는데 위 채권의 채무자인 의료법인 영덕제일병원의 부도 등으로 실제로 받을 수 있는 채권액은 약 2억 원이 된다</u>고 하면서 이를 <u>피고가 소외 1로부터 직접 양도받을 수 있도록 조치해 주겠다고 하였다고 진술</u>하고 있는 사실"을 보면, 채무자인 소외 1과 재하수급인의 대표이사 소외 2는 서로 합의를 하여 채권양수받은 9억 원인데 이 중에 2억 원을 피고에게 이 사건 채권양도를 해주어서 변제하는 것으로 하고 그 대신에 도급인회사는 재하수급인 대표이사 소외 2에게 6억 원을 지급하기로 하였기 때문에 소외 2가 도급인회사를 상대로 양수금 청구소송시에 6억 원으로 하여 소를 제기한 것이 아닌가 하는 생각이 듭니다. 그랬기 때문에 2011. 5.에도 이런 말이 나온 것으로 보입니다.

다만 양수금 선고일 전날인 2011. 6. 8. 도급인이 재하수급인에게 9억 원을 변제한다고 한 것은 총 양도금액이 9억 원이었기 때문에 이를 기재한 것일 뿐이라고 보입니다. 양수인은 사실 소외 2이지 재하수급인 회사는 아니었습니다.

피고의 답변서에 기재된 내용을 보면, "소외 2가 채무변제를 독촉하는 피고에게, 대가건설이 소외 2에게 공사대금을 지급하는 대신 코스템에 대한 공사대금 채권 중 9억 원을 소외 2에게 양도함에 따라 소외 2가 코스템을 상대로 6억원의 양수금청구의 소를 제기하였고 아울러 대가건설과 함께 소외 1을 사기죄로 형사고소하였다고 하면서 민·형사사건이 종결될 때까지 조금만 기다려 달라고 부탁"하였다는 내용이 있습니다. 9억 원의 채권을 양수받은 소외 2가 왜 도급인회사를 상대로 6억 원의 양수금청구소송을 제기한 것인지를 검토해야 할 것입니다.

사실 이 사건의 판단에 있어서 소외 2가 피고를 대리하여 이 사건 채권양도계약서, 즉 근저당권채권에 대한 채권양도계약서를 작성한 것은 명확하기 때문에 선의여부는 대리인인 소외 2를 기준으로 하여 파악을 해야 할 것이고 이런 점에서 보면, 수익자의 악의는 인정될 가능성이 큽니다. 대법원은 "분명하다"라고 하고 있을 정도입니다. 그러나, 만약 채권양도계약을 하기로 한 시점이 2011. 2. 11. 이전이라고 한다면 채권발생의 고도의 개연성에 관한 다른 판단이나 채무초과에 관한 다른 판단이 나올 수 있습니다.

> "소외 1이 채무초과 상태에서 신용보증사고 발생일인 2011. 6. 2.로부터 6일 후인 2011. 6. 8. 이 사건 양도계약을 체결하고 다음날 피고 명의로 위 확정채권양도를 원인으로 한 근저당권지분전부이전의 부기등기를 마쳐준 점 등에 비추어 볼 때 소외 1의 사해의사가 인정되며, 채무자인 소외 1의 사해의사가 인정되는 이상 수익자인 피고도 이를 알고 있었을 것으로 추정된다고 하였다."15)

만약 2011. 2. 11. 이전에 이런 내용의 채권양도계약의 합의가 있었다고 하더라도 신용보증사고 발생일이 2011. 6. 2.이라고 한다면 상당히 앞선 것이 아닌 이상은 고도의 개연성이 있었다고 볼 수 있을 것입니다.

"이 사건 채권양도계약을 체결하기 약 4개월 전인 2011. 2. 소외 1과 코스

---

15) 대법원 2013. 11. 28. 선고 2013다206986 판결 [구상금]

<u>템 소유의 위 토목공사 부지를 가압류</u>"를 하였다는 것을 보면, 부동산가압류신청을 하고 양수금 청구소송을 제기한 것으로 보이며, 2011. 6. 9.에 선고가 있었던 것을 보면, 도급인인 코스템은 이 양수금 사건에 다투지 아니하였고 의제자백으로 끝났을 것으로 보입니다. 이는 가압류나 양수금 청구소송 이전에 이미 이 사건 근저당권은 피고에게 넘겨주기로 하고 대신 6억 원만 청구하기로 하는 약정이 있었다고 할 것입니다. 만약 2억 원을 이 사건 근저당권을 피고에게 양도하여 주기로 한 것이며, 소외 2는 도급인회사를 상대로 7억 원을 청구하여야 하는데 6억 원을 청구한 것은 이와 같이 근저당권을 소외 2의 채권자인 피고에게 넘겨주는 대신에 6억 원만 청구하기로 하는 합의가 있었을 가능성이 크다고 할 것입니다.

이 사건은 선·악의에 관한 판단에 있어서 수익자의 대리인이 계약을 체결한 경우에 대리인을 기준으로 하여 판단하여야 한다는 대법원 판례를 재차 확인함과 함께 악의의 대리인이 어떤 경우인지를 보여주는 좋은 사례라고 할 것입니다. 그럼에도 불구하고 대구지방법원의 원심은 원고의 청구를 기각하였으니 대법원은 추측에 의한 판결이고 객관적 선의를 입증할 자료도 없다고 하면서 강하게 원심을 비판하고 있다고 할 것입니다. 당연히 채무자 소외 1과 피고 사이에는 어떠한 금전적 거래관계도 없을 것이기 때문에 선의를 입증할 만한 객관적 자료가 존재할 수가 없었던 사건이었습니다.

자. 대여금채권의 변제에 갈음하여 창고건물을 이전받았는데 선의가 인정된 사례

"사해행위취소소송에서 수익자의 악의는 추정되므로 수익자로서는 자신의 책임을 면하려면 자신의 선의를 입증할 책임이 있다 할 것인데, 이 경우 수익자의 선의 여부는 채무자와 수익자의 관계, 채무자와 수익자 사이의 처분행위의 내용과 그에 이르게 된 경위 또는 동기, 그 처분행위의 거래조건이 정상적이고 이를 의심할 만한 특별한 사정이 없으며 정상적인 거래관계임을 뒷받침할 만한 객관적인 자료가 있는지 여부, 그 처분행위 이후의 정황 등 여러 사정을 종합적으로 고려하여 논리칙·경험칙에 비추어 합리적

> 으로 판단하여야 할 것이다(대법원 2008. 7. 10. 선고 2007다74621 판결 참조).
> 원심판결 이유에 의하면, 원심은 그 채택 증거에 의하여 판시와 같은 사실을 인정한 다음, 원고의 소외 1에 대한 이 사건 구상금 채권은 채권자취소권의 피보전권리가 되고, 소외 1이 채무초과상태에서 사실상 그의 유일한 재산인 이 사건 창고건물을 피고의 남편인 소외 2에 대한 차용금채무의 변제에 갈음하여 피고에게 매도하는 내용의 이 사건 매매계약은 사해행위가 되며 수익자인 피고의 악의는 추정되지만, 그 판시와 같은 사정에 비추어 보면 피고는 이 사건 매매계약 체결 당시 그로 인하여 소외 1의 일반채권자를 해한다는 사실을 알지 못하였다고 봄이 상당하므로 피고에 대한 악의의 추정은 번복되었다고 판단하였다.
> 앞서 본 법리와 기록에 비추어 살펴보면, 원심의 위와 같은 판단은 정당하여 수긍할 수 있고, 거기에 상고이유의 주장과 같이 수익자의 악의 추정에 관한 법리를 오해한 잘못은 없다. 원고의 나머지 주장은 결국 사실심인 원심의 전권사항에 속하는 증거의 취사선택이나 사실인정을 탓하는 것에 불과하여 적법한 상고이유로 볼 수 없다."16)

원심이 공개되어 있지 않지만 차용금채무의 변제에 갈음하여 이 사건 창고건물을 매매하였다고 하는데 악의의 추정이 번복되었다고 합니다. 매우 이례적인 판례인데 대법원은 정당하다고 판단하여 매우 예외적인 사유가 있었던 것으로 보입니다.

차. 무담도대출에 대하여 만기연장에 대하여 근저당권설정을 받고나서 만기연장을 해주었고 그로부터 2개월만에 당좌거래정지처분을 받은 사례 - 우영 사례

> "원심은, 소외인과 피고 주식회사 한국스탠다드차타드은행(이하 '피고 은행'이라 한다) 사이에 원심 판시 별지Ⅲ목록 기재 각 부동산에 관하여 체결된 근저당권설정계약이 소외인의 다른 채권자인 원고에 대한 관계에서 사해행위에 해당한다는 원고의 주장에 대하여, 판시 채택 증거를 종합하여, 피고 은행은 2007. 5. 15. 주식회사 우영(이하 '우

---

16) 대법원 2013. 7. 25. 선고 2012다29090 판결 [사해행위취소등]

영'이라 한다)과 사이에 한도액을 50억 원, 대출만기를 2007. 11. 15.로 한 외국환거
래약정 및 여신거래약정을 체결하였는데, 당시 우영의 대표이사인 소외인이 우영의 위
대출금채무에 관하여 연대보증한 사실, 피고 은행은 2007. 8. 13. 위 여신거래약정에
기한 건별대출로서 우영에 30억 원의 무역금융대출을 하였고, 위 건별대출의 만기는
2007. 11. 12.로 정한 사실, 위 건별대출 및 여신거래약정의 만기가 도래하자 소외인
은 대출만기의 연장을 요청하였는데, 위 여신거래약정상 대출만기의 연장이 금지되지
는 않았고, 우영은 삼성전자 주식회사의 협력업체이자 코스닥 상장회사로서 2007년도
에 종업원 1,201명, 매출액 약 3,622억 원, 영업이익 약 190억 원, 당기순이익 약 40
억 원의 실적을 기록한 사실, 피고 은행은 위 대출만기의 연장에 관하여 소외인에게 근
저당권 설정을 요구하였고, 이에 소외인이 2007. 12. 17. 피고 은행에 원심 판시 별지
Ⅲ목록 기재 각 부동산에 관하여 채권최고액 39억 원의 근저당권설정등기를 경료해 주
었으며, 피고 은행이 2008. 1. 9. 위 대출만기의 연장을 승인한 사실, 그 후 우영이
2008. 1. 16.경 100억 원 규모의 전환사채를 발행하였는데 그 청약률이 120.1%에 이
른 사실, 그로부터 약 2개월 후인 2008. 3. 8. 우영이 당좌거래 정지처분을 받은 사실
등을 인정한 다음, 피고 은행은 정상적인 금융거래의 일환으로 우영에 대출만기를 연장
해 주었고, 우영이 단기간 내에 채무초과로 인하여 지급불능 상태에 이를 것이라고 예
상할 만한 특별한 사정이 없는 상태이어서, 피고 은행이 위와 같은 대출만기 연장에 관
하여 소외인과 사이에 원심 판시 Ⅲ목록 기재 각 부동산에 관한 근저당권설정계약을
체결함에 있어서 그로 인하여 우영이나 소외인의 다른 채권자들을 해할 것임을 알지
못하였다고 할 것이므로, 위 근저당권설정계약 당시 피고 은행이 선의의 수익자였다는
취지로 판단하여, 원고의 청구를 배척하였다.
그러나 원심의 이러한 판단은 다음과 같은 이유로 이를 그대로 수긍하기 어렵다.
원심이 들고 있는 위와 같은 사정들은 피고 은행의 선의 인정 여부와는 직접 관계가 없
는 간접적인 정황이거나 추측에 불과하여 피고 은행의 선의를 인정하기에 충분하지 못
한 것들이고, 기록을 살펴보아도 위 근저당권설정계약 당시 피고 은행이 선의였다고 인
정할 만한 객관적이고도 납득할 만한 증거자료 등은 찾아볼 수 없다. 오히려 원심이 인
정한 사실에 나타난 다음과 같은 사정, 즉 애당초 피고 은행은 우영에 무역금융대출
30억 원을 3개월 단기로 대출하면서 물적 담보를 설정받지 않았음에도 대출만기 연장
을 위하여 새삼 물적 담보를 제공할 것을 요구하였고, 우영의 대출만기가 도과된 후에
도 위 근저당권설정등기가 경료되기까지 만기연장을 승인하지 않다가 위 근저당권 설
정 후 대출만기 연장을 승인하였음에 비추어 보면 위 근저당권설정계약이 정상적인 거

> 래관계라고 보기 어려운 점, 위 근저당권설정계약일부터 불과 2개월여 만인 2008. 3. 3. 우영의 보증사고가 발생한 점 등의 여러 사정을 종합하여 보면, 피고 은행은 위 근저당권설정계약 당시 소외인과 우영의 신용상태나 재산상황의 조사를 통해 변제자력에 문제가 있음을 확인하고 대출채권 회수를 확보하고자 위 근저당권설정계약을 체결한 것으로 볼 여지가 충분하다.
> 그럼에도 원심은 그 판시와 같은 이유만으로 선의의 수익자라는 피고 은행의 주장을 받아들여 원고의 청구를 배척하였으니, 이러한 원심의 판단에는 사해행위취소에 있어서 수익자의 선의에 관한 법리를 오해한 위법이 있고, 이러한 위법은 판결에 영향을 미쳤음이 분명하다. 이 점을 지적하는 상고이유의 주장은 이유 있다."17)

　원고는 기술신용보증기금이었고 피고는 한국스탠다드차타드은행(이하 피고 은행이라 한다)이었고 다른 한 곳은 로담에이아이 주식회사고 다른 한 곳은 개인으로 보입니다.

　선의 부분은 피고 은행과 관련된 부분인데 원심의 판결 내용을 대법원은 길게 인용하였습니다. 그러면서 이런 내용은 선의인정하기에 부족한 것이고 간접적 정황이나 추측이라고 합니다.

　무담보대출을 해주었다가 만기연장을 요구하니 근저당권을 요구하였다고 한다면 은행권으로서 당연히 주채무자인 우영의 경영상태가 좋지 않다는 것을 알고 있었다고 할 것이며, 근저당권설정을 받고 만기 연장을 해주었으며 2개월 후에 당좌거래정지가 발생한 것이기 때문에 대법원은 피고 은행의 선의라고 볼 수 없고 오히려 자신의 채권을 회수하기 위하여 담보권을 설정받고 만기 연장을 해준 경우라고 보고 있습니다.

　이는 사실 근저당권을 설정받으면서 신규차입은 없고 기한유예만 해준 경우라고 할 것입니다. 아마 이런 주장을 하지 않고 선의주장을 하였던 것으로 보이는데 대법원은 기한유예만 해준 경우에 사해행위가 인정된다고 본 것과 같이 선의가 인정될 수 없다고 보았습니다.

---

17) 대법원 2013. 4. 26. 선고 2011다37001 판결 [사해행위취소]

"라. 피고 로담에이아이 주식회사(이하 '피고 로담'이라 한다)의 상고이유 제3점

(1) 원상회복청구 부분

근저당권설정등기의 말소등기절차의 이행을 구하는 소송 도중에 그 근저당권설정등기가 경락을 원인으로 하여 말소된 경우에는 더 이상 근저당권설정등기의 말소를 구할 법률상 이익이 없다(대법원 2003. 1. 10. 선고 2002다57904 판결 참조).

기록에 의하면, 원고가 피고 로담을 상대로 그 말소등기절차의 이행을 구하고 있는 원심 판시 Ⅲ목록 기재 1 내지 26 각 부동산에 관한 피고 로담 명의의 근저당권설정등기는 수원지방법원 평택지원 2008타경4603호 임의경매절차에서 매각됨에 따라 모두 말소되었음을 알 수 있다.

그렇다면 원고가 위 각 근저당권설정등기의 말소를 구할 법률상의 이익이 없게 되었고, 따라서 이 부분 소는 소의 이익이 없어 부적법하므로 이를 각하하였어야 함에도 원심이 이를 간과한 채 본안에 들어가 심리·판단한 것은 소의 이익에 관한 법리를 오해한 위법이 있다.

(2) 사해행위취소청구 부분

사해행위 취소의 소와 원상회복청구의 소는 서로 소송물과 쟁점을 달리하는 별개의 소로서 양자가 반드시 동시에 제기되어야 하는 것은 아니고 별개로 제기될 수 있으며, 전자의 소에서는 승소하더라도 후자의 소에서는 당사자가 제출한 공격·방어 방법 여하에 따라 패소할 수도 있고, 취소채권자가 사해행위 취소의 소를 제기하여 승소한 경우 그 취소의 효력은 민법 제407조에 의하여 모든 채권자의 이익을 위하여 미치고 이로써 그 소의 목적은 달성된다. 이에 비추어 보면, 채권자가 원상회복청구의 소에서 패소할 것이 예상된다는 이유로 그와 별개인 사해행위 취소의 소에 대하여 소송요건을 갖추지 못한 것으로 보아 소의 이익을 부정할 수는 없다(대법원 2012. 12. 26. 선고 2011다60421 판결 참조). 그리고 채무자와 수익자 사이의 근저당권설정계약이 사해행위인 이상 그로 인한 근저당권설정등기가 경락으로 말소되었다고 하더라도 수익자로 하여금 근저당권자로서의 배당을 받도록 하는 것은 민법 제406조 제1항의 취지에 반하므로, 수익자에게 그와 같은 부당한 이득을 보유시키지 않기 위하여 그 근저당권설정등기로 인하여 해를 입게 되는 채권자는 근저당권설정계약의 취소를 구할 이익이 있다(대법원 1997. 10. 10. 선고 97다8687 판결 참조).

원심판결 이유 및 기록에 의하면, 채권자인 외환은행의 신청으로 2008. 4. 24. 원심 판시 Ⅲ목록 기재 27 부동산에 관하여 개시된 수원지방법원 2008타경19255호 임의경매절차에서, 배당기일인 2008. 12. 18. 피고 은행에 2순위 근저당권자로 127,065,

523원을 배당하고, 후순위 근저당권인 피고 로담과 가압류권자인 원고를 배당에서 제외하는 것으로 배당표가 작성되자, 원고는 피고 은행의 배당액 전액에 대하여 이의를 하고, 2008. 12. 24. 피고 은행을 상대로 배당이의소송(수원지방법원 2008가합28826호)을 제기하여 항소심에 계속 중인 사실, 채권자인 외환은행의 신청으로 2008. 4. 25. 원심 판시 Ⅲ목록 기재 1 내지 26 각 부동산에 관하여 개시된 수원지방법원 평택지원 2008타경4603호 임의경매절차에서, 배당기일인 2010. 3. 5. 피고 은행에 4순위 근저당권자로 3,381,566,619원을 배당하고, 후순위 근저당권자인 피고 로담과 가압류권자인 원고를 배당에서 제외하는 것으로 배당표가 작성되자, 원고는 피고 은행의 배당액 중 687,562,199원에 대하여 이의하고, 2010. 3. 11. 피고 은행을 상대로 배당이의소송(수원지방법원 평택지원 2010가합936호)을 제기하여 항소심에 계속 중인 사실, 그런데 원고는 이 사건 소를 통해 원심 판시 Ⅲ목록 기재 각 부동산에 관하여 소외인과 피고 은행 사이에 체결한 근저당권설정계약과 소외인과 피고 로담 사이에 체결한 근저당권설정계약이 모두 사해행위라고 주장하면서 수익자인 피고 은행과 피고 로담을 상대로 사해행위 취소 및 원상회복을 함께 청구한 사실 등을 알 수 있다.

이러한 사실관계를 위 법리에 비추어 살펴보면, 비록 피고 로담이 후순위 근저당권자에 해당하여 위 각 임의경매절차에서 배당을 받지 못한 채 그 명의의 근저당권설정등기가 말소되었다 하더라도, 앞에서 본 바와 같이 선순위 근저당권자로서 배당을 받은 피고 은행의 근저당권설정계약이 사해행위로 취소될 여지가 남아 있고, 이러한 경우 피고 은행에 배당된 금원 중 일부가 후순위 근저당권자인 피고 로담에 추가배당될 가능성이 있으므로, 소외인과 피고 로담 사이의 근저당권설정계약이 사해행위인 이상 채권자인 원고는 수익자인 피고 로담이 사해행위를 통해 부당한 이득을 보유하게 되는 것을 막기 위하여 위 근저당권설정계약의 취소를 구할 이익이 있다.

원심은, 원심 판시 Ⅲ목록 기재 각 부동산에 관한 피고 로담 명의의 근저당권설정등기가 경매절차에서 말소되었고 피고 로담은 아무런 배당을 받지 못하여 원상회복할 재산이 없으므로, 피고 로담에 대한 사해행위 취소의 소는 소의 이익이 없어 부적법하다는 취지의 피고 로담의 본안전항변에 대하여 명시적으로 판단하지 아니한 채 본안에 관하여 판단하였다.

이러한 원심의 판단에는 피고 로담의 본안전항변을 배척하는 취지가 포함되어 있다고 할 것이고, 이는 위 법리에 따른 것으로 정당하므로, 거기에 상고이유에서 주장하는 바와 같이 사해행위 취소의 소의 이익에 관한 법리를 오해하거나 판단누락의 위법이 없다."18)

18) 대법원 2013. 4. 26. 선고 2011다37001 판결 [사해행위취소]

　　앞의 피고 은행의 근저당권이 사해행위가 인정이 된다고 한다면 그 뒤에 설정된 피고 로담의 근저당권은 특별한 사정이 없는 한 사해행위가 인정될 것입니다. 이 피고 로담에 관한 것은 근저당권이 말소되었는데 원상회복으로 근저당권말소를 구하였기 때문에 이 부분은 부적법 각하판결이 되어야 합니다. 그래서 대법원은 파기자판을 하였습니다.

　　그런데 이 경우에 원고의 채권은 피고 은행의 배당금을 초과하지 아니함을 알 수 있습니다. 원고의 채권은 아마 <u>687,562,199원</u>이고 피고은행의 배당금은 <u>3,508,632,142원</u>(127,065,523원 + 3,381,566,619원)입니다. 분명 피고 로담과 원고 이외의 채권자들이 많이 있었을 것입니다. 원고가 배당이의하여 피고 은행의 배당금 중에서 다 가져오면 <u>2,821,069,943원</u>(3,508,632,142원 - 687,562,199원)이 남는다고 할 것입니다. 이렇게 취소된 금액의 경우 다른 채권자들을 위하여도 취소가 되어야 할 필요성이 있습니다.

　　28억 원 정도 남았으니 피고 로담의 근저당권의 채권최고액이 만약 10억 원이라고 한다면 어떻게 될까요? 원고는 피고 로담의 근저당권을 취소하지 않다고 하더라도 배당받을 수 있는 것이 아니냐 하는 문제가 발생할 수 있습니다. 그러나, 추가배당에 의하여 피고 로담에 10억 원을 배당해 주고 남은 2,408,632,142원으로 하여 원고와 다른 채권자들이 안분배당을 합니다. 가사 원고가 배당이의를 하더라도 사후에 다른 채권자들이 부당이득반환청구를 할 수도 있습니다.

　　또한 피고 은행과 피고 로담의 근저당권이 각 취소가 되면, 이들에게 남는 금액이 있다고 하더라도 배당에 참가하지 못한 채권자들이 부당이득반환청구는 가능할 것입니다. 다만 배당에 참가한 모든 배당권자에게 지급하고도 남은 금액에 대하여 피고 은행이나 피고 로담이 별도로 압류 및 추심명령을 통하여 이의 집행할 수는 있다고 할 것입니다. 왜냐하면 결국 그 금액은 피고 은행이나 피고 로담이 가져올 수 있는 것이 아니라 실제적으로 배당금지급청구권 양도와 양도통지와 같이 채무자인 소외인에게 양도가 되어야 할 것입니다. 그렇지만 채무자 소외인에게 이에 대한 실질적 권리는 없다고 할 것입니다. 피고 은행이나 피고 로담은 이를 추가배당을 해야 하기 때문에 채무자에게 배당금지급청구권은 양도하고 양도통지하는 식으로 하여 채무자에게 이에 대한 권리가 있는 것처럼 만들어놓고 피고 은행이나 피고 로담이 소외인에게 채권이 있다고 한다면 이것을 이유로 채권가압류 등을 받아서 사후에 대여금이나 물품대금판결을 받아 가압류를 본압류로 전이하는 압류 추심명령을 받아 이를 회수하여야 할 것입니다.

아니면 피고 은행은 취소의 범위에 대하여 다툴 여지는 있습니다. 파기환송심에서 원고의 채권을 초과하는 부분에 대하여는 취소를 구할 수 없다고 주장하고 그에 의하여 일부만 패소할 수도 있습니다.

파기환송심에서는 원고는 청구(항소)취지 철회신청서를 제출하였고 이는 피고 은행에 송달이 되었습니다. 결국 조정으로 끝이 났습니다.

나의사건검색에 피고가 3명으로 나왔는데 이들의 경우 2013. 4. 27., 즉 판결확정일 다음날 확정된 것으로 표시된 것으로 보아서 이들에 대한 부분은 실질적인 것은 아니고 확정일을 표시해 주기 위해서 이를 언급한 것으로 보입니다.

카. 회사의 부동산은 대표이사의 형수에게, 대표이사의 처의 부동산은 대표이사의 누나에게 각 매매한 경우 선의부인되어 파기환송된 사례 – 한국지앤티 사건

"원심판결 이유에 의하면, 원심은, 제1심 공동피고인 주식회사 한국지앤티(이하 '한국지앤티'라고 한다)와 소외 1이 원고와의 신용보증약정에 따라 구상금채무를 부담하게 될 개연성이 높은 상태에서, 한국지앤티가 그 소유의 유일한 재산인 '경기도 의왕시 고천동 (이하 생략)(이하 '이 사건 제1 부동산'이라고 한다)'를 피고 1에게, 소외 1이 그 소유의 유일한 재산인 '경기도 의왕시 오전동 100 ○○○○○아파트 (동호수 생략)(이하 '이 사건 제2 부동산'이라고 한다)'를 피고 2에게 각각 매도한 행위(이하 이 사건 제1 부동산에 관한 매매계약을 '제1 매매계약', 이 사건 제2 부동산에 관한 매매계약을 '제2 매매계약'이라고 한다)는 사해행위에 해당하기는 하나, 그 판시와 같은 사정에 비추어 보면, 피고들은 제1, 2 매매계약 당시 위 각 매매계약이 일반채권자의 공동담보를 감소시키는 사해행위라는 점을 알지 못하였다고 판단하여 제1, 2 매매계약의 취소와 그에 따른 원상회복으로서의 가액배상을 구하는 원고의 청구를 모두 기각하였다.
2. 그러나 원심이 피고들이 선의의 수익자라고 판단한 것은 수긍하기 어렵다.
가. 원심이 일부 인용한 제1심판결 이유 및 기록에 의하면 다음과 같은 사정을 알 수 있다.
(1) 소외 2와 소외 1은 부부 사이로 각각 한국지앤티의 대표이사와 감사이고, 피고 1

과 피고 2는 각각 소외 2의 형수와 누나로, 피고들은 소외 2나 소외 1을 통해 신용보증약정의 주채무자인 한국지앤티의 재무상태를 알 수 있는 위치에 있었다. 한편 피고 1은 소외 2가 한국지앤티의 사업자금을 마련하기 위해 한국지앤티의 유일한 사업장이자 사무실인 이 사건 제1 부동산마저 매각하려다 실패하자 자신이 이를 매수하였다는 것인바, 이는 피고 1 스스로도 제1 매매계약 당시 한국지앤티의 재무상태가 어렵다는 사정을 알고 있었다는 것에 다름 아니다.

그리고 피고 2 역시 소외 2가 한국지앤티의 사업자금을 마련하기 위해 처인 소외 1 소유의 이 사건 제2 부동산을 매각하려다 실패하자 자신이 이를 매수하였다는 것인바, 이러한 점에 비추어 보면 피고 2 역시 제2 매매계약 당시 한국지앤티의 재무상태가 어렵다는 것을 알고 있었을 가능성이 적지 않고, 한편 피고 2는 제2 매매계약으로 소외 1의 일반채권자의 공동담보가 감소된다는 점을 알지 못하였다는 주장은 하지도 않고 있다.

(2) (가) 피고 1은 남편 소외 3 및 본인의 소득과 소외 3이 양돈업자인 소외 4에게 1억 원을 투자하였다가 돌려받은 134,500,000원으로 이 사건 제1 부동산의 매수대금 1억 7,000만 원을 지급하였다고 주장하면서, 그 증거로 국세청이 발행한 소외 3과 본인의 소득금액증명서, 소외 4 명의의 금전차용증서, 양돈매매계약서 및 입금증을 들고 있다. 그러나 만약 위 매매대금 1억 7,000만 원의 출처가 피고 1 본인이나 소외 3이라면 위 매매대금으로 지급된 돈이 피고 1 본인이나 소외 3의 계좌에서 인출되었음을 확인할 수 있는 계좌 거래내역 등 보다 객관적이고 직접적인 자료를 제출할 수 있을 터인데, 피고 1은 제1심과 원심 소송 과정에서 원고의 거듭된 요구에도 불구하고 그와 같이 객관적이고 직접적인 자료를 제출하지 못하고 있는 점, 소외 3이 실제로 양돈업자 소외 4에게 1억 원을 투자하거나 그 후 134,500,000원을 돌려받았다는 점을 입증할 만한 금융거래내역 등의 객관적인 자료는 전혀 없는 점 등에 비추어 보면, 위 증거만으로는 피고 1이 본인 또는 소외 3의 돈으로 위 매매대금 1억 7,000만 원을 지급한 것으로 쉽게 인정하기 어려워 보인다.

(나) 피고 2는 제2 매매계약에 따라 2009. 5. 13. 계약금으로 지급한 2,000만 원과 2009. 5. 15. 중도금으로 지급한 1,000만 원에 대해서는, 친구 소외 5와 소외 6에게 대여하였다가 변제받은 돈과 계금으로 받은 돈을 현금으로 가지고 있다가 소외 1의 국민은행 계좌로 입금한 것이라고 주장하며 그에 대한 증거로 소외 5와 소외 6 명의의 금전차용증과 2회에 걸쳐 곗돈 명목으로 260만 원이 입금된 내역이 기재된 본인 명의의 농협통장 사본을 들고 있고, 2009. 5. 20. 중도금으로 송금한 2,000만 원과 2009. 5. 21. 중도금으로 송금한 3,000만 원에 대해서는, 본인이 수령하여 가지고 있던

7,000만 원 가량의 임보험금 등을 언니 소외 7의 딸에게 대여하였다가 변제받은 돈으로 송금한 것이라고 주장하며 그에 대한 증거로 소외 8(소외 7의 딸로 보인다) 명의의 각 금전차용증과 현금수령증을 들고 있다.

그러나 피고 2가 2009. 5. 13.부터 2009. 5. 21.까지 사이에 계약금과 중도금으로 지급한 돈의 출처에 대해 제1심에서는 임보험금으로 수령하여 가지고 있던 8,000만 원이라는 취지로 주장하다가 제1심에서 패소하자 원심에 이르러서는 위와 같이 다른 주장을 하고 있는 점, 피고 2가 소외 5와 소외 6에게 돈을 대여하고 이를 변제받았다거나 언니 소외 7의 딸에게 5,000만 원을 대여하였다고 인정할 만한 금융거래내역 등의 객관적인 자료는 전혀 없는 점에 비추어 보면, 위 증거만으로는 피고 2가 본인의 돈으로 직접 계약금과 중도금을 지급한 것으로 쉽게 인정하기 어려워 보인다.

또한 이 사건 제2 부동산에 관하여 피고 2 명의로 소유권이전등기가 마쳐진 후 위 부동산에 근저당권(근저당권자: 비아농업협동조합)이 설정되고, 피고 2 명의로 253,000,000원의 대출이 실행된 다음 위 대출금 중 251,000,136원이 제2 매매계약 이전에 위 부동산에 설정되어 있던 근저당권의 피담보채무를 변제하는 데 사용된 점에 비추어 보면, 피고 2가 이 사건 제2 부동산의 매수대금 잔금 251,000,136원을 지급한 것으로 볼 여지가 있어 보이기는 하나, 위 대출금 253,000,000원은 사해행위 취소 대상인 이 사건 제2 부동산에 근저당권을 설정하고 대출받은 것이어서 피고 2의 순수한 개인 자금으로 보기 어려운 데다가, 피고 2가 위 대출 원금이나 이자를 직접 상환하고 있다는 등 위 대출금 채무의 실질적인 차주가 피고 2라고 인정할 만한 자료는 없는 점, 피고 2가 253,000,000원을 대출받은 곳은 광주광역시 광산구에 소재하고 있는 비아농업협동조합 운남지점인데, 기록상 1978년경부터 2009. 5. 20.경까지 서울특별시, 인천광역시, 경기도에 거주하여 왔을 뿐 광주광역시에 거주한 적이 없는 것으로 보이는 피고 2가 거주지로부터 멀리 떨어져 있는 광주광역시 소재 금융기관에서 돈을 대출받을 별다른 이유가 없어 보이는 점 등에 비추어 보면, 앞서 본 사정만으로는 위 잔금 251,000,136원을 피고 2가 직접 조달한 것으로 단정하기 어렵다.

(3) (가) 피고 1은 이 사건 제1 부동산의 매수 경위와 매매대금의 액수에 대해, 소외 2가 한국지앤티의 사업자금을 마련하기 위하여 2009. 1.경부터 2009. 4.경까지 공인중개업소에 이 사건 제1 부동산을 매물로 내놓았으나 부동산시장 위축으로 매각에 실패하게 되자 이 사건 제1 부동산을 감정가 1억 7,000만 원에 매수하게 된 것이라고 주장하고 있으나, 피고 1이 이 사건 소제기 전에 원고에게 보낸 소명자료(갑 제17호증)에서는 위 주장과 달리 "자신이 2008. 9. 30. 한국지앤티의 연대보증하에 소외 2에게

4,000만 원을 변제기 2009. 3. 30.로 정하여 대여하였고, 소외 2나 한국지앤티가 위 대여금 채무를 변제하지 못할 경우 한국지엔티 소유의 이 사건 제1 부동산을 자신에게 매각 또는 양도하기로 하였는데, 그 후 소외 2가 위 대여금 채무를 변제하지 못하게 되자 한국지앤티로부터 이 사건 제1 부동산을 2억 1,000만 원(이 사건 제1 부동산의 감정가 1억 7,000만 원 + 위 대여금 4,000만 원)에 매수하기로 하고, 위 대여금 4,000만 원은 매매대금에서 공제하였다.”는 취지로 주장하였던 점에 비추어 볼 때, 매수 경위 등에 관한 피고 1의 위 주장은 선뜻 믿기 어렵다.

(나) 피고 2는 이 사건 제2 부동산을 매수하게 된 경위에 대해 피고 1과 같은 취지로 주장하고 있으나, 소외 2가 피고 2의 동생이라는 점을 감안한다고 하더라도 소외 2가 사업자금이 필요하다는 이유만으로 피고 2가 별다른 활용 방안도 없이 금융기관으로부터 253,000,000원을 대출받아 가면서까지 이 사건 제2 부동산을 매수하였다는 것은 쉽게 믿기 어렵다.

(4) (가) 에이스원 주식회사는 이 사건 제1 부동산에 관하여 피고 1 명의로 소유권이전등기가 마쳐진 후인 2009. 6.경부터 이 사건 제1 부동산을 임차하여 사용하고 있었는바, 피고 1이 이 사건 제1 부동산의 실질적인 소유자로서 이를 에이스원 주식회사에 임대한 것이라면 임대차계약 체결 사실이나 임료를 지급받은 사실을 확인할 수 있는 자료를 제출할 수 있을 터인데도 피고 1은 그와 같은 자료를 전혀 제출하지 못하고 있다.

(나) 피고 2가 이 사건 제2 부동산을 매수한 후인 2009. 5. 21. 이 사건 제2 부동산으로 전입신고를 마치기는 하였으나, 1997. 12. 23.부터 2009. 5. 20.까지 시흥시 대야동 소재 △△아파트에서 가족과 함께 거주하고 있던 피고 2가 별다른 이유도 없이 본인 혼자서만 이 사건 제2 부동산으로 전입신고를 마친 점에 비추어 볼 때, 피고 2가 이 사건 제2 부동산을 매수한 후 실제로 그곳에 거주하였는지 의심스럽다.

나. 이와 같은 소외 2 및 소외 1과 피고들의 관계나 이 사건 제1, 2 부동산의 매매대금의 출처가 분명치 않고, 매수 경위도 석연치 않은 점, 매수 후의 정황 등에 비추어 보면 피고들이 이 사건 제 1, 2 매매계약 당시 선의의 수익자라고 단정하기 어렵다.

그럼에도 불구하고 원심은 그 판시와 같은 이유를 들어 선의의 수익자라는 피고들의 주장을 받아들여 원고의 청구를 기각하고 말았으니, 이와 같은 원심판결에는 사해행위에 있어서의 선의의 수익자에 관한 법리를 오해하거나 경험칙 내지 논리칙에 반하여 채증법칙을 위반함으로써 판결 결과에 영향을 미친 위법이 있다고 할 것이고, 이 점을 지적하는 상고이유 주장은 이유 있다.”[19]

---

19) 대법원 2013. 2. 14. 선고 2012다5377 판결 [구상금등]

　　1심 원고승소판결이 되었습니다. 피고 4, 5가 수익자들이었습니다. 피고들
이 항소하였는데 항소가 인용되어 원고가 전부 패소를 하였고 원고가 상고하여
전부 파기환송이 되었습니다. 파기환송심은 다시 피고의 항소를 기각하여 원고
전부 승소판결을 하였고 다시 피고들이 이제는 상고를 하였는데 일부 파기환송
이 선고되었습니다. 사건번호가 대법원 2013다65222 판례였습니다. 이는 비공
개로 되어 있습니다. 그런데 다른 사건에서 인용되었는데 그 요지를 보면 다음
과 같습니다.

> "가. 「채무자 회생 및 파산에 관한 법률」 제406조 제1항, 제2항, 제347조 제1항에 의
> 하면, 파산채권자가 제기한 채권자취소소송이 파산선고 당시 법원에 계속되어 있는 때
> 에는 그 소송절차가 중단되고, 파산관재인 또는 상대방이 이를 수계할 수 있다.
> 그리고 채권자취소소송의 계속 중 채무자에 대하여 파산선고가 있었는데, 법원이 그 사
> 실을 알지 못한 채 파산관재인의 소송수계가 이루어지지 아니한 상태로 소송절차를 진
> 행하여 판결을 선고하였다면, 그 판결에는 채무자의 파산선고로 소송절차를 수계할 파
> 산관재인이 법률상 소송행위를 할 수 없는 상태에서 사건을 심리하고 선고한 잘못이
> 있다(대법원 2014. 1. 29. 선고 2013다65222 판결, 대법원 2015. 11. 12. 선고
> 2014다228587 판결 등 참조)."[20]

　　이를 보면, 아마 채무자를 파산시켜버린 것 같습니다. 다시 파기환송이 되
었고 소외 1 개인이 파산을 하였고, 이에 2차 파기환송심에서는 파산관재인이
소송수계를 하였고 원고였던 경기신용보증재단은 보조참가신청을 하여 소송에
계속 관여를 하였습니다. 파기환송된 부분은 피고 2에 대해서만 이루어진 것입
니다. 피고 2는 폐문부재로 송달을 받지 아니하였습니다. 부인의 소를 변경하였
는지는 알 수 없습니다. 청구취지 변경신청서 제출이나 송달에 대한 내용이 없
습니다. 2차 파기환송이 서울중앙지방법원에 접수되고 나서 한 달 만에 피고 대
리인은 사임을 했습니다. 1심부터 계속적으로 사건을 수임하여 다투었는데 2차
파기환송심에서는 바로 사임계를 제출하였습니다.

---

20) 대법원 2022. 5. 26. 선고 2022다209987 판결 [배당이의등]

　이를 보면, 분명 항소심 판결이 문제가 있었던 판결임을 알 수 있습니다. 친인척관계의 경우에 선의를 인정한다는 것은 매우 이례적이라고 할 것입니다. 또한 사실관계확인요청시에 보내온 피고 1의 답변과 소송에서 답변내용이 대물변제에서 그냥 매매계약으로 변경되었고, 피고 2의 경우는 대출금을 피고 2가 대출하였다고 볼 수 없고, 또한 피고 2가 이 사건 부동산에 전입하였다고 볼 수도 없었습니다. 또한 피고 1이 매수하였다고 볼 객관적 자료도 보이지 않습니다. 이는 아마 소외 2가 모두 꾸민 내용이었을 것입니다. 조금은 매우 서툴게 이를 한 것입니다.

　다만 진짜로 부동산이 처분이 되지 않아 어쩔 수 없이 친인척이 이를 구입하는 경우가 있습니다. 그리고 그 매매대금으로 채무를 변제하는 경우가 있습니다. 이런 경우에는 사해행위가 인정될 수 없다고 할 것입니다. 목적의 정당성, 수단의 상당성, 상황의 불가피성이 인정될 수 있기 때문입니다. 또한 전체로 적극재산이 줄어들었지만 그에 따라 채무도 줄어든 것이기 때문에 채무자의 재산에는 변동이 없다고 할 것입니다. 이를 위해서는 정확한 금융자료, 즉 매수에 관한 금융자료와 함께 채무자가 이를 받아서 변제한 금융자료가 명확히 있어야만 할 것입니다.

　사실 대법원은 이 사건에 관하여 통정허위표시라고는 말하지 않았지만, 취지는 통정허위표시라고 보고 있는 것입니다.

"가. 채무자가 자기의 유일한 재산인 부동산을 매각하여 소비하기 쉬운 금전으로 바꾸는 행위는 원칙적으로 사해행위가 된다고 할 것이지만, 그 부동산의 매각 목적이 채무의 변제 또는 변제자력을 얻기 위한 것이고, 그 대금이 부당한 염가가 아니며, 실제 이를 채권자에 대한 변제에 사용하거나 변제자력을 유지하고 있는 경우에는, 채무자가 일부 채권자와 통모하여 다른 채권자를 해할 의사를 가지고 변제를 하는 등의 특별한 사정이 없는 한, 사해행위에 해당한다고 볼 수 없다(대법원 2015. 10. 29. 선고 2013다83992 판결 참조).
나. 원심판결 이유 및 기록에 의하면, ① 소외인의 처인 피고(선정당사자) 2는 2010. 12.말경 피고 4가 운영하는 공인중개사사무소에 방문하여 자신의 이 사건 제1 부동산과 소외인의 이 사건 제2 부동산을 각 매각하여 부채를 갚겠다며 피고 4에게 매매 중

개를 의뢰한 사실, ② 그 당시 이 사건 각 부동산은 소외인과 피고(선정당사자) 2의 각 유일한 재산이었던 사실, ③ 피고 4는 2010. 12. 30. 이 사건 제1 부동산을 자신의 남편 피고 3 명의로 매수하고, 2011. 1. 10. 이 사건 제2 부동산을 자신 명의로 매수하였는데, 이 사건 제1 부동산의 매매대금 1억 4,000만 원 및 이 사건 제2 부동산의 매매대금 1억 3,300만 원은 모두 그 매매계약 체결 당시 이 사건 각 부동산의 매매 시세의 범위 내에 있었던 사실, ④ 그런데 이 사건 제1 부동산의 매매대금 중 126,285,513원과 이 사건 제2 부동산의 매매대금 중 120,220,824원은 이 사건 각 부동산에 설정된 근저당권 피담보채무의 변제 또는 가압류등기의 해제비용에 각 사용된 사실을 알 수 있다.

이러한 사실관계를 앞서 본 법리에 비추어 살펴보면, 채무자인 소외인 내지 피고(선정당사자) 2가 일부 채권자와 통모하였다는 등의 특별한 사정을 찾아 볼 수 없는 이 사건에서 위 채무자들의 이 사건 각 부동산의 매각은 채무의 변제를 위한 것이었고, 매매대금이 각 부당한 염가가 아니며, 실제 매매대금의 대부분이 각 채무의 변제에 사용되었다고 할 것이므로, 이를 사해행위라고 보기는 어렵다.

따라서 이와 다른 전제에 있는 원심의 판단은 유일한 재산인 부동산 매각행위의 사해성 판단에 관한 법리를 오해하여 판결 결과에 영향을 미친 잘못이 있다. 이를 지적하는 상고이유의 주장은 이유 있다."[21]

　　친인척관계는 아니지만 부동산중개인이 2개의 부동산을 남편과 자신이 각 매수한 사건입니다. 부동산의 가치에서 근저당권 피담보채무변제와 가압류등기의 해제비용으로 사용하고 남은 돈은 13,714,487원(1억 4,000만 원 - 126,285,513원)과 12,779,176원(1억 3,300만 - 120,220,824원)입니다. 이 정도의 금액의 경우 이전비용과 양도소득세등의 세금을 납부하면 남는 것이 없습니다. 그리고 경매시에 일반채권자는 거의 배당을 받을 수 없을 것입니다. 다만 가압류채권자가 있었던 것을 보면, 원고가 가압류를 하였다면 안분배당을 받았을 수는 있었을 것으로 보입니다. 그러나 부동산을 처분하여 소비하기 쉬운 금전으로 바꾼 경우에도 사해행위가 되지 않는다고 보았기 때문에 이는 사해행위를 좁힌 경우라고 할 것입니다.

---

21) 대법원 2015. 12. 23. 선고 2013다40063 판결 [구상금등]

타. 10일 전에 채무자가 처인 수익자에게 증여한 부동산에 전득자가 근저당권을 설정받고 나서 그로부터 15일에 대출금에 대한 기한이익 상실을 당한 사건에서 전득자의 선의 인정 여부

"나. 원심판결 이유에 의하면, 원심은 그 판시와 같은 이유로 소외 1과 피고 1이 이 사건 1 부동산에 관하여 체결한 이 사건 증여계약은 사해행위에 해당한다고 판단하고, 피고 1이 선의의 수익자에 해당한다는 주장을 배척하는 한편, 전득자인 피고 현대성우오토모티브코리아 주식회사(이하 '피고 현대성우'라고만 한다)가 주식회사 백록과 상당한 기간 동안 거래관계를 지속하여 왔고, 주식회사 백록으로부터 물품대금으로 받은 어음이 부도나자 추가담보를 요구하여 피고 1이 소외 1로부터 증여받은 이 사건 1 부동산을 포함한 이 사건 1 내지 5 부동산을 담보로 제공받은 것은 맞으나, 그러한 사정만으로 피고 현대성우가 주식회사 백록의 대표이사인 소외 1의 채무초과 사실 및 사해의사를 알았다고 단정하기 어렵고, 변론 전체의 취지에 의하면 피고 현대성우는 피고 1로부터 향후의 물품거래에서 파생되는 물품대금의 담보를 제공받기 위해서 피고 1이 담보로 제공하는 위 각 부동산에 일괄하여 근저당권을 설정하였을 뿐, 이 사건 1 부동산이 소외 1의 유일한 재산으로서 이를 피고 1에게 증여함으로써 소외 1의 일반채권자들의 공동담보에 부족이 초래되리라는 사정까지는 알지 못하였음이 인정되므로, 피고 현대성우는 소외 1의 사해의사 또는 이 사건 증여계약이 사해행위임을 알지 못한 선의의 전득자에 해당한다고 판단하였다.

다. 그러나 원심의 위와 같은 판단은 다음과 같은 이유에서 수긍하기 어렵다.

(1) 원심판결 이유에 의하면 원심은 객관적이고도 납득할 만한 증거자료에 의하지 아니하고 변론 전체의 취지만으로 피고 현대성우는 이 사건 1 부동산이 소외 1의 유일한 재산이고 이를 피고 1에게 증여함으로써 소외 1의 일반채권자들의 공동담보에 부족이 초래되리라는 사정까지는 알지 못하였다고 인정하였다.

(2) 그러나 오히려 원심판결 이유 및 원심이 적법하게 채택한 증거들에 의하여 알 수 있는 다음과 같은 사정을 앞서 본 법리에 비추어 보면, 원심이 설시한 사정만으로는 피고 현대성우의 전득행위 당시 악의의 추정을 번복하고 선의를 인정하기는 어렵다.

① 주식회사 백록은 경원산업 주식회사와 대리점 계약을 체결하고 자동차 배터리를 공급받아 이를 판매하여 왔다.

② 경원산업 주식회사는 주식회사 백록에 대한 물품대금채권을 담보하기 위하여 ⓐ 소외 1 소유인 인천 부평구 산곡동 264-1 (주소 1 생략)아파트 제202동 제1513호에 관

하여 1992. 5. 7. 채권최고액 30,000,000원, 1995. 11. 20. 채권최고액 20,000,000 원으로 된 각 근저당권설정등기를, ⓑ 1999. 4. 15. 소외 1 소유인 이 사건 1 부동산 에 관하여 채권최고액 48,000,000원으로 된 근저당권설정등기를, ⓒ 1999. 7. 7. 소 외 1의 처인 피고 1 소유인 이 사건 4, 5 부동산에 관하여 채권최고액 120,000,000 원으로 된 근저당권설정등기를, ⓓ 2001. 10. 17. 소외 1의 동생인 소외 2 소유인 인 천 부평구 (주소 2 생략) 외 1필지 제1층 제2호에 관하여 채권최고액 50,000,000원으 로 된 근저당권설정등기를 각 마쳤다.

③ 경원산업 주식회사는 2009. 1. 2. 피고 현대성우에 흡수합병되었다.

④ 주식회사 백록이 피고 현대성우에게 물품대금 명목으로 교부한 약속어음 중 7,800,000원 상당의 약속어음이 2011. 10. 31. 지급거절되자, 피고 현대성우는 주식 회사 백록에 대한 물품공급을 중단하였다.

⑤ 피고 현대성우는 나라신용정보 주식회사에 주식회사 백록의 대표이사 소외 1에 대 한 자산조사를 의뢰하였고, 소외 1 소유인 인천 부평구 산곡동 264-1 (주소 1 생략)아 파트 제202동 제1513호에 관하여 후순위 담보물권 설정이 과다하여 담보가치가 없고, 소외 1이 2011. 10. 26. 이 사건 증여계약을 체결하고 2011. 10. 27. 피고 1에게 소 유권이전등기를 마친 이 사건 1 부동산을 포함하여 피고 1 명의의 이 사건 1 내지 5 부동산이 담보가치가 있음을 확인한 후 주식회사 백록에게 지급거절된 약속어음의 현 금결제와 이 사건 1 내지 5 부동산에 대한 추가 근저당권설정을 요구하였다.

⑥ 주식회사 백록은 피고 현대성우의 요구에 따라 2011. 11. 4. 주식회사 백록의 피고 현대성우에 대한 물품대금채무를 담보하기 위하여 피고 1 명의의 이 사건 1 내지 5 부 동산에 관하여 채권최고액 306,000,000원의 이 사건 근저당권설정등기를 마쳤고, 2011. 11. 9. 지급거절된 약속어음금 7,800,000원을 피고 현대성우에게 지급하였다.

⑦ 피고 현대성우가 2011. 11. 17.경 주식회사 백록으로부터 지급받지 못한 물품대금 은 474,608,000원이고, 주식회사 백록이 피고 현대성우에 대한 위 물품대금채무 등을 담보하기 위하여 마친 각 근저당권설정등기의 채권최고액 합계는 574,000,000원(= 268,000,000원 + 306,000,000원)이다.

⑧ 주식회사 백록은 원고와 신용보증약정을 체결하고 발급받은 각 신용보증서를 담보 로 하여 중소기업은행으로부터 4회에 걸쳐 대출을 받았다가 중소기업은행에 대한 대출 원리금을 변제하지 못하여 2011. 11. 18. 기한의 이익을 상실하였다.

라. 그런데도 원심은 납득할 만한 객관적 증거가 없는 상태에서 그 판시와 같은 이유만 으로 이와 달리 판단하였으니, 이러한 원심판결에는 필요한 심리를 다하지 아니하여 사

실을 잘못 인정하거나 **전득자의 악의에 관한 법리를 오해하여 판결에 영향을 미친 잘못이 있다.** 이를 지적하는 상고이유 주장은 이유 있다."22)

이 사건의 사해행위는 2건입니다. 소외 1인 이 사건 1 부동산을 피고 1에게 증여한 행위와 피고 1이 이 사건 2 내지 5 부동산을 피고 현대성우에 근저당권을 설정해 준 행위입니다.

다만 피고 1이 피고 현대성우에 이 사건 1 부동산에 관하여 근저당권설정을 해준 것을 예비적으로 취소를 구하였습니다.

피고 1은 수익자의 위치에도 있지만 구상금 사건의 연대보증인의 위치에도 있는 사건이었습니다. 피고 현대성우는 이 사건 1 부동산에 관하여는 전득자의 위치에 있고(예비적 청구취지에서는 수익자의 위치에 있다고 할 것입니다). 이 사건 2 내지 5 부동산에 관하여는 수익자의 위치에 있었던 사건입니다.

"가. 금전 지급청구 부분
원고에게, 제1심 공동피고 주식회사 백록, 소외 1, 소외 4, 소외 2는 연대하여 560,099,393원 및 그 중 557,173,565원에 대하여는 2012. 4. 23.부터, **피고 1, 제1심 공동피고 소외 5는 위 주식회사 백록, 소외 1, 소외 4, 소외 2와 연대하여 위 금원 중 167,623,502원 및 그 중 166,426,792원에 대하여는** 2012. 4. 23.부터 각 이 사건 최종 소장부본 송달일까지는 연 15%의, 그 다음날부터 다 갚는 날까지는 연 20%의 각 비율로 계산한 돈을 지급하라.
나. 사해행위취소 청구 부분
[별지 (1) 목록 순번 1 기재 부동산에 관한 부분]
(1) 피고 1에 대한 청구
제1심 공동피고 소외 1과 피고 1 사이에 2011. 10. 26. 별지 (1) 목록 순번 1 기재 부동산(이하 '이 사건 1 부동산'이라 한다)에 관하여 체결한 증여계약을 취소한다. **주위적으로, 피고 1은 제1심 공동피고 소외 1에게 이 사건 1 부동산에 관하여 인천지방법원 북인천등기소 2011. 10. 27. 접수 제73981호로 마친 소유권이전등기의 말소등기절차**

---

22) 대법원 2015. 6. 11. 선고 2014다237192 판결 [구상금]

> 를 이행하라. 예비적으로 피고 1은 원고에게 89,000,000원 및 이에 대하여 이 판결
> 확정일 다음날부터 다 갚는 날까지 연 5%의 비율로 계산한 금원을 지급하라.
> (2) 피고 현대성우오토모티브코리아 주식회사에 대한 청구
> (가) 주위적으로, 피고 1에게 이 사건 1 부동산에 관하여 인천지방법원 북인천등기소
> 2011. 11. 4. 접수 제76246호로 마친 근저당권설정등기의 말소등기절차를 이행하라.
> (나) 예비적으로, 피고 1과 피고 현대성우오토모티브코리아 주식회사 사이에 2011. 11.
> 4. 이 사건 1 부동산에 관하여 체결한 근저당권설정계약은 이를 취소한다. 피고 현대성
> 우오토모티브코리아 주식회사는 피고 1에게 이 사건 1 부동산에 관하여 인천지방법원
> 북인천등기소 2011. 11. 4. 접수 제76246호로 마친 근저당권설정등기의 말소등기절
> 차를 이행하라.
> [별지 (1) 목록 순번 2 내지 5 기재 각 부동산에 관한 부분]
> 피고 1과 피고 현대성우오토모티브코리아 주식회사 사이에 2011. 11. 4. 별지 (1) 목록
> 순번 2 내지 5 기재 각 부동산(이하 '이 사건 2 내지 5 부동산'이라 한다)에 관하여 체
> 결한 근저당권설정계약은 이를 취소한다. 피고 현대성우오토모티브코리아 주식회사는
> 피고 1에게 이 사건 2 내지 5 부동산에 관하여 인천지방법원 북인천등기소 2011. 11.
> 4. 접수 제76246호로 마친 각 근저당권설정등기의 각 말소등기절차를 이행하라."23)

먼저 이 사건 1 부동산에 관하여 피고 현대성우의 전득자로서의 악의인지
를 보면, 재산조사까지 한 점, 소외 1이 피고 1에게 증여한 시점이 2011. 10. 26.
이고 2011. 10. 31.에 약속어음이 지급거절된 것을 보면, 5일정도 차이밖에 되지
않고 피고 현대성우가 근저당권을 설정받은 시점이 2011. 11. 4.로 증여시점으
로부터 9일이 지난 시점이고 소외 1 채무자가 피고 현대성우의 채무자 주식회사
백록의 대표이사였다는 점에서 보면, 악의의 전득자라고 할 것입니다.

피고 현대성우가 물품공급을 계속하기 위하여 추가 담보를 설정받고 그 이
후에 계속적 거래를 한 것이라고 한다면 이 경우에 이전 대법원 판례에 따라서
사해행위가 되지 않는다는 판례들이 있습니다. 그러나, 피고 현대성우는 수익자
가 아니라 전득자라는 점에서 이런 주장을 할 수 있는 것인지 의문입니다.

---

23) 서울중앙지방법원 2014. 11. 20. 선고 2013나44224 판결 [구상금]

"(라) 나아가 피고 현대성우는, 피고 1과 제1심 공동피고 소외 1이 모두 주식회사 백록의 원고에 대한 구상금 채무를 연대보증 하였으므로, 소외 1이 피고 1에게 이 사건 1 부동산을 증여하였더라도 이 사건 1 부동산은 여전히 다른 연대보증인인 피고 1의 책임재산으로서 원고의 채권에 담보로 제공되고 있으니, 이 사건 증여계약이 원고의 채권을 해하는 사해행위에 해당하는 것은 아니라는 취지로 주장한다.

그러나 채권자는 단순히 자신의 채권뿐만 아니라 채무자의 다른 채권자들의 책임재산을 보전하기 위해 총채권자의 추심기관으로서 사해행위의 소를 제기하는 것이므로, 설령 이 사건 증여계약으로써 원고의 위 구상금 채권의 전체적인 공동담보에는 변동이 생기지 않더라도 피고 1이 별도로 소외 1의 다른 채권자들에 대하여도 인적 담보를 제공하지 않은 한 소외 1의 다른 채권자들에 대한 관계에서는 여전히 공동담보가 감소되게 되므로, 이 사건 증여계약은 사해행위에 해당된다고 할 것인바(대법원 2009. 3. 26. 선고 2007다63102 판결 참조), 피고 현대성우의 위 주장도 이유 없다."[24]

대법원 2007다63102 판례는 이미 앞에서 보았던 판례이고 피고 현대성우의 주장에 대하여 이와 같은 판시를 한 판결입니다.

"채권자가 사해행위취소로써 전득자를 상대로 채무자와 수익자 사이의 법률행위 취소를 구하는 경우, 이를 인정하기 위한 요건으로서의 전득자의 악의는 전득행위 당시 취소를 구하는 법률행위가 채권자를 해한다는 사실, 즉 사해행위의 객관적 요건을 구비하였다는 것에 대한 인식을 의미하므로, 전득자의 악의 판단에서는 전득자가 전득행위 당시 채무자와 수익자 사이의 법률행위의 사해성을 인식하였는지만이 문제가 될 뿐이고, 수익자가 채무자와 수익자 사이 법률행위의 사해성을 인식하였는지는 원칙적으로 문제가 되지 않는다(대법원 2012. 8. 17. 선고 2010다87672 판결 참조).

다시 이 사건에 돌아와 살펴보면, 피고 현대성우는 1999년경부터 주식회사 백록과 사이에 자동차배터리 등 대리점계약을 체결하여 계속적으로 물품을 공급하여 왔는데, 2011. 10. 31. 주식회사 백록으로부터 물품대금 명목으로 받았던 소외 2 발행 및 주식회사 백록 배서의 780만 원 상당의 어음이 부도처리되자 비로소 주식회사 백록과 그 대표이사인 소외 1에게 부도어음의 결제와 추가 담보 제공을 요구하여 2011. 11. 4.

24) 서울중앙지방법원 2014. 11. 20. 선고 2013나44224 판결 [구상금]

소외 1의 처인 피고 1로부터 위 피고 소유의 이 사건 1 내지 5 부동산에 관하여 채권 최고액 3억 600만 원으로 한 근저당권을 설정받고, 2011. 11. 9. 주식회사 백록으로 부터 위 부도어음의 액면금을 모두 지급받은 후에야 다시 거래를 재개한 사실, 주식회사 백록은 피고 현대성우와 위와 같이 거래가 다시 재개된 이후인 2011. 11. 18. 관계회사의 부실로 인한 신용보증사고가 발생하여 원고에 대해 기한의 이익을 상실하게 된 사실 등은 앞서 살펴본 바와 같은 바, 비록 피고 현대성우가 주식회사 백록과 상당한 기간 동안 거래관계를 지속하여 왔고, 주식회사 백록으로부터 물품대금으로 받은 어음이 부도나자 추가담보를 요구하여 피고 1이 소외 1로부터 증여받은 이 사건 1 부동산을 포함한 이 사건 1 내지 5 부동산을 담보로 제공받은 것은 맞으나 그러한 사정만으로 피고 현대성우가 주식회사 백록의 대표이사인 소외 1의 채무초과 사실 및 사해의사를 알았다고 단정하기 어렵고, 이 사건 변론 전체 취지에 의하면 피고 현대성우는 피고 1로부터 향후의 물품거래에서 파생되는 물품대금의 담보를 제공받기 위해서 피고 1이 담보로 제공하는 위 각 부동산에 일괄하여 근저당권을 설정하였을 뿐, 이 사건 1 부동산이 소외 1의 유일한 재산으로서 이를 피고 1에게 증여함으로써 소외 1의 일반채권자들의 공동담보에 부족이 초래되리라는 사정까지는 알지 못하였음이 인정되므로, 피고 현대성우는 소외 1의 사해의사 또는 이 사건 증여계약이 사해행위임을 알지 못한 선의의 전득자에 해당한다고 할 것인바, 피고 현대성우의 위 주장은 이유 있다."25)

피고 현대성우는 2011. 11. 9.에 780만 원을 지급거절된 어음을 회수하고 나서 그 이후에는 거래를 하였음을 알 수 있습니다. 그런데 주식회사 백록의 잘못으로 문제가 발생된 것이 아니라 관계회사의 사고로 보증사고가 발생하였다고 언급하고 있습니다. 만약 관계회사의 사고가 없었다고 한다면 계속적으로 주식회사 백록은 사업을 계속하였을 것이고 피고 현대성우도 계속적으로 물품을 공급하여 거래를 하였을 것입니다. 그렇다고 한다면 이런 경우에 피고 현대성우의 근저당권설정행위가 악의의 전득자일 것인지 조금은 의문입니다. 너무나 빨리 보증사고가 발생하였기 때문에 피고 현대성우의 주장이 받아들여지지 아니한 것이라고 할 것입니다. 원심은 이런 점을 고려하여 악의의 전득자가 아니라고 판단한 것으로 보입니다.

25) 서울중앙지방법원 2014. 11. 20. 선고 2013나44224 판결 [구상금]

"(2) 이 사건 1 부동산에 관한 근저당권설정계약의 사해행위의 성립 여부
앞서 본 바와 같이 이 사건 1 부동산에 관하여 제1심 공동피고 소외 1과 피고 1 사이에 체결된 이 사건 증여계약이 사해행위에 해당되어 취소됨에 따라, 이 사건 1 부동산은 원고에 대한 관계에 있어 더 이상 피고 1의 소유에 속하지 아니하여 그의 책임재산에 해당되지 아니하므로 피고 1이 위 부동산을 피고 현대성우에 담보로 제공하였더라도 이를 독립적인 사해행위로 보아 취소할 수는 없다. 따라서, 원고가 피고 1과 피고 현대성우 사이에 체결된 이 사건 1 부동산에 관한 근저당권설정계약이 사해행위에 해당함을 전제로, 그 취소 및 원상회복을 구하는 원고의 이 사건 1 부동산에 관한 예비적 청구는 더 나아가 살펴 볼 필요 없이 이유 없다."26)

원고가 주위적·예비적으로 이를 구한 취지는 이런 의미에서 보아야 할 것인지 조금은 의문입니다. 주위적으로 취소가 되었다고 하더라도 이는 채권자와 수익자인 피고 1간에만 취소가 될 뿐입니다. 피고 1과 피고 현대성우 간에 이 사건 1 부동산에 관한 근저당권설정계약의 취소에 있어서 이는 전혀 별개입니다. 왜냐하면 여기에서 취소채권자는 원고이고 수익자는 피고 현대성우입니다. 즉 이 예비적 청구취지에서의 수익자는 피고 현대성우이기 때문에 피고 현대성우의 입장에서는 이 사건 부동산은 피고 1이 완전한 소유권자라고 할 것입니다. 그렇기 때문에 소외 1과 피고 1간의 사해행위취소가 취소된다고 하더라도 이는 피고 현대성우에게는 전혀 영향력을 미치지 않는다고 할 것입니다. 우연한 사정에 의하여 소외 2과 피고 1간의 사해행위의 취소의 채권자와 피고 1과 피고 현대성우 간의 사해행위의 취소의 채권자가 동일할 뿐입니다. 그러므로 원심이 이와 같이 예비적 청구취지에 대하여 판단한 것은 사해행위취소의 취소의 효력에 관한 법리오해의 위법이 있다고 할 것입니다.

"나. 원심판결 이유에 의하면, 원심은 그 판시와 같은 이유로 피고 1이 이 사건 근저당권설정계약을 체결할 당시 보유한 적극재산의 합계액은 584,500,000원 상당이었고, 피고 1이 부담하고 있던 소극재산은 ① 주식회사 국민은행에 대한 39,959,811원의 채

---

26) 서울중앙지방법원 2014. 11. 20. 선고 2013나44224 판결 [구상금]

무, ② 주식회사 국민은행에 대한 110,000,000원의 임대차보증금반환채무, ③ 경원산업 주식회사에 대한 채권최고액 120,000,000원(원심 판결문에는 122,000,000원이라고 기재되어 있으나 이는 오기임이 명백하다)인 근저당권설정등기의 피담보채무, ④ 가까운 장래에 현실화될 개연성이 있었던 원고에 대한 167,623,502원의 구상금 채무 합계 437,583,313이었으므로, 적극재산액(584,500,000원)이 소극재산액(437,583,313원)보다 더 커서 무자력 상태에 있었다고 볼 수 없을 뿐만 아니라, 피고 1은 원심 소송 계속 중 원고에게 피고 1이 부담하고 있던 구상금 채무 중 120,620,000원을 변제하였는데, 원고나 피고 1 양측이 위 변제금의 비용, 이자, 원본 충당 여부에 관한 구체적 내역을 밝히지 아니하고 있으므로 채무자에게 우선변제이익이 있는 원본 충당으로 계산하면 피고 1의 소극재산액은 318,963,313원으로 줄어들어 피고 1이 더욱 무자력 상태에 있다고 할 수 없으므로, 피고 1의 피고 현대성우에 대한 이 사건 2 내지 5 부동산에 관한 근저당권설정행위가 사해행위에 해당한다고 볼 수 없다고 판단하였다.

다. 그러나 원심의 위와 같은 판단은 앞서 본 법리에 비추어 수긍할 수 없다.

(1) 앞서 본 바와 같이 다음과 같은 사실이 인정된다.

① 주식회사 백록의 피고 현대성우에 대한 물품대금채무를 담보하기 위하여 이 사건 근저당권설정등기가 경료되기 전에 이미 채권최고액 합계 268,000,000원의 각 근저당권설정등기가 마쳐져 있었다.

② 주식회사 백록은 피고 현대성우의 요구에 따라 2011. 11. 4. 주식회사 백록의 피고 현대성우에 대한 물품대금채무를 담보하기 위하여 피고 1 명의의 이 사건 1 내지 5 부동산에 관하여 채권최고액 306,000,000원의 이 사건 근저당권설정등기를 마쳤다.

③ 피고 현대성우가 2011. 11. 17.경 주식회사 백록으로부터 지급받지 못한 물품대금은 474,608,000원이다.

(2) 원심판결 이유 및 원심이 적법하게 채택한 증거들에 의하면 다음과 같은 사실을 알 수 있다.

① 원고는 채권자로서 채무자 주식회사 백록의 제3채무자 소외 3(소외 4의 파산관재인 변호사)에 대한 채권을 압류 및 전부받았다.

② 채무자 주식회사 백록은 2014. 6. 18.경 원고와 위 전부금으로 피고 1의 구상금 채무를 상환하기로 합의하였다고 주장하면서 위 채권압류 및 전부명령에 대한 이의포기신청서를 인천지방법원에 제출하였으며, 이에 따라 원고가 2014. 6. 24. 120,620,000원을 지급받았다.

(3) 위 사정을 앞서 본 법리에 비추어 보면, 피고 1이 이 사건 근저당권설정계약을 체

결할 당시 소유하고 있던 이 사건 2 내지 5 부동산의 가액에서 이미 물상담보로 제공
되어 다른 채권자가 가지는 피담보채권액분만 아니라, 이 사건 근저당권설정계약 체결
로 피고 1의 일반 채권자들을 위한 책임재산에서 제외되는 이 사건 2 내지 5 부동산이
부담하는 피담보채권액을 공제한 잔액만을 채무자의 적극재산으로 평가하여야 한다.
한편 원고가 2014. 6. 24. 지급받은 120,620,000원은 채무자 주식회사 백록의 제3채
무자 소외 3(소외 4의 파산관재인 변호사)에 대한 채권을 압류 및 전부받아 전부금을
지급받은 것으로 피고 1이 원고에게 변제한 금원으로 볼 수 없으므로 피고 1 주장과
같이 위 전부금이 피고 1의 원고에 대한 구상금 채무에 변제충당되었는지에 관하여 심
리하여야 하고, 피고 1의 원고에 대한 구상금 채무의 지연손해금이 소극재산에 추가되
어야 하는지 등도 함께 고려하여 피고 1의 무자력 여부를 판단하여야 한다.
라. 그런데도 원심은 그 판시와 같은 이유만으로 피고 1이 무자력 상태에 있었다고 볼
수 없다고 판단하였으니, 이러한 원심판결에는 필요한 심리를 다하지 아니하여 사실을
잘못 인정하거나 채무자의 무자력 판단에 관한 법리를 오해하여 판결에 영향을 미친
위법이 있다. 이를 지적하는 상고이유 주장은 이유 있다."27)

　　항소심 부장판사가 여성분이어서일까요? 사실 피고 1이 자신의 부동산에
대하여 남편을 위하여 피고 현대성우에게 근저당권을 설정해 준 것이 정말 사해
행위라고 보아야 하는지 등의 문제가 있었다고 보입니다.
　　먼저 채무초과여부를 판단함에 있어서 당해 사해행위로 인하여 처분된 재
산은 채무초과판단에서 제외되어야 합니다. 또한 이 경우에 사해행위가 근저당
권인 경우에 그 근저당권의 가치도 공제되어야 합니다. 즉 남은 가치만으로도
채권자들의 채권을 전부 변제받을 수 있는 경우에 한하여 채무초과가 아니라고
할 것입니다. 그런 점에서 이 사건 근저당권의 채권최고액을 고려하지 아니한
위법이 있는 것이 분명합니다.

"사해행위는 채무자가 적극재산을 감소시키거나 소극재산을 증가시킴으로써 채무초과
상태에 이르거나 이미 채무초과 상태에 있는 것을 심화시킴으로써 채권자를 해하는 행

---

27) 대법원 2015. 6. 11. 선고 2014다237192 판결 [구상금]

위를 말하는 것이다. 채무자가 제3자의 채무를 담보하기 위하여 자신의 부동산에 근저당권을 설정함으로써 물상보증인이 되는 행위는 그 부동산의 담보가치만큼 채무자의 일반 채권자들을 위한 책임재산에 감소를 가져오는 것이므로, 물상담보로 제공된 부동산의 가액에서 다른 채권자가 가지는 피담보채권액을 채권최고액의 범위 내에서 공제한 잔액만을 채무자의 적극재산으로 평가하여야 하고, 그로 인하여 채무자의 책임재산이 부족하게 되거나 그 상태가 심화되었다면 사해행위가 성립한다.

한편 채권자취소의 대상인 사해행위에 해당하는지 여부를 판단함에 있어 채무자 소유의 재산이 이미 다른 채권자의 채권에 물상담보로 제공되어 있다면, 물상담보로 제공된 부분은 채무자의 일반 채권자들을 위한 채무자의 책임재산이라고 할 수 없으므로, 그 물상담보에 제공된 재산의 가액에서 다른 채권자가 가지는 피담보채권액을 공제한 잔액만을 채무자의 적극재산으로 평가하여야 하고(대법원 2012. 1. 12. 선고 2010다64792 판결 참조), 수 개의 부동산에 공동저당권이 설정되어 있는 경우 위 책임재산을 산정함에 있어 각 부동산이 부담하는 피담보채권액은 특별한 사정이 없는 한 민법 제368조의 규정 취지에 비추어 공동저당권의 목적으로 된 각 부동산의 가액에 비례하여 공동저당권의 피담보채권액을 안분한 금액이라고 보아야 한다(대법원 2003. 11. 13. 선고 2003다39989 판결, 대법원 2010. 12. 23. 선고 2008다25671 판결 참조)."[28]

이 사건 2 내지 5 부동산에 근저당권을 설정한 행위입니다. 그런데 이 사건 2 내지 5 부동산은 모두 피고 1의 소유의 부동산이었고, 경원산업에 근저당권을 설정해 준 것은 이 사건 4, 5 부동산에만 설정해 주었던 것입니다.

268백만 원의 근저당권을 설정해 주었다는 부분은 바로 이 부분입니다.

"ⓐ 소외 1 소유인 인천 부평구 산곡동 264-1 (주소 1 생략)아파트 제202동 제1513호에 관하여 1992. 5. 7. 채권최고액 30,000,000원, 1995. 11. 20. 채권최고액 20,000,000원으로 된 각 근저당권설정등기를, ⓑ 1999. 4. 15. 소외 1 소유인 이 사건 1 부동산에 관하여 채권최고액 48,000,000원으로 된 근저당권설정등기를, ⓒ 1999. 7. 7. 소외 1의 처인 피고 1 소유인 이 사건 4, 5 부동산에 관하여 채권최고액 120,000,000원으로 된 근저당권설정등기를, ⓓ 2001. 10. 17. 소외 1의 동생인 소외

---

28) 대법원 2015. 6. 11. 선고 2014다237192 판결 [구상금]

> 2 소유인 인천 부평구 (주소 2 생략) 외 1필지 제1층 제2호에 관하여 채권최고액 50,000,000원으로 된 근저당권설정등기를 각 마쳤다."

소외 1의 산곡동 아파트 부동산에 30,000,000원 20,000,000원 근저당권

소외 1의 이 사건 1 부동산에 48,000,000원 근저당권

피고 1의 이 사건 4, 5 부동산에 120,000,000원 근저당권

소외 2의 부평구 부동산에 40,000,000원 근저당권

채권최고액을 다 합치면 268,000,000원입니다. 그런데 소유자가 3명입니다.

피고 1 소유의 이 사건 2 내지 5 306,000,000원의 근저당권

2011. 11. 17. 피고 현대성우의 채권액 474,608,000원

결국 현대성우가 받은 근저당권의 채권최고액은 574,000,000원입니다.

채무자는 주식회사 백록이고, 모두 물상보증인들의 부동산들에 담보를 설정하여 준 것을 알 수 있습니다. 그렇기 때문에 대법원은 이에 대하여 "채무자 소유의 재산이 이미 다른 채권자의 채권에 물상담보로 제공되어 있다면, 물상담보로 제공된 부분은 채무자의 일반 채권자들을 위한 채무자의 책임재산이라고 할 수 없으므로, 그 물상담보에 제공된 재산의 가액에서 다른 채권자가 가지는 피담보채권액을 공제한 잔액만을 채무자의 적극재산으로 평가하여야"한다고 하여 채무초과시에 적극재산의 평가방법에 관한 대법원 판결을 언급하면서, "수 개의 부동산에 공동저당권이 설정되어 있는 경우 위 책임재산을 산정함에 있어 각 부동산이 부담하는 피담보채권액은 특별한 사정이 없는 한 민법 제368조의 규정 취지에 비추어 공동저당권의 목적으로 된 각 부동산의 가액에 비례하여 공동저당권의 피담보채권액을 안분한 금액이라고 보아야 한다"라고 하여 공동저당의 경우에 적극재산이 얼마나 되는지에 대한 평가할 때의 대법원 판결을 언급하고 있습니다.

먼저 기존의 근저당권의 채권최고액이 268,000,000원입니다. 그런데 피고 현대성우의 2011. 11. 17. 채권액은 474,608,000원입니다. 사실 사해행위시점으로 보아야 할 것입니다. 그 시점은 2011. 11. 4.입니다. 사해행위시점 이후에 발생된 금액은 채무초과시에 이를 제외시켜야 할 것입니다. 왜냐하면, 이를 설정

해 주고 나서 거래를 하였다고 언급하고 있기 때문에 이는 새롭게 발생하였을 것입니다.

다만 여기서는 사해행위시점과 2011. 11. 17. 시점의 채권이 동일하다는 전제하여서 검토합니다. 206,608,000원(474,608,000원 - 268,000,000원)의 금액 정도의 금액을 피고 현대성우가 담보권이 없다고 할 것입니다. 기존 근저당권들의 채권최고액 268,000,000원에 대하여 각 부동산의 시가에서 선순위근저당권들을 제외하고 이 근저당권의 채권최고액만큼 전부 보호를 받는다는 전제하에 의한 것입니다.

채무자 피고 1의 적극재산의 가치는 <u>584,500,000원</u>

소극재산은 다음과 같습니다.

"① <u>주식회사 국민은행에 대한 39,959,811원의 채무</u>, ② 주식회사 국민은행에 대한 110,000,000원의 임대차보증금반환채무, ③ <u>경원산업 주식회사에 대한 채권최고액 120,000,000원</u>(원심 판결문에는 122,000,000원이라고 기재되어 있으나 이는 오기임이 명백하다)<u>인 근저당권설정등기의 피담보채무</u>, ④ <u>가까운 장래에 현실화될 개연성이 있었던 원고에 대한 167,623,502원의 구상금 채무 합계 437,583,313원</u>"

그런데 여기에서 분명 피고 1의 이 사건 4, 5 부동산에 채권최고액 120,000,000원의 근저당권이 언급되었는지를 보면, 언급이 되었습니다. 경원산업이 흡수합병되어 피고 현대성우가 되었기 때문입니다.

584,000,000원에서 437,583,313원을 제외하면 146,416,687원이 됩니다. 그런데 여기에 피고 현대성우에 306,000,000원의 근저당권을 설정해 주어버렸기 때문에 원고는 일반채권자로서 피고 현대성우의 후순위가 됩니다. 피고 현대성우가 기존 근저당권들의 채권최고액을 초과한 금액은 206,608,000원입니다. 이 금액은 적극재산에서 소극재산을 뺀 146,416,687,000원을 초과하여 버립니다. 결국 원고인 신용보증금은 이 사건 피고 현대성우의 근저당권 설정으로 인하여 이 사건 부동산들에서는 10원도 배당을 받을 수 없게 되었다고 할 것입니다. 그렇기 때문에 채무초과라고 할 것입니다.

그런데 만약 원고가 지급받은 <u>120,620,000원</u>을 어디에 변제충당하였는지를 보면, 결론을 달라질 여지가 있을 수 있습니다. 피고 1은 주식회사 백록의 채무

에 대하여 전부 보증을 한 것이 아닙니다. 4건의 보증건 중에서 일부에 대하여
만 보증을 하였습니다.

"원고에게, 제1심 공동피고 주식회사 백록, 소외 1, 소외 4, 소외 2는 연대
하여 560,099,393원 및 그 중 557,173,565원에 대하여는 2012. 4. 23.부터, <u>피고
1, 제1심 공동피고 소외 5는 위 주식회사 백록, 소외 1, 소외 4, 소외 2와 연대
하여 위 금원 중 167,623,502원 및 그 중 166,426,792원에 대하여는</u> 2012. 4.
23.부터 각 이 사건 최종 소장부본 송달일까지는 연 15%의, 그 다음날부터 다
갚는 날까지는 연 20%의 각 비율로 계산한 돈을 지급하라."

주식회사 백록의 채무는 대위변제금만 557,173,565원인데 피고 1은 이 금
원 중에서 166,426,792원에 대하여만 보증을 하였던 것입니다. 아마 보증 1건이
나 2건에만 보증을 한 것이 아닌가라는 생각이 듭니다.

파기환송심은 원고의 청구를 인용하여 피고들의 항소를 기각하였습니다.
피고들은 많이 파기환송심에서도 다투었지만 패소판결을 받았습니다. 아마 지급
받았다는 <u>120,620,000원</u>을 피고 1건이 아닌 다른 것에 변제충당한 것으로 만들
었을 것입니다. 가사 비용 원금 이자 순으로 충당하기 때문에 균등하게 이를 배
분하였다고 하더라도 채무초과 상태에는 변동이 없을 것입니다.

120,620,000 × 166,426,792원 / 557,173,565원 = 36,028,988원(소수점 이
하 반올림)

여기에 비용을 우선 충당할 경우에는 3천만 원 정도나 원금에 충당되었을
것이기 때문에 여전히 1억 3600만 원 정도의 채권은 존재한다고 할 것입니다.
그러므로 피고들의 항소는 기각된 것은 충분히 알 수 있습니다.

다만 피고 현대성우의 근저당권이 진정 사해행위인가는 의문입니다. 왜냐
하면, 사안을 보면 주식회사 백록 자체의 문제로 보증사고가 발생한 것이 아니
라 관계회사의 사고로 인하여 보증사고가 발생하였다는 것인바 이는 근저당권
설정계약 당시에는 전혀 예상할 수 없었던 일인 점과 피고 현대성우가 그 이후
에 거래를 재개한 점을 보면, 사해행위라고 보기는 어렵다고 할 여지가 충분히
있었다고 할 것입니다. 이런 주장을 피고 측이 주장을 하지 아니한 것인지 이에
관한 주장은 나와 있지 않다는 점에서 아쉽습니다.

피고 1의 이 사건 2 내지 5 부동산에 피고 현대성우는 가압류도 할 수 없을

것입니다. 피고 1이 별도로 그 이전에 연대보증을 한 것이 아니라고 한다면 말입니다. 또한 이 사건 1 부동산의 경우 소외 1의 소유인데 소외 1이 역시 연대보증하지 않았으면 이 사건 1 부동산에 대해서도 기존 근저당권자가 아닌 일반채권자로서는 배당에 참가할 수도 없을 것으로 보입니다.

파. 근저당권자인 수익자의 권리를 양도받은 전득자인 신용보증기금 사건 - 수익자와 전득자의 부진정연대책임

"사해행위취소의 소는 수익자나 전득자 중 일부만을 상대로 하거나 수익자와 전득자를 공동피고로 하여 제기할 수 있고, 사해행위취소소송에 있어서 수익자 또는 전득자가 악의라는 점에 관하여는 채권자에게 입증책임이 있는 것이 아니라 수익자 또는 전득자 자신에게 선의라는 사실을 입증할 책임이 있다(대법원 2011. 9. 29. 선고 2009다81920 판결 등 참조).

원심은 그 판시와 같은 사실을 인정한 다음, 채무자 소외인이 이 사건 부동산에 관하여 2008. 9. 4. 피고 1과 이 사건 근저당권설정계약을 체결할 당시 이미 채무초과 상태에 있었으므로 이는 사해행위에 해당하고, 그로 인한 수익자인 피고 1과 전득자인 피고 신용보증기금의 악의는 추정되며, 한편 피고 1은 이 사건 근저당권을 피고 신용보증기금에 양도함으로써, 피고 신용보증기금은 이 사건 부동산에 대한 임의경매절차에서 이 사건 근저당권이 소멸됨으로써 각 원물반환이 불가능하게 되었으므로 채권자인 원고에 대하여 가액배상을 하여야 할 것인데, 그 가액배상액은 피고 신용보증기금이 이 사건 근저당권에 기하여 배당받은 98,787,360원이라고 판단하여, 소외인과 피고 1 사이의 이 사건 근저당권설정계약을 취소하고 피고들에 대하여 각자 원고에게 위 98,787,360원 및 이에 대한 지연손해금의 지급을 명하는 한편, 자신들이 선의의 수익자 또는 전득자라는 피고들의 주장을 배척하였다.

앞서 본 법리에 비추어 기록을 살펴보면, 원심의 이러한 조치는 정당하고, 거기에 상고이유의 주장과 같이 필요한 심리를 다하지 아니하고 채증법칙을 위반하거나 사해행위취소소송에 있어서 가액배상에 관한 법리를 오해하는 등의 잘못이 없다."[29]

이 사건의 경우는 수익자의 선의와 전득자의 선의 입증책임을 당연히 그들

---

29) 대법원 2014. 12. 11. 선고 2011다49783 판결 [사해행위취소]

에게 있는 것이 당연하다고 할 것입니다. 수익자는 근저당권자였고 전득자는 그 근저당권을 이전받은 자이고 신용보증기금이었습니다. 그런데 이 부동산은 경매가 되어 신용보증기금은 <u>98,787,360원의 배당금을 수령했습니다.</u> 아마 이를 보면, 취소채권자는 신용보증기금이 배당을 받아간 이후에 사해행위취소소송을 제기한 것으로 보입니다. 이때 원고는 수익자인 피고 1과 전득자인 신용보증기금을 모두 피고로 넣었습니다. 그러면서 가액배상청구시에 수익자 피고 1과 전득자 신용보증기금이 "각자" 위 배당금 및 지연손해금을 지급하라고 청구취지를 구하였습니다. 여기서 "각자"는 바로 수익자와 전득자가 취소채권자에게 부진정연대책임을 부담하는 것을 보여준다고 할 것입니다.

청구취지는 아마 이렇게 되었을 것으로 보입니다.

"1, 피고 1과 소외 채무자 사이에 2008. 9. 4.자 별지 목록 기재 부동산에 관한 근저당권설정계약을 취소한다.

2. 피고 1과 피고 신용보증기금은(실제는 피고들은) 각자 원고에게 금 98,787,360원 및 이에 대하여 이 사건 판결확정일 다음날로부터 다 갚는 날까지 연 5%의 비율에 의한 금원을 지급하라.

3. 소송비용은 피고들의 부담으로 한다."

이 판결은 선의에 관한 입증책임이 누구에게 있는지에 관한 부분을 다시 한 번 확인시켜 주었을 뿐만 아니라 수익자와 전득자가 부진정연대책임으로 취소채권자에게 가액배상책임이 있다는 것을 다시 한 번 확인시켜준 것으로도 의미가 있다고 할 것입니다.

하. 수익자나 전득자가 파산 등을 한 경우 – 구상금채무의 연대보증인인 채무자가 주채무자인 아들에게 부동산을 이전해 주고 의사인 아들이 회생개시결정을 받은 사안

"사해행위취소권은 사해행위로 이루어진 채무자의 재산처분행위를 취소하고 사해행위에 의해 일탈된 채무자의 책임재산을 수익자 또는 전득자로부터 채무자에게 복귀시키기 위한 것이므로 환취권의 기초가 될 수 있다. 수익자 또는 전득자에 대하여 회생절차가 개시된 경우 채무자의 채권자가 사해행위의 취소와 함께 회생채무자로부터 사해행위의 목적인 재산 그 자체의 반환을 청구하는 것은 환취권의 행사에 해당하여 회생절차개시의 영향을 받지 아니한다. 따라서 채무자의 채권자는 사해행위의 수익자 또는 전득자에 대하여 회생절차가 개시되더라도 관리인을 상대로 사해행위의 취소 및 그에 따른 원물반환을 구하는 사해행위취소의 소를 제기할 수 있다."30)

수익자나 전득자가 파산이 되거나 회생개시결정이 된 경우에 피고는 파산관재인이나 회생관리인이 된다고 할 것입니다.

"원심판결 이유와 기록에 의하면, 피고는 2009. 3. 24. 회생절차의 개시와 함께 피고를 관리인으로 간주하는 내용의 회생절차개시결정을 받은 사실, 그 후 소외인의 채권자인 원고는 소외인과 피고 사이에 2009. 2. 4.자로 체결된 이 사건 부동산의 매매계약이 사해행위라고 주장하면서 수익자인 피고에 대한 회생절차의 관리인인 피고를 상대로 하여 위 매매계약의 취소 및 그에 따른 원상회복으로서 이 사건 부동산에 관한 소유권이전등기의 말소를 청구하는 이 사건 사해행위취소의 소를 제기한 사실을 알 수 있다.
위 사실관계를 앞서 본 법리에 비추어 보면, 이 사건 사해행위취소의 소는 환취권의 행사에 해당하여 회생절차개시의 영향을 받지 아니하므로, 사해행위의 수익자인 피고에 대하여 회생절차가 개시되었다고 하여 이 사건 사해행위취소의 소가 부적법하다고 할 수는 없다.
원심이 이 사건 사해행위취소의 소가 부적법하다는 피고의 주장을 배척하면서 설시한 이유는 적절하지 아니하나, 피고의 위 주장을 배척한 결론은 정당하고, 거기에 회생절차개시 이후의 사해행위취소 소송의 적법 여부에 관한 법리를 오해하는 등의 위법이 없다. 피고가 상고이유에서 들고 있는 대법원 2010. 9. 9. 선고 2010다37141 판결은 사해행위의 수익자에 대하여 회생절차가 개시된 이 사건과는 사안을 달리하는 것으로서 이 사건에 원용하기에 적절하지 아니하다."31)

원고는 서울보증보험주식회사였습니다. 피고는 "회생채무자 피고의 관리인

---

30) 대법원 2014. 9. 4. 선고 2014다36771 판결 [구상금등]
31) 대법원 2014. 9. 4. 선고 2014다36771 판결 [구상금등]

피고(표시정정 전 피고: 피고)"이었습니다. 대법원 사건번호가 2014다36771이고, 1심은 "서울중앙지방법원 2011. 12. 16. 선고 2010가합120512 판결"인 것, 회생개시결정이 <u>2009. 3. 24.</u>인 것을 보면, 2010년에 소를 제기하였던 것이 명백하고, 서울보증보험은 처음에는 피고라고 하여 소를 제기하였다 피고가 회생개시결정을 받자 당사자표시정정으로 하여 "회생채무자 피고의 관리인 피고"라고 정정을 하였을 것입니다. 원고로서는 피고가 회생개시결정을 받은 것을 알지 못하고 소를 제기하였기 때문에 소제기 전에 이미 피고가 회생개시결정을 받은 경우이므로 이런 경우에는 소송수계절차가 아니라 당사자표시정정에 의하여 이루어져야 할 것입니다.

관리인은 자신이 전득자라고 하면서 선의를 주장하였습니다.

> "관리인이 선의의 전득자라는 상고이유에 대하여
> 원심은, 회생절차개시결정에 따라 채무자의 재산에 대한 관리·처분의 권한이 관리인에게 전속된다고 하더라도 채무자의 재산권 자체가 관리인에게 이전되는 것은 아니므로 관리인을 사해행위의 전득자라고 할 수 없다는 이유를 들어, 수익자 피고에 대한 회생절차의 관리인 지위에 있는 피고가 선의의 전득자에 해당한다는 피고의 주장을 배척하였다.
> 원심판결 이유를 관련 법리와 기록에 비추어 보면, 원심의 위와 같은 판단은 정당하고, 거기에 선의의 전득자에 관한 법리를 오해하는 등의 위법이 없다."32)

어찌 보면 이는 지극히 당연한 것일 것인데도 불구하고 관리인은 이런 주장을 하였습니다. 피고와 회생채무자 피고의 관리인 피고는 사실 동일한 사람이기 때문에 어떻게든 이 사건 부동산을 돌려주고 싶지 않았던 것을 알 수 있습니다.

이 사건 소송은 사실은 2차 대법원 상고사건입니다. 1차 대법원 상고사건은 파기환송이 되었습니다.

---

32) 대법원 2014. 9. 4. 선고 2014다36771 판결 [구상금등]

"채무자 회생 및 파산에 관한 법률(이하 '채무자회생법'이라 한다)에 의한 회생절차개시결정이 있는 때에는 채무자의 업무의 수행과 재산의 관리 및 처분을 하는 권리는 관리인에게 전속하고(채무자회생법 제56조 제1항), 채무자의 재산에 관한 소송에서는 관리인이 당사자가 되는 것이다(채무자회생법 제78조).
한편 원고가 당사자를 정확히 표시하지 못하고 당사자능력이나 당사자적격이 없는 자를 당사자로 잘못 표시하였다면 법원은 당사자를 소장의 표시만에 의할 것이 아니고 청구의 내용과 원인사실을 종합하여 확정한 후 확정된 당사자가 소장의 표시와 다르거나 소장의 표시만으로 분명하지 아니한 때에는 당사자의 표시를 정정보충시키는 조치를 취하여야 할 것이고 이러한 조치를 취함이 없이 단지 원고에게 막연히 보정명령만을 명한 후 소를 각하하는 것은 위법하다(대법원 1997. 6. 27. 선고 97누5725 판결 등 참조)."[33]

항소심의 주문을 보면, 다음과 같습니다.

"1. 제1심 판결을 취소한다.
2. 이 사건 소를 각하한다.
3. 소송총비용은 원고가 부담한다."[34]

서울고등법원이 직권으로 판단한 사건입니다.

"2. 직권으로 소의 적법 여부에 관하여 본다.
채무자 회생 및 파산에 관한 법률 제78조는 "채무자의 재산에 관한 소송에서는 관리인이 당사자가 된다"고 규정하고 있는바, 피고에 대해 2009. 3. 24. 창원지방법원 2009회단8호로 회생절차개시결정이 내려진 사실은 앞서 인정한 바와 같으므로, 피고는 피고의 재산에 관한 이 사건 소송에서 당사자적격이 없다(개인채무자인 피고에 대해 회생절차개시결정이 내려진 이 사건의 경우, 피고는 채무자 본인으로서의 자격과 관리인으

로서의 자격을 동시에 가지고 있다. 그런데 원고는 2012. 4. 4. 당심 제1회 변론기일에서 피고에게 당사자적격이 있는지를 밝히라는 이 법원의 석명요구에도 불구하고 아무런 의견을 제출하지 아니하였다. 뿐만 아니라 원고는 2012. 6. 19. 이 법원으로부터 '이 사건 소송의 당사자가 채무자 본인으로서의 피고인지, 관리인으로서의 피고인지를 2012. 6. 22.까지 특정하여 줄 것과, 그 때까지 특정하지 않으면 채무자 본인으로서의 피고를 상대로 소를 제기한 것으로 간주하겠다'는 연락을 받고도 아무런 의견도 제출하지 아니하였다)."[35]

확실하게 원고 대리인이 항소심에 미운털이 박힌 것을 알 수 있습니다. 그런데 상고심에서 서울보증보험은 변호사를 바꾸지 않았습니다. 파기환송심에서 당사자표시정정을 하였고, 항소는 기각되었으며, 회생채무자 피고의 관리인 피고의 상고는 기각되어 원고승소로 확정이 되었습니다.

"○○○○병원을 운영하던 피고는 2009. 2. 24. 창원지방법원 2009회단8호로 회생신청을 하였고, 위 법원은 2009. 3. 24. '피고에 대하여 회생절차를 개시한다. 피고에 대하여 관리인을 선임하지 아니하고 피고를 관리인으로 본다'는 내용의 회생절차개시결정을 하였다. 이로써 피고는 회생채무자 피고의 관리인으로서의 직무를 수행하게 되었다."[36]

피고는 의사였습니다. 일반개인회생이 아니라 전문인들의 회생절차였음을 알 수 있습니다.

"라. 피고 4는 2009. 2. 4. 그 소유의 별지 목록 기재 부동산(이하 '이 사건 부동산'이라 한다)에 관하여 아들인 피고 1과 매매계약(이하 '이 사건 매매계약'이라 한다)을 체결한 다음, 2009. 2. 25. 주문 기재와 같이 그에 따른 소유권이전등기를 마쳐 주었다.

35) 서울고등법원 2012. 6. 27. 선고 2012나11961 판결 [구상금등]
36) 서울고등법원 2014. 5. 1. 선고 2013나57520 판결 [구상금등]

> 마. 피고 4는 이 사건 매매계약 당시 시가 합계 9,173만 원인 이 사건 부동산(토지 3,213만 원 + 건물 5,960만 원)과 시가 18,952,000원인 부산 부산진구 개금동 (지번 1 생략) 토지 외에 별다른 재산이나 수입이 없었던 반면, 원고에 대한 위 구상금 채무 279,464,180원을 부담하고 있어 이미 채무초과 상태에 있었다."[37]

아버지인 채무자가 아들인 수익자에게 부동산을 이전해 준 사건이었습니다. 그러니 특별하지 않은 이상 사해행위가 인정되는 것은 거의 명백했습니다. 1심은 피고가 회생개시결정 받은 것을 간과하였는지 피고는 그냥 피고라고만 언급하고 있습니다(피고 1이 대법원의 회생채무자 피고입니다).

> "가. 원고는 피고 1의 보증의뢰에 따라 피고 2, 3의 각 연대보증 아래 ① 2007. 11. 30. 피보험자 하나캐피탈 주식회사, 리스 물건 환자감시장치 외 15종, 취득원가 4억 9,300만 원, 보험가입금액 329,999,962원, 보험기간 리스물건 수령증서 발급일로부터 4년, 보험료 17,309,260원으로 정하여 리스보증보험 계약(이하 '제1 보증계약'이라 한다)을, ② 2008. 12. 30. 피보험자 주식회사 아워홈, 보험가입금액 2억 원, 보험기간 2009. 1. 1.부터 2010. 1. 5.까지, 보험료 3,558,080원으로 정하여 임대차보증금반환 지급보증보험 계약(이하 '제2 보증계약'이라 한다)을, ③ 2008. 12. 30. 피보험자 주식회사 아워홈, 보험가입금액 8,000만 원, 보험기간 2009. 1. 1.부터 2010. 1. 5.까지, 보험료 1,946,300원으로 정하여 급식대금 지급보증보험 계약(이하 '제3 보증계약'이라 한다)을 각 체결하였다.
> 나. 위 각 보증계약에 의하면, 원고가 위 보증 채무를 이행한 경우 피고 1과 보증인은 지급보험금을 변상하되, 지연될 경우 그에 대한 보험금 지급일 다음날부터 원고가 정하는 연체이율(연 19%)에 의한 지연손해금을 가산 지급하기로 되어 있었고, 피고 4는 제 2, 3 보증계약에 따른 피고 1의 채무에 관하여 각 연대 보증하였다."[38]

피고 4 채무자는 피고 1의 아버지로서 3건의 보증보험 건 중 제2, 3 보증계약에 연대보증을 하였습니다. 연대보증인이 주채무자에게 부동산을 넘겨버리고,

---

37) 서울중앙지방법원 2011. 12. 16. 선고 2010가합120512 판결 [구상금등]

38) 서울중앙지방법원 2011. 12. 16. 선고 2010가합120512 판결 [구상금등]

주채무자는 회생개시결정을 받았던 사건입니다. 머리를 썼던 것입니다. 그러므로 이 사건 부동산을 집행당하지 않을 것이라고 생각했던 것입니다.

> "개인회생절차에서 면책 결정이 확정되었다 하더라도 연대보증은 면책의 영향을 받지 않으므로, 원고가 피고 1에 대한 위 개인회생절차에서 이의를 제기하지 아니하여 회생계획 인가결정이 이루어진 후에 그 연대보증인들인 위 피고들을 상대로 이 사건 구상금 청구를 하는 것이 신의칙에 위반된다고 볼 수 없다."[39]

1심은 피고 1(회생채무자 피고)이 회생개시결정을 받은 것을 알았음이 명백합니다. 주채무자 피고 1이 회생개시결정을 받았으니 이 사건 사건명이 "구상금 등"이기 때문에 구상금소송도 병합한 것임을 알 수 있습니다. 구상금 사건에는 피고 1은 피고로 되어 있지 않을 것입니다.

> "1. 원고에게,
> 가. 피고 2, 3은 연대하여 507,743,029원 및 그 중 2억 원에 대하여는 2009. 5. 9.부터, 79,464,180원에 대하여는 2009. 5. 16.부터, 228,278,849원에 대하여는 2009. 5. 30.부터 각 2010. 12. 8.까지는 연 19%의, 그 다음날부터 다 갚는 날까지는 연 20%의 각 비율에 의한 금액을,
> 나. 피고 4(대법원판결의 소외인)는 위 피고들과 연대하여 위 가.항 기재 금원 중 279,464,180원 및 그 중 2억 원에 대하여는 2009. 5. 9.부터, 79,464,180원에 대하여는 2009. 5. 16.부터 각 2010. 12. 8.까지는 연 19%의, 그 다음날부터 다 갚는 날까지는 연 20%의 각 비율에 의한 금액을
> 각 지급하라."[40]

일반적으로 구상금 피고를 우선 기재하고 나서 나중에 수익자나 전득자를 기재하는데 수익자인 회생채무자 피고를 피고 1로 기재한 것은 피고 1은 주채무

---

39) 서울중앙지방법원 2011. 12. 16. 선고 2010가합120512 판결 [구상금등]
40) 서울중앙지방법원 2011. 12. 16. 선고 2010가합120512 판결 [구상금등]

자이기 때문입니다. 원상회복은 원물반환으로 하여 소유권이전등기말소절차를 이행하라는 형식이었습니다.

　　재판진행이 매우 재미있는 사건이었습니다. 회생채무자가 머리를 썼는데 결국 패소를 하였으니 변호사 비용도 상당히 부담하여야 할 것입니다. 이 비용은 공익채권이 될 것으로 보입니다. 변호사의 조력을 받아서 머리를 쓴 것으로 보이는데 제트기 타는 놈 위에 발사체 타는 놈이 있었습니다.

거. 계속적 보증계약의 경우에 연장하면서 기존 보증인이 빠지고 다른 보증인이 들어간 경우에 기존 보증인에 대한 책임제한이 될 수 있음

"근보증으로서의 신용보증채무 이행으로 인한 구상채무를 보증한 자가 신용보증채무가 확정되기 전에 적법하게 보증계약을 해지한 때에는 구체적인 보증채무의 발생 전에 보증계약 관계가 종료되므로, 그 이후 신용보증사고의 발생으로 신용보증기관의 신용보증채무가 확정되고 나아가 주채무자의 구상채무까지 확정된다 하여도 구상보증인은 그에 관하여 아무런 보증책임을 지지 아니한다(대법원 1998. 6. 26. 선고 98다11826 판결, 대법원 2007. 5. 31. 선고 2005다61195 판결 참조). 그리고 이러한 법리는 주계약상 거래기간의 연장에 따라 신용보증기간이 연장되었으나 구상보증인에 대한 관계에서는 보증기간이 연장되지 아니하여 구상보증계약 관계가 먼저 종료되는 경우에도 마찬가지로 적용된다.

원심이 확정한 사실관계에 의하면, 티케이씨엔씨는 이 사건 제1 신용보증서에 기하여 2007. 9. 12. 외환은행과 약정한도금액을 7억 5,000만 원, 약정기한을 2008. 3. 26.까지로 정하여 여신거래약정을 체결한 후, 외환은행으로부터 무역어음대출 명목으로 7억 5,000만 원을 변제기 2008. 3. 26.(이후 2008. 8. 26.까지로 연장되었다)로 정하여 대출받은 점, 이 사건 제1 신용보증약정의 보증기간과 위 여신거래의 약정기한 연장을 위하여 티케이씨엔씨는 2008. 3. 24. 원고와 신용보증한도를 3억 1,500만 원, 신용보증기간을 2008. 3. 27.부터 2009. 3. 27.까지로 정하여 이 사건 제2 신용보증약정을 체결하고 원고로부터 갱신보증으로서 신용보증한도와 신용보증기간이 위와 동일한 이 사건 제2 신용보증서를 발행받은 다음, 외환은행과는 위 대출금 중 1억 3,500만 원을 상환한 후 이 사건 제2 신용보증서에 기하여 2008. 3. 26. 약정한도금액은 6억 1,500만 원으로 변경하고 약정기한은 2009. 3. 27.까지로 연장하는 여신거래추가약정을 체결한 점, 이 사건 제1 신용보증약정 시에는 원고의 신용보증채무 이행으로 인한 티케이씨엔씨의 구상채무에 대하여 피고 1이 티케이씨엔씨의 대표이사인 제1심 공동 피고 2(이하 '제1심 공동피고 2'라고 한다)과 함께 연대보증하였으나 이 사건 제2 신용 보증약정 시에는 피고 2가 제1심 공동피고 2와 함께 연대보증한 점, 티케이씨엔씨가 변제기인 2008. 8. 26. 위 대출원금을 변제하지 못하자 원고가 2008. 11. 5. 외환은 행에 원리금 합계 355,580,010원을 대위변제한 점을 알 수 있다.

위와 같은 사실관계를 앞서 본 법리에 비추어 살펴본다.

이 사건 제1 신용보증서에 의한 원고의 신용보증은 티케이씨엔씨가 외환은행으로부터 그 신용보증한도와 보증기간 범위 내에서 무역금융 관련 대출 등을 받는 계속적 거래 관계로 발생하는 불확정한 채무를 보증하는 계속적 보증인 근보증에 해당함은 앞서 본 바와 같고, 피고 1이 원고와 맺은 보증계약도 원고가 위와 같은 계속적 보증계약을 이 행함에 따른 티케이씨엔씨의 불확정한 구상채무를 보증하는 것이어서 계속적 보증계약 에 해당한다(대법원 1992. 11. 24. 선고 92다10890 판결 등 참조). 그리고 근보증인 원고의 신용보증은 위 여신거래의 약정기한 동안에는 약정된 한도금액의 범위 안에서 증감·변동하는 대출원리금에 대하여 보증책임을 지지 아니하고 정해진 사유 등으로 인한 위 여신거래 종료 시 보증채무가 확정되는 것이다(대법원 1998. 6. 26. 선고 98 다11826 판결 참조). 그런데 위 여신거래의 약정기한과 이 사건 제1 신용보증서의 보 증기간은 모두 2009. 3. 27.까지로 연장되었으나 피고 1이 이 사건 제2 신용보증약정 시에는 티케이씨엔씨의 구상채무에 대한 연대보증인으로 입보하지 않음으로써 피고 1 의 구상보증계약 관계는 제1 신용보증약정에서 정한 보증기간이 경과함에 따라 먼저 종료되었다고 할 것이다. 따라서 앞서 본 법리에 따르면 피고 1의 구상보증계약 관계 종료 당시를 기준으로 티케이씨엔씨와 외환은행 사이의 여신거래와 원고의 신용보증계 약 관계는 어느 것도 종료되지 아니하여 원고의 신용보증채무가 확정되지 아니하였으 므로, 그 이후 티케이씨엔씨의 연체로 신용보증사고가 발생하여 원고의 신용보증채무 가 확정되고 이로써 티케이씨엔씨의 구상채무까지 확정된다고 하여도 피고 1은 그에 관해 아무런 보증책임을 부담하지 아니한다고 할 것이다.

그럼에도 원심은 이와 달리 원고의 신용보증이 채무와 변제기가 특정되어 있는 확정채 무에 대한 개별보증임을 전제로 피고 1의 보증기간이 종료할 당시에 이미 발생하여 확 정된 티케이씨엔씨의 채무가 있다는 이유로 피고 1이 보증책임을 부담하여야 한다고 판단한 다음, 피고 1에 대한 구상금청구를 일부 인용하고, 피고 3, 피고 4에 대한 사해 행위취소 등 청구를 전부 인용하였다. 이러한 원심판결에는 계속적 보증에 관한 법리를 오해하여 판결 결과에 영향을 미친 위법이 있다. 이 점을 지적하는 상고이유 주장도 이유 있다."[41)

"2) 사해행위에 대하여

이미 채무초과 상태에 빠져 있는 채무자가 그의 유일한 재산인 부동산을 채권자들 중 1인에게 채권담보로 제공하는 행위는 다른 특별한 사정이 없는 한 다른 채권자들에 대한 관계에서 채권자취소권의 대상이 되는 사해행위가 되는 것이고, **채무자의 제3자에 대한 담보제공행위가 객관적으로 사해행위에 해당하는 경우 수익자의 악의는 추정되는 것인바**(대법원 2006.4.14. 선고 2006다5710 판결 등 참조), **앞서 본 바와 같이 피고 3은 채무초과 상태에서 자신의 유일한 재산인 이 사건 1 부동산을 피고 5에게 담보로 제공하였으므로 제1 근저당권설정계약은 채권자인 원고를 해하게 됨을 알고 한 사해행위에 해당**하고, 이와 같이 이 사건 근저당권설정계약이 사해행위에 해당하는 이상 수익자인 피고 5의 악의도 추정된다.

3) 피고 5의 항변에 관한 판단

피고 5는 2006. 10. 9. 피고 3에게 이 사건 1 부동산을 대금 3억 3,000만 원에 매도하고 2006. 11. 3. 피고 3에게 소유권이전등기를 마쳐주었으나 피고 3이 매매대금 중 1억 8,000만 원만을 지급하고 나머지 잔금을 지급하지 않아 매매대금채권의 확보를 위해 이 사건 1 부동산에 관하여 제1 근저당권설정계약을 체결하였을 뿐 다른 채권자를 해한다는 사실을 알지 못하였다는 취지로 항변한다.

살피건대, 갑 8호증, 을가 1호증, 을가 2호증의 1, 2의 각 기재만으로는 피고 5가 다른 채권자를 해함을 알지 못하였다고 인정하기에 부족하고 달리 이를 인정할 만한 증거가 없으므로 피고 5의 위 항변은 이유 없다.

나. 원상회복

따라서 피고 3과 피고 5 사이에 이 사건 1 부동산에 관하여 2008. 4. 2. 체결된 근저당권설정계약은 취소되어야 하고, 피고 5는 피고 3에게 이 사건 1 부동산에 관하여 서울남부지방법원 등기과 2008. 4. 3. 접수 제16846호로 마친 근저당권설정등기의 말소등기절차를 이행할 의무가 있다."[42)

---

41) 대법원 2014. 4. 10. 선고 2011다53171 판결 [구상금등]
42) 서울중앙지방법원 2009. 12. 4. 선고 2008가합128841 판결 [구상금등]

대법원의 피고 1은 서울중앙지방법원 1심의 피고 3입니다. 대법원의 피고 3은 서울중앙지방법원 1심의 피고 5이며 수익자인 근저당권자입니다.

대법원의 피고 2는 서울중앙지방법원 1심의 피고 4입니다.

구상금 피고는 피고 1인 티케이씨앤씨, 피고 2(제1심 공동피고 2를 말함), 피고 3(대법원 피고 1), 피고 4(대법원 피고 2)들입니다. 4명이 연대하여 구상금채무를 부담하도록 하였습니다.

사해행위취소의 피고로는 3명이 더 있습니다.

대법원의 피고 3은 서울중앙지방법원 1심의 피고 5이며, 대법원의 피고 4는 서울중앙지방법원 1심의 피고 6입니다.

피고 1과 피고 3, 4는 피고 1 소유의 부동산에 관하여 2008. 4. 2.과 2008. 11. 17. 각 근저당권설정계약을 체결한 것입니다.

> "1) 피고 회사는 2008. 8. 26. 원금연체로 인하여 대출금에 대한 기한의 이익을 상실하였고, 이에 한국외환은행은 2008. 10. 13.경 원고에게 제2 신용보증서에 기하여 피고 회사의 대출원금 3억 1,500만 원 및 이자에 대한 보증채무이행을 청구하였다.
> 2) 원고가 제2 신용보증서에 의하여 한국외환은행에 변제할 금액은 320,022,014원(채무원금 3억 1,500만 원 + 보증채무이자 5,022,014원(2008. 8. 26.부터 2008. 11. 4.까지 71일, 이율 8.196%))이었으나, 2008. 11. 5. 제1 신용보증서에 기하여 피고 회사를 대위하여 한국외환은행에 대출원금 3억 5,000만 원과 이자 5,580,010원을 합하여 355,580,010원을 변제하였다."[43]

보증사고는 2008. 8. 26.이었으니 6개월 안에 있는 2008. 4. 2. 근저당권설정계약도 취소를 하였던 것입니다. 당연히 2008. 11. 17. 설정계약은 보증사고 난 이후이기 때문에 큰 문제가 없었습니다.

대법원 피고 5는 서울중앙지방법원 1심의 피고 7입니다. 이는 대법원 피고 2, 즉 제2 신용보증서에 보증을 한 피고 2로부터 피고 2의 부동산을 증여받은 사람이었습니다. 그 시점은 2008. 8. 8.입니다. 기한이익상실 당하기 바로 전이

---

43) 서울중앙지방법원 2009. 12. 4. 선고 2008가합128841 판결 [구상금등]

고 증여인 점을 보면, 선의 인정은 어려웠던 것으로 보입니다.

"이에 대하여 피고 6은 피고 3에게 2007. 10. 8. 1,800만 원, 2007. 12. 17. 2,300만 원, 2008. 1. 25. 600만 원, 합계4,700만 원을 대여하였는데 피고 3이 위 대여금을 변제하지 않아 대여금채권을 확보하기 위해 2008. 11. 17. 제2 근저당권설정계약을 하고 등기를 하였을 뿐 다른 채권자를 해한다는 사실을 알지 못하였다는 취지로 항변한다. 살피건대, 을가 3호증의 1 내지 3, 을가 4호증의 1, 2의 기재만으로는 피고 6이 다른 채권자를 해함을 알지 못하였다고 인정하기에 부족하고 달리 이를 인정할 만한 증거가 없으므로 피고 6의 위 항변은 이유 없다."[44]

피고 4의 근저당권자의 주장은 기존 채무에 대하여 돈을 빌려주고 근저당권을 설정받은 것이라고 하고 있기 때문에 사해행위가 인정되면 선의 주장은 거의 받아들여지지 아니한 사안이었습니다.

"3) 피고 7의 항변에 관한 판단
피고 7은 피고 4로부터 이 사건 2 부동산을 증여받았을 뿐 다른 채권자를 해한다는 사실을 알지 못하였다는 취지로 항변한다.
살피건대, 을나 1, 2호증의 각 기재만으로는 피고 7이 다른 채권자를 해함을 알지 못하였다고 인정하기에 부족하고 달리 이를 인정할 만한 증거가 없으므로 피고 7의 위 항변은 이유 없다."[45]

왜 이런 식으로 주장한 것인지 이해할 수가 없습니다. 또한 1심에서 피고들 8명 모두 같은 법무법인을 선임하였습니다. 이것 역시도 패착이라고 할 것입니다. 특히 피고 3의 경우는 말입니다. 한 법무법인을 선임했으니 다 한 통속이라고 생각할 수 있는 여지가 커졌다고 할 것입니다. 채무자와 수익자가 서로 다투어야 할 사이가 되었는데 같은 변호사를 선임하다는 것은 통모인 것처럼 보일

---

44) 서울중앙지방법원 2009. 12. 4. 선고 2008가합128841 판결 [구상금등]
45) 서울중앙지방법원 2009. 12. 4. 선고 2008가합128841 판결 [구상금등]

수 있기 때문입니다.

항소를 한 사람은 피고 1 내지 5입니다. 항소가 기각되었고 새로운 법무법인을 선임하였습니다. 피고 5명 모두 상고를 하였고, 대리인은 항소심의 법무법인이 계속 수행을 했습니다. 결국 피고 1에 대한 피보전채권이 부정되었기 때문에 피고 1, 피고 3, 피고 4에 대한 상고는 인용이 되어 파기환송을 당하였고, 피고 2와 피고 5에 대한 상고는 기각이 되었습니다.

항소심은 피고 1, 2의 구상금발생 인정 부분에 대하여만 판단을 하고 나머지 사해행위취소부분은 모두 1심을 그대로 인용하는 판결을 하였습니다. 파기환송심은 첫 변론기일에 변론종결하고 선고기일을 변경하고 화해권고결정을 했는데 원고가 이의를 하였고 이에 원고 패소판결을 하였습니다.

이 사건의 경우는 선의에 관한 판례가 아니라 피보전채권의 존부에 관한 판례입니다. 그런데 수익자들의 선의가 인정되기 어려운 경우에 있어서 피고 대리인이 수익자에게 대한 청구를 기각시키는 방법에 관한 좋은 사례라고 할 것이기 때문에 이를 언급하고 넘어가고자 합니다. 끝까지 피보전채권부분을 걸고 넘어짐으로서 원고의 청구를 기각시켰기 때문에 이런 점에서 대응을 잘한 경우라고 할 것입니다.

너. 수익자가 선의인 경우에도 전득자가 패소할 수 있음

"채권자가 사해행위의 취소와 함께 **수익자 또는 전득자로부터 책임재산의 회복을 구하는** 사해행위취소의 소를 제기한 경우 그 취소의 효과는 채권자와 수익자 또는 전득자 사이의 관계에서만 생긴다(대법원 2004. 8. 30. 선고 2004다21923 판결, 대법원 2006. 8. 24. 선고 2004다23110 판결 등 참조). 그리고 채권자가 사해행위 취소로써 전득자를 상대로 채무자와 수익자 사이의 법률행위의 취소를 구함에 있어서, 전득자의 악의는 전득행위 당시 취소를 구하는 법률행위가 채권자를 해한다는 사실, 즉 사해행위의 객관적 요건을 구비하였다는 것에 대한 인식을 의미하므로, 전득자의 악의를 판단함에 있어서는 전득자가 전득행위 당시 채무자와 수익자 사이의 법률행위의 사해성을 인식하였는지 여부만이 문제가 될 뿐이고(대법원 2006. 7. 4. 선고 2004다61280 판결 등 참조), *수익자가 채무자와 수익자 사이의 법률행위의 사해성을 인식하였는지 여부는*

> *원칙적으로 문제가 되지 않는다.*
> 원심이 피고 1과 피고 2가 선의의 수익자에 해당하더라도 <u>그들로부터 근저당권설정등기와 가등기를 이전받은 피고 회사는 악의의 전득자에 해당한다고 판단한 것은 위와 같은 법리에 따른 것으로서 정당하고</u>, 거기에 상고이유의 주장과 같은 전득자의 악의에 관한 채증법칙 위반으로 인한 사실오인, 법리오해 등의 위법이 없다."[46]

　　이것이 무슨 내용인가를 보면, 매우 이상합니다. 일반적으로 하급심에서 수익자의 선의가 인정되면 전득자에 청구는 그냥 기각을 해 버리는 것이 일반적이기 때문입니다. 이는 원고 측 취소채권자에게 매우 유리한 판례이기 때문에 꼭 숙지를 할 필요가 있다고 할 것입니다.

> "다. 피고 1, 2의 선의항변에 관한 판단
> (1) 위 피고들은 이 사건 계약 당시 그것이 채권자들을 해하는 사해행위라는 사실을 알지 못하였다고 항변한다.
> (2) 살피건대, 갑 제7호증의 1 내지 12, 을나 제1호증의 1, 2, 3, 을나 제2호증의 1 내지 4, 을나 제5 내지 9호증, 을나 제10호증의 1, 2, 을나 제11, 12, 13호증, 을나 제15호증의 1, 2, 3, 을다 제2호증의 1, 2, 을다 제3 내지 7호증의 각 기재 및 당심 증인 소외 1, 5의 각 증언에 변론 전체의 취지를 종합하면, ① 이 사건 계약 당시 이 사건 제1 부동산에는 ㉠ 채권최고액 일본국 통화 3억 2,000만 엔(이 사건 계약 당시 환율은 100엔 당 810.67원으로 약 금 26억 원 상당이다.)의 한국산업은행의 근저당권설정등기, ㉡ 채권최고액 합계 금 5억 4,400만 원(1억 4,400만 원 + 4억 원)의 경기신용보증재단의 각 근저당권설정등기, ㉢ 수원지방법원 여주지원 2006타경956호(신청채권자 보열산업개발, 청구금액: 서울고등법원 2006나5620호 추심금 사건의 판결금 및 지연손해금 합계 금 35,096,498원), 같은 지원 2006타경11772호(신청채권자 유진산업개발, 청구금액 금 40,584,328원) 각 강제경매개시결정의 기입등기가 마쳐져 있었을 뿐 그 외에 다른 담보권 설정이나 압류 내지 가압류의 기입등기는 없었던 사실,
> -지은이가 분리함-
> ② 소외 1 소유의 이 사건 제2 부동산 또한 이 사건 제1 부동산을 공동 담보로 하여

마쳐진 위 한국산업은행의 근저당권설정등기 및 채권최고액 금 1억 4,400만 원의 경기신용보증재단 근저당권설정등기와 수원지방법원 여주지원 2007타경45호(신청채권자 소외 6, 청구금액 금 3억 원) 강제경매개시결정 및 경기신용보증재단의 가압류 기입등기(채권금액 금 416,500,000원)만 마쳐져 있었던 사실, -지은이가 분리함-

③ 대경휠터의 대표이사인 소외 1은 2007. 9.경 위와 같은 선순위 근저당권 및 경매절차개시로 인하여 금융기관으로부터 이 사건 제1, 2부동산을 담보로 한 자금 조달이 어렵게 되자, 사채를 빌려 경매신청채권자들에 대한 채무를 변제하고 경매절차를 취하시키기로 마음먹고 사채알선업체인 '○○○컨설팅'의 운영자인 소외 5에게 사채 알선을 요청하였고, 이에 소외 5는 전주인 피고 1, 2를 소외 1에게 소개한 사실, ④ 피고 1, 2는 이 사건 제1, 2 부동산의 각 등기부 등본 등을 통하여 위 각 부동산의 권리설정내역과 위 경매신청채권자들의 청구금액 등을 확인한 후 이 사건 제1, 2 부동산의 담보가치가 충분하다고 판단하여 2007. 9. 28. 이 사건 제1, 2부동산을 담보로 대경휠터 및 소외 1에게 금 3억 원을 이율을 월 3%로 정하여 대여하기로 하되, 그 대여금 일부는 위 피고들이 위 경매신청채권자들을 비롯한 대경휠터의 채권자들에게 직접 입금하는 방식으로 지급하기로 약정한 사실, ⑤ 이에 따라 위 피고들은 대경휠터 및 소외 1과 사이에 이 사건 각 근저당권설정계약 및 매매예약을 체결한 후 2007. 9. 28.부터 10. 2.까지 사이에 그들 명의의 예금 계좌에서 인출하거나, 거래처에서 지급받아 마련한 수표 내지 현금으로 위 유진산업개발에 금 4,600만 원, 위 보열산업개발에 금 35,096,498원, 대경휠터의 고용보험료, 산업재해보험료 합계 금 48,487,900원을 각 지급하는 한편 이 사건 제2 부동산에 관한 위 여주지원 2007타경45호 강제경매절차를 정지시키기 위하여 소외 1이 선임한 변호사에게 강제집행정지에 필요한 공탁금 및 그 수임료로 합계 금 1억 110만 원을 지급한 후 위 금 3억 원에서 위 합계 230,684,398원(46,000,000원+35,096,498원+48,487,900원+101,100,000원)과 1개월분 선이자 900만 원(3억 원×3%)을 공제한 나머지 약 금 6,100만 원을 소외 1에게 수표 내지 현금으로 지급한 사실, ⑥ 그 후 위 유진산업개발은 2007. 9. 28.에, 보열산업개발은 2007. 10. 23.에 위 각 경매신청을 취하하였고, 위 여주지원 2007타경45호 강제경매절차는 2007. 10. 8.경 강제집행정지 결정이 내려져 위 경매절차가 중지된 사실, ⑦ 그 후 피고 1, 2는 소외 1로부터 추가 대여 요청에 따라 2007. 10. 18. 소외 1에게 수표 및 현금 합계 금 4,000만 원을 대여한 사실을 인정할 수 있고, 달리 반증이 없다.

위 인정사실 및 이에 의하여 알 수 있는 다음과 같은 사정 즉, 원고와 위 피고들은 사

채알선업자의 소개로 위와 같이 사채거래를 하면서 비로소 알게 된 사이인 점, 이 사건
계약 이후 위 피고들이 자신들의 예금 계좌에서 인출하는 등으로 마련한 합계 금 3억
4천만 원을 대경휄터의 채권자들에게 직접 입금하는 방식 등으로 실제로 대경휄터 및
소외 1에게 대여한 점, 이 사건 계약 당시 이 사건 제1 부동산의 등기부에 나타난 대경
휄터의 채무액 합계는 금 3,219,644,826원(2,600,000,000원+544,000,000원
+35,096,498원+40,548,328원)에 불과하였고, 소외 1 소유의 이 사건 제2 부동산 일
부에 마쳐진 위 한국산업은행의 근저당권, 경기신용보증재단의 근저당권 등은 이 사건
제1 부동산과 공동담보로 마쳐진 것이거나 사실상 그 피담보채권 내지 청구채권이 동
일한 것이므로 이를 제외하면 이 사건 제2 부동산의 등기부에 나타난 소외 1의 채무액
또한 경매신청채권자인 소외 6에 대한 금 3억 원 분으로 이 사건 제1, 2부동산의 당시
시가 합계 금 10,389,410,600원(6,306,287,000원+4,083,123,600원)에 크게 미치
지 못하여 위 피고들로서는 대경휄터 및 소외 1에게 금원을 대여함에 있어 이 사건 제
1, 2 부동산의 담보가치가 충분하다고 판단하였을 것으로 봄이 상당한 점 및 여기에
사해행위취소소송에서는 수익자의 선의 여부만이 문제되고 수익자의 선의에 과실이 있
는지 여부는 문제되지 아니한다는 법리(대법원 2001. 5. 8. 선고 2000다50015 판결
참조)를 보태어 보면, 위 피고들은 이 사건 제1, 2 부동산을 담보로 채무자인 대경휄터
및 소외 1에게 사채를 제공하는 행위가 채무자에 대한 다른 채권자들을 해하는 사해행
위가 된다는 정을 알지 못한 채 위 부동산의 객관적인 담보가치를 신뢰하여 통상적이
고 정상적인 사채거래를 통해 그 담보가액 범위 내의 금원을 사채로 제공하였다고 보
아야 할 것이고, 달리 위 피고들과 채무자인 대경휄터 및 소외 1 사이에 위 부동산의
담보가치에도 불구하고 채무자들의 구체적인 신용상태나 재산상황이 그와 다름을 쉽게
알 수 있을 만큼 특별한 관계가 존재한다는 다른 사정은 없는 것으로 보이는 이상 단지
이 사건 금전 거래가 금융권을 통한 대출이 아닌 사채거래의 방식으로 이루어졌다는
사정만으로 위 피고들의 선의를 인정함에 장애가 될 수는 없으므로 위 피고들은 이 사
건 계약 당시 그것이 채권자들을 해하는 사해행위임을 알지 못한 선의의 수익자에 해
당한다 할 것이다.

라. 소결

따라서 피고 1, 2가 선의인 이상 원고는 위 피고들에 대하여는 이 사건 계약의 취소를
구할 수 없다 할 것이다.

그러나 채권자 취소권에 있어서 채무자와 수익자 사이에서 이루어진 사해행위에 대한
취소는 절대적인 취소가 아니라 채권자와 악의의 수익자 또는 악의의 전득자에 대한

> 관계에 있어서만 상대적으로 취소의 효력이 생기는 것이고, 악의로 추정되는 전득자인 피고 퓨쳐에셋매니지먼트가 자신이 선의임에 관하여 아무런 주장, 입증을 하지 아니하고 있는 이상 채무자인 대경휠터 및 소외 1과 수익자인 피고 1, 2 사이의 이 사건 계약은 채권자인 원고와 악의의 전득자인 피고 퓨쳐에셋매니지먼트에 대한 관계에 있어서는 사해행위에 해당하므로 이를 취소하고, 그 원상회복으로 피고 퓨쳐에셋매니지먼트는 채무자들인 대경휠터 및 소외 1에게 이 사건 각 근저당권설정등기 및 가등기를 말소할 의무가 있다."[47]

피고들의 대리인은 같은 사람이었습니다. 피고 퓨쳐에셋매니지먼트는 선의를 주장입증하지 못하였습니다. 당연히 수익자들에 대한 선의가 인정이 되면 전득자는 승리할 것이라고 생각하여 이에 대하여 아무런 주장입증을 하지 아니하였습니다.

이렇게 되다 보니 새로운 대리인인 법무법인을 선임하여 상고하였으나 상고기각이 되었습니다.

> "한편 대경휠터는 이 사건 제1 부동산에 관하여, 소외 1은 별지1 부동산 목록 제6항 내지 제12항 기재 각 부동산(이하 '이 사건 제2 부동산'이라 한다.)에 관하여, 피고 1, 2와 사이에 아래 표 기재와 같이 각 근저당권설정계약 및 매매예약(이하 '이 사건 계약'이라 통칭한다.)을 체결하고 위 피고들에게 이를 원인으로 한 각 근저당권설정등기 및 소유권이전청구권가등기를 마쳐주었고, 그 후 피고 1, 2는 2008. 6. 13. 피고 퓨쳐에셋매니지먼트와 사이에 위 근저당권 및 가등기에 관한 채권양도계약을 체결한 다음 2008. 6. 16. 이에 기하여 위 각 근저당권 및 가등기의 각 부기등기를 마쳐주었다."[48]

피고 퓨쳐에셋매니지먼트는 사실 손해가 없습니다. 그냥 다시 말소하고 다시 피고 1, 2로부터 근저당권과 가등기에 관한 채권양도계약을 체결하고 각 부기등기를 다시 하면 됩니다. 소송비용은 피고 퓨쳐에셋매니지먼트가 부담할 것

---

47) 서울고등법원 2010. 9. 14. 선고 2010나7401 판결 [구상금등]
48) 서울고등법원 2010. 9. 14. 선고 2010나7401 판결 [구상금등]

이지만 실제로 손해는 발생하지 아니할 것으로 보입니다. 아마 서울고등법원에서 작심을 하고 이에 대하여 판례를 만들고자 이런 명확히 사해행위취소법리에 따른 판단을 하였습니다. 1심에서 이런 판단을 하였다고 한다면 항소심에서 피고 전득자가 선의에 대한 주장입증을 하면 될 것인데 항소심에서 이런 판결을 하였으니 대법원에서는 주장입증을 할 수가 없다고 할 것입니다.

사실 1심은 원고의 청구를 인용하였습니다. 피고들이 항소를 하였습니다. 피고 1, 2 수익자의 주장도 받아들여지지 않았으니 당연히 전득자도 이에 대한 주장입증도 하지 않았을 것이기 때문에 그대로 원고가 승소판결을 받았습니다. 그런데 항소심에서 수익자인 피고 1, 2에 대한 원고의 청구가 기각되자 피고 3인 퓨쳐에셋매니지먼트의 선악 여부를 파악해야 했는데 1심부터 이에 대한 주장입증도 하지 아니하였기 때문에 서울고등법원은 이 부분에 대한 입증책임과 주장책임에 의하여 원고 승소하여 피고의 항소를 기각할 수밖에 없었습니다.

피고 대리인으로서 주의하여야 할 것입니다. 수익자와 전득자를 동시에 수임한 경우에는 반드시 전득자에 대한 선의의 주장 입증도 하여야 할 것입니다. 수익자에 대하여 승소판결을 받으면 당연히 전득자는 승소할 것이라는 생각을 해서는 아니 될 것입니다. 만약 주장입증을 하지 아니하였음에도 불구하고 원고의 청구가 기각되어 원고가 대법원에 상고를 하여 결국 파기환송이 되었는데 파기환송심에서 피고가 주장입증을 하는 경우에 이런 주장입증을 받아들여야 하는 것인가 의문입니다. 이런 경우는 더 이상 주장입증을 할 수 없다고 해야 할 것입니다. 결국 소송을 잘못한 사람에게 승소할 방법을 가르쳐주는 것이 되어버리기 때문입니다. 또한 실기한 방어방법이라고 할 수도 있습니다.

더. 전매수인이 매매계약을 중도에 포기하고 수익자들이 동일한 조건에 매매계약을 체결하였는데 수익자들은 원래 자신의 집을 팔고 이 사건 집에 입주하였는데 처음 알게 된 전매수인으로부터 돈을 빌린 경우

"2. 상고이유 제1점에 대하여

가. 원심은, 이 사건 매매계약은 소외 1이 채무초과 상태에서 자신의 유일한 재산인 이

사건 아파트를 매도하여 소비하기 쉬운 금전으로 바꾸는 행위로서 채권자의 공동담보를 해하는 사해행위라고 할 것이고, 이 사건 매매계약의 체결 시점과 씨앤아이의 어음부도 및 이에 이은 폐업사실 등 제반 사정에 비추어 보면 씨앤아이의 대표이사 소외 2의 처인 소외 1은 이 사건 매매계약을 체결하고 피고들에게 이 사건 아파트에 관한 소유권이전등기를 마쳐줌으로써 일반 채권자들의 공동담보의 부족이 초래되어 채권자인 원고를 해하게 된다는 사정을 알고 있었다 할 것이며, 이와 같이 채무자인 소외 1의 사해의사가 인정되는 이상 수익자인 피고들도 이 사건 매매계약이 사해행위가 된다는 사정을 알았던 것으로 추정된다고 판단하였다.

나아가 피고들이 이 사건 매매가 원고를 해하는 사해행위라는 점을 알지 못하였다는 피고들의 주장에 대하여, 그 판시와 같은 인정 사실에 의하면 피고들이 소외 1의 이 사건 아파트 매도행위가 사해행위에 해당된다고 인식하지 못했을 가능성도 배제할 수 없지만, 판시 증거에 의하여 인정되는 사정, 즉 ① 피고들은 이 사건 소송에서 처음에는 소외 3을 지인이라고 하면서 지인인 소외 3으로부터 금원을 차용하였다고 하였다가 이후 소송대리인을 바꾸어 소외 3은 공인중개사 사무실에서 처음 알게 된 사람이라고 주장을 번복한 점, ② 피고들 주장에 의하면 소외 3은 2009. 4. 24. 소외 4의 중개사무소에 놀러 갔다가 소외 4가 소외 1로부터 이 사건 아파트를 팔아달라는 독촉전화를 하는 것을 듣고 이 사건 아파트를 사게 되었다는 것이고, 그 직후인 같은 달 25일 내지 26일경에는 소외 4를 찾아가 하소연을 하다가 잠시 화장실에 나갔다가 소외 5 공인중개사 사무실에 들러 역시 소외 5 공인중개사 사무실에 있던 피고 1을 만나게 되어 피고 1이 이 사건 아파트에 관심을 갖게 되어서 피고들이 이 사건 아파트를 매수하게 되었다는 것으로서, 관련자들이 서로 만나게 되어 이 사건 아파트를 구매하게 된 동기나 경위가 너무도 작위적인 것으로 보이는 점, ③ 피고들은 이 사건 아파트를 매수하였다고 주장하나, 그 매수대금은 거의 대부분 타인으로부터 빌린 결과가 되는데 피고들이 이처럼 급하게 이 사건 아파트를 매수할 합리적인 이유가 없는 것으로 보이고, 이와 같은 차용금 중 반월농업협동조합으로부터의 대출금을 제외하면 피고들은 이 사건 아파트를 매수하면서 소외 3으로부터 대부분을 빌린 셈이 되는데 소외 3이 우연히 알게 된 피고들에게 이 사건 아파트의 매수대금 대부분을 빌려주었다는 것은 선뜻 납득하기 어려운 점을 비롯하여 원심 판시의 여러 사정에 비추어 볼 때, 피고들이 제출한 증거들 및 이에 의하여 인정되는 사실들만을 가지고 피고들의 악의 추정을 번복하여 피고들이 이 사건 매매계약이 사해행위가 된다는 사정을 모른 상태에서 소외 1과 이 사건 매매계약을 체결하였다고 인정하기 어렵다는 이유로 피고들의 위 주장을 배척하였다.

나. 그러나 원심이 피고들이 악의의 수익자라고 판단한 것은 그대로 수긍하기 어렵다. 원심판결 이유 및 기록에 의하면, 다음과 같은 사실을 알 수 있다. 즉 피고들은 부동산중개사무소(○○ 공인중개사사무소, 소외 5 공인중개사사무소)를 통하여 이 사건 매매계약을 체결하면서 소외 1이나 소외 3을 처음으로 알게 되었다. 원래 이 사건 아파트는 소외 3이 매수하기로 하고서 소외 1에게 매매대금으로 2009. 4. 24. 5,000만 원, 같은 달 27일 3,000만 원을 각 지급하였던 것이나, 그 과정에서 매수의사가 없어진 소외 3을 대신하여 피고들이 소외 3과 같은 조건으로 이 사건 아파트를 매수하기로 하여 이 사건 매매계약을 체결하게 되었다. 피고들은 2009. 4. 29. 소외 6으로부터 1억 원을 차용한 후 2009. 4. 30. 반월농업협동조합으로부터 440,000,000원을 대출받고 소외 3으로부터 1억 3,000만 원을 차용하여 소외 1에게 그 매매대금 6억 5,000만 원을 모두 지급하고, 취득세·등록세를 납부하였다. 피고들은 소외 3으로부터 위와 같이 1억 3,000만 원을 차용하면서 2009. 5. 11. 소외 3에게 이 사건 아파트에 관하여 2009. 4. 30. 설정계약을 원인으로 하여 채권최고액 156,000,000원의 근저당권 설정등기를 마쳐 주었다. 피고들은 2009. 6. 11. 당시 생활하고 있던 자신들 소유의 △△△아파트 105동 1102호를 소외 7에게 4억 5,000만 원에 매도하기로 하는 계약을 체결한 후 계약 시 계약금으로 4,500만 원, 2009. 7. 10. 중도금으로 4,500만 원을 각 지급받고 2009. 8. 11. 잔금 3억 6,000만 원 중 △△△아파트에 설정된 근저당권의 피담보채무 원리금 240,576,480원을 상환하고 남은 119,423,520원을 지급받았다. 피고들은 소외 3에게 위 차용금 1억 3,000만 원에 대한 이자로 2009. 6. 1.과 같은 해 7. 7. 각 130만 원을 지급하고, 2009. 7. 17. 위 차용금 중 4,000만 원을 지급하였으며, 2009. 8. 11. 나머지 차용금 9,000만 원에 이자 130만 원을 합한 9,130만 원을 지급하였는데, 2009. 8. 11. 소외 3에게 설정해 준 위 근저당권설정등기도 같은 날 해지를 원인으로 하여 말소되었다. 소외 1은 2009. 5. 3.경 이 사건 아파트에서 이사를 하였고 피고들은 △△△아파트가 매도되고 초등학교에 다니던 자녀들이 방학을 맞이한 후인 2009. 8.경 이 사건 아파트에 입주하여 생활하고 있다.

그렇다면 피고들은 소외 1의 채권채무관계나 신용상태를 알기 어려운 상황에서 실제로 매매대금을 지급하였고 그 매매대금의 출처가 확실하게 밝혀진 점, 나아가 피고들이 사해행위임을 알면서도 이 사건 아파트를 매수할 만한 동기나 이유를 찾기도 어려운 점, 피고들이 이 사건 아파트에 입주하여 생활하고 있는 점 등에 비추어 볼 때, 피고들은 이 사건 매매계약 체결 당시 그로 인하여 소외 1의 채권자를 해한다는 사실을 알지 못하였다고 봄이 상당하여 수익자인 피고들에 대한 악의의 추정은 번복되었다고 볼 여지

> 가 충분하다."[49]

변호사까지 바꾸면서 주장을 바꾸었습니다. 소외 3을 지인이었다고 주장했다가 새로운 변호사는 매매계약시에 처음 만난 사람이라고 주장을 하였습니다. 이처럼 주장을 바꾼 경우에 판사들로서는 첫 번째 주장이 사실일 것이라고 생각할 여지가 큽니다. 그런데 잘못 주장을 하였기 때문에 변호인을 바꾸었다고 볼 수 있습니다. 또한 소외 3인 왜 피고들에게 1억 3천만 원을 빌려주었을까를 보면, 자신들의 이익 때문입니다. 소외 3은 이미 채무자에게 8,000만 원을 지급했습니다. 그런데 소외 3이 변심하여 계약을 더 이상 진행시키지 않기로 했기 때문에 그로 인하여 소외 3은 채무자에게 손해배상을 당할 수밖에 없었습니다. 매매대금이 6억 5,000만 원이었으니 이의 10%인 6,500만 원이 몰취될 수도 있습니다. 적어도 3-4천만 원을 손해를 볼 것입니다. 이렇게 되니 소외 3이 피고들에게 1억 3천만 원을 빌려주었을 가능성이 매우 크다고 볼 것입니다.

6억 5천만 원을 지급한 방법을 보면,

소외 6으로부터 1억 원 차용

반월농협으로부터 4억 4,000만 원 대출

소외 3으로부터 1억 3,000만 원 차용

이렇게 보면, 총금액이 6억 7,000만 원이 됩니다.

6억 5,000만 원이니 나머지 2,000만 원을 취득세나 등록세를 납부하였다는 대법원 판결의 내용을 보아 이 비용으로 사용하였을 가능성이 큽니다. 그렇다고 한다면 피고들이 소외 3에게 직접 1억 3,000만 원을 다 빌린 것이 아니라 이미 채무자에게 소외 3이 지급한 8,000만 원을 빌린 것으로 하였을 것이고 소외 3이 추가적으로 5,000만 원을 피고들에게 빌려주었을 것으로 보입니다. 그 대신에 피고들은 소외 3에게 이 사건 부동산에 근저당권을 설정해 주었던 것이고, 자신의 원래 집에 처분이 되자 그 전에는 이자를 지급하고 이를 변제하고 다 변제한 이후에는 근저당권을 말소해 주었던 것입니다.

1심은 원고 일부승소판결이었습니다. 원고 경기신용보증재단이 사해행위에

---

49) 대법원 2011. 11. 10. 선고 2011다53614 판결 [구상금등]

관하여 패소판결을 받아서 항소를 하였는데 원고일부승소판결을 항소심에 하였습니다. 아마 가액배상판결을 한 것이 아닌가 하는 생각이 듭니다. 이에 피고들 부부로 보이는데 상고를 하였고 상고심에서는 파기환송을 하였고 파기환송심에서는 원고의 항소를 기각하는 판결을 하였습니다. 서울고등법원이 의심할 만한 사정이 있었지만 조금만 생각해 보면, 그 의심했던 부분은 충분히 번복이 되었을 여지가 있다고 할 것입니다. 1심에서 피고들은 법무법인을 선임하였는데 소송 중에 대법원까지 사건을 맡은 개인변호사가 사건을 진행하게 되었고 원고승소판결이 1심에서 선고가 되었습니다. 법무법인이 사임을 한 것은 당연하였습니다. 그런데 새로 선임한 변호사님이 두 명이였고 1, 2심은 피고 측 변호사가 2명이었는데 상고심에서는 1명만 있었습니다. 상고장 제출할 때에도 피고 측 변호사는 2명이었습니다. 사임한 법무법인의 경우 사해행위취소소송을 많이 수임하는 곳이었는데 사임을 한 것을 보면, 무언가 큰 이유가 있어서 변호사를 새로 선임한 것으로 보입니다.

러. 매매대금의 40%를 계약금으로 지급하였는데 계약금 자금출처를 입증하지 못해 선의로 인정되지 못하였으나 다른 여러 증거에 의하여 보면 선의라고 하여 파기환송된 사례

"1. 원심은 신용보증약정상의 연대보증인인 소외 1이 그의 유일한 재산인 이 사건 부동산을 피고에게 매도한 것이 사해행위에 해당한다고 하더라도 자신은 그에 관하여 선의의 수익자라는 피고의 주장을 다음과 같은 이유로 배척하였다.

피고가 소외 1에게 매매대금 1억 2천만 원을 지급하고 이 사건 부동산을 매수하였다고 하지만, 매매대금의 10%를 계약금으로 지급하는 거래관행을 벗어나 매매대금의 40%에 해당하는 5,000만 원을 계약금으로 지급하기로 하였고, 그 계약금 5천만 원과 잔금 중 2천만 원을 현금으로 지급하였다고 하면서도 그 자금의 출처를 분명히 밝히지 못할 뿐만 아니라, 전혀 모르는 피고로부터 현금을 수령한 소외 1이나 중개인도 이를 정확하게 세어보지 아니하였으며, 계약금 영수증도 소외 1의 날인이 없고 발행일이 정정되어 있는 등의 제반 사정에 비추어 보면, 피고가 이 사건 부동산을 매수할 당시 선의였음을 인정할 증거가 부족하다는 것이다.

2. 그러나 원심의 그러한 판단은 수긍할 수 없다.

원심이 인정한 사실관계 및 기록에 의하면, 피고는 2009. 2. 9. 결혼을 앞두고 있는 자신의 막내아들이 거주할 집을 구하러 소외 2의 공인중개사무소를 방문하였다가 이 사건 부동산을 둘러보고 마음에 들어 구입하기로 결정한 것으로서, 피고가 실수요자로서 부동산중개사무소를 통하여 통상적인 거래에 의하여 이 사건 부동산을 매수한 사실, 그 약정한 매매대금 1억 2천만 원은 적정한 시가에 상당한 것인 사실, 피고는 이 사건 부동산을 매수하는 과정에서 비로소 소외 1을 알게 되었을 뿐이고 이들 사이에 친인척 등의 인적 관계나 다른 거래관계 등은 전혀 없었던 사실, 이 사건 매매를 중개한 소외 2도 매도인 소외 1의 일반적인 재산상태 또는 신용상태는 물론이고 이 사건 연대보증채무의 부담 등에 대하여 알지 못하였고, 따라서 소외 2가 피고에게 그러한 사정을 전할 여지도 없는 사실, 이 사건 매매 당시 이 사건 부동산의 등기부등본에는 약 9년 전에 경료된 채권최고액 1,800만 원의 근저당권설정등기 외에 다른 담보에 관한 등기나 가압류 또는 압류등기 등이 경료되어 있지 아니하여 소외 1의 신용상태를 의심할 만한 다른 사정은 보이지 아니하는 사실, 피고는 소외 1에게 이 사건 부동산의 매매대금 1억 2천만 원을 전부 제대로 지급하였고, 소외 1도 곧바로 이 사건 부동산을 피고에게 인도한 것으로 보이는 사실, 피고는 이 사건 매매계약이 체결되기 몇 개월 전에 자기 소유의 다른 부동산을 1억 2,400만 원에 매도하여 그 대금을 수령한 바 있고, 피고가 운영하는 식당도 번창하여 신용카드나 현금영수증으로 드러나는 매출 외에 현금으로 거래되는 실제 매출이 더 있을 것이어서, 피고가 계약금 5천만 원과 잔금 중 2천만 원을 현금으로 지급하였다고 하더라도 그 자금출처를 특히 의심할 만한 다른 사정은 찾아볼 수 없는 사실, 계약금의 영수증에 소외 1의 날인이 없거나 발행일이 정정되어 있다고 하더라도 이는 공인중개사인 소외 2의 실수 등으로 인한 것으로 보일 뿐이고 피고나 소외 1 등이 이를 허위로 작성할 이유는 찾아볼 수 없는 사실, 그리고 피고는 이 사건 매매가 사해행위에 해당함을 알면서도 이 사건 부동산을 매수할 만한 동기나 이유가 없을 뿐만 아니라 소외 1과 잘 아는 사이라면 굳이 부동산중개수수료 등을 부담하고 공인중개사를 통하여 매매계약을 체결할 필요까지는 없었을 것으로 보이는 사실 등을 인정할 수 있다. 이러한 사정을 종합하여 보면, 피고는 이 사건 매매계약 당시 채권자인 원고를 해함을 알지 못하였다고 봄이 상당하다.

그럼에도 불구하고 원심이 피고의 선의를 인정할 증거가 부족하다고 판단하고 피고의 위 주장을 배척한 것에는 채증법칙을 위배하거나 심리를 다하지 아니함으로써 사실을 잘못 인정하여 판결 결과에 영향을 미친 위법이 있다고 할 것이다. 이 점을 지적하는

　　원고는 신용보증기금이었습니다. 항소심은 서울중앙지방법원 항소부였습니다. 대법원은 전체적인 점에서 실수요자였던 점과 실제적 이사를 하여 점유하고 있는 점, 친인척관계가 없는 점, 부동산을 통하여 채무자의 재정상태나 신용상태를 알 수 있는 경우가 아닌 점, 중개인을 통한 정상적인 거래인 점, 매매대금 지급방법이 특이하고 현금으로 준 점도 특이하지만 이를 이해할 만한 자신의 부동산을 처분해서 현금을 가지고 있었던 점과 식당을 운영하여 현금을 가지고 있었을 가능성이 충분한 점, 영수증의 날인 없는 점과 발행일 정정은 피고가 아닌 중개인의 실수로 보이는 점, 사해행위로 이를 매수할 동기가 없는 점을 들어서 판단하였습니다. 이는 대법원 2002다42100 판결의 7가지 판단한 점과 거의 비슷한 논리를 전개한 것입니다. 원심은 지엽적인 부분을 강조하였다고 한다면 대법원은 대법원 2002다42100 판결에 따라서 판단을 한 것이라고 할 것입니다. 다만 이 판례는 전혀 관련 참조판례 등을 인용하지 않고 있는 점이 특이합니다.

머. 임차인이 임차보증금반환채권을 받지 못할 상황이 되자 임차목적물을 매수한 사건

"사해행위취소소송에 있어서 수익자가 사해행위임을 몰랐다는 사실은 그 수익자 자신에게 입증책임이 있는 것이고, 이때 그 사해행위 당시 수익자가 선의였음을 인정함에 있어서는 객관적이고도 납득할 만한 증거자료 등이 뒷받침되어야 할 것이고, 채무자의 일방적인 진술이나 제3자의 추측에 불과한 진술 등에만 터 잡아 그 사해행위 당시 수익자가 선의였다고 선뜻 단정하여서는 안 된다(대법원 2006. 4. 14. 선고 2006다5710 판결, 대법원 2006. 7. 4. 선고 2004다61280 판결 등 참조)
원심이 같은 취지에서, 피고의 선의를 인정할 증거가 없고, 오히려 이 사건 각 부동산에 자꾸 압류가 들어와 피고가 소외 2에게 지급한 임대보증금 등을 회수하지 못할 우

50) 대법원 2011. 3. 10. 선고 2010다102632 판결 [구상금등]

려가 있자, 피고는 이 사건 각 부동산을 소외 2로부터 매수하기로 하면서 소외 2와 함께 가평군청에서 소외 3을 만나 소외 3으로부터 가등기 말소서류를 받고 바로 피고 명의로 소유권이전등기를 하였고, 피고는 임대차계약 당시 저당권을 설정하지 않고 있다가 소외 2의 재산상태가 나빠지자 보증금 담보를 위한 제2근저당권을 설정한 점 등에 비추어, 피고는 이 사건 매매계약 당시 소외 2의 재산상태를 잘 알고 있었던 것으로 보인다고 판단한 것은 정당한 것으로 수긍이 가고, 거기에 상고이유의 주장과 같은 심리미진이나 법리오해 등의 위법이 없다."51)

이처럼 임차인이 당해 부동산을 매수하여 버리면 임차인의 우선변제권이 인정되는 경우에는 혼동으로 인하여 보증금반환채무가 소멸하기 때문에 일부취소와 가액배상판결이 이루어질 것입니다.

"어느 부동산에 관한 법률행위가 사해행위에 해당하는 경우에는 원칙적으로 그 사해행위를 취소하고 소유권이전등기의 말소 등 부동산 자체의 회복을 명하여야 할 것이나, 사해행위를 취소하여 그 부동산 자체의 회복을 명하게 되면 당초 일반 채권자들의 공동담보로 되어 있지 아니하던 부분까지 회복을 명하는 것이 되어 공평에 반하는 결과가 되는 경우에는 그 부동산의 가액에서 공동담보로 되어 있지 아니하던 부분의 가액을 공제한 잔액의 한도에서 사해행위를 취소하고 그 한도에서 가액의 배상을 명함이 상당하다(대법원 1998. 2. 13. 선고 97다6711 판결, 대법원 2010. 2. 25. 선고 2007다28819, 28826 판결 등 참조).
원심은 그 채택 증거에 의하여 그 판시와 같은 사실을 인정한 다음, 소외 2가 채무초과 상태에서 자신의 유일한 재산인 이 사건 각 부동산을 피고에게 매도한 행위는 특별한 사정이 없는 한 원고와 같은 일반 채권자에 대한 사해행위에 해당하고, 피고가 이 사건 매매계약 이후 제1, 2, 3 근저당권등기 및 압류등기를 말소하였으므로, 이 사건 각 부동산 및 이 사건 부속물의 변론종결 당시의 시가 합계 1,087,565,410원에서 제1, 2, 3 근저당권등기의 피담보채무액의 합계 9억 5,000만 원과 국세 및 지방세 체납액 합계 29,051,370원을 공제한 잔액 108,514,040원(= 1,087,565,410원 - 979,051,370원)이 이 사건 각 부동산 및 이 사건 부속물이 가지는 공동담보가액이자 수익자가 취득한 이익의 범위로서 사해행위 취소 및 가액배상의 기준이 된다고 판단하였다.

나아가 원심은 피고의 공제주장에 관한 판단에서, 소외 1, 2가 소외 3으로부터 120,000,000원 상당의 유류를 공급받고 그 유류대금을 지급하지 않아 제1, 2, 3 근저당권등기 이후 이 사건 각 부동산에 대하여 소외 3 앞으로 마쳐주었다는 가등기에 대하여는 위 가등기가 가등기담보 등에 관한 법률이 적용되지 않아 위 가등기로 담보되는 채권은 우선변제권이 없으므로 위 가등기의 피담보채무액은 이 사건 가액배상의 공제대상이 되지 아니하고, 피고가 위 가등기말소비용 등으로 30,710,000원을 지출하였다거나, 피고가 소외 1에게 송금한 10,000,000원이 차용금 채무로서 제3근저당권의 피담보채무에 포함된다고 인정할 증거가 없으므로 그 각 금액을 사해행위취소 여부 및 가액배상액의 산정에 있어 고려할 것이 아니라는 취지로 판단하였다.

위 법리와 기록에 비추어 살펴보면 원심의 판단은 정당한 것으로 수긍이 가고, 거기에 상고이유에서 주장하는 바와 같은 채증법칙 위배, 사실오인, 심리미진, 법리오해, 석명권불행사 등의 위법이 없다."[52]

피고의 선의주장은 받아들여지지 아니하였습니다. 충분히 여러 정황상으로 이를 인정할 수 있다고 할 것입니다. 더욱 가등기까지 설정되어 있고 국세 등의 압류까지 되어 있었으니 말입니다.

여기에서 공제될 금액에 대하여 기존 근저당권만이 아니라 국세 및 지방세 체납액도 공제가 되었습니다. 이미 앞에서 한번 언급을 하였는데 이것들도 우선변제권이 있으니 이를 공제해야 할 것입니다.

여기서 문제가 된 것은 가등기권자인 소외 3에게 변제한 금액 30,710,000원입니다. 서울고등법원이나 대법원이나 이것이 가담법에 의한 적용을 받을 수 없다고 하였습니다. 왜 그럴까요?

"제1조 [목적]

이 법은 차용물(차용물)의 반환에 관하여 차주(차주)가 차용물을 갈음하여 다른 재산권을 이전할 것을 예약할 때 그 재산의 예약 당시 가액(가액)이 차용액(차용액)과 이에 붙인 이자를 합산한 액수를 초과하는 경우에 이에 따른 담보계약(담보계약)과 그 담보의 목적으로 마친 가등기(가등기) 또는 소유권이전등기

---

52) 대법원 2010. 7. 22. 선고 2009다60466 판결 [구상금등]

(소유권이전등기)의 효력을 정함을 목적으로 한다.

제2조 [정의]

1. "담보계약"이란 「민법」 제608조에 따라 그 효력이 상실되는 대물반환(대물반환)의 예약[환매(환매), 양도담보(양도담보) 등 명목(명목)이 어떠하든 그 모두를 포함한다]에 포함되거나 병존(병존)하는 채권담보(채권담보) 계약을 말한다."

(출처: 가등기담보 등에 관한 법률 타법개정 2016. 12. 27. [법률 제14474호, 시행 2017. 3. 28.] 법무부 > 종합법률정보 법령)

피고의 주장에 의하더라도 이 가등기는 소외 3이 채무자에게 유류를 공급하고 그 유류대금을 담보하기 위하여 설정된 가등기였습니다. 그렇기 때문에 이런 경우에는 차용물이 아니라고 할 것입니다.

민법 제608조는 차주에 불이익한 약정 금지 규정입니다. 그리고 이는 제5절 소비대차에 관한 규정의 하나이고 소비대차에 관한 제5절에는 준소비대차, 대물대차, 대물반환의 예약 조항들이 있습니다. 이를 보면, 목적조항과 담보계약이라는 정의조항에서 볼 때 유류대금의 담보를 위한 것은 소비대차 등이 아님은 명백합니다.

이 점은 원고 측이 주장할 수 있는 쟁점입니다. 피고 수익자가 가등기를 말소하였고 이는 담보가등기라고 하면서 주장할 경우에 이에 대한 배척을 할 수 있기 때문입니다.

피고는 소외 1에게 보낸 1,000만 원에 대하여 이것이 차용금이고 이는 이 사건 제3 근저당권의 채무에 포섭이 된다고 주장하였는데 이를 인정할 근거가 없다고 하였습니다. 소외 2가 소유자인 채무자입니다. 다만 소외 1과 소외 2 채무자가 주유소를 운영한 것이 아닌가 하는 생각도 해 보고 부부가 아닐까 하는 생각을 해 봅니다. 이 사건 제2 근저당권은 이 사건 피고의 임차보증금반환채권을 담보하기 위한 근저당권이었습니다. 이 사건 제3 근저당권의 근저당권자도 피고였을 것으로 보입니다. 왜냐하면 피고가 소외 1에게 보낸 1,000만 원이 이 근저당권에 포섭되어야 한다는 주장을 한 것을 보면, 피고가 근저당권자였기 때문에 이런 주장을 하였을 가능성이 큽니다. 이 사건 제2, 3번 근저당권의 경우는 피고에게 설정해 주었다고 하더라도 사해행위취소의 요건이 안 되었기 때문에 취소가 불가능했을 것으로 보입니다.

피고는 결국 108,514,040원 정도는 가액배상으로 원고에게 변제해야 하는 상황이 되었다고 할 것입니다. 그래도 피고는 손해는 없다고 할 것입니다. 10억 원이 넘는 부동산을 매수하였고 이를 소유하게 되어 시가상승으로 이 부분은 충분히 회수하였을 가능성이 있다고 할 것입니다.

버. 수익자인 근저당권자가 자신의 근저당권을 무상으로 전득자에게 양도한 경우 수익의 범위

"사해행위의 취소에 따른 원상회복은 원칙적으로 그 목적물 자체의 반환에 의하여야 할 것이나, 그것이 불가능하거나 현저히 곤란한 경우에는 예외적으로 가액배상에 의하여야 하고, 가액배상액을 산정함에 있어 그 가액은 수익자가 전득자로부터 실제로 수수한 대가와는 상관없이 사실심변론종결시를 기준으로 객관적으로 평가하여야 한다(대법원 2006. 9. 28. 선고 2004다35465 판결 등 참조).

나. 원심판결 이유에 의하면, 원심은, 수익자인 피고가 아무런 대가를 받지 않고 이 사건 제2근저당권을 기은십일차유동화전문 유한회사에게 양도하였더라도 채권자인 원고가 이 사건 채권자취소소송에서 승소확정판결을 받은 후 원상회복청구를 할 경우 피고는 원고에게 가액을 배상할 의무가 있고, 그 가액의 산정은 피고가 기은십일차유동화전문 유한회사로부터 받은 대가와 상관없이 사실심변론종결 당시를 기준으로 객관적으로 평가하여야 할 것이고, 따라서 이와 같이 원고가 피고를 상대로 사해행위취소의 확정판결을 받은 후 원상회복으로서 가액반환청구를 할 실익이 있는 이상 이 사건 소가 소의 이익이 없는 부적법한 소라고 볼 수 없다고 판단하였는바, 앞서 본 법리 및 기록에 비추어 살펴보면, 원심의 위와 같은 판단은 정당한 것으로 수긍이 가고, 거기에 상고이유에서 주장하는 바와 같은 가액배상의 법리 등을 오해한 잘못이 없다."[53]

이 사건의 사해행위는 부동산매매계약이 아니라 근저당권설정계약이었습니다. 원고는 신용보증기금이고 피고는 중소기업은행이었습니다.

---

53) 대법원 2010. 4. 29. 선고 2009다104564 판결 [사해행위취소]

"살피건대, 사해행위 후 전득자가 있는 경우에 채권자는 수익자와 전득자 중 누구를 상대로 사해행위취소권을 행사할 것인가를 자유로이 선택할 수 있는 것이므로, 이 사건 제2근저당권이 기은십일차에게 양도되었다 하더라도, 수익자인 피고는 채권자인 원고가 전득자인 기은십일차를 상대로 사해행위취소소송을 통하여 구제받을 수 있는지 여부와 관계 없이 원고가 피고를 상대로 한 이 사건 채권자취소소송에서 승소확정판결을 받은 후 원상회복청구를 할 경우 가액반환의무가 있다 할 것이고, 여기서 가액이란 피고가 기은십일차로부터 근저당권의 양도대가로서 실제로 받은 대가가 아니라, 사해행위인 이 사건 제2근저당권 설정행위로 말미암아 발생한 일반채권자의 담보감소액으로서 이 사건 제2근저당권의 사실심변론종결 당시로 평가한 객관적인 가액이라 할 것이다(이 사건의 경우 기은십일차가 이 사건 토지와 건물의 배당절차에서 배당받는 금액 상당을 위 근저당권의 가액으로 볼 수 있을 것이다)."54)

사실 이 사건의 경우 원상회복을 별도로 구하지 않고 있습니다.

"【주 문】
1. 이 사건 소 중 피고 삼미상사 주식회사에 대한 청구 부분을 각하한다.
2. 별지 목록 기재 각 부동산에 관하여 주식회사 풍양페트로와 피고 중소기업은행 사이에 2007. 6. 22. 체결된 근저당권설정계약을 취소한다.
3. 소송비용 중 원고와 피고 삼미상사 주식회사 사이에 생긴 부분은 원고가, 원고와 피고 중소기업은행 사이에 생긴 부분은 피고 중소기업은행이 각 부담한다.
【청구취지】
주문 제2항 및 별지 목록 제1기재 부동산에 관하여 주식회사 풍양페트로와 피고 삼미상사 주식회사 사이에 2006. 2. 9. 및 2007. 6. 22. 체결된 각 근저당권설정계약을 취소한다."
(출처: 서울중앙지방법원 2009. 4. 1. 선고 2008가합43438 판결 [사해행위취소] 〉 종합법률정보 판례)
처음부터 원고는 원상회복을 구하지 아니한 것인지 아니면 경매가 진행되었기 때문에 배당이의를 양수인 기은십일차를 상대로 소송을 하고 있을 수도 있다.
"라. 이 사건 부동산의 경매

---

54) 서울고등법원 2009. 11. 19. 선고 2009나36816 판결 [사해행위취소]

(1) 이 사건 부동산은 원고가 위 구상금채권에 기하여 의정부지방법원 2007타경 32682호로 강제경매를 신청함에 따라 매각되어 2008. 11. 18. 소외 14 앞으로 소유 권이전등기가 경료되었고, 이에 따라 제1~3근저당권을 비롯하여 일체의 부담이 말소·소멸되었다.

(2) 피고 중소기업은행은 2007. 12. 14. 제2근저당권의 피담보채권을 자산유동화에 관한 법률에 따라 기은십일차유동화전문 유한회사에 양도하였고, 경매법원은 2008. 12. 8. 이 사건 건물의 매각대금으로 제2근저당권자의 승계인인 기은십일차유동화전문 유한회사에 16,262,523원을, 제3근저당권자인 피고 삼미상사에 41,659,027원을 각 배당하였다. 반면, 이 사건 토지의 매각대금은 모두 선순위 채권자들에게 우선 배당되어 피고 삼미상사는 제1근저당권에 기하여는 배당을 받지 못하였다.

참고로, 원고는 2008. 2. 19. 풍양페트로와 피고 삼미상사주식회사 사이에 이 사건 건물에 관하여 2007. 6. 22.자로 체결한 근저당권설정계약에 대하여는 서울북부지방법원 2008가단9270호로 사해행위취소소송을 제기하여 현재 소송계속 중이다."[55]

피고가 중소기업은행이나 전득자를 상대로 소송을 제기할 이유는 없었을 것입니다. 그런데 왜 가액배상을 구하지 아니한 것인지는 의문입니다.

"피고 삼미상사의 **본안 전 항변에 앞서 직권으로 본다.**

앞서 본 바와 같이 이 사건 부동산이 경매절차에서 제3자에게 경락되어 소유권이 이전되면서 제1, 3근저당권도 직권으로 말소되었고, 피고 삼미상사가 이 사건 토지에 대한 근저당권에 기하여 아무런 배당도 받지 못하였으며, 달리 근저당권 설정행위로 인하여 어떠한 이득을 받게 될 가능성도 없는 이상, 원고가 피고 삼미상사에 대하여 이 사건 토지에 대한 제1, 3근저당권의 설정계약을 사해행위로 취소를 구하는 청구는 소의 이익이 없어 부적법하다."[56]

그러나 이는 잘못된 것입니다. 배당을 받지 못하였다고 하여 설정계약을 취소할 수 없는 것이 아님을 계속적으로 앞에서 보아왔던 내용입니다. 그러나 이

---

55) 서울중앙지방법원 2009. 4. 1. 선고 2008가합43438 판결 [사해행위취소]
56) 서울중앙지방법원 2009. 4. 1. 선고 2008가합43438 판결 [사해행위취소]

사건 토지에 대한 근저당권에 기하여 배당을 받지 못하고 선순위 근저당권자에게 모두 배당이 되었기 때문에 일응은 취소를 구할 실익이 없을 가능성이 큽니다. 그러나 앞선 근저당권자들에 대한 배당이 잘못될 경우에 이는 추가배당에 의하여 피고 삼미상사가 배당을 받을 것이기 때문에 일반채권자로서는 이를 위해서라도 취소를 구할 실익은 여전히 있다고 할 것입니다.

항소심은 중소기업은행만 항소를 하였고 원고는 피고 삼미상사에 대하여는 항소를 하지 아니하였습니다.

> "나. 다만, 피고 또는 기은십일차는 이 사건 토지에 설정된 이 사건 제2근저당권에 기하여는 아무런 배당도 받지 못하였는바(을가14호증에 나타난 기은십일차의 3순위 배당액 805,213,613원은 이 사건 토지에 관하여 이 사건 제2근저당권에 앞서 2005. 12. 14. 피고 앞으로 설정된 채권최고액 일본국 법화 78,000,000엔의 근저당권에 기한 것으로 보인다), 이 사건 토지에 관한 주식회사 풍양페트로와 피고 사이의 이 사건 제2근저당권 설정계약은 일반채권자의 공동담보의 감소를 초래한 바 없다 할 것이므로, 채권자를 해하는 사해행위로 볼 수 없다 할 것이다.
> 따라서 원고의 피고에 대한 이 사건 청구 중 이 사건 토지에 관하여 주식회사 풍양페트로와 피고 사이에 체결된 이 사건 제2근저당권 설정계약의 취소를 구하는 부분은 이유 없다."[57]

신용보증기금은 이 사건 토지 부분에 관하여 패소한 부분은 상고하지 않았습니다.

> "【주 문】
> 1. 제1심 판결의 피고에 관한 부분 중 별지 목록 제1항 기재 부동산에 관하여 주식회사 풍양페트로와 피고 사이에 2007. 6. 22. 체결된 근저당권설정계약을 취소한 피고 패소부분을 취소하고, 그 취소부분에 해당하는 원고의 청구를 기각한다.
> 2. 피고의 나머지 항소를 기각한다.

---

57) 서울고등법원 2009. 11. 19. 선고 2009나36816 판결 [사해행위취소]

"3. 원고와 피고 사이의 소송총비용은 이를 2분하여 그 1은 원고가, 나머지는 피고가 각 부담한다.

【청구취지 및 항소취지】

1. 청구취지

별지 목록 기재 각 부동산에 관하여 주식회사 풍양페트로와 피고 사이에 2007. 6. 22. 체결된 근저당권설정계약을 취소한다.

2. 항소취지

제1심 판결 중 피고에 관한 부분을 취소한다. 원고의 피고에 대한 청구를 기각한다."[58)

서울고등법원은 원고의 소를 각하한 것이 아니라 원고의 청구를 기각하는 판결을 하였습니다.

"【주 문】

1. 이 사건 소 중 피고 삼미상사 주식회사에 대한 청구 부분을 각하한다.

2. **별지 목록 기재 각 부동산에 관하여** 주식회사 풍양페트로와 피고 중소기업은행 사이에 2007. 6. 22. 체결된 근저당권설정계약을 취소한다.

3. 소송비용 중 원고와 피고 삼미상사 주식회사 사이에 생긴 부분은 원고가, 원고와 피고 중소기업은행 사이에 생긴 부분은 피고 중소기업은행이 각 부담한다.

【청구취지】

주문 제2항 및 **별지 목록 제1기재 부동산에 관하여** 주식회사 풍양페트로와 피고 삼미상사 주식회사 사이에 2006. 2. 9. 및 2007. 6. 22. 체결된 각 근저당권설정계약을 취소한다."[59)

1심은 각하를 하였는데 항소심인 서울고등법원은 각하사유가 아니라 기각 사유라고 보았습니다. 1심은 소의 이익이 없다고 하였지만, 서울고등법원은 "일 <u>반채권자의 공동담보의 감소를 초래한 바 없다.</u>"라고 하여 기각을 하였습니다. 그러나, 먼저 사해행위여부는 사해행위시점을 기준으로 파악하여야 할 것이고

---

58) 서울고등법원 2009. 11. 19. 선고 2009나36816 판결 [사해행위취소]

59) 서울중앙지방법원 2009. 4. 1. 선고 2008가합43438 판결 [사해행위취소]

사후에 경매로 인하여 저가낙찰에 의하여 — 사해행위 당시의 시가로 하면 담보 여력이 있었는데 - 결국 배당을 받지 못하였다고 하더라도 이것을 들어서 일반 채권자의 공동담보의 감소를 초래한 바 없다고 판단할 것은 아닙니다. 오히려 경매로 인하여 이 사건 토지에 관한 근저당권으로 배당을 받을 가능성이 없어졌고 이는 사후적으로 채권자취소권을 행사할 보전의 필요성이 없어졌다고 하여 원고의 청구를 기각하는 판결을 하는 것이 더 옳았다고 할 것입니다. 1심 역시도 소의 이익으로 갈 것은 아니었다고 할 것입니다. 직권판단 사항이 아니라 이는 항변사유라고 보입니다.

　　다만 역시나 선순위 근저당권이 취소되는 경우에 후순위 근저당권자인 피고에게 배당금이 없다고 하더라도 이를 취소할 실익이 있다는 것으로 한정하여 기존 대법원 판결을 한정하여 해석할 것인지 아니면 추가배당설에 의하기 때문에 일반채권자의 입장에서는 피고들이 선순위 근저당권자들에게 전부 배당이 되었고 이들의 근저당권을 사해행위로 취소될 가능성이 없다고 일반채권자가 선순위 근저당권자들에 대한 부당이득반환을 구하고 싶어도 피고들의 근저당권이 존재함으로 이를 구할 수 없고 기각될 것이 예상되기 때문에 이런 사후적 부당이득반환청구소송을 위해서라도 이 근저당권설정계약을 취소를 구할 수 있다고 볼 수 있는지에 따라서 결론이 달라진다고 할 것입니다. 지은이로서는 후자가 맞다고 생각합니다. 왜냐하면, 사해행위라고 한다면 이를 취소시켜 놓아 일반채권자들이 선순위 근저당권자들에 대하여 부당이득반환청구를 하는 길을 열어놓을 수 있도록 해야 하고 이는 결국 전체 일반채권자를 위하여 공동담보로서의 재산을 회복시켜 놓는 방법이라고 할 것입니다. 당장 이런 부당이득반환청구소송이 될 것인지 아닌지는 중요하지 않습니다. 특히 연체이자에 관하여 법개정과 함께 법개정 이전에도 자율적으로 은행권 등이 이에 합의를 하여 이를 변경시켰던 경우가 있기 때문에 소송당시에는 모르지만 기록을 검토하여 이에 대한 부당이득반환청구는 충분히 가능할 수 있다고 할 것입니다. 그런데 이런 경우에 피고인 선순위근저당권자는 후순위근저당권자인 피고들이 있기 때문에 원고는 피고인 자신들에게 청구할 수 없다고 항변할 것이고 결국 원고는 패소할 것입니다. 그렇기 때문에 이런 경우를 위해서도 사해행위취소를 인정할 필요성은 매우 크다고 할 것입니다.

"나. 원심은 제1심판결 이유를 원용하여, 수익자인 피고의 악의는 추정되고, 이 사건에서 제2근저당권 설정계약 당시 주식회사 풍양페트로(이하 '풍양페트로'라 한다)가 채무초과 상태에 있었고, 이 사건 토지와 건물의 등기부만 보더라도 그러한 사정이 분명하게 드러나므로, 피고 역시 이 사건 제2근저당권 설정계약 당시 위와 같은 사정을 알고 있었다고 보이고, 또한 피고는 새로운 자금의 출연 없이 풍양페트로의 경영상태의 악화라는 우연한 사정과 그에 따른 피고의 경매신청 및 취하, 대출기간 연장 등의 조치만으로 피고가 새롭게 풍양페트로의 책임재산으로 편입된 이 사건 건물에 대하여 우선권을 갖는다면 원고를 비롯한 다른 채권자들과의 관계에서 형평에 반한다고 판단하였는바, 앞서 본 법리 및 기록에 비추어 보면, 원심의 이러한 판단은 정당하고, 피고가 상고이유에서 주장하는 사해의사에 관한 심리미진 등의 잘못이 없다."[60]

피고의 선의는 인정될 수 없다는 1심 판결문을 인용한 원심의 판단이 옳다고 대법원은 판시하고 있습니다.

"나. 풍양페트로의 재산처분행위

(1) 풍양페트로는 경기도 양주군 광적면 비암리 (지번 생략) 등 지상에 주유소를 설치·운영하던 중, 2005. 10. 14.경 주유소 시설 확장을 위한 부지로 별지 목록 제1기재 부동산(이하 '이 사건 토지'라고 한다)을 매수하였다. 풍양페트로는 2005. 12. 14. 피고 중소기업은행으로부터 이 사건 토지를 담보로 대출을 받아 잔금을 치르고 같은 날 이 사건 토지에 관하여 소유권이전등기를 경료함과 동시에 피고 중소기업은행에 채권최고액 일본국 법화 78,000,000엔으로 된 근저당권설정등기 및 존속기간 30년으로 된 지상권설정등기를 경료하였다. 풍양페트로는 그 무렵 건축허가를 받아 이 사건 토지 상에 주유소 건물 및 시설을 설치하는 공사에 착수하였다.

(2) 그 후 풍양페트로는 주유소 운영자금을 조달하기 위하여 앞서 본 바와 같이 원고의 신용보증이나 이 사건 토지를 담보로 피고 중소기업은행을 비롯한 금융권에서 대출을 받았는데, 2006. 3. 31. 이 사건 토지에 관하여 피고 중소기업은행 앞으로 채권최고액 3억 6,000만 원의 근저당권이 설정된 것도 그 중 하나이다.

(3) 풍양페트로는 2005. 11.경부터 피고 삼미상사 주식회사(이하 '피고 삼미상사'라고

---

60) 대법원 2010. 4. 29. 선고 2009다104564 판결 [사해행위취소]

한다)로부터 유류를 공급받는 거래를 하기 시작하였는데, 2006. 2. 9. 유류대금의 지급을 담보하기 위하여 피고 삼미상사 앞으로 이 사건 토지에 관하여 채권최고액 9억 원으로 된 근저당권(이하 '제1근저당권'이라 한다)을 설정하였고, 그 후 2006. 4.경까지 피고 삼미상사와 유류거래를 계속하였다.

(4) 2006. 4.경 풍양페트로의 경영상태가 급격히 악화되면서 이 사건 토지에 대하여 채권자 소외 1의 신청에 기한 대전지방법원 천안지원 2006카단1413호 가압류를 비롯하여 다수의 가압류가 들어오고, 풍양페트로 스스로 소 취하 전 공동피고인 소외 2 등에게 이 사건 토지에 관하여 근저당권을 여러 건 설정하자, 피고 삼미상사는 2006. 5. 이 사건 토지에 대하여 임의경매를 신청하여 같은 달 12. 경매개시결정이 있었고, 피고 중소기업은행도 2006. 8. 이 사건 토지에 대하여 임의경매를 신청하여 같은 달 7. 경매개시결정이 있었다.

(5) 풍양페트로는 2007. 6. 5. 이 사건 토지상의 신축 주유소 건물(별지 목록 제2부동산, 이하 '이 사건 건물'이라 한다)에 대하여 사용승인을 받고 같은 달 22. 이 사건 토지의 지상권자인 피고 중소기업의 승인 아래 이 사건 건물에 관하여 소유권보존등기를 경료하였는데, 이와 관련하여 피고 중소기업은행이 기존 대출금의 만기를 연장하거나 대환처리하고, 경매신청을 취하하는 대신 같은 날 이 사건 토지 및 건물에 관하여 채권최고액 3억 원으로 된 근저당권(이하 '제2근저당권'이라 한다)을 설정받았고, 동시에 피고 삼미상사도 이 사건 토지에 대한 경매신청을 취하하기로 하고 이 사건 토지 및 건물에 관하여 채권최고액 3억 원으로 된 동순위의 근저당권(그 중 이 사건 토지에 대한 근저당권을 '제3근저당권'이라 한다)을 설정받았다. 실제로 2007. 7. 2. 피고 중소기업은행은 이 사건 토지에 대한 경매신청을 취하하였고, 같은 달 5. 피고 삼미상사도 경매신청을 취하하였다."[61]

이 사건 근저당권설정계약들이 무슨 이유로 어떤 과정에 의하여 이루어진 것을 보면, 사해행위여부를 알 수 있습니다. 이 사건 토지와 이 사건 건물이 구별되는 점도 이해할 수 있다고 할 것입니다.

---

61) 서울중앙지방법원 2009. 4. 1. 선고 2008가합43438 판결 [사해행위취소]

서. 주채무자의 자산상태가 채무를 담보하는 데 부족하게 되리라는
것까지 인식을 연대보증인의 사해의사 판단 시에 요구되지 아니함

"가. 연대보증인에게 부동산의 매도행위 당시 사해의 의사가 있었는지 여부는 연대보증인이 자신의 자산상태가 채권자에 대한 연대보증채무를 담보하는 데 부족하게 되리라는 것을 인식하였는가 하는 점에 의하여 판단하여야 하고, 연대보증인이 주채무자의 자산상태가 채무를 담보하는 데 부족하게 되리라는 것까지 인식하였어야만 사해의사를 인정할 수 있는 것은 아니며, 채무자가 자기의 유일한 재산인 부동산을 매각하여 소비하기 쉬운 금전으로 바꾸는 행위는 특별한 사정이 없는 한 채권자에 대하여 사해행위가 되므로 채무자의 사해의사는 추정되는 것이고, 이를 매수한 자가 선의라는 입증책임은 수익자에게 있다(대법원 1998. 4. 14. 선고 97다54420 판결 등 참조).

나. 위 법리에 비추어 기록을 살펴보면, 소외 1과 소외 2가 부부이거나 경제적 동일체라고 하더라도, 소외 1의 이 사건 아파트 처분이 사해행위에 해당하는지 여부를 판단함에 있어서는 법률적 관점에서 보아 소외 1 자신의 자산상태가 채권자에 대한 연대보증채무를 담보하는 데 부족하게 되리라는 것을 인식하였는가 하는 점에 의하여 판단하여야 할 것이지, 일반채권자에 대하여 책임재산이 될 수 없는 주채무자나 다른 연대보증인의 경제적인 관점에서의 자력은 고려할 요소가 아니라고 할 것이므로, 원심이 인용한 제1심판결 중 위에서 본 ㉠, ㉡, ㉢항의 사정은 소외 1 자신의 자산이 아닌 주채무자 또는 연대보증인인 소외 2와 주로 관련된 것이어서 채무자 소외 1의 사해의사 인정 여부를 판단함에 있어서 고려할 요소가 아닌 것으로 봄이 상당하고, ㉣항의 사정 역시, 원심이 채용한 증거들을 기록에 비추어 살펴보면, 피고 회사의 대표이사 소외 4는 2007. 12.경 알고 지내던 소외 1로부터 남편이 소외 3으로부터 빌린 돈을 갚아야 해서 급전이 필요하다며 이 사건 아파트를 시세보다 약간 싼 값에 매수해 줄 것을 제의받아 이 사건 아파트를 피고 회사 명의로 매수하게 된 점, 피고 회사는 이 사건 아파트를 150,000,000원에 매수하면서 근저당권이 설정되어 있던 국민은행 대출금을 인수하고, 나머지 매매대금 50,000,000원은 잔금 지급 전에 소외 1로부터 소유권을 이전받아 이 사건 아파트를 담보로 소외 5로부터 50,000,000원을 차용한 다음 소외 1의 요청에 따라 그중 40,000,000원을 소외 2의 채권자라는 소외 3에게 지급하였던 점, 소외 1은 동부건설의 대표이사인 소외 2의 처이자 동부건설의 이사이므로 동부건설의 사정을 잘 알고 있는 상태에서 동부건설이 부도가 나자 이 사건 아파트를 피고 회사에 매도하였다고 볼 여지가 있는 점, 피고 회사는 주택건설업 및 부동산 임대업을 주로 하는 회사

로서 소외 2가 운영하는 동부건설과는 같은 지역에서 동종업계에 종사하고 있어 서로의 사정을 잘 알고 있었다고 볼 여지가 있는 점, 이 사건 아파트에 관한 소유권이전등기의 등기원인은 2007. 12. 3.자 매매이지만, 소외 2의 신용보증사고 발생 후인 2008. 1. 7.에 피고 명의로 소유권이전등기가 경료되었고, 매매일자는 얼마든지 당사자 사이의 합의로 소급하는 것이 가능한 점, 소외 1은 2008. 7. 1.까지 이 사건 아파트에 주소를 두고 있었던 점, 매매계약의 내용을 보면 피고 회사가 인수하기로 한 대출금이 실제로 얼마인지 정확하게 확인하지도 아니한 채 피고 회사가 인수할 피담보채무의 액수를 대략적으로 정하여 매매대금에서 공제한 것으로 보이는 점, 소외 2가 소외 3에 대하여 실제로 채무를 부담하고 있었는지 여부에 관하여는 아무런 자료가 없고, 소외 2가 소외 3에게 실제로 채무를 부담하였다고 하더라도, 결과적으로 소외 1은 이 사건 아파트의 매매대금으로 소외 2의 기존 채권자인 소외 3의 채권을 우선 변제하였을 뿐이지 사업을 계속하기 위한 방편으로 이 사건 아파트를 매도하였다고 보기 어려운 점 등의 사정을 엿볼 수 있으므로, 채무자 소외 1이 자신의 유일한 재산인 이 사건 아파트를 처분한 행위는 사해행위에 해당한다고 볼 여지가 많을 뿐만 아니라, 원심이 설시한 사정만으로는 피고가 선의라고 보기도 어렵다 할 것이다."[62]

어찌 보면, "짜고 치는 고스톱"이라고 대법원은 이 사건을 본 것입니다. 이 사건 판결의 원심은 대구고등법원이었습니다. 당연히 1심 판결내용을 그대로 인용하였습니다. 이러니 부실한 판단을 할 수밖에 없는 것입니다.

"1. 원심이 인용한 제1심판결의 이유에 의하면, 제1심은, 채용 증거들을 종합하여 원고의 구상금 채권에 대한 연대보증채무자 소외 1이 채무초과상태에서 자신의 유일한 재산인 상주시 복룡동 230-11 상주우방타운1차아파트 (동 및 호수 생략)(이하 '이 사건 아파트'라 한다)를 피고에게 매각하였다고 인정하면서도, ㉮ 소외 2와 소외 1은 부부이자 각자 동부건설 주식회사(이하 '동부건설'이라 한다)의 대표이사, 이사로서 일종의 경제적 공동체로 볼 수 있는 점, ㉯ 소외 1의 채무는 모두 소외 2와 중첩하여 부담하는 채무로서 경제적인 관점에서 보면 소외 2의 채무액에 모두 포함되는 점, ㉰ 소외 2 소유의 서울 양천구 신월동 (지번 생략) 대 156.2㎡ 지상 3층 근린생활시설 및 주택(이하

'소외 2 소유 신월동 주택'이라 한다)이 2009. 3.경 서울남부지방법원 2008타경9300 부동산 임의경매에서 매각대금 435,789,900원에 낙찰되었으나, 이는 위 경매 절차에서의 감정가액인 729,322,200원에 비추어 볼 때 현저히 낮은 가격으로 2008년 하반기부터 시작된 세계적인 경제위기로 인한 부동산 경기 침체의 영향을 받은 것으로 추측되고, 그와 같은 우연한 사정이 없었더라면 소외 2 소유 신월동 주택의 매각대금으로 소외 2의 채무를 충분히 변제할 수 있었을 것으로 보이며, 그와 같은 우연한 사정이 발생하리라는 것을 소외 1이 이 사건 아파트 처분 당시 예견할 수 있었을 것으로는 보이지 않는 점, ㉑ 소외 1은 피고에게 이 사건 아파트를 시가에 상당한 가격인 150,000,000원에 매각하였고, 이 사건 아파트 매각대금 50,000,000원(채무인수액 제외) 중 40,000,000원을 피고 현대주택이 소외 2의 채권자인 소외 3에게 직접 지급하게 한 점 등 이 사건의 특유한 사정에 의하면, 소외 1이 자신의 유일한 재산인 이 사건 아파트를 매각한 것은 외견상 사해행위로 보일 수는 있으나, 실질적으로는 채무 면탈을 목적으로 한 것이 아니라 남편인 소외 2의 자금상황이 나빠지자 사업을 계속하기 위한 자금 조달의 한 방편으로 부동산을 처분한 것에 불과한 것으로 보이므로, 채무자 소외 1의 사해의사를 인정할 수 없다고 판단하였고, 원심은 이러한 제1심의 판단을 그대로 유지하였다."63)

1심과 원심은 채무자 소외 1의 사해의사가 없었다고 판시를 하였습니다. 그렇기 때문에 당연히 수익자의 선의여부는 판단도 하지 아니한 것입니다. 그에 반하여 대법원은 유일한 부동산을 처분하여 소비하기 쉬운 금전으로 바꾸는 경우 특별한 사정이 없는 한 채무자의 사해의사는 추정된다고 하여 이런 사정으로는 사해의사가 번복이 될 수 없고 결국 채무자의 사해의사가 추정이 되면 수익자의 선의는 수익자가 입증을 해야 한다고 하고 있습니다. 또한 사해의사는 채무자가 연대보증인인 경우 연대보증인의 입장에서 볼 것이고 "주채무자의 자산상태가 채무를 담보하는 데 부족하게 되리라는 것까지 인식하였어야만 사해의사를 인정할 수 있는 것"은 아니라고 판단하였습니다. 이런 부분은 채무 성립에 관한 고도의 개연성과 관련이 된다고 할 것입니다. 주채무자의 자산이 매우 많다고 한다면 채무발생의 고도의 개연성은 존재하지 않을 가능성이 크기 때문입

---

63) 대법원 2010. 6. 10. 선고 2010다12067 판결 [구상금등]

니다. 대법원은 1심이 들고 있는 판단 논거에 대하여 조목조목 지적하면서 수익자의 악의이고 오히려 수익자나 소외 2와 공모하여 재산을 회피시킨 것이라고 보았습니다. 이런 점에서 피고 대리인은 1심에서도 소외 3인 소외 2에 대하여 채권이 있는지에 관한 자료를 제출했어야 하고, 또한 소외 3의 채권이 주채무자 회사인 동부건설에 대한 채권과 관계가 있는지, 즉 실제는 동부건설이 소외 3의 채무자인지 등을 더 적극적으로 밝혀야 할 것입니다. 그리고 피고 대리인은 채권발생의 고도의 개연성 부분에 더 집중하여 다투었어야 할 것입니다. 주채무자의 자력은 채권발생의 고도의 개연성과 관련되어 있고 연대보증인인 채무자의 사해의사와는 별개의 문제라고 할 것입니다. 역시 다른 연대보증인의 자력은 채권발생의 고도의 개연성도 관계가 없다고 할 것입니다.

다만 1심의 판단이 문제점이 있다고 하더라도 이런 사정을 보면, 이런 경우까지 사해행위취소를 인정해야 하는지에 관한 의문은 듭니다. 즉 사해행위 이후에 전혀 예상할 수 없었던 사정이 존재하기 때문에 사해행위 당시에는 채무자의 사해의사가 없었다고 볼 수 있는 사례들이 있을 것입니다. 이 사건에서 가장 큰 문제점은 피고 현대주택이 이 사건 부동산을 매수하면서 자신의 출원이 없었다는 것입니다. 매매잔금 5,000만 원의 경우도 소외 5로부터 차용하였다고 하는데 소외 5가 돈을 빌려준 것이 아니라 소외 2가 소외 5를 통하여 빌려주는 형식을 취하여 이 돈은 다시 소외 3에게 들어가고 다시 소외 2에게 가는 형식을 취할 수 있다고 할 것입니다. 피고 현대주택이 자신의 돈을 출현한 것이 맞고 실제로 바로 이곳에 전입하여 살았거나 직원들의 숙소로 사용하였다고 한다면 선의가 어떻게 될지 모른다고 할 것입니다.

어. 수익자의 동생이 자신의 회사 사장에게 부동산을 소개하여 사장의 장인이 목적부동산을 전득행위로 취득한 경우의 선의 인정 여부

1) 이 사건 사해행위의 과정에 관한 내용과 이 사건 제1건물의 전득자의 선의 부분

"1. 원심은 그 채택증거를 종합하여, 원고가 2002. 9. 25. 소외 1 주식회사(이하 '제1회사'라고 한다)와 사이에, 2002. 4. 27., 2003. 6. 17. 및 2004. 5. 10. 소외 2 주식회사(이하 '제2회사'라고 한다)와 사이에 각각 신용보증계약을 체결하였는데 그때마다 소외 3이 위 각 회사들이 위 각 신용보증계약에 기하여 원고에 대하여 부담하게 될 구상금채무를 연대보증한 사실, 제1회사는 소외 3이 대주주였고 주주 대부분이 소외 3과 가까운 친척관계에 있었고, 제2회사는 임원 및 주주 대부분이 소외 3과 가까운 친척관계에 있었던 사실, 소외 3은 2005. 9. 26. 처남인 원심공동피고 3에게 서울 강동구 천호동 (이하 생략) ○○플라자(오피스텔) 3층 제5호 45.99㎡(이하 '이 사건 제1건물'이라고 한다)에 관하여 같은 달 12일 매매(이하 '이 사건 제1매매계약'이라고 한다)를 원인으로 하여, 2005. 9. 26. 피고 2(개명 전 성명 '○○○')에게 위 ○○플라자(오피스텔) 15층 제1526호 30.56㎡(이하 '이 사건 제2건물'이라고 한다)에 관하여 같은 달 12일 매매(이하 '이 사건 제2매매계약'이라고 한다)를 원인으로 하여 각 소유권이전등기를 마쳐준 사실, 제1회사는 2005. 9. 28.경에, 제2회사는 2006. 1. 18.경에 각각 도산한 사실, 한편 원심공동피고 3은 2007. 7. 31. 피고 1에게 이 사건 제1건물에 관하여 같은 달 5일 매매를 원인으로 하여 소유권이전등기를 마쳐준 사실을 인정한 다음, 소외 3은 이 사건 각 매매계약을 체결할 당시 가까운 장래에 원고에 대하여 부담하게 될 구상금채무의 변제를 뒷받침하기에 충분한 다른 재산이 없었음에도 그 소유의 이 사건 각 건물을 매도하였으므로 이 사건 각 매매계약은 원고에 대하여 사해행위가 되고 제1 및 제2의 각 회사의 임원 및 주주들과 가까운 친척관계에 있는 소외 3으로서는 위 각 회사의 재산상태를 잘 알고 있었을 것으로 보이므로 원고를 해할 의사로 사해행위를 하였다고 추인할 수 있다고 판단하였다.

나아가 피고들이 이 사건 각 매매가 원고를 해하는 사해행위라는 점을 알지 못하였으므로 원고는 피고들에 대하여 사해행위취소권을 행사할 수 없다는 피고들의 각 주장에 관하여, 원심은 사해행위에서는 그 전득자 또는 수익자의 악의가 추정되는데 그 판시의 증거들만으로는 이를 뒤집기에 부족하고, 오히려 그 설시의 제반 사정에 비추어 보면 각 피고가 이 사건 각 매매계약이 사해행위라는 점을 알았을 것이라고 판단하여 피고들의 위 각 주장을 배척하였다.

2. 그러나 원심이 피고들이 악의의 전득자 또는 수익자라고 판단한 것은 그대로 수긍하기 어렵다.

가. 이 사건 사해행위상의 전득자인 피고 1에 관하여

기록에 의하면, 다음과 같은 사실이 인정된다. 즉 원심공동피고 3의 동생인 소외 4는 피고 1의 사위인 소외 5가 운영하는 회사에 근무하고 있던 중 소외 5에게 자신의 형인 원심공동피고 3이 돈이 필요하여 이 사건 제1건물을 부동산중개업소에 내어 놓았으니 형편이 되면 매수하라고 제의하였는데 소외 5는 장인인 피고 1에게 이러한 사실을 이야기하였고 이에 피고 1이 원심공동피고 3을 만나 이 사건 제1건물을 살펴보고 2007. 7. 5. 이를 매수하게 되었다(기록 109면). 그런데 피고 1과 소외 5는 소외 3 및 원심공동피고 3과 친인척관계나 거래관계가 전혀 없다. 그리고 이 사건 제1매매계약 체결 당시 이 사건 제1건물의 매매가격은 1억 500만 원으로서 시세보다 약간 싼 정도였는데, 피고 1은 계약금 1,000만 원을 계약 당일 소외 5를 통하여 현금으로 지급하였고 2007. 7. 31. 이 사건 제1건물에 관한 임대차보증금반환채무 3,000만 원을 제외한 6,500만 원을 잔금으로 원심공동피고 3에게 무통장입금하였다(기록 145면). 또한 이 사건 제1매매계약 체결 당시 이 사건 제1건물에는 소외 6 명의의 채권최고액 8,000만 원의 근저당권설정등기가 마쳐져 있었으나 그 피담보채무는 없는 상태였는데, 피고 1은 위 근저당권의 피담보채무를 인수하는 방법으로 매매대금을 지급하는 것으로 하지 않고 이 사건 제1건물 매수 후 위 근저당권설정등기를 말소하였다(기록 89면). 한편 피고 1은 이 사건 제1건물을 매수한 후 임차인인 원심공동피고 아이디에스필름 주식회사와 사이에 종전의 임대차계약을 승계하는 내용의 임대차계약서를 작성하기도 하였다(기록 188면).

이와 같이 피고 1이 이 사건 제1매매계약의 당사자인 소외 3 및 원심공동피고 3 등과의 사이에 친인척관계나 거래관계가 없어서 소외 3의 채권채무관계나 재산상태 등에 관하여 알기 어려운 상태에 있었던 점, 피고 1의 이 사건 제1건물 매수는 이 사건 제1매매계약으로부터 2년 가까이 경과한 후에 행하여진 것이어서 그가 사해행위인 이 사건 제1매매계약 당시의 정황을 알았다고 보이지 않는 점, 피고 1이 이 사건 제1매매계약이 사해행위임을 알면서도 이 사건 제1건물을 매수할 만한 특별한 동기나 이유를 찾아볼 수 없는 점, 이 사건 제1건물의 매수를 소외 5에게 권유한 소외 4의 입장에서 보더라도 자신이 근무하는 회사의 사장에게 향후 이 사건과 같은 사해행위취소소송 등 법적 분쟁에 휘말릴 수 있는 가능성이 있음을 알리면서 이 사건 제1건물의 매수를 권유한다는 것은 상정하기 어려운 점, 나아가 피고 1이 이 사건 제1건물을 매수한 후 그 매매대금의 지급 등 계약의 이행을 정상적으로 행하였다고 할 것이고 거기에 어떠한 특이점을 발견할 수 없는 점 등을 종합하여 보면, 비록 피고 1이 부동산중개업소를 통하지 아니하고 시세보다 저렴한 가격으로 이 사건 제1건물을 매수하였다고 하더라도 이는 그 매수에의 유인(誘引)에 불과한 것이고, 그가 이 사건 제1건물의 매수 당시 이 사건 제1매매계약이 사해행위임을 알지 못하였다고 봄이 상당하다."[64]

---

64) 대법원 2010. 2. 11. 선고 2009다80484 판결 [구상금등]

대법원은 친절하게 기록 페이지까지 언급하면서 서울고등법원의 원심판결을 배척하고 있습니다. 왜 그럴까요? 이유는 간단합니다. 1심을 그대로 인용했습니다. 항소심의 판결이유를 보겠습니다.

"【이 유】

이 법원이 이 사건에 관하여 설시할 이유는, 제1심 판결의 이유 기재와 같으므로 민사소송법 제420조 본문에 의하여 이를 그대로 인용한다.

그렇다면, 제1심 판결은 정당하므로 원고의 피고 1 주식회사에 대한 항소 및 피고 2, 3, 4의 항소는 이유 없어 이를 모두 기각하기로 하여 주문과 같이 판결한다.

[목록 생략]"65)

이것이 전부입니다. 아니 서울고등법원 사건이라고 한다면 고액사건이었을 것이며 인지대가 상당히 들었을 것인데 이런 판결을 받기 위해서 항소한 것일까요? 민사소송법 제420조는 삭제되어야 할 것입니다. 이를 통하여 정말 중요한 사건들이 전혀 검토되지 않는다는 점에서 보면, 문제가 매우 심각합니다. 이럴 것이면 인지대를 90% 이상 반환해 주어야 할 것입니다. 이런 판결문을 어느 누가 판결문이라고 보겠습니까?

1심 판결문과 2심 판결문 모두 공개되어 있습니다.

1심의 피고들은 4명이었습니다. 2심의 피고들은 역시 4명이었습니다. 원심은 일부승소판결을 하였습니다. 피고 주식회사에 대하여 청구는 기각을 하였고 나머지 개인 3명에 대하여 원고가 승소하였습니다. 원고와 피고 모두 항소하였는데 모든 항소를 기각하였습니다. 그런데 소송비용은 각자 부담으로 판시하였습니다. 피고 주식회사는 변호사도 선임하지 아니하였습니다. 그러면 각자 부담하는 판결을 할 이유가 전혀 없는데 항소비용을 각자 부담시킨다는 것은 말이 되지 않습니다. 아니 항소비용부담에 관하여 주문을 쓰는 것도 번거로워서 각자 부담식의 판결을 한 것이 아닌가 하는 의문까지 듭니다. 피고 주식회사는 바로 대법원에서 언급한 아이디에스필름 주식회사였습니다.

---

65) 서울고등법원 2009. 8. 31. 선고 2008나110472 판결 [구상금등]

원고는 신용보증기금이었습니다. 사해행위는 <u>2005. 9. 26.</u>입니다. 그런데 전득행위는 <u>2007. 7. 5.</u>입니다. 원고의 소제기시점은 <u>2007. 11. 9.</u>에 제기가 되었습니다. 사해행위를 하고 나서 거의 1년 10개월이 지난 시점에 전득행위가 있고 소는 사해행위를 하고 나서 2년 45일 정도 지난 시점에 소를 제기하였기 때문에 당연히 전득자로서는 수익자가 가지고 있는 부동산 보유기간이 길기 때문에 전득자로서 전득당시에 사해행위를 알았다고 볼 자료가 사실 없다고 할 것입니다.

2) 오피스텔 2채를 소유하고 임대를 하고 있는 상황에서 보험 건으로 알게 된 채무자를 우연히 만나서 채무자소유 오피스텔 1채를 구입하여 계속 임대를 놓은 보험설계사인 수익자의 선의 여부

"나. 다른 이 사건 사해행위상의 수익자인 피고 2에 관하여

기록에 의하면, 다음과 같은 사실이 인정된다. 즉 피고 2는 1989년부터 2001년까지 삼성생명보험 주식회사에서 보험설계사로 근무하던 중 소외 3이 피고 2를 통하여 4, 5개의 보험에 가입하면서 소외 3과 알게 되었을 뿐 소외 3과 친인척관계나 거래관계가 전혀 없다. 피고 2는 위 ○○플라자(오피스텔) 건물에 별도로 제525호, 제1123호 등을 소유하면서 이를 임대하여 수입을 얻고 있어서(기록 861면 내지 863면) 2005년 7월 중순경 위 오피스텔의 임대 문제로 위 오피스텔 건물을 방문하였다가 우연히 소외 3을 만나게 되었다. 그런데 소외 3이 피고 2에게 이 사건 제2건물을 부동산중개업소에 내어 놓았는데 시세보다 300만 원 싸게 팔 테니 형편이 되면 사라고 매수를 제안하여 이를 매수하게 되었다(기록 200면). 이 사건 제2매매계약 체결 당시 이 사건 제2건물의 매매가격은 7,000만 원으로서, 피고 2는 이 사건 제2건물에 관한 임대차보증금 500만 원의 반환채무를 인수하는 것으로 계약금지급에 갈음하고 중도금은 이 사건 제2건물을 담보로 농협으로부터 대출받은 3천만 원의 채무를 인수하는 것으로 하였으며 잔금 3,500만 원은 2005. 9. 22. 텔레뱅킹으로 소외 3에게 송금하였다(기록 207면). 피고 2가 잔금으로 지급한 자금은 피고 2가 전세로 살던 서울 광진구 구의동 (이하 생략) 집주인 소외 7로부터 반환받은 전세보증금 3,494만 원으로 마련한 것이다(기록 203면, 290면). 그리고 피고 2는 이 사건 제2건물을 매수한 후 임대인으로서 임차인인 소외 8과 사이에 종전의 임대차계약을 승계하는 내용의 임대차계약서를 작성하였고(기록 212면), 위 임대차계약이 종료하자 소외 9와 사이에 보증금 500만 원, 월차임 40만 원으로 정하여 새로운 임대차계약을 체결하여 현재까지 소외 9가 사용하고 있으며(기

록 215면), 피고 2는 소외 9로부터 매월 40만 원의 차임을 받고 있다(기록 216면 내지 236면). 또한 피고 2는 이 사건 제2건물을 담보로 대출받은 대출금 3,000만 원의 채무를 인수하여 그 이자를 납부하고 있고(기록 201면, 202면, 209면, 210면), 이 사건 제2건물에 관한 제세공과금도 납부하고 있다(기록 777면 이하).

그렇다면 피고 2는 소외 3과 친인척관계나 거래관계가 없어 소외 3의 채권채무관계나 신용상태를 알기 어려운 상황에서 실제로 매매대금을 지급하였고 그 매매대금의 출처가 확실하게 밝혀진 점, 나아가 피고 2는 이 사건 제2건물을 매수하여 임대수입을 얻는 것을 의도한 것으로 보이고 그가 사해행위임을 알면서도 이 사건 제2건물을 매수할 만한 동기나 이유를 찾기도 어려운 점, 또한 피고 2는 이 사건 제2건물을 매수한 후 종전의 임대차계약을 승계하였고 그 임대차계약의 종료 후에는 새로운 임대차계약을 체결하여 월차임을 받고 있으며, 대출금채무를 인수하여 그 이자를 납부하여 왔을 뿐만 아니라 이 사건 제2건물에 관한 제세공과금을 납부하여 온 점 등을 종합하여 보면, 피고 2는 이 사건 제2매매계약 체결 당시 그로 인하여 채권자를 해한다는 사실을 알지 못하였다고 봄이 상당하여 수익자인 피고 2에 대한 악의의 추정은 번복되었다고 할 것이다."66)

부동산 중개인을 통하지 않고 매수한 점이 매우 큰 아킬레스건이 되었던 것 같습니다. 그런데다가 피고 2와 채무자 소외 3이 전혀 모르는 위치에 있는 것이 아니라 보험설계사와 고객으로 알고 있었던 것이기 때문에 의심을 살만하였을 것으로 보입니다. 그러나, 매수할 동기가 충분했고, 대금 지급이 명확하게 이루어졌고, 소유권자로서 그 이후에 권리를 행사하고 또한 의무를 충실히 이행한 것을 보면, 선의의 수익자라고 보아야 할 것입니다.

항소심은 2008. 12. 5.에 접수되어 2009. 6. 24.에 변론기일이 한번 있고 2009. 7. 15. 기일이 변경되어 2009. 8. 26.에 변론기일이 있었는데 이날 종결되어 2009. 8. 31.에 선고되었습니다. 변론종결하고 나서 5일만에 선고되었습니다. 아니 항소비용 부담에 관한 주문도 쓰기 번거로웠는지라고 위에서 언급하였는데 진짜로 그럴 시간도 없었던 것 같습니다. 이는 아마 예단을 가지고 항소기각으로 결론을 내려놓고 선고를 한 것이 아닌가 하는 생각입니다.

---

66) 대법원 2010. 2. 11. 선고 2009다80484 판결 [구상금등]

3) 1심 판결문 중 사해행위취소 부분의 내용 검토

서울동부지방법원의 판결문을 보겠습니다.

"3) 피고 2, 3, 4의 선의 주장에 관한 판단

가) 사해행위취소소송에 있어서 수익자 또는 전득자가 사해행위임을 몰랐다는 사실은 그 수익자 또는 전득자 자신에게 입증책임이 있는 것이고, 그 사해행위 또는 전득행위 당시 수익자 또는 전득자가 선의였음을 인정함에 있어서는 객관적이고도 납득할 만한 증거자료 등이 뒷받침되어야 하고, 채무자의 일방적인 진술이나 제3자의 추측에 불과한 진술 등에만 터 잡아 수익자 또는 전득자가 선의였다고 선뜻 단정하여서는 안 된다 (대법원 2006. 4. 14. 선고 2006다5710 판결 등 참조).

나) 피고 2는, 제1매매계약은 소외 3으로부터 제1건물을 정당한 매매대금인 100,000,000원에 매수하는 정상적인 거래였을 뿐이고, 피고 2로서는 제1, 2회사가 장차 도산하여 원고가 구상금채권을 취득하게 되리라는 사정을 전혀 예상하지 못하였기 때문에, 채권자인 원고를 해함을 전혀 알지 못하였다고 주장하므로 보건대, 피고 2는 매도인인 소외 3의 처남이자 제2회사의 감사로서 제2회사 및 소외 3의 각 재산 상태를 잘 알았거나 알 수 있었을 것으로 보이는 점, 제1매매계약이 체결된 시기 등에 비추어 보면, 피고 2 주장과 같은 사정 및 을가 제1호증의 기재만으로는 피고 2가 악의라는 추정을 뒤집기에 부족하다. 따라서 피고 2의 위 주장은 이유 없다.

다) 피고 3은, 사위인 소외 5가 운영하는 회사의 직원이자 피고 2의 동생인 소외 11의 소개로 피고 2를 처음 알게 되었고, 2007. 7. 5. 피고 2로부터 제1건물을 정당한 매매대금인 105,000,000원에 매수하였을 뿐이어서, 채권자인 원고를 해함을 전혀 알지 못하였다고 주장하므로 보건대, 피고 2, 소외 11 및 피고 3, 소외 5의 관계, 피고 3이 제1건물을 매수한 경위, 을나 제2 내지 5호증의 각 기재는 피고 3의 선의 여부와는 직접적인 관련이 없어 보이는 점 등에 비추어 보면, 피고 3 주장과 같은 사정 및 을나 제2 내지 5호증의 각 기재만으로는 피고 3이 악의라는 추정을 뒤집기에 부족하다. 따라서 피고 3의 위 주장은 이유 없다.

라) 피고 4는, 보험설계사로 근무하면서 보험가입자였던 소외 3과 처음 알게 되어 10년간 알고 지냈는데, 우연히 마주친 소외 3이 제2건물을 시세보다 조금 저렴하게 매도하겠다고 제안하기에 2005. 8. 23. 소외 3으로부터 제2건물을 70,000,000원에 매수 (단, 위 매매대금 중 35,000,000원은 제2건물에 관한 근저당권의 피담보채무 및 임대

차보증금 반환채무를 인수하는 것으로 갈음하였다)하였을 뿐, 피고 4로서는 소외 3의 재산 상태를 알지 못하였기 때문에, 채권자인 원고를 해함을 전혀 알지 못하였다고 주장하므로 보건대, 피고 4와 소외 3의 관계, 제2매매계약이 체결된 시기, 피고 4가 제2 건물에 관한 위 근저당권의 피담보채무 및 위 임대차보증금 반환채무를 각 인수한 시기, 을다 제1 내지 14호증의 각 기재는 피고 4의 선의 여부와는 직접적인 관련이 없어 보이는 점 등에 비추어 보면, 피고 4 주장과 같은 사정 및 을다 제1 내지 14호증의 각 기재만으로는 피고 4가 악의라는 추정을 뒤집기에 부족하다. 따라서 피고 4의 위 주장은 이유 없다."67)

대법원 판결문에는 이렇게 많은 서증과 주장이 있었고 이를 피고 대리인이 준비서면을 열심히 써서 제출했을 것인데 1심이나 2심은 전혀 이를 보지 못했다는 것이 이해가 되지 않습니다.

1심은 선의 판단에 관한 대법원 2006다5710 판례는 언급하면서 왜 대법원 2002다42100 판례 및 대법원 2008. 7. 10. 선고 2007다74621 판례는 검토하지 않은 것인지 사실 이해가 가지 않는 것이 하나둘이 아닙니다. 2008. 7. 10.에 이 대법원 2007다74621 판례가 나왔는데 1심 선고시점은 2008. 10. 17.입니다. 충분히 알 수 있었고 이 판례는 매우 선의 판단 방법에 대한 기준을 제시한 중요한 판례인데 이를 전혀 고려하지 아니한 것이라고 한다면 전혀 이해할 수가 없습니다.

먼저 피고 측의 대응에도 문제가 있습니다. 피고 4명이 모두 같은 변호사를 선임하였습니다. 변호사비용을 절감하려고 했는지 모르겠지만 2명의 수익자들과 1명의 전득자가 같은 변호사를 선임한다는 것이 이상합니다. 그런데 피고 주식회사에 대한 원고의 청구는 법인격부인론이었습니다. 이해하시겠습니까? 1심이 피고 주식회사에 대한 청구는 기각을 했지만 이는 전득자인 피고 1(대법원)과 피고 2(수익자)에 대한 청구에 영향을 미칠 수밖에 없습니다. 변호사를 같이 선임하여 다툰다고 한다면 한통속이라고 볼 여지가 있기 때문입니다. 이렇기 때문에 피고 주식회사에 대한 청구는 기각이 되었지만 선의의 전득자와 수익자까지도 그들의 주장이 받아들여지지 않게 되는데 영향을 미쳤다고 할 것입니다.

---

67) 서울동부지방법원 2008. 10. 17. 선고 2007가합16159 판결 [구상금등]

4) 피고 주식회사에 대한 구상금 연대채무 청구 부분과 대리인 선임 시의 주의점

"2. 피고 1 주식회사에 대한 청구에 관한 판단

가. 청구원인의 요지

1) 제1회사, 제2회사 및 피고 회사의 관계

PVC 판매업 등을 사업목적으로 하는 제1회사는 소외 3이 대주주였고, 임원 및 주주 대부분이 소외 3과 가까운 친척관계에 있었다. PVC 제조업 및 인쇄업 등을 사업목적으로 하는 제2회사는 본점이 안성시 일죽면 ○○리 (이하지번 1 생략), (이하지번 2 생략)에 소재하였고, 그 임원 및 주주 대부분이 소외 3과 가까운 친척관계에 있었는데 2006. 1. 18.경 도산하였다. PVC 제조업 및 인쇄업 등을 사업목적으로 하는 피고 1 주식회사(이하 피고 회사라 한다)는 본점이 안성시 일죽면 ○○리 (이하지번 3 생략)에 소재하고, 소외 3이 대표이사이며, 소외 3의 조카인 소외 3, 9의 처인 소외 10이 각 이사와 감사로 재직 중인데 2006. 1. 10.경 설립되었다. 이처럼 제1회사, 제2회사 및 피고 회사는 모두 동일·유사한 사업목적을 가진 채 소외 3을 중심으로 하여 그 일가 친척들이 운영하는 회사이다.

2) 법인격 부인의 법리 적용 주장

특히, 제2회사와 피고 회사는, 그 임원들이 모두 친척관계에 있는 점, 그 사업목적, 본점 소재지, 상품명 등이 모두 동일한 점, 제2회사의 폐업 시점 및 피고 회사의 설립 시점이 유사한 점, 피고 회사가 제2회사의 기존 사업실적 등을 그대로 원용하고 있는 점, 피고 회사의 근로자 중 다수가 제2회사에서 근무한 경력이 있는 점 등에 비추어 볼 때 사실상 같은 회사인바, 소외 3 등은 자본충실의 원칙도 무시한 채 오로지 제2회사의 채무를 면탈할 목적으로 피고 회사를 설립하였으므로, 피고 회사는 법인격이 남용되고 형해화 되었다. 따라서 피고 회사는 원고에게, 제2회사가 선행 제2판결에 따라 원고에 대하여 부담하는 구상금 1,300,570,823원을 지급할 의무가 있다.

3) 피고 회사는 소외 3의 개인 기업이라는 주장

소외 3은 피고 회사의 대표이사이고, 그 조카, 처 등이 피고 회사의 임원진을 구성하고 있는 사정 등에 비추어 볼 때 피고 회사는 소외 3의 개인 기업에 불과하므로, 피고 회사는 원고에게, 소외 3이 선행 제2판결에 따라 원고에 대하여 부담하는 구상금 1,300,570,823원을 지급할 의무가 있다.

4) 영업양수인으로서의 책임 주장

제2회사와 피고 회사는, 인적 조직이 유사한 점, 그 사업목적, 본점 소재지 등이 모두 동일한 점, 상호의 주요 부분이 공통되는 점, 피고 회사가 2006. 상반기에 제2회사로부터 231,420,000원 상당의 물품을 매입하였을 뿐만 아니라 그 영업권의 실체가 동일한 점 등에 비추어 볼 때 피고 회사는 제2회사로부터 실질적으로 영업을 양수하였다고 할 것이므로, 피고 회사는 상법 제42조 내지 제44조에 따라 원고에게, 제2회사가 원고에 대하여 부담하는 구상금 1,300,570,823원을 지급할 의무가 있다.

5) 신의칙 주장

도산한 제2회사는 피고 회사로 탈바꿈하여 영업을 계속하고 있음에도, 아무런 귀책사유가 없는 원고는 피고 회사로부터 그 채권을 회수할 수 없다면 이는 사회통념에 반하므로, 피고 회사는 신의칙상 원고에게, 제2회사가 원고에 대하여 부담하는 구상금 1,300,570,823원을 지급할 의무가 있다.

나. 판단

1) 우선, 법인격 부인의 법리 적용 주장에 관하여 보건대, 원고 주장과 같은 사정이 모두 인정되어 제2회사와 피고 회사 사이에 상당한 유사성이 있다고 하더라도, 각 법인은 독립하여 별개의 권리·의무의 주체가 된다는 원칙에 비추어 보면, 그와 같은 사정만으로는 피고 회사가 오로지 제2회사의 채무를 면탈할 목적으로 법인격을 남용하여 설립된 것이라고 보기 어렵다. 따라서 원고의 위 주장은 나머지 점에 관하여 더 나아가 살필 필요 없이 이유 없다.

2) 다음으로, 피고 회사는 소외 3의 개인 기업이라는 주장에 관하여 보건대, 위 주장 또한 이로 인해 피고 회사의 법인격이 부인되어야 한다는 주장으로 선해한다고 하더라도, 원고 주장과 같은 사정만으로는 소외 3이 피고 회사의 운영이나 기본재산의 처분에 있어서 주식회사 운영에 관한 법적 절차 등을 무시한 채 외형상 회사형태만을 유지하고 있다고 볼 수 없다(대법원 1977. 9. 13. 선고 74다954 판결 등 참조). 따라서 원고의 위 주장은 나머지 점에 관하여 더 나아가 살필 필요 없이 이유 없다.

3) 다음으로, 영업양수인으로서의 책임 주장에 관하여 보건대, 원고 주장과 같은 사정이 모두 인정되어 제2회사와 피고 회사의 영업에 상당한 유사성이 있다고 하더라도, 그와 같은 사정 및 갑 제16, 17호증의 각 기재만으로는 피고 회사가 제2회사로부터 영업을 양수한 것이라고 인정하기 어렵다. 따라서 원고의 위 주장은 나머지 점에 관하여 더 나아가 살필 필요 없이 이유 없다.

4) 끝으로, 앞서 본 각 주장에 관한 판단 등을 전제로 원고의 신의칙 주장에 관하여 보건대, 원고 주장과 같은 사정만으로는 원고가 제2회사에 대한 채권을 피고 회사에 대하여 청구할 수 없다고 하여 그것이 신의칙에 반할 정도로 부당하다고 볼 수는 없다. 따

라서 원고의 위 주장은 이유 없다."⁽⁶⁸⁾

    사실 피고 1회사가 소외 3의 개인회사라고 보기에는 어려운 점이 있습니다. 법인격부인론은 법인 뒤에 있는 1인 주주에 대한 책임을 부담시키는 것인데 이 사건의 경우는 소외 3의 책임을 피고 1회사에 부담 지우는 것이기 때문에 인간 부인론이라고 해야 할까요? 역전된 법인격부인론이라고 할 수 있을 것입니다.

    가장 의미가 있는 것은 법인격남용론입니다. 법인격남용이라는 것은 기존 법인의 채무를 갚지 않기 위하여 새로운 법인을 설립하여 그대로 운영하거나 실질적으로 운영되지 않거나 휴면인 회사 등을 넘겨받아서 계속적으로 기존 법인의 영업을 하는 것입니다. 사실 이 사건의 경우는 여러 가지 점에서 법인격남용론이 해당할 여지가 충분했다고 보입니다.

    영업양수인으로서의 책임을 인정하려고 한다면 영업양도계약이 있어야 할 것인데 당연히 이를 체결할 이유도 없습니다. 기존 거래업체와 새로운 피고 1회사와 거래하면 되는 것이기 때문에 제2회사에게서 피고 주식회사로 영업양도하는 계약을 체결할 이유가 없기 때문에 이를 입증할 수도 없었습니다.

    이처럼 소외 3은 매우 나쁜 사람으로 찍혔다고 할 것입니다. 피고 주식회사에 대한 청구는 기각을 하더라도 누가보더라도 그에 따른 책임은 부담시키는 것이 필요했다고 보입니다. 그렇기 때문에 피고 2(원심공동피고 3)는 당연히 특별한 사정이 없는 한 악의의 수익자이기 때문에 피고 1(이 사건 제1건물의 전득자)과 피고 2(이 사건 제2건물 수익자)들의 선의주장을 배척하여 이 사건 건물들을 소외 3에게 회복시켜서 원고가 이를 집행하도록 했을 것입니다. 더욱 피고들 4명이 모두 한 명의 변호사를 선임하였으니 이런 점도 판결에 영향을 미쳤을 가능성이 있습니다. 이른바 변론의 전취지로써 말입니다. 항소심에서는 그래서 피고 주식회사에 대하여는 나머지 피고들이 분리하였습니다. 피고 주식회사는 변호사 없이 소송을 진행하고 나머지 피고들 3명은 같이 변호사를 선임하였습니다. 이 역시도 잘못된 것입니다. 왜냐하면 원심 공동피고 3은 바로 이 사건 제1건물의 수익자입니다. 이 사람이 소외 3 채무자의 처남입니다. 아예 피고 1과 피고 2 모두

68) 서울동부지방법원 2008. 10. 17. 선고 2007가합16159 판결 [구상금등]

다 각각 변호사를 선임했어야 합니다. 원심 공동피고 3인 소외 3의 처남과도 절단을 시켰어야 합니다.

5) 1심 판결의 주문 자체의 문제점

> "1. 가. 피고 2와 소외 3(주민등록번호 생략) 사이에 별지 목록 제1항 기재 건물에 관하여 2005. 9. 12. 체결된 매매계약을 105,000,000원의 한도 내에서 취소한다.
> 나. 피고 2, 3은 각자 원고에게 105,000,000원 및 이에 대한 이 판결 확정일 다음날부터 다 갚는 날까지 연 5%의 비율에 의한 금원을 지급하라.
> 2. 가. 피고 4와 소외 3 사이에 별지 목록 제2항 기재 건물에 관하여 2005. 9. 12. 체결된 매매계약을 취소한다.
> 나. 피고 4는 소외 3에게 별지 목록 제2항 기재 건물에 관하여 서울동부지방법원 강동등기소 2005. 9. 26. 접수 제59426호로 마친 소유권이전등기의 말소등기절차를 이행하라.
> 3. 원고의 피고 1 주식회사에 대한 청구를 기각한다.
> 4. 소송비용 중 원고와 피고 1 주식회사 사이에 생긴 부분은 원고가 부담하고, 원고와 피고 2, 3, 4 사이에 생긴 부분은 피고 2, 3, 4가 부담한다."[69]

잘은 모르겠지만 판결주문 역시도 총체적인 문제가 있다고 보입니다. 먼저 이 사건 부동산의 시가를 다툼 없는 사실로 정리한 것인지 모르겠지만 전득자가 매수한 가격이 105,000,000원으로 하여 판결을 하였습니다. 그러나, 피고 주식회사와 원심 공동피고 3 수익자 간에 임대차계약을 체결한 것으로 보입니다. 대법원 판례를 보면, "피고 1은 이 사건 제1건물을 매수한 후 임차인인 원심공동피고 아이디에스필름 주식회사와 사이에 종전의 임대차계약을 승계하는 내용의 임대차계약서를 작성하기도 하였다"라고 하고 있습니다. 그렇기 때문에 소외 3과 처남인 원심공동피고 3은 1억 원에 이 사건 제1건물의 매매계약을 체결하였고 근저당권이 있었지만, 이는 처음부터 피담보채권이 없는 것이었습니다. 즉 깨끗한 부동산을 넘겨받은 것입니다. 그런데 원심공동피고 3과 피고 주식회사인 아이디에스필름이 임대차계약을 체결하였습니다. 사해행위 이후에 임대차계약

---

69) 서울동부지방법원 2008. 10. 17. 선고 2007가합16159 판결 [구상금등]

이 체결되었으니 원물반환이 불가능한 경우입니다. 이에 원고는 가액배상청구를 하였습니다. 원심공동피고 3에게 105,000,000원을 청구하는 것은 인정된다고 할 것입니다. 그러나 피고 1 전득자는 아이디에스필름 주식회사의 임대차계약에 따른 보증금 30,000,000원을 승계하였습니다. 전득자가 전득한 부분은 105,000,000 원에서 30,000,000원을 제외한 75,000,000원이라고 할 것입니다. 그런데 수익자 전득자에 대하여 부진정연대채무로 하여 105,000,000원 전부를 부담시켰습니다. 아이디에스필름이 이 사건 제1건물에서 퇴거하였다고 한다면 피고 1 전득자는 보증금을 반환했을 것입니다. 그러면 30,000,000원 보증금과 105,000,000원의 가액배상금을 부담합니다. 총 135,000,000원을 부담하게 됩니다. 가사 아이디에스필름의 임대보증금이 전부 임대료를 납부하지 못하여 상계처리되었다고 하더라도 이는 동일합니다. 그리고 아이디에스필름이 계속 이곳에 전입해 있다고 하더라도 내용은 동일합니다. 대법원은 피고 전득자가 매수한 부동산의 위치를 "서울 강동구 천호동 (이하 생략) ○○플라자(오피스텔) 3층 제5호 45.99㎡(이하 '이 사건 제1건물'이라고 한다)"라고 하고 있습니다. 서울동부지방법원은 판결내용을 보면, "안성시 일죽면 ○○리 (이하지번 3 생략)에 소재"에 아이디에스필름의 본점이 있다고 하였습니다. 그런데 아이디에스필름의 서울사무소가 이 사건 제1건물이 있었거나 아니면 소외 3이 아이디에스필름으로 임대차계약을 체결하고 나서 개인적으로 집으로 사용하였을 수도 있습니다. 어찌되었든 피고 1 전득자에 대하여 105,000,000원을 전부 인정한 것은 전득의 범위에 관한 위법한 판단이었던 것입니다.

피고 2 수익자에 대하여 원물반환의 청구였습니다. 그러나, 이 역시도 위법한 판결입니다. 대법원의 판결문 내용 중에 "이 사건 제2건물을 매수한 후 임대인으로서 임차인인 소외 8과 사이에 종전의 임대차계약을 승계하는 내용의 임대차계약서를 작성하였고(기록 212면), 위 임대차계약이 종료하자 소외 9와 사이에 보증금 500만 원, 월차임 40만 원으로 정하여 새로운 임대차계약을 체결하여 현재까지 소외 9가 사용하고 있으며"라고 되어 있습니다. 기존 임차인 소외 8과의 계약을 승계하였다가 소외 9와 새로 계약을 체결하였습니다. 소외 8과의 임대차계약이 상가이든 주택이든 각 보호법에 의하여 법적 물권의 요건을 갖추었다고 한다면 보증금이 같다고 하더라도 피고가 원물반환을 요구하는 것이 아니라고 한다면 당연히 가액배상판결을 했어야 합니다.

그리고 원고 측 대리인으로서는 원고가 피고 주식회사가, 즉 아이디에스필름에 대하여 전득자의 위치에 있기 때문에 피고 주식회사를 상대로 전득자에 대한 원상회복청구를 구할 수 있었는데 왜 이를 구하지 못한 것인지 이해가 되지 않습니다. 피고 주식회사는 악의의 전득자임이 명백합니다. 그런데 그에 의하여 임차보증금 30,000,000원에 대하여 전득행위로서 수익자인 원심공동피고 3과 부진정연대채무으로 가액배상을 청구할 수 있는 것이 아닌가 하는 생각입니다. 왜냐하면 사후에 이 사건 제1 건물을 경매할 경우에 아이디에스필름은 상가임대차보호법으로써 우선변제를 받을 것입니다. 아이디에스필름과 수익자인 원심공동피고 3간의 임대차계약은 사실 사해행위가 들어올 경우에 최소한으로 금액을 빼앗기기 위한 방법이었습니다. 왜냐하면 이 사건 제2건물의 평수를 보면, "위 ○○플라자(오피스텔) 15층 제1526호 30.56㎡(이하 '이 사건 제2건물'이라고 한다)"을 알 수 있습니다. 이 사건 제1건물의 경우는 45.99㎡의 면적입니다. 이 사건 제1건물은 보증금이 30,000,000원입니다. 그런데 이 사건 제2건물은 보증금이 5,000,000원입니다. 월차임이 40만 원이 있습니다. 면적으로 하면 이 사건 제2건물을 기준으로 이 사건 제1건물의 보증금은 7,500,000원이고 월세는 60만 원을 받아야 할 것입니다. 사해행위시점이 2005년도입니다. 이 때는 노무현정권이 주택가격을 잡겠다고 하여 부동산 시장가격을 매우 높게 올려놓은 시기입니다.

그러나 면적으로 볼 것이 아니라 매매가격으로 하여 비교하여야 합니다. 이 사건 제1부동산의 매매가액은 100,000,000원이었습니다(원심공동피고 3의 매수가액), 이 사건 제2부동산의 매매가액은 70,000,000원이었습니다(시가가격에서 300만 원을 싸게 해준다고 하여 피고 2가 매수한 것입니다). 이를 보면, 1.5:1의 비율에 아니라 1:0.7의 비율입니다. 면적으로 하지 않고 가격으로 수익률을 산정해야 합니다. 이 사건 제1건물의 보증금은 7,500,000원이 아니라 7,100,000원 정도일 것인데 7,000,000원으로 보면 될 것입니다. 그러면 월세는 570,000원 정도입니다. 1억 원의 경우 7%의 수익률을 생각하며 7,000,000원입니다. 한달에 58만 원정도입니다. 70,000,000원의 이 사건 제2건물은 400,000원정도입니다(408,333,333원이 나옵니다).

그러면 보증금을 23,000,000원(30,000,000원 − 7,000,000원)을 더받은 원심공

동피고가 이것을 가지고 상가수익율 7%에 해당하는 은행이자를 얻는다고 한다면, 연간 1,910,000원의 수익을 얻습니다. 이를 12개월로 나누면 163,333원을 얻게 됩니다. 580,000원과 170,000원(천 원 미만 올림) 차이는 월 410,000원입니다. 원심공동피고 3인 아이디에스필름으로부터 월차임을 받았는지는 알 수 없으나 없다고 한다면 매우 일반적이지 않습니다. 매형회사가 임차하는데 처남이 월세를 받았을 것인지 의문입니다. 대법원이 이 사건 제2건물에 대하여는 소외 9가 월차임을 지급한 것을 언급하면서 아이디에스필름의 임대차에는 월차임을 언급하지 않는 것을 보면, 월차임이 없었을 것으로 보입니다. 더욱 피고 1 전득자가 월세를 받았다는 내용이 없는 것을 보더라도 그러합니다. 월세를 받지 아니하였다고 한다면 이는 일반적 오피스텔을 구입하는 사람들의 행동이 아니라고 할 것입니다. 이는 매우 큰 손해를 보는 행위입니다. 그런데 왜 보증금을 줄이고 월차임을 많이 받는 것이 유리한데 전세라고 한다면 받을 보증금금액도 아닌 금액을 받으면서 월세도 없는데 이 35,000,000원의 보증금을 받은 것인지를 보면, 너무 높을 경우에는 사해성이 너무 보이고, 보증금을 일반적으로 설정을 하게 되면 월차임을 주어야 하는데 이를 주기는 쉽지 않고, 그래서 정한 금액이 35,000,000원 정도가 아닌가 하는 생각을 해 봅니다. 이는 바로 사해행위취소가 들어오고 패소하더라도 가액배상판결에 의하여 집행당할 시에 이 사건 제1건물로서는 최대한 빼앗기지 않겠다는 생각이었을 수 있습니다.

"1) 피고 2, 3에 대하여
가) 원고는 제1매매계약에 따른 수익자인 피고 2, 전득자인 피고 3을 상대로, 제1매매계약을 105,000,000원의 한도 내에서 취소하고 그 원상회복으로서 위 105,000,000원의 가액배상을 구하고 있는바, 이 사건 변론종결일에 가까운 2008. 5. 16. 현재 제1건물의 시가가 105,000,000원 상당인 사실은 당사자들 사이에 다툼이 없고, 그 이후의 시가도 같은 액수일 것으로 추인되나, 한편, 갑 제8호증의 1의 기재에 의하면, 제1건물에 관하여, 사해행위로서의 제1매매계약 체결 이전인 2005. 2. 23. 채권최고액 80,000,000원인 소외 8 명의의 근저당권(이하 이 사건 근저당권이라 한다)이 설정되어 있다가 위 사해행위 이후인 2007. 8. 7. 이 사건 근저당권이 말소된 사실을 인정할 수 있으므로, 특별한 사정이 없는 한, 제1매매계약은 이 사건 변론종결 당시 제1건물의

시가에서 이 사건 근저당권의 피담보채권액을 공제한 잔액의 한도 내에서 취소되어야하고, 피고 2, 3은 각자 원고에게 그 가액을 배상할 의무가 있다고 할 것이다.

나) 이에 대하여 원고는, 이 사건 근저당권이 허위의 근저당권으로서 무효이므로 사해행위 취소 및 가액배상의 범위를 정함에 있어 그 채권최고액 등을 공제할 수 없다고 주장한다. 살피건대, 피고 2는, 소외 3 소유의 서울 동대문구 ○○동 (이하지번 및 아파트 동호수 생략) 아파트에 관한 임차인인 소외 8에게 그 임대차보증금 반환채권을 담보하여 주기 위하여 이 사건 근저당권을 설정하여 준 것인데 소외 8이 위 아파트에서 임대차보증금을 모두 회수하였음을 잘 알고 있었기에 제1건물을 매수함에 있어 이 사건 근저당권은 장애가 되지 않았다고 주장하고, 피고 3은, 제1건물 매수 당시 소외 8로부터 이미 이 사건 근저당권의 말소에 필요한 서류를 모두 받았고 이후 피고 3이 직접 이 사건 근저당권을 말소한 것이라고 주장하며, 갑 제18호증의 1 내지 4의 각 기재에 의하면 소외 8은 이 사건 근저당권 말소 후인 2007. 11. 7. 위 아파트에 관한 경매절차에서 임대차보증금 80,000,000원을 모두 배당받은 사실을 인정할 수 있는바, 위 인정사실 및 이 사건 근저당권의 피담보채권 및 그 말소 경위에 관한 피고 2, 3의 위와 같은 주장내용, 갑 제18호증의 1 내지 4의 각 기재에 피고 2, 3이 제1건물을 매수함에 있어 유독 이 사건 근저당권에 관하여는 아무런 약정을 한 바 없는 사정 등을 종합하여 보면, 이 사건 근저당권은 허위이거나 사실상 그 피담보채권이 전혀 없었음을 추인할수 있다. 그렇다면, 이 사건 근저당권은 사해행위 취소 및 가액배상의 범위를 정함에 있어 고려할 필요가 없다고 할 것이어서 원고의 위 주장은 이유 있다.

다) 한편, 피고 2, 3은, 제1매매계약 당시 소외 3 또는 피고 회사가 제1건물을 임대차보증금 30,000,000원에 임차하고 있었으므로 위 임대차보증금도 사해행위 취소 및 가액배상의 범위를 정함에 있어 공제되어야 한다는 취지로 주장하나, 그 임차인이 대항력을 갖추었다거나 주택임대차보호법상의 우선변제권이 있는 소액임차인에 해당한다는 점에 관하여 아무런 주장·입증이 없는 이상, 위 임대차보증금은 피고 2, 3이 배상할 제1건물의 가액에서 공제할 수 없다. 따라서 피고 2, 3의 위 주장은 이유 없다.

라) 따라서 제1매매계약은 원고가 구하는 바에 따라 이 사건 변론종결 당시 제1건물의 시가 상당액인 105,000,000원의 한도 내에서 취소되어야 하고, 그 원상회복으로서 피고 2, 3은 각자 원고에게 위 105,000,000원 및 이에 대한 이 판결 확정일 다음날부터 다 갚는 날까지 민법이 정한 연 5%의 비율에 의한 지연손해금을 지급할 의무가 있다.

2) 피고 4에 대하여

제2매매계약은 사해행위로서 취소되어야 하고, 그 원상회복으로서 피고 4는 소외 3에

게 원물인 제2건물에 관하여 주문 제2의 나항 기재 소유권이전등기의 말소등기절차를
이행할 의무가 있다."⁷⁰⁾

먼저 위에서 105,000,000원의 가액배상에 대하여 다툼없는 사실로 정리한
것이 아닌가 하는 생각을 했는데 역시나 다툼없는 사실로 정리를 했습니다. 아마
2008. 5. 16.은 2008년 세계금융위기시절입니다. 이 경우에 감정을 할 경우 원고
측은 2007년 피고 1 전득자가 매수할 시절의 105,000,000원보다 떨어질 것을 두
려워했을 수 있고, 피고 측은 매수 시에 그래도 저렴하게 구입하였기 때문에 그
리고 부동산가격이 상승을 했기 때문에 세계금융위기라고 하더라도 105,000,000
원보다 높게 나올 경우에 득이 되지 않을 수 있기 때문에 105,000,000원으로 정
리한 것으로 보입니다.

문제는 피고대리인입니다. 아이디에스필름의 임대차보증금에 대하여 주택
임대차보호법상의 대항력이 있다거나 확정일자 있는 임차인이라는 것을 주장입
증도 하지 아니하였다는 것입니다. 피고 측이 사해행위에 대하여 잘 몰랐다고
밖에 할 수 없습니다. 문제는 주택임대차보호법을 언급하고 있습니다. 이를 보
면, 아이디에스필름이 사무실로 이곳을 사용한 것이 아니라 주택으로 사용한 것
으로 보입니다. 왜냐하면, 오피스텔이기 때문에 이곳을 사무실로 사용할 경우에
는 상가임대차보호법을 언급하였을 것이기 때문입니다. 그러면 회사가 주택을
임차하여 사용하는 경우에 주택임대차보호법상의 대항력이나 확정일자있는 임
차인으로 보호를 받을 수 있는지 여부를 볼 필요가 있다고 할 것입니다.

"③ 「중소기업기본법」 제2조에 따른 중소기업에 해당하는 법인이 소속 직
원의 주거용으로 주택을 임차한 후 그 법인이 선정한 직원이 해당 주택을 인도
받고 주민등록을 마쳤을 때에는 제1항을 준용한다. 임대차가 끝나기 전에 그 직
원이 변경된 경우에는 그 법인이 선정한 새로운 직원이 주택을 인도받고 주민등
록을 마친 다음 날부터 제삼자에 대하여 효력이 생긴다. <신설 2013.8.13.>"

(출처: 주택임대차보호법 일부개정 2020. 7. 31. [법률 제17470호, 시행 2020. 7. 31.]
법무부 > 종합법률정보 법령)

---

70) 서울동부지방법원 2008. 10. 17. 선고 2007가합16159 판결 [구상금등]

그렇습니다. 2008년에는 이런 주장을 할 수가 없었습니다. 2013년에야 신설이 되었으니 말입니다.

"① 임대차는 그 등기가 없는 경우에도 임차인이 건물의 인도와 「부가가치세법」 제8조, 「소득세법」 제168조 또는 「법인세법」 제111조에 따른 사업자등록을 신청하면 그 다음 날부터 제3자에 대하여 효력이 생긴다. <개정 2013.6.7>

(출처: 상가건물 임대차보호법 일부개정 2022. 1. 4. [법률 제18675호, 시행 2022. 1. 4.] 법무부 > 종합법률정보 법령)

"제4조(등록사항 등의 열람·제공)

① 건물의 임대차에 이해관계가 있는 자는 건물의 소재지 관할 세무서장에게 다음 각호의 사항의 열람 또는 제공을 요청할 수 있다. 이때 관할 세무서장은 정당한 사유없이 이를 거부할 수 없다.

1. 임대인·임차인의 성명, 주소, 주민등록번호(임대인·임차인이 법인 또는 법인아닌 단체인 경우에는 법인명 또는 단체명, 대표자, 법인등록번호, 본점·사업장소재지)

2. 건물의 소재지, 임대차 목적물 및 면적

3. 사업자등록 신청일

4. 사업자등록 신청일 당시의 보증금 및 차임, 임대차기간

5. 임대차계약서상의 확정일자를 받은 날

6. 임대차계약이 변경 또는 갱신된 경우에는 변경된 일자, 보증금 및 차임, 임대차기간, 새로운 확정일자를 받은 날

7. 그 밖에 대통령령이 정하는 사항

② 제1항의 규정에 의한 자료의 열람 및 제공과 관련하여 필요한 사항에 대하여는 대통령령으로 정한다."

<상가건물임대차보호법 [법률 제6542호, 2001. 12. 29., 제정]>

피고들은 이곳이 주택이 아니라 사무실이라고 주장하고 또한 이곳에 사업자등록을 해 놓았다고 주장할 수도 있었는데 이런 것까지는 미쳐 만들어놓지 못하였을 것입니다.

그렇다고 한다면 수익자는 105,000,000원의 가액배상책임을 묻는다고 하더라도 피고 1 전득자까지 이를 고려하지 않을 것인가는 다른 문제입니다. 왜냐하면, 전득자는 전득은 반드시 수익자의 수익과는 관계가 없습니다. 사해행위취소

의 효력은 아이디에스필름에 대하여 주장을 할 수가 없습니다. 그렇다고 한다면 이것이 우선변제권이 없다고 하더라도 이 채무를 인수한 피고 1 전득자로서는 이 30,000,000원을 전득한 것이라고 볼 수 없기 때문입니다. 이미 밝혔듯이 경매 시를 고려해 보면, 피고 1 전득자는 135,000,000원(30,000,000 - 105,000,000)을 부담하게 되어 불합리합니다. 이런 점에서 1심의 판단은 수익자의 수익을 고려할 때와 전득자의 전득을 고려할 때의 차이를 고려하지 아니한 잘못이 있습니다. 왜냐하면, 근저당권이 있고 가압류 등이 있는 상태에서 이를 매수한 수익자의 경우에 근저당권을 말소시켰습니다. 이 경우에 가압류의 청구금액을 공제하여야 할 것인지 안 할 것인지 문제가 될 것입니다. 지은이로서는 이를 고려해야 한다는 입장입니다. 이 채무를 결국 수익자는 부담하여야 하기 때문입니다. 만약 이를 고려하지 않는다면 수익자는 가압류의 청구금액 상당에 대하여 이중지급하는 상황이 발생합니다, 대법원은 이를 변제한 경우에 채권자평등주의에 의하여 고려할 것이 아니라고 합니다. 그러나, 가압류를 말소시키지 않는 경우는 어떻게 판단할 것인지 이를 똑같이 생각할 것인지 의문입니다. 오히려 가압류청구금액을 말소한 경우에도 이를 공동담보로서의 가치에서 제외시켜야 할 것입니다. 그렇기 때문에 이 판례는 변경되어야 할 것입니다. 통정허위표시가 아닌 이상 수익자가 악의라고 하더라도 채무자의 채무를 변제해 주었다고 한다면 이는 전체적으로 채무자의 소극재산을 줄여준 것이고 사후에 가액배상을 수익자가 부담하더라도 이는 공제하는 것이 공평과 형평의 원칙에 부합하기 때문입니다.

> "사해행위 당시 어느 부동산이 가압류되어 있다는 사정은 채권자 평등의 원칙상 채권자의 공동담보로서 그 부동산의 가치에 아무런 영향을 미치지 아니하므로, 가압류가 된 여부나 그 청구채권액의 다과에 관계없이 그 부동산 전부에 대하여 사해행위가 성립하고, 따라서 사해행위 후 수익자 또는 전득자가 그 가압류 청구채권을 변제하거나 채권액 상당을 해방공탁하여 가압류를 해제시키거나 또는 그 집행을 취소시켰다 하더라도, 법원이 사해행위를 취소하면서 원상회복으로 원물반환 대신 가액배상을 명하여야 하거나, 다른 사정으로 가액배상을 명하는 경우에도 그 변제액을 공제할 것은 아니다."71)

---

71) 대법원 2003. 2. 11. 선고 2002다37474 판결 [사해행위취소등]

이 대법원 2002다37474 판례는 그 이후 한 번도 대법원에서 참조판례로 인용이 되지 아니한 것으로 보입니다. 이는 매우 부당하다고 할 것입니다. 왜냐하면, 만약에 가압류가 있고 이를 말소하지 않고 수익자가 취득을 합니다. 그리고 수익자의 채권자들이 가압류를 하거나 근저당권이 설정되어 원고가 원물반환으로 소유권이전등기청구로 소유권을 채무자에게 넘깁니다. 그러면, 이 경우에 배당그룹은 세 그룹으로 구별됩니다. 즉 원래 채무자의 채권자들이 목적부동산에 근저당권이나 가압류결정을 받은 사람들이 배당순위로 하여 배당을 받고 나머지가 있으면 수익자의 채권자들이 배당을 받고 남은 것이 있으면 회복된 공동담보로서의 부동산에 가압류 등을 하여 배당에 참가한 그룹이 배당을 받아가는 형식입니다.

그런데 만약 근저당권이 있었고 가압류도 있는데 수익자가 취득하고 나서 근저당권의 근저당권만 말소시킵니다. 이 경우에 취소채권자 가액배상을 구합니다. 그리고 경매신청을 합니다. 그렇게 되면 목적부동산에 가압류등을 한 채무자의 채권자들이 먼저 배당그룹이 되어 배당을 받습니다. 그리고 나서 수익자의 채권자나 취소채권자가 안분배당을 받습니다. 그렇다고 한다면 목적부동산에 가압류를 경료받았던 채무자의 채권자들은 실제적으로 취소채권자보다 우선변제권이 있습니다. 채권자평등주의가 이루어질 수 없습니다.

그런데 근저당권이 있고 가압류가 있었는데 근저당권도 말소하고 가압류도 말소한 경우에는 이 가압류를 변제한 부분에 대하여 공제를 해 주지 않는다고 한다면, 위의 경우는 채권자평등주의가 이루어지지 않고 기존 근저당권과 동일하게 우선변제를 받아가는데 채무를 적극적으로 없앤 수익자에게는 이를 고려해 주지 않는다면 매우 불공평한 상황이 발생하게 됩니다.

또한 만약 기존근저당권이 말소되고 기존 가압류는 그대로 있는 경우에 취소채권자가 기존 가압류의 청구금액은 고려되지 아니하여야 한다고 한다면 이 또한 매우 불합리합니다. 경매 시에 이는 분명 채무자의 채무를 변제하는 것입니다. 이 목적부동산으로 말입니다. 이미 말한 것처럼 그렇게 되면 수익자는 가압류권자에게 배당을 해 주는 셈이고, 가액배상으로 취소채권자에게도 배당을 해 주는 매우 이상한 결과가 나옵니다. 공평과 형평의 원칙에 의할 때 이는 말이 되지 않습니다. 그러므로 대법원 2002다37474 판례는 폐기되어야 할 것입니다.

그리고 가압류 청구금액과 임차보증금의 관계를 보겠습니다. 만약 기존 가압류를 그대로 두지 않고 말소를 했습니다. 그런데 가액배상에서 이를 고려하지 않습니다. 임차보증금이 있기 때문에 이 임차인이 우선변제권이 있지 않지만 새롭게 임차인과 수익자 간에 기존 임대차에 따라서 임대차계약을 체결합니다. 이는 채무를 승인하는 것이고 전소유자인 채무자는 임대차관계에서 제외를 시키는 것입니다. 우선변제권이 없다고 하여 가압류채권자와 동일하게 본 것인지도 의문입니다. 모두 다 매수를 하면서 가압류청구금액과 임차보증금을 매매대금에서 제외를 시켰습니다. 왜냐하면 이는 제3취득자입장에서 변제를 해야 하는 금액입니다. 가압류채권자가 본압류로 전이하여 강제경매개시결정을 받으면 제3취득자의 채권자들은 채무자의 가압류채권자에 대하여 실제적으로 후순위 채권자입니다. 배당에서 분리가 이루어집니다. 수익자의 입장에서는 채무자의 가압류채권자는 채권자평등주의와 전혀 관계가 없고 무조건 그 청구금액 상당에 대하여 우선변제권이 있는 자와 같이 변제를 해야만 합니다. 그렇기 때문에 어느 모로 보나 이 대법원 2002다37474 판례는 폐기되어야 합니다.

이 사건으로 돌아와서 보면, 피고 1 전득자는 아이디에스필름과 새롭게 임대차계약을 체결하였습니다. 피고 1 전득자의 입장에서 아이디에스필름이 주택임대차보호법이나 상가임대차보호법에 따라서 우선변제권이 있는지 없는지와 관계없이 채무를 부담하게 되어 있습니다. 이는 사해행위로 취소시킬 수도 없는 행위입니다. 어찌 보면, 전득행위라고 할 것이지만 이미 수익자의 계약을 승계받은 것입니다. 그렇다고 한다면 이에 대하여는 수익자에게는 공제하지 아니하는 것이 맞지만 전득자에 대하여는 당연히 공제를 해야 합니다.

만약 원심공동피고 3 수익자의 채권자가 이 사건 제1건물에 가압류를 했다고 합시다. 이를 전득자인 피고 1이 매수를 하고 나서 이의 청구금액을 말소시켰다고 봅니다. 수익자의 가압류권자에 대하여는 사해행위취소의 효력이 미치지 않습니다. 당연히 이 사건 아이디에스필름의 임대차계약에 취소의 효력은 미치지 않습니다. 그러므로 1심은 이런 점에서도 매우 문제가 큰 판결을 하였습니다.

또한 이 사건 제2건물에 대하여 원상회복에 관하여 이미 말씀을 드린 것처럼 소외 8의 임차보증금을 변제하였기 때문에 이에 대하여도 검토를 했어야 합니다. 피고 대리인이 이 부분에 대하여 주장도 하지 아니한 것으로 보입니다. 고의적으로 주장하지 않을 수도 있습니다. 다만 이런 내용이 밝혀진 것은 분명합니다. 대법원이 이를 언급하고 있는 것을 보면 알 수 있습니다. 원물반환이 되길 원했을 수 있습니다. 가액배상의 경우에 이 돈을 갚을 수 없다고 한다면 최악으로 부동산을 넘겨주고 끝나면 되기 때문입니다. 그러나 피고 2가 1심 2심 모두 패소하였는데 대법원 상고까지 간 것을 보면, 이 사건 부동산에 대한 애착이 있었다고 할 것입니다. 다만 사해행위라고 한 것이 억울해서 끝까지 소송했을 수도 있습니다. 이 사건 제2건물을 피고 2가 보유하길 원하고 가액배상으로 판결을 받고 싶다고 한다면 이런 주장을 할 수 있었을 것입니다. 보증금이 500만 원이기 때문에 대항력만 있으면 최우선소액임차인의 지위에 있었다고 할 것입니다.

6) 소결

이 사건의 검토하면서 느끼는 점은 1심 인용하는 판결문이 없어져야 함을 뼈저리게 느낀다는 점이고, 이로 인하여 얼마나 판결이 왜곡되고 있는지를 알 수 있고, 어떻게 변론종결하고 나서 5일만에 선고를 하는 것인지, 그래서 결국 상고한 피고들의 2건이 모두 파기되는 초유의 상태가 벌어지고 있다는 점을 보면서 소송을 당한 사람들의 입장과 판결하는 사람들의 입장이 이렇게 다른가 하는 점을 뼈저리게 느꼈다는 점입니다. 또한 소송을 하면서 변론의 전취지라는 것이 매우 강하게 영향을 미치기 때문에 대리인 선임에 있어서 특히 사해행위취소의 경우 채무자와 관련된 사람과 같이 공동선임을 하지 않는 것이 좋다는 점과 사해행위취소는 전문변호사를 선임하는 것이 매우 중요하다는 점을 다시 한번 생각하게 됩니다.

저. 근저당권자인 상호저축은행이 수익자인 경우

"사해행위 당시 수익자가 선의였음을 인정함에 있어서는 **객관적이고도 납득할 만한 증거자료** 등이 뒷받침되어야 하고, 채무자의 일방적인 진술이나 제3자의 추측에 불과한 진술 등에만 터잡아 사해행위 당시 수익자가 선의였다고 선뜻 단정하여서는 안 된다(대법원 2006. 4. 14. 선고 2006다5710 판결, 대법원 2006. 7. 4. 선고 2004다61280

판결 등 참조).

원심은, 소외인과 피고 사이에 2006. 11. 1. 이 사건 부동산에 관하여 체결된 근저당권설정계약이 소외인의 다른 채권자인 원고에 대한 관계에서 사해행위에 해당한다는 원고의 청구원인에 대해, 피고가 금융기관으로서 소외인과 개인적인 친우관계에 있지 않다는 점, 피고로서는 자신의 채권을 보전하기 위한 조치를 취해야 할 객관적인 사정이 발생하였고 이에 따른 피고의 요청으로 소외인이 이 사건 부동산을 담보로 제공하게 된 점, 근저당권설정 당시 이 사건 부동산에 소외인의 일반 채권자들에 의한 가압류가 이루어진 바 없었던 점을 들어 근저당권설정계약 당시 피고가 선의의 수익자였다는 취지로 판단하여 원고의 청구를 배척하였다.

그러나 원심이 든 사정은 피고의 선의 인정 여부와는 직접 관계가 없거나 피고의 선의를 인정하기에 충분하지 못한 것들이고, 기록을 보아도 근저당권설정계약 당시 피고가 선의였다고 인정할 만한 객관적이고도 납득할 만한 증거자료 등은 찾을 수 없다.

그런데도 원심은 근저당권설정계약 당시 선의였다는 피고의 주장을 받아들여 원고의 청구를 배척하였으니, 원심판결에는 수익자의 선의를 인정하기 위한 요건에 관한 법리를 오해하거나 자유심증주의의 한계를 벗어남으로써 판결에 영향을 미친 위법이 있다."[72]

이 판례에서 인용한 대법원 2006. 4. 14. 선고 2006다5710 판결, 대법원 2006. 7. 4. 선고 2004다61280 판결을 보면 2006년에 2번에 걸쳐서 판결된 것을 알 수 있습니다. 이 판결요지에 관한 판단을 보면, 익숙하지 않습니까?

그렇습니다. 앞의 대법원 2009다80484 판결의 1심에서 언급된 판례입니다.

"가) 사해행위취소소송에 있어서 수익자 또는 전득자가 사해행위임을 몰랐다는 사실은 그 수익자 또는 전득자 자신에게 입증책임이 있는 것이고, 그 사해행위 또는 전득행위 당시 수익자 또는 전득자가 선의였음을 인정함에 있어서는 객관적이고도 납득할 만한 증거자료 등이 뒷받침되어야 하고, 채무자의 일방적인 진술이나 제3자의 추측에 불과한 진술 등에만 터 잡아 수익자 또는 전득자가 선의였다고 선뜻 단정하여서는 안 된다(대법원 2006. 4. 14. 선고 2006다5710 판결 등 참조)."[73]

---

72) 대법원 2009. 5. 28. 선고 2009다11617 판결 [배당이의]
73) 서울동부지방법원 2008. 10. 17. 선고 2007가합16159 판결 [구상금등]

> "피고 3의 **선의 여부와는 직접적인 관련이 없어 보이는 점** 등에 비추어 보면, 피고 3
> 주장과 같은 사정 및 을나 제2 내지 5호증의 각 기재만으로는 피고 3이 악의라는 추정
> 을 뒤집기에 부족하다. 따라서 피고 3의 위 주장은 이유 없다."라고 하고 또 "**피고 4의
> 선의 여부와는 직접적인 관련이 없어 보이는 점 등에 비추어 보면**, 피고 4 주장과 같은
> 사정 및 을다 제1 내지 14호증의 각 기재만으로는 피고 4가 악의라는 추정을 뒤집기
> 에 부족하다. 따라서 피고 4의 위 주장은 이유 없다."[74]

2006년도에 나온 판례들에 너무나 지충한 판결을 1심에서 선고하였음을 알
수 있습니다. 그러나, 대법원에서 구체적 증거의 페이지까지 제시하면서 파기하
는 촌극까지 보여주고 있습니다. 이는 항소심 서울고등법원이 전혀 기록을 보지
않았다는 것을 직접적으로 보여주고 있습니다. 아마 이런 판례는 1,000건 중에
한 건이나 있을까 말까 할 것입니다.

원고는 신용보증기금이고 피고는 진흥상호저축은행입니다. 사해행위는 근
저당권설정계약입니다. 아마 채무자가 부도가 날 시점에 기존 채무에 대하여 근
저당권을 설정받았을 것으로 보입니다. 그런데 원심은 서울고등법원이었습니다.
사건명이 배당이의사건으로 보아서 신용보증기금이 배당이의 소송을 하면서 사
해행위취소소송을 제기하였거나 이미 사해행위취소소송을 제기하고 나서 배당
이의 소송을 별도로 제기하였을 수 있습니다. 그러나 이 사건의 경우 사건번호
가 하나만 있는 것으로 보아서 배당이의를 하면서 사해행위취소소송을 제기한
것으로 보입니다. 이럴 경우에 제척기간도과가 될 가능성이 있기 때문에 이렇게
소송을 제기하였는지는 사례를 더 검토해야만 알 수 있습니다.

원심은 서울고법 2009. 1. 9. 선고 2008나59683 판결입니다. 대법원은 대법
원 2009. 5. 28. 선고 2009다11617 판결입니다. 원심이 2009. 1. 9.에 선고했는
데 대법원이 2008. 5. 28.에 선고했으니 거의 4개월 20일 정도 만에 파기환송이
나왔습니다. 이를 보면, 원심의 판단이 잘못된 것이기 때문에 바로 파기환송시
켜버린 것 같습니다.

1심인 수원지방법원 2008. 5. 23. 선고 2007가단79837 판결입니다. 소제기

---

74) 서울동부지방법원 2008. 10. 17. 선고 2007가합16159 판결 [구상금등]

는 2007. 9. 20.에 했고 소가는 142,504,439원이었습니다. 8개월만에 선고가 이루어졌습니다. 변론준비기일을 한 번 했고, 첫 변론기일은 기일변경이 되었고 다음 변론기일은 다른 사건의 선고를 위하여 추정을 하였고, 원고가 참고자료를 제출하자 기일이 지정되고 나서 그 기일 5. 2.에 변론종결을 하고 5. 23.에 선고가 된 것입니다.

이를 보면, 사해행위취소소송을 별도로 제기되었고 그 사이에 경매가 진행되어 원고 신용보증기금이 배당이의소송으로 원상회복을 구하였던 것입니다. 관련 소송인 사해행위취소소송에서 원고 패소판결이 이루어지자 당연히 그 판결에 의하여 배당이의소송도 원고패소판결을 한 것입니다.

원심법원인 서울고등법원은 2008. 7. 9.에 사건이 접수하고 나서 2009. 1. 9.에 항소기각선고를 하였으니 6개월 만에 선고가 이루어졌습니다. 2008. 10. 10. 변론기일이었고 이날 바로 종결하고 선고가 이루어진 사건입니다. 아마 관련사건 때문에 이와 같이 배당이의 사건은 그 관련사건 사해행위취소사건에 따라 판결을 한 것으로 보입니다. 관련사건으로 보이는 사해행위취소소송이 먼저 파기환송이 되었을 것인데 사해행위취소사건은 비공개가 된 것으로 보이고 원상회복소송인 배당이의소송의 대법원 판결을 공개를 한 것으로 보입니다.

상호저축은행이 근저당권을 설정받았다고 한다면 일반적으로 채무자의 부도시점과 매우 앞선 시점일 것이고 대부분은 소제기도 당하지 아니할 것입니다. 그런데 신용보증기금이 상호저축은행을 상대로 사해행위취소소송을 제기했다는 것은 채무자의 보증사고가 발생한 시점과 가까운 시점에 근저당권이 설정되었다는 것이고 이럴 경우에 대부분이 대출을 해 주면서 근저당권을 설정한 것이 아니라 아마 기존 대출금에 대하여 근저당권을 설정받았을 가능성이 매우 큽니다. 그런데 이런 경우에 선의라고 판단하였으니 매우 이례적이라고 할 것입니다.

처. 바다이야기 사행사업자가 형인 수익자에게 부동산을 처분한 경우

"조세채무는 법률이 정하는 과세요건이 충족되는 때에는 그 조세채무의 성립을 위한 과세관청이나 납세의무자의 특별한 행위가 필요없이 당연히 성립되는 것이다(대법원

1985. 1. 22. 선고 83누279 판결 참조).

그리고 채무자가 유일한 재산인 부동산을 매각하여 소비하기 쉬운 금전으로 바꾸는 것은 특별한 사정이 없는 한 사해행위가 되고, 사해행위의 주관적 요건인 채무자의 사해의사는 채권의 공동담보에 부족이 생기는 것을 인식하는 것을 말하는 것으로서, 채권자를 해할 것을 기도하거나 의욕하는 것을 요하지 아니하며, 채무자가 유일한 재산인 부동산을 매각하여 소비하기 쉬운 금전으로 바꾸는 경우에는 채무자의 사해의사는 추정되는 것이고, 이를 매수하거나 이전받은 자가 악의가 없었다는 입증책임은 수익자에게 있다고 할 것이다(대법원 1999. 4. 9. 선고 99다2515 판결, 대법원 2001. 4. 24. 선고 2000다41875 판결 등 참조).

원심판결과 기록에 의하면, 2005년 말경부터 바다이야기 등과 같은 사행성게임장 사업이 사회문제로 크게 대두되기에 이르자 약 1년 여 동안 언론의 보도와 정부의 단속 등이 계속적으로 이어진 사실, 과세관청은 2006. 1.경 사행성게임장의 게임기에 투입되는 용도로 교부한 상품권에 대하여는 상품권 가액을 부가가치세의 과세표준에서 공제하지 않겠다는 방침을 밝힌 사실, 소외 1은 2006. 7.경 음반·비디오물및게임물에관한법률위반(등급분류위반)죄로 경찰에 입건되어 그 무렵 사행성게임기가 모두 압수되었고, 관할 관청에 의하여 1개월간의 영업정지처분을 받게 된 사실, 그럼에도 불구하고 소외 1은 2006. 10. 18.경 다시 불법영업을 감행하다가 경찰에 재차 단속되었으며, 그 후 위 각 죄에 대하여 벌금 200만 원(대구지방법원 2006. 10. 31.자 2006고약41811호), 벌금 400만 원(같은 법원 2006. 12. 13.자 2006고약50252호)의 약식명령을 받게 된 사실, 국세청장이 2006. 10. 2. 및 같은 해 11. 10. 사행성게임장의 상품권매입자료에 대한 처리지침을 통보함에 따라, 동대구세무서장의 지시를 받은 담당 공무원들은 2006. 11. 21.경 이 사건 게임장에 대하여 현지조사를 실시한 사실, 소외 1은 위 세무조사 당시 2006년 제1기분의 과세기간 동안 구입한 상품권의 수량이 2,530,100장이며, 그 가액이 126억 5,050만 원이라는 내용의 확인서를 작성하여 위 공무원들에게 이를 제출한 사실, 그 후 이 사건 부동산에 관하여 2006. 11. 5.자 매매를 원인으로 하여 2006. 11. 30. 피고 명의로 소유권이전등기가 경료된 사실 등을 알 수 있고, 여기에 피고의 예금계좌에서 3,000만 원이 인출된 것은 2006. 10. 18.인데, 이는 이 사건 매매계약일자 또는 이전등기일자와는 상당한 시차가 있어 과연 그 인출금이 이 사건 매매대금으로 사용되었는지 의심이 가는 점을 더하여 앞서 본 법리에 비추어 보면, 소외 1이나 피고가 이 사건 매매계약이 체결된 2006. 11. 5. 당시 소외 1에게 상당한 금액의 부가가치세가 부과되리라는 사정을 알고 있었다고 봄이 상당하고, 소외 1이나 피고가 선의였다고 단정하기는 어렵다고 할 것이다.

그럼에도 불구하고 이와 달리 판단한 원심판결에는 사해의사에 관한 법리를 오해하였거나 채증법칙에 위반하여 사실을 오인함으로써 판결에 영향을 미친 위법이 있다고 할 것이다. 이 점에 관한 상고이유의 주장은 이유 있다."[75]

2006. 10. 18.에 3,000만 원을 인출했는데 2006. 11. 5.에 매매계약을 체결하고 2006. 11. 30. 이전등기를 경료하였는데 동대구세무서의 직원들이 현지조사를 한 시점은 2006. 11. 21.입니다. 이를 보면, 현지조사하고 나서 소유권이전등기가 경료되었습니다. 그런데 매매계약을 체결한 시점은 현지조사시점보다 앞서기 때문에 매매시점인 2006. 11. 5.에는 현지조사를 알지 못하고 계약을 체결한 것이기 때문에 채무자나 피고 역시 선의일 가능성이 큽니다. 그러나, 매매계약일은 소급할 수가 있기 때문에 이를 쉽게 믿어서는 아니 될 것입니다. 만약 돈을 2006. 11. 5.에 출금하여 준 것이라고 하였다고 한다면 그날 매매계약이 있다고 볼 수 있는데 매매계약인 2006. 11. 5.이 아니라 2006. 10. 18.에 출금한 돈으로 매매대금을 지급하였다고 보기는 어려울 것입니다. 왜냐하면, 매매계약도 체결하기 17일 정도 전에 출금한 돈을 가지고 있다가 이를 매매대금으로 지급하였다는 것은 일반적인 경험칙에 반한다고 할 것입니다.

원심의 판결 내용에 대한 대법원의 언급은 다음과 같습니다.

"원심은 그 채택 증거에 의하여, 소외 1은 2006. 2. 3.경부터 대구 동구 (상세 주소 생략)에서 이 사건 게임장을 운영하여 오면서 2006년 제1기분 부가가치세에 대하여 과세표준 800만 원, 납부세액 24만 원으로 관할 세무서에 신고함에 따라 간이과세자에 해당된다고 하여 위 세금의 납부가 면제된 사실, 원고 산하 동대구세무서장은 상급 관청의 지시에 따라 사행성게임장인 이 사건 게임장의 2006년 제1기분 부가가치세에 대하여 2006. 11. 21.경 현지조사를 실시한 후, 사업자인 소외 1이 이 사건 게임장의 고객들에게 게임기에 투입하는 용도로 교부한 상품권의 액면 총액인 126억 5,050만 원

---

75) 대법원 2009. 5. 14. 선고 2008다84458 판결 [사해행위취소등]

을 부가가치세의 과세표준으로 보아 그 본세 및 가산세액을 452,102,990원으로 경정하여, 2007. 2.경 소외 1에게 위 세액을 납부하라는 취지의 과세처분을 고지한 사실, 그런데 소외 1은 2006. 10.경 인근의 중개업소에 자신의 유일한 부동산인 이 사건 아파트에 관한 매도의뢰를 하여 놓았고, 위 아파트가 제때 매각되지 아니하자 2006. 11. 5. 자신의 형인 피고와 사이에 이 사건 아파트를 대금 8,300만 원에 매도하는 내용의 매매계약을 체결하였으며, 피고로부터 계약 당일에 계약금 1,300만 원을, 2006. 11. 30. 채무인수액을 공제한 나머지 잔금 3,800만 원을 각 지급받은 후, 같은 날 이 사건 아파트에 관하여 피고 명의의 소유권이전등기를 마쳐 준 사실, 한편 동대구세무서의 담당 공무원인 소외 2, 소외 3이 2006. 11. 21.경 위 현지조사를 실시할 당시 이 사건 게임장의 기계들은 모두 폐기처분된 상태였으며, 소외 1에 대하여 상품권의 구입내역에 대하여 세무조사를 실시하였을 뿐, 부가가치세의 부과 여부에 대하여는 구체적으로 말하여 주지 않았던 사실 등을 인정한 다음, 소외 1과 피고는 이 사건 매매계약의 체결 당시나 소유권이전등기를 마칠 당시 동대구세무서장에 의하여 위와 같이 고액의 부가가치세가 부과될 것이라는 점을 몰랐고, 따라서 사해의 의사가 없었다고 판단하였다."[76]

채무자와 수익자가 형제간인데 선의를 인정했다는 것은 정말로 예외적인 판결입니다. 채무자가 사해의사가 없다는 것도 쉽지 않습니다. 일응은 2006. 11. 5.에 매매계약금으로 1,300만 원을 지급하였다고 하는데 이는 계좌이체가 아니라 현금으로 지급하였다고 주장한 것으로 보입니다. 그 계약금은 2006. 10. 18.에 출금한 3,000만 원의 일부라고 했을 것 같습니다. 대법원은 2006. 11. 5.이라는 매매계약일이 소급하였다고 말은 하지 아니하였지만 소급하였다고 본 것 같습니다.

매매대금 8,300만 원, 계약금 1,300만 원, 잔금 3,800만 원 그리고 인수한 채무액 3,200만 원입니다. 아예 처음부터 매매계약일을 2006. 10. 18.이라고 하고 매매잔금일을 2006. 11. 30.이라고 했다면 오히려 금액인출일과 매매계약일이 같기 때문에 대법원도 이를 문제삼기는 쉽지 않았을 것입니다. 다만 실제적으로 2006. 11. 5.에 매매계약이 있었을 수도 있습니다. 그리고 실제적으로 2006. 10. 18.에 출금한 돈 중에 가지고 있다가 1,300만 원을 지급하였을 수 있

76) 대법원 2009. 5. 14. 선고 2008다84458 판결 [사해행위취소등]

습니다. 문제는 소외 1이 이 사건 부동산을 매매하기 위하여 부동산중개사무소에 내놓았는데 팔리지 않았다고 하여 형인 피고에게 매도하였다고 하는데 매물로 내놓은 시점은 2006. 10.경입니다. 그런데 1달도 되지 않아 이를 형인 피고에게 급하게 팔 이유가 없다고 할 것입니다. 만약 매물로 내놓고 나서 1년 정도되어 이를 결국 피고가 매수하였다고 한다면 어느 정도 말이 되지만 매물로 내놓고 나서 한 달도 안 되어 형인 피고에게 매도하였다는 것은 조금만 생각해 보면, 이는 현지조사가 있게 되자 세금부과가 될 것을 예상하고 형하고 공모하여 이 사건 부동산을 급하게 이전시킨 것이라고 보아야 할 것입니다. 즉 2006. 11. 21. 이후에 계약을 체결하고 매매일은 2006. 11. 5.로 소급작성하였을 가능성이 크다고 할 것이고 대법원은 이 점을 간파한 것으로 보입니다.

커. 하남리빙텔 재산처분사건 - 취소채권자가 하나의 소송에 수인의 수익자를 상대로 사해행위취소소송을 제기한 경우에 가액배상의 반환범위

"원심은 원고의 하남리빙텔에 대한 정산금 채권이 865,984,315원이라고 인정하면서도 피고에 대하여 위 정산금 채권액을 초과하여 이 사건 부동산들 가운데 피고 명의로 소유권이전등기가 마쳐졌던 원심판결 별지 제3목록 등기내역표 I 기재 각 부동산의 가액 합계 3,547,137,370원 및 같은 목록 등기내역표IV 기재 7층 701호 부동산의 가액 57,972,960원의 각 지급을 명하였다.

그러나 원심의 위 판단은 수긍하기 어렵다.

채권자가 채권자취소권을 행사할 때에는 다른 채권자가 배당요구를 할 것이 명백하거나 목적물이 불가분인 경우와 같이 특별한 사정이 있는 경우가 아닌 한 원칙적으로 자신의 채권액을 초과하여 취소권을 행사할 수 없다(대법원 1997. 9. 9. 선고 97다10864 판결, 대법원 2001. 9. 4. 선고 2000다66416 판결). 그리고 사해행위취소로 인한 원상회복으로서 원물반환이 아닌 가액배상을 명하는 경우에는 그 이행의 상대방은 채권자이어야 하고(대법원 2008. 4. 24. 선고 2007다84352 판결), 다른 채권자가 채권의 공동담보로 회복된 채무자의 책임재산으로부터 민사집행법 등의 법률상 절차를 거치지 아니하고 취소채권자를 상대로 하여 안분액의 지급을 직접 구할 수 있는 권리를 취득한다거나, 취소채권자에게 인도받은 가액배상금에 대한 분배의무가 인정된다고 볼 수는 없다(대법원 2008. 6. 12. 선고 2007다37837 판결 참조).

따라서 사해행위취소로 인한 원상회복으로서 가액배상을 명하는 경우에는, 취소채권자는 직접 자기에게 가액배상금을 지급할 것을 청구할 수 있고, 위 지급받은 가액배상금을 분배하는 방법이나 절차 등에 관한 아무런 규정이 없는 현행법 아래에서 다른 채권자들이 위 가액배상금에 대하여 배당요구를 할 수도 없으므로, 결국 채권자는 자신의 채권액을 초과하여 가액배상을 구할 수는 없다고 할 것이다.

한편, 채권자가 어느 수익자(전득자를 포함한다)에 대하여 사해행위취소 및 원상회복청구를 하여 승소판결을 받아 그 판결이 확정되었다 하더라도 그에 기하여 재산이나 가액의 회복을 마치지 아니한 이상 채권자는 자신의 피보전채권에 기하여 다른 수익자에 대하여 별도로 사해행위취소 및 원상회복청구를 할 수 있고, 채권자가 여러 수익자들을 상대로 사해행위취소 및 원상회복청구의 소를 제기하여 여러 개의 소송이 계속중인 경우에는 각 소송에서 채권자의 청구에 따라 사해행위의 취소 및 원상회복을 명하는 판결을 선고하여야 하며, 수익자가 가액배상을 하여야 할 경우에도 다른 소송의 결과를 참작할 필요 없이 수익자가 반환하여야 할 가액 범위 내에서 채권자의 피보전채권 전액의 반환을 명하여야 한다.

그리고 이러한 법리는 이 사건에 있어서와 같이 채무자가 동시에 여러 부동산을 수인의 수익자들에게 처분한 결과 채무초과상태가 됨으로써 그와 같은 각각의 처분행위가 모두 사해행위로 되고, 채권자가 그 수익자들을 공동피고로 하여 사해행위취소 및 원상회복을 구하여 각 수익자들이 부담하는 원상회복의무의 대상이 되는 책임재산의 가액을 합산한 금액이 채권자의 피보전채권액을 초과하는 경우에도 마찬가지라고 할 것이다.

위에서 본 법리에 의하면, 원심으로서는 피고에 대하여 원고의 피보전채권액을 한도로 피고가 취득한 책임재산(애초에 채권자들의 공동담보로 되어 있었던 재산)의 가액배상을 명하였어야 할 것임에도 불구하고, 원고의 피보전채권액을 초과하여 피고가 취득한 책임재산 가액 전부에 대한 가액배상을 명하고 말았으니, 원심판결에는 가액배상의 범위에 관한 법리를 오해하여 판결 결과에 영향을 미친 위법이 있다.”77)

　　법원이 여러 수익자들의 가액배상금을 합산하여 취소채권자의 채권범위 한도 내에서 이를 취소한 것이 아니라 피고 중 한 명에게 취소채권자의 금액을 초과하여 판결을 해 버린 사건입니다. 조금은 어이가 없는 판결을 한 것임을 알

---

77) 대법원 2008. 11. 13. 선고 2006다1442 판결 [공사대금등]

수 있습니다.

"【주 문】
1. 제1심 판결 중 피고들에 대하여 아래에서 지급을 명하는 부분에 해당하는 원고 패소부분을 취소한다.
원고에게,
가. 별지 제4목록 '피고별 반환할 금액 내역'순번 1. '피고'란 기재 각 피고들은 각자 금 3,547,137,370원,
나. 같은 목록 순번 2. 내지 14. '피고'란 기재 각 피고들은 같은 목록 '금액'란 기재 각 금원,
및 위 각 금원에 대하여 이 판결 확정일 다음날부터 완제일까지 연 5%의 비율에 의한 금원을 지급하라.
2. 피고들의 항소를 모두 기각한다.
3. 소송총비용 중 원고와 피고 7, 13 사이에 생긴 부분은 위 피고들의 부담으로 하고, 원고와 피고 1, 2, 3, 4, 5, 6, 8, 9, 10, 11, 12, 14 사이에 생긴 부분은 이를 2분하여 그 1은 원고의, 나머지는 위 피고들의 각 부담으로 한다.
【청구취지 및 항소취지】
1. 청구취지
가. 피고 1, 2, 3, 4, 5, 6, 8, 9, 10, 11, 12, 14는 소외 하남리빙텔과 각자 원고에게 금 17억 5,000만 원 및 이에 대하여 1996. 7. 1.부터 이 사건 제1심 판결선고일까지 연 6%, 그 다음날부터 완제일까지 연 25%의 각 비율에 의한 금원을 지급하라.
나. 별지 제3목록 각 등기내역표 '피고'란 기재 각 피고들이 소외 하남리빙텔과의 사이에 별지 제2목록 기재 건물 중 위 각 등기내역표 '목적물'란 기재 각 부동산에 관하여 체결한 같은 표 '원인'란 기재 각 법률행위를 취소한다.
다. 원고에게,
(1) 별지 제4목록 '피고별 반환할 금액 내역'순번 1. '피고'란 기재 각 피고들은 각자 금 3,547,137,370원,
(2) 같은 목록 순번 2. 내지 14. '피고'란 기재 각 피고들은 같은 목록 '금액'란 기재 각 금원,
및 위 각 금원에 대하여 이 판결 확정일 다음날부터 완제일까지 연 5%의 비율에 의한 금원을 지급하라.

(원고는 당심에서 피고들 중 피고 7, 13에 대하여는 청구취지를 감축하고, 나머지 피고들에 대하여는 청구취지를 확장하였다)

2. 항소취지

가. 원고: 제1심 판결 중 아래에서 지급을 명하는 금원에 해당하는 원고 패소부분을 취소한다.

원고에게,

(1) 별지 제4목록 '피고별 반환할 금액 내역'순번 1. '피고'란 기재 각 피고들은 각자 금 3,547,137,370원,

(2) 같은 목록 순번 2. 내지 14. '피고'란 기재 각 피고들은 같은 목록 '금액'란 기재 각 금원,

및 위 각 금원에 대하여 이 판결 확정일 다음날부터 완제일까지 연 5%의 비율에 의한 금원을 지급하라.

나. 피고들: 제1심 판결 중 피고들 패소부분을 취소하고, 원고의 피고들에 대한 청구를 기각한다."[78]

1심은 수원지방법원 성남지원 99가합8571 공사대금 등입니다. 피고가 63명입니다. 1심은 2001. 11. 16.에 선고하여 일부승소판결이 이루어졌습니다. 피고는 1 내지 24만 변호사를 선임하였습니다. 서울고등법원의 원심사건의 피고는 32명입니다. 원고 봉덕산업개발도 항소를 하였고, 피고들도 항소하였고 일부는 피항소인이었습니다. 이 중에 원고가 항소한 사람 중 10명은 항소취하를 하였습니다. 그래서 실제 피고는 22명이 남았습니다.

대법원에 상고한 사람은 피고 4명입니다. 그런데 원고가 피고 3명에 대하여 피고들이 상고한 이후에 소취하를 했습니다. 그래서 피고 1명만 남았습니다. 파기환송이 되었습니다.

원고의 채권은 865,984,315원인데 가액배상판결을 한 금액은 3,547,137,370원입니다. 피고들에게 "각자"판결을 하였으니 피고들이 이 금액 전부에 대하여 지급할 의무가 있게 된 것입니다. 이것만이 아니라 "701호 부동산의 가액 57,972,960원"의 반환도 명한 것입니다. 3,605,110,330원을 피고에게 명한 것이

---

78) 서울고등법원 2005. 9. 9. 선고 2002나3817 판결 [공사대금등]

되었습니다. 이러니 문제가 되었습니다. 사실 상고를 하지 아니한 피고들에 대한 판결도 매우 잘못된 판결이었던 것입니다.

파기환송심에서 2009. 6. 23.에 원고는 소취하를 해 버렸습니다. 아마 다른 수많은 피고들로부터 사해행위취소로 인한 가액배상금을 일부씩 회수하였을 것입니다. 그렇기 때문에 상고한 피고는 결국 사해행위취소에 해당될 것인데 가액배상을 책임지지 않게 되었던 것입니다.

대법원 사해행위취소부분은 기각하고 가액배상부분만 파기환송시킨 사건입니다.

"(2) 하남리빙텔의 재산처분행위
앞서 든 각 증거 및 갑 제72호증의 1 내지 29, 갑 제75, 84호증, 갑 제86, 87호증의 각 1, 2의 각 기재에 변론 전체의 취지를 종합하면, 하남리빙텔은 앞서 본 바와 같이 이 사건 건물에 관하여 1997. 9. 2. 소유권보존등기를 경료하면서 원고 등의 채권자들의 가압류를 피하기 위하여 같은 날 이 사건 건물 상당 부분의 호실(별지 제3목록 등기내역표 Ⅳ의 목적물 중 413호, 601호, 609호, 701호, 715호, 803호도 이에 포함됨)에 대하여 소외 17과 피고 9 명의로 소유권이전청구권가등기를 경료하는 한편, 별지 제3목록 '등기내역표' 각 기재와 같이 같은 표 Ⅰ,Ⅱ,Ⅲ의 각 '피고'란 기재 각 피고에 대하여는 채권 담보 또는 대물변제의 명목으로, 같은 표 Ⅳ의 각 '피고'란 기재 각 피고(이들은 하남리빙텔의 회원임)에 대하여는 이익 분배 명목으로(당시에는 하남리빙텔의 재정 적자로 인하여 회원들에게 분배할 이익은 전혀 없었고, 오히려 회원들이 추가로 금원을 부담하여야 할 처지에 있었기 때문에 하남리빙텔도 추후 정산시 사업비가 부족할 경우 회원들로부터 그 소유권을 포기받을 것을 조건으로 하였다), 위 각 등기내역표 '목적물'란 기재 각 부동산(이하 '이 사건 부동산'이라 한다)에 관하여 같은 표 '원인'란 기재 각 매매예약 또는 매매계약을 체결한 다음 피고들에게 같은 표 '등기'란 기재 각 소유권이전등기 또는 소유권이전청구권가등기를 경료하여 준 사실을 인정할 수 있다.
(3) 하남리빙텔의 채무초과상태
앞서 든 각 증거 및 갑 제98, 99호증, 갑 제102호증의 1, 2, 갑 제103호증, 갑 제104호증의 1 내지 11, 갑 제105, 106, 107, 108호증의 각 기재 및 이 법원의 대법원에 대한 사실조회결과에 변론 전체의 취지를 종합하면, 하남리빙텔은 앞서 본 바와 같이 주식회사 신생을 시행사로 지정한 다음 사업을 진행함에 있어 위 회사 발행의 약속어음으로 공사대금 등을 변제하여 왔으나, 1997. 5.경부터는 위 어음들을 지급기일에 결제하지 못하는 등 자체적인 지급능력이 전무하였던 사실, 그리고, 이 사건 부동산의 처분 당시 하남리빙텔에게는 이 사건 건물 중 미분양된 일부 부동산과 분양은 되었으나 일부 분양대금 미납자들에 대한 분양대금채권 및 이 사건 토지(당심 감정인 소외 18의 감정결과에 의하면, 이 사건 건물을 위한 대지권의 대상으로서의 가액은 1997. 9. 2. 현재 금 2,391,400,000원 정도이다)에 관하여 한국토지공사에 대하여 가지는 소유권이전등기청구권 정도의 적극재산이 남아 있기는 하였으나, 원고에 대한 이 사건 정산금채무 이외에도 대준건설 주식회사에 대한 공사대금채무, 서울보증보험 주식회사 및 주식회사 한국케이블티브이강동방송 등에 대한 각 구상금채무, 소외 15에 대한 분양대금반환채무, 삼성전자에 대한 임차보증금반환채무, 기타 부가가치세 등 체납세액의 조세채무 등 금 80억 원이 넘는 다액의 채무를 부담하고 있었던 사실을 인정할 수 있다. 따라서 그러한 사정에 비추어 볼 때, 하남리빙텔의 이 사건 부동산 재산처분 당시 이미 채무초과 상태에 있었거나 **적어도 이 사건 부동산의 처분행위로 인하여 채무초과 상태에 빠진 것으로 추인된다.**

나. 사해행위의 성립

(1) 위 인정사실에 의하면, 하남리빙텔이 채무초과 상태에서 이 사건 각 부동산에 관하여 피고들과 사이에 매매계약 등을 체결하고 소유권이전등기 또는 소유권이전청구권 가등기를 경료하여 준 것은 일반 채권자들의 공동담보의 부족을 초래하는 사해행위에 해당하고, (2) 앞서 본 사실관계에 비추어 보면, **하남리빙텔은 이 사건 각 부동산 처분행위로 인하여 원고를 해한다는 사정을 잘 알고 있었다고 인정되며, (3) 수익자인 피고들의 사해의사는 일단 추정된다.**"79)

"(2) 선의의 수익자에 해당하는지 여부

또한 피고들은 "이 사건 각 매매예약 또는 매매계약 체결 당시 하남리빙텔의 부동산 처분행위가 사해행위임을 알지 못하고 선의로 이 사건 각 부동산을 취득하였다"고 주장한다. 그러나, 피고들의 주장사실을 인정할 만한 아무런 증거가 없는 반면, **오히려, 이 사건 각 부동산을 취득하게 된 경위 및 시기, 피고들과 하남리빙텔과의 관계 등에 비추어 하남리빙텔의 이 사건 각 부동산의 처분행위로 인하여 다른 채권자들을 해하리라는**

79) 서울고등법원 2005. 9. 9. 선고 2002나3817 판결 [공사대금등]

> 사정을 알고 있었던 것으로 판단된다. 피고들의 위 항변 역시 이유 없다.
>
> 라. 원상회복의 방법 및 범위
>
> 어느 부동산에 관한 법률행위가 사해행위에 해당하는 경우에는 원칙적으로 그 사해행위를 취소하고 소유권이전등기의 말소 등 부동산 자체의 회복을 명하여야 하는 것이나, 다만 원물반환이 불가능하거나 현저히 곤란한 경우에는 원상회복의무의 이행으로서 사해행위의 목적물의 가액 상당의 배상을 명하여야 하고, 이러한 가액배상에 있어서는 일반 채권자들의 공동담보로 되어 있어 사해행위가 성립하는 범위 내의 가액의 배상을 명하여야 한다(대법원 2003. 12. 12. 선고 2003다40286 판결 참조).
>
> 그런데 갑 제3호증의 1 내지 48의 각 기재에 변론 전체의 취지를 종합하면, **피고들은 그들 앞으로 소유권이전등기등기를 마친 다음, 별지 제3목록 각 등기내역표의 '말소불능사유'란 기재와 같이 선의의 제3자에게 근저당권 또는 전세권을 설정하여 주거나, 경매로 인하여 소유권을 상실하는 등의 사유로 인하여 특별한 사정이 없는 한, 원고에 대한 원물반환이 법률상 불가능하게 된 사실을 인정할 수 있다.**
>
> 따라서, 피고들은 원고에게 사해행위 취소에 따른 원상회복의무의 이행으로서 **이 사건 각 부동산에 관한 당심 변론종결일 당시의 가액 상당의 금원을 반환하여야 하는바, 당심 감정인 소외 19의 시가감정결과에 변론 전체의 취지를 종합하면, 당심 변론종결일에 가까운 2004. 5. 31 이 사건 각 부동산의 시가(대지권의 가격은 제외)는 위 각 등기내역표 '가액'란 기재 금액과 같은 사실을 인정할 수 있다.**
>
> 그러므로, **피고들은 원고에게 자신들이 사해행위로 각 취득한 이 사건 각 부동산의 시가에 해당하는 별지 제4목록 '금액'란 기재 각 금원 및 위 각 금원에 대하여 이 사건 판결 확정일 다음날부터 완제일까지 민법 소정의 연 5%의 비율에 의한 지연손해금을 지급할 의무가 있다(단, 피고 1, 3, 11의 같은 목록 순번 1. 기재 금원에 대한 배상의무는 부진정연대관계에 있다).**"[80]

피고는 선의라는 주장을 하면서 대법원에 상고를 하였는데 이유가 없다고 하여 기각을 하였습니다. 하남리빙텔 재산처분행위를 보면, 특별하지 않은 이상 사해행위가 인정될 것이고 선의주장은 인정될 여지가 적다고 보입니다. 아마 1심은 사해행위취소부분에 대하여는 패소판결을 한 것이 아닌가 하는 생각이 듭니다. 주문을 보더라도 그렇고 대법원의 피고도 피항소인으로 되어 있는 것을

---

80) 서울고등법원 2005. 9. 9. 선고 2002나3817 판결 [공사대금등]

볼 때 그렇습니다. 항소심에서는 3년 9개월 정도 걸린 사건인데, 1심은 2년 정도 걸린 것을 보면, 피고가 63명이기 때문에 송달에 많은 시간이 걸린다고 본다면, 매우 조속히 판결이 된 것입니다.

　　대법원도 2년 10개월만에 판결을 하였습니다. 보면, 그동안 나온 대법원의 판례들을 매우 많이 인용하였습니다. 하물며 대법원 2008. 4. 24. 선고 2007다84352 판결, 대법원 2008. 6. 12. 선고 2007다37837 판결까지 인용하고 있습니다. 2008년에 최초로 판시한 내용을 2건이나 언급하고 있습니다. 또한 이 사건에 관한 쟁점인 판결요지 2는 최초 판시한 것입니다. 그래서 아마 이에 대하여 상당히 대법원 안에서 고민을 하고 있다가 판결을 한 것으로 보입니다.

"[2] 채권자가 어느 수익자(전득자 포함)에 대하여 사해행위취소 및 원상회복청구를 하여 승소판결을 받아 그 판결이 확정되었다 하더라도 그에 기하여 재산이나 가액의 회복을 마치지 아니한 이상 채권자는 자신의 피보전채권에 기하여 다른 수익자에 대하여 별도로 사해행위취소 및 원상회복청구를 할 수 있고, **채권자가 여러 수익자를 상대로 사해행위취소 및 원상회복청구의 소를 제기하여 여러 개의 소송이 계속중인 경우에는 각 소송에서 채권자의 청구에 따라 사해행위의 취소 및 원상회복을 명하는 판결을 선고하여야 하며, 수익자가 가액배상을 하여야 할 경우에도 다른 소송의 결과를 참작할 필요 없이 수익자가 반환하여야 할 가액 범위 내에서 채권자의 피보전채권 전액의 반환을 명하여야 한다.** 그리고 이러한 법리는 채무자가 동시에 여러 부동산을 수인의 수익자들에게 처분한 결과 채무초과 상태가 됨으로써 그와 같은 각각의 처분행위가 모두 사해행위로 되고, 채권자가 그 수익자들을 공동피고로 하여 사해행위취소 및 원상회복을 구하여 각 수익자들이 부담하는 원상회복의무의 대상이 되는 책임재산의 가액을 합산한 금액이 채권자의 피보전채권액을 초과하는 경우에도 마찬가지이다."[81]

"채권자취소권의 요건을 갖춘 각 채권자는 고유의 권리로서 채무자의 재산처분 행위를 취소하고 그 원상회복을 구할 수 있는 것이므로 여러 명의 채권자가 동시에 또는 시기를 달리하여 사해행위취소 및 원상회복청구의 소를 제기한 경우 **이들 소가 중복제소에**

---

81) 대법원 2008. 11. 13. 선고 2006다1442 판결 [공사대금등]

해당하지 아니할 뿐만 아니라, 어느 한 채권자가 동일한 사해행위에 관하여 사해행위취소 및 원상회복청구를 하여 승소판결을 받아 그 판결이 확정되었다는 것만으로는 그 후에 제기된 다른 채권자의 동일한 청구가 권리보호의 이익이 없게 되는 것은 아니고, 그에 기하여 재산이나 가액의 회복을 마친 경우에 비로소 다른 채권자의 사해행위취소 및 원상회복청구는 그와 중첩되는 범위 내에서 권리보호의 이익이 없게 된다고 보아야 할 것이다(대법원 2003. 7. 11. 선고 2003다19558 판결, 대법원 2005. 5. 27. 선고 2004다67806 판결 등 참조). 따라서 여러 명의 채권자가 사해행위취소 및 원상회복청구의 소를 제기하여 여러 개의 소송이 계속중인 경우에는 각 소송에서 채권자의 청구에 따라 사해행위의 취소 및 원상회복을 명하는 판결을 선고하여야 하고, 수익자(전득자를 포함한다. 이하 같다)가 가액배상을 하여야 할 경우에도 수익자가 반환하여야 할 가액을 채권자의 채권액에 비례하여 채권자별로 안분한 범위 내에서 반환을 명할 것이 아니라, 수익자가 반환하여야 할 가액 범위 내에서 각 채권자의 피보전채권액 전액의 반환을 명하여야 한다. 이와 같이 *여러 개의 소송에서 수익자가 배상하여야 할 가액 전액의 반환을 명하는 판결이 선고되어 확정될 경우 수익자는 이중으로 가액을 반환하게 될 위험에 처할 수 있을 것이나, 수익자가 어느 채권자에게 자신이 배상할 가액의 일부 또는 전부를 반환한 때에는 그 범위 내에서 다른 채권자에 대하여 청구이의 등의 방법으로 이중지급을 거부할 수 있을 것이다*(대법원 2005. 11. 25. 선고 2005다51457 판결 등 참조)."[82]

　　대법원 2007다84352 판례는 여러 명의 취소채권자 한 명의 수익자를 상대로 사해행위취소소송을 제기한 경우에 관한 판시내용입니다. 그리고 이중지급의 위험에 대하여는 청구이의소송을 통하여 이중지급을 거부할 수 있다고 청구이의소송방법을 제시하였습니다.

　　그런데 하나리빙텔 사건은 1명의 취소채권자가 수인의 수익자를 상대로 취소소송을 동시에 제기한 경우에 어떻게 수익자들에게 가액배상판결을 할 것인지를 판시하였다는 점에서 의미가 있다고 할 것입니다. 1명의 취소채권자가 여러 수익자를 여러 개의 소송으로 제기한 경우나 1명의 취소채권자가 여러 수익자를 상대로 하나의 소송의 제기할 경우에 차이가 없다는 것이 대법원의 결론이

---

82) 대법원 2008. 4. 24. 선고 2007다84352 판결 [사해행위취소]

었습니다.

터. 대부업자가 신축건물에 대한 양도담보설정계약시에 과실이 있다고 하더라도 선의인 경우

"2. 수익자의 선의 주장에 대하여

사해행위취소소송에 있어서 수익자가 사해행위임을 몰랐다는 사실은 그 수익자 자신에게 입증책임이 있다고 할 것이지만, 수익자의 선의에 과실이 있는지 여부는 문제되지 아니한다(대법원 2001. 5. 8. 선고 2000다50015 판결, 대법원 2004. 4. 23. 선고 2002다59092 판결 등 참조).

원심은 이 사건 양도담보설정계약 당시 피고가 선의라는 점에 대한 입증이 부족하다고 보아 피고의 주장을 배척하는 한편, 그 판시와 같은 사실을 인정한 다음, 피고로서는 이 사건 양도담보설정계약으로 인하여 소외 1의 다른 채권자들을 해한다는 사정을 알고 있었다고 판단하였다.

그러나 원심의 위와 같은 판단 역시 다음과 같은 사정에 비추어 수긍하기 어렵다.

기록에 의하면, 피고는 2003. 2. 7. 대부업의 등록 및 금융이용자보호에 관한 법률 제3조 제2항에 의한 대부업 등록을 마치고 대부업을 영위하는 자로서 소외 1과는 아무런 친·인척 관계가 없는 사실을 알 수 있는바, 비록 피고가 이 사건 양도담보설정계약 당시 이 사건 대지의 등기부등본을 통하여 소외 1과 원고, 소외 2, 서충주농업협동조합 사이의 채권채무관계를 확인할 수 있었다고 할지라도, 피고로서는 소외 1의 재산상태를 조사함에 있어 이 사건 대지에 관한 원고 명의의 근저당권설정등기를 말소하고 새로 피고 명의의 근저당권설정등기를 마쳐줄 것을 요구함과 아울러 이 사건 건물에 관하여 피고 앞으로 건축주명의변경 및 소유권보존등기를 마쳐줄 것을 요구함으로써 그저 대여원리금을 회수할 수 있는 정도의 충분한 담보물의 확보에 주력하였을 뿐, 그 과정에서 소외 1의 채무내역에 세심한 관심을 가지고 이를 재산현황과 비교하면서 채무초과 여부를 확인하였다고 보기는 어려운 점, 이 사건 양도담보설정계약 당시 소외 1이 자금난으로 계속 추진할 수 없는 건축공사를 완공하기 위하여 부득이 이 사건 건물을 담보로 제공하는 것이 피고를 비롯한 제3자에게 있어 특별히 불합리하다거나 의심할 만한 거래행위라고 보여지지 아니한 점, 피고가 사해행위에 해당함을 알면서도 이 사건 양도담보설정계약을 체결할 만한 동기나 이유를 찾기 어려운 점, 그 밖에 이 사건 양도

> 담보설정계약의 경위, 시기 등 제반 사정을 종합하여 보면, 피고는 이 사건 양도담보설
> 정계약이 사해행위에 해당됨을 알지 못하고 소유권보존등기를 경료받은 선의의 수익자
> 라고 볼 여지가 충분하다.
> 그럼에도 불구하고, 원심은 피고의 선의를 인정할 증거가 부족하고 오히려 악의로 보여
> 진다고 판단하였으니, 원심판결에는 사해행위 수익자의 의사에 관한 법리를 오해한 위
> 법이 있고, 이는 판결 결과에 영향을 미쳤음이 분명하다. 이 점을 지적하는 상고이유의
> 주장 역시 이유 있다."[83]

사채업자가 담보를 설정받고 돈을 대여해 주는 경우에 차주인 사해행위의
채무자의 채무를 다 파악할 의무가 있는지에 관한 것이 이 사건의 쟁점이라고
할 것입니다. 그런데 먼저 신용대출인 경우에는 채무자의 신용상태를 파악하는
것이 중요하지만 담보대출의 경우 대출자가 가장 중요시하는 것은 담보가치가
있는지 여부입니다. 채무자의 재정상태는 담보권자로서는 중요치 않을 것입니
다. 왜냐하면, 채무자가 돈을 변제하지 못하면 담보권을 실행하면 되기 때문입
니다. 그렇기 때문에 은행권도 아닌 사채업자로서는 채무자의 대출금액 등에 대
하여 알 수 없기 때문에 채무자의 재정상태를 파악하지 않고 대출을 해주었다는
것을 가지고 선의가 아니라고 판단하기 어려울 것입니다.

그러나, 이 사건의 경우는 조금 사정이 다릅니다. 왜냐하면, 이 사건 토지에
대출을 해주면서 은행권은 근저당권을 설정받은 것으로 보입니다. 그런데 이 사
건 토지는 나대지가 아니라 바로 건물을 신축하고 있었습니다. 이런 경우에 근
저당권을 설정받은 토지의 근저당권자는 그냥 대출을 해주는 자가 아니라 바로
PF대출을 해주는 자입니다. 그리고 일반적으로 PF대출 시에 이 사건 토지에 채
권최고액 금액을 총 대출해 줄 금액으로 할 가능성이 큽니다. 그리고 건물의 기
성고에 따라서 대출을 늘리는 식으로 하고 사후에 건물에도 추가 근저당권을 설
정하는 경우도 많습니다. 사채업자는 이런 부동산 PF대출에 대하여 누구보다도
잘 알고 있습니다. 왜냐하면, 이 사건 사채업자인 피고의 대출도 실제는 PF대출
이기 때문입니다. 더욱 건물을 신축하다가 사채업자에게 대출을 받는다는 것은

---

83) 대법원 2007. 11. 29. 선고 2007다52430 판결 [사해행위취소등]

이미 채무자의 재정상태가 안 좋다는 것입니다. 또한 이는 은행권대출이 더 이상 되지 않는다는 의미이기도 합니다. 이 사건의 경우 보면, 선순위 근저당권자인 일반인으로 보이는데 그 근저당권을 말소시키고 피고의 근저당권을 설정받기로 하고 다시 여기에 신축건물에 관한 건축주 명의를 피고에게 이전해 주고, 소유권보존등기도 피고에게 해 달라고 한 것입니다. 이는 누가 보더라도 사채업자가 갑이고 채무자가 을로서 채무자로서는 이에 응할 수밖에 없는 매우 어려운 상황이었다는 것을 보여줍니다. 또한 건축주 명의변경은 채권자들이 이를 확인할 수 없습니다. 시청에 이를 확인하기 전에는 알 수가 없습니다. 소유권보존등기가 경료되어서야 비로소 건축주명의변경이 된 것을 알 수 있습니다.

원고는 자신의 채권이 있는데도 불구하고 근저당권의 금액을 갚는다고 하니 말소해 달라는 채무자의 요구에 응했을 것입니다. 그렇게 해도 건물이 완공이 되면 여기에 추가로 근저당권을 설정받거나 최소한 그렇지 않더라도 가압류 등을 할 수 있을 것이라고 생각했을 것입니다. 그런데 나중에 보니 건물이 피고 명의로 보존등기가 경료되었기 때문에 가압류도 못하게 되었으니 사해행위취소소송을 제기하게 된 것입니다. 그런데 피고로부터 받은 2억 5,000만 원을 가지고 건물을 완공하여 피고 앞으로 소유권보존등기를 경료하였던 사건입니다.

이 사건은 그래서 "자금을 융통하여 사업을 계속 추진하는 것이 채무 변제력을 갖게 되는 최선의 방법이라고 생각하고 자금을 융통하기 위하여 부득이 부동산을 특정 채권자에게 담보로 제공하고 그로부터 신규자금을 추가로 융통받은 경우"에 해당되는지와 수익자의 선의가 문제되었는데 여기에서 선의였는데 선의에 과실이 있는 경우에 선의로 볼 것인지에 관한 판례였습니다.

피고로서는 원고의 근저당권을 말소시키고 나서 피고 앞으로 근저당권을 설정해 주면 대출을 해주겠다고 하고 있습니다. 그리고 피고로부터 받을 대출금은 원고의 근저당권채권을 변제하는 것이 아니라 남은 건물의 공사비로 사용되었을 것입니다. 그렇다고 한다면 피고로서는 자신에게 원래 대출해 달라는 금액으로는 원고의 대출금을 변제하지 아니할 것을 알았을 가능성이 매우 크다고 할 것입니다.

대법원의 판단이 일응은 충분히 설득력이 있습니다. 사채업자에게 대출을 받아서 건물을 완공시키는 것이 자금을 융통하여 사업을 계속 추진하는 것이 채무 변제력을 갖게 되는 최선의 방법이라고 생각하고 자금을 융통하기 위한 부득이한 방법일 수 있습니다. 그러나, 먼저 건물의 건축주명의변경과 그에 따라서 피고에게 소유권보존등기를 경료해 버립니다. 그러면 이런 경우에 양도담보라고 하더라도 이것이 채무 변제력을 갖게 되는 최선의 방법일까요? 아닙니다. 채무 변제력을 급격히 떨어뜨릴 수 있습니다. 기존 부동산에 근저당권을 설정하는 경우와는 전혀 다르다고 할 것입니다. 부동산 자체를 처분해 버려서 있던 채무 변제력까지도 소멸시켜버리는 행위입니다. 잘 생각해 보면 논리모순입니다. 그리고 피고는 이미 토지에 대하여 원고의 근저당권을 말소시키고 근저당권을 설정받았기 때문에 충분히 담보권을 취득했다고 할 수도 있습니다. 그리고 건물에 대하여는 보존등기한 이후에 추가 공동저당권을 설정받으면 되는 것이고 건축주명의변경과 소유권보존등기라는 과도한 담보까지 요구한다는 것은 다른 채권자들이 이 건물에 대하여 절대로 가압류 등을 하지 못하도록 하겠다는 의지의 표현입니다. 또한 토지에 대하여 가압류를 하고 경매를 할 경우에도 토지에 대하여 저가낙찰이 예상되고 1순위 근저당권이 있기 때문에 토지에 대하여 낙찰을 받으려는 사람이 거의 없게 될 것이고 그러면 피고는 저가낙찰을 스스로 받고 자신의 근저당권의 피담보채권일부로 이를 상계처리해 버립니다. 건물 부분의 경우 양도담보라고 하지만 이를 알 수 있는 사람은 많지 않습니다. 이로 인해 결국 건물과 토지 모두를 피고의 것으로 만들 수 있습니다. 그리고 채무자와의 정산은 채권자들 모르게 해 버리면 됩니다. 채무자가 변제기를 고의적으로 도과시키면 피고 수익자는 채무자에게 돈을 주고 정산해 버리면 되고 이럴 경우에 채권자로서는 이 금액에서도 돈을 받지 못할 가능성도 큽니다.

　이렇게 과도하게 채무 변제력을 확보하기 위한 것이 아니라 오히려 기존 채무 변제력까지 떨어뜨리는 방식에 의한 경우까지 이 법리를 적용하는 것이 옳은 것인지는 다시 한 번 생각해 보아야 합니다. 채무 변제력확보는 채권자의 입장에서 보아야지 채무자 개인의 입장에서 보면 안 될 것입니다. 기존 공동담보재산에 근저당권을 설정받는 것이 아니라 이를 실제적으로 처분하는 것과 같은 방식으로 채권자입장에서는 채무 변제력을 떨어뜨리는 방식으로 이루어지는 이런 경우에는 이 법리를 적용하는 것을 무리라고 할 것입니다. 이는 신탁계약 역시도 동일하다고 할 것입니다.

　　이처럼 부동산 자체를 수익자에게 이전시키는 방법이나 신탁계약에 의하여 신탁사에게 넘기는 경우에는 채무자의 채권자들이 다 신탁계약에 들어올 수 있는 기회를 주는 것이 필요합니다. 그런 과정을 거치지 않는다고 한다면 이런 식의 양도담보설정계약이나 신탁계약은 사해행위라고 볼 것입니다. 수익자나 사채업자나 신탁회사는 채무자의 재정상태를 알면서도 이를 이용하여 자신들의 이익만을 취득하려는 행위일 뿐입니다. 공시최고와 같은 절차를 통하여 채권자를 수색할 필요가 있습니다.

　　그러므로 단순히 근저당권을 설정해 주는 경우와 소유권 자체의 변경을 일으키는 행위는 구별하여서 판단하여야 하고 후자의 경우에는 채무자의 채권자들은 전혀 가압류 등도 하지 못하게 되는 매우 큰 공동담보의 소멸을 가져오기 때문에 이에 대하여 선의 판단 시에 더 강한 수익자의 선의요건을 부과할 필요가 있거나 채권자의 피해를 줄일 수 있는 방법을 강구하도록 할 필요가 있다고 할 것입니다. 이것이 공평과 형평의 원칙에 의하여 이루어진 사해행위취소소송에 있어서 수익자가 취득하는 권리가 높다면 그만큼 그 선의를 인정하는 데에도 까다로운 기준을 두어야만 비례성의 원칙에 맞다고 할 것입니다.

　　목적의 정당성만이 아니라 수단의 상당성에서 이런 경우에 문제가 될 수 있습니다. 이렇게 되면 상황의 불가피성도 없을 수 있습니다. 이미 1순위 근저당권을 설정받았고 건물이 보존등기되면 바로 피고에게 추가 근저당권을 설정해 주면 피고의 담보권은 충분히 보장된다고 할 것인데도 불구하고 과도하게 건축주 명의변경을 하고 소유권보존등기까지 수익자에게 해줄 필요성은 없다고 할 것이기 때문에 그러합니다. 일반 은행권도 하지 않는 방법을 고리의 사채업자에게 이를 부여할 이유가 없습니다. 사채이자가 높다는 것은 그만큼 원금을 받을 수 있는 가능성이 낮다는 것입니다. 그런데 고율의 이자도 주면서 너무나 과도한 담보권까지 부여하고 그 대신에 원래의 채권자들의 권리를 해하게 한다는 것은 형평에 맞지 않고 공평에도 맞지 않습니다.

　　그런 점에서 신규차입에 의한 근저당권설정이 예외적인 경우에 사해행위가 되지 않는 법리를 너무나 과도하게 일반화하는 경향을 배제를 해야 할 것입니다.

　　그런 점에서 이 대법원 판례는 결론에 있어서는 부당하다고 생각합니다.

4. 결론

사해행위취소소송 사건에서 서증을 많이 내야 하는 경우가 바로 선의를 인정받으려는 경우입니다. 이런 경우에는 작은 것 하나에 대한 증거도 모두 제출해야 합니다. 그리고 관련 비슷한 대법원 판례사안으로 재판부가 알 수 있도록 준비서면 등으로 알려주어야 합니다. 선의의 항변이라는 것이 쉽지 않지만, 또한 선의가 인정되면 가장 보람찬 경우이기도 합니다. 그리고 피고 대리인으로서는 이는 의뢰인을 위하는 것이기도 하지만 어찌 보면 전체 민사법분야에서 사실 무죄판결을 받는 것과 같습니다. 의뢰인들로서는 사해행위라는 것을 생각하면 자신이 범죄인이 된 것처럼 생각하는 경우가 많습니다. 그렇기 때문에 정말로 정상적인 거래에 있어서는 선의 주장이 받아들여져야만 이런 억울한 사람이 나오지 않습니다. 그렇기 때문에 피고 대리인으로서는 사명감으로 일할 필요가 있습니다. 형사사건에서 한 명의 억울한 사람이 나오지 않도록 하는 것이 중요하듯 사해행위취소 사건에서 억울한 선의의 수익자가 피해를 입지 않도록 해야 합니다. 그래야만 법원에 대한 분노가 쌓이지 않고 재판에 대한 신뢰가 쌓이게 된다고 할 것입니다.

대법원 2002다42100 판례가 초기에 선의 판단에 관한 검토할 부분을 제시하였다고 할 것입니다. 그러나, 부동산 중개인을 통하지 않고도 거래가 이루어지는 경우가 매우 많습니다. 이런 경우에 하급심에서 부동산중개인 거래가 아니라고 하여 악의추정을 번복하지 않는 경우가 많아지자 대법원은 대법원 2007다74621 판례를 통하여 선의 판단방법에 관한 일반적 기준을 제시하고 부동산중개인을 통하지 않고 거래가 이루어진 경우에도 충분히 선의가 인정되는 경우가 있음을 판례를 통하여 밝히고 있습니다.

특히 선의 부분의 판례들을 검토해 보면, 항소심에서 1심 인용판결을 통하여 항소심에 부실하게 운영되고 있음이 여러 차례 나타난 것을 알 수 있습니다. 사실 1심 판결문 인용은 없어져야 할 것입니다. 왜냐하면 새로 판결문을 쓰게 되면 새롭게 사실들이나 판단들이 일어나게 되고 그렇게 되어 1심과 다른 판단을 할 수 있습니다. 그러나 1심 판결문을 인용하는 수준에서 판결문을 쓸 경우는 이런 과정을 거치지 않기 때문에 매우 부실한 판결이 될 수밖에 없다고 할 것입니다. 이런 점에서는 지금의 법은 개정되어야 할 것입니다.

또한 신규차입을 통해 근저당권을 설정받은 경우에 예외적으로 채무자의 채무 변제력 확보를 위한 최선의 방법으로 선택한 경우에 사해행위가 안 되는 경우에 있어서 부동산 자체를 넘기거나 양도담보로 넘기는 식으로 채무자의 채무 변제력 자체를 다른 채권자의 입장에서 보면 완전히 없애는 경우에는 공평과 형평의 원칙상 그 수단의 방법이 상당하지 아니하고 과도한 경우라고 할 것이기 때문에 이런 경우에는 위 법리를 제한하여야 하고 그에 따른 선의 판단에 관한 기준을 강화하는 식으로 하여 균형을 맞출 필요가 있다고 할 것입니다. 특히 신탁행위가 사해행위가 되지 않는다는 것을 이용하여 무조건 신탁을 해버림으로써 진정으로 먼저 투자하거나 돈을 빌려주었던 채권자를 해하는 채무자의 몰염치한 행위에 대하여 더 이상 이를 방치하는 것을 막아야 할 것입니다.

XII

기타 검토할 것과 서식

XII

기타 검토할 것과 서식

1. 각하가 되는 사건들

가. 다양한 사건들이 있음

제척기간도과, 근저당권이 말소되거나 소유권이 채무자에게 회복된 경우, 가액배상금을 다른 취소채권자에게 이미 지급한 경우 등에 있어서 소의 이익이 없어서 각하되는 경우가 있다는 것을 이미 검토하였습니다. 그 이외에 각하사유 들이 있는지를 가볍게 검토하고자 합니다.

나. 상고이익이 없다고 하여 부적법 각하한 사건

"상고는 자기에게 불이익한 재판에 대하여 자기에게 유리하도록 그 취소·변경을 구하 는 것이므로 원심판결에서 당사자가 청구하지 아니한 부분에 대하여 그 지급을 명하였 다 하더라도 이익이 되는 당사자로서는 그 변경을 구할 수 없고, 전부 승소한 원심판결 에 대한 상고는 상고를 제기할 이익이 없어 허용될 수 없다(대법원 1987. 5. 12. 선고 86다카1340 판결, 대법원 2003. 7. 22. 선고 2001다76298 판결 등 참조).
기록에 의하면, 원고는 근저당권이 설정되어 있는 이 사건 부동산에 관하여 사해행위

> 후 변제에 의하여 근저당권설정등기가 말소되었음을 이유로 사해행위의 일부 취소 및 가액반환을 청구하였고, 원심은 원고가 구한 대로 사해행위의 취소 청구를 받아들이면서 그 원상회복으로 가액반환이 아니라 부동산 자체의 반환을 명하였으며, 이에 대하여 원고가 부동산 자체의 반환을 명한 것은 부당하다고 주장하면서 상고를 제기하였음을 알 수 있다.
> 사해행위 후 기존의 근저당권이 변제에 의하여 말소된 이 사건에서 채권자의 사해행위의 취소 및 원상회복으로서의 가액배상청구가 정당한 이상, 특별한 사정이 없는 한 채권자가 구하는 가액배상의 범위를 넘어 원물반환을 명하는 것은 허용될 수 없다. 그러나 결국 이러한 원심의 재판이 자신에게 이익이 되는 원고로서는 앞서 본 법리에 비추어 그 변경을 구할 수 없다 할 것이므로 원고의 상고는 상고의 이익이 없는 것으로서 부적법하다."[1]

이 사건의 경우 소 자체의 각하사유는 아닙니다. 이미 보았듯이 가액배상을 구하는 사건에서 피고가 가액배상이 아니라 부동산 자체를 넘겨 가져갈 것을 요구하였습니다. 이에 부산고등법원은 그에 따라서 원물반환을 명한 사건입니다. 대법원은 특별한 사정이 없는 한 원물반환을 명하는 것은 허용될 수 없다고 하면서도 원고에게 유리한 것이기 때문에 상고이익이 없다고 하면서 이를 실제적으로 회피하였습니다. 그러나, 대법원은 이후에 특별한 사정이 있는 경우를 구체적으로 언급하면서 이것이 가능한 경우를 판시하였음을 원상회복 부분에서 검토한 바가 있습니다.

다. 채무자를 상대로 하여 사해행위취소를 제기한 경우

> "제1심판결 및 기록에 의하면, 피고 1은 제1심판결 중 피고 1에 대하여 구상금의 지급을 명한 부분에 대하여는 불복하지 아니하고, 피고들 사이에 이 사건 각 부동산에 관하여 체결된 매매계약이 사해행위라 하여 그 매매계약의 취소 및 그 매매에 따라 마쳐진 피고 2 명의의 소유권이전등기의 말소를 명한 부분에 대하여만 불복하여 항소하고 있

---

1) 대법원 2009. 5. 14. 선고 2009다4947 판결 [구상금등]

음을 알 수 있는바, 채권자가 사해행위의 취소와 함께 책임재산의 회복을 구하는 사해
행위취소의 소에 있어서는 수익자 또는 전득자에게만 피고적격이 있고 채무자에게는
피고적격이 없는 것이므로, 이 사건의 경우 위 매매계약의 취소 및 소유권이전등기의
말소 청구 부분에 대한 피고(상대방)는 피고 2뿐이고 피고 1은 피고로 된 것이 아니어
서 피고 1에게는 위 매매계약의 취소 및 소유권이전등기의 말소를 명한 제1심판결에
대하여 불복하여 항소를 제기할 수 있는 당사자적격이 없다 할 것이다.
그렇다면 원심으로서는 마땅히 피고 1의 항소를 각하하였어야 함에도 이를 간과한 채
본안에 들어가 판단하여 항소기각의 판결을 선고하였으니 위법하다 할 것이고, 따라서
이 부분 원심판결은 상고이유에 대하여 나아가 판단할 필요 없이 파기를 면할 수 없
다."2)

라. 전득행위의 취소를 구하는 경우

"채권자가 사해행위의 취소로서 수익자를 상대로 채무자와 사이의 법률행위의 취소를
구함과 아울러 전득자를 상대로도 수익자와의 사이의 전득행위의 취소를 구함에 있어
서, 전득자의 악의라 함은 전득행위 당시 그 행위가 채권자를 해한다는 사실, 즉 사해
행위의 객관적 요건을 구비하였다는 인식을 의미하는 것이므로, 전득자의 악의를 판단
함에 있어서는 단지 전득자가 전득행위 당시 채무자와 수익자 사이의 법률행위의 사해
성을 인식하였는지 여부만이 문제가 될 뿐이지, 수익자와 전득자 사이의 전득행위가 다
시 채권자를 해하는 행위로서 사해행위의 요건을 갖추어야 하는 것은 아니라고 할 것
이다.
이 사건을 기록에 의하여 검토하여 보면, 피고 기금은 소외인에 대한 채권자로서, 채무
자 소외인과 피고 1 사이의 이 사건 부동산의 처분행위가 사해행위라는 이유로 처분금
지가처분을 하고 사해행위취소의 본안소송을 제기하여 승소판결을 얻은 다음, 소외인
에 대한 채권회수 대신 이 사건 전득행위인 근저당권을 설정받았음을 자인하고 있으므
로, 피고 기금은 위 전득행위 당시 소외인과 피고 1 사이의 이 사건 부동산의 처분행위
가 원고를 포함한 소외인의 다른 채권자들을 해하는 사해행위임을 인식하고 있었다고
할 것이고, 달리 기록상 피고 기금이 선의임을 뒷받침할 아무런 자료가 없어, 결국 전

2) 대법원 2009. 1. 15. 선고 2008다72394 판결 [구상금]

> 득자의 피고 기금에 대한 악의의 추정은 번복될 여지가 없다고 하겠다.
> 그런데도 불구하고 원심은 이와 달리, 전득행위에 있어서도 사해행위의 요건이 갖추어
> 져야 함을 전제로 이 사건 전득행위가 신규채무의 부담에 따른 담보의 설정으로서 사
> 해행위가 아니라는 이유로 결국 피고 기금이 선의라는 항변을 받아들이고 말았으니, 이
> 러한 원심판결에는 사해행위취소 및 전득자의 악의에 관한 법리를 오해하였음은 물론
> 변론주의 내지 채증법칙에 위배하여 사실을 오인한 위법이 있다고 하지 않을 수 없고,
> 이 점을 지적하는 원고의 상고이유의 주장은 이유 있다."[3]

이 대법원 판결내용을 보면 전득행위도 사해행위로 취소할 수 있다고 언급
하였는데 사해행위취소는 수익자와 채무자의 법률행위의 취소를 구할 수 있을
뿐입니다.

> "【청구취지 및 항소취지】
> 1. 청구취지
> 피고 1과 소외인(주민번호 및 주소 각 생략) 사이에 별지 목록 기재 각 부동산에 관하
> 여 1998. 9. 24. 체결된 매매계약을 취소한다. 별지 목록 기재 각 부동산에 관하여, 피
> 고 1은 소외인에게 사해행위 취소로 인한 원상회복을 원인으로 한 소유권이전등기절차
> 를 이행하고, 피고 2는 피고 1에게 인천지방법원 남인천등기소 1999. 9. 17. 접수 제
> 88040호로 마친 근저당권설정등기의 말소등기절차를 이행하라.
> 2. 항소취지
> 제1심 판결을 취소하고, 원고의 피고들에 대한 청구를 모두 기각한다."[4]

서울고등법원 항소심의 청구취지와 항소취지를 보면, 원고는 전혀 전득행
위인 근저당권설정계약의 취소를 구하지 않고 있습니다. 이는 대법원이 잘못된
판시를 한 것입니다. 전득행위를 사해행위취소를 구한다는 것의 의미가 오해를
가져올 수 있기는 합니다. 전득행위를 취소하는 것이 아니라 전득자가 악의의
전득자로서 자신이 받은 전득행위에 대하여 원상회복의무를 부담한다고 하는

---

3) 대법원 2006. 7. 4. 선고 2004다61280 판결 [사해행위취소등]

4) 서울고등법원 2004. 10. 6. 선고 2003나79866 판결 [사해행위취소등]

것이 옳다고 할 것입니다.

"채권자가 사해행위의 취소로서 수익자를 상대로 채무자와의 법률행위의 취소를 구함과 아울러 전득자를 상대로도 전득행위의 취소를 구함에 있어서, 전득자의 악의라 함은 전득행위 당시 채무자와 수익자 사이의 법률행위가 채권자를 해한다는 사실, 즉 사해행위의 객관적 요건을 구비하였다는 것에 대한 인식을 의미한다. 한편 사해행위취소소송에 있어서 채무자의 악의의 점에 대하여는 그 취소를 주장하는 채권자에게 입증책임이 있으나 수익자 또는 전득자가 악의라는 점에 관하여는 입증책임이 채권자에게 있는 것이 아니고 수익자 또는 전득자 자신에게 선의라는 사실을 입증할 책임이 있으며, 채무자의 재산처분행위가 사해행위에 해당할 경우에 그 사해행위 또는 전득행위 당시 수익자 또는 전득자가 선의였음을 인정함에 있어서는 객관적이고도 납득할 만한 증거자료 등에 의하여야 하고, 채무자나 수익자의 일방적인 진술이나 제3자의 추측에 불과한 진술 등에만 터 잡아 그 사해행위 또는 전득행위 당시 수익자 또는 전득자가 선의였다고 선뜻 단정하여서는 아니 된다(대법원 1997. 5. 23. 선고 95다51908 판결, 대법원 2006. 7. 4. 선고 2004다61280 판결 등 참조)."5)

"그리고 채권자가 사해행위 취소로써 전득자를 상대로 채무자와 수익자 사이의 법률행위의 취소를 구함에 있어서, 전득자의 악의는 전득행위 당시 취소를 구하는 법률행위가 채권자를 해한다는 사실, 즉 사해행위의 객관적 요건을 구비하였다는 것에 대한 인식을 의미하므로, 전득자의 악의를 판단함에 있어서는 전득자가 전득행위 당시 채무자와 수익자 사이의 법률행위의 사해성을 인식하였는지 여부만이 문제가 될 뿐이고(대법원 2006. 7. 4. 선고 2004다61280 판결 등 참조), 수익자가 채무자와 수익자 사이의 법률행위의 사해성을 인식하였는지 여부는 원칙적으로 문제가 되지 않는다."6)

대법원은 수익자와 전득자를 모두 사해행위취소의 피고로 넣은 경우에는 대법원 2004다61280 판례와 대법원 2014다237192 판례와 같이 "채권자가 사해행위의 취소로서 수익자를 상대로 채무자와의 법률행위의 취소를 구함과 아울

---

5) 대법원 2015. 6. 11. 선고 2014다237192 판결 [구상금]
6) 대법원 2012. 8. 17. 선고 2010다87672 판결 [구상금등]

러 전득자를 상대로도 전득행위의 취소를 구함에 있어서"와 같이 "전득행위의 취소를 구함에 있어서"라는 말을 사용함에 반하여 전득자만을 상대로 사해행위 취소소송을 제기한 경우에는 대법원 2010다87672 판례와 같이 "전득자를 상대로 채무자와 수익자 사이의 법률행위의 취소를 구함에 있어서"라고 구별하여 용어를 사용하고 있는 것을 알 수 있습니다. 그러나, "전득행위의 취소를 구한다"라는 의미는 오해의 소지가 있기 때문에 표현의 정리가 필요하다고 할 것입니다.

> "채권자가 채권자취소권을 행사하려면 사해행위로 인하여 이익을 받은 자나 전득한 자를 상대로 그 법률행위의 취소를 청구하는 소송을 제기하여야 되는 것으로서 채무자를 상대로 그 소송을 제기할 수는 없고(대법원 1991. 8. 13. 선고 91다13717 판결 등 참조), 채권자가 전득자를 상대로 하여 사해행위의 취소와 함께 책임재산의 회복을 구하는 사해행위취소의 소를 제기한 경우에 그 취소의 효과는 채권자와 전득자 사이의 상대적인 관계에서만 생기는 것이고 채무자 또는 채무자와 수익자 사이의 법률관계에는 미치지 않는 것이므로(대법원 1988. 2. 23. 선고 87다카1989 판결, 대법원 2002. 5. 10.자 2002마1156 결정 등 참조), 이 경우 취소의 대상이 되는 사해행위는 채무자와 수익자 사이에서 행하여진 법률행위에 국한되고, *수익자와 전득자 사이의 법률행위는 취소의 대상이 되지 않는다고 할 것*이다."[7]

그렇기 때문에 만약 취소채권자가 수익자와 전득자 간의 법률행위의 취소를 구한 경우에는 이는 소각하 판결의 대상이 된다고 할 것입니다.

마. 2차 원상회복청구의 경우

> "채권자의 사해행위취소 및 원상회복청구가 인정되면, 수익자는 원상회복으로서 사해행위의 목적물을 채무자에게 반환할 의무를 진다. 만일 원물반환이 불가능하거나 현저히 곤란한 경우에는 원상회복의무 이행으로서 사해행위 목적물의 가액 상당을 배상하여야 하는데, 여기서 원물반환이 불가능하거나 현저히 곤란한 경우는 원물반환이 단순

---

7) 대법원 2004. 8. 30. 선고 2004다21923 판결 [사해행위취소]

히 절대적, 물리적으로 불가능한 경우가 아니라 사회생활상 경험법칙 또는 거래 관념에 비추어 채권자가 수익자나 전득자로부터 이행의 실현을 기대할 수 없는 경우를 말한다. 따라서 사해행위로 부동산 소유권이 이전된 후 그 부동산에 관하여 제3자가 저당권이나 지상권 등의 권리를 취득한 경우에는 수익자가 부동산을 저당권 등의 제한이 없는 상태로 회복하여 채무자에게 이전하여 줄 수 있다는 등의 특별한 사정이 없는 한 채권자는 수익자를 상대로 원물반환 대신 가액 상당의 배상을 구할 수 있지만, 그렇다고 하여 채권자가 스스로 위험이나 불이익을 감수하면서 원물반환을 구하는 것까지 허용되지 않는 것은 아니다. 채권자는 원상회복 방법으로 가액배상 대신 수익자 명의 등기의 말소를 구하거나 수익자를 상대로 채무자 앞으로 직접 소유권이전등기절차를 이행할 것을 구할 수도 있다. 이 경우 원상회복청구권은 사실심변론종결 당시 채권자의 선택에 따라 원물반환과 가액배상 중 어느 하나로 확정된다. **채권자가 일단 사해행위취소 및 원상회복으로서 수익자 명의 등기의 말소를 청구하여 승소판결이 확정되었다면, 어떠한 사유로 수익자 명의 등기를 말소하는 것이 불가능하게 되었다고 하더라도 다시 수익자를 상대로 원상회복청구권을 행사하여 가액배상을 청구하거나 원물반환으로서 채무자 앞으로 직접 소유권이전등기절차를 이행할 것을 청구할 수는 없으므로, 그러한 청구는 권리보호의 이익이 없어 허용되지 않는다.**"[8]

이에 대하여는 이미 검토한 바가 있지만 여기에도 다시 한 번 언급하여 상기시키는 바입니다. 대상청구나 손해배상청구는 이와는 별개라고 할 것입니다.

바. 가액배상 시 여러 취소채권자가 소를 제기할 경우에 목적부동산의 가액은 어느 시점으로 하여 판단할 것인지 여부

"원심은 그 채용 증거들을 종합하여, 제1심 공동피고 3에 대하여 4억 80,444,976원의 구상금채권을 갖고 있는 신용보증기금이 피고를 상대로 하여 서울지방법원 2001가합71359호로 원심판결 별지 목록 기재 부동산(이하 '이 사건 부동산'이라 한다)에 관한 채권자취소의 소를 제기하였는데, 위 법원은 2002. 12. 26. 제1심 공동피고 3과 피고 사이의 이 사건 부동산에 관한 2001. 6. 11.자 매매계약이 사해행위라고 판단하여 이

---

8) 대법원 2018. 12. 28. 선고 2017다265815 판결 [소유권이전등기]

를 취소하고, 그 원상회복으로 이 사건 부동산의 변론종결 당시 시가인 8억 79,624,000원에서 위 사해행위 이후 변제된 이 사건 부동산에 설정된 각 근저당권의 피담보채무 합계 5억 93,258,216원을 공제한 2억 86,407,784원 전액을 신용보증기금에 지급하라는 판결을 선고하였고, 위 판결에 대한 항소(서울고등법원 2003. 6. 13. 선고 2003나7397 판결)와 상고(대법원 2003. 10. 27. 선고 2003다34991 판결)가 모두 기각되어 위 판결이 확정된 사실, 피고가 위 확정판결에 따라 신용보증기금에게 2003. 12. 30. 5,000만 원, 2004. 7. 28. 2억 55,517,081원 등 합계 3억 5,517,081 원을 지급함으로써 위 가액배상금 2억 86,407,784원 및 위 판결 확정일 이후의 지연 손해금이 모두 지급된 사실을 인정한 다음, 판결이 확정된 위 사건에서 이 사건 부동산의 시가를 감정하여 그 감정가에서 변제된 각 근저당권의 피담보채무를 공제한 나머지 금액을 모두 반환하도록 하였고, 이에 따라 그 금액이 모두 반환된 이상 이 사건 부동 산 전부에 관하여 사해행위의 취소와 원상회복이 이루어진 것이고, 그 후 이 사건에서 이 사건 부동산의 시가를 다시 감정한 결과 위 확정판결에서 인정한 시가보다 평가액 이 증가되었다 하더라도, 그 증가된 부분을 위 확정판결에서 인정한 부분과 중첩되지 않는 부분으로 보아 이에 대하여 다시 가액배상을 명할 수는 없다는 이유로, 원고의 피고에 대한 이 사건 소는 권리보호의 이익이 없어 부적법하다고 판단하였다.
앞서 본 법리에 비추어 기록을 살펴보면, 이러한 원심의 사실인정과 판단은 옳고, 거기에 채증법칙을 위배하여 사실을 오인하거나 사해행위 취소소송에서의 권리보호의 이익에 관한 법리를 오해한 위법이 있다고 할 수 없다."9)

여러 명의 채권자가 사해행위취소소송을 제기한 경우에 시차를 두고 소를 제기하게 됨으로써 가액배상 시의 감정가가 달라질 수 있습니다. 이런 경우에 대법원은 최초의 소송에서 감정한 감정가로 하여 평가를 하여야 할 것이고 그 이후 다른 취소채권자가 소를 제기할 때 감정한 가격으로 하여 공동담보가액을 파악해서는 아니 된다고 판시하였습니다. 이는 사해행위취소소송이 전체 채권자를 위하여 어느 특정 채권자가 공동담보의 재산을 회복시키는 소송이기 때문에 각자의 권리에 의해서 이루어지는 것이기 때문에 중복제소도 아니고 권리보호이익이 없다고 볼 수 없지만 가액배상 시에 감정 시에는 최초 소를 제기한 시점의 감정가에 의하여 판단하여야 한다고 보았습니다. 이로 인하여 무한정 늘어날

9) 대법원 2005. 3. 24. 선고 2004다65367 판결 [구상금및사해행위]

수 있는 수익자의 가액배상금액을 확정시켰다는 점에서는 의미가 있다고 할 것입니다.

원고는 기술신용보증기금이었고, 피고는 1명이었습니다. 이는 신용보증기금이 소송을 제기하여 승소판결을 받았고 그에 의하여 전부 가액배상금을 피고가 지급하였던 사건에 원심은 권리보호이익이 없다고 하여 원고의 소를 각하하였습니다.

2001. 12. 26. 서울지방법원 2001가합71359호 신용보증기금 소제기 2002. 1. 14.에 감정을 함. 구상금등 원고승소판결 항소심 첫기일 2003. 5. 30. 변론종결 2003. 6. 12. 항소기각(피고 2명) 2003. 10. 27. 심리불속행기각(피고 2명) 2002. 3. 21. 서울중앙지방법원 2002가합17130호 기술신용보증기금 소제기, 2002. 6. 3.에 감정을 함. 2004. 3. 25.에 변론종결, 2004. 4. 8.에 구상금등 사건 원고승소판결, 2004. 9. 21. 첫기일에 변론종결, 2004. 10. 26.에 소각하판결 피고는 3명임, 2005. 3. 24. 상고기각판결(피고 1명)

양 사건의 피고들의 소송대리인은 같은 법무법인이었습니다. 기술신용보증기금의 피고 1, 2가 바로 신용보증기금의 피고 2명이었습니다. 사해행위취소의 채무자는 기술신용보증기금의 1심 나의사건검색을 보면 정○○로써 공시송달판결이 이루어졌습니다. 피고 1부터 피고 4번까지 모두 공시송달이 이루어졌고, 피고 5 내지 7 아마 수익자나 전득자만 송달을 정상적으로 받아 진행된 사건입니다.

그에 반해 신용보증기금인 피고 1 내지 5번 모두 송달이 되었던 사건입니다. 아마 주채무자 회사와 연대보증회사가 있었고, 이들의 각 대표이사가 다시 연대보증을 하였고, 나머지 피고 4명이 있는데 피고 7, 8은 바로 사해행위취소의 수익자로 보이며, 피고 5, 6은 구상금채무의 연대보증인이 아닌가 하는 생각을 해 봅니다. 주채무자의 회사의 대표이사의 이름과 피고 6번은 비슷합니다. 피고 6과 피고 8의 경우는 이○석으로 이름이 역시 비슷합니다. 그리고 기술신용보증기금의 마지막 피고인 추○○는 피고로 넣지도 않았습니다. 피고가 8명이었지만 소송이 조속히 이루어졌습니다.

그에 반하여 기술신용보증기금 건은 주채무자회사만 하나 있고, 연대보증한 회사는 없었습니다. 그러나. 주채무자회사의 연대보증인에는 대표이사와, 신용보증기금 건에 연대보증한 회사의 대표이사이며 이 사건 사해행위취소의 채무자가 1심 공동피고 3으로 들어가 있고, 신용보증기금 사건의 피고 6 이○석이 기술신용보증기금 사건의 피고 4로 들어가 있습니다. 기술신용보증기금의 소가는 148,621,538원이었고 그에 반해 신용보증기금의 소가는 682,922,512원이었습니다. 그렇기 때문에 신용보증기금의 사건의 피고 1 내지 6번이 모두 구상금 사건의 피고들이었을 것으로 보입니다. 그에 반하여 보증금액이 적은 기술보증기금의 사건의 경우는 피고 1 내지 4만 구상금 피고였던 것으로 보입니다. 신용보증기금의 피고 5번은 여성으로 보이는데 이○○였기 때문에 주채무자회사의 대표이사와 피고 6과 수익자 중 한 명인 피고 이○석과 남매간일 가능성도 컸다고 보입니다.

소제기가 3개월밖에 차이가 나지 않는데 신용보증기금 사건의 경우는 전부 구상금 피고들이 송달을 받았는데 기술신용보증기금 사건의 경우는 구상금 피고들 4명 전부가 공시송달로 판결이 이루어진 것을 보면, 무엇인가 흔적이 보입니다. 사실 피고들 4명은 전부 처음 소장부본을 송달받았습니다. 그리고 나서는 감정기일, 2004. 1. 8. 제1회변론기일 이후에는 송달을 받지 않습니다. 2004. 1. 27.에 송달간주가 이루어집니다. 2002. 7. 5.감정인이 감정서를 제출하였습니다. 그런데 소송은 1년동안 진행이 되지 않았고 2003. 11. 25.에 피고대리인이 기일지정신청을 하였습니다. 그렇게 되자 원고 측이 사실조회촉탁신청서 2건을 제출하고 다시 시가감정신청도 같은 날 제출하였습니다. 갑호증도 제출하였습니다. 역시 그리고 변론기일 전날에 청구일부정정신청서를 제출하였고, 2004. 1. 8.에 속행이 이루어졌고, 그 뒤부터는 구상금 피고 4명은 송달을 받지 않아 결국 송달간주, 즉 간주송달일하였고 2004. 2. 26. 기일도 변경이 되었습니다. 2004. 3. 25.에 변론종결이 되었고, 2004. 4. 8.에 판결선고가 되었습니다. 구상금 피고들에 대하여 2004. 5. 1.에 공시송달명령이 발하여졌고 모두 2004. 5. 16.에 공시송달되었습니다.

이는 분명 신용보증기금의 감정가보다 기술신용보증기금의 감정가가 높게 나오게 되자 수익자들의 대리인들이 구상금 피고들에게 송달을 받지 않도록 한 것이 아닌가 하는 생각이 듭니다.

2003. 10. 27.이 관련 신용보증기금 사건의 대법원 심리불속행기각일입니

다. 이는 신용보증기금 사건의 판결을 기다리기 위하여 기술신용보증기금 사건을 기일 추정해 놓은 것이 아닌가 하는 생각이 듭니다. 왜냐하면 이 사건이 확정되고 나서 피고대리인 측이 2003. 11. 25.경에 기일지정신청을 한 것을 보면, 이를 충분히 추측할 수 있기 때문에 그러합니다.

그리고 신용보증기금에 가액배상금으로 "2003. 12. 30. 5,000만 원, 2004. 7. 28. 2억 55,517,081원 등 합계 3억 5,517,081원을" 지급하였다고 합니다. 2004. 3. 25.에 변론종결일이기 때문에 기술신용보증기금 사건의 변론종결일에는 5,000만 원만 지급하였기 때문에 이런 내용을 밝히지 않고 수익자들은 패소 판결을 받았고, 피고 3명이 항소를 하였고 항소심 중인 2004. 7. 28.에 나머지 2억 55,517,081원을 지급해 버린 것입니다. 이를 합하면 3억 5,517,081원입니다.

"이 사건 부동산의 **변론종결 당시 시가인 8억 79,624,000원**에서 위 사해행위 이후 변제된 이 사건 부동산에 설정된 각 **근저당권의 피담보채무 합계 5억 93,258,216원을 공제한 2억 86,407,784원 전액을 신용보증기금에 지급하라**는 판결을 선고하였고"라고 하였는데 피고 유○○가 "**가액배상금 2억 86,407,784원 및 위 판결 확정일 이후의 지연손해금이 모두 지급된 사실을 인정**"된다고 대법원은 판시하였습니다. 이렇게 정리하고 나자 피고 대리인들은 2004. 9. 2.에 준비서면을 제출하면서 기일지정신청을 하였고 서울고등법원은 2004. 9. 21.에 변론기일을 잡고 그날 종결하고 2004. 10. 26.에 원고의 소를 각하하는 판결을 하였습니다. 피고의 항소소가는 113,247,580원이었습니다. 기술신용보증기금의 상고소가는 122,489,496원이었습니다.

신용보증기금의 항소심변론종결일은 2003. 5. 30.입니다. 그렇다고 한다면 신용보증기금 사건이 먼저 제기되고 먼저 사실심변론종결이 되었다고 한다면 2003. 5. 30.의 시가를 파악하여 기술신용보증기금의 가액배상을 주장할 여지가 없었는지가 궁금합니다. 왜냐하면 신용보증기금이 피고들이 항소하였는데 이에 대하여 사실심변론종결시점의 시가를 파악하지 않고 1심의 시가만으로 판단을 받아 피고들의 항소가 기각되었기 때문에 후소인 기술신용보증기금은 이에 대하여 신용보증기금의 소송의 진행이 잘못된 것이기 때문에 사실심변론종결시점인 2003. 5. 30. 시점의 시가를 다시 감정하여야 하고 그에 따라 파악해야 한다고 주장할 수 있지 않았나라는 생각이 듭니다. 이런 주장을 기술신용보증기금이 항소심에서나 대법원 상고이유서에서 주장을 하였는지 의문입니다.

피고대리인들은 모두 패소판결을 받고 공탁하는 것보다는 한쪽에 지급을 해 버리고 후소에 대하여 승소판결을 받아서 소송비용을 회수하는 전략을 강구한 것으로 보입니다. 기술신용보증기금은 관련 소송의 확정을 기다린 것 자체가 큰 실수였습니다. 그러므로 이런 점을 주의하여 취소채권자의 대리인으로서는 조속히 소송을 진행시키는 것이 필요할 것입니다.

이와 같이 전소송의 시가보다 후소송의 시가가 크게 나오더라도 전소송의 시가에 따라서 수익자가 취소채권자에게 가액배상금을 지급한 경우에는 후소는 권리보호이익이 없어 각하가 된다고 할 것입니다.

사. 소결

이처럼 특이한 소각하 사유가 있고, 형성의 소의 특징한 피고로 정하지 않니한 사람이 채무자를 피고로 넣은 경우나 전득행위의 법률행위를 청구취지로 취소를 구하는 경우에는 각하사유가 된다고 할 것입니다. 또한 취소소송이 여러 건인 경우에 감정가가 다르게 나올 경우에 최초의 소송의 시가에 따라서 지급한 경우에는 그 차액이 있다고 하더라도 전부 권리보호이익이 없게 된다고 할 것입니다.

2. 서식

가. 채무초과입증을 위한 사실조회신청서

이는 법원행정처에서 하고 있습니다. 부동산 소유내역을 확인함으로써 해당 시점의 채무초과를 입증하기 위한 사실조회신청서입니다.

사실조회신청서

사　　건　○○○○○○○　　　　　　　　　　　　사해행위취소
원　　고　○○○○○○○
피　　고　○○○○○○○

위 사건에 관하여 원고는 주장사실을 입증하기 위하여 다음과 같이 사실조회를 신청합니다.

사실조회촉탁의 목적

피고의 채무초과를 입증하기 위함입니다.

사실조회기관의 명칭 및 주소

명칭: 법원행정처 사법등기국 정보시스템운영과(등기정보조회)
주소: (30100) 세종특별자치시 보듬3로 157 (아름동, 대법원 등기정보센터)

사실조회사항

○○○○. ○○. ○○. 당시 피고의(성명:○○○, 주민등록번호: ○○○○○○-○○○○○○○)
부동산 소유내역을 알려주시기 바랍니다.

○○○○. ○○. ○○

원고　소송대리인
법률사무소　○○
변호사　　○○○

○○○○○○법원 귀중

나. 근저당권이 말소된 경우에 사해행위당시의 근저당권의 피담보채권을 확인하기 위하여 금융기관이 금융정보제출명령을 하는 경우

해당 금융기관에 채권 관련 계약서등 그에 관한 서류를 신청하는 금융거래 정보 제출명령 신청서입니다.

금융거래정보 제출명령 신청서

사　　건　　OOOOOOO　　　　　　　　　　　　사해행위취소
원　　고　　OOOOOOO
피　　고　　OOOOOOO

위 사건에 관하여 원고의 소송대리인은 원고의 주장사실을 입증하기 위하여 다음과 같이 사실조회를 신청합니다.

대상기관의 명칭 및 주소

명칭 : OO은행
주소 : (OOOOO) 서울특별시 OO구 OOOO로 (OO동)

명의인의 인적사항

성명: OOO
주민등록번호: OOOOOOO

요구대상거래기간

OOOO. OO. OO.

사용목적

OOOO. OO. OO. 당시의 근저당권 피담보채권을 확인하기 위함입니다.

요구하는 거래정보등의 내용

OOOO. OO. OO. 당시의 귀사와 OOO간의 대출계약서 등 해당 관련 서류들을 보내주시기 바랍니다.
OOOO. OO. OO

원고　소송대리인
법률사무소　　OO
변호사　　　OOO

OOOOOO법원 귀중

다. 제척기간 도과 입증을 위한 사실조회신청

1) 가처분신청서와 관련 서류를 받기 위한 문서송부촉탁신청서

해당 법원에 가처분신청서 등 서류를 신청하여 받는 문서송부촉탁 신청서입니다.

문서송부촉탁 신청서

사　　건　　ㅇㅇㅇㅇㅇㅇㅇ　　　　　　　　사해행위취소
원　　고　　ㅇㅇㅇㅇㅇㅇㅇ
피　　고　　ㅇㅇㅇㅇㅇㅇㅇ

위 사건에 관하여 원고는 그 주장사실을 입증하기 위하여 다음과 같이 문서송부촉탁신청을 합니다.

기록의 보관처

ㅇㅇ시 ㅇㅇㅇㅇ로 ㅇㅇㅇㅇㅇㅇ법원 기록관리계

촉탁기관의 명칭 및 주소

명칭 : ㅇㅇㅇㅇㅇㅇ법원
주소 : (ㅇㅇㅇㅇㅇ) ㅇㅇ시 ㅇㅇㅇㅇ로 ㅇㅇㅇㅇㅇㅇ법원

송부촉탁할 기록

귀원 ㅇㅇㅇㅇ카단ㅇㅇㅇㅇ에 관한 가처분신청서 및 사건 기록 일체

증명하고자 하는 사실

이 사건의 제척기간 도과 입증을 위함입니다.

ㅇㅇㅇㅇ. ㅇㅇ. ㅇㅇ

원고　소송대리인
법률사무소　ㅇㅇ
변호사　ㅇㅇㅇ

ㅇㅇㅇㅇㅇㅇ법원 귀중

2) 취소채권자가 등기부등본등을 열람하였는지를 확인하기 위하여 사실조회신청서

대법원에 해당 부동산 주소를 기재하고 부동산등기부등본 열람내역을 확인하는 사실조회신청서입니다.

사실조회신청서

사	건	○○○○○○○	사해행위취소
원	고	○○○○○○○	
피	고	○○○○○○○	

위 사건에 관하여 원고는 주장사실을 입증하기 위하여 다음과 같이 사실조회를 신청합니다.

사실조회촉탁의 목적

이 사건의 제척기간 도과를 입증하기 위함입니다.

사실조회기관의 명칭 및 주소

명칭: 법원행정처 사법등기국 정보시스템운영과(등기정보조회)
주소: (30100) 세종특별자치시 보듬3로 157 (아름동, 대법원 등기정보센터)

사실조회사항

○○○○. ○○. ○○. 부터 ○○○○. ○○. ○○. 까지 해당 주소의 등기부등본에 관한 열람인내역을 알려주시기 바랍니다.

○○○○. ○○. ○○

원고 소송대리인
법률사무소 ○○
변호사 ○○○

○○○○○○법원 귀중

라. 감정신청서

사해행위시점이나 사실심변론종결에 가까운 시점에 시가를 파악하기 위한 감정신청서입니다.

감정신청서

사　　건	OOOOOOO	사해행위취소
원　　고	OOOOOOO	
피　　고	OOOOOOO	

위 사건에 대하여 원고 소송대리인은 그 주장사실을 입증하기 위하여 다음과 같이 감정을 신청합니다.

감정의 목적
이 사건 부동산의 현재 세시 및 매수시점의 부동산가액을 확인하기 위함입니다.

감정의 목적물
OO시 OO구 OOO동 OO OOOOOO아파트 OOO동 OOOO호

감정사항
1. 위 감정목적물의 매수시점인 OOOO. OO. OO. 당시 시가에 상당하는 평가금액
2. 위 감정목적물의 감정일자 기준 시가에 상당하는 평가금액

OOOO. OO. OO

원고　소송대리인
법률사무소　OO
변호사　　OOO

OOOOOO법원 귀중

마. 진정하게 매매대금을 지급한 것이 아님을 적극적으로 밝히기 위한 금융정보제출명령신청

채무자와 수익자 간에 공모하여 매매대금 등을 지급하는 형식을 취한 것이라는 의심이 들 때 두 사람간의 통장거래가 허위임을 밝히고자 하는 금융정보제출명령신청입니다.

금융거래정보 제출명령 신청서

사   건   OOOOOOO   사해행위취소
원   고   OOOOOOO
피   고   OOOOOOO

위 사건에 관하여 원고의 소송대리인은 원고의 주장사실을 입증하기 위하여 다음과 같이 사실조회를 신청합니다.

대상기관의 명칭 및 주소

명칭 : OO은행
주소 : (OOOOO) 서울특별시 OO구 OOOO로 (OO동)

명의인의 인적사항

성명: OOO
주민등록번호: OOOOOOO
계좌번호(증서번호): OOOOOOO

요구대상거래기간

OOOO. OO. OO. ~ OOOO. OO. OO.

사용목적

이 사건 채무자와 피고간의 부동산 매매대금이 진정하게 지급 되었는지,
두 사람간의 통장거래가 허위임을 확인하고 입증하기 위함입니다.

요구하는 거래정보등의 내용

OOOO. OO. OO. 부터 OOOO. OO. OO. 까지의 거래내역을 알려주시기 바랍니다.

OOOO. OO. OO

원고   소송대리인
법률사무소   OO
변호사   OOO

OOOOOO법원 귀중

---

3. 결론

채무자를 상대로 사해행위취소를 구한 경우, 전득행위를 취소의 법률행위로 구하는 경우, 2차로 원상회복을 청구하는 경우는 일반적 사해행위취소의 법리에 의하여 볼 때에 당연한 것 같은데도 실수를 하는 경우가 많기 때문에 조심해야 한다고 할 것입니다. 또한 기존 근저당권이 말소가 되었기 때문에 가액배상을 구하였는데 피고가 자신의 이익을 포기하면서 소유권 자체를 이전해 주길 원하는 경우에 부동산 자체의 반환을 명하도록 한 것에 관한 구체적인 판시를 해 줌으로써 원물반환이 원칙인 것임을 재확인해 주었다고 할 것이며, 수인의 채권자가 하나의 사해행위의 취소를 구할 경우에 가액배상이 판단이 되는 부동산의 감정시점을 1차 소송의 변론종결시점으로 하여 파악함으로써 수익자의 불안한 지위를 제거하였고 이는 사해행위취소가 전체 채권자를 위한 소송이라는 점을 부각시켰다고 할 것입니다.

각종 서식을 예를 들어 삽입하였는데 이는 일반적으로 다른 소송에서도 하는 것이기 때문에 특별할 것이 없다고 할 것이지만 변호사의 주된 임무는 증거를 밝히는 것이라는 점에서 도움이 되길 바라는 바입니다.

XIII

맺음말

XIII

맺음말

『변호사 입장에서 본 사해행위취소실무 Ⅰ(2009. 1. 5. 개정판 2016. 9. 19.) Ⅱ(2013. 6. 28.)』가 각 출간되고 나서 많게는 15년이 지났습니다. 사해행위취소실무 Ⅰ의 개정판은 실제적으로 파산과 회생 등의 절차와 사해행위취소와의 관계를 추가한 것이고 사해행위취소 자체에 관한 판례를 추가한 것은 아니었습니다. 사해행위취소실무 Ⅱ의 출간으로 보면 만 10년만에 책을 내는 것입니다. 이번 책은 기존의 책을 개정하는 것이 아니라 기존 책들에서 언급하지 아니하고 출간 이후에 나온 판례들을 검토하여 Ⅰ, Ⅱ로 나누지 않고 한 권으로 하여 전체를 포섭하였습니다. 그렇기 때문에 책의 두께는 상상을 초월할 정도입니다.

기본적으로 대법원 판례를 위주로 하여 그 판례사안을 검토하고 이에 대하여 지은이가 중시하는 부분을 언급하는 식이었습니다. 그리고 그 사건의 원심이나 1심 판결문까지도 공개되어 있다고 한다면 이를 같이 검토하였습니다.

그 사이에 대법원 전원합의체 판결도 몇 개가 나왔고 수많은 대법원 판례가 쌓였고 새로운 흐름의 판례들이 축적되었습니다. 조문 2개로 이 많은 사해행위취소사건을 해결하기에는 어렵고 결국 사해행위취소소송 사건 역시 판례의 동향과 경향이 중요하다고 할 것입니다.

지은이로서는 대법원 2013. 7. 18. 선고 2012다5643 전원합의체 판결에도 직접적으로 관여를 하였습니다. 대법원 2014. 3. 27. 선고 2012다90283 판결은 위 대법원 사건과 동일한 사건이고 지은이가 항소심부터 직접 수행하였던 사건입니다. 즉 취소채권자가 각각 소송을 제기하였던 사건이고 지은이는 원고 소송대리인으로서 이 사건의 경우 구상을 할 수 없는 특별한 사정이 있다고 하여 일부승소판결을 받았기 때문에 대법원은 상고기각판결을 하였습니다.

또한 대법원 2015. 5. 21. 선고 2012다952 전원합의체 판결은 기존 대법원 2005. 3. 24. 선고 2004다70079 판결을 변경하였습니다. 지은이는 사해행위취소실무 Ⅰ에서 가등기권이 양도된 경우에 양수인을 상대로 소를 제기하여야 한다는 대법원 2004다70079 판례를 비판하고 수익자의 지위까지 이전되는 것인가에 대하여 매우 의문을 제기하면서 책(47페이지)에서 언급하였는데 이 부분도 결국 수익자의 지위는 이전되는 것이 아니고 수익자에게 가액배상청구를 할 수 있다고 하여 판례가 변경되는데 조금은 도움이 되었다고 생각됩니다.

아마 사해행위취소에 관하여 지금까지 2건의 전원합의체 판결이 있었는데 이 건들에 대하여 소송으로 또는 글로 모두 관여를 한 점은 23년 동안 사해행위취소소송을 해 오고 있고 책을 쓴 지은이로서는 큰 보람이 있었다고 할 것입니다. 부족하지만 읽어보시면 적게나마 도움이 되실 것이라고 생각하는 바입니다.

판례색인

저자 약력

최 한 신

약   력

1997년 한국외국어대학교 법학과 졸업

1998년 사법시험 40회 합격

2001년 사법연수원 30기 졸업

2001－2003년 법무법인 한중 소속변호사

2004－2023년 법률사무소 기쁨 대표변호사

2024년 현재 법률사무소 더 기쁨 대표변호사

2001년부터 현재까지 서울보증보험주식회사 송무를 수행함

2008년부터 현재까지 기술보증기금 송무를 수행함

저   서

변호사의 입장에서 본 사해행위취소, 한정승인 판례(2004년)

변호사의 입장에서 본 사해행위취소실무 Ⅰ(유로출판사 2008년, 2016년 개정)

변호사의 입장에서 본 사해행위취소실무 Ⅱ(유로출판사 2013년)

예수님의 목요일에 돌아가셨다 －성경변론－(유로출판사 2011년)

사해행위취소소송과 실무(박영사 2024년)

사해행위취소소송과 실무

초판발행	2024년 4월 15일
지은이	최한신
펴낸이	안종만 · 안상준
편 집	장유나
기획/마케팅	조성호
표지디자인	BEN STORY
제 작	고철민 · 조영환
펴낸곳	(주) **박영사**
	서울특별시 금천구 가산디지털2로 53, 210호(가산동, 한라시그마밸리)
	등록 1959. 3. 11. 제300-1959-1호(倫)
전 화	02)733-6771
f a x	02)736-4818
e-mail	pys@pybook.co.kr
homepage	www.pybook.co.kr
ISBN	979-11-303-4573-4 93360

* 파본은 구입하신 곳에서 교환해 드립니다. 본서의 무단복제행위를 금합니다.

정 가   67,000원